FRAGEN DER POLITISCHEN INTEGRATION IM MITTELALTERLICHEN EUROPA

VORTRÄGE
UND FORSCHUNGEN

Herausgegeben vom
Konstanzer Arbeitskreis für mittelalterliche Geschichte

Band LXIII

 JAN THORBECKE VERLAG

FRAGEN DER POLITISCHEN INTEGRATION IM MITTELALTERLICHEN EUROPA

Herausgegeben von
Werner Maleczek

JAN THORBECKE VERLAG

Gedruckt mit Unterstützung
der Deutschen Forschungsgemeinschaft

Bibliografische Information der Deutschen Bibliothek
Die Deutsche Bibliothek verzeichnet diese Publikation in der Deutschen Nationalbibliografie;
detaillierte bibliografische Daten sind im Internet über http://dnb.ddb.de abrufbar.

© 2005 by Jan Thorbecke Verlag der Schwabenverlag AG, Ostfildern
www.thorbecke.de · info@thorbecke.de

Dieses Buch ist aus alterungsbeständigem Papier nach DIN-ISO 9706 hergestellt.
Gesamtherstellung: Jan Thorbecke Verlag, Ostfildern
Printed in Germany · ISBN 3-7995-6863-8

Inhalt

Timothy Reuter († 14. Oktober 2002)

Werner Goez († 13. Juli 2003)

zum Gedächtnis

Vorwort

Die Vom ›Europa der Regionen‹ als Modell europäischer Integration war in den vergangenen Jahren nicht selten zu hören. Es schien und scheint geeignet, staatlich-nationale Organisationen und Identitäten zu relativieren oder doch zumindest zu überspielen. Doch was sind ›Regionen‹? Worauf fußen sie, was sind ihre prägenden Elemente? Bereiten sie staatliche Integration vor oder zersetzen sie diese? Gewiß wird man von den verschiedensten Wechselwirkungen ausgehen müssen. Vorstellungen und Wahrnehmungen, Deutungen und Wertetraditionen, Lebensentwürfe und Ordnungskonfigurationen, aber auch geographische und ökonomische Gegebenheiten greifen zu allen Zeiten ineinander, fügen Menschen, Gemeinschaften und Institutionen zusammen, lassen politische, gesellschaftliche und kulturelle Integrationen entstehen und wieder vergehen und führen neue Identitäten und Ausgrenzungen herbei. Dabei stehen Dauerhaftigkeit und Wandel, Norm und Vielfalt, Individuum und Kollektiv in einem ständigen Austausch- und Spannungsverhältnis. Daß dabei im historischen Prozeß eine zielgerichtete Entwicklung staatlicher und am Ende nationaler Organisationen den Leitton anstimmt, erscheint uns heute nicht mehr unbedingt als überzeugend. Ein historisch eminent wichtiges und gleichermaßen hochaktuelles Thema!

Der Konstanzer Arbeitskreis für mittelalterliche Geschichte hat den Vorschlag seines Mitglieds Werner Maleczek daher mit großer Zustimmung aufgenommen, dieses Thema auf zwei Reichenau-Tagungen im Herbst 2002 und im Frühjahr 2003 in einer weitgespannten, international ausgerichteten wissenschaftlichen Besetzung zu behandeln und zu diskutieren. Die gesamte wissenschaftliche Vorbereitung, die Konzeption und Durchführung der Tagungen sind ihm zu verdanken. Mit der nunmehr vorgelegten Publikation können die Erträge für die weitere wissenschaftliche Erörterung bereitgestellt werden.

Daß zwei herausragende Gelehrte unseres Faches, Timothy Reuter und Werner Goez, die in besonderer Weise in europäischen Dimensionen geforscht haben und daher für dieses Tagungsthema von erstrangiger Bedeutung waren, von uns gegangen sind, hat uns alle sehr bewegt. Beide waren dem Konstanzer Arbeitskreis für mittelalterliche Geschichte über viele Jahre eng verbunden und werden uns in dankbarer Erinnerung bleiben.

Stefan Weinfurter
Vorsitzender des Konstanzer Arbeitskreises
für mittelalterliche Geschichte

Vorwort

Die Beiträge dieses Bandes beruhen auf Vorträgen, die auf der Insel Reichenau bei der Herbsttagung des Konstanzer Arbeitskreises für mittelalterliche Geschichte vom 1. bis 4. Oktober 2002 und bei der Frühjahrstagung vom 8. bis 11. April 2003 gehalten wurden. Die erste Tagung befaßte sich zum Thema überwiegend mit dem Früh- und Hochmittelalter, die zweite mit dem Hoch- und Spätmittelalter.

Die Drucklegung wurde dankenserwerter Weise durch die DFG gefördert.

Mein Dank gilt meinem Mitarbeiter am Institut für Österreichische Geschichtsforschung in Wien, Herwig Weigl, der mit mir die Last der Redaktion, des Korrektur-Lesens und der Erstellung des Registers teilte. Am Register arbeiteten auch Bianca Saurer, die Sekretärin unserer Abteilung, und meine Kinder Mathias und Dorothea mit, die auf diese Weise zu ihrem ersten Ferienjob kamen.

Gewidmet ist dieser Band zwei Mediävisten, die den Reichenau-Tagungen eng verbunden waren.

Timothy Reuter hatte das Glück, wegen seiner englischen Mutter und seines deutschen Vaters, des Sohnes des legendären Berliner Bürgermeisters Ernst Reuter, beiden kulturellen Sphären anzugehören und als Historiker andauernd Brücken schlagen zu können. Er studierte in Cambridge und Oxford, wo er bei Karl Leyser mit einer Arbeit über das alexandrinische Schisma promoviert wurde. Von 1981 bis 1993 war er Mitarbeiter der Monumenta Germaniae Historica in München, wo er mehrere Editionsprojekte verfolgte. Im Jahr 1994 nahm er einen Ruf an die Universität Southampton an und rückte allmählich in die Ehren eines angesehenen Ordinarius und anregenden Lehrers ein. Seine zahlreichen Bücher und Aufsätze sind in der Zunft bestens bekannt, seine nach Hunderten zählenden Rezensionen im Deutschen Archiv waren eine vorzügliche Information und prägnante kritische Auseinandersetzung. Seit der Mitte der Achtzigerjahren war Reuter vereinzelt zu den Reichenau-Tagungen eingeladen worden, seit dem Herbst 1991 zählte er zu den Referenten und kam fast jedes Jahr. Viele werden sich nicht nur an seine Vorträge bei der Tagung zu den Trägern und Instrumentarien des Friedens, zur öffentlichen Kommunikation und zu Deutschland und dem Westen Europas erinnern, sondern auch an seine stets scharfsinnigen, quellenbezogenen, humorvollen Wortmeldungen, die oft die westeuropäischen Verhältnisse in den Blick nahmen. Timothy Reuter hatte für die Herbsttagung 2002 ein Referat übernommen, aber während der Ausarbeitung wurde er von der tödlichen Krankheit getroffen und sorgte noch selbst für Ersatz in der Person von Prof. Gillingham, dem wir für das kurzfristige Einspringen für seinen Freund und Kollegen zu Dank verpflichtet sind. Timothy Reuter ist am 14. Oktober 2002 in Southampton im Alter von 55 Jahren gestorben.

Werner Goez zählte zu den bekanntesten deutschen Mediävisten, weil er ein überzeugender akademischer Lehrer war und ein thematisch breites Oeuvre schuf, das über den engen Kreis der Fachwelt hinauswirkte. Als Schüler von Paul Kirn wurde er 1954 in Frankfurt mit der geistesgeschichtlich orientierten Arbeit über die »Translatio Imperii« promoviert. Er habilitierte sich 1960 mit der rechts- und verfassungsgeschichtlichen Studie zum Leihezwang, aber schon in den Fünfzigerjahren war es immer wieder Italien und seine mittelalterliche Geschichte, der sein Interesse und sein Herz gehörten. Viele seiner Publikationen haben italienische Themen zum Inhalt oder berühren sie auf irgendeine Weise. Gekrönt wurde diese Neigung von der eindrucksvollen, zusammen mit seiner Frau Elke Goez besorgten Ausgabe der Urkunden und Briefe der Markgräfin Mathilde von Tuszien für die Monumenta Germaniae Historica (1998). Werner Goez wurde 1964 Ordinarius für mittlere und neuere Geschichte in Würzburg, 1969 für Geschichte des Mittelalters und Historische Hilfswissenschaften in Erlangen, welche Funktion er bis zu seiner Emeritierung 1997 innehatte. Die Tagungen auf der Reichenau besuchte er seit den Sechzigerjahren sporadisch, ab der Mitte der Neunzigerjahre mit großer Regelmäßigkeit, stets zusammen mit seiner Frau. Auf der Herbsttagung 2002 hielt er den Vortrag zu den Versuchen der hochmittelalterlichen Kaiser, Italien irgendwie mit dem Königreich nördlich der Alpen zusammenzubinden, ein Thema, das ihn seit Jahrzehnten beschäftigte. Zu einer gedruckten Fassung kam es jedoch nicht mehr. Auf der Reise zu einem Italienaufenthalt wurde er in Sterzing am 13. Juli 2003 im Alter von 74 Jahren vom plötzlichen Tod überrascht. Seiner Witwe, Elke Goez, gehört nicht nur unser Mitgefühl, sondern auch unser Dank, daß sie uns das Vortragsmanuskript quasi als wissenschaftliches Vermächtnis ihres Ehemanns überließ, das wir *talis qualis* veröffentlichen.

Werner Maleczek

Fragen der politischen Integration im mittelalterlichen Europa – eine Einleitung

VON WERNER MALECZEK

Zu Ende des Monats Juni 1245 traf der österreichische Herzog Friedrich II. mit dem gleichnamigen Kaiser Friedrich II. in Verona zusammen. Der Zweck dieser Reise war für den Babenberger die schon vorher ausgehandelte Erhebung seiner Herzogtümer zu einem Königreich, wohingegen der Kaiser die Heirat mit der Nichte des kinderlosen Herzogs erwartete, was ihm mittelfristig die Anwartschaft auf die babenbergischen Länder in Aussicht stellte[1]. Beides blieb Projekt, aber die in der kaiserlichen Kanzlei schon vorbereitete Urkunde, in die die Vorstellungen beider Seiten eingeflossen waren, verdient unsere Aufmerksamkeit[2]. Sie dokumentiert nämlich den Willen des Herzogs, die beiden Länder Österreich und Steiermark unter einer königlichen Krone zu integrieren, stärker zusammenzubinden, Besonderheiten zurückzudrängen und die Befugnisse des zukünftigen Königs zu stärken. Die vorgesehene Primogeniturerbfolge und Unteilbarkeit hatte zwar in Österreich seit dem Privilegium minus von 1156 eine Tradition, aber das ausdrückliche Verbot der Wahl und ein *privilegium de non appellando* richteten sich gegen die beachtlichen Sonderrechte des steirischen Adels. Weitere disziplinarische Mittel des zukünftigen Königs gegenüber einem unzuverlässigen Adel zielten auf eine Vereinheitlichung der Gerichtsbarkeit, und die vorgesehene Schaffung eines Herzogtums Krain, das dem König unterstehen sollte, sah die räumliche Erweiterung der geschilderten Prärogativen vor. – Dieses Beispiel führt mitten in die Thematik unserer Tagung, und zu ihrer Vertiefung sei es gestattet, einen weiteren Fall einer ebenfalls mißlungenen politischen Integration zu präsentieren. Daß dieser erneut Österreich betrifft, möge verständnisvoll aufgenommen werden, denn er demonstriert die Allgegenwärtigkeit von Integrationsstreben in politischem Handeln von Fürsten, das man früher etwas undifferenziert »Ausweitung der Herr-

---

1) Vgl. Friedrich HAUSMANN, Kaiser Friedrich II. und Österreich, in: Josef FLECKENSTEIN (Hg.), Probleme um Friedrich II. (VuF 16, 1974) S. 225–308, hier S. 275–284; Ursula FLOSSMANN, Regnum Austriae, ZRG Germ. 89 (1972) S. 78–117, und die kürzeren Darstellungen bei Egon BOSHOF, Bayern und Österreich in der Schlußphase der Herrschaft Friedrichs II. Zs. für bayerische LG 63 (2000) S. 415–443, hier S. 428f.; Heinz DOPSCH, Österreichische Geschichte 1122–1278 (1999) S. 197–201; Wolfgang STÜRNER, Friedrich II. Tl. 2: Der Kaiser 1220–1250 (2003) S. 529.

2) UB zur Geschichte der Babenberger 4/2: Ergänzende Quellen, hg. v. Heide DIENST und Christian LACKNER (1997) S. 283–287 Nr. 1265.

schaft«, »Ausbau der Landeshoheit« oder einfach »Hausmachtpolitik« nannte. Das Großreich Přemysl Ottokars II. – 1276 titulierte er sich selbst *Dei gracia rex Boemie, dux Austrie, Styrie, Karinthie, marchio Moravie, dominus Carniole, Marchie, Egre ac Portus Naonis* – war schon vor der Schlacht von Dürnkrut und Jedenspeigen zerfallen, weil er die längerdauernde Vereinigung, also das, was wir mit dem Schlüsselbegriff dieser Tagung die Integration der Länder nennen, nicht zustande gebracht hatte. Unter den Gründen waren die zwei folgenden wohl die maßgeblichen: Der Adel der mit Heirat, militärischer Gewalt, List und Druck im Laufe der Jahre zusammengefügten Territorien war zunächst mit kräftigen verfassungsrechtlichen Zugeständnissen, Privilegien, Erweiterung von Gerichtsrechten, Übertragung von Verwaltungsaufgaben und wirkungsvoller Friedenswahrung gewonnen worden, aber seit etwa Mitte der Sechzigerjahre des 13. Jahrhunderts verkehrte sich die Zustimmung allmählich in das Gegenteil: Die Zugeständnisse wurden ausgehöhlt, böhmische und besonders treue einheimische Vertrauensleute in Österreich, Steiermark, Kärnten und Friaul in wichtige Ämter eingesetzt, böhmische Besatzungen in Burgen und Städte gelegt, willkürliche Verhaftungen vorgenommen und Prominente nach dubiosen Verfahren hingerichtet, Burgen gebrochen und Landherren brüskiert. Da nützte es auch nichts, daß Ottokar etwa die Hälfte des Jahres in den neu erworbenen Ländern zubrachte. Der weitaus größere Teil des Adels, der des Böhmenkönigs mehr und mehr überdrüssig geworden war, lief dann auch zu Rudolf von Habsburg über. Auch die kirchliche Hierarchie, also die Bischöfe von Salzburg und Passau und der Patriarch von Aquileia, konnten nicht stabil gewonnen werden, sondern sahen sich in ihren weltlichen Herrschaftsrechten eingeengt[3]. Anders ausgedrückt: Wenn ein Fürst, der ein Länderkonglomerat wirkungsvoll und dauerhaft vereinen wollte, die politische Elite des Adels nicht effizient bändigte, indem er sie durchmischte, durch Entgegenkommen gewann, gewaltsam unterdrückte oder ihr Aufgaben im Innern oder Ruhm und Ehre bei Zügen gegen äußere Feinde verschaffte, dann hatte er einen schlechten Stand. Bei der Berücksichtigung der Kirche als integrativem Faktor war es auch wesentlich, den Papst auf die richtige Seite zu ziehen.

Diese beiden Beispiele aus der österreichischen Geschichte des 13. Jahrhunderts können zeigen, mit welchen Themen sich die beiden Tagungen beschäftigten. Es handelt sich um Verfassungsgeschichte des Mittelalters in einem sehr aktuellen Bezug. »Fragen der politischen Integration im mittelalterlichen Europa« führen uns in einen seit etwa drei Jahrzehnten mächtig angeschwollenen Diskurs, der unendlich viele Wortmeldungen und Publikationen bewirkte. Was meint »politische Integration«? Der Begriff zielt auf Vorgänge, bei denen politische Elemente, zumeist Herrschaften, Länder, Staaten, so zu einem Ganzen zusammengebracht werden, daß die neue Einheit eine Qualität erhält, die über die

---

3) Vgl. Dopsch, Österreichische Geschichte 1122–1278, S. 441–484; Böhmisch-österreichische Beziehungen im 13. Jahrhundert. Österreich (einschließlich Steiermark, Kärnten und Krain) im Großreichprojekt Ottokars II. Přemysl, König von Böhmen. Vorträge des internationalen Symposions Znaim, 26.–27. September 1996, hg. v. Marie Bláhová u. Ivan Hlaváček (1998).

bloße Verbindung der ursprünglichen Teile hinausgeht. Diese Definition, die sich auf jene aus dem »Staatslexikon« der Görres-Gesellschaft stützt[4], schließt die soziale, wirtschaftliche und politische Dimension mit ein. Die politische und wirtschaftliche Integration der Europäischen Union, deren oft überrascht Zeugen wir werden, ist zweifelsohne das aufregendste innen- und außenpolitische Thema unserer Staaten und es vergeht kein Tag, an dem dieser Schlüsselbegriff nicht in den Medien hundertfach vorkommt. Die wissenschaftliche Literatur wächst wie eine Springflut: Hatte die Bibliographie zur europäischen Integration im Jahre 1962 noch 180 Seiten[5], so verzeichnete die gleichnamige Publikation im Jahre 1977 schon Titel auf 777 Seiten[6] und im Jahr 2000 zählte die offizielle Bibliographie juridique de l'intégration européenne, die seit 1981 jährlich erscheint, schon in zwei Bänden 879 Seiten[7]. Die Zahlenspielerei läßt sich mit Hilfe des Internet fortsetzen: Zum Schlagwort »europäische Integration« wirft der deutsche gemeinsame Bibliothekenverbund 3636 Titel aus.

Das Thema wurde von unseren Kollegen, den Zeithistorikern, in den letzten Jahrzehnten in wachsendem Ausmaß bearbeitet, und besonders die Politikwissenschaftler spürten dem Werden der sich abzeichnenden europäischen Integration ständig nach. Die Handbücher sind längst in den am meisten verbreiteten europäischen Sprachen erschienen[8]. Die zeitgeschichtliche und politikwissenschaftliche Annäherung ans Thema soll nur durch die Nennung der Zeitschrift »Journal of European Integration History. Revue d'histoire de l'intégration européenne. Zeitschrift für Geschichte der europäischen Integration«, ed. Groupe de liaison des professeurs d'histoire contemporaine auprès de la Commission européenne, seit 1995, jetzt Bd. 10 (2004) (in jeweils Halbjahresheften) unterstrichen werden. – In diesem Zusammenhang verdient auch das »Zentrum für Europäische Integrationsforschung« erwähnt zu werden, das seit 1995 an der Universität Bonn wirkt, dem Senat direkt unterstellt ist, 1997 ein eigenes Gebäude im ehemaligen Regierungsviertel zugewiesen bekam, etwa 50 Mitarbeiter hat und in den wenigen Jahren seines Bestehens eine eindrucksvolle Fülle von Publikationen hervorbrachte (Schriften des Zentrums für Europäische Integrationsforschung, 66 Bde. [bis 2005]; andere Buchreihen; Reports; Papers; Berichte)[9].

---

4) Manfred MOLS, in: Staatslexikon. Recht, Wirtschaft, Gesellschaft, Bd. 3 (1995) S. 111–118.
5) Bibliographie zur europäischen Integration, hg. v. Bildungswerk Europäische Politik (1962).
6) Karl KUJATH, Bibliographie zur europäischen Integration. Bibliographie sur l'intégration européenne. Hg. v. Istitut f. Europäische Polititk (1977).
7) Rechtsbibliografie europäische Integration = Legal bibliography of european integration = Bibliographie juridique de l'intégration européenne, hg. v. Communitatum Europaearum Bibliotheca. Luxembourg.
8) Zum Beispiel: Handbuch der europäischen Integration. Strategie, Struktur, Politik der Europäischen Union. Hrsg. v. Moritz RÖTTINGER u. Claudia WEYRINGER 2. Aufl. (1996); Werner WEIDENFELD (Hg.), Europa-Handbuch, 3. Aufl., 2 Bde. (2004).
9) Vgl. die seit 1996 jährlich erscheinenden ZEI-Jahresberichte, auch im Internet: http://www.zei.de/ (als PDF-Datei).

Die politische Integration im historischen Längsschnitt fand weniger Beachtung. Dafür sei als Beispiel nur die Tagung der Vereinigung für Verfassungsgeschichte von 1995 über »Staatliche Vereinigung: Fördernde und hemmende Elemente in der deutschen Geschichte« genannt, deren Beiträge Wilhelm Brauneder herausgab und wo Peter Moraw die staatlich-organisatorische Integration des Reiches im Mittelalter behandelte[10]. Unsere verfassungsgeschichtlich interessierten Kollegen der Neuzeit haben die Fragen der politischen Integration natürlich immer wieder in den Blick genommen, als sie über die Ausprägung des Einheitsstaates nachdachten und die Versuche der Herrscher oder der herrschenden Eliten beschrieben, entweder schon vorhandene Länder zu vereinheitlichen oder neu eroberte Länder in das Staatswesen einzubauen[11]. Der absolutistische Staat hat als Hauptanliegen das Abhobeln regionaler Besonderheiten, und Zentralismus und Regionalismus gehören zu den Kernbegriffen der modernen Verfassungsgeschichte. Die 1999 erschienene, eindrucksvolle Synthese von Wolfgang Reinhard über die Geschichte der Staatsgewalt bietet eine Fülle dazu passender Beobachtungen[12]. Dennoch gehen wir von der These aus, daß das Phänomen der politischen Integration eine weit ins Mittelalter zurückreichende Geschichte hat.

Könnte man nicht kritisch einwenden, daß die Mediävisten endlich auf einen fahrenden Zug aufspringen oder mit erhobenem Zeigefinger eine ferne Vorgeschichte der gegenwärtigen Verhältnisse postulieren? In einem gewissen Sinne ja, aber mit zwei erkenntnistheoretischen Feststellungen: Unsere Geschichtsbilder sind immer von aktuellen Fragestellungen und Wertungen bestimmt und der Ansatzpunkt des Erkenntnisinteresses ist die Gegenwart. Deshalb ist die Suche nach Analogien in der Vergangenheit einem besseren Verständnis des geschichtlich einzigartigen Zusammenschlusses politischer Einheiten im heutigen Europa förderlich. Andererseits ist die Erkenntnis der ganz anderen, der fremd gewordenen Welt, ist das Aufspüren der Alterität im Mittelalter im Hinblick auf die Jetztzeit eine überzeugende Rechtfertigung wissenschaftlicher Mediävistik.

Die beiden Reichenau-Tagungen betreten in einem gewissen Sinn mediävistisches Neuland. Selbstverständlich wurden Teilaspekte der politischen Integration in allen verfassungsgeschichtlich ausgerichteten Untersuchungen zur mittelalterlichen Geschichte mit

10) Staatliche Vereinigung: fördernde und hemmende Elemente in der deutschen Geschichte. Tagung der Vereinigung für Verfassungsgeschichte in Hofgeismar vom 13.3.–15.3.1995, hg. v. Wilhelm BRAUNEDER (Der Staat. Beih.12, 1998), darin Peter MORAW, S. 7–28.
11) Zum Beispiel: Wirtschaftliche und politische Integration in Europa im 19. und 20. Jahrhundert, hg. v. Helmut BERDING (Geschichte und Gesellschaft, Sonderheft 10, 1984); Thomas FRÖSCHL (Hg.), Föderationsmodelle und Unionsstrukturen. Über Staatsverbindungen in der frühen Neuzeit vom 15. bis zum 18. Jahrhundert (Wiener Beiträge für Geschichte der Neuzeit 21, 1994); Helga EMBACHER (u. a. Hg.), Vom Zerfall der Großreiche zur europäischen Union. Integrationsmodelle im 20. Jahrhundert (Mitteilungen des österreichischen Staatsarchivs, Sonderband 5, 2000).
12) Wolfgang REINHARD, Geschichte der Staatsgewalt. Eine vergleichende Verfassungsgeschichte Europas von den Anfängen bis zur Gegenwart (1999, 3. Aufl. 2002).

behandelt und politisches Wirken der Fürsten im Mittelalter zielte oft auf Landerwerb und Sicherung der Macht durch Versuche, eine effizientere Organisation der Herrschaft durch Integration der Einzelteile aufzubauen. Aber in der Zusammenschau der unterschiedlichsten Elemente in einer Zeit der vorstaatlichen oder frühstaatlichen Politik könnte ein Zuwachs historischer Erkenntnis erwartet werden. Die wesentliche Frage der beiden Tagungen bezog sich also auf das versuchte, gelungene, mißlungene, mit kriegerischen Mitteln oder auf friedlichem Weg erreichte Zusammenbinden von bestehenden politischen Einheiten – Königreichen, Fürstentümern, Ländern, Städten – zu einem größeren Ganzen, das über eine schlichte Personalunion hinausreicht. Zur Ausarbeitung der Referate wurden die folgenden Fragen angeboten: Unter welchen Voraussetzungen ist politische Integration überhaupt möglich? Gehört sie zu den Handlungsstrategien eines jeden Herrschers, der zwei schon bestehende Länder erwirbt? Welche Absichten verfolgt der Herrscher mit der politischen Integration? Handelt es sich um leichteres Herrschen? Sind vereinfachte Institutionen vorteilhaft? Lassen sich auf diese Weise die personellen und materiellen Ressourcen besser ausnützen? – Welches sind die Bedingungen für Erfolg oder Mißerfolg? – Welche gemeinsamen Institutionen werden bei den Integrationsbemühungen geschaffen? Besonders bei den spätmittelalterlichen Themen war zu fragen, inwieweit der institutionelle Flächenstaat im Unterschied zum älteren Personenverband andere Handlungsstrategien erforderte. Wie sind Adelsverbände oder Stände in diesem Sinn zu interpretieren? Sind sie selbst auch Träger von Integrationsbemühungen? – Kann man gezielte wirtschaftliche Maßnahmen feststellen? Welche Funktion kommt den Versuchen zu, Münze, Zoll und Wirtschaftsgesetze zu vereinheitlichen? – Wie ist die Vereinheitlichung von Recht und Gerichtsbarkeit zu beurteilen? Bieten übergeordnete Gerichtshöfe eine Geschichte von Erfolg oder von Mißerfolg? Welche Rolle kommt der Residenz und später der Hauptstadt bei den Integrationsbemühungen zu? Und selbstverständlich ist die Bedeutung von überregionalen Institutionen zu gewichten, also dem, was man später die Zentralbürokratie nennen wird. – Kommt es zur Verpflanzung oder zum Austausch von adeligen Eliten und anderen Herrschaftsträgern? Findet in diesem Bereich der k.k. österreichische Beamte oder der k.u.k. Offizier, der mit Sack und Pack, mit Kind und Kegel von Wien nach Czernowitz, von Olmütz nach Triest, von Innsbruck nach Kaschau, von Prag nach Sarajewo versetzt wurde, bevor er sich als Pensionist in Graz niederließ, sein fernes Vorbild? Lassen sich fürstliche Räte und andere Beauftragte des Herrschers in den verschiedenen Teilen des Herrschaftsgebietes wiederfinden? – Wie wird ein den Ländern übergeordnetes Gesamtbewußtsein gefördert? Damit wurden auch Fragen berührt, die schon Gegenstand einer Reichenau-Tagung über das Landesbewußtsein waren[13]. – Werden grenzüberschreitende, supranationale Institutionen wie die Kirche gezielt eingesetzt? Welche Rolle spielt die Einrichtung der Diözesanverfassung an den Rändern des Herrschaftsgebietes, in Bayern im 8. Jahrhundert,

---

13) Spätmittelalterliches Landesbewußtsein in Deutschland, hg. v. Matthias WERNER (VuF 61, 2005).

im Karolingerreich im 9., im ottonischen Sachsen im Osten? – Gibt es gemeinsam formulierte Aufgaben im Inneren, im Äußeren, die die Integration fördern, z. B. ein Kriegsunter-
nehmen? – Welche Repressionsmaßnahmen bei Gegnern der angestrebten Integration erweisen sich als zielführend, welche nicht? – Gibt es andere Mittel der Integration?

Die erste der beiden Tagungen, die sich eher den früh- und hochmittelalterlichen
Aspekten des Themas zuwandte, begann mit einem Kontrapunkt. Um die sehr aktuelle
Dimension unserer Frage zu unterstreichen, wurde Prof. Heinrich Neisser aus Wien um
einen Vortrag zu »Perspektiven und Probleme der politischen Integration in der Europäischen Union« gebeten. Es war dankenswert, daß sich der Verfassungsrechtler und ehe-
malige zweite Präsident des Österreichischen Nationalrates gewinnen ließ, aus seiner Erfahrung als Europa-Politiker und Rechtswissenschaftler, den ersten Abendvortrag zu
übernehmen. Bei der Formulierung der Themen der beiden Tagungen stellte sich die Frage,
ob das geographische oder das thematische Prinzip vorzuziehen wäre. Das traditionelle,
das geographische Gliederungsprinzip, erwies sich als vorteilhaft, weil auf diese Weise
Überschneidungen und Wiederholungen besser vermieden werden konnten. So umfaßt
unser Blick also die folgenden Bereiche: Das Karolingerreich, über dessen Einheit und
partikuläre Besonderheiten sich schon die damaligen Könige den Kopf zerbrachen; das
hochmittelalterliche Imperium mit seinen weit auseinander liegenden Teilen nördlich und
südlich der Alpen, über deren herrschaftliche Durchdringung seit dem berühmten
Sybel-Ficker-Streit ab 1859 diskutiert wurde; die angelsächsischen Königreiche und das
anglo-normannische Königreich. Den Historikern der lateinischen Christenheit tut es immer gut, einen vergleichenden Blick auf das byzantinische Reich zu werfen, dessen politische Integration stets vom Anatagonismus zwischen Hauptstadt und Peripherie bestimmt
war. Wie kam der König des Reiches in Süditalien und Sizilien, das in Gesamtdarstellungen oft als der am meisten entwickelte Staat bezeichnet wird, mit den regionalen Identitäten zurecht? Wie lagen die Verhältnisse in Aragón? Am erfolgreichsten waren wohl die
kapetingischen Könige des 12. bis 14. Jahrhunderts, die ererbten und eroberten und an-
derweitig erworbenen Territorien zu einer größeren Einheit zusammenzubinden.

Wer ein Handbuch der Verfassungsgeschichte aufschlägt, begegnet bei der Beschreibung spätmittelalterlicher Verfassung oft den Begriffen *Expansion, Dauerhaftigkeit, Konsolidierung* oder *Verfestigung, Durchdringung*, womit vor allem die Bemühungen der
Herrscher gemeint sind, ihren Territorien durch verschiedene Institutionen größere Stabilität zu verleihen, die zielgerichtetes politisches Handeln nach innen und außen erleichtern
sollte. Daß dieser Prozeß nicht geradlinig und teleologisch verlief, zeigen die Landesteilungen, die den eigentumsrechtlichen Herrschaftsanspruch der Dynastie unterstreichen.
Dies zeigen auch die fast überall aktiven Ständeversammlungen, deren Verhältnis zum
Herrscher alle Schattierungen von gehorsamster Unterwerfung bis zu selbstbewußter
Autonomie annehmen. Wie sind die Stände beim Übergang vom älteren Personenverband
zum institutionellen Flächenstaat im Sinn von Integrationsbemühungen zu interpretieren?

Seit wann gibt es so etwas wie Generalstände, die aus mehreren Ländern gebildet werden? Sind die Stände selbst auch Träger von Integrationsbemühungen?

Bei der Tagung, die den hoch- und spätmittelalterlichen Verhältnissen gewidmet war, begannen die Überlegungen mit dem spätmittelalterlichen Reich und insbesondere mit dem habsburgischen Österreich, das aus verständlichen Gründen der Ausgangspunkt der thematischen Überlegungen war. Das wittelsbachische Bayern scheint besonders gut die Dialektik zwischen patrimonial begründeten Herrschaftsteilungen und Integrationsbemühungen aufzuzeigen. Von den Luxemburgern haben wir schon früh gelernt, daß sie eine weit ausgreifende Hausmachtpolitik betrieben. Aber ob und wie sie die Reichsteile zusammenfügten, konnte man mit Spannung verfolgen. Ein Teil des wettinischen Herrschaftsbereiches, nämlich Thüringen, wurde als Paradigma für politische Integration, dynastische Teilungen und Landesbewußtsein vorgeführt. Einen Sonderfall haben wir auf jeden Fall bei der Schweizerischen Eidgenossenschaft vor uns, denn in allen anderen der untersuchten Fälle ist der Fürst das treibende Element bei der politischen Integration. Man konnte mit großem Interesse verfolgen, was die Kantone, die bekanntermaßen bis zum heutigen Tag der Hort der Autonomie sind, zusammenband. Der Druck von außen? Die bessere Einsicht, gefördert von ökonomischen Zwängen? Als das Musterbeispiel einer versuchten, in entscheidenden Bereichen gelungenen, durch den Schlachtentod Karls des Kühnen aber aufgehaltenen politischen Integration gilt das burgundische Staatswesen. Die Frage *Wie weit und wie tief?* verspricht einige Nuancierungen. Zwei Referate greifen nach Süden und Norden aus, wobei das venezianische Beispiel des Verhältnisses zwischen der Lagunenstadt und der Besitzungen der Terraferma die eine Seite abzudecken sucht und die Kalmarer Union von 1397 zwischen Dänemark, Norwegen, Schweden und Finnland die andere. Aber daß die politische Einheit nicht allein eine praktische Aufgabe der regierenden Fürsten darstellte, sondern Gegenstand der politischen Theorie war, erläuterte der Einleitungsvortrag der zweiten Tagung, der den Bogen von Johannes von Salisbury bis zu Nikolaus Cusanus spannt.

Auch am Ende dieser einleitenden Bemerkungen möge der Dank an alle Referenten und Teilnehmer an den intensiv geführten Diskussionen stehen. Besonderer Dank gilt Matthias Thumser und Heribert Müller, die die Fron auf sich nahmen, die jeweiligen Zusammenfassungen zu liefern. Auch diese sind als letzte Beiträge dieses Bandes abgedruckt.

Perspektiven und Probleme der politischen Integration in der Europäischen Union

VON HEINRICH NEISSER

DIE EUROPÄISCHE UNION AM SCHEIDEWEG

Nizza hat in einer eigenartigen Weise die europäische Landschaft verändert. Dabei wurde ein Paradoxon besonderer Art sichtbar. Obwohl der im Dezember 2000 in der französischen Rivierametropole unterzeichnete Vertrag, der die zweite Änderung des Unionsvertrages von Maastricht beinhaltet, noch immer nicht in Kraft getreten ist,[1] und es fraglich scheint, ob dies je der Fall sein wird, war er das auslösende Moment einer Debatte über die Zukunft der Europäischen Union. Nizza war unergiebig und wenig erfolgreich, das eigentliche Ereignis scheint in jener Dimension zu liegen, die den Namen »Post-Nizza-Prozess« trägt[2].

Offensichtlich hat die Europäische Union ihre Zukunft entdeckt. In einer in den Schlussakten der Konferenz von Nizza enthaltenen Erklärung zur »Zukunft der Union«[3] wird zu einer umfassenden Debatte aufgerufen, an der die Vertreter der nationalen Parlamente und der Öffentlichkeit, das heißt »Vertreter aus Politik, Wirtschaft und dem Hochschulbereich, Vertreter der Zivilgesellschaft, usw.« teilnehmen sollen. Auch die Einbeziehung der Beitrittskandidaten in diesen Diskurs ist vorgesehen.

Das unter belgischer Ratspräsidentschaft im Dezember 2001 stattgefundene Gipfeltreffen in Laeken setzte den Prozess der Zukunftsdebatte fort. Die grundlegenden Feststellungen sind in einer in den Schlussfolgerungen dieses Gipfeltreffens enthaltenen »Erklärung zur Zukunft der Europäischen Union« enthalten[4]. Der darin getroffene allgemeine Befund lautet: »Europa befindet sich am Scheideweg«. Nach fast fünfzig Jahren seit der Gründung der Europäischen Gemeinschaften sei die Vereinigung des europäischen

---

1) Der Vertrag von Nizza war im Zeitpunkt dieses Vortrages (1. Oktober 2002) noch nicht in Kraft getreten. Mittlerweile wurde der Ratifikationsprozess abgeschlossen (verlautbart im Amtsblatt der Europ. Gemeinschaften vom 10. März 2001, 2001/C80/01).

2) Vgl. Werner WEIDENFELD (Hg.), Nizza in der Analyse (2001).

3) Erklärung Nr. 31 zum Vertrag von Nizza, verlautbart im Amtsblatt der Europäischen Gemeinschaften vom 10. März 2001, 2001/C80/85.

4) Erklärung von Laeken zur Zukunft der Europäischen Union, Anlage 1 der Schlussfolgerungen des Europäischen Rates vom 14./15. Dez. 2001.

Kontinents nahe. Durch den Eintritt der mittel- und osteuropäischen Länder werde eines der dunkelsten Kapitel in der europäischen Geschichte abgeschlossen, nämlich der Zweite Weltkrieg und die damit erfolgte künstliche Teilung Europas. Europa sei am Weg, eine große Familie zu werden.

Die Erklärung von Laeken hebt drei zukünftige Herausforderungen besonders hervor:
– zum einen die demokratische Herausforderung der politischen Union, die verlange, dass die europäischen Institutionen näher an den Bürger herangebracht werden;
– zum zweiten die Rolle Europas in einer globalisierten Welt. Europa sei ein Kontinent, der durch menschliche Werte geprägt sei; die Europäische Union sei uneingeschränkt der Demokratie und den Menschenrechten verpflichtet. Europa müsse daher eine Kraft sein, die die Globalisierung innerhalb eines moralischen Rahmens verwirkliche und sie in Solidarität und dauerhafter Entwicklung verankere.
– drittens müssen die Erwartungen der Bürger Berücksichtigung finden. Der Bürger verlange ein klares, offenes, wirksames und demokratisch kontrolliertes Europa, das den Weg voran für die Welt weise.

Zur konkreten Durchführung des Zukunftsdiskurses beschloss der Europäische Rat in Laeken, einen Konvent einzusetzen. Er folgte damit einem Weg, der schon bei der Erarbeitung einer europäischen Grundrechtscharta beschritten wurde und der in diesem Fall Erfolg hatte. Hatte doch ein solcher Konvent den Text einer Grundrechtscharta erarbeitet, die am Vorabend des europäischen Gipfels in Nizza im Dezember 2000 in einer feierlichen Weise als politisches Dokument verkündet wurde. Der Konvent ist als Einrichtung in keiner Vertragsbestimmung vorgesehen, er wurde durch die politische Praxis eingesetzt und umfasst Vertreter von EU- Institutionen (Europäisches Parlament, Kommission) und von Organen der Mitgliedsstaaten (Regierungen und nationale Parlamente). Die Beitrittskandidaten nehmen am Konvent teil, können allerdings das Zustandekommen eines Konsenses unter den Vertretern der Mitgliedsstaaten nicht verhindern. Der Konvent soll Optionen erarbeiten oder Empfehlungen beschließen, wenn ein Konsens zu einer Frage besteht. Im Zentrum der Diskussionen des Konvents steht die Vorbereitung eines Textes einer Europäischen Verfassung.

Der Konvent soll die Regierungskonferenz des Jahres 2004 vorbereiten, in der grundsätzliche Reformen der bestehenden Verträge beabsichtigt sind[5]. Daß Reformen der Europäischen Union unbedingt notwendig sind, kann nicht mehr in Frage gestellt werden. Die Europäische Union befindet sich in einer bisher noch nie da gewesenen Koinzidenz der Änderungsnotwendigkeiten. Das vor nahezu fünfzig Jahren von sechs Gründungsstaaten[6] entwickelte System ist derzeit kaum noch für die fünfzehn Mitglieder anwendbar. Der Integrationsprozess hat eine Dichte erreicht, die immer mehr die Frage nach dem

---

5) Themen und Umfang der Reformen sind in der oben genannten Erklärung von Laeken beschrieben.
6) Die Territorien der sechs Gründerstaaten sind im wesentlichen ident mit dem Reich Karl des Großen.

endgültigen Ziel des europäischen Einigungsprozesses, nämlich nach dessen Finalität aufwirft. Darüber hinaus führt die Erweiterung zu neuen Raumbildern, die die Frage nach der europäischen Identität immer mehr in den Mittelpunkt stellen. Die Europäische Union ist zu einer Plattform weltpolitischer und sicherheitspolitischer Dimension geworden. Ihre Handlungsfähigkeit muss daher aus diesem Grund gewährleistet sein. Der wirtschaftliche Einigungsprozess scheint vollendet, seine Stabilität ist zu sichern. Die Währungsunion hat die Konvergenz der Fiskal- und Wirtschaftspolitik der Mitgliedsstaaten in das Zentrum gerückt und damit eine neue existenzsichernde Verantwortung übernommen.

Im Hinblick auf diese neuen Herausforderungen stellt sich mit Dringlichkeit die Frage, ob die bisherigen strategischen Vorstellungen und Verfahrensabläufe des europäischen Einigungsprozesses für die Zukunft ausreichen.

JEAN MONNET UND SEINE METHODE – REICHT DAS FÜR DIE ZUKUNFT?

Die Entstehungsgeschichte der Europäischen Gemeinschaften ist untrennbar mit den Namen Jean Monnet und Robert Schuman verknüpft. Monnet wurde als »inspirateur« und als »Ideengeber für die Amtsinhaber« angesehen. Sein Weg vom multinationalen Cognac-Händler zum europäischen Ehrenbürger spiegelt eine Karriere wieder, die immer nahe dem politischen Geschehen war, jedoch niemals zu einem Politiker im landläufigen Sinne führte. Als Koordinator für Rüstungskooperationen in beiden Weltkriegen, als stellvertretender Generalsekretär des Völkerbundes, als Generalsekretär des »commissariat au plan« nach dem Zweiten Weltkrieg und als Präsident der Hohen Behörde der Europäischen Gemeinschaft für Kohle und Stahl[7] besaß er politische Verantwortung, ohne selbst in die erste Reihe der Politiker zu treten. Er sah seine Aufgabe darin, transnationale Netzwerke zu schaffen, die Menschen zur Zusammenarbeit verpflichten. Der Untertitel seiner französischen Memoiren, der in der deutschen Übersetzung nicht aufgegriffen wurde, ist für ihn Programm und Verpflichtung des eigenen Handelns: »Nous ne coalisons pas des États, nous unissons des hommes«[8].

Monnets historische Rolle richtig zu bewerten erscheint nicht ganz einfach. Er kann zurecht als Mentor jenes integrationspolitischen Leitbildes angesehen werden, das wohl etwas unscharf ist und als Monnet-Methode bezeichnet wurde.[9] Monnet war eine Persönlichkeit, in der sich Visionen mit durchaus pragmatischen Umsetzungsvorstellungen verbanden. Seine Vision war die Schaffung einer europäischen Friedensordnung auf der

---

7) Die »Hohe Behörde« war im Institutionensystem der Gemeinschaft für Kohle und Stahl ursprünglich die Regierung. Später wurde sie zur Kommission umgewandelt.
8) Jean MONNET, Mémoires (1976).
9) Vgl. Wolfgang WESSELS, Jean-Monnet – Mensch und Methode. Überschätzt und überholt? (Institut für Höhere Studien Wien, Reihe Politikwissenschaft 74, Mai 2001).

Grundlage einer dauerhaften Versöhnung zwischen Frankreich und Deutschland und die Gründung einer europäischen Föderation. In den Vorstellungen war er Visionär, in der Umsetzung Realist. Er bevorzugte die »konkrete Solidarität der Tat«. Nicht allgemeine Grundsatzerklärungen, sondern möglichst konkrete Projekte sind die Basis des Integrationsprozesses. Sie verlangen einen begrenzten Akt der realen Souveränitätsübertragung auf die europäische Ebene.

Die Monnet'sche Methode wird allgemein als »ergebnisoffen« bezeichnet. Es werden gewisse Wegmarken gesetzt, das Endziel wird jedoch mit einigen allgemeinen Begriffen nicht näher definiert. Es ist dies eine Art »konstruktiver Mehrdeutigkeit«, die fruchtlosen Debatten über Grundsätze vorzuziehen ist. In der Politikwissenschaft hat man diese Konzeptentwicklung als »spill-over« Effekt bezeichnet. Monnet hat in seinem strategischen Denken der Wirtschaft immer einen besonderen Platz eingeräumt. Die Nutzung ökonomischer Instrumente verstand er auch als Hebel für politische Integrationsschritte. Konkrete Projekte der Wirtschaftspolitik werden für ihn wieder ein Instrument für einen Prozess, der zu einem politischen System der europäischen Integration führt. Das Ziel Monnets war eine Grundentscheidung für eine europäische Föderation als Friedensgemeinschaft, die auf einer deutsch-französischen Übereinstimmung als Kern der Einigungspolitik gründen soll.

Es muss aber auch darauf hingewiesen werden, dass die Methode Monnets gerade in letzter Zeit im Hinblick auf die Entscheidungsträger und deren Verfahren kritisiert wird. Die im Konsens getroffenen Elitenbeschlüsse sind nicht bürgernah. Parlamente und Bürger spielen in seiner Konzeptentwicklung keine Rolle. Allerdings entspricht der Ansatz der Monnet-Methode einem Konsensmodell, das die Trennlinien innerhalb der Union überwinden soll.

Zusammenfassend kann man sagen, dass die Methode Monnet mit verschiedenen Abwandlungen seit dem Schuman-Plan angewendet wird. Sie hat sich im europäischen Einigungsprozess als produktive Erfolgsformel bewährt.

Leitbilder der europäischen Integration

Die Geschichte des europäischen Einigungsprozesses ist eine Suche nach Leitbildern.[10] Leitbilder sollen den Bestand und die Zukunft der europäischen Integration sichern. Sie bestimmen eine gestellte Aufgabe und sind Maßstab für deren Umsetzung. Die Leitbild-

---

10) Das Konzept des Politischen Leitbildes wurde von Heinrich Schneider unter Bezugnahme auf Maurice Hauriou und Hermann Heller entwickelt. Es gibt in der Regel unterschiedliche oder sogar gegensätzliche Beschreibungen der politischen Wirklichkeit. Sie basieren auf unterschiedlichen Wahrnehmungen und führen oft zu unterschiedlichen Konstruktionen der Wirklichkeit (Heinrich Schneider, Leitbilder der Europapolitik 1: Der Weg zur Integration, [1975] S. 27f.). Am Beginn des europäischen Einigungsprozesses

debatte ist eng verbunden mit der Frage nach der Finalität, das heißt nach dem Endziel des europäischen Einigungsprozesses.

Im gegenwärtigen Zeitpunkt findet eine solche Auseinandersetzung in der Diskussion um eine Europäische Verfassung statt. Mit dem Schritt zur politischen Union durch den Vertrag von Maastricht begannen auch ein Nachdenken und ein Diskussionsprozess über eine konstitutionelle Ordnung der Union. Obwohl die bestehenden Verträge als »Verfassungsurkunde« angesehen werden können[11], hat die gegenwärtige Verfassungsdiskussion ein besonderes politisches Ziel. Werner Weidenfeld[12] hat schon im Jahr 1991 dieses Anliegen formuliert: »Die Verabschiedung der Verfassung der Europäischen Union ist ein zwingend notwendiger Schritt zu einer neuen Qualität der Europäischen Gemeinschaft.« Diese Verfassungsordnung müsse die Mitgliedsstaaten in einer »Föderations eigenen Typs, die in der Welt von Morgen bestehen könne, organisieren«. Die Kernfragen dabei sind: Wohin geht Europa, was sind seine Grenzen? Die Union muss neu begründet werden, Ziele und Grenzen des Integrationsablaufes sollen neu umschrieben werden.

In der politischen Praxis ist die Verfassungsdebatte mittlerweile zum Kürzel für Auseinandersetzungen über Strukturfragen des europäischen Einigungsprozesses geworden. Ihre Bandbreite ist bemerkenswert: Sie reicht von der Forderung nach textlicher Klarheit und Übersichtlichkeit der Verträge – also einer Art Rechtsbereinigung – bis zu den Vorstellungen einer Grundordnung, die als Katalog der wesentlichen Prinzipien und Elemente einer Union fungiert. Dazu gehören die Festschreibung allgemein verbindlicher Grundsätze, wie die Verankerung des Prinzips der Demokratie, des Rechtsstaates, und die Aufnahme eines Grundrechtskatalogs, Fragen einer klareren Kompetenzabgrenzung zwischen der Gemeinschaft und den Mitgliedsstaaten unter besonderer Berücksichtigung des Subsidiaritätsprinzips, einer umfassenden institutionellen Reform, sowie das Anliegen einer Demokratisierung der Strukturen des politischen Systems der Union.

Dem vor allem von der deutschen Staatsrechtslehre thematisierten Einwand[13], dass der Begriff einer Verfassung nur staatsbezogen verstanden werden könne und die Union mangels Staatscharakter daher keine Verfassung haben könne, wird in der Literatur immer stärker mit dem Hinweis entgegengetreten, dass auch eine supranationale Gemeinschaft eine konstitutionelle Grundordnung haben könne, die allerdings durch Besonderheiten charakterisiert sei[14].

---

war das dominierende integrationspolitische Leitbild die Friedenssicherung. Mit der Schaffung der Europäischen Wirtschaftsgemeinschaft wurde der Gemeinsame Markt das Leitbild kommender Jahrzehnte. Der integrationspolitische Fortschritt führt zu immer neuen Leitbildern, die akzeptiert werden müssen.

11) Im Erkenntnis vom 23. April 1986, Les Verts gegen Europäisches Parlament, Rs 222/84, 1339ff., sprach der Europäische Gerichtshof von einer »Charte constitutionelle de base«, also einer Verfassungsurkunde.

12) Werner WEIDENFELD (Hg.), Wie Europa verfasst sein soll – Materialien zur Politischen Union, Bertelsmann Stiftung (1991) S. 37.

13) So etwa Dieter GRIMM, »Braucht Europa eine Verfassung?«, Juristen-Zeitung 1995, S. 81.

14) Ulrich PREUSS, Auf der Suche nach Europas Verfassung, Transit 17 – Europäische Revue (1999) S. 159.

In diesem Zusammenhang wird immer darauf hingewiesen, dass eine Europäische Verfassung dem dynamischen Charakter der Gemeinschaftsentwicklung Rechnung tragen müsse. Staatliche Verfassungen müssen in erster Linie Stabilität und dauernde Wirkkraft der Institutionen gewährleisten; eine Europäische Verfassung müsse im Gegensatz dazu eine ständige Veränderung und Weiterentwicklung ermöglichen (»ever closer Union«). Dieses Erfordernis der Dynamik verlange einen Verfassungsrahmen, der Veränderungen ermöglichen und fördern soll. Sie müsse daher eine »Wandelverfassung« sein, die ein besonderes Maß an Flexibilität besitzt.

Eine weitere Besonderheit einer europäischen Verfassungsordnung ergibt sich aus dem Verhältnis zwischen der Europäischen Verfassung und den Verfassungen der Mitgliedsstaaten. Eine Europäische Verfassung steht zu den Konstitutionen der Nationalstaaten in einer komplementären Beziehung. Aus dieser Komplementarität ergibt sich ein gewisses Maß an Homogenität zwischen einer gemeinschaftlichen und den mitgliedsstaatlichen Grundordnungen.

Eigenheiten einer europäischen Grundordnung ergeben sich drittens aus den spezifischen Machtstrukturen der Gemeinschaft. Die für den klassischen Staat entwickelte Lehre von der Gewaltenteilung lässt sich für die Erklärung der Strukturen der Union höchstens partiell anwenden. Die Gemeinschaft ist vielmehr geprägt von einem Dualismus der Interessen, nämlich der Gemeinschaftsinteressen und der Interessen der Mitgliedsstaaten. Diese Zweiheit prägt das institutionelle System, in dem vor allem die Kommission Repräsentant der Gemeinschaftsinteressen ist, während der Rat durch seine Zusammensetzung die Wahrnehmung der Interessen der Mitgliedsstaaten widerspiegelt. Diese beiden Organe sind der institutionelle Kern, um den – in einem Mehrebenensystem verteilt – zahlreiche Interessengruppierungen angesiedelt sind. Die Vielheit verleiht der Gemeinschaft einen polyzentrischen Charakter, das heißt die Macht ist nicht in einem politischen Zentrum akkumuliert, sondern verteilt sich auf mehrere Akteure, für die die Koordination ihrer Interessen und ihrer Machtansprüche ein zentrales Anliegen ist.

Schließlich möchte ich noch auf die besondere Legitimationsproblematik hinweisen, die mit der Verfassungsdiskussion verbunden ist. Der europäische Integrationsprozess findet seine legitimatorische Rechtfertigung nicht nur in der Zustimmung der Eliten, sondern auch der Völker, die an diesem Einigungsvorgang teilhaben. Dabei ist die höhere Problemlösungsfähigkeit supranationaler Gemeinschaften im Vergleich zu den einzelnen Staaten ein entscheidendes Argument. Die Effizienz des Einigungsprozesses ist ein immer wieder zitierter Grund für die Notwendigkeit der europäischen Integration. Gegenüber der Gemeinschaft ist der Leistungs- und Erwartungsdruck größer als bei Staaten. Der erkennbare Erfolg wird zum Gradmesser der Gemeinschaftsentwicklung.

Durch die Einsetzung des Zukunftskonvents hat die Verfassungsdebatte neue Impulse erhalten. Mittlerweile erscheint es klar, dass der Konvent die Herausforderung der Ausarbeitung einer Verfassungstextes annehmen wird. Giscard d'Estaing, der Vorsitzende dieses Gremiums, hatte bereits in seiner Eröffnungsrede vor dem Konvent am 28. Februar

2002 davon gesprochen, dass der Konvent »den Weg in Richtung auf eine Verfassung für Europa« einschlagen müsse. Diese Verfassung müsse ein Verfassungsvertrag für Europa sein, das heißt eine Verfassung, in der die Mitgliedsstaaten als Vertragspartner nach wie vor die Herren der Verträge bleiben.

Mittlerweile hat der Konvent seine »Phase des Zuhörens« abgeschlossen. Er wird voraussichtlich nunmehr mit einer Diskussion über Sachthemen beginnen, die für die Europäische Verfassung relevant sind. Eine Ära eines Wettbewerbs von Verfassungsentwürfen bahnt sich an, die beiden größten Fraktionen im Europäischen Parlament, die Europäische Volkspartei und die Fraktion der Sozialdemokratischen Parteien Europas, haben ihre eigenen Verfassungskonzepte ausgearbeitet und vorgelegt. Eine »European Constitutional Group«, bestehend aus Juristen und Ökonomen unterstützt von der deutschen Friedrich Naumann Stiftung, will als eine Art »Schattenkonvent« die Arbeiten des Zukunftskonventes kritisch von außen begleiten. Wie immer die zukünftigen Entwicklungen verlaufen werden, man kann jedenfalls feststellen, dass das Thema der Europäischen Verfassung einen festen Platz auf der Tagesordnung der europäischen Reformdiskussion gefunden hat[15].

Die Macht der Institutionen

Die Schwierigkeiten, die Europäische Union mit Staaten oder mit anderen internationalen Organisationen zu vergleichen, ergeben sich vor allem aus den institutionellen Besonderheiten der Union. Die Diskussion über die Zukunft Europas befasst sich vorwiegend mit der Frage, welche institutionellen Voraussetzungen ein effektives und demokratisches Europa besitzen muss. Es wurde bereits darauf hingewiesen, dass die klassische Machtverteilungsregel – wie sie etwa durch die Gewaltenteilungstheorie artikuliert wurde – die institutionelle Struktur der Union nicht erklären kann. Das Institutionensystem der Union und der Gemeinschaften ist singulär und kann daher mit anderen internationalen Organisationen nicht verglichen werden. Es besitzt eine starke Dominanz gouvernementaler Einrichtungen. Der Rat der Minister als Repräsentativorgan der Regierungen der Mitgliedsstaaten ist der Antipode der Kommission, die als unabhängige Institution die Interessen der Gemeinschaft zu vertreten hat. Diese institutionelle Polarität von Regierungsinteressen ist im Laufe der Zeit durch eine parlamentarische Komponente ergänzt worden. Im ursprünglichen Konzept der Europäischen Gemeinschaften waren die nationalen Parlamente lediglich durch Delegierte in einer parlamentarischen Versammlung vertreten, die auf beratende Funktionen beschränkt war. Seitdem die Mitglieder des Europäischen Par-

---

15) Mittlerweile hat der Konvent seine Arbeiten beendet und am 13. Juni und 10. Juli 2003 den Entwurf eines Vertrages über eine Verfassung für Europa angenommen. Dieser Entwurf fand jedoch nicht die Zustimmung der nachfolgenden Regierungskonferenz.

laments erstmals im Jahre 1979 von den Völkern der Mitgliedsstaaten auf der Basis des allgemeinen und direkten Wahlrechtes gewählt wurden, ist das Europäische Parlament zur unmittelbar demokratisch legitimierten Institution im Institutionengefüge der Gemeinschaft geworden. Seit damals befindet es sich in einem Aufholprozess. Heute ist es ein politischer Gestaltungsfaktor innerhalb der Union geworden. Es besitzt im besonderen durch das sogenannte Mitentscheidungsverfahren die Möglichkeit, rechtsetzende Akte zu mindestens durch ein Veto zu blockieren[16]. Damit ist es zu einem wesentlichen Faktor im europäischen Rechtssetzungsprozess geworden.

Die Diskussion um die Institutionenreform ist Ausdruck des Ringens um eine neue Machtverteilung innerhalb des sogenannten institutionellen Dreiecks, nämlich der Kommission, des Rates und des Europäischen Parlaments. Ziel ist die Aufrechterhaltung eines institutionellen Gleichgewichtes. Die Stellung der Kommission und ihre Rolle als eine Art europäischer Regierung steht in einem natürlichen Spannungsfeld zum Rat, der Stimme der Mitgliedsstaaten. Die Fragestellung ist klar: Will man eine stärkere Gemeinschaft, braucht man eine starke Kommission, die mit Recht den Titel einer europäischen Regierung verdient. Die Kommission als europäische Regierung oder als bloßes Sekretariat des Rates – das ist hier die Frage.

Das Europäische Parlament, das als Volksvertretung immer mächtiger wurde, befindet sich nicht nur in einem Spannungsfeld der Interessen zur Kommission und zum Rat, es hat auch in den nationalen Parlamenten einen neuen Konkurrenten erhalten. Die nationalen Parlamente haben bei der Ratifikation der Änderungsverträge der Union und der Gemeinschaften eine gewisse Machtbefugnis. Jede Vertragsänderung bedarf der Ratifikation durch die Parlamente der Mitgliedsstaaten. Darüber hinaus gewannen diese stärkeren Einfluss im europäischen Willenbildungsprozess. Seit dem Ende der 80iger Jahre besitzen nämlich die nationalen Parlamente eine Kooperationsplattform, die eine intensivere Mitwirkung am politischen Geschehen der Union ermöglicht. Diese »Conférence des organes spécialisés dans les affaires communautaires« (COSAC) hat seit dem Vertrag von Amsterdam gewisse Informations- und Konsultationsrechte, die eine Mitwirkung vor allem bei der Schaffung eines Raumes der Freiheit, Sicherheit und Gerechtigkeit, sowie bei der Anwendung des Subsidiaritätsprinzips und in Menschenrechtsangelegenheiten möglich machen[17].

Die Debatte über die Institutionenreform betrifft allerdings auch eine Einrichtung, die nicht als Organ im eigentlichen Sinne angesehen wird, jedoch für den Integrationsfortschritt eine außergewöhnliche Verantwortung besitzt. Es ist dies der Europäische Rat. Dieser Rat wurde aus der politischen Praxis heraus entwickelt und hat die Funktion eines strategischen Leitungsorgans der Union. Nach Artikel 4 des Unionsvertrages setzt er sich

16) Das Mitentscheidungsverfahren findet vor allem im gesamten Bereich des Binnenmarktes Anwendung.
17) Protokoll über die Rolle der einzelstaatlichen Parlamente in der Europäischen Union (1997), dem Vertrag von Amsterdam angeschlossen.

aus den Staats- und Regierungschefs der Mitgliedsstaaten und dem Präsidenten der Kommission zusammen. Die Außenminister der Mitgliedsstaaten haben eine assistierende Rolle. Im Unionsvertrag sind die Aufgaben des Europäischen Rates wie folgt umschrieben: Er gibt »der Union die für die Entwicklung erforderlichen Impulse und legt die allgemeinen politischen Zielsetzungen für diese Entwicklung fest.« (Art. 4 des Vertrages über die Europäische Union). Diese richtungsweisende Funktion wird vom Europäischen Rat gegenwärtig kaum mehr wahrgenommen. Er beschäftigt sich in seinen Tagesordnungen mit Dutzenden von Einzelproblemen. Aus diesem Grunde erscheint es notwendig, ihn wieder zu seiner Rolle als strategisches Leitorgan zurückzuführen und zum »Impulsgeber« des europäischen Einigungsprozesses zu machen.

Eine Rückführung des Europäischen Rates auf seine originären Aufgaben würde voraussichtlich die Entscheidungsfindung in den grundsätzlichen strategischen Fragen nicht erleichtern, sie würde aber die politische Verantwortung transparenter machen, die für die europäische Einigung bestimmend ist.

ZUKUNFTSCHANCE FÖDERALISMUS

Die Ambivalenz des Begriffes Föderalismus in der europäischen Diskussion ist offenkundig. Für die einen ist es die Finalität schlechthin, für andere jedoch geradezu ein »terminus horribilis«. Man verbindet mit dem ominösen »F-Wort« durchaus unterschiedliche Vorstellungen.

Eine Episode aus der Entstehungsgeschichte des Vertrages von Maastricht offenbart, wie unterschiedlich die Beziehungen zum Begriff des Föderalismus in der Europäischen Union sind. Die luxemburgische Präsidentschaft bereitete im Juni 1991 einen Vertragsentwurf vor, in dem die europäischen Integration als »a process leading to a Union with federal goal« beschrieben wurde. Die Reaktion des damaligen britischen Außenministers Douglas Hurd kam prompt, er unterstrich, dass sein Land »not intend to be committed to the implications which, in the English language, the phrase »federal goal« carries«. Allerdings war das Problem nicht nur ein linguistisches. Ein britischer Europarlamentarier formulierte in der »Financial Times« im Juni 1991 die britische Ablehnung des »F-Wortes« in kompromissloser Weise:

> *On the continent, federalism is a harmless label, neither exciting nor controversial. In Britain it carries connotations of unspeakable disloyalty and unmentionable perversity.*

Vor allem in der konservativen Partei Großbritanniens gab es äußerst negative Assoziierungen des Föderalismus, der mit einer übergeordneten Machtzentralisierung in Brüssel gleichgesetzt wurde. Der damalige Premierminister John Major sprach sich gegen die Festschreibung eines »federal goal« aus. Auch der von der folgenden niederländischen Präsidentschaft vorgelegte Vorschlag, anstelle von »federal goal« von »federal vocation« zu sprechen, fand keine Gnade vor den Augen der Briten. Als Kompromissvorschlag wurde im Vertrag von Maastricht als finales Ziel »an ever closer Union« verankert. Die Abneigung der Briten gegen das »F-Wort« hinderte sie allerdings nicht daran, der Verankerung des Subsidiaritätsprinzips im Vertrag über die europäische Gemeinschaft zuzustimmen.[18]

Die Auseinandersetzungen über den Begriff des Föderalismus können allerdings nicht darüber hinwegtäuschen, dass die föderalistische Perspektive zu den wesentlichen Zukunftsdimensionen im Integrationsprozess gehört. Das traditionelle Modell des Bundesstaates kann zu dieser Debatte allerdings wenig beitragen. In der neueren Europaforschung werden die klassischen Integrationsmodelle des Bundesstaates einerseits und des Staatenbundes andererseits immer weniger als Erklärungsmodell angewendet[19]. Schon das deutsche Bundesverfassungsgericht in Karlsruhe hat in seiner im Zusammenhang mit dem Vertrag von Maastricht ergangenen grundsätzlichen Entscheidung vom 12. Oktober 1993[20] festgestellt, dass die Union weder als Bundesstaat noch als Staatenbund anzusehen sei, sondern vielmehr als ein »Staatenverbund sui generis«. Die Union lässt sich mit ihrem eigenständigen Rechtssystem schwer in schablonenhafte Formeln wie Staatenbund oder Bundesstaat einordnen. Sie ist bis heute kein Staat geworden. Sie hat keine Regierung, die parlamentarisch voll verantwortlich ist, sie hat keine Volksvertretung mit abschließender Rechtssetzungskompetenz und besitzt keine Instrumente der direkten Demokratie.

Die politikwissenschaftliche Forschung erklärt das Wesen der Union mit der Idee eines »multi-level governance«, wohl in der Erkenntnis, dass die europäische Integration nicht mehr in den üblichen Begriffen und Kategorien der internationalen Beziehungen analysiert werden kann. Die herkömmliche Außenpolitik zwischen den europäischen Staaten nimmt durch die europäische Integration immer stärker die Züge der Innenpolitik an. Die politischen Entscheidungsprozesse der Europäischen Union werden immer mehr zum Gegenstand der Innenpolitik. Diese Verflechtung zwischen europäischen und nationalen Entscheidungsverfahren nimmt ständig zu.

18) Das Subsidiaritätsprinzip ist durch den Vertrag von Maastricht als generelles Prinzip für die Abgrenzung zwischen Zuständigkeiten der Gemeinschaft und der Mitgliedstaaten verankert worden. Art 5, 2. Absatz des Gemeinschaftsvertrages bestimmt folgendes: »In den Bereichen, die nicht in ihre ausschließliche Zuständigkeit fallen, wird die Gemeinschaft nach dem Subsidiaritätsprinzip nur tätig, sofern und soweit die Ziele der in Betracht gezogenen Maßnahmen auf Ebene der Mitgliedstaaten nicht ausreichend erreicht werden können und daher wegen ihres Umfangs oder ihrer Wirkung besser auf Gemeinschaftsebene erreicht werden können«.
19) Herbert SCHAMBECK, Österreichs Föderalismus und Parlamentarismus in der Zeit der Europäischen Union, in: Wilhelm BRAUNEDER/Elisabeth BERGER (Hg.), Repräsentation in Föderalismus und Korporativismus (1998) S. 131–148.
20) B Verf G 89, 155. Dieses Urteil gilt nur für Deutschland, wurde aber häufig auf europäischer Ebene diskutiert.

Föderale Strukturen sind eine wesentliche Zukunftsperspektive eines europäischen Großgebildes. Dies wird nach Vollendung der sogenannten Osterweiterung noch deutlicher werden. Eine Union, die fünfundzwanzig bis dreißig Mitgliedsstaaten umfasst, ist das Paneuropa der Zukunft, das als föderalistisches Gebilde den Pluralismus seiner Teile widerspiegeln und gewährleisten muss[21].

Der föderale Charakter der Union findet seinen Ausdruck in einer gemeinsamen Symbolik. Die Europäische Union hat eine gemeinsame Hymne, die der Ode an die Freude in Beethovens Neunter Symphonie eine europäische Dimension verliehen hat. Die Europäische Union hat auch einen Nationalfeiertag. Was für die Franzosen der 14. Juli (Sturm auf die Bastille) ist, für die Deutschen der 3. Oktober (Tag der deutschen Einheit), ist für die Europäische Union der 9. Mai. An diesem Datum hat der französische Außenminister Robert Schuman im Jahr 1950 im Uhrensaal des Quai d'Orsay seinen Plan vorgestellt, der zunächst zu einer Zusammenlegung der Kohle- und Stahlproduktion in einer Gemeinschaft führte, die die erste konkrete Grundlage für eine »europäische Föderation war, die unerlässlich zur Bewahrung des Friedens« sein sollte.

Die Europäische Union besitzt ein Sternenbanner, einheitliche Pässe und Führerscheine, eine Hauptstadt und – was wesentlich erscheint – geschützte Außengrenzen. Und sie besitzt seit kurzem überdies eine gemeinsame Währung. Alle diese Attribute machen die Union noch nicht zu einem Bundesstaat. Sie sind aber ein Grund dafür, dass sie als eine Einheit wahrgenommen wird, die über eine Konföderation hinaus reicht.

Der Ruf nach einer europäischen Föderation ertönt immer wieder. Allerdings verbindet man damit immer weniger die Schaffung eines europäischen Bundesstaates, sondern meint vielmehr eine »Föderation von Nationalstaaten«, in der die Souveränität zwischen Europa und den Mitgliedsstaaten geteilt wird. Dieses Modell hat der deutsche Außenminister Joschka Fischer als Ziel in einer Rede am 12. Mai 2000 an der Humboldt Universität in Berlin empfohlen. Seiner Meinung nach könne eine Föderation nur auf der Grundlage einer vertraglichen Souveränitätsteilung bei Fortbestand der Nationalstaaten erfolgreich sein. Dieser Souveränitätsteilung müsse auch die institutionelle Ordnung Rechnung tragen. Das Europäische Parlament müsse daher das Europa der Nationalstaaten und das Europa der Bürger repräsentieren. Um dies zu erreichen, müsse es aus zwei Kammern bestehen: die erste Kammer sollte durch gewählte Abgeordnete besetzt werden, die gleichzeitig Mitglieder nationaler Parlamente sind. Eine zweite Kammer sollte entweder nach einem Senatsmodell mit direktgewählten Senatoren der Mitgliedsstaaten organisiert werden oder als eine Staatenkammer analog zum deutschen Bundesrat.

Hinsichtlich einer europäischen Exekutive stellt Fischer eher unscharf zwei Möglichkeiten zur Diskussion: entweder man entwickelt den Europäischen Rat zu einer euro-

---

21) Herbert SCHAMBECK, Europäische Integration und Föderalismus, Österreichische Juristen-Zeitung 1996, Heft 14/15, S. 521–537.

päischen Regierung, die aus den nationalen Regierungen heraus gebildet wird, oder man folgt der Struktur der bestehenden Kommission, wobei der Präsident dieser Kommission direkt gewählt und mit weitreichenden exekutiven Befugnissen ausgestattet werden soll.

Föderalisierungstendenzen innerhalb der Union finden nicht nur ihren Ausdruck in Überlegungen über eine zukünftige Föderation; sie beziehen sich vor allem auch auf die Vertretung föderaler (oder besser gesagt regionaler) Interessen im politischen System der Europäischen Union. Die Stellung der Regionen ist durch den europäischen Integrationsprozess in den Mitgliedsstaaten gestärkt worden[22]. Die Regionen haben seit dem Vertrag von Maastricht im sogenannten Ausschuss der Regionen eine institutionalisierte Interessensvertretung, die allerdings lediglich beratende Funktion besitzt. Daneben haben sich allerdings de facto in Brüssel zahlreiche Einrichtungen etabliert, die regionales Lobbying betreiben. Die politische Position regionaler Einheiten wird in Zukunft innerhalb der Europäischen Union sicher noch an Bedeutung zunehmen. Vor allem verschiedene Formen der transnationalen regionalen Kooperation werden die regionale Landschaft innerhalb der Europäischen Gemeinschaft in Zukunft merklich ändern.

DIE KULTURPOLITISCHE HERAUSFORDERUNG

Der europäische Einigungsprozess ist ohne Bewusstsein einer kulturellen Verbundenheit nur schwer vorstellbar. Dieses Problem wurde erst relativ spät erkannt. Kulturpolitik war lange Zeit keine Gemeinschaftsaufgabe. Sie hat erst durch den Vertrag von Maastricht innerhalb der Gemeinschaftspolitik einen neuen Stellenwert erhalten. Die kulturelle Identität als Element eines europäischen Bewusstseins fand im Artikel 128 des Vertrages über die europäische Gemeinschaft (seit dem Vertrag von Amsterdam Artikel 151) eine ausdrückliche Erwähnung. Dadurch wurde die Gemeinschaft verpflichtet, einen Beitrag zur Entfaltung der Kulturen der Mitgliedsstaaten »unter Wahrung ihrer nationalen und regionalen Vielfalt« einerseits, aber auch bei gleichzeitiger Hervorhebung des »gemeinsamen kulturellen Erbes« andererseits zu leisten[23].

Diese Vertragsbestimmung ist die Grundlage für eine große Zahl von Förderungsprogrammen in den Bereichen der Literatur, Architektur und der bildenden Künste. Meiner Meinung nach ist allerdings dieser Artikel auch der harte Kern einer Verpflichtung, europäische Geschichte bewusst zu machen. Die Gemeinschaft hat die Zusammenarbeit zwischen den Mitgliedsstaaten zu unterstützen und zu ergänzen, im Besondern zur »Verbes-

---

22) Herbert SCHAMBECK, Zur Bedeutung der föderalen und regionalen Dimension in der Europäischen Union – Ein Beitrag aus österreichischer Sicht, in: Das Recht in Zeit und Raum – FS für Martin Leutl (1998) S. 445–464.

23) Dieser sogenannte Kulturartikel belässt die Kulturpolitik in der Zuständigkeit der Mitgliedsstaaten. Die Europäische Gemeinschaft hat nur eine »unterstützende und ergänzende« Zuständigkeit.

serung der Kenntnis und Verbreitung der Kultur und Geschichte der europäischen Völker«. Aus diesem Text des Vertrages ergibt sich, dass die Kenntnis der eigenen Geschichte eine Voraussetzung für die Entwicklung der kulturellen Identität ist. Historisch reflektiertes Wissen und Urteil schaffen kulturelle Identität. Die Beschäftigung mit der Geschichte führt zum Nachdenken über die eigene Herkunft und Identität. Der Geschichtsunterricht muss eine europäische Dimension erhalten, die die geistigen Wurzeln Europas in ihrer Gesamtheit offen legt. Die Sichtbarmachung und Bewahrung des kulturellen Erbes verlangt eine Aufarbeitung und Verarbeitung der eigenen Geschichte. Eine kritische Auseinandersetzung mit der eigenen Geschichte erscheint als ein wesentliches Element eines Bewusstseinserzeugungsprozesses. Daher ist die immer wieder beschworene »Vergangenheitsdiskussion« für den europäischen Einigungsprozess unverzichtbar.

Europäische Kultur erscheint als Paradoxon. Einerseits ist sie eine vertraute Kultur mit vielen verschiedenen Ausprägungen, andererseits begegnet sie ständig dem »Anderen«. Sie ist eine Verflechtung von Eigenem und Fremdem und vereinigt Anteile vieler Kulturen. Daher braucht Europa den kulturellen Austausch und die Erfahrung dieses Austausches als gemeinsame Kultur.

DER ZWANG ZUR EUROPÄISIERUNG

Europa ist nach wie vor ein »Europa der Nationen«, das immer wieder zitierte Bild vom gemeinsamen Haus sollte besser durch ein gemeinsames Dorf, das aus vielen Häusern besteht, ersetzt werden. Aber die Vielfalt der Häuser wird homogener, sie werden zunehmend europäischer. In der wissenschaftlichen Beurteilung wird der Integrationsprozess nach bestimmten Parametern bewertet. Dabei stehen vor allem fortschreitende institutionelle Verflechtungen und eine Vergemeinschaftung der Politikbereiche im Zentrum. Darüber hinaus lässt sich jedoch ein Phänomen einer Europäisierung feststellen, das kaum messbar ist und nicht in konkreten Indikatoren ausgedrückt werden kann. Europäisierung spricht eine mentalitätsbezogene Dimension an. Sie führt zu einer Erweiterung des Wahrnehmungshorizontes und des politischen Handlungsspielraums durch europäisches Denken. Europäisierung bedeutet Angleichung und Anpassung; Ziele der europäischen Einigung werden Elemente nationaler politischer Entscheidungsprozesse und beeinflussen persönliches Verhalten. Schließlich umfasst Europäisierung einen Lernprozess, der zu einem antizipatorischen Denken verpflichtet.

Wie weit die Union auf diesem Weg vorangeschritten ist, ist – wie bereits ausgeführt - schwer zu beurteilen. In der öffentlichen Wahrnehmung pendelt Europa zwischen Europa-Euphorie und Europa-Skeptizismus. Vielen erscheint die Irreversibilität des europäischen Einigungsprozesses als Chance, für andere wieder wird sie eher als Hypothek ihrer Zukunft empfunden.

Lassen sie mich mit einem Zitat von Hermann Hesse schließen, der einmal meinte: »Der Gedanke, Europa als ideale Zukunftseinheit könnte etwa eine Vorstufe zu einer geeinigten Menschheit bedeuten, wird, wie jeder Cosmopolitismus, zur Zeit schroff abgelehnt und ins Reich der poetischen Träume verwiesen.« Die Skepsis, die aus den Worten Hesses spricht, erscheint zumindestens gemindert zu sein. Europa ist nicht mehr eine Einheit der poetischen Träume, es ist eine politische Realität geworden, die zwar nicht ein zwingendes Modell einer geeinigten Menschheit ist, mit dem aber viele Hoffnungen verbunden werden. Der Gedanke der europäischen Einigung besitzt nach wie vor eine außergewöhnliche Attraktivität, er ist ein unverzichtbares Element menschlichen und gesellschaftlichen Fortschrittes.

Die Einheit des Karolingerreiches als praktisches Problem und als theoretische Forderung

VON RUDOLF SCHIEFFER

Von Einheit pflegt stets die Rede zu sein, wenn es gilt, die bleibende historische Bedeutung des karolingischen Großreiches zu würdigen. In den Augen des rückblickenden Betrachters kommt der zweiten fränkischen Königsdynastie und zumal Karl dem Großen, dem »Vater Europas«[1], das Verdienst zu, nicht bloß ihre Macht vom Ebro bis zum Plattensee und von der Eider bis zum Volturno ausgebreitet, sondern in diesem weiten Raum auch einheitliche Grundlagen künftiger Entwicklung gelegt zu haben, die zum gemeinsamen Erbe der lateinisch-christlichen Völker geworden sind[2]. Josef Fleckenstein hat in einem großen Überblick eine Phase der Integration des Reiches bis exakt zum Jahre 829 abgegrenzt von nachfolgender Desintegration, dabei aber gebührend betont, daß sich der Zerfall auf die politische Herrschaft beschränkt habe und die »Einheit der westlichen Christenheit« bzw. die »Gemeinsamkeit der westlichen Kultur« erhalten geblieben sei[3]. Das ist noch zurückhaltend geurteilt, denn das von der Forschung beobachtete nachhaltig wirksame Einheitsstreben der Karolinger hat sich nicht allein auf Kirche und Kultur erstreckt, sondern auch die Entwicklung von Recht und Verwaltung, das Heerwesen und die Münzprägung bis hin zu Maßen und Gewichten erfaßt. Auf allen diesen Feldern zeigen sich Er-

---

1) Vgl. Hubert MORDEK, Karl der Große – barbarischer Erorberer oder Baumeister Europas?, in: Deutschland in Europa. Ein historischer Rückblick, hg. von Bernd MARTIN (1992) S. 23–45; Franz-Reiner ERKENS, Karolus Magnus – Pater Europae? Methodische und historische Problematik, in: 799 – Kunst und Kultur der Karolingerzeit. Karl der Große und Papst Leo III. in Paderborn. Katalog der Ausstellung 1, hg. von Christoph STIEGEMANN/Matthias WEMHOFF (1999) S. 2–9; Rudolf SCHIEFFER, Carlo Magno: Padre d'Europa, in: Carlo Magno a Roma (2001) S. 46–51.
2) Vgl. Nascita dell'Europa ed Europa carolingia: un'equazione da verificare (Settimane di studio del Centro italiano di studi sull'alto medioevo 27, 1981); Wilfried HARTMANN, Das Karolingerreich als Grundlage der europäischen »Einheit in Vielfalt«, in: Der europäische Gedanke. Hintergrund und Finalität, hg. von Reinhard C. MEIER-WALSER/Bernd RILL (2000) S. 34–49.
3) Josef FLECKENSTEIN, Das Großfränkische Reich: Möglichkeiten und Grenzen der Großreichsbildung im Mittelalter, HZ 233 (1981) S. 265–294 (auch in: DERS., Ordnungen und formende Kräfte des Mittelalters. Ausgewählte Beiträge [1989] S. 1–27), Zitat S. 294 (27).

scheinungen, die noch lange nach dem Erlöschen der Dynastie das karolingisch gewesene Europa im ganzen vom nicht-karolingischen abheben[4].

Mit Bedacht wähle ich zum Auftakt den Blickwinkel der Retrospektive, um die Größenordnung und die Vielschichtigkeit dessen zu umreißen, was in modernen Augen die Integrationsleistung der Karolinger ausmacht und wegen seiner Evidenz ebenso oft wie einvernehmlich beschrieben worden ist. Demgegenüber soll im folgenden das Augenmerk mehr auf die handelnden Herrscher seit König Pippin gerichtet werden, die ihre langfristigen Erfolgsaussichten noch nicht übersehen konnten. Zu prüfen ist die Frage nach der Veranlassung, den Maßstäben und dem Zweck der einzelnen Schritte, die die Reichseinheit gefördert haben oder jedenfalls von der Forschung so verstanden werden. Inwieweit ist tatsächlich erkennbar, daß man sich am Hof von Fall zu Fall an dem übergreifenden und relativ abstrakten Ziel orientierte, den Zusammenhalt, gar die Integration des rasch gewachsenen Riesenreiches zu befördern, dessen Völker sich in Sprache und Kultur, sozialen Strukturen und zivilisatorischem Niveau doch recht erheblich unterschieden? Welchen Rang nahm gegebenenfalls das Bemühen um (wie auch immer definierte) Einheit im Verhältnis zu anderen Absichten ein, die die Herrscher bei ihren Anordnungen zu erkennen gaben? Und wieso ist schließlich diese Einheit, wenigstens im politischen Sinne, gescheitert trotz allen Eifers, der ihrer Herstellung gegolten zu haben scheint? Um in diesen Fragen weiterzukommen, muß man sich schon vorab bewußt machen, daß die verschiedenen inneren Reformen, die hierfür Beachtung verdienen, nicht im großen Zusammenhang und gleichartig, sondern auf recht unterschiedliche Weise überliefert sind: zum einen nämlich durch Kapitularien und andere normative Texte, die viel über die Intentionen und nichts über die Wirkungen mitteilen, zum anderen durch Sachzeugnisse wie Handschriften oder Münzen, die quantifizierbare Effekte andeuten, aber über die Beweggründe für ihre Häufung schweigen.

In einem ersten Schritt ist zu bedenken, daß Pippin und Karl der Große angesichts der sich überschlagenden Erfolge in Aquitanien, Italien, Sachsen und Bayern zunächst mehr an die Sicherung der eigenen Machtstellung als gleich an die Schaffung einer umfassenden Reichseinheit zu denken hatten. Aus diesem Grunde haben sie ziemlich schnell Truppen aus eben erst unterworfenen Regionen auf anderen Kriegsschauplätzen aufgeboten, so etwa Karl 778 beim Feldzug nach Spanien nebeneinander Burgunder und Austrasier, Bayern und Provenzalen, Aquitanier und Langobarden, oder ab 791 gegen die Awaren Sachsen und Thüringer, Friesen, Franken und Langobarden[5]. Sicherlich kann man darin die

---

4) Vgl. Timothy REUTER, Introduction: Reading the Tenth Century, in: The New Cambridge Medieval History 3: c. 900–c. 1024, hg. von Timothy REUTER (1999) S. 1–24, sowie die gesamte Konzeption des Bandes, die auf der Unterscheidung von »Post-Carolingian Europe« (einschließlich Englands) und »Non-Carolingian Europe« beruht.

5) Vgl. Erich ZÖLLNER, Die politische Stellung der Völker im Frankenreich (Veröffentlichungen des Instituts für Österreichische Geschichtsforschung 13, 1950) S. 224; Jean François VERBRUGGEN, L'armée et la

Anfänge einer supragentilen karolingischen Reichsarmee erblicken, doch dürfte für den Frankenkönig im Vordergrund gestanden haben, seine militärische Schlagkraft durch diese Verstärkungen zu erhöhen und zugleich Unruhen in den Herkunftsgebieten den Nährboden zu entziehen. In vergleichbarer Weise sind die zweimaligen Vereidigungen aller Freien auf die Treue zum König bzw. Kaiser Karl in den Jahren 789 und 802 zu verstehen[6]. Hier ging es weniger darum, einen einheitlichen Rechtsstatus der gesamten Reichsbevölkerung einzuführen, als allen und zumal den Großen ihr Dasein als zur Loyalität verpflichtete Untertanen einzuschärfen, nachdem Mitverschwörer des aufständischen Grafen Hardrad 786 die Behauptung riskiert hatten, ohne Treueid auch keine Treue leisten zu müssen. Nicht die horizontale, genossenschaftliche Verbandsbildung untereinander (wie Jahrzehnte später in Coulaines gegenüber Karl dem Kahlen) prägte den Vorgang, sondern die vertikale Bindung an den karolingischen Oberherrn, der damit übrigens zugleich ein Element merowingischer Herrschaftspraxis zu seinen Gunsten wiederbelebte.

Einer bewährten Machttechnik entsprach auch die Entstehung der von Gerd Tellenbach zuerst so bezeichneten Reichsaristokratie[7]. Wie schon die frühen Arnulfinger aus gesundem politischen Instinkt anderen vornehmen Familien aus der austrasischen Nachbarschaft Anteil am räumlichen Wachstum der eigenen Hoheit bis nach Neustrien und darüber hinaus verschafft hatten, war auch die starke Expansion des 8. Jahrhunderts verbunden mit dem Einrücken vornehmer Franken in maßgebliche Positionen Alemanniens, Bayerns, Italiens, Mainfrankens und Sachsens, wo sie und ihre Nachkommen sich zu ganz wesentlichen Stützen der Herrschaft entwickelten, bis einige von ihnen gegen Ende des 9. Jahrhunderts darangingen, die dem Aussterben nahen Karolinger in verschiedenen Reichsteilen abzulösen. Daß sich dieses Geflecht großer Familien mit weitreichenden Verbindungen in hochkarolingischer Zeit tatsächlich stabilisierend für die Reichseinheit ausgewirkt hat, sei nicht bezweifelt, doch kann dies auf einem konzeptionellen Entschluß der Karolinger schon deshalb nicht beruhen, weil die Ausformung jener Reichsaristokratie sich über Generationen hinzog und aus vielen persönlich-familiären Entscheidungen resultierte, die zentraler Steuerung entzogen waren. Nicht von ungefähr ist das Gesamtphänomen nirgends im Bewußtsein der zeitgenössischen Quellen anzutreffen und eigentlich

stratégie de Charlemagne, in: Karl der Große. Lebenswerk und Nachleben 1: Persönlichkeit und Geschichte, hg. von Helmut BEUMANN (1965) S. 420–436, hier S. 429.

6) Vgl. Matthias BECHER, Eid und Herrschaft. Untersuchungen zum Herrscherethos Karls des Großen (VuF Sonderband 39, 1993).

7) Gerd TELLENBACH, Königtum und Stämme in der Werdezeit des Deutschen Reiches (Quellen und Studien zur Verfassungsgeschichte des Deutschen Reiches in Mittelalter und Neuzeit 7/4, 1939) S. 41ff.; vgl. Karl Ferdinand WERNER, Bedeutende Adelsfamilien im Reich Karls des Großen, in: Karl der Große 1 (wie Anm. 5) S. 83–142 (auch in: DERS., Vom Frankenreich zur Entfaltung Deutschlands und Frankreichs. Ursprünge – Strukturen – Beziehungen [1984] S. 22–81); Josef FLECKENSTEIN, Adel und Kriegertum und ihre Wandlung im Karolingerreich, in: Nascita (wie Anm. 2) S. 67–94 (auch in: DERS., Ordnungen [wie Anm. 3] S. 287–306).

ein Abstraktionsprodukt moderner Historiker. Eher einem nüchternen Machtkalkül als bewußtem Einheitsstreben dürfte selbst noch das Institut der Königsboten zuzuschreiben sein, die von Karl mit außerordentlichen Befugnissen ausgesandt wurden, um den regionalen Machthabern auf die Finger zu sehen und Beschwerden aufzugreifen, also bedenklicher Mißstimmung vorzubeugen und des Königs Gerechtigkeit in besseres Licht zu rükken[8]. Kaum zufällig traten sie übrigens als fest umrissenes Herrschaftsinstrument erst in den Jahren in Erscheinung, da Karl sich ständig in Aachen niederließ. Soweit *missi* freilich ihr Augenmerk der Befolgung zentral verordneter Reformerlasse widmeten (was nicht leicht exakt zu belegen ist), wäre ihr Dienst an der Einheit höher zu veranschlagen.

Dem ausdrücklichen Bemühen um Festigung oder gar Steigerung der Reichseinheit kommt nach verbreiteter Ansicht ein gutes Stück näher, wer sich den Bestrebungen Pippins, Karls des Großen und Ludwigs des Frommen nach Besserung der kirchlichen Zustände und des Bildungswesens zuwendet[9]. Allerdings ist in den programmatischen Verlautbarungen aus Karls Königszeit – also der *Admonitio generalis*, der *Epistola de litteris colendis* und der *Epistola generalis*[10] – nirgends von Einheit die Rede, umso mehr aber von schweren Mißständen und Fehlentwicklungen, die zu beheben man Gott schuldig sei. Daß die geforderte Ausmerzung der vielen Divergenzen in liturgischen Büchern, im Gebrauch der lateinischen Sprache oder im Verständnis der patristischen Klassiker letztlich zu einer Vereinheitlichung auf höherem Niveau führen würde, klingt einzig dort an, wo die *Admonitio generalis* vom Kirchengesang mitteilt, hier habe bereits Pippin den *cantus Romanus* verordnet »wegen des Einklangs mit dem apostolischen Stuhl und der friedlichen Eintracht in der heiligen Kirche Gottes« *(ob unanimitatem apostolicae sedis et sanctae Dei aeclesiae pacificam concordiam)*[11]. Davon abgesehen dominiert völlig der Ruf nach *emendatio* in lauter einzelnen Bereichen.

Mustert man vor diesem Hintergrund das breite Spektrum karolingischer Kirchenreform und Bildungserneuerung, so zeigen sich zunächst einige Aspekte, bei denen schon von der Sache her eine zentrale Lenkung zum Zweck wünschenswerter Einheit schwer-

---

8) Vgl. Karl Ferdiand WERNER, Missus – Marchio – Comes. Entre l'administration centrale et l'administration locale de l'Empire carolingien, in: Histoire comparée de l'administration (IVᵉ–XVIIIᵉ siècles), publ. par Werner PARAVICINI/Karl Ferdinand WERNER (Beihefte der Francia 9, 1980) S. 191–239 (auch in: DERS., Vom Frankenreich [wie Anm. 7] S. 108–156); Jürgen HANNIG, Pauperiores vassi de infra palatio? Zur Entstehung der karolingischen Königsbotenorganisation, MIÖG 91 (1983) S. 309–374.

9) Vgl. Josef FLECKENSTEIN, Die Bildungsreform Karls des Großen als Verwirklichung der norma rectitudinis (1953); Raymund KOTTJE, Einheit und Vielfalt des kirchlichen Lebens in der Karolingerzeit, ZKG 76 (1965) S. 323–342; Philippe DEPREUX, Ambitions et limites des réformes culturelles à l'époque carolingienne, Revue historique 307 (2002) S. 721–753.

10) Vgl. Josef FLECKENSTEIN, Bemerkungen zu den Bildungserlassen Karls des Großen und zum Verhältnis von Reform und Renaissance, in: Società, istituzioni, spiritualità. Studi in onore di Cinzio Violante 1 (1994) S. 345–360.

11) Admonitio generalis c. 80, in: MGH Capit. 1, ed. Alfred BORETIUS (1883) S. 61.

lich in Betracht kommt. Die Entwicklung und Ausbreitung der karolingischen Minuskel gehört dazu; sie wurde nirgends angeordnet und ist als Leistung verschiedener Skriptorien allein aus den paläographischen Befunden zu erschließen[12]. Auch die zunehmende Rückkehr zu klassischen Sprachnormen des Lateins, ablesbar an der wachsenden Textproduktion im 9. Jahrhundert, folgte keiner Vorschrift, sondern hat sich im Verlauf mehrerer Generationen aus intensiverem Studium antiker Vorbilder ergeben[13]. Schulen, die dazu verhalfen, und Bibliotheken, die die Resultate aufbewahrten, lassen sich immerhin auf generelle Anregungen wie die genannten Bildungserlasse zurückführen, fußten in jedem Einzelfall aber auf lokalen Bemühungen in einem gewandelten geistigen Klima[14]. Eine Vereinheitlichung von nicht geringer Tragweite stellt ferner die schon in den 740er Jahren geforderte und bis zum Tode Karls erreichte flächendeckende Einführung der Metropolitanverfassung dar, die fraglos von den Dimensionen des Großreichs begünstigt wurde, aber (nach unserer Kenntnis) auf keiner zentralen Weisung beruhte[15].

Stärker ins Gewicht fällt in unserem Zusammenhang, daß Karl sich für wesentliche Bereiche des christlichen Lebens Mustertexte aus Rom beschaffte oder von seiner gelehrten Umgebung erarbeiten ließ, um sie zur Verdrängung schlechterer und voneinander abweichender Exemplare in Umlauf zu bringen[16]. Für die Homiliensammlung, die Paulus Diaconus im Auftrag des Königs aus Schriften der Kirchenväter zusammenstellte, ist das Begleitschreiben erhalten, mit dem Karl das fertige Werk »den frommen Lesern, die unserer Hoheit unterworfen sind« (*religiosis lectoribus nostrae ditioni subiectis*) anempfahl[17]. Über

---

12) Vgl. David GANZ, The Preconditions for Caroline Minuscule, Viator 18 (1987) S. 23–44; DERS., Temptabat et scribere. Vom Schreiben in der Karolingerzeit, in: Schriftkultur und Reichsverwaltung unter den Karolingern. Referate des Kolloquiums der Nordrhein-Westfälischen Akademie der Wissenschaften am 17./18. Februar 1994 in Bonn, hg. von Rudolf SCHIEFFER (Abhandlungen der Nordrhein-Westfälischen Akademie der Wissenschaften 97, 1996) S. 13–33.

13) Vgl. Michel BANNIARD, Viva voce. Communication écrite et communication orale du IVᵉ au IXᵉ siècle en Occident latin (1992) S. 305ff.; Vivien LAW, The study of grammar, in: Carolingian culture: emulation and innovation, hg. von Rosamond MCKITTERICK (1994) S. 88–110.

14) Vgl. Bernhard BISCHOFF, Die Bibliothek im Dienste der Schule, in: La scuola nell'occidente latino dell' alto medioevo (Settimane di studio del Centro italiano di studi sull'alto medioevo 19, 1972) S. 385–415 (auch in: DERS., Mittelalterliche Studien 3 [1981] S. 213–233); M. M. HILDEBRANDT, The External School in Carolingian Society (Education and Society in the Middle Ages and Renaissance 1, 1992); Philippe DEPREUX, Büchersuche und Büchertausch im Zeitalter der karolingischen Renaissance am Beispiel des Briefwechsels des Lupus von Ferrières, AKG 76 (1994) S. 267–284.

15) Vgl. Heinrich BÜTTNER, Mission und Kirchenorganisation des Frankenreiches bis zum Tode Karls des Großen, in: Karl der Große 1 (wie Anm. 5) S. 454–487.

16) Vgl. Rudolf SCHIEFFER, »Redeamus ad fontem«. Rom als Hort authentischer Überlieferung im frühen Mittelalter, in: Roma – Caput et Fons. Zwei Vorträge über das päpstliche Rom zwischen Altertum und Mittelalter (1989) S. 45–70; Arnold ANGENENDT, Libelli bene correcti. Der »richtige Kult« als ein Motiv der karolingischen Reform, in: Das Buch als magisches und als Repräsentationsobjekt, hg. von Peter GANZ (Wolfenbütteler Mittelalter-Studien 5, 1992) S. 117–135.

17) MGH Capit. 1 (wie Anm. 11) Nr. 30 (S. 80f.).

den Auftrag an Alkuin zur Revision der lateinischen Bibel berichtet nur dieser selbst an einer Briefstelle[18], doch ist das Unternehmen auch durch seine handschriftliche Resonanz
faßbar. Freilich hat die sog. Alkuin-Bibel eine ganze Weile gebraucht, um im Frankenreich
vorherrschende Verbreitung zu finden, und ist jedenfalls auch in den jüngsten Evange-
liaren der Hofschule aus Karls Zeit nicht berücksichtigt, weshalb von einer förmlichen
Einführung durch den Kaiser kaum gesprochen werden kann. Zur Erneuerung (und damit potentiell Vereinheitlichung) der Liturgie nördlich der Alpen erbat sich Karl um 784
von Papst Hadrian ein römisches Sakramentar, das fortan an seinem Hof als »authen-
tisches« Exemplar für Abschriften bereit gehalten wurde, jedoch wegen zahlreicher Lük-
ken und eingeschränkter Gebrauchsfähigkeit erst rund 30 Jahre später von Benedikt von
Aniane um mehr als das Doppelte ergänzt werden mußte, bevor dieses Gregorianum-
Hadrianum eine durchaus beschränkte Verbreitung im Frankenreich fand[19]. Fühlbar mehr
Erfolg hatte die 774 in Rom von Papst Hadrian an Karl überreichte erweiterte Kirchen-
rechtssammlung des Dionysius Exiguus, die bereits wörtlich in die *Admonitio generalis*
von 789 einging und mit Dutzenden noch heute erhaltenen Abschriften aus dem 9. Jahrhundert zur am stärksten rezipierten Quelle des kanonischen Rechts aufstieg, freilich auch
ohne je offiziell approbiert worden zu sein[20].

   Eine von den Karolingern zentral verordnete Norm stellt dagegen die Benedikt-Regel
dar. Nachdem sie schon unter dem Hausmeier Karlmann dank angelsächsischem Einfluß
ausdrücklich empfohlen worden war, beschaffte sich Karl 787 aus Montecassino eine Abschrift des vermeintlichen Originals und setzte sie seither in verschiedenen Verlautbarungen als Richtschnur des Mönchtums schlechthin voraus[21]. Noch energischer bot Ludwig
der Fromme seine Autorität auf, damit, wie die Aachener Synode von 816 im 1. Kapitel
formulierte, die erschienenen Äbte diese Regel in ihren Klöstern »Wort für Wort durch-
nähmen« (*per singula verba discutientes*) und für deren allgemeine Befolgung sorgten[22].

---

18) Alkuin, Brief 195, in: MGH Epp. 4, ed. Ernst DÜMMLER (1895) S. 322f.; vgl. Bonifatius FISCHER, Die
Alkuin-Bibeln, in: DERS., Lateinische Bibelhandschriften im frühen Mittelalter (Vetus Latina. Aus der Geschichte der lateinischen Bibel 11, 1985) S. 203–403.

19) Vgl. Jean DESHUSSES, Le sacramentaire grégorien. Ses principales formes d'après les plus anciens manuscrits 1: Le sacramentaire, le supplément d'Aniane (²1979).

20) Vgl. Hubert MORDEK, Kirchenrechtliche Autoritäten im Frühmittelalter, in: Recht und Schrift im
Mittelalter, hg. von Peter CLASSEN (VuF 23, 1977) S. 237–255; Wilfried HARTMANN, Karl der Große und das
Recht, in: Karl der Große und sein Nachwirken. 1200 Jahre Kultur und Wissenschaft in Europa 1, hg. von
Paul BUTZER/Max KERNER/Walter OBERSCHELP (1997) S. 173–192.

21) Vgl. Josef SEMMLER, Karl der Große und das fränkische Mönchtum, in: Karl der Große. Lebenswerk
und Nachleben 2: Das geistige Leben, hg. von Bernhard BISCHOFF (1965) S. 255–289; Joachim WOLLASCH,
Benedictus abbas Romensis. Das römische Element in der frühen benediktinischen Tradition, in: Tradition
als historische Kraft. Interdisziplinäre Forschungen zur Geschichte des früheren Mittelalters, hg. von Norbert KAMP/Joachim WOLLASCH (1982) S. 119–137.

22) Synodi primae Aquisgranensis decreta authentica (816), ed. Josef SEMMLER, in: Corpus consuetudinum
monasticarum 1 (1963) S. 457; vgl. Josef SEMMLER, Benedictus II: una regula – una consuetudo, in: Bene-

Nach den Worten der Vita Benedikts von Aniane sollte erreicht werden, daß »so wie allen ein Gelübde gemeinsam war, auch für alle Klöster eine einzige heilsame Gewohnheit geschaffen werde« (*sicut una omnium erat professio, fieret quoque omnium monasteriorum salubris una consuetudo*)[23]. Dem entsprach, daß bei derselben Gelegenheit allgemein verbindliche »Institutionen« für nicht-monastisch lebende Kanoniker und Kanonissen dekretiert wurden, die der Kaiser sogleich in Rundschreiben an die einzelnen Metropoliten zur öffentlichen Verkündung, Erläuterung und schriftlichen Weiterverbreitung versandte, verbunden mit der Ankündigung, daß Königsboten nach einem Jahr die Ausführung überprüfen würden. Die erstaunlich hohe Zahl überlieferter Kopien zumindest der *Institutio canonicorum* bürgt für die Effektivität dieser Reformmaßnahme[24].

Ohne Zweifel tritt im Bemühen Ludwigs und seiner geistlichen Berater um klare Unterscheidung von Mönchen und Kanonikern ein dezidiertes Bedürfnis nach Einheitlichkeit zutage, das an Zielbewußtsein alle Zeugnisse der Karlszeit übertrifft. Umso mehr verdient Beachtung, in welchem Bezugsrahmen diese Reformen von den Beteiligten gesehen wurden. Dazu liest man im Prolog der *Institutio canonicorum*, die Synode habe in Aachen »über die Besserung der heiligen Kirche Gottes« (*de emendatione sanctae Dei ecclesiae*) beratschlagt und dem himmlischen Schöpfer gedankt, der ihr zum Sachwalter (*procurator*) einen so frommen und so gütigen »Herrscher seiner heiligen Kirche« (*ecclesiae suae sanctae principem*) vorangestellt habe[25], mithin Ludwig den Kaiser, der hier nicht als Gebieter eines Reiches, sondern der Kirche hingestellt wird und für deren Einheit sorgt. Dies scheint mir nun ganz wesentlich für das Verständnis der karolingischen Reformen auf geistlich-kulturellem Gebiet zu sein, auch wenn es vor 816, soweit ich sehe, nicht mit der-

dictine Culture 750–1050, hg. von Willem LOURDAUX/Daniel VERHELST (Mediaevalia Lovaniensia, Series I, 11, 1983) S. 1–49; Pius ENGELBERT, Benedikt von Aniane und die karolingische Reichsidee. Zur politischen Theologie des Frühmittelalters, in: Cultura e spiritualità nella tradizione monastica, hg. von Gregorio PENCO (Studia Anselmiana 103, 1990) S. 67–103.

23) Ardo, Vita Benedicti abbatis Anianensis et Indensis c. 36, ed. Georg WAITZ, in: MGH SS 15/1 (1887) S. 215; vgl. Josef SEMMLER, Benediktinische Reform und kaiserliches Privileg. Zur Frage des institutionellen Zusammenschlusses der Klöster um Benedikt von Aniane, in: Institutionen und Geschichte. Theoretische Aspekte und mittelalterliche Befunde, hg. von Gert MELVILLE (Norm und Struktur 1, 1992) S. 259–293; Dieter GEUENICH, Kritische Anmerkungen zur sogenannten »anianischen Reform«, in: Mönchtum – Kirche – Herrschaft 750–1000, hg. von Dieter R. BAUER/Rudolf HIESTAND/Brigitte KASTEN/Sönke LORENZ (1998) S. 99–112.

24) Institutio canonicorum Aquisgranensis, Institutio sanctimonialium Aquisgranensis, in: MGH Conc. 2/1, ed. Albert WERMINGHOFF (1906) S. 308–421, 421–456; vgl. Josef SEMMLER, Die Kanoniker und ihre Regel im 9. Jahrhundert, in: Studien zum weltlichen Kollegiatstift in Deutschland, hg. von Irene CRUSIUS (Veröffentlichungen des Max-Planck-Instituts für Geschichte 114, 1995) S. 62–109; Thomas SCHILP, Norm und Wirklichkeit religiöser Frauengemeinschaften im Frühmittelalter. Die Institutio sanctimonialium Aquisgranensis des Jahres 816 und die Problematik der Verfassung von Frauenkommunitäten (Veröffentlichungen des Max-Planck-Instituts für Geschichte 137, 1998).

25) Institutio canonicorum, Prologus, in: MGH Conc. 2/1 (wie Anm. 24) S. 312.

selben Deutlichkeit ausgesprochen wurde: Die um den würdigen *cultus divinus*, um die Bildung des Klerus, um die kanonische Ordnung, ja sogar um die Reinheit des Glaubens besorgten großfränkischen Herrscher stellten entgegenstehende, in unseren Augen meist historisch bedingte »Mißstände« ab, um ein überall gleichermaßen gottgefälliges kirchliches Leben zu gewährleisten, das seinerseits als notwendige Bedingung für Bestand und Zukunft des ihnen und ihren Nachkommen von Gottes Gnade verliehenen Reiches angesehen wird[26]. Die Einheit dieses Reiches, das ohnehin deckungsgleich mit dem größten Teil der lateinischen Christenheit ist, verblaßt dahinter als eigenständige Zweckbestimmung. Schon vor zwanzig Jahren hat Johannes Fried von den »Schwierigkeiten der Zeitgenossen« gesprochen, den Reichsbegriff »substanziell zu füllen«, und gezeigt, daß sich *ecclesia* im 9. Jahrhundert stattdessen als »Verstehensmodell für das Gesamt der politischen Ordnung« aufdrängte[27].

Blicken wir mit diesen Erfahrungen auf jene Felder karolingischer Herrschaftspraxis, die sich nach modernem Verständnis eher weltlich ausnehmen, so kommt vor allem die relativ gut dokumentierte Rechtspolitik in Betracht. Den herkömmlichen Pluralismus der Volksrechte hat Karl der Große nicht beseitigt, sondern weiter verfestigt, indem er als Kaiser dafür sorgte, daß die noch ungeschriebenen Überlieferungen mancher Völker ebenfalls aufgezeichnet wurden[28]. Einhard, der davon berichtet, hebt freilich stärker Karls Wunsch hervor, in den Gesetzen seines Volkes, der Franken, Fehlendes zu ergänzen, Widersprüchliches auszugleichen (*discrepantia unire*) und Verkehrtes zu verbessern, meint dann aber, außer ein paar unvollständigen Zusätzen zu den *leges* habe der Kaiser in dieser Hinsicht nichts vollbracht[29]. Tatsächlich hatte sich Karl jedoch schon seit 779 in den neuartigen Kapitularien ein Instrument für supragentile Verordnungen geschaffen, das besser als die von Fehlern gereinigten Volksrechte geeignet war, die Integration des Großreiches zu fördern[30]. Genutzt hat er es indes ganz vornehmlich wieder für Anliegen der Kirchenreform, die mit Wendungen aus dem kanonischen Recht oder direkt aus der Bibel weniger den Franken als dem »Volk Gottes« (*populus Dei*) oder auch dem »christlichen Volk« (*populus Christianus*) eingeschärft wurden[31]. Nach 800 nahmen im gesteigerten Selbst-

26) Vgl. Nikolaus STAUBACH, »Cultus divinus« und karolingische Reform, FmSt 18 (1984) S. 546–581; Arnold ANGENENDT, Karl der Große als »rex et sacerdos«, in: Das Frankfurter Konzil von 794. Kristallisationspunkt karolingischer Kultur 1, hg. von Rainer BERNDT (Quellen und Abhandlungen zur mittelrheinischen Kirchengeschichte 80, 1997) S. 255–278.

27) Johannes FRIED, Der karolingische Herrschaftsverband im 9. Jh. zwischen »Kirche« und »Königshaus«, HZ 235 (1982) S. 1–43, Zitate S. 16, 18.

28) Vgl. Rosamond McKITTERICK, The Carolingians and the written word (1989) S. 37ff.

29) Einhard, Vita Karoli Magni c. 29, ed. Oswald HOLDER-EGGER (MGH SS rer. Germ., 1911) S. 33; vgl. HARTMANN, Karl der Große (wie Anm. 20) S. 176f.

30) Vgl. Hubert MORDEK, Fränkische Kapitularien und Kapitulariensammlungen, in: DERS., Studien zur fränkischen Herrschergesetzgebung (2000) S. 1–53.

31) Admonitio generalis (wie Anm. 11), Praefatio und c. 62 (S. 53, 62); vgl. Helmut BEUMANN, Unitas ecclesiae – unitas imperii – unitas regni. Von der imperialen Reichseinheitsidee zur Einheit der regna, in: Na-

bewußtsein des Kaisertums Karls wortreiche Darlegungen geradezu predigthafte Züge an, was Wilfried Hartmann kürzlich von seiner »Absicht« hat sprechen lassen, »die göttlichen Gebote unmittelbar zu gültigem Recht in seinem Reich zu machen«[32]. Gewiß kamen daneben auch profane Regelungsbedürfnisse zur Geltung, die sich naturgemäß nicht auf die Christenheit, sondern den politischen Organismus des *regnum Francorum* bezogen, aber globale Appelle oder Bekenntnisse zur Reichseinheit waren nicht darunter.

Man dachte in diesen Belangen viel konkreter und ersparte es sich im allgemeinen, durch weit ausholende Begründungen einen übergreifenden Zusammenhang herzustellen; für manchen innenpolitischen Schritt von großer Tragweite fehlt uns sogar völlig eine normative Grundlage, die entweder nicht überliefert oder nie formuliert worden ist. Zu den in erhaltenen Kapitularien wenigstens beiläufig bezeugten Reformen Karls mit vereinheitlichender Tendenz gehört die Beschränkung der für alle Freien verpflichtenden Gerichtstermine[33], während die Institutionalisierung des Schöffenwesens strenggenommen durch überhaupt kein explizites Zeugnis verfügt (und damit auch nicht motiviert) ist, sondern lediglich aus Bestimmungen über die Tätigkeit der *scabinei* bald nach 800 erschlossen werden kann[34]. Ganz analog kennen wir auch keine Vorschriften zur Einführung und Ausbreitung der Grafschaftsverfassung, sondern allenfalls Bestimmungen in Kapitularien, die eine Gliederung des Reiches in Grafschaften voraussetzen[35]. Das *Capitulare de villis*, dessen Geltungsbereich lange umstritten war, beansprucht, die Verwaltung und Nutzung der königlichen Güter überregional zu vereinheitlichen, indem es ganz praktisch lauter Regelungen zur Abstellung angetroffener Mißstände aufreiht[36]. Eine allgemeine Heeresreform Karls des Großen wird aus Kapitularien der Jahre 807/08 abgeleitet, in denen ohne nähere Begründung die Pflicht zum Ausrücken an ein bestimmtes Mindesteinkommen gebunden wird, was vermutlich nur eine längst eingetretene Entwicklung legalisierte[37]. Kaum besser ist die Bezeugung der Erneuerung des Münzwesens durch Übergang zu einem reichs-

scita (wie Anm. 2) S. 531–571, hier S. 535f. (auch in: Ders., Ausgewählte Aufsätze aus den Jahren 1966–1986 [1987] S. 3–43, hier S. 7f.).

32) Hartmann, Karl der Große (wie Anm. 20) S. 183; vgl. auch Thomas Martin Buck, Admonitio und Praedicatio. Zur religiös-pastoralen Dimension von Kapitularien und kapitulariennahen Texten (507–814) (Freiburger Beiträge zur mittelalterlichen Geschichte 9, 1997).

33) Capitula Francica c. 4, in: MGH Capit. 1 (wie Anm. 11) S. 214; vgl. zur Sache Jürgen Weitzel, Dinggenossenschaft und Recht. Untersuchungen zum Rechtsverständnis im fränkisch-deutschen Mittelalter (Quellen und Forschungen zur höchsten Gerichtsbarkeit im Alten Reich 15, 1985) S. 777, zur Überlieferung Hubert Mordek, Bibliotheca capitularium regum Francorum manuscripta. Überlieferung und Traditionszusammenhang der fränkischen Herrschererlasse (MGH Hilfsmittel 15, 1995) S. 38.

34) Vgl. Weitzel, Dinggenossenschaft (wie Anm. 33) S. 775ff.

35) Vgl. Hans K. Schulze, Die Grafschaftsverfassung der Karolingerzeit in den Gebieten östlich des Rheins (Schriften zur Verfassungsgeschichte 19, 1973) S. 304.

36) Capitulare de villis. Cod. Guelf. 254 Helmst. der Herzog August Bibliothek Wolfenbüttel, ed. Carlrichard Brühl (1971).

37) Vgl. Fleckenstein, Adel (wie Anm. 7) S. 84ff. (299ff.).

weit geprägten schweren Silberdenar – eine wahrhaft folgenschwere Maßnahme des großen Karl, von der im Frankfurter Kapitular von 794 in dem Sinne die Rede ist, daß die (offenbar schon vorhandenen) *novi denarii* »an jedem Ort, in jeder Stadt und an jedem Han-
delsplatz« (*in omni loco, in omni civitate et in omni empturio*), übrigens ohne Bezug auf
die Reichsgrenzen, kursieren und von jedermann akzeptiert werden sollten[38]. Der Erfolg
wird von der numismatischen Forschung eindrucksvoll bestätigt, weshalb auch die im selben Kapitular festgehaltene, schwerer nachprüfbare Einführung eines neuen Hohlmaßes
für Getreide, den *modius publicus*, die anscheinend von der Geldreform sachlich bedingt
war, als glaubhaft und wirksam gelten darf.

Ludwig der Fromme, der, anfangs zumindest, den Vater an konsequentem Eifer für das
Wohl der Kirche noch übertraf, folgte ihm bis 829 auch auf dem Wege der inneren Reformen, die der Reichseinheit zugute kamen, soweit sie sich durchsetzten[39]. Über eine entsprechend umfassende Zielsetzung findet sich indes in den begründenden Sätzen seiner
Kapitularien kaum mehr als in denen Karls. Dies beharrliche Schweigen kann nicht allein
der Ungunst der Überlieferung angelastet werden, sondern berechtigt doch wohl zu dem
Schluß, daß die Wahrung und Steigerung der Reichseinheit, also in moderner Terminologie die Integration, als solche für diese Herrscher und ihre Umgebung kaum ein bewußtes
Handlungsziel gewesen ist, sondern als die objektiv eingetretene Konsequenz vieler sub-
jektiv anders begründeter Einzelmaßnahmen eingeschätzt werden muß. Das ist weniger
befremdlich, als es zunächst klingen mag, denn der tiefere Grund liegt darin, daß den Karolingern die Reichseinheit eigentlich ganz selbstverständlich oder jedenfalls nicht durch
profane Strukturunterschiede der diversen *regna* gefährdet erschien. Seit dem rasch
niedergeschlagenen Aufstand des Hrodgaud in Friaul, der 776 (angeblich) das langobardische Königtum hatte wiederherstellen wollen, gab es im weiten Reich Karls und Ludwigs keinerlei Anzeichen für Separatismus, dem man mit einer vorausschauend verein-
nahmenden Politik hätte begegnen müssen oder wollen. Das fast völlig auf Aachen fixierte
Herrscheritinerar zwischen 795 und 822 zeigt, wie wenig das Bedürfnis bestand, durch
persönlichen Umritt den einzelnen Reichsteilen ihr gemeinsames Regiment vor Augen zu
führen[40]. Nicht ein politisches Kalkül solcher Art, sondern störende Divergenzen in der
Ordnung und liturgischen Praxis der Kirche, die Bedrückung der unteren Schichten, Klagen über Ungerechtigkeiten vor Gericht oder Beeinträchtigungen des Handels durch
Münzvielfalt waren Beweggründe zum entschlossenen Einschreiten des Kaisers, der im

---

38) Capitulare Francofurtense c. 5, in: MGH Conc. 2/1 (wie Anm. 24) S. 166; vgl. Harald WITTHÖFT, »De-
narius novus«, »modius publicus« und »libra panis« im Frankfurter Kapitulare. Elemente und Struktur einer materiellen Ordnung in fränkischer Zeit, in: Das Frankfurter Konzil (wie Anm. 26) S. 219–252.
39) Vgl. Gerhard SCHMITZ, Zur Kapitulariengesetzgebung Ludwigs des Frommen, DA 42 (1986) S. 471–
516; Egon BOSHOF, Ludwig der Fromme (1996) S. 110ff.
40) Vgl. Rudolf SCHIEFFER, Vor 1200 Jahren: Karl der Große läßt sich in Aachen nieder, in: Karl der Große
(wie Anm. 20) S. 3–21.

übrigen hoffnungslos überfordert gewesen wäre, hätte er sich im Sinne des heutigen Grundgesetzes die »Einheitlichkeit der Lebensverhältnisse« in seinem Reich zum Ziel gemacht. Selbst dessen Aufteilung unter mehrere Erben war, solange diese einig blieben, für Karl den Großen nichts Erschreckendes, hat er doch selbst 806 in der *Divisio regnorum* eine solche Zukunft vorgezeichnet, die nur wegen des frühen Todes zweier seiner Söhne nicht Realität geworden ist[41]. Was Bestand und Einheit des Reiches wirklich in Frage zu stellen vermochte, war im übrigen durch noch so viel Integration nicht aus der Welt zu schaffen, nämlich äußere Feinde und Zwist im Herrscherhaus.

Beide Faktoren zusammen haben, wie man weiß, das fränkische Großreich im weiteren Verlauf des 9. Jahrhunderts in den Ruin getrieben und das Problem der Reichseinheit in ungekannter Grundsätzlichkeit zum allgemeinen Bewußtsein gebracht. Dabei ging es freilich um etwas durchaus anderes als das bislang Erörterte: nicht um den inneren Zusammenhalt der unterschiedlichen Reichsteile, sondern um die Allein- oder zumindest Oberherrschaft eines einzigen Karolingers an der Spitze des Reiches (auch gegen Erbansprüche von Brüdern, Neffen und Vettern). Nahegelegt wurde dieses Postulat erst durch die Unteilbarkeit des 800 entstandenen lateinischen Kaisertums, dessen Gegensätzlichkeit zur dynastischen Teilungspraxis Karl 806 noch ignoriert hatte[42]. Reichseinheit im jetzt aktuellen Sinne meint eigentlich die Einheit der Herrschaft über das Reich, also die hierarchische Organisation jenes regierenden Hauses, das in den Quellen oft als Inbegriff von *regnum* und *imperium* aufgefaßt wurde[43], weil es eben die ausschlaggebende Instanz in dieser politischen Ordnung darstellte. Ob seine Leitungsfunktion weiterhin nur in einer Hand oder auch in mehreren liegen sollte, warf Grundfragen von Recht, Politik und Weltordnung auf, die bis dahin nicht gestellt worden waren.

Einen besorgten neuen Ton schlugen bereits mehrere Quellen des Jahres 813 an, als sich das nahende Ende von Karls Herrschaft abzeichnete und die Nachfolge des zuvor auf Aquitanien beschränkten Ludwig gravierende Verschiebungen am Hof erwarten ließ[44].

---

41) Vgl. Roland FAULHABER, Der Reichseinheitsgedanke in der Literatur der Karolingerzeit bis zum Vertrag von Verdun (Historische Studien 204, 1931) S. 21; Brigitte KASTEN, Königssöhne und Königsherrschaft. Untersuchungen zur Teilhabe am Reich in der Merowinger- und Karolingerzeit (MGH Schriften 44, 1997) S. 154ff.

42) Vgl. Walter SCHLESINGER, Kaisertum und Reichsteilung. Zur Divisio regnorum von 806, in: Forschungen zu Staat und Verfassung. Festgabe für Fritz Hartung (1958) S. 9–51 (auch in: DERS., Beiträge zur deutschen Verfassungsgeschichte des Mittelalters 1 [1963] S. 193–232); Peter CLASSEN, Karl der Große und die Thronfolge im Frankenreich, in: Festschrift für Hermann Heimpel zum 70. Geburtstag 3 (Veröffentlichungen des Max-Planck-Instituts für Geschichte 36/3, 1972) S. 109–134 (auch in: DERS., Ausgewählte Aufsätze, hg. von Josef FLECKENSTEIN [1983] S. 205–229, hier S. 121ff. (216ff.).

43) Vgl. FRIED, Herrschaftsverband (wie Anm. 27).

44) Vgl. Karl Ferdinand WERNER, Hludovicus Augustus. Gouverner l'empire chrétien – Idées et réalités, in: Charlemagne's Heir. New Perspectives on the Reign of Louis the Pious, hg. von Peter GODMAN/Roger COLLINS (1990) S. 3–123; Johannes FRIED, Elite und Ideologie oder Die Nachfolgeordnung Karls des Gro-

»Daß Friede und Eintracht herrsche und Einmütigkeit im ganzen christlichen Volke« (*Ut pax et concordia sit et unanimitas in omni populo Christiano*), forderte der alte Kaiser in einem seiner letzten Kapitularien[45], gemünzt auf die Männer der Kirche, die anderen durch ihr Beispiel den Weg des Heiles weisen sollten. Den gleichlautenden Appell zur Eintracht sprach die Mainzer Synode von 813 aus mit der Begründung, »daß wir einen Gott als Vater im Himmel haben und eine Mutter Kirche, einen Glauben und eine Taufe«[46]. Ganz im Banne des umfassenden *ecclesia*-Bewußtseins artikulierte sich eine gesteigerte Befürchtung von Konflikten in der geistlichen und weltlichen Führungsschicht, die dann 814 auch nicht ausgeblieben sind. Die bei dieser Gelegenheit geprägten Vorstellungen und Begriffe waren noch lebendig, als der neue Kaiser Ludwig mit einer kleinen Gruppe von Vertrauten 817 daran ging, den Vorrang des unteilbaren Kaisertums vor dem teilenden Erbrecht für alle Zukunft zu verordnen[47].

Die *Ordinatio imperii*, von der ich spreche, bezieht sich einleitend auf eine vorausliegende Beratung »über den Zustand des ganzen Reiches und die Sache der Söhne« (*de statu totius regni et de filiorum causa*), eine Formulierung, die unter Karl dem Großen ebenso wenig begegnet war wie die anschließend zum Leitbild erhobene »Einheit des uns von Gott bewahrten Reiches« (*unitas imperii a Deo nobis conservati*), über die es heißt, daß eine Aufteilung den Söhnen zuliebe ein *scandalum* »in der heiligen Kirche« (*in sancta ecclesia*) hervorrufen und sogar Gott beleidigen könne, in dessen Macht alle Reiche lägen[48]. Die Parallelisierung der einen Kirche mit dem einen (kaiserlichen) Reich – beide nur um den Preis schwerer Sünde spaltbar – wird hier aus dem Denken der Theologen unmittelbar in die Diktion der fränkischen Gesetzgebung übertragen. Der Fortbestand der Einheit (an der Spitze) erscheint als Bedingung bleibenden göttlichen Wohlwollens für das Herrscherhaus, für die Großen, für alle.

Von einer »wirklichen Ideologie der Reichseinheit« hat Gerd Tellenbach mit Bezug auf 817 »und die folgenden Jahre« gesprochen[49] und damit die ebenso entschiedene wie

---

ßen vom Jahre 813, in: La royauté et les élites dans l'Europe carolingienne (début IXᵉ siècle aux environs de 920), hg. von Régine Le Jan (1998) S. 71–109.

45) Hubert Mordek/Gerhard Schmitz, Neue Kapitularien und Kapitulariensammlungen, DA 43 (1987) S. 361–439, hier S. 399, in Wiederholung der Admonitio generalis von 789; vgl. Josef Semmler, Eine Herrschaftsmaxime im Wandel: Pax und concordia im karoligischen Frankenreich, in: Frieden in Geschichte und Gegenwart (Kultur und Erkenntnis 1, 1985) S. 24–34.

46) Concilium Moguntinense (813) c. 5, in: MGH Concilia 2/1 (wie Anm. 24) S. 261; vgl. Buck, Admonitio (wie Anm. 32) S. 309.

47) Vgl. Boshof, Ludwig der Fromme (wie Anm. 39) S. 129ff.

48) Ordinatio imperii, in: MGH Capit. 1 (wie Anm. 11) S. 270ff. Nr. 136, Zitate S. 270f.; vgl. Faulhaber, Reichseinheitsgedanke (wie Anm. 41) S. 24ff.

49) Gerd Tellenbach, Die geistigen und politischen Grundlagen der karolingischen Thronfolge, FmSt (1979) S. 184–302, Zitat S. 272 (auch in: Ders., Ausgewählte Abhandlungen und Aufsätze 2 [1988] S. 503–621, Zitat S. 591).

pathetische Tonlage gemeint, in der damals »Frieden und Eintracht« (*pax et concordia*) propagiert und aus der Universalität des alle Getauften verbindenden christlichen Glaubens hergeleitet worden sind. Läßt schon die angestrengte Eindringlichkeit dieser Äußerungen vermuten, daß das dahinterstehende dynastische Konzept zu keinem Zeitpunkt völlig unumstritten in der fränkischen Führungsschicht und wohl selbst im Herrscherhaus gewesen ist, so zeigt der bekannte Verlauf der politischen Ereignisse seit 829, daß die Gegenkräfte mit der Zeit die Oberhand gewannen und die *Ordinatio imperii* zu Fall bringen konnten, weil die Orientierung an den Dimensionen des Karlsreiches hinter näherliegenden, handgreiflichen Wünschen der maßgeblichen Großen verblaßte[50]. Auch ohne das Hinzutreten des in der *Ordinatio* gar nicht vorgesehenen vierten Kaisersohns Karl, dessen nachträgliche Ausstattung den Stein ins Rollen brachte, hätten Lothars I. jüngere Brüder auf die Dauer wohl kaum der Versuchung widerstanden, gestützt auf mächtige Anhänger ihr überliefertes Erbrecht in vollem Umfang einzufordern.

Ehe man daraus den Schluß zieht, die Urheber und Verteidiger der Thronfolgeordnung von 817 hätten von vornherein keine realistische Aussicht gehabt, ihr der älteren fränkischen Rechtstradition entgegengesetztes Konzept langfristig durchzusetzen, wäre zu bedenken, daß die in den letzten Jahrzehnten häufig so apostrophierte »Reichseinheitspartei«[51] im Grunde, wie schon angedeutet, bloß eine Kaiserpartei war, die den 800 von Karl dem Großen errungenen imperialen Vorrang möglichst ungeschmälert bewahren, also an der Spitze des Großreiches eine Aufsplitterung von Macht und Verantwortung vermeiden wollte. Ihr Anliegen war, modern gesprochen, rein staatsrechtlicher, oder noch genauer: hausrechtlicher Natur und nahm tendenziell vorweg, was sich ein Jahrhundert später auf karolingischem Boden und darüber hinaus zügig durchsetzen sollte, nämlich die Individualsukzession als Ausdruck der Unteilbarkeit eines Reiches[52]. Nur einige wenige aus dieser Gruppe scheinen fähig und willens zu viel weiterreichenden Konzepten der Integration gewesen zu sein und insofern die Bezeichnung »Reichseinheitspartei« im eigentlichen Sinne zu verdienen. Hervorzuheben ist der offenbar gleich nach 817 unternommene Vorstoß des Erzbischofs Agobard von Lyon, »die Vielfalt der Volksrechte« (*diversitas legum*) zu überwinden, die, wie er dem Kaiser schrieb, nicht nur die einzelnen Regionen und Städte, sondern sogar viele Häuser zerteile und in schroffem Gegensatz zur Einheit des von Christus erlösten Menschengeschlechts stehe. Vor Gott sei kein Unterschied zwischen Aquitaniern und Langobarden, Burgundern und Alemannen, führte er in Erweiterung des paulinischen Korintherbriefs aus, der den Unterschied zwischen Juden und Heiden in der Taufe aufgehoben gesehen hatte. Auch wenn abermals die Argumentation auf rein theolo-

---

50) Vgl. BOSHOF, Ludwig der Fromme (wie Anm. 39) S. 173ff.

51) Zur Problematik des Begriffs vgl. FRIED, Herrschaftsverband (wie Anm. 27) S. 25; BOSHOF, Ludwig der Fromme (wie Anm. 39) S. 132.

52) Vgl. BEUMANN, Unitas ecclesiae (wie Anm. 31); Carlrichard BRÜHL, Deutschland – Frankreich. Die Geburt zweier Völker (1990, ²1995) S. 337f.

gischer Deduktion fußt, zielte Agobard doch auf einen tragenden Pfeiler der politischen Ordnung des Karolingerreiches und empfahl als Lösung vorsichtig eine Verallgemeinerung der *lex Francorum*[53]. Er trifft sich darin im Grundsatz mit Hrabanus Maurus, von dem der aus dem Zusammenhang gerissene Satz überliefert ist, eine Unterscheidung dürfe es nicht geben in der Vielfalt der Völker (*differentia non debet esse in diversitate nationum*), da die eine rechtgläubige Kirche über den ganzen Erdkreis verbreitet sei[54]. Und auch an Einhard ist zu erinnern, der in denselben 820er Jahren im Rückblick auf Karls Unterwerfung der Sachsen befand, durch Abkehr vom Heidentum seien diese schließlich mit den Franken ein Volk (*unus populus*) geworden[55].

Solche Tendenzen, die darauf hinausliefen, aus dezidiert christlicher Weltsicht die historisch bedingte gentile Vielfalt des Reiches zu überwinden und den einen Kaiser nur noch über ein allumfassendes »Volk Gottes« herrschen zu lassen[56], gemahnen universalhistorisch an das Imperium Romanum der Antike, das schließlich den Römerstatus auf sämtliche Freien innerhalb seiner Grenzen ausdehnte. Das widersprach jedoch gewiß dem hergebrachten Selbstgefühl im 9. Jahrhundert und ist erkennbar kein Bestandteil der Politik Ludwigs des Frommen geworden, der seinen Eifer für die Reichseinheit auf das Anliegen der Kaiserpartei beschränkte und außerhalb der *Ordinatio imperii* von 817 in seinen Kapitularien kaum von *unitas imperii* oder *regni* gesprochen hat[57]. Damit blieb er im Kern der Fixierung des Vaters auf viele einzelne Verbesserungen treu, freilich mit dem Unter-

---

53) Agobard, Adversus legem Gundobadi c. 4, 3, 7, hg. von L. van Acker (CC Cont. med. 52, 1981) S. 19–28, Zitate S. 21, 20, 23; vgl. Egon Boshof, Erzbischof Agobard von Lyon. Leben und Werk (Kölner Historische Abhandlungen 17, 1969) S. 21ff.; Arnold Angenendt, Der eine Adam und die vielen Stammväter. Idee und Wirklichkeit der Origo gentis im Mittelalter, in: Peter Wunderli (Hg.), Herkunft und Ursprung. Historische und mythische Formen der Legitimation (1994) S. 27–52, hier S. 41.

54) Hraban, Epistolarum Fuldensium Fragmenta c. 11, ed. Ernst Dümmler, in: MGH Epp. 5 (1898/99) S. 520; vgl. Faulhaber, Reichseinheitsgedanke (wie Anm. 41) S. 27; Lutz E. von Padberg, Zur Spannung von Gentilismus und christlichem Universalitätsideal im Reich Karls des Großen, in: Franz-Reiner Erkens (Hg.), Karl der Große und das Erbe der Kulturen (2001) S. 36–53.

55) Einhard, Vita Karoli c. 7 (wie Anm. 29) S. 10; Helmut Beumann, Die Hagiographie »bewältigt« Unterwerfung und Christianisierung der Sachsen durch Karl den Großen, in: Cristianizzazione ed organizzazione ecclesiastica delle campagne nell'alto medioevo: espansione e resistenze (Settimane di studio del Centro italiano di studi sull'alto medioevo 28, 1982) S. 129–163 (auch in: Ders., Ausgewählte Aufsätze [wie Anm. 31] S. 289–323), hier S. 135 (295).

56) Vgl. Fried, Herrschaftsverband (wie Anm. 27) S. 26.

57) Soweit ich sehe, nur noch ein einziges Mal: in einem gemeinsam mit Lothar I. erlassenen allgemeinen Rundschreiben vom Ende 828, wo in einer der beiden Fassungen gegen Kräfte polemisiert wird, *qui pacem populi christiani et unitatem imperii sua pravitate nituntur scindere*, in: MGH Capit. 2, ed. Alfred Boretius/Viktor Krause (1897) S. 4; vgl. François L. Ganshof, Am Vorabend der ersten Krise der Regierung Ludwigs des Frommen. Die Jahre 828 und 829, FmSt 6 (1972) S. 39–54, der S. 45 Anm. 30 die Echtheit dieser Fassung in Zweifel zieht. Auch Mordek, Bibliotheca (wie Anm. 33) S. 755, 861, schreibt von einer »interpolierten Langversion«.

schied, daß wir eben unter seinem Regiment von Männern wissen, die sich eine viel umfassendere und tiefere Fundierung von Einheit vorzustellen vermochten. Ob ihre Gedanken unter einem entschlosseneren, weiterblickenden Herrscher Aussicht gehabt hätten, Wirkung zu zeitigen, steht dahin; jedenfalls aber dürfte das fortwährende Ausbleiben einer das Gesamtreich betreffenden bewußten Integrationspolitik dazu beigetragen haben, daß das allein auf das Kaiserhaus bezogene Programm der *Ordinatio* letztlich so wenig Wurzeln schlug. Noch dieselbe Generation sollte erleben, wie in den 830er Jahren an den Gegensätzen unter den Enkeln Karls des Großen samt den ihnen jeweils verbundenen Adelsparteien alle Voraussetzungen für eine Vertiefung der Reichseinheit zerbrachen. In den aus diesen Kämpfen erwachsenen Teilreichen wurde die Schaffung von Einheit durchweg nur noch als Sicherung des errungenen Terrains gegen familiäre Rivalen begriffen.

Ich fasse zusammen: Die traditionelle Sicht, daß die Karolinger, namentlich Pippin, Karl der Große und Ludwig der Fromme, auf vielen Lebensgebieten eine langfristig wirksam gebliebene Einheit gestiftet haben, ist aus der Rückschau sicher berechtigt. Sie muß jedoch ergänzt werden durch die Einsicht, daß dieser umfassende Zusammenhang, insbesondere das bewußte Ziel einer stabilisierenden Integration des rasch gewachsenen Großreiches, den Herrschern selbst kaum vor Augen gestanden hat. Abgesehen von kulturellen Ausgleichsvorgängen, die sich ohne zentrale Veranlassung aus der Weiträumigkeit des Reiches ergaben, konzentrierten sich die Könige bzw. Kaiser auf zahlreiche korrigierende Eingriffe gegen als Mißstände empfundene Unterschiede in der historischen Entwicklung und trugen, soweit sie sich durchsetzten, objektiv zur Vereinheitlichung bei. Ein übergreifendes gedankliches Konzept tritt am ehesten, wenn nicht ausschließlich im geistlichen Bereich zutage, bezog sich dort aber deutlich auf die gebotene Einheit der Kirche, nicht des Reiches. Diese Bemühungen erreichten zwischen 801 und 816 ihren Höhepunkt und mobilisierten, etwa bei der Aachener Kanonikerreform, beachtliche administrative Energien. Sie sind jedoch im Ansatz zu unterscheiden von dem 817 proklamierten Versuch, dem Reich unabhängig von der dynastischen Entwicklung des Herrscherhauses dauerhaft eine monokratische Spitze im unteilbaren Kaisertum überzustülpen. Erst die Diskussion um die so verstandene Reichseinheit ließ dann einige Stimmen laut werden, die auch für eine die gentilen Strukturen einebnende, von der universalen Kirche her gedachte Politik der Integration eintraten, sich aber nicht durchgesetzt haben. Zerbrochen ist die großfränkische Reichseinheit letztlich nicht an unzureichend durchgreifender Vereinheitlichung, sondern am Respekt vor dem hergebrachten dynastischen Erbrecht, das den Ambitionen rivalisierender Adelsgruppen entgegenkam. Auf eine kurze Formel gebracht, gab es zunächst zu viele Königssöhne, weshalb die Anteile der einzelnen immer kleiner wurden, und später zu wenige, so daß die durch Teilung entstandenen Positionen nicht mehr zu besetzen waren und anderen Familien anheimfielen, die sich neue Völker schufen.

Das hochmittelalterliche Imperium

Probleme der Integration von Reichsitalien (951–1220)

VON WERNER GOEZ (†)

(Otto) regnum Italicum ingreditur Deoque sibi assistente totius Italiae possessor efficitur[1]. Mit diesen Worten kommentiert der *Continuator Reginonis* den ersten Italienzug Ottos des Großen, mit dem 951 eine neue Phase des europäischen Hochmittelalters begann. Das ganze Land – so stellt Adalbert es dar – gewann der Sachse aus eigener Initiative und aufgrund gottgesegneter Kraft zugleich mit der zweiten Gemahlin Adelheid, welche dort Königin gewesen. Eine Krönung und eine Salbung werden nicht erwähnt.

Das *regnum Italicum* oder *Italiae*, wie man den einst langobardischen Herrschaftsbereich seit dem Beginn des 9. Jahrhunderts nannte, bildete eine Größe sui generis, die auch nach der Intervention Ottos I. fortbestand. Will man das Wort »Integration« für den Vorgang von 951 verwenden, so offenbar nicht in der Bedeutung einer Eingliederung in ein übergeordnetes Staatswesen, die durch Ottos Sieg auf einen Schlag oder schrittweise erfolgt wäre, wie in staufischer Zeit das »Einwachsen« Mecklenburgs, Pommerns, Brandenburgs und Schlesiens in das Reich. Niemals fand in diesem Sinn eine Inkorporation Italiens statt. Zwar gab es Grauzonen, beispielsweise an der Nord- und Südgrenze. Erinnert sei an die im Jahre 952 Baiern und 976 Kärnten angegliederte Mark Verona, an die lange Zeit unklare Stellung des Bistums Trient oder an die von Lazio. Als Ganzes behielt »Reichsitalien« stets seine Sonderstellung. Ein Indiz dafür ist, daß an keiner Königswahl der »deutschen Kaiserzeit« italische Große mit vollem Entscheidungsrecht teilnahmen. Übrigens gab es auch südlich der Alpen keine formalisierte Königswahl durch die Großen

---

1) Werner Goez hielt am 2. Oktober 2002 bei der Herbsttagung des Konstanzer Arbeitskreises auf der Insel Reichenau seinen viel beachteten und sehr positiv aufgenommenen Vortrag. Bei der Diskussion war deutlich zu merken, daß ihn das Thema seit vielen Jahren beschäftigte. Zu einer schriftlichen Ausarbeitung, für die er sich noch viele weitergehende Forschungen und einen Italien-Aufenthalt vorgenommen hatte, kam es jedoch wegen seines unerwarteten Todes am 13. Juli 2003 nicht mehr. Unser Mitgefühl und gleichzeitig unser Dank gilt seiner Witwe, Frau Elke Goez, die unserer Bitte entsprach, das Vortragsmanuskript unverändert abdrucken zu dürfen. Damit wird dieser Beitrag zum wissenschaftlichen Vermächtnis von Werner Goez, der zahlreiche Tagungen auf der Reichenau besuchte und sie durch sein profundes Wissen und seinen Frohsinn bereicherte.

aus den verschiedenen Teilen Reichsitaliens und keinen Königsumritt. Ebenso fehlte im *regnum Italiae* die eindeutige Ausrichtung auf einen Primas der Kirchen, vergleichbar der auf Mainz in Deutschland. Vielmehr herrschte offene, bisweilen sogar blutige Konkurrenz zwischen Mailand und Ravenna; der Patriarchat Aquileia verhielt sich zumeist distanziert. Die Bedeutung Roms aber überstieg den Rahmen Reichsitaliens bei weitem. Für das ostfränkisch-deutsche König- und Kaisertum bildete es – wie allbekannt ist und worauf hier nicht weiter eingegangen werden kann – zu Zeiten ein besonderes Problem.

Wie aber gestaltete sich die Beziehung zu den aus der Fremde gekommenen Herrschern und umgekehrt deren Verhältnis zu einem Land und dessen Bewohnern, deren Sprache sie zumeist nicht verstanden und deren Mentalität ihnen unvertraut war? Die Präsenz der Könige im Süden blieb gering. Aber galt Gleiches nicht auch für zahlreiche Gegenden nördlich der Alpen?

Die Forschung verwendet für Reichsitalien innerhalb der Trias des Imperiums nicht selten den Ausdruck »Nebenland«, so Carlrichard Brühl, der zu unserem Thema wertvolle, wenngleich in mancher Hinsicht einseitig urteilende Beiträge geliefert hat. Ich zitiere aus »Fodrum, Gistum, Servitium regis«: »(Es) wird nun zur festen Regel: Italien gilt als Nebenland des Reiches und wird nur auf gelegentlichen ›Zügen‹, besser Heerfahrten, aufgesucht, die neben der – seltenen – Krönung in Pavia vornehmlich dem Erwerb der Kaiserkrone in Rom dienen.« Dazu 70 Seiten später: »Für die gesamte Italienpolitik der deutschen Kaiser gilt der Satz: der Kaiser ist so stark wie sein Heer.« Die erste These zielt auf die persönliche Präsenz – Brühl geht, wie nach ihm mit wesentlich verfeinerter Methode Eckhard Müller-Mertens und dessen Schüler Wolfgang Huschner und Dirk Alvermann, vom Herrscheritinerar aus –; bei der zweiten kann man zweifeln, ob militärische Superiorität eine unverzichtbare Voraussetzung für das Gelingen politischer Integration war, wie dies nicht nur der staufische Reichsbischof und Historiograph Otto von Freising wie mit Selbstverständlichkeit voraussetzte, so etwa anläßlich des ersten Italienzuges Lothars III.: *Exercitum ... parvum ... in Italiam duxit, in multis locis ... respectu paucitatis suae ab incolis terrae subsannatus et despectus.* Aber in Reichsitalien führte die Demonstration kriegerischer Macht namentlich in der Stauferzeit letztlich zum genauen Gegenteil: zu einer politischen Desintegration, erwachsen aus einer entschiedenen Ablehnung jener Führungsrolle, welche die Fremdlinge allzu selbstbewußt beanspruchten. Aus den ins Land Gerufenen – und bis in die Zeit Dantes erfolgten immer wieder derartige Aufforderungen – wurden dann Feinde, die man erbittert bekämpfte. Bekannt ist die Kette der Aufstände gegen die landfremden Herrscher mit ihren als Zumutung empfundenen politischen wie materiellen Forderungen und gegen die Übergriffe, die sich ihre Ritter wiederholt zuschulden kommen ließen. *Pro libertate Italiae* hätten sie gegen den Kaiser gekämpft, bestätigte Papst Alexander III. 1176/77 den lombardischen Städten; die Bilanz unterstrich Eigenständigkeit und Einheit Reichsitaliens.

Bei der Untersuchung von Integrationsmöglichkeiten, welche sich den Herrschern südlich der Alpen boten, möchte ich unter Rückgriff auf die italienischen »Privaturkunden« vor allem fragen: Wie hat die Bevölkerung im *regnum Italiae* zwischen 951 und 1220 – dem Jahr der Kaiserkrönung Friedrichs II. und dem Beginn seiner Dauerpräsenz im »Südreich der Staufer« – das Imperium wahrgenommen, in welcher Weise an Integrationsmöglichkeiten partizipiert, inwiefern sich ihnen verweigert? Wegen der beschränkten Zeit muß ich vieles beiseite lassen, was an sich zu erörtern notwendig wäre. Nur nachgeordnet frage ich nach dem Verhältnis zum Papsttum, nach Kriegszügen und Herrscheraufenthalten, den Fakten, welche die Perspektiven der Forschung bislang vorrangig bestimmten. Daß die Diplome eine vergleichsweise geringe Rolle spielen werden, hängt auch damit zusammen, daß sie oftmals mehr ein Wollen als ein Sein bezeugen und nicht selten zur Realisierung von Besitzwünschen erbeten wurden, deren Legitimität höchst zweifelhaft war. So erhellend es für das Ansehen der Krone südlich der Alpen ist, daß sie in erheblicher Zahl in Deutschland ausgestellt wurden, so ist doch zu beachten, daß man in Italien sehr wohl wußte, daß es für die Herrscher keine Möglichkeit gab, aus der Ferne die Berechtigung von Ansprüchen zu überprüfen, und man bisweilen geradezu auf Irrtümer zu den eigenen Gunsten rechnete. Ich gliedere mein Referat, das wegen der Kürze der Zeit lediglich ausgewählte Aspekte des Themas behandelt, in vier Abschnitte, und gehe dabei dreimal von einer Privaturkunde des 12. Jahrhunderts aus, einmal von einem Brief aus, der um die Jahrtausendwende geschrieben wurde.

I

Am 15. Mai 1137, *tempore Lotarii Romanorum imperatoris*, schlichteten drei Geistliche in Castellarano südlich von Modena einen Konflikt zwischen dem Erzpriester von Campiliola – dem heutigen Castelnuovo ne' Monti – und Abt Attinolfo von San Prospero in Reggio. Es ging um die Zuständigkeit bei den Casualien der Landpfarrei Rósolo. Entschieden wurde, der Abt dürfe sie durch einen Kleriker verrichten lassen, wenn er dem Erzpriester jährlich drei Luccheser *solidi* bezahle. Im Streitfall habe der Schuldige zehn *librae denariorum Lucensium* zu entrichten. Protokolliert wurde das Urteil durch *Anselmus scriniarius sive notarius domini pape*.

In der in vollem Wortlaut noch ungedruckten Urkunde ist das Imperium in zweifacher Weise präsent: unmittelbar durch die Nennung des Kaisers, worauf nachher einzugehen ist, verdeckt durch die Monetarisierung der Leistungen, was zunächst erörtert werden soll. Ungewöhnlich für Zeit und Raum ist die Ausstellung durch einen päpstlichen Notar; ich komme darauf zurück.

Festgelegt wurde die Zahlung in Luccheser Schillingen und Denaren, jener Währung, die damals zusammen mit den Münzen aus Pavia, Mailand und Verona in Reichsitalien dominierte. Seit der Antike bildete die Geldprägung ein Staatsmonopol; nur der Kaiser konnte das Recht dazu verleihen. 1137 waren überall noch die Silbermünzen der salischen Heinriche in Umlauf: auf dem Avers ein H, umgeben von den Kapitalbuchstaben IMPE-

RATOR; bei den Luccheser Prägungen auf dem Revers um die zentrale Angabe LUCA in kreisförmiger Anordnung ENRICUS oder HENRICUS. Bis auf die Angabe des Ortes sah das Geld aus den drei anderen Reichsmünzstätten kaum anders aus.

Nun kann die Rolle des Geldes als eines tagtäglich präsenten Integrationsfaktors kaum überschätzt werden. Erst als 1875 die Mark-Pfennig-Währung in Süddeutschland Gulden und Kreuzer, in Norddeutschland Thaler und Groschen ablöste, galt die Einigung Deutschlands als vollendet. Seit dem 1. Januar 2002 ist der Euro die stärkste Klammer und das wirkmächtigste Symbol der Realität eines vereinten Europa.

Weit über das Mittelalter hinaus repräsentierte der Herrscher das Staatswesen. Da sein Name auf jedem zirkulierenden Geldstück genannt wurde – es gab, abgesehen von den »Randprägungen« in Aquileia und Susa, in Reichsitalien ums Jahr 1000 eine einzige Ausnahme, worauf zurückzukommen ist –, war er gleichsam allpräsent, anders als nördlich der Alpen, wo eine enorme Münzzersplitterung bestand. Doch auch dort trugen die Prägungen der Reichsmünzstätten, beispielsweise Dortmund oder Deventer, den Namen des Kaisers, seit Heinrich II. sogar sein Bild.

Die ostfränkisch-deutschen Herrscher fanden somit südlich der Alpen ein wertvolles Instrument der Reichsintegration in bemerkenswert gebündelter Weise vor. Das hohe Ausmaß der Zentralität der dortigen Finanzordnung wird nicht zuletzt durch die *Honorantiae civitatis Papiae* bezeugt, wie immer man zu dieser vieldiskutierten Quelle stehen mag. Kaum daß Otto I. vom Papst zum Kaiser gekrönt worden war, wurde sein Name auf das gleichzeitig formal umgestaltete Geld gesetzt. Diese Prägungen nannte man im Volk geradezu *Ottolini*. Nur in Tuszien gab es um die Jahrtausendwende, ebenfalls in Lucca geschlagen, noch einen anderen Münztyp, freilich geringeren Wertes, auf dessen Umschrift Markgraf Hugo genannt wurde. Offenbar hatte ihm der Kaiserhof als besonderen Gnadenerweis das Münzrecht mit eigener Namensnennung zugestanden. Auch Hugos Nachfolger Rainer ließ Geld mit seinem Namen prägen. Da er sich feindlich gegenüber Konrad II. verhielt, entzog ihm dieser die materiell einträgliche, ideell gewichtige Befugnis. Als Bonifaz von Canossa Rainers Nachfolger wurde, mußte er trotz seiner exzeptionell guten Beziehungen zu dem ersten Salier auf das Münzregal verzichten. In der Folge geschah die Geldprägung in Lucca, Pavia, Mailand und Verona ausschließlich unter Angabe der jeweiligen Herrscher. Doch schlug man in den vier Reichsmünzstätten niemals Denare mit den Namen Lothars III., Konrads III., Philipps und Ottos IV., anders als in Piacenza, das 1140 von Konrad III. das Münzrecht erhielt und bis ins 14. Jahrhundert Geld mit seinem Namen prägte. Auch in Parma, dem Philipp von Schwaben in einer verlorenen, in den Regesta Imperii nicht verzeichneten Urkunde das Regal verlieh, wurden Münzen geschlagen, auf denen der Herrscher genannt war, nach Philipps Ermordung 1208 wie mit Selbstverständlichkeit Otto IV.

Unter den Ottonen erfolgte in Reichsitalien keine Neuverleihung des Münzregals. Die Salier verhielten sich ebenso. Heinrich III. gestand das Recht zwar 1049 dem Bistum Padua zu, doch blieb der Gnadenakt folgenlos; erst seit 1271 – 222 Jahre später – sind Padovaner Prägungen bekannt. Eine Urkunde Heinrichs IV., durch welche die Stadt Piacenza, nicht das Bistum, das Münzregal erhalten habe, ist nur durch ein Privileg Konrads III. bezeugt. Es würde sich um das älteste Dokument dieser Art handeln, doch besteht dringender Verdacht, daß die Bürger dem ersten Stauferkönig eine Fälschung zur Bestätigung präsentierten. Aus salischer Zeit ist denn auch keine einzige Piacentiner Münze erhalten, während insgesamt 36 unterschiedliche Prägungen mit dem Namen Konrads III. bekannt sind. Auch in den Privaturkunden werden erst seit ihm Zahlungen in Piacentiner Währung erwähnt.

Mit Konrad III. begann sich die Geldsituation in Reichsitalien zu verändern. Alfred Haverkamp hat den Wandel grundlegend beschrieben. Daß dabei ökonomische Erfahrungen aus der Zeit, da der Staufer als Gegenkönig südlich der Alpen weilte, eine Rolle spielten, ist zu vermuten. Von Konrad gibt es sechs Münzprivilegien für italische Empfänger. Drei sind Bestätigungen älterer, zuvor kaum genutzter Gnadenbriefe, drei hingegen Neuverleihungen – für Genua, Piacenza und Asti –, jeweils ausgestellt für den neuen, aufstrebenden Faktor im Leben des Landes: die autonomen Bürgerschaften.

Hier geht es ausschließlich um die Bedeutung des Geldes als eines potentiellen Integrationsfaktors. Doch sollte erwähnt werden, daß Barbarossa im Streit mit Mailand 1155 die dortige Münze nach Cremona transferierte – woraus nicht viel wurde – und nach dem Fall der lombardischen Metropole 1162 südwestlich der Stadt in der Burg Nosedo eine Prägestätte unter dem Münzmeister *Rudolfus Teutonicus* etablierte, wie Acerbus Morena berichtet. Nach der Wiederherstellung Mailands und der Bildung der Lombardenliga wurde sie verlegt. Der Kaiser ordnete an, daß *ad honorem imperii* hinfort *solidi imperiales* in Como geprägt würden, wohl in der Burg Baradello. Diese kaiserlichen Münzen werden in den Urkunden bis in die 30er Jahre des 13. Jahrhunderts oftmals erwähnt. Die Prägung erwies sich, wie Haverkamp gezeigt hat, sogar als besonders wertbeständig, was für das Kaisertum unzweifelhaft einen gewissen Prestigegewinn bedeutete.

Die *solidi imperiales* unterschieden sich nur geringfügig von jenen Prägungen, die nach der Wiederherstellung Mailands erneut dort geschlagen wurden. Die *denarii novi Mediolanenses* trugen übrigens auch während der blutigen Auseinandersetzungen der Jahre 1169/76 den Namen des Kaisers auf dem Avers, was deutlich macht, daß selbst damals niemand in der Po-Ebene daran zweifelte, daß das *ius monetae*, wie auf dem Hoftag von Roncaglia 1158 festgestellt, zu den Regalien zählte und »eigentlich« nur im Namen des Herrschers ausgeübt werden konnte.

Zu einem Bruch mit dieser Tradition kam es in den letzten Jahren des 12. Jahrhunderts. Florenz besaß kein kaiserliches Münzprivileg. Vielleicht veranlaßt, sicher begünstigt durch den damals erfolgten Niedergang der Luccheser Prägung, begannen die Bürger nach dem Tod Heinrichs VI., auf eigene Faust Silbergeld zu schlagen. Es zeigte auf dem Avers den Stadtpatron Johannes Baptista, auf dem Revers die heraldische Lilie. Die Usurpation, bei der darauf verzichtet wurde, auf den Münzen den Namen des Kaisers zu nennen, zeitigte keineswegs nur ökonomische Wirkungen. Zwar handelte man vielerorts weiterhin mit

»Kaisermünzen«, zwar ließ Friedrich II. seit 1231 mehr in propagandistisch-integrativer Absicht als wegen eines Bedürfnisses der Wirtschaft in Messina und Brindisi mit den Augustalen eine Elite-Münze schlagen. Aber die Bedeutung als Identifikationsfaktor eines vom Kaiser repräsentierten Reichsitalien hatte das Geld weitgehend verloren. Vollends gehörte seit 1252 den kommunalen Goldprägungen die Zukunft, dem *genovino*, dem *florenus* (Gulden) und seit 1284 dem venezianischen *zecchino*, dem Dukaten.

Wir kehren zu dem Dokument von 1137 zurück. Die Herrschernennung in den Privaturkunden – nicht lediglich in Diplomen und amtlichen Erlassen – war antikes Erbe. Kaiser Justinian hatte sie 537 in der *Novella 47 Ut nomen imperatoris instrumentis et actis praeponatur* als Ergänzung der Angabe der amtierenden *consules* dekretiert. Seine Begründung war, er wolle *commemoratio* und *memoria imperii* im Alltag verstärken. Es ging ihm also um Reichsrepräsentanz, und in Justinians Selbstverständnis konkretisierte sich das *imperium* nach Gottes Willen im *imperator*.

Überall auf der Apennin-Halbinsel behielten die *tabelliones* und *notarii* diesen Usus bei, auch als das *imperium Romanum* zerfiel, die Datierung nach *consules* in Abgang kam und man allmählich begann, nach Inkarnationsjahren zu zählen. Häufig wurden nur das Herrscherjahr und die (längst nicht mehr in ihrer eigentlichen Bedeutung verstandene) Indiktion angegeben. Hier ein Beispiel aus dem frühen 10. Jahrhundert, die Urkunde Bischof Eberhards von Piacenza für das von den Ungarn zerstörte Kloster S. Savino: ... *regnante domino Berengario gratia Dei rex, anno regni eius in Dei nomine sexto decimo, tercio kalendas aprilis, indicione sexta.* Zu der Zeit, als Otto der Große sich anschickte, über die Alpen zu ziehen, datierte man in Ferrara: *Anno Deo propicio pontificatus domno Agapito summo pontifice et universali pape septimo, regnante domno Berengario regem et Adalberto filio eius in Italia anno secundo.* Die Stelle belegt, wie seit der Pippinischen Schenkung die ungeklärte politische Zugehörigkeit dieses Raumes in verschleierter Weise thematisiert werden konnte, bildete der Sachverhalt doch bis ins ausgehende 13. Jahrhundert ein Integrationsproblem besonderer Brisanz!

Auf seinem ersten Italienzug 951/952 stellte Otto der Große acht Diplome für Empfänger in der Po-Ebene aus, eines davon mit der im Wortlaut auf Karl den Großen zurückverweisenden Intitulatio *rex Francorum et Langobardorum*. Aber bis auf ganz wenige Ausnahmen blieben die Notare bei der Datierung nach Berengar und Adalbert. Jörg Jarnut wollte dies mit der Belehnung beider auf dem Augsburger Hoftag im August 952 erklären, aber ich möchte Zweifel anmelden, denn in allen mir bekannten Fällen wurden die Regierungsjahre Berengars von 950 an durchgezählt. Ich vermute, daß für viele Landesbewohner Ottos italisches Königtum eines wesentlichen, rechtsbegründenden Elements entbehrte: Er hatte sich nicht krönen und salben lassen. Es fehlte seiner italienischen Herrschaft somit jene sakrale Legitimation, wie sie Berengar und Adalbert besaßen. Zudem war Otto bereits nach fünf Monaten nach Deutschland zurückgekehrt.

Von der Römischen Krönung an war die Sache hingegen eindeutig: Seit dem 2. Februar 962 wird in allen Privaturkunden Otto als derzeitiger Herrscher genannt, auch als Berengar noch nicht besiegt war, neben und nach ihm sein Sohn Otto II., zunächst als König, dann als Mitkaiser, seit Mai 996 Otto III., ebenso wie später Heinrich II. und Konrad II. Dabei betonten die Notare häufig ganz ausdrücklich die Selbständigkeit des italischen Herrschaftsbereichs: *anno imperii* bzw. *regni eius hic in Italia*. Daß dies nicht nur ein längst funktionslos gewordener überkommener Brauch war, sondern durchaus bewußt geschah, wird unter anderem daraus deutlich, daß der Wechsel der Herrschaftsjahre in den Urkunden in der Regel sehr korrekt vermerkt wurde, was auf eine präzise, womöglich von zentraler Stelle aus planhaft erfolgte Information schließen läßt, vermutlich der Reichskanzlei selbst.

Vor der Kaiserkrönung wurde indessen in der Datierung ein Herrscher fast ausnahmslos nur dann genannt, wenn er in Pavia, Mailand oder Monza kirchlich geweihter *rex Italiae* war. Insofern irrte Brühl, als er mit großer Bestimmtheit behauptete: »Wer in Deutschland zum König gesalbt und gekrönt war, der galt auch in Italien als legitimierter Herrscher; einer gesonderten Krönung für Italien bedurfte es nicht.« Die Datierungsusancen sprechen eindeutig dagegen: So wurde Ottos III. Name vor seiner Kaiserweihe am Himmelfahrtstag 996 in den Privaturkunden nicht genannt, nicht einmal in Ravenna, obwohl Erzbischof Johannes an der Aachener Königskrönung Weihnachten 983 persönlich in hervorgehobener Weise beteiligt gewesen war. Für Heinrich II. war die Bedeutung der lombardischen Krönung erheblich größer als zumeist in der Literatur angenommen. Sein Konkurrent Arduin von Ivrea wurde um seiner Salbung willen auch in Regionen, in welchen er keine militärisch-politische Macht besaß, solange als *rex Italiae* bezeichnet, bis sich Heinrich II. in Pavia krönen ließ. Mit dem 14. Mai 1004 verschwand indessen die Datierung auf den Namen des sogenannten »letzten italienischen Nationalkönigs« fast schlagartig. Konrad II. erhielt im März 1026 die lombardische Königsweihe; seither galt er, wie die Urkunden-Datierungen zeigen, im ganzen *regnum Italiae* als legitimer Herrscher, nicht erst seit der ein Jahr später erfolgten römischen Kaiserkrönung. Daß Heinrich III. auf eine Konsekration in Pavia oder Mailand verzichtete, war offenbar der wichtigste Grund dafür, daß bis auf einige besonders begründete Ausnahmen sein Name von 1039 bis 1046 in den Privaturkunden Reichsitaliens nicht erwähnt wurde. Die Auswirkungen waren erheblich: Während dieser sieben Jahre geriet der alte Usus in erheblichen Teilen des *regnum Italiae* außer Gebrauch, ein deutliches Indiz für eine nicht gering einzuschätzende Einbuße an politischer Integration.

Welche Bedeutung man der lombardischen Krönung beimaß, läßt sich besonders klar für die letzte des Hochmittelalters nachweisen, diejenige des Gegenkönigs Konrad III. Sie erfolgte am 29. Juni 1128 in Monza, mit einer Nachkrönung in S. Ambrogio zu Mailand. Etliche Notare nahmen sogleich darauf Bezug. Abermals zeigt sich, daß das Königtum des ersten Staufers südlich der Alpen erheblich »realer« gesehen wurde, als die Forschung gemeinhin annimmt.

Zwischen Heinrich III. und Lothar III. veränderten sich in Reichsitalien manche Bestandteile des traditionellen Urkundenformulars. Wo man den Herrscher auch weiterhin

noch namentlich nannte, unterließen es die meisten Notare jetzt, seine Amtsjahre zu zählen. Offenbar entfiel die zuvor anzunehmende zentrale Information darüber. Aber in weiten Teilen Reichsitaliens hört man während jener 85 Jahre überhaupt damit auf, den Kaiser in den Urkunden zu erwähnen. Heinrich IV. war von einem Gegenpapst gekrönt
worden und auch die Kaiserweihe Heinrichs V. 1111 war unter dubiosen Umständen erfolgt. Das mag die Entwöhnung miterklären. Als Lothar 1133 in Rom die Krone empfing,
kehrte man vielenorts nicht mehr zum alten Usus zurück, so beispielsweise in Pisa, Florenz, Padua, Novara, Gubbio oder Fonte Avellana in den adriatischen Marken. Der dadurch zum Ausdruck kommende Verlust an kaiserlicher Integrationskraft wog schwer; die
Staufer konnten ihn mit ihrer forcierten Italienpolitik nicht kompensieren, obwohl unter
ihnen an manchen Orten die Notare wieder damit begannen, den Herrscher namentlich
zu nennen. Aber bedeutete dies eine Rückbesinnung auf die alte Ordnung? Bisweilen gewinnt man den Eindruck, eine persönliche Betroffenheit wahrzunehmen, so wenn im
März 1138 der *tabellio* Pizolus in Imola notierte: *regem non habemus,* oder wenn 1200 ein
Notar in Gubbio schrieb: *imperatore caremus.* Aber es war wohl zumeist nur ein ober-
flächliches und bisweilen geradezu gedankenloses Festhalten an traditionellen Formen,
wie es in grotesker Weise offenkundig wurde, als einige *tabelliones* Heinrich VI. noch mehrere Jahre nach seinem Tod oder Otto IV. lange nach Bannung, Absetzung und dem völligen Verlust der Macht in der Datierung als Kaiser und Herrscher Italiens aufführten.

Die Nennung des Herrschers auf Münzen und in Privaturkunden bedeutete eine virtuelle Präsenz. Ein ähnliches, mehr mental als real integrierendes Gewicht besaßen auch
bildliche Präsentationen. Ich möchte sie nicht völlig übergehen, muß mich aber mit wenigen Hinweisen begnügen. Auf ein unbekanntes Bild Heinrichs IV. in Padua – der letzten
Stadt in Italien, in welcher der unglückliche Herrscher eine Anhängerschaft besaß – hat
Tilman Struve jüngst aufmerksam gemacht; eine bislang unbeachtete Reliefdarstellung eines Kaisers befindet sich an einem Seitenportal des Domes von Foligno, wo Friedrich II.
mehrere Jugendjahre unter der Obhut des Herzogs Konrad von Urslingen verlebte. Erinnert sei an kaiserliche Bauten wie die *aula regia* im Süden von Ravenna, welche Otto der
Große *in honorem sui* errichten ließ – sie existierte bis ins frühe 13. Jahrhundert – oder an
die Barbarossa-Brücke *ad honorem imperatoris* über den Santerno bei Imola. Doch manche Gebäude, welche in repräsentativer oder propagandistischer Absicht errichtet wurden,
wirkten im Gegenteil polarisierend, wie die Kaiserpfalz in Pavia, die nach dem Tode Heinrichs II. von den Bürgern zerstört wurde, oder das *palatium ad honorem* [*Frederici imperatoris*] in Monza, an dessen Bau mitzuwirken die Mailänder nach ihrer Kapitulation 1162
gezwungen wurden. Hier waren es die Kaiser selbst, welche durch ihr Handeln eine mentale Integration der Bevölkerung in das Reich nicht förderten, sondern im Gegenteil unmöglich machten.

II

In dem Flecken Gudo südwestlich von Mailand verkauften am 4. Juni 1158 zwei Frauen und ein Minderjähriger schuldenhalber Grundbesitz. Nach einem Gesetz des Langobardenkönigs Liudprand aus dem Jahr 721 mußte bei einem solchen Geschäft festgestellt werden, ob sie freiwillig oder unter Zwang handelten und die Veräußerung in ihrem eigenen Interesse lag. Befragung und Beurkundung erfolgten durch *Adelardus iudex et missus domini secundi* (nach unserer Zählung: *tercii*) *Cunradi regis*; er versicherte ... *eidem infantulo licentiam dedi et eas feminas interrogavi.*

In zahlreichen Dokumenten, namentlich aus dem Nordwesten der Lombardei, werden solche *missi regis* bzw. *imperatoris* erwähnt, so allein im Komitat Varese (östlich des Lago Maggiore) bis 1219 insgesamt 38. Die meisten dieser *missi* wurden wohl von einem Pfalzgrafen oder einer anderen Zwischeninstanz ernannt. Es kam aber durchaus vor, daß der König selbst das Amt einem ländlichen oder städtischen Richter übertrug, wie 1085 dem *Mediolanus qui et Otto missus domni tercii (= quarti) Enrici imperatoris, qui ex hac causa ab eo est institutus.* Ob unmittelbar oder mittelbar, – alle *missi* betonten stolz ihre Vertrauensstellung und führten den Titel lebenslang. Drei Beispiele: *Guilielmus* aus Guanzate, den König Konrad, der Sohn Heinrichs IV., um 1100 zum *missus* berief, *Bernardus de Varisio*, der zwischen 1175 und 1209 in nicht weniger als 33 Urkunden als *iudex et missus domini Frederici imperatoris* fungierte, und der aus Mailand stammenden *Coppus filius quondam ser Jacobi de Sexto notarius et missus domini Ottonis [quarti] imperatoris.* Besonders häufig waren derartige *missi* von Konrad III. bestellt worden, namentlich in Mailand selbst, und diese scheuten sich nicht, auch während der Kämpfe der Stadt mit Konrads Neffen Friedrich I. den Titel zu führen. Bei aller politischen Gegnerschaft verhehlten sie niemals, daß sie ihn dem ersten Stauferkönig verdankten.

Für gerechtes Gericht und Fürsorge der Schutzbedürftigen zu sorgen, war Königspflicht. *Viduas et pupillos clementer adiuves et defendas,* rief der Papst bei der Salbung dem *rex in imperatorem coronandus* zu. Auf einer Bildplatte der Reichskrone trägt der *rex iustus* David ein Spruchband mit dem Psalm-Wort *Honor regis iudicium diligit.* So landfremd sie waren, engagierten sich doch alle ostfränkisch-deutschen Herrscher in Reichsitalien geradezu vorrangig in der Rechtspflege. Zehn *placita* sind überliefert, an denen Otto I. persönlich teilnahm. Für seinen Sohn ist dies dreimal, für Otto III. sechsmal, für Heinrich II. viermal, für Konrad II. dreimal und für Heinrich III. viermal bezeugt. Nach der Canossa-Krise legte Heinrich IV. großen Wert darauf, sich im Land in eigener Person als der höchste weltliche Richter zu erweisen; zehn *placita* wurden in seinem Beisein abgehalten; einmal wurde er von seinem Sohn, König Konrad, begleitet, der dreimal eine solche Verhandlung leitete. Sieben *placita* erfolgten in Gegenwart Heinrichs V., zwei in der seiner Gemahlin Mathilde. Lothar III. ist zwar nur einmal als Gerichtsvorsitzender bezeugt, Kaiserin Richenza hingegen viermal.

Zumeist tagte das Hofgericht freilich nicht unter dem persönlichen Vorsitz des Kaisers, sondern wurde von einem *missus domini imperatoris* geleitet, so 962 von Giselbert, dem Pfalzgrafen von Bergamo, dem dabei fünf Königsrichter zur Seite standen. Namentlich bei aus Deutschland stammenden *missi* ließen die mangelhafte Sprachkompetenz und die Unkenntnis der landesüblichen Verfahrensformen dies sinnvoll erscheinen. Bei einem zweiten *placitum* im Juli des gleichen Jahres führte der *iudex et missus imperatoris* Warmund den Vorsitz, beraten von einem Königsrichter und drei *iudices sacri palatii*. Dieser Titelzusatz scheint auf die Barbarossa-Zeit vorzuweisen, er ist bereits früh belegt, wird aber seit 962 geradezu häufig. Er bedeutete einen Rückgriff auf Staatsvorstellungen der Spätantike. Vielenorts gebrauchten ihn auch die *notarii*, um zum Ausdruck zu bringen, daß sie ihr für alle Gruppen der Gesellschaft wichtiges Amt kaiserlicher Autorisierung verdankten. Den gleichen Bezug drückte die Formulierung *iudex* bzw. *notarius domini imperatoris* oder *imperialis aule* aus. Ein Unterschied in Rang, Stellung und Funktion, wie ihn manche Forscher zu erkennen glaubten, war damit offenbar nicht verbunden.

Im Gegensatz zu den lebenslänglichen *missi domini imperatoris* des 12. Jahrhunderts, die vor allem im Nordwesten der Lombardei zu belegen sind, galt die Vollmacht der früheren Inhaber des Titels nur für einen begrenzten Zeitaum. Ihr Sprengel umfaßte in der Regel einen oder mehrere Komitate. Die Beauftragung erfolgte mittels einer Kaiserurkunde. Sieben Dokumente dieser Art sind als Inserte überliefert; eines für Cunibert, einen Vasallen des Bischofs von Asti, den Heinrich III. zum Königsboten im Raum zwischen Tanaro und Stura ernannte, ist im Original erhalten. Wer zum *missus* bestellt wurde, blieb rangmäßig, was er zuvor gewesen: Herzog, Graf, *gastaldio*, *iudex*, Bischof oder königlicher Kaplan. Doch wurden manche Geistliche nach erfolgreicher Wahrnehmung des Gerichtsvorsitzes vom König mit einer Diözese ausgestattet, wie der Diakon Cesso, der im Jahr 1000 Bischof von Turin wurde, der *cappellanus* Dudo, der 1023 Acqui erhielt, oder sein Kollege Gezman, einer der nicht sehr zahlreichen Deutschen, die als *missi imperatoris* in Reichsitalien den Vorsitz im Königsgericht innehatten, bevor ihm Heinrich III. 1042 Eichstätt übertrug. Damit ist eine Integrationsmöglichkeit angesprochen, die über die Rechtspflege hinausreicht: Die nach der Bewährung als *missus* zu bischöflichen Ehren Erhobenen wußten sich dem Herrscher lebenslang verbunden, und sie dankten es ihm in der Regel durch treuen Dienst und geistlichen Lohn, wie Lambert von Florenz 1028 und sein Nachfolger Atto 1038, die dem Konvent von San Miniato befahlen, regelmäßig *pro anima Chuonradi imperatoris serenissimi senioris mei sueque preclare coniugis Gisle excellentissime imperatricis necnon pro salute Heinrici regis clarissimi filii sui* zu beten, oder Milo von Padua, der Gebete *pro vita et victoria et animae remedio* Heinrichs IV. anordnete.

Die Zahl der Geistlichen, welche als *missi regis* gerichtlich tätig waren, liegt erheblich unter jener der in solcher Funktion bezeugten Laien. Zumeist waren es Grafen oder Gastalden, in steigender Zahl *iudices* und selbst einzelne *notarii*, die den Vorsitz im Hofgericht übernahmen, in der Regel für eine eng beschränkte Zeit. Gerade bei Mitgliedern des Hochadels mochten die Herrscher befürchten, sie durch längerfristige Übertragung der Funktion in einer das Gesamtgefüge gefährdenden Weise aufzuwerten. Allerdings trug die Inkonstanz dazu bei, daß die *missi imperatoris* außerhalb der mental bedeutungsvollen, weil das Kaisertum in seinem ideellen Wesenskern betreffenden Sphäre des Rechts nur wenig zu einer wirksamen politischen Integration beizutragen vermochten.

Auch die Ernennung der *iudices sacri palatii* oder *aule imperialis* und der *notarii* bildete ein königliches Reservatrecht, mochte es auch in der Regel durch die Pfalzgrafen oder andere hohe Mandatsträger ausgeübt und manchenorts gar durch Dritte usurpiert worden sein. Dabei war ein bestimmter Formalismus zu beachten. Symptomatisch für die Reichskrise, welche durch den frühen Tod Heinrichs III. ausgelöst und den sogenannten Investiturstreit unheilvoll verstärkt wurde, war, daß seit dem Ausgang des 11. Jahrhunderts der Apostolische Stuhl konkurrierend zum Königtum *iudices* und *notarii* ernannte, die vor allem in Gebiete geschickt wurden, in denen die Herrschaft zwischen Kurie und Krone strittig war, wie seit der Mathildischen Schenkung dem Herrschaftsbereich der Canusiner. Ein solcher war auch jener *Anselmus scriniarius sive notarius domini pape*, der 1137 die erwähnte Urkunde in Castellarano niederschrieb.

Vor allem seit 1093/94 erfolgte eine Schwächung der Gerichtsordnung, die zuvor dank des persönlichen Engagements der Kaiser hohes Ansehen besaß und einen wirkungsmächtigen Integrationsfaktor hätte bedeuten können. Die Zahl der *placita*, die Rudolf Hübner 1893 bis 1150 auflistete, nahm immer mehr ab, trotz einer kurzen Restitutionsphase unter Heinrich V. Die erwähnte, gleichzeitig dazu einsetzende Vermehrung der im Rechtswesen tätigen *missi domini regis* mittleren oder niederen Ranges konnte den Verlust nicht wettmachen und bedeutete überdies in der Regel keine effektive Bindung, die auch bei politischen Antagonismen Bestand behielt. Den meisten Mailänder *consules*, welche die Bürgerschaft im Kampf gegen Barbarossa anführten, waren Titel und gerichtliche Funktion eines Königsboten noch von Konrad III., einigen bereits von Friedrich verliehen worden, ohne daß dies in den Jahren der Krise und der militärischen Auseinandersetzung wirkungsvolle integrative Folgen gezeigt hätte.

III

Im Frühsommer des Jahres 996 teilte Kaiser Otto III. Papst Gregor V. mit, daß er wegen seines angegriffenen Gesundheitszustandes nach Deutschland reisen wolle. Den Schutz der römischen Kirche überlasse er Markgraf Hugo von Tuszien und dem Grafen Konrad, dem er die Verwaltung jener acht Komitate anvertraut habe, die zwischen ihm und dem Apostolischen Stuhl strittig waren. Über den kurzen Text, seine Echtheit und zeitliche Stellung sowie den »wahren Grund« für die Abreise Ottos III. wurde in der Forschung wiederholt diskutiert. Für unser Thema steht ein anderer Sachverhalt im Vordergrund: Der Kaiser verweist den um die persönliche Sicherheit fürchtenden Papst für die Zeit seiner Abwesenheit auf zwei im Land befindliche weltliche Große. »Verfassungsmäßig« hat er in Reichsitalien keinen Stellvertreter.

Ein solcher hätte am ehesten ein handlungsfähiger Sohn sein können, wie beim Tode Ottos des Großen 973 Otto II., der sich indessen in Deutschland befand und erst im November 980 über die Alpen zog, oder beim Tod Konrads II. 1039 sein Sohn Heinrich, der spätere Heinrich III., der indessen die Grundlinien der väterlichen Politik in Reichsitalien nicht fortsetzte und gleichfalls sieben Jahre vergehen ließ, bis er selbst in den Süden kam. Als er starb, war Heinrich IV. – wie 983 Otto III. – noch ein unmündiges Kind. Die beiden letzten Salier, Konrad und Heinrich V., empörten sich gegen den eigenen Vater, ersterer übrigens in Italien, was einer Reichsintegration, wie immer man das Wort verwenden will, entgegenwirken mußte. Otto III., Heinrich II. und Heinrich V. besaßen keine Nachkommen. Ihr Tod führte jeweils zu Wirren, 1002 und 1125/29 sogar zu einem italischen Gegenkönigtum, das sich in beiden Fällen – für Konrad III. glaube ich Hinweise gegeben zu haben – nicht als ein Strohfeuer erwies. Politische Integration setzt indessen offenbar herrscherliche Kontinuität über einen längeren Zeitraum voraus.

Doch nicht nur der biologische Zufall wirkt sich negativ aus. Wie hätten die landfremden Herrscher südlich der Alpen eine stabilisierende Rolle übernehmen können, da die Voraussetzungen dafür fehlten, namentlich jene Institutionen, welche nach unserem Verständnis Staatlichkeit wesentlich konstituieren, und ihnen keine Zentralregion zur Verfügung stand, von der aus eine Integration hätte erfolgen können, wie im kapetingischen Frankreich die Île de France? Das stattliche Reichsgut der Langobardenzeit war – wie Darmstädter für den Westteil der Po-Ebene aufgelistet hat – zum größten Teil in andere Hände übergegangen. Was es an Kronbesitz noch gab, war zwar mehr, als aus dem vieldiskutierten Tafelgüterverzeichnis zu erschließen ist. Beispielsweise werden in bislang dafür nicht ausgewerteten Pisaner Grenzbeschreibungen aus dem ausgehenden 11. Jahrhundert Liegenschaften erwähnt, die dem Reich gehörten; danach verliert sich ihre Spur. Offenbar war der Gesamtbestand bereits zu der Zeit, als Otto I. die Alpen überstieg, wesentlich geringer als in Deutschland und nahm während der folgenden Dezennien in den meisten Regionen der Apenninen-Halbinsel eher ab als zu. In der Kaiserzeit gab es zudem kaum stärker besuchte allgemeine Hoftage, deren Beschlüsse für alle gelten sollten. Eine Ausnahme davon bildete allerdings namentlich Roncaglia 1158, freilich mit durchaus ambivalenten Folgen. Regionale Versammlungen kamen bisweilen vor, so in erster Linie in Tuszien in San Genesio unterhalb von San Miniato. Sie besaßen indessen nicht den Verfassungsrang wie später jene in den Provinzen des Kirchenstaates, die regelmäßig zusammentraten.

Otto III. konnte 996 dem Papst keinen ständigen Vertreter nennen, der während seiner Abwesenheit dem Oberhaupt der Kirche hätte Schutz gewähren können. Doch war dies keine Ausnahmesituation. Wenn der Kaiser nicht präsent war, gab es schlechterdings keine Ersatzinstitution. Wenn ich recht sehe, kam es in ottonisch-salischer Zeit in Reichsitalien nur einmal zu einer relativ wirkungsvollen Stellvertretung: Heinrich III. betraute Papst Viktor II. 1055 mit der Verwaltung des Herzogtums Spoleto und der Markgrafschaft

Fermo. Auf dem Totenbett bat er ihn dann, schützend die Hand über seinen Sohn zu halten. Intensiver als manche Forscher meinen, nahm sich der Papst dieser Aufgabe an und übernahm dabei Funktionen, die an sich dem Kaiser vorbehalten waren. So erklärte – was auch Rudolf Hiestand aufgefallen ist – in dem 380 km von Rom entfernten romagnolischen Städtchen Medicina ein *tabellio Gaidulfus* in der Unterfertigung der von ihm geschriebenen Urkunden: *me Victor gratia Dei papa ordinavit*, was sich nicht auf eine Priesterweihe, sondern eben auf die Bestellung zum Notar bezog. Aber Viktor starb ein Jahr nach dem Kaiser und hinterließ ein Machtvakuum, in welchem die antisalischen Kräfte das Übergewicht gewannen.

Daß Heinrich III. 1055 den Papst um die Wahrnehmung der Reichsinteressen südlich der Alpen bat, entsprach der Rolle, welche die meisten Bischöfe, von der Krone mit weltlichen Befugnissen und Besitzrechten ausgestattet, im Rahmen der ottonisch-frühsalischen Politik spielten. So hatte Otto III. 999 dem Bischof von Vercelli den dortigen Komitat sowie den von Santhià und dem Erzbischof von Ravenna sieben Grafschaften übertragen. Das ging den deutschen Parallelen zeitlich sogar deutlich voraus. 1001 überließ Otto dem Bischof von Vicenza die gräfliche Gewalt in seinem Sprengel und dem Apostolischen Stuhl jene acht Grafschaften, von denen in dem eingangs zitierten Brief die Rede ist, ohne daß man wüßte, was aus jenem Grafen Konrad geworden wäre, der in der Forschung der Namensgleichheit wegen allgemein als ein Sohn König Berengars II. gilt. Ebenso wie Otto III. handelten die Herrscher nach ihm. Zahlreiche Komitate gelangten an Bischöfe, deren manche – wie der von Arezzo und der von Piacenza – sich bald geradezu *episcopus et comes* nannten. Solange der König an der Bestellung des Episkopats wesentlich beteiligt war, mochte diese Praxis unbedenklich sein und sogar durchaus integrative Wirkungen zeitigen. Als er das Wahl- und Investiturrecht verlor, änderte sich die Situation von Grund auf.

In einer wichtigen Arbeit hat Gerhard Schwartz 1913 zusammengestellt, was er über die Herkunft der Bischöfe Reichsitaliens zwischen 951 und 1122 eruieren konnte. Ihn interessierte vor allem der Anteil deutscher Kleriker, der namentlich im Patriarchat von Aquileia und im Erzbistum Ravenna beträchtlich war. Eine prinzipielle Voraussetzung dafür war, daß die Herrscher kraft ihres Amtsverständnisses beanspruchten, auf die Besetzung der Bischofsstühle im *regnum Italiae* entscheidenden Einfluß zu nehmen. Wie bewußt sie darauf setzten, läßt sich am deutlichsten für Heinrich II. aufzeigen, der unter anderem seinen Halbbruder Arnaldus auf den Stuhl des hl. Apollinaris brachte. Aber im Investiturstreit zerbrach dieses System, und das Wormser Konkordat raubte der Krone vollends die Möglichkeit, südlich der Alpen gezielt Bischofspolitik zu treiben, obwohl noch manche Besetzung in Absprache mit den Herrschern erfolgte, wie 1155 in Ravenna, wo Barbarossa den im Reichsdienst bewährten Anselm von Havelberg erfolgreich protegierte.

Neuerdings wird in der Forschung stärker betont, daß die Krone nicht minder auch die Zusammenarbeit mit laikalen Gewalten suchte. Das läßt sich besonders deutlich für Piemont und die Toscana belegen, gewann aber kaum jemals den Charakter einer planmäßigen Integrationspolitik. Am ehesten wird man in diesem Zusammenhang an Konrad II. erinnern dürfen, dessen Lehnsgesetz von 1037 zugunsten der Valvassoren, der niederen Vasallen, unverkennbar auch von dem Bestreben diktiert war, in dieser zahlenstarken Gruppe eine breitere Anhängerschaft zu gewinnen. Für eine konsensuale Herrschaft, wie Bernd Schneidmüller die Verfassungsrealität des mittelalterlichen Reichs in Deutschland schlüssig beschrieben hat, fehlten indessen südlich der Alpen die dafür notwendigen Partner, nämlich die Herzogtümer, deren Summe das Reich umfaßte, oder doch zumindest weltliche Fürstentümer von einer beträchtlicheren Konsistenz. Eine Ausnahme bildete lediglich die Markgrafschaft Tuszien unter Hugo dem Großen, dessen wegen seiner Münzprägung zu gedenken war, und seinem zweiten oder dritten Nachfolger Bonifaz von Canossa. Als Friedrich Barbarossa über die Alpen kam, war nach Otto von Freising der Markgraf von Monferrato *pene solus ex Italiae baronibus* – von italischen *principes* spricht er an dieser Stelle erst gar nicht –, der seine Macht vor den Städten bewahrt habe, aber man erfährt zugleich, daß jener sich hilfesuchend an den Staufer wandte.

Seit dem Investiturstreit war die Stellung des Königtums in Reichsitalien politisch, militärisch wie wirtschaftlich auf das stärkste erschüttert und ihre Integrationskraft entsprechend geschwächt. Eine neue Phase mit veränderten Mitteln und Zielen begann sich mit dem Beginn der Stauferzeit abzuzeichnen. Abermals ist dabei nicht zuletzt an Konrad III. zu erinnern. Auf die Bestellung zahlreicher in der Rechtspraxis tätiger *missi domini regis*, die sogleich nach seiner Krönung in Monza einsetzte und nach der Koblenzer Wahl von 1138 verstärkt vorgenommen wurde, wurde hingewiesen. Neue Dimensionen gewann diese Südwendung der Königspolitik im Jahr 1147 durch die Entsendung zweier Reichslegaten, des Bischofs Hermann von Konstanz und des Grafen Reimbod von Rocking, der schon 1129 mit Konrad in der Lombardei gewesen war. In einem Brief an die Bürger von Crema wurde der Auftrag der beiden Machtboten beschrieben: *Dominus noster ex latere suo nos in partes istas dirigens, tocius Italici regni negotia ad honorem tractanda suum iure nobis commisit.* Nicht eine partielle Aufgabe hatten die Legaten zu erfüllen, sondern es ging um die politische Ordnung von ganz Reichsitalien und um alle die Herrschaft tangierenden Aspekte. Als Konrad 1150 vom zweiten Kreuzzug zurückgekehrt war, schickte er abermals den Protonotarius Heinrich, einen seiner wichtigsten Mitarbeiter, mit einem Brief in den Süden, in welchem es heißt: *Mittimus … Henricum virum prudentem et industrium, qui ex dispositionis nostrae decreto negotia terrae illius secundum honorem regni ordinabit et statum terrae ex alto consilio prudentiae nostrae in melius reformabit.* Das entsprach durchaus dem Auftrag, mit dem von 1153 an Barbarossas Reichsboten, Hofvikare, Bischöfe, Grafen und Ritter, Herren von Geblüt und endlich auch von der Krone beauftragte Generallegaten, jene in früheren Zeiten fehlenden Vertreter des Kaisers ohne räumliche und sachliche Einschränkung, über die Alpen kamen oder in Italien für die Sache des Herrschers gewonnen wurden. Aber der staufische Integrationsversuch, den Friedrich I. mit unerhörtem Kraftaufwand, manchem diplomatischen Geschick und manchem verhängnisvollen Mißgriff, glänzenden Siegen und schweren Niederlagen unternahm, um das *regnum Italiae* für das Reich und seine Krone zu gewinnen, mußte in einem Land, in welchem man in der Zeit der Abwesenheit der Krone gelernt hatte, die eigene Freiheit hochzuhalten, letztlich scheitern.

IV

Unsere letzte Quelle steht im *Registrum privilegiorum* von Modena. Unter dem Datum des 14. Oktobers 1210 wurde ein Text *De pace et concordia inter comune Mutine et ecclesiam sive monasterium de Frassinorio* eingetragen, der Form nach ein Vertrag, in Wirklichkeit die Kapitulation des Konvents vor der expandierenden Kommune, welche damit die Talschaft an der oberen Secchia endgültig in ihre Gewalt brachte.

Frassinoro an der Paßstraße von Modena über die Foce di Radici nach Lucca war eine Stiftung von Beatrix, der zweiten Gemahlin des Bonifaz von Canossa. Damit gerät die kaiserliche Ehepolitik in den Blick. Konrad II. hatte die Nichte seiner Gemahlin Gisela, welche – früh verwaist – am salischen Hof herangewachsen war, um 1035 seinem wichtigsten Bundesgenossen im *regnum Italiae* vermählt. Die Macht des *marchio et dux Tusciae* reichte vom Südrand der Alpen bis vor die Tore Roms.

Eine Fürstenhochzeit stand bekanntlich am Anfang der ostfränkisch-deutschen Südpolitik: die Heirat Ottos des Großen mit Adelheid, der Witwe König Lothars, die über einen bedeutenden Territorialbesitz verfügte und ihrem zweiten Gatten einen zusätzlichen Herrschaftsanspruch sowie ein erhöhtes Prestige im Land einbrachte. Politische Heiraten dienten in der Regel integrativen Zwecken. Vom Kaiserhof ging auch die Initiative zu der vor 993 geschlossenen Ehe des tuszischen Markgrafen Hugo des Großen mit Judith aus, einer Tochter des Herzogs Otto von Kärnten, an die Konrad II. 1026 posthum als seine *consanguinea* erinnerte. Soweit ich sehe, suchte kein Kaiser so engagiert wie der erste Salier, das Reich durch Fürstenhochzeiten zu stabilisieren. Ums Jahr 1035/36 kam es nicht ohne sein Zutun zu der folgenschweren Heirat zwischen dem Markgrafen in Ligurien und Grafen von Mailand Adalbert Azzo II. mit Cuniza von Altdorf, deren Sohn der Stammvater des jüngeren Hauses der Welfen wurde, ferner zur Ehe von Konrads II. Stiefsohn Hermann von Schwaben mit Adelheid, der Tochter des Markgrafen Olderich Manfred II. von Turin, und zu der ihrer Schwester Immula mit Otto von Schweinfurt, dem Markgrafen der Bayerischen Nordmark, der neun Jahre später Herzog von Schwaben wurde. Es ist, als habe Konrad mit diesen Heiraten eine partielle Verschmelzung des deutschen und italischen Hochadels angestrebt.

Aber diese so großzügig geplante, auf Integration der Reichsteile gerichtete Ehepolitik Konrads II. schlug fehl. Nach dem frühen Tod Hermanns von Schwaben und eines zweiten Gatten heiratete Adelheid von Turin den Markgrafen Otto von Savoyen. Damit entfiel die Klammerwirkung, auf welche der Salier gerechnet hatte. Allerdings vermählte man ein Kind aus dieser dritten Ehe, das den gleichen Namen wie die Mutter trug, 1062 mit Rudolf von Rheinfelden, der kurz zuvor Herzog von Schwaben geworden war. Bertha, die zweite Tochter, wurde 1066 die Gemahlin Heinrichs IV. Was wenig Beachtung findet: nicht nur Welf V., sondern auch Heinrich V. war ein Halbitaliener!

Verhängnisvoll war, daß das Vertrauensverhältnis zwischen Saliern und Canusinern mit dem Tode Konrads II. endete. Die rasch eintretende Entfremdung zwischen Heinrich III. und Bonifaz von Tuszien spitzte sich zu, und als Beatrix, frisch verwitwet, gar ihre Hand dem geächteten Herzog Gottfried dem Bärtigen reichte, ohne den kaiserlichen Vetter und Lehnsherrn um Erlaubnis zu fragen, ließ dieser sie inhaftieren und mit ihrer Tochter Mathilde nach Deutschland bringen. Das Resultat der folgenden Ereignisse war: Was der Reichsintegration hatte dienen sollen, bedeutete zunehmend einen politischen Störfaktor. Hier hat Heiratspolitik entgegen aller Planung nicht integrierend, sondern spaltend gewirkt. Zwar erwies sich die Vermählung Heinrichs IV. mit Berta von Susa und Turin während der Canossa-Krise 1077 als hilfreich. Aber nach dem Tod von Berthas Mutter Adelheid vermochten die Salier nicht, deren Besitz in Piemont an sich und das Reich zu bringen.

Grundsätzlich gegen die Krone gerichtet war die unglückliche zweite Heirat Mathildes von Canossa. Sie brachte den Welfen Ansprüche auf das Erbe der *fidelissima filia beati Petri* ein, doch waren diese gegen das Papsttum und die Kommunen der *terra Matildica* nicht realisierbar. Auch die Krone versuchte daran zu partizipieren, Heinrich V. durch ein betont familiäres Verhalten gegenüber der Tante, relativ energisch Lothar III. für seinen Schwiegersohn Heinrich den Stolzen, endlich in jahrelangem Bemühen Barbarossa. Aber ein dauernder Gewinn ließ sich nicht erzielen.

Die Ehe-Beziehungen, die im 12. Jahrhundert das Haus Monferrato mit zahlreichen Herrscherfamilien knüpfte, darunter den Grafen von Flandern und den Markgrafen von Österreich, führten mehrere Angehörige der Familie auf die Seite Barbarossas, erwiesen sich aber, was die Integration von Reichsitalien betrifft, von geringem Belang. Bezüglich der Verwandtschaftspolitik der toskanischen Grafen Guidi sei immerhin erwähnt, daß bei einem Sohn Guidos IV. Markward von Annweiler, der berühmte Mitarbeiter Heinrichs VI. im Küstenland der Adria, die Patenschaft übernahm. Die folgenreiche Heirat Heinrichs VI. mit Konstanze von Sizilien betrifft unser Thema nur insofern, als sie das Engagement des Barbarossa-Sohnes in der Po-Ebene nicht nur verstärkte, sondern vielmehr auf gänzlich andere Bahnen lenkte. So ist die politische Bilanz der Eheverbindungen zwischen Nord und Süd im ganzen negativ. Insbesondere mißlang der Erwerb eines der Krone unmittelbar zugeordneten Territoriums, von dem eine wirkungsvollere Integration Reichsitaliens hätte ausgehen können.

Damit kehre ich zu dem Dokument im Modeneser Stadtbuch zurück. Es ist datiert *domino imperatore Octone regnante* und wurde ausgefertigt durch *Nicholaus domini Henrici imperatoris notarius*. Das spräche für ein ausgeprägtes Reichsbewußtsein. Durchmustert man die 336 Texte, welche die Stadtväter zwischen 1141 und 1260 in den Codex eintragen ließen, findet man in der Tat in zahlreichen Einbürgerungs- und Bündnisverträgen Formulierungen wie *salva fidelitate domini imperatoris* oder *contra omnes homines excepto imperatore*: Treuevorbehaltsklauseln zugunsten der Krone. Man hat in Modena stets die Zugehörigkeit zum *regnum Italiae* betont. Aber die politische Praxis sah anders aus. Von den Mönchen aus Frassinoro verlangten die Bürger, sie dürften fortan keine Streitigkeiten mehr vor den Kaiser bringen. Ferner forderten sie die Auslieferung aller Gnadenbriefe, welche die Abtei von der Krone und dem Apostolischen Stuhl jemals erhalten hatte: *Et restituat [abbas] dicte potestati [comunis] litteras impetratas omnes a summo pontifice vel ab imperatore ..., quod sint cassa [et] inutilia.* Der Konvent besaß ein Diplom Barbarossas, mit welchem dieser 1164 Frassinoro in seinen Schutz genommen und den Besitz bestätigt hatte. Unter anderem heißt es darin: Keine Stadt, kein städtischer Podestà, *consul* oder *rector* dürfe dem Kloster Schaden zufügen, Güter beschlagnahmen und Hoheitsrechte ausüben. Aber exakt dies beanspruchte Modena im Jahr 1210, und die Stadt verlangte überdies, der Konvent müsse sich eidlich verpflichten, deswegen bei niemandem Klage zu erheben. Das Original des kaiserlichen Gnadenbriefs von 1164 befindet sich im Staatsarchiv von Mantua. Der Provenienz nach müßte es in Modena liegen. Aber wäre es dorthin gekommen, hätten wir das Stück gewiß nicht mehr.

Es gibt ähnliche Dokumente aus anderen Orten. Seit der Emanzipation der Stadtgemeinden von feudaler oder bischöflicher Oberhoheit und vollends seit den Kriegen Barbarossas mit der Lombarden-Liga konnte von einer politischen Integration Reichsitaliens nur sehr bedingt und in engen Schranken die Rede sein. Den Städten galt es als vordringlich, ihren Machtbereich zu erweitern. Entscheidend war für sie einzig der eigene Vorteil. Vielenorts hielt man idealiter an einer Reichsintegration fest. Mental bildete sie weiterhin ein oft pathetisch zitiertes, bisweilen geradezu bewußtseinsbestimmendes Faktum, nur durfte dies die eigenen Interessen nicht tangieren. Nach wie vor sprach man in vielen italienischen Kommunen geistreich und werbend von der Zugehörigkeit zu einer *sancta Romana res publica*, an deren Spitze ein *rex iustus* stehen solle als Exponent einer Ordnung, welche ihre Freiheit zu schützen verspreche, und als der von Gott bestellte Hüter des Rechts. Doch über diese schönen Gedanken zu handeln und über ihre Realitätsferne nachzudenken wäre ein anderes Thema.

Die angelsächsischen Königreiche: Vielfalt und Einheit

VON ANTON SCHARER

Die Geschichte Englands im Frühmittelalter, besonders in der abstrahierten Form des Kartenbildes eines historischen Atlanten oder einer Überblicksdarstellung betrachtet[1], macht deutlich, daß der Untertitel meines Beitrags »Vielfalt und Einheit«, den Ausgangs- und den Endpunkt einer Entwicklung bezeichnet. Allerdings wird im Folgenden immer wieder dem aus dem graphischen Bild abzulesenden, scheinbar zielgerichteten Entwicklungsgang der nötige Zweifel, das Aufzeigen anderer Möglichkeiten, auch das Zufällige des Geschehens entgegenzusetzen sein.

Im Mittelpunkt der folgenden Erörterungen wird der Zeitraum vom Aufkommen schriftlicher Zeugnisse bei den Angelsachsen bis einschließlich der Herrschaft König Alfreds (871–899) stehen; dieser Zeitraum soll näher auf Integrationsvorgänge untersucht werden, wobei den Faktoren der Integration besonderes Augenmerk zukommt[2]. Mitunter wird unser Blick bis ins 11. Jahrhundert gleiten. Zum Sprachgebrauch sei vermerkt: der Begriff »Angelsachsen« wird zwar erst zur Zeit König Alfreds als »Selbstbezeichnung« verwendet[3], ich gebrauche ihn, wie in der wissenschaftlichen Literatur üblich, auch für die Zeit davor als Kollektivbezeichnung für die im 5. Jahrhundert nach Britannien gerufenen »germanischen« Föderaten und die danach selbständig gekommenen Angeln, Sachsen, Jüten und anderen Barbaren[4].

---

1) Etwa David HILL, An Atlas of Anglo-Saxon England (1981) und Blackwell Encyclopaedia of Anglo-Saxon England, hg. von Michael LAPIDGE (1999) S. 517–520. – Die Vortragsfassung ist weitgehend bewahrt und nur um die allernötigsten Anmerkungen ergänzt worden.

2) Integration wird hier zunächst nicht problematisiert, sondern von einem Vorverständnis »Einbeziehung, Eingliederung in ein größeres Ganzes« ausgegangen.

3) Anton SCHARER, Herrschaft und Repräsentation. Studien zur Hofkultur König Alfreds des Großen (MIÖG Ergänzungsband 36, 2000) S. 119 mit Nachweisen.

4) Über Integration im Kontext mit dem spätantiken Imperium Romanum siehe beispielsweise Walter POHL, Die Völkerwanderung. Eroberung und Integration (2002); Integration und Herrschaft. Ethnische Identitäten und soziale Organisation im Frühmittelalter, hg. von Walter POHL (Forschungen zur Geschichte des Mittelalters 3, Denkschriften Wien 301, 2002); Kingdoms of the Empire: the Integration of Barbarians in Late Antiquity, hg. von DEMS. (The Transformation of the Roman World 1, 1997). Vgl. auch aus der Sicht des Althistorikers Gerhard DOBESCH, Römischer Friede und römische Weltverwaltung. Der größte Integrationsvorgang der westlichen Geschichte, Wiener Humanistische Blätter 40 (1998) S. 15–37.

Das, was wir über die Frühzeit der angelsächsischen Königreiche zu wissen meinen, verdanken wir zum Großteil der Anfang der dreißiger Jahre des 8. Jahrhunderts fertiggestellten *Historia ecclesiastica gentis Anglorum* des im Jahre 735 verstorbenen Mönchs Beda (venerabilis), der im northumbrischen Kloster Wearmouth-Jarrow wirkte. Nachrichten in frühen urkundlichen, normativen, hagiographischen und brieflichen wie auch in späteren historiographischen Quellen erweitern unsere Perspektive und lassen auch die Standortgebundenheit Bedas klarer erkennen, aber daraus können wir kein Gesamtbild gewinnen, überhaupt nicht für die Zeit vor 600 oder genauer vor 597, der Landung von Augustin und dessen Begleitern, den von Papst Gregor d. Gr. entsandten römischen Missionaren, in Kent. Die Bekehrung der Angelsachsen, die Ausbreitung des Christentums und der Aufbau der Kirche unter den Neubekehrten waren Hauptanliegen Bedas in seiner Kirchengeschichte; von diesen Vorgaben bestimmt ist auch das, was er über die Geschichte der einzelnen Ethnogenesen, Reichsbildungen, wichtige Persönlichkeiten und Ereignisse erzählt. Das 5. und 6. sind also weitgehend dunkle Jahrhunderte. Die verlorenen Jahrhunderte (»the lost centuries«) betitelte James Campbell das die Zeit von 400 bis 600 umfassende Kapitel in seinem Beitrag zum Sammelwerk »The Anglo-Saxons«[5]. Hier sind in erster Linie die Archäologen gefordert. Ich möchte mich näher den Verhältnissen des 7. Jahrhunderts zuwenden.

Es lassen sich etliche Herrschaftsgefüge verschiedenster Größe erkennen, eine genaue Zahl kann man nicht angeben; soviel ist gleichwohl gewiß: man hat mit mehr als den zumeist genannten sieben Reichen zu rechnen[6]. Von größeren Einheiten seien Kent, Westsachsen, Südsachsen, Ostangeln, Mittelangeln, Mercier, Lindsey, Nordhumbrer (Deira mit York als Zentrum und nördlich davon Bernicia) erwähnt, aber eine solche Übersicht ist unvollkommen, man denke etwa an die Hwicce[7], deren Ethnogenese sich im Bereich des Bistums Worcester vollzogen hatte, an Surrey – ein Unterkönig von Surrey urkundete beispielsweise in den 70er Jahren des 7. Jahrhunderts[8] – , an die Isle of Wight, wo bis in die 80er Jahre des 7. Jahrhunderts eine eigene Dynastie herrschte[9], ja selbst an Kent, das die

---

5) In: The Anglo-Saxons, hg. von James CAMPBELL (1982) S. 20–44; David DUMVILLE, Essex, Middle Anglia, and the Expansion of Mercia in the South-East Midlands, in: Origins (wie Anm. 6) S. 123–140, auf S. 126: »Much of the fifth and sixth centuries is, in terms of *English* history, a lost era, a dark age«.

6) Vgl. etwa The Origins of Anglo-Saxon Kingdoms, hg. von Steven BASSETT (Studies in the Early History of Britain, 1989).

7) Dazu vor allem Patrick SIMS-WILLIAMS, Religion and Literature in Western England 600–800 (Cambridge Studies in Anglo-Saxon England 3, 1990) S. 16ff., 29ff.; Jonathan INSLEY, Hwicce, in: Reallexikon der Germanischen Altertumskunde 15 (²2000) Sp. 287–295; Anton SCHARER, ebendort Sp. 296.

8) Peter H. SAWYER, Anglo-Saxon Charters: an annotated List and Bibliography (Royal Historical Society Guides and Handbooks 8, 1968) Nr. 1165.

9) Beda, Historia ecclesiastica gentis Anglorum IV c. 16 (14), edd. Bertram COLGRAVE/R. A. B. MYNORS (Bede's Ecclesiastical History of the English People, Oxford Medieval Texts, 1969) S. 382–384; bzw. Beda der Ehrwürdige, Kirchengeschichte des englischen Volkes, ed. Günther SPITZBART (Texte der Forschung 34, 1982, ²1997) S. 364–366.

Herrschaftsbereiche Ost- und Westkent umfaßte[10]), die, wenn erforderlich, von einem eigenen König regiert wurden. In manchen Fällen spiegelt die Diözesanstruktur ursprünglich politische Einheiten.

Die Vielzahl ehemals zu einem gewissen Grade eigenständiger Gemeinschaften zeigt deutlich die »Tribal Hidage«, eine Liste, deren Genese und Zweck zwar umstritten sind, gleichwohl wird man annehmen dürfen, daß sie für Abgabenforderungen diente und vermutlich, wie zuletzt Dumville darlegte, im 7. Jahrhundert entstanden ist[11]). Die als Tribal Hidage bezeichnete altenglische Liste enthält 34 »Stammesnamen« jeweils mit Hufenangaben in der Art: »Das Land der Kenter ist (d. h. zählt, hat) 15 000 Hiden (= Hufen)«. Den Anfang machen die Mercier (30 000), das Ende die Westsachsen (100 000); die Größen variieren zwischen 300 und 100 000, wobei die für die Westsachsen verzeichnete große Zahl einer späteren Überarbeitung zuzuschreiben sein dürfte. Die Namen beziehen sich auf südhumbrische Einheiten. Das hat im übrigen Anlaß dazu gegeben, den Ursprung der Liste in Nordhumbrien anzunehmen[12]). Doch spricht auch einiges für eine Entstehung der Tribal Hidage in Mercien zwischen 635 und 680[13]). Wie dem auch sei, Beda lagen bei der Abfassung der Kirchengeschichte zweifellos Aufzeichnungen dieser Art vor – man vergleiche seine Angaben zu mercischen *regna*, Südsachsen und zu Inseln, wie etwa Isle of Wight usw.[14]). Daß die 34 Namen ohne Nordhumbrer keineswegs zu hoch gegriffen sind, legt Bedas Schilderung der Schlacht beim Fluß *Winwaed* zwischen Merciern und Nordhumbrern (655) nahe[15]). Penda, der heidnische König der Mercier, hatte die mehr oder minder erzwungene Unterstützung durch 30 *duces regii*, darunter einen namentlich genannten König der Ostangeln[16]). Wer werden die 29 anderen gewesen sein, wenn nicht Herrscher über in der Tribal Hidage erwähnte wie auch ungenannt gebliebene Gruppen? Zu den in der Tribal Hidage übergangenen werden auch die Leute gezählt haben, über die Penwalh, der Vater des hl. Guthlac, herrschte. Was wir über Penwalh und Guthlac wissen,

---

10) Hanna VOLLRATH-REICHELT, Königsgedanke und Königtum bei den Angelsachsen bis zur Mitte des 9. Jahrhunderts (Kölner historische Abhandlungen 19, 1971) S. 152ff.; Anton SCHARER, Die angelsächsische Königsurkunde im 7. und 8. Jahrhundert (Veröffentlichungen des Instituts für Österreichische Geschichtsforschung 26, 1982) S. 103ff.

11) DUMVILLE, Essex, Middle Anglia (wie Anm. 5) S. 129; Text der Tribal Hidage: DERS., The Tribal Hidage: an Introduction to its Texts and their History, in: Origins (wie Anm. 6) S. 225–230, hier S. 227.

12) Nicholas BROOKS, The Formation of the Mercian Kingdom, in: Origins (wie Anm. 6) S. 159–170, hier S. 159.

13) Siehe oben Anm. 11.

14) Beda, Historia ecclesiastica (wie Anm. 9) III c. 24, IV c. 13, IV c. 16 (14), II c. 9, III c. 4, IV c. 19 (17) (edd. COLGRAVE/MYNORS) S. 294 (mercische *regna*), S. 372 (Südsachsen), S. 382 (Isle of Wight), S. 162 (Anglesey und Man), S. 222 (Iona), S. 396 (Ely) (ed. SPITZBART S. 280, 356, 364, 160, 216, 378).

15) Darauf wies bes. DUMVILLE, Essex, Middle Anglia (wie Anm. 5) S. 129 hin.

16) Beda, Historia ecclesiastica (wie Anm. 9) III c. 24 (edd. COLGRAVE/MYNORS S. 290).

verdanken wir der zwischen 730 und 740 verfaßten *Vita sancti Guthlaci*[17]. Penwalh, er lebte in der zweiten Hälfte des 7. Jahrhunderts, war königlicher Abstammung, seine Vorfahren reichten über berühmte, allerdings ungenannt bleibende Könige auf Icel zurück[18], der auch im Stammbaum der mercischen Könige aufscheint.

Die politische Situation um die Mitte des 7. Jahrhunderts dürfte also noch eine relativ große Vielfalt an verhältnismäßig selbständigen Herrschaftskomplexen, worunter sich auch kleine Einheiten befanden, charakterisieren. Aber der Eindruck ist nicht von der Hand zu weisen, daß in diesem labilen Gemisch sich größere Gebilde formen. Die diesbezüglichen Bemühungen des mercischen Königs Penda († 655) wurden bereits erwähnt: Integration kleinerer Einheiten in den mercischen Herrschaftsbereich durch kriegerische Macht. So schnell sie errungen ist, kann sie auch wieder verloren gehen.

Eine Aufzeichnung wie die Tribal Hidage weist auf etwas Neues hin, das Element der Berechnung politisch-territorialer Größen. Einzufordernder und zu erwartender Ertrag bzw. Tribut steht dahinter. Vor allem ergeben sich Verbindungen zu den Besitzgrößenangaben in (Schenkungs-)Urkunden wie auch in Schenkungen und Stiftungen, von denen Beda berichtet[19].

In der Diskussion um die Tribal Hidage wurde auch Bezug genommen auf Bedas Bericht von den sieben mit einem weitreichenden *imperium* ausgestatteten Königen. Anläßlich der Nachricht vom Tod König Aethelberhts von Kent (616) führt Beda aus[20]: »Er [Aethelberht] herrschte zwar als dritter unter den Königen des Volkes der Engländer über alle ihre südlichen Reiche (*Qui tertius quidem in regibus gentis Anglorum cunctis australibus eorum provinciis ... imperavit*), die von den nördlichen durch den Fluß Humber und die an ihn grenzenden Gebiete getrennt werden.« Vor Aethelberht hatten als erster Aelle, König der Südsachsen, *imperium huiusmodi* inne, als zweiter Ceawlin, König der Westsachsen, noch zu Lebzeiten Aethelberhts habe als vierter Raedwald die Führung erlangt. Darauf folgten drei Könige der Nordhumbrer aus zwei rivalisierenden Dynastien, Edwin, der bis auf die Kenter den Angelsachsen und Briten vorstand, Oswald und als siebenter dessen Bruder Oswiu, der sogar die Pikten und Iren im Norden Britanniens unterwarf und tributpflichtig machte.

---

17) Felix, Vita sancti Guthlaci c. 1, ed. Bertram COLGRAVE (1956) S. 72; zur Vita vgl. Walter BERSCHIN, Biographie und Epochenstil. 2: Merowingische Biographie, Italien, Spanien und die Inseln im frühen Mittelalter (Quellen und Untersuchungen zur lateinischen Philologie des Mittelalters 9, 1988) S. 301ff.

18) Felix, Vita s. Guthlaci c. 2 (S. 74).

19) James CAMPBELL, The Anglo-Saxon State (2000) S. XXI und DERS., The Late Anglo-Saxon State: A Maximum View, in: ebenda S. 1–30, hier S. 5f. sowie SCHARER, Die angelsächsische Königsurkunde (wie Anm. 10) S. 34ff. zu den »Besitzgrößenangaben« in Urkunden.

20) Beda, Historia ecclesiastica (wie Anm. 9) II c. 5 (edd. COLGRAVE/MYNORS S. 148–150). Die Übersetzung folgt im allgemeinen SPITZBART (wie Anm. 9) S. 149.

Welchen Ursprungs auch immer diese Vorherrschaft war, sie muß bei aller Wechsel-haftigkeit eine gewisse integrative Kraft besessen und für jenen, der sie ausübte, nicht zu-letzt auch, was bei Beda anklingt, einen materiellen Gewinn gebracht haben. Doch deutet der rasche Wandel – man bedenke etwa für das 7. Jahrhundert den Übergang der Vorherr-schaft von Kentern zu Ostangeln und weiter zu Nordhumbrern – auf wenig gefestigte Strukturen hin und kommt der beharrliche Widerstand des mächtigen Mercierkönigs Penda gegen Edwin, Oswald und Oswiu in dieser Aufzählung nicht zur Geltung. Gleich-wohl ist hier ein Integrationsfaktor bezeichnet, ein Katalysator in der Herausbildung grö-ßerer, weitläufiger Ordnungen.

In diesem Zusammenhang müssen zwei weitere, in engster Beziehung zueinander ste-hende Integrationsfaktoren, wahrscheinlich die entscheidenden schlechthin, genannt wer-den: Christianisierung und Etablierung einer kirchlichen Struktur. Von Aethelberht schrieb Beda, daß er zwar als dritter die Vorherrschaft über alle Reiche südlich des Hum-ber innehatte, aber als erster ins Himmelreich kam[21]. Was macht das Besondere an der Be-kehrung der Angelsachsen im Hinblick auf unsere Fragestellung aus, was wurde ihnen ver-mittelt, was ihren christlichen Nachbarn vielleicht fehlte? Die britischen Könige, von denen beispielsweise Gildas im 6. Jahrhundert berichtet hatte, waren Christen[22]. Das hatte nicht zu einem großräumigen Herrschaftsverband geführt. Anders bei den Angelsachsen: Mehrere Missionsimpulse von unterschiedlicher Intensität (römischen, irischen, frän-kischen, britischen Ursprungs) lassen sich bei ihnen beobachten, wobei hinsichtlich einer Integration die von Rom aus gesandte, seit 597 in Kent wirkende Mission am bedeutsam-sten war[23]. Gegenüber möglichen Einwänden, ich sei der Tendenz Bedas erlegen, ist etwas auszuholen.

Die Bekehrungsphase, die in den letzten Ausläufern bis in die achtziger Jahre des 7. Jahrhunderts währte, wertete soziale Beziehungen der Führungsschicht auf, wie Ehe-verbindungen, die zur Konversion führten, und bereicherte sie um neue Elemente und

---

21) Wie vorige Anm.

22) Gildas, De excidio Britonum cc. 27–36, ed. Michael WINTERBOTTOM (1978) S. 99–105; Charles THO-MAS, Christianity in Roman Britain to AD 500 (1981) S. 240ff.

23) Die klassische Darstellung lieferte Henry MAYR-HARTING, The Coming of Christianity to Anglo-Sa-xon England (³1991); vgl. auch Arnold ANGENENDT, The Conversion of the Anglo-Saxons considered against the Background of the early medieval Mission, in: Angli e Sassoni al di qua e al di là del mare (Set-timane di studio del centro italiano di studi sull'alto medioevo 32, 1986) S. 747–792; Knut SCHÄFERDIEK, Die Grundlegung der angelsächsischen Kirche im Spannungsfeld insular-keltischen und kontinental-römi-schen Christentums, in: Kirchengeschichte als Missionsgeschichte 2/1, hg. von Hansgünther FROHNES et al. (1978) S. 149–191; James CAMPBELL, Observations on the Conversion of England, in: DERS., Essays in Anglo-Saxon History (1986) S. 69–84; Lutz E. VON PADBERG, Mission und Christianisierung. Formen und Folgen bei Angelsachsen und Franken im 7. und 8. Jahrhundert (1995); siehe des weiteren für eine regio-nale Detailstudie SIMS-WILLIAMS, Religion and Literature (wie Anm. 7) S. 54ff. und zur Frage des Einflus-ses der britischen Kirche Clare STANCLIFFE, The British Church and the Mission of Augustine, in: St. Au-gustine and the Conversion of England, hg. von Richard GAMESON (1999) S. 107–151.

Ausdrucksformen von Einfluß, Vorherrschaft, Über- und Unterordnung, wie etwa Tauf-
patenschaft[24]. Weit entscheidender war noch ein anderer Beitrag der Mission, besonders
der von Rom entsandten: das, was mit »Struktur der Kirche« umschrieben wurde. Gregor
d. Gr. hatte ein Konzept für die Struktur, für den Aufbau der Institution Kirche bei den
Angelsachsen – London und York Erzbistümer mit je 12 Suffraganen[25] – besessen. Dieses
ließ sich zwar nicht in der geplanten Form verwirklichen, sah aber eine episkopal gegliederte Kirche vor, die von Augustin den kleinräumigen Verhältnissen in e i n e m Metro-
politanverband mit Canterbury angepaßt wurde. Entscheidend war das Wirken Erzbischof Theodors (668–690)[26], der das Wachstum, das die Christianisierung gebracht hatte,
in eine Bistumsorganisation überführte – zu acht existierenden Bistümern kamen sechs
bzw. sieben neue hinzu – und die Bischöfe durch Synoden stärker aneinander band. Die
Kirche lieferte ein Beispiel, wie ein hierarchisches System dauerhaft funktionierte. Zudem
zeigte sie augenscheinlich, wie weit das Herrschaftsgefüge reichte, wenn die Bischöfe, die
Sprengeln vorstanden, die teilweise weltlichen Herrschaftsbereichen entsprachen, zu Synoden zusammenkamen – nach Kanon 7 der Synode von Hertford (672/673) sollte dies
jährlich geschehen[27]. Damit wurde nicht nur der Zusammenhalt der Kirche gefördert,
sondern auch der angelsächsischen Reiche, gewissermaßen die politische durch die kirchliche Integration vorweggenommen. Im 8. Jahrhundert nutzten die mercischen Könige
Aethelbald und Offa Synoden nicht zuletzt zur Erweiterung und zum Ausbau ihres Ein-
flußbereichs.

    Aus diesen Gründen scheint mir im episkopalen Aufbau der seit 664 allgemein römisch
orientierten angelsächischen Kirche – übrigens ist auch in Bedas Kirchengeschichte die Bi-
schofssukzession von entscheidendem Belang[28] – ein nicht zu unterschätzender Integra-

---

24) Anton SCHARER, La conversion des rois anglo-saxons, in: Clovis: histoire et mémoire. Le baptême de
Clovis, l'événement, hg. von Michel ROUCHE (1997) S. 881–897 (das englische abstract auf S. 897f. stammt
nicht von mir); Cordula NOLTE, Conversio und christianitas. Frauen in der Christianisierung vom 5. bis
8. Jahrhundert (Monographien zur Geschichte des Mittelalters 41, 1995) S. 101ff.; Arnold ANGENENDT,
Kaiserherrschaft und Königstaufe. Kaiser, Könige und Päpste als geistliche Patrone in der abendländischen
Missionsgeschichte (Arbeiten zur Frühmittelalterforschung 15, 1984) S. 176ff.
25) Beda, Historia ecclesiastica (wie Anm. 9) I c. 29 (edd. COLGRAVE/MYNORS S. 104–106).
26) Alan THACKER, Memorializing Gregory the Great: the Origin and Transmission of a Papal Cult in the
Seventh and early Eighth Centuries, Early Medieval Europe 7 (1998) S. 59–84, hier 75ff. und Archbishop
Theodore, hg. von Michael LAPIDGE (Cambridge Studies in Anglo-Saxon England 11, 1995).
27) Beda, Historia ecclesiastica (wie Anm. 9) IV c. 5 (edd. COLGRAVE/MYNORS S. 348–352), hier cap. 7
(S. 352); vgl. zur Synode von Hertford im besonderen wie zum Synodalwesen der angelsächsischen Kirche
im allgemeinen Hanna VOLLRATH, Die Synoden Englands bis 1066 (Konziliengeschichte Reihe A: Dar-
stellungen, 1985) S. 69ff.; Catherine CUBITT, Anglo-Saxon Church Councils c. 650–c. 850 (Studies in the
Early History of Britain, 1995); Simon KEYNES, The Councils of Clofesho (Eleventh Brixworth Lecture =
Vaughan Paper 38, 1994).
28) Siehe etwa Beda, Historia ecclesiastica (wie Anm. 9), Praefatio und V c. 23 (edd. COLGRAVE/MYNORS
S. 6, 558–560); Wilhelm LEVISON, Bede as Historian, in: Bede, his Life, Times and Writings, hg. von A. Ha-
milton THOMPSON (1935) S. 133, 138, 142f.

tionsfaktor zu liegen. Weitere Errungenschaften der Bekehrung, sofern sie für das Thema von Belang sind, können hier nur stichwortartig angedeutet werden. Die Christianisierung brachte Bücher, Schreiben und Lesen, kurz Schriftlichkeit, und das nicht nur im Bereich der Verkündigung des Glaubens. So konnte beispielsweise das angelsächsische Urkundenwesen nicht direkt an spätantike Verwaltungspraxis and an römische Provinzialbehörden anknüpfen. Es ist ein Import, eine über die Kirche vermittelte Aneignung mit den ältesten faßbaren originalen Belegen in den 70er Jahren des 7. Jahrhunderts – um die Zeit, da auch die Silberwährung einsetzte[29]. Die angelsächsische Königsurkunde orientierte sich an der spätantiken Privaturkunde (carta), die amalgamiert wurde mit Formeln aus dem kirchlichen Urkundenwesen[30]. Die Verwendung der Urkunde für Rechtsgeschäfte, in erster Linie Schenkungen, bedeutet mehr als die Wahl einer dauerhafteren Form der Erinnerung. Die Schenkung wurde um ein Beurkundungsgeschehen erweitert, und gewisse Vorgänge wurden beschreibbar und mithin erfaßbar gemacht, etwa Größe des Besitzes, Zubehör, Lage und Grenzen; an dieser Stelle drang auch zuerst das Altenglische in die lateinische Urkundensprache ein. Ist der Gedanke zu weit gespannt, hier Ansätze, wenngleich punktuelle, für die Erfassung des Landes zu orten? Ferner liegt es nahe, die Hufenangaben der Tribal Hidage und jene der Urkunden wie auch die von Beda gelieferten Daten in einem Zusammenhang zu sehen unter solch allgemeinen Aspekten wie Ertrag, Abgaben- und Tributforderung, Besitz- und Herrschaftsgröße, Erfassung des Landes[31]. Kurzum, die Vermittlung des Urkundenwesens führte zur Möglichkeit einer intensiveren Ausübung und Nutzung von Herrschaft und förderte in mittelbarer Weise auch Integrationsvorgänge, da diese in unserem Beispiel von oben erfolgten.

Dazu zählte auch eine weitere Frucht der Bekehrung: die königliche Gesetzgebung und deren schriftliche Fixierung. Hören wir wieder Beda. In der Würdigung König Aethelberhts von Kent heißt es unter anderem[32]: »Unter den übrigen guten Dingen, die er seinem Volk durch Fürsorge zuteil werden ließ, schuf er ihm mit dem Rat der Weisen Rechtsaufzeichnungen nach dem Beispiel der Römer; diese, in der Sprache der Angelsachsen geschrieben, werden bis heute von ihm gehalten und beachtet« (*Qui inter cetera bona quae genti suae consulendo conferebat, etiam decreta illi iudiciorum iuxta exempla Romanorum cum consilio sapientium constituit; quae conscripta Anglorum sermone hactenus habentur et observantur ab ea*). Das Vorbild der Römer und der Umstand der schriftlichen Fixie-

29) Philip GRIERSON/Mark BLACKBURN, Medieval European Coinage with a Catalogue of the Coins in the Fitzwilliam Museum, Cambridge 1: The Early Middle Ages (5th–10th centuries) (1986) S. 164ff., bes. 187.
30) SCHARER, Die angelsächsische Königsurkunde (wie Anm. 10) S. 23ff.
31) Vgl. Henry MAYR-HARTING, Saxons, Danes and Normans 409–1154: Overview, in: The Cambridge historical Encyclopedia of Great Britain and Ireland, hg. von Christopher HAIGH (1985, Nachdruck 1992) S. 54–58, hier 56.
32) Beda, Historia ecclesiastica (wie Anm. 9) II c. 5 (edd. COLGRAVE/MYNORS S. 150); die Übersetzung weitgehend nach SPITZBART (wie Anm. 9) S. 149.

rung waren direkte Folgen der Bekehrung und blieben nicht ohne Nachwirkung. An Aethelberhts Gesetze schließen weitere Kodifikationen an, kentische (Hlothere und Wihtred) und westsächsische (Ine) des späten 7. Jahrhunderts, dann spannt sich der Bogen von Offa (zweite Hälfte des 8. Jahrhunderts), ohne daß dessen Gesetze so genau bestimmt werden können[33], zu Alfred (ausgehendes 9. Jahrhundert) und in umfassender Weise schließen daran Kodifikationen des 10. und frühen 11. Jahrhunderts bis zu Knut d. Gr.[34]. Inhaltlich verbindet die späten mit den frühen nicht allzu viel. Wesentlich scheinen in unserem Zusammenhang die neuerdings vor allem von Wormald aufgezeigten allgemeinen Tendenzen der wachsenden Beteiligung des Königs, der Behandlung des Verbrechens als Verletzung der Gesellschaft und nicht bloß des Opfers (insbesondere für Alfred bis Knut) und der Ausweitung des Tatbestands der Untreue[35]. Die Gesetze wurden altenglisch aufgezeichnet. Die Frage nach Wirkung und Wirksamkeit der Gesetzgebung wollen wir offenlassen und nur auf die Möglichkeiten hinweisen, die hier im Hinblick auf Integration lagen und die von den Königen Englands im 10. Jahrhundert auch entsprechend genutzt wurden.

Ein weiteres, für das Thema der Integration zentrales Vermächtnis der Bekehrung war die im kirchlichen Rahmen artikulierte Identität der Angelsachsen, die Entwicklung eines »Gemeinschaftsbewußtseins«, das auf politischer Ebene erstmals König Alfred voll in Anspruch nahm. Ich kann mich hier kurz fassen. Rufen wir uns nochmals die Tribal Hidage in Erinnerung: eine wahrscheinlich unvollkommene Auswahl an zahlreichen Gemeinschaften, folgern wir daraus die Vielzahl an Herrschern mit, selbst wo bekannt, großteils unterschiedlichen Herkunftstraditionen. Die Lösung bot, wie vor allem Patrick Wormald zeigen konnte[36], das Bekenntnis zu Gregor d. Gr. und zur Gemeinschaft durch Bekehrung, zu der durch die Christianisierung geschaffene Heilsgemeinschaft. Die Herausbil

---

33) Patrick WORMALD, In Search of King Offa's Law-Code, in: People and Places in Northern Europe: Essays in honour of Peter Hayes Sawyer, hg. von Ian WOOD/Niels LUND (1991) S. 24–45.

34) Vgl. die monumentale Edition mit Kommentar, Glossar und Lexikon von Felix LIEBERMANN, Die Gesetze der Angelsachsen (1903–1916) 3 Bde., und dazu die überragende Monographie von Patrick WORMALD, The Making of English Law: King Alfred to the Twelfth Century (1999).

35) Patrick WORMALD, Laws, in: Blackwell Encyclopaedia of Anglo-Saxon England (wie Anm. 1) S. 279–280.

36) Patrick WORMALD, Bede, the Bretwaldas and the Origins of the Gens Anglorum, in: Ideal and Reality in Frankish and Anglo-Saxon Society: Studies presented to J. M. Wallace-Hadrill, hg. von Patrick WORMALD/Donald BULLOUGH/Roger COLLINS (1983) S. 99–129; DERS., The Venerable Bede and the Church of the English, in: The English Religious Tradition and the Genius of Anglicanism, hg. von Geoffrey ROWELL (1992) S. 13–32; DERS, Engla Lond: the Making of an Allegiance, The Journal of Historical Sociology 7 (1994) S. 1–24. Siehe auch Michael RICHTER, Bede's *Angli*: Angles or English?, Peritia 3 (1984) S. 85–114; Sarah FOOT, The Making of *Angelcynn*: English Identity before the Norman Conquest, Transactions of the Royal Historical Society, 6th Series 6 (1996) S. 25–49.

dung dieser Ideen wurden maßgeblich durch das Wirken Erzbischof Theodors gefördert[37].

Unter Theodor und Hadrian hatte der gelehrte Aldhelm in Canterbury studiert. Der
Westsachse, Abt von Malmesbury seit den 80er Jahren des 7. Jahrhunderts und von 705–
709 Bischof von Sherborne, pries in seinem nach 687 entstandenen, der Äbtissin Hildilith
von Barking gewidmeten Werk *De virginitate* Gregor d. Gr. als *sedis apostolicae praesul, a
quo rudimenta fidei et baptismi sacramenta suscepimus,* als *praeceptor et pedagogus noster*
und noch nachdrücklicher als *pervigil pastor et pedagogus noster, – noster inquam, qui nostris parentibus errorem tetrae gentilitatis abstulit et regenerantis gratiae normam tradi-
dit*[38]. Hierin bestanden die Fundamente der neuen Identität: Bezug auf Gregor d. Gr. als
den Meister, Lehrer und geistlichen Fürsprecher. Von ihm nahm die »imaginäre« Gemeinschaft ihren Ausgang und das heilsgeschichtliche Bindemittel war die Bekehrung, die ihm
zugeschrieben wurde.

Aldhelm nannte keinen Namen für diese auf Gregors providentielles Wirken zurückgehende Gemeinschaft. Einen solchen lieferte die zwischen 704 und 714 im Kloster
Whitby (Nordhumbrien) entstandene älteste Biographie Gregors d. Gr., der *Liber beati et
laudabilis viri Gregorii papae.* Klarerweise spricht diese Lebensbeschreibung auch vom
*doctor noster sanctus Gregorius, noster magister, apostolicus noster sanctus Gregorius, bea-
tus noster apostolicus Gregorius,* und das hängt nicht bloß mit der Schilderung des Aus-
greifens der von Gregor initiierten Mission nach Nordhumbrien und der Bekehrung König Edwins († 633) zusammen. Zudem wird Gregor ganz gezielt mit der *gens Anglorum* in
Verbindung gebracht. Dafür zwei bekannte Beispiele: beim Jüngsten Gericht, da alle Apostel ihre Völker anführten und Gott zeigten, werde Gregor d. Gr. die *gens Anglorum* führen[39]; sodann die berühmte, vor Gregors Pontifikat spielende Geschichte von den hellen,
blonden, anglischen Jugendlichen in Rom, die Gregor, als er von ihrem Kommen erfahren
hatte, zu sehen wünschte. In der direkten Befragung deutet er die Namen *Ang[u]li, Aelli*
und *Deire* als *Angeli, Alleluia* und *De ira Dei confugientes ad fidem*[40]. Die Anekdote kündet zwar von einem starken »anglischen« Interesse. Doch wenn man den Sprachgebrauch
des *Liber beati Gregorii* insgesamt betrachtet, ist ein umfassendes Verständnis von *Angli*
im Sinne von Angelsachsen, »Engländern« vorauszusetzen; so heißt es von König Aethel-

---

37) THACKER, Memorializing Gregory the Great (wie Anm. 26); DERS, Peculiaris Patronus Noster: The
Saint as Patron of the State in the Early Middle Ages, in: The Medieval State: Essays Presented to James
Campbell, hg. von J. R. MADDICOTT/D. M. PALLISER (2000) S. 1–24, hier 17f. Im Folgenden greife ich Über-
legungen auf, die ich ausführlicher in: Herrschaft und Repräsentation (wie Anm. 3) S. 130–133 und in »Die
Rolle der Kirche bei der Identitätsbildung der Angelsachsen«, in: Die Suche nach den Ursprüngen. Von der
Bedeutung des frühen Mittelalters, hg. v. Walter POHL (Forschungen zur Geschichte des Mittelalters 8,
Denkschriften Wien 322, 2004) S. 255–260, entwickeln und darlegen konnte.
38) Aldhelm, De virginitate cc. 13, 42, 55, ed. Rudolf EHWALD (MGH Auct. Ant. 15, 1919) S. 242, 293, 314.
39) The Earliest Life of Gregory the Great c. 6, ed. Bertram COLGRAVE (1968, Nachdr. 1985) S. 82.
40) Ebenda c. 9 (S. 90).

berht von Kent, er habe als erster der *reges Anglorum* die Taufe empfangen[41]. Die Le-
bensbeschreibung aus Whitby folgte Gregor d. Gr., der selbst stets die Bezeichnung *Angli*
verwendet hatte[42]. Zu dem schon bei Aldhelm geäußerten Bekenntnis zu Gregor als dem
Lehrer, Meister und Apostel trat nun ein Name für die Gemeinschaft der Bekehrten, die
Angelsachsen hatten eine gemeinsame Identität bekommen. Die Namensdeutung durch
Gregor d. Gr. verlieh dem Angelnnamen erhöhte Legitimität und wertete ihn spirituell auf.
Entscheidend für Verbreitung und Propagierung der neuen Identität wurde Bedas Kirchengeschichte; seine Version der Geschichte der Namengebung[43] und das dem Werk zugrunde liegende universelle Verständnis von *gens Anglorum* blieben bestimmend. Es versteht sich, daß damit die Zeugnisse nicht abrissen und auch nicht auf Nordhumbrien
beschränkt blieben. Die Kurzformel der Berufung auf Gregor als *pater noster* findet sich
etwa in einer »südhumbrischen« Synode des Jahres 747[44], und selbst in Urkunden erscheint im späten 8. Jahrhundert die Wendung »solange der Glaube *in gente Anglorum* be-
stehe« als Ausdruck unbeschränkter Dauer[45]. Bekenntnisse zu Gregor in der oben skiz-
zierten Art bringen im 9. Jahrhundert beispielsweise das altenglische Martyrolog aus
Mercien und die Angelsachsenchronik[46]. Das einigende Band, das die Kirche geknüpft
und das auch die angelsächsischen Missionare auf dem Kontinent umfangen hatte, hat wie
kein anderer vor ihm König Alfred für seine Zwecke und die Selbstbehauptung der Angelsachsen eingesetzt. Doch davor haben wir einen Blick auf die Herausbildung größerer
politischer Einheiten im 8. Jahrhundert zu werfen.

War für die längste Zeit im 7. Jahrhundert die labile Oberherrschaft oder Vorherrschaft
der Imperium-Träger charakteristisch, schließt daran eine Periode der mercischen Vorherrschaft. Sie wurde im Anschluß an Sir Frank Stentons klassischen Artikel über »the Su-
premacy of the Mercian Kings«[47] auch als die »mercische Suprematie«[48] bezeichnet. Fast
eineinhalb Jahrhunderte während, ist sie am stärksten in der Herrschaft König Aethelbalds
(716–757) und nochmals gesteigert in der König Offas (757–796) ausgeprägt. Es ist dies
auch eine Machtverlagerung in den südhumbrischen Raum. Im Kernbereich ihrer Herr-

---

41) Ebenda c. 12 (S. 94).
42) RICHTER, Bede's *Angli* (wie Anm. 36) S. 103–105.
43) Beda, Historia ecclesiastica (wie Anm. 9) II c. 1 (edd. COLGRAVE/MYNORS S. 132–134).
44) Councils and Ecclesiastical Documents relating to Great Britain and Ireland 3, edd. Arthur West HAD-
DAN/William STUBBS (1871) S. 368 (Kanon 17 der Synode von *Clofeshoh*).
45) Siehe etwa Peter H. SAWYER, Anglo-Saxon Charters: an annotated List and Bibliography (Royal Historical Society Guides and Handbooks 8, 1968) Nr. 153; SCHARER, Die angelsächsische Königsurkunde
(wie Anm. 10) S. 248 mit Anm. 126.
46) Vgl. SCHARER, Herrschaft und Repräsentation (wie Anm. 3) S. 125f., 128.
47) 1918 in der English Historical Review 33 veröffentlicht, wieder abgedruckt in: Frank M. STENTON, Pre-
paratory to Anglo-Saxon England: being the collected Papers of Frank M. Stenton, hg. von Doris M. STEN-
TON (1970) S. 48–66.
48) VOLLRATH, Königsgedanke und Königtum (wie Anm. 10) S. 122ff.

schaft landumschlossen[49], greifen die mercischen Könige fast zwangsläufig nach wichtigen küstennahen Handelszentren und -verbindungen. Bevor wir diesen gewaltsamen Integrationsprozeß näher beleuchten, möge nochmals Beda zu Wort kommen. Im vorletzten Kapitel der Kirchengeschichte, einer kurzen Bestandsaufnahme seiner Gegenwart (731), schließt an eine nach den einzelnen Reichen gegliederte Übersicht über die Bischöfe der gegenwärtigen Zeit folgende Bemerkung[50]: *Et hae omnes provinciae ceteraeque australes ad confinium usque Humbrae fluminis cum suis quaeque regibus Merciorum regi Aedilbaldo subiectae sunt*, also alle südhumbrischen Reiche mit ihren Königen seien dem Mercierkönig Aethelbald untergeordnet. Die an dieser Stelle ganz unmißverständlich angesprochene Vorherrschaft zeigt sich auch in den Intitulationes von Aethelbalds Urkunden, etwa in Titeln wie König der *Suutangli* oder einmal *rex Britanniae*[51].

Was ist das Neue an Aethelbalds Herrschaft? Um zu den Intitulationes zurückzukommen: weniger einzelne Titelexperimente als der eher regelmäßige Gebrauch der Legitimationsformel[52]. Dazu kommen weitere Indizien der kirchlichen Legitimierung von Aethelbalds Stellung. Nach der zu seinen Lebzeiten entstandenen *Vita sancti Guthlaci* verdankte Aethelbald seinen Aufstieg vom Exil zum Königtum der Kirche[53]. Selbst die harsche Kritik des Bonifatius läßt sich in diesen Zusammenhang einordnen[54]. Vielleicht hatte auch, wie ich meine, Aethelbald eine Salbung empfangen[55]. Ganz sicher traf dies auf König Offas Sohn Ecgfrith zu, für den eine Salbung zu 787 berichtet wird[56]. Eine rege Synodaltätigkeit, besonders zur Zeit Offas, die königliche Präsenz dabei und vereinzelte Bestimmungen für den König vervollständigen das Bild, ebenso die allgemeinen Privilegierungen für die Kirche (Aethelbald)[57] und reiche Schenkungen. Den mit der Verchristlichung des Königtums verbundenen Autoritätsgewinn konnten also Aethelbald und Offa ins Spiel bringen, wobei eine Wechselbeziehung anzunehmen ist zwischen geistlich gestärkter Stellung und Expansionspolitik. Neben Formen der Vorherrschaft trat die direkte Expansion, etwa Aethelbalds Herrschaft über London ab den 30er Jahren des 8. Jahrhunderts. Das Ziel war ein wirtschaftlich lukratives, was auch die ersten unmittelbaren Zeugnisse verraten:

---

49) Diesen Aspekt betont MAYR-HARTING, Saxons, Danes, Normans (wie Anm. 31) S. 56.

50) Beda, Historia ecclesiastica (wie Anm. 9) V c. 23 (edd. COLGRAVE/MYNORS S. 558).

51) Dazu Anton SCHARER, Die Intitulationes der angelsächsischen Könige im 7. und 8. Jahrhundert, in: Intitulatio III. Lateinische Herrschertitel und Herrschertitulaturen vom 7. bis zum 13. Jahrhundert, hg. von Herwig WOLFRAM/Anton SCHARER (MIÖG Ergänzungsband 29, 1988) S. 9–74, hier 56ff.

52) Ebenda S. 50ff.

53) Felix, Vita sancti Guthlaci (wie Anm. 17) cc. 49, 52 (S. 148–150, 164–166).

54) Die Briefe des heiligen Bonifatius und Lullus Nr. 73, ed. Michael TANGL (MGH Epp. sel. 1, 1916) S. 146–155.

55) SCHARER, Herrschaft und Repräsentation (wie Anm. 3) S. 34ff.

56) The Anglo-Saxon Chronicle. A Collaborative Edition 3: MS A, ed. Janet BATELY (1986) S. 39 zu 785 (recte 787).

57) SAWYER, Anglo-Saxon Charters (wie Anm. 45) Nr. 92.

Befreiungen vom Schiffszoll, die Aethelbald kentischen und mercischen kirchlichen Empfängern gewährte[58]. Was unter Aethelbald vielleicht in Ansätzen zu erkennen war, ver-
folgte Offa mit aller Hartnäckigkeit. Zunächst das Ringen um die direkte Herrschaft über
Kent[59]: Nach einem ersten Vorstoß in den sechziger Jahren und Rückschlägen regierte
Offa ab Mitte der achtziger Jahre unangefochten über Kent. Den Vorwand für sein erstes
Eingreifen dürfte ihm vielleicht das Erlöschen der kentischen Dynastie im Mannesstamm
geliefert haben. Wie im Falle Londons war ein wirtschaftlich gewinnbringendes Objekt
Ziel von Offas aggressiver Expansionspolitik. In anderen Bereichen, wo wir das an Hand
der Urkunden verfolgen können, war er gleichfalls um eine intensivere Herrschaftsausübung bemüht. So versuchte er überaus hartnäckig, die Unterkönige der Hwicce (Bistum
Worcester) in die Position von Amtsträgern zu drücken, was nach einiger Zeit gelang, und
ähnlich verfuhr er mit den Südsachsen[60].

Offas Bemühungen zielten auf die Erweiterung seiner unmittelbaren Herrschaft. Die
wirtschaftlichen Interessen, die seine Expansionspolitik (mit)bestimmten, äußerten sich
auch im monetären Bereich, in einer neuen Pfennigmünze (von ungefähr 760 an)[61]. In diesem Kontext verdient ein Großprojekt nähere Beachtung: Offa's Dyke, eine 103 km lange,
gegen Wales gerichtete Wallanlage[62]. Diesen mit Graben geschützten Erdwall zu errichten, setzte ein großes Maß an Planung, an Ressourcen und an Macht voraus. Auf mögliche
Querverbindungen zu den Burgen- und Brückenbau betreffenden Bestimmungen in Urkunden wurde aufmerksam gemacht.

Für Expansion und Integration hat Offa auch die Zusammenkünfte der südhumbrischen Bischöfe eingesetzt. Einen Widersacher wie Erzbischof Jaenberht von Canterbury
konnte er notfalls durch die Errichtung eines neuen, allerdings sehr kurzlebigen mercischen Erzbistums (Lichfield) in die Schranken weisen[63]. Die »größere«, südhumbrische
Einheit, wahrscheinlich der Rahmen von Offas Politik, war bei diesen in der mercischen
Einflußsphäre tagenden Synoden präsent. Über die Bischöfe hätte der Mercierkönig, formulieren wir es als vage Frage, in andere Reiche hineinregieren können[64]; auf bescheide-

58) Scharer, Die angelsächsische Königsurkunde (wie Anm. 10) S. 195ff.

59) Vgl. ebenda S. 217ff. u. 262ff. sowie Ders, Intitulationes (wie Anm. 51) S. 45ff., 63ff.; Charters of St.
Augustine's Abbey Canterbury and Minster in Thanet, ed. Susan E. Kelly (Anglo-Saxon Charters 4, 1995)
S. 198ff.

60) Scharer, Die angelsächsische Königsurkunde (wie Anm. 10) S. 255ff.; Ders, Intitulationes (wie Anm.
50) S. 36f., 63ff.; Ders, Offa, König der Mercier (757–796), in: Reallexikon der Germanischen Altertumskunde 22 (²2003) S. 22–24.

61) Grierson/Blackburn, Medieval European Coinage (wie Anm. 29) S. 276ff.

62) Siehe zuletzt David Hill/Margaret Worthington, Offa's Dyke, in: Reallexikon 22 (wie Anm. 60)
S. 24–28; Margaret Worthington, Offa's Dyke, in: Blackwell Encyclopaedia of Anglo-Saxon England
(wie Anm. 1) S. 341f.

63) Nicholas Brooks, The Early History of the Church of Canterbury (Studies in the Early History of
Britain, 1984) S. 118ff.

64) Vgl. Keynes, Councils of Clofesho (wie Anm. 27) S. 18f.

nerem Niveau hätte er sich auch des Klosterverbandes von *Medeshamstede* (Peterborough) bedienen können[65]. Dort, wo ein direktes Eingreifen nicht möglich war, wählte Offa andere Mittel und Wege, Einfluß zu gewinnen: Eheverbindungen. Eine Tochter heiratete den König der Westsachsen (789), eine andere den König der Nordhumbrer (792)[66]. Die vor allem im letzten Jahrzehnt seiner Herrschaft zu beobachtenden Versuche Offas, die Nachfolge abzusichern und gewissermaßen eine Dynastie zu bilden, scheiterten, da Ecgfrith den Vater nur ein halbes Jahr überlebte. Was Offa mit der Eingliederung ehemals weitgehend selbständiger Reiche in die mercische Herrschaft gesät hatte, ernteten die westsächsischen Könige.

Auf einige dieser Einheiten fällt etwas Licht mit dem Ende der mercischen Herrschaft über den Süden Englands im Jahre 825. Nach einem erfolgreichen westsächsischen Vorstoß unterwarfen sich die Kenter, die Leute von Surrey, die Südsachsen und die Ostsachsen König Ecgberht (802–839), »weil sie davor zu Unrecht von seinen Verwandten weggezwungen worden waren«, wie die Angelsachsenchronik berichtet[67]. Zur Erläuterung: Ecgberht stammte wahrscheinlich von einem Kenterkönig ab, kurzzeitig übte er sogar eine weitreichende Vorherrschaft aus (829), dauerhafter waren die genannten Einheiten, die wir als »shires« wiedererkennen[68]. Dieser Komplex ursprünglich selbständiger Königreiche diente unter Ecgberht und dessen Sohn Aethelwulf als Unterkönigtum des jeweils ältesten Sohnes[69], eine eher kurzfristige Lösung. Doch sieht man daraus, was Ecgberht gelang: eine Dynastie zu gründen; von ihm stammen die Könige der Westsachsen und Angelsachsen des 9., 10. und 11. Jahrhunderts ab (bis auf Knut, Harald I., Harthaknut und Harald II. im 11. Jahrhundert). Zur Absicherung und Erhöhung seiner Stellung versicherte er sich und seine Familie in vertragsähnlicher Form der dauerhaften Unterstützung des Erzbischofs von Canterbury[70]; zusätzliche Legitimierung wurde dadurch gewonnen, daß Aethelwulf und dessen Söhne, also die Enkel Ecgberhts, sehr wahrscheinlich eine Salbung empfangen hatten[71]. Für Alfred weiß man dies sicher, und insofern Hinkmar bei der Kompilierung

---

65) Scharer, Die angelsächsische Königsurkunde (wie Anm. 10) S. 254; Keynes, Councils of Clofesho (wie Anm. 27) S. 35f.

66) Handbook of British Chronology, hg. von E. B. Fryde/D. E. Greenway/S. Porter/E. Roy (Royal Historical Society Guides and Handbooks 2, ³1986) S. 16.

67) The Anglo-Saxon Chronicle MS A (wie Anm. 56) S. 41 zu 823; Simon Keynes, The Control of Kent in the Ninth Century, Early Medieval Europe 2 (1993) S. 111–131.

68) James Campbell, The History of the English Shires (Derbyshire County Council 1997); Simon Keynes, Shire, in: Blackwell Encyclopaedia of Anglo-Saxon England (wie Anm. 1) S. 420–422 und unten S. 82.

69) Keynes, Control of Kent (wie Anm. 67) S. 124; Scharer, Herrschaft und Repräsentation (wie Anm. 3) S. 16 Anm. 26.

70) Sawyer, Anglo-Saxon Charters (wie Anm. 45) Nr. 1438; dazu Brooks, Early History of the Church of Canterbury (wie Anm. 63) S. 146f., 323ff.; Keynes, Control of Kent (wie Anm 67) S. 121ff.; Scharer, Herrschaft und Repräsentation (wie Anm. 3) S. 26f.

71) Ebenda S. 11ff.

des Judith-Ordo den ersten englischen Ordo benützte[72], liegt es bei Aethelwulf, Judiths Gemahl, nahe. Seit Offa war das karolingische Vorbild in vielen Belangen einflußreich; Ecgberht war im fränkischen Exil gewesen, unter seinem Sohn Aethelwulf gestalteten sich die Beziehungen noch enger. Auch Alfred zeigte sich karolingischen Einflüssen vor allem im Bereich von Herrschaftsrepräsentation und -ideologie sehr aufgeschlossen.

Im Hinblick auf die Frage nach der Integration ist aber für das 9. Jahrhundert ein zunächst »externer« Faktor besonders herauszustreichen. In ersten Ansätzen im ausgehenden 8. Jahrhundert, dann zu Ende von Ecgberhts Herrschaft und seit Jahrhundertmitte mit aller Vehemenz wurden die »Dänen« (im Sprachgebrauch der angelsächsischen Quellen und Literatur, sonst als Normannen oder Vikinger bezeichnet) die große Herausforderung der angelsächsischen Königreiche. Das Folgende kann nicht mehr als eine Skizze sein[73]. In den fünfziger Jahren überwinterten dänische Verbände bereits in Kent, es kam zu Vorstößen nach Canterbury und London (851). Die Lage verschärfte sich noch in den sechziger Jahren. Ein großes Heer, das gegen Ende 865 gelandet war und in Ostanglien überwintert hatte, veränderte die politische Lage grundlegend. In den folgenden fünf Jahren kamen Ostanglien, Nordhumbrien und Teile Merciens in die dänische Einflußsphäre. Nachdem sie den König der Ostangeln beseitigt hatten, war Wessex das nächste Ziel der Dänen. Als Alfred im April 871 nach drei älteren Brüdern an die Herrschaft kam, konnten sich die Westsachsen nur mit Mühe des großen dänischen Heeres erwehren; sie mußten den Frieden erkaufen. Das Netz zog sich immer enger um Wessex. Alfreds Schwager, der Mercierkönig Burgred, wurde 874 vertrieben, an seiner Stelle wurde Ceolwulf, ein den Dänen gefügigerer Herrscher eingesetzt. Nachdem ein Teil des »großen« Heeres von Ende 875 bis Sommer 877 den Westsachsen zu schaffen gemacht hatte, kam es zu Beginn des Jahres 878 zur Krise. In einem Winterfeldzug griffen die Dänen völlig überraschend an, Alfreds Schicksal schien besiegelt. Der König zog sich mit einer kleinen Schar in die Wälder und Moore um Athelney zurück. Doch gelang es Alfred, nachdem er die wenigen ihm verbliebenen Kräfte mit einem Aufgebot aus Somerset, Wiltshire und Teilen Hampshires vereinigt hatte, in der achten Woche nach Ostern die Dänen bei Edington entscheidend zu schlagen. Der Dänenkönig Guthrum ließ sich taufen, die Gefahr war zunächst einmal gebannt. Die folgenden Jahre nützte Alfred mit allen Mitteln zur Konsolidierung seiner Po-

---

72) Capitularia regum Francorum Nr. 296, edd. Alfred BORETIUS/Victor KRAUSE (MGH Capit. 2, 1897) S. 425–427. Grundlegend dazu Janet NELSON, The Earliest Surviving Royal Ordo: Some Liturgical and Historical Aspects, in: Authority and Power: Studies in Medieval Law and Government presented to Walter Ullmann, hg. von Brian TIERNEY/Peter LINEHAN (1980) S. 29–48, wieder abgedruckt in: DIES., Politics and Ritual in Early Medieval Europe (1986) S. 341–360, hier S. 343ff.

73) Vgl. etwa Frank M. STENTON, Anglo-Saxon England (³1971) S. 239ff.; Patrick WORMALD, The Ninth Century, in: The Anglo-Saxons (wie Anm. 5) S. 132–157, hier S. 144ff.; Simon KEYNES, The Vikings in England, c.790–1016, in: The Oxford illustrated History of the Vikings, hg. von Peter SAWYER (1997, Nachdruck 2001) S. 48–82.

sition und zu Reformen, die sich gegen eine neue dänische Streitmacht in den neunziger Jahren erfolgreich bewährten. Mag Auswahl und Dramatik des Geschehens in der Schilderung von Angelsachsenchronik und Assers Lebensbeschreibung Alfreds (893) – beide Werke entstanden an Alfreds Hof[74] – auch überhöht und im Sinne Alfreds voreingenommen sein, eines läßt sich zweifellos festhalten. Wären auch die Westsachsen unter dänische Herrschaft gekommen, dann hätte ich hier abbrechen müssen, dann wären auch die Integrationsprozesse anders verlaufen. Nebenbei sei hier angemerkt: etwas über ein Jahrhundert später sah die Lage anders aus; die Herrschaftsmaschinerie war soweit ausgebildet und stabil, daß sie auch unter einem dänischen König funktionierte.

So wirkten die Dänen als »agents of social and political change«[75]. Die politische Landkarte hatte sich gründlich verändert. In Ostanglien, Northumbrien und Teilen Merciens hatten sich die Dänen etabliert, mit dem verbliebenen Teil Merciens kooperierte Alfred eng. Seit den späten sechziger Jahren gab es eine gemeinsame Währung; zu dem 874 vertriebenen Burgred bestanden enge Familienbeziehungen; er hatte eine Schwester Alfreds geheiratet, Alfreds Frau wiederum war die Tochter eines mercischen Großen und stammte mütterlicherseits von mercischen Königen ab. Selbst mit dem später als Leichtgewicht abgetanen Ceolwulf, dem von den Dänen unterstützten Nachfolger Burgreds, kam es zu einer engen Kooperation auf wirtschaftlichem Gebiet[76]; nach dem Ende von Ceolwulfs Herrschaft verschob sich die Zusammenarbeit, nun mit Aethelred, seit den achtziger Jahren Alfreds Schwiegersohn, immer mehr zugunsten Alfreds. Die äußere Bedrohung nützte Alfred mit großem Geschick zu seinem Vorteil. Die von ihm angestrebten Ziele und verfolgten Maßnahmen bezweckten eine intensivere Form der Herrschaft und wurden von einem allumfassenden Herrschaftsanspruch begleitet.

Unter Alfred wurde mit einem ehrgeizigen Programm zur Errichtung und Instandhaltung von Befestigungen und deren Bemannung begonnen. Betroffen waren Städte und Burgen. Eine einschlägige als Burghal Hidage bekannte Liste, die wahrscheinlich unter Alfreds Sohn Edward d. Älteren aufgezeichnet wurde, hat sich erhalten[77]. Es handelt sich um ein Verzeichnis von insgesamt 31 Burgen und befestigten Siedlungen mit der Angabe, wieviele Hufen dazugehörten, um Errichtung, Instandhaltung und Bemannung zu ge-

---

74) Asser, De rebus gestis Aelfredi, ed. William Henry STEVENSON (1904); Alfred the Great: Asser's Life of King Alfred and other contemporary Sources, übers. u. komm. von Simon KEYNES/Michael LAPIDGE (1983); SCHARER, Herrschaft und Repräsentation (wie Anm. 3) S. 51ff., 61ff. zur Angelsachsenchronik und zu Asser.

75) KEYNES, The Vikings in England (wie Anm. 73) S. 50.

76) GRIERSON/BLACKBURN, Medieval European Coinage (wie Anm. 29) S. 311f.

77) Zu allen Aspekten dieser Liste vgl. den Band The Defence of Wessex: The Burghal Hidage and Anglo-Saxon Fortifications, hg. von David HILL/Alexander R. RUMBLE (1996); eine kritische Ausgabe des Textes und Übersetzung bietet Alexander R. RUMBLE, An Edition and Translation of the Burghal Hidage, together with Recension C of the Tribal Hidage, ebenda S. 14–35, hier S. 24–35. Siehe auch Asser's Life of King Alfred (wie Anm. 74) S. 193f., 339ff.

währleisten. Von folgendem Schlüssel wurde ausgegangen: jede Hufe stellte einen Mann, vier Männer wurden für fünfeinhalb yards Wall benötigt. Die Summe übertraf 27 000 Hufen, was einem Aufgebot von ebenso vielen Männern entsprach. Mögliche Verbindungen lassen sich zu den Burgen- und Brückenbau betreffenden Bestimmungen in Urkunden herstellen[78]. Solche Auflagen wurden im vorliegenden Fall vermutlich in gesteigerter Form gefordert. Ein Programm wie das der Burghal Hidage zugrunde liegende mit dem Netzwerk befestigter, stategisch gelegener Plätze geht, wie Nicholas Brooks zeigen konnte, von der Existenz der »shires« (Grafschaften) aus[79]. Unter Alfreds Nachfolger Edward d. Älteren und Aethelflaed, der mit Aethelred, dem *dux* der Mercier, verheirateten Tochter, wurde beides, shires und Burgen, in die zurückeroberten Gebiete Merciens übertragen. Mercien stand spätestens seit 886 unter Alfreds Oberhoheit, nahm aber, solange sein Schwiegersohn und seine Tochter lebten, eine Sonderstellung ein, wovon sich auch später noch Spuren erhalten haben. Daß Alfred in seinen Planungen Anregungen von jenseits des Kanals empfangen hatte, ist offenkundig, doch ihm gelang es, die befestigten Plätze in seiner Hand zu halten, damit wirtschaftliche Impulse zu setzen und Ertrag zu erzielen[80].

Von der Gründung von Städten und Errichtung von Burgen berichtet auch Asser in seiner Biographie Alfreds[81]; da Alfred bei ihm sehr stark nach dem Vorbild König Salomons gezeichnet ist[82], wurde der eine oder andere Zug dieses natürlich auf jenen übertragen, der Umriß trifft aber zu. Parallel zur Schaffung befestigter Stützpunkte kam es zu Reformen in Heeresorganisation und Hofstaat, die auf Dienst in Schichten hinauslief; auch hört man von neuen Schiffen[83]. Solche Ziele auch nur teilweise zu verwirklichen, war eine Leistung. Die Mobilisierung der materiellen Mittel wurde begründet, begleitet und übertroffen von einem enormen Bemühen um Bildung, der Entwicklung einer Bildungspolitik und Herr-

---

78) Besonders aufschlußreich, nicht zuletzt auf Grund der vergleichenden Sicht Janet NELSON, The Franks and the English in the ninth century reconsidered, in: The Preservation and Transmission of Anglo-Saxon Culture, hg. von Paul E. SZARMACH/Joel T. ROSENTHAL (Studies in Medieval Culture 40, 1997) S. 141–158, hier S. 146ff., wieder abgedruckt in: DIES., Rulers and Ruling Families in Early Medieval Europe: Alfred, Charles the Bald, and Others (Variorum Collected Studies Series, 1999) VI.

79) Nicholas P. BROOKS, The administrative Background to the Burghal Hidage, in: Defence of Wessex (wie Anm. 77) S. 128–150, hier S. 133f.

80) In diesem Kontext sind auch Alfreds Münzprägungen näher zu erörtern; vgl. GRIERSON/BLACKBURN, Medieval European Coinage (wie Anm. 29) S. 311ff. sowie die einschlägigen Beiträge in: Kings, Currency and Alliances: History and Coinage of Southern England in the Ninth Century, hg. von Mark A. BLACKBURN/David N. DUMVILLE (Studies in Anglo-Saxon History 9, 1998).

81) Asser, De rebus gestis Aelfredi (wie Anm. 74) c. 91, S. 77f.

82) SCHARER, Herrschaft und Repräsentation (wie Anm. 3) S. 83ff.

83) Asser, De rebus gestis Aelfredi (wie Anm. 74) c. 100 (S. 86f.); Anglo-Saxon Chronicle MS A (wie Anm. 56) S. 60f. (zu 896); Asser's Life of King Alfred (wie Anm. 74) S. 118f., 289f.

schaftsideologie, welche die zunächst im kirchlichen Bereich artikulierten Vorstellungen von der Gemeinschaft aller Angelsachsen aufgriff und propagierte[84].

Die herausgehobene Stellung Alfreds haben die hofnahen Quellen nachhaltig betont, besonders mit Hilfe diverser genealogischer Ausführungen; entscheidender war das als Ausstrahlung der Hofkultur Karls d. Kahlen angesprochene salomonische Vorbild mit der Weisheit als zentralem Wert[85]. Das Vorwort zur Übertragung der *Regula pastoralis* ins Altenglische zeigt, wie geläufig dem König selbst diese Vorstellungen waren[86]. Die Gesetze Alfreds wiederum stellten Herrenverrat unter besondere Sanktion und stärkten Eid und Versprechen[87]. In den Gesetzen knüpft Alfred auch bewußt an die Gesetze Aethelberhts, Ines und Offas an, allein dadurch bekräftigt er seinen Anspruch, über alle Angelsachsen (außerhalb des dänischen Bereichs) zu herrschen. Im Vorwort zur *Regula pastoralis* spricht er über den Bildungsverfall bei den Angelsachsen auch aus gesamtheitlicher Perspektive. Davon kündet auch die von der Angelsachsenchronik zum Schlüsselereignis hochstilisierte, unter 886 berichtete Begebenheit[88]: Nach der Einnahme Londons durch Alfred erkannten alle Angelsachsen außerhalb des dänischen Bereichs seine Herrschaft an. Danach erneuerte Alfred die Befestigungen und übertrug die Stadt an »ealdorman« Aethlred (seinen Schwiegersohn).

Die hier näher betrachteten Integrationsvorgänge zeichneten sich dadurch aus, daß sie von oben erfolgten; deshalb war nach Voraussetzungen wie Stellung der Herrscher, familiären Beziehungen, eingesetzten Mitteln und dergleichen zu fragen. Längerfristig war die Integration erfolgreich, wenn ihr eine Idee zugrunde lag[89]. Wirtschaftliche Faktoren spielten zweifellos eine Rolle, lassen sich für das frühe Mittelalter aber in ihrer Bedeutung nur schwer näher bestimmen; einem davon, der Währung, kommt im angelsächsischen England, vor allem wenn wir die Entwicklungen des 10. Jahrhunderts einbeziehen, allerdings

---

84) SCHARER, Herrschaft und Repräsentation (wie Anm. 3) S. 119ff.

85) Nikolaus STAUBACH, Rex Christianus. Hofkultur und Herrschaftspropaganda im Reich Karls des Kahlen. Teil II: Die Grundlegung der »religion royale« (Pictura et Poesis 2/II, 1993); Janet NELSON, Charles le Chauve et les utilisations du savoir, in: L'école carolingienne d'Auxerre de Murethach à Remi 830–908, hg. von Dominique IOGNA-PRAT/Colette JEUDY/Guy LOBRICHON (1991) S. 37–54, wieder abgedruckt in: DIES., Rulers and Ruling Families (wie Anm. 78) VII.

86) King Alfred's West Saxon Version of Gregory's Pastoral Care, ed. Henry SWEET (Early English Text Society 45, 50, 1871) 1 S. 1ff.; Asser's Life of King Alfred (wie Anm. 74) S. 24ff.

87) SCHARER, Herrschaft und Repräsentation (wie Anm. 3) S. 110ff.

88) Anglo-Saxon Chronicle MS A (wie Anm. 56) S. 53; dazu Janet NELSON, The Political Ideas of Alfred of Wessex, in: Kings and Kingship in Medieval Europe, hg. von Anne J. DUGGAN (King's College London Medieval Studies 10, 1993) S. 125–158, hier S. 154ff., wieder abgedruckt in: DIES., Rulers and Ruling Families (wie Anm. 78) IV.

89) Um an die Diskussion der Tagung anzuschließen: solche Ideen lassen sich auch in Selbstzeugnissen der Hauptakteure, nicht nur Alfreds, erkennen; man denke nur an die Intitulationes. Ausgespart blieben bei unseren Überlegungen die Integrationsvorgänge im walisischen und schottischen Bereich.

größeres Gewicht zu. Entscheidend erwies sich im Falle der Angelsachsen die Kirche. Als Institution nahm sie die politische Integration vorweg, und in ihrem Bereich entstand das Gemeinschaftsbewußtsein der Angelsachsen.

Problems of Integration within the Lands Ruled by the Norman and Angevin Kings of England

JOHN GILLINGHAM

The history of the lands ruled by the kings of England during the 200 years after 1066 can contribute much to the controversial subject of integration in the middle ages. Here I pick out four themes.

1. The Norman Conquest of England resulted in the virtually total dispossession of the old elite – an event unparalleled in European history. The massive castles and churches built by English labour, paid for by English taxes and dues, lived in by Frenchmen, were the monuments of a deeply divided society, one that was dramatically less integrated than it had been at the start of the year 1066. One of the important developments of the next hundred years or so was a kind of ethnic re-integration, at any rate at the level of freemen. In the celebrated words of Richard FitzNigel writing in the 1170s: *sed iam cohabitantibus Anglicis et Normannis et alterutrum uxores ducentibus vel nubentibus, sic permixte sunt nationes ut vix decerni possit hodie, de liberis loquor, quis Anglicus quis Normannus sit genere*[1].

2. The Norman Conquest had the effect of bringing English culture and society into the mainstream of continental culture. In 1966 in a lecture entitled ›England's First Entry into Europe‹, Sir Richard Southern examined what he called ›the first experiment in the political unity of England and the continent‹. He concluded that in the later 12th century ›not only in politics, but in aristocratic social life and culture, in its economic system and its ecclesiastical organization, England was joined to the Continent. It was an integral but

---

[1] Richard FitzNigel, Dialogus de Scaccario, edd. Charles JOHNSON/F. E. L. CARTER/Diana GREENWAY (1983) p. 53. There is a good discussion, much wider-ranging than the title implies, in Rüdiger FUCHS, Das Domesday Book und sein Umfeld: zur ethnischen und sozialen Aussagekraft einer Landesbeschreibung im England des 11. Jahrhunderts (1987). Klaus HILLINGMEIER, Untersuchung zur Genese des englischen Nationalbewusstseins im Mittelalter (1996) argues that only in the mid thirteenth century did an English ›Volksbewusstsein‹ clearly emerge. The whole subject has now been well and very thoroughly treated in Hugh THOMAS, The English and the Normans. Ethnic Hostility, Assimilation and Identity 1066–c.1220 (2003).

subordinate part of a western European order. Never before or since has the union of England with the community of Europe been so all-embracing and so thoroughly accepted as part of the nature of things.[2]

3. During the course of the twelfth century people living in England began to look upon Ireland, Scotland and Wales as primitive societies that would benefit from being reformed on the English model[3]. In the case of the English invasion of Ireland beginning in 1169 this came to involve a conscious policy of introducing English law, both secular and ecclesiastical, with the intention of transforming the Irish way of life. In a document drawn up in 1210, King John stated: ›we desire justice according to the custom of our realm of England to be shown to all in our realm of Ireland‹[4]. Although the history of Ireland in the next few centuries shows that this early imperialising attempt to ›anglicise‹ the Irish people amounted in practice to very little, the episode itself shows that people at the time were capable of thinking in terms of a policy intended to achieve an entirely new level of integration.

4. For almost 400 years after 1066 the king of England was also the ruler of very substantial territories in France. Among the questions which this has raised in the minds of historians are the following. To what extent, if at all, is it possible to speak of the integration of these territories into a single cross-Channel political unit? Were any conscious efforts made to achieve a greater degree of integration? Was it possible to make an integrated whole of England and Normandy but impossible to do the same for the post–1154 Angevin Empire established by Henry II? The problem of integration has become central to a historical debate. According to H. G. Richardson, the dominions ruled by the Angevin

---

2) Richard SOUTHERN, Medieval Humanism (1970) p. 135, 140. As Paul Hyams observed, Southern's trailblazing lecture ›originated in radio talks at the time of Britain's first abortive negotiations for Common Market membership in the early 1960s‹, and was part of ›the quite recent realization of English historians that our island is part of Europe‹. See Paul R. HYAMS, The Jews in Medieval England, 1066–1290, in: England and Germany in the High Middle Ages, eds. Alfred HAVERKAMP/Hanna VOLLRATH (1996) p. 173–192, here p. 176.

3) See Rees DAVIES, Domination and Conquest. The experience of Ireland, Scotland and Wales 1100–1300 (1990); Robin FRAME, The Political Development of the British Isles 1100–1400 (1990); John GILLINGHAM, The Beginnings of English Imperialism, Journal of Historical Sociology 5 (1992) p. 329–409, reprinted in IDEM, The English in the Twelfth Century (2000); Rees DAVIES, The Peoples of Britain and Ireland, Transactions of the Royal Historical Society 6th series 4 (1994) p. 1–20, 5 (1995) p. 1–20, 6 (1996) p. 1–23, 7 (1997) 1–24; IDEM, The First English Empire (2000).

4) *Quoniam volumus secundum consuetudinem regni nostri Anglie singulis conquerentibus de iniuria in regno nostro Hibernie iusticiam exhiberi*: Early Registers of Writs, eds. Elsa De HAAS/G. D. G. HALL (Selden Society 87, 1970) p. 1. For reasons why this should be dated to 1210, not 1227, see Paul BRAND, The Making of the Common Law (1992) p. 451–455.

kings, Henry II, Richard I and John, possessed ›a unity of manners and conditions that opened the widest prospects for the adventurous … . Doubtless there were local laws and customs, local conditions and prejudices, even local differences in language, that a new-comer had to face, but no more than is involved today in passing from North to South in the United States or from Ireland to England or England to Scotland‹[5]. But for many sub-sequent historians it was precisely a ›fatal lack‹ of integration that led to the king of Eng-land losing control of Anjou, Normandy and much of Poitou in 1203–5 and then of the rest of Poitou in 1224. Indeed many historians consider that no serious attempt was made to integrate these diverse regions into a single whole and that ›empire‹ is therefore an in-appropriate term. The clear conclusion of a conference held at Fontevraud in 1986 was that there was no Plantagenet state and no Plantagenet empire; it is permissible to speak of ›l'espace Plantagenêt‹, but that is all[6]. Against this Jean Dunbabin, while accepting that ›empire‹ is clearly not an ideal term for a group of territories which were only just begin-ning to cohere, has argued that ›»espace« is too empty of meaning to serve the purpose bet-ter‹ and has observed that ›no French historian thinks of talking of »l'espace français« in the twelfth century‹[7].

If an emperor were to be defined as someone who ruled more than one kingdom, then it is worth recalling that at one time or another many different kings submitted in some way or other to Henry II and his sons: Scottish kings, Welsh kings, and Irish kings. More-over the terms of the settlement made between John and Innocent III in 1213 applied to *totum regnum Anglie et totum regnum Hibernie*[8]. More than sixty years earlier the dat-ing clause of a charter issued in Eleanor's name in 1152 at and for Fontevraud, includes an intriguing phrase: *Henrico pictavorum et andegavorum imperium gubernante*[9].

1. The destruction of the old English aristocracy and its virtually total replacement by a new francophone elite meant that, in Henry of Huntingdon's interpretation, ›God had chosen the Normans to wipe out the English nation (*ad Anglorum gentem exterminan-dam*). Thus because all the English had been reduced to servitude and lamentation (*omnes ad servitutem et merorem redacti essent*), it became shameful even to be called English (*ita etiam ut Anglicum vocari esset, opprobrio*)‹. The *gens Anglorum* had lost what Max Weber

5) H. G. Richardson, The English Jewry under Angevin Kings (1960) p. 12.
6) Robert-Henri Bautier, Conclusions. ›Empire Plantagenêt‹ ou ›espace Plantagenêt‹. Y eut-il une civi-lisation du monde Plantagenêt?, Cahiers de Civilisation Médiévale 29 (1986) p. 139–147.
7) Jean Dunbabin, France in the Making 843–1180 (2nd ed. 1999) p. xxvf.
8) Rotuli Chartarum, ed. Thomas Duffus Hardy (1837) p. 195. For some early thirteenth-century refer-ences in Latin and French to Henry II's dominions as *imperium* and *empire*, see John Gillingham, The Angevin Empire (2nd ed. 2001) p. 3f., as well as the recent discussion in Martin Aurell, L'Empire des Plan-tagenêt 1154–1224 (2003).
9) Elizabeth A. R. Brown, Eleanor of Aquitaine Reconsidered, in: Eleanor of Aquitaine. Lord and Lady, eds. Bonnie Wheeler/John C. Parsons (2003) nn. 71 and 144.

called ›ihre ethnische Ehre‹ – in Henry's words: ›The lord had deprived the English people, as they deserved, of both safety and honour, and had commanded that they should no
longer be a people (*Dominus salutem et honorem genti Anglorum pro meritis abstulerit, et
iam populum non esse iusserit*)‹[10]. As late as 1125 William of Malmesbury could observe
that ›today no Englishman is an earl, a bishop or an abbot; everywhere newcomers enjoy
England's riches and gnaw at her vitals (*Nullus hodie Anglus vel dux, vel pontifex vel abbas; advenae quique divitias et viscera corrodunt Angliae*). Nor is there any hope of end-
ing this miserable state of affairs‹[11].

Despite the pessimistic note on which William ended this train of thought, the ›miserable state of affairs‹ did end – as the passage already quoted from Richard FitzNigel makes
plain. Richard's description of the early post-Conquest period as a time when the English
lay in ambush for the ›hated Norman people‹ and murdered them whenever opportunity
offered, shows that he thoroughly approved of the way things had changed since then[12].
So also did his contemporary Walter Map. In Map's view, the reigns of William I (1066–87)
and William II (1087–1100) had witnessed *per universum sevissima regnum sedicio*; the
first Norman kings had not been able to rule over a land *compositam ad pacem* because its
old inhabitants (*veteres incole*) had continued to offer violent resistance to the incomers.
Then Henry I (1100–35) ›by arranging marriages between them, and by all other means he
could, brought peace to England, *ad firmam populos utrosque federavit concordiam*. His
rule brought honour to God, and great wealth and happiness to his subjects‹[13]. Even
though there is no evidence that Henry I had actually pursued a consciously integrationist
marriage policy in his dealings with his barons, it is plausible that some such train of
thought underlay his own marriage to Matilda. No doubt this marriage to the sister of the
king of Scots helped to protect England's northern border, but William of Malmesbury's
observation that Henry became the butt of jokes referring to the royal couple as Godric
and Godgiva shows that it was perceived in ethnic as well as diplomatic terms[14]. In the
1160s Aelred of Rievaulx described ›our morning star Henry II (*noster Henricus velut lu-

10) Henry of Huntingdon, Historia Anglorum VI c. 38, VII c. 1, ed. Diana GREENWAY (1996) p. 402, 412.
On the traumatic effect of 1066 see Elisabeth van HOUTS, The Memory of 1066 in written and oral traditions, Anglo-Norman Studies 19 (1996) p. 167–180.
11) William of Malmesbury, Gesta Regum Anglorum 1, c. 227, edd. R. A. B. MYNORS/Rodney THOM-
SON/Michael WINTERBOTTOM (1998) p. 414.
12) On Richard's sense of history see John HUDSON, Administration, Family and Perceptions of the Past
in Late Twelfth-Century England: Richard FitzNigel and the Dialogue of the Exchequer, in: The Perception of the Past in Twelfth-Century Europe, ed. Paul MAGDALINO (1992) p. 75–98.
13) Walter Map, De Nugis Curialium, edd. Montague R. JAMES/Christopher N. L. BROOKE/R. A. B.
MYNORS (1983) p. 436.
14) William of Malmesbury, Gesta Regum (as n. 11) c. 394 (p. 716). On the marriage see C. Warren HOL-
LISTER, Henry I (2001) p. 126–128. On perceptions of Matilda's role as a bringer of Englishness see THOMAS,
The English (as n. 1) p. 140–146.

cifer matutinus exoriens‹ as ›the corner stone (*lapidem angularem*) joining two walls of English and Norman stock (*Anglici generis et Normannici*)‹; he looked back upon the marriage of love (*ex infuso ei amoris affectu*) between Henry I and Matilda as the starting point of an Anglicizing process. *Habet nunc certe de genere Anglorum Anglia regem, habet de eadem gente episcopos et abbates, habet et principes, milites etiam optimos qui ex utriusque seminis conjunctione procreati*[15].

Whatever we may think of their history, it is clear that all three authors (Richard FitzNigel, Walter Map and Aelred) felt that integration between peoples was possible and desirable; hence it could and should be the object of policy. Moreover it was perfectly possible to think of a policy of imposing a common law as a means of integrating peoples. According to Aelred of Rievaulx, King Edgar had ›settled the kingdom of the English into a heavenly peace, and joined peoples of different tongues by the pact of one law (*regnum Anglorum celesti quadam pace composuit, et multarum linguarum gentes, unius foedere legis conjunxit*)‹[16]. It was easy enough for both English and Normans to think in terms of the integration of a number of peoples into one. This, after all – the emergence of the *gens Anglorum ... de tribus Germaniae populis fortioribus, id est Saxonibus, Anglis, Iutis* – was the way in which Bede's authoritative history was structured, while in Normandy a passage in the Inventio et miracula Sancti Vulfranni, a mid eleventh-century history of the relics and monastery of St Wandrille, speaks of the making of one people out of many different peoples: *atque unum ex diversibus gentibus populum effecit*[17].

Whether the undoubted assimilation between Normans and English really was, as Walter Map thought, an intended consequence of policy is another question altogether. There is very little strictly contemporary evidence for such a policy. According to a tale told by Ælnoth of Canterbury, when William I feared there might be widespread English support for the invasion planned by Cnut of Denmark, he ordered the English ›to shave their beards, change their arms and clothes to the style of the Romans, and indeed, in order to

---

15) These phrases from Aelred's Vita sancti Edwardi are taken from the improved text passages printed in Ian SHORT, *Tam Angli quam Franci*: Self-Definition in Anglo-Norman England, Anglo-Norman Studies 18 (1995) p. 170–172. As Short points out there, Aelred's phrase alludes to the biblical: *ipso summo angulari lapide Christo Jesu* (Eph 2, 19–20; 1. Petr. 2, 6–9). William of Malmesbury, Gesta Regum (as n. 11) c. 393 (p. 714) had also seen the marriage as one of love, i. e. arranged for the sake of love between two peoples.
16) Aelred, Genealogia Regum Anglorum, MIGNE PL 195, p. 726, composed in the 1150s. In the same passage Edgar was described in words very similar to those Aelred applied to Henry II – *quasi stella matutina in medio nevulae*. Cf. William of Apulia's observation that Guiscard's Normans taught their own language and customs to those who joined their band ›so that one people could be made‹, cited in THOMAS, The English (as n. 1) p. 84.
17) Discussed by Cassandra POTTS, *Atque unum ex diversibus gentibus populum effecit*: Historical Tradition and the Norman Identity, Anglo-Norman Studies 18 (1995) p. 139–152. On the work itself see Elisabeth van HOUTS, Historiography and Hagiography at Saint-Wandrille: the »Inventio et Miracula Sancti Vulfranni«, Anglo-Norman Studies 12 (1989) p. 233–251.

deceive the invaders, appear in everything to be French – or as we prefer to call them – Romans‹[18]›. But setting aside this unreliable rumour of an emergency tactic, there is no evidence of a deliberate policy of trying to turn Englishmen and women into Normans, and there was certainly no policy of trying to turn Normans into English. On the other hand nor was any attempt made to maintain ethnic purity by prohibiting marriage or sexual relations between Normans and English. Indeed it seemed to William of Malmesbury that the Normans were accustomed to intermarry with those whom they subjected to their rule – in this respect they were, he wrote, *benignissimi*[19].

Moreover William's claim to be the lawful heir of Edward the Confessor had massive, if possibly unintended, consequences. It meant, in the first place, that William made no effort to set aside the kingdom of England in the way that the kingdoms of Mercia, East Anglia, Northumbria and even Wessex had been set aside in course of the nine and tenth centuries – and as other kingdoms had been in earlier centuries[20]. In the second place it meant that both Norman kings and their legal experts such as the French-born author of the Leges Henrici Primi and of Quadripartitus stood for the continuation of English law[21]. This implied that the English ought to be treated justly and their traditional rights recognised. The fact that Domesday Inquest juries were made up of French and English in equal numbers reflected the theory. In practice it did not happen like this. Orderic Vitalis believed that William I ›struggled to learn some of the English language, so that he could understand the pleas of the conquered people without an interpreter, and benevolently pronounce fair judgements for each one as justice required. But advancing age prevented him from acquiring such learning, and the distractions of his many duties forced him to give his attention to other matters‹[22]. The conqueror's military and political priorities meant that, as the Anglo-Saxon Chronicle noted, ›the more just laws were talked about, the more unlawful things were done‹[23]. For a generation or so the political and social disaster of

---

18) Ælnoth of Canterbury, Gesta Swenomagni Regis, in: Vitae Sanctorum Danorum 1, ed. M. C. GERTZ (1908) p. 98f.

19) William of Malmesbury, Gesta Regum (as n. 11) c. 246 (p. 460).

20) THOMAS, The English (as n. 1) 276f., and cf. Anton SCHARER in this volume.

21) The author ›was born to speak French, not English‹, yet ›the language of the *Argumentum* leaves not the slightest doubt about his complete identification with England rather than France (or even Normandy) … Q emerges as one of the very first of those who, however French their tongue or culture, had come to regard themselves as entirely »English«‹. Patrick WORMALD, ›Quadripartitus‹, in: Law and Government in Medieval England and Normandy, eds. George GARNETT/John HUDSON (1994) p. 111–147, here p. 139f.; Patrick WORMALD, The Making of English Law: King Alfred to the Twelfth Century, 1: Legislation and its Limits (1999) p. 465–473. Cf. on the date and place of origin of the compiler of the laws of Edward the Confessor, Bruce O'BRIEN, God's Peace and King's Peace: the Laws of Edward the Confessor (1999) p. 44–61, 134.

22) The Ecclesiastical History of Orderic Vitalis 1–6, ed. Marjorie CHIBNALL (1968–1980) vol. 2 p. 256f.

23) Anglo-Saxon Chronicle, sub anno 1087.

1066 spelt the end of the old English common law[24]. But in the longer term, as Edward Freeman suggested long ago, the legal fiction may well have helped the process of fusion of peoples. ›Because they still had law in their mouths, they paved the way for those who had law not only in their mouths but in their hearts.‹ Moreover the fact that Norman and other continental lords came to hold their estates in England ›according to the ancient laws of England‹ meant that, in Freeman's words, ›the conquerors themselves had in a manner become Englishmen‹[25]. In consequence it did not often happen that the conquerors maintained one law for themselves and another for the English[26]. The barrier between the peoples was not so great as to prevent the re-emergence of a new common law, the *commune ius regni*, first referred to under that name by Richard FitzNigel, in contrast to the significantly more arbitrary law of the forest[27].

Moreover, as William of Poitiers made explicit, the fact that both peoples were Christian (*professione christiana pares*) also implied that there should be fair treatment for the defeated[28]. In many respects, of course, this pious aspiration rang hollow – especially in the ears of those well educated clerics of English birth such as Eadmer of Canterbury who knew that under the new regime they stood little chance of the promotion they felt they deserved[29]. But if William of Malmesbury was right in his belief that William I abolished the slave trade at the instigation of Archbishop Lanfranc, then it does seem likely that here at least an argument from Christianity had some effect in integrating into society one inarticulate and hitherto rightless group: the slaves[30]. As the early twelfth-century poet, Lawrence of Durham, observed: ›After England began to have Norman lords then the English no longer suffered from outsiders that which they had suffered at their own hands; in this respect they found foreigners treated them better than they had themselves – and

---

24) Thanks above all to the work of Patrick WORMALD (as n. 21), it is now widely accepted that the tripartite distinction between the laws of Wessex, Mercia and Danelaw was already largely illusory in pre-Conquest England, and that something like a common law had already been established. Certainly there is little or no sign of the tripartite distinction in the detail of Anglo-Norman records. See also John HUDSON, The Formation of the English Common Law (1996) p. 16–23.

25) Edward A. FREEMAN, The History of the Norman Conquest of England 5 (1886) p. 49–52.

26) On this subject, and on the speed with which in legal terms the French incomers became English, see George GARNETT, ›Franci et Angli‹: the legal distinction between peoples after the Conquest, Anglo-Norman Studies 8 (1985/86) p. 109–137.

27) FitzNigel, Dialogus (as n. 1) p. 59f.

28) The *Gesta Guillelmi* of William of Poitiers, eds. Ralph H. C. DAVIS/Marjorie CHIBNALL (1998) p. 158.

29) *Unum eos, natio scilicet, dirimebat. Si Anglus erat, nulla virtus ... eum poterat adjuvare. Si alienigena, ... honori praecipuo dignus illico judicabatur.* Eadmer, Historia Novorum in Anglia, ed. Martin RULE (1884) p. 224. This was written c. 1120 as a judgement on Henry I's policy.

30) William of Malmesbury, Gesta Regum (as n. 11) c. 269 (p. 496). For discussion of other reasons see David A. E. PELTERET, Slavery in Early Medieval England (1995) p. 251–259 and John GILLINGHAM, Some Observations on Social Mobility in England between the Norman Conquest and the Early Thirteenth Century, in: England and Germany (as n. 2) p. 333–355, esp. p. 341–344.

better than the native lords of Scotland and Ireland still continue to treat their own people[31]. Even so the programme of justice for defeated co-religionists might have remained
a meaningless slogan, had it not been for the fact that there was a broad similarity between
Norman and English cultures. Where there seemed to be a greater cultural difference – as
between England on the one hand and Wales and Ireland on the other – the fact that the
Welsh and Irish were also Christian was to give them very little protection against the prejudices of the invaders[32]. In the sphere of law, as John Hudson emphasises, there were ›significant similarities between Norman and English custom. Both owed much to a Carolingian legacy‹[33]. Although William I's own attempt to learn English came to nothing, the
next generation of incomers quite quickly learned to speak English, while at same time ambitious natives learned French. Hence bi-lingualism became an important feature of high
status society[34]. Naturally this facilitated the willingness of the incomers to identify with
the law and traditions of the land they occupied, including English saints' cults[35].

This willingness to assimilate and adopt helps to explain what is in some ways the most
surprising aspect of the fusion of the two peoples – that it was the identity of the losers
that triumphed, that the single people that emerged from the process identified themselves
not as Normans or French, but as English[36]. As Hugh Thomas has observed, taking up
Susan Reynolds's argument that governments create peoples rather than vice versa, ›the

31) *Sed postquam Anglia dominos cepit habere Normannos, nuncquam hos Anglici passi sunt ab alienis
quod saepe passi sunt a suis, et in hoc parte sibi meliores invenerunt extraneos quam se ipsos. Scotia autem et
Hybernia, dominos habens de gente sua nec omnino amisit ... hunc morem suum.* Lawrence of Durham,
Vita sancte Brigidae, in: Vitae sanctorum Hibernie ed. W. W. HEIST (Subsidia Hagiographica 28, 1965) 1–37,
here p. 1.
32) W. R. JONES, England against the Celtic Fringe: a Study in Cultural Stereotypes, Journal of World History 13 (1971) p. 155–171; Robert BARTLETT, Gerald of Wales (1982) p. 158–177; R. Rees DAVIES, Bucchedd
a moes y Cymry. The manners and morals of the Welsh, Welsh Historical Review 12 (1984/85) p. 155–179;
John GILLINGHAM, The Beginnings of English Imperialism, Journal of Historical Sociology 5 (1992) p.
392–409, reprinted in IDEM, The English (as n. 3) p. 3–18.
33) HUDSON, The Formation (as n. 24) 18.
34) Ian SHORT, On Bi-lingualism in Anglo-Norman England, Romance Philology 33 (1980) p. 467–479;
IDEM, Patrons and Polyglots: French Literature in Twelfth-Century England, Anglo-Norman Studies 14
(1992) p. 229–249; Michael CLANCHY, From Memory to Written Record. England 1066–1377 (2nd ed. 1993)
p. 200ff.
35) Susan J. RIDYARD, *Condigna Veneratio*: Post-Conquest Attitudes to the Saints of the Anglo-Saxons,
Anglo-Norman Studies 9 (1987) p. 179–206; David ROLLASON, Saints and Relics in Anglo-Saxon England
(1989) p. 222–238; Paul A. HAYWARD, Translation Narratives in Post-Conquest Hagiography and English
Resistance to the Norman Conquest, Anglo-Norman Studies 21 (1998) p. 67–93.
36) Only one twelfth-century author used a term equivalent to ›Anglo-Norman‹ – itself an eighteenth-century neologism. This was the author of the work long known as the Hyde Chronicle who used the hybrid
term *Normananagli* (together with closely related variants of it) no less than 23 times in a fairly short text
(36 pages in the Rolls Series edition), Liber Monasterii de Hyda, ed. E. EDWARDS (1886) p. 284–321. The
work has now been re-named the Warenne Chronicle by its most recent editor, and re-dated to the 1150s,

English government, simply by its very existence, helped to maintain and propagate the constructs of England and Englishness‹. ›In all its acts, great and small, the royal government maintained the strength of England as a construct‹[37]. Whether king-led governments ever went further and adopted a conscious policy of propagating Englishness among the ruling elite seems very unlikely – above all because the kings themselves, so far as we can tell, remained resolutely Norman[38]. At any rate for a long time they continued to be referred to as Normans. In the 1180s the anonymous author of the Waltham Chronicle – who thought of himself as English – wrote that ›our Norman kings‹ (*Normanni reges nostri*) have adopted all that is best of the honourable traditions of the pre–1066 kings of England: *quod precipuum est in omni munificentia et regni gloria et morum honestate et corporis habitudine decenti suscepisse*[39]. Similarly both Ralph Diceto, dean of St Paul's, writing in the 1190s and Gerald de Barri, writing from the 1190s until c. 1217, referred to the kings of England as *de genere Normannorum*[40] or *Normannica regum prosapia*[41].

Yet while, even after 1154, their kings continued to be perceived as Normans, the descendants of victorious Frenchmen were willing to identify themselves as English. The histories written in England in the second quarter of the twelfth century by authors such as William of Malmesbury, Henry of Huntingdon and Geoffrey Gaimar were histories of England and of the English both before and after 1066, not histories of the Normans. This is all the more surprising since the English were not merely defeated, they were also tinged with barbarism – at any rate in the eyes of learned Italians and Frenchmen such as Lan-

i.e. to a generation later than previously thought. See Elisabeth van Houts, The Warenne View of the Past 1066–1203, Anglo-Norman Studies 26 (2003/04) 103–121, as well as her forthcoming edition.

37) Thomas, The English (as n. 1) 274; Susan Reynolds, Kingdoms and Communities in Western Europe 900–1300 (2nd ed. 1997) 250–331; R. Rees Davies, The Peoples of Britain and Ireland 1100–1400, 2: Names, Boundaries and Regnal Solidarities, Transactions of the Royal Historical Society 6th series 5 (1995) p. 13f.

38) However Hugh Thomas has noted two revealing episodes. First, Henry I appealing to all men, especially French-born immigrants, to help him defend ›my land of England‹ in 1101 against all men, especially the duke of Normandy. Second, Becket's embassy to Paris in 1157 as described by William FitzStephen, magnificently parading *luxus Anglicani opulentiam* and the superiority of beer over wine. The second, he acknowledges, may reflect FitzStephen's own feelings rather than government policy, Thomas, The English (as n. 1) 275f.

39) The Waltham Chronicle, eds. Leslie Watkiss/Marjorie Chibnall (1994) p. 2f., 56f.

40) Radulphi de Diceto Opera Historica 1–2, ed. William Stubbs (1876) vol. 2 p. 183f., 238f., counting seven kings from William I to Richard I, including Richard's elder brother as Henry III.

41) Giraldi Cambrensis Opera 1–8, edd. J. S. Brewer/J. F. Dimock/G. F. Warner (1861–1891) vol. 8 p. 328. In his Descriptio Kambrie (Opera 6 p. 217f.), Gerald expressed the view that whereas the first three Norman kings had kept the Welsh in subjection, the Welsh had recently enjoyed rather more success because the following three Norman kings had had their hands full trying to deal with the pride of the French. Discussed in John Gillingham, ›Slaves of the Normans‹? Gerald de Barri and regnal solidarity in early thirteenth-century England, in: Law, laity and solidarities. Essays in honour of Susan Reynolds, eds. Pauline Stafford/Janet L. Nelson/Jane Martindale (2001) p. 160–71, esp. 165f.

franc of Bec, Pope Paschal II, William of Poitiers, Ivo of Chartres and John of Tours[42]. A history of a people as barbarous as the English had to be very skilfully interpreted and presented if the new French-speaking lords were to find it an acceptable version of their history. This indeed is precisely what William of Malmesbury, the first great post–1066 English historian, achieved in his Gesta Regum Anglorum, completed by 1125[43]. To those who said the English were barbarians, William's answer was that they had been, but were no longer. In his view a combination of Christian religion and French culture had civilised the English[44]. Of the French, William wrote: *Est enim gens illa exercitatione virium et comitate morum cunctarum occidentalium facile princeps*[45]. It was in this light that the patriotic William interpreted the Norman, i.e. French Conquest. Politically 1066 was a catastrophe, but culturally it brought great benefits. And most significantly, as presented by William, the Frenchification of the English was not merely a consequence of the Conquest of 1066. That was just the most recent phase of a very old story.

The process had begun five hundred years earlier when King Æthelberht of Kent married the Merovingian princess Bertha. ›From then on‹, William wrote, ›by association with the Franks (*Francorum contubernio*) a previously barbarous people (*gens eatenus barbara*) turned to more refined ways (*ad leniores mores*)‹[46]. In the seventh century Sigeberht of East Anglia had all his barbarism polished away by his upbringing among the Franks (*omnemque barbariem pro Francorum nutritura exutus*). When he returned from exile to rule the East Angles, he founded schools so that the delights of literature could be enjoyed by people hitherto boorish and idolatrous[47]. In the later eighth century the West Saxon prince Egberht was driven into exile at the court of Charlemagne. There, according to William, he acquired manners very different from the barbarism of his own people (*mores longe a gentilitia barbarie alienos*). He returned to Wessex to become king having learned what William called *regnandi disciplinam*. This *disciplina* involved ruling his people *cum clementia et mansuetudine*[48]. The English, in William's book, were a European people with a long civilising process behind them – a process in which the French were the teach-

---

42) John GILLINGHAM, Conquering the Barbarians: War and Chivalry in Britain and Ireland, The Haskins Society Journal 4 (1992) p. 67–84, reprinted in IDEM, The English (as n. 3) p. 41–58, here 57.

43) Rodney M. THOMSON, William of Malmesbury (2nd ed. 2003). Before Thomson's researches, the best analyses of William as historian were the chapter on him in Heinz RICHTER, Englische Geschichtschreiber des 12. Jahrhunderts (Neue deutsche Forschungen 187, 1938) p. 54–125 and the essay by J. SHARPE written as long ago as 1815, reprinted in William of Malmesbury, Gesta Regum (as n. 11) 2 p. xxxvi–xlvi.

44) John GILLINGHAM, Civilising the English? The English histories of William of Malmesbury and David Hume, Historical Research 74 (2001) p. 17–43.

45) William of Malmesbury, Gesta Regum (as n. 11) c. 106 (p. 152).

46) Gesta Regum (as n. 11) c. 9.

47) Gesta Regum (as n. 11) c. 97.

48) Gesta Regum (as n. 11) c. 106. In William's history the reign of Egberht of Wessex was pivotal. It was he who made England by unifying the four kingdoms of Wessex, Mercia, East Anglia and Northumbria.

ers and the English the pupils. No doubt it helped that, as he pointed out, the two peoples had once been linguistically close. ›The native tongue of the Franks is related to English because both peoples originated in Germany‹[49]. The implication here is that Franks too had been barbarians once[50]. All this presumably helped to salvage English pride and honour after the catastrophe of 1066, while simultaneously enabling the second and third generation of continental settlers to be proud of their new Englishness. The most dramatic illustration of this is Gaimar's verse Estoire des Engleis[51]. Composed in the late 1130s, much of it a version of the Anglo-Saxon Chronicle, this – the earliest history written in the French language – presented a view of English history from the beginnings to c. 1100, in which William the Conqueror could be criticised and Hereward the Wake regarded as an English hero[52]. Gaimar, who was also the author of a French version, now lost, of Geoffrey of Monmouth's Historia Regum Britanniae, may stand as representative of the new learned class of twelfth-century England, at home in three languages: English, French and Latin, a reflection of the multi-culturalism and multi-lingualism of a clerical community that had learned to define itself as English[53].

If, however, by the later twelfth century nearly all of the descendants of those who had come from France in and after 1066 had become bi- or tri-lingual Englishmen, this was certainly not true of one French-speaking group who had arrived in England in the aftermath of the Norman Conquest: Jews[54]. As late as 1130 there is no evidence for Jews residing anywhere in England except London; by the 1220s there were Jewish communities in about twenty towns. H. G. Richardson drew attention to the evidence suggesting a

---

49) *Naturalis ergo lingua Francorum communicat cum Anglis, quod de Germania gentes ambae germinaverint.* Gesta Regum (as n. 11) c. 68. In chapter 5 when referring to the continental origins of the Angles, Saxons and Jutes, William noted that the Normans, like the Vandals, Goths and Lombards (who still hold Italy), also came from Germany. In chapter 68 he distinguished ›those whom we call Franks‹ from ›the peoples across the Rhine subject to the Teutonic emperor who are more correctly called Franks‹, and pointed out that Charlemagne had spoken the language of the Franks across the Rhine.

50) In passing I observe that William was here rejecting the story of the Trojan origin of the Franks. *Volo de linea regum Francorum de qua multa fabulatur antiquitas, veritatem subtexere.* Gesta Regum (as n. 11) c. 67.

51) Geffrei Gaimar, Estoire des Engleis, ed. A. BELL (1960).

52) Ian SHORT, Gaimar et les débuts de l'historiographie en langue française, in: Chroniques Nationales et Chroniques Universelles, ed. D. BUSCHINGER (1990) p. 155–163; SOUTHERN, Medieval Humanism (as n. 2) 154f.; Ralph H. C. DAVIS, The Normans and their Myth (1976) p. 126f.

53) See Karl SCHNITH, Von Symeon von Durham zu Wilhelm von Newburgh, in: Speculum Historiale, eds. Clemens BAUER/Laetitia BOEHM (1965) p. 242–256, who concluded: ›das Werk Wilhelms von Newburgh lässt die endgültige Einheit erkennen, zu der die Angelsachsen und Normannen zusammengefunden hatten‹ (p. 256).

54) According to William of Malmesbury, Gesta Regum (as n. 11) c. 317 (p. 562), William I transferred Jews from Rouen to London.

steady flow of Jewish converts to Christianity, especially among relatively poor Jews with little to lose, but still concluded that the ›community stood steadfast as a whole through good times and ill‹[55]. Although Richardson emphasised the ›Frenchness‹ which English Jews shared with English nobles and the higher and more learned of the English clergy, even he acknowledged that religion and ritual meant that they remained ›a small and unassimilable minority‹[56]. Religion prevented intermarriage, and a Christian society was determined to prevent conversion to Judaism – as a case from 1222 demonstrates. A deacon who fell in love with a Jewess and converted to Judaism was degraded and burnt on the orders of council held at Oxford by Archbishop Stephen Langton[57]. The Jews remained everywhere what they were in York; in Barrie Dobson's words, ›an exotic and largely artificial growth in the city's history‹[58].

The establishment of greater numbers of Jewish communities and the wealth of some Jews meant not so much integration as a rising tide of anti-Jewish sentiment[59]. By 1144 the Jews of Norwich were sufficiently prominent to become the victims of Thomas of Monmouth's imaginative construction of the first recorded blood libel in European history. Although the attitude of the great majority of townspeople towards the Jews may well have been one of passive tolerance, the fact remains that within the next forty years more Christian ›boy-martyrs‹ were discovered in imitation of the cult of William of Norwich: St Harold of Gloucester (1168), St Robert of Bury St Edmunds (1181), and Adam of Bristol (1183). Anti-Jewish violence in London associated with the coronation of Richard I (September 1189) and the preparation of a crusade, led to further riots and murders in February and March 1190 at King's Lynn, Norwich, Thetford, Colchester, Stamford, Bury St Edmunds, and Lincoln, culminating in the pogrom and mass self-destruction of the Jewish community at York on 16 March, the eve of Passover.

---

55) RICHARDSON, The English Jewry (as n. 5) p. 28–32.
56) ›Their lives were patterned like the lives of the higher military, clerical and mercantile classes with whom they had the closest contacts and with whom they shared a common speech‹. RICHARDSON, The English Jewry (as n. 5) p. 3f., 6, 27. But as Paul Hyams has observed, the fact that the Jews shared a language (their second one) with the ruling class, is rather thin grounds on which to take so rosy a view of Jewish life in the twelfth century: HYAMS, The Jews in Medieval England (as n. 2) p. 178.
57) Frederick W. MAITLAND, The Deacon and the Jewess, Law Quarterly Review 1886, reprinted in: The Collected Papers of Frederic William Maitland 1, ed. H. A. L. FISHER (1911) p. 385–406.
58) R. Barrie DOBSON, The Jews of York and the Massacre of March 1190, Borthwick Papers 45 (1974) p. 44.
59) It seemed to a contemporary Augustinian canon, the Yorkshireman William of Newburgh, that the rich Jews of York had built ›lavishly luxurious great houses like royal places‹ (profusissimis sumptibus domos amplissimas, regalibus conferendas palatiis): Historia rerum Anglicarum, Chronicles of the Reigns of Stephen, Henry II and Richard I, vol. 1 lib. 4 c. 9, ed. Richard HOWLETT (1884) p. 312 s. On William's attitude to the Jews see Michael J. KENNEDY, ›Faith in the one God flowed over you from the Jews, the sons of the patriarchs and the prophets‹: William of Newburgh's writings on anti-Jewish violence, Anglo-Norman Studies 25 (2002) p. 139–152.

Within five years of the massacre, Jews had returned to York. Indeed for much of Henry III's reign the York community was the richest in England[60]. But after the massacres of 1190 they came under even stricter royal protection and surveillance. From now on their fortunes were even more dependent upon the attitudes of the government. In England the Fourth Lateran Council's requirement that Jews and Saracens should wear distinctive dress was more honoured in the breach than in the observance. When Stephen Langton sought to enforce papal legislation relating to Jews, he was informed by the king's council that he ›had no business to meddle with our Jews‹. The real turning point in the history of the Jews in England came in the 1250s, a combination of unrelentingly heavy taxation and of Henry III's piety in deciding to execute 19 Jews on the grounds that they had kidnapped and crucified a small boy, ›little St Hugh of Lincoln‹ – the first time a king of England had endorsed the blood libel. By the time Edward I decided to win some popularity by expelling the Jews from England (as he had already from Gascony), the English Jewry was in both numbers and wealth just a pale shadow of its former self[61].

2. No country caught up in the process that Robert Bartlett has called the ›Europeanization of Europe‹ – the shift from the greater differentiation within the different parts of early medieval Europe to an increasingly homogeneous European society and culture – was Europeanized more rapidly than England in the decades after 1066[62]. The new intensity of the European dimension of English history was recognised by William of Malmesbury. He saw William the Conqueror as *totius Europae honor*[63]. In his account of William II's reign, he gave more space to the crusade than he did to events in England and Normandy, and he more than once defined the crusade as *expeditio Asiatica* that *nostris diebus Europa contra Turchos movit*[64]. In his eyes the crusade was ›a pan-European military action aimed at territory previously occupied by Islam‹, one in which the French took the lead. The reconquests of the First Crusade had been achieved *per Francos et omnis generis ex Europa Christianos*; indeed had it not been for the might of the Frankish emperors, Europe would long since have been subjugated by the Saracens (*Europam etiam*

---

60) On all this DOBSON, The Jews of York (as n. 58) remains fundamental. According to the Anonymous of Laon (BOUQUET 18 [1879] p. 707f.), after the rioting in London, Richard sent envoys to Normandy and Poitou to stop anything similar happening there – and indeed nothing did, perhaps partly because in February and March 1190 the king himself was touring Aquitaine, Anjou and Normandy.
61) Robert C. STACEY, 1240–1260: A Watershed in Anglo-Jewish Relations?, Historical Research 61 (1988) p. 135–150; IDEM, Parliamentary negotiation and the expulsion of the Jews from England, Thirteenth Century England 6 (1995) p. 77–101. See also HYAMS, The Jews in Medieval England (as n. 2) p. 185–192.
62) Robert BARTLETT, The Making of Europe. Conquest, Colonization and Cultural Change 950–1350 (1993) p. 1–3, 269–291.
63) William of Malmesbury, Gesta Regum (as n. 11) c. 283 (p. 512).
64) Ibid. c. 257, 344 (p. 476, 592, 594).

subiugassent)[65]. Thus William included a good deal of French history in his Gesta Regum Anglorum on the explicit grounds that they are our neighbours and ›the people mainly responsible for the Christian empire‹ (*ad eos maxime Christianum spectet imperium*)[66]. Although Gesta Regum Anglorum was his own choice of his history's title, reflecting, as he explained in his prefatory letter to Earl Robert of Gloucester, ›the greater part of its contents‹, he also intended that it ›serve as a summary of many fields of history‹ (*multarum historiarum breviarum*)[67]. Essentially what William envisaged himself writing was a history of England in a Europe dominated by French culture.

During the twelfth and early thirteenth centuries the cultural links between England and the continent, especially France, were so close as to suggest ›a kind of cultural unity‹[68]. In London, Lincoln, Oxford and Winchester the political, social and religious leaders belonged to very nearly the same cultural world as their neighbours and rivals in Angers, Arras, Paris, Poitiers and Troyes. The new rulers of England sent their children to be educated in the schools of northern France or, later, on the tournament fields of France. In these respects this meant a degree of dependence – as has been powerfully urged by Sir Richard Southern. ›Culturally the most obvious thing about England in the twelfth century is its dependence on France. It was a colony of the French intellectual empire‹[69]. In Southern's rather philosophical/theological view of the development of European culture, Paris is central[70]. In other respects, however, a case can be made for the vitality and precociousness of culture in twelfth-century England, precisely indeed of French culture in England. Ian Short has claimed that

> ›French literature begins … in twelfth century Anglo-Norman England. The first
> adventure narrative (or proto-romance) in French literature; the earliest example
> of historiographic writing in French; the first eye-witness history of contempo-
> rary events in French; the earliest scientific texts in French; the first administrative

65) Ibid. c. 92 (p. 134). The quotation in English is taken from Rodney THOMSON, William of Malmesbury, historian of crusade, Reading Medieval Studies 23 (1997) p. 121–134, reprinted in: IDEM, William of Malmesbury (as n. 43) p. 178–188.
66) William of Malmesbury, Gesta Regum (as n. 11) c. 67 (p. 98).
67) Ibid. Epistola III (p. 12) – no doubt an allusion to Eutropius.
68) A. G. RIGG, A History of Anglo-Latin Literature 1066–1422 (1992) p. 67, 77–83. As he puts it, the Anglo-Latin literature of this period possessed ›a European dimension‹ that had disappeared by 1300.
69) ›Its colonial status was emphasised by the fact that no distinguished French scholars came to England either to study or to teach‹. R. W. SOUTHERN, The place of England in the twelfth century Renaissance, History 1960, reprinted in: Medieval Humanism (as n. 2) 140, 158. But see Rodney M. THOMSON, England and the Twelfth-Century Renaissance, Past and Present 101 (1983) p. 3–21.
70) Richard W. SOUTHERN, Scholastic Humanism and the Unification of Europe 1–2 (1995, 2001). It is also arguable that Paris was central to the development of what historians of manuscript painting have called the ›Channel style‹. See Christopher de HAMEL, The Production and Circulation of Glossed Books of the

texts in French; the first Biblical translations in French; the earliest French versions of monastic rules; the first scholastic text to be translated into French; the
earliest significant examples of French prose; the first occurrence of the French
octosyllabic rhyming couplet (the standard verse form of medieval French narrative); the first explicit mention of secular *courtoisie* in vernacular French; the first
named women writers in French; the earliest named and identifiable patrons of
literature in French – an impressive list of firsts by any standards, and all to be
credited not to Continental French culture, but to Insular Anglo-Norman society
of the twelfth century[71].

England after 1066, Short argues, possessed a ›uniquely tri-lingual culture‹, and it is in
large part to this multi-culturalism and concomitant multi-lingualism, that he attributes its
›precocity‹ in French literature[72]. If French was the language of polite and sophisticated
society, and was to remain so for at least three hundred years after 1066, the English language had a strong literary tradition of its own. This meant that in twelfth-century England virtually all, if not all, authors must have known and spoken at least three languages:
English, French and Latin. Moreover the presence of Welsh or Anglo-Welsh clerks such
as Geoffrey of Monmouth, Walter Map and Gerald de Barri meant that Celtic songs and
tales, the stories of King Arthur and Tristan, were better and earlier known here than anywhere in continental Europe outside Brittany. The courts of King Henry I's queens and,
above all, the court of his son, Robert, earl of Gloucester and lord – in this context significantly – of Glamorgan in south Wales, played important roles in the transference of
Welsh and English narrative into French and Latin, the principal languages of European
court culture[73]. The place of the Plantagenet court in the wider dissemination of an aris-

Bible in the 12th and 13th Centuries (1984). I am much indebted to Jeffrey West for sight of a forthcoming
article on the ornament of the Channel School.
71) Ian SHORT, Patrons and Polyglots (as n. 34) p. 229.
72) SHORT, Patrons and Polyglots p. 230.
73) Benedeit dedicated his French translation of the Navigatio Sancti Brendani to Henry I's queens
Edith/Matilda and Adeliza. Robert of Gloucester was the principal dedicatee of Geoffrey of Monmouth's
Historia regum Britanniae. On the importance of the lordship of Glamorgan in this context see John
GILLINGHAM, The context and purposes of Geoffrey of Monmouth's History of the Kings of Britain, Anglo-Norman Studies 13 (1991) p. 99–118, reprinted in: IDEM, The English (as n. 3) p. 19–39, esp. 34–36. By
the late 1130s Geoffrey Gaimar, whose Lincolnshire patroness was herself associated with the literary circles around Henry I's queen and son, had produced a version of Geoffrey in French verse and added to it
an account of English history taking the story up to 1100, though it is only the latter that survives today.
See Ian SHORT, Gaimar's Epilogue and Geoffrey of Monmouth's *Liber vetustissimus*, Speculum 69 (1994)
p. 323–343.

tocratic culture is not something that needs emphasising to readers of the Rolandslied, Ulrich of Zatzikhoven's Lanzelet or Gottfried of Strassburg's Tristan[74].

3. The court of the king of England was regarded, at least by English writers, as the centre from which the new French-style civilisation of England would be taken north and west into Scotland, Wales and Ireland. From the 1090s onwards David, the brother of Queen Edith/Matilda, was brought up at the court of the king of England. According to William of Malmesbury, ›As a result of the time he has spent with us, he has been made more courtly and the rust of his native barbarism has been polished away‹. On becoming David I, king of Scots (1124–1153), he promised tax exemptions to those of his subjects who would ›live in a more civilised style, dress with more elegance, and eat with more refinement‹[75]. Connections between the English and Scottish courts meant that, on the whole, it was by invitation that the new French-speaking elite entered Scotland. According to an early thirteenth-century English chronicler, ›the more recent kings of Scots profess themselves to be French in race, manners, language and culture (*sicut genere ita moribus, lingua, cultu*), and having reduced the Scots to utter servitude, admit only Frenchmen to their friendship (or household: *familiaritatem*) and service‹[76]. One of these Frenchmen may well have been Guillaume le clerc, author of the Scottish-French romance, the Roman de Fergus, who has recently been identified as William the Lion's chancellor, William Malveisin, bishop of Glasgow (1199–1202) and of St Andrews (1202–1238)[77].

In Wales and Ireland, of course, the Frenchified elite of England shouldered their way in by force of arms – but still represented what they did as a civilising process. According to the author of the Gesta Stephani, ›Wales is a country of woodland and pasture … abounding in deer and fish, milk and herds, but it breeds men of a animal type (*hominum nutrix bestialium*), swift-footed, accustomed to war, volatile always in breaking their words, as in changing their abodes. When war came and the Normans conquered the English, this land also they added to their dominion and fortified with numberless castles; … to

---

74) And on the influence of the ›Channel style‹ on the court art of Henry the Lion, Ursula NILGEN, Heinrich der Löwe und England, in: Heinrich der Löwe und seine Zeit 2, ed. Jochen LUCKHARDT/Franz NIEHOFF (1995) p. 329–342.

75) *David … nostrorum convictu et familiaritate limatus a puero, omnem rubiginem Scotticae barbariei deterserat. Denique regno potitus mox omnes compatriotas triennalium tributorum pensione levavit qui vellent habitare cultius, amiciri elegantius, pasci accuratius.* William of Malmesbury, Gesta Regum (as n. 11) c. 400 (p. 726).

76) Memoriale fratris Walteri de Coventria 1–2, ed. William STUBBS (1872–1873) vol. 2 p. 206.

77) D. D. R. OWEN, William the Lion (1997) p. 85 s., 114, though whether a *roman* written in Picard French by a first generation immigrant should be described as ›the earliest surviving work of Scottish vernacular literature‹ is open to question. See Archibald A.M. DUNCAN, John King of England and the Kings of Scots, in: King John. New Interpretations, ed. Stephen CHURCH (1999) p. 247–249.

encourage peace they imposed law and statutes; they made the land ... so to abound in peace and productivity that you would think it a second England‹ (*secunda Anglia*)[78].

A generation later the English invasion of Ireland was perceived and justified in similar terms[79]. From England the Irish, as Gerald de Barri put it, would learn ›a better way of life‹ (*meliorem formam vivendi ex Anglia*)[80]. In 1210 the anglicisation of Ireland became official government policy. King John issued a charter ordering that English law and customs were to be observed in his lordship of Ireland. The charter itself does not survive, but according to letters patent issued in 1226, in 1210 English law was put into writing and a copy deposited at the Exchequer at Dublin. The same letters patent state that the charter was issued at the request of the Irish, and it does seem clear that it extended to all Irishmen living within the lordship. In fact, as Paul Brand has shown, a good deal of English common law was already being applied in Ireland well before 1210, including modes of proof such as trial by battle and by ordeal, as well as writs such as *de rationalibus divisis, de fugitivis et nativis* and the writ of right[81]. But what these early references to the charter of 1210 show is that this could be done not just instinctively and *ad hoc*, but as part of a conscious policy of the integration of law. Indeed it seems likely that it was following the charter of 1210 that the earliest extant register of writs was drawn up and sent to Ireland, together with a letter.

> Since we desire justice according to the custom of our realm of England to be shown to all in our realm of Ireland who complain of wrongdoing, we have caused the form of writs *de cursu* by which this is customarily done, to be put into writing and herewith transmitted to you[82].

---

78) Gesta Stephani, edd. K. R. POTTER/Ralph H. C. DAVIS (1976) 14–16. William of Newburgh asserted that Brittany benefited in similar fashion from being ruled by Henry II: *eam in cunctis finibus suis ita disposuit atque composuit, ut, populis in pace agentibus, deserta paulatim in ubertatem verterentur*, William of Newburgh, Historia rerum Anglicarum (as n. 59) lib. 2 c. 18 (p. 147).
79) The invasion of Ireland in the 1170s was, as Michael Richter has long been arguing, an English invasion – and was so perceived at the time. Michael RICHTER, Giraldiana, Irish Historical Studies 21 (1979) p. 422–437; IDEM, The Interpretation of Irish History, Irish Historical Studies 24 (1985) p. 289–298; Medieval Ireland: The Enduring Tradition (1988) p. 130; John GILLINGHAM, The English Invasion of Ireland, in: Representing Ireland: Literature and the Origins of Conflict, 1534–1660, eds. B. BRADSHAW/A. HADFIELD/W. MALEY (1993) p. 24–42; reprinted in IDEM, The English (as n. 3).
80) Gerald of Wales, Expugnatio Hibernica/The Conquest of Ireland, trans. and ed. A. Brian SCOTT/F. X. MARTIN (1978) p. 98–100. Whether forgery or authentic, the papal bull *Laudabiliter* is by far the most celebrated evidence for this attitude.
81) Paul BRAND, Ireland and the Literature of the Early Common Law, in: IDEM, The Making of the Common Law (as n. 4) p. 445–450.
82) Early Registers of Writs (as n. 4) p. 1.

A policy of transferring English law to Ireland fits well into the context of the perception of the Irish as a barbarous people needing to be reformed. The Irish clergy too were to be anglicised. According to Gerald, Henry II issued ecclesiastical constitutions with the aim of making the Irish church conform to the norms of the English: *constituciones sacras que adhuc extant ... quam plures emisit, ecclesie illius statum ad Anglicane ecclesie formam redigere modis omnibus elaborando*. Gerald believed that by the time of writing, in the late 1180s, the Irish had already been induced to give up many of their evil customs[83].

Within the expanding lordship, Ireland was now ruled by Englishmen who spoke French, and who wrote in French. The two earliest surviving literary works composed for the English of Ireland were both written in French. The earlier of the two, probably composed in the 1190s, is the narrative poem long known as The Song of Dermot and the Earl but most recently edited under the title La Geste des Engleis en Yrlande[84]. The later, written in or very soon after 1265, is the Rithmus facture ville de Rosse. This poem, with its welcome to all foreigners wishing to buy and sell in the town, is a reminder that French was not just the language of aristocratic society but also ›the *lingua franca* of commerce and trade‹[85]. Some of the new rulers of Ireland were very French indeed. In 1273 Edward I appointed Geoffrey de Geneville as Justiciar of Ireland; the conventional form of his name disguising the fact that his brother was the biographer of Saint Louis, Jean de Joinville. All this meant that if the Irish were to be integrated into the self-consciously civilised world of twelfth- and thirteenth-century England, they would have to learn to speak French. After completing a visitation of 21 native Irish Cistercian houses in the late 1220s, Stephen of Lexington, abbot of Stanley (Wiltshire), laid down that ›no one, no matter what his nation, is to be received as a monk unless he knows how to confess in French or Latin‹ and that ›in future the Rule is to be expounded in French, and chapter conducted in French or Latin. In consequence those who wish to be received as monks shall have to attend school somewhere where they may learn gentler manners‹ (*mores mansuetiores*)[86].

---

83) *iuxta quod Anglicana observat ecclesia*, Expugnatio Hibernica (as n. 79) p. 98–100; cf. Diceto, Opera Historica (as n. 40) 1 p. 350 s. See Marie Therese FLANAGAN, Henry II, the Council of Cashel and the Irish Bishops, Peritia 10 (1996) p. 184–211.

84) The Deeds of the Normans in Ireland: La Geste des Engleis en Yrlande, ed. Evelyn MULLALLY (2002) p. 11, 27–37 for discussion of author, date and patron as well as an explanation of why *Engleis* is translated as ›Norman‹. On the emergence of the notion of a Norman conquest of Ireland see John GILLINGHAM, A Second Tidal Wave? The Historiography of English Colonization of Ireland, Scotland and Wales in the 12th and 13th centuries, in: Historiographical Approaches to Medieval Colonization of East Central Europe, ed. Jan PISKORSKI (2002) 303–327, esp. p. 313–317.

85) Hugh SHIELDS, The walling of New Ross: a thirteenth-century poem in French, in: Long Room 12–13 (1975–1976) p. 24–33. Alan BLISS/Joseph LONG, Literature in Norman French and English to 1534, in: A New History of Ireland 2. Medieval Ireland 1169–1534, ed. Art COSGROVE (1987) p. 708–736, quotation at p. 713.

86) Register of Stephen of Lexington, Analecta sacri ordinis Cisterciensis 2 (1946) no. 95.

In 1210 King John knighted the king of Thomond, Donnchad Cairprech Ua Briain. Here too the integrative intentions of policy makers c.1200 are plain, for, as Rees Davies observed, initiation into the order of knighthood ›opened the door into an exhilarating international world of aristocratic fellowship and customs‹[87]. In the event in Ireland the door was soon closed again. Although Scottish kings were admitted readily enough – and in one remarkable case the international prestige of King David I was high enough for him to knight a French-born future king of England, Henry Plantagenet –, very few indeed of the native rulers of Wales and Ireland were admitted into the ›magic circle‹ of chivalry: after 1210 no more Irish kings until 1395. The Irish continued to live by Irish law, and English law ›became the privileged possession of the settler population, a key marker of their Englishness‹[88]. Despite the intentions and hopes of the twelfth- and early thirteenth-century English invaders and settlers Ireland was to remain a deeply divided land[89].

4. A Cross-Channel Empire: Problems of Unity, Integration and Survival

William I made no conscious attempt to integrate England and Normandy into a single kingdom[90]. On his deathbed in 1087 he divided his two lands between his two older sons, Robert Curthose and William II Rufus. None the less short and medium term military and political expediency meant that before the end of his reign the Conqueror had both destroyed the native English elite and had created ›a new class, the cross-Channel aristocracy‹ – lords who held estates on both sides of the Channel and whose charters, like royal charters, were addressed to their men ›French and English‹[91]. This new class, ecclesiastical lords as well as secular barons, constituted a powerful interest group favouring unity. Orderic Vitalis believed that men such as Odo of Bayeux acted in support of Robert Curthose in 1087–88 and 1100–01 *ad servandum unitatem utriusque regni*[92]. This unity was further entrenched during the long period (1106–35) when King Henry I, after de-

87) DAVIES, Domination and Conquest (as n. 3) p. 49–51. For one of the implications of knightly values see John GILLINGHAM, Killing and mutilating political enemies in the British Isles from the late twelfth to the early fourteenth centuries: a comparative study, in: Britain and Ireland 900–1300. Insular Responses to Medieval European Change, ed. Brendan SMITH (1999) p. 114–134.

88) Robin FRAME, English Political Culture in Later Medieval Ireland, The History Review 13 (2002) p. 1–11, here p. 3. See also Robin FRAME, ›Les Engleys Nées en Irlande‹: The English Political Identity in Medieval Ireland, Transactions of the Royal Historical Society, 6th series 3 (1993) p. 83–103.

89) For discussion of the ways in which cultural exchange and assimilation did or did not characterise relations between the Irish and the English of Ireland see the essays by Seán DUFFY, Katharine SIMMS and Brendan SMITH in: Law and Disorder in thirteenth-century Ireland, ed. James LYDON (1997). For a valuable case study, and as yet the only one of its kind, see Brendan SMITH, Colonisation and Conquest in Medieval Ireland: The English in Louth, 1170–1330 (1999).

90) David BATES, Normandy and England after 1066, English Historical Review 104 (1989) p. 873.

91) Robert BARTLETT, England under the Norman and Angevin Kings 1075–1225 (2000) p. 13.

92) Orderic Vitalis (as n. 22) 4 p. 124.

feating and capturing his elder brother Duke Robert at the battle of Tinchebrai, ruled both England and Normandy. In the words of Henry I's biographer, Warren Hollister, ›England and Normandy became in many respects two parts of a single political unit. ... The single Anglo-Norman ruler was supported by a single homogeneous feudal aristocracy that shared with him the responsibility of governance and formed the core of his royal court and household. ... He could rule as a king throughout his dominions, surrounded by a single *curia*, served by a single chancellor, a single scriptorium, a single household‹[93]. Although Henry continued to mint Norman coin, this was evidently supplemented by English coin sent across the Channel – on one notorious occasion when the silver content of the coin was allegedly not of the purity expected most of the moneyers of England were punished by mutilation[94].

In the 1970s a great deal of emphasis was given by John Le Patourel and C. Warren Hollister to the notion of a homogeneous cross-Channel aristocracy[95]. Since the late 1980s this has been qualified by an increasing awareness of the degree of heterogeneity and of different points of view within that aristocracy – the work of Judith Green and David Crouch being particularly important here[96]. One of the most significant contrasts between the kingdom and the duchy noted by Judith Green is the relatively greater distance of the continental Norman aristocracy from Henry I's court and their greater propensity to revolt[97]. None the less in 1135 when Henry I died without a legitimate son, the Normans who chose Theobald count of Blois and Chartres as their duke, changed their minds and decided to support Theobald's brother, Stephen, as soon as they heard that he had already been crowned and anointed king in England. By this date, as David Bates has put it, ›the maintenance of the union was regarded as an overwhelming priority‹[98].

From 1106 until 1204, except for one period of ten years, England and Normandy shared the same ruler. Moreover during those ten years (1144–53), both King Stephen of

93) C. Warren HOLLISTER, Normandy, France and the Anglo-Norman *Regnum*, in: C. Warren HOLLISTER, Monarchy, Magnates and Institutions in the Anglo-Norman World (1986) p. 7–57, here p. 24f., reprinted from Speculum 51 (1976).

94) The Gesta Normannorum Ducum of William of Jumièges, Orderic Vitalis and Robert of Torigni 2, ed. Elisabeth van HOUTS (1992–1995) p. 236–238; Anglo–Saxon Chronicle sub anno 1125. But treasure from England, presumably some of it in coin as well as ingots, continued to be sent to Henry I's treasury in Normandy, The Chronicle of Robert of Torigni in: Chronicles, ed. HOWLETT (as n. 59) 4 p. 129, sub anno 1135.

95) John LE PATOUREL, The Norman Empire (1976); HOLLISTER, Monarchy, Magnates (as n. 93).

96) Judith A. GREEN, Unity and Disunity in the Anglo–Norman State, Historical Research 62 (1989) p. 115–134; EADEM, The Aristocracy of Norman England (1998); David CROUCH, Normans and Anglo-Normans: a Divided Aristocracy? in: England and Normandy in the Middle Ages, ed. David BATES/Ann CURRY (1994) p. 51–67.

97) Judith A. GREEN, King Henry I and the aristocracy of Normandy, in: La »France anglaise« au Moyen Âge: Actes du IIIᵉ Congrès national des sociétés savantes (Poitiers 1986). Section d'histoire médiévale et de philologie 1 (1988) p. 161–173.

98) BATES, Normandy and England (as n. 90) p. 872.

England and his Angevin rivals in Normandy claimed to be the rightful ruler of both England and Normandy. In this sense throughout the period from 1144 to 1153 both sides accepted the notion of an Anglo-Norman realm even if it did not exist in fact. Indeed in 1153 Henry of Anjou, duke of the Normans since 1151, granted the hereditary stewardship of England and Normandy to Robert Beaumont, earl of Leicester and to his son, Robert[99]. Thus although the English term ›Anglo-Norman‹ is an eighteenth-century neologism, by the 1150s, if not earlier, one author – but only one – was using words such as *regnum normananglorum* and *principes normananglorum*[100].

1154 marked a significant turning point. Henry II was not only king of England and duke of Normandy, but also duke of Aquitaine and count of Anjou. Not that he was satisfied. In 1159 he launched an expedition against Toulouse; in the 1160s he took over control of Brittany (a take-over facilitated by fact that many Breton lords held land in England) and in the 1170s he invaded Ireland. This Angevin empire (to use the name for it created by Kate Norgate) placed immense resources at the disposal of its ruler. In a famous anecdote Walter Map wrote:

> On one occasion when I was in Paris and chatting with the King (Louis VII), he compared the wealth of various kings: the emperor of Constantinople and the king of Sicily, he said, glory in their gold and silk, but their men can do nothing but talk for in matters of war they are useless; the Roman emperor, whom we call the emperor of the Germans has fine soldiers and war-horses, but no gold or silk or other opulence. But your lord the king of England lacks nothing, he has men, horses, gold, silk, jewels, fruits, wild-game and everything else. We in France have nothing but bread and wine and gaiety. This saying I made a note of, for it was merrily said – and truly, *et vere*[101].

The notion that it was indeed truly said is lent some support by the events of the Third Crusade. It was to Richard I's greater wealth that many attributed the leading role played by the king of England, and his arrogant treatment of other princes. In the words of Ansbert, *rex Anglie primus et precipuus in tota militia christiana, eo quod in facultatibus et in omnibus opibus alios precedebat*[102]. But the empire was in tatters by 1204. Between au-

---

99) This cross-Channel stewardship was discussed in L. W. Vernon Harcourt, His Grace the Steward and Trial of Peers (1907) p. 37–43. Cf. David Crouch, The Beaumont Twins. The Roots and Branches of Power in the Twelfth Century (1986) p. 87. But despite the charter of 1153, there is no evidence to show that Robert de Breteuil, son and heir of Robert Beaumont, held a stewardship of England and Normandy after his father's death in 1168. He, of course, was to be a leading rebel in 1173.

100) See above n. 36.

101) Walter Map, De Nugis Curialium (as n. 13) p. 450f.

102) Historia de expeditione Friderici imperatoris, ed. Anton Chroust (MGH SS rer. Germ. N.S. 5) p. 98; Cf. Chronicon Magni Presbiteri, ed. Wilhelm Wattenbach, in: MGH SS 17 (1861) p. 520.

tumn 1202 and summer 1204 John lost Anjou, Normandy and much of inland Poitou. For
as long as he held the coast of Poitou, and in particular the great port of La Rochelle (at
which he disembarked in 1206 and 1214), there was some realistic hope of recovery, but
the loss of La Rochelle in 1224 marked the end. Why did so large and rich an empire collapse so rapidly?

Was it due to accidental reasons – the unanticipated death of Richard I, the characters
of John and Henry III as opposed to Philip Augustus, Louis VIII and Louis IX? Was, in
other words, ›eine den Kanal übergreifende Reichsbildung … eine durchaus realistische
Alternative‹[103] – or was it doomed? Either as a result of external causes such as the increasing resources, financial and cultural, of the Capetian monarchy[104]. Or as a result of
its own intrinsic fragility, a consequence of the fact that as David Hume expressed it long
ago, ›these different members, disjointed in situation, and disagreeing in laws, language and
manners were never thoroughly cemented into one monarchy‹[105]. Even the historian who
coined the term ›Angevin Empire‹, Kate Norgate perceived ›the empire of Richard Cœur-
de-Lion‹ as having three or four rival centres, and in consequence being subject to ›a
process of disintegration which his father had been unable to check and against which he
was well-nigh helpless‹[106]. Her word ›disintegration‹ has been picked up recently again by
Turner and Heiser: ›large shifts in politics, economy and society in France had more to do
with the disintegration of the Angevin »empire« than John Lackland's personal failings,
numerous as they were‹[107]. One aspect of the empire's structure, the fact that for his territories in France its ruler owed allegiance to the king of France, has in effect encouraged
a combination of both the second and the third type of explanation. ›Philip's dual advantages of steadily increasing financial resources and his suzerainty over the Plantagenet con-

---

103) Klaus van Eickels, Vom inszenierten Konsens zum systematisierten Konflikt. Die englisch-französi-
sischen Beziehungen und ihre Wahrnehmung an der Wende vom Hoch- zum Spätmittelalter (2002) p. 67.
104) As was emphasised by Powicke in the first really substantial analysis of the problem. F. Maurice Powicke, The Loss of Normandy (1913; 2nd ed. 1961) p. 298f. Cf. ›The attraction of Paris – cultural as well as
political – was too strong for the Plantagenets to counteract‹, Ralph Turner/Richard Heiser, The Reign
of Richard Lionheart. Ruler of the Angevin Empire, 1189–1199 (2000) p. 40. However Powicke himself believed that during the reigns of Henry and Richard, Parisian-Capetian culture was outshone by Plantagenet,
see below p. 135. There have been many attempts to compare the financial resources available to the
Angevin and Capetian kings c.1200. For two of the more recent ones see Nicholas Barratt, The revenues
of John and Philip Augustus Revisited, in: King John (as n. 77) p. 75–99; and Gillingham, Angevin Empire (as n. 8) 95–100.
105) Not that Hume absolved John from blame: ›The king of France whose ambitious and active spirit had
been hitherto confined by Henry … and Richard, seeing now the opportunity favourable against this base
and odious prince, embraced the project of expelling the English king from France‹, David Hume, The History of England 1–3 (1871 reprint of 1786 ed.) vol. 1 p. 206, 287.
106) Kate Norgate, England under the Angevin Kings 2 (1887) p. 361, 490–492.
107) Turner/Heiser, The Reign of Richard (as n. 104) p. 247.

tinental lands could well have proved insurmountable to Richard, had he lived longer, just as they later proved for John[108]. Most historians have, predictably, interpreted the collapse as a combination of structural factors and personal failings.

In recent years, and in contrast to the point of view adopted by H. G. Richardson (see above p. 86f.), major advances made in the publication of administrative records have led to a greater emphasis on the lack of administrative integration. For Hollister, the Anglo-Norman ›possibility of an independent trans-Channel *regnum* was ... abandoned by their Angevin successors ... Henry II's accession in 1154 marked the expansion and transformation of a tightly-integrated Anglo-Norman state into a cluster of diverse provinces‹[109]. Robert-Henri Bautier described the Angevin dominions as ›un conglomérat hétéroclite de pouvoirs très divers sur des territoires de statut très différent ... Aucun pouvoir central, ni administration judiciaire, financière, militaire commune‹[110]. For Sir James Holt, ›there was no such thing as an Angevin Empire stretching in a homogeneous *regimen* from the Cheviots to the Pyrenees‹[111]. In the judgement of Nicholas Vincent, ›Detailed study of the various regions over which the Plantagenet ruled, from Gascony to Ireland, has brought to light the vast differences in local administration and in the effectiveness of royal, ducal or comital commmand. Even within their French »Espace«, the Plantagenets failed to impose any common administrative structure, any common monetary system, or any overriding cultural consensus‹[112].

Obviously there are problems with this emphasis. By tending to see the collapse as inevitable it fits a little too comfortably within the familiar, cosy and patriotic assumption that the nation-states of England and France were bound to rise, and a cross-Channel realm was bound to fall. Moreover the historian of internal structures faces a major difficulty in the nature of the evidence. Relatively speaking, there is a great deal of evidence for England, rather less for Normandy, and increasingly less the further south one goes. This is true of both narrative and record evidence. In England there were no less than seven major and historically minded authors at work between the late 1180s and c.1202: Roger of Howden, Ralph Diceto, Richard of Devizes, Gerald de Barri, Gervase of Canterbury, Ralph of Coggeshall, and William of Newburgh. In this same period, when Richard the Poitevin, Robert of Torigny and Geoffrey of Vigeois were no longer writing, it is difficult to find a single author of similar stature at work within the continental dominions of the

---

108) TURNER/HEISER, The Reign of Richard (as n. 104) p. 247. John Le Patourel in particular saw the feudal dependence of the empire's French parts upon the kings of France as its fatal weakness.
109) HOLLISTER, Normandy, France (as n. 93) p. 56.
110) Robert-Henri BAUTIER, Le traité d'Azay et la mort de Henri II Plantagenêt, in: IDEM, Etudes sur la France Capétienne (1992) p. 33. But on ›administration militaire‹ see below (p. 112) on the Assize of Arms.
111) James C. HOLT, The Writs of Henry II, Proceedings of the British Academy 89 (1996) p. 54.
112) Nicholas VINCENT, King Henry II and the Poitevins, in: La cour Plantagenêt 1154–1204, ed. Martin AURELL (2000) p. 105f.

Angevins – the nearest being Bernard Itier at Limoges and anonymous annalists at Ju-
mièges and at St Aubin, Angers. Or consider the surviving records of royal government.
In England there is a virtually unbroken run of exchequer rolls from the second year of
Henry II's reign onwards[113]. In Normandy just a few exchequer rolls survive[114]. South of
Normandy nothing of the sort. In consequence historians have tended to assume that An-
jou and Aquitaine generated little or no revenues for their rulers.

   In the expectation of obtaining a more balanced overview of the administrative structure of the entire empire we can turn to the chancery records. Whereas English and Norman exchequer rolls are records of two provincial administrations, the chancery travelled
everywhere with the king, or at any rate close to him, and so chancery records relate to
every part of his dominions. Yet in some ways this undoubted advantage creates more
complex problems. Of the 3,013 texts of charters and mentions of charters in the name of
Henry II that Nicholas Vincent had collected by October 2001, more than 2, 200 are for
beneficiaries in England, compared with some 500 for Normandy, and just over 200 for
the rest of France. In 1999 he counted over 100 texts of charters for Anjou, Maine and
Touraine, and just 26 for the whole of Aquitaine. Out of a sample of 475 charters issued in
Normandy, 171 were for English beneficiaries[115]. It might be thought that this imbalance
is primarily the result of differing rates of survival; charters issued by kings of England re-
tained their value after 1204 much better in England than in France[116]. But a count of the
charters registered in the charter roll for the first year (May 1199 to May 1200) of John's
reign, the first charter roll, demonstrates that in this respect the pattern revealed by the extant charters for Henry II's was more real than apparent. Of the 493 acts recorded, 347 (70
per cent) were for English beneficiaries, 65 (13 per cent) for Norman, 53 (11 percent) for
the rest of France, 28 (6 per cent) for Wales and Ireland. The much greater number of English charters is not a direct reflection of John's itinerary during 1199–1200. In the first year
of his reign John spent nine months in France, mostly in Normandy. Of the 276 documents
issued in Normandy, more than half (156 or 57%) concern England[117]. Evidently the na-

113) On the early rolls of Henry's reign see Emilie Amt, The Accession of Henry II in England. Royal
Government Restored 1149–1159 (1993) p. 113–132; a recent study seeking to make systematic use of the
rolls is Udo Göllmann, Das Geld des Königs. Zu den finanziellen Beziehungen zwischen Krone und Adel
in England 1154–1216 (2002).
114) Substantial parts of the Norman rolls survive for the exchequer years 1179–1180, 1194–1195,
1197–1198, and 1202–1203. A badly needed new edition is being prepared by Vincent Moss.
115) Nicholas Vincent, Les Normands de l'entourage d'Henri II Plantagenêt, in: La Normandie et l'Angleterre au Moyen Âge, eds. Pierre Bouet/Véronique Gazeau (2003) p. 75–88, here p. 76–79; Vincent,
King Henry II (as n. 112) p. 109f.
116) Thus although Louis VII was duke of Aquitaine for a much shorter period than Henry II, there are
more surviving charters for Aquitanian beneficiaries in his name than in Henry's. Vincent, King Henry (as
n. 112) p. 130.
117) Interestingly although the charter roll confirms the geographical pattern indicated by surviving acta,
it demolishes the pattern of social distribution. Whereas 88 % of the acta for Henry II's reign were for ec-

ture of the government of England was such that royal charters were far more useful there than in the other parts of the Angevin dominions, and English beneficiaries were prepared to cross the sea to get them. Equally evidently, more charters survive from Normandy than for any other of their French territories. Here are real differences in the nature of government in the different provinces. Not surprisingly the more a past government used the written word the more advanced it has been thought to be – and the more advanced the stronger. In practice historians of structures have tended to conclude that Angevin government was strong in England, quite strong in Normandy, and then increasingly weak the further south. It may be so, but is not necessarily so.

In any event, any explanation for the political and military collapse of 1203–04 couched in structural terms such as these, faces the fatal flaw that the king of England held on to Gascony where his administration was allegedly weakest, yet lost Normandy, the province which of all his continental lands was the one most closely integrated with England. The apparent paradox is one which is easily explained. Normandy was lost in 1203–04, as was Anjou, because it was here, and not against Poitou or Gascony, that Philip concentrated his attack. In theory it could be, of course, that the success of Philip's invasion of Normandy was, in part at least, a consequence of underlying structural changes. Had England and Normandy become less of a single whole than they had been under the Norman kings? With the passage of time even those Norman families which had become Anglo-Norman in the wake of 1066 had tended to divide into English and Norman branches. Even so in 1200 most of the greatest families in Normandy still had important possessions in England, and sometimes in Wales and Ireland as well. They had good reason to want the cross-Channel connection to continue, and indeed, as recent studies have shown, for several decades after 1204 they hoped that it could be restored[118]. Naturally many Norman landowners, those who held little land in England, did not share this outlook. This was especially the case with those lords whose estates lay along the Norman border, and who often had much closer ties with their neighbours in ›France‹ than they did with the ducal court. In fact this was not a new situation in 1200[119]. Not only does it explain why the revolt of 1173–74 was so serious on Normandy (see below p. 118); it also explains why

clesiastical beneficiaries, only 33% of the documents registered in the charter roll were. As Holt noted, this means that a far higher proportion of acts in favour of the laity have been lost, perhaps 80% of the total issued. HOLT, The Writs of Henry II (as n. 111) p. 47–64, 59–61.
118) Daniel POWER, The French Interests of the Marshal Earls of Striguil and Pembroke, 1189–1234, Anglo-Norman Studies 25 (2002) p. 199–225; Kathleen THOMPSON, L'aristocratie Anglo-Normande et 1204, in: La Normandie et l'Angleterre (as n. 115) p. 179–187; Daniel POWER, ›Terra Regis Anglie et terra Normannorum sibi invicem adversantur‹: les héritages anglo-normands entre 1204 et 1244, in: La Normandie et l'Angleterre p. 189–209.
119) For an admirable sketch of the political structure Normandy between 1144 and 1204 see Daniel POWER, Angevin Normandy, in: A Companion to the Anglo-Norman World, eds. Christopher HARPER-BILL/Elisabeth van HOUTS (2003) p. 63–85. Daniel POWER, The Norman Frontier in the Twelfth and Early Thirteenth Centuries (2004), is a major study on the subject.

Henry I too had faced real problems in Normandy (see above p. 104). What was new in 1200 was the new king-duke[120]. Hence Daniel Power's conclusion: ›John lost the active support of most Normans while they were still free of pressure from either the king of France or the lords of Maine and Brittany; and his own errors must account for their failure to defend Normandy for their duke‹[121].

A PARTIBLE INHERITANCE?

Even if, however, the absence of an integrated administrative and social structure played little or no part in the ›disintegration‹ of 1203–04, there are questions worth considering. Did the kings of England have any sort of policy of integration in their continental dominions similar to that (see above p. 101) announced for Ireland? Did some integration occur though in an unplanned and unintended kind of way? We must start with the matter of the unity of the empire. A ruler who assumed that his dominions would soon be partitioned was, we might think, unlikely to see the point of a conscious policy of integration. This was clearly Henry II's situation, at least from 1159 onwards when Aquitaine was assigned to Richard[122]. It was principally this that led the biographer of Henry II to argue that the empire lacked any principle of unity[123]. By the later years of Henry III's reign a principle of unity had in fact been enunciated. In Henry III's apanage grant to Edward, his eldest son, in 1254 Edward was given Ireland, Gascony, Oléron and the Channel Islands, as well as estates in England and Wales, and all ›in such manner that the said lands … may never be separated from the crown … but they should remain to the king of England for ever‹[124]. Edward's subordinate role was emphasised by the fact that while his father lived he was never called duke of Aquitaine or lord of Ireland; these titles remained the exclu-

120) It has been been argued that also new c. 1200 was a new language of politics, one in which the hierarchical superiority of the king of France over those who might be said to owe him service was given more weight than previously, VAN EICKELS, Vom inszenierten Konsens (as n. 103). It may well be that this discourse was developed by Capetian spokesmen in response to the threat posed by the wealth and power of the Angevin kings, Bernd SCHNEIDMÜLLER, Nomen Patriae (1987) p. 228f. I doubt though that it was a new political discourse that made Philip's interventions in Normandy and Anjou so much more successful than similar interventions by earlier French kings.

121) Daniel POWER, King John and the Norman Aristocracy, in: King John (as n. 77) p. 117–136, here p. 136. This implies that Normandy in 1199 was no more exhausted by war and war taxation than Capetian France at the same date; see John GILLINGHAM, Richard I (1999) p. 341–347.

122) There is very little sign that he ever intended to yield any of his dominions to his younger brothers, both of whom were dead by 1164.

123) W. Lewis WARREN, Henry II (1973) 228–230.

124) Discussed by J. Robin STUDD, The Lord Edward and Henry III, Bulletin of the Institute of Historical Research 50 (1977) p. 4–19.

sive prerogative of the king. Clearly by this time there was, in theory, a unified Plantagenet empire – but it can hardly be called an ›Angevin‹ Empire – since by this date most of the continental lands, including Anjou itself, had been lost.

If we turn from theory to practice, then it would seem that there had been a unified empire well before 1254. Family law made a distinction between inheritance and acquisition. What a man inherited he should pass on to his eldest son; what he acquired – whether by conquest, purchase or by marriage – he could dispose of much more freely, often to provide for younger sons. If a man had a single heir then that heir would receive both inheritance and acquisition and in turn ought to pass both on, now united, to his own eldest son. The father's acquisition would have become the son's patrimony:

> ›Thus Normandy and England, separable as inheritance and acquisition in 1087, became a single patrimony after 1135; England/Normandy and Maine/Anjou separable under Geoffrey of Anjou, became a single inheritance under Henry II. The Norman/Angevin dominions and the lands of Eleanor of Aquitaine, separable under Henry II, were treated as a single inheritance after 1189‹[125].

In 1189 two of Henry II's acquisitions, Brittany and Ireland, went to provide for his grandson Arthur and his son John, but all the rest was inherited by Richard. In a treaty he made with Philip at Messina in March 1191 Richard envisaged either Normandy or Anjou and Maine or Aquitaine and Poitou being held by a younger son in the event of him having two or more male heirs[126]. After the breakdown of marital relations between him and Berengaria it must have seemed unlikely that he would have legitimate sons, and there is no evidence that he ever planned to divide his dominions between John and Arthur. Although the succession dispute of 1199 might have resulted in a partition, in the event only Brittany did not fall to John. Writing c. 1209 Gerald de Barri suggested that Ireland would make a suitable kingdom for a younger son. It looks as though by this date he assumed that all the rest of the Angevin dominions (and claims to dominion) comprised a single inheritance. Over two generations the Angevin Empire, once – like the Norman empire – a distinctly partible empire, had become – again like the Norman empire – a much more impartible one. This suggests that attitudes towards unity and integration may also have changed over time, just as they had in the case of the Norman empire.

125) James C. Holt, Politics and Property in Early Medieval England, Past and Present 57 (1972) p. 18.
126) Lionel Landon, The Itinerary of King Richard I (1935) 229–231; Recueil des Actes de Philippe Auguste, roi de France 1, ed. H.-François Delaborde (1916) no. 376 (p. 464–466).

LAW AND CUSTOM

According to Le Patourel, ›the idea that law is territorial and that each land should be governed according to its own native laws and institutions when one prince ruled several became a fundamental principle of the Angevin »empire«‹[127]. On his deathbed Henry II's father is supposed to have forbidden his son to introduce Norman or English customs into Anjou or vice versa: *Henrico heredi suo interdixit ne Normannie vel Anglie consuetudines in consulatus sui terram vel e converso, varie vicissitudinis alternatione, permutaret*[128]. In line with this Holt reckoned that there were only two clear–cut cases of what he called ›imperial legislation‹[129], edicts intended to apply to the whole empire: the edict of Verneuil in1177 and the Assize of Arms of 1181. At Verneuil, in Howden's words: *Hoc statutum et consuetudinem statuit dominus rex, et teneri praecepit in omnibus villis suis, et ubique in potestate sua, scilicet in Normannia, et Aquitania et Andegavia et Britannia, generale et ratum*[130]. According to Roger of Howden, the Assize of Arms, *per totam terram suam transmarinam publico edicto*, was issued after the Christmas court 1180 at Le Mans, which had been attended by the archbishop of Bordeaux and many bishops, and counts and barons of the whole province. On arrival in England, Henry then published its equivalent for England[131]. In the light of this assize, it is going against the evidence to say that there was no common military organisation. A few more examples of ›imperial legislation‹ can be found. The provisions set out in October 1190 concerning the inheritance of property of those caught up in a shipwreck applied *per totam Angliam et ultra mare*[132]. Administrative responses to new challenges such as the need to raise money on a new scale to meet the needs of Jerusalem tended in the direction of uniformity. The same measures were adopted everywhere for the collection of the tax in aid of the land of Jerusalem in 1184 and of the Saladin Tithe in 1188[133]. All that we can safely infer from Geoffrey Plantagenet's famous last words is that our informant, John of Marmoutier, writing c. 1170, was concerned

---

127) LE PATOUREL, The Norman Empire (as n. 95) p. 276.

128) Chroniques des comtes d'Anjou, edd. Louis HALPHEN/R. POUPARDIN (1913) p. 224.

129) James C. HOLT, The End of the Anglo-Norman Realm, Proceedings of the British Academy 61 (1975) p. 3–45; reprinted in IDEM, Magna Carta and Medieval Government (1985) p. 23–65.

130) Gesta regis Henrici secundi Benedicti abbatis. The Chronicle of the Reigns of Henry II. and Richard I., A.D. 1169–1192, ed. William STUBBS (1867) 1 p. 194. The fact that Howden names only English and Norman bishops and counts as being present at the assembly, although the edict was issued at the request of the Bons Hommes of Grandmont, is revealing of the range of his knowledge and/or interest.

131) Ibid. 1 p. 269f., 278–280.

132) Ibid. 2 p. 139f.

133) The 1184 subsidy was to be collected in the same way in every parish in Henry's dominions on both sides of the sea, Recueil des Actes de Philippe Auguste 1 (as n. 126) no. 123 (p. 151–153); the Saladin tithe ordinance was issued first at Le Mans in January 1188 and then next month at Geddington, Gesta regis Henrici (as n. 130) 2 p.30–33.

by the possibility of Norman or English custom being introduced into Anjou. Presumably he believed either that such introductions had already occurred or that they were likely to occur. And perhaps he was right. Boussard's study of the office of seneschal in Anjou led him to the conclusion that the county was losing its individuality and being merged into the ensemble of Angevin territories, a development highlighted by the appointment of the Englishman Robert of Thornham as seneschal of Anjou in 1195[134]. Ralph of Diceto's account of how the young Philip Augustus was advised to copy the methods which Henry used to govern England (*ut igitur in amministratione regni tanti principis informaretur exemplo*) strongly suggests that in English court circles English methods of government were thought good enough to introduce anywhere[135].

To Jean Yver, taking a broad view, it seemed that Norman custom belonged within a Western – or Plantagenet – group which included the customs of Brittany, Maine, Anjou, Touraine and Poitou[136]; a group which was clearly different from the customs of eastern – or Capetian – France. Taking a broader view still, Paul Hyams has argued that the common law of England, should also be placed in Yver's ›group of customs of the West‹[137]. Even if the king merely wished to ensure that lords enforced their own local custom ›properly‹, the likelihood is that if the king had power enough then his definition of what was ›proper‹ would be the one which carried weight. In that case royal jurisdiction would tend to result in similar procedures and similar devices being adopted in the different provinces. By setting limits to what a lord could do with the goods of his men, the edict of Verneuil intervened in what might have been regarded as a purely private matter between lords and men, ›none of the king's business‹. Furthermore there is clear charter and chronicle evidence that the custom which legal historians regard as being Anglo-Norman par excellence, i.e. the custom of seigneurial wardship, was applied throughout their dominions by all three Angevin kings – despite the fact that there is no surviving evidence of any legislation requiring this[138]. (In the absence of contemporary legal literature from the lands south of Normandy it is unrealistic to expect to find any.) Since this gave the king-duke control of the marriages of heirs and heiresses who were taken into his custody, it was a custom of crucial political importance – above all so when the future of principalities and great hon-

---

134) Jacques BOUSSARD, Le comté d'Anjou sous Henri Plantegenêt et ses fils, 1151–1204 (1938).

135) Diceto, Opera Historica (as n. 40) 2 p. 8.

136) Jean YVER, Les caractères originaux de coutumes de l'ouest de la France, Revue d'histoire de droit français et étranger, 4th series 30 (1952) p. 18–79.

137) Paul HYAMS, The Common Law and the French Connection, Anglo-Norman Studies 4 (1981/82) p. 77–92, 196–202.

138) Apart, that is, for the assize of 1185 by which Geoffrey of Brittany established primogeniture and regulated wardship and relief, opening a loophole for the application of seigneurial wardship in those cases where the deceased left no living brothers. See Judith EVERARD, Brittany and the Angevins (2000) p. 182–203.

ours, such as the duchy of Brittany, the viscounty of Limoges, or the honour of Châteauroux, was at stake[139]. Inevitably seigneurial wardship was a custom disliked by those who lost out, i.e. those members of the ward's family who were not themselves high in favour at court. Its application therefore was largely the result of determined government action, the power of the ruler to overcome opposition and push regional variants in the direction of legal uniformity. It begins to look, in other words, as though we are dealing with a body of custom which is tending towards an approximate uniformity throughout the whole of the Angevin Empire.

AN ANGEVIN ›IMPERIAL ARISTOCRACY‹?

If there were ever to be an Angevin ›imperial aristocracy‹ equivalent to the post–1066 cross-Channel Norman aristocracy, then the custom of seigneurial wardship would have been central to its emergence. The astonishing combination of boldness and good fortune that attended Henry II in the early 1150s meant that he was never faced by the kinds of problem that had faced the conqueror after 1066, and which led William to force through the virtually total dispossession of the old English elite – a dispossession which created unparalleled opportunities for patronage. Indeed more Angevin and Poitevin nobles got lands in England after 1066 than after 1154. Nowhere were Henry II and his sons in a position to remodel a whole regional aristocracy as William I had done; they could only tinker with what was already there. To have tried anything else would have been counter-productive. Even so marriage could have been used as a means of gradually establishing a ›pattern of Cross-Channel, Anglo-Angevin or Anglo-Poitevin baronies, to bind together the various disparate parts of the Plantagenet dominions under the authority of one, cosmopolitan landowning class‹. But Vincent has demonstrated that Henry II was unwilling to promote men from both Anjou and Aquitaine to estates in England[140]. Whereas Anglo-Norman courtiers acquired office or an heiress in Poitou, most notably when in 1177 Henry II gave the richest heiress in Berry, Denise of Déols, to Baldwin de Redvers[141],

---

139) GILLINGHAM, Angevin Empire (as n. 8) p. 78–82.

140) Angevin familes such as Craon and Chaworth had been in England since 1066. VINCENT, King Henry II and the Poitevins (as n. 112) p. 121–124. Only his own brothers, William (who died without heirs in 1164) and Hamelin, the two of them successively husbands of the Warenne heiress, gained much in England and Normandy thanks to Henry II's generosity. On them see Thomas K. KEEFE, Place-Date Distribution of Royal Charters and the Historical Geography of Patronage Strategies at the Court of King Henry II Plantagenet, Haskins Society Journal 2 (1990) p. 185– 187; van HOUTS, The Warenne View (as n. 36).

141) After Baldwin's death, Henry promised her first to William Marshal and then to Baldwin of Béthune. On this see the important document recently discovered and published by Nicholas VINCENT, William Marshal, King Henry II and the honour of Châteauroux, Archives 25 (2000) p. 1–14.

›there is virtually no evidence of Poitevins being promoted to reciprocal favours north of the Loire‹[142]. The one significant exception to this came early in the reign when Sarah of Cornwall, a daughter of Earl Reginald of Cornwall, was given in marriage to Aimar viscount of Limoges, then in Henry's custody. At this stage Henry II had some admirers in Poitou, including the Cluniac chronicler Richard the Poitevin who, writing c. 1162, awarded him high marks as a bringer of peace[143]. This gave Aimar every reason to expect to inherit estates in England, but he was disappointed when after the death of his father-in-law in 1175, Henry II took the Cornwall estates into his own hand in order to provide for his youngest son, John. The king's sharp practice triggered the first of several rebellions by the viscount of Limoges[144]. While Henry was thinking in terms of a partition of his dominions between the sons born to him and Eleanor, there was not much incentive for him to think in the long term of creating links between its various parts. However it is often, as in the case of the Norman Conquest of England, short-term patterns of thought that produce results. Henry unquestionably knew the value of granting estates in England to great and potentially independent-minded continental lords. By allowing, for example, Duke Conan IV of Brittany to have possession of the huge northern honour of Richmond he was able to enforce first his loyalty and then his abdication in favour of his infant daughter Constance and her husband-to-be, Henry's son Geoffrey[145]. After Henry II's death there remained the same need for short-term political calculation. Thus in 1189 Richard I provided Geoffrey, heir to the strategically important county of Perche, with a considerable landed stake in England in the shape of the dowry he bestowed upon Geoffrey's bride, his niece Matilda, daughter of Henry the Lion[146].

But in other respects the situation changed. A ruler of the second generation was more likely to think in terms of a continuing unity of empire after his death (see above p. 111); he might therefore be more interested in establishing links between all the parts. Moreover by 1189 Richard had naturally acquired an entourage that was largely Poitevin, and they might now expect to do well. Some certainly did. Richard gave the countess of Aumale, together with her great estates in England as well as Normandy, to William de Fors. He

---

142) VINCENT, King Henry II and the Poitevins (as n. 112) 119–124. Only one Poitevin noble, Ralph de Faye, obtained a baronial estate (Bramley, Surrey) in England. He lost it as a consequence of his participation in the rebellion of 1173–74, but it was restored to his son in 1199. The act of restoration, together with the fact that Ralph II de Faye married a niece of Robert of Thornham, John's seneschal of Poitou, is indicative of the way things were developing in the next generation.

143) L. A. MURATORI, Antiquitates Italicae Medii Aevii 4 (1741) cols. 1102f. After the murder of Thomas Becket, Richard changed his tune.

144) GILLINGHAM, Richard I (as n. 121) p. 53f.

145) EVERARD, Brittany (as n. 138) p. 38–44.

146) Kathleen THOMPSON, Power and Border Lordship in Medieval France. The County of the Perche, 1000–1226 (2002) p. 171–180.

gave Alice, heiress to the county of Eu and the lordship (rape) of Hastings, to a Lusignan, Ralph of Exoudun[147].

AT THE KING'S COURT

It seems clear that while Henry II was king there were no Poitevins with influence at his court. In that sense he became, in the eyes of his southern subjects, a northern outsider, the ›King of the North‹, as he was called in a highly-wrought denunciation of him associated with the chronicle of Richard the Poitevin[148]. For much of his reign Eleanor and Richard exercised both titular and day to day authority over the southern duchy. They, not Henry, controlled the sources of ducal wealth and power in Aquitaine; it was, in other words, to their court, rather than to Henry's, that southern courtiers would have flocked. Grants made to Fontevraud illustrate the point neatly. Henry gave Fontevraud revenues from England and Anjou. Eleanor added revenues from tolls on trade at Poitiers and Benon. Her charter, issued at Alençon, was witnessed by Poitevins. Her husband's, also issued at Alençon, confirmed her grant; yet his charter was ›witnessed exclusively by Anglo-Norman or Angevin courtiers‹[149]. In this respect the conventional view that the Angevin Empire was ruled from a single court needs to be modified. During Henry II's reign there were subsidiary courts, the court of the duchy of Aquitaine and, between 1181 and 1186, the court of Geoffrey of Brittany[150]. The evidence for tensions between these courts would certainly seem to support Norgate's view of rival centres of authority within the empire[151].

But what happened after Henry II's death? At any rate while Richard I was a free man and travelling within his own dominions there were clearly fewer and lesser rival courts than there had been during the last twenty years of Henry II's life[152]. Was the court of the

---

147) Ralph Turner, William de Forz, Count of Aumale, Proceedings of the American Philosophical Society 115 (1973) p. 222f.; Barbara English, The Lords of Holderness 1086–1260 (1979) p. 27–37; Gillingham, Richard I (as n. 121) p. 293f., 297. Had John won the civil war of 1215–16, another great Poitevin lord, Savaric de Mauléon, would have obtained an immense estate in England.

148) Bouquet 12 (1877) p. 418–421. Even here, however, the author remembered that in his first years Henry had ruled *moderate et pacifice*.

149) Vincent, King Henry II and the Poitevins (as n.112) p. 117–119.

150) Everard, Brittany (as n. 138) p. 99–122.

151) And between 1170 and 1183 there had been the rather different tension between the courts of Henry II and Henry ›III‹.

152) In 1189 Richard asserted his sovereignty over Brittany more actively than his father had been doing in recent years. He took Constance's daughter Eleanor into his custody; the bishops of Rennes and Nantes attended his court at Angers and Domfront in early 1190. For this and for the fierce struggle for control of Brittany between 1196 and 1199, see Everard, Brittany (as n. 138) p. 158–167.

new king of England just as much dominated by Anglo-Normans as the court of his father had been? Did, as the extant charters seem to suggest, Richard take only a few southerners with him when, as king, he spent time in England and Normandy[153])? Or did the heavy Anglo-Norman bias of the charters mean that more Poitevins and Gascons than we can ever know may have continued to attend Richard's court after 1189? Because it was conventional for a royal charter to be witnessed by witnesses who came either from the region in which the charter was issued or from the same region as the beneficiary, it follows that evidence drawn from these witness lists will tend to exaggerate the proportion of English and Anglo-Normans among the royal *familiares*. It is striking that if we consider only those charters issued and treaties made during the course of the Third Crusade, then we find Poitevins witnessing at least as frequently as men from England and Normandy – but there was little or no call for Poitevins to witness charters drawn up in England or Normandy or issued on behalf of English or Norman beneficiaries. One of Richard's most celebrated followers was his cousin Andrew de Chauvigny. Indeed Andrew was so famous that Roger of Howden reported his marriage to Denise, daughter of Ralph de Déols, in August 1189. This great society wedding conducted by the bishop of Rochester took place at Salisbury[154]. Thanks to Howden's report we know that Andrew travelled with the royal court to England (and presumably also to Normandy). Yet his name never once appears among the witnesses to the many charters issued by King Richard during the first year of his reign[155]. How many other Poitevins, men not famous enough for their names to be known to English chroniclers, may also have followed Richard north in 1189–90, or were at court in the years after 1194 when the king spent most of his time in Normandy? The arithmetic of charter witness lists is treacherous ground on which to base conclusions about the nature of government and the royal household.

Where the method works much better is when it is used to illuminate the structure of politics within a single region for which there is a sufficient and coherent sample. Thus Nicholas Vincent's analysis of Henry II's Norman charters has shown that the king used ducal resources in Normandy to provide for his family, not to attract more Norman barons to his side. Analysis of the witness lists reveals how important a group were the Anglo-Normans, men with substantial estates on both sides of the Channel, and often men such

153) Ralph V. TURNER, The Households of the Sons of Henry II, in: La cour Plantagenêt (as n. 112) p. 49–62, here p. 61.

154) Gesta regis Henrici (as n. 130) 2 p. 76. The list of wedding guests was headed by Richard, by implication, and by his mother Eleanor.

155) Thus in Landon's list of charters, Andrew first appears in number 328, dated 5 July, a charter for the count of St Pol; LANDON, Itinerary (as n. 126) p. 37. But a Geoffrey de Chauvigny, chamberlain, probably Andrew's brother witnesses a number of charters in 1189/90. Andrew's prowess on crusade ensured that he became one of its legendary heroes. On his marriage and death see VINCENT, William Marshal (as n. 141) p. 12f.

as Richard de Canville or Bertram de Verdun who held administrative posts in both England and Normandy. Other witnesses were more clearly Normans in the sense that the
bulk of their lands lay in Normandy. But the majority of the greater Norman barons either rarely or never witnessed the king-duke's charters. Indeed, and most significantly,
none of those who rebelled in 1173–74 had done so[156]. This confirms the opinion of the
annalist of Jumièges who observed that in 1173–74 ›in Normandy, there were few nobles
who stood by the Old King‹ and that those who did remain loyal were ›the bishops and
the people (*pauperes*), and the *urbium et castellorum communione*‹[157]. It is to the role of
the bishops and townspeople as integrative elements that I now turn.

THE BISHOPS

The church was certainly a source of cohesion and loyalty to the ruler. In many parts of
their dominions the Angevins were able to control higher church appointments. Their relative lack of family entanglements meant that clerks were more mobile than secular nobles, and more easily moved from one part of the Angevin Empire to another, usually at
the behest of the king. Thus in 1162 the Englishman, John of Canterbury, ›aux Belles-
mains‹, became bishop of Poitiers. In 1160 and in 1173 Hardouin dean of Le Mans and
William abbot of Reading became archbishops of Bordeaux. In 1195 Richard I's trusted
clerk, Philip of Poitiers, was elected bishop of Durham; in 1205 the Tourangeau, Peter des
Roches, became bishop of Winchester. As men professionally dedicated to peace and
hence, in nearly all circumstances, to the status quo, churchmen could be relied upon to be
loyal to the reigning king. Nothing illustrates this better than the remarkable degree of
support Henry II obtained from the higher clergy of his dominions in the aftermath of the
murder of Thomas Becket[158]. In 1176 Becket's friend, John, bishop of Poitiers, was even
ready to go to war when it came to confronting the armed rebellion of Vulgrin, count of
Angoulême[159]. David Spear's researches have shown that the ties between the English and
Norman churches remained very close as men close to the court were promoted to rich
benefices on both sides of the Channel. Thus his conclusion: ›in many respects the English and Norman churches between 1066 and 1204 are best viewed as a single, Anglo-Norman configuration‹[160]. It is certain that links between the churches in the other parts of the

156) VINCENT, Les Normands (as n. 115) p. 82–88.
157) It seemed to this observer that in 1173–74 that counts and barons throughout his dominions turned
against the king, Les Annales de l'abbaye Saint-Pierre de Jumièges, ed. Jean LAPORTE (1954) p. 69, 71.
158) Jörg PELTZER, Henry II and the Norman Bishops, English Historical Review 119 (2004) p.1202–1229.
159) Diceto, Opera Historica (as n. 40) 1 p. 407, and GILLINGHAM, Richard I (as n. 121) p. 54 n.7.
160) David SPEAR, The Norman Empire and the Secular Clergy, 1066–1204, Journal of British Studies 21
(1982) p. 1–10; IDEM, Power, Patronage and Personality in the Norman Cathedral Chapters, 911–1204, An-

empire were not as close as this, and it may be, as is often claimed, that bishops and cathedral chapters in the south were not as much under the ruler's control as they were in England and Normandy. But in the absence of the amount and type of evidence that we have for England and Normandy, a degree of caution is called for; here I am chiefly concerned to consider what conclusions about the bishops of Greater Anjou and Aquitaine can be drawn from the few fragments of evidence that survive[161].

Ralph Turner has argued that ›except at Angers, Henry and Richard never succeeded outside the old Anglo-Norman realm in planting their own clerks, bound to them by personal attachment and committed to the cause of an Angevin empire‹[162]. Here again we encounter the familiar contrast between a tightly integrated and strongly governed Anglo-Norman realm and a semi-independent Aquitaine. But the royal charters that tell us so much about the personnel of the English and Norman churches, reveal very little about those clerks who attended the courts held by Richard and Eleanor in Aquitaine. Or indeed about relations between Aquitanian prelates and the king. Archbishop William of Bordeaux, for instance, witnessed only one of Henry II's charters[163]. Yet thanks to Roger of Howden's chronicle we know of at least two other occasions when he was at court, once at Grandmont in 1177, and once at Le Mans for Christmas 1180. This Christmas feast, we are told by Howden, was attended not only by the archbishop, but also by many bishops, counts and barons of the whole province[164]. In the absence of a significant body of charter evidence there is no good way of knowing whether the majority of men who were elected bishops in Aquitaine had connections with the ducal court or not. It is, however, striking that it was not just English and Norman bishops – Baldwin of Canterbury, Hubert Walter of Salisbury and John of Evreux – who went on crusade with Richard. Archbishop Gerard of Auch and Bishop Bernard of Bayonne were among those whom the king appointed as commanders of his crusading fleet in 1190. For their part in the crusade we are almost entirely dependent upon the information supplied by the English chronicler Roger of Howden[165]. Since Howden himself returned home after the capture of Acre, this

glo-Norman Studies 20 (1997) p. 214–220. Donald DESBOROUGH, Politics and Prelacy in the late twelfth century: the career of Hugh de Nonant, bishop of Coventry 1188–98, Historical Research 64 (1991) p. 1–14.

161) The evidence is scrappy, but not quite as scrappy as is implied by the very few lines devoted to the subject in the brief sketch by Odette PONTAL, Les évêques dans le monde Plantagenêt, Cahiers de civilisation médiévale 29 (1986) p. 129–137. Raymonde FOREVILLE, Innocent III et les élections épiscopales dans l'espace Plantagenêt, de 1198 à 1205, Cahiers des Annales de Normandie 23 (1990) p. 293–299, found rather more.

162) Ralph TURNER, Richard Lionheart and the Episcopate in his French Domains, French Historical Studies 21 (1998) p. 518–542.

163) Dated 1172x1178, VINCENT, Henry II and the Poitevins (as n. 112) p. 111.

164) Gesta regis Henrici (as n. 130) 1 p. 197, 269.

165) Gesta regis Ricardi (as n. 130) 2 p. 110, 115, 128, 134, 140, 153, 167, 181. Similarly it is only thanks to Howden that we know that a royal chaplain named Nicholas went on crusade married Richard and Beren-

means that we lose sight of them after July 1191. Their activities were of no interest to Ambroise, the Norman author of the Estoire de la guerre sainte[166]. Does their crusading record mean that the ties between these prelates and Richard, both as duke and as king, were closer than has been thought? Or does it mean that the extraordinary enterprise of the crusade brought within the orbit of the court men who at other times preferred to keep their distance? It is not easy to be confident that we know the answer. On the other hand, it is only because of the crusade that we know of one connection between Richard and an archbishop of Bordeaux who did not go on crusade. Roger of Howden reports that when Richard visited Ostia in August 1190 he accused the Roman church of simony because of the large sums of money it had demanded for settling ecclesiastical matters, among them *ne deponeretur Burdegalensis, qui a clericis suis accusabatur de crimine*[167]. Richard's indignation on the subject of the costs involved in ensuring that Hélie de Malemort kept Bordeaux suggests that he saw him as a thoroughly acceptable archbishop – and the fact that Hélie came from the Limousin might imply that someone had drawn the attention of the Bordeaux chapter to this outsider as a candidate for the archbishopric. What is certain is that after 1199 Archbishop Hélie was to be one of the chief supports of the Plantagenet regime in the south. In 1200 he, together with the bishops of Saintes and Poitiers gave John the annulment he wanted, and it was he who celebrated John's marriage to Isabella of Angoulême[168]. Even an English chronicler, Ralph of Coggeshall, recognised the crucial support given to John by Archbishop Hélie in the war of 1203–04[169].

Most monks and cathedral canons knew that it was in the material interest of their abbey or cathedral for them to elect superiors in good standing at court. The people who in 1155–56 supported at the papal curia the king's argument that he was entitled to choose the bishop of Angers from three candidates presented by the cathedral chapter were other prelates: the bishops of Le Mans and Evreux, the abbot of St Aubin at Angers and the dean

---

garia at Limassol in May 1191 (ibid. p. 166f.). He has been identified with the Nicholas who had been dean of Le Mans since 1180, and was elected bishop of Le Mans in 1214.

166) Ambroise believed that at a difficult moment in the Third Crusade, Richard received crucial encouragement and advice from ›a chaplain of his own country William of Poitiers‹, The History of the Holy War. Ambroise's Estoire de la Guerre Sainte, ed. and trans. Marianne AILES/Malcolm BARBER (2003) lines 9531f. But who this chaplain was has never been discovered, and it is quite possible that Ambroise's ignorance of Poitevins meant that he was mistaken.

167) Gesta regis Ricardi (as n. 130) 2 p. 114. For a later reminiscence of this see Innocent III's letter of January 1204, Die Register Innocenz' III., vol. 6 no. 215 (216), ed. Othmar HAGENEDER/John C. MOORE/Andrea SOMMERLECHNER (Publikationen des Historischen Instituts beim Österreichischen Kulturinstitut im Rom II/1/6, 1995) p. 367.

168) Frédéric BOUTOULLE, Hélie de Malemort, archevêque de Bordeaux: un prélat politique au service de Jean sans Terre, Revue Historique de Bordeaux et du département de la Gironde (forthcoming).

169) Ralph de Coggeshall, Chronicon Anglicanum, ed. Joseph STEVENSON (1875) p. 146f.

of St Laud. Although Pope Hadrian IV rejected the argument, the chapter ended by electing as bishop an abbot of St Florent de Saumur who had long been on good terms with Henry and his father Count Geoffrey[170]. There are a few cases where Henry II had to give way and accept the election of a bishop whom he did not want – as at Bordeaux in 1158 and Limoges in 1178, but these were rare. In the case of the election to the archbishopric of Bordeaux in 1158, the bishops of Agen, Périgueux, Poitiers and Saintes would all have acquiesced in Henry II's presence at their electoral meeting, had it not been for the heroic stance adopted by Bishop Hugh of Angoulême – that at least is the story as told by the author of the Historia pontificum et comitum Engolismensium[171]. And the king's disappointed candidate in 1158, Jean de Sie, master of the schools at Poitiers, was soon afterwards consoled with the see of Perigueux. Sebrand of Limoges was certainly chosen against the wishes of King Henry and Duke Richard – in 1178 very much his father's loyal agent – but once king and bishop were reconciled, he seems to have been entirely loyal. He excommunicated the Young King when he rebelled in 1183 and he visited Richard while a prisoner in Germany, witnessing a charter drawn up at Speyer in 1194[172].

The only bishop known to have been elected against Richard's wishes was Adhemar de Peirat, chosen as bishop of Poitiers in a disputed election in 1197. His election was confirmed and he was consecrated by Innocent III, but by December 1198 he was dead and the pope had recognised the opposing ›ducal‹ candidate, Maurice de Blazon, bishop of Nantes. According to Innocent, he confirmed Maurice at the request of the archbishops of Bourges and Bordeaux as well as of the dean and chapter of Poitiers[173]. According to Bernard Itier's brief account of the disputed election at Limoges in 1197, at least one of the candidates, Archdeacon Hugh Saldebrol, was on his way to the ducal court when he died, leaving the field free for the former dean of Limoges, Jean de Veyrac[174]. Ironically in view of the consensus emphasising the strength of ducal control of the Norman church, the only continental bishop known to have been elected against John's wishes is Sylvester, bishop

170) For this and other material on the episcopate in Greater Anjou I am considerably indebted to an as yet unpublished paper by Jörg Peltzer.

171) Historia pontificum et comitum Engolismensium, ed. Jacques BOUSSARD (1957) p. 44f.

172) LANDON, Itinerary (as n. 126) no. 390.

173) Die Register Innocenz' III., vol. 1 nos. 75, 490f., ed. Othmar HAGENEDER/Anton HAIDACHER (Publikationen der Abteilung für Historische Studien des Österreichischen Kulturinstituts im Rom II/1/1, 1964). Given the fact that he was a Poitevin and kinsman of Queen Eleanor, it seems likely that court influence played a part in Maurice de Blazon's election as bishop of Nantes in 1185, EVERARD, Brittany (as n. 138) p. 119.

174) Bernard Itier, Chronique, ed. Jean-Loup LEMAITRE (1998) p. 29; H. DUPLÈS-AGIER, Chroniques de Saint-Martial de Limoges (1874) p. 64f.

of Séez[175]). By contrast in the far south of their dominions he and Eleanor at least helped
to secure the translation of the bishop of Lectoure to Auch in 1202[176]).

One consequence of the belief that there was something inevitable about the collapse
of 1203–04 is the suggestion that relations between the Angevin kings and the churchmen
of their French domains, particularly in Normandy, grew steadily worse with time. ›By
the end of the twelfth century many Normans, clerical and lay, longed for peace even at
the cost of annexation by the French king. The bishops' defection to the Capetians was a
harsh blow to the Plantagenet defense of Normandy‹[177]). There was, however, no defection of the Norman bishops. Far from it. If anything, the Norman bishops accepted the
fait accompli of 1204 with reluctance, writing to Innocent III in 1205 to ask whether it was
right for them to swear allegiance to King Philip[178]). One implication of the notion that by
the end of the twelfth century the Norman episcopate was ready to defect to King Philip
is that the church was on worse terms with Richard than with his father – which is a bit
odd. From an ecclesiastical point of view Richard was clearly preferable to his father. No
one held him responsible for murdering an archbishop, and he enjoyed a crusader's reputation; unlike his father, he filled ecclesiastical vacancies rapidly. Once Richard's quarrel
with Archbishop Walter of Rouen over the site at Andeli had been settled, as it had been
– and on generous terms – by 1197, there is certainly no evidence to support such a view[179]).
During the civil war of 1173–74, the chapter of Tours risked electing as archbishop a kinsman of Eleanor and a man whom Henry II evidently disliked – as can be seen from his sub-
sequent support for the claim of the church of Dol to be an archbishopric and hence independent of Tours. But after 1189 Richard was entirely successful in restoring good
relations with Archbishop Bartholomew, to such an extent indeed that, together with the
archbishop of Rouen, in 1196 Bartholomew became one of Richard's sureties for the treaty
of Louviers with Philip, and in 1198 he, again together with the archbishop of Rouen, was
criticised by Innocent III for supporting Richard's candidate for the church of Angers. By
January 1199 indeed Philip Augustus was willing to give up the king of France's old claim
to patronage over the see of Tours.

175) Christopher HARPER-BILL, John and the Church of Rome, in: King John (as n. 77) p. 301–304. Christo-
pher CHENEY, Pope Innocent III and England (1976) p. 100. See now Jörg PELTZER, The Angevin Kings and
Canon Law: Episcopal Elections and the Loss of Normandy, Anglo-Norman Studies 27 (2004) p. 169–184.
Not surprisingly John also ran into difficulties when he tried to choose bishops for sees still held by the native
Irish. On this see J. A. WATT, The Church and the Two Nations in Medieval Ireland (1970) p. 52–69, 226–230.
176) Die Register Innocenz' III., vol. 5, no. 95, ed. Othmar HAGENEDER (Publikationen des Historischen
Instituts beim Österreichischen Kulturinstitut im Rom II/1/5, 1993).
177) TURNER, Richard Lionheart and the Episcopate (as n. 162) 539, and cf. 525, 535. TURNER/HEISER, The
Reign of Richard (as n. 104) p. 179.
178) Daniel POWER, The Norman Church and the Angevin and Capetian Kings, Ecclesiastical History Review 56 (2005) p. 205–234; CHENEY, Innocent III (as n. 175) 99 s. The annalist of Jumièges took a jaundiced
view of Philip's take-over of the Norman church, Annales, ed. LAPORTE (as n. 157) p. 87.
179) GILLINGHAM, Richard I (as n. 121) p. 301 s., 344 s.

The church was, in general, a pillar of support for the ruling dynasty. Most prelates evidently shared the views of the dean of St Paul's in London (Ralph Diceto) and of the abbot of Mont Saint Michel (Robert of Torigni). Usually only when the dynasty was divided against itself, as in 1173–4, in 1193 and in 1199, do we find a few bishops in opposition to the king. Thus Arnulf of Lisieux appeared to take the Young King's side in 1173–74 and Hugh de Nonant, bishop of Coventry, supported John against Richard in 1193[180]. Arthur of Brittany's claim meant that the churches in the Loire Valley counties faced hard choices in 1199. In January 1200 John described Bishop Hamelin of Le Mans as *persone nostre et regni persecutor publicus*[181]. Was there any defection of the bishops? The one case that might be argued is that of Jean de Veyrac, bishop of Limoges. In 1203 the bishop with the help of barons, prelates and people defeated at Noblac the routiers who had been devastating the land, *et sic brachium regis Anglie in Aquitania primo confractum est et per manum episcopi terra ad Francorum dominium est reducta*[182]. The fact that Noblac was perceived as a setback for King John suggests that the routiers were his mercenary troops. In this case the role of the routiers in determining political allegiances in the Limousin would have been similar to their role in central Normandy, when, according to the author of the History of William the Marshal, ›John was unable to keep the love of his people because Louvrecaire maltreated them and pillaged them as though he were in enemy country‹[183].

A Common Market

One of the strongest forces holding the Angevin Empire together was commerce, in particular a growing volume of maritime trade. When Henry II added Brittany, south and east Ireland and south Wales to the lands he inherited and acquired by marriage, he completed his control of the coasts of North West Europe. It was in these terms that Wace, himself a Channel Islander, represented the lands Henry held: *Engleterre et la terre marage, entre Espaingne et Escoce, de rivage en rivage*[184]. Henry and his sons ruled over all the major ports of north-western Europe – Bayonne, Bordeaux, La Rochelle, Nantes, Rouen, Dublin, Bristol, Southampton and London. Their empire was a seaborne empire, comprising a number of increasingly interdependent economies[185]. Two towns reflect the dy-

180) Jörg PELTZER, Henry II and the Norman Bishops (as n. 158) p. 1218.

181) Rotuli Chartarum (as n. 8) col. 31b.

182) Chroniques de Saint-Martial (see n. 174) p.193.

183) On this see POWER, King John (as n. 121) p. 133f.

184) Wace, The Roman de Rou, trans. by Glyn BURGESS of the text edited by Anthony J. HOLDEN (2000) lines 35–36.

185) GILLINGHAM, Angevin Empire (as n. 8) p. 61–66.

namism of this growing commerce particularly well, Rouen and La Rochelle. Within its
recently extended walls Rouen, it has been suggested, was in the later twelfth century a
larger city than Paris[186]. According to William of Newburgh, it was one of the great European cities (*una ex clarissimis Europae civitatibus*). In 1174 the besiegers gathered an
army the like of which had not been seen in Europe for many years, but they were able to
lay siege only to about one third of its walls[187]. La Rochelle, ›ville champignon‹ (Georges
Pon), a new creation of second third of the twelfth century, rapidly became the principal
Atlantic port for the wine trade, and was possibly the most successful new town of twelfth-
century Europe[188]. La Rochelle's wealth meant that it attracted Jews and Templars and became an important financial and banking centre. Two figures who may be said to represent
its links with England are Benedict of Talmont, the Jew largely responsible for supervis-
ing the work of the Exchequer of the Jews in England in and after 1198; Isembard of
Saintes, responsible for building the bridges at Saintes and La Rochelle, and whose skills
were recommended to the mayor and citizens of London in 1202[189].

    These towns and their trade represented a great source of wealth to the Angevins. Be-
cause in so many cases they ruled over consumers as well as producers, ports of import as
well as ports of export, they were beautifully placed to impose tolls and customs duties.
Once again the English and Norman exchequer records provide the kind of information
which is available from no other part of the empire. They demonstrate that by 1194–5
Richard I had introduced a customs duty levied at the rate of one-tenth[190]. The pipe roll
for 1203–4 reveals that nearly £5,000 was collected from the ports of the south and east
coasts from Fowey to Newcastle in the sixteen months between July 1203 and November
1204. Recent research on the Norman Exchequer rolls by Vincent Moss has emphasised
the importance of the sums raised by Norman towns in the 1190s[191]. The merchants paid

186) Bernard GAUTHIEZ, Paris, un Rouen Capétien? Développements comparés de Rouen et Paris sous les
règnes de Henri II et Philippe-Auguste, Anglo-Norman Studies 16 (1993) p. 117–136, taking further ideas
expressed in David BATES, Rouen from 900 to 1204: From Scandinavian Settlement to Angevin ›Capital‹,
in: Medieval art, architecture and archaeology at Rouen, ed. Lindy GRANT (British Archaeological Asso-
ciations Conference Transactions 12, 1993) p. 1–11.

187) William of Newburgh, Historia rerum Anglicarum (as n. 59) lib. 2 c. 36 (p. 190).

188) On the phenomenal growth of the port and its trade Robert FAVREAU, Les débuts de la ville de la
Rochelle, Cahiers de Civilisation Médiévale 30 (1987) p. 3–32.

189) On Benedict see RICHARDSON, The English Jewry (as n. 5), 3, 117, 135f.; on Isembard, Rotuli Litterarum Patentium, ed. Thomas Duffus HARDY (1835) col. 9b.

190) In that year William of Yarmouth accounted for £ 537 14s 2d from the tenth raised in the ports of Nor-
folk and Lincolnshire, but because as with other revenues raised from new sources, customs revenue was
not systematically subjected to the bureaucratic procedure of an exchequer audit, the national yield is unknown.

191) Vincent MOSS, The Norman Fiscal Revolution, 1193–8, in: Crises, Revolutions and Self-sustained
Growth: Essays in European Fiscal History 1130–1830, eds. W. Mark ORMROD/M. BONNEY/Richard BON-

rectas et debitas consuetudines – and in John's reign these customs were normally defined as those that had prevailed ›during the reigns of our father and our brother‹ – for example the *unus pictavinus* paid by merchants entering La Rochelle[192]. Yet despite being apparently heavily taxed, the towns remained consistently loyal. In the crisis of the great rebellion when Louis VII, the Young King and the count of Flanders laid siege to Rouen (July–August 1174) ›the citizens resisted stoutly‹[193]. When many Poitevin lords followed Eleanor and Richard into revolt, La Rochelle stood out for its loyalty to the Old King; Jordan Fantosme wrote fulsomely of the loyalty of the Londoners[194]. While Richard was in prison in Germany, Philip Augustus and Count Baldwin of Flanders and Hainault threatened Rouen in 1193 and again in February 1194, on one occasion with 23 siege machines[195]. Rouen capitulated in 1204, as it had in 1144, only when the rest of Normandy had fallen and there was no hope left. In 1204, according to Coggeshall, Philip subjugated almost the whole of Poitou, *excepta Rochella, quae se per totum illud anni spatium viriliter contra omnes tuebatur*[196]. In 1205–06 the invasion of Alfonso of Castile was halted at the gates of Bordeaux and Bayonne. It was not only the walls, militia and fighting spirit of the towns that assisted the Angevin kings, but also their financial muscle. During the impoverished minority of Henry III when the regional aristocracy abandoned the cause of the king of England, it was only loans from towns such as La Rochelle, Niort and Bordeaux that prevented the complete collapse of ducal administration in Aquitaine[197]. And in the end it was the surrender of La Rochelle, abandoned in 1224 much as Rouen had been in 1204, which marked the real end of the Angevin Empire. Even so ›English‹ Gascony survived, and in the crisis of 1224 that too was thanks to the loyalty of Bordeaux and Bayonne keeping Hugh of Lusignan at bay. It is not at all surprising that by 1219 the English chancery was referring to ›our good towns of Poitou and Gascony‹[198].

NEY (1999) p. 38–57, esp. p. 54–56 where he estimates that in 1198 as much as 20–25% of ducal revenue may have come from the towns.

192) Rotuli Chartarum (as n. 8) col. 148a. For *rectas et debitas consuetudines* see Rotuli Litterarum Patentium (as n. 189) cols. 5b, 6a and passim.

193) Annales, ed. LAPORTE (as n. 157) p. 69, 71.

194) Jordan Fantosme's Chronicle, ed. and trans. R. C. JOHNSTON (1981) 142–143. The fall of London to the rebels in 1215 forced John to negotiate: the result, Magna Carta.

195) Chronica magistri Rogeri de Houedene, ed. William STUBBS (1870) vol. 3 p. 207; Oeuvres de Rigord et de Guillaume le Breton 1–2, ed. H. François DELABORDE (1882), vol. 1 p. 125f. *Cives viriliter se defendebant, et ceteri Normanni eos adiuvabant*, was how the Jumièges annalist summed up Philip's second attack on Rouen under 1194, Annales, ed. LAPORTE (as n. 157) p. 75.

196) Coggeshall, ed. STEVENSON (as n. 169) p. 146. In 1204–06 La Rochelle and Oléron proved to be the bridgehead from which John was able to recover parts of Poitou.

197) FAVREAU, Les débuts de la Rochelle (as n. 188) p. 13f.; David A. CARPENTER, The Minority of Henry III (1990) p. 153–6, 167–8.

198) Rotuli Litterarum Clausarum, ed. Thomas Duffus HARDY (1833) col. 397a.

How are we to explain this consistent loyalty? In part no doubt by the fact that the Angevins were sometimes prepared to give the towns what they wanted, a notable early example being Geoffrey's privilege for Rouen, confirmed by Henry in 1150–51[199]. In particular the degree of self-government which was guaranteed by communal status. By 1204 no fewer than seventeen Norman towns had been granted communes; and outside Normandy by the same date there were communes at La Rochelle, Bayonne, Dax, Oléron, Niort, St-Jean d'Angély, Saintes and St-Émilion[200]. The most famous urban privilege of Normandy, the *Établissements de Rouen,* was enjoyed by non-Norman as well as by Norman towns. But in most cases the grant of urban liberties is likely to have been the reward for a pre-existing loyalty – as it certainly was at La Rochelle and Angers in 1175 and Bordeaux after 1205–06 – so its purpose was to reinforce rather than create. Presumably what really counted was that the urban ruling elites believed that the Angevin Empire was in some sense ›good for business‹ and should, therefore, be supported. While, for example, England and Poitou were ruled by one and the same prince it was reasonable to expect that – so long as the due customs were paid – trade between England and Poitou would be protected and encouraged. Thanks to the chancery rolls we can see that this was indeed the case after 1199, and presumably had been before. In August 1203, for example, John explained why he was ordering Geoffrey fitz Peter to see that merchants of Poitou and Gascony receive immediately the money owing them: ›if they are properly paid now an increased supply of wine will come *in terram nostram* from their parts; if they are not, they might bring about a wine shortage‹[201]. The English market encouraged wine production in the Aunis, Saintonge and Gascony. This is why the English connection was cherished. In 1220 the mayor and commune of Niort wrote to Henry III: ›we beseech you in every way we can to send us a governor who will defend both us and your land of Poitou. ... Do not appoint someone from round here as seneschal, but send us a noble, prudent and influential man from England‹[202]. Even at those times when trade with partners outside the Angevin Empire (notably with Flanders) was disrupted as a result of embargoes imposed for political and military reasons, the existence of so many economies inside the empire meant that there were still plenty of opportunities and customers for enterprising businessmen. By contrast when Philip conquered Normandy he refused to allow ships carry-

---

199) Regesta regum Anglo-Normannnorum 3; 1135–1154, eds. H. A. Cronne/R. H.C. Davis (1968) no. 729.
200) Georges Pon/Yves Chauvin, Chartes de libertés et de communes de l'Angoumois, du Poitou et de la Saintonge (fin XIIᵉ–début XIIIᵉ siècle), Mémoires de la société des antiquaires de l'ouest 5ᵗʰ sér. 8 (2002) p. 25–149.
201) Rotuli de Liberate ac de Misis et de Praestitis regnante Johanne, ed. Thomas Duffus Hardy (1844) p. 60.
202) Royal and other Letters illustrative of the reign of Henry III, 1–2, ed. Walter W. Shirley (1862) vol. 1 p. 95, 126f.

ing wine from Poitou, Gascony and Anjou to enter the duchy[203]. The conquest was a serious blow to the prosperity of Rouen as well as to Channel coast ports such as Dieppe and Barfleur. ›While the empire lasted, its inhabitants gained‹[204].

MONETARY UNION?

But if there was an Angevin free trade zone, there was, of course, no common currency. In theory there remained the fundamental split between England and the king's French territories. The ordinance *ad subveniendum terre Jerusalem* issued jointly by Philip and Henry in 1184 laid down that the money was to be collected in deniers angevins on the continent and in sterling in England: *in terra regis Anglie cismarina duos denarios Andegavensis monete, et in Anglia unus sterlingus*[205]: In England Henry II had issued an entirely new silver coinage, the Cross-and-Crosslets or ›Tealby‹ coinage in 1157–8. Whereas up until this date the fineness and weight of coins had fluctuated considerably from issue to issue, there now began a much more stable system: a series of coinages of fixed types each lasting for many years[206]. In 1180 a new type, the Short Cross, based on a design by Philip Aymer of Tours, was issued and lasted until 1247. Coin finds suggest that following this re-coinage, foreign silver coins, including the Scottish coins that in the north had earlier made up a significant proportion of the currency, were eliminated from circulation[207]. Richard FitzNigel reckoned that Henry II deserved praise for insisting that payments into the treasury from Northumberland and Cumberland had to be made in the current and legal coin just as from the rest of the counties, and not as they formerly had been, in coin of any currency. There was to be just one weight and one money throughout all the realm[208].

When the Angevins took over Normandy, the penny of Rouen ceased to be minted and the denier angevin spread rapidly everywhere, even into diocese of Rouen[209]. In economic terms this was an extension of the earlier, from the mid eleventh century onwards, spread

---

203) Recueil des Actes de Philippe Auguste, roi de France 2, ed. H.-François DELABORDE/Ch. PETIT-DU-TAILLIS (1916) no. 865 (p. 453).

204) DUNBABIN, France in the Making (as n. 7) p. 346f. Amongst those who gained were the Channel Islanders – so much indeed that to this day they remain attached to the English crown. See now J. A. EVERARD an J. C. HOLT, Jersey 1204. The forging of an island community (2004).

205) *In tota terra regis Francie duos denarios Proveniensis monete vel equipollens*, Recueil des Actes de Philippe Auguste 1 (as n. 126) no. 123 (p. 152).

206) Peter SPUFFORD, Money and its use Use in Medieval Europe (1988) p. 94, 402.

207) B. J. COOK, Foreign coins in medieval England, in: Local coins, foreign coins: Italy and Europe 11th –15th centuries, ed. Lucia TRAVAINI (1999) p. 231–284.

208) FitzNigel, Dialogus (as n. 1) p. 9 s. At a theoretical level the notion that only one currency should circulate throughout the realm had existed since the tenth century.

209) Françoise DUMAS, Les monnaies normandes (Xᵉ–XIIᵉ s.), Revue numismatique 21 (1979) p. 84–103.

into western Normandy of payments in deniers mansois as a result of ›l'importance de l'axe économique Le Mans-Alençon-Argentan-Falaise-Caen‹[210]. Although, as the 1184 ordinance indicates, the angevin was the official Angevin coinage throughout their continental dominions, the evidence of coin finds produces a very different picture. Other coins, tournois and mansois and especially guincamp, the deniers minted by the counts of Penthièvre, circulated north of the Loire. South of Loire deniers angevins were rarely found. Here the full diversity of traditional seigneurial mints remained in operation. In 1177–78 the mint at Déols switched to issuing angevins after Henry acquired the honour of Châteauroux, but apart from this and the fact that Richard had his name inscribed on the coins of Poitou and Bordeaux, the old, apparently chaotic, system remained untouched. This diversity, it has been said, was a ›marque de faiblesse‹ which explains the rapid success of the tournois royal in the 13th century, first north and then south of the Loire[211].

The apparently relaxed attitude taken by Henry II and Richard to traditional coinages on the continent has always seemed to be in marked contrast to the active policy adopted by Philip Augustus. By closing the mints at Amiens and (with the consent of their lords) the seigneurial mints at Corbie, Noyon and Laon, then starting to mint parisis at Arras, St Omer and Péronne after he got them in 1192, he turned the parisis which had been coin for Paris itself into the main coin of north and north east France. After the conquest of Normandy he took a clear political stand in taking measures to drive out both sterling and the angevin; rather than try to impose the parisis, he opted for the tournois, a coin which had already been circulating there[212]. This marked the beginning of the slow process whereby the royal coinage came to dominate the kingdom. It is clearly the case that Philip was more concerned to press in the direction of, if not a single currency, then at least a greater uniformity of coinage than Henry II and Richard were. But whether this should be treated as a sign of weakness or as a failure to integrate the different parts of the Angevin dominions is another matter altogether. In a situation where silver coins of one denomination only (the penny or denier) were issued, a single uniform coinage had the huge limi-

210) Lucien Musset, Réflexions sur les moyens de paiement en Normandie au XIe et XIIe siècles, in: Aspects de la société et de l'économie dans la Normandie médiévale (Cahier des Annales de Normandie 22, 1988) p. 83–85.

211) ‹En fait cette monnaie est aussi diverse que les possessions territoriales des Plantagenêt ... le droit monétaire est partagé entre eux et divers seigneurs›, Françoise Dumas, La monnaie dans les domaines Plantagenêt, Cahiers de civilisation médiévale 29 (1986) p. 53–59, here p. 53.

212) ‹Le gouvernment royal a réussi, là encore, à maîtriser l'emploi de la monnaie›, Françoise Dumas, La monnaie dans le royaume au temps de Philippe Auguste, in: La France de Philippe Auguste, ed. Robert-Henri Bautier (1982) p. 543–574, here p. 546. Cf. Spufford, Money and its Use (as n. 206) p. 197–200. Musset saw it slightly differently in observing that a period of monetary fragmentation lasting until the mid twelfth century was followed by one revealing ‹tendances unificatrices, d'abord au bénéfice du denier angevin, de la part des Plantagenêts, mais sans aucune contrainte, puis, après 1204, et de la manière plus coercitive, au bénéfice du denier tournois›, Musset, Réflexions (as n. 210) p. 88.

tation, from the user's point of view, of inflexibility, of providing a coin of one value only. Thus in England anyone who wanted a low value coin had to cut the penny into halves or quarters, which had the disadvantage of creating fragments of silver that were unattractively small. ›The rigidity of the currency system was an obstacle to trade by small households‹[213]. So long as there was a known exchange rate between the various currencies there was a clear advantage in allowing a number of different coins to circulate[214]. Thus the guincamp, as a coin of very low value, was particularly widely used and hence prominent in Norman hoards; sterling pennies too are found, but, as a higher value coin, in smaller numbers[215]. Gold coins were of such great value that none dating from this period have been found in the ground; none the less, English and Norman record evidence shows that such coins, either bezants, worth 2 shillings each, or Almohad dinars known as *oboli de Muscze*, were in circulation in late twelfth and early thirteenth-century England and Normandy, functioning as a coin useful in international trade or high prestige transactions[216].

At about the same time as Henry introduced the Cross-and-Crosslets coinage in England, he decreed in Normandy that 4 angevins were worth 3 tournois, and that a mark of silver could be paid to the king either as 13s 4d sterling, 26s 8d mansois or 53s 4d tournois. Each of the new Cross-and-Crosslet pennies weighed 1.46 grams, which meant that the English monetary or Tower pound (350 g) was created by 240 of them, and the Tower mark (233 g) by 160 of them. Since it followed that twelve of these pennies (i.e. a total of 17.5 g) would make up the difference between the Tower pound and the troy pound of 367.5g, it seems that Henry had in effect linked the English penny to continental troy weight-standards. This can be regarded equally well as imposing continental standards on England or as extending the sterling area into continental Europe[217]. The most recent estimate of the size of the English silver currency suggests that it doubled between 1158 and 1180, and doubled again by 1210[218]. Indeed during the same decades that John and Henry III suffered serious political and military defeats, the English sterling penny ›connurent un grand

213) Richard H. BRITNELL, The Commercialisation of English Society 1000–1500 (2nd ed. 1996) p. 30.

214) Dumas refers to ‹ce système de simple, double et quadruple› in the Plantagenêt lands, but without commenting on the commercial advantages it bestowed, DUMAS, La Monnaie au temps (as n. 212) p. 547.

215) Jean YVON, Esterlins à la croix courte dans les trésors français de la fin du XIIᵉ et de la première moitié du XIIIᵉ siècle, British Numismatic Journal 39 (1970) p. 26. In the south-west of France in the twelfth century the high value morlan, minted by the viscounts of Béarn, performed the same function as sterling.

216) As noted long ago by Delisle. The most recent study is B. J. COOK, The bezant in Angevin England, Numismatic Chronicle 159 (1999) p. 255–275.

217) Pamela NIGHTINGALE, The Evolution of Weight Standards and the Creation of New Monetary and Commercial Links in Northern Europe from the Tenth Century to the Twelfth Century, The Economic History Review, 2nd series 38 (1985) p. 192–209, esp. p. 205f. For another ordinance fixing the exchange rate see Gesta regis Ricardi (as n. 130) 2 p. 132.

218) Martin ALLEN, The Volume of the English Currency, 1158–1470, The Economic History Review 54 (2001) p. 595–611.

succès en Europe occidentale‹ as a coin of high value at a time when high denomination silver coins were still not being minted[219]. Henry II and his sons may have shown less anxiety than Philip Augustus to achieve a uniform currency, but it is hard not to believe that their subjects, in particular the businessmen among them, did not prefer to have a system which, so long as exchange rates remained reasonably stable, gave them access to a wider range of coins of different values. In this sense, by conforming to the needs of consumers and businessmen rather than bureaucrats, the Angevin coinage system may be said to have contributed to the commercial and economic integration of the empire.

AN ANGEVIN CULTURE?

As Jean Dunbabin points out, ›what distinguished the Angevin empire from others was simply that it did not last long enough to acquire a justifying ideology‹[220]. During the half century between 1154 and 1204 was any attempt made to acquire one? Did the culture of the royal court, for example, act as a magnet bringing together scholars and artists from many different parts of the empire? In the rest of this paper I shall limit myself to a few words on the subject of literary culture[221]. Undoubtedly the courts of the twelfth-century Angevins played a prominent role in Latin and vernacular literary culture. For Walter Schirmer, Henry II's was ›the most important intellectual centre in the West‹; according to Georges Duby, ›la cour la plus brillante d'Europe se réunissait autour ce prince‹[222]. Since Henry II and Richard were both well-educated and immensely wealthy it was only natural that many aspiring authors and scholars should look to them for support and advancement. Some authors would have visited the court, whether the king's court, or the queen's, or the court of one of their sons, when that court came to the region in which they lived. A few authors were not only for a while more closely attached to the royal court – that notoriously most protean of things – but also seem to have composed the works for which they are famous while members of it. Among them we can count the Frenchman, Peter of Blois; three Englishmen, Richard FitzNigel, Roger of Howden and the unknown author of the treatise on English law known as Glanvill; and two Anglo-Welsh authors, Walter Map and Gerald de Barri. In three of his songs, the Limousin poet, Bernart de Ventadorn,

---

219) DUMAS, La monnaie dans les domaines Plantagenêt (as n. 211) p. 54.

220) DUNBABIN, France in the Making (as n. 7) p. 346.

221) But on the prestige attached to schemes of building see Lindy GRANT, Le patronage architectural d'Henri II et de son entourage, Cahiers de civilisation médiévale 39 (1994) p. 73–84. For Norman ecclesiastical architecture in political and social context see now Lindy GRANT, Architecture and Society in Normandy 1120–1270 (2005).

222) Walter SCHIRMER, Die kulturelle Rolle des englischen Hofes im 12. Jahrhundert, in: Studien zum literarischen Patronat im England des 12. Jahrhunderts, eds. Walter F. SCHIRMER/Ulrich BROICH (1961) p. 9, 18; Georges DUBY, Dames du XIIe siècle II. Le souvenir des aïeules (1995) p. 67.

implies that he sometimes attended Henry II's court, even when it took him across ›the wild, deep sea‹ to England[223]. To judge from the dedication and language of her Lais, Marie ›de France‹ may also have come from the Ile de France to add lustre to the court of Henry II or of Henry his son. Similarly the courts of high-ranking Angevin servants such as chancellors Thomas Becket and William Longchamp, or Walter of Coutances, keeper of the seal and archbishop of Rouen, attracted authors like John of Salisbury, Nigel Wireker (Whiteacre) and John de Hauville[224]. In this sense these Angevin courts may be said to have contributed to the cultural integration of the ruler's dominions, and no doubt it all added to their prestige. Even though there is no evidence linking Chrétien de Troyes with the Angevin court, it does look as though in Erec et Enide and Cligès the Britain of King Arthur was delineated as though it were the England of Henry II.

A work such as Jordan Fantosme's Chronique, the verse history of the 1173–74 war between the English and the Scots, can plausibly be described as a work written with integrative intention. As Matthew Strickland has convincingly argued, it was clearly intended for recitation at Henry II's court after the rebellion of 1173–74, and with two main political purposes: first, to promote reconciliation between Henry II and his son the Young King, and second, to praise the loyalty and bravery of the old king's nobles during the war. In pursuing these aims Jordan was quite prepared to criticise as well as praise Henry II[225]. Other authors were more clearly impressed by the power and glamour of the kings and wrote works that reflect this. Richard FitzNigel and Diceto on Henry II and Ambroise on Richard I are three cases that spring to mind.

Although there was never an ›official Angevin‹ history of the ruler's deeds in the manner of Otto of Freising's Gesta Friderici, or Rigord's and William the Breton's Gesta Philippi, modern historians have sometimes suggested that Henry II, faced by the problem of how to govern so large and heterogeneous an empire, saw in history the literature most likely to persuade so many different peoples that he was their rightful ruler, and that in consequence he actively encouraged the writing of this allegedly useful genre[226]. According to Bernard Guenée, ›Les Plantagenêts, au XIIe siècle, jouèrent consciemment et massivement de l'histoire pour établir l'illustre origine de leur lignage et justifier leur domination dans les pays qu'ils s'étaient acquis. Et, soucieux de convaincre d'abord leurs chevaliers, ils furent même les premiers à patronner une littérature en langue française‹[227]. This is indeed a plausible interpretation of the only two vernacular works that Henry is

---

223) Bernart von Ventadorn: seine Lieder, ed. and trans. Carl Appel (1915) poems 21, 26, 33, datable only to 1154x c.1180.

224) And to the list we might add Archbishop Baldwin of Canterbury as patron of Joseph of Exeter.

225) Matthew Strickland, Arms and the Men: War, Loyalty and Lordship in Jordan Fantosme's Chronicle, in: Medieval Knighthood 4, eds. Christopher Harper-Bill/Ruth Harvey (1992) p. 187–220.

226) For the notion of ›eine regelrechte Schule von Historiographen‹, see Schirmer/Broich, Studien zum literarischen Patronat (as n. 222) 44f.

227) Bernard Guenée, Histoire et Culture historique dans l'Occident médiéval (1980) p. 334.

known to have commissioned: Wace's Roman de Rou and Benoit's Chronique des ducs de Normandie – two versions of a verse history of the dukes of Normandy. There can be little doubt that they were intended to reinforce the legitimacy of Henry's own rule over Normandy[228]. According to Wace himself, he ›spoke in honour of the second Henry, who was born of the lineage of Rou‹. He also tells us (assuming, that is, that he wrote the so-called Chronique ascendante), that he began to write the Rou in 1160[229]. This date fits neatly with Henry II's interest in the translation of the bodies of Dukes Richard I and Richard II to a more elevated place in the monastic church of Fécamp. This took place in March 1162 and according to Benoit, it was done ›Par le buen rei, cil qui fu fiz/Maheut, la buenne empereriz,/Par le buen rei Henri segunt,/Flor des princes de tot le munt‹[230]. But it is striking that both Wace and Benoit have virtually nothing to say about Henry II's own period of rule, and very little about the reign of his grandfather, Henry I. This does not suggest that Henry II was much interested in promoting contemporary or near contemporary history.

Indeed a survey of historical writing during his reign, not just in Normandy, but also in England, Anjou and Aquitaine, shows that, for all Henry's fine education, he showed very little interest in historical writing in Latin[231]. A number of authors were keen to offer works of history to him, but he evidently gave them little or no encouragement. The only Latin ›historical‹ work that he may have asked for is the short tract De majoratu et senescalcia Franciae, composed in order to prove, with all manner of epic circumstantial detail, that the count of Anjou was the seneschal of France. It looks as though this was written in 1158 when Henry was about to invade Brittany, presumably in the hope of persuading a worried King Louis VII that the planned attack was being carried out in his name and by one of his officers[232]. The author, Hugues de Claye, was a knight attached to Henry's household, and it seems highly probable that Henry knew what he was up to[233]. The

---

228) SCHIRMER/BROICH, Studien zum literarischen Patronat (as n. 222) p. 92, 200.

229) Wace, The Roman de Rou (as n. 184) Part 3, lines 185–6, Part 1, lines 1–4. The Chronique ascendante contains about 100 lines devoted to an extremely flattering assessment of Henry II's rule.

230) Benoit, Chronique des ducs de Normandie 2, ed. Carin FAHLIN (1951–1954) lines 32059–62. Strikingly Wace tells us that he attended the ceremony, but does not mention the king's presence, Roman de Rou (as n. 184) lines 2241–46.

231) John GILLINGHAM, The Cultivation of History, Legend and Courtesy at the Court of Henry II (forthcoming).

232) This brief work survives in just one manuscript. Chroniques des comtes d'Anjou (as n. 128) p. xc–xciii, 37, 239–246.

233) In a document dated 1158 and witnessed by Hugues de Claye, Henry II announced that at Orléans in communi audientia recognovit quod custodia abbatie sancti Juliani Turonensis ad me pertinet ex dignitate dapiferatus mei, unde servire debeo regi Francie sicut comes Andegavorum. Recueil des Actes de Henri II, roi d'Angleterre et duc de Normandie, concernant les provinces françaises et les affaires de France 1–3, ed. Léopold DELISLE/Élie BERGER (1909–1927) vol. 1 no. 87. Twenty five other acta printed by Delisle

most striking illustration of Henry's lack of interest in contemporary history comes from England. One of his achievements here was to put an end to the flowering of history that had characterised the second quarter of the twelfth century. After 1154 no one in England wrote anything remotely approaching a king-centred history until Roger of Howden took up the pen nearly 20 years later, in the early 1170s. Roger was a royal clerk and active in royal service for some thirty years, from the early 1170s to 1201, but there is no sign that either his Gesta Henrici et Ricardi or his Chronica were intended to be presented to or dedicated to the king[234]. Until the late 1180s, when he was joined by Diceto, Gervase of Canterbury and Gerald de Barri, in England Roger of Howden ploughed a lonely furrow. It was after the fall of Jerusalem in 1187 that the real surge in the volume of historical writing came here. The links between court and history became much closer in Richard I's reign[235]. He and his advisers were clearly interested in using contemporary history for political and propaganda purposes. Indeed the newsletters, including forgeries, sent out on Richard's behalf meant that he became the first king since Alfred to intend systematically to mould English public opinion by means of the written word. Moreover by combining newsletters sent to the abbot of Clairvaux with an annual donation to meet the costs of holding the Cistercian General Chapter, Richard evidently hoped to reach a much wider public opinion[236].

It has often been suggested that the Angevins exploited the figure of King Arthur for political and integrative ends[237]. Peter Johanek, characterising Henry II as a ruler ›der alles nutzte, was die divergenten Glieder seines Reichs enger aneinanderband‹, wrote: ›Heinrich II. hat auch die Integrationskraft, die der Figur des Königs Arthur in der höfischen Gesellschaft des 12.Jahrhunderts zuzuwachsen begann, in den Dienst der Idee vom ange-

and Berger show just how active Hugues de Claye was in the service of both Geoffrey Plantagenet and his son; see in particular, ibid. nos. 106, 129, 224, 226, 440.

234) For Howden in royal service see John GILLINGHAM, The Travels of Roger of Howden and his Views of the Irish, Scots and Welsh, Anglo-Norman Studies 20 (1997/98) p. 151–169, reprinted in: IDEM, The English (as n. 3), IDEM, Historians without Hindsight: Coggeshall, Diceto and Howden on the Early Years of John's Reign, in: King John (as n. 77) p. 1–26.

235) John GILLINGHAM, Royal Newsletters, Forgeries and English Historians: Some Links between Court and History in the Reign of Richard I, in: La Cour Plantagenêt, ed. AURELL (as n. 112) p. 171–186.

236) Although Richard employed no official historiographer and evidently rejected Gerald de Barri's offer to become one, he did manage to go on crusade with two chroniclers in his train, Roger of Howden and Ambroise, Amaury CHAUOU, Faire l'histoire: la culture historique à la cour Plantagenêt et les réseaux ecclésiastiques, in: Culture politique des Plantagenêt (1154–1224), ed. Martin AURELL (2003) p. 269–286, here p. 276 n. 34. On Ambroise see most recently Jean FLORI, Ambroise, propagateur de l'idéologie Plantagenêt?, in: ibid. p. 173–187. Unfortunately only two fragments remain of Joseph of Exeter's poetic narrative of the crusade, the Antiocheis.

237) This is one of the main themes of Amaury CHAUOU, L'idéologie Plantagenêt. Royauté arthurienne et monarchie politique dans l'espace Plantagenêt (2001).

vinischen Grossreich gestellt[238]. Henry undoubtedly did come to be seen in Arthurian light. In the mid 13th century Matthew Paris, for example, wrote that in Henry's reign it seemed that the days of King Arthur had been renewed[239]. But it seems very unlikely that this is how the Old King himself had wanted to be portrayed. Admittedly in his Topographia Hibernica, Gerald de Barri referred to Arthur, *famosus ille Britonum rex,* as the overlord of Ireland and in a context supportive of Henry II's claim to the island[240]. But these words were not written until 1188 or 1189, in the second edition of the work – in the first edition he did not mention Arthur – when Gerald was already thinking about potential patrons from among the next generation. The first clear evidence for an Angevin king being involved in the turning of Arthur into the model English king that he later became, dates from the 1190s, and from reign of Richard I – in his military prowess a far more Arthurian king than his father had been. By taking Excalibur with him on crusade, Richard consciously associated himself with the legendary king. In his journal of the Third Crusade Roger of Howden referred to the sword that Richard gave to Tancred of Sicily in March 1191 as *gladium optimum Arcturi, nobilis quondam regis Britonum, quem Britones vocaverunt Caliburnum.* A few years later, when Roger re-wrote this passage, he referred to Arthur as *rex Anglie*[241]. It is also in the early 1190s that we must place the famous excavation at Glastonbury that uncovered the bodies of Arthur and Guinevere[242]. The abbot of Glastonbury responsible for this piece of theatre was Henry de Sully, formerly prior of Bermondsey, chosen abbot at an assembly at Pipewell in September 1189 – an assembly dominated by the new king[243]. Before this date it looks as though Arthur was still too much thought of as the Welsh and Breton king who one day would return to drive out the English and the Normans to be readily exploited as a specifically Plantagenet hero[244]. In some circles indeed he remained so in the 1190s and later. William of Newburgh believed

---

238) Peter Johanek, König Arthur und die Plantagenets. Über den Zusammenhang von Historiographie und höfische Epik in mittelalterlicher Propaganda, Frühmittelalterliche Studien 21 (1987) p. 389. Similarly Duby envisaged Henry II as king of England, ‹se posant désormais en successeur du roi Arthur de la légende›, Duby, Dames du XIIe siècle (as n. 222) p. 68.

239) Matthew Paris, Historia Anglorum 1–3, ed. Frederic Madden (1866–1869) vol. 1 p. 397f.

240) Giraldus, Topographia Hibernica, ed. J. F. Dimock (1867) p. 148.

241) Gesta regis Ricardi (as n. 130) 2 p. 159; Howden, Chronica (as n. 195) 3 p. 97. See John Gillingham, Context and Purposes of Geoffrey of Monmouth's History of the Kings of Britain, in: The English (as n. 3) p. 19–39, 23 n. 23. Moreover in October 1190 Richard had recognised his nephew Arthur as heir to the kingdom of England should he die without legitimate issue.

242) On this see Johanek, König Arthur (as n. 238) p. 379–384; Aurell, L'Empire des Plantagenêt (as n. 8) p. 164–167. Cf. Catalina Girbea, Limites du contrôle des Plantagenêt sur la légende arthurienne: le problème de la mort d'Arthur, in: Culture politique (as n. 236) p. 287–301, esp. p. 292.

243) Gesta regis Ricardi (as n. 130) 2 p. 85.

244) Hence it seems much more likely that the Arthurian episode in Stephen of Rouen's Draco Normannicus, written in the late 1160s, was a literary joke rather than, pace Johanek, König Arthur (as n. 238) p. 384–389, a reflection of Henry II's real view of King Arthur. See Aurell, L'Empire des Plantagenêt (as

that the Bretons defied Henry II when they gave the name Arthur to his grandson, the posthumous son of Geoffrey of Brittany. The Barnwell chronicler's comment on the disappearance of Arthur of Brittany in 1203 was that it was God's punishment for Breton impudence in taking the name as an augury and boasting that they would kill the English and recover the kingdom[245].

But if it was not until the 1190s that Arthur really started to be turned into the emphatically dead king of England that he became, then the loss of continental territories so soon afterwards, in 1202–04, had the effect of ensuring that the subsequent political resonance of an English King Arthur was restricted to that of a king intensifying his rule over the rest of Britain. In any case, as the romances of Chrétien of Troyes make plain, the literary magic of the court of King Arthur, of the Knights of the Round Table, of Lancelot, Gawain, Perceval and the others, was so great that it had already overflowed the boundaries of the Angevin Empire and become part of the common currency of western European literature. In any event, however impressive the court culture over which Henry, Eleanor and Richard presided may or may not have been, the fact remains that with the accession of King John it all came to an abrupt end. He neither encouraged nor inspired literature of any sort[246]. This is very much how, long ago, Powicke saw it. Philip Augustus, he wrote, was outshone by Henry's powerful and brilliant court and by Richard's chivalry. ›But with John all was changed‹[247].

n. 8) p. 170–172 for the ›registre burlesque‹ in this scene. As Aurell (p. 155–157) points out, attempts to use epic and romance literature instrumentally for political purposes would have been perilous.

245) William of Newburgh, Historia rerum Anglicarum (as n. 59) lib. 3 c.7 (p. 235). Memoriale fratris Walteri de Coventria (as n. 76) 2 p. 196. Both Howden and Diceto are oddly explicit that it was the Bretons who gave Arthur his name, Howden, Gesta regis Henrici (as n. 130) 1 p. 361; Diceto, Opera Historica (as n. 40) 2 p. 48. Cf. ›The Arthurian legend had not been employed in any purposeful way to enhance the prestige of the Angevin dynasty in England. On the contrary, Breton resistance to Angevin hegemony was signalled when the heir to the duchy … was named Arthur‹, Emma MASON, The Hero's Invincible Sword, in: The Ideals and Practice of Medieval Knighthood 3, eds. Christopher HARPER-BILL/Ruth HARVEY (1990) p. 31.

246) Even Gerald de Barri, always desperately keen to acquire powerful patronage, did no more than, evidently without much hope of reward, send John a dedicatory letter together with a copy of a text of the Expugnatio Hibernica as revised in the 1190s. BARTLETT, Gerald of Wales (as n. 32) p. 215.

247) POWICKE, Loss of Normandy (as n. 104) p. 302f.

Das byzantinische Reich: Hauptstadt und Peripherie

VON PETER SCHREINER

Auch wenn der Begriff Peripherie erst seit dem 20. Jahrhundert außerhalb des mathematischen Bereiches verwendet wird und die übertragene Bedeutung »am Rande liegend, nebensächlich« angenommen hat[1], so lässt er sich doch sehr wohl auch für die Betrachtung byzantinischer Verhältnisse gebrauchen, insofern das Zentrum, Konstantinopel, dem Bereich außerhalb gegenübergestellt werden soll[2]. Dies ist von der byzantinischen Sichtweise her durchaus berechtigt, insofern in einem byzantinischen Text von »exo chorai« die Rede ist, die im Gegensatz zur Hauptstadt, der »polis«, stehen[3], und wir diese »außerhalb gelegenen Gebiete« mit der Provinz gleichsetzen können. Im gesamten europäischen Mittelalter bietet nur das byzantinische Reich in so eindeutiger Weise und über einen so langen Zeitraum hin die Möglichkeit, ein und dieselbe Hauptstadt mit einem in Umfang und Struktur sich wandelndem Außenraum, der Provinz, vergleichen zu können.

I. HAUPTSTADT UND PROVINZ IM WANDEL DER JAHRHUNDERTE (297/330–1453)

Der Begriff *provincia* gehört zum international gebräuchlichen Wortschatz, den die Römer hinterließen. Während die Provinzgliederung, die zuletzt Diocletian (297) und Konstantin d. Gr. (330) neu regelten, in der westlichen Reichshälfte, Teile Italiens ausgenom-

---

1) Wolfgang PFEIFFER (Hrsg.), Etymologisches Wörterbuch des Deutschen (1993) s.v.; DUDEN, Das große Wörterbuch der deutschen Sprache in 8 Bänden (1994) s.v.
2) Während der Fertigstellung dieses Beitrages zum Druck erschienen die Akten der 6. Plenarsitzung des 20. Internationalen Byzantinistenkongress (Paris 2001) unter dem Titel »Byzantina-Metabyzantina. La périphérie dans le temps et l'espace (2003)«, in denen die Thematik an Hand von Einzelfällen abgehandelt wird, die in der vorliegenden Studie an den einschlägigen Stellen erwähnt werden. Der hier versuchte und notwendigerweise in vielen Bereichen verkürzte Gesamtüberblick orientiert sich von der Thematik des Tagungsrahmens her an Interessen der westlichen mittelalterlichen Geschichte, so dass bisweilen in der byzantinistischen Fachforschung durchaus bekannte Standpunkte referiert werden. Die in der langen Diskussion des Vortrages gestellten Fragen und Anregungen sind in dieser Fassung berücksichtigt, wenngleich ihnen aus Raumgründen nicht immer die nötige Ausführlichkeit zukommen konnte.
3) Paul MAGDALINO, Constantinople and the exo chorai in the time of Balsamon, in: Nicolas OIKONOMIDES, Byzantium in the 12th century: Canon Law, State and Society (1991) S. 171–197. Der Terminus wird vom Kanonisten Balsamon gebraucht.

men, infolge der dauernden Festsetzung germanischer Stämme spätestens im Laufe der zweiten Hälfte des 6. Jahrhunderts verschwand oder sich nur mehr in Landschaftsbezeichnungen widerspiegelte, blieb sie im byzantinischen Reich erhalten. Trotz grundlegender Veränderungen in der Verwaltungsstruktur zwischen Justinian und dem Untergang des Reiches 1453, von denen später noch die Rede sein wird, blieb das Prinzip, das bereits die römische Provinz kennzeichnet, unverändert: die juristische Abhängigkeit der Provinz von der Hauptstadt (Konstantinopel) und die von der Provinz unabhängige Verwaltung der Hauptstadt durch einen Eparchen. In diesem (und nur diesem politisch-administrativen) Sinne war das byzantinische Reich ein römisches Reich bis zu seinem Untergang. So gesehen gab es in Byzanz auch administrativ nur Hauptstadt und Provinz, letztere als Summierung abhängiger Verwaltungseinheiten. Im Gegensatz zu den wechselnden Herrschaftszentren des Westens, blieb – abgesehen vom Intermezzo 1204 bis 1261 – Konstantinopel immer Mittelpunkt und einziger Sitz des Herrschers. Es entwickelte sich, natürlich erst im Laufe von einigen Jahrhunderten und keineswegs vor dem 7. Jahrhundert, eine spezifisch hauptstädtische Mentalität, die sich von den übrigen Reichsteilen distanzierte. Dies kommt zum Ausdruck im Begriff der »exo chorai«, von denen schon die Rede war, oder in der selbstbewußten Definition eines Philologen aus dem 12. Jahrhundert: »Konstantinopolitaner sind diejenigen, die nicht Einwanderer oder Kolonisten aus einem anderen Land sind[4].« Diese charakteristische Konstante Hauptstadt – Provinz macht es auch nicht möglich, die vorgegebene Fragestellung in einen früh- und hochmittelalterlichen und einen spätmittelalterlichen Teil deutlich zu trennen, wie dies, schon wegen der großen Materialfülle und der differenzierten Entwicklung in der Geschichte des westlichen Mittelalters nötig ist. Gleichwohl gibt es natürlich chronologische Einschnitte und Schwankungen. Bis in die zweite Hälfte des 6. Jahrhunderts im europäischen und bis in die Mitte des 7. Jahrhunderts im asiatischen Reichsteil bleibt nicht nur die spätantike Provinzstruktur in politischer Hinsicht erhalten, sondern auch die kulturelle Vielfalt, die die römische Provinz (unabhängig von politischen Bindungen) auszeichnet. Awaren und Slaven auf der einen und Araber auf der anderen Seite haben dieser Epoche ein Ende gesetzt. Erst durch Bedrohung und umfangreiche territoriale Verluste in der Provinz wurde Konstantinopel bis Ende 8./Anf. 9. Jahrhundert zur tatsächlichen Hauptstadt, mit der kein anderer Ort in der Provinz mehr konkurrieren konnte. Von da an setzte auch die Sogwirkung Konstantinopels, besonders in kultureller Hinsicht, ein. Dieser »Triumph der Hauptstadt« findet erst im 12. Jahrhundert seinen Abschluss, erkauft um den Verlust großer Teile der asiatischen Provinz und, gegen Ende des Jahrhunderts, auch der balkanischen Gebiete[5]. Die

---

4) Zitiert aus dem Aristoteles-Kommentar des Stephanos Skylitzes bei Paul MAGDALINO. Constantinople and the Outside World, in: Dion C. SMYTHE (Hrsg.), Strangers to Themselves: The Byzantine Outsider (2000) S. 149–162, bes. 156.

Provinz rückt enger an die Hauptstadt heran. Die Eroberung Konstantinopels 1204 zerstört die »Eingipfeligkeit« des Reiches. Es gibt nun für 250 Jahre mehrere Hauptstädte und daher auch mehrere zugehörige Provinzen: Nikaia, Trapezunt, Arta, Thessalonike, die, Trapezunt ausgenommen, nach 1261 zwar als Sitz eines Kaisers wieder verschwinden, aber eben nicht als städtische Zentren. Die topographischen Distanzen verringern sich. Anfang des 11. Jahrhunderts erstreckte sich das Reich von Konstantinopel nach Osten in der Luftlinie fast 1500 km, seit der 2. Hälfte des 14. Jahrhunderts, nach dem Verlust Kleinasiens, existiert kein Ort, der mehr als 150 km vom Sitz des Kaisers oder einem Mitglied der Familie entfernt ist. Dabei handelt es sich nur scheinbar um ein polyzentrisches System, da die Bindung an (austauschbare) Mitglieder der Kaiserfamilie und der jederzeit mögliche Eingriff des Kaisers eine Konkurrenz oder eine Verselbständigung ausschlossen[6]. Die Provinz hat ihre Dimension verloren. In der Mitte des 15. Jahrhunderts, als Konstantinopel allein (neben einigen stadtähnlichen Zentren ohne Umland) übrig geblieben war, gibt es die »Provinz« überhaupt nicht mehr: ein zumindest in der europäischen Geschichte einmaliges Phänomen.

II. HAUPTSTADT UND PROVINZ IN DER SICHT DER QUELLEN

Die erhaltenen Quellen zur byzantinischen Geschichte sind in mindestens 90 von 100 Fällen hauptstadtbezogen, auf das Kaisertum konzentriert und auch in Konstantinopel abgefasst, d. h. sie geben mehr oder weniger die offizielle Sicht des Hofes wieder[7]. Diese Tatsache ist keineswegs neu, muss aber an dieser Stelle nochmals ausdrücklich betont werden, zumal, wiederum von der politischen Entwicklung her, im Abendland die Mehrzahl der Quellen in der Provinz entstanden ist und vielfach eine lokale oder individuelle Sicht zum Ausdruck bringt. Hauptstädtische Quellen geben über die Verwaltungsstruktur in der Provinz und deren Entwicklung nur zufällige Hinweise und ebenso wenig über soziale Gegebenheiten. Die historische Faktengeschichte der Provinz wird nur berührt, wenn damit der Kaiser oder eine kaiserliche Maßnahme in Verbindung stehen, meist in Zusammenhang mit Feldzügen. Zwei kaiserliche Werke widmen sich explizit der Provinz: *de*

---

5) Dieser Periode ist der Beitrag von Mario GALLINA, Centre et périphérie: identité et différences (XIᵉ–XIIIᵉ siècles), in: Byzantina-Metabyzantina (wie Anm. 2) S. 57–76 gewidmet, doch bringt der Verf. auch viele allgemeine Überlegungen ein, die die gesamte byzantinische Epoche beleuchten.
6) Peter SCHREINER, Neue höfische Zentren im Byzantinischen Reich. Die Kultur des trapezuntinischen Kaiserhofes und der Despotenhöfe, in: Reinhard LAUER/Hans Georg MAIER (Hg.), Höfische Kultur in Südosteuropa (1994) S. 42–55. Vgl. auch Ders., Chronologische Untersuchung zur Familie Kaiser Manuels II., Byz. Zeitschrift 63 (1970) S. 285–299, bes. S. 293–299.
7) Ders., Charakteristische Aspekte der byzantinischen Hofkultur: Der Kaiserhof in Konstantinopel, in: ibid. S. 11–24, bes. S. 14–17.

administrando imperio und *de thematibus* von Kaiser Konstantin Prophyrogennetos.[8] Sie sind, vor allem letzteres, für die administrativen Strukturen der Provinz von höchster Bedeutung, bringen aber als Verwaltungsschriften keine Hinweise zum inneren Leben. Besonders in jüngster Zeit tragen die Siegeleditionen zur Erhellung der Prosopographie und der Ämterhierarchie in der Provinz bei, und ersetzen jene Hinweise, die die schriftlichen Quellen nicht bieten[9]. Umgekehrt ist Archivmaterial aus und zur byzantinischen Provinz wegen des Verlustes fast aller Archive nur in vergleichsweise bescheidenem und fragmentarischem Umfang vorhanden[10]. Dagegen bringen die Briefliteratur und in noch reicherem Umfang die Hagiographie Schlaglichter zum Leben und der Mentalität in der Provinz[11]. Neue Hinweise zum Handel und den dabei tätigen Personen geben, wenigstens für die Spätzeit, die Fragmente von Kontoaufzeichnungen[12]. Die materiellen Reste der Provinz, die über eine im Vergleich zur Hauptstadt zweifelsohne andersgeartete Lebensweise berichten, harren noch weitgehend der Erforschung[13].

III. STAAT UND KIRCHE IM SPANNUNGSVERHÄLTNIS PROVINZ – HAUPTSTADT[14]

Es kann als Kernsatz an den Beginn gestellt werden, dass während der gesamten Dauer des byzantinischen Reiches die enge Bindung der Provinz an die Zentrale nie ernsthaft in Frage gestellt war. Es gab nie eine Finanzautonomie der Provinz, da die Einnahmen immer nach Konstantinopel flossen, sofern sie nicht einzelnen Personen als Entlohnung für Dienste (statt einer Bezahlung durch die Zentralkasse) zukamen. Die bis ins 7. Jahrhun-

---

8) Agostino PERTUSI, Costantino Porfirogenito, De thematibus (1952); Gyla MORAVCSIK/Romilly J. H. JENKINS (Hg.), Constantinus Porphyrogenitus, De administrando imperio (1967).

9) Eine Auflistung auch nur der wichtigsten Siegeleditionen kann an dieser Stelle nicht erfolgen. Laufende Mitteilungen bringen die verschiedenen (bisher 8) Bände der »Studies in Byzantine Sigillography« (Washington/München).

10) Johannes KARAYANNOPULOS – Günter WEISS, Quellenkunde zur Geschichte von Byzanz (1982) S. 91–119, bes. 92–93 zu den Verlusten.

11) Zur Briefliteratur erfolgen im Verlauf dieser Darstellung noch einige Hinweise (s. u. Anm. 88–90). Beispiele für die Auswertung der Heiligenleben bei Cordula SCHOLZ, Graecia Sacra. Studien zur Kultur des mittelalterlichen Griechenland im Spiegel hagiographischer Quellen (1997).

12) Peter SCHREINER, Texte zur spätbyzantinischen Finanz- und Wirtschaftsgeschichte in Handschriften der Biblioteca Vaticana (1991). Solche Texte finden sich in reichem Maße auch in Handschriften anderer Bibliotheken. Ihre Edition würde unsere Kenntnisse der spätbyzantinischen Provinz erheblich bereichern.

13) Vgl. aber einen Ansatz für einen besser erforschten (und erforschbaren) Zeitraum bei Maria MUNDELL MANGO, The Centre In and Beyond the Periphery: Material Culture in the Early Byzantine Empire, in: Byzantina-Metabyzantina (wie Anm. 2) S. 119–128.

14) An dieser Stelle sind keine neuen Forschungsergebnisse zu erwarten, vielmehr wird die Forschungslage im Hinblick auf die Fragestellung vorgelegt. Sie stützt sich vielfach auf meine eigenen Ausführungen in Peter SCHREINER, Byzanz, 2. Aufl. (1994) S. 46–50.

dert praktizierte Trennung von ziviler und militärischer Gewalt, die zeitliche und lokale Begrenzung der hohen Führungsstellen trug dazu bei, keine Hausmacht entstehen zu lassen, die der Zentrale hätte gefährlich werden können. Die schrittweise Umwandlung der römischen Provinzen in Militärbezirke (die sog. Themen) im 7. und 8. Jahrhundert hat prinzipiell am System nichts geändert, da die nunmehrigen Militärbefehlshaber (Themengeneräle) denselben Modalitäten unterlagen wie ihre zivilen Vorgänger. Sie wurden – wie auch andere Provinzbeamte – mehrfach in die verschiedenen Militärbezirke versetzt[15] und stellten so in gewisser Weise auch einen integrierenden Faktor dar. Die *Praxis* brachte aber doch Veränderungen mit sich, die erstmals den Keim einer Verselbständigung von Teilen der Provinz in sich trugen. Zum einen übertrafen die Themen die alten Provinzen an territorialer Größe um ein Vielfaches. Zum anderen verfügte der Militärgouverneur auf seinem Territorium über Truppenkontingente[16], die juristisch dem Kaiser unterstanden, sich praktisch aber in der Hand des Generals befanden. Häufige Usurpationen waren die Folge[17], doch hatten sie nie zum Ziel, einen Bereich abzutrennen, sondern dienten, um von hier aus die Kaisermacht zu gewinnen. So unternahmen es die Kaiser der syrischen Dynastie, deren Begründer Leon III. (717–741) selbst Themengouverneur und durch Usurpation an die Macht gekommen war, eine Verkleinerung der großen Territorien vorzunehmen, so dass aus den fünf Themen zu Beginn des 8. Jahrhunderts im 10. Jahrhundert schließlich 37 wurden. Die Heeresreform des Kaisers Nikephoros II. (963–969) hat die Macht der Themengouverneure endgültig gebrochen und die Entsendung von Truppen wieder fast gänzlich in die Hände der Zentralbehörden in Konstantinopel gelegt[18]. Die Provinz wird bis zu einem gewissen Grade entmilitarisiert, insofern Truppen dort nicht mehr dauernd stationiert sind, sondern im Gefahrenfall entsandt werden[19]. Die Themen – zahlenmäßig noch weiter vermehrt – werden zivile Einheiten, überwiegend fiskalischen Charakters, und bleiben dies bis zum Untergang des Reiches im 15. Jahrhundert

Die mangelnde militärische Dauerpräsenz in Kleinasien führte gerade im 11. und 12. Jahrhundert im Zusammenhang mit dem Vordrängen der Seldschuken zu Erscheinungen, die darauf abzielten, die Provinz von der Hauptstadt unabhängig zu machen.

---

15) Die Beweise liefern die Siegel von Beamten und Militärs, doch fehlt eine zusammenfassende Darstellung in dem hier interessierenden Zusammenhang.

16) Warren Treadgold, Byzantium and Its Army 284–1081 (1995). Angaben zu Zahlen sind in dieser Darstellung mit großer Vorsicht aufzunehmen.

17) Jean-Claude Cheynet, Pouvoir et contestations à Byzance (963–1210) (1990). Für die vorausgehenden Jahrhunderte fehlt eine vergleichbare Darstellung.

18) Hans-Joachim Kühn. Die byzantinische Armee im 10. und 11. Jahrhundert. Studien zur Organisation der Tagmata (1991).

19) Hierin liegt, beginnend mit diesem Zeitpunkt, ein wesentlicher Grund der Schwächung des Reiches, der seinen Untergang herbeiführte, vgl. Peter Schreiner, Schein und Sein. Überlegungen zu den Ursachen des Untergangs des byzantinischen Reiches, HZ 266 (1998) S. 625–647.

Fehlende militärische Hilfe seitens Konstantinopels veranlasste nämlich mindestens zehn lokale Familien, denen Hoheitsaufgaben des Kaisers übertragen worden waren, den Schutz in die eigene Hand zu nehmen und sich damit selbständig zu machen[20]. Zwar war keiner dieser Unternehmungen längerer Erfolg beschieden, vielleicht Trapezunt (Gabras und in der Nachfolge Mitglieder der Komnenenfamilie) und Zypern (Isaak Komnenos) ausgenommen, doch zeigen sich hier deutliche Ansätze zu einer Territorialherrschaft[21]. Die Eroberung Konstantinopels 1204 hat auch diesen Eigenständigkeitsbestrebungen ein Ende bereitet und das byzantinische Reich vor dem Zerfall in Kleinstaaten, (deren Bereiche aus dem venezianischen Teilungsvertrag von 1204 zu ersehen sind[22]) bewahrt[23].

Die staatliche Souveränität erfuhr aber seit dem 12. Jahrhundert durch Verlust von Steuerhoheiten noch weitere Einschränkungen. Die Forschung spricht, in Anlehnung an westliche Terminologien, von Apanagen, d. h. Gebieten, deren Steuereinnahmen vor allem Mitgliedern des Kaiserhauses überlassen wurden[24]. Diese Tendenz setzt sich verstärkt im 13., 14. und 15. Jahrhundert fort, als die wenigen noch verbliebenen Reichsteile Söhnen und Brüdern des Kaisers übergeben wurden[25]. Es deutet sich hier also eine ähnliche Entwicklung zum staatlichen Zerfall und einer Isolierung der Hauptstadt an wie am Ende des 12. Jahrhunderts, die aber wegen der türkischen Eroberung zu keinem Abschluß führte. In kleinerem Rahmen trug die Überlassung von Steuereinnahmen an Einzelpersonen und Institutionen (vor allem Klöster)[26] ebenso zu einer staatlichen Souveränitätsminderung in der Provinz bei wie der Verzicht auf kaiserliche Rechte in einigen Städten seit dem 13. Jahrhundert[27].

Zeigt die staatlich-politische Verbindung zwischen Hauptstadt und Provinz vor allem im Laufe der späteren Jahrhunderte doch ganz erhebliche Schwankungen, so ist die kirchliche Abhängigkeit vom Patriarchat in Konstantinopel von einer weitgehenden Kontinuität gekennzeichnet. Seit dem 7. Jahrhundert liegt, ohne quellenmäßig bekannte Unter-

---

20) Jürgen HOFFMANN, Rudimente von Territorialstaaten im Byzantinischen Reich (1071–1210) (1974); wesentlich gründlicher ist die in serbokroatisch verfasste Arbeit von Radoslav RADIĆ, Lokalherrscher am Ende des 12. und in den ersten Jahrzehnten des 13. Jahrhunderts in Byzanz, Zbornik radova 24–25 (1986) S. 151–289.

21) Diese komplexe Fragestellung wurde in zahlreichen Referaten auf dem XVe Congrès International d'Etudes Byzantines in Athen (1976) behandelt: Rapports et Co-Rapports. I. Histoire 1. Forces centrifuges et centripètes dans le monde byzantin entre 1071 et 1261 (1976).

22) Antonio CARILE, Partitio terrarum imperii Romanie, Studi Veneziani 7 (1965) S. 125–305, bes. 220–221 (lin. 71–97).

23) Dazu SCHREINER, Schein und Sein (wie oben Anm. 19).

24) Ljubomir MAKSIMOVIĆ, Genese und Charakter der Apanage in Byzanz (serbokroat.), Zbornik radova 14/15 (1973) S. 103–154.

25) Ders., The Byzantine Provincial Administration under the Palaiologoi (1988).

26) Nicolas OIKONOMIDÈS, Fiscalité et exemption fiscale à Byzance (IXe–XIe s.) (1996).

27) Peter SCHREINER, I diritti della città di Malvasia nell'epoca tardobizantina, in: Miscellanea di studi storici II (1983) S. 89–98.

brechung, die Wahl der Metropoliten bei der Patriarchatsynode in Konstantinopel, die dem Kaiser einen Dreiervorschlag unterbreitet[28]. Die Entscheidung fällt also immer in der Hauptstadt und kann jederzeit von Interessen des Hofes bestimmt werden. Zudem machte diese »ständige Synode« (Endmusa) die häufige Präsenz von Metropoliten aus dem ganzen Reich nötig, und zwar (wegen der Annehmlichkeiten der Hauptstadt) im Einzelfall oft über einen ungebührlich langen Zeitraum hinweg. Metropoliten, die aus Kriegsgründen ihren Bischofssitz verloren hatten, lebten vielfach überhaupt am Patriarchat. Wenngleich, mangels hinreichender Quellen und Untersuchungen, viele Fragen der sozialen und administrativen Innenstruktur der byzantinischen Kirche noch offen sind, kann von generellen partikularistischen Strömungen nicht die Rede sein[29].

IV. Die grossen Familien und die Provinz

Die im vorausgehenden geschilderte Verbindung der Provinz mit der Hauptstadt darf nicht den Eindruck erwecken, als sei die Provinz der verlängerte Arm der Hauptstadt. Sie war immer auch jener Bereich, aus der sich in vielfacher Hinsicht die Hauptstadt rekrutierte. Dies gilt nicht nur für die materielle Versorgung, die als Gegenstand der Wirtschaftsgeschichte in anderem Zusammenhang dargestellt wird[30]. Die kleinasiatische Provinz liefert die Führungsschicht für Konstantinopel, besonders seit dem 9. Jahrhundert Die Weite des Landes und die Ferne zu Hauptstadt und Kaiser lässt ein Gefühl der Freiheit und Selbständigkeit entstehen, dem ein literarischer Vertreter der Provinz, Kekaumenos, im 11. Jahrhundert folgendermaßen Ausdruck verleiht: »Willst du aber einmal zum Kaiser gehen und seiner Majestät huldigen, außerdem die heiligen Kirchen besuchen und das Zeremoniell des Palastes und die Anordnung der Stadt bewundern, dann tue dies nur einmal, sonst bist du ein Sklave und kein Freund«[31]. Trotzdem war der Drang in die Hauptstadt unaufhaltsam. Die Gesellschaftsgeschichte des byzantinischen Kleinasien – dem Balkanraum kommt hier als lange unter bulgarischer Herrschaft stehend eine geringere Bedeutung zu – steht erst am Anfang ihrer Erforschung. Die im Entstehen begriffene Prosopographie der mittelbyzantinischen Zeit (jetzt bis 867 reichend)[32] und die Erschließung und Interpretation von Siegelbeständen werden einmal ein weitgehend vollständiges

28) Hans-Georg BECK, Kirche und theologische Literatur im byzantinischen Reich (1959) S. 20.
29) Diese Feststellung bezieht sich natürlich nur auf die Kirche innerhalb der staatlichen Grenzen und gilt nicht für die mit dem Patriarchat verbundenen Kirchen in eigenständigen orthodoxen Staaten. Auch in der spannungsgeladenen Epoche des Ikonoklasmus zeigen sich im *hohen* Klerus kaum Separierungstendenzen.
30) Siehe unten S. 147–150.
31) Vademecum des byzantinischen Aristokraten. Das sogenannte Strategikon des Kekaumenos, übersetzt von Hans-Georg BECK (1964) S. 131 (§ 221). S. auch unten S. 147.
32) Prosopographie der mittelbyzantinischen Zeit. Nach Vorarbeiten Friedhelm WINKELMANNS erstellt von Ralph-Johannes LILIE u. a. 7 Bde. (1998–2002).

Bild der lokalen und familiären Verflechtungen der großen Familien geben. Aber schon die vorliegenden Untersuchungen lassen die Bedeutung der Ostprovinzen erkennen[33], wobei den Grenzen (zum Kaliphat) eine besondere Bedeutung auch als Interferenzzone zukommt[34].

Kaum eine führende Familie hat ihre Wurzeln *nicht* in der Provinz, auch wenn sie sich später (ganz oder teilweise) in der Hauptstadt niederlässt. So taucht etwa schon Ende des 8. Jahrhunderts als Befehlshaber ein Skleros auf, der aus Armenien kommt[35]. Von der mächtigsten Familie des 12. Jahrhunderts, den Komnenen, sagt der Geschichtsschreiber Skylitzes: »In Kastamona war das Haus (oikos) des Isaak Komnenos«[36] – er stammte also aus der paphlagonischen Provinz. Oikos bedeutet hier weniger Haus, sondern soviel wie »Stammsitz, Hausmacht«. Viele Namen der großen Familien begegnen mit ihren ersten Vertretern schon um 800, meist in militärischen Funktionen[37], und ihr Aufkommen steht auch in Verbindung mit der Entstehung von Familiennamen[38]. Die Festigung der Hausmacht in der Provinz war wohl das oberste Ziel und noch nicht der Drang nach Ämtern in Konstantinopel, obwohl diese Vermutung noch untermauert werden müßte. Die Auseinandersetzung zwischen den Phokaden und den Skleroi in der zweiten Hälfte des 10. Jahrhunderts zeigt deutlich, dass eine Sicherung der Machtposition in der Provinz als Voraussetzung für den Griff nach dem Kaiserthron angesehen wurde. Der Sieg des regierenden Kaisers, Basileios II., über die rivalisierenden Kräfte der Provinz – freilich nur mit Hilfe fremder Truppen, der varägischen Krieger aus Kiev – leitet gleichzeitig auch das Ende einer selbständigen Familienpolitik in Kleinasien ein. In der langen Regierungszeit dieses Kaisers (976–1025) wurden die großen Magnatenfamilien ruhig gestellt. Ihr Ziel war nun, auf der Basis von Grundbesitz in Kleinasien eine Funktion in Konstantinopel zu erhalten. Damit wird eine Entwicklung eingeleitet, die in der zweiten Hälfte des 11. Jahrhunderts und besonders im 12 Jahrhundert zum vorherrschenden Charakteristikum der hohen Provinzgesellschaft wird: die Präsenz am Kaiserhof und gegenseitige Heiraten[39]. Begünstigt wurde diese Entwicklung durch das Vordringen der Seldschuken, wodurch vie-

---

33) Werner SEIBT, Die Skleroi. Eine prosopographisch-sigillographische Studie (1976); Alexander KAZH-DAN-Silvia RONCHEY, L'aristocrazia bizantina dal principio dell'XI alla fine del XII secolo (1997); Bojana KRSMANOVIĆ, The Rise of Byzantine military Aristocrary in the 11th Century (serbokr.), (2001). Für die früheren Jahrhunderte vorbildlich in Auswertung und Interpretation der Quellen: Friedhelm WINKELMANN, Quellenstudien zur herrschenden Klasse von Byzanz im 8. und 9. Jahrhundert (1987).

34) Dazu GALLINA (wie Anm. 5) S. 62.

35) SEIBT, Skleroi (wie Anm. 33) S. 19–20.

36) Ioannes SKYLITZES, Synopsis historiarum, ed. Ioannes THURN, (1973) S. 489, 71.

37) Siehe WINKELMANN (wie Anm. 33).

38) Diese Problematik kann hier nicht weiter verfolgt werden und ist auch in der Forschung noch kaum behandelt; vgl. jedoch Alexander KAZHDAN, The formation of Byzantine Family Names, Byzantinoslavica 58 (1997) S. 90–109.

39) Siehe KAZHDAN/RONCHEY (wie Anm. 33).

len Familien ihre materielle Basis genommen wurde. Der auf dem Land ansässige Adel verschwindet zunehmend und verwandelt sich in eine hauptstädtische Hofgesellschaft, die allenfalls von den Steuereinkünften des Landes – aber oft nicht mehr des ursprünglichen, sondern vom Kaiser neu zugewiesenen – lebt. Diese Tendenz setzt sich nach dem »Zwischenspiel« in Nikaia (1204–1261), währenddessen die Familien ihren Sitz offensichtlich wieder auf dem Land nahmen[40], mit der Rückgewinnung der Hauptstadt 1261 fort. Trotz der Bildung neuer Zentren in Verbindung mit der Vergabe sogenannter Apanagen, von denen bereits die Rede war, bleiben die großen Familien, die fast ausnahmslos als kaiserliche Großfamilie organisiert sind, in Konstantinopel und verwalten von dort aus ihren Besitz in der immer näher an die Stadt heranrückenden Provinz. Die großen Landverluste durch das Vordringen der Osmanen – Kleinasien scheidet seit dem vierten Jahrzehnt des 14. Jahrhundert aus und gegen 1400 verschwindet auch der Landbesitz im thrakischen Hinterland – veranlassen diese Familien zum Einstieg in den unternehmerischen Seehandel, in Verbindung mit Venezianern und Genuesen[41]. Wie am Ende des Reiches die Provinz mit der Stadt nahezu zusammenfällt, passt sich die Provinzgesellschaft den veränderten Notwendigkeiten an, auch wenn sie auf erzwungenen Voraussetzungen beruhen, die mit der Eroberung des Reiches 1453 ein natürliches Ende finden. Damit ist eine große gesellschaftliche Tradition zu Ende gegangen, deren Anfänge wir im folgenden noch an einigen Einzelbeispielen betrachten wollen.

Es ist nahezu unvermeidlich, hier an erster Stelle auf *Philaretos von Amnia* in Paphlagonien hinzuweisen, von dem als einzigem unter allen Provinzmagnaten wir über eine Vita verfügen[42]. Allerdings ist sie weitgehend nach dem hagiographischen Prinzip gestaltet – Philaretos wird als lokaler Heiliger verehrt – und zudem wohl von seinem Enkel verfasst. Es ist aber trotzdem möglich, einige für uns wichtige Gesichtspunkte als glaubwürdige Fakten herauszustellen. Er dürfte in der ersten Hälfte des 8. Jahrhunderts geboren sein, und gehört somit zu den frühest greifbaren Großgrundbesitzern. Wie er zu seinem Besitz kam, ist nicht gesagt. Da seine Eltern aus dem Pontos zuwanderten, verfügte er über kein bereits lange existierendes Erbgut. Er trägt auch noch keinen Familiennamen, und die Forschung unterscheidet ihn von Homonymen durch die Beifügung seines Wohnsitzes (Amnia) und der Bezeichnung des »Barmherzigen«[43]. Er wohnt in einem Dorf, über dessen

---

40) Michael Angold, A Byzantine Government in Exile. Government and Society under the Lascarids of Nicea (1204–1261) (1975) und Hélène Ahrweiler, L'expérience nicéenne, Dumbarton Oaks Papers 29 (1975) S. 21–40.

41) Dazu zusammenfassend Klaus-Peter Matschke – Franz Tinnefeld, Die Gesellschaft im späten Byzanz. Gruppen, Strukturen und Lebensformen (2001) S. 158–201.

42) Alle Angaben in der Prosopographie der mittelbyz. Zeit (wie Anm. 32), Bd. 3 (2000), Nr. 6136. Text (mit Übersetzung) jetzt bei Lennart Rydén. The Life of St. Philaretos the Merciful, written by his Grandson Niketas (2002).

43) Philaretos begegnet in der »Prosopographie« als Name noch an 11 Stellen, auch in Mönchs- und Klerikerkreisen.

Aussehen und Größe nichts gesagt ist. Es ist nur die Rede von Nachbarn, die ihn – später
– um seinen Besitz brachten. Das Aussehen seines Hauses wird ebenfalls nicht geschildert,
es befindet sich aber innerhalb des Dorfes, nicht als »Herrensitz« außerhalb. Es scheint
aber auffällig gewesen zu sein, da kaiserliche Boten es bei einem Besuch als erstes im Dorfe
betreten, obwohl der Besitzer, Philaretos, inzwischen verarmt war. Das einzige Detail, das
in diesem Zusammenhang genannt wird, ist ein großer runder Tisch im Essraum, an dem
36 Personen Platz finden konnten[44]. Er begleitet seine Enkelin, die später Kaiser Konstantin VI. heiratete, nach Konstantinopel. Dies war ganz offensichtlich sein erster Besuch
in der Hauptstadt, und geschah, wie an weiteren Angaben über zahlreiche Familienmitglieder und der Erwähnung seines baldigen Todes zu schließen ist, in relativ hohen Alter.
Er war dem Rat des fast dreihundert Jahre später lebenden Kekaumenos, über den später
zu berichten sein wird, gefolgt, die Hauptstadt möglichst zu meiden.

Die zweite Person, die wir betrachten, *Eustathios Boïlas*, lebte fast 200 Jahre später. Er
war nicht mehr ein unabhängiger Landbesitzer, sondern hoher kaiserlicher Beamter im
Thema Kappadokien, dessen familiäre Umgebung und Besitz durch ein juristisches Dokument, ein Testament aus dem Jahr 1059, bekannt ist[45]. Der Name der Familie begegnet
schon im 8. Jahrhundert[46], und die seltene, türkbulgarische Form spricht für eine Zusammengehörigkeit. Eustathios war in Kappadokien geboren, stand im Dienst eines *dux*,
der in der damaligen Zeit nicht mehr Militär war, sondern als höchster Finanzbeamter des
Kaisers dem Thema vorstand. Eustathios hatte kaiserliche Würdentitel erhalten und sich
erhebliches Vermögen erworben, obwohl er freilich nicht mit den »Magnaten« des 9. und
10. Jahrhundert verglichen werden kann, sondern charakteristisch für eine neue Schicht
von Grundbesitzern in der Provinz ist. Um 1050 muss er aus unklaren Gründen, vielleicht
in ein Hochverratsverfahren verwickelt, seine Heimat verlassen, ohne allerdings den be-
weglichen Besitz zu verlieren, siedelt sich an der syrisch-armenischen Ostgrenze an und
beginnt ein neues Leben mit neuem Landerwerb. Davon spricht auch, Jahre später, das Testament. Er war im Besitz von neun Dörfern oder bäuerlichen Ansiedlungen, hatte zwei
Kirchen errichtet und verfügte noch über mindestens 17 Sklaven, die er unter bestimmten
Bedingungen freilässt. Bemerkenswert ist der Besitz einer relativ umfangreichen Bibliothek, die uns später noch beschäftigen wird. Eustathios Boïlas ist ein Beispiel für den sozialen Wandel in der Grundbesitzerschicht der Provinz. Er ist kaiserlicher Würdenträger,

44) Ich habe dafür einen Umfang von 21 Metern und einem Durchmesser von 7 Metern errechnet, was auf
einen Raum von 100 qm Größe schließen ließe, vgl. Peter Schreiner, Das Haus in Byzanz nach den schriftlichen Quellen, in: Heinrich Beck – Heiko Steuer, Haus und Hof in ur- und frühgeschichtlicher Zeit
(1997) S. 277–320, bes. 279 und Anm. 10. Auch die Zahl seiner Familienmitglieder (die wohl alle hier lebten), insgesamt 17, lässt auf ein eindruckvolles Gebäude schließen.
45) Paul Lemerle, Le testament d'Eustathios Boïlas (avril 1059), in: Ders., Cinq études sur le XIe siècle byzantin (1977) S. 13–63.
46) Prosopographie der mittelbyz. Zeit (wie Anm. 32) Bd. 1, S. 334.

der, soweit er nicht ererbten Besitz hatte, seine Ländereien durch Einnahmen aus staatlicher Tätigkeit kaufte oder sie als Kompensation dafür erhielt. Es gibt keinen Hinweis, dass er jemals in Konstantinopel gewesen ist, und in keinem Fall hat er sich dort länger aufgehalten, seine Ausbildung erhalten oder gar eine Stelle angenommen. Es ist bezeichnend, dass er sich nach seiner Entlassung aus dem Dienst in Kappadokien in eine Art Exil ganz an die Reichsgrenze begab oder begeben musste, ihm seine Titel aber nicht aberkannt wurden, sondern er trotz einer geographisch fernen in einer ideologisch nahen Beziehung zum Hof stand[47].

Es scheint angebracht, zuletzt auch noch auf einen Zeitgenossen des Eustathios Boïlas, den bereits genannten *Kekaumenos* einzugehen. Er hinterließ eine Sammlung von nicht immer eindeutig geordneten Ratschlägen, die in der jüngsten Ausgabe in fünf Gruppen zusammengefaßt sind[48]. Der Verfasser, dessen Identität noch nicht voll gesichert ist[49], stand jedenfalls in kaiserlichem Dienst und verbrachte, so scheint es, sein Leben weitgehend außerhalb Konstantinopels. Die Schrift besteht, kurz gefasst, neben Hinweisen zur praktischen Kriegführung im Felde, die dem ganzen Werk den Titel »Strategikon« verliehen, vor allem aus Ratschlägen zur anständigen Lebensführung, Warnungen vor Intrigen und Hinterhältigkeiten und immer wieder Misstrauen gegenüber dem Einfluss des Hofes in Konstantinopel. Der Verfasser zielt auf den Erhalt des einfachen, moralisch sauberen Lebens in der Provinz ab, auf die Beachtung traditioneller Gewohnheiten, die gerade in dieser Zeit (unter Kaiser Konstantin IX. Monomachos, 1042–1055) in Konstantinopel abhanden gekommen waren. Dies schildert auch das Geschichtswerk des Michael Psellos. So sind die »Ratschläge« nicht nur ein Werk für die in der Provinz tätigen Beamten, sondern stellen Provinz und Hauptstadt bewusst einander gegenüber.

V. Wirtschaft, Handel, Verkehr

Diese Fragestellung, zu der eine fast unüberblickbare Fülle an Literatur existiert, ist in unserem Zusammenhang unter drei Prämissen zu sehen: (1) der Versorgung Konstantinopels durch die Provinz, (2) der Bedeutung Konstantinopels als wirtschaftlicher Mittelpunkt, und (3) einer wirtschaftlich eigenständigen Rolle der Provinz.

---

47) Die Formen des Exils (*exoria*) sind für Byzanz noch kaum untersucht, vgl. Oxford Dictionary of Byzantium (1990), s.v. *exile*. Die »ideologisch nahe« Beziehung drückt sich m.E. darin aus, dass er stolz ist, »orthodox« und ein »Rhomaier« zu sein.

48) Cecaumeno, Raccomandazioni e consigli di un galantuomo. Testo critico, traduzione e note a cura di Maria D. Spadaro (1998); deutsche Übersetzung bei Hans-Georg Beck, Vademecum des byzantinischen Aristokraten. Das sogenannte Strategikon des Kekaumenos (1964).

49) Viele Gründe sprechen für den General Katakalon Kekaumenos (vgl. Beck a. O. S. 14 u. Anm. 3), doch ist diese Frage in unserem Zusammenhang nicht von Bedeutung.

(1) Etwas generalisierend, aber kaum übertrieben kann festgehalten werden, dass die Provinz Konstantinopel versorgte. Diese Großstadt, die in ihrer Blütezeit (10.–12. Jahrhundert) vielleicht 300 000 und erst in spätbyzantinischer Zeit deutlich unter 100 000 Einwohner hatte, war auf die Versorgung von außen angewiesen[50]. Hungerrevolten der Stadtbevölkerung mussten vermieden werden, um Kaiser und Reich nicht zu gefährden. Bis zum 7. Jahrhundert stand, in römischer Tradition, Ägypten an erster Stelle. Nach dessen Verlust (642) waren es Thrakien und kleinasiatische Regionen, die besonders die Getreideversorgung zu sichern hatten. Es konnte gezeigt werden, dass die Verteidigung gegen die Araber auch darauf ausgerichtet war, jene Gebiete abzusichern, die für die Versorgung der Hauptstadt wichtig waren[51]. In besonderem Umfang freilich hatte das europäische und kleinasiatische Umland und der Schwarzmeerraum für Konstantinopel zu sorgen[52]. Von nicht unwesentlicher Bedeutung, besonders in spätbyzantinischer Zeit, waren auch Anbauzonen innerhalb der Stadtmauern Konstantinopels[53]. Stimmen aus der Provinz – sicher mit einigem Neid und Übertreibung – lassen uns wissen, dass in Konstantinopel immer Wohlstand herrschte[54]. Es ist noch kaum erforscht, inwieweit die Bedürfnisse der Hauptstadt, in die natürlich auch die Forderungen des Hofes eingeschlossen waren, zu Unmut in der Provinz führten[55].

(2) Der relative Wohlstand Konstantinopels und seiner Bevölkerung beruht nicht nur auf der Belieferung aus der Provinz, sondern auch auf der Tatsache, dass die Stadt dank ihrer geographischen Lage immer Zentrum von Wirtschaft und Handel zu Wasser und zu Lande war. Sie trug auf diese Weise auch zur Versorgung zumindest der angrenzenden Regionen bei, versorgte aber auch mit allein hier hergestellten Luxusgütern das gesamte Reich. Der Reichtum des thrakischen Hinterlands und besonders Bithyniens an städtischen Zentren zeigt, – ebenso wie bei Städten der Moderne –, die Entstehung eines groß-

---

50) Grundlegend immer noch S. L. TEALL, The Grain supply of the Byzantine Empire 330–1025, Dumbarton Oaks Papers 13 (1959) S. 87–139, sowie nun Gilbert DAGRON, The Urban Economy, Seventh-Twelfth Century, in: Angeliki LAIOU (Hrsg.), The Economic History of Byzantium (2002) S. 393–491, und Klaus-Peter MATSCHKE, The Late Byzantine Urban Economy, Thirteenth-Fifteenth Century, in: ibid. S. 463–495. Wichtige Gesichtspunkte auch bei Jean DURLIAT, L'approvisionnement de Constantinople, in: Ciryl MANGO/Gilbert DAGRON, Constantinople and its Hinterland (1995) S. 19–33, und Paul MAGDALINO, The grain supply of Constantinople, ninth-twelfth centuries, in: ibid. S. 35–47.

51) Ralph-Johannes LILIE, Die byzantinische Reaktion auf die Ausbreitung der Araber (1976).

52) Siehe dazu die Anm. 50 genannten Arbeiten von MAGDALINO, sowie Gilbert DAGRON, Poissons, pêcheurs et poissonniers de Constantinople, im selben Band S. 57–73.

53) Johannes KODER, Gemüse in Byzanz. Die Versorgung Konstantinopels mit Frischgemüse im Lichte der Geoponika (1993), und Ders., Fresh vegetables for the capital, in: Constantinople and its Hinterland (wie Anm. 50) S. 49–56.

54) GALLINA, Centre et périphérie (wie Anm. 5) S. 63–64.

55) Man könnte etwa auf die hohen Viehforderungen Isaaks II. im Jahr 1185 an die valachischen Bauern in Bulgarien hinweisen, die zu einem Aufstand und der Loslösung Bulgariens führten. (Zuletzt dazu Günter PRINZING, Demetrios-Kirche und Aseniden-Aufstand, Zbornik radova 38 [1999/2000] S. 257–265.)

stadtähnlichen Raumes. So ist es kein Zufall, dass sich im 13. Jahrhundert von dieser bithynischen Region aus, mit Nikaia als Mittelpunkt, die Regeneration des ganzen Reiches vollziehen konnte[56].

(3) Weit schwieriger ist es, der eigenständigen wirtschaftlichen Rolle der Provinz nachzugehen, insbesondere dem Verhältnis der dortigen städtischen Zentren zu ihrem Umland. Deutlich wird aus den wenigen schriftlichen Quellen die erheblich einseitigere Versorgung der Bevölkerung im Verhältnis zu jener der Hauptstadt. Umgekehrt zeigen die wenigen untersuchten Fallbeispiele für das 10.–12. Jahrhundert auch einen erheblichen Umfang des Münzumlaufs[57]. Die wirtschaftliche Verarmung besonders der kleinasiatischen Provinz ist in hohem Maße auch ein Ergebnis häufiger feindlicher Vorstöße (Sassaniden, Araber, Seldschuken und nachfolgende Turkvölker). Das »Schlaglicht«, welches ein Kontobuch einheimischer Händler aus dem pontischen Schwarzmeerraum um 1360 auf die Situation in dieser Provinz wirft, erweist diese keineswegs als ein »Armenhaus«[58]. Die Bedeutung des Marktes im Sinne des lokalen Austausches und der regionalen Selbständigkeit ist in seinem Umfang an Hand konkreter Quellen kaum zu fassen, doch besitzen wir gerade für die mittelbyzantinische Zeit eine größere Anzahl an Erwähnungen[59]. Man kann im Bereich der Wirtschaft Konstantinopel der Provinz nicht verallgemeinernd gegenüberstellen, da zeitlich und regional große Unterschiede bestehen und Gegensätze schwerlich generell, sondern nur punktuell erfasst werden können[60].

Es empfiehlt sich, an dieser Stelle auch auf die Verkehrswege einzugehen, denen über Wirtschaft und Handel hinaus eine zentrale Bedeutung im byzantinischen Staatssystem zukommt. Byzanz führte zunächst das antike Straßen- und Wegenetz weiter, baute es aus und errichtete, wo nötig, neue Verbindungen[61]. Der Unterhalt war überwiegend der um-

---

56) Vgl. Jean LEFORT, Les communications entre Constantinople et la Bithynie, in: Constantinople and its Hinterland (wie Anm. 50) S. 207–218.

57) Vasso PENNA, Numismatic Circulation in Corinth from 976 to 1204, in: The Economic History of Byzantium (wie Anm. 50) S. 655–658, und allgemein Cécile MORRISON, Byzantine Money: Its Production and Circulation, in: ibid. S. 909–966.

58) SCHREINER, Texte (wie Anm. 12) S. 33–65.

59) L. de LIGT, Fairs and Markets in the Roman Empire (1993), und Aneliki LAIOU, Exchange and Trade, Seventh-Twelfth Centuries, in: The Economic History of Byzantium (wie Anm. 50) S. 730–731 und 754–755.

60) Beispiele dafür bei Peter SCHREINER, Bilancio pubblico, agricoltura e commercio a Bisanzio nella seconda metà del XII secolo, in: Wolfgang von STROMER (Hrsg.), Vendig und die Weltwirtschaft um 1200 (1999) S. 177–189, mit Karte der wichtigen Produktionszonen im damaligen byzantinischen Reich.

61) Eine umfassende Bearbeitung des Straßen- und Wegenetzes existiert noch nicht, wird aber derzeit von einem Team an der Universität Birmingham in Angriff genommen. An allgemeinen Darstellungen, die aber z. T. auch auf Details eingehen, sind zu nennen: Die Bände der Tabula Imperii Byzantini, vor allem der Sonderband von Friedrich HILD, Das byzantinische Straßensystem in Kappadokien (1977), weiter Johannes KODER, Der Lebensraum der Byzantiner (2001) S. 62–75, Ioannis Ch. DIMITROUKAS, Reisen und Verkehr im Byzantinischen Reich vom Anfang des 6. Jahrhunderts bis zur Mitte des 11. Jahrhunderts (1997);

liegenden Bevölkerung als Steuerleistung auferlegt. Die Verantwortung für Bau, Reparatur und Sicherheit oblag einer Zentralbehörde in Konstantinopel, dem *logothesion tu dromu*[62]. In gleicher Weise war, wenigstens bis 1204, ein »Seeministerium« (*sekreton tes thalassas*) für die Meereswege zuständig[63]. Ganz anders als im lateinischen Westen brach in Byzanz das Verkehrsnetz nie völlig – allenfalls kriegsbedingt regional[64] – zusammen und trug ganz entscheidend auf allen Ebenen zum Austausch zwischen Hauptstadt und Provinz bei.

VI. Kultur und Provinz

Wir verstehen in diesem Zusammenhang den Beitrag der byzantinischen *Provinz* zu Bildung, Ausbildung und Literatur im byzantinischen Reich. Die Frage wurde in der Forschung nur beiläufig gestellt, da im allgemeinen Konstantinopel als alleiniger Ausgangspunkt aller kulturellen Strömungen betrachtet wird. Diese Konzeption ist sicher in einem hohen Grad richtig und bedeutet, dass die Hauptimpulse von der Hauptstadt ausgingen und diese in vielen Bereichen normatives Vorbild war. Es geht uns in diesem Zusammenhang um die Feststellung, inwieweit sich die Hauptstadt kulturell von der Provinz distanzierte und welchen Beitrag die Provinz ihrerseits leistete[65].

Angesichts der Bedeutung Konstantinopels im Mittelalter – frühestens seit Justinian, eher nach Heraklios um die Mitte des 7. Jahrhunderts – vergisst man allzu leicht, dass die Hauptstadt 324/330 auf den Grundmauern einer zumindest kulturell unbedeutenden Provinzstadt des östlichen römischen Reiches gegründet wurde[66]. Der kulturelle, aber auch

---

Anna Avramea, Land and Sea Communications, Fourth-Fifteenth Centuries, in: The Economic History of Byzantium (wie Anm. 50) S. 57–90. Als Beispiel für die regionale Bedeutung von Verkehrswegen siehe Lefort, Communications (wie Anm. 56) S. 207–218.

62) D. A. Miller, The Logothete of the Drome in the Middle Byzantine Period, Byzantion 36 (1966/1967) S. 438–470.

63) Hélène Ahrweiler, Byzance et la Mer (1966), bes. S. 771–779. Die »Behörde« gibt es erst in der Komnenenzeit, während sich vorher andere Institutionen um die Seewege kümmerten, besonders im Rahmen der sog. See-Themen. Insgesamt gesehen waren die Seewege weit weniger abgesichert als die Landwege. Auf die Bedeutung der Seewege für den wirtschaftlichen Unterhalt Konstantinopels verweist Johannes Koder, Maritime Trade and the Food Supply for Constantinople in the Middle Ages, in: Ruth Macrides, Travels in the Byzantine World (2002) S. 190–124.

64) Dies geschah mit gravierenden Folgen für die Unterstützung Italiens zwischen dem 7. und 9. Jahrhundert auf dem Balkan, vgl. Klaus Belke, Roads and travel in Macedonia and Thrace in the middle and late Byzantine period, in: Macrides, Travels (wie vorherg. Anm.) S. 73–90.

65) Die Fragestellung ist erstmals aufgegriffen bei Guglielmo Cavallo (Hrsg.) Bisanzio fuori di Bisanzio (1991), besonders in der Introduzione von Guglielmo Cavallo (S. 9–16).

66) Gilbert Dagron, Naissance d'une capitale. Constantinople et ses institutions de 330 à 451 (1974). Dem Untertitel folgend ist hier allerdings der kulturelle Aspekt weitgehend ausgeklammert.

der wirtschaftliche Mittelpunkt lag in den kleinasiatischen Städten, besonders in Syrien, Palästina und Ägypten. Wir verfügen zum Aufbau von Bibliotheks- und Bildungsinstitutionen in Konstantinopel über sehr wenig gesicherte Nachrichten[67]. Bis in die Zeit Justinians waren die Schulen in Syrien und Palästina weit renommierter und schickten allenfalls Lehrer nach Konstantinopel. Die Bibliotheken in der neuen Hauptstadt wurden ebenfalls durch die Bestände aus dem Osten aufgebaut. Das erste mit Sicherheit in Konstantinopel entstandene Manuskript, die heute in Wien aufbewahrte Dioskurides-Handschrift, stammt aus der Zeit kurz vor 513. Im Grunde hat erst die Abtrennung der Ostprovinzen vom byzantinischen Reich durch die arabischen Eroberungen seit 634 Konstantinopel als alleiniges Zentrum gestärkt oder es dazu in allen Bereichen gemacht, wenngleich die Kontakte mit dem Osten bis Anfang des 9. Jahrhunderts noch sehr intensiv waren. Erst seit der Herrschaft der Mazedonenkaiser (867) tritt eindeutig die Hauptstadt in den Vordergrund[68].

1. Literatur aus der Provinz und in der Provinz

Zwischen dem 9. und 12. Jahrhundert wird hochsprachliche, profane Literatur fast ausschließlich in Konstantinopel abgefasst. Die großen Literaten haben hier gewirkt, auch wenn sie vielleicht in der Provinz geboren waren. Dies war in den früheren Jahrhunderten keineswegs so. Als eine der ersten literarischen Persönlichkeiten fand zu Beginn des 6. Jahrhunderts Romanos der Melode, der vielleicht bedeutendste byzantinische Hymnendichter, aus Syrien kommend, eine Bleibe in Konstantinopel[69]. Syrischer Abstammung war auch Johannes Malalas, der unter Justinian nach Konstantinopel kam, aber seine Weltchronik überwiegend in antiochenischer Tradition schrieb[70]. Gegen Ende des Jahrhunderts siedelte Theophylaktos Simokates aus Alexandreia in die Hauptstadt über. Sein Werk enthält nicht nur einige hübsche Kapitel über Leben und Mentalität in Ägypten, sondern behält das ganz byzantinische Reich als eine Einheit im Auge, sogar mit Exkursen über die Grenzen hinaus, und kann noch in keiner Weise als konstantinopelzentrisch bezeichnet werden[71]. Der letzte Historiker, der am Ende des 8. Jahrhunderts aus dem Osten zuwan-

---

67) H. Schlange-Schöningen, Kaisertum und Bildungswesen im spätantiken Konstantinopel (1995). Die Darstellung von F. Fuchs, Die höheren Schulen von Konstantinopel im Mittelalter, (1926), ist veraltet und nur mit großer Vorsicht zu benutzen.
68) Guglielmo Cavallo, En barbarois chorois. Riflessioni su cultura del centro e cultura delle pereferie a Bisanzia, in: Bizantina – Meta bizantina (wie Anm. 1) S. 77–106.
69) Johannes Koder, Mit der Seele Augen sah er deines Lichtes Zeichen, Herr. Romanos der Melode: Hymnen des orthodoxen Kirchenjahres (1996).
70) Ioannis Malalae chronographia, rec. Ioannes Thurn, (2000) S. 1*–4* (Autor und Werk).
71) Theophylaktos Simokates, Geschichte. Übersetzt und erläutert von Peter Schreiner (1985) S. 1–5.

derte, ist Georgios Synkellos, der auch sein Material aus Palästina mitbrachte. In seiner
Fortsetzung schrieb Theophanes seine Chronographie und bediente sich dabei mit großer
Wahrscheinlichkeit auch der Unterlagen des Georgios[72]. In jedem Fall demonstriert die
Chronik (schon durch die Daten- und Namensangaben in den Kopfzeilen zu den Jahres-
einträgen) ihren nicht nur auf Konstantinopel, sondern die gesamte byzantinische Öku-
mene ausgerichteten Charakter. Aber nicht nur die Geschichtsschreibung, sondern auch
in der Hauptstadt tätige Grammatiker, wie Georgios Choiroboskos (Anf. 9. Jahrhundert),
eine der für den Grammatikunterricht der folgenden Jahrhunderte wichtigsten Gestalten,
stützten sich auf Material aus den Schulen Syriens und Palästinas[73]. Der größte byzantinische Theologe, Johannes von Damaskos (ca. 655–ca. 745), hat bekanntlich nie innerhalb
der Grenzen des Reiches gewirkt. Seine Schriften waren aber in Konstantinopel so rasch
und so wirksam bekannt, als wäre er dort tätig gewesen[74].

   In der theologischen Literatur hält der Zufluss aus den Klöstern des Ostens, vorab dem
Sinai-Kloster, auch weiter an, freilich weit eher im Austausch von Handschriften als in der
Abfassung neuer Schriften[75]. Wie schon oben betont, ist zwischen dem 9. und dem
12. Jahrhundert die Literatur eher hauptstädtisch orientiert. Es gibt aber auch hier Ausnahmen. Eines der wichtigsten Geschichtswerke dieser Zeit aus der Feder des Johannes
Skylitzes zeigt eine ganz auffällige Konzentration von historischen Informationen zum
bulgarischen Raum. Sie lassen auf ein persönliches Interesse schließen, das damit zusammenhängen kann, dass der Autor vielleicht dort als byzantinischer Beamter tätig
war[76]. Im Hintergrund steht aber sicher auch die Tatsache, dass Bulgarien im selben Jahrhundert, als die Chronik entstand, dem byzantinischen Reich wieder eingegliedert worden war (1018), so dass der Autor Wert darauf legte, gerade diesen Teil des Reiches, der
über mehr als 300 Jahre in der Hand der Feinde gewesen war, dem Leser besonders nahe
zu bringen. Man könnte in diesem Versuch, falls er denn so gemeint war, auch ein Beispiel
für kulturelle oder literarische Integration sehen.

   Nach 1204 öffnet sich ganz deutlich der literarische Horizont. Der – zunächst erzwungene – Kontakt mit dem Westen wurde zu einer Angelegenheit des Alltags, und die
nunmehr kleinen Dimensionen des Reiches kannten keinen Raum, der dem »Westen«
nicht zugänglich war. Die früher ganz in Konstantinopel beheimatete Geschichtsschrei-

---

72) Cyril MANGO, La cultura greca in Palestina dopo la conquista araba, in: CAVALLO, Bisanzio (wie
Anm. 65) S. 37–47. Die umstrittene Frage des originalen Anteils des Theophanes an der von ihm verfassten
Chronik kann hier ausgeklammert bleiben.
73) CAVALLO, Bisanzio (wie Anm. 65), Introduzione (S. 11).
74) Vassa CONTICELLO, Jean Damascène, in: Dictionnaire des philosophes antiques, Bd. 3 (2000) S. 989–
1012.
75) Zur Bedeutung der »Provinz« für die Handschriftenproduktion siehe CAVALLO (wie Anm. 68).
76) Peter SCHREINER, Johannes Skylitzes und Bulgarien, in Georgi BAKALOV – Ivan DŽAMBOV (Hrsg.),
Vizantijskoto Kulturno nasletsvo i Balkanite (2002) S. 26–31.

bung entsteht nun auch in der Provinz, als Lokalgeschichte, in Epiros (Anonyme Chronik von Arta, Familienchronik der Tocco), im fränkischen Zypern (Leontios Machairas), in Trapezunt (Michael Panaretos). Die überwiegend fragmentarisch erhaltenen »Kleinchroniken« legen ein weiteres Zeugnis dieser neuen Tendenz ab[77]. Aber nicht nur im Bereich der Geschichtsschreibung zeigen sich Weiterungen. In Apulien entsteht genau in jener Zeit, als in der ersten Hälfte des 13. Jahrhunderts Konstantinopel ausgeschaltet ist, ein bemerkenswertes Zentrum dichterischen Tätigkeit[78]. Auf der anderen Seite nimmt die byzantinische Erzählliteratur nun in breitem Umfang auch westliche Motive auf[79].

Ein Bereich sollte jedoch in aller Kürze gesondert betrachtet werden: das »volkssprachliche« Epos[80]. Seine Anfänge gehen zurück auf die Auseinandersetzung mit den Arabern im 9. Jahrhundert und stehen zweifelsohne in Verbindung mit den großen Familien in Kleinasien, von denen bereits die Rede war. Wir müssen auch davon ausgehen, dass sie dort entstanden, auch wenn die heute erhaltenen Aufzeichnungen vielleicht eher nach Konstantinopel weisen. Sie spiegeln die Welt an der Grenze, separiert von der Hauptstadt. Besonders deutlich und zur Feindseligkeit ausartend wird diese Haltung in der fragmentarischen russischen Version des Digenis Akritas, in der es zum Kampf zwischen dem Helden und dem Kaiser kommt[81].

2. Die Provinz in der Literatur

Es wurde bereits gezeigt, dass die Provinz in der Historiographie, von der Früh- und Spätphase des Reiches abgesehen, nur eine marginale Rolle im Hinblick auf die Faktengeschichte spielt. Etwas anders liegen die Dinge in der »Schönen Literatur«. Der byzantinische Roman in seiner hochsprachlichen[82] oder seiner volkssprachlichen[83] Form spielt immer in der Provinz, auch wenn er von der hauptstädtischen Hofgesellschaft gelesen

---

77) Peter Schreiner, Die byzantinischen Kleinchroniken. 3 Bde. (1975–1979), bes. Bd. 2 (1977) S. 44–55.

78) Marcello Gigante, La civiltà letteraria, in: Guglielmo Cavallo (u.a. Hg.), I Bizantini in Italia (1982) S. 615–651.

79) Hans-Georg Beck, Geschichte der byzantinischen Volksliteratur (1971) S. 135–147; vgl. auch Peter Schreiner, Der Austausch von literarischen Motiven und Ideen zwischen Ost und West im Mittelmeerraum, in: Girolamo Arnaldi – Guglielmo Cavallo, Europa medievale e mondo bizantino. Contatti ellettivi e possibilità di studi comparati (1997) S. 75–80.

80) Aus der unübersehbaren Literatur sei zusammenfassend verwiesen auf Beck, Geschichte (wie Anm. 79) S. 48–97, sowie Agostino Pertusi, La poesia epica bizantina e la sua formazione: problemi sul fondo storico e la struttura letteraria del »Digenis Akrilas« in: La poesia epica et la sua formazione (1970) S. 481–549.

81) Franz. Übersetzung von Pierre Pascal, Byzantion 10 (1935) S. 301–334.

82) Herbert Hunger, Die hochsprachliche profane Literatur der Byzantiner. Bd. 2, (1978) S. 119–142.

83) Beck, Geschichte (wie Anm. 79) S. 117–153.

wurde. Die Provinz bleibt hier ohne realen lokalen Hintergrund. Sie wird als Ort der Bedrohung, etwa durch Seeräuber auf dem Meer, oder als Gegend geschildert, in der das Mär-
chenschloss plaziert werden kann. Sie ist eine Welt, die im Gegensatz zur Betriebsamkeit
der Stadt steht[84]. So erscheint sie in der Hagiographie[85] und auch in anderen Texten, von
denen hier einige Beispiele zitiert werden sollen. Die Provinz ist im Gegensatz zur Großstadt Konstantinopel, ein *locus amoenus* im konkreten Sinn: »Der Platz ist wunderschön
und in der Höhe, ganz im Zentrum des Gebirges flach hingestreckt, gelegen; darunter zieht
sich eine Ebene geschmückt mit blumentragenden Gärten hin. Die grünenden Wiesen sind
eine Augenweide. Schattige Plätze zum Aufenthalt gibt es, die durch die Dichte des Pflan-
zenwuchses den Spaziergänger verbergen und ihm Schutz gewähren zur Zeit der Mittags-
sonne … Eine Unmenge Wasser umfließt ihn, und enttäuscht weder den Trinkenden durch
die Überfülle der Frische noch bereitet es dem, der sich kühlt, Beschwerden wegen seiner
Milde. Vögel geleiten die Beschauer und wiegen sich mit Gesang in den frischtreibenden
Zweigen der Bäume«. Nicht ein Lyriker schreibt hier, sondern der Historiker Theophylaktos Simokates schildert eine Landschaft im südlichen Balkangebirge[86]. Wer freilich in
der Provinz lebt, sehnt sich nach den Bequemlichkeiten der Großstadt[87]. Leon, Metropolit im phrygischen Synada (10. Jahrhundert) und Johannes Mauropus (11. Jahrhundert),
Metropolit im pontischen Euchaita beklagen sich über die Kargheit der Region, wohin alle
Produkte, über welche die »Stadt« mühelos verfügt, erst unter großen Schwierigkeiten gebracht werden müssen[88]. Leon spricht an anderer Stelle von der Unwirtlichkeit der Orte,
die eine Rast nicht möglich machen: »In Pylai (Hafenort in Bithynien) musste ich plötzlich Station machen, einem elenden und entlegenen Platz, der nicht die mindesten Notwendigkeiten für eine menschliche Existenz besaß, der nur eine Attraktion hatte, nämlich
dass seine Bewohner dort Schweine und Esel, Rinder, Pferde und Schafe mit eifriger Fürsorge zum Weitertransport aufnahmen, nicht dagegen uns Menschen«[89]. Dabei lag der Ort
nicht zu weit von Konstantinopel entfernt, in jener Zone, die man als asiatisches »Hinterland« der Hauptstadt bezeichnet. Wie wenig sich die Verhältnisse geändert hatten, auch als
das Reich zusammengeschrumpft und die Provinz stärker an die Stadt herangerückt war,
zeigt ein Brief des Metropoliten Matthaios von Ephesos (1. H. 14. Jh.), seinen früheren Sitz

84) Zahlreiche Beispiele dazu bei Peter SCHREINER, Die Byzantiner und ihre Sicht der Natur. Ein Überblick, in: Peter DILG (Hrsg.), Natur im Mittelalter (2003) S. 136–150.
85) Dieser Gesichtspunkt ist besonders hervorgehoben bei Erich SCHILBACH, … folgte dem Worte des Er-
lösers ein symphorisches Fröschequaken. Naturerfahrung, Naturgefühl, Naturerkenntnis in einer Um-
bruchzeit, Byzantina 21 (2000) S. 331–360.
86) Theophylaktos Simokates, (wie Anm. 71) S. 76.
87) Siehe auch CAVALLO (wie Anm. 68) bes. S. 77–82.
88) Martha P. VINSON (ed.), The Correspondence of Leo, Metropolitan of Synada and Syncellus (1985),
Brief 43 und Apostolos KARPOZILOS (ed.), The letters of Ioannes Mauropous, Metropolitan of Euchaita
(1990), Brief 64, bes. Zeile 56–62.
89) Leo, Metropolitan of Synada and Syncellus (wie vorausg. Anm.) S. 86, Zeile 28–35.

Brysis (heute Pinarhisar, im europäischen »Hinterland« gelegen) betreffend: »Als wir es zum ersten Male betraten, glaubten wir, wir seien in einer Stadt angekommen. In Wirklichkeit aber ist es ein ganz kleines Städtchen … Es zählt nur wenige Herdstellen, und davon sind die meisten grasbedeckt. Von gleichem Zuschnitt sozusagen wie die Stadt sind auch Wandel und Charakter der Menschen. Ihre Lebensweise ist teils die von Nomaden und Hirten, teils die von Bauern und Handwerkern; was sonst noch übrig bleibt, verteilt sich auf Schlächter und Schankwirte«[90]. Die literarischen Zeugnisse, die sich noch mühelos vermehren ließen[91], zeigen in gleicher Weise Sehnsucht nach der Provinz und Abscheu vor ihr.

3. Schrift und Schreiben

Auch in der Schriftkultur wird Konstantinopel erst seit dem 9. Jahrhundert führend, als auf der Basis von gesammelten Beständen in Text und Buchschmuck ein Neubeginn einsetzt[92]. Bis zu diesem Zeitpunkt entstanden die wesentlichen Neuansätze nicht in Konstantinopel. Hier ist zunächst die Ablösung der Rolle durch den Codex im 4. Jahrhundert zu nennen, die weit mehr als eine veränderte materielle Technik darstellt[93]. Sie hat zum einen die Festlegung eines neuen Schreibstils, die Majuskel[94], zur Folge, zum anderen die Umschrift sämtlicher Texte von der Rolle oder dem Papyruscodex in das Pergament-Buch[95]. Der Sieg des Codex ist weitgehend den Bedürfnissen des im 4. Jahrhundert »legalisierten« Christentums zu verdanken[96]. Der Prozess vollzog sich aber überwiegend in den östlichen Provinzen Syrien und Palästina, wo die großen Bibliotheken vorhanden waren[97]. Keiner der griechischen Schriftstile bis ins 9. Jahrhundert hat in Konstantinopel

---

90) Diether REINSCH, Die Briefe des Matthaios von Ephesos in Codex Vindobensis Theol. Gr. 174 (1974) S. 378–379.

91) Reichlich Stoff in den Briefsammlungen des Theophylaktos von Ohrid (ed. Paul GAUTIER, Thessaloniki 1986) und des Michael Choniates, Erzbischofs von Athen (ed. Foteini KOLOVOU, Berlin 2001).

92) Hier ist ausdrücklich darauf hinzuweisen, dass das Jahrhundert des Ikonoklasmus kein Jahrhundert der Unkultur war und auf Bewahrung sehr wohl Wert legte (vgl. Peter SCHREINER, Der byzantinische Bilderstreit: Kritische Analyse der zeitgenössischen Meinungen und das Urteil der Nachwelt bis heute, in: Settimane di studio del Centro Italiano di studi sull'Alto Medioevo 34 (1988) S. 319–427, bes. S. 392–399, und Diether REINSCH, Literarische Bildung in Konstantinopel im 7. und 8. Jahrhundert Das Zeugnis der Homiletik, in: Giancarlo PRATO (Hrsg.), I manoscritti greci tra riflessione e dibattito. Bd. 1 (2000) S. 29–46, sowie Erich LAMBERZ, Handschriften und Bibliotheken im Spiegel der Akten des VII. Ökumenischen Konzils (787), in: ibid. S. 47–63.

93) Colin H. ROBERTS – T. C. SKEAT, The Birth of the Codex (1983).

94) Guglielmo CAVALLO, Ricerche sulla maiuscola biblica (1967).

95) Durchführung und Folgen dieses Vorgangs liegen weitgehend im Dunkeln. Auf keinen Fall spielt hierbei Konstantinopel eine entscheidende Rolle.

96) ROBERTS-SKEAT, The Birth (wie Anm. 93) S. 45–66.

97) Vgl. Guglielmo CAVALLO, Qualche annotazione sulla trasmissione dei classici nella tarda antichità, Rivista di filologia e di istruzione classica 125 (1995) S. 205–219.

seine Ursprünge. Auch jene Schrift, die von der ersten Hälfte des 9. Jahrhunderts an die Majuskel weitgehend ablöst, die Minuskel, nahm ihren Anfang im palästinensischem Raum, von wo aus sie nach Konstantinopel »importiert« wurde und sich dank der Tätigkeit des Studiu-Klosters als vorherrschender Schrifttypus durchsetzte[98]. Hier freilich erfuhr sie ihre weitere Ausbildung und verschiedene Umformungen, die nach und nach, wiederum mit dem Umschreiben von Codices verbunden, in die Provinz zurückwirken. Dort blieb aber, besonders für liturgische Texte, noch lange die Majuskel erhalten, die im ostbulgarischen Raum – neben anderen Ursachen – die Vorlage für die kyrillische Schrift abgab[99]. Soweit bisher feststellbar ist, blieb die normative Kraft Konstantinopels führend, da sich eigene Provinzschriftstile nur mehr in geographisch abgetrennten Regionen wie Unteritalien – hier in mehreren Varianten – und im 13. Jahrhundert in Zypern herausbildeten[100]. Die territoriale Einheit des Reiches hat auch zu einer Einheitlichkeit der Schriftstile beigetragen und nie die Vielfalt des Westens aufkommen lassen[101].

Es ist sicher richtig, dass spätestens seit dem 9. Jahrhundert das Zentrum der Buchproduktion und Buchsammlung Konstantinopel war. Aber immer wieder wird auch auf die Provinz zurückgegriffen, wenn es galt, Bestände zu ergänzen oder seltene Texte zu suchen. Sicher weitgehend legendär ist das Beispiel Leons, des späteren Mathematikers und Gelehrten, der in den Klöstern der Insel Andros nach (profanen) Handschriften suchte[102]. Aber auch eine Legende muss letztlich soweit glaubwürdig sein, dass der geschilderte Vorgang möglich wäre. Ob der spätere ikonoklastische Patriarch Johannes Grammitikos auf der Suche nach alten Büchern auch in der Provinz weilte, lässt sich schwerlich ausmachen[103]. Inwieweit auch in späteren Jahrhunderten systematische Recherchen nach Büchern durchgeführt wurden, müssten weitere Untersuchungen ergeben. Auf jeden Fall fanden sie wieder nach 1204 im Nikänischen Reich statt, als sich etwa ein Gelehrter vom Rang des Nikephoros Blemmydes auf die ägäischen Inseln und nach Griechenland begab,

---

98) Giuseppe DE GREGORIO, Materiali vecchi e nuovi per uno studio della minuscola greca fra VII e IX secolo, in: PRATO, I manoscritti greci (wie Anm. 92) S. 81–151. Nun in mancher Hinsicht zugunsten eines aktiveren Anteils der Hauptstadt zu modifizieren durch Maria J. LUZZATTO, Grammata e Syrmata, Analecta Papyrologica 14–15 (2002–2003) S. 1–85.

99) Peter SCHREINER, Il ruolo di Bisanzio nella trasmissione della cultura libraria ai popoli dell'oriente europeo. Problemi dell'alfabeto e la traduzione di libri, Rivista di Bizantinistica 3 (1993) S. 355–371.

100) Diese Thematik ist der Tagungsband »Scritture, libri e testi nelle aree provinciali di Bisanzio«, hrsg. Guglielmo CAVALLO u.a. (1991) gewidmet. Die Provenienz aus der Provinz lässt sich eher an der Ornamentik als der Schrift erkennen. *Sichere* Kriterien für Provinzstile (von den genannten abgesehen) sind (noch?) nicht feststellbar.

101) Vgl. Bernhard BISCHOFF, Paläographie des römischen Altertums und des abendländischen Mittelalters (1986) S. 113–201.

102) Paul LEMERLE, Le premier humanisme byzantin (1971) S. 149–150. Zum Legendencharakter s. Christine ANGELIDI, Le séjour de Léon le mathématicien à Andros: Realité ou confusion, in: Eupsychia. Mélanges offerts à Hélène Ahrweiler (1998) S. 1–7.

103) LEMERLE, a. a. O. 139.

um – sicher in erster Linie profane – Handschriften zu sammeln[104]. Ein Einzelbeispiel aus etwas späterer Zeit zeigt, dass eine solche Suche überraschende Resultate zeitigen konnte: die einzigen (heute) vollständigen Texte der Chronik des Nikephoros Patriarches und des Theophylaktos Simokates befanden sich 1417 in der bischöflichen Bibliothek von Samos[105].

Der Nachweis von Handschriften in der Provinz und ihrer dortigen Anfertigung stellt noch ein großes Forschungsdesiderat dar[106]. Giancarlo Prato hat in Griechenland zehn Handschriften vor dem Jahr 1200 ausgemacht, die Subscriptionen tragen und dort auch nachweislich geschrieben wurden[107]. In vielen Fällen zeigen die Ornamentik oder die Miniaturen, dass mit hoher Wahrscheinlichkeit Konstantinopel ausscheidet[108]. Umgekehrt wissen wir, dass Klöster (Konstantinopel teilweise ausgenommen) keine Scriptorien im westlichen Sinne besaßen[109], und Handschriften an schreibkundige Mönche gegen Bezahlung in Auftrag gegeben wurden[110]. In der Mehrzahl der Fälle waren dies Handschriften liturgischen oder erbaulichen Charakters, die notwendigerweise in hohem Umfang in der Provinz entstanden. Aber nicht nur Kirchen und Klöster verfügten in der Provinz über Handschriften, sondern auch Privatpersonen: Im Testament des Eustathios Boïlas wird der Besitz von 74 Handschriften genannt, die der von ihm gegründeten Kirchenstiftung übereignet werden sollen[111], darunter auch mehrere profane Werke, die uns unten noch beschäftigen werden. Dieses Beispiel zeigt auch, dass Emissäre aus der Hauptstadt, von denen die Rede war, in Provinzklöstern sehr wohl Funde machen konnten.

104) Constantin N. Constantinides, Higher education in Byzantium in the Thirteenth and Early Fourteenth Centuries (1204- ca. 1310) (1982) S. 134.

105) Carl de Boor (ed.), Theophylacti Simocattae historiae (1887), p. VI.

106) Siehe die leider ungedruckt gebliebene Dissertation von Otto Volk, Die byzantinischen Klosterbibliotheken von Konstantinopel, Thessalonike und Kleinasien (1954). Auch das »Repertorium der griechischen Kopisten«, bisher 3 Bde. (1981–1997) ist hierfür nur bedingt hilfreich, da es auf die Kopisten, nicht die Orte ausgerichtet ist und leider der volle Wortlaut der Subscriptionen nie wiedergegeben wird. Einen zusammenfassenden Überblick über Handschriftenproduktion in der Provinz gibt Cavallo (wie Anm. 68) S. 90–97.

107) Giancarlo Prato, Scritture e libri in Grecia tra IX e XIV secolo, in: Cavallo, Bisanzio (wie oben Anm. 65) S. 48–65. Das 13.–14. Jahrhundert steht ganz im Zeichen der Produktion in Mistras, wo wir aber nicht von »Provinz« sprechen können.

108) Axinia Džurova, Byzantinische Miniaturen. Schätze der Buchmalerei vom 4. bis zum 19. Jahrhundert (2002).

109) Peter Schreiner, Klosterbibliotheken in Ost und West. Unterschiede und Gemeinsamkeiten, in: Medieval Christian Europe: East and West. Tradition, Values, Communications (2002) S. 19–29.

110) Guglielmo Cavallo, Forme e ideologia della commitenza libraria tra Oriente e Occidente, in: Settimane di Studio del Centro Italiano di Studi sull'Alto Medioevo 39 (1992) S. 617–643. Zu einem solchen auch von der Zahlung her konkreten Beispiel siehe Schreiner, Texte (wie Anm. 12) S. 237–239 (Nr. 45).

111) Lemerle, Le testament (wie Anm. 45) S. 25. Die Zahl kann auch geringfügig niedriger sein, da in einigen Fällen liturgischer Bücher auch mehrere Texte in einem Band zusammengefasst sein können.

An einem Einzelbeispiel lässt sich auch zeigen, in welchem Umfang profane Literatur in der Provinz Verbreitung fand. Sieben der neun maßgeblichen Handschriften des Historikers Johannes Skylitzes, der schon oben in Zusammenhang mit den bulgarischen Interessen genannt wurde[112], weisen Zusätze auf, die zweifelsfrei auf die Umgebung von Ohrid hinweisen, wo sich entweder Original oder Vorlage befand[113], während eine weitere Handschrift in Messina kopiert wurde[114]. Fast die gesamte heute erhaltene Überlieferung dieses Autors ist also der »Provinz« zu verdanken.

Diese punktuellen und sicher höchst ergänzungsbedürftigen Hinweise sollen zeigen, dass der Provinz ein selbständiger Platz in Kopiertätigkeit und Verwahrung von Handschriften zukommt.

4. Bildungsinstitutionen in der Provinz

Die Forschung geht im allgemeinen davon aus, dass höhere Bildung in der Form der Enkyklios Paideia, die über bloßes Lesen und Schreiben hinausging, nur in Konstantinopel gegeben war[115]. Diese Feststellung wird im allgemeinen wohl zutreffen, aber trotzdem muss die Frage nach Möglichkeiten einer solchen Ausbildung auch in der Provinz gestellt werden[116]. Anlass dazu gibt das mehrfach zitierte Testament des Eustathios Boïlas aus dem Jahr 1059. Die Bücherliste zeigt zunächst das überwiegende Interesse an theologischer und besonders an liturgischer Literatur, wobei letztere gar keinen Lesestoff darstellte und vielleicht von Anfang an für »Stiftungszwecke«, d.h. die Ausstattung der Kirche mit Texten für das Offizium gesammelt worden war. Es fallen aber einige profane Texte auf: neben einem Rechtsbuch eine Version des Alexanderromans, der Roman von Leukippe und Kleitophon, ein Traumbuch, Äsop und Schriften des Georgios Pisides, alles Texte, deren Lektüre eine Vertrautheit mit der klassischen Sprache verraten. Boïlas bezeichnet im Testament das Thema Kappadokien als seine Heimat und nichts spricht für einen längeren Aufenthalt in Konstantinopel. Man wird also annehmen, dass er in seiner Heimat eine Ausbildung erhielt, die in ihm das Interesse nach solchen Texten weckte. Es lässt sich auch schwerlich denken, dass die gesamte mittlere Beamtenschicht in den Themen, wozu Boïlas zählte, in der Hauptstadt ausgebildet wurde. Vielleicht gab es »Wanderlehrer«, die ei-

---

112) Oben S. 152.
113) SCHREINER, Johannes Skylitzes und Bulgarien (wie Anm. 76) S. 29–30.
114) Es ist die berühmte, heute in Madrid befindliche Handschrift mit den Miniaturen. Messina war als einer der Zentralorte des normannischen Königreiches nicht »Provinz« im eigentlichen Sinn, wohl aber aus byzantinischer Sicht.
115) Paul LEMERLE, »Le gouvernement des philosophes«: Notes et remarques sur l'enseignement, les écoles, la culture, in: Ders., Cinq études (wie Anm. 45) S. 195–252.
116) Auch CAVALLO (wie Anm. 68) S. 89 postuliert Schulen in der Provinz.

nen solchen Unterricht durchführten. Dies würde die Funktion einer Person erklären, die im Jahr 1196/7 Scholia minora zur Ilias in Arkadien kopierte, und sich als »Rhetor und Philosoph«, also Lehrer der Enkyklios Paideia, bezeichnet[117]. Wenn jüdische Gemeinden, wie in Theben und Thessalonike, über Schulen mit angesehenen Lehrern verfügten[118], so müssen wir an solche Möglichkeiten auch für die Byzantiner in der Provinz denken. Jedenfalls ist in spätbyzantinischer Zeit profane Bildung in der Provinz durchaus kein seltenes Phänomen[119], wobei diesem Sachverhalt nun freilich die Nähe der »Provinz« zur Hauptstadt oder anderen neuen Zentren entgegenkommt. Auch der Kontakt mit dem Westen öffnet nun die Provinz in zunehmendem Maße. Vielleicht sind es aber die mehr und besser überlieferten Zeugnisse der Spätzeit, die den Beweis einer Offenheit der Provinz leichter machen. So hat jüngst Brigitte Mondrain auf ein Zentrum medizinisch-pharmazeutischer Interessen in Attika oder der Westpeloponnes im 14. Jahrhundert aufmerksam gemacht[120], mit dem auch die Kopie eines berühmten Rezeptbuches in Athen (1349) in Verbindung stehen könnte[121].

VII. Die Klosterkultur der Provinz

Mönchtum und Kloster haben stärker als jede andere Institution die Provinz geprägt und die dort lebende Bevölkerung beeinflusst[122]. Das Mönchtum ist in der Spätantike aus der Flucht vor dem städtischen Leben entstanden[123] und bleibt in Byzanz seinen ursprünglichen Zielen immer näher als im Westen. Entsprechend dem hauptstädtischen Charakter unterscheiden sich die Klöster in Konstantinopel funktional von jenen in der Provinz oft

---

117) Prato, Scritture (wie Anm. 107) S. 51.

118) Zu den Quellen (ein Geniza-Text aus Cairo) siehe Peter Schreiner, Klosterkultur und Handschriften im mittelalterlichen Griechenland, in: Reinhold Lauer – Peter Schreiner, Die Kultur Griechenlands in Mittelalter und Neuzeit (1996) S. 39–54, hier S. 54 A. 59.

119) Schreiner, Texte (wie Anm. 12) S. 439–446.

120) Brigitte Mondrain, Un lexique botanico-medical »bilingue« dans le Parisinus Gr. 2510, in: Jacqueline Hamesse (Hg.), Lexiques bilingues dans les domaines philosophiques et scientifiques (Moyen Âge – Renaissance) (2001) S. 123–160.

121) Dies., Nicolas Myrepse et une collection de manuscrits médicaux dans la première moitié du XIVᵉ siècle. À propos d'une miniature célèbre du Parisinus gr. 2243, in: Antonio Garzya – Jacques Iouanna, I testi medici greci – tradizione e ecdotica (2000) S. 403–418.

122) Einige zusammenfassende Gedanken zur kulturellen Bedeutung bei Peter Schreiner, Drei Kulturen in Byzanz: Kaiser und Hof – Volk – Kleriker und Mönche, in: Christoph Stiegemann (Hrsg.), Byzanz. Das Licht aus dem Osten. Kult und Alltag im Byzantinischen Reich vom 4. bis 15. Jahrhundert (2001) S. 1–18.

123) Vgl. die hierzu immer noch nicht veraltete Darstellung Karl Heussi, Der Ursprung des Mönchtums (1936).

nicht unerheblich[124], wenngleich in den Grundanliegen einer orthodoxen Glaubenskultur eine Einheitlichkeit existiert, die sogar die politischen Grenzen weit überschreitet. Mit dem Ende der großen Glaubensauseinandersetzungen, das nach dem Bilderstreit in der Mitte des 9. Jahrhunderts erreicht ist, kann man einen zunehmenden Einfluss der mönchischen Spiritualität auf alle Schichten der Bevölkerung feststellen. Sie äußert sich in Stiftungen und Steuerbefreiungen und beim Eintritt auch hochgestellter Persönlichkeiten ins Kloster, wenn sie ihre weltliche Karriere beendet hatten. In einem Maße, das der Westen nie kennt, bildeten sich ganze Klosterbezirke in abgeschiedenen Regionen der Provinz (Latmos, bithynischer Olymp, Athos), denen, wie besonders im Falle des Athos, eine spirituelle Staatlichkeit zukommt, während ihnen eine Einmischung in die Politik weitgehend fern liegt, oder nur dann sichtbar wird, wenn Glaubensinhalte in Frage gestellt werden (Bilderstreit, Einfluss westlicher Glaubensvorstellungen). Die Tatsache, dass schon seit dem 6. Jahrhundert Bischöfe, Metropoliten und Patriarchen, von wenigen, dann meist spekulären Ausnahmen abgesehen, dem Mönchsstand angehören, macht das Mönchtum auch zu einem Bindeglied in der staatlich-hierarchischen Struktur, wobei natürlich gerade in diesem herausgehobenen Bereich der Kirchenführer der Ansatz zur »Verweltlichung« am stärksten ist. Die große Menge der Mönche war davon jedenfalls nicht berührt, und führte, was auch die Viten immer wieder zeigen, ein weltfernes Leben und legte manchmal auch der staatlichen und kirchlichen Obrigkeit gegenüber oppositionelles Verhalten an den Tag. Zweifelsohne war das Mönchtum, besonders in seiner idiorhythmischen Form, in seinen Reaktionen unberechenbar und nahm besonders in spätbyzantinischer Zeit auch Einfluß auf politische Entscheidungen, doch geschieht dies nicht vor dem Hintergrund einer Dichotomie Hauptstadt – Provinz.

Ein Charakteristikum des byzantinischen, besser: orthodoxen, Mönchtums ist die Bereitschaft seiner Angehörigen, ein Wanderleben auf sich zu nehmen. Sprachliche und staatliche Grenzen spielen dabei keine entscheidende Rolle. Der Transport und Austausch von asketisch-erbaulichen, aber auch liturgischen Schriften einschließlich der darin vertretenen Schriftstile und Ornamente finden somit rasche und immer wiederkehrende Verbreitung[125]. Ein weiteres Charakteristikum stellt die Multinationalität der Mönchskultur dar. Bekannt hierfür sind das Katharinenkloster auf dem Sinai, und natürlich die Mönchsgemeinschaften auf dem Athos. Mitten im bulgarischen Land, damals politisch zu Byzanz gehörte, gründet am Ende des 11. Jahrhunderts ein georgischer Magnat ein Kloster, das heutige Bačkovo-Kloster, zu dem kein Grieche Zutritt haben sollte[126].

---

124) Raimond Janin, Les églises et les monastères (de Constantinople) (1969).
125) Vgl. Peter Schreiner, Handschriften auf Reisen, Bolletino della Badia Greca di Grottaferrata 51 (1997) S. 145–165.
126) Paul Lemerle, Le typikon de Grégoire Pakourianos (décembre 1083), in: Ders., Cinq études (wie Anm. 45) S. 115–191.

Zusammenfassend kann man behaupten, dass die Unterschiede zwischen Peripherie und Hauptstadt in der Erscheinung des byzantinischen Mönchtums weitgehend aufgehoben sind.

VIII. Kunst: Hauptstadt und Peripherie

Der Vollständigkeit der Gesamtthematik wegen soll auch die Kunst mitberücksichtigt werden, obwohl sie unter dem vorgegebenen Gesichtspunkt eine gesonderte Darstellung verdiente, die auch vom Spezialisten durchzuführen wäre[127]. Zwei Prämissen können an den Beginn gestellt werden: (1) Konstantinopel ist spätestens seit der Mitte des 9. Jahrhunderts immer – abgesehen in der ersten Hälfte des 13. Jahrhunderts – maßgebliches Zentrum, das stilbildend und stilbeherrschend wirkt. (2) Es gibt keine ausgeprägten und voneinander deutlich abgegrenzten Kunstlandschaften, wie sie der Westen, zunächst großräumig, später landschaftlich bezogen, kennt[128]. Die Frage, welche Faktoren die Kunstentwicklung in Konstantinopel beeinflussten, insbesondere die Rolle der östlichen Peripherie, ist gleichzeitig ein Kapitel kontroverser Wissenschaftsgeschichte[129]. Es steht außer Frage, dass auch in Konstantinopel mehrere Stilrichtungen nebeneinander existierten und Abweichungen von der Luxuskunst des Hofes nicht als provinziell bezeichnet werden können[130]. Die Frage ist auch unterschiedlich von der Verfügbarkeit an Handwerkern und Materialien her zu beantworten. Die theologisch-liturgische Buchkunst ist – unabhängig von dogmatisch-ikonographisch gleich bleibenden Festlegungen – stärkeren Wandlungen unterworfen, da das Objekt leicht transportabel war und die Provinz hier eher als traditionell bewahrender Faktor wirkte[131]. Die Wandmalerei wiederum ist in ihrer Ausdruckskraft auch sehr von den lokal vorhandenen Gegebenheiten, die gerade auch die Farbgebung erheblich beeinflussen können, abhängig, während die ikonographische Einheitlichkeit überwiegend auf Musterbücher zurückgeht, die in erster Linie den Stil der Hauptstadt vertreten. So bleibt die Herausarbeitung lokaler Malstile, der sich in jüngster

---

127) Die m. E. methodisch wichtigste Überblicksdarstellung (am konkreten Beispiel Griechenland) bei Marcell Restle, Zentren byzantinischer Malerei in Griechenland: Zur Frage des Provinzialismus, in: Die Kultur Griechenlands (wie Anm. 118) S. 387–399.

128) Für den Westen vgl. die nicht unumstrittene Darstellung von Harald Keller, Die Kunstlandschaften Italiens (1965).

129) Vgl. dazu Restle, Zentren (wie Anm. 127) S. 390–391.

130) Hans Belting, Kunst oder Objekt-Stil. Fragen zur Funktion der »Kunst« in der Makedonischen Renaissance, in: Irmgard Hutter (Hg.), Byzanz und der Westen (1984) S. 65–83. Siehe auch Marcell Restle, Hofkunst – höfische Kunst Konstantinopels in mittelbyzantinischer Zeit, in: Höfische Kultur (wie Anm. 6) S. 25–41.

131) Vgl. Anne Weyl Carr, La produzione provinciale di codici miniati sei secoli XI e XII: alcune riflessioni, in: Cavallo, Bisanzio (wie Anm. 65) S. 66–90.

Zeit die Forschung zuwendet, durchaus problematisch, wenngleich nicht zu leugnen ist, dass es an die Provinz gebundene Malschulen gab[132]. Veränderungen in der Ikonographie sind durch die theologischen Festlegungen enge Grenzen gesetzt[133]. Soweit bisher das Material bekannt und ausgewertet ist, erlauben sich erst in spätbyzantinischer Zeit Randzonen (Morea, Epiros) auch Abweichungen[134]. Während einer sehr bedeutenden Periode wird die Provinz jedoch »Ersatz« für die Normen der Hauptstadt. Nach der Eroberung Konstantinopels 1204 übernimmt die »balkanische Provinz«, vorab Serbien, wo schon im 12. Jahrhundert höfische Kunst Verbreitung fand[135], die Rolle Konstantinopels, indem sie die Tradition der Hofkunst weiterführt, aus der nach der Rückgewinnung der Hauptstadt die neue höfische Kunst schöpfen kann und jene Stilrichtung entsteht, die als paläologische Renaissance bezeichnet wird[136]. Zusammenfassend ist festzuhalten, dass in der Kunst die Peripherie insgesamt eine nicht unerhebliche Rolle im Rahmen von Bewahrung und Weitergabe spielt, aber auch noch viele Einzelheiten der Erforschung bedürfen.

IX. Zur Frage nach Integrationsproblemen im byzantinischen Reich[137]

1. Die staatlich-politische Integration

Sie stellte im großen und ganzen gesehen nie ein Problem dar, da sich der Erhalt des Reichsganzen als selbstverständliche Forderung aus der Fiktion eines Imperium Romanum als Erbe der kaiserzeitlich-römischen Tradition ergab[138]. Das Kaisertum war nie umstritten, selbst wenn ein einzelner Kaiser abgesetzt wurde. Offizielle Pläne nach einer Auf-

132) Doula Mouriki, Stilistic Trends in the Monumental Painting of Greece During the Eleventh and Twelfth Century, Dumbarton Oaks Papers 34/35 (1980/1981) S. 72–124, Dies., The Mosaics of Nea Moni on Chios (1985) S. 259–260 und Carolyn L. Connor, Art and Miracles in Medieval Byzantium. The Crypt of Hosios Loukas and its Frescoes (1991) S. 58–67 (»Hosios-Loukas-Stil«).
133) Kenneth Parry, Depicting the World. Byzantine Iconophile Thought of the Eighth and Ninth Centuries (1996).
134) Peter Schreiner, Stadt und Gesetz – Dorf und Brauch. Versuch einer historischen Volkskunde von Byzanz: Methoden, Quellen, Gegenstände, Beispiele (2001) S. 41.
135) Lydia Hadermann-Misguich, La peinture monumentale tardocomnène et ses prolongements au XIIIe siècle, in: XVe Congrès International des Études Byzantines, Rapports et Co-Rapports. III: Art et Archéologie (1976) S. 99–127.
136) Otto Demus, Die Entstehung des Paläologenstils in der Malerei. Berichte zum XI. Intern. Byzantinisten-Kongreß. München 1958, IV, 2 (1958).
137) Ausführlich dazu Peter Schreiner, Byzanz in Europa – Byzanz und Europa. Modelle der politischen und kulturellen Integration zwischen dem 6. und dem 15. Jahrhundert, in: Evangelos Chrysos (u. a. Hg.), The Idea of European Community in History (2003) S. 123–132.
138) Hélène Ahrweiler, L'idéologie politique de l'Empire byzantin (1975); Silvia Ronchey, Lo stato bizantino (2002).

teilung des Reiches in selbständige, von Konstantinopel unabhängige Einheiten wurden nie durchgeführt, falls ihnen überhaupt ein realer Hintergrund zuzubilligen ist[139]. Die Wiedereingliederung »verlorener« Reichsteile bereitete nur bedingt Schwierigkeiten, da sie auf der Einheit von Kirche und Glaube beruhte. Die gesellschaftliche Führungsschicht wurde durch höfische Ehrentitel, die mit Geldzahlungen verbunden waren, gewonnen und die byzantinische Verwaltungsstruktur – Themenordnung in den verschiedenen Formen – kam als Selbstverständlichkeit zur Durchführung. So vollzog sich im 8./9. Jahrhundert die Rückgewinnung der slavisierten Westprovinzen durch Missionierung der Oberschicht[140] und eine sprachliche und administrative Eingliederung, während das bulgarische Reich schon vor der Rückgewinnung 1018 in der Oberschicht byzantinisiert war[141]. Bei der Rückgewinnung und Sicherung von Territorien war allerdings auch die Umsiedlung von Bevölkerungsteilen ein häufig angewandtes Mittel[142]. Es gab also eine Reihe von Methoden im Umgang mit territorialem Zuwachs, die es freilich verdienten, einzeln untersucht zu werden. Die Integrierung nach 1204 beruht auf der militärischen Schwäche der dort niedergelassenen westlichen Kleinstaaten, ihren gegenseitigen Rivalitäten und der kulturellen Überlegenheit der byzantinischen Tradition, die besonders nach der Rückgewinnung Konstantinopels im Jahr 1261 deutlich zum Ausdruck kommt[143].

Einen eigenen Fall für das Studium integrativer und desintegrativer Formen stellt im Rahmen der byzantinischen Geschichte Italien dar. Die Frage bedürfte einer eigenen Behandlung und es können an dieser Stelle nur einige Gedanken geäußert werden, die bisweilen eine ausführlichere Begründung verlangten. An Italien zeigt sich, dass ein Gebiet politisch auf die Dauer nicht gehalten werden kann, wenn es geographisch vom Reich getrennt ist, insbesondere wenn keine Landverbindung besteht. Dies gilt nach 640 auch von Nordafrika. Wie wesentlich der Faktor einer gemeinsamen Kultur und Sprache ist, zeigt der Verlust Ravennas[144] und die eigenständige Entwicklung Venedigs, wo man nur von einer ideologischen Integrierung ohne praktische Folgen sprechen kann. Wenn Unteritalien und Sizilien sich länger als fester Bestandteil des byzantinischen Reiches erwiesen, so mag dies vereinfachend mit vier Faktoren zusammenhängen: (a) einer frühen kirchlichen Ver-

---

139) Peter Schreiner, Die byzantinischen Kleinchroniken, Bd. 2 (1977) S. 164–165; vgl. auch Peter Classen, Die Komnenen und die Kaiserkrone des Westens, Journal of Medieval History 3 (1977) S. 207–224.

140) Ihor Ševčenko, Re-reading Constantine Porphyrogenitus, in: Jonathan Shepard/Simon Franklin (Hg.), Byzantine Diplomacy (1992) S. 167–195, bes. S. 191–192.

141) Peter Schreiner, Die Byzantinisierung der bulgarischen Kultur, in: Reinhard Lauer/Peter Schreiner, Kulturelle Traditionen in Bulgarien (1989) S. 47–60.

142) Hans Ditten, Ethnische Verschiebungen zwischen Balkanhalbinsel und Kleinasien vom Ende des 6. bis zur 2. Hälfte des 9. Jahrhunderts (1993).

143) Die Frage bedürte im einzelnen noch einer sehr gründlichen Behandlung. Vgl. für einen Teilbereich Aneta Ilieva, Frankish Morea (1205–1262): Socio-cultural Interaction between the Franks and the Local Population (1991); Julian Chrysostimidis, Symbiosis in the Peloponnese in the aftermath of the Fourth Crusade, in: Anna Abramea (u.a. Hg.), Byzantium. State and Society (2003) S. 155–167.

144) André Guillou, Régionalisme et indépendance dans l'empire byzantin au VIIe siècle (1969).

bindung mit dem Patriarchat in Konstantinopel[145], (b) einer konsequenten Durchführung der Themenordnung[146], (c) der sprachlichen Verbindung mit Byzanz[147], (d) der Rolle des Mönchtums, das in erster Linie Träger einer byzantinisch-christlichen Kultur war und in einem immer deutlicheren und mit den Jahrhunderten anwachsenden Gegensatz zur umgebenden lateinischen Welt stand[148]. Wie stark diese integrativen Kräfte in Süditalien waren, zeigt ihre langsame Verdrängung (bis ins 14./15. Jahrhundert) und die Anregungen, die sie anderen Kulturkreisen (dem normannischen und dem staufischen) in dieser Region gaben. Umgekehrt ist dieser Raum ein Beweis für die These, dass die kulturelle Integration die politische überdauert.

2. Konstantinopel und Kaiser

Das unveränderte Zentrum Konstantinopel hat entscheidend dazu beigetragen, ja vielleicht sogar allein bewirkt, dass das Reich bis 1204 zusammengehalten wurde. Es blieb »Mittelpunkt« im übertragenen Sinn, auch wenn es schon seit dem Ende des 6. Jahrhunderts seine geographisch zentrale Lage im Osten des Römischen Reiches verloren hatte und sich am Rande des nunmehr »byzantinischen« Reiches befand[149]. Konstantinopel war die Schaltstelle des Reiches und der Schlüssel zu seinem Besitz. Dies wussten bereits im 9. und 10. Jahrhundert die bulgarischen Zaren und in späteren Jahrhunderten Normannen und Venezianer. Die »Sogkraft« Konstantinopels zeigte sich auch nach der Eroberung von 1204, da die Wiedergewinnung der Hauptstadt das einzige Ziel aller rivalisierenden Mächte, der Bulgaren und der byzantinischen Teilreiche,war und es ein byzantinisches Reich oder ein byzantinisch-bulgarisches Reich ohne Konstantinopel nicht geben konnte. Wenn 1453 Konstantinopel auch territorial fast mit dem Reich identisch geworden war, so ist dies letztlich eine Konsequenz der Idee vom absoluten Zentrum.

145) Venance GRUMEL, L'annexion de l' Illyricum oriental, de la Sicilie et de la Calabre au Patriarcat de Constantinople, Recherches de science religieuse 40 (1951/52) S. 191–200. Die komplexe Frage der Datierung spielt in unserem Zusammenhang keine entscheidende Rolle. Festzuhalten ist, dass es sich um keine punktuelle Maßnahme, sonder einen länger dauernden Vorgang handelt.
146) Vera VON FALKENHAUSEN, La dominazione bizantina nell'Italia meridionale dal IX all' XI secolo (1978).
147) Diese Tatsache ist unabhängig von der Diskussion, inwieweit sprachliche Kontinuität aus der Antike vorliegt oder nicht.
148) I Bizantini in Italia (wie Anm. 78) S. 115–117.
149) Diese Randlage, weit entfernt von der Ostgrenze, hat mit dazu beigetragen, dass die Stadt vom Arabersturm weitgehend verschont blieb und mit dem Schwarzmeerraum ein (in der Forschung zu wenig beachtetes) Rückzugsgebiet besaß.

War Konstantinopel *ein* Fixierungspunkt des Reiches, so der Kaiser ein zweiter[150]. Durch seine Präsenz in Konstantinopel ist er unzertrennlich mit der Stadt verbunden. Wer Konstantinopel gewonnen hat, ist als Kaiser anerkannt. Er steht an der Spitze der byzantinischen Gesellschaftspyramide und der Staat ist mit dem Kaisertum identisch. Die Kaisermacht ist unteilbar, und auch bei einer Delegierung von Teilbereichen, etwa im Rahmen der Staatsverwaltung, bleibt die oberste Autorität unangetastet. Aber gerade dank dieser Delegierung ist die Kaisermacht überall greifbar und in der Theorie auch im kleinsten Bereich präsent, wenngleich in der Praxis durchaus auch eine Ferne vom Kaisertum festzustellen ist. In der Identität von Kaisertum und Staat liegt vielleicht der stärkste integrierende Faktor des Reiches, einem Kaisertum, das verankert ist in der (antik-)römischen Tradition, gleichzeitig aber gebunden ist an das Gottesgnadentum und sich in dieser unumstrittenen Verbindung vom westlichen Kaisertum doch unterscheidet.

3. Gemeinschaftsbewusstsein und Recht

Byzanz hatte aus dem antiken römischen Staat den Begriff des Staatsbürgers im Sinne der Constitutio Antoniniana des Jahres 212 übernommen und unter der Bezeichnung »Rhomaios« weitergeführt[151]. Die Anerkennung der Kirchendogmen ist eine *conditio sine qua non* für den Reichsbürger, der sich auch der Kaiser nicht entziehen konnte[152]. Wie lebendig dieses Bewusstsein auch in der Praxis war, zeigt das Testament des bereits genannten Eusthatios Boïlas, der sich als »Rhomaios« und »orthodoxos« bezeichnet. Dieses Bewusstsein vereinte auch die ethnischen Minderheiten, ließ aber die Juden abseits stehen, da sie zwar bis zu einem gewissen Grade »Rhomaioi« waren, aber unter keinen Umständen »orthodoxoi«. Häretiker und Ungläubige mussten sich bekehren, um in die byzantinische Gesellschaft voll inkorporiert zu werden.

Basis des Rhomaios-Begriffs war das römische Recht (in seiner griechischen Übersetzung und mit räumlich und zeitlich oft erheblichen Abweichungen vom Codex Iustinianus), dessen Normen sich auch der Kaiser nicht grundsätzlich entziehen konnte[153]. Wie auch immer es um die tatsächlichen Kenntnisse des Rechts bestellt gewesen sein mag und wie unterschiedlich es angewandt wurde, so hat das Prinzip des gleichen Rechts das Gefühl der Zugehörigkeit zum Reich erhöht und gefördert. Es sollte aber nicht vergessen

---

150) Die Literatur zum Kaiser ist unübersehbar, so dass hier nur *ein* überblickender Titel zitiert sei: Michael McCormick, L'imperatore, in: Guglielmo Cavallo (Hrsg.), L'uomo bizantino (1992) S. 339–379.
151) Constantinos G. Pitsakis, À propos de la citoyenneté romaine dans l'Empire d'Orient: Un survol à travers les textes grecs, Méditerranées. Revue de l'association Méditerranée 12 (1997) S. 73–100.
152) Gilbert Dagron, Empereur et prêtre. Étude sur le »césaropapisme« byzantin (1996).
153) Dieter Simon, Princeps legibus solutus. Die Stellung des byzantinischen Kaisers zum Gesetz, in: Gedächtnisschrift für Wolfgang Kunkel (1984) S. 449–492; Maria Theres Fögen, Das politische Denken der Byzantiner, in: Pipers Handbuch der politischen Ideen (1993) S. 41–85, bes. 69–72.

werden, dass daneben auch ein »Provinzbewusstsein« existierte, in gewissem Sinn ein Heimatgefühl, wie denn der bereits genannte Eusthatios Boïlas sich als »Kappadokier« bezeichnet[154].

4. Wirtschaft und Finanzen

Auch die Einheitlichkeit der Währung (*solidus*, *nomisma* seit Ende 11. Jahrhunderts *hyperpyron*) trug zum Zusammenhalt entscheidend bei, und erst im 14. Jahrhundert wird der venezianische Dukat zu einer Zweitwährung, ohne das Nomisma ganz zu verdrängen. Die byzantinische Münze kannte trotz regionaler Münzstätten[155] nie regional unterschiedliche Formen und trug bis zuletzt das Bildnis von Kaiser und Christus als Garanten der Qualität (selbst wenn diese schon recht fragwürdig geworden war) und der staatlichen Einheit. Die wirtschaftliche Gesamtstruktur verlor aber seit dem 10. Jahrhundert in zunehmendem Maß ihre reichsweite Einheitlichkeit durch die steuerliche Sonderstellung bestimmter Personen, die im Laufe der späteren Jahrhunderte an Umfang in Anzahl und Form der Privilegien zunahm[156]. Die Vorrechte für ausländische Händler seit dem 11. Jahrhundert, die – wie heute feststeht – die Wirtschaft als ganzes förderten, hat die wirtschaftliche Integrität im staatsrechtlichen Sinn aber durchaus gestört oder durchlöchert.

Das System der Maße und Gewichte hat dagegen nie eine Reichseinheitlichkeit erreicht und bleibt, scheint es, noch oft antiken Normen verhaftet, wenngleich konstantinopolitanische Maße und Gewichte wohl einen gewissen Vorrang besitzen[157].

5. Die Sprache

Das Problem der Sprachen im byzantinischen Reich steht natürlich in engem Zusammenhang mit der territorialen Ausdehnung. Die Tatsache, dass Konstantinopel mehr als 300 Jahre lang Hauptstadt eines Reichsteiles war, in welchem zahlreiche Sprachen gesprochen wurden, hat Sprachfragen nie zu politischen Problemen werden lassen. Staatssprache, d. h. weitgehend auch Verwaltungssprache, war schon vor der Gründung Konstantinopels in der Osthälfte des Reiches das Griechische und blieb es bis zum Untergang 1453. Die Abtrennung der Ostprovinzen in Folge der arabischen Eroberungen hat eine Reihe von »orientalischen« Sprachen in ihrer praktisch-politischen Bedeutung reduziert. Von gro-

---

154) Vgl. auch GALLINA, Centre et périphérie (wie Anm. 5) S. 73; vgl. auch Paul MAGDALINO, Paphlagonians in Byzantine High Society, in: He Byzantine Mikra Asia (1998) S. 141–150.

155) Vgl. MORRISSON, Byzantine Money (wie Anm. 57) S. 911–917.

156) OIKONOMIDES, Fiscalité et exemption (wie Anm. 26).

157) Erich SCHILBACH, Byzantinische Metrologie (1970).

ßem Einfluß blieben armenischsprachige Volksteile, in geringem Umfang syrisch- und georgischsprachige. Der Norden wurde im 6. und besonders im 7. Jahrhundert mit slavisch- und türksprachiger Bevölkerung konfrontiert, doch separierten sich diese Bereiche zu eigenen Staaten oder zu Gebieten loser politischer Abhängigkeit. Seit dem 7. Jahrhundert war Byzanz ein Reich überwiegend griechischer Sprache. Träger einer nichtgriechischen Sprache – dies gilt besonders für Armenier – mussten die griechische Sprache erlernen, wenn sie im byzantinischen Staat Karriere machen wollten, während griechische Muttersprachler kaum Zeugnisse der Erlernung einer fremden Sprache hinterlassen haben. Wir besitzen keine Hinweise, dass in überwiegend nicht griechischsprachigen Gebieten diese Gegebenheit zu politischen Konflikten geführt hätte.

Dazu trug in hohem Maße die Tatsache bei, dass die Kirchensprache auf die Sprache der jeweiligen Bevölkerungsgruppe Rücksicht nahm und die Dreisprachentheorie im Osten unbekannt war. Da im syrisch-palästinensischen Raum, in jener Gegend, in der die frühesten christlichen Liturgien entstanden, das Griechische ohnehin eine untergeordnete Rolle spielte, war die Vielfalt liturgischer Sprachen von Anfang an eine Selbstverständlichkeit. Als Konstantinopel sich seit dem 5. Jahrhundert langsam zum kirchlichen Zentrum des Reiches herausbildete, kam auch der Liturgie in griechischer Sprache eine größere Bedeutung zu, ohne dass die Funktion anderssprachiger Liturgien besonders eingeschränkt worden wäre. Diese Duldung, ja sogar Förderung mehrerer Kirchensprachen fand seine auch historisch ausgeprägteste Form in der bewussten und staatlich unterstützten Schaffung der slavischen Kirchensprache, die auch von entscheidender Bedeutung bei der politischen Integration Bulgariens nach 1018 war.

Die griechische Bevölkerung verstand die an den Normen des klassischen Griechischen orientierte Staatssprache nur in unterschiedlichem Maße, am ehesten, soweit es die Sprache von Liturgie und Kirche war. Wir wissen, abgesehen vom Pontischen und vom Kypriotischen, wenig über Dialekte in byzantinischer Zeit, da sie in der Literatur keine Rolle spielen[158]. Es lässt sich aber behaupten, dass ein lexikalisch und stilistisch einfaches normiertes Griechisch allen Bevölkerungsschichten passiv verständlich war. So besaß zweifelsohne auch die Sprache eine einigende Funktion in kirchlicher und staatlicher Hinsicht.

6. Glaube und Religion

Das byzantinische Reich basiert in religiöser Hinsicht auf einer durch die Konzilien festgelegten Form des Christentums. Ein Abweichen gilt theologisch als Häresie und politisch als Abfall vom Staat[159]. Gegen solche Gruppen ging die staatliche Obrigkeit mit politi-

---

158) GALLINA, Centre et périphérie (wie Anm. 5) S. 69.
159) Jean GOUILLARD, L'hérésie dans l'empire byzantin des origines au XIIe siècle, Travaux et Mémoires 1 (1965) S. 299–324.

schen Mitteln wie Verbannung, Vertreibung, gewaltsamer Bekehrung oder auch Hinrich-tung vor[160]. Hier vollzog sich Integration durch Ausgliederung, obgleich häretische Gruppen immer im byzantinischen Reich existierten.

Das Problem der Überwindung der christologischen Streitigkeiten der frühen Jahr-hunderte löste sich weitgehend durch die arabische Annexion jener Ostgebiete, in denen überwiegend die zur offiziellen Kirche in Opposition stehenden Bevölkerungsteile lebten. Der Bilderstreit fand durch die hartnäckige Opposition des Mönchtums sein Ende. Die Paulikianer im 9. Jahrhundert, die eine typische Erscheinungsform östlicher Provinzen auch mit starker staatlicher Separationskraft waren, wurden durch kriegerische Interven-tion des Kaisers und in der Folge einer Umsiedlungspolitik ausgerottet, jedenfalls soweit, dass sie keine politische Gefahr mehr darstellten[161]. Gegen die Bogomilen wurde die zwangsweise Bekehrung angewandt, und gegen ihre renitenten Führer gab es grausame Hinrichtungen und sogar den in Byzanz selten angewandten Feuertod. Andersgläubige – dies gilt besonders für Muslime – wurden im byzantinischen Staat nur dann aufgenom-men, wenn sie sich taufen ließen. Personen anderen Glaubens, meist Händlern, die sich nur zeitweilig im Reich aufhielten und dort auch nur die in den Handelsverträgen verbürgten Rechte hatten, wurde die Ausübung ihres jeweiligen Glaubens gestattet. In Konstantino-pel gab es für diese dem byzantinischen Staat wichtige Gruppe innerhalb abgegrenzter Ge-biete auch Moscheen und Kirchen mit lateinischen Priestern[162].

Besonders komplex war die Stellung der im Reich seit alters ansässigen Juden[163]. Sie waren in bestimmten Berufen außerhalb der staatlichen Administration geduldet und konnten ihre Religion ausüben. Da ihnen, anders als im Westen, keine herausragende wirt-schaftliche Bedeutung zukam, waren Gewaltmaßnahmen höchst selten. Juden wie Mus-lime waren aber stets Gegenstand einer höchst lebendigen theologisch-polemischen Lite-ratur[164]. Man hat gegen sie, um sie zu bekehren, weit mehr mit dem Buchstaben als mit der Waffe gekämpft.

Zusammenfassend ist festzuhalten, dass für Ungläubige, Andersgläubige, Ketzer und Häretiker die einzige Integrationsmöglichkeit in der Annahme des christlichen Glaubens chalkedonensischer Prägung liegt und die Alternative nur in einem Leben im »Unter-grund« oder außerhalb der Reichsgrenzen bestand.

---

160) Hans-Georg BECK, Actus fidei. Wege zum Autodafé (1987).
161) Paul LEMERLE, L'histoire des Pauliciens d'Asie Mineure, Travaux et Mémoires 5 (1973) S. 1–144.
162) Ralph-Johannes LILIE, Fremde im byzantinischen Reich, in: Alexander DEMANDT (Hrsg.), Mit Frem-den leben (1995) S. 93–107; Nadja Maria EL CHEIK, Byzantium Viewed by the Arabs (2004) S. 210–211.
163) Aus der umfangreichen Literatur sei hier die jüngste überblickende Arbeit genannt: David JACOBY, Les juifs de Byzance: une communauté marginaliseé, in: Chrysa A. MALTEZOU, Hoi perithoriakoi sto By-zantio (1993) S. 103–154.
164) Andreas KÜLZER, Disputationes graecae contra Iudaeos. Untersuchungen zur byzantinischen anti-jüdischen Dialogliteratur und ihrem Judenbild (1999), und Adel-Théodore KHOURY, Les théologiens by-zantins et l'Islam. Textes et auteurs (VIIIᵉ–XIIIᵉ s.) (1969).

Ein eigenes Kapitel könnte der integrative und desintegrative Charakter von religiösen Spannungen innerhalb der orthodoxen Kirche selbst darstellen. Sie treten besonders in der Spätzeit auf und gipfeln in der Auseinandersetzung um die Kirchenunion. Hier hat in der Tat die Gegnerschaft zur Union das nun auf ein Minimum zusammengeschrumpfte Reichsvolk geeint gegenüber einer vergleichsweise kleinen staatlich-kirchlichen Oberschicht und so zum Zusammenhalt der Bevölkerung angesichts der vordrängenden Osmanen geführt, auch wenn der Untergang dadurch nicht mehr verhindert werden konnte[165].

ZUSAMMENFASSUNG

Die besondere Form des byzantinischen Staates, der von Anfang an über eine unverändert gleich bleibende Hauptstadt verfügte, lässt das Problem Hauptstadt-Peripherie in anderem Licht erscheinen als im übrigen europäischen Mittelalter. Angesichts der überragenden Bedeutung Konstantinopels gibt es als Gegensatz nur die Peripherie, die mit »Provinz« identisch ist. Sie ist erheblichen territorialen Schwankungen unterworfen und fällt zuletzt beinahe mit dem Mauerring Konstantinopels zusammen. Die Frage kann sinnvoll auch nur dann behandelt werden, wenn sie nicht nur die gesamte Dauer des Reiches umfasst, sondern auch über die *Politik* hinaus die wichtigsten Erscheinungsformen der byzantinischen *Kultur* miteinschließt.

Das politische Verhältnis Hauptstadt-Provinz ist von einem durchhaltenden Zentralismus geprägt, der nur sehr selten zentrifugalen Kräften Raum lässt. Aus der Provinz stammen die großen Familien, die seit dem 8. Jahrhundert die Geschicke des Reiches teilen, und sie bleiben bis ins 11. Jahrhundert mit dieser Provinz verbunden. Sie können dort eine eigene Hausmacht errichten und verkörpern in ihrer Person auch eine Provinz, die zur Hauptstadt Distanz halten will.

Breiter Raum ist Grundfragen der kulturellen Bedeutung der Provinz für die Hauptstadt zugemessen, um das in der Forschung weit verbreitete Standardbild einer alles prägenden Hauptstadt zu relativieren. Dies ist zu zeigen an verschiedenen Schriftreformen, die in der Provinz entwickelt wurden, an der Handschriftenproduktion in der Provinz, aber auch an der Bedeutung der Provinz im Rahmen der hauptstädtischen Literatur und literarischer Leistungen in der Provinz. Auch die höhere Bildung scheint nicht ganz auf die Hauptstadt beschränkt zu sein. Die Provinz ist die Domäne der Mönchskultur, der eine weitaus größere Breitenwirkung sogar über die Staatsgrenzen hinaus zukommt als der hauptstädtischen Hofkultur. Kurz wird auch die Rolle der Kunst in und für die Provinz

---

165) SCHREINER, Schein und Sein, (wie Anm. 19) S. 625–627 und Diether R. REINSCH, Lieber der Turban als was? Bemerkungen zum Dictum des Lukas Notaras, in: Costas N. CONSTANTINIDIS u. a., Philhellen. Studies in Honour of Robert Browning (1996) S. 377–389.

gestreift und besonders ihre Bedeutung als Raum der Tradition und Bewährung hervorgehoben.

Allgemeine Integrationsprobleme wurden zuletzt angesprochen: die politisch immer
ungebrochene Reichseinheit, die Bedeutung Konstantinopels und des Kaisers als Zentren
des Reiches und eine Form des Bürgerrechtes, die alle Reichsbewohner (Rhomaioi) weitgehend gleichen rechtlichen Normen unterwirft, die Einheitlichkeit von Währung und
Wirtschaft, welche landschaftliche Isolierungen verhindert, die Bedeutung der griechischen Sprache als vereinigender Faktor und die notfalls mit staatlichen Mitteln durchgeführte religiöse Einheit.

Insgesamt sollte gezeigt werden, wie viele eigenständige Kräfte die in ihrer Bedeutung
auch in der konstantinopolozentrischen Forschung häufig unterschätze Provinz besitzt
und wie sehr integrierende Strömungen dazu beitragen, dass das byzantinische Reich trotz
aller politischen Schwächen so lange bestehen konnte.

Politische Integration und regionale Identitäten im normannisch-staufischen Königreich Sizilien

VON HUBERT HOUBEN

Das 1130 von Roger II. gegründete Königreich Sizilien faßte die südliche Hälfte der italienischen Halbinsel und die Insel Sizilien in einem Staatswesen zusammen, das im wesentlichen bis zur Errichtung des italienischen Nationalstaates im 19. Jahrhundert Bestand hatte. Es ist ein interessanter Fall eines gelungenen Zusammenbindens bestehender politischer Einheiten ganz unterschiedlicher Art. Auf die, oder genauer gesagt: auf einige Vorgängerstaaten wird im offiziellen Titel des Herrschers Bezug genommen: »König von Sizilien, des Herzogtums Apulien und des Fürstentums Capua«[1]. Das neue Staatswesen hatte nicht nur unterschiedliche politische Traditionen, sondern war auch ein multikulturelles Gebilde, in dem Araber und Juden, Griechen und Lateiner zusammenlebten[2].

Während vor einem Jahrhundert das Interesse dem neuen normannischen Königreich im Süden galt, das sich »nach gefahrvollen Kämpfen gegen eine Welt von Feinden« behauptete und »als anerkanntes, ebenbürtiges Glied« in den »Kreis der alten Mächte« eintrat, wie 1904 Erich Caspar formulierte[3], sind in den letzten Jahrzehnten die regionalen Unterschiede und die Integrationsdefekte stärker herausgearbeitet worden[4].

Im Rahmen der Thematik unserer Tagung gliedere ich mein Thema in drei Abschnitte. Im ersten werden die Umstände der unter Roger II. erfolgten politischen Integration dargestellt sowie die unterschiedliche Tradition der regionalen Strukturen behandelt, deren Kenntnis die Voraussetzung zum Verständnis des neuen Staatswesens darstellt. Im zweiten Abschnitt geht es um die Mittel, mit denen die politische Integration vorangetrieben wurde, und im dritten und letzten Teil sprechen wir Elemente an, die in die entgegenge-

---

1) S. dazu unten Anm. 30.

2) Vgl. neuerdings: The Society of Norman Italy, hg. von G. A. LOUD/A. METCALFE (The Medieval Mediteranean 38, 2002).

3) Erich CASPAR, Roger II. (1101–1154) und die Gründung der normannisch-sicilischen Monarchie (1904, Nachdruck 1965) S. VII, 236.

4) Vgl. Unità politica e differenze regionali nel Regno di Sicilia. Atti del Convegno internazionale di studio in occasione dell'VIII centenario della morte di Guglielmo II, re di Sicilia (Lecce – Potenza, 19–22 aprile 1989), hg. von Cosimo Damiano FONSECA/Hubert HOUBEN/Benedetto VETERE (Università degli Studi di Lecce, Pubblicazioni del Dipartimento di Studi Storici dal Medioevo all'Età Contemporanea 21, 1992).

setzte Richtung wirkten, wobei insbesondere gefragt wird, wieso es im Königreich Sizilien nicht zur Ausbildung eines Gemeinschaftsbewußtseins kam.

Den chronologischen Rahmen bildet die Herrschaft der Könige aus dem Hause Hauteville und ihrer staufischen Nachfolger, die durch eine weitgehende Kontinuität geprägt ist. Mit dem Ende der Staufer und der Übertragung des Königtums an Karl I. von Anjou im Jahre 1265 setzte dagegen eine neue Entwicklung ein, obwohl in vielen Bereichen auch die Herrscher aus dem Hause Anjou der normannisch-staufischen Tradition stärker verhaftet waren als sie offiziell zugaben und die ältere Forschung weitgehend glaubte[5].

I

Wie war es möglich, so fragten sich bereits die Zeitgenossen, daß Roger II., der Sohn eines eingewanderten kleinen Adeligen aus der Normandie, der den Titel eines Grafen von Sizilien und Kalabrien erworben hatte, es in wenigen Jahren zum Herzog von Apulien, Kalabrien und Sizilien und dann zum König brachte, der das östliche Mittelmeer kontrollierte, die wichtigsten Städte an der nordafrikanischen Küste eroberte und mit seiner Flotte Griechenland unsicher machte?

Es waren mehrere Faktoren, welche die normannische Staatsbildung in Süditalien ermöglichten[6]. Zunächst sind die Zersplitterung und Schwäche der politischen Einheiten südlich von Rom zu nennen. Das langobardische Herzogtum Benevent hatte sich in die Fürstentümer Benevent, Salerno und Capua geteilt; die Seestädte Amalfi, Gaeta und Sorrent sowie Neapel bildeten Herzogtümer, die untereinander in Konkurrenz und Konflikt standen, die Herrschaft von Byzanz anerkannten, in der Praxis aber selbständig waren. Keiner dieser Kleinstaaten hatte Bedenken, sich bei Gelegenheit mit den Arabern zu verbünden, die von Sizilien aus, das sie im 9. Jahrhundert erobert hatten, die italienischen Küsten unsicher machten. Apulien und Kalabrien waren byzantinische Provinzen, die jedoch im 11. Jahrhundert, als normannische Einwanderer hier Fuß faßten, zunehmend auf sich allein gestellt waren.

Die normannische Landnahme und Errichtung von Grafschaften und Herzogtümern wurde begünstigt durch die Tatsache, daß die großen politischen Mächte, die konkurrie-

---

5) Vgl. dazu jetzt: Le eredità normanno-sveve nell'età angioina. Persistenze e mutamenti nel Mezzogiorno. Atti delle quindicesime giornate normanno-sveve (Bari, 22–25 ottobre 2002), hg. von Giosuè MUSCA (2004).
6) Vgl. Hubert HOUBEN, Roger II. von Sizilien. Herrscher zwischen Orient und Okzident (Gestalten des Mittelalters und der Renaissance, 1997), überarbeitete italienische Fassung: DERS., Ruggero II di Sicilia. Un sovrano tra Oriente e Occidente (Centro Europeo di Studi Normanni, Fonti e Studi 8, 1999), nochmals überarbeitete englische Version: DERS., Roger II of Sicily. A Ruler Between East and West (Cambridge Medieval Textbooks, 2002).

rende Ansprüche auf Süditalien erhoben – Byzanz, die römisch-deutschen Kaiser, die Päpste, und in einem gewissen Sinne auch die Araber – im 11. Jahrhundert andere Probleme hatten und somit nicht in der Lage waren, in diese von den jeweiligen Herrschaftszentren als peripher betrachtete Zone wirksam einzugreifen. Dieses Machtvakuum am Kreuzweg von Ost und West, Nord und Süd war eine wichtige Voraussetzung für den normannischen Erfolg.

Gefördert wurde das Zustandekommen der normannischen Herrschaftsbildung auch durch die Uneinigkeit ihrer Gegner. Die Opposition der süditalienischen Adeligen und Städte war zu heterogen und zu sporadisch, als daß sie Erfolg hätte haben können. Auch die Versuche der beiden Kaiserreiche scheiterten, eine gemeinsame Front gegen die normannischen Eindringlinge zu bilden. Pragmatischer war die Position des Papsttums: Nachdem es erkannt hatte, daß die Normannen nicht zu besiegen waren, entschloß es sich zu einem Bündnis mit ihnen, wobei es formal die Lehnshoheit über Süditalien errang und praktisch militärischen Beistand gegen eventuelle Angriffe von Seiten der Kaiser in Aussicht gestellt bekam[7].

Hinzu kommt der Faktor des Zufalls, der in der Geschichte keine unbedeutende Rolle spielt. Ein solcher Zufall war der 1127 erfolgte kinderlose Tod Herzog Wilhelms von Apulien, des Enkels Robert Guiscards, der Lehnsherr des Grafen von Sizilien war. Der verstorbene Herzog hatte sich nur mit Hilfe seines Onkels Rogers II. gegen seine Vasallen behaupten können. Dies lag nicht nur an seiner wohl nicht besonders starken Persönlichkeit, sondern auch an strukturellen Problemen des Herzogtums Apulien, das die Gebiete der ehemaligen langobardischen Fürstentümer Benevent, Salerno und Capua mit einschloß, sich also mit Ausnahme Kalabriens, das mit der Grafschaft Sizilien vereinigt war, praktisch auf die ganze süditalienische Halbinsel ausdehnte. Im Unterschied zu Sizilien, dessen Eroberung hauptsächlich das Werk Rogers I. gewesen war, der dort Lehen fast ausschließlich an Verwandte und Geistliche ausgab sowie eine effiziente arabische Verwaltung übernahm, fand sein älterer Bruder und Lehnsherr Robert Guiscard auf der süditalienischen Halbinsel bereits eine Reihe von kleineren normannischen Herrschaftsbildungen vor, deren Herren sich oft eigenmächtig den Grafentitel zugelegt hatten. Sie beugten sich nur widerstrebend der Autorität des 1059 vom Papst zum Herzog von Apulien, Kalabrien und Sizilien promovierten Grafen von Apulien, dessen Vorgänger Wilhelm Eisenarm, Drogo und Humfrid nicht mehr als den Rang eines *primus inter pares* beanspruchen konnten. Zudem hatten auf der süditalienischen Halbinsel Städte wie Benevent und Bari, Troia und Brindisi, Salerno und Neapel im Laufe des 11. Jahrhunderts ein eigenes politisches Selbstverständnis entwickelt, das im Gegensatz zur normannischen Herrschaftsbildung stand.

---

7) Einschlägig: Josef DEÉR, Papsttum und Normannen. Untersuchungen zu ihren lehnsrechtlichen und kirchenpolitischen Beziehungen (Studien und Quellen zur Welt Kaiser Friedrichs II. 1, 1972).

Um den Bestand des Herzogtums Apulien zu sichern, stützten sich die Nachfolger Robert Guiscards, die Herzöge Roger Bursa und Wilhelm, auf das Wohlwollen großer Klöster wie Montecassino und Cava, Venosa und Carbone[8], die ein kapillares Netz von Dependancen in Süditalien hatten, sowie auf die Hilfe ihrer Lehnsherrn, der Päpste, deren Präsenz in Süditalien aus verschiedenen Gründen zunahm.

Anders auf Sizilien, wo Roger I. ein seit mehr als einem Jahrhundert unter arabischer Herrschaft stehendes Gebiet mit florierender agrarischer und handwerklicher Produktion und Handelsbeziehungen mit dem Orient eroberte. Die bisher von den arabischen Herrschern eingezogenen Abgaben flossen nun in die Kasse des Grafen, dessen Reichtum sich bald in Europa herumsprach. Die finanzielle Potenz war Voraussetzung für die militärische. Roger I. und Roger II. konnten sich als einzige Herrscher im damaligen Europa ein stehendes Heer leisten. Die Bedeutung dieser Tatsache ist kaum zu überschätzen: Die Lehnsaufgebote der Herzöge von Apulien sowie der römisch-deutschen Kaiser waren nur zu zeitlich begrenzten militärischen Unternehmungen in der Lage, waren also der dies ausnutzenden Hinhaltetaktik Rogers II. auf die Dauer nicht gewachsen.

Die Einsicht, daß die Normannen mit militärischen Mitteln nicht mehr aus dem Süden zu vertreiben waren, setzte sich an der päpstlichen Kurie schneller durch als am deutschen Königshof. Honorius II., der sich den Ansprüchen Rogers II. auf die Nachfolge im Herzogtum Apulien, welche die Vereinigung des bisher politisch zersplitterten Süditaliens mit Sizilien bedeutete, zunächst energisch widersetzt hatte (ähnlich wie sich seine Vorgänger die Schaffung eines Süditalien vereinigenden Herzogtums Apulien zu verhindern versucht hatten), war 1128 nach der Niederlage der von ihm ins Feld geführten Truppen gezwungen, Roger II. die Investitur zum Herzog von Apulien, Kalabrien und Sizilien zu erteilen[9]. Zwei Jahre später (1130) konnte Roger II. dann unter geschickter Ausnutzung der doppelten Papstwahl Innozenz' II. und Anaklets II. seine Erhebung zum König erreichen.

Schwerer als die Päpste taten sich die römisch-deutschen Kaiser mit der Akzeptierung der neuen politischen Lage südlich von Rom. Dies vielleicht auch deshalb, weil der Fortbestand der neuen Monarchie längst nicht so sicher war, wie manche moderne Historiker glauben, die wissen, wie die Geschichte ausgegangen ist. Es gab Momente, in denen es schien, als ob das neue Staatswesen nur ein kurzes Leben haben würde. So als sich nach Rogers Tod eine große antinormannische Koalition, bestehend aus Friedrich Barbarossa, Hadrian IV. und Manuel I. Komnenos, abzeichnete und Aufstände der mit dem stark zentralisierten Herrschaftssystem unzufriedenen Adeligen und Städte Rogers Nachfolger

---

8) Vgl. Hubert HOUBEN, Die Abtei Venosa und das Mönchtum im normannisch-staufischen Süditalien (Bibliothek des Deutschen Historischen Instituts in Rom 80, 1995).

9) DEÉR, Papsttum und Normannen (wie Anm. 7) S. 190ff.; HOUBEN, Roger II. von Sizilien (wie Anm. 6) S. 48.

Wilhelm I. 1155 in eine bedrohliche Lage brachten. Letztlich waren es wieder die Interessengegensätze seiner Gegner, vor allem zwischen Kaiser und Papst, die das Königreich retteten.

Erst unter Friedrich Barbarossa und erst nach dem Scheitern der Versuche, Norditalien in das Imperium zu integrieren, setzte sich am deutschen Königshof (nach 1167) die Einsicht durch, daß militärische Unternehmungen gegen die im fernen Sizilien sitzenden Herrscher hoffnungslos waren[10]. Die Konsequenz war, daß man zu diplomatischen Mitteln griff, um den gefährlichen Alleaten des Papstes zu neutralisieren. Daher der Vorschlag eines Heiratsbündnisses, zuerst noch ohne Erfolg 1173/74, als Wilhelm II. die ihm angebotene Hand einer Tochter Barbarossas ausschlug, dann aber mit Erfolg zehn Jahre später (1184), als die Heirat Heinrichs VI. mit Konstanze, der nachgeborenen Tochter Rogers II., vereinbart wurde, die eventuell das Königreich Sizilien erben sollte. Die Eventualität bestand, aber man konnte nicht sicher sein, da König Wilhelm II., dessen erbenloser Tod die Voraussetzung für den Erbfall bildete, damals noch jung war.

II

»Nachdem König Roger in seinem Königreich die Ruhe eines vollkommenen Friedens erreicht hatte, setzte er zur Bewahrung des Friedens Kämmerer und Justitiare im ganzen Land ein, verkündete neu von ihm erlassene Gesetze und schaffte schlechte Gewohnheitsrechte ab«[11]. Für den gut informierten Chronisten Romuald von Salerno waren die Errichtung einer vom König kontrollierten Verwaltungsstruktur im gesamten Territorium des neuen Staatswesens sowie die Vereinheitlichung der Legislation entscheidende Faktoren der politischen Integration, der Bewahrung des Friedens, wie er sich ausdrückte, die 1139 mit der Anerkennung des Königreichs durch Innocenz II. erreicht worden war.

Die Kämmerer, die für die Verwaltung des Kronguts und die Einziehung der Abgaben sowohl von den Domänen als auch von Lehen zuständig waren, sich aber auch mit der Zivilgerichtsbarkeit in den Städten befassen konnten, sowie die Justitiare, welche die hohe Strafgerichtsbarkeit ausübten und Streitigkeiten zwischen Lehnsträgern entschieden, waren wichtige Integrationsfaktoren des neuen Staatswesens. In einem Königreich, dessen Hauptstadt Palermo an der Peripherie lag und zudem durch das Meer vom größeren Teil des Reiches getrennt war, garantierten diese »Beamten« eine wenigstens theoretische Prä-

---

10) Vgl. Hubert HOUBEN, Barbarossa und die Normannen. Traditionelle Züge und neue Perspektiven imperialer Süditalienpolitik, in: Friedrich Barbarossa. Handlungsspielräume und Wirkungsweisen des staufischen Kaisers, hg. von Alfred HAVERKAMP (Vorträge und Forschungen 40, 1992) S. 109–128.
11) Romuald von Salerno, Chronicon, ed. Carlo Alberto GARUFI (RIS² 7, 1, 1935) S. 226: *Rex autem Roggerius in regno suo perfecte pacis tranquillitate potitus, pro conservanda pace camerarios et iustitiarios per totam terram instituit, leges a se noviter conditas promulgavit, malas consuetudines de medio abstulit.*

senz des Herrschers als Gegengewicht zu den gerade auf der süditalienischen Halbinsel starken weitgehend autonomen Herrschaftsträgern in Adel, geistlichen Institutionen und Städten.

Aus den an geographischen Einheiten ausgerichteten Amtsbezirken der Kämmerer und Justitiare bildete sich im Laufe des 12. Jahrhunderts eine provinziale Gliederung des neuen Staatswesens, »die ihre Genesis aus dem Zusammenwachsen des Königreichs nicht verleugnete und das Hineinragen feudaler Organisationsformen in einzelnen Namen erkennen ließ, die aber in der Anlage tendenziell alle Bedingungen flächenbezogener Herrschaft und flächenhaft gleichmäßiger Verwaltungsintensität erfüllte«[12].

Im oben zitierten Passus Romualds von Salerno werden im gleichen Atemzug die Einsetzung von Kämmerern und Justitiaren sowie die Verkündigung neuer Gesetze und die Abschaffung schlechter Gewohnheitsrechte genannt. In der Tat ist die Schaffung einer übergeordneten, territorialen Gesetzgebung für das neue Königreich als langfristig integrierender Faktor von großer Bedeutung.

Um 1140 wurden die sogenannten Assisen von Ariano verkündet, die bekanntlich die Grundlage für Friedrichs II. Konstitutionen von Melfi darstellen. In der Einleitung zu den Assisen wird in programmatischer Form unter Anlehnung an die Digesten Justinians die herrscherliche Aufgabe der Rechtssicherung formuliert. Rechtshistoriker haben betont, daß die Assisen Rogers II. »das erste Beispiel für eine auf justinianisches Recht zurückgehende Territorialgesetzgebung darstellen« und »in ihrer tatsächlichen Bedeutung demnach deutlich über die rein wissenschaftliche Wiederentdeckung des römischen Rechts durch die Glossatoren« in Bologna »hinausreichen«[13].

Andererseits ist aber darauf hingewiesen worden, daß Rogers Gesetzeswerk »ein recht buntscheckiges Gepräge« hat, nur einzelne Aspekte des Rechts betrifft, kein einheitliches Ganzes bildet, sondern eine Art »Mosaikarbeit« von »mangelhafter Technik« ist[14], und zudem keine über die Grenzen des Königsreichs hinausgehenden Auswirkungen hatte[15]. Beachtlich bleibt dennoch der Versuch, eine Territorialgesetzgebung zu schaffen, und es konnte auch nachgewiesen werden, daß die neuen Vorschriften in der Praxis auch in weit vom Herrschaftszentrum entfernt gelegenen Regionen wie dem Molise und Apulien Anwendung fanden[16].

---

12) Norbert KAMP, Friedrich II. im europäischen Zeithorizont, in: Friedrich II. Tagung des Deutschen Historischen Instituts in Rom im Gedenkjahr 1994, hg. von Arnold ESCH/Norbert KAMP (Bibliothek des Deutschen Historischen Instituts in Rom 85, 1996) S. 1–22, hier S. 5f.

13) Hermann DILCHER, Die historische Bedeutung der Assisen von Ariano für Süditalien und Europa, in: Le Assise di Ariano 1140–1990. Atti del convegno internazionale di studio ad 850 anni dalla promulgazione (Ariano Irpino, 26–28 ottobre 1990), hg. von Ortensio ZECCHINO (1994) S. 23–50, hier S. 38.

14) CASPAR, Roger II. (wie Anm. 3) S. 257.

15) HOUBEN, Roger II. (wie Anm. 6) S. 144.

16) Ebenda S. 140f.

Daneben blieben die Rechte der verschiedenen Bevölkerungsgruppen gewahrt, *pro varietate populorum nostro regno subiectorum*, wie es in der Assise 1 der Vatikanischen Handschrift der Assisen heißt[17]. Auch in den Konstitutionen von Melfi wurde neben den königlichen, für das ganze Reich geltenden Normen die *iura communia* der entweder nach langobardischem oder römischem Recht lebenden Bevölkerungsgruppen respektiert[18].

Ein für die politische Durchsetzung der neuen Monarchie wichtiger Punkt ist die Betonung des absoluten Herrschaftsanspruchs des Monarchen: Eine Diskussion über Anordnungen des Herrschers wird mit Gotteslästerung gleichgesetzt; wer an einem Aufstand teilnimmt, macht sich des Majestätsverbrechens schuldig, auf das die Todesstrafe steht und für das in einer Art Sippenhaftung auch Nachkommen und Verwandte mitbestraft werden[19]. Bemerkenswert ist die hohe Stellung, aber auch der hohe Anspruch, der an die Beamten gestellt wird. Wenn sie sich vorsätzlich der Unterschlagung oder Bestechung schuldig machen, müssen sie ebenso mit der Todesstrafe rechnen wie Urkundenfälscher und Falschmünzer[20].

Ohne auf weitere Details der Gesetzgebung Rogers II. einzugehen, kann festgehalten werden, daß es sich um den Versuch handelte, eine stark zentralisierte Monarchie aufzubauen, in der für Adel, Städte und Kirchen in der Theorie wenig Freiraum blieb. Daß die Praxis anders aussah als die Theorie, vor allem je weiter man sich von der Herrschaftszentrale entfernte, steht auf einem anderen Blatt. Während der überwiegende Teil Siziliens und Kalabriens direkt vom Hof aus verwaltet wurde, wurde für die Verwaltung des Rests der süditalienischen Halbinsel 1168 eine eigene, in Salerno ansässige Behörde, die *duana baronum*, geschaffen. Nach einigen Jahrzehnten besaß die normannisch-sizilische Monarchie so gefestigte Strukturen, daß auch während der schweren Krisen des Thronstreits 1190–1194 und der Minderjährigkeit Friedrichs II. die Verwaltung weiter funktionierte[21].

---

17) Ass. Vat. 1 (*De legum interpretatione*): *Leges a nostra maiestate noviter promulgatas pietatis intuitu asperitatem nimiam mitigantes mollia quodam moderamine exacuentes, obscura dilucidantes, generaliter ab omnibus precipimus observari, moribus, consuetudinibus, legibus non cassatis pro varietate populorum nostro regno subiectorum, sicut usque nunc apud eos optinuit, nisi fortes nostris his sanctionibus adversari quid in eis manifestissime videatur* (Francecso BRANDILEONE, Il diritto romano nelle leggi normanne e sveve del regno di Sicilia [1884] S. 95f.; Le Assise di Ariano. Testo critico, traduzione e note hg.von Ortensio ZECCHINO [1984] S. 26).

18) Die Konstitutionen Friedrichs II. für das Königreich Sizilien, ed. Wolfgang STÜRNER (MGH Const. 2 Suppl., 1996) I 62 S. 228: [...] *quod secundum consuetudines nostras et in defectu earum secundum consuetudines approbatas ac demum secundum iura communia, Langobardorum videlicet et Romanorum, prout qualitas litigantium exiget, iudicabunt* [...].

19) Assisen 17 (*De sacrilegiis*) und 18 (*De crimine maiestatis*). Vgl. HOUBEN, Roger II. (wie Anm. 6) S. 145.

20) Assise 25 (*De officialibus publicis*). Vgl. HOUBEN, Roger II. (wie Anm. 6) S. 146.

21) Jean-Marie MARTIN, L'administration du Royaume entre Normands et Souabes, in: Die Staufer im Süden, Sizilien und Reich, hg. von Theo KÖLZER (1996) S. 113–140.

Eine die politische Integration fördernde und herrschaftsstabilisierende Funktion spielte zweifellos die lateinische Kirche[22]. Die Errichtung der sizilisch-normannischen Monarchie bedeutete auch die Christianisierung des bislang vorwiegend muslimischen Sizilien und die Latinisierung der Führungsschicht der bisher griechischen Kirche in Kalabrien, Südapulien und dem Süden der Basilicata. Die großen Benediktinerabteien Montecassino, Cava dei Tirreni, S. Sofia in Benevent und SS. Trinità di Venosa, und später auch Monreale, hatten zahlreiche Dependancen im ganzen Königreich. Diese und die 145 teilweise winzigen Diözesen[23] überzogen das Königreich mit einem kapillaren Netz römisch-lateinischer Kultur. (Zum Vergleich: Im Regnum Italiae gab es 117 Diözesen, im Königreich Frankreich 77, im Regnum Teutonicum 45, in England, Wales und der Normandie, in einem Gebiet von ungefähr der gleichen Ausdehnung wie das Königreich Sizilien, nur 25 Diözesen[24].)

Bereits Robert Guiscard und Roger I. hatten auf die Kirchenorganisation und die Wahl der Bischöfe starken Einfluß genommen. Aufgrund ihrer Verdienste um die Rückgewinnung Süditaliens für die römische Kirche hielten sie sich dazu für berechtigt. Obwohl ein solches Vorgehen den Prinzipien der Kirchenreform widersprach, wurde es von den Päpsten, die in den Auseinandersetzungen mit den römisch-deutschen Kaisern auf die Hilfe der Normannen angewiesen waren, weitgehend toleriert. Roger II. gelang es, die 1098 von Urban II. Roger I. in einer Ausnahmesituation zugestandene apostolische Legation für Sizilien definitiv durchzusetzen. Auch auf der süditalienischen Halbinsel konnte von einer eigenständigen Politik der von der Monarchie wirtschaftlich weitgehend abhängigen Bischofssitze keine Rede sein[25]. In der politischen Integration des Südens und der Zurückdrängung der kulturellen Eigenheiten der vormals arabisch-muslimischen und griechisch-byzantinischen Regionen spielten Klöster und Kirchen eine wichtige Rolle.

22) Norbert KAMP, Potere monarchico e chiese locali, in: Federico II e il mondo mediterraneo, hg. von Agostino PARAVICINI BAGLIANI/Pierre TOUBERT (1994) S. 84–106, hier S. 88: »elemento di coesione dell'unità statale«.

23) Vgl. Norbert KAMP, Kirche und Monarchie im staufischen Königreich Sizilien 1: Prosopographische Grundlegung. Bistümer und Bischöfe des Königreichs 1194–1266, 4 Bde. (Münstersche Mittelalter-Schriften 10/I, 1–4, 1973–1982).

24) Vgl. Carlrichard BRÜHL, Die Sozialstruktur des deutschen Episkopats im 11. und 12. Jahrhundert, in: Le istituzioni ecclesiastiche della »societas christiana« dei secoli XI–XII. Diocesi, pievi e parrocchie. Atti della sesta Settimana internazionale di studio (Milano 1–7 settembre 1974) (Pubblicazioni dell'Università Cattolica del Sacro Cuore, Miscellanea del Centro di Studi medioevali 8, 1977) S. 42–56, Nachdruck in: DERS., Aus Mittelalter und Diplomatik. Gesammelte Aufsätze 1: Studien zur Verfassungsgeschichte und Stadttopographie (1989) S. 336–350; Robert BRENTANO, Two Churches. England and Italy in the Thirteenth Century (1968, Nachdruck 1998) S. 64f.

25) Vgl. Norbert KAMP, Der unteritalienische Episkopat im Spannungsfeld zwischen monarchischer Kontrolle und römischer »libertas« von der Reichsgründung bis zum Konkordat von Benevent, in: Società, potere e popolo nell'età di Ruggero II. Atti delle terze giornate normanno-sveve (Bari, 23–25 maggio 1977) (Centro di studi normanno-svevi, Università degli Studi di Bari, Atti 3, 1979) S. 99–132.

Der Einfluß der römisch-lateinischen Kirche hatte langfristig Nebeneffekte, die nicht mit den in der Gesetzgebung Rogers II. garantierten Rechten der verschiedenen ethnischen Gruppen in Einklang standen. So scheint die von Roger II. gegen Ende seines Lebens vorgenommene Förderung von Konversionen, die in krassem Widerspruch zu der von ihm zeitlebens am Hof in Palermo praktizierten Offenheit für alle kulturellen Gruppen stand, auf den zunehmenden Einfluß der lateinischen Geistlichkeit zurückgegangen zu sein[26].

Wenig Erfolg hatte schließlich die von Roger II. verordnete Münzreform, die Ordnung in das bisher recht chaotische Münzwesen Süditaliens bringen sollte, in der Praxis aber scheiterte. Wirksamer waren erst die von Friedrich II. durchgeführten Wirtschaftsreformen (1231) mit der staatlichen Kontrolle von Handel und Münzwesen. Ob die nur sporadischen Eingriffe Rogers II. oder die drastischeren Maßnahmen Friedrichs II. für die langfristige wirtschaftliche Entwicklung des Königreichs förderlich waren, ist eine umstrittene Frage, die auch in der Diskussion um die »questione meridionale« immer wieder auftaucht, auf die hier nicht eingegangen werden kann.

Ein wichtiger Faktor für die Kontrolle des Territoriums von Seiten der Monarchie waren die Burgen, deren Bedeutung bereits von Roger II. erkannt wurde. Zur Ausbildung eines zentral kontrollierten »Kastellwesens«, welches das Königreich mit einem Netz von Befestigungen überzog, kam es aber erst unter Friedrich II. Die königlichen Kastelle dienten einerseits der Herschaftsrepräsentation – am eindrucksvollsten war das Brückenkastell von Capua, und bis heute noch faszinierend ist Castel del Monte – und/oder der Herrschaftssicherung gegen äußere und innere Feinde[27]. Die königlichen Burgen, zu deren Instandsetzung und Reparatur die Bevölkerung verpflichtet war, blieben von ihrer Umgebung isoliert, waren daher keine Elemente politischer Integration, sondern Herrschaftsinstrumente zur Kontrolle des Territoriums.

Einen gewissen Erfolg im Hinblick auf eine politische Integration der verschiedenen Regionen des Königreichs hatte die von Roger II. eingeleitete Reform der Grafschaften, die so gut wie alle mit Personen besetzt wurden, die mit dem Herrscherhaus in verwandtschaftlicher Beziehung standen[28]. Dadurch wurden auch alteingesessene Adelsgeschlech-

---

26) HOUBEN, Roger II. (wie Anm. 6) S. 116; vgl. auch DERS., Möglichkeiten und Grenzen religiöser Toleranz im normannisch-staufischen Königreich Sizilien, DA 50 (1994) S. 159–198, sowie neuerdings Alex METCALFE, The Muslims of Sicily under Christian Rule, in: The Society of Norman Italy (wie Anm. 2) S. 289–317, hier S. 305ff.

27) Vgl. Hubert HOUBEN, Repräsentation und Sicherung der Herrschaft. Die Burgen im staufischen Königreich Sizilien, in: Burg und Kirche zur Stauferzeit – profane und sakrale Architektur als Herrschaftsausdruck?, Akten der 1. Landauer Staufertagung 1997, hg. von Volker HERZNER/Jürgen KRÜGER (2001) S. 184–192.

28) Vgl. Errico CUOZZO, »Quei maledetti normanni«. Cavalieri e organizzazione militare nel Mezzogiorno normanno (L'altra Europa 4, 1989).

ter, die bisher der Monarchie eher reserviert gegenüberstanden, in das neue Staatswesen eingebunden.

III

Die integrationsfördernden Elemente Verwaltung, Gesetzgebung und Kirche mußten sich mit den Realitäten der starken lokalen und regionalen Identitäten eines Vielvölkerstaates messen, in dem es kein »Staatsvolk« gab. Im Unterschied zum normannischen Königreich England, wo es, nach dem Autor des *Dialogus de Scaccario* (um 1179) durch die gemischten Heiraten zwischen Angelsachsen und Normannen zur Bildung einer *natio* gekommen war und die Gewohnheitsrechte der beiden Volksgruppen vereinheitlicht worden waren, blieben, wie wir bereits erwähnten, im Königreich Sizilien auch unter Friedrich II. die verschiedenen Volksrechte bestehen[29].

Das normannische Königreich Sizilien war ein komplexeres Gebilde als das englische, das bereits vor der Ankunft der Normannen bestand und keine so komplizierte Vorgeschichte hatte. Während in England mit einem Schlag ein Königreich erobert wurde, war die normannische Staatsbildung in Süditalien das Ergebnis einer längeren und keineswegs gradlinigen Entwicklung. Die seit der Jahrtausendwende einsetzende, zunächst sporadische Einwanderung der »Normannen« – wobei unter diesem Namen auch andere, zumeist aus Frankreich stammende Einwanderer zusammengefaßt wurden – war zunächst ein spontaner Prozeß. Der Versuch Robert Guiscards, die verschiedenen normannischen Herrschaftsbildungen in einem Herzogtum politisch zu integrieren, war zwar gelungen, aber es blieben starke Widerstände, die unter seinen Nachfolgern aufflammten und dann auch Roger II. zu schaffen machten.

Der sich schließlich durchsetzende Titel des Königs war im Unterschied zu den zeitgenössischen europäischen Herrschertiteln (*rex Francorum, Anglorum rex, rex Romanorum*) nicht gentil, sondern territorial strukturiert: *rex Sicilie, ducatus Apulie et principatus Capue*[30]. Wir wiesen bereits eingangs darauf hin.

Angesprochen wurden in diesem Titel die drei wichtigsten Vorgängerstaaten des neuen Königreichs: die Insel Sizilien, als deren Graf Roger seine Karriere begonnen hatte, die dem ganzen Reich ihren Namen gab (die Chronisten sprechen meist vereinfachend von *regnum Siciliae*) und auf der die Hauptstadt Palermo lag. An zweiter Stelle genannt wird das Herzogtum Apulien, von dem urspünglich Kalabrien und Sizilien abhängig waren,

---

29) Vgl. Mario CARAVALE, Giustizia regia nel secolo XII in Inghilterra e in Sicilia, in: DERS., La monarchia meridionale. Istituzioni e dottrina giuridica dai Normanni ai Borboni (1998) S. 67f.

30) Zum folgenden einschlägig: Horst ENZENSBERGER, La cancelleria normanno-sveva tra unità monarchica e tendenze regionali, in: Unità politica (wie Anm. 4) S. 105–118.

eine Neugründung des Onkels Rogers II., Robert Guiscard. Schließlich an dritter Stelle das Fürstentum Capua, das wohl stellvertretend für die drei langobardischen Fürstentümer Benevent, Salerno und Capua steht, wobei berücksichtigt werden muß, daß die Stadt Benevent eine päpstliche Enklave geworden war, nachdem Heinrich II. als Gegenleistung für die Zustimmung zur Errichtung des Bistums Bamberg dem Papst die alten Ansprüche des Kaisertums auf diese Stadt abgetreten hatte.

Auf den ersten Blick scheinen die drei im Königstitel angesprochenen Vorgängerstaaten der Monarchie regionalen, nicht nur geographisch-politischen, sondern auch kulturellen Identitäten zu entsprechen: die Insel Sizilien mit ihrer in nahezu zwei Jahrhunderten arabischer Herrschaft entstandenen stark arabischen Prägung; das politisch und kulturell zwischen Byzanz und Rom angesiedelte Apulien; das Fürstentum Capua als *pars pro toto* für das langobardisch-lateinischer Tradition verpflichtete Kampanien.

In Wirklichkeit waren aber diese drei »Staaten« weder kulturell homogen noch entsprachen sie regionalen geo-historischen Identitäten.

Dies gilt insbesondere für das Herzogtum Apulien, in welches das Fürstentum Salerno integriert worden war: Robert Guiscard und seine Nachfolger hatten das in Kampanien gelegene Salerno zur »Hauptstadt« des apulischen Herzogtums gemacht. Zudem unterschied sich der von griechisch-byzantinischer Tradition und Kultur geprägte Süden Apuliens, die sogenannte Terra d'Otranto, stark vom lateinischen Zentrum (Terra di Bari) und Norden (Capitanata) dieser Region. Auch in dem durch seine Insellage zu einer regionalen Identität prädestinierten Sizilien bestanden große kulturelle Differenzen zwischen einem stärker nach Byzanz ausgerichteten Osten (Messina) und einem zur arabischen Welt gehörenden Westen (Palermo, Mazara del Vallo).

Das Fürstentum Capua war keine durch eine besondere kulturelle Identität gekennzeichnete Größe, sondern vergleichbar mit den lokalen Herzogtümern, aber in Wirklichkeit Stadtstaaten, Neapel, Gaeta und Amalfi, die im Königstitel nicht angeprochen wurden, ebensowenig wie Kalabrien, das offenbar als »Anhängsel« Siziliens betrachtet wurde. Der Graf von Sizilien war in der Tat Graf von Kalabrien und Sizilien (oder umgekehrt) gewesen[31]. Außer acht blieb im Königstitel schließlich die nördlichste, zuletzt eroberte Region, das Gebiet der an das päpstliche Herrschaftsgebiet angrenzenden Abruzzen, das kulturell nach Norden orientiert war.

In den historiographischen Quellen sucht man vergeblich nach dem Ausdruck des Bewußtseins regionaler Identitäten. Was wir hingegen finden, sind lokale, städtische Identitäten, etwa bei Falco von Benevent, während das Bewußtsein ethnischer Identitäten, etwa bei dem normannischen Einwanderer Gottfried Malaterra, mit der zunehmenden Assimi-

---

31) Roger II. hatte 1127 nach der politischen Vereinigung Siziliens mit dem Herzogtum Apulien zunächst den Titel »Herzog von Apulien, Graf von Sizilien und Kalabrien« (*dux Apulie, Sicilie et Calabrie comes*) angenommen, vgl. HOUBEN, Roger II. (wie Anm. 6) S. 132f.

lation der Normannen zumindest bei diesen bald verloren ging. Ein stärkeres Bewußtsein ihrer ethnischen Identität bewahrten die langobardischen Bevölkerungsgruppen, wie eine neue Studie der amerikanischen Historikerin Joanna Drell zeigt[32].

Wenn man in den Quellen nach dem Ausdruck eines Gemeinschaftsbewußtseins im Königreich Sizilien sucht, wird man erst in einem Zeugnis aus dem Ende des 12. Jahrhunderts fündig. Es handelt sich um den anonymen Brief an den Thesaurar der Kirche von Palermo, der als Anhang zur Geschichte des Königreichs Sizilien des Hugo Falcandus überliefert ist. Hier wird die Invasion der Insel Sizilien durch die barbarischen Deutschen im Gefolge Heinrichs VI. und Konstanzes beklagt: »der deutsche Wahnsinn, den die angeborene Wut aufwiegelt, die Raubsucht steigert und die Leidenschaft auf den Höhepunkt bringt«[33]. Schlimm genug, aber noch erträglich wäre es gewesen, wenn diese Barbaren nur »Apulien und die benachbarten Provinzen« heimgesucht und wenigstens Sizilien verschont hätten. Für den Autor scheint Sizilien also eine regionale Identität zu besitzen, die es von *Apulia* unterscheidet, womit nicht die spätere Region, sondern die gesamte süditalienische Halbinsel (mit Ausnahme Kalabriens) gemeint ist. Wenn man aber genauer hinsieht, bemerkt man, daß Sizilien hier weniger die Region meint, sondern verstanden wird als eine »glückliche Insel«, Wiege der Kultur, über welche die Wut der Barbaren hereinbricht[34].

An einer Stelle wendet sich der Autor direkt an die *Siculi* und spricht von der *patrie libertas*, die es zu verteidigen gelte[35]. Obwohl er Zweifel daran hegt, ob die Sizilier willens und in der Lage seien, Widerstand zu leisten, schätzt er sie höher ein als die *Apuli*, die er für absolut unzuverlässig hält[36]. Auf einer Stufe mit Sizilien wird Kalabrien genannt[37], so daß eine Gegenüberstellung von Sizilien und Kalabrien, die auch im normannischen Kö-

---

32) Joanna H. DRELL, Cultural syncretism and ethnic identity: The Norman ›conquest‹ of Southern Italy and Sicily, Journal of Medieval History 25 (1999) S. 187–202.

33) La Historia o Liber de regno Sicilie e la epistola ad Petrum Panormitane urbis thesaurarium di Ugo Falcando, ed. G. B. SIRAGUSA (Fonti 22, 1897) S. 170; Salvatore TRAMONTANA, Lettera a un tesoriere di Palermo sulla conquista sveva di Sicilia (Biblioteca siciliana di storia e letteratura, Quaderni 33, 1988) S. 124: *teutonica* […] *insania quam innatus furor exagitat, et rapacitas stimulat et libido precipitat.*

34) Ebenda: *Quod si beatam illam insulam, omnibus quidem regnis et preclaris dotibus et meritis amplioribus preferendam, vis procelle sevientis irrumpat, si iocundum otium et quietem omni voluptatis genere gratiorem armorum fragor importunus conturbet, quis iam animo poterit imperare ne dolendi modum excedat?*

35) Ebenda S. 126: *Ad quem intelligis finem rem in tanto discrimine perventuram, quove putas Siculos usuros consilio?* […] *An vero rei diffidentia et insueti laboris odio, tempori servientes, malint quodlibet durum servitutis iugum suscipere quam fame et dignitati sue et patrie libertati consulere?*

36) Ebenda: *Nam in Apulis, qui semper novitate gaudentes novarum rerum studiis aguntur, nichil arbitror spei aut fiducie reponendum,* […].

37) Ebenda: […] *si civitates oppidaque maritima diligenter premuniens, in Calabria quoque presidia per congrua loca disponat, Siciliam Calabriamque tueri poterit, ne in ius et potestatem transeant barbarorum.*

nigreich zusammen verwaltet wurden[38], und dem Rest Süditaliens (*Apulia*) entsteht. Hier wird also deutlich, daß sich das Reich Ende des 12. Jahrhunderts aus zwei Großregionen zusammensetzte.

Das wirkliche Problem besteht für den Autor des Briefs darin, daß die Bewohner der Insel einander feindselig gegenüberstehen, gespalten sind in Volk (*plebs*) und Adel (*proceres*), vor allem aber in Christen und Muslime; solange die ersteren nicht davon ablassen, die letzteren zu unterdrücken, woraufhin diese sich auflehnen und in den Bergen verschanzen, ist nicht an einen gemeinsamen Widerstand gegen die *Teutonici* zu denken. Einziger Ausweg wäre die Wahl eines Königs, der die Ordung wiederherstellen und die Invasoren vertreiben könnte. Hier wird deutlich, daß die zentrale Integrationsfigur des Reiches der Herrscher war. Trotz der auch unabhängig von der Figur des Monarchen funktionierenden Verwaltungsstruktur, von der bereits die Rede war, war doch das ganze Staatswesen auf den Herrscher ausgerichtet.

Der Brief an den Thesaurar der Kirche von Palermo zeigt, daß es bis in die neunziger Jahre des 12. Jahrhunderts, also während der fünfzig Jahre des Bestehens des neuen Staatswesens, nicht zur Ausbildung eines Gemeinschaftsbewußtseins gekommen war[39].

Woran lag das? An der starken, noch lange andauernden kulturellen Dishomogeneität? Oder sind politische Integration, kulturelle Differenzen und ethnische Identitäten vereinbar[40]?

Wichtig für die mangelnde Ausbildung eines Gemeinschaftsbewußtseins scheint mir der fehlende Elitenaustausch zwischen den verschiedenen Regionen zu sein. In die Verwaltung des normannischen Staates wurden zwar die adeligen und städtischen Führungsschichten mit einbezogen, aber jeweils nur im eigenen regionalen Rahmen. Ausnahmen wie die von Friedrich II. vollzogene Übertragung der Finanzverwaltung im ganzen Königreich an die Amalfitaner[41] waren zu punktuell, als daß sie integrationsfördernde Auswirkungen hätten haben können. Im Gegenteil, die aus Amalfi gebürtigen Familien, welche die Steuereintreibung in der Hand hatten, zogen sich bald den Haß der Bevölkerung zu[42].

---

38) Vgl. Hiroshi TAKAYAMA, The Administration of the Norman Kingdom of Sicily (1993); HOUBEN, Roger II. (wie Anm. 6) S. 153ff. mit weiterer Literatur.

39) Vgl. auch Glauco Maria CANTARELLA, La Sicilia e i Normanni. Le fonti del mito (Il mondo medievale. Sezione di storia delle istituzioni, della spiritualità e delle idee 19, 1989) S. 179ff.

40) So DRELL, Cultural syncretism (wie Anm. 32).

41) Vgl. Norbert KAMP, Gli Amalfitani al servizio della monarchia nel periodo svevo del regno di Sicilia, in: Documenti e realtà nel Mezzogiorno italiano in età medievale e moderna. Atti delle giornate di studio in memoria di Jole Mazzoleni (Amalfi, 10–12 dicembre 1993, 1995) S. 9–37.

42) Vgl. Eduard STHAMER, Der Sturz der Familien Rufolo und della Marra nach der sizilischen Vesper (Abh. Preuß. Akad. d. Wiss. Berlin, Phil.-hist. Kl. 3, 1937), Nachdruck in: DERS., Beiträge zur Verfassungs- und Verwaltungsgeschichte des Königreichs Sizilien im Mittelalter, hg. und eingeleitet von Hubert HOUBEN (1994) S. 657–728.

Das Ausbleiben der Bildung eines »Staatsbewußtseins« lag wohl auch an den schweren Krisen, die durch die Dynastiewechsel Hauteville – Staufer – Anjou hervorgerufen wurden. Sie stellten das neue Staatswesen immer wieder in Frage und ließen es als Objekt der Interessen ausländischer Dynastien erscheinen. Dies vor allem nach dem Ende der staufischen Herrschaft, als mit dem Herrschaftsantritt Karls I. von Anjou der einheimische Adel wegen seiner Bindungen an die Staufer weitgehend entmachtet und durch provenzalische Adelige ersetzt wurde.

Durch die Sizilische Vesper 1282, welche die Abspaltung Siziliens vom Königreich zur Folge hatte, das jetzt nach seiner neuen, von den Anjou gewollten Hauptstadt den Namen Königreich Neapel annahm, wurde ein sizilisches Sonderbewußtsein akzentuiert, das auch nach der späteren Wiedervereinigung Siziliens mit dem Königreich Neapel bestehen blieb und im Grunde bis heute fortlebt.

Zusammenfassend können wir festhalten, daß die politische Integration des Königreichs Sizilien das Werk Rogers II. war. Er hatte unter geschickter Ausnutzung verschiedener Umstände die von Robert Guiscard und Roger I. eingeleitete Errichtung umfassenderer Herrschaftsgebilde fortgeführt und zu einem Ergebnis gebracht, der Schaffung eines neuen Königreichs, das aus dem Ziel der Stabilisierung seiner Herrschaft hervorgegangen war.

Integrationsfördernde Elemente waren eine zentralisierte Verwaltung, eine zumindest ansatzweise territoriale Gesetzgebung, die starke Stellung des Herrschers und die kapillare Präsenz der von der Monarchie abhängigen Kirche. Integrationshindernde Elemente waren die stark unterschiedlichen politischen, kulturellen und religiösen Traditionen der einzelnen Regionen sowie das Fehlen eines Gemeinschaftsbewußtseins, für das einerseits wohl ein mangelnder Elitenaustausch, andererseits die mit Krisen verbundenen Dynastiewechsel verantwortlich waren. Wenn Rückschlüsse aus dem langanhaltenden Widerstand gegen den Herrschaftsantritt Karls I. von Anjou zulässig sind, scheint es unter der allerdings zu kurzen und konfliktreichen Stauferherrschaft Ansätze zu einer Identifikation von Adel und Bevölkerung mit der herrschenden Dynastie gegeben zu haben. Die durch die Anjouherrschaft ausgelösten Probleme, die schließlich zur Absplitterung Siziliens führten, wirkten jedenfalls in eine andere Richtung.

Krone und Königreich

Die staatsrechtlichen Beziehungen der Krone Aragón zum Königreich Mallorca zwischen Emanzipation, Inkorporation und Integration

VON LUDWIG VONES

»Eines ist jedoch als Tatsache zu erkennen: Alle Könige von Mallorca wurden in allem und für alles wie Herrscher angesehen, die keinen Oberherrn über sich hatten – *non habentes superiorem* –, und ebenso hätten sie die angeführten Zugeständnisse oder auch nur irgendwelche dieser Art niemals gemacht; und niemals hatten die Könige von Aragón in irgendeiner Form die Gerichtsbarkeit in Fällen des Zivil- oder Strafrechts oder die Oberhoheit über die Könige oder ihre Untergebenen im Königreich Mallorca und den zugehörigen Grafschaften (d. h. Roussillon und Cerdanya) inne. Vielmehr waren das Königreich Mallorca und die Grafschaften vom Königreich Aragón und der Grafschaft Barcelona in jeder Hinsicht genauso abgetrennt wie von Frankreich oder irgendeinem entfernteren Königreich«[1].

Mit diesen weitreichenden Feststellungen schloß Raymond-Bernard Flamenc, der gelehrte Ratgeber Herzog Ludwigs von Anjou, Mitte der siebziger Jahre des 14. Jahrhunderts sein Gutachten über den Rechtsstand des Königreichs Mallorca. Dieses Gutachten hatte sein Herr in Auftrag gegeben, nachdem er 1375 in Narbonne von Isabella von Mallorca, der Markgräfin von Montferrat, jene Rechte auf das Königreich erworben hatte, die diese wiederum von ihrem Bruder Jakob IV., dem letzten männlichen Thronanwärter der mallorquinischen Dynastie, nach dessen Tod geerbt hatte[2]. Diese Rechte, für deren Ein-

---

1) »*Unum tamen ante questionum divisionem advertendum est, consistens in facto quod reges Majoricarum sic in omnibus et per omnia fuerunt usi* [lege: *visi*] *tanquam reges non habentes superiorem, et perinde ac si nunquam facte fuissent dicte recogniciones aut aliqua ipsarum; nec unquam reges Aragonum fuerunt usi aliqua specie jurisdiccionis in civilibus vel criminalibus causis aut superioritatis in predictis regno Majoricarum et comitatibus, in personis regum aut subditorum suorum. Ymo sic erant separata in omnibus dictum regnum Majoricarum et comitatus a regno Aragonum et comitatu Barchinone, sicut a regno Francia aut alio quovis remociori regno, …*« (zit. nach: Albert LECOY DE LA MARCHE, Les relations politiques de la France avec le royaume de Majorque 2 [1892] S. 381–389, Nr. XCV, das Zitat auf S. 389). – Zum besseren Verständnis vgl. auch die genealogischen Tafeln unten S. 584f.

2) LECOY DE LA MARCHE, Les relations politiques de la France 2, S. 373–381, Nr. XCIV zu 1375 Aug. 30. Zur Sache vgl. außer LECOY DE LA MARCHE, a.a.O., S. 188ff., bes. S. 206ff. v.a. Carl August WILLEMSEN, Der Untergang des Königreiches Mallorka und das Ende der Mallorkinischen Dynastie, in: Span. Forsch.

forderung Ludwig von Anjou sofort den König von Kastilien, seinen Bruder Karl V. von Frankreich und den Papst mobilisieren wollte[3], bestanden allerdings zu dieser Zeit schon längst nur noch aus kaum einlösbaren theoretischen Ansprüchen, da König Peter IV. von Aragón bereits 1343 das Königreich Jakob III. von Mallorca, dem Vater Jakobs, nach Lehnrecht wegen wiederholter Kontumaz und weiterer Vergehen entzogen, mit der Krone Aragón vereinigt, im Jahr darauf dieses Urteil endgültig bestätigt und nach militärischen Erfolgen ebenfalls auf die Grafschaften Roussillon und Cerdanya sowie das Conflent ausdrücklich angewandt hatte[4]. Zudem war Mallorca 1365 dem Prinzipat von Katalonien mit der Maßgabe einverleibt worden, die Mallorquiner und alle Siedler auf der Insel seien geborene Katalanen (*»Que los mallorquins sian hauts per catalans – Emes com los Malloquins, e poblats en aquella Illa sien Cathalans naturals«*), das Reich ein Teil von Katalonien (*»e aquell Regne sia dit part de Cathalunya«*), die Einwohner hätten den katalanischen Ständeversammlungen beizuwohnen, auf denen sie als Katalanen gelten sollten (*»e en altre temps en Corts generals sien hauts e reputats per Cathalans, vos placia per remoure dubte sien hauts per naturals Cathalans ... e hagen aentrevenir en Corts als Cathalans celebradores«*), und schließlich die *Constitucions generals de Catalunya* sowie die Privilegien und *Usatges* von Barcelona, gewissermaßen die katalanischen Grundgesetze, zu befolgen (*»es hagen alegrar e observar les constitucions generals de Catalunya priuilegis e usatges de la Ciutat de Barcelona«*)[5].

Die Quintessenz des angiovinischen Rechtsgutachtens, in dessen Vorfeld wahrscheinlich auch eine Abschrift des Testaments König Jakobs III. von Mallorca aus dem Jahr 1349 angefertigt worden ist[6], führt uns also sofort hin zum Kern des Problems: Während zugunsten des mallorquinischen Standpunktes offensichtlich die im 13. Jahrhundert von den Rechtsschulen und der Dekretalistik entwickelten, eng zusammenhängenden staatsrechtlichen Vorstellungen des *rex imperator in regno suo* und des *rex qui in temporalibus superio-*

d. Görres-Gesellsch., Gesammelte Aufsätze zur Kulturgesch. Spaniens 5 (1935) S. 240–296 sowie David ABULAFIA, The problem of the Kingdom of Majorca 1: Political identity, Mediterranean Historical Review 5 (1990) S. 150–168 und DERS., A Mediterranean emporium. The Catalan kingdom of Majorca (1994) S. 35f.

3) LECOY DE LA MARCHE, Les relations politiques de la France 2, S. 390–402, Nr. XCVI–XCIX.

4) Vgl. dazu Carl August WILLEMSEN, Jakob II. von Mallorka und Peter IV. von Aragon (1336–1349), in: Span. Forsch. d. Görres-Gesellsch., Gesammelte Aufsätze zur Kulturgesch. Spaniens 8 (1940), S. 81–198.

5) Vgl. dazu Román PIÑA HOMS, La creación del derecho en el reino de Mallorca (1987) bes. S. 42f. und ebd., S. 177, Nr. XI, der das Instrument über die Annexion von 1365 Juli 22 nach Archivo del Reino de Mallorca, Llibre de Sant Pere, f. 162v zitiert. Ein weiterer Druck findet sich bei Antonio PONS, Constitucions e ordinacions del Regne de Mallorca 1 (1931) S. LXXXIV–LXXXV.

6) Ein anonymer Druck ohne Ort und Jahr dieser im Nationalarchiv zu Paris befindlichen Kopie von 1375 Jan. 14 findet sich in der Biblioteca Bartomeu March in Palma de Mallorca: ›Documentos relativos a los Reyes privativos de Mallorca (s. XIV)‹. Vgl. Gabriel ENSENYAT PUJOL, La reintegració de la Corona de Mallorca a la Corona d'Aragó (1343–1349) Bd. 1(1997) S. 429ff. mit Anm. 31; Gabriel ALOMAR ESTEVE, Introducció a l'estudi sistemàtic dels documents de la cancelleria dels reis de Mallorca que se conserven a França, in: Majorque, Languedoc et Roussillon, de l'Antiquité à nos jours (1982) S. 49.

rem non recognoscit herangezogen wurden, die im Sinne des frühen Souveränitätsgedankens die Unterordnung unter einen anderen Herrscher ausschlossen[7], hatte der König von Aragón den Anschluß Mallorcas an seine Krone durch einen lehnrechtlich geführten Prozeß erzwungen, der ein Bindungsverhältnis zwischen ihm als Lehnsherrn und dem mallorquinischen König als Vasall voraussetzte. Unser Rechtsgelehrter sollte ganz im Sinne seines Auftraggebers aus der Diskrepanz dieser unvereinbaren Rechtsstandpunkte den Schluß ziehen, alle Zugeständnisse der mallorquinischen Könige seien null und nichtig gewesen und alle Ansprüche der aragonesischen Könige auf eine Jurisdiktions- oder gar Oberhoheit über das Königreich Mallorca entbehrten jeglicher rechtlichen Grundlage. Die politische Realität der vergangenen hundert Jahre hatte allerdings anders ausgesehen und der Kampf um die staatliche Unabhängigkeit von der Krone Aragón letztlich zum völligen Untergang der mallorquinischen Königsdynastie geführt, so daß man von der ›tràgica història dels reis de Mallorca‹ gesprochen hat[8]. Es bleibt die Frage, wie sich die politischen Verhältnisse und Konzeptionen entwickelt haben, um solch unterschiedliche Auffassungen von der staatsrechtlichen Stellung des Königreichs Mallorca mit ihren letztlich zumindest für eine Seite katastrophalen Konsequenzen hervorzubringen und die Integration oder Reintegration[9] eines anderen Reichsverbandes, der sich zeitweilig, zumindest von 1276 bis 1279, sogar selbst als eigenständige ›Krone‹ konstituieren konnte[10], in die Krone Aragón zu erzwingen.

Als König Jakob I. von Aragón um die Jahreswende 1229/30 mit der Einnahme der Stadt Medinat Mayurqa, der innerhalb eines Jahres die völlige Befriedung der Insel folgen sollte, die Eroberung des gleichnamigen arabischen Reiches entscheidend vorangetrieben hatte, war von ihm sogleich ein christliches Königreich konstituiert und diesem am 1. März 1230 durch ein großes Freiheitsprivileg eine erste Verfassung gegeben worden, die sich an den Besiedlungsurkunden für Neukatalonien orientierte und von der Stadt als Mittelpunkt aus ihren Rechtsstand auf die gesamte Insel ausdehnte[11]. Neben Bestimmungen über die

---

7) Vgl. Walter Ullmann, The development of the medieval idea of sovereignty, EHR 64 (1949) S. 1–33; Gaines Post, Studies in Medieval Legal Thought: Public Law and the State, 1100–1322 (1964) bes. S. 434ff., 482ff.; Helmut G. Walther, Imperiales Königtum, Konziliarismus und Volkssouveränität. Studien zu den Grenzen des mittelalterlichen Souveränitätsgedankens (1976) bes. S. 65ff.; Kenneth Pennington, The Prince and the Law, 1200–1600. Sovereignty and Rights in the Western Legal Tradition (1993) passim.

8) J. Ernesto Martínez Ferrando, La tràgica història dels reis de Mallorca (1960). Vgl. auch Alvaro Santamaría, Sobre la dinastía de Mallorca, in: Baleares: Antología de temas 2 (1976) S. 25–83 und Román Piña Homs, Els reis de la Casa de Mallorca (1982).

9) Dazu nun v. a. Gabriel Ensenyat Pujol, La reintegració de la Corona de Mallorca a la Corona d'Aragó (1343–1349), 2 Bde. (1997).

10) Vgl. dazu Alvaro Santamaría, En torno a la institucionalización del Reino de Mallorca en el siglo XIII, Medievalia 2 (1981) S. 111–144.

11) Ambrosio Huici Miranda – María Desamparados Cabanes Pecourt (ed.), Documentos de Jaime I de Aragón 1: 1216–1236 (1976) S. 269–272, Nr. 150 zu 1231 März 1. Zur Datierung auf 1230 s. P. Benet, La Carta de Franquesa del rei en Jaime (1917); Alvaro Santamaría, Sobre la datación de la Carta de Fran-

Verwaltungsinstitutionen, Wirtschaft und Handel, Besteuerung und Abgaben, usw. enthielt dieses Privileg, das der Poblationsurkunde für Tortosa von 1149 nachgebildet war[12], gegenüber den Inselbewohnern das königliche Versprechen, sie weder irgendeiner Person noch den Ritterorden durch Schenkung oder Tausch besitzrechtlich zu übertragen, sondern sie für alle Zeit als Glied der Krone Aragón zu bewahren, zu lieben und überall zu verteidigen, wie die eigenen getreuen und rechtschaffenen *probi homines* – »*sed semper tenebimus vos ad coronam regni Aragonum et amabimus et defensabimus vos in cunctis locis, sicut nostros fideles probos homines et legales*«[13]. Dieses Versprechen schloß offensichtlich eine Weitergabe der Herrschaftsausübung in lehnrechtlichen Formen nicht aus, denn nur anderthalb Jahre später schloß Jakob I. mit dem Infanten Peter von Portugal, dem Erben der Grafschaft Urgell, einen Tauschvertrag, durch den er selbst die Grafschaft, der Infant aber das Königreich Mallorca sowie die noch gar nicht eroberte Insel Menorca mit ihren Pertinenzen *in feudum et ad consuetudinem Barchinone* erhielt und dafür dem aragonesischen König das *Homagium* leisten mußte[14]. Zwar sollte die Lehnsherrschaft des Infanten ein Zustand werden, der länger als ein Jahrzehnt dauerte, doch verfügte Jakob I. bereits 1232 über das mallorquinische Königreich in seinem ersten Testament zugunsten seines erstgeborenen Sohnes Alfons[15], der aus der 1229 durch den päpstlichen Kardinallegaten Johannes de Abbeville in Tarazona wegen zu naher Verwandtschaft (*propter incestum notorium*) geschiedenen Ehe mit Eleonore von Kastilien stammte[16] und dessen Erbrecht für das Königreich Aragón auf den Cortes von Lérida ausdrücklich anerkannt worden war, während sich Jakob I. augenscheinlich vorbehalten hatte, für Katalonien Erbregelungen zugunsten möglicher Kinder aus einer weiteren Ehe treffen zu können[17]. Insgesamt sollte das Erbe zu diesem Zeitpunkt neben dem Königreich Mallorca noch das Königreich Aragón, die Grafschaften Barcelona und Urgell, den Seniorat über Montpellier sowie alle anderen Länder und Güter umfassen[18], doch hatten sich soeben Ja-

---

quesa de Mallorca, in: Estudia Historica et Philologica in honorem M. Batllori (1984) S. 463–473; Ders., La Carta de Franquesa de Mallorca. Estatuto constituyente del reino, in: Estudios dedicados a la memoria del profesor Emilio Sáez (1987) S. 208–228; Antonio Ubieto Arteta, Historia de Aragón. Creación y desarrollo de la Corona de Aragón (1987) S. 278 mit Anm. 10. Den Forschungsstand zusammenfassend: Alvaro Santamaría, Ejecutoria del Reino de Mallorca, 1230–1343 (1990) S. 31ff.

12) Piña Homs, La creación del derecho, S. 35f.; Santamaría, Ejecutoria, S. 31–33.

13) Huici Miranda – Cabanes Pecourt, Documentos 1, S. 271f.

14) Huici Miranda – Cabanes Pecourt, Documentos 1, S. 286–288, Nr. 159 zu 1231 Sept. 29.

15) Huici Miranda – Cabanes Pecourt, Documentos 1, S. 297–299, Nr. 168 zu 1232 Mai 6.

16) Cfr. Huici Miranda – Cabanes Pecourt, Documentos 1, S. 220–221, Nr. 116 zu 1229 März 20. Vgl. Crónica latina de los Reyes de Castilla, ed. María Desamparados Cabanes Pecourt (1985) S. 73; Jerónimo Zurita, Anales de la Corona de Aragón, ed. Antonio Canellas López, 1 (1976) S. 433f. (= Lib. III, §3).

17) Zurita, Anales de la Corona de Aragón I, S. 434. Vgl. auch Antonio Ubieto Arteta, Historia de Aragón. La formación territorial (1981) S. 323.

18) Huici Miranda – Cabanes Pecourt, Documentos 1, S. 297–299, Nr. 168.

kob I. und der kinderlose König Sancho VII. von Navarra durch beiderseitige Adoption gegenseitig zu Erben ihrer Reiche im Überlebensfall eingesetzt[19], so daß das Testament nicht nur allen Wechselfällen Rechnung tragen mußte, sondern auch in seiner Wirksamkeit eingeschränkt war, falls der navarresische Herrscher seinen wesentlich jüngeren Adoptivsohn wider Erwarten überleben sollte. Zudem bestätigte und erweiterte der aragonesische König 1233 nochmals ausdrücklich das große Freiheitsprivileg für Mallorca, womit neben dem erbrechtlichen auch der staatsrechtliche Aspekt vorerst geklärt war[20]. Da der Infant Alfons zu dieser Zeit der einzige männliche Nachkomme Jakobs war, stellte sich das Problem der Zugehörigkeit des Königreichs Mallorca zur Krone noch nicht.

Dies sollte sich jedoch ändern, als Jakob I. am 8. September 1235 nach seiner Scheidung von seiner ersten Gemahlin die Königstochter Violante von Ungarn heiratete und ihr gut drei Monate nach der Eheschließung »racione sponsalicie sive donacionis propter nupcias« außer der Herrschaft über Montpellier auf Lebenszeit die Grafschaft Milhau übereignete, darüber hinaus der aus dieser Ehe sprießenden Nachkommenschaft »concedente Domino nasciture« das Königreich Mallorca mit den Inseln Menorca und Ibiza, zudem alle Eroberungen, die er im Königreich Valencia und anderswo machen sollte, sowie schließlich noch Montpellier und die Grafschaften Roussillon und Milhau zugestand: »Que omnia et singula habeant in hereditatem cum omnibus suis pertinenciis, necnon et cum toto et pleno dominio et iure integre eorundem«[21]. Da Papst Gregor IX. 1235 nicht nur parallel zu einer allgemeinen Landfriedensregelung aufgrund seiner Schutzhoheit einen Friedenszustand zwischen König, Laien und Geistlichkeit garantiert[22] sondern auch unmittelbar vor der Hochzeit die neue Königin unter seinen besonderen päpstlichen Schutz gestellt hatte[23],

19) HUICI MIRANDA – CABANES PECOURT, Documentos 1, S. 264–266, Nr. 147; C. MARICHALAR, Colección diplomática del rey Sancho VIII (el Fuerte) de Navarra (1934) S. 208–209, Nr. 175 zu 1231 Feb. 2. Vgl. dazu UBIETO ARTETA, Historia de Aragón. La formación territorial, S. 324–326, der die möglichen Wechselfälle und Konsequenzen des Adoptionsvertrags durchspielt und ebd., S. 326, Anm. 26, den Vorschlag macht, das Testament von 1232 auf 1234 umzudatieren, da auf diese Weise nach dem Tod Sanchos VII. am 7. April 1234 und der damit eigentlich fälligen, aber bekanntermaßen nicht realisierbaren Erfüllung des Adoptionsvertrags eine neue testamentarische Erbregelung getroffen worden wäre.

20) HUICI MIRANDA – CABANES PECOURT, Documentos 1 S. 309f., Nr. 178 zu 1233 März 22.

21) HUICI MIRANDA – CABANES PECOURT, Documentos 1 S. 370–371, Nr. 234 zu 1235 Dez. 11.

22) Lucien AUVRAY (Ed.), Les Registres de Gregoire IX, Bd. 2 (1907), Nr. 2527–2528. Vgl. Eugen WOHLHAUPTER, Die Entfaltung des aragonesischen Landrechts bis zum Código de Huesca (1247), in: Studi di storia e diritto in onore di Carlo Calisse, Bd. 1 (1940) S. 379–410; DERS., Studien zur Rechtsgeschichte der Gottes- und Landfrieden in Spanien (1933), S. 107ff.; Johannes FRIED, Der päpstliche Schutz für Laienfürsten. Die politische Geschichte des päpstlichen Schutzprivilegs für Laien (11.–13. Jh.) (1980) S. 241f.; Ludwig VONES, Friedenssicherung und Rechtswahrung. Die Erhaltung des inneren Friedens im Spannungsfeld von Königsherrschaft und Ständedenken in den Ländern der Krone Aragón bis zum Ausgang des Hauses Barcelona (1410), in: Träger und Instrumentarien des Friedens im hohen und späten Mittelalter, hg. v. Johannes FRIED (Vorträge und Forschungen 43, 1996) S. 441–487, bes. S. 466f.

23) Francisco MIQUEL ROSELL, Regesta de letras apostólicas del Archivo de la Corona de Aragón (1948) Nr. 97.

mußte die Verfügung »*propter nupcias*« eine dauerhafte neue Rechtsgrundlage darstellen, durch die das Testament von 1232 spätestens mit der Geburt des Infanten Peter (III.) 1240 überholt wurde. Konsequenterweise bestand Jakob I. schließlich darauf, daß der Infant Peter von Portugal auch für Königin Violante das *Homagium* unter Einschluß der möglichen Nachkommenschaft leistete[24]. Dieses erneuerte *Homagium* umfaßte nun neben Mallorca und Menorca zusätzlich die Insel Ibiza, deren Verlehnung der König zugesagt hatte, falls sie innerhalb eines bestimmten Zeitraumes erobert würde[25]. Die endgültige Gestalt des Königreiches Mallorca, wie sie uns später gegenübertritt, deutete sich dann im zweiten Testament Jakobs I. von 1242 an, als er seinem Erstgeborenen Aragón, Katalonien, das Vall d'Aran sowie die Grafschaften Ribagorza, Pallars und Urgell zusprach, seinen jüngeren Sohn Peter jedoch nicht nur mit dem Königreich Valencia sondern auch mit dem Königreich Mallorca, mit Menorca, Ibiza sowie weiteren Besitzungen im Languedoc – darunter Montpellier, Aumelas, Melgueil, Montferrand sowie Rechte im Carcassès, Razès, Fenouillet, Milhau, Gévaudan – ausstatten wollte[26]. Darüber hinaus gestand er ihm gemeinsam mit seiner Mutter Violante die Grafschaften Roussillon, Cerdanya, Conflent und Vallespir zu. Da Jakob I., wie ausgeführt, die Herrschaft über Montpellier und die Grafschaft Milhau bereits Jahre zuvor seiner neuen Gemahlin als Morgengabe abgetreten und zugleich die übrigen Gebiete dem ersten aus dieser Ehe hervorgehenden Nachkommen vorbehalten hatte, löste er nur ein Versprechen ein, das er längst gegeben hatte[27].

Damit war der Rechtsstatus des Königreichs Mallorca, nachdem noch keine 15 Jahre nach seiner Inbesitznahme vergangen waren, weitaus vielschichtiger, als man bisher angenommen hat: Als untrennbarer Bestandteil der Krone Aragón, die seit Mitte des 12. Jahrhunderts, als Graf Raimund Berengar IV. von Barcelona die aragonesische Thronerbin Petronilla geheiratet hatte[28], im Kern aus der Personalunion des Königreichs Aragón mit der Grafschaft Barcelona bzw. dem Prinzipat von Katalonien unter Herrschaft der *comtes-reis*, der Grafen-Könige, bestand[29], war das Königreich Peter von Portugal zu Lehen gegeben worden. Nur wenig später war dann im Vertrag über die Dos der Königin Violante ver-

24) Huici Miranda – Cabanes Pecourt, Documentos 1, S. 379f., Nr. 235 zu 1236 Mai 20.

25) Huici Miranda – Cabanes Pecourt, Documentos 1, S. 288f., Nr. 160 zu 1231 Sept. 29. Dieses Privileg, das sich auch noch auf die Insel Formentera bezog, wurde nicht nur für Peter von Portugal sondern auch für den mächtigen Adligen Nunyo Sanç, einen nahen Verwandten Jakobs, ausgestellt.

26) Ambrosio Huici Miranda – María Desamparados Cabanes Pecourt (ed.), Documentos de Jaime I de Aragón 2: 1237–1250 (1976) S. 116–120, Nr. 340 zu 1242 Jan. 1.

27) Huici Miranda – Cabanes Pecourt, Documentos 1, S. 370f., Nr. 224 zu 1235 Dez. 11, S. 373, Nr. 227 zu 1235 Dez. 23.

28) Vgl. Antonio Ubieto Arteta, Los esponsales de la reina Petronila y la creación de la Corona de Aragón (1987); Martin Aurell, Les noces du comte. Mariage et pouvoir en Catalogne (785–1213) (1995) S. 361ff.

29) Vgl. dazu Antonio Ubieto Arteta, Historia de Aragón. Creación y desarrollo de la Corona de Aragón (1987).

fügt worden, daß das Königreich samt den von den Mauren zurückeroberten Gebieten ihrem gemeinsamen Sohn bzw. ihren Kindern gehören sollte – ein Umstand, den Papst Innocenz IV. zeitgleich mit der Absetzung Kaiser Friedrichs II. am 17. Juli 1245 nochmals bekräftigte und zu dessen Verwirklichung er eigens den Bischof Raimund von Lérida als Sachwalter bei Jakob I. ernannte[30]. Folgerichtig hatte Peter von Portugal auch der Königin den Lehnseid leisten müssen, während der König kurze Zeit nach der Geburt des Infanten Peter die zukünftigen Besitzrechte testamentarisch festlegen ließ und ein Jahr später zum Nachteil seines ältesten Sohnes noch Katalonien hinzugefügt hatte[31]. Zwar bemühte sich Jakob I., diese Rechtslage dadurch zu vereinfachen, daß er zumindest die Ansprüche Peters von Portugal auf die Grafschaft Urgell, das Königreich Mallorca und die Insel Menorca gegen die Überlassung eines umfangreichen Herrschaftsgebiets im Königreich Valencia ablöste[32], das er mittlerweile der Krone angeschlossen hatte, doch änderte dies kaum etwas an der ungeklärten Stellung des Reiches innerhalb der Krone, wenn auch der Infant seine Herrschaft dem König »*per alodium proprium* (!), *liberum et quietum cum toto iure nobis pertinente*« aufließ[33]. Die Geburt weiterer Söhne, der Tod eines Infanten und der wachsende Widerstand des Erstgeborenen Alfons gegen die ihn immer stärker benachteiligenden Erbteilungen machten 1248, 1251 und 1253 Neuregelungen erforderlich[34], deren Ergebnis die Zuweisung von Aragón und Valencia an Alfons, von Katalonien

---

30) Antonio Quintana Prieto (ed.), La documentación pontificia de Inocencio IV (1243–1254), Bd. 1 (1987) S. 166, Nr. 139 zu 1245 Juli 17: »*... vir suus, tempore contracti matrimonii inter eos, totum regnum Maioricarum totamque conquistam sarracenorum filiis quos ex ipsa susciperet, dederet et concesseret, ...*«; Robert I. Burns, The Loss of Provence. King James's Raid to Kidnap its Heiress (1245), documenting a »Legend«, in: Historiographie de la Couronne d'Aragon. Actes du XIIᵉ Congrès d'Histoire de la Couronne d'Aragon, Montpellier 26–29 septembre 1985, Bd. 3: Historiographie (1989) S. 195–231, hier S. 223, Nr. X; cfr. Miquel Rosell, Regesta, Nr. 122.

31) Huici Miranda – Cabanes Pecourt, Documentos 2, S. 151, Nr. 365 zu 1243 Jan. 21. Zugleich ließ Jakob I. die Grenze zwischen Aragón und Katalonien genau festlegen und Lérida sowie das Gebiet zwischen den Flüssen Segre und Cinca aus dem Machtbereich des Infanten Alfons herausnehmen, ebd., S. 150f., Nr. 364, S. 152f., Nr. 366.

32) Huici Miranda – Cabanes Pecourt, Documentos 2, S. 181–184, Nr. 394 zu 1244 Aug. 18. Cfr. ebd., S. 184–186, Nr. 395 zu 1244 Aug. 19.

33) Ebd., S. 182. Die neue Herrschaft Peters von Portugal bestand aus den Orten Morella, Sagunto, Almenara, Castellón und Segorbe.

34) Das Testament vom 19. Jan. 1248 ist nicht mehr erhalten und kann nur aus späteren Dokumenten und Überlieferungen erschlossen werden, von denen die Ausführungen von Zurita, Anales de la Corona de Aragón, ed. Canellas López, 1 (1967), S. 551–553 (Lib. III § XLIII) am wichtigsten sind, da dieser noch das seither verlorengegangene Testament in den Beständen des Kronarchivs selbst benutzen und ein genaues Resumé desselben mit allen Bedingungen und Grenzbeschreibungen für Aragón, Katalonien und Valencia anfertigen konnte. Vgl. dazu ausführlich Ubieto Arteta, Historia de Aragón. La formación territorial, S. 331ff. Die Erbteilung vom 12. Okt. 1251 zu Huesca, die Jakob I. gleichzeitig mit den testamentarischen Verfügungen seiner Gattin Violante vom selben Tag erließ (Ambrosio Huici Miranda – María Desamparados Cabanes Pecourt (ed.), Documentos de Jaime I de Aragón, 3: 1251–1257 (1978) S. 50–

bzw. der Grafschaft Barcelona mit allen ihren abhängigen Herrschaften und Gebieten vom Cinca bis Salses einschließlich des Vall d'Aran an Peter, dem 1251 die Großen Kataloniens das Homagium als *dominus naturalis* leisten mußten[35], und des Balearenreiches unter Hinzufügung der nun von den übrigen aragonesischen Gebieten im Languedoc abgetrennten Herrschaft über Montpellier sowie – einige Jahre später – der Insel Ibiza an den drittgeborenen Jakob war[36]. Der Infant Alfons sollte die Erbregelungen von 1251 und 1253 gegenüber seinem Vater und seinen Halbbrüdern ausdrücklich billigen und zugleich versprechen, diese öffentlich vor den nächsten Cortes zuzugestehen[37]. Von diesem Zeitpunkt an sollte Jakob von Mallorca mit dem Inselkönigreich immer enger verbunden werden und 1256, von seinem Vater als zukünftiger König und nun ebenfalls als *dominus naturalis* zum Empfang der Treueide und des Homagiums geschickt[38], als *heres regni*

52, Nr. 585), findet sich ebenfalls nur als Zusammenfassung bei ZURITA, Anales de la Corona de Aragón, ed. CANELLAS LÓPEZ, 1 (1967), S. 564–565 (Lib. III § XLVI), doch hatte Jakob I. bereits am 26. März 1251 anläßlich der Corts von Barcelona seinem Sohn Peter und seiner Gattin Violante sowie ihren legitimen Nachkommen die erwähnten Machtbereiche als *perfecta et irrevocabilis donacio inter vivos ... in perpetuum* überlassen (HUICI MIRANDA – CABANES PECOURT (ed.), Documentos de Jaime I de Aragón 3, S. 21–23, Nr. 562). Vgl. dazu ausführlich UBIETO ARTETA, Historia de Aragón. La formación territorial, S. 35ff. Einzig die Regelung vom 20. September 1253, durch die Alfons nun neben Aragón auch Valencia als *hereditas* erhielt und die Infanten Peter und Jakob aufgefordert wurden, den Adel und die Bevölkerung des Königreichs Valencia von ihren Lehns- und Treueiden zu entbinden, ist als Urkunde erhalten (HUICI MIRANDA – CABANES PECOURT (ed.), Documentos de Jaime I de Aragón 3, S. 113–114, Nr. 626). Im Gegenzug mußte Alfons die Schenkungen an Peter anerkennen (Joaquín MIRET I SANS, Itinerari de Jaume I »el Conqueridor« [1918] S. 233), doch sollte Jakob I. erst 1257 die Valencianer vom Treueid für den Infanten Jakob als zukünftigem Erben entbinden und gleichzeitig die Anerkennung des Infanten Alfons als neuen Herrn einfordern (HUICI MIRANDA – CABANES PECOURT (ed.), Documentos de Jaime I de Aragón 3, S. 236, Nr. 751, S. 240, Nr. 757 zu 1257 Aug. 29), um fast gleichzeitig dem Infanten Peter die herrschaftliche Verwaltung Kataloniens zu übertragen (HUICI MIRANDA – CABANES PECOURT (ed.), Documentos de Jaime I de Aragón 3, S. 252, Nr. 772 zu 1257 Sept. 6). Vgl. dazu UBIETO ARTETA, Historia de Aragón. La formación territorial, S. 337f.

35) Im Lehns- und Treueid, der 1251 auf den Corts von Barcelona dem Infanten Peter zu leisten war, heißt es: »... *et recipio vos in dominum naturalem Cathalonie et in dominum naturalem et comitem Barchinone et ex nunc vobis obediam sicut naturali domino Cathalonie et sicut domino naturali et comiti Barchinone* ...« (HUICI MIRANDA – CABANES PECOURT (ed.), Documentos de Jaime I de Aragón 3, S. 22). UBIETO ARTETA, Historia de Aragón. La formación territorial, S. 337, folgert zurecht: »Era el final de la ›Corona de Aragón‹ si se llevara a efecto«. Zur staatsrechtlichen Bedeutung der *naturalitas* vgl. FRIED, Der päpstliche Schutz, S. 214.

36) ZURITA, Anales de la Corona de Aragón, ed. CANELLAS LÓPEZ, 1, S. 564f. Die Übertragung Ibizas erfolgte 1257 Jan. 11 (LECOY DE LA MARCHE, Les relations politiques de la France 1, S. 424f., Nr. XIII; HUICI MIRANDA – CABANES PECOURT (ed.), Documentos de Jaime I de Aragón 3, S. 210, Nr. 724).

37) Ferran SOLDEVILA, Pere el Gran. Primera Part: L'infant (1995) S. 425–427, Nr. 1–2 zu 1251 Dez. 21 und zu 1253 Sept. 22.

38) HUICI MIRANDA – CABANES PECOURT (ed.), Documentos de Jaime I de Aragón, Bd. 3, S. 207, Nr. 719 zu 1256 Aug. 2.

Majoricarum et Montispessulani in einem feierlichen Akt in der Kirche Santa Eulalia in Mallorca das Freiheitsprivileg von 1230 für sich, alle seine Erben und Nachfolger durch einen Eid summarisch in jener Form bekräftigen, wie es einst vorgelegen hatte[39]. Aber schon im nächsten Jahr änderte sein Vater ebendieses Privileg in einigen Punkten ab und, was am wichtigsten ist, ließ bei der Schutz- und Verteidigungsformel zugunsten der Einwohner jene charakteristische Wendung aus, die die Bindung an die Krone Aragón garantierte: das Versprechen ›*tenebimus vos ad coronam regni Aragonum*‹ wurde ersatzlos gestrichen, und der Infant Peter mußte als *heres Catalonie* ebenso wie sein jüngerer Bruder diese Urkunde beeiden[40]! Damit war eindeutig der Weg zu einer Abtrennung des Königreichs von der Krone beschritten. Dies geschah vor dem Hintergrund immer bedrohlicherer Ansprüche des Königs von Frankreich gegenüber seinem aragonesischen Nachbarn. Entzündet hatte sich der Konflikt an der Rechtsstellung Montpelliers, als der Bischof von Maguelone sich zum Lehnsmann der französischen Krone erklärt und ein Rechtsgutachten festgestellt hatte, Jakob I. herrsche dort *non ut rex, sed est dominus Montispessulani*. Dem Versuch des aragonesischen Königs, seine Macht im Languedoc wieder stärker zur Geltung zu bringen, hatte Ludwig IX. eigene Suprematieansprüche über die Grafschaften der alten Spanischen Mark, speziell Barcelona, entgegengesetzt, die er aus der Nachfolge des karolingischen Hauses für die kapetingische Dynastie herleitete. Diese Auseinandersetzung oder auch nur die Aussicht auf Verlust eines der Kernländer der Krone Aragón hatten gezeigt, wie brüchig die lose Verfassungskonzeption der Krone in Wirklichkeit war, und Jakob I. schließlich im Vertrag von Corbeil 1258 zum Ausgleich mit Ludwig IX. unter Aufgabe der meisten aragonesischen Herrschaften im okzitanischen Süden, aber unter Ausklammerung des Montpellier-Problems gezwungen[41].

Angesichts der ungeklärten Situation und der seit Mitte 1255 laufenden Vorverhandlungen für einen Vertrag scheint es folgerichtig, wenn Jakob I. 1256/57 dazu überging, die Bindung des Königreichs Mallorca und Montpelliers an die Krone Aragón stillschweigend zu lösen, vor allem wenn man bedenkt, daß die französische Seite augenscheinlich dazu neigte, die Balearen als Bestandteil der Grafschaft Barcelona zu betrachten, und unter

---

39) Lecoy de la Marche, Les relations politiques de la France 1, S. 422–424, Nr. XII zu 1256 Aug. 21.

40) Lecoy de la Marche, Les relations politiques de la France 1, S. 406–411, Nr. III; Huici Miranda – Cabanes Pecourt (ed.), Documentos de Jaime I de Aragón, Bd. 3, S. 211f., Nr. 726 zu 1257 Feb. 8.

41) Vgl. dazu Odilo Engels, Der Vertrag von Corbeil (1258), in: Span. Forsch. d. Görres-Gesellsch., Gesammelte Aufsätze zur Kulturgesch. Spaniens 19 (1962) S. 114–146; Ders., El rey Jaime I de Aragón y la política internacional del siglo XIII, in: X Congreso de Historia de la Corona de Aragón. Ponencias (1979) S. 215–240 (beide Aufsätze auch in: Odilo Engels, Reconquista und Landesherrschaft. Studien zur Rechts- und Verfassungsgeschichte Spaniens im Mittelalter [1989] S. 203–235, 237–259); Jean Baumel, Histoire d'une seigneurie du Midi de la France, 3 Bde. (Montpellier 1969–1973); einen allg. Forschungsüberblick findet man bei Alvaro Santamaría, La expansión político-militar de la Corona de Aragón bajo la dirección de Jaime I: Baleares, in: X Congreso de Historia de la Corona de Aragón. Ponencias (1979) S. 91–146.

dieser Maßgabe die Ansprüche auf die Grafschaft auch die Herrschaft über die für den Handel wichtigen Inseln betrafen.

Als ebenso sinnvoll muß der verhältnismäßig lange Zeitraum angesehen werden, den der aragonesische König nach dem Tod seines Erstgeborenen Alfons im Jahr 1260 verstreichen ließ[42], bevor er am 21. August 1262 sein Reich nochmals testamentarisch aufteilte, denn in der Zwischenzeit waren durch die Heirat des Infanten Peter, des zukünftigen Königs Peter III., mit Konstanze, der Tochter Manfreds und Erbin des Königreichs Sizilien, und durch die Eheschließung zwischen seiner Tochter Isabella und dem französischen Thronerben Philipp, dem späteren König Philipp III., die außenpolitischen Weichen neu gestellt und durch die Übertragung der Dos an Konstanze auch die besitzrechtlichen Verhältnisse umgestaltet worden[43]. Als *dotarium* wurden Konstanze die Städte Girona und Collioure übertragen; allerdings tauschte der König als Entschädigung seinem Sohn zugleich Collioure gegen Huesca ein[44]. Im Testament von 1262 übertrug Jakob I. dann dem nunmehrigen Thronfolger Peter mit den Königreichen Aragón und Valencia sowie der Grafschaft Barcelona die Kernländer der Krone Aragón und stattete Jakob von Mallorca zusätzlich mit den Grafschaften Roussillon, Cerdanya, Conflent und Vallespir sowie mit Collioure aus, wo jeweils die Barceloneser Münze im Umlauf sein, die *Usatges* von Barcelona und die *Constitucions* von Katalonien Geltung haben sollten[45]. Von einer besonderen Zugehörigkeit des Königreichs Mallorca zur Krone oder gar von einer allgemeinen Lehnsabhängigkeit war nicht die Rede. Stattdessen wurde unter Beiseiteschiebung weiblicher Ansprüche die gegenseitige Nachfolge im Reich des Bruders festgelegt, falls dieser ohne männliche Nachkommen sterben sollte, und einzig für den Fall, daß die dem Balearenreich zugesprochenen Grafschaften doch ohne Beteiligung männlicher Nachkommen unter fremde Herrschaft geraten sollten, wurde für diese – und nur für diese, die sozusagen einen Glacis zur französischen Machtsphäre bildeten – eine lehnrechtliche Bindung an Peter von Aragón und seine Erben, d.h. den jeweiligen Inhaber der Grafschaft Barcelona, vereinbart. Zugleich mußten sich die beiden Brüder zu gegenseitiger Hilfeleistung gegen jedermann verpflichten und die Vertragsbedingungen gemeinsam beeiden. Sieht man von den lehnrechtlichen Sonderbestimmungen zu den Pyrenäengrafschaften ab, die hinfällig werden sollten, wenn Peter unrechtmäßig gegen sie vorgehe, war somit nach

---

42) Zum Todesdatum des Infanten Alfons s. Ferran SOLDEVILA, Pere el Gran. Primera Part: L'infant (1995) S. 86; UBIETO ARTETA, Historia de Aragón. La formación territorial, S. 338, vermutet seinen Tod bereits zum Jahr 1258, ohne recht überzeugen zu können.

43) Ambrosio HUICI MIRANDA – María Desamparados CABANES PECOURT (ed.), Documentos de Jaime I de Aragón 4: 1258–1262 (1982) S. 338–342, Nr. 1272–1273 zu 1262 Juni 13.

44) HUICI MIRANDA – CABANES PECOURT (ed.), Documentos de Jaime I de Aragón 4, S. 343, Nr. 1276 zu 1262 Juni 18.

45) HUICI MIRANDA – CABANES PECOURT (ed.), Documentos de Jaime I de Aragón 4, S. 348–351, Nr. 1282 zu 1262 Aug. 21. Vgl. UBIETO ARTETA, Historia de Aragón. La formación territorial, S. 338ff.; SOLDEVILA, Pere el Gran. Primera Part: L'infant, S. 113ff.; DERS., Vida de Pere el Gran i d'Alfons el Liberal (1963) S. 50ff.

den Vorstellungen Jakobs I. bei normaler männlicher Erbfolge eine Trennung von Krone und Reich seit 1262 unverrückbar vorgesehen, was den Thronfolger wohl dazu veranlaßte, gegen diese Regelung im Geheimen zu protestieren, wobei er offensichtlich Unterstützung in Adel und Klerus sowie bei den Städten fand[46]. Obwohl Peter von Aragón in der Folgezeit vereinbarungsgemäß die Lehnsbeziehungen der Pyrenäengrafschaften, insbesondere jene der Grafen von Foix und Empúries, auf die Person Jakobs von Mallorca übertrug[47], selbst wahrscheinlich seit 1264 mit wachsendem Wirkungskreis zum *Procurador General* bestellt worden war[48], 1266 bei einer außergewöhnlich scharfen *protestatio* gegen die Besitzpolitik seines Vaters ausdrücklich die Erbregelung mit seinem jüngeren Bruder ausgenommen hatte[49] und 1270 die Bestimmungen von 1262 nicht nur nochmals offiziell bestätigt worden waren[50], sondern das Königreich Mallorca auch eine eigene Münze erhalten hatte[51], sah sich Jakob I., mittlerweile mit der Adligen Teresa Gil de Vidaure verheiratet, offenbar 1272 genötigt, ein letztes, klärendes Testament aufzusetzen. Darin wurden seine Söhne aus dritter Ehe ebenfalls bei der Besitzverteilung berücksichtigt, die Frauen grundsätzlich von der Erbfolge ausgeschlossen, die Unteilbarkeit der beiden Reichsverbände verfügt und eindeutig das Königreich Mallorca gleichberechtigt mit den übrigen Kronländern *jure institutionis ... seu hereditamenti* als frei verfügbares Erbe weitergegeben[52]. Zu diesem Erbe gehörten neben dem Königreich noch die Inseln Menorca und Ibiza, die Grafschaften Roussillon, Cerdanya und Conflent einschließlich der dort ge-

46) BOFARULL, in: Colección de documentos inéditos del Archivo General de la Corona de Aragón 6, Nr. 32; Daniel GIRONA, Mullerament del infant en Pere de Catalunya amb madona Constança de Sicilia, in: I Congreso de Historia de la Corona de Aragón, Bd. 1 (1909) S. 276, Nr. 17. Die allgemeine Datierung dieses Dokuments, die seit Bofarull auf 1260 Okt. 15 festgelegt war, wurde von UBIETO ARTETA, Historia de Aragón. La formación territorial, S. 339, auf 1262 abgeändert, was dem Gang der Ereignisse entspricht. Vgl. SOLDEVILA, Pere el Gran. Primera Part: L'infant, S. 112.

47) LECOY DE LA MARCHE, Les relations politiques de la France 1, S. 428f., Nr. XV zu 1263 Feb. 17 (das Instrument über die Übertragung der Lehnsbeziehungen des Grafen von Foix).

48) Jesús LALINDE ABADÍA, La Gobernación General en la Corona de Aragón (1963), S. 501, Nr. I; Ambrosio HUICI MIRANDA – María Desamparados CABANES PECOURT (ed.), Documentos de Jaime I de Aragón 5: 1263–1268 (1988) S. 141, Nr. 1445; Percy Ernst SCHRAMM, Der König von Aragon. Seine Stellung im Staatsrecht (1276–1410), HJb 74 (1955) S. 99–123.

49) LECOY DE LA MARCHE, Les relations politiques de la France 1, S. 429f., Nr. XVI zu 1266 Juli 31.

50) Jacques TOURTOULON, 2, S. 381 mit Hinweis auf ACA, Perg. Jaime I, nr. 2018 zu 1270 März 27.

51) LECOY DE LA MARCHE, Les relations politiques de la France 1, S. 430f., Nr. XVII zu 1270 Nov. 8.

52) Ambrosio HUICI MIRANDA, Colección diplomática de Jaime I el Conquistador 6 (1916ff.), Nr. 1385; Manuel de BOFARULL, Proceso contra el rey de Mallorca don Jaime III mandado hacer por el rey don Pedro IV, in: Colección de documentos inéditos del Archivo General de la Corona de Aragón 29, S. 15–34; Estanislau de Kostka AGUILÓ, Franqueses y privilegis del Regne, Boletín de la Sociedad Arqueológica Luliana 5 (n°. 176) (1894) S. 384ff.; A. MUT CALAFELL, Los pergaminos reales del reinado de Jaime I del Archivo del Reino de Mallorca, in: XIII Congrès d'Història de la Corona d'Aragó. Comunicacions 2 (1990) S. 251–327, hier S. 308–311, Nr. 36 zu 1272 Aug. 26. Cfr. Índice, S. 87, Nr. 334. Vgl. auch Alvaro SANTAMARÍA, Creación de la Corona de Mallorca. Las disposiciones testamentarias de Jaime I, Mayurqa 19 (1981) S. 125–144.

legenen Lehen der Grafen von Foix und Empúries sowie anderer Lehnsträger, die Städte Collioure und Montpellier sowie die Vizegrafschaft Carladès. Von dieser Urkunde sollten später mehrere Transsumte angefertigt werden: zu einem unbekannten Zeitpunkt durch Peter III. von Aragón und Jakob II. von Mallorca, doch sprechen viele Gründe für das Jahr 1279, sodann am 1. September 1281 und am 12. April 1319[53]. Kurz vor seinem Tod sollte der aragonesische König den Erbteil Jakobs von Mallorca einschließlich des Reiches und der Länder nochmals eigens bestätigen, um einen reibungslosen Übergang der Macht zu gewährleisten[54]. Damit ist der erste Wendepunkt in den Beziehungen zwischen Krone und Königreich erreicht, denn mit dem Tod Jakobs I., der sich bis zuletzt die volle Regierungsgewalt in allen seinen Herrschaften vorbehalten hatte, wurde das mallorquinische Reich rechtlich und faktisch unabhängig, so daß es eigentlich noch nicht einmal der spektakulären Selbstkrönung Jakobs II. von Mallorca bedurft hätte, der sich nur sechs Wochen nach dem Tod seines Vaters am 12. September 1276 in Mallorca unter Bestätigung der Privilegien und Freiheiten seines Reiches die Krone eigenhändig aufs Haupt setzte, um seine Eigenständigkeit zu betonen und nicht zuletzt um die Ausführung des väterlichen Testaments von vornherein sicherzustellen[55].

Wie begründet diese Vorsicht war, sollte sich sofort zeigen, als der nunmehrige Peter III. von Aragón, der sich bisher lediglich als *infans*, *heres* oder *successor* ohne spezifischen Titel und ohne genaue Auflistung seiner Reiche bezeichnet hatte, zur Steigerung seiner Stellung in Zaragoza zum König krönen ließ, nicht ohne zugleich eine öffentliche Erklärung urkundlich abzugeben, daß aufgrund seiner Salbung und Krönung durch den Bischof von Zaragoza für seine zukünftigen Nachfolger in dieser Hinsicht kein *praeiudicium* festgelegt sein sollte[56]. Er bezeichnete sich dabei als *primogenitus et successor* Jakobs I., *Dei gratia Regis Aragonum, Maioricarum, et Valencie, comitis Barchinonae, et Urgelli et domini Montispesulani*[57], womit er über die alte Intitulatio seines Vaters einen zweideutigen Zusammenhang herstellte, der durch das Testament eigentlich abgewiesen, aber, wie sich herausstellte, programmatisch aufzufassen war.

---

53) Vgl. Mut Calafell, Los pergaminos reales, S. 310f.
54) Lecoy de la Marche, Les relations politiques de la France 1, S. 441, Nr. XXIV zu 1276 Juli 21.
55) Lecoy de la Marche, Les relations politiques de la France 1, S. 442–445, Nr. XXV–XXVI. Zur Entwicklung des Krönungsbrauches in der Krone Aragón in dieser Epoche vgl. Bonifacio Palacios Martín, La coronación de los reyes de Aragón 1204–1410. Aportación al estudio de las estructuras medievales (1975) bes. S. 93ff.; Percy Ernst Schramm, Die Krönung im katalanisch-aragonesischen Königreich, überarb. Neufassung in: Ders., Kaiser, Könige und Päpste 4/1 (1970) S. 352–371; Carlrichard Brühl, Les auto-couronnements d'Empereurs et de Rois (XIIIᵉ – XIXᵉ s.). Remarques sur la fonction sacramentelle de la royauté au moyen âge et à l'époque moderne, in: Ders., Aus Mittelalter und Diplomatik. Gesammelte Aufsätze 1: Studien zur Verfassungsgeschichte und Stadttopographie (1989) S. 444–460, bes. S. 452ff. mit wichtigen Korrekturen an den Ausführungen von Schramm.
56) Palacios Martín, La coronación, S. 303f., Nr. VII.
57) Palacios Martín, La coronación, S. 303f., Nr. VII.

Man hat die folgenden drei Jahre bis 1279 als die kurze Phase der Unabhängigkeit der Krone Mallorca bezeichnet, bevor Peter III. von Aragón dieser jäh ein Ende bereitete, als er das Reich seines Bruders durch unwiderstehlichen Druck wieder in die Lehnsabhängigkeit von der Krone Aragón zwingen sollte[58] – so jedenfalls wird der im Dominikanerkonvent von Perpignan vollzogene Akt vom 20. Januar 1279[59], der in die Form einer beiderseitigen Übereinkunft gekleidet war, allgemein in der Literatur gewertet, doch müssen wir gerade nach dem bisher Gesagten hier genau unterscheiden: Richtig ist, daß eine Lehnsnahme für das Königreich Mallorca mit allen zugehörigen Inseln, Grafschaften und Herrschaften in der Form des *feudum honoratum*, des Freilehens bzw. *franc fief*, vollzogen und dementsprechend eine zukünftig bestehende Lehnsbindung des Königreiches an die Krone Aragón vereinbart wurden[60], wobei höchstwahrscheinlich das Testament Jakobs I. von 1272 erstmals transsumiert wurde, um die Grundlagen für den bisherigen Rechtsstand beider Könige zu klären; falsch ist, daß König Jakob II. sich in jeder Hinsicht als Lehnsmann in die Abhängigkeit seines Bruders, des Königs von Aragón, begab. Denn während Peter III. bei der Lehnsnahme bezüglich der Machtbereiche seines Bruders behauptete, »*que omnia nos predictus rex Aragonum dicebamus ad nos pertinere*«, und ihm für die Erben bzw. Nachfolger des mallorquinischen Königs auferlegt wurde, diese hätten ihm das *Homagium* zu leisten, die volle Macht zu übertragen und bei seiner Lehnskurie zu erscheinen, wurde Jakob II. persönlich auf Lebenszeit entsprechend dem Charakter eines Freilehens von diesen und weiteren Bestimmungen, in der Hauptsache von den Diensten, die den personengebundenen Kern der Lehnspflichten ausmachten, ausdrücklich ausgenommen: »*Nos vero in vita nostra non teneamur vobis facere omatgium, nec dare potestatem, nec ire ad curiam vestram, nec firmare directum, nec consuetudines de novo faciendas per vos vel vestros observare*«[61]. Da Jakob II. einerseits zusätzlich zwar ein allgemeines Hilfeversprechen gegen jedermann abgab, das auch Waffenhilfe umfaßte, die Beachtung der besonderen Rechts- und Währungsgrundlagen für Roussillon, Cerdanya, Conflent, Vallespir und Collioure zusagte, andererseits die eigene Münze für das Königreich Mallorca sowie die uneingeschränkte Finanzhoheit verteidigen, ein gerichtliches Appellationsrecht verhindern und die Unterwerfung unter die Banngewalt des aragonesischen Königs abwehren konnte, blieb die Lehnsabhängigkeit von der Krone Aragón vorerst im Kern ausgehöhlt. Mit diesem Vorgang griff Peter III. unverkennbar auf die ursprüngliche Konzeption seines Vaters zurück, in der das Königreich Mallorca als fester Be-

---

58) Alvaro SANTAMARÍA, Enfeudación de la Corona de Mallorca a la Corona de Aragón, in: XI Congreso de Historia de la Corona de Aragón, Bd. 4 (1984) S. 187–211.

59) LECOY DE LA MARCHE, Les relations politiques de la France 1, S. 446–449, Nr. XXVII; AGUILÓ, Franqueses y privilegis del Regne, Boletín de la Sociedad Arqueológica Luliana 7 (1897–1898) S. 42–46; BOFARULL, Proceso, in: Colección de documentos inéditos del Archivo General de la Corona de Aragón 29, S. 119–124.

60) Zum *feudum honoratum* s. François-Louis GANSHOF, Was ist das Lehnswesen (³1970), S. 98, 128f.

61) LECOY DE LA MARCHE, Les relations politiques de la France 1, S. 447.

standteil der Krone Aragón betrachtet wurde und, wie im Falle Peters von Portugal, höchstens als abhängiges Kronlehen weitervergeben werden konnte. Die mittlerweile vollzogene, erbrechtlich begründete Abtrennung und Eigenständigkeit nahm er nicht hin, vielleicht im Hinblick auf das zu dieser Zeit verstärkt propagierte Veräußerungsverbot der Kronrechte[62]. Allerdings konnte er die Verfügungen der Testamente von 1262 und 1272 nicht völlig ignorieren, da er sie selbst beschworen hatte und, was noch verpflichtender war, sein eigener Herrschaftsanspruch auf ihre Bestimmungen zurückging. Deshalb war es ihm zwar möglich, grundsätzlich die Wiederherstellung der Lehnsrührigkeit des Königreichs Mallorca von der Krone Aragón in der Form eines *feudum honoratum* durchzusetzen und für die zukünftigen Zeiten die Wiederherstellung der vollen Lehnsabhängigkeit festzulegen, doch mußte er entsprechend den früheren Eiden seinem Bruder eine Sonderstellung einräumen, die diesem weitgehende Selbständigkeit, ja Ungebundenheit beließ. Den verfassungsrechtlichen Umbau der Krone, den Jakob I. angesichts des kapetingischen und angiovinischen Expansionismus in die Randgebiete des Mittelmeeres und dann den Mittelmeerraum selbst in die Wege geleitet hatte, trug er indes nicht mit. Zweifellos hatte Jakob I. den äußerst losen, nur in der Person des Herrschers gewährleisteten Zusammenhalt der Kronländer, die alle eigene Ständeversammlungen und unabhängige Verwaltungsinstitutionen besaßen, durch eine neue Staatsauffassung festigen wollen. Bereits zu Zeiten Peters II., seines Vorgängers, hatte sich die frühere Konzeption der Krone bei äußerer Gefahr als so brüchig erwiesen, daß Krönung und eine umfassende Erneuerung der päpstlichen Schutznahme als sichernde Klammern mit größerer integrativer Wirkung notwendig geworden waren[63]. Gerade der steigende päpstliche Einfluß und die gleichzeitige Nähe der Päpste des 13. Jahrhunderts zur kapetingischen Monarchie sollten sich aber als Hemmnis für eine eigenständige aragonesische Politik erweisen, die zwangsläufig mit französischen Interessen kollidieren mußte und durch den Rückgriff auf die längst vergangenen karolingischen Zustände im Sinne des *Reditus regni Francorum ad stirpem Karoli* in ihren Grundfesten bedroht wurde[64].

Unter diesen Gesichtspunkten ist es nicht überraschend, wenn Jakob I. im Umkreis des Vertrags von Corbeil dazu überging, zwei unabhängige Reichsverbände unter zwei Köni-

---

62) Ernst H. Kantorowicz, Die zwei Körper des Königs. Eine Studie zur politischen Theologie des Mittelalters (²1994) S. 180ff.; Hartmut Hoffmann, Die Unveräußerlichkeit der Kronrechte im Mittelalter, DA 20 (1964) S. 389–474.

63) Palacios Martín, La coronación, S. 21ff.; Ders., La bula de Inocencio III y la coronación de los reyes de Aragón, Hispania 29 (1970) S. 485–504; Fried, Der päpstliche Schutz, S. 207ff.

64) Zum ›Reditus regni Francorum ad stirpem Karoli‹ s. Karl-Ferdinand Werner, Die Legitimität der Kapetinger und die Entstehung des »Reditus regni Francorum ad stirpem Karoli«, Welt als Geschichte 12 (1952) S. 203–225; Gabrielle M. Spiegel, The »Reditus Regni ad Stirpem Karoli Magni«. A new look, French Historical Studies 7 (1971) S. 145–174 (auch in: Dies., The Past as Text. The Theory and Practice of Medieval Historiography [1997] S. 111–137); Jacques Krynen, L'empire du roi. Idées et croyances politiques en France, XIIIᵉ–XVᵉ siècle (1993).

gen zu schaffen und als verbindendes Dach das Haus Aragón, die *casa d'Aragó*, als Instrument der Integration zu konstruieren. Dabei wurden die Balearen von der Grafschaft Barcelona, zu der möglicherweise eine alte Lehnszugehörigkeit angenommen werden konnte, abgeschichtet und dem Inselkönigreich neben Montpellier sowie den Gebieten im Languedoc die Pyrenäengrafschaften zugeschlagen, die seit 1271 in unmittelbarer Nachbarschaft des französischen Königtums lagen, da der Besitz der Grafschaft Toulouse nach dem kinderlosen Tod des Alfons von Poitiers und seiner Gattin Johanna von Toulouse auf Philipp III. von Frankreich übergegangen war. Wie weitgesteckt die Pläne Jakobs I. für sein Haus gewesen sein müssen, läßt sich aus dem geplanten Anschluß des Königreichs Sardinien in Form einer Schenkung an seinen Sohn Jakob, den Erben und zukünftigen König von Mallorca, ermessen, der allerdings – »*confidentes speramus quod summus pontifex nobis conferat et concedat Regnum Sardinie cum dominio eiusdem et juribus ac omnibus spectantibus ad eandem*« – nur vorbehaltlich der päpstlichen Zustimmung geschehen sollte, dann aber nach dem Tod Jakobs I. »*francum et liberum prout illud summus pontifex nobis dantes*«[65]. Der Konzeption des aragonesischen Königs entsprach überdies die in seinem letzten Testament 1272 festgelegte Nachfolgeordnung allein für die legitimen männlichen Mitglieder des Königshauses, so daß zuerst seine beiden ältesten Söhne als Thronfolger in ihren Reichen in Frage kamen, bei ihrem Tod und Fehlen männlicher Nachkommenschaft jeweils ein gegenseitiges Eintrittsrecht des einen für den anderen galt, dann bei beider Tod ohne männliche Nachkommen die Söhne der nicht ebenbürtigen Königin Teresa Gil und ihre weitere Abstammung Berücksichtigung finden sollten, dann die männlichen Nachkommen der mit dem kastilischen König verheirateten Violante von Aragón, dann die männlichen Nachkommen der mit dem kastilischen Infanten Manuel verheirateten Konstanze von Aragón, dann erst ganz zum Schluß die männlichen Nachkommen der mit dem französischen Thronfolger und jetzigen König Philipp III. verheirateten, aber mittlerweile verstorbenen Isabella von Aragón, wodurch eine dynastische Vereinigung von Aragón und Frankreich in weite Ferne gerückt war. Zwei dynastisch eng verbundene Königshäuser, die aus der Primogenitur und der Sekundogenitur hervorgegangen waren, die über zwei unabhängige, nicht teilbare oder in irgendeiner Form zu mindernde Reichsverbände herrschten und die imstande waren, den kapetingischen und angiovinischen Machtbestrebungen, durch die inzwischen das Königreich Sizilien vereinnahmt worden war, eigenes Gewicht entgegenzusetzen – das war die Konzeption, die Jakob I. von Aragón vorgeschwebt hatte.

---

65) Vgl. ABULAFIA, A Mediterranean Emporium, S. 249, Nr. I, sowie ebd. S. 237ff., wo er die diesbezügliche Urkunde Jakobs I. von 1267 April 18 nach Paris, AN, P 13541, 800, f. 1r veröffentlicht. Vgl. auch DERS., Le relazioni fra il regno di Maiorca e la Sardegna, 1267–1324, in: XIV° Congresso di Storia della Corona d'Aragona, Sassari/Alghero/Nuoro, 19–24 maggio 1990: La Corona d'Aragona in Italia nei secoli XIII–XVIII, Vol. 1. Il ›Regnum Sardiniae et Corsicae‹ nell'espansione mediterranea della Corona d'Aragona (secc. XIV–XVIII) (1990) S. 1–31.

Diese Konzeption wollte Peter III. nicht akzeptieren, denn ihm stand offensichtlich eine andere Auffassung von der *casa d'Aragó* vor Augen, in deren Zentrum allein die aus der Primogenitur hervorgegangene Königslinie angesiedelt war und unter deren Oberherrschaft alle Nebenlinien lehnsrührig bleiben sollten, wenn er auch gegenüber seinem Bruder zeitweilig Abstriche machen mußte. Man darf nicht übersehen, daß in seinen Plänen eigentlich nicht dem mallorquinischen Reich die Hauptrolle zugedacht war, sondern vielmehr dem Königreich Sizilien, auf das er als Erbe seiner Gattin bald konkrete Ansprüche erheben sollte. Für eine feste Angliederung oder Integration des sizilischen Reiches, das Karl von Anjou als päpstliches Lehnsreich innehatte[66], war indes die Konzeption Jakobs I. mit ihrer Aufsplitterung der aragonesischen Macht in eigenständige Reichsverbände wenig tauglich.

Es ruft kaum Verwunderung hervor, daß die erzwungene Übereinkunft von 1279 die erste wirkliche Belastungsprobe nicht überstehen sollte. Als Peter III. im Zuge der ›Sizilianischen Vesper‹ das Königreich Sizilien als Erbe seiner Gemahlin und seiner Söhne in Besitz genommen hatte, er dafür vom Papst als Herrscher abgesetzt und sein nach Rechtsauffassung der Kurie vakantes Reich dem französischen König zur Eroberung und als Königsherrschaft für seinen Sohn angetragen worden war[67], wandte er sich um Unterstützung gegen den zu erwartenden französisch-angiovinischen Angriff auf Aragón und Katalonien an Jakob II. von Mallorca, indem er seine Gesandten sich auf die brüderliche

---

66) Zur komplizierten Rechtsstellung Siziliens s. Gerhard BAAKEN, Ius Imperii ad Regnum. Königreich Sizilien, Imperium Romanum und Römisches Papsttum vom Tode Kaiser Heinrichs VI. bis zu den Verzichtserklärungen Rudolfs von Habsburg (1993); Peter HERDE, Karl I. von Anjou (1979) S. 32ff.; Salvatore TRAMONTANA, Il Mezzogiorno medievale. Normanni, svevi, angioini, aragonesi nei secoli XI–XV (2000).

67) Zur ›Sizilianischen Vesper‹ sei hier aus der Fülle der Literatur außer dem Standardwerk von Steven RUNCIMAN, The Sicilian Vespers. A History of the Mediterranean World in the Later Thirteenth Century (1958) und neben Helene WIERUSZOWSKI, Politics and Culture in Medieval Spain and Italy (1971) S. 99–327 sowie den zahlreichen Beiträgen in den Aktenbänden ›La società mediterranea all'epoca del Vespro‹. XI Congresso di Storia della Corona de Aragona. Palermo-Trapani-Erice, 23–30 Aprile 1982, 4 Bde. (1983– 1984) nur herausgegriffen Helmut G. WALTHER, Der westliche Mittelmeerraum in der zweiten Hälfte des 13. Jahrhunderts als politisches Gleichgewichtssystem, ZHF, Beiheft 5: »Bündnissysteme« und »Außenpolitik« im späteren Mittelalter, hg. v. Peter MORAW (1988) S. 39–68; David ABULAFIA, The Kingdom of Sicily and the Origins of the Political Crusades, in: Società, istituzioni, spiritualità. Studi in onore di Cinzio Violante, Bd. 1 (1994) S. 65–77; Andreas KIESEWETTER, Die Anfänge der Regierung König Karls II. von Anjou (1278–1295). Das Königreich Neapel, die Grafschaft Provence und der Mittelmeerraum zu Ausgang des 13. Jahrhunderts (Historische Studien 451, 1999); sowie zukünftig Ludwig VONES, Das verschenkte Königreich. Zur Problematik von Herrscherabsetzungen durch den Papst im 13. Jahrhundert (Druck in Vorb.). Als allg. Überblick über die Geschichte des westlichen Mittelmeerraums in dieser Epoche s. außer der monumentalen Historia de España Menéndez Pidal, Tomo XIII/2: La expansión peninsular y mediterránea (c. 1212 – c. 1350). El reino de Navarra. La Corona de Aragón. Portugal (³1996) vor allem David ABULAFIA, The Western Mediterranean Kingdoms 1200–1500. The Struggle for Dominion (1997) und The New Cambridge Medieval History 5: c.1198-c.1300, ed. David ABULAFIA (1999).

Liebe, aber auch auf die Übereinkunft von 1279 und die dort festgelegte Pflicht zur Hilfeleistung gegen auswärtige Feinde berufen ließ[68]. Dieses Ansinnen war keineswegs außergewöhnlich, hatte der mallorquinische Herrscher seinem Bruder doch schon einmal gegen
aufständische katalanische Adlige und den Grafen von Foix beigestanden[69]. Angesichts
der Notlage seines Bruders spielte Jakob II. allerdings nun nicht nur auf Zeit, sondern ging
noch einen Schritt weiter. Er stellte sich völlig auf den Rechtsstandpunkt der Kurie, betrachtete seinen Bruder als *quondam regem Aragonie* und erklärte sich gegenüber dem
französischen König bereit, seine *terra*, durch die der direkte Weg nach Katalonien führte,
als Aufmarschgebiet zur Verfügung zu stellen, den Invasionstruppen die Burgen und Fe-
stungen zu öffnen und ihnen gegen einen Angriff Peters III. militärisch beizustehen[70]. Zur
gleichen Zeit wurde der König von Mallorca für seine Herrschaft Montpellier Vasall des
französischen Königs, ohne daß davon die Rechte des Bischofs von Maguelone betroffen
worden wären[71] – ein Preis, den er für das Bündnis zahlen mußte. Es kann keinen Zweifel daran geben, daß Jakob II. auf diese Weise versuchte, seine politische Bewegungsfreiheit wiederzugewinnen, doch stand er wahrscheinlich im Begriff, eine lockere Abhängigkeit gegen eine festere einzutauschen, selbst wenn man jenes Hilfsversprechen zur
militärischen Unterstützung Philipps III. nicht überbewerten will, durch das diesem unter Verwendung lehnrechtlicher Termini *»omne consilium et auxilium, quod poterimus«*,
zugestanden wurde[72]. Grundlage aller Handlungen Jakobs II. war indes die Aberkennung
der aragonesischen Kronländer durch den Papst, so daß der Ausgang des Machtkampfes
zwischen Kurie und Krone für den Bestand des Königreichs Mallorca entscheidend
wurde. Die Reaktion Peters III. war trotz seiner Bedrängnis hart und unerbittlich. Er entsandte seinen ältesten Sohn und Thronfolger Alfons (III.) auf die Insel, ließ diese binnen
kürzester Frist erobern und zusätzlich zu Ibiza auch Menorca endgültig der aragonesischen Herrschaft unterwerfen[73]. Zwar starb der König von Aragón unmittelbar darauf, doch sollte Alfons III. als sein Nachfolger dieselbe politische Linie weiterverfolgen
und den Status des Königreichs Mallorca alsbald in einer offiziellen Erklärung gegenüber
den Inselbewohnern verbindlich festlegen: Königreich und Insel sollten niemals von der
Krone Aragón-Katalonien getrennt werden, sondern auf immer ohne die geringste Unter-

68) Lecoy de la Marche, Les relations politiques de la France 1, S. 451f., Nr. XXIX zu 1283 Juli 20.
69) Lecoy de la Marche, Les relations politiques de la France 1, S. 186, Anm. 1.
70) Lecoy de la Marche, Les relations politiques de la France 1, S. 453f., Nr. XXX zu 1283 Aug. 17.
71) Lecoy de la Marche, Les relations politiques de la France 1, S. 191. Vgl. auch Jean Baumel, Histoire
d'une seigneurie du Midi de la France 2: Montpellier sous la seigneurie de Jacques le Conquérant et des rois de
Majorque (1975), S. 172ff.; Archibald R. Lewis, Jaume the Conqueror, Montpellier and Southern France,
1208–1276, in: Ders., Medieval Society in Southern France and Catalonia (1984) Nr. XVI, S. 1–16.
72) Lecoy de la Marche, Les relations politiques de la France 1, S. 454.
73) Micaela Mata, Conquestes i Reconquestes de Menorca (1974) S. 11ff.; Ubieto Arteta, Historia de
Aragón. Creación y desarrollo de la Corona, S. 278f.

brechung mit dem *regno, dominio ac corone Aragonum et Catalonie* in der Weise vereint
sein, daß sie allein ihm und seinen Nachfolgern als Könige von Aragón-Katalonien unmittelbar unterworfen wären. Darüber hinaus versprach Alfons III., Reich und Insel niemals zum Verhandlungsgegenstand in einer Übereinkunft oder bei einem Zugeständnis zu
machen[74]. Ungeachtet der persönlichen Auseinandersetzungen mit seinem Onkel Jakob II., die sogar zur Ankündigung eines Herrscherzweikampfes zwischen ihm und dem
baro En Jacme führten[75], verließ der aragonesische König diese einmal eingeschlagene Linie ebensowenig wie nach ihm sein jüngerer Bruder und Nachfolger Jakob II., der 1291
sogar noch einen Schritt weiter ging als Peter III. Nachdem bereits Alfons III. beim Frieden von Tarascon sich vertraglich die Herrschaft über das Königreich Mallorca, das der
Krone Aragón unterworfen sei, hatte zusichern lassen[76], schloß Jakob II. von Aragón ausdrücklich aus, daß das Königreich und die zugehörigen Inseln insgesamt oder auch nur
zum Teil von irgendjemandem als *feudum honoratum* oder auf andere Weise innegehabt
werden könnten, »*immo rex Aragonum et Valencie ac comes Barchinone illud [regnum]
perpetuo teneat corporaliter, seu cors à cors*«[77]. In der Zwischenzeit war die Mallorca-Frage
allerdings schon längst Bestandteil der Ausgleichsverhandlungen mit dem Papsttum, den
Kapetingern und den Anjou geworden, da Jakob II. von Mallorca als Verbündeter der
französisch-angiovinischen Koalition seine Ansprüche angemeldet hatte und ein Junktim
mit der Sizilien-Frage schaffen wollte. Unter Alfons III. sollten entsprechende Vereinbarungen daran scheitern, daß der aragonesische König zwar bereit war, im Fall Sizilien
nachzugeben, doch beim Mallorca-Problem in Einklang mit seinem früheren Standpunkt
höchstens willens war, die bekannte Lösung in Form eines *feudum honoratum* in Betracht
zu ziehen. Die verschärfte Auffassung Jakobs II. von Aragón sollte selbst einen solchen
Kompromiß ausschließen, was allerdings im weiteren Verlauf der komplexen Unterhandlungen angesichts des fortdauernden Drucks von Exkommunikation und Interdikt nicht
durchzuhalten war. Das abschließende Vertragswerk von Anagni, durch das die Macht-

---

74) LECOY DE LA MARCHE, Les relations politiques de la France 1, S. 454f., Nr. XXXI zu 1286 Sept. 16. Die
entsprechende Passage lautet: »*per nos et omnes successores nostros convenimus et bona fide promittimus vobis probis hominibus et universitati civitatis Majoricarum, quod nos vel nostri nullo tempore separabimus
regnum et insulam Majoricarum a regno sive dominio ac corona Aragonum et Catalonie. Imo volumus et
concedimus, quod sit semper unitum regno, dominio ac corone Aragonum et Catalonie sine aliquo intervallo,
sic quod nullus habeat et teneat vel habere et tenere possit regnum predictum et insulam, nisi nos et successores nostri domini Aragonum et Catalonie immediate. Promittimus eciam et bona fide convenimus vobis,
quod ipsum regnum et insulam nunquam ponamus in aliquo compromisso seu composicione vel obligacione
qualibet racione*«.
75) Cfr. LECOY DE LA MARCHE, Les relations politiques de la France 1, S. 455f., Nr. XXXII zu 1289 Sept. 7.
76) Thomas RYMER (ed.), Foedera, conventiones, literae et cujuscunque generis acta publica inter reges Angliae et alios quovis imperatores, reges, pontifices, principes vel communitates, Bd. 1(1704–1735), pars III,
p. 77.
77) LECOY DE LA MARCHE, Les relations politiques de la France 1, S. 457f., Nr. XXXIII zu 1291 Aug. 8.

verhältnisse im westlichen Mittelmeerraum neu geregelt wurden, sah 1295 auf Vermittlung Papst Bonifaz VIII. die Restitution des Königreichs Mallorca an Jakob II. auf der Grundlage des Lehnsvertrages von 1279, also in seinem ursprünglichen, vor Ausbruch des Zerwürfnisses bestehenden Zustand vor, so daß keinem der beiden Herrscher eine Rechtsminderung widerfahren solle[78] – eine oktroyierte Lösung, gegen die sich der mallorquinische König sofort sträubte und die nur möglich geworden war, da Papst Bonifaz VIII. den aragonesischen König von seinem früheren Eid entbunden hatte, das Königreich Mallorca niemals von der Krone Aragón zu trennen[79]. In einem scharfen, aber geheimen Protest formulierte er seinen Rechtsstandpunkt, der auf das Testament von 1272 zurückging, auf einer erbrechtlichen Übertragung des Königreichs durch seinen Vater *pro libero et franco allodio* beharrte, die spätere Lehnsnahme als erzwungen brandmarkte und seine Verweigerung der Hilfsleistung mit der Eideslösung im Zuge des Absetzungsverfahrens sowie mit dem Krieg des aragonesischen Königs gegen die Kirche begründete. Angesichts der Mißachtung des väterlichen Willens und der Unrechtmäßigkeit seiner Vertreibung sei eine Erneuerung der Lehnsnahme nur als wiederum erzwungen zu bewerten, da er anders sein Königreich nicht wiedererlangen könne, doch betrachte er sich und seine Nachfolger nicht verpflichtet, sie einzuhalten, genausowenig wie sein Bruder sich einst an die Bestimmungen des Testaments gebunden gefühlt habe. Folglich habe sein Neffe Jakob II. zwar die Gewalt inne, jedoch keinerlei Rechte am Königreich Mallorca, die er ihm übertragen oder zurückgeben könne[80]. Alle begleitenden Einverständnis- und Separaterklärungen konnten die gegensätzlichen Standpunkte letztlich nicht überbrücken, dienten lediglich dazu, das Vertragswerk von Anagni nicht im letzten Augenblick zu gefährden[81].

Trotz allen gegenteiligen Zugeständnissen in der Öffentlichkeit hatte man sich folglich in der Kernfrage des Zwistes, ob das Königshaus Aragón als Träger der Krone Aragón so allumfassend war, daß alle seine Glieder von ihm abhängig bleiben mußten, oder ob durch die Dispositionen Jakobs I. ein unabhängiges Haus Mallorca als Träger einer Krone Mallorca geschaffen worden war, nicht angenähert. Dieser grundsätzliche Dissens hatte sich spätestens 1295 als unüberbrückbar erwiesen, als sich drängender als je zuvor das Problem

---

78) Lecoy de la Marche, Les relations politiques de la France 1, S. 459–461, Nr. XXXIV–XXXV zu 1295 Juni 20 und 22. Zum Vertrag von Anagni s. bes. Vicente Salavert i Roca, El tratado de Anagni y la expansión mediterránea de la Corona de Aragón, in: Estudios de Edad Media de la Corona de Aragón 5 (1952) S. 209–360, sowie nun Kiesewetter, Die Anfänge der Regierung König Karls II. von Anjou, S. 200ff., der die angiovinische Sicht klarstellt.

79) Luis González Antón, Las Uniones aragonesas y las Cortes del Reino (1283–1301), 2: Documentos (1975) S. 475–476, Nr. 333 zu 1295 Juni 24.

80) Lecoy de la Marche, Les relations politiques de la France 1, S. 462–466, Nr. XXXVI zu 1295 Aug. 23; Bofarull, Proceso, Colección de documentos inéditos del Archivo General de la Corona de Aragón 29, S. 37–45.

81) Vgl. Salavert i Roca, El tratado de Anagni, S. 326–329, Nr. 27 zu 1295 Okt. 30; S. 348–350, Nr. 38 zu 1295 Nov. 3.

der staatsrechtlichen Zuordnung Siziliens sowie in der Folge auch Sardiniens und Korsikas stellte. Überspitzt ausgedrückt: Der Ausbau der Krone Aragón, wie er den Königen vorschwebte, mit der festen Anbindung der eroberten und erworbenen Königreiche über Sekundogenituren unter Wahrung ihrer eigenen Suzeränität, die Vorstellung vom Haus Aragón als unerläßliche Stütze der Krone, wie sie seit Peter III. expansiv ausgelegt wurde, verlangte die Aufhebung der verfassungsrechtlichen Sonderstellung des Königreichs Mallorca und die weitgehende Integration dieser Reichsbildung in die Kronländer. Die Bewahrung der Eigenständigkeit des Königreichs Mallorca erforderte demgegenüber die völlige Abkoppelung von der Krone Aragón. Dieser unüberwindliche Gegensatz konnte zwar verdeckt werden, wenn z. B. Jakob II. von Aragón und Jakob II. von Mallorca 1298 auf massiven Druck hin doch noch einen gegenseitigen Ausgleich auf der einstigen lehnrechtlichen Grundlage schlossen[82], wozu auch eine einvernehmliche Regelung über den Geldumlauf in den Gebieten nördlich der Pyrenäen, also das Zugeständnis weiterer Münze außer der Barceloneser, und ein gegenseitiges Verteidigungsbündnis gehörten[83]. Aber bezeichnenderweise erneuerte Jakob II. von Mallorca nur vier Jahre später anläßlich der Ratifizierung dieses Ausgleichs durch seinen Sohn Sancho seinen früheren Protest[84], schleppte also seinen Anspruch auf Unabhängigkeit bei allen wichtigen Entscheidungen mit. Nicht zu vergessen ist zudem jene Regelung, durch die 1279 im Vertrag von Perpignan einzig Jakob II. von Mallorca persönlich von der realen Leistung der Lehnspflichten gegenüber der Krone befreit worden war. Der Rückgriff auf 1279 bedeutete für seine Nachfolger die Wiederherstellung der völligen Lehnsabhängigkeit, worauf die Könige von Aragón dann auch bestehen sollten, so daß es nur verständlich erscheint, wenn Sancho I. 1312 nach seinem Regierungsantritt die Lehnsabhängigkeit anerkannte, fortan an den Versammlungen der Corts von Katalonien teilnahm und die *Usatges* ebenso wie die *Constitucions de Catalunya* als Rechtsgrundlage akzeptierte[85]. Nur von der Verpflichtung, als Lehnsmann des Königs von Aragón jedes Jahr am aragonesischen Hof erscheinen zu müssen, wurde er schließlich befreit[86]. Andererseits gingen die Könige von Aragón sogar noch einen Schritt weiter und versuchten, aus dem gegenseitigen Eintrittsrecht der männlichen

---

82) LECOY DE LA MARCHE, Les relations politiques de la France 1, S. 469–472, Nr. XL zu 1298 Juni 29; BOFARULL, Proceso, Colección de documentos inéditos del Archivo General de la Corona de Aragón 29, S. 45–52, 52–57, 251–259.

83) María del Carmen MANERA ROCA, Pergaminos Reales del Archivo del Reino de Mallorca datados en Perpignan (1284–1346), in: Montpellier, la Couronne d'Aragon et les Pays de Langue d'Oc (1204–1349). Actes du XIIᵉ Congrès d'Histoire de la Couronne d'Aragon, Montpellier 26–29 septembre 1985, Bd. 2 (1988), S. 125–133, hier S. 128f., Nr. 2–3.

84) LECOY DE LA MARCHE, Les relations politiques de la France 1, S. 473–476, Nr. XLII zu 1302 Aug. 14.

85) BOFARULL, Proceso, Colección de documentos inéditos del Archivo General de la Corona de Aragón 29, S. 259–265 zu 1312 Juli 9.

86) BOFARULL, in: Colección de documentos inéditos del Archivo General de la Corona de Aragón 6, S. 226–230, Nr. 72 zu 1321 Juni 28.

Nachkommen bei Erlöschen eines Hauses *in recta linea* eigene Thronfolgeansprüche durchzusetzen, als Sancho I. ohne legitime Kinder blieb und sein unmündiger Neffe Jakob als erster Nachfolger in Frage kam[87]. Zwar konnte diese Krise des gegenseitigen Verhältnisses noch einmal aufgefangen werden, da sich das Papsttum, Frankreich und die Anjou von Neapel entschieden einer Nachfolge des Hauses Aragón in Mallorca widersetzten[88], schließlich die Lehnspflichten durch eine Geldzahlung abgelöst werden durften, doch blieben die vielfältigen Reibungspunkte bestehen. Selbst die Thronfolge des unmündigen Jakob III. konnte durch die geschickte Verhandlungsführung seines als Regenten bestimmten Onkels Philipp im Vertrag von Zaragoza gesichert werden[89] – Lehnsrührigkeit von der Krone, Erneuerung der Erbvereinbarung und baldmögliche, persönliche Investitur des neuen Herrschers durch den König von Aragón waren dabei selbstverständliche Vorgaben für den Status des Reiches, über das nun befunden wurde, »*quod regnum et domus Majoricarum processit a regno et domo Aragonum*« – deutlicher Ausdruck für die Existenz eines Königreichs und Hauses Mallorca, das aus dem Königreich und Haus Aragón hervorgegangen war[90]. Zugleich wurde die Eheschließung mit der Infantin Konstanze von Aragón vereinbart, einer Tochter des Thronerben Alfons (IV.), wodurch die Ambitionen einer aragonesischen Nachfolge in Mallorca nicht erledigt, sondern vorläufig nur auf eine andere Ebene verschoben waren[91]. Jakob III. von Mallorca war sich indes der Gefahren für seine Stellung voll bewußt und bestätigte 1327 die Lehnsbindung seines Reiches an die Krone Aragón[92], erneuerte dieselbe 1328 in Barcelona nochmals in feierlicher Form[93] und leistete das Homagium wieder im August 1339, als die Spannungen mit Peter IV. von Aragón einen ersten Höhepunkt erreicht hatten[94].

87) Vgl. dazu Alvaro SANTAMARÍA, Tensión Corona de Aragón – Corona de Mallorca. La sucesión de Sancho de Mallorca (1318–1326), in: En la España Medieval 3 (Estudios en memoria del profesor D. Salvador de Moxó), Bd. 2 (1982) S. 423–495.

88) Guillaume MOLLAT, Les papes d'Avignon (1965[10]) S. 442ff.; DERS., Jean XXII et la succession de Sanche, roi de Majorque (1324–1326) (1905).

89) Zur Regentschaft des Infanten Philipp von Mallorca s. außer SANTAMARÍA, Tensión, bes. S. 458ff., noch immer Jean-Marie VIDAL, Un ascète de sang royal, Philippe de Majorque, Revue des Questions Historiques 88 (1940) S. 361–403.

90) LECOY DE LA MARCHE, Les relations politiques de la France 2 (1892) S. 281–289, Nr. LIII zu 1325 Sept. 24.

91) Vgl. SANTAMARÍA, Tensión, S. 468ff.

92) BOFARULL, Proceso, in: Colección de documentos inéditos del Archivo General de la Corona de Aragón 29, S. 267–277 zu 1327 Okt. 1.

93) BOFARULL, Proceso, in: Colección de documentos inéditos del Archivo General de la Corona de Aragón 29, S. 277–287 zu 1328 Okt. 25.

94) BOFARULL, Proceso, in: Colección de documentos inéditos del Archivo General de la Corona de Aragón 29, S. 124–134, 287–297 zu 1339 Juli 17; Cortes de Aragón, Valencia y Principado de Catalunya 1/2 (1896) S. 318–326. Vgl. ENSENYAT PUJOL, La reintegració, 1, S. 101–106.

Konkret wurden die aragonesischen Ambitionen erst wieder unter Peter IV., der nach seiner Thronbesteigung eine unmißverständliche Aufforderung zur Huldigung an seinen Schwager richtete und hinfort mit Erfolg danach trachtete, ihn außenpolitisch vor allem von Frankreich, dessen König seit 1297 auch die lehnrechtlichen Ansprüche des Bischofs von Maguelone über Montpellier erworben hatte, zu isolieren[95]. In seiner Chronik sollte PeterIV. allerdings später zu erkennen geben, daß ihm der Rechtsstand in der entscheidenden Zeit des Regierungsübergangs von Jakob I. von Aragón auf Peter III. sehr wohl bekannt war, wenn er ausführte: »*E heretà l'altre fill (sc. En Jacme), per donació que li'n féu entre vius, e aprés li ho confirma en son testament, del realme de Mallorques ab los comdats de Rosselló e de Cerdanya, e de la baronia de Montpeller, e intitulà's d'aquells. E calcun d'aquests dos reis estec, aprés mort del dit pare llur, en plena possessió de llurs regnes, comdats, baronia e terres*«.[96] Doch sogleich wird auch hier angeführt, daß diese *donació e heretament* keine Rechtsgültigkeit hätte haben können, da sie zu groß gewesen sei »*e la qual tol.lia major o gran partida del patrimoni de la Casa d'Aragó, e, com a bon rei que fo e qui no volia que de tal regalia fos la Casa d'Aragó despullada*«, weshalb dann die bekannte Übereinkunft auf der Grundlage einer Lehnsnahme mit ihren bereits diskutierten Bedingungen geschlossen worden wäre, deren Aufrechterhaltung beide Herrscher gegen jedermann garantieren sollten[97]. Diese *transacció o convinenca* waren vom gesamten Adel und den Vertretern der Städte mitbeschlossen worden: »*E tots los rics-hòmens e universitats prometeren ab sagrament e ab homenatge al dit rei En Pere e als seus successors, que, si per null temps rei de Mallorques o els seus successors venien contra les dites convinences e infeudacions, que ells no fossen tenguts de fer ajuda ne valenca al dit rei de Mallorques. E lo dit rei de Mallorques en aquest cas los ne dava per quitis e per absolts*«[98].

Nachdem Mallorca der französischen Unterstützung beraubt war, ließ Peter IV. unter dem Vorwand, er habe auf dem Festland eine falsche Münze in Umlauf gebracht[99], ein Verfahren aufgrund Lehnrecht gegen Jakob III. einleiten, dessen äußerer Verlauf bereits minutiös in der Literatur beschrieben worden ist[100] und in dessen Prozeßakten sich alle wichtigen Instrumente inseriert finden, soweit sie aus aragonesischer Sicht für das Verhält-

---

95) LECOY DE LA MARCHE, Les relations politiques de la France 2, S. 28ff.; BAUMEL, Histoire d'une seigneurie du Midi de la France 2, S. 172ff.
96) Crònica de Pere el Cerimoniós, ed. Ferran SOLDEVILA, Les Quatre Grans Cròniques (1971) S. 1001–1225, hier S. 1037.
97) Crònica de Pere el Cerimoniós, S. 1037.
98) Crònica de Pere el Cerimoniós, S. 1037.
99) Siehe die Zeugenverhöre bei LECOY DE LA MARCHE, Les relations politiques de la France 2, S. 316–326, Nr. LXXII zu 1342 Aug. 9–1345 Feb. 8 und die Prozeßakten bei WILLEMSEN, Jakob II. von Mallorka und Peter IV. von Aragon, S. 169ff.
100) WILLEMSEN, Jakob II. von Mallorka und Peter IV. von Aragon, passim; Gabriel ENSENYAT PUJOL, La reintegració de la Corona de Mallorca a la Corona d'Aragó, 2 Bde. (1997).

nis beider Reiche zueinander von Bedeutung waren[101], einschließlich der Transsumte der Ausgleichsverträge von 1298[102]. Im Rahmen eines eindeutig politisch geführten Verfahrens wurde der mallorquinische König wegen Kontumaz, schließlich sogar wegen Majestätsverbrechen verurteilt, was 1343 den Heimfall des Königreichs Mallorca, allerdings mit Ausnahme des Seniorats von Montpellier und seiner Pertinenzen, an die Krone Aragón zur Folge haben mußte. Da die unvermeidlichen kriegerischen Auseinandersetzungen zur Entscheidungsschlacht von Lluchmayor 1349 und zum Tod Jakobs III. führten[103], Peter IV. nicht nur dessen Sohn Jakob (IV.) jahrelang in katalanischen Verliehßen schmachten lassen, sondern 1358 auch die Erbrechte der Isabella von Montferrat käuflich erwerben konnte[104], stand der Inkorporation Mallorcas in Katalonien nichts mehr entgegen, bis auf jene wenigen Rechte, die der aus der Kerkerhaft entflohene Jakob IV. seiner Schwester hinterlassen konnte, die Anlaß für das eingangs erwähnte Gutachten waren, die jedoch niemals mehr größere Wirksamkeit erlangen sollten[105].

Blicken wir zum Abschluß noch einmal auf dieses Rechtsgutachten, so findet sich dort naturgemäß der mallorquinische Standpunkt *in nuce*, den sich nun Ludwig von Anjou zueigen machte. Die Trennung der Balearen von Barcelona wird dort schon mit der aus den ›Etymologiae‹ Isidors von Sevilla genommenen Ursprungssage Kataloniens begründet, aber auch mit den unterschiedlichen Gesetzen und Rechtsgewohnheiten, wie sie von Jakob I. für Mallorca festgelegt worden waren[106]. Während die Freiheitsprivilegien mit ihren wechselnden und, wie wir gesehen haben, zeitweilig an die Krone bindenden Bestimmungen mit Schweigen übergangen werden, rücken die Testamente und die mit ihnen zusammenhängenden Privilegien, die Übertragung der vollen Gewalt über das Königreich und die ihm zugehörigen Grafschaften, die erzwungene Lehnsnahme *sine quo-*

101) Colección de documentos inéditos del Archivo General de la Corona de Aragón 29–31 (1867–1868). Siehe auch die Dokumente bei Ensenyat Pujol, La reintegració 2, und die Beschreibung der Quellenbestände bei Ensenyat Pujol, La reintegració 1, S. 35ff. Von vielen Vertragsdokumenten wurden im Umkreis des Prozesses Transsumte angefertigt.

102) Vgl. Manera Roca, Pergaminos Reales del Archivo del Reino de Mallorca, S. 128f., Nr. 2–3 (Kopien von 1342 Aug. 9 und 8).

103) Willemsen, Jakob II. von Mallorka und Peter IV. von Aragon, passim, und nun v. a. die ebenso minutiöse wie umfangreiche Darstellung bei Ensenyat Pujol, La reintegració, Bd. 1. Wichtig ist ebenfalls noch immer der ausführliche Forschungsüberblick von Alvaro Santamaría Arández, Mallorca en el siglo XIV, Anuario de Estudios Medievales 7 (1970–1971) S. 165–238.

104) Lecoy de la Marche, Les relations politiques de la France 2, S. 360–364, Nr. XC zu 1358 Sept. 4. Cfr. ibid., S. 365f., Nr. XCI zu 1359 Jan. 14.

105) Vgl. Willemsen, Der Untergang des Königreiches Mallorka und das Ende der Mallorkinischen Dynastie, S. 265ff.; Ensenyat Pujol, La reintegració 1, S. 425ff. Siehe auch Alvaro Santamaría Arández, El gobierno de Olfo de Procida. Una decada de la historia de Mallorca (1365–1375), Hispania 25 (1965) S. 184–218, 367–412.

106) Lecoy de la Marche, Les relations politiques de la France 2, S. 382.

cunque colore juris[107], die Nichteinlösung des Hilfsversprechens aus Rücksicht auf die Kirche, die Besetzung der Inseln, die langwierigen Auseinandersetzungen um den Rechtsstandpunkt mittels der Protestationen und der Erbansprüche, schließlich der ungerechtfertigte Verlust des Königreichs aufgrund falscher Anklagen, also nur die vordergründigen und mit Urkunden zu belegenden Punkte, in den Mittelpunkt des Interesses. Der eigentliche Hintergrund, die Rivalität zweier Königshäuser, der Kampf des einen um Unabhängigkeit vom anderen und die Unvereinbarkeit eines eigenständigen Königreichs Mallorca mit einer expansiven aragonesischen Reichskonzeption wurden höchstens angedeutet, wenn auf die Aufforderung zum Erscheinen vor dem König von Aragón und seiner Lehnskurie mit der Behauptung geantwortet wurde, der König von Mallorca erkenne seinen Schwager weder als seinen Herrn noch als seinen Suzerän an und für einen Streit zwischen den Königen des Erdkreises sei der Papst als *judex ordinarius* zuständig[108]. Welche Konsequenzen Peter IV. aus dieser Haltung zog, ist bekannt. Entscheidend war allerdings, daß er offensichtlich wieder voll auf die expansive Konzeption seines Urgroßvaters vom Haus Aragón zurückgriff. Man hat versucht, diese Tendenz mit dem für mittelalterliche Phänomene untauglichen Begriff des Imperialismus zu erklären und eine bis heute andauernde Kontroverse ausgelöst[109], die aber am Kern des Problems vorbeigeht. Während Jakob I. seine Konzeption angesichts des französisch-angiovinischen Drucks zurücknahm und auf unabhängige staatliche Einheiten zur Eingrenzung der kapetingischen Ausdehnungspolitik setzte, also unabhängige Kronen unter eigenständigen Herrscherhäusern bevorzugte, belebte Peter III. mit Blick auf Sizilien wieder eine Konzeption der Überordnung des Stammhauses über rechtlich angegliederte, abhängige Einheiten, seien es Lehnsherrschaften, Statthalterschaften oder Sekundogenituren, eine offene, d. h. ausbaufreundliche Konzeption, die ebenfalls von Alfons III. und Jakob II. getragen, sogar noch auf Sardinien und Korsika erweitert wurde. Als die harte Haltung des Papsttums und der Widerstand der Anjou durch den Sonderstatus Siziliens unter der aragonesischen Sekundogenitur von Trinacria die letztgültige Durchsetzung dieser Konzeption verhinderten, verschaffte dies in der zweiten Regierungshälfte Jakobs II. von Aragón und unter Alfons IV. dem Königreich Mallorca eine Atempause, während der sogar ein Rückgriff auf die ursprüngliche Kon-

---

107) Lecoy de la Marche, Les relations politiques de la France 2, S. 384.
108) Lecoy de la Marche, Les relations politiques de la France 2, S. 387.
109) Vgl. dazu James L. Shneidman, The Rise of the Aragonese-Catalan Empire, 1200–1350, 2 Bde. (1970); Jocelyn Nigel Hillgarth, The Problem of a Catalan Mediterranean Empire 1229–1327 = The English Historical Review. Supplement 8 (1975); Ders., [Rez. des Werkes von Shneidman], in: Speculum 47 (1972) S. 345–353; Antony T. Luttrell, Late Medieval Mediterranean Empires: The Catalan Example, Journal of the Faculty of Arts, University of Malta (1977) S. 109–115; Horst Pietschmann, Sizilien und das aragonesisch-katalanische Imperium im Spätmittelalter, in: H. Harth/T. Heydenreich (Hgg.), Sizilien. Geschichte – Kultur – Aktualität (1988) S. 75–85; David Abulafia, Catalan Merchants and the Western Mediterranean, 1236–1300: Studies in the Notarial Acts of Barcelona and Sicily, Viator 16 (1985) S. 209–242.

zeption eines aus dem Haus Aragón hervorgegangenen Hauses Mallorca möglich schien. Erst Peter IV. kehrte wieder eindeutig und entschlossener als seine Vorgänger zur harten Haltung und zur alten, offeneren Konzeption des Hauses Aragón zurück, bereitete auf diese Weise im Grunde genommen den späteren Anschluß Siziliens, ja die Expansion des 15. Jahrhunderts vor. In dieser offenen Konzeption des Hauses Aragón war jedoch kein Platz für ein eigenständiges Haus Mallorca, wollte sie nicht an ihren eigenen Unzulänglichkeiten zugrunde gehen. Nach den Erfahrungen des vergangenen Jahrhunderts konnte für einen rational handelnden Herrscher wie Peter IV. selbst ein abhängiges Lehnsreich nicht mehr akzeptabel sein, so daß der aragonesische König schließlich sogar auf das aus dem Kirchenrecht stammende Instrument einer Inkorporation zurückgriff, um eine feste und zukünftig unverbrüchliche Anbindung zu gewährleisten[110]. Der offene Gegensatz zwischen Krone und Königreich mündete so in eine geschlossene Konzeption von Krone und Haus, die die Entfaltung unabhängiger Herrschaft nicht mehr dulden konnte und Integration oder Reintegration nur in Form der Inkorporation unter Aufgabe einer eigenständigen verfassungsrechtlichen Stellung kannte.

---

110) Zur kirchenrechtlichen Inkorporation und ihren Rechtsformen vgl. Hans Erich FEINE, Kirchliche Rechtsgeschichte. Die Katholische Kirche (1972⁵) S. 399ff., 408ff.

L'intégration des grandes acquisitions territoriales de la royauté capétienne (XIIIe–début XIVe siècle)

OLIVIER GUYOTJEANNIN

Pendant deux siècles, des années 980 aux années 1180, la royauté capétienne s'est solidement enracinée dans un territoire restreint et cohérent, connu dans ses moindres accidents de terrain et soigneusement exploité, de l'Orléanais à la « plaine de France », de Paris aux palais des vallées de l'Oise et de l'Aisne, avec quelques appendices comme Montreuil et quelques extensions vers Bourges et vers Sens, portes du sud et de la Bourgogne. Puis, en quelques décennies, sans autre horizon que les imprévisibles conséquences de l'appétit de puissance, elle s'est trouvée à la tête d'un vaste ensemble de possessions disparates, des portes de la Flandre aux ports des Pyrénées, de la Manche à la Méditerranée, de La Rochelle à Mâcon. Sous Louis IX, aux années 1250, un bon demi-siècle d'accroissements, que l'on commence à peine à digérer, met le Capétien à la tête d'une seigneurie propre, ou gérée par ses frères et ses fils, qui couvre environ dix fois la superficie d'une principauté ordinaire ; revenus, charges, peuples ont progressé du même pas. Ce changement d'échelle sans précédent requiert l'inlassable dévouement de petites équipes de clercs et chevaliers, dont le domaine capétien est un inépuisable vivier, et une sérieuse attention. Mais le vrai défi est ailleurs : le roi est maintenant confronté à l'espace, espace matériel de la distance géographique, espace social et juridique de la diversité – une expérience où l'a précédé le Plantagenet, et plutôt dans les transes.

Une telle présentation, vulgate des historiens français, a le mérite de la dramatisation en début d'exposé. Il faut aussitôt en dire les limites : depuis un siècle au moins, le roi a vocation à assembler, de façon certes intermittente, une « communauté de royaume », certes un peu lointaine, mais pas moins effective, parfois même efficace. Plusieurs points d'appui ont été préparés en sous-main, à commencer par l'armature idéologique qui fera la gloire et la force de la monarchie française (sacre et thaumaturgie, roi empereur en son royaume, origine troyenne, fierté d'être Franc, captation de la légende carolingienne …). Tout au long du XIIe siècle aussi, les guerres châtelaines de Louis VI, les équipées malheureuses et glorieuses de Louis VII ont prolongé le domaine *stricto sensu* (que les conquêtes des successeurs amèneront à qualifier de « vieux domaine ») d'une méridienne capétienne, étirée de Thérouanne à Mende, seul axe de progression possible entre les espaces flamand, plantagenet, bléso-champenois et toulousain. Cette nébuleuse de chevauchées, de déplacements, de protections monnayées met le roi en contact avec tous les princes, avec les évêques, quelques villes, des monastères aussi qui, Amy Remensnyder l'a montré dans un très beau livre, rêvent de la royauté capétienne dès le XIe siècle et préparent de loin les voies à la «Naissance de la Nation France», scrutée dans ses armes idéologiques par Colette Beaune[1]. Une longue connivence (dans les intérêts et les tensions) avec les grands, la communauté d'expériences, le fin réseau des alliances matrimoniales font, par exemple, des comtes Raimondins de Toulouse des membres de la famille capétiennes beaucoup plus que les champions d'une nation occitane, qui existe surtout dans quelques têtes du XXe siècle … Et c'est précisément parce que, de toute part, au moins depuis la fin du XIe siècle, se multiplient contacts et échanges que parallèlement, à compter des dernières décennies du XIIe siècle, se durcissent les contours de «coutumes» régionales (*mos patrie*), aussi empressées (et pas toujours heureuses) à écraser les coutumes locales qu'à résister, en affichant leurs différences, à de puissants facteurs d'uniformisation. Tout ce solide bagage concourt à expliquer non seulement la facilité des conquêtes et acquisitions capétiennes du XIIIe siècle, mais encore l'art gestionnaire qui sera aussitôt appliqué à une intégration dont les nuances doivent maintenant nous retenir[2].

Il est à peine besoin d'en rappeler les grandes étapes.

– Mainmise rapide de Philippe Auguste (1204–1206) sur la Normandie, la Touraine, l'Anjou, le Maine : acquisitions massives, prolongées de miettes en Auvergne (1212–1213), et, tout au long du règne, de solides compléments au nord (Artois, Vermandois, Valois, comtés de Beaumont et de Clermont-en-Beauvaisis).

– Course haletante sous Louis VIII (1223–1226), qui consolide comme il peut, en Poitou, Saintonge, Aunis, Marche, et commence à recueillir les fruits du legs fait à la royauté, par Amaury de Montfort, des conquêtes croisées en Languedoc.

– Absorption et régularisation des extensions sous Louis IX (1226–1270), dans les anciennes terres plantagenet (traité de 1258–1259) et aux marges de ce qui est encore le comté de Toulouse (traité de 1229), n'ajoutant guère que le Mâconnais (voir carte p. 586).

– Seconde grande phase d'accroissement sous Philippe III (1270–1285), au sud, qui recueille au vol toutes les terres méridionales de son oncle Alphonse de Poitiers, gendre et héritier du comte de Toulouse, et décédé sans enfants peu après Louis IX.

– Enfin, tout ce temps durant, souterraine satellisation des Bourguignons et des Champenois, qui amènera peu après la Champagne (et la Navarre) dans la famille capétienne (d'abord par union personnelle, suite au mariage du futur Philippe IV en 1284).

---

1) Amy G. REMENSNYDER, Remembering Kings past : monastic foundation legends in medieval southern France (1995); Colette BEAUNE, Naissance de la Nation France (Bibliothèque des Histoires, 1985).

2) Je reprends ici certains thèmes esquissés dans quelques pages de l'Histoire de la France politique, t. I, Le Moyen Âge : le roi, l'Église, les grands, le peuple, 481–1514, par Philippe CONTAMINE, Olivier GUYOTJEANNIN, Régine LE JAN (2002), renvoyant généralement à la bibliographie, de fait très dispersée, qui y est donnée avec quelque détail.

Il faut davantage insister sur l'extrême diversité de ces terres.

– Il s'y trouve d'abord des zones poreuses, morcelées, dès longtemps perméables à l'influence capétienne, et dont l'intégration était aussi attendue que préparée de longue date : « Picardie » (dont l'unité est un anachronisme, disons Amiénois et Vermandois), Valois, comtés de Beaumont-sur-Oise et de Clermont-en-Beauvaisis… Zones meubles institutionnellement, qui tirent de leur rapide et profonde assimilation au domaine capétien leur vraie et (presque) originelle spécificité.

– Des origines dissemblables mais des modalités assez proches se discernent avec des créations princières où les Capétiens se sentent facilement chez eux : Artois, puis Champagne, où l'importation de structures administratives déjà rodées est d'autant plus aisée que l'assimilation a été préparée en sous-main par la force des influences indirectes (pensons à l'attraction qu'exercent la cour royale et la personne du roi Louis IX sur le sénéchal héréditaire du comté de Champagne, Jean de Joinville, qui ne cesse dans le même temps de protester qu'il n'est pas l'homme du roi…)[3] ; seule différence, en bref : l'individualité provinciale existe et se trouvera, non pas créée, mais consacrée par la mainmise royale.

– On observe le même résultat avec une situation inverse en Normandie, où depuis trois siècles le roi de France n'a jamais pénétré que les armes à la main, et encore jamais très loin, quand bien même la province sait parfaitement, et parfois de trop près, ce qu'est un roi. On pressent que Philippe Auguste a un peu tergiversé : il a d'abord, avant la conquête de 1204 puis pendant celle-ci, caressé l'idée d'une domination capétienne directe des franges orientales du duché : le comté d'Évreux, et tout le Vexin, et Ivry et Pacy en sa main – voilà ce dont son grand-père Louis VI n'osait sans doute pas même rêver. Mais, à l'évidence, il a très vite opté pour l'absorption complète : que faire d'autre au reste, devant l'effondrement de Jean sans Terre ? Le dessein est d'autant plus cohérent que ses fils et petit-fils mettront leurs soins à coloniser patiemment la Normandie, comme, terre proche dans son destin, la Touraine.

– Plus loin, déjà, Anjou et Maine, si elles sont de vieilles connaissances, ont gardé tout leur potentiel de résistance nobiliaire à la construction princière ; les traits sont aggravés dans les turbulences des anciennes et instables terres du duché d'Aquitaine, Poitou, Saintonge, Auvergne, Limousin : bonnes, dans leur majorité, pour user le trop-plein d'énergie des cadets du roi, agents actifs d'une quasi-intégration.

– Il faut enfin classer à part, difficile aujourd'hui encore à saisir tant les sources sont morcelées et les études partielles, la constellation toulousaine, dont on sait la fragilité première et le mélange, à la proportion alternativement minorée et majorée par les historiens, d'étrangeté radicale et de large communauté avec le nord du royaume.

---

3) Voir désormais Joinville, Vie de Saint Louis, éd. et trad. Jacques MONFRIN (Classiques Garnier, 1995) p. 59 pour le célèbre passage où Joinville dit avoir refusé de prêter serment de rester loyal aux enfants du roi, avant son départ en croisade.

Le spectre offert à la recherche des voies et fins de l'«intégration» médiévale est donc fort large. Ne pouvant prétendre à l'exhaustivité, je m'arrêterai sur quelques thèmes, quelques impressions, quelques terres aussi, où Normandie et Toulousain reviendront plus qu'à leur tour. C'est que le rôle de ces grandes acquisitions a été depuis plus d'un siècle reconnu dans ses effets multiples, prolongeant et dépassant la simple augmentation territoriale. Au cours du XIIIe siècle, les revenus normands du roi égalent à peu près ceux de tout son «vieux domaine» ; à la fin du siècle, la Normandie et les sénéchaussées languedociennes pèsent encore pour près de 45 % du total des revenus ordinaires du roi. Plus loin, à la différence des précédentes acquisitions, qui portaient sur des territoires partageant une large communauté d'expériences (Berry, Picardie...), les conquêtes normandes et languedociennes mettent le roi et ses administrateurs au contact d'autres pratiques du pouvoir. La voie choisie amena une série d'emprunts pragmatiques, et surtout une large reconnaissance des spécificités locales, assortie de la recherche de cohésion d'un espace où se virent sanctionnées les «libertés» provinciales (naturellement renégociées et redéfinies); les efforts déployés en Angleterre pour l'uniformisation furent déplacés vers la constitution d'un secteur «bureaucratique» plus étoffé et vers la construction d'une unité idéologique plus ferme, tous deux imposés aux notables locaux. Joseph R. Strayer a brillamment démonté ce processus[4], évident dès la conquête de la Normandie, durci avec l'implantation en Languedoc, même s'il faut reconnaître à la gestion capétienne une authentique capacité à compter ses forces avant la conquête de la Normandie, et un contact effectif avec le droit savant et les procédures d'appel avant la création des sénéchaussées méridionales[5].

Il n'est guère étonnant de voir la réflexion impulsée par un historien anglo-saxon. Avant qu'elle ne soit reprise par les artisans du renouveau de l'histoire politique, les historiens français n'avaient guère abordé la question que de biais, sans doute parce qu'ils n'en concevaient pas les termes de façon autonome. Certains, il est vrai (mais plutôt les modernistes !), ont à plaisir souligné les traits médiévaux qui du Moyen Âge ont perduré, aux XVIe et XVIIe siècles, dans le mélange d'unité du culte monarchique, de centralisation des décisions, de reconnaissance de multiples diversités provinciales, depuis les coutumes juridiques jusqu'aux poids et mesures. Mais ils ont longtemps éludé la question, car l'œuvre des monarques y semblait balbutiante, et la Nation une et indivisible fort mal préparée...

---

4) De façon synthétique, Joseph R. STRAYER, Les origines médiévales de l'État moderne (1970), trad. franç. Michèle Clément (Critique de la politique, 1979).
5) Voir ainsi les remarques, ici encore essentielles, de John F. BALDWIN, Philippe Auguste et son gouvernement (1986), trad. franç. Béatrice Bonne (1991).

1. Les Voies de l'Union

1. Des modalités variées de prise en main

a. *Administration de conquête et commandements délégués.* – « Picardie » et Champagne à part, aux deux extrémités de la période, tous les grands accroissements territoriaux capétiens se font par et dans la guerre, contre le Plantagenet ou pour l'Église. Il en résulte que la première phase de l'intégration, celle du changement de maître et du rattachement, est une phase à la fois superficielle et violente. Normandie et Languedoc offrent les exemples les plus flagrants de la rudesse de la prise en main des nouvelles terres : explorée depuis plus d'un siècle pour l'une, avec une recours direct aux sources et des appréciations parfois sensiblement divergentes; évoquée plutôt sur le mode incantatoire pour l'autre[6].

En Normandie, une bonne part de la haute aristocratie anglo-normande se trouve dépossédée non seulement de son influence, mais encore, matériellement, de ses terres : fermement engagé dès les années 1204–1206, le phénomène s'aggrave aux termes de plusieurs rébellions et tentatives anglaises de retour en force (1223, 1226, 1230, 1244). Quelques transfuges à part, quelques habiles aussi qui se maintiennent des deux côtés de la Manche, mais pas plus de quelques décennies durant, c'est un grand remuement qui touche les structures supérieures de l'encadrement social. Le vide appelle des barons du vieux domaine; assez crédibles sur ce point, les allégations des chroniqueurs anglais et normands suggèrent

---

6) Pour la Normandie, les premières notations systématiques sont à rechercher dans Léopold Delisle, Cartulaire normand de Philippe Auguste, Louis VIII, saint Louis et Philippe le Hardi (1882). Sir Maurice Powicke, The Loss of Normandy, 1189–1204. Studies in the history of the Angevin Empire (1913, ²1961), a traité généreusement de la question, tentant de faire le point sur les confiscations ayant touché la haute aristocratie. Plus tard, dans une synthèse nourrie, Lucien Musset, Quelques problèmes posés par l'annexion de la Normandie au domaine royal français, dans : La France de Philippe Auguste : le temps des mutations, éd. Robert-Henri Bautier (Colloques internationaux du C.N.R.S. 602, 1982) p. 291–307, et discussion aux p. 308–309, a souligné le traumatisme de la guerre et l'importance des spoliations, « décapitant » la classe dirigeante normande; l'auteur estime, sur le mode de l'hypothèse, que le tiers des fiefs aurait pu changer de main. L'intérêt pour la question a été récemment et remarquablement renouvelé lors du colloque de Cerisy, La Normandie et l'Angleterre au Moyen Âge, éd. Pierre Bouet et Véronique Gazeau (2003: voir entre autres les communications de Kathleen Thompson sur « L'aristocratie anglo-normande et 1204 », et de Daniel Power, « Terra regis Anglie et terre Normannorum sibi invicem adversantur : les héritages anglo-normands entre 1204 et 1244 », dont j'ai pu prendre connaissance grâce à l'amitié de V. Gazeau); il s'est tenu en outre, en 2004 un colloque sur la prise de possession capétienne. Pour le Languedoc, la situation historiographique est comme inversée: autant l'on n'y a guère étudié la substitution des nouveaux maîtres aux anciens, autant l'on y a vite été retenu par les rapports des terres conquises avec « Paris », comme le prouvent par exemple les centres d'intérêt et le seul titre de l'étude, toujours utile, d'Edgar Boutaric, Saint Louis et Alphonse de Poitiers, études sur la réunion des provinces du Midi et de l'Ouest à la Couronne et sur les origines de la centralisation administrative d'après des documents inédits (1870).

même que, dans leur soif de terres, ils ont poussé la royauté à durcir le mouvement : « *Baronagii pertinacia voluntati mee se non inclinat* » aurait allégué Louis IX pour ne pas trop revenir sur les confiscations[7]. Ajoutons, pour faire bonne mesure, que les « restitutions » (au sens quasi testamentaire) annoncées par le « saint » roi, ici et là, ont été des plus minimes et que les enquêtes de la fin des années 1240 verront beaucoup plus une régularisation des mesures, assortie de concessions aux marges (et au détriment surtout d'agents royaux indélicats), qu'un retour en arrière. Avec plus de doigté (élevé à la dure école de la Réforme grégorienne, le roi sait manier les électeurs), une main tout aussi lourde s'abat sur les structures d'encadrement ecclésiastiques ; l'exemple est éclatant, et fameux, de l'archevêché de Rouen où, dans une totale absence de pression visible, deux Normands (les archevêques Gautier, d'origine anglaise, maintenu après une conquête qu'il n'a pas vue d'un mauvais œil, et Robert, tiré du chapitre après une vacance de neuf mois) comptent parmi leurs huit successeurs (1222–1318) quatre clercs issus de vieilles terres capétiennes, deux de Champagne, un d'Auvergne, un Italien, un Bordelais… et aucun Normand[8].

On retrouvera sensiblement les mêmes traits, atténués, en Touraine, par exemple avec l'implantation des Mello, un lignage puissant issu du Beauvaisis[9] ; et surtout en Languedoc, sinon que le renouvellement partiel des élites, après les drames militaires et le passage de l'inquisition, a moins massivement profité au baronage du « vieux domaine », moins attiré par ces terres lointaines, exception faite de rameaux des Montfort et de leurs satellites d'Ile-de-France (comme les fameux Lévis à Mirepoix).

Les constatations sont très différentes dans les zones où la construction princière (celle des ducs en Normandie, celle des derniers Raimondins en Toulousain) n'avait pu aussi bien mordre. Le problème est alors moins de confisquer et de redistribuer, que de faire passer à toutes forces les élites traditionnelles dans des réseaux d'obéissance et de fidélité en grande partie nouveaux. Pour ce faire, Philippe Auguste et Louis VIII recourent d'abord à des sortes de grands pariages, qui amènent à déléguer une large part du pouvoir à un potentat local, censé fidèle, assurant au roi la sécurité d'une partie des prélèvements et la tenue des places fortes, tout en s'engageant dans un lien féodal. Que l'action soit concertée ressort bien de la similitude des « contrats » passés par le roi en août 1204, d'une part avec Guillaume des Roches (pour l'Anjou, le Maine et, très provisoirement, pour la Touraine,

---

7) Cela aux dires de Matthew Paris, cité par Léopold DELISLE, Cartulaire normand, p. 79 n° 473, note 6 à un acte où le roi prévoit l'éventualité de restitutions (*si aliquando dictaret nobis conscientia quod de dictis villis restitutionem aliquibus facere vellemus*): on sait que les historiens sont maintenant moins enclins que L. Delisle à voir là de la piété, mais plutôt l'un des versants de l'essor de la justice royale.

8) Données regroupées en dernier lieu dans Fasti ecclesiae Galliacanae, t. II, Diocèse de Rouen, par Vincent TABBAGGH (1998).

9) Un fils du connétable royal Dreu de Mello reçoit en fief les châteaux de Loches et de Châtillon-sur-Indre, et l'avouerie de Cormery ; il épouse une fille de Sulpice d'Amboise : [Archives nationales], Layettes du Trésor des chartes, éd. Alexandre TEULET, t. I (1863) p. 303 et 377 n° 804 et 996 ; t. II (1866) p. 13 n° 1604.

reprise par le roi dès 1206), d'autre part avec Aimeri de Thouars (pour le Poitou)[10]. Le système montre vite ses faiblesses avec le versatile Aimeri (remplacé en 1224 par un sénéchal royal), mais fonctionne à merveille avec Guillaume, au grand dam de quelques ecclésiastiques savamment pressurés, qui feront sa légende noire d'oppresseur des peuples ; si bien que le roi confirme en 1222 la succession imaginée par Guillaume au profit de son propre gendre Amauri de Craon. La mort de ce dernier en 1226 brisera net ce processus de patrimonialisation, que pratiquent volontiers, à la même époque, plusieurs baillis royaux.

b. *Les étapes de l'organisation administrative.* – Car, autre trait remarquable, l'administration royale se cherche une organisation, à tâtons et dans le plus grand pragmatisme[11]. Les constatations de fond sont peu étonnantes : dans la première moitié du XIIIe siècle, domine sinon l'improvisation, du moins la variété des choix ; trait corrélé, c'est un principe d'économie qui amène à limiter l'innovation et l'importation des solutions capétiennes au plus urgent. En Normandie, la charge de sénéchal, sorte de vice-roi, est supprimée (elle était aussi vacante à la cour du roi) ; justiciers intinérants (pour leurs attributions) et baillis (pour leur ressort fixe) sont fondus dans l'unique institution des baillis, dont on a répété à satiété qu'ils devaient influencer l'évolution des baillis de l'ancien domaine capétien, alors qu'une évolution parallèle se fait plutôt jour simultanément. Ce léger réaménagement, qui consolide sans le créer cet échelon désormais essentiel du gouvernement royal, au plan domanial, financier, militaire, féodal, judiciaire, s'assortit, aux échelons inférieurs, du maintien, avec leurs noms et leurs quelques particularités normandes, des vicomtes, à peu près équivalents des prévôts d'Ile-de-France, dans leur rôle essentiel de gestionnaires de proximité du « domaine » royal (terres et droits, police et justice courantes …).

Les mêmes procédés se voient à l'œuvre en Touraine, en Auvergne, et dans les premières sénéchaussées languedociennes (Nîmes-Beaucaire et Carcassonne-Béziers), où les séné-

---

10) Ibid., t. I, p. 267–268 n° 723–724. En dehors de la garde des châteaux royaux, exclue de l'accord, les textes visent essentiellement à limiter les ponctions des contractants, comme le montre cet extrait du premier acte, libellé sous la forme d'un engagement de Guillaume : *Noveritis quod hec sunt jura que ego habeo in senescalcia Andegavensi, Cenomanensi et Turonensi. Ego nichil capiam in dominicis redditibus domini regis Francie in senescalcia Andegavensi, Cenomanensi et Turonensi, sed ego habebo de prepositis et prepposituris de singulis quinquaginta libris unam marcham argenti ad pondus turonense, quas prepositi persolvent pro prepposituris. Si dominus rex vendiderit nemora sua, nichil de venditione nemorum habebo ; preterea nullam costumam in forestis suis habebo. Et si dominus rex fecerit demandam vel talliam in Christianis vel Judeis de senescalcia Andegavensi, Cenomanensi et Turonensi, illa demanda vel tallia levabitur per manum meam ad opus domini regis per legitimum compotum et scriptum, sed ego de demanda vel tallia illa nichil habebo. De omnibus aliis, tam forisfactis quam expletis et serviiis que mihi fient, habebit dominus rex Francie duas partes et ego terciam.*
11) Mis à part des notations dispersées dans plusieurs études, on sait que la question a été traitée de front, pour la Normandie, par Joseph R. STRAYER, The administration of Normandy under Saint Louis (Monographs of the Mediaeval Academy of America 6, 1932, réimpression 1970), plus large que son titre.

chaux, création des Raimondins (sans doute influencée par les pratiques des Plantagenet), avec une assez forte connotation militaire due aux nécessités de la « pacification », ressemblent à s'y méprendre à des baillis, simplement plus puissants et parfois déchaînés, parce que plus lointains et moins contrôlés. Au-dessous, fonctions et titres se maintiennent, à commencer par les viguiers et les bayles.

Passée une génération, l'occupation s'assouplit comme se stabilise l'administration. C'est alors que peut pleinement se développer un phénomène décisif d'homogénéisation. Son pouvoir mieux assuré, reconnu par des traités en forme, Louis IX engage, après quelques essais, une vaste opération de régularisation par enquêtes dont, il y a un siècle, Robert Michel a déjà vu avec finesse à quel point, sans restreindre la part des scrupules de conscience, elle concourt entre toutes à assurer une base aussi large que légitime à la domination du roi[12].

C'est d'abord une grande vague, largement confiée aux dominicains et franciscains (deux clercs séculiers seulement) avant la première croisade du roi: 1247–1248 en Normandie, Vermandois, Ile-de-France (ici sans doute limitée par le fait que le roi lui-même se déplace beaucoup et tranche en personne), Mâconnais et Languedoc, vite relayée par Alphonse de Poitiers (à compter de 1249). Ce sont ensuite des tournées par secteurs, qui marquent une normalisation des procédures et des enregistrements documentaires, un système déjà classique et presque « administratif »: 1254 dans le Languedoc royal, 1255 dans les bailliages de Sens, Amiens et Paris, 1256 dans ceux de Bourges, Tours et Orléans, 1257 en Picardie et dans le diocèse de Reims, 1258 en Vermandois et Languedoc, 1262 en Languedoc, 1268–1269 en Languedoc. En se régularisant, la pratique se dédouble: le bailli, depuis 1254, est normalement soumis, à sa sortie de charge, à une enquête personnelle.

Les conséquences de l'examen (sans grand délai et presque sans appel) des dizaines de milliers de plaintes recueillies ne sont pas seulement dans la création d'une manne documentaire inespérée, et difficile à manier, pour l'historien, ni dans la justice rendue (ou pas …) à des milliers de sujets mécontents. Cela seul serait déjà fort appréciable: une lumière rare, et crue, est jetée sur la dureté des premières décennies du rattachement de la Normandie et du Languedoc, et partout sur l'incroyable latitude laissée aux agissements déviants des agents du pouvoir. Mais, pour notre propos, les enquêtes sont aussi la première grande manifestation d'une action ample et concertée, traitant avec la même mesure toutes les terres royales (disons même familiales, puisque les apanages tenus par les frères du roi sont eux aussi concernés). On y voit tous les sujets, quelle que soit leur origine, convoqués de la même façon, pour le même but et par le même roi, affligés sans doute aussi des mêmes prédications des enquêteurs (véhicule disparu à nos yeux d'une ébauche de « propagande »

---

12) Robert Michel, L'administration royale dans la sénéchaussée de Beaucaire au temps de saint Louis (Mémoires et documents publiés par la Société de l'École des chartes 9, 1910) p. 185–188, « Restitutions partielles et occupations définitives ».

royale ?) ; à l'autre bout de la chaîne, on y devine l'administration royale (car les écrits sont largement centralisés) affinant sa connaissance concrète des espaces et des hommes – une connaissance qui demeurait encore bien théorique dans les registres de chancellerie des règnes précédents (à compter de 1204), limités à l'énoncé des provinces ecclésiastiques, à la géographie féodale au nord de la Loire et à des listes de barons, de communes, de gîtes et de droits.

Les conséquences ne sont pas moins importantes, car la « réformation » de l'administration royale qui accompagne les enquêtes (notamment avec la grande ordonnance de réformation de 1254) durcit et systématise une évolution déjà engagée, mais qui renverse la situation rencontrée sous Philippe Auguste : baillis et sénéchaux, sévèrement repris en main, sont strictement écartés de toute possibilité d'implantation locale (interdiction d'acquérir des terres dans leur bailliage, d'y marier leur fille, d'y faire entrer un enfant en religion…), alors qu'une génération plus tôt, surtout en Normandie, ils avaient une évidente tendance, parfois encouragée, à l'insertion seigneuriale dans leur « baillie ». Trait typique d'une haute fonction publique « moderne », introduit par la crainte de la patrimonialisation des charges et de l'abus de pouvoir, l'évolution va plus loin au plan social : elle génère un déplacement (plutôt qu'une diminution) du rôle des élites locales, qui apprennent à compter avec une administration à la fois plus légitime, plus présente sur le terrain et plus distante d'eux.

Le phénomène d'homogénéisation « administrative » se reconnaît un peu partout à l'identique, à plus court rayon. Ainsi quand on voit Louis IX, en 1259–1260, prescrire d'identiques mesures aux communes du « vieux domaine » et à celles de Normandie pour atténuer les malaises sociaux et les effets d'une gestion financière désastreuse : les deux séries de mesures sont édictées et traitées séparément, mais en synchronie comme en harmonie de but et de moyens (régularisation des élections de maires, contrôle des comptes centralisés à la cour royale). Ou encore quand, des années 1230 aux années 1260, on voit se mettre en place l'unification comptable de la gestion financière du domaine royal. Toutes ces mesures se reproduisent dans les « apanages », qui prolongent celui-ci.

c. *Le gouvernement par procuration.* – Car les « marches-avoueries » constituées provisoirement en Anjou ou au Poitou, évoquées précédemment, n'ont pas été les seules parades royales à l'impossibilité de tout absorber sur le moment. Si parfois aussi une simple union personnelle (comme pour la Champagne), laissant un moment en place toutes les structures antérieures, a été choisie, une voie originale a été ouverte à partir de 1225 (avec une mise au point très lente des règles comme des noms), où le roi a confié à ses fils cadets de larges portions des principautés conquises. La pratique n'est certes pas nouvelle chez les Capétiens ; la nouveauté est dans l'ampleur des aménagements ainsi opérés, comme dans son caractère concerté, et écrit.

On a longtemps discuté pour savoir ce qui l'emportait, de l'arrangement « familial » ou de la volonté politique de préparer « en douceur » l'intégration de territoires que l'administration royale ne pouvait encore gérer directement. Retenons les remarques et les mises en garde d'Andrew Lewis, qui a scruté la naissance et l'évolution des « apanages » – en toute rigueur le terme ne s'applique qu'à la période, postérieure, où les règles du jeu, en particulier les conditions du retour de l'apanage au roi, sont clairement édictées. Venant après un autre Anglo-saxon, Charles Wood, A. Lewis, en particulier, a insisté avec force sur le fait qu'il faut parer au risque d'anachronisme quand on considère les origines des apanages, à la tentation aussi d'y restituer un plan d'ensemble. Si à son testament, longtemps vu comme l'acte de naissance des apanages des « princes du sang », en 1225, Louis VIII n'assigne explicitement pas d'autres motifs que le souci d'apaiser toute récrimination, d'éviter tout trouble entre héritiers – troubles récurrents dans la famille royale (Eudes sous Henri Iᵉʳ, Robert sous Louis VII), mieux maîtrisés toutefois que chez les Plantagenet –, pourquoi ne pas l'écouter ? Les prescriptions de Louis VIII sont appliquées par Louis IX au fur et à mesure de l'aînesse de ses frères : en 1237, Robert reçoit l'Artois, héritage maternel de Louis VIII ; en 1241, Alphonse recueille Poitou et Terre d'Auvergne (ses dominations seront ensuite élargies par l'héritage de son beau-père Raimond VII de Toulouse) ; l'Anjou et le Maine, destiné à un Jean qui meurt avant l'âge, vont enfin à Charles.

À insister sur l'aspect d'arrangement familial, on ne doit pourtant pas occulter les bénéfices effectifs, sinon programmés : il y a déjà, dans ces proto-apanages, sans les précautions juridiques, toute la portée effective d'un véritable système de gouvernement capétien par procuration, qui échange les serviteurs, les modèles de gouvernement, et prépare une manière d'assimilation de terres périphériques, d'autant que le roi ne se privera pas d'intervenir dans leur gestion. Parce qu'il a moins de terres nouvelles à distribuer, Louis IX sera moins généreux avec ses propres fils, et surtout leur donnera essentiellement des terres déjà très intégrées à l'aire capétienne de domination, bref des domaines de tout repos. C'est de l'inverse qu'ont hérité ses frères, à commencer par Alphonse, un scrupuleux hyperactif hanté par l'idée d'être mal servi, pour la plus grande joie de l'historien qui recueille du coup une énorme masse d'archives, documentant dans le détail le contrôle tâtillon des officiers, comme une administration domaniale, financière, fiscale et féodale diligente et méthodique. Dès Philippe III, qui succède à son oncle, la royauté en tire les fruits, et de façon fort consciente à lire l'extraordinaire témoignage du *Saisimentum comitatus Tholosani*, où l'on voit, d'assemblées en bourgades, l'infatigable et avisé sénéchal de Carcassonne, Guillaume de Cohardon, « saisir » témoignages de sujétion et points forts du Toulousain, du Rouergue et de l'Albigeois, aussitôt connu le décès d'Alphonse[13].

---

13) Saisimentum comitatus Tolosani, éd. Yves DOSSAT (Collection de documents inédits sur l'histoire de France. Série in 8°, 1, 1966). On peut d'ailleurs suspecter que ce qui est neuf dans le document est moins les méthodes employées que le soin mis à consigner des actes par écrit puis à les compiler ; pour se limiter aux mêmes terres, on voit d'identiques déplacements et l'on suppose d'analogues tractations quand Alphonse de Poitiers recueille l'héritage du comte Raimond VII, mais notre seule source est ici une relation adressée à Alphonse, alors en croisade (Edgar BOUTARIC, Saint Louis et Alphonse de Poitiers [cf. n. 6] p. 71–75).

2. Roi et seigneur

Saisir trésor et châteaux, péages et investitures de notaires, hommages et serments de fidélité, au prix de longs palabres, de ruptures affectées et de retours larmoyants, d'actes antidatés et de protestations de foi: tout le *Saisimentum* sonne seigneurial. Poser la question de l'intégration n'est pas seulement étudier les modalités et les effets, c'est aussi soulever des questions essentielles sur la substance même du pouvoir royal dans la France du XIIIᵉ siècle, tendu entre exploitation seigneuriale et familiale, et dépersonnalisation de l'office.

a. *Le respect des coutumes provinciales.* – Trait le plus évident, on doit le redire: la royauté capétienne répugne à imposer toute «common law» à ses terres. Les preuves en sont si manifestes qu'elles font oublier que, par effet d'entraînement, un puissant mouvement d'unification est aussi à l'œuvre, souterrainement, derrière la façade de la diversité coutumière: Normandie et Champagne en savent quelque chose, où si souvent va se marquer l'empreinte de la coutume d'Ile-de-France.

Le fait est pourtant que, au sens le plus large, les coutumes «provinciales» ne subiront guère l'assaut frontal de la Monarchie avant le XVIIIᵉ siècle. Au sens large, car le phénomène est loin de se limiter aux coutumes juridiques, qui se cherchent et se bornent à la même époque (leur très problématique mise par écrit, déformante, est pour l'heure, au mieux, liée à la royauté de façon officieuse, par l'agent de leur mise par écrit, proche de la cour royale). Il concerne aussi toutes les particularités de gestion de l'administration royale: exceptions normandes d'une justice d'appel laissée à l'Échiquier (après quelques hésitations fixé à Rouen, plus près de Paris, loin de Caen la ducale), quand bien même il est peuplé de «Parisiens»; termes spécifiques de contrôle (à Paris) de la comptabilité des baillis normands (deux fois l'an, à Pâques et à la Saint-Michel) et des sénéchaux languedociens (une fois par an à l'Ascension), contre trois fois dans l'année, à la Chandeleur, à l'Ascension et à Toussaint, pour les baillis de «France»… Cette diversité dans l'unité éclate au Parlement de Paris, qui centralise les appels, mais où chaque bailliage ou sénéchaussée a ses «jours» propres (depuis le premier règlement conservé, 1278). Elle est particulièrement flagrante en Normandie, où susbsistent de nombreuses spécificités procédurales mais aussi «policières» (l'institution du «cri de haro» qui régimente durement le recours aux armes, le «brai et clameur» qui régule l'auto-défense des communautés), féodales (le décompte du service par fief de haubert), comptables, fiscales (le fouage et la documentation spécifique qu'il génère, incomparablement riche en données démographiques), forestières (droit de tiers et danger), socio-politiques (le lien direct qui relie souvent les communautés d'habitants au duc-roi) … Mouvement ici encore concerté: dès juillet 1205, quand Philippe Auguste redistribue des terres normandes confisquées, sa chancellerie précise systématiquement qu'elles seront tenues aux «us et coutumes de Normandie». Sous Louis IX, les baillis auront, entre autre obligation, celle de jurer qu'ils respecteront les coutumes des territoires qu'ils administreront, et la mesure ne sera pas pour rien dans le souvenir provincial du [bon] « temps monseigneur saint Louis », horizon commun de la revendication.

Concession aux provinces conquises, emprise d'une idéologie très prégnante (tournée vers le maintien de l'existant, vers la « réformation » de ce qui vient d'être « mué », contre l'innovation des « mauvaises coutumes »), commodité pragmatique : on peut discuter des motifs de la royauté, et sans doute se conjoingnent-ils. Il sera plus intéressant de noter que les contemporains ont été pleinement conscients de la pratique. L'auteur anonyme la Chronique dite de Chantilly/Vatican (1217–1237) décrit ainsi la sagesse de Philippe Auguste appliquée au gouvernement des Normands : « Le bon roi Philippe leur voulut mieux être débonnaire que monstrer cruauté, et pour les acoutumer de l'aimer petit à petit, les traita doucement, pour qu'ils ne se plaignissent d'être grevés de nouvelles coutumes. Car, comme sage, il leur octroya de tenir telles lois et telles coutumes et leur confirma généralement comme ils les avaient tenues auparavant »[14].

En plein XVe siècle encore, au témoignage du formulaire d'Odart Morchesne, les notaires-secrétaires de la chancellerie du roi de France ne devaient pas seulement apprendre à varier leurs formules (et souvent leur langue) selon que l'acte était destiné à un « pays coutumier » ou à un « pays gouverné par droit écrit », ni se pénétrer de tous les usages propres au Dauphiné, terre d'Empire unie personnellement qui gardait sa diplomatique princière : ils devaient aussi savoir, selon la province concernée, tourner des « graces normandes », des « debitis en forme d'Anjou » ou des « doleances pour les Normans », tenant compte de profondes spécificités coutumières en matière de droit ou de procédure[15]. Et encore œuvraient-ils au sein de l'ultime instance de régulation politique et judiciaire, fortement uniformisée.

Depuis les conquêtes de Philippe Auguste, le roi de France était roi du peuple franc/français, mais il avait en fait sous son pouvoir « des peuples » – selon une expression coutumière des actes royaux de l'époque moderne (« nos peuples »). Et ces « peuples » constituait un unique peuple de sujets (*subditi*) moins pour être formé de fils de Mérovée et de descendants des Troyens, que pour se trouver réunis en la main d'un unique seigneur.

b. *Le roi comme seigneur.* – De fait, à l'inverse des diversités provinciales reconnues (donc en partie durcies), le bilan est non moins clair des marques et signes du rattachement fort, et homogène, des nouvelles acquisitions à l'aire la plus ferme et la plus intime de la

---

14) Cité par Gabrielle M. SPIEGEL, Romancing the past : the rise of vernacular prose historiography in thirteenth-century France (1993) p. 310.

15) Compilation privée réalisée dans l'entourage de Charles VII autour de 1424–1427, le formulaire eut une diffusion exceptionnelle au XVe siècle, au point de former dès le début du siècle suivant le cœur du formulaire officiel de la chancellerie. Le manuscrit apparemment le plus proche de la compilation primitive est le ms fr. 5024 de la Bibliothèque nationale de France (Paris), dont une édition, réalisée en commun avec Serge Lusignan, doit prochainement paraître dans les collections de l'École des chartes.

puissance royale. Et c'est sans surprise que l'on y rencontre les plus « seigneuriales » des marques et des signes, dont l'exploitation et l'imposition voient le roi et ses agents animés de vues très cohérentes. Les preuves en sont multiples, de l'intensité des échanges et achats de terres au zèle de leur exploitation, comme au souci très net de saisir sans perte les droits dont les anciens maîtres pesaient sur les églises : les « droits de patronage des églises normandes » forment, aussitôt les archives royales inventoriées à Paris, une rubrique du classement ; et dès 1207 le roi répond avec autant de fermeté que d'habileté à une requête de l'épiscopat normand, demandant des règles pour juger les contestations avec le roi au sujet des nominations aux bénéfices[16].

Mais c'est sans conteste la monnaie qui offre le marqueur le plus net : signe et agent de la suprématie royale, c'est sans doute l'un des plus forts, et sûrement le plus ambivalent des facteurs d'intégration – seigneurial et souverain, économique et politique. Dès le début des conquêtes, les conseillers de Philippe Auguste, habiles à gérer au moins d'instinct les plus raffinées des lois monétaires, jettent les bases de la domination de deux monnaies royales associées, parisis et tournois (que le roi vient de ressaisir avec Tours et sa basilique Saint-Martin), assez vite organisés en système, y joignant un temps un troisième élément, le mansois (du Mans, aussi conquise). Non seulement ils imaginent des rapports permettant la couverture de besoins variés, mais ils spécialisent les monnaies dans des aires géographiques précises : le tournois est habilement promu comme la grande monnaie des nouvelles acquisitions, de la Normandie au Languedoc ; en Normandie, dès août 1204, il chasse l'angevin et conserve un temps comme monnaie complémentaire l'esterlin, que Louis IX peinera encore à éradiquer du royaume. Et dans le vaste ensemble tenu par Alphonse de Poitiers, c'est bien la monnaie royale, essentiellement le tournois, accessoirement le mansois, qui formera la référence absolue des frappes monétaires, poitevins, riomois d'Auvergne, toulousains (dans leur valeur et parfois même dans leur type, ce que prohiba Louis IX) ; c'est encore le tournois qui constitue l'unité quasi exclusive en matière de monnaie de compte ; de là l'influence du tournois gagne les monnaies de Cahors, Rodez, Melgueil…[17]. Le rattachement au début du règne de Philippe III achèvera le processus en un bref laps de temps, qui n'aura plus guère qu'à y imprimer la marque royale. Le processus est des plus centralisés : en 1263 encore, l'administration royale envoie de Paris à Carcassonne les coins des tournois qu'elle entend faire frapper sur place. Depuis 1260, la grande ordonnance monétaire de Louis IX avait cantonné dans les terres des seigneurs la circula-

16) Respectivement Arch. nat., J 360, et Léopold DELISLE, Cartulaire normand (cf. n. 6) p. 25 n° 146–148 (et en dernier lieu Recueil des actes de Philippe Auguste, t. III (1966), éd. Jacques MONICAT et Jacques BOUSSARD, p. 45 n° 992).
17) L'« Histoire monétaire d'Alphonse » constitue l'un des chapitres, très neuf à l'époque, de l'ouvrage d'Edgar BOUTARIC, Saint Louis et Alphonse de Poitiers (cf. n. 6) p. 181 sqq. Voir en dernier lieu le travail fondamental de Marc BOMPAIRE, La circulation monétaire en Languedoc (Xᵉ–XIIIᵉ siècle), Paris, doctorat d'histoire Paris-IV, 2002, 3 vol.

tion de leur propre monnaie, imposant à tout le royaume la libre circulation de la monnaie royale.

Fluidité et circulation forcée qui sont aussi celles de tous les autres signes du pouvoir, fleurs de lys et emblèmes, sur l'exhibition desquels nos sources sont désespérément muettes, encore que l'on puisse présupposer une croissance parallèle des usages et des citations documentaires, avec des frémissements sensibles sous Philippe III. Éclat visuel des entrées solennelles, panonceaux fichés à l'entrée des terres et maisons placées sous la sauvegarde royale... : le royaume est en passe de devenir la terre des fleurs de lys, bien avant que le portrait monétaire du roi ne circule de main en main. Au même moment, l'entrée progressive du français dans les actes royaux commence à promouvoir la langue de chancellerie comme un autre instrument d'uniformisation, aussi lent que décisif dans ses effets. À la vérité, du reste, l'uniformisation restera incomplète de tout le Moyen Âge, puisque le français, dominateur à compter des années 1330, laissera subsister une marge notable d'actes en latin, principalement tournés vers les pays de langue d'oc – une langue encore vivante sur place mais largement chassée des niveaux de la communication avec le pouvoir central et ses représentants[18].

c. *Au temps des « légistes »*. – Il est assez évident que, préparée sous Louis IX et Philippe III, se dégage sous Philippe IV et ses fils (1285–1328) une tendance plus marquée à l'assimilation forcée de territoires maintenant pacifiés et soumis à une gestion homogène, alors même que « légistes » et théoriciens dilatent les horizons de l'exploitation seigneuriale à ceux du gouvernement de la Cité. Cette tendance suscite des résistances fortes, dont les victoires partielles seront souvent consacrées par la royauté Valois, en quête de nouveaux appuis aux temps de la Guerre de Cent Ans.

Le domaine de la diplomatique en apporte un indice modeste, mais très clair. Non seulement l'époque de Philippe le Bel est celle où l'on voit toutes les terres méridionales (notaires d'investiture royale compris) résister à l'introduction du style de Pâques (manié par tous les agents et tous les tribunaux du roi), en gardant ou reprenant leurs styles traditionnels (essentiellement le style de l'Annonciation), avant la grande réforme autoritaire de 1564. Elle est aussi celle d'un recul de la royauté qui, en 1291–1292, voulait imposer le scellement (payant !) d'un sceau royal, fleurdelisé, à tous leurs actes privés, avant de devoir reconnaître les spécificités du notariat public méridional. C'est dans le même sens qu'il faut interpréter les derniers articles de la grande ordonnance de réformation de mars 1303, où le roi reconnaît à une bonne part de ses sujets le droit d'être jugés en dernier appel non à Paris, au Parlement, mais par des institutions déléguées, plus proches d'eux : Échiquier de Rouen pour les Normands ; Jours de Troyes pour les Champenois ; parlement de Toulouse

---

18) La langue de rois au Moyen Âge : le français en France et en Angleterre (Le nœud gordien, 2004).

« s'ils [les Languedociens] le veulent » – ils ne le voudront pas d'ailleurs puisque cette institution à éclipse, attestée sous Alphonse puis en 1280 et de 1287 à 1291, ne sera recréée qu'en plein XVᵉ siècle. Il ne faut surtout pas majorer la portée de cette mesure, proche de l'esprit des chartes de franchises rurales en ce qu'elle présente surtout un intérêt de commodité pour des sujets jugés plus près de leur domicile : car Échiquiers et Grands Jours sont sinon peuplés, du moins lourdement dirigés par des juges venus de Paris. Il reste le témoignage en creux d'une réticence face à un ordre trop prompt à l'uniformisation. Il est consonant aux revendications des « ligues », essentiellement nobiliaires et toujours provinciales, qui se formeront à la mort de Philippe le Bel, on y reviendra.

Pourtant, si les phases et divers traits d'une intégration progressive et partielle, mais efficace, ressortent avec quelque netteté, le phénomène ne laisse pas d'être brouillé par d'autres. Car parallèlement, tout au long du XIIIᵉ siècle, est à l'œuvre la dilatation du « royaume » (plutôt *regne* en ancien français), dans son sens très concret et plus fréquent, encore que très labile, d'aire soumise à la puissance du roi, vers l'ensemble du royaume au sens moderne, au-delà même des acquisitions directes : là se joue une autre intégration, plus incertaine, plus floue, celle des principautés demeurant hors du domaine royal, Bourgogne et Bretagne, Foix et Flandre. Des cheminements plus lents encore amènent à poser dans toute son épaisseur la « communauté de royaume », dont Susan Reynolds a bien montré qu'elle avait un long passé, et connaissait aux XIIᵉ et XIIIᵉ siècles plus un affermissement, une extension des usages, qu'une invention, mais au long d'un chemin tortueux. Louis VIII, « divisant » les terres entre ses fils, réserve à l'aîné un *regnum* qui est dignité et pouvoir de roi, et un *regnum Francie* (le vieux domaine des Capétiens !) dont il flanque la Normandie (*totum regnum Francie et totam terram Normannie*) : brouillage des concepts et flou de la terminologie impensables un petit siècle plus tard. Dans cette évolution, l'intégration des grandes acquisitions territoriales a tenu un rôle central, peut-être, mais assurément pas exclusif.

Voilà pour quelques manifestations ; voyons de plus près les acteurs.

II. Centre et Périphéries

Les auteurs de précis et de manuels ont trop longtemps (et parfois aujourd'hui encore) et trop souvent cédé à la tentation de présenter la complexe alchimie de l'intégration comme un élément à part entière du « miracle » capétien (ersatz d'un « miracle » français !), et encore de gommer la chronologie[19]. Il faut tenter de poser quelques jalons à l'évolution, au-delà des traits institutionnels précédemment dégagés.

---

19) La tentation est moins forte, voire délibérément combattue par ceux qui restituent l'altérité du XIIIᵉ siècle depuis l'observatoire des crises et créations des XIVᵉ–XVᵉ siècles : Claude GAUVARD, *La France au*

1. Mesures et phases

Diverses mesures, empiriques mais concordantes, permettent de corroborer et d'affiner la périodisation dégagée ci-dessus. Jusque sous Louis IX, on voit à l'œuvre une royauté très « traditionnelle », si l'on veut bien entendre, par cette simple commodité d'expression, une structure de pouvoir très largement attachée aux pratiques éprouvées depuis deux siècles et demi, et dont l'exercice largement coutumier fait contraste avec les rapides, tâtonnantes et douloureuses expérimentations du demi-siècle 1270–1320.

a. *Séjours et itinéraires royaux.* – La cartographie des itinéraires royaux, mieux assurée à partir du règne de Louis VII, en est une illustration éclatante. Si, à compter de ce roi, la croisade devient très concrètement le meilleur support d'une diffusion de la « communauté de royaume », au moins dans le baronage, les déplacements et résidences du roi, jusqu'en plein milieu du XIIIe siècle, traduisent au jour le jour de très longues permanences : non seulement parce que le Capétien réside sur ses terres et là où il a gîte, mais encore parce que les « voyages » royaux ne sortent que très rarement du « vieux domaine ». Sous Louis IX encore, sauf l'élargissement des séjours dans la partie orientale de la Normandie, une pratique simplement amplifiée par rapport aux séjours de Philippe Auguste et Louis VIII, le roi ne demeure guère que dans « sa » France, en une poussière de demeures et de gîtes gravitant autour du palais de la Cité à Paris et du château de Vincennes : c'est là qu'anciens et nouveaux sujets doivent venir le trouver, puisque les « voyages » royaux, plus tard une nécessité politique, sont en grande partie à inventer[20]. Le roi, certes, après être largement resté à Paris en 1247, organise en 1248, à nouveau encore en 1269–1270, de longs itinéraires. Mais ceux-ci s'étirent de Tours à Ham, de Meaux à Gournay-en-Bray. À la fin de 1269 et au début de 1270, il visite Meaux, qui ne l'a pas vu depuis 1260, Tours (depuis 1255), Vendôme (depuis 1227), Ham (première visite). Il va, certes, en pèlerinage à Rocamadour, ce qui se rapproche plus de la tournée des sanctuaires méridionaux par Robert le Pieux deux siècles plus tôt ; il prend aussi son temps en 1254, quand il rentre d'Orient, pour remonter du port d'Hyères, mais sans organiser l'ombre d'une tournée dans les nouvelles dominations méridionales : d'Aix-en-Provence, il gagne le Rhône, Saint-Gilles, Beaucaire, Nîmes, Alès et Le Puy. Les notables qui ont des conflits à régler avec lui, des arbitrages ou des confirmations à solliciter doivent, de Prouille, d'Albi ou de Rodez, se porter à sa rencontre, ou le poursuivre.

Moyen Âge, du Ve au XVe siècle (Premier Cycle, 1996) ; Jean KERHERVÉ, Histoire de la France : la naissance de l'État moderne, 1180–1492 (Carré Histoire, 1988).
20) Le phénomène se lit en un coup d'œil sur les cartes annexées à Carlrichard BRÜHL, Fodrum, gistum, servitium regis : Studien zu den wissenschaftlichen Grundlagen des Königstums im Frankreich und in den fränkischen Nachfolgestaaten Deutschland, Frankreich und Italien vom 6. bis zur Mitte des 14. Jahrhunderts, 2 vol. (Kölner historische Abhandlungen, 14, 1968).

La fiabilité de l'indice est prouvée par bien d'autres, comme celui-ci, pris au hasard : quand il consulte sur la matière de ce qui va devenir l'ordonnance monétaire de 1262, le roi recueille les avis de bourgeois de Paris, d'Orléans, de Provins, de Sens et de Laon ; de Rouen ou de Beaucaire, point, où l'on savait pourtant manier les espèces, où les problèmes avaient une autre résonnance. Illustration peut-être plus extrême encore : le frère du roi, Alphonse de Poitiers, maître d'une moitié des terres situées au sud de la Loire, réside un peu à Poitiers et beaucoup en Ile-de-France : il ne se rendra que deux fois dans le Midi toulousain qu'il domine de 1249 à 1271. Selon la belle formule de Thomas Bisson, la domination des Capétiens et d'Alphonse de Poitiers était une « absentee lordship ».

Tout se modifie avec Philippe III, que ses très malheureuses expéditions méridionales, et plus loin encore une volonté délibérée ont l'immense mérite de mettre en contact profond avec le sud toulousain[21]. Ce sont ensuite les grands voyages programmés pour des rois, celui de Philippe IV en 1303, celui de Charles IV en 1324.

b. *Prières et fondations.* – Autre mesure, plus incertaine, mais plus forte encore, avec le progressif et très partiel élargissement de l'aire royale de prière et d'aumône. Le témoignage des rôles de distribution aux hôpitaux et léproseries est disqualifié pour être, comme y a fortement insisté Robert-Henri Bautier, affecté par une routine rare, même pour une administration de cour médiévale[22]. Mais gagner les cœurs, marquer l'espace se fait aussi à coup de jalons spirituels : dès Louis IX, à nouveau, éclate le souci du Capétien pour la Normandie, où le roi multiplie fondations de couvents, de chapellenies, de messes et de services anniversaires, intégrant le duché à l'espace de commémoration du vieux domaine. Le trait se confirme et se renforce aux débuts du règne de son fils, à voir la géographie, partiellement connue mais très éclairante, des fondations de messes pour l'âme du roi croisé qui vient de mourir. Il faudra attendre les années 1330 pour que, au sein du Trésor des chartes parisien, apparaisse une faible lueur documentaire issue des terres méridionales[23].

---

21) Voir ainsi la formule significative de Guillaume de Puylaurens, Chronique, éd. et trad. fr. Jean DUVERNOY (Sources d'histoire médiévale, 1976) p. 204, à propos de l'attaque du roi de France contre le comte de Foix : *Quod cum regi jam non ob hoc, sed ut terram Pictavie et Tholose a Deo sibi traditam visitaret.*

22) Robert-Henri BAUTIER, avec la collaboration de François MAILLARD, Les aumônes du roi aux maladreries, maisons-Dieu et pauvres établissements du royaume : contribution à l'étude du réseau hospitalier et de la fossilisation de l'administration royale de Philippe Auguste à Charles VII, dans : Actes du 97e Congrès national des sociétés savantes (Nantes, 1972), Section de philologie et d'histoire (1979) p. 37–105 : le document, en usage jusqu'en 1422, reflète la situation de la fin du XIIe siècle, avec quelques additions du XIIIe.

23) Arch. nat., J 460–467 (J 462 pour les fondations de Philippe III en faveur de son père défunt), dont le matériau, à la fois captivant et lacunaire, mériterait une étude approfondie.

c. *Servir le roi.* – La place des nouveaux sujets à la tête de l'appareil institutionnel est éminemment variable mais, même s'il nous manque encore trop d'études de détail, quelques conclusions sont claires.

Aux premiers temps, quelques fidèles (ou plutôt infidèles aux anciens maîtres…) sont soit utilisés dans l'urgence pour tenir une portion de leur patrie, apportant leur connaissance des usages et des hommes quand ce n'est l'appui de leurs réseaux, soit récompensés par des charges extérieures. Ils sont toujours rares. La Normandie livre à peine deux cas évidents : Pierre du Tillai, fidèle de la première heure, qui devient « sénéchal » de Caen ; Geoffroi de Bulli, que Louis VIII en 1224 charge de mettre au pas le Poitou, là encore avec le titre de sénéchal. Si l'on excepte le cas où un grand devient agent du roi – manteau jeté sur son ralliement et sa position de potentat local, suivant le modèle Guillaume des Roches : ainsi en Limousin avec les Malemort à compter de 1243, en Auvergne avec Béraud de Mercœur en 1227, qui ouvre la voie à des hommes du Capétien –, il faut attendre un peu partout la fin des années 1240 pour voir, timidement, presque exceptionnellement, des hommes du cru employés régulièrement comme bailli ou sénéchal (et encore très vite à quelque distance de leur lieu d'origine) : ainsi quelques Normands, ou le premier méridional nommé sénéchal de Carcassonne, Guillaume de Péan, en 1245… Ils restent une infime minorité face à la pluie de chevaliers et de bourgeois de Paris et d'Orléans, d'Étampes et de Laon, de Marle et de Gonnesse, de Ronquerolles et de Béthisy, de Villevaudé et d'Athies, qui s'abattent sur les provinces.

Le modèle est entièrement partagé chez Alphonse de Poitiers qui, dans son grand-œuvre administratif, fait largement appel à des techniciens du nord, même si deux Languedociens de haut vol, Sicard Alaman et Pons Astoaud, lui sont des plus précieux par leurs conseils et leur entregent[24] ; parmi ses vicaires de Toulouse, on repère, à côté de quelques Toulousains, un chevalier du Vaucluse, un bourgeois de Chartres, un chevalier de Brie ; de ses sept sénéchaux de Toulousain, où depuis 1202 Raimond VII avait fait appel à des nobles du plat-pays, un seul ne vient pas du nord.

Sous Philippe III, le recrutement géographique commence à s'élargir : un quart des baillis et sénéchaux (et non plus la moitié, comme sous Louis IX) est tiré de la seule Ile-de-France. Une fois encore la pratique s'infléchit de façon plus significative sous Philippe IV : c'est à compter des années 1300 et 1310 que l'on commence à trouver une part non négligeable de méridionaux parmi les baillis et sénéchaux : Blain Loup à Toulouse en 1302 ; un seigneur de l'Isle-Jourdain à Beaucaire en 1304 ; un juge du Carcassès, Bertrand de Roquenégade, promu sénéchal de Saintonge en 1312 ; Pierre Raimond de Rapestaing, sénéchal de Bigorre, promu bailli d'Amiens en 1320…[25]. Le mouvement ne fait que suivre

---

24) Edgar BOUTARIC, Saint Louis et Alphonse de Poitiers (cf. n. 6) p. 125.

25) Données essentielles dans la copieuse introduction à BOUQUET, Recueil des historiens de la France, t. XXIV (1904). Le sujet n'a pas encore fait l'objet d'un traitement prosopographique approfondi ; notations générales de Roland FIÉTIER, Le choix des baillis et des sénéchaux aux XIIIᵉ et XIVᵉ siècles

l'irruption des hommes du sud dans le premier cercle des conseillers du roi : le seul Guy Foulcois, sous Louis IX, préfigure le groupe plus serré, encore modeste en nombre mais plus visible, sous Philippe IV, des Marigny (Normand), Nogaret (Toulousain), Flote et Aycelin (Auvergnats). Le règne de Philippe IV est aussi le premier à revoir des méridionaux combattre, au service du roi, sur des champs de bataille septentrionaux[26].

Mais, plus loin encore dans le temps, la faiblesse des Méridionaux au Parlement de Paris restera sensible, et fera désormais contraste avec l'aptitude de la cour royale à drainer également vieux et nouveau domaine septentrional : des années 1350 aux années 1420, alors qu'aucune cour supérieure ne fait concurrence au sud, alors que le Parlement dispose depuis longtemps d'un « auditoire de droit écrit » spécialisé dans les affaires qui montent du Midi, Françoise Autrand, parmi les conseillers dont les origines sont connues, ne rencontre qu'à peine 3 % de Gascons et de Languedociens, contre plus de 7 % issus de la zone qui s'étend de Lyon à l'Auvergne, et plus de 30 % de Parisiens (région comprise), près de 8 % de Normands, plus de 10 % de Champenois, près de 9 % de Bourguignons…[27].

On n'oubliera certes pas que, par une double nécessité, celle de recourir aux forces locales comme d'utiliser la compétence d'hommes connaissant le terrain, les rangs plus serrés des subalternes, vicomtes normands, viguiers et bayles méridionaux, sont plus tôt et plus fortement occupés par des autochtones : de 1230 à 1250, Monique Bourin rencontre en Biterrois vingt-trois bayles (et trois viguiers) languedociens, contre onze bayles (et six viguiers) « étrangers », alors que sénéchaux et capitaines de places sont tous septentrionaux[28] ; plus tard, sous le règne de Philippe IV, on identifie douze vicomtes autochtones, contre sept issus du vieux domaine en Normandie, et vingt-deux viguiers du cru, contre douze « étrangers », en Languedoc, d'après Joseph Strayer[29]. Mais comment interpréter la lente évolution qui affecte le milieu des plus proches serviteurs du roi ? Dans ses effets, sans doute involontaires, sur le terrain, l'exercice du pouvoir y a gagné concrètement les conditions de sa dépersonnalisation. Mais comment juger des intentions ? Aux premiers temps, à l'évidence, il y a une forte défiance, à peine atténuée ici par la rétribution de rares méritants, là par la tolérance de quelque « incontournable ». Mais le trait persiste trop pour ne

(1250–1350), Mémoires de la Société pour l'histoire du droit et des institutions des anciens pays bourguignons, comtois et romands 29 (1968–1969) p. 255–274.

26) Philippe CONTAMINE, Consommation et demande militaire en France et en Angleterre, XIIIe–XVe siècle, dans : Domande e consumi : livelli e strutture nei secoli XIII–XVIII, éd. Vera BARBAGLI-BAGNOLI (Istituto Internazionale di Storia Economica F. Datini, Prato. Atti delle settimane di studio e altri convegni 6, 1978) p. 409–428, à la p. 421.

27) J'emprunte ici aux comptages de Françoise AUTRAND, Naissance d'un grand corps de l'État : les gens du Parlement de Paris, 1345–1454 (Publications de la Sorbonne, n. s., Recherches 46, 1981), spéc. tableau 26.

28) Monique BOURIN-DERRUAU, Villages médiévaux en Bas-Languedoc : genèse d'une sociabilité, Xe–XIVe siècle, t. II (Chemins de la mémoire, 1987) p. 128–129.

29) « Vicounts and viguiers under Philip the Fair » (1963), reproduit dans Joseph R. STRAYER, Medieval statecraft and the perspectives of history (1971) p. 213–231.

pas trahir autre chose que les turbulences des affrontements passés : la lenteur de l'instau-
ration d'une véritable confiance compterait autant que la lenteur avec laquelle le « nouveau
régime » pouvait offrir, dans un cadre décloisonné, une réorientation décisive des horizons
de « carrière ». En ce sens, la lenteur relative de cette forme d'intégration traduirait moins
encore la faiblesse du rattachement que la pesanteur des horizons traditionnels pour des
élites pas forcément rétives, fidélisées au terme d'une génération, aussi lentes que le roi à
tirer toutes les conséquences des nouvelles règles du jeu.

2. La connaissance réciproque

Il existait naturellement de multiples canaux pour les interrelations entre centre et périphérie, mais leurs mentions dans les sources sont très inégalement riches et développées.
Le phénomène est aggravé par les particularités du style rédactionnel du XIIIe siècle,
conceptuel et précis, mais sec et technicien, comme par celles de la conservation archivistique, qui n'assure encore que très partiellement la survie des documents de gestion qui
commencent à foisonner autour des chartes.

a. *La thésaurisation des informations.* – Trait « seigneurial » entre tous, affiné à l'époque
du grand bond en avant des institutions monarchiques, la thésaurisation archivistique est
patente dans ses intentions, assez souvent éclatante dans ses effets. La préhistoire du Trésor des chartes royal commence avec la stabilisation décidée par Philippe Auguste ; sa pro-
tohistoire avec les premières activités archivistiques visibles aux années 1260, celles de la
réforme ; son histoire propre avec la grande rénovation des années 1300[30]. Si le dépôt capte
peu de documents normands, c'est faute surtout de matériaux après qu'ils ont été empor-
tés par Jean sans Terre. D'après ce qui subsiste, il semble que les documents de gestion cou-
rante aient été laissés sur place, mais que les titres domaniaux disponibles soient envoyés à
Paris, avec une prise de guerre appréciée encore aux années 1370, instrument précieux de
domination de l'Église normande, l'expédition des actes du concile de Lillebonne tenu sous
l'autorité de Guillaume le Conquérant en 1080.

C'est un partage assez semblable, plus nuancé parfois, pas toujours clair à nos yeux, qui
est instauré pour les terres au sud de la Loire. Aussitôt Alphonse de Poitiers décédé, les archives de la domination du Poitou et de la Saintonge, celles qui risquaient le plus de la
contestation de Charles d'Anjou, sont envoyées à Paris. Mais on laisse sur place le chartrier du comte de Toulouse, à l'exception sans doute de quelques pièces, dont le cartulaire

---

30) Premier aperçu et bibliographie dans Olivier Guyotjeannin, Les méthodes de travail des archivistes
du roi de France (fin XIIIe–début XVIe siècle), AfD 42 (1996) p. 295–373. La question va être prochainement renouvelée en profondeur grâce aux recherches de Yann Potin (École des chartes-Université Paris I).

dit « de Raimond VII » (en fait commandité par Alphonse), qui transcrivait une part importante de la documentation ; comme l'on avait d'abord laissé sur place les archives des Montfort, rapatriées en 1269 des sénéchaussées languedociennes, puis classées et annotées par deux hommes du nord et un juge de Carcassonne, Barthélemy de Pennautier, convoqué pour l'occasion. Pour le reste, il semble que la grande part du chartrier des comtes de Toulouse n'ait été envoyée à Paris qu'au début des années 1360, comme celui des comtes de Champagne. Le même mélange de saisie et de délégation caractérise d'ailleurs les grandes créations documentaires de la nouvelle administration royale du Toulousain au début des années 1270 : le richissime procès-verbal de « saisie » du Toulousain, de l'Agenais et du Quercy, reste sur place, outil précieux pour connaître les engagements des nobles et des communautés (dont, il est vrai, d'autres listes et documents sont bientôt disponibles à Paris), tandis que l'exemplaire ou l'un des exemplaires du « Terrier du Toulousain », méticuleux inventaire du nouveau domaine royal compilé en 1272, est envoyé au Trésor des chartes du palais royal.

Cette nuance de traitement entre nord et sud devient profonde différence en matière féodale : la Chambre des comptes du roi, du XIVe au XVIIe siècle, va se charger de conserver, classer, inventorier, en partie transcrire la totalité des aveux et dénombrements rendus au roi par tous ses vassaux de la moitié nord du royaume, quand les documents parallèles seront conservés dans les sénéchaussées du Midi : comme le sort archivistique de ces dernières a été cataclysmique (alors que cette partie-là des archives de la Chambre des comptes de Paris s'est bien conservée, même sous la Révolution), on tient là l'un des quelques pièges documentaires qui ont laissé croire aux historiens que le sud était « moins féodal » que le nord … Il montre surtout, pour notre propos, que l'intégration du sud, à ce point de vue, butte sur l'éloignement : l'accroissement des distances amène à un partage plus tempéré entre ce que l'on appellerait aujourd'hui centralisation et déconcentration, les archives et la cour du roi se contentant pour le sud d'informations plus synthétiques, mais non moins dénuées de valeur pour l'apprentissage des clercs royaux : pouvoir parcourir, aux années 1270, le *Registrum curie* pour le Languedoc, le « Cartulaire de Raimond VII » et le « Terrier du Toulousain » pour les nouvelles sénéchaussées du Midi, a sans doute, avant les premiers grands contacts physiques, contribué à dilater les horizons de la cour et du souverain. Aux années 1320, l'expertise du gigantesque travail de l'archiviste Pierre d'Étampes montre qu'il n'y a plus désormais besoin, comme en 1269, de faire venir un juriste méridional pour identifier et classer à bon escient les informations relatives au sud.

b. *Solliciter le roi.* – Il est infiniment plus délicat de tirer des enseignements univoques de la statistique des actes royaux selon la distribution géographique de leurs bénéficiaires. L'enregistrement, alors très sélectif, des chartes du roi et des jugements de sa cour multiplie les biais (intérêts et buts du compilateur, catégories de documents concernés…). Plus grave : un acte royal traduit-il un intérêt plus spécial marqué par le roi, une sollicitation plus forte du suppliant ? Ou encore l'amorçage du dialogue de la supplique et de la grâce, que des terres plus anciennement réunies gèrent depuis plus longtemps, et donc parfois par d'autres canaux, voire de façon tacite ?

S'il faut donc être extrêmement prudent, la concordance des résultats de quelques sondages impose au moins une conclusion, qui rejoint d'autres constatations éparses : si l'« intérêt » pour la Normandie est immédiat, les terres méridionales attendent plutôt les décennies qui encadrent le tournant des XIIIᵉ et XIVᵉ siècles pour être vraiment présentes. Elles ne comptent que pour 6 des 152 cas de justice venus en appel au Parlement de Paris de 1254 à 1257 (4 %, d'après les *Olim*, très sélectifs), mais pour 63 des 321 cas jugés au civil par la même instance en 1328 et 1329 (près de 20 %). Les actes royaux délivrés au début de son règne par Charles IV (année 1322) montrent le poids relatif fort de la Normandie (19 %), même par rapport au vieux domaine (30 %), l'importance de la Champagne et de la Bourgogne (16 %), et la position notable des trois grandes sénéchaussées méridionales et de leurs appendices (sénéchaussées de Beaucaire, Carcassonne, Toulouse, avec le Périgord, le Quercy et l'Agenais : 19 %), qui vient devant le vaste ensemble, morcelé et moins bien dominé de la France centrale, du Poitou au Massif Central, à qui il faudra encore des apanages, des lieutenants et des séjours royaux (16 %)[31].

c. *Consulter les sujets*. – Le XIIIᵉ siècle est pris d'un besoin croissant de consulter et de recueillir les avis. Le long XIIIᵉ siècle enregistre moins la disparition des grandes « cours » semi-liturgiques traditionnelles, que la juxtaposition et la formalisation d'autres réunions, ponctuelles, davantage liées à une question donnée, pratique souple pouvant être facilement activée en cas d'urgence. Longtemps négligées, il n'est pas étonnant qu'elles aient plus tôt attiré les historiens anglo-saxons, portés à la comparaison avec l'émergence du « parlementarisme » anglais. Il reste malheureusement une grave question de sources : à peine peut-on tenter de dresser, à partir d'indices disparates (mentions chez des chroniqueurs pour le règne de Philippe Auguste ; enregistrements documentaires, qui sont aussi des témoignages d'un engagement plus institutionnel, archivés aux archives royales, à compter de Louis VIII ; mentions éparses dans une ordonnance, dans un mandement administratif) la liste de ces réunions, plus rarement le détail des participants, presque jamais l'ensemble des questions abordées : les convocations nous échappent, plus encore les débats dont il faut tout imaginer. Restent quelques constatations importantes.

Comme pour la naissance des appareils d'administration, la pratique s'articule avec l'échelon local, auprès des baillis et surtout des sénéchaux. Dans le cas du Midi, mieux documenté et soigneusement scruté par Thomas Bisson, on voit clairement que les agents d'Alphonse de Poitiers et du roi de France n'ont fait que poursuivre, en la remaniant légè-

---

31) Calcul établi d'après le récent inventaire publié par les Archives nationales, Registres du Trésor des chartes, t. II : Règnes des fils de Philippe le Bel, Deuxième partie, Règne de Charles IV le Bel, inventaire analytique, commencé par Henri JASSEMIN † et Aline VALLÉE, poursuivi par Jean GUEROUT (1999).

rement, une pratique qui était déjà bien enracinée chez le comte de Toulouse et en plusieurs diocèses périphériques (apparemment dans le cadre des « paix » diocésaines, ainsi en Rouergue, Albigeois, Quercy, Gévaudan)[32]. Dans les sénéchaussées méridionales, les réunions traditionnelles sont pour ainsi dire recentrées autour de la « cour » du sénéchal ; on peut supposer que, moins formel, le même phénomène se reproduit au nord autour de la « cour » et des assises itinérantes du bailli.

Pourtant, on ne cherche apparemment qu'au coup par coup à affiner la « représentativité » ; les élites traditionnelles (« barons et fidèles ») se doublent bien de « preux hommes » des villes, mais sans l'ombre d'une structuration en « états ». Les rares indices disponibles montrent que les réunions sont l'occasion de la « publication » de décisions (sentences de la cour royale, ordonnances) mais aussi inévitablement d'une ébauche de dialogue, dont il faut renoncer malheureusement à tout savoir, sauf à y supposer un apprentissage souterrain et double, des élites locales comme des sénéchaux. Le fait que les questions militaires y soient longtemps prédominantes, mieux, que dès la fin des années 1250 certaines réunions abordent les questions d'approvisionnement en grains ou, inversement, d'interdiction des exportations, montrent bien ce rôle, discret, empirique, préparé de longtemps. Tout au long du XIIIe siècle, ces réunions assurent aussi la publicité des actes les plus importants, dont des procès-verbaux notariés peuvent être dressés : prestations de serments d'hommage féodal et de fidélité, reconnaissances de droits seigneuriaux.

Il semble donc, en bref, que le dialogue entre l'administration royale et les « peuples » (i.e. leurs élites traditionnelles) ait été avant tout local, bientôt complété des occasions de contact offertes par le Parlement, beaucoup plus que favorisé par les « parlements » ponctuels convoqués auprès du roi. Ceux-ci ne sont devenus un vecteur plus évident d'intégration politique qu'au moment où la conception « seigneuriale-sacrée » du pouvoir royal a été transcendée par l'introduction concrète et partagée des nouvelles idées (des « légistes » et des aristotéliciens) : un peu sous Philippe III, plus nettement sous Philippe IV. Mais alors encore il sera trop tôt pour parler d'« états généraux » : la plupart des réunions sont régionales ; sont-elles élargies à l'ensemble des dominations royales (1302 à Paris, 1308 à Poitiers …) qu'il leur manque bien des attributs : l'on n'y écoute pas les doléances des sujets, mais l'on cherche à manifester une unanimité, largement télécommandée ; l'on ne cherche du coup aucune représentativité effective, mais un effet de masse. En bref, ces assemblées sont largement plus importantes comme révélatrices d'une conception unitaire des dominations royales, du côté de la cour, qu'outils de l'unité des « peuples » (même si, bien sûr, elles concourent, comme un concile, à ébaucher ce sentiment et permettent des échanges). Ajoutons que, dès qu'elles deviendront une occasion d'exprimer la contestation (quand s'alourdit la fiscalité et que s'accumulent les défaites …), elles seront regardées avec

---

32) Thomas N. BISSON, Assemblies and representation in Languedoc in the thirteenth century (1964).

méfiance, plutôt comme un mal nécessaire, difficile à manipuler : une fois encore, la royauté préférera l'atomisation (états provinciaux plutôt que généraux).

3. COMMENT SONDER LES CŒURS ?

Les problèmes de sources deviennent plus redoutables encore quand on cherche à aborder l'aspect le plus palpitant de la question : quel degré de répulsion, d'attachement, d'indifférence envers les nouveaux maîtres peut-on mesurer dans les populations, quelle conscience d'appartenir à un espace supérieur ? Les matériaux en apparence les plus prometteurs, dans un océan de textes très conformistes (historiographie stipendiée, chartes neutres) ou de manifestations stéréotypées et convenues, ne sont guère encourageants. Les enquêtes de Louis IX et d'Alphonse de Poitiers sont largement disqualifiées par leur finalité, engluées aussi dans le particulier : l'injure au viguier royal trahit-elle un sentiment « anti-Français » ? Les débats judiciaires n'ont pas encore les couleurs et le détail qu'y mettront notaires et greffiers d'un XIVᵉ siècle avancé. Les proclamations sont aussi rares : traités politiques, pamphlets de circonstance, préambules d'actes royaux ne se retrouvent guère plus tôt, qui usent alors d'une rhétorique, certes codée mais largement empreinte de *pathos* et plus soucieuse des cœurs.

Un cas de figure intéressant est fourni par les rares mentions ou indices du sentiment pro-anglais des Normands après la conquête de Philippe Auguste. Dès les dernières décennies du XIXᵉ siècle, Léopold Delisle puis Charles Petit-Dutaillis[33] ont fait le plein des allusions disponibles chez les historiens normands ou français des années 1200 à 1230. Dans une chronologie qui concorde avec celle des soubresauts anti-français (exclusivement nobiliaires) qui agitent la province, ces mentions peuvent être regroupées en trois catégories :

– celles qui manifestent seulement un intérêt évident pour les affaires anglaises, un réflexe acquis par un siècle et demi d'union (et le maintien, pour les hommes d'Église et les plus habiles des anciens lignages, de multiples possessions outre-Manche), et où il faut un peu de bonne volonté pour percevoir des indices d'attachement au roi anglais ;

– celles, déjà évoquées, et autrement plus explicites, qui s'en prennent à la rapacité des barons français et récriminent contre la ségrégation des Normands de souche, écartés des réseaux de distribution des faveurs ;

– un passage, enfin, plutôt obscur, des *Gesta Ludovici VIII* qui, au fil de la liste des contingents accompagnant Louis à La Rochelle, déclare : « *Normannia rege Richardo intumet, alterius quod vix sit sub pede regis* ». Compte tenu des fins de propagande capé-

---

33) Charles Petit-Dutaillis, Étude sur la vie et le règne de Louis VIII (Bibliothèque de l'École des hautes études, sciences philologiques et historiques 101, 1894) p. 322 et 372.

tienne de l'œuvre, je crois trop audacieux d'y voir la manifestation de l'attachement des Normands au souvenir de Richard, plutôt qu'une sorte de récupération du personnage chevaleresque de Richard, posé en contrepoint de Jean sans Terre. Quoi qu'il en soit, on voit la minceur du bilan.

De-ci de-là, donc, on glanera l'impression que les « Français » sont encore un corps étranger une génération après la conquête en Normandie, un siècle après en Languedoc, où l'altérité linguistique a sûrement beaucoup plus joué que la différence juridique, elle aussi exacerbée par le jeu de l'administration royale. Mais après tout, et sans vouloir user de faux-fuyants, si nos témoignages sont si « conformistes », n'est-ce pas aussi que les attitudes le sont aussi très largement ? Plus exactement, que le moule très largement seigneurial des rapports de pouvoir et de domination renvoie à un horizon très éloigné une vie politique autonome, et donc la possibilité d'un ressentiment assez général ou d'un sentiment assez vif d'intégration dans une communauté supérieure. Un exemple rare et éclairant : apprenant la mort de leur comte Alphonse de Poitiers, les bourgeois de Moissac (en litige incessant avec l'abbé, seigneur du lieu) adressent à Philippe III une lettre d'éloge funèbre qui dit aussi, avec autant d'emphase, que l'on attend du nouveau maître (le roi de France) les mêmes ou de plus grandes qualités. Le tout résonne comme les lettres d'annonce de décès/élection d'évêques du haut Moyen Âge. En conclure qu'un rédacteur a été assez habile pour se couler dans l'*ars dictaminis* le plus fleuri, ou que les rapports avec le comte et le roi se bornent à une flagornerie hypocrite et intéressée serait un peu court. Disons plutôt que le pouvoir, guère dégagé de son moule seigneurial, est à la fois espéré et craint, attendu et haï[34].

*

Regroupons les observations : le défi posé à la royauté capétienne au long du XIIIᵉ siècle a été réél ; mais il a plutôt pris l'allure d'une crise (au sens neutre) de croissance passagère. On peut, une fois encore, inonder de louanges les grands rois du long XIIIᵉ siècle et leur profonde sagesse. On peut dire aussi que leur habileté a été avant tout pragmatisme instinctif, qui a mélangé dure gestion seigneuriale et rencontre rapide avec les intérêts des élites locales.

Celles-ci se sont vu proposer un contrat tacite. Car les relations tendues avec les nobles et les communautés d'habitants, l'imposition laborieuse aux premiers d'un ordre féodal parfois inconnu et aux seconds d'un réseau de fidélités et de serments toujours con-

---

34) Je condense en cette formule les belles notations d'Alain MARCHANDISSE, La fonction épiscopale à Liège aux XIIIᵉ et XIVᵉ siècles : étude de politologie historique (Bibliothèque de la Faculté de philosophie et lettres de l'université de Liège 272, 1998) p. 442, sur la façon dont les Liégeois peuvent à la fois se révolter contre un pouvoir haï et redouter sa carence.

traignant, la constitution d'un fin maillage de châteaux rendables et de bastides nouvelles, l'organisation d'une pression fiscale sans cesse accrue, prolongent et durcissent les expériences menées par les prédécesseurs du Capétien. L'intégration a été marquée par le jeu d'un ensemble de pesanteurs qui, pour être acceptées dans leur globalité par les élites nobles et non-nobles, ont bien dû être contrebalancées par quelque avantage : celui d'une justice dure sans doute, mais mieux dégagée de l'amateurisme oligarchique ancien[35] ; celui d'un ordre pesant préférable aux désordres imprévisibles ; celui d'une association tendue et parcimonieuse aux profits inédits du changement d'échelle dans l'exploitation et le fonctionnement d'un ensemble territorial qui était sans mesure, dans son étendue et sa cohérence, avec les anciennes dominations.

Pour ce faire, trait sans doute le plus essentiel, la gestion royale a été, fondamentalement, atomisation – un trait constitutif d'ailleurs de la gestion seigneuriale – de l'amorce de la pratique politique : institutions ecclésiastiques, « barons », communautés d'habitants sont entrés aussitôt, et c'est là l'intégration de base, dans le jeu bien rôdé (mais pas forcément calme) des négociations, des reconnaissances et des bornages. Déjà cité, le *Saisimentum comitatus Tholosani* en offre les plus évidents témoignages. Et, dans cette atomisation fort bien reçue, il ne faut jamais minorer la part du conformisme, de l'intérêt particulier, de la passivité.

Les effets ont été multiples. Achevée à des dates variables, lourde de conséquences jusqu'à aujourd'hui, l'intégration à la mode capétienne a eu des effets contrastés. Il y a peu à en dire au plan économique : les acquisitions formaient un espace trop morcelé pour qu'on lui attribue les modifications économiques constatées par ailleurs. D'une façon plus générale, l'intégration a abouti à ôter de leur substance aux réalités provinciales les plus proches du cœur : Normandie, Touraine, et, déjà moins homogènes, Champagne et Picardie garderont bien quelques spécificités, mais estompés. Les clivages internes, surtout, seront accrus, largement en fonction de la relation avec Paris : Haute et Basse Normandie, Amiénois et Thiérache, Champagne occidentale et Champagne pouilleuse voient se creuser entre elles de multiples fossés. Le cas sans doute le plus clair est celui du recentrage politico-économique de la Normandie, dont le centre de gravité glisse de Caen à Rouen (l'Échiquier a d'abord hésité entre Caen, Falaise, Rouen), marquant (et dénaturant) la Normandie de la Seine, la nouvelle « capitale » Rouen se trouvant largement livrée à la pieuvre parisienne.

Mais à ce qui pourrait devenir (et qui est parfois devenu !) le dossier d'instruction d'un impossible procès « régionaliste », il faut aussitôt opposer que les limites, les spécificités, les consciences provinciales n'ont jamais été mieux marquées et nourries que par le grand œuvre capétien. Plus largement, de façon positive ou négative, elle a poursuivi et dépassé

---

35) J'emprunte la vue, formulée dans un autre contexte (compétition entre consulat et pouvoir comtal), à John H. MUNDY, Liberty and political power in Toulouse, 1050–1230 (1954).

les efforts princiers pour crééer des communautés provinciales, quand elle ne les a elle-même fondée. Pour suivre Philippe Contamine, c'est bien la royauté capétienne septentrionale qui a créé le «Languedoc», et jusque dans les deux acceptions du terme : large, *partes lingue occitane*; restreinte (l'actuelle région administrative Languedoc, et en large mesure l'ancienne Septimanie), par le truchement des deux sénéchaussées primitives (Beaucaire et Carcassonne). C'est elle aussi, simplement en cours de route, qui a maintenu les frontières (désarticulées au plan économique) de la Normandie, de la Champagne. C'est même elle qui a imposé son propre découpage de l'espace à toutes les formes de contestation. Le mouvement des «ligues» nobiliaires qui s'est développé dès la fin du pesant règne de Philippe IV pour protester contre les envahissements de la justice et de la fiscalité royales, de même qu'il a pu à peine dépasser les frontières sociales, n'a presque jamais pu se penser au-delà des cadres administratifs royaux (ou princiers) qui lui ont fourni sa substance; Louis X a pu sans grand mal traiter avec chacun et promettre de mieux reconnaître et ménager les coutumes de chacun : Bourgogne, Picardie, Artois, Champagne, Normandie, Nivernais, Bretagne, Berry, Auvergne ... Seules les Basses-Marches ont pu fédérer Poitou, Saintonge, Angoumois, Touraine, Maine et Anjou – les zones finalement où il restait le plus à faire en matière de concentration administrative et féodale. Mais que dire de cette ligue des «nobles de la baillie de Vermandois», sinon qu'ils ne peuvent se définir que comme le roi les convoque à son armée[36] ?

Louis VII s'était dit, sur son sceau, «*rex Francorum et dux Aquitanorum*». La titulature a fait couler des flots d'encre et, quoi que l'on en pense, il faudrait sans doute intégrer aux plus élaborées des (re)constructions d'histoire constitutionnelle la prise en compte d'une évidente influence et d'une simple volonté d'imitation du sceau biface anglo-normand; mais là n'est pas mon propos. Un demi-siècle plus tard, le roi de France ne sera jamais «duc de Normandie» (à l'extrême rigueur, il qualifiera ainsi des successeurs génériquement désignés) ni «comte de Toulouse»; mais pendant un bon siècle, et même un peu plus, il existera bien toujours, dans la tête du roi et de ses conseillers, un «duché de Normandie», un «comté de Toulouse», un «comté de Champagne», et qui ne survivent pas seulement dans le hiératique ordonnancement des pairies laïques, mais dans une multitude d'actes, portant essentiellement sur des matières féodales, car au fief il faut des principes[37]. Tous ces pays, mieux, toutes ces *patrie* sont dans la main du roi, mais en tant que telles; et toujours, quoique de plus en plus confusément, elles restent distinctes du *regnum Francie*, du vieux domaine des Capétiens. En 1277, les procureurs de Charles d'Anjou, faisant

---

36) André Artonne, Le mouvement de 1314 et les chartes provinciales de 1315 (1912).
37) Voir ainsi ces terres déclarées tenues «de domino rege de ducatu Normanie» en 1224 (Léopold Delisle, Cartulaire normand [cf. n. 6] p. 48 n° 326–327); toujours en 1224, le serment de l'archevêque de Rouen de respecter les «jura et libertates ducatus Normannie» (ibid., n° 1129). Rares autres cas, où le roi apparaît comme dux, relevés par Joseph R. Strayer, The administration of Normandy (cf. n. 11) p. 6, n. 1.

flèche de tout bois pour protester contre la saisie par le roi son neveu de l'héritage de son frère Alphonse, écriront encore que « *comitatus Pictavie non fuit antiquitus de regno Francie set est nova acquisitio* ». L'intégration s'est faite peu à peu sur le terrain, dans un mélange de violence et de grâce, de compromis et de majesté, de cynisme et d'utopie, d'intérêt et de rancœur. Elle aura été évidemment plus lente à se faire dans les têtes, comme à se dégager du brouillage sémantique qui affecte le *regnum*, tantôt pouvoir du roi et terre directement soumise à ce pouvoir, tantôt royaume, en une confusion des registres dont sauront d'ailleurs fort bien jouer les « légistes » du roi[38]. La complexe stratigraphie historique qui a fait le royaume de France, unitaire derrière une dynastie un moment bicéphale, lisible à la juxtaposition de peuples, de nations, de pays, de coutumes, se reconnaît encore en plein XVe siècle, dans le domaine diplomatico-procédural, entre « ceulx de Normandie » et « ceulx de France »[39], mais encore dans la qualification perdurante des « Normands » comme un peuple à part entière, dès longtemps sujets du roi de France mais obstinément distingués de « Français » auxquels l'on associe maintenant plus facilement Angevins ou Poitevins[40].

Parallèlement à cette très lente assimilation des terres et des « nations », et alors même que l'administration royale était la première à soutenir, si ce n'est à durcir, les réalités provinciales[41], les grands conseillers du roi, dès les années 1280, commençaient à proposer la vision du royaume comme un corps mystique, et un idéal d'unification englobante, dépassant d'ailleurs les acquisitions territoriales, rare dans ses manifestations, mais extrême et à forte valeur ajoutée, suscitant parfois des répliques aussi excessives. Il fallait à ces vues des catalyseurs : Boniface VIII et les « hérétiques » flamands en furent les premières occasions, avant l'arrivée providentielle sur le devant de la scène, pour plus d'un siècle, de « nos anciens ennemis les Anglais ». Alors la solidarité de royaume devient moins lointaine, alors

---

38) Le passage d'une acception à l'autre (soit, pour faire bref, ce que les historiens modernes appellent respectivement domaine royal et royaume) peut se trouver jusque dans le même texte, ainsi dans l'ordonnance monétaire de 1273 (Ordonnances de rois de France, t. I, p. 298). Le brouillage sémantique a été largement mis au jour par Charles T. WOOD, Regnum Francie : a problem in Capetian administrative usage, Traditio 23 (1967) p. 117–167.
39) Formulaire d'Odart Morchesne, Bibl. nat. de Fr., fr. 5024, fol. 32v.
40) Philippe CONTAMINE, The Norman ›Nation‹ and the French ›Nation‹ in the fourteenth and fifteenth centuries, dans: England and Normandy in the Middle Ages, éd. David BATES et Anne CURRY (1994) p. 215–234.
41) Le thème a été exploré de façon générale par Susan REYNOLDS, Kingdom and communities in western Europe (²1997) p. 234 sqq., où l'auteur soutient que les rois ont plus fait pour le sentiment provincial que les ducs et comtes dont ils ont pris la suite. Exemple extrême de création de toutes pièces avec les partes occitane, Langue d'oc : Philippe CONTAMINE, La royauté française à l'origine de la patria occitana ?, dans: Identité régionale et conscience nationale en France et en Allemagne du Moyen Âge à l'époque moderne, éd. Rainer BABEL et Jean-Marie MOEGLIN (Beihefte der Francia 39, 1997) p. 207–217.

les mythes nationaux peuvent être proposés à tous, surtout quand l'aveuglement non moins providentiel de la noblesse du royaume accumule les défaites et les rivalités. La meilleure chance d'une véritable unification des cœurs dans le vaste sud, conservant tout juste l'ancienne pratique du respect des coutumes et spécificités, c'est l'éclatement de fait du royaume en 1422, avec la naissance du « royaume de Bourges » qui, depuis les anciennes capitales et métropoles religieuses, Poitiers, Bourges, Toulouse, saura proposer aux communautés d'habitants des Combrailles, du Vivarais, du Lauragais, du Dauphiné, un roi à la fois national, légitime et proche.

C'est, de fait, en novembre 1361, en pleine Guerre de Cent Ans, après l'un des plus graves revers, que la royauté prononce de façon solennelle l'union irrévocable au domaine des duchés de Normandie et de Bourgogne et des comtés de Champagne et de Toulouse (les autres acquisitions sont alors tenues en apanage par des princes du sang). Avec la pairie à l'arrière-plan, la mesure est certes liée de façon conjoncturelle aux concessions faites par ailleurs aux Anglais (il a aussi fallu que le pape en 1360 délie le roi de son serment de ne pas aliéner de ses terres); elle marque aussi un tournant clef dans la délimitation entre un domaine, inaliénable, de la Couronne et un domaine propre, mais aussi transitoire, du roi, agissant comme n'importe quel héritier[42]. Mais elle va plus loin encore: c'est par exemple à sa suite que les chartriers comtaux de Toulouse et de Champagne seront fondus dans le chartrier du roi à Paris. Et, surtout, alors même qu'elle ne changera rien à une administration déjà entièrement royale, elle montre que, très largement entamée sur le terrain, encore génératrice de quelque inégalité de traitement aux dépens du sud, l'intégration se trouve enfin sanctionnée au plan du droit, plus d'un siècle et demi après les conquêtes de Philippe Auguste.

---

42) Cet aspect a longuement retenu Guillaume LEYTE, Domaine et domanialité publique dans la France médiévale (XIIe–XVe siècle) (1996) p. 211–217.

Einheit als Aufgabe: Momente der Integration in der politischen Theorie der Scholastik

VON JÜRGEN MIETHKE

Ursprünglich war vom Veranstalter dieser Tagung[1] an mich die Frage gestellt worden, ob ich hier einige Aspekte der Theorien über »Das Kaisertum als supranationale integrative Größe im Spätmittelalter« vortragen wolle, und damit gewissermaßen das Kaiserkonzept als deutsches Kontrastprogramm zur Integration und »Verstaatung« der nationalen Königreiche Westeuropas vorstellen könne. Es hätte, wäre an dieser Planung festgehalten worden, vor allem um den *rex imperator in regno suo*, bzw. um den *imperator rex in regno suo* gehen müssen, darüber hinaus aber auch um kaiserliche Vorrechte und Ehrenprädikate, um die Rechte des Herrschers und ihre praktische Wahrnehmung innerhalb und außerhalb der Grenzen des mittelalterlichen Römischen Reiches sowie um den Universalismus der Kaiservorstellung und den Partikularismus der werdenden Staatlichkeit in den spätmittelalterlichen *regna*. Somit wäre es auch darum gegangen, die kaiserlichen Chancen im Spätmittelalter zwischen Hausmachtinteressen, deutschen Problemen und den Zwängen einer internationalen europäischen Politik näher zu bestimmen. Von den zu behandelnden Autoren hatte ich vor allem an Lupold von Bebenburg gedacht, dessen *Tractatus de iuribus regni et imperii* bei den Monumenta Germaniae Historica nun in wirklich absehbarer Zeit erscheinen soll[2]. Von Lupold jedoch wird heute nicht die Rede sein, da der

---

1) Hier drucke ich den Vortrag nur mit wenigen stilistischen Retouchen so ab, wie er am 8. April 2003 gehalten wurde. Nur Nachweise und weiterführende Literaturangaben sind hinzugefügt, darunter auch Hinweise auf eigene Arbeiten, in denen ich besondere Punkte eingehender behandelt habe. Eine vollständige Dokumentation kann und soll hier aber nicht geboten werden, zumal unser Blick auf einen sehr spezifischen Winkel der Theorieentwicklung gerichtet ist, der nicht ohne ein weites Ausholen mit der allgemeinen Theoriegeschichte vermittelt werden könnte. Grundsätzlich verzichte ich darauf, die Literatur zu den einzelnen Autoren repräsentativ aufzuführen, da das einer Auswahlbibliographie zukäme, nicht unserem thematischen Rundblick.
2) Lupold von Bebenburg, Politische Schriften, edd. Jürgen MIETHKE/Christoph FLÜELER (MGH Staatsschriften 4, 2004), vgl. etwa dort in der Einleitung vor allem S. 107–122. Zu wesentlichen Aspekten des ursprünglich vorgesehenen Themas hatte ich mich zudem auch sonst schon einmal geäußert: Jürgen MIETHKE, Politisches Denken und monarchische Theorie, Das Kaisertum als supranationale Institution im späteren Mittelalter, in: Ansätze und Diskontinuität deutscher Nationsbildung im Mittelalter, hg. von Joachim EHLERS (Nationes. Historische und philologische Untersuchungen zur Entstehung der europäischen Nationen im Mittelalter 8, 1989) S. 121–144.

Verlauf der Herbsttagung 2002 diesem Plan, so schien es Herrn Maleczek und mir, doch widersprochen hat. Die Folie eines derartigen Ausflugs in die Kaiservorstellungen schien weniger gut geeignet, die Wahrnehmung von Integrationsphänomenen in der zeitgenössischen politischen Theorie hinreichend klar zu beleuchten, wie sie im Alltag der spätmittelalterlichen Fürstenhöfe hätten Bedeutung gewinnen können, zumal die Autoren sich ja immer wieder und andauernd mit den teilweise sehr lange zurückreichenden Traditionen des *Imperium Romanum* beschäftigen mußten, wenn das Kaisertum oder Kaiserreich in das Blickfeld trat. Daher haben wir uns entschlossen, einen anderen Versuch zu machen und vielmehr die spätmittelalterlichen Theoretiker der Politik daraufhin zu befragen, wieweit und in welchen Dimensionen sie Chancen und Probleme staatlicher Integration unmittelbar in den Blick genommen haben.

Diese Umstellung des Programms hat meine Aufgabe nicht leichter gemacht, entspricht doch der Begriff der »Integration«, wie sämtliche Beiträge im Herbst 2002 konstatieren mußten, direkt keinem einzigen spezifisch mittelalterlichen zeitgenössischen Konzept. Wort und Begriff der »Integration« sind definitiv modern und allenfalls gewissermaßen als heuristische Suchmaske brauchbar, mittels derer wir mittelalterliche Vorgänge, Entwicklungen und Strukturen auf ihre Dynamik, auf die ihnen zugrundeliegenden Intentionen und vor allem auf ihre funktionalen Resultate hin befragen können. Erst recht gilt diese Einschränkung für den Versuch, die mittelalterlichen Theorien auf Antworten auf unsere Frage zu verhören, da die Zeitgenossen bei ihren theoretischen Anstrengungen unser Problem gerade nicht unmittelbar in den Blick genommen haben. Doch bleibt die Antwort, unsere spätmittelalterlichen Gewährsleute hätten sich zu dieser bestimmten Frage nicht äußern wollen und wir müßten deshalb selber stumm bleiben, für den Historiker natürlich unbefriedigend. Daher habe ich den Auftrag nicht zurückgewiesen, wenigstens in der Richtung des Generalthemas unseres Colloquiums spätmittelalterliche theoretische Texte daraufhin zu befragen, ob sie uns vielleicht einige Hinweise auf ihre Sicht der Dinge geben können.

Aus mancherlei Gründen ist es mir versagt, die Antworten der scholastischen Autoren jeweils aus ihren Voraussetzungen heraus detailliert zu entwickeln und in ihrem je eigenen Begründungszusammenhang hier vorzustellen[3]. Solche theoretische Anstrengung der

---

3) Eine Skizze der Gesamtentfaltung des politischen Denkens im Mittelalter habe ich anderwärts vorgelegt: Jürgen MIETHKE, Politische Theorien im Mittelalter, in: Politische Theorien von der Antike bis zur Gegenwart, hg. von Hans-Joachim LIEBER (Studien zur Geschichte und Politik 299, 1991; ²1993; Nachdruck 2000) S. 47–156; hier werden auch die angeführten Autoren jeweils knapp behandelt. Andere kurzgefaßte Überblicke legten beispielsweise vor Dieter MERTENS, Geschichte der politischen Ideen im Mittelalter, in: Hans FENSKE/Dieter MERTENS/Wolfgang REINHARD/Klaus ROSEN, Geschichte der politischen Ideen von Homer bis zur Gegenwart (Fischerbuch 4367, 1987, ²1990) S. 143–238; Anthony BLACK, Political Thought in Europe, 1250–1450 (Cambridge Medieval Textbooks, 1992); Joseph CANNING, A History of Medieval Political Thought, 300–1450 (1996); Il pensiero politico dell'età antica e medioevale, hg. von

Phantasie bleibt uns allein aus Zeitgründen verwehrt, da der Umfang scholastischer Traktate bekanntlich einer knappen Verdichtung Hindernisse in den Weg legt. Zudem stünde sie bei unserem Vorhaben auch, da der Zielpunkt unserer Überlegungen, die Integrationsaufgabe, damals als solche nicht voll bewußt war, dem historischen Roman näher als der Wissenschaft, da sie umständlich explizieren müßte, was so von den Texten nicht gesagt worden ist. Daher bescheide ich mich hier mit einem eklektischen Bericht über einige Aussagen, die sich der Integrationsaufgabe nähern, ohne sie ausdrücklich zu erörtern, und spreche von »Momenten« der Integration bei den Autoren der Scholastik, denn um »Scholastiker« handelt es sich bei den politischen Theoretikern des Spätmittelalters samt und sonders, da damals keine theoretische Bemühung um politische Strukturen abseits der Universitäten entwickelt worden ist.

I

»Integration« als Voraussetzung, Prozeß und Aufgabe politischen Handelns richtet sich auf die Einheit des politischen Verbandes. Dieses Problem wurde nicht so sehr als Ziel aktiver Wirksamkeit, aber doch durchaus auch als Zusammenhang von politischer Aktion und dem schließlichen Ergebnis kohärenter Strukturen gesehen. Politische Theorie, das muß ich erneut betonen, hat es im ganzen Mittelalter nicht als selbständige Theorienanstrengung gegeben, die Politik emanzipierte sich als eigenständige Disziplin auch an den Universitäten erst in der Frühen Neuzeit. Zunächst waren es Versuche, die Abgründe politischer Herrschaft und politischen Machtstrebens durch ständeethische Überlegungen zu bändigen, die die karolingischen sogenannten Fürstenspiegel[4] hervorgebracht haben. In ihnen ist über die Herstellung von Einheit im weitgespannten Reich nicht unmittelbar die Rede. Allenfalls darin, daß der Herrscher sich allgemein seiner Christen- und Herrschertugenden überall und stets erinnern soll, ist der Einheitsgedanke angesprochen. Auch als Johannes von Salisbury in der Mitte des 12. Jahrhunderts die Gattung wieder aufgriff und neu belebte[5], war *aequitas* als zentraler Begriff der herrschaftlichen Strukturen ein wich-

Carlo DOLCINI (2000); Histoire de la philosophie politique 2: Naissances de la modernité, hg. von Alain RENAUT/Pierre-Henri TAVOILLOT/Patrick SAVIDAN (1999); Janet COLEMAN, A History of Political Thought. From the Middle Ages to the Renaissance (2000). Thematisch gegliedert sind die Handbücher: The Cambridge History of Medieval Political Thought, c. 350–c.1450, hg. von James H. BURNS (1988); oder Pipers Handbuch der politischen Ideen 2: Mittelalter, hg. von Iring FETSCHER/Herfried MÜNKLER (1993). Auf sie alle wird im folgenden nicht mehr verwiesen.
4) Dazu vor allem Hans-Hubert ANTON, Fürstenspiegel und Herrscherethos in der Karolingerzeit (Bonner Historische Forschungen 32, 1968).
5) Wilhelm BERGES, Die Fürstenspiegel des Hohen und Späten Mittelalters (Schriften des Reichsinstituts für Ältere Deutsche Geschichtskunde [Monumenta Germaniae Historica] 2, 1939 [Neudruck 1952 u.ö.]) S. 3f.

tiges Thema[6]. *Aequitas* als Gottes Gesetz für die Welt bleibt gleichwohl dem einzelnen Menschen zur Verwirklichung aufgegeben: »Gerechtigkeit ist, wie die Juristen sagen, die Harmonie der Dinge, die alles an der Vernunft mißt, die auf in sich ungleiche Dinge gleiches Recht anwenden möchte, die gegen alle gleichermaßen gerecht jedem das Seine zumißt«, so faßt Johannes seine Anleihe bei den Juristen zusammen[7].

Diese fast organische Übereinstimmung[8] freilich bedarf der Anstrengung, ist nicht ohne Bemühung gewissermaßen in prästabilierter Harmonie zu haben. Verwaltung von Gerechtigkeit im Gericht etwa ist Ziel, nicht Faktum der Gerichtsverfassung. Widerstand gegen Tyrannis wird vom späteren Bischof von Chartres in dieser Schrift daher radikal bis zur zwar vorsichtig eingegrenzten, doch letztendlich klar formulierten Erlaubnis eines Tyrannenmordes eingefordert[9], eine Position, die in späterer Zeit nicht allzu viele unmittelbare Nachfolger finden sollte[10]. Einheit ist, das wird aus neuplatonisch inspirierten Sätzen

---

6) Zur *aequitas* bei Johannes von Salisbury nach BERGES (wie Anm. 5) S. 134ff., etwa Max KERNER, Johannes von Salisbury und die logische Struktur seines »Policraticus« (1977) S. 83ff., 150ff., 190; vgl. zur Nachwirkung auch den Sammelband: *Aequitas, Aequalitas, Auctoritas*, Raison théorique et légitimation de l'autorité dans le XVIᵉ siècle européen, hg. von Danièle LETOCHA (De Pétrarque à Decartes 543, 1992). Allgemein vgl.: The World of John of Salisbury, ed. Michael WILKS (Studies in Church History, Subsidia 3, 1984); wichtig auch Peter VON MOOS, Geschichte als Topik. Das rhetorische »exemplum« von der Antike zur Neuzeit und die »historiae« im »Policraticus« Johanns von Salisbury (Ordo. Studien zur Literatur und Gesellschaft des Mittelalters und der frühen Neuzeit 2, 1988).

7) Johannes von Salisbury, Policraticus sive de nugis curialium 1–2, ed. Clemens C. I. WEBB (1909), hier IV. 2 (1 S. 237) (mit entsprechenden Nachweisen): *aequitas, ut iurisperiti asserunt, rerum convenientia est, quae cuncta coaequiparat ratione et imparibus rebus paria iura desiderat, in omnes aequabilis, tribuens unicuique quod suum est.* Die neue Ausgabe von K. S. B. KEATS-ROHAN, Ioannis Saresberiensis Policraticus, lib. I–IV (CC Cont. Med. 118, 1993) hier S. 234, weist weitere *Similien* zu dieser Definition im Gefolge der Juristen nach.

8) Tilman STRUVE, Die Entwicklung der organologischen Staatsauffassung im Mittelalter (Monographien zur Geschichte des Mittelalters 16, 1978), zu Salisbury bes. S. 123–148.

9) Zu dieser vieldikutierten Frage kontrovers Richard H. und Mary A. ROUSE, John of Salisbury and the doctrine of tyrannicide, Speculum 42 (1967) S. 693–709; Gian Carlo GARFAGNINI, Legittima »potestas« e tirannide nel »Policraticus« di Giovanni di Salisbury, Critica Storia 14 (1977) S. 575–610; KERNER, Logische Struktur (wie Anm. 6) S. 193–203; Jan VAN LAARHOVEN, »Thou shalt not slay a tyrant!« The so-called theory of John of Salisbury, in: The World (wie Anm. 6) S. 319–341; Cary J. NEDERMAN, A duty to kill: John of Salisbury's theory of tyrannicide, Review of Politics 50 (1988) S. 365–389, jetzt in: DERS., Medieval Aristotelianism and its Limits. Classical Traditions in Moral and Political Philosophy, 12ᵗʰ–15ᵗʰ Centuries (Variorum Collected Studies Series 565, 1997) VII; Kate Langdon FORHAN, The uses of »tyranny« in John of Salisbury's »Policraticus«, History of Political Thought 11 (1990) S. 397–407.

10) Allgemeinerer Überblick bei Jürgen MIETHKE, Der Tyrannenmord im späteren Mittelalter, Theorien über das Widerstandsrecht gegen ungerechte Herrschaft in der Scholastik, in: Friedensethik im Spätmittelalter. Theologie im Ringen um die gottgegebene Ordnung, hg. von Gerhard BEESTERMÖLLER/Heinz-Gerhard JUSTENHOVEN (Beiträge zur Friedensethik 30, 1999) S. 24–48.

des Pseudo-Plutarch deutlich, die Johannes sich zu eigen macht[11]), vor allem in einem durch *aequitas* vermittelten Zusammenspiel aller Teile zu erreichen. Die organologische Metapher setzt im König das Haupt, in seinem Hof und »Senat« das Herz, in den Richtern und Provinzvorstehern Augen, Ohren und Zunge des Gemeinwesens an. Die bediensteten Amtleute (*officiales*) und die Krieger (*milites*) des Herrschers können mit den Händen verglichen werden, die unmittelbare *entourage* des Herrschers sind mit den Flanken zu vergleichen, die Finanzbeauftragten (*quaestores et commentarienses ...*, die *comites rerum privatarum* des Herrschers) erinnern an Magen und Eingeweide, zumal sie bei allzu großer Freßsucht (*immensa aviditas*) unzählige und unheilbare Krankheiten des Gesamtkörpers heraufführen. Die Bauern schließlich sieht der Text als die Füße (*pedes*) an, »denen die umsichtige Sorge des Hauptes [d. h. des Königs] um so nötiger ist, als sie auf vielfachen Widerstand stoßen, wenn sie im Gefolge des [gesamten hier genannten] ›Körpers‹ einherschreiten. Ihnen gebührt mit umso größerem Recht die Hilfe <königlichen> Schutzes, weil sie die gesamte Masse des Körpers aufrechterhalten, weitertragen und voran bewegen«[12]).

Der Rückgriff auf die (doch wohl spätantike[13])) Organmetapher ist deutlich. Er soll die Einheit der bewegten und sich bewegenden, der, wie Johannes es ausdrückt, der »einherschreitenden« Gesamtheit des Staatsapparats samt den ihn tragenden Bauern durch die Erfüllung von Gottes Willen sichern. Die Kirchenleute als die Leiter und Lehrer der Religionsübung können vom *princeps* nicht allein die schuldige Reverenz erwarten, sie vermitteln ihm auch die Strafgewalt des *gladius sanguinis*, das Blutgericht mit Leibesstrafen, welches des kirchlichen Amtes unwürdig bleibt. »Der Fürst ist Diener der Amtskir-

---

11) Zu dem heiß diskutierten Problem, ob der berühmte Text (den Salisbury Plutarch zuschreibt) vielleicht sogar von ihm selbst stammt, zusammenfassend die Ausgabe: Die »Institutio Traiani«, ein pseudo-plutarchischer Text im Mittelalter. Text – Kommentar – zeitgenössischer Hintergrund, hg. von Hans KLOFT (Beiträge zur Altertumskunde 14, 1992) mit ausführlicher Einleitung des Herausgebers S. 32–92, sowie Max KERNER, Die »Institutio Traiani« und Johannes von Salisbury, Ein mittelalterlicher Autor und sein Text, ebenda S. 93–124 (überarbeitete Fassung einer Studie aus: Fälschungen im Mittelalter 1 [Schriften der MGH 33, 1, 1988]).

12) Policraticus (wie Anm. 7) V. 2 (ed. WEBB 1 S. 283): *Princeps vero capitis in re publica optinet locum uni subiectus Deo et his qui vices illius agunt in terris, quoniam in corpore humano ab anima vegetatur caput et regitur. Cordis locum senatus optinet, a quo bonorum operum et malorum precedunt initia. Oculorum aurium et linguae officia sibi vendicant iudices et praesides provinciarum. Officiales et milites manibus coaptantur. Qui semper adsistunt principi, lateribus assimilantur. Quaestores et commentarienses (non illos dico qui carceribus praesunt, sed comites rerum privatarum) ad ventris et intestinorum refert imaginem, quae si immensa aviditate congesserint et congesta tenacius reservaverint, innumerabiles et incurabiles generant morbos, ut vitio eorum totius corporis ruina immineat. Pedibus vero solo iugiter inherentibus agricolae coaptantur, quibus capitis providentia tanto magis necessaria est, quo plura inveniunt offendicula, dum in obsequio corporis in terra gradiuntur, eisque iustius tegumentorum debetur suffragium, qui totius corporis erigunt sustinent et promovent molem.*

13) So bereits – schon damals gegen Bestreitung – BERGES, Fürstenspiegel (wie Anm. 5) S. 42f.

che und übt jenen Teil der heiligen Amtsaufgaben, der der Hände des Priestertums unwürdig scheint«[14].

Nicht im entferntesten war es dem Verfasser des »Policraticus« eingefallen, sich einen
Dissens beider Instanzen vorzustellen. Die Überordnung der Amtskirche über den Fürsten scheint eindeutig, doch ist sie nicht ausschließlich gregorianisch von der Kirche her
gedacht. Die Einheit des Gesamtkörpers wird letztlich nicht aus den Bedürfnissen der Kirche abgeleitet und dem Fürsten von der Kirche vermittelt, sondern aus dem naturhaften
Zusammenhang einer (neu-)platonisch verstandenen Schöpfung. Einheit sieht daher
kirchliche und weltliche Ordnung in einem Wechselspiel gegenseitigen Gebens und Neh-
mens. Die Beschreibung des politischen Gesamts als Organismus verrät zwar ein hohes
Harmoniebedürfnis – was angesichts der persönlichen Erfahrungen des Autors nicht verwundern kann. Die Zielordnung des Gemeinwesens wird aber nicht primär mit kirchlichen Denktraditionen beschrieben, sondern zeigt allein darin eine gewisse Selbständigkeit gegenüber geistlichen Ansprüchen, daß sie das damals neue, ja neueste Instrument
benutzt, das Römische Recht des wieder entdeckten *Corpus Iuris Civilis* Justinians und
sein Naturrecht. Die Formulierungen, die den Herrscher über das Gesetz stellen, ihn
gleichwohl aber an die *publica utilitas* binden wollen, müssen so verstanden werden. Sie
zeigen den *Policraticus* bereits in einer gewissen Lösung aus amtskirchlichen Bindungen,
ohne diese jedoch gänzlich zu verlassen.

II

Endgültig in das Zeitalter der scholastischen Theoriebildung führt uns Thomas von
Aquin. Der Dominikaner, der die Zeit seines Lebens mit gelehrten Beschäftigungen
verbrachte, der in Neapel, in Paris, in Köln an Universitäten, in Orvieto und Viterbo
am päpstlichen Hof weilte und sich weigerte, als Erzbischof von Neapel die Aufgabe
eines hohen Prälaten zu übernehmen[15], hat in seinem an theoretischen Leistungen
reichen Leben auch für die politische Theorie einen wichtigen Schritt getan. Er hat am
Ende seines Lebens in seinem Traktat *De regno ad regem Cypri*[16] dem König von Zy-

---

14) Policraticus (wie Anm. 7) IV. 3 (ed. WEBB 1 S. 239; ed. KEATS-ROHAN S. 236): *Est ergo princeps sacerdotii quidem minister et qui sacrorum officiorum illam partem exercet, quae sacerdotii manibus videtur indigna.*
15) Zu seiner Biographie James A. WEISHEIPL, Friar Thomas d'Aquino. His Life and Works (²1983), oder
die Übersicht von Jean-Pierre TORRELL, Initiation à saint Thomas d'Aquin, sa personne et son oeuvre
(Vestigia 13, 1993).
16) Die unter den zahlreichen vorhandenen Drucken und Abdrucken einzige kritische Ausgabe wurde im
Rahmen der sogenannten »Leonina« vorgelegt von Hyacinthe F. DONDAINE in: Sancti Thomae de Aquino
Opera omnia, iussu Leonis XIII. p. m. edita 42 (1979) S. 447–471 (S. 432–434 sind dort 42 frühere Drucke
des Textes aufgelistet). Die Literatur dazu und zu Thomas von Aquin schwillt kontinuierlich an, eine Spe-
zialbibliographie gibt darüber jährlich Auskunft: Rassegna di letteratura Tomistica (1968ff.). Knapp etwa

pern[17], wie er in den ersten drei Zeilen seiner Widmungsvorrede selbstbewußt erklärt, ein Geschenk machen wollen, »das der königlichen Erhabenheit würdig und dem Beruf und Amt [des Verfassers] angemessen« sein sollte. Ein *liber de regno* schien ihm am besten dieser Aufgabe zu entsprechen, ein Buch, das aus den scholastischen Quellen des Wissens, »nach der Autorität der Heiligen Schrift, den Lehren der Philosophen und den historischen Vorbildern berühmter Fürsten« gearbeitet sein sollte und den Anforderungen einer wissenschaftlichen Beschäftigung wirklich genügen könnte[18]. Und in der Tat hat der Aquinate etwas Neues zuwege gebracht. Er hat unter Benutzung der in den vor ihm liegenden Jahrzehnten in mehreren Schüben dem lateinischen Westen bekanntgewordenen Schriften des Aristoteles zur praktischen Philosophie nicht allein eine ethische Nutzanwendung für den Fürsten zusammengestellt und so einen »Fürstenspiegel« klassischer Art verfaßt, wie ihn sein Ordensbruder Vinzenz von Beauvais noch in Thomas' Jugendzeit in Paris in gewaltiger Anstrengung hatte zusammenstellen wollen, ein Buch also, in dem man sich Rat in allen Fragen der praktischen Ethik holen konnte. Thomas hat eine theoretisch-wissenschaftliche Grundlegung der politischen Verfassung der menschlichen Gesellschaft entwickelt, wozu er die im Abendland durch die Übersetzung seines Ordensbruders Wilhelm von Moerbeke gerade erst zugänglich gewordenen »Politik« des Aristoteles frei heranzog. Und eben damit hatte er einen nachhaltigen Erfolg, auch wenn die Schrift selbst, wie manch anderer Text seiner letzten Lebensjahre, unvollendet geblieben ist.

Das Thema der Einheit des Gemeinwesens wird von Thomas schon am Anfang seines Textes angegriffen, bereits im ersten Kapitel der Schrift, anläßlich der Frage, was denn der Namen eines Königs bedeute. Der Aquinate bringt keineswegs den herkömmlichen Verweis auf Isidor von Sevilla und sein berühmtes und im Mittelalter vielberufenes *rex a <recte> regendo*, d. h. er geht nicht von der Herrscherstellung des Königs aus, sondern er

Jürgen MIETHKE, »De potestate papae«, Die päpstliche Amtskompetenz im Widerstreit der politischen Theorie von Thomas von Aquin bis Wilhelm von Ockham (Spätmittelalter und Reformation, N. R. 16, 2000) S. 25–45.

17) Es ist umstritten, um welchen König von Zypern es sich handelt. Wenn die klassische Datierung (vorsichtig auch noch vertreten von TORRELL, Initiation [wie Anm. 15] S. 247–249, 510, mit Lit.) auf 1265/1267 zutrifft, muß es Hugo II. aus der zypriotischen Herrscherfamilie der Lusignan (1253–1267) gewesen sein. Wenn dagegen die Datierung auf 1271–1273 (wie ich meine) zutrifft, so ist der Lusignan Hugo III. (1267–1284) Empfänger und Widmungsadressat des Textes, vgl. die plausiblen Argumente zur Spätdatierung bei Christoph FLÜELER, Rezeption und Interpretation der aristotelischen »Politica« im späten Mittelalter (Bochumer Studien zur Philosophie 19/1–2, 1992) 27f.

18) Thomas von Aquin, De regno (wie Anm. 16), Prologus (S. 449a1–8): *Cogitanti michi quid offerrem regie celsitudini dignum meeque professioni et officio congruum, id occurrit potissime offerendum ut regi librum de regno potissime conscriberem, in quo et regni originem et ea que ad regis officium pertinent secundum Scripture divine auctoritatem, philosophorum dogmata et exempla laudatorum principum, diligenter depromerem.*

beginnt damit, zuerst in metaphysischer Untersuchung zu konstatieren, daß bei zielgerichteter ursprünglicher Verschiedenheit stets eine Leitung vonnöten sei, wie ein Schiff
durch widrige Winde hindurch von einem Steuermann auf Kurs gehalten und ans Ziel gebracht werden muß. Sodann konstatiert Thomas als anthropologische Grundverfassung
des Menschen, daß dessen ganzes Leben und Tun auf ein Ziel hin gerichtet sei, da er als ein
vernunftgeleitetes Wesen zielgerichtet handle. Weil der Mensch aber von Natur aus nicht
alleine und einsam lebe – in diesem Falle brauchte er keine andere Leitung, so wird ausdrücklich konstatiert –, sondern mit Artgenossen in Gesellschaft als ein *animal sociale et
politicum*, weil er allein auf diese Weise seine Lebensnotwendigkeiten herstellen könne,
»ist es dem Menschen notwendig, daß er in der Menge lebt, damit einer sich vom anderen
helfen lasse und jeder für sich vernünftig mit den verschiedenen Erfindungen beschäftigt
sei«[19], die für das gemeinsame Leben nötig sind.

Auch seine Sprachbegabung verweist den Menschen auf seinen gesellschaftlichen
Charakter, ist der Mensch doch damit »kommunikativer« als andere Lebewesen, denn er
kann nicht allein seine sensitiven Empfindungen (*passiones*) anderen mitteilen, wie ein jau-
lender Hund seinen Zorn, vielmehr vermag der Mensch seine gesamte Konzeption, alles
was er erkennt und anstrebt, einem anderen Menschen vollständig zu vermitteln. Erst jetzt
kommt Thomas auf die Leitungsfunktion der Gesellschaft zu sprechen: in der Menge
(*multitudo*) bedarf es eines »Etwas«, durch das die Menge geleitet wird, denn wenn jeder
nur sich selber nach dem ihm Zuträglichen richte, zerstreue sich die Menge in entgegen-
gesetzte Richtungen. Thomas merkt ausdrücklich an, daß man deutlich zwischen dem *proprium* und dem *commune* unterscheiden müsse, nach dem jeweils *proprium* sind die Menschen unterschieden, nach dem *commune* werden sie geeint[20]. Diese Unterscheidung
erlaubt es, die Leitungsfunktion in der Gesellschaft metaphysisch abzuleiten, denn genau
für das Gemeinsame ist das *regimen*, die *gubernatio* notwendig. Das Gemeinwohl ist nicht
die Summe aller einzelnen Güter, es ist einheitsstiftendes, von jedem Einzelnen wohl-
unterschiedenes Ziel der Gesamtheit.

Diese an Aristoteles orientierte Herleitung des Regierungsamtes und der Monarchie
freilich hat eine doppelte Folge. Einmal wird die Herrschaft eines Königs gegenüber allen
anderen bereits von Aristoteles in seinem berühmten Sechserschema genannten Herr-
schaftsformen (Monarchie und Tyrannis, Aristokratie und Plutokratie, Politie/Demokra-
tie und Ochlokratie) jetzt von Thomas extrem ausgezeichnet. Die Monarchie gewinnt einzigartige Bevorzugung und macht das Königtum zur eigentlichen einzigen vernünftigen

---

19) De regno (wie Anm. 16) I. 1 (S. 450a49–55): *Non est autem possibile quod unus homo ad omnia huiusmodi per suam rationem pertingat; est igitur necessarium homini quod in multitudine vivat, ut unus ab alio
adiuvetur, ut diversi in diversis inveniendis per rationem occupentur, puta unus in medicina, alius in hoc et
alius in alio.*
20) De regno (wie Anm. 16) I. 1 (S. 450a70–85, bes. 83f.): *secundum propria quidem differunt, secundum
commune autem uniuntur.*

Regierungsform. Andererseits bindet diese Auszeichnung die Monarchie bei Thomas auch unmittelbar an das Gemeinwohl[21]. Ein König, der seinem eigenen Besten nachjagt, verkörpert nicht mehr die beste Verfassung, er wird vielmehr zum Tyrann und übt die »schlimmste« Herrschaft überhaupt aus. Thomas ist nicht ohne Grund der erste, der einen Tyrannen nicht mehr, wie zuvor, allein in dem Usurpator der Macht erkennt, den Tyrannen *quantum ad modum acquirendi praelationem*, vielmehr benennt er in einer frühen Schrift auch jenen Herrscher mit demselben Namen der Verworfenheit, der sich erst während seiner Herrschaft zur Tyrannei wendet, einen Tyrannen *quantum ad usum praelationis*[22]. Die metaphysisch begründete Einheit der politischen Ordnung ist in sich selber nicht eindeutig positiv konnotiert, sie bedarf der richtigen Anwendung, nicht allein im rein technischen Sinn: Ein König muß sich auch als König der Menge gegenüber verhalten[23]. Vernünftige Kritik gibt auch hier das Kriterium der klaren Unterscheidung an die Hand, Richtiges vom Unrichtig-Verwerflichen zu sondern.

In zwei Richtungen muß sich die derart abgeleitete Struktur monarchischer Herrschaft auf die Probe stellen lassen: einmal bei der Perversion des Herrschers zum Tyrannen, zum anderen bei der Entscheidung über das Seelenheil der Menge, das nach Gottes Willen nur durch die Kirche und die Sakramente gewährleistet werden kann. In Widerstandsrecht und Tyrannenbeseitigung einerseits, im Verhältnis weltlicher Herrschaft zur kirchlichen Lei-

---

21) Vgl. dazu auch Hans-Joachim SCHMIDT, König und Tyrann. Das Paradox der besten Regierung bei Thomas von Aquin, in: Liber amicorum necnon et amicarum für Alfred Heit, hg. von Friedhelm BURGARD/Christoph CLUSE/Alfred HAVERKAMP (Trierer Historische Forschungen 28, 1996) S. 339–357.

22) Vgl. Thomas von Aquin, II Sent. dist. 44 q. 2 art. 2 i. c., hier benutzt nach S. Thomae Opera, ut sunt in Indice Thomistico, ed. Roberto BUSA (1980), hier 1 S. 256[b-c]: ... *praelatio potest a deo non esse dupliciter: vel quantum ad modum acquirendi praelationem, vel quantum ad usum praelationis. Quantum ad primum contingit dupliciter: aut propter defectum personae, quia indignus est; aut propter defectum in ipso modo acquirendi, quia scilicet per violentiam vel per simoniam vel aliquo illicito modo acquirit. Ex primo defecto non impeditur, quin jus praelationis ei acquiratur; et quoniam praelatio secundum suam formam semper a deo est (quod debitum obedientiae causat); ideo talibus prelatis quamvis indignis obedire tenentur subditi. Sed secundus defectus impedit jus praelationis: qui enim per violentiam dominium surripit, non efficitur vere praelatus vel dominus; et ideo cum facultas adest [!] potest aliquis tale dominium repellere: nisi forte postmodum dominus verus effectus sit vel per consensum subditorum vel per auctoritatem superioris. Abusus autem praelationis potest esse dupliciter: vel ex eo quod est praeceptum a praelato contrarium eius ad quod praelatio ordinata est, ut si praecipiat actum peccati contrarium virtuti, ad quam inducendam et conservandam praelatio ordinatur; et tunc aliquis praelato non solum non tenetur obedire, sed etiam tenetur non obedire, sicut et sancti martyres mortem passi sunt, ne impiis jussis tyrannorum obedirent; vel quia cogunt ad hoc ad quod ordo praelationis non se extendit; ut si dominus exigat tributa, quae servus non tenetur dare, vel aliquid hujusmodi; et tunc subditus non tenetur obedire, nec etiam tenetur non obedire.*

23) De regno (wie Anm. 16) I. 12 (in der *Recapitulatio* von Buch I der Schrift, S. 463b7–9, 11–14): ... *vehementer studendum est hiis qui regendi susceperunt officium ut reges se subditis prebeant, non tyrannos.* [...] *adhuc autem quod presidenti expediat se regem multitudini exhibere subiecte, non tyrannum, tanta a nobis dicta sint.*

tung andererseits muß sich die Leistungsfähigkeit des Modells erweisen. Ich verzichte auf eine genauere Darstellung der thomistischen Argumente. Es ist nur festzuhalten, daß Thomas Widerstand gegen einen Tyrannen nur in langwierigen, vielfach schattierten Wendungen erlaubt, freilich auch mitten auf dem Wege die Erwägung anstellt, man müsse die politische Regierungsform des Reiches so gestalten, daß »dem König die Gelegenheit zur Tyrannei entzogen wird«[24]. Leider hat Thomas sich nicht im einzelnen dazu geäußert, wie er sich solche Verfassungsschranken vorgestellt hat, er ist auch mit seinem Traktatfragment nicht soweit gediehen, uns darüber auch nur Andeutungen zu machen. Gleichwohl bleibt es bemerkenswert, weil sonst im Mittelalter extrem selten, daß er wenigstens die Möglichkeiten solcher Vorkehrungen postuliert. Letzten Endes weiß auch Thomas als Heilmittel gegen unerträglichen »Exzeß der Tyrannei« keine andere Auskunft als die Hoffnung aller frommen Christen seit alters, durch Buße Gottes Hilfe herbeizuflehen: *Tollenda est igitur culpa ut cesset tyrannorum plaga*[25].

Hinsichtlich des Verhältnisses – modern gesprochen – von Staat und Kirche hat Thomas jedoch ebensowenig ein Angebot zu machen, das wie ein Patentrezept Konflikte zwischen diesen beiden Instanzen zu regulieren vermöchte. In Orientierung an den Zielen menschlichen Daseins stellt der Theologe nur eine harmonisch hierarchisch geordnete Stufenfolge von Zielen und Zuständigkeiten auf, die dem Betrachter ein Urteil erlaubt, aber dem Handelnden wenig Wegweisung gewährt. Während die weltliche Gewalt für die Selbsterhaltung des Gemeinwesens zuständig ist, für ihr *vivere* und *esse*, und während sie ebenso eine Verwirklichung der vernünftigen Sittlichkeit, also das Tugendleben der Untertanen, ihr *bene vivere*, ihr *vivere secundum virtutem* zu gewährleisten hat, ist das geistliche Haupt der Kirche, der Papst, für das höchste Ziel des Menschen und der Menschheit zuständig, für deren *perfectio supernaturalis* in der himmlischen Seligkeit. Prinzipiell lassen sich beide Sphären trennen, »die weltliche Gewalt ist der geistlichen untergeben wie der Leib der Seele, ... und darum ist es keineswegs usurpierte Rechtshoheit, wenn ein geistlicher Prälat sich in zeitliche Angelegenheiten einmischt, sofern ihm darin die weltliche Gewalt untergeben ist, oder wenn die weltliche Gewalt ihm diese Zuständigkeit überlassen hat«[26]. Thomas kann somit durchaus betonen, daß nur in den Fragen der Gottesschau die weltliche Gewalt der geistlichen Gewalt unterworfen ist, er fordert keineswegs eine totale Unterordnung der weltlichen Gewalt des Königs unter die geistliche Kompetenz des Papstes. Freilich kann er sich einen Konflikt beider Instanzen gar nicht vorstellen.

---

24) De regno (wie Anm. 16) I. 6 (S. 455a14–16): *Deinde sic disponenda est regni gubernatio ut regi iam instituto tyrannidis subtrahatur occasio.*

25) De regno (wie Anm. 16) I. 6 (S. 456b166–167).

26) Thomas von Aquin, Summa Theologiae 2–II q. 60 a. 6 ad 3 (ed. BUSA 2 [wie Anm. 22] S. 605b): *... potestas saecularis subditur spirituali sicut corpus animae, et ideo non est usurpatum iudicium si spiritualis praelatus se intromittat de temporalibus quantum ad ea, in quibus subditur ei saecularis potestas, vel quae ei a saeculari potestate relinquuntur.*

In dieser Sicht der Dinge werden Quantitätsprobleme bei der Frage von Integration und Einheit nicht sichtbar. Die imperialistische Eingliederung neu gewonnener Gebiete, die Verschmelzung ursprünglich fremder Bevölkerungsteile oder der Ausgleich unterschiedlicher Traditionen in verschiedenen Regionen eines großen Reiches tauchte als Problem ja auch im Spätmittelalter verschiedentlich in der Praxis auf, wurde aber von den Theoretikern nicht eigens bedacht. Auch bei Thomas ist nicht von einer Weltherrschaft in einem Weltstaat, sondern nur von der Herrschaftsübung in einem Einzelstaat die Rede. Einheit ist *per se* als metaphysisches Prinzip Ziel und Aufgabe staatlicher und gesellschaftlicher Ordnung. Sie wird in richtiger Wahrnehmung verwirklicht, kann jedoch auch verfehlt werden. Alle näheren Auskünfte über die konkrete Ausgestaltung der Verfassungsordnung bleibt Thomas in *De regno* dem Leser schuldig, da der Text mitten in einer konkreten Erörterung über die Bedingungen der Errichtung einer Gründungsstadt, und damit erst am Anfang der Beschreibung einer staatlichen Einrichtung *ab ovo*, abbricht, an deren Beispiel offenbar ein genetischer Überblick über die Verfassungen hätte gegeben werden sollen[27]. Die Städtegründung wird gewissermaßen nach Aristoteles und damit dem Vorbild griechischer Kolonisation einerseits und nach zeitgenössischen mittelalterlichen Erfahrungen andererseits beschrieben, wobei der Text wortreich vor einer übermäßigen *amenitas* des gewählten Ortes warnt. Sinnengenuß (*delectatio*) sei in der menschlichen Gesellschaft nur mit Maßen, *quasi pro condimento* (wie ein Gewürz), also in wohl dosierten Spurenelementen zu begrüßen. Die aristotelische Ethik der Mitte und des Maßes verbindet sich hier mit den asketischen Überlieferungen eines Bettelmönchs, der sich nicht jeder *recreatio* abgeneigt zeigt, sie sogar gewissermaßen einfordert, der ihr aber doch streng ein (bescheidenes) Maß setzt und demgemäß seinen Mitmenschen nur ein *modicum delectationis* zugesteht[28].

Die auch sonst kunstvoll austarierte oder, wie ich sie nennen möchte, geradezu äquilibristische Konstruktion eines Staatswesens im Gleichgewicht, wie Thomas sie eher postuliert als beschreibt, hatte später zwar an den Universitäten und bei den Autoren politischer Theorie noch nachhaltige und tiefgreifende Wirkungen. Der Text wurde noch lange gelesen und zitiert, benutzt und weiterentwickelt[29]. Es zeigte sich bald, daß er keineswegs ein-

---

27) Bei BERGES, Fürstenspiegel (wie Anm. 5) S. 195–210 finden sich eine stringente Interpretation der Gliederung und S. 210f. eine überzeugende Rekonstruktion des »Summarischen Programms« der Schrift. Demgegenüber ist die von I. Th. ESCHMANN mehrfach vertretene These, in *De regno* liege nur eine von fremder Hand eher zufällig aus dem Nachlaß gewissermaßen zusammengekehrte, weitgehend ungeordnete Zettelsammlung vor, nicht aufrecht zu erhalten, auch wenn sie heute noch bisweilen zitiert wird.

28) De regno (wie Anm. 16) II. 8 (S. 471b49–51): *Opportunum est autem in conversatione humana modicum delectationis quasi pro condimento habere, ut animi hominum recreentur.*

29) Daß nicht weniger als 82 Handschriften (zuzüglich vier Deperdita) den Text überliefern (vgl. DONDAINE [wie Anm. 16]S. 425ᵃ–431ᵇ), beweist seine nachhaltige Wirkung, auch wenn ein großer Teil auf die Attraktivität der Opera des Thomas zurückgeht und nicht unmittelbar die eigene Werbekraft der Schrift bezeugt.

seitig die kirchlichen Streiter für die päpstliche Kompetenz allein interessierte. Bereits in der Generation der Thomasschüler diente er papalistischen Konstruktionen ebenso als Argumentierarsenal wie auch den Vertretern und Verteidigern einer vom Papste unabhängigen weltlichen Herrschaft. Während etwa der Dominikaner Tholomeus von Lucca, zuletzt Beichtvater des Thomas von Aquin, aus den Ansätzen der thomasischen Theorie streng papalistische Konsequenzen zog[30], benutzte sie der französische Dominikaner Johannes Quidort auf dem Höhepunkt des Streites zwischen Papst Bonifaz VIII. und König Philipp dem Schönen von Frankreich zu einer Verteidigung des Eigenrechts königlicher Herrschaft, indem er 1302/1303 in *De regia potestate et papali*[31] stillschweigend lange Passagen aus dem Traktat des Thomas einfügte und in seinem Sinne zuspitzte[32].

III

Die metaphysische Begründung der Integration politischer Ordnungen durch die symbolische Repräsentation der Einheit durch den Monarchen jedenfalls konnte noch lange nachwirken. Daß der thomasische Entwurf die Größe des Reiches offen gelassen hatte – schließlich war ja auch das Königreich Zypern keine mittelalterliche Großmacht –, mußte es erleichtern, ihn universal anzuwenden. Aus einem derart gefaßten Gedanken der Königsherrschaft konnte Dante in seiner *Monarchia*[33] das Weltkaisertum eines Weltmonar-

---

30) Vgl. insbesondere seine in bewußter Anonymität vorgelegte Schrift: *Determinacio compendiosa de iurisdictione imperii et auctoritate summi pontificis*, ed. Mario KRAMMER (MGH Fontes iuris 1, 1909). Außerdem die »Fortsetzung« von Thomas' *De regno*, die später mit diesem zusammen als thomasische Schrift *De regimine principum* Verbreitung fand (z. B. ed. Joseph MATHIS, ²1948). Dazu MIETHKE, De potestate (wie Anm. 16) S. 86–94.

31) Johannes Quidort von Paris, De regia potestate et papali, ed. Jean LECLERCQ, Jean de Paris et l'ecclésiologie du XIVᵉ siècle (L'Église et l'État au Moyen Âge 5, 1942) S. 171–260; ed. (und transl.) Fritz BLEIENSTEIN (Frankfurter Studien zur Wissenschaft von der Politik 4, 1969) S. 67–211 (vgl. aber die Rezensionen in: HZ 211 [1970] S. 396–399 [Erich MEUTHEN], und in: Francia 3 (1975) S. 799–803 [Jürgen MIETHKE]). Dazu vgl. zuletzt z. B. MIETHKE, De potestate (wie Anm. 16) S. 116–126; Karl UBL/Lars VINX, Kirche, Arbeit und Eigentum bei Johannes Quidort von Paris, O.P. († 1306), in: Text – Schrift – Codex. Quellenkundliche Arbeiten aus dem Institut für Österreichische Geschichtsforschung, hg. von Christoph EGGER/Herwig WEIGL (MIÖG Ergänzungsband 35, 2000) S. 304–344.

32) Nachweise, die Bleienstein übersah, bei LECLERCQ, Jean de Paris (wie Anm. 31) S. 35f.

33) Dante Alighieri, Monarchia, ed. Pier Giorgio RICCI (Edizione Nazionale 5, 1965); lat./dtsch. Studienausgabe mit Übersetzung und Kommentar von Ruedi IMBACH/Christoph FLÜELER (Universal-Bibliothek 8531, 1989); zur Datierung nach 1316: Friedrich BAETHGEN, Die Entstehungszeit von Dantes »Monarchia« (Sitzungsberichte München 1966/5); zur Frühdatierung: Anna Maria CHIAVACCI LEONARDI, La »Monarchia« di Dante alla luce della »Comedia«, Studi medievali III/18, 2 (1977) bes. S. 181–183; nicht sehr überzeugend vermittelnd: Carlo DOLCINI, Crisi di poteri e politologia in crisi. Da Sinibaldo Fieschi a Guglielmo d'Ockham (Il mondo medievale, Sezione di storia delle istituzioni, della spiritualità e delle idee 17, 1988) S. 427–438.

chen folgern und konsequent auch die aristotelischen Stufenfolgen der politischen Herrschaftsgrößen und Vergesellschaftungsformen vom Dorf und Stadtviertel über die Stadt, die »Polis« hinaus auf die Provinz und das *regnum*[34], ja auf die gesamte Welt ausdehnen, die er in einer Weltordnung unter dem Römischen Kaiser zusammengefaßt sah. Kurz zuvor hatte Johannes Quidort jedoch die bloße Idee eines weltlichen Weltherrschertums schlichtweg abgelehnt. Dabei hat er ein Argument, mit dem Thomas von Aquin die Notwendigkeit des Papstes als des obersten Richters in der Kirche begründet hatte, nun in geradezu umgekehrter Analogie zur Begründung der Vielzahl von Staaten verwendet[35]. »Aus Glaubensfragen«, so führt Quidort in stillschweigender Anlehnung an die *Summa contra gentiles* des Thomas von Aquin aus, »können durchaus Streitfragen entstehen. Die Kirche aber würde bei von einander abweichenden Urteilen [scil. der Ortsbischöfe] zerteilt, wenn sie nicht in Einheit durch die Entscheidung eines einzigen bewahrt würde. So ist es also zur Wahrung der kirchlichen Einheit erforderlich, daß es einen gibt, der der gesamten Kirche vorsteht [scil. den Papst].« Das alles ist noch ein thomasisches Argument. Quidort fügt dann jedoch selbständig hinzu: »Freilich ist es nicht notwendig, daß alle Gläubigen in einem einzigen Staatswesen zusammenkommen, vielmehr kann es entsprechend der Unterschiedlichkeit von Klimazonen und Sprachen sowie der gesellschaftlichen Zuständen der Menschen auch verschiedene Lebensweisen und verschiedene Verfassungen geben.« Anders als die Kirche, deren Universalität von Quidort niemals bestritten

---

34) Monarchia (wie Anm. 33) I. v. 4–9 (ed. Ricci S. 145–146; ed. Imbach/Flüeler S. 74f.), lautet die Reihe: *homo – domus – vicus – civitas – regnum – totum humanum genus*; Thomas von Aquin hatte in De regno (wie Anm. 16) I. 1 (S. 451a154–172) nur eine kürzere Reihe gekannt: *homo – domus – vicus – civitas – provincia/regnum*.

35) Vgl. Thomas von Aquin, Summa contra Gentiles IV. 76 n. 3 (ed. Busa [wie Anm. 22] 2 S. 145ᵃ): ... *circa ea quae fidei sunt, contingit quaestiones moveri. Per diversitatem autem sententiarum divideretur ecclesia, nisi in unitate per unius sententiam conservaretur. Exigitur igitur ad unitatem ecclesiae conservandam quod sit unus qui toti ecclesiae praesit.* Dazu vgl. Johannes Quidort, De regia potestate et papali (wie Anm. 31) c. 3 (S. 80–83); die wörtlichen Übereinstimmungen mit Thomas sind über das ganze Kapitel hin zahlreich, vgl. mit dem oben zitierten Satz etwa S. 81, 17–20: ... *contingit interdum circa ea quae fidei sunt quaestiones moveri in quibus per diversitatem sententiarum divideretur ecclesia quae ad sui unitatem requirit fidei unitatem nisi per unius sententiam unitas servaretur*; sowie kurz danach auch S. 83, 7–14: ... *contingit autem interdum quaestiones oriri de pertinentibus ad fidem in diversis regionibus et regnis, et ideo ne per diversitatem controversiarum dirumpatur unitas fidei, necesse est, ut dictum est, unum esse superiorem in spiritualibus per cuius sententiam controversiae huiusmodi terminentur. Non sic autem fideles omnes necesse est convenire in aliqua una politia communi, sed possunt secundum diversitatem climatum et linguarum et condicionum hominum esse diversi modi vivendi et diversae politiae.* – Auch die Entgegenstellung der weltlichen pluralistischen Verfassung gegen die kirchliche Einheitshierarchie begegnet in c. 3 zweimal, vgl. zusätzlich zum soeben zitierten Text auch S. 82: *Et ideo ex divino statuto est ordo omnium ministrorum ad unum. Non sic autem fideles laici habent ex iure divino quod subsint uni supremo monarchae in temporalibus; sed ex naturali instinctu qui ex Deo est habent ut civiliter et in communitate vivant et per consequens ut ad bene vivendum in communi rectores eligant, diversos quidem secundum diversitatem communitatum.*

wird, ist eine je einzelne politische Ordnung der Völker nicht nur erlaubt, sondern auch erwünscht, um in den verschiedenen Klimazonen den verschieden ausgeprägten Bestrebungen der Menschen gerecht werden zu können. Es ist deutlich, daß das ein vielleicht sogar schon ideologisch klingendes »französisches« Argument gegen den universellen Anspruch des Papstes Bonifaz VIII. war. Interessant ist, daß nach einer Anekdote dem Papst auch von Pierre Flotte auf einer Gesandtschaft im Jahre 1300 entgegengehalten worden war, die päpstliche Kompetenz sei rein geistlich und *verbalis*, die königliche dagegen körperlich und *realis*[36]. Quidort nimmt das (1302/03) fast wörtlich auf, wenn er schreibt: »… die geistliche Gewalt kann ihre Aufsicht leicht zu allen dringen lassen, ob sie nun nahe oder ferne leben, da sie mit dem Wort arbeitet; die weltliche Gewalt dagegen kann mit ihrem Schwert nicht so leicht die entfernten Untertanen wirksam erreichen, weil ihre Macht von der Hand ausgeht. Ein Wort aber kann leichter in die Ferne wirken als die Hand«[37]. Das könnte beweisen, daß das von Rishanger reportierte Argument am Königlichen Hof Frankreichs damals gängig war. Es klingt auch bereits beinahe etwas nach René Descartes!

An dieser Stelle kommt, wenn ich recht sehe, zum ersten Mal das Argument der Praktikabilität der Herrschaftsausübung in den Blick der theoretischen Traktate. Auch wenn Quidort damit nur eine offenbar übliche Argumentationsschablone benutzt, so benutzt er sie doch am argumentativ richtigen Ort und stößt sein Florett gekonnt in eine schwache Stelle der Gegenseite. Dem universalen Anspruch des Papstes braucht er und beabsichtigt er auch gar nicht zu widersprechen, solange es um die verbale, um die geistliche Kompetenz von dessen Amt geht. Hier bleibt die von der Tradition geheiligte und gerade im Dominikanerorden stets unterstrichene Allzuständigkeit des Papstes voll gewahrt. Aber in weltlichen Dingen hat weder der Papst noch auch (wie der Franzose unterstreicht) der Römische Kaiser und deutsche Herrscher das Recht darauf, einen Universalanspruch zu erheben, um so deutlicher kann der französische König sein Königreich als geschlossene »integrierte« Größe betrachten.

36) Fortsetzung des William Rishanger (Wilhelmi Rishanger quondam monachi S. Albani et quorundam anonymorum Chronica et annales, ed. Henry Thomas Riley [Rerum Britannicarum Scriptores 28, 2, 1865] S. 197f. = Thomas Walsingham, Ypodigma Neustrie, ed. Ders. (Rerum Britannicarum Scriptores 28, 7, 1876) S. 217f.: *Miserat autem rex Francie nuncium domino pape, dictum Petrum de Flote, qui mandata regis constantissime coram papa et tota curia prosequebatur; de cuius audacia papa exasperatus dicto Petro respondit:* »*Nos habemus*«, *inquit,* »*utramque potestatem*«. *Et mox Petrus pro domino suo respondit:* »*Utique domine, sed vestra est verbalis, nostra autem realis!*« *Qua responsione tantum excanduit ira pape, ut diceret se movere contra eum celum et terram.* Dazu bereits Georges Digard, Philippe le Bel et le Saint-Siège 2, hg. von Françoise Lehoux (1936) S. 47f.
37) De regia potestate et papali (wie Anm. 31) c. 3 (S. 82/227): *potestas spiritualis censuram suam potest faciliter transmittere ad omnes, propinquos et remotos, cum sit verbalis, non sic potestas saecularis gladium suum cum effectu potest tam faciliter transmittere ad remotos, cum sit manualis; facilius enim est extendere verbum quam manum.*

Es ist nicht so wichtig, daß in der Praxis noch weite Wege zurückzulegen waren, bis das Idealbild eines in der Figur des Königs integrierten Reiches sich für eine königliche Regierung selbst in Frankreich auch nur einigermaßen in der täglichen Wirklichkeit königlicher Regierung wiederfinden ließ. Gedanklich hat Quidort aus der thomasischen metaphysischen Konstruktion der Einheit eines Königreichs heraus jedenfalls die praktische Verwirklichung als Aufgabe ins Auge gefaßt und Ansätze zu einer Theorie darüber entwickelt.

IV

Die Einheit der Leitungsgewalt, metaphysisch abgeleitet und immer wieder praktisch unterstrichen, mußte freilich unter den Bedingungen spätmittelalterlicher Politik im Gegensatz zu den regionalen Ansprüchen des konkurrierenden Adels durchgesetzt werden. Das alte Thema von Herrschaft und Konsens stellte sich daher auch hier in aller Schärfe, ja noch geschärft durch die Zuspitzung des Herrschafts- und Leitungsaspekts. Es ist mir hier nicht möglich, auf die Entwicklung der juristisch-kanonistischen Doktrin von Wahl, Konsens und Entscheidungseinheit der Körperschaften einzugehen[38], die die zukünftige Entfaltung ständischer Mitwirkungsrechte und Beteiligungschancen so stark bestimmen sollte. *Quod omnes tangit, ab omnibus approbari debet*[39]. Dieser Satz hatte wohl zunächst die Folgepflicht der Beteiligten und damit herrscherliche Autorität festgeschrieben, da die bei einer Beratung Anwesenden, eingeladen oder aus eigenem Teilnahmerecht zugegen, anschließend der dort gefundenen und verkündeten Entscheidung auch zu folgen hatten. Die Maxime begründete dann letzten Endes aber noch stärker die Konsenspflichtigkeit wichtiger Beschlüsse des Herrschers in seinem Rat.

---

38) Eine griffige Monographie darüber fehlt m. W.; die Selbstverständlichkeit, mit der Konsens während des gesamten Mittelalters bei Herrschaft mitgedacht wurde, prägte sich aber auch in der Kanonistik reichlich aus. Zu den (verschiedenen) Wahltheorien und der unterschiedlichen Praxis von Wahlverfahren vgl. Wahlen und Wählen im Mittelalter, hg. von Reinhard SCHNEIDER/Harald ZIMMERMANN (VuF 37, 1990).
39) E. g. Glossa ordinaria des Bernhard von Botone von Parma ad X 1. 11. 5, s. v. *ab omnibus*. Die Literatur zu diesem Satz ist sehr reich, vgl. nur Gaines POST, A Romano-Canonical Maxim, »Quod omnes tangit«, in Bracton, Traditio 4 (1946) S. 197–251, jetzt überarbeitet in: DERS., Studies in Medieval Legal Thought, Public Law and the State 1100–1322 (1964) S. 163–238; Yves M. J. CONGAR, »Quod omnes tangit ab omnibus tractari et approbari debet«, Revue historique de droit français et étranger 36 (1958) S. 210–259, jetzt auf Deutsch in: Die geschichtlichen Grundlagen der modernen Volksvertretung 1, hg. von Heinz RAUSCH (Wege der Forschung 196, 1980) S. 115–182; Antonio MARONGIU, Il principio della participazione e del consenso (Quod omnes tangit, ab omnibus apporbari debet) nel XIV secolo, Studia Gratiana 8 (1962) S. 553–575, Neudruck in: DERS., Dottrine e istituzioni politiche medievali e moderne, Raccolta (Università di Roma, Facoltà di Scienze Politiche 28, 1979) S. 255–279, auf Deutsch in: Die geschichtlichen Grundlagen (wie oben) S. 183–211.

Konsens und Repräsentation als Verfahren der Integration in Gesetzgebung und Steuererhebung könnten von hier aus beleuchtet werden. Doch so wichtig dies für die Praxis
der werdenden Repräsentation der Stände auch gewesen sein mag, so gerne sich die Juristen auch in vielfältiger Weise auf diesen Grundsatz beriefen, in den theoretischen Trakta-
ten wird der Satz nur selten und meist nur indirekt zitiert. Noch am ehesten ließe sich der
englische Jurist Henry de Bracton anführen, der um die Mitte des 13. Jahrhunderts in *De
legibus et consuetudinibus Angliae* die königliche Macht beschreibt. Bracton hat sich der
römisch-rechtlichen Maxime *Quod principi placuit, legis habet vigorem* geradezu empha-
tisch widersetzt, wenn er demgegenüber energisch die berühmte *Lex Regia* aus den Digesten ins Feld führt und ausdrücklich festhält, nicht jeder Erlaß des Königs sei in England
Gesetz: »Nicht das, was vorschnell aus königlicher Willkür verfügt wird, sondern <nur>,
was mit dem Rat der Magnaten nach zuvor gegebener Einwilligung des Königs und nach
reiflicher Erwägung und Verhandlung in richtiger Weise festgelegt wurde, <das hat Ge-
setzeskraft>«[40].

Gewiß, solche juristisch obstinate Betonung des korrekten Verfahrens ist durchaus vereinzelt. Immerhin hat ein Jahrhundert später, im späteren 14. Jahrhundert (1371/1374), der
französische Theologe Nicole Oresme[41] in seiner Übersetzung der aristotelischen Politik

---

40) Henry de Bracton, De legibus et consuetudinibus Angliae 1–4, ed. and transl. George WOODBINE/Sa-
muel E. THORNE (1967–1977), hier 2 (1968) S. 305 [fol. 107ᵃ]: ... *nec obstat, quod dicitur, ›quod principi pla-
cet, legis habet vigorem‹, quia sequitur in fine legis: ›cum lege regia quae de imperio eius lata est <populus
ei et in eum omne suum imperium et potestatem conferat>‹, id est: non quidquid de voluntate regis temere
praesumptum est, sed quod magnatum suorum consilio, rege auctoritatem praestante et habita super hoc de-
liberatione et tractatu, recte fuerit definitum, <legis habet vigorem>. Potestas itaque sua iuris est et non in-
iuriae* ... (Der von Bracton im flüchtigen, offenbar aus dem Gedächtnis vorgebrachten Zitat ausgelassene,
aber für ein Verständnis des Arguments unentbehrliche Satzteil der römischen *lex* ist hier aus Dig. 1.4.1.1
ergänzt). Zur Gesetzesdefinition vgl. auch bereits Bractons *Introductio*, ebenda 2 S. 19 [fol. 1ᵃ]: *non erit ab-
surdum leges Anglicanas licet non scriptas leges appellare, cum legis vigorem habeat quidquid de consilio et
consensu magnatum et rei publicae communi sponsione auctoritate regis sive principis praecedente iuste fuerit definitum et approbatum.* – Vgl. auch ebenda 2 S. 21 [fol. 1ᵇ]: *Quae* [scil. leges Anglicanae], *cum fuerit
approbatae consensu utentium et sacramento regum confirmatae, mutari non poterunt nec destrui sine communi consensu eorum omnium quorum consilio et consensu fuerint promulgatae. In melius tamen converti
possunt etiam sine eorum consensu, quia non destruitur quod in melius commutatur* ... Auf die vor allem in
der angelsächsischen Forschung umstrittene Frage nach dem wahren Autor der Schriften (die ich Henry
Bracton durchaus zutraue) gehe ich hier ebensowenig ein wie auf die mich keineswegs überzeugenden Versuche des verdienstvollen Herausgebers und Übersetzers Thorne, im Text Interpolationen auszumachen
und zu eliminieren.
41) Zur politischen Theorie Oresmes vgl. etwa Jeannine QUILLET, La philosophie politique du Songe du
Vergier (1378). Sources doctrinales (L'Église et l'État au Moyen Âge 15, 1977) S. 123–167; Susan M. BAB-
BITT, Oresme's »Livre de Politiques« and the France of Charles V (Transactions of the American Philosophical Society N. S. 75, 1, 1985); zu Oresmes Vorstellungen von einer Reform des Königreichs vor allem
Jacques KRYNEN, Aristotélisme et réforme de l'État, en France, au XIVᵉ siècle, in: Das Publikum politischer
Theorie im späteren Mittelalter, hg. von Jürgen MIETHKE (Schriften des Historischen Kollegs. Kolloquien

ins Französische aus dem Prinzip des *quod omnes tangit* eine glühende Empfehlung an den königlichen Hof abgeleitet, den Konsens möglichst breit einzuholen: »Zwei Probleme stellen sich nach meinem Eindruck (so heißt es da): Erstens: wer soll die höchste Kompetenz haben und wem soll die höchste Entscheidung in der Verfassung zustehen? [...] Was den ersten Punkt anbetrifft, so muß man dabei wissen, daß in einer Tyrannis und in einer Oligarchie die Herrscher oder Tyrannen die höchste Kompetenz über das ganze Volk innehaben sowie über die Gesetze und über die gesamte Verfassung. Sie kümmern sich nicht um die Versammlungen des Volkes, vielmehr beobachten sie sie mit Argwohn oder verbieten sie sogar bisweilen [...]. In der allgemeinen Verfassung (= Demokratie) jedoch hat die Volksmenge die höchste Entscheidung [...] In der allgemeinen Verfassung (= Demokratie) und in der Aristokratie hat diese Menge – und das ist nicht die Menge des Volkes, sondern die Menge und Versammlung aller Herrschaftsträger und Amtsinhaber und der wichtigsten Bürger – die höchste Herrschaft und Strafgewalt inne sowie die Befugnis zur Änderung (= Absetzung) der einzelnen Herrschaftsträger und Ämter und die Zuständigkeit oder Erkenntnis in den ganz großen Fragen. Ihr gebührt die Reformation und Einrichtung der Verfassung sowie der Erlaß, die Änderung oder Bestätigung und Billigung der Gesetze [...] Und das ist ganz ähnlich wie die Generalversammlung der Magister der Universität von Paris. – Was die königliche Verfassung anbetrifft, so mag es auch angebracht sein, daß die vernünftige Menge oder doch ein Teil von ihr diese Macht besitzt [...] Denn die gesamte Menge, von welcher der König und sein vertrauter Rat nur ein kleiner Teil sind, weiß die Angelegenheiten in gleicher Weise besser zu beraten und alles, was der öffentlichen Sache zugute kommt, zu entscheiden. Auch ist das, was alle tun und billigen, sicherer und stabiler, erfährt größere Akzeptanz und gefällt der Allgemeinheit besser, gibt auch weniger Anlaß zu murmelndem Widerspruch oder rebellischem Widerstand, als wenn es anders wäre«[42].

21, 1992) S. 225–236, vgl. auch DERS., L'empire du roy. Idées et croyances politiques en France, XIIIe–XVe siècle (Bibliothèque des Histoires, 1993) passim, besonders S. 419–432 (vgl. auch S. 111–124 und 550^a *ad ind.*).

42) Maistre Nicole Oresme, Le livre de Politiques d'Aristote, ed. Albert D. MENUT (Transactions of the American Philosophical Society, N. S. 60, 6, 1970) S. 274^a. Dort heißt es zu Aristoteles, Politik V. 8 [Aristotelis Politicorum libri octo, ed. Immanuel BEKKER (1839) 1322b16–17] in einer erläuternden Zusammenfassung. *Il me semble que en queste maniere .ii. choses sunt a considerer: une est, quele chose doit avoir ou a qui appartient la souveraineté de la policie [...] Quant au premier point, l'en doit savoir qu'en tirannie et en olygarcie les princes ou tirans tiennent la souveraineté sus tout le peuple et sus les lays et sus la policie. Et ne current de assemblees de peuple, mes les ont suspectes, et aucunes foiz les deffendent [...] Et en democracie la multitude populaire tient la souveraineté [...]. Mes en commune policie et en aristocracie la multitude non pas la populaire mais la multitude et congregation universele de tous les princeys ou offices et des principalz citoiens a la souveraine domination et la correction ou alteracion des particuliers princeys ou offices et le resort ou cognoissance des tres grandes questions, et a elle appartient la reformation de la policie, et composer ou muer ou aprover et accepter les lays [...]. Et tele chose est aucunement semblable a l'assem-*

Es soll hier nicht darauf ankommen, die aristotelischen Voraussetzungen dieser Argumentation zu beleuchten[43] und deren Unterschiede zu der mittelalterlichen Aristoteles-Rezeption herauszuarbeiten, es genügt in unserem Zusammenhang festzuhalten, daß die politische Integration durch Partizipation und Beteiligung stets im Blick der politischen Theoretiker geblieben ist. Ich beziehe mich hier allein auf ein etwas entlegenes Beispiel, auf eine kleine Schrift des mallorquinisch-katalanischen Edelmanns Ramon Llull, der 1296 in Paris seine *Arbor imperialis* niedergeschrieben hat[44], einen fürstenspiegelartigen Traktat über das politische Wissen. An der Wende vom 13. zum 14. Jahrhundert versuchte dieser »Laie«, der zwar mit einer hochwichtigen Universität seiner Zeit, mit Paris, in enger Verbindung stand, der aber formell kein »Gelehrter« gewesen ist, die neuen Herrschaftsinstrumente seiner Zeit an die Repräsentation der Untertanen zurückzubinden, wenn er fordert, im königlichen Rat müßten auch künftig alle wichtigen Stände des Landes vertreten sein: »Einem Fürsten kommt guter Rat von guten Leuten zu. In seinem Rat sollen Barone, Niederadlige, Stadtadlige und Kaufleute sowie einige Männer aus dem Volke sitzen!« Jene Herrscher, so fährt Ramon fort, »versündigen sich, die aus ihrem Rat die Adligen hinauswerfen, die Klugen, die Mächtigen und Tüchtigen, und sich einen <ständisch> disqualifizierten Rat unterwerfen, der aller Form entbehrt. Solch ein armseliger Rat ist eine Krankheit des Reichs und bringt Finsternis darüber, bringt auch dem König einen schlimmen Ruf und dem dadurch gequälten Volk viel Trübsal, so wie Schafe von den Wölfen gequält werden, wenn sie keine Hirten haben«[45]. Die Auseinandersetzung zwischen Herr-

---

blee general des Maistres de l'Etude de Paris. – Et quant es en policie royal, encor par aventure est il expedient que tele multitude raisonable ou partie de elle ait ceste puissance [...]. Meismement car toute ceste multitude de laquele le roy et son familier conseil sunt une petite partie scet miex considerer et ordener tout ce qui est bon pour la chose publique. Et aussi, ce que tous funt et approuvent est plus ferme et plus estable, plus acceptable et plus aggreable a la communité, et donne moins de occasion de murmures ou de rebellion que se il estoient autrement. [...].

43) Dazu etwa allgemein Günther BIEN, Die Grundlegung der politischen Philosophie bei Aristoteles (1973, ³1985); vgl. auch die sorgfältige und umsichtige Kommentierung der »Politik« durch Eckart SCHÜTRUMPF [Teil 3 zusammen mit Hans-Joachim GEHRKE] in: Aristoteles, Werke in deutscher Übersetzung 9, hg. von Hellmut FLASHAR [bisher Teil 1–3 = Buch I–VI, es fehlen noch Buch VII–VIII] (1991–1996).

44) Ramon Llull, Arbor scientiae (*Op. lat. 65*) 1–3, ed. Pere VILLALBA VARNEDA (Raimundus Lullus, Opera Latina 24 = CC Cont. Med. 180A/180B/180C, 2000). Zu dieser Schrift ausführlicher der Sammelband: »Arbor scientiae«. Der Baum des Wissens von Ramón Lull. Akten des Internationalen Kongresses aus Anlaß des 40jährigen Jubiläums des Raimundus-Lullus-Instituts der Universität Freiburg i. Br., hg. von Fernando Dominguez REBOIRAS/Pere VILLALBA VARNEDA/Peter WALTER (Instrumenta patristica et mediaevalia 42 = Subsidia Lulliana 1, 2002).

45) Arbor imperialis [Teil des *Arbor scientiae*] (wie Anm. 44) III. 4 (1 S. 333–360), hier S. 340: *Principi convenit bonum consilium bonarum personarum, et in suo consilio debent esse barones, milites, burgenses, mercatores et aliqui homines, qui sint de populo ... Quare illi principes malefaciunt, qui de suo consilio homines nobiles eiiciunt, sapientes et potentes et virtuosos, et se submittunt vili et consilio pravo et vacuo formis. ... Quod siquidem vile consilium est infirmitas regni et tenebrae illius, et mala fama principis et labor populi ita*

schaftsanspruch des Königs und den Ansprüchen des Adels, die in der ständischen Repräsentation des spätmittelalterlichen Staates einen fragilen Ausgleich fand, wird damit auch in den Texten der Theoretiker greifbar.

V

Die metaphysische Begründung der Einheit des *regnum* in der Leitungsgewalt des Monarchen wurde fortgesetzt bedacht, indem man fleißig die konkreten Verfassungsformen der Zeit diskutierte und sich mit der alten Frage nach der besten Verfassung beschäftigte: ist Wahlmonarchie (wie im Römischen Reich) oder Erbmonarchie (wie in den Königreichen West- und Südeuropas) besser? Soll die Regierung eher durch die Gesetze oder durch den lebendigen Willen des Herrschers erfolgen? Solches Fragen erbrachte praktische Legitimation oder auch einsichtige Kritik der eigenen Zustände, sie konnte im Zweifel auch schneidende Stellungnahmen in konkreten Streitfragen begründen. Für unsere Suche nach der »Integration« der politischen Verfassung trägt sie wenig bei. Eher schon lieferte die Analyse der Instrumente und der Aufgaben königlicher Herrschaft Ergänzungen des Argumentationsarsenals. Rechtswahrung des Königs durch *iurisdictio* war schon im Frühmittelalter als Kernbestand königlicher Pflichten angesehen worden. *Iustitia et pax* waren das Stichwort, welches das Ziel königlicher Herrschaft umfassend zu beschreiben schien[46]. Rechtswahrung und Gerichtsherrschaft, *iurisdictio*, blieb aber auch im späteren Mittelalter unverändert im Blickpunkt, bedeutete in den Argumentationen oft »Herrschaft« schlechthin und wurde immer genannt, wenn man die wichtigsten Aufgaben des Herrschers nennen wollte[47]. Zur Gerichtshoheit trat jedoch, zunehmend seit dem 12. und 13. Jahrhundert, die Pflicht der Rechtsetzung durch Gesetzgebung, eine Aufgabe, die zuerst dem Kaiser gemäß antiken Vorgaben zugedacht war, die gleichzeitig und zuvor auch vom Papst für die Kirche und das Kirchenrecht beansprucht wurde (wie der *Dictatus pa-*

---

tribulati, sicut oves, quae tribulantur per lupos, quando pastores non habent. Zu diesem Teil der Schrift im einzelnen Jürgen MIETHKE, Die »Arbor imperialis« des Ramon Lull von 1295/1296, in: »Arbor scientiae« (wie Anm. 44) S. 175–196.

46) Das Psalmwort (Ps. 84. 11), dem zufolge in utopischer Segenszeit sich »Friede und Gerechtigkeit küssen« werden, hatte ein vielfältiges mittelalterliches Echo. Von den hier genannten Texten wäre im einzelnen zu verweisen etwa auf Henry de Bracton oder Marsilius von Padua. Aus der reichen Literatur nenne ich nur zwei neuere juristische Essais: Hans HATTENHAUER, »Pax et iustitia« (Berichte aus den Sitzungen der Joachim Jungius-Gesellschaft der Wissenschaften e. V., Hamburg I/3, 1983); Hasso HOFMANN, Bilder des Friedens oder die vergessene Gerechtigkeit. Drei anschauliche Kapitel der Staatsphilosphie (Themen. Carl-Friedrich von Siemens-Stiftung 64, 1997).

47) Pietro COSTA, »Iurisdictio«. Semantica del potere politico nella pubblicistica medievale, 1100–1433 (1969 Neudruck: Per la storia del pensiero giuridico moderno 62, 2002).

pae Gregors VII. belegt)[48]. In den Königreichen wurde die gesetzgeberische Kompetenz des Herrschers bald europaweit durch schriftliche Rechtsaufzeichnung oder Rechtskodifikation wahrgenommen.

Gesetzgebung galt bald als genuine und eigentliche Verwirklichung königlicher Herrschaft und wurde auch in die Nähe der Sorge um die Einheit des Reiches gestellt[49]. Um hier erneut nur Ramon Llull exemplarisch zu zitieren, der in seiner metaphorisch verbrämten Sprache sagt: »Dem Fürsten stehen die alten Gewohnheitsrechte, Gesetze und Anordnungen zu, d. h. die Blätter <des Baumes politischer Kenntnis>, die zur Erhaltung seines Reiches und zu seinem Schmuck dienen«[50]. Und das heißt, daß Gesetzgebung nach dieser Auffassung dazu dient, das Recht des Landes aufrechtzuerhalten, altes gutes Recht zu bewahren, schlechtes altes Recht zu bessern, Lücken zu schließen und Überflüssiges auszuschneiden. Nicht anders hatte die Promulgationsbulle Papst Gregors IX. für den *Liber Extra* von 1231 und erst recht Bonifaz' VIII. Prooemium zum *Liber Sextus* von 1296 die Aufgabe der kompilatorischen Kodifikationen des Dekretalenrechts definiert[51].

VI

Wenn die politischen Theoretiker über Integration durch Herrschaft in der Institution des Königtums nachdachten, so mußten sie sich auch jenem Konflikt zuwenden, der noch bei Thomas von Aquin in einer bloß vorausgesetzten, nicht durch Ausgleichsverfahren erar-

---

48) Das Register Gregors VII., ed. Erich CASPAR (MGH Epp. sel. 2/1, 1920–1924 [Neudruck 1967]) S. 201–208 Nr. II 55a, hier 203 § 7.

49) Zur Praxis der Gesetzgebung gab eine reiche Übersicht Armin WOLF, Gesetzgebung in Europa 1100–1500. Zur Entstehung der Territorialstaaten (²1996). Vgl. auch den Sammelband Renaissance du pouvoir législatif et génèse de l'État, hg. von André GOURON/Alain RIGAUDIÈRE (Publications de la Société d'histoire du droit et des institutions des anciens pays de droit écrit 3, 1988).

50) Arbor imperialis (wie Anm. 44) V (S. 350): ... *ad principem spectant consuetudines, leges, ordinationes antiquae, quae significant folia ad conservationem sui regni et ornamentum illius.*

51) *Rex pacificus* bzw. *Sacrosanctae*, beides gedruckt in: Corpus Iuris canonici 2: Decretalium collectiones, Editio Lipsiensis secunda post Ae. L. Richteri curas ed. Aemilius FRIEDBERG (1881 [Neudruck 1954 u. ö.]) Sp. 1–4 bzw. 933–936. Gregor IX. hatte verkündet: [...] *diversas constitutiones et decretales epistolas praedecessorum nostrorum* [...], *quarum aliquae propter nimiam similitudinem et quaedam propter contrarietatem, nonnullae etiam propter sui prolixitatem confusionem inducere videbantur* [...] *in unum volumen, resecatis superfluis providimus redigendas adiicientes constitutiones nostras et decretales epistolas* [...]; Bonifaz VIII. erklärte: ... *decretales huiusmodi diligentius fecimus recenseri, et tandem, pluribus ex ipsis quum vel temporales, aut sibi ipsis vel aliis iuribus contrariae seu omnino superfluae viderentur, penitus resecatis reliquas quibusdam ex eis abbreviatis et aliquibus in toto vel in parte mutatis multisque correctionibus, detractionibus et additionibus, prout expedire vidimus, factis in ipsis in unum librum cum nonnullis nostris constitutionibus* [...] *redigi mandavimus* [...]. Dazu vgl. vor allem Sten GAGNÉR, Studien zur Ideengeschichte der Gesetzgebung (Acta Universitatis Upsaliensis. Studia Iuridica Upsaliensia 1, 1960) S. 121–287.

beiteten Harmonie gewissermaßen versteckt blieb, dem (immer möglichen und oft auftretenden) Streit zwischen – modern gesprochen – Staat und Kirche. Die Ekklesiologie, die Lehre von der Kirche hatte dem Nachdenken über die politische Ordnung schon früher immer wieder Stichworte, Argumente und Anlehnungsflächen geliefert[52]. Daneben hatte die Lehre der kirchlichen Rechtswissenschaft geradezu stellvertretend vielfach diejenigen Funktionen übernommen, die das »Öffentliche Recht« in der Neuzeit errang[53]. Spätestens mit der Kirchenreform des 11. Jahrhunderts verschärften sich jedoch die Konflikte zwischen Papst und Kaiser oder König, zwischen Bischof und Fürsten, zwischen geistlicher und weltlicher Gewalt, und auf beiden Seiten der Kampfeslinie wurden diese Eruptionen von Überlegungen und Theorien begleitet. Wenig Nachdenken genügt, um zu erkennen, daß auch die Frage der gesellschaftlichen Kohärenz und Integration an dem staatlich-kirchlichen Dualismus auf die Dauer nicht vorübergehen konnte, denn die etwa bei Thomas von Aquin zunächst vorausgesetzte prästabilierte Harmonie beider Instanzen war angesichts ihres immer wieder aufbrechenden Streits auf die Dauer nicht einfach festzuhalten.

Die scholastische Theorieentwicklung ist spätestens im Pontifikat Bonifaz' VIII. ganz handgreiflich mit diesen Problemen konfrontiert worden. Auch hier lasse ich alle Differenzierungen fort[54] und beschränke meinen Bericht auf wenige Positionen, um an ihnen die Schwierigkeiten zu verdeutlichen, die der Integrationsaufgabe in der Theorie gestellt waren. Ich erinnere nur an die beiden äußersten Extremauffassungen, welche in radikaler Weise auf das ständig präsente Dilemma eine Antwort versuchten, indem sie eine Vereinseitigung des quälenden Dualismus in jeweils eine einzige Richtung hin unternahmen.

Die Verteidiger päpstlichen Weltanspruchs wie etwa Aegidius Romanus (†1316)[55] schrieben dem Papst als dem Haupt der Amtskirche die schlechthinnige Leitungsgewalt

---

52) Jürgen MIETHKE, Zur Bedeutung der Ekklesiologie für die politische Theorie im späteren Mittelalter, in: Soziale Ordnungen im Selbstverständnis des Mittelalters, hg. von Albert ZIMMERMANN (Miscellanea mediaevalia 12, 2, 1980) S. 369–388; sowie DERS., Kanonistik, Ekklesiologie und politische Theorie. Die Rolle des Kirchenrechts im Spätmittelalter, in: Proceedings of the 9th International Congress of Medieval Canon Law, Munich, 13–18 Sept. 1992, hg. von Peter LANDAU/Jörg MÜLLER (Monumenta Iuris Canonici, Series C: Subsidia 10, 1997) S. 1023–1051.
53) Anregend dazu Harold J. BERMAN, Law and Revolution, The Formation of the Western Legal Tradition (1983) bes. S. 199ff.: *Canon Law, The First Modern Western Legal System*. Neuerlich auch Paolo PRODI, »Eine Geschichte der Gerechtigkeit«. Vom Recht Gottes zum modernen Rechtsstaat. Aus dem Italienischen von Annette SEEMANN (2003).
54) Im einzelnen etwa MIETHKE, De potestate (wie Anm. 16).
55) Biographisch zu ihm zusammenfassend (mit Lit.) besonders Francesco DEL PUNTA/S. DONATI/C. LUNA, in: Dizionario biografico degli Italiani 42 (1993) S. 319b–341a; vgl. auch MIETHKE, De potestate (wie Anm. 16) S. 95–102; Francisco BERTELLONI, »Casus imminens« ed escatologia del potere politico nel »De ecclesiastica potestate« di Egidio Romano, in: Ende und Vollendung. Eschatologische Perspektiven im Mittelalter, hg. von Jan A. AERTSEN/Martin PICKAVÉ (Miscellanea mediaevalia 29, 2002) S. 262–275.

über die gesamte Welt oder doch zumindest faktisch über die christliche Welt der abendländischen Kirche zu. Das Haupt der Kirche erscheint bei diesen Autoren als die letzte Instanz jeder politischen Leitung in der gesamten Kirche und auch in der Welt. Zumindest
dem Anspruch nach kann er im Zweifel beide, Kirche und Welt, unmittelbar seiner Entscheidung unterstellen. Der Papst kann selbstverständlich auch andere Instanzen unter
sich gewähren lassen, kann aber deren Entscheidungen und Tun auch von sich aus durch
eigene Maßnahmen ersetzen. Gott garantiert in seiner Schöpfung das Funktionieren der
Welt, indem er die natürlichen »Zweitursachen« im Normalverlauf ihre Wirkung üben
läßt. Damit findet der Weltlauf für die Naturphilosophie der Scholastik auch seine ausreichende Erklärung. Im Mirakel, im Wunder jedoch kann Gott auch seine genuine Schöp-
fermacht unmittelbar zum Einsatz bringen. Nach der Meinung des Aegidius besitzt nun
der Papst ebenso in eigener Person ganz unmittelbar jegliche Kompetenz, die irgendeiner
kirchlichen Person zukommt: Gott hat die Naturgesetze eingerichtet, aber *causa rationabili emergente facit preter has leges inditas et preter [...] solitum cursum*. Der Papst soll
ebenso *tamquam imitator dei* im Normalfall durch seine Gesetzgebung derart die Kirche
regieren, so daß etwa die Domkanoniker eines Bistums in aller Regel den neuen Bischof
wählen können; *causa tamen rationabili emergente* <papa> *liberam habet potestatem, ut
faciat preter has leges et preter hunc solitum cursum*[56]. Muß ich eigens betonen, daß Aegidius nicht allein die Kirchenstrukturen in dieser eindimensionalen Weise päpstlicher
Machtvollkommenheit versteht? Auch das Wirken der weltlichen Gewalt ist seiner Auffassung nach in letzter Instanz von päpstlicher Entscheidung abhängig. Alle menschlichen,
alle gesellschaftlichen Institutionen verschwinden somit gewissermaßen in der Amts- und
Papstkirche. Dem Papst als dem obersten Haupt aller Menschen fällt die letzte Entscheidung über wirklich alles zu – es ist kein Zufall, daß die Formulierungen und die Argumente
von Bonifaz' VIII. berühmtester Bulle *Unam sanctam* von Aegidius zumindest mitver-
antwortet worden sind[57].

Damit geht in diesem grandiosen Gemälde das, was später Staat werden sollte, völlig in
der Kirchenstruktur und ihrer letztlich im Papste garantierten Einheit auf. Auf der anderen Seite bleibt jedoch eine vergleichbare Extremposition, die nun die staatliche Seite ver-
absolutiert, nicht aus. Von Marsilius von Padua wird die weltliche Herrschaft genau umgekehrt als letztinstanzlich einheitsstiftende Macht konstruiert. Beide Konzeptionen, die
des Aegidius und die des Marsilius, haben die zeitgenössischen Möglichkeiten der fakti-

---

56) Aegidus Romanus, De ecclesiastica potestate III. 9, ed. Richard SCHOLZ (1929 [Neudruck 1961])
S. 193f.
57) Ausführlich dazu bereits (unter Aufnahme der Hinweise u. a. von Charles JOURDAIN, 1858) Richard
SCHOLZ, Die Publizistik zur Zeit Philipps des Schönen und Bonifaz' VIII. (Kirchenrechtliche Abhandlungen 6–8, 1903 [Neudruck 1969]) S. 124–129. Vertieft und erweitert hat den Nachweis Jean RIVIÈRE, Le
problème de l'Église et de l'État au temps de Philippe le Bel. Étude de théologie positive (Spicilegium sacrum Lovaniense, Études et documents 8, 1926) S. 394–404.

schen Machtdurchsetzung hoffnungslos überschätzt und überfordert. In beiden Fällen aber führt die Einheitsvorstellung das gesellschaftliche Leben, als Aufgabe der Vereinheitlichung vorgestellt, zu einer theoretischen Geschlossenheit, zu Konstruktionen, die zeitgenössischen realen Verwirklichungschancen weit enteilen. In seinem *Defensor pacis*, abgeschlossen 1324 und damit nur 22 Jahre jünger als der papalistische Traktat des Aegidius Romanus, hat der Pariser Mediziner und Artistenmagister Marsilius von Padua[58] genau umgekehrt wie Aegidius radikal alle kirchlichen Strukturen, zumindest was ihre äußere Erscheinung betrifft, völlig in der Organisationsgewalt des Staates aufgehen lassen.

Schon der Titel seiner Schrift *Defensor pacis* verweist darauf, daß Marsilius im Hader zwischen Kaiser und Papst Frieden stiften will. Er will den Frieden verteidigen, weil er in den Ansprüchen der Kirche die »ganz einzigartige und tief verborgene« Ursache der allerschlimmsten Krankheit seiner Zeit sieht, wie er im Vorwort seines Traktats ausdrücklich bemerkt[59]. Mit Hilfe der von Aristoteles bereitgestellten analytischen Instrumente macht sich der Pariser Magister anheischig, das für ihn wichtigste Problem seiner Zeit radikal zu lösen. Die Menschen bilden, so sieht er es, ein Staatswesen aus schierer Not. Nicht ihre Vernunft, wie das noch Thomas von Aquin gelehrt hatte, bringt sie zur Lebensgemeinschaft mit Artgenossen, sondern allein und vor allem die Notwendigkeit einer arbeitsteiligen Überwindung der Not und einer gemeinsamen Befriedigung ihrer Bedürfnisse. Ihr Zusammenleben regeln sie durch Gesetze, die ihre Handlungen sanktionieren, d. h. die das Gute, Richtige und Zuträgliche belohnen, das Falsche und Böse bestrafen. Solches aber können Gesetze nur, wenn sie eine zwingende Gewalt bei sich führen, einen Zwang, der auch die Widerstrebenden zur Befolgung anhält. Solche Zwangsgewalt ist den Gesetzen nur zu eigen, wenn sie aus einer *coactiva potestas ihre* Kraft ziehen. Hatte Aristoteles die zwingende Gewalt des Gesetzes (*potencia coactiva*) aus der zwingenden Kraft der Vernunft abgeleitet und somit Befolgung aus Einsicht erhofft, so setzt Marsilius auf den Befolgungszwang, den der Gesetzgeber auszuüben in der Lage ist. Nach seiner Auffassung ist nur jener Text ein zwingendes Gesetz, der vom dafür befugten Gesetzgeber in der korrekten Weise erlassen und mit Befolgungszwang bewehrt wurde. Dies aber führt dazu, daß Gesetze von allen Vollbürgern gemeinsam beschlossen werden müssen, da nur dann ge-

---

58) Ununterbrochen wächst die Literatur zu Marsilius. Eine umfangreiche neuere Bibliographie z. B. bei Carlo DOLCINI, Introduzione a Marsilio da Padova (I filosofi 63, 1995) S. 86–112; zusammenfassend zu ihm zuletzt etwa Jürgen MIETHKE, in: Die Religion in Geschichte und Gegenwart 5 (³2002) S. 855f.
59) Marsilius von Padua, Defensor pacis I. i. 3, ed. Richard SCHOLZ (MGH Fontes iuris 7, 1932–1933) S. 5: *... est tamen extra illas* [scil. den Ursachen des Ruins der Staaten seiner Gegenwart, die man bei Aristoteles bereits nachlesen kann] *una quedam singularis et occulta valde, qua Romanum imperium dudum laboravit laboratque continuo, vehementer contagiosa, nil minus et prona serpere in reliquas omnes civilitates et regna ...*; darauf kommt dann der Text mehrfach zurück, besonders deutlich ebenda I. xix.12 (S. 135 Z. 7ff.), wo eigens auf das Vorwort zurückverwiesen wird, oder die zusammenfassende letzte *Diccio* des Werkes (III. 1 bzw. III. 3); vgl. auch die weiteren Nachweise zu *pestilencia, pestis* im Register (627a)!

währleistet ist, daß freie Männer durch diese Gesetze sich letztlich ausschließlich selber zwingen dürfen und können.

Mit dieser Wendung erreicht Marsilius Einheit und Geschlossenheit seines politischen Systems, insofern alle anderen Instanzen nurmehr »Gesetze im uneigentlichen Sinne« erlassen können. Richtige Gesetze kann allein der staatliche Gesetzgeber aufrichten. Kirchliche *canones* oder päpstliche Dekretalen stehen nur scheinbar auf derselben Ebene wie weltliche Gesetze, sie sind nach der marsilianischen Theorie ausschließlich dann und nur insoweit gültig, als sie vom dafür befugten weltlichen Gesetzgeber gewissermaßen übernommen und in Kraft gesetzt wurden. Erst damit werden sie zu »richtigen« Gesetzen. Nicht ihre vernünftige oder nützliche Regelung macht ein Gesetz zu einem richtigen Gesetz – damit entfernt sich Marsilius weit von seinen Zeitgenossen! –, ein Gesetz wird zum Gesetz erst durch die Strafbewehrung für das diesseitige Leben. Solche Strafbewehrung durch Sanktion kann nur vom *legislator humanus* kommen. Marsilius legt allergrößten Wert darauf, daß an der Gesetzgebung zunächst alle Bürger beteiligt sind: »Wir aber wollen sagen, wie es der Wahrheit und dem Rate des Aristoteles entspricht: Gesetzgeber oder erste und eigentliche bewirkende Ursache des Gesetzes ist das Volk, d.h. die Gesamtheit der Bürger oder ihr gewichtigerer Teil … Die Befugnis, Gesetze zu geben oder in Geltung zu setzen und über ihre Beachtung eine zwingende Vorschrift zu erlassen, steht allein der Gesamtheit der Bürger oder deren gewichtigeren Teil zu«[60]. Die Beteiligung aller wird ausdrücklich verteidigt: »Da nun ein Gesetz ein Auge aus vielen Augen ist, d.h. eine Beobachtung, die viele Beobachter geprüft haben, um in Urteilen über einen Rechtsstreit Irrtum zu vermeiden und richtig zu urteilen, ist es sicherer, wenn diese <Urteile> nach dem Gesetz als wenn sie nach dem freien Ermessen des Urteilers gefällt werden«[61].

Das gilt für das gesamte zivile Leben, besonders auch für die Wirksamkeit der Gebote der Kirche. Die Kirche hat abseits von der damit ihr belassenen Möglichkeit, daß der weltliche Gesetzgeber die Gebote der Kirche praktisch übernimmt und aus seiner eigenen Kompetenz in Kraft setzt, nurmehr die kleine Chance, durch Verheißungen und Drohungen für das Leben nach dem Tode die Gläubigen anzusprechen und bei der Stange zu halten. Die staatliche Form der Kohäsion und Integration geht der Kirche selber ab, solange

---

60) In streng aristotelischer Terminologie, jedoch in deutlichem Bewußtsein einer Distanz zu dessen Theorie, heißt es in Defensor pacis (wie Anm. 59) I. xii. 3 (S. 63): *Nos autem dicamus secundum veritatem atque consilium [!] Aristotelis 3° Politice, capitulo 6°, legislatorem seu causam legis effectivam primam et propriam esse populum seu civium universitatem aut eius valenciorem partem.* – Dazu ebenda (I. xiii. 8, S. 77): *… legumlacionis seu institucionis auctoritas et de ipsarum observacione coactivum dare preceptum ad solam civium universitatem seu ipsius valenciorem partem tamquam efficientem causam* [pertinet]. Zur Gesetzeslehre im einzelnen etwa Tilman STRUVE, Die Rolle des Gesetzes im »Defensor pacis« des Marsilius von Padua, Medioevo 6 (1980) S. 355–378.

61) Defensor pacis (wie Anm. 59) I. xi. 3 (S. 57): *Cum igitur lex sit oculus ex multis oculis, id est comprehensio examinata ex multis comprehensoribus, ad errorem evitandum circa civilia iudicia et recte iudicandum, tucius est ea ferri secundum legem quam secundum iudicantis arbitrium.*

sie nicht vom »staatlichen« *legislator humanus* ausdrücklich und durch entsprechenden Beschluß zur Verfügung gestellt wird, indem dieser – wiederum modern gesprochen – kirchliches Recht als staatliches setzt. Es ist die große Leistung dieses »aristotelischen« Entwurfes des Marsilius, der freilich Argumente und Annahmen des alten Griechen in einer auf die Moderne weit vorausweisender Weise formalisiert und mechanisiert hat, daß er zumindest in der Konstruktion des Zusammenlebens der Menschen auf jedes außerstaatliche Bindemittel verzichten kann. Die Integration des politischen Gemeinwesens ist ausschließlich und letztinstanzlich »staatliche« Leistung. Mir scheint, es ist demgegenüber nicht entscheidend, daß auch dieser Traktat den realen Möglichkeiten seiner Zeit weit voraus eilt und keine echten Realisierungschancen behielt, denn einen solch umfassenden Regelungsbedarf konnte auch noch der spätere frühmoderne Staat keineswegs bereits erfüllen. Die Totalisierung der Beteiligung aller Bürger an der Gesetzgebung jedoch, die Marsilius wenigstens postuliert und konstruktiv in seinen Argumentationen voraussetzt, ist zwar noch keine eigentliche Theorie der Volkssouveränität, weist aber auf diese unzweifelhaft voraus und zeigt in einer extremen Position die Möglichkeiten mittelalterlicher Theoriebildung in klassischer Klarheit.

VII

Es ist bemerkenswert, daß auch andere Theoretiker seit dem 14. Jahrhundert mehr und mehr dazu übergehen, die Integration der Herrschaftsordnung nicht mehr ausschließlich als vorgegebene Struktur, sondern als einen der politischen Gestaltung aufgegebenen Auftrag zumindest mitzubedenken. Der Zeitgenosse des Marsilius und sein Mitexulant am kaiserlichen Hofe Ludwigs des Bayern in München[62], Wilhelm von Ockham, hat sich selber nur sehr sporadisch zu Fragen der weltlichen Herrschaftsordnung geäußert. Er hat aber die Kirchenverfassung wie selbstverständlich als eine Sozialverfassung beschrieben und durchdacht, als eine Verfassung, die nach prinzipiell denselben Prinzipien gestaltet und beurteilt werden müsse wie die Herrschaftsordnung eines Königreichs (und umgekehrt). Wenn Ockham in seinen Erwägungen über das Generalkonzil eine repräsentative Bestellung der Vertreter der gesamten Christenheit fordert, um die – wie er weiß – zu

---

62) Zusammenfassend zum Münchener Hof Alois Schütz, Der Kampf Ludwigs des Bayern gegen Papst Johannes XXII. und die Rolle der Gelehrten am Münchner Hof, in: Die Zeit der frühen Herzöge. Von Otto I. zu Ludwig dem Bayern. Beiträge zur Bayerischen Geschichte und Kunst, 1180–1350, hg. von Hubert Glaser (Wittelsbach und Bayern I, 1, 1980) S. 388–397; vgl. auch Jürgen Miethke, Wirkungen politischer Theorie auf die Praxis der Politik im Römischen Reich des 14. Jahrhunderts. Gelehrte Politikberatung am Hofe Ludwigs des Bayern, in: Political Thought and the Realities of Power in the Middle Ages/ Politisches Denken und die Wirklichkeit der Macht im Mittelalter, hg. von Joseph Canning, Otto Gerhard Oexle (Veröffentlichungen des Max-Planck-Instituts für Geschichte 147, 1998) S. 173–210.

seiner Zeit schon allein aus rein technischen Gründen unmögliche Versammlung der Gesamtkirche an einem Ort durch stellvertretendes Handeln einer repräsentativen Versammlung zu ersetzen, so hat er dem späteren Konziliarismus des 15. Jahrhunderts Stichworte und Belege geliefert, nicht jedoch bereits dessen Superioritätsansprüche vorweggenommen, wie sie im Konflikt zwischen Papst und Konzil in Basel zum Ausbruch kommen sollten. Ockhams Definition eines Konzils ist später von den frühen Konziliaristen (wie Konrad von Gelnhausen[63] oder Heinrich von Langenstein[64]) wortwörtlich übernommen worden: »Man muß jene Versammlung als Generalkonzil ansehen, in der verschiedene Personen, die in Vollmacht und Stellvertretung für alle Teile der gesamten Christenheit zusammenkommen, um über das gemeine Wohl zu beraten«[65]. Ockham gibt sich im Verlauf seiner Darlegungen in der Tat große Mühe, die Repräsentativität dieser Kirchenversamm-

63) Konrad von Gelnhausen, Epistola concordiae, ed. Franz Placidus BLIEMETZRIEDER, Literarische Polemik zu Beginn des Großen Abendländischen Schismas (Publikationen des Österreichischen Historischen Instituts Rom 1, 1910 [Neudruck 1967]), hier S. 131, 45–132, 5: *Concilium generale est multarum vel plurium personarum rite convocatarum repraesentantium vel gerentium vicem diversorum statuum, ordinum et sexuum et personarum totius christianitatis venire aut mittere valentium aut potentium ad tractandum de bono communi universalis ecclesiae in unum locum communem et idoneum conventio seu congregatio.* (Es versteht sich, daß in diesem wie in fast sämtlichen anderen Fällen Ockhamzitate nur stillschweigend begegnen.)

64) Heinrich von Langenstein, Epistola pacis, pars 88 (hier ist die Übereinstimmung mit Ockhams Formulierung noch enger!): *illa congregatio utique esset generale concilium reputanda, in qua diversae personae gerentes auctoritatem et vicem diversarum partium totius christianitatis ad tractandum de communi bono rite convenirent* [zitiert nach dem Druck in: Programm der Academia Julia-Carolina zu Helmstedt (Michaelis 1779)]. Dazu etwa Georg KREUZER, Studien zur Biographie und zu den Schismatraktaten unter besonderer Berücksichtigung der »Epistola pacis« und der »Epistola concilii pacis« (Quellen und Forschungen aus dem Gebiet der Geschichte N. F. 6, 1987) S. 175ff., 178f. – Auch Ockham freilich hat für seine Konzilsüberlegungen vielfach kanonistische Autoritäten herangezogen, so daß dies kein Gegenbeweis gegen seine Wirkung sein kann! – Allgemein zur Rezeption Ockhams bereits in geraffter Übersicht Georges DE LAGARDE, La naissance de l'esprit laïque au déclin du moyen âge (Édition refondue et complétée) 5 (1963) S. 291–337; genauer Hilary S. OFFLER, The ›Influence‹ of Ockham's Political Thinking: The First Century, in: Die Gegenwart Ockhams, hg. von Wilhelm VOSSENKUHL/Rolf SCHÖNBERGER (1990) S. 338–365 [Neudruck in: Hilary S. OFFLER, Church and Crown in the 14th Century, ed. Anthony Ian DOYLE (Variorum Collected Studies Series 692, 2000) X]. Vgl. auch die Belege bei Hermann Josef SIEBEN, Traktate und Theorien zum Konzil. Vom Beginn des Großen Schismas bis zum Vorabend der Reformation, 1378–1521 (1983) S. 121; Jürgen MIETHKE, Konziliarismus, die neue Doktrin einer neuen Kirchenverfassung, in: »Reform von Kirche und Reich« zur Zeit der Konzilien von Konstanz (1414–1418) und Basel (1431–1449), hg. von Ivan HLAVÁČEK/Alexander PATSCHOVSKY (1996) S. 29–61, hier S. 52ff.

65) Wilhelm von Ockham, Dialogus I. vi. 85, im Druck bei Johannes TRECHSEL (Lyon 1494 [Neudr. 1962]) fol. 97va, im Druck bei Melchior GOLDAST, Monarchia S. Romani Imperii 2 (Frankfurt/Main 1614 [Neudruck 1960]) S. 398–957, hier S. 603, 60–62: *Illa igitur congregatio esset concilium generale reputandum, in qua diverse persone gerentes auctoritatem et vicem universarum partium totius christianitatis ad tractandum de communi bono rite conveniunt.* In diesen Drucken liest man fälschlich *sanitatis*, das ist u. a. mit Ms. Paris, Bibliothèque Nationale, lat. 15881, fol. 134vb, zu korrigieren!

lung durch ein geeignetes Auswahl- und Besetzungsverfahren wirklich sicherzustellen[66].
Es sollen alle Christen, nicht nur die Kleriker, sondern auch die Laien, die Fürsten, die Könige, die Städte, die Pfarrgemeinden, die Bistümer und selbst die Frauen[67] in geeigneter
Weise durch Vertreter an der Kirchenversammlung teilnehmen, um die Beratung so um-
sichtig und repräsentativ wie möglich zu machen. Gleichwohl sichert die Repräsentativität
der Versammlung nicht von vorneherein Verbindlichkeit und Unfehlbarkeit ihrer Beschlüsse. Unfehlbarkeit ist und bleibt der göttlichen Verheißung vorbehalten, die gerade
nicht einem Konzil gegolten hat, sondern zweien oder dreien, die sich in Jesu Namen versammeln[68].

Selbst für die Kirche aber kann Ockham sich – mehr als 30 Jahre vor dem Beginn des
Großen Abendländischen Schisma und mehr als anderthalb Jahrhunderte vor der Kir-
chenspaltung des 16. Jahrhunderts – durchaus vorstellen, daß für eine Zeit lang die Einheit
des Verbandes zugunsten einer Aufteilung in mehrere Kirchen unter mehr als einen Papst
unumgänglich oder doch klar vorteilhaft sein könnte, freilich nur, sofern das alles *absque
discordia* von den Gläubigen so beschlossen wird: »Wenn aus einer Notwendigkeit oder
wegen eines <evidenten> Nutzens ohne alle Zwietracht im Konsens der Gläubigen mehrere Päpste zugleich den apostolischen Stuhl besetzten und in Eintracht die Kirche Gottes
regierten, dann könnte aus solcher Mehrzahl von höchsten Bischöfen keinerlei Gefahr eines Schismas folgen, weil ja weder zwischen den Päpsten selbst noch zwischen ihren
Untergebenen irgendeine Spaltung bestünde. Wenn im selben Bistum mehrere Bischöfe
wären, die sich gegenseitig unterstützten, dann könnte gleichermaßen deswegen in diesem
Bistum keine Spaltung sein. Daraus läßt sich ein Argument gewinnen zum Beweis dafür,
daß ohne jedes Schisma oder ohne jegliche Zerteilung der Einheit mehrere Päpste zur sel-

---

66) Vgl. LAGARDE, Naissance 5 (wie Anm. 64) S. 56–61; Hermann Josef SIEBEN, Die Konzilsidee des lateinischen Mittelalters, 847–1378 (Konziliengeschichte, Reihe B: Untersuchungen, 1984) S. 410–469. Zum
Konziliarismus auch die knappe Übersicht von Georg KREUZER, Die konziliare Idee, Rottenburger Jahrbuch für Kirchengeschichte 11 (1992) S. 29–40.
67) Dialogus (wie Anm. 65) I. vi. 85 (TRECHSEL fol. 98rb, GOLDAST S. 605, 21–26): *Discipulus: ... Et dic bre-
viter, quare dicitur quod mulieres non sunt simpliciter contra voluntatem earum a generalibus conciliis ex-
cludende? Magister: Dicitur quod hoc est propter unitatem fidei virorum et mulierum, que* omnes tangit *et
in qua* non est masculus nec femina *secundum Apostolum, ad Col. 3* [11 – zu korrigieren in: Gal. 3. 28] [...].
*Et ideo ubi sapientia, bonitas vel potentia mulierum esset tractatui fidei, de qua potissime est tractandum in
concilio generali, necessaria, non est mulier a generali concilio excludenda.* Pierre d'Ailly hat in einer Abbreviation von Ockhams *Dialogus*, die er (wohl 1371–1374) noch als Student im Pariser Collège de Navarre
anfertigte, über diese Konzilien-Kapitel nur sehr summarisch, wenn auch mit dem ausdrücklichen Hinweis
berichtet: *Et omnia sunt valde notabilia*; die Teilnahme der Frauen jedoch hebt er dabei eigens hervor: *Ter-
tium est quod mulieres possint et debeant generali concilio interesse.* Vgl. Ian MURDOCH, Critical Edition
of Pierre d'Ailly's »Abbreviatio dyalogi Okan«, Diss. Monash University [Melbourne, Australien] 1981
(masch.) S. 52f. (zur Datierung: xviiff.).
68) Im einzelnen vor allem SIEBEN, Konzilsidee (wie Anm. 66) bes. S. 427–452.

ben Zeit aus Notwendigkeit oder zum Nutzen amtieren könnten, wenn es die Notwendigkeit oder ein <evidenter> Vorteil gebieten, denn gleiches Recht gilt für den Teil wie für das Ganze und in kleinen wie in großen Dingen«[69].

Es ist deutlich, daß Ockham Integration nicht allein oder bereits in der Existenz des einen päpstlichen Hauptes gesichert sieht.[70] Er vermag sich sogar ein *concorditer regere*, eine einträchtige Regierung mehrerer oberster Amtsträger in der Kirche Christi vorzustellen. Dabei galt die Kirche dem Theologen selbstverständlich als eine unmittelbare göttliche Stiftung, von Christus selbst begründet; und trotzdem erklärte er sie hier zu einer Institution, in der – wenigstens für eine gewisse Zeit und sogar zum bloßen Nutzen der Gesamtheit – eine Aufhebung der numerischen Einheit gegen Christi Gebot gerechtfertigt schien. Bei Ockham ergibt sich Einheit somit nicht aus der hierarchischen Ordnung allein, sondern stärker noch aus der *concordia*, wie sie vor allem in einem repräsentativen System sichergestellt werden kann und muß. Wichtiger als numerische Einheit und wichtiger auch als hierarchisch-monarchische Gestalt ist für Ockham demnach die in *concordia* gegründete Einheit.

VIII

In der Zeit des Schismas und der Reformkonzile war eine derartige Vorstellung nicht ohne weiteres anschlußfähig, da man die Spaltung der Kircheneinheit im institutionellen Schisma der Pluralität der Oboedienzen mit all den realen und emotionalen Folgen nur allzu deutlich erlebte. Da exkommunizierten die verschiedenen Päpste sich gegenseitig und erklärten die Anhänger ihrer Gegner zu Schismatikern und Ketzern. So gerne man auch Ockhams Vorschläge sonst damals aufgegriffen hat, die Betonung der *concordia* mußte verschwinden oder doch als bloße Forderung bestehen bleiben, konnte nicht als

---

69) Dialogus (wie Anm. 65) III/1. ii. 25 (Trechsel fol. 202rb, Goldast S. 813, 8–11): *Si autem propter necessitatem vel utilitatem absque discordia de consensu fidelium plures simul haberentur in apostolica sede et concorditer regerent ecclesiam dei, ex pluralitate huiusmodi summorum pontificum nullum periculum scismatis sequeretur, quia nec inter ipsos summos pontifices nec inter eis subiectos aliqua esset scissura, quemadmodum si in eodem episcopatu essent plures episcopi se mutuo adiuvantes, nulla propter hoc in eodem episcopatu esset scissura. Et ex isto sumitur argumentum ad probandum quod absque omni scismate et divisione unitatis ecclesie possent propter necessitatem vel utilitatem esse simul plures summi pontifices, nam idem iuris est in parte quod in toto et in parvis quod in magnis.* Zur (bei ihm häufigen) Gleichsetzung von *necessitas* und *utilitas* [*evidens*] beruft sich Ockham in Dialogus III/1. iv. 7 (Trechsel fol. 223ra, Goldast S. 854, 64–855, 3), ausdrücklich auf die *Glossa ordinaria* zu X 2. 24. 26, wo es (nach Laurentius) heißt (s.v. *necessitas* – unter Berufung auf *Decretum Gratiani* C. 22 q. 1 c. 6): *et ita nunquam iurandum est nisi in necessitate, sed haec necessitas includit etiam sub se utilitatem.*

70) Das wird ausdrücklich Dialogus (wie Anm. 65) III/1. ii. 25 (Trechsel fol. 202rb, Goldast S. 812, 59–61) gleich zu Beginn des Kapitels festgestellt: *Magister: ... nullis Christianis licet scindere unitatem ecclesie, sed absque unitate summi pontificis potest unitas ecclesie perdurare ...*

Voraussetzung der erlebten Wirklichkeit des Dissenses genommen werden. Die Wiederherstellung der Kircheneinheit und damit die Verwirklichung der Integration zumindest in der Kirche blieb zwar ein wichtiges, ein immer wichtiger werdendes Thema, war jedoch nach dem definitiven Eintreten des Schisma durch solch hoffnungsfrohe Theorien nicht wieder zurückzugewinnen, da eine *concordia* sich jetzt trotz aller Anstrengungen nicht herstellen ließ und schon gar nicht die Ausgangsbedingungen bestimmte.

Es ist einsichtig, daß das Thema der kirchlichen Einheit nach den Erfahrungen des Schismas mit neuen Akzenten erörtert worden ist. Ein letztes herausgegriffenes Beispiel soll das hier exemplifizieren: Nikolaus von Kues, als bevollmächtigter Prokurator und Prozeßvertreter des von der Kapitelmehrheit zum Erzbischof von Trier gewählten Ulrich von Manderscheid dem Basler Konzil inkorporiert[71], hat in seiner *Concordantia catholica* (von 1433/34) wohl die entschlossenste Konsequenz daraus gezogen. In das Zentrum seiner Überlegungen stellte er weniger die Einheit, als vielmehr den Prozeß der *unio*, die »Einigung«. Schon in seiner Definition der Kirche stellt Nikolaus es nicht auf die kanonistische Korporationslehre ab, sondern hält sich an theologische Traditionen. Die Kirche ist ihm nicht zuerst eine *congregacio*, sondern eine »Vereinigung« (*unio*) der Gläubigen[72], sie nimmt teil am Leben der Trinität, ist *unio ad Christum*. Der Kirche höchstes Gesetz muß daher *concordia* sein, die, so heißt es ganz am Beginn seines Traktats, überall gilt, *in uno et in pluribus*[73]. Klingt das noch fast genau so, wie es Ockham formuliert hatte, so ist hier doch die Konsequenz, und Nikolaus wird nicht müde, daran zu erinnern, daß nur die Einmütigkeit im Konzil Zeichen der Wahrheit ist und Wahrheit verbürgt[74]. Noch in den ersten Jahren des Basler Konzils gehörte der Kusaner zu den Konziliaristen, die die Auffassung vertreten, daß der Papst unter dem Gesamtkonzil stehe, und er spricht das eindeutig

---

71) Die Lebenszeugnisse sind monumental zusammengestellt (bisher bis 1452) in: Acta Cusana. Quellen zur Lebensgeschichte des Nikolaus von Kues, ed. Erich MEUTHEN, I, 1 (1976), 2 (1983), 3a–3b (1996), 4 (2000); Datierung der Concordantia auf »nach 1433 April/Juli 13 – vor Ende 1433/1434 Februar 23«: I, 1 S. 129f. Nrr. 202 und 202a. Zum Leben knapp und präzise Erich MEUTHEN, Nikolaus von Kues. Skizze einer Biographie (1964, ⁵1982). Zum Folgenden auch Jürgen MIETHKE, Die Einheit der Kirche in der »Concordantia catholica« des Nikolaus von Kues, in: Platonismus im Orient und Okzident, hg. v. Raif G. KHOURY u. Jens HALFWASSEN (2005) S. 201–213.

72) Nikolaus von Kues, De concordantia catholica II. 34, ed. Gerhard KALLEN (Nicolai de Cusa Opera omnia, iussu et auctoritate Academiae Litterarum Heidelbergensis 14, 1959–1965) S. 302 [§ 259]: ... *ecclesia non est nisi unio fidelium*.

73) Ebenda I. 4 (S. 44 [§ 20]): *Unde ex membrorum diversitate hierarchia non subsistit. Necesse est ergo concordiam illam esse in uno et pluribus, in uno capite et pluribus membris*. In seiner späteren Verteidigung Eugens IV. wird Nikolaus immer wieder auf den Mangel an *concordia* bei den Baslern zeigen, vgl. etwa die Nachweise im Register zu Acta Cusana 1, 4 (wie Anm. 71) S. 1647ᵃ unter *concordantia* und *concordia*!

74) De concordantia catholica (wie Anm. 72) II. 4 (S. 104 [§ 78]): *Verum, quia dixi, quod si ex concordantia procedit diffinitio, tunc ex sancto Spiritu processisse creditur, quoniam ipse est auctor pacis ac concordiae, et non est humanum varios homines in unum congregatos in summa libertate loquendi constitutos ex una concordantia iudicare, sed divinum, ideo praesumi hoc omnino debet*.

und unmißverständlich aus. Er übernimmt aus der kanonistischen Korporationstheorie die Vorstellung, daß jede Prälatur, auch die von Gott übertragene, vom *consensus* der Untergebenen getragen werden muß, wie sie sich etwa in der Wahl ausdrückt. Gerade in der Kirche, wo nicht Zwang herrsche, sondern eine *libera subiectio* das Zusammenleben bestimme, entspricht auch noch die Beauftragung Petri durch Christus mit dem Primat notwendigerweise dem Konsens der übrigen Apostel, und ähnliches gilt für die gesamte Kirchengeschichte[75].

Ist somit in der Kirche das Wunder der Einheit zugleich göttlich bewirkt und menschlich verursacht, so gilt das auch für die weltliche Verfassung, die sich von der kirchlichen Verfassung in ihren Grundlagen allein dadurch erheblich unterscheidet, daß in die weltliche Verfassung Gott nicht unmittelbar einwirkt. Nikolaus bedenkt die weltliche Ordnung für das Römische Reich im eilig hinzugefügten letzten, dem dritten Buch seines Traktates. Auch hier aber bestimmen die praktischen Erfahrungen des Konzils seine konkreten Vorschläge, auch hier bietet er eine Theorie des Konsenses als Basis und Prinzip aller Überlegungen an. Als Reformvorschlag für das Reich stellt Nikolaus ein stufenförmiges Repräsentationsschema der Herrschaft und vor allem wiederum der Gesetzgebung vor. Die Stufenfolge führt vom alltäglichen Hofrat (*cotidianum consilium*) des Kaisers[76] über den regelmäßig jährlich abgehaltenen *conventus annuus* (dem »Kleinen Reichstag«, wie ihn Hermann Heimpel genannt hat) bis zum *plenissimum conventum*, dem »Großen Reichstag«, der nur im Falle des dringenden Bedarfs, d. h. bei einer *ardua materia* alle Fürsten des Reiches versammelt[77]. Wir können hier nicht verfolgen, wie sehr diese Vorschläge auf die

---

75) Vgl. ebenda II. 7–15 (S. 114–172).

76) Ebenda III. 35 (S. 376 [§ 378]): *Habere quippe debet princeps ex omnibus de subiectis viros perfectos ad hoc de omni parte regni electos, qui in cotidiano consilio assint regi. Tales quippe consiliarii vicem gerere debent omnium regnicolarum, sicut de cardinalibus ... supradictum est* (das bezieht sich auf De concordantia catholica II. 18 S. 201 [§ 164]: *hoc modo Romanus pontifex secum continuum haberet concilium ordinate repraesentativum universalis ecclesiae ...*). Die Kardinäle wird Nikolaus in seinem letzten politischen Traktat, in der *Reformacio generalis* von 1459, erneut ein »tägliches Konzil« nennen, zuletzt gedruckt (mit deutscher Übersetzung) in: Quellen zur Kirchenreform im Zeitalter der großen Konzilien des 15. Jahrhunderts 2: Die Konzilien von Pavia-Siena (1423/1424), Basel (1431/1449) und Ferrara-Florenz (1438/1445), ed. Jürgen MIETHKE/Lorenz WEINRICH (Ausgewählte Quellen zur deutschen Geschichte des Mittelalters, Freiherr vom Stein-Gedächtnisausgabe A 38b, 2002) S. 468–498, hier S. 488: ... *faciunt igitur nobiscum* [d. i. mit dem Papst] *quotidianum compendiosum ecclesie concilium quasi legati nacionum, et sunt partes et membra corporis nostri mystici ...*

77) De concordantia catholica (wie Anm. 72) III. 35 (S. 442 [§ 519]): *Ordinetur autem conventus annuus circa festum Pentecostes in Francfordia, qui videtur locus ex situ et aliis circumstantiis aptissimus, ad quem concurrant iudices omnes et electores imperii in propria persona absque pompa et gravibus expensis. Et praesideat ipse dominus imperator, si praeesse poterit per se, alioquin primus ex electoribus eius nomine. Et facta imperii ac etiam particularia, quae occurrerunt iudicibus, tractentur et reformentur reformanda. Si vero ardua materia deposcit plenissimum conventum omnium principum ibi vel alibi fieri, fiat quod plus expedit.* [...]. S. 446 [§ 530]: *Examinentur ibi provincialium consuetudines et redigantur, quantum fieri potest, ad*

Reichsreformdiskussion des späteren 15. Jahrhunderts vorausdeuten und wie sehr sie sich doch auch davon unterscheiden.

Die Anregung des Cusanus, Gesetze nicht nur durch den Kaiser verkünden zu lassen, sondern durch den Konsens der Repräsentanten der einzelnen Regionen des Reiches bereits bei ihrer Formulierung abzusichern, wie es zumindest den theoretischen Grundlagen spätmittelalterlicher Reichstagspraxis durchaus entsprach, und dann zusätzlich auch durch entsprechende Kommunikationsverfahren die Bekanntmachung der erlassenen Gesetze und die Erreichbarkeit ihrer Texte überall im Reiche zu gewährleisten, gibt uns freilich einen Einblick in die Chancen, die der Kusaner in einer weiteren kommunikativen Integration des Staatswesens sah. An den periodisch tagenden »kleinen« jährlichen Reichsversammlungen sollten nach seinen Vorstellungen neben den Kurfürsten auch Vertreter des Adels, der Geistlichkeit und der Universitäten (nicht aber alle Fürsten) teilnehmen. Diese Teilnehmer hatten sodann, so sieht er es vor, auch für die Verbreitung und Hinterlegung der Texte der (Gesetzes-)Beschlüsse an zugänglichen Orten zu sorgen.

Es ist klar, hier verdoppeln sich auf weltlichem Gebiet gleichsam die Idealvorstellungen, die sich die Konzilsväter von der Verbreitung der (kirchlichen) Gesetzgebung zu machen liebten: Schon auf dem Konstanzer Konzil hatte sich ein Theologe wie Pierre d'Ailly zu dem Vorschlag veranlaßt gesehen, wichtige Texte des Kirchenrechts, katechetische Schriften und Traktate zur Kirchenreform zentral über die Metropolitanverfassung der Kirche schriftlich an die Diözesen der Peripherie zu vermitteln[78], und bereits zuvor war seit dem IV. Laterankonzil der Gedanke in der Kirche verbreitet, sämtliche Konzilsbe-

---

communes observantias, et maxime captiosae formae omnino undique tollantur, quoniam saepe simplices pauperes iniustissime per cavillationes causidicorum extra formam ducuntur et a tota causa cadunt, quoniam qui cadit a syllaba, cadit a causa, ut saepe vidi per Treverensem diocesim accidere. [§ 531]: Deinde tollantur pessimae consuetudines quae admittunt iuramentum contra quoscumque et cuiuscumque numeri testes. Et sunt tales pessimae observantiae multae per Germaniam contra iustitiam veram ac etiam peccata nutrientes, quae particulariter enumerare nemo sciret. Unde propter hoc concurrere debent provinciarum iudices et in scriptis consuetudines suarum provinciarum redigere et porrigere in concilio, ut examinentur. Et sic de aliis defectibus. – Vgl. auch etwa III. 25 (S. 421ff. [§§ 470ff.]); III. 32–33 (S. 438f. [§ 508f.]. Zu den iudices provinciarum vgl. III. 33 (S. 510 [§ 511]). Die Aufbewahrung des Gesetzestextes in: III. 34 (S. 441 [§ 517]); cf. III. 41 (S. 470 [§ 588]): Et istae sunt leges imperiales inter durum et molle in medio constitutae, omnia concorditer colligantes membra ad unum. – Zu den Reichsreformvorschlägen des Cusanus zuletzt Johannes HELMRATH, »Geistlich und werntlich«, Zur Beziehung von Konzilien und Reichsversammlungen im 15. Jahrhundert, in: Deutscher Königshof, Hoftag und Reichstag im späten Mittelalter, hg. von Peter MORAW (VuF 48, 2002) S. 477–517, bes. S. 492ff.

78) Vgl. Pierre d'Ailly, De reformacione ecclesie, Consideratio 5, zuletzt gedruckt in: Quellen zur Kirchenreform im Zeitalter der großen Konzilien des 15. Jahrhunderts, Erster Teil: Die Konzilien von Pisa (1409) und Konstanz (1414–1418), ed. Jürgen MIETHKE/Lorenz WEINRICH (Ausgewählte Quellen zur deutschen Geschichte des Mittelalters, Freiherr vom Stein-Gedächtnisausgabe A 38a, 1995) S. 338–376, hier S. 368f.

schlüsse in die Diözesen über die Provinzial- und Diözesansynoden zu verbreiten[79]. An den natürlichen Schwierigkeiten einer derartigen Publikationsmaschinerie im Zeitalter handschriftlicher Vervielfältigung von Texten waren alle diese Vorstellungen in der Kirche bereits weitgehend gescheitert. Das gemeine Recht verbreitete sich auch in der Kirche vorwiegend auf anderen Kanälen als dem Synodalsystem. Die Idee des Kusaners, im Römischen Reich einen analogen Kommunikationsweg einzurichten, ließ sich erst recht nicht verwirklichen. Man wird den Vorschlag aber ohne Gewaltsamkeit dem Interesse an einer besseren Integration zuordnen dürfen und kann in solchen Vorstellungen und Ideen vielleicht die am weitesten getriebenen Momente einer Theorie staatlicher Integrationsbemühungen erblicken.

Ich komme zum Schluß: Die von Nikolaus von Kues vorgesehene Verfassungsreform erreichte zwar noch nicht die ständische Repräsentation des frühmodernen Reichstages, sie ist kein unmittelbarer Vorgriff auf die reale Entwicklung der Reichsverfassung und konnte das auch gar nicht sein: theoretische Überlegungen können die Zukunft nicht real vorweg nehmen. Aber diese Vorschläge richten bereits ihre Aufmerksamkeit auf eine stark intensivierte kommunikative Kohärenz des Reiches und nehmen damit diese Aufgabe wenigstens entschlossen in den Blick. Darin sehe ich einen konsequenten, auf die eigenen Erfahrungen bezogenen und aus ihnen abgeleiteten Versuch, die Möglichkeiten spätmittelalterlicher scholastischer Politiktheorie hinsichtlich des großen Themas der Einheit der politischen Strukturen konkret für die deutsche Reichsverfassung auszuarbeiten. Das Ergebnis ist in gewissem Sinne utopisch geblieben. Es konnte für sich allein das Fenster in die neue Zeit nicht aufstoßen, kann uns aber vielleicht eine Innenansicht des Bewußtseins sensibler Zeitgenossen vermitteln.

Indem wir an einer Reihe von Texten scholastischer Traktate verschiedene Aspekte und Momente der Einheitsvorstellung und der Einheitsaufgabe politischer Integration verfolgt haben, wollte ich nicht zuletzt zu einer sachgemäßen Erfassung der Möglichkeiten und der Grenzen mittelalterlicher Bemühungen um Theorien des Politischen beitragen.

---

79) Dazu jetzt Stephanie UNGER, »Generali concilio inhaerentes statuimus«. Die Rezeption des Vierten Lateranum (1215) und des Zweiten Lugdunense (1274) in den Statuten der Erzbischöfe von Köln, Mainz und Trier bis zum Jahr 1310 (Quellen u. Abhandlungen zur mittelrheinischen Kirchengeschichte 114, 2004) (mit weiterer Literatur).

Das Haus Österreich und seine Länder im Spätmittelalter

Dynastische Integration und regionale Identitäten

VON CHRISTIAN LACKNER

In dem 1971 aus dem Nachlaß Alphons Lhotskys veröffentlichten Band »Das Zeitalter des Hauses Österreich« findet sich auf den ersten Seiten ein in verschiedener Hinsicht beachtenswerter Vergleich zwischen den habsburgischen Ländern und dem burgundischen Staatswesen im späten Mittelalter. Der bekannte österreichische Historiker sah äußere Ähnlichkeiten namentlich in der Gestalt der beiden großen Territorienkomplexe mit ihren ausgeprägten geographischen Diskontinuitäten, meinte aber auch »wesentliche organische Unterschiede« erkennen zu können. Dem »hastig emporgetrieben«-Sein des burgundischen Länderblocks hält er das organische Wachstum der österreichischen Erblande entgegen, um schließlich zu resümieren: »Während die österreichischen [Länder] in jahrhundertelangem Beisammensein gegen Ende des Mittelalters bereits aus sich ein gewisses Zusammengehörigkeitsgefühl entwickelt hatten und wenigstens im Volksmunde schon einen Gesamtnamen, eben ›Haus Österreich‹ führten, lebten die burgundischen Provinzen noch recht selbständig und hatten, zumal auch hier die Versuche, ein Königreich zu schaffen, 1447 und 1473 mißlangen, nicht einmal eine Gesamtbezeichnung – man behalf sich notdürftig mit pays du duc, weil dieser wirklich das einzige war, was sie verband«[1]. Daß Lhotsky den Vergleich so eindeutig zugunsten eines höheren Integrationsgrades der österreichischen Erblande entscheiden konnte, wird dann begreiflich, wenn man die von ihm bei vielen Gelegenheiten zum Ausdruck gebrachte Überzeugung hinzuhält, die österreichische Ländergruppe der Zeit um 1500 sei gleichsam »das natürliche Hauptresultat der mittelalterlichen Entwicklung«[2], oder, wie im Vorwort zur österreichischen Geschichte der Jahre 1281 bis 1358 formuliert, eine »im Laufe des Mittelalters durch spontane Konvergenz der Landschaften«[3] erwachsene Einheit.

---

1) Alphons LHOTSKY, Das Zeitalter des Hauses Österreich. Die ersten Jahre der Regierung Ferdinands I. in Österreich (1520–1527) (Veröffentlichungen der Kommission für Geschichte Österreichs 4, 1971) S. 31.
2) Alphons LHOTSKY, Der Stand der österreichischen Geschichtsforschung und ihre nächsten Ziele, in: DERS., Aufsätze und Vorträge 3, hg. von Hans WAGNER/Heinrich KOLLER (1972) S. 85–95, hier S. 92; zitiert nach Othmar HAGENEDER, Die Herrschaft zu Österreich und ihre Länder im Mittelalter, Carinthia I 186 (1996) S. 219–235, S. 219.
3) Alphons LHOTSKY, Geschichte Österreichs seit der Mitte des 13. Jahrhunderts (1281–1358) (Veröffentlichungen der Kommission für Geschichte Österreichs 1, 1967) S. 5.

Lhotskys Deutung der spätmittelalterlichen österreichischen Ländergeschichte, die nicht zuletzt dem Bemühen um eine Kontinuität und Identität schaffende Sinngebung für das Österreich der Zeit nach 1945 entsprang[4], wird heute vielfach widersprochen. Alois Niederstätter konstatiert in seinem jüngst erschienenen, das 14. Jahrhundert umfassenden Band der von Herwig Wolfram herausgegebenen Österreichischen Geschichte in Anspielung auf das eben zitierte Wort Lhotskys: »Von einer ›spontanen Konvergenz der Landschaften‹ kann freilich während des ganzen späten Mittelalters nicht die Rede sein. ... In der politischen Realität blieben die Teile des habsburgischen Machtbereichs ... sehr unterschiedlich strukturierte, von divergierenden Interessen und Orientierungen sowie von einem historisch verbrämten Landesbewußtsein geprägte, auf ihre Eigenständigkeit bedachte Einheiten«[5]. Moraw steckte vor einiger Zeit den allgemeinen Beurteilungsrahmen für die großen Territorienkomplexe des spätmittelalterlichen Reichs ab: »Die Personalunion«, so Moraw »und damit eine nur lockere Verbindung blieb das Grundmodell; das klassische Beispiel dafür bieten die österreichischen Länder«[6].

Ich möchte meinen Vortrag zum Thema Integration im habsburgischen Territorienkomplex des Spätmittelalters in drei Hauptkapitel gliedern. In einem ersten Abschnitt sollen die zwei Jahrhunderte vom Beginn habsburgischer Herrschaft im Herzogtum Österreich (1282/83) bis in die Generation Kaiser Maximilians (1493–1519) unter dem systematischen Aspekt der Integration verfolgt werden. Ein zweites Kapitel wird dann Wege und Instrumente der Integration – namentlich die Ausbildung übergreifender Behörden und Landtage, aber auch die Bedeutung des »Haus Österreich«-Begriffs – thematisieren. Der dritte Teil schließlich soll im Sinne des von mir gewählten Untertitels »Dynastische Integration und regionale Identitäten« wenigstens punktuell den Ländern und deren Rolle im Gesamtgefüge des Territorienkomplexes gelten.

In seinen wesentlichen Zügen ist der spätmittelalterliche habsburgische Territorienkomplex innerhalb dreier Generationen von Albrecht I. bis Rudolf IV. mit den zentralen Eckdaten 1282/83, 1335 und 1363 entstanden. Die Länder, die in der Hand der habsburgischen Dynastie zusammengeführt wurden, hatten bis dahin eine teilweise sehr unterschiedliche Entwicklung durchgemacht und wiesen auch gegenseitig nicht geringe Unterschiede auf[7]. Selbst bei Österreich und Steier war die zu Anfang der habsburgischen

---

4) Peter MORAW, Das »Privilegium Maius« und die Reichsverfassung, in: Fälschungen im Mittelalter. Internationaler Kongreß der MGH, München 16.–19. Sept. 1986, Teil 3: Diplomatische Fälschungen (MGH Schriften 33/3, 1988) S. 201–224, S. 202f. sieht als Lhotskys Hauptinteresse, »der damals so bedrängten zweiten Republik ein Stück legitimierter, verselbständigter Vorgeschichte« anzubieten.

5) Alois NIEDERSTÄTTER, Die Herrschaft Österreich. Fürst und Land im Spätmittelalter. Österreichische Geschichte 1278–1411, hg. von Herwig WOLFRAM (2001) S. 168.

6) Peter MORAW, Von offener Verfassung zu gestalteter Verdichtung. Das Reich im späten Mittelalter (Propyläen Geschichte Deutschlands 3, 1985) S. 188.

7) Vgl. die beiden Bände der von Herwig Wolfram herausgegebenen Österreichischen Geschichte von Karl BRUNNER, Herzogtümer und Marken. Vom Ungarnsturm bis ins 12. Jahrhundert (1994) und Heinz

Herrschaft bereits fast hundertjährige Gemeinsamkeit von Diskontinuitäten, Dynastie-wechsel und temporär getrennten Wegen geprägt gewesen[8]. Als wichtiges Konvergenzar-gument hatte bereits die Georgenberger Handfeste 1186 die geographische Nachbarschaft der Herzogtümer Österreich und Steier (*provincia, cum nostra sit contigua*) genutzt, und ganz ähnlich läßt Johann von Viktring die österreichischen Herzoge 1335 bei Kaiser Lud-wig dem Bayern in bezug auf Kärnten argumentieren: ... *cum hec terra eorum terris sit con-tigua eisque adhereat, et per eam sua dominia securius teneant et quasi protectionis clyppeo tueantur*[9]. Nach sozioökonomischen Faktoren beurteilt und zumal was Tirol einerseits und Donauösterreich andererseits betrifft, wird man modernen Historikern zustimmen, die betonen: »Einer auch nur allmählichen ökonomischen Integration der verschiedenen habsburgischen Länder im Sinne einer verstärkten Gemeinsamkeit standen ... die natür-lichen Verkehrs- und Handelswege mit anderen Ausrichtungen entgegen«[10]. Insgesamt nicht unbedingt einfache Voraussetzungen für einen politischen Integrationsprozeß, nimmt man die Kommunikationsbedingungen des spätmittelalterlichen Europa hinzu, die einen Herrschaftsraum mit einer Ost-West-Erstreckung von mehr als 1000 km oder we-nigstens 20 Tagesreisen von Wien bis nach Ensisheim als groß, wenn nicht zu groß, er-scheinen lassen mußten.

Unter dem Aspekt der Integration können deutlich drei Phasen der spätmittelalter-lichen Entwicklung in den österreichischen Ländern unterschieden werden. Vom Beginn habsburgischer Herrschaft in den Herzogtümern Österreich und Steier 1282/83 bis ins letzte Drittel des 14. Jahrhunderts wird man von Ansätzen zur territorialen Integration sprechen dürfen, ehe dynastische Landesteilungen diese Entwicklung für ein Jahrhundert massiv störten und gefährdeten mit daraus resultierenden desintegrativen Erscheinungen. Nach Überwindung der Teilungen bringt dann die Ära Maximilians (1490/93–1519) mit der Ausbildung einer frühmodernen Verwaltungsorganisation eine in diesem Ausmaß bis dahin nicht gekannte Vereinheitlichung.

Dopsch/Karl Brunner/Maximilian Weltin, Die Länder und das Reich. Der Ostalpenraum im Hoch-mittelalter (1999). Zur Steiermark jetzt auch Werner Maleczek, Die Steiermark. Phasen der Landeswer-dung im Hochmittelalter, Österreich in Geschichte und Literatur 41 (1997) S. 81–103. Zu Tirol Katalog der Tiroler Landesausstellung 1995, Schloß Tirol-Stift Stams: Eines Fürsten Traum. Meinhard II. – Das Wer-den Tirols (1995).

8) Berthold Sutter, Die Steiermark in Zeiten des Umbruchs. Zum Kampf um die Steiermark im Interreg-num und ihre Leistungen nach 1282 zur Rettung der Herrschaft des Hauses Habsburg in Österreich, in: 800 Jahre Steiermark und Österreich 1192–1992. Der Beitrag der Steiermark zu Österreichs Größe, hg. von Othmar Pickl (Forschungen zur geschichtlichen Landeskunde der Steiermark 35, 1992) S. 97–144, bes. S. 130f.

9) Johann von Viktring, Liber certarum historiarum, ed. Fedor Schneider (MGH SS rer. Germ. 36, 1909/10) II S. 156 Z. 1–3; vgl. Lhotsky, Geschichte (wie Anm. 3) S. 321; dort auch der Hinweis auf die analoge For-mulierung in der Georgenberger Handfeste. Vgl. zuletzt Reinhard Härtel, Das Ostarrîchi-Millennium und Innerösterreich, Carinthia I 186 (1996) S. 237–250, hier S. 241.

10) Josef Riedmann, Vorderösterreich, MIÖG 106 (1998) S. 348–364, hier S. 362.

Am Beginn der habsburgischen Geschichte der österreichischen Länder, so wird man etwas verkürzend sagen können, standen Aufstände, die sich in Österreich und Steier mit aller Wucht gegen Herzog Albrecht I. wandten. Albrechts Sieg über den freiheitsgewohnten Adel beider Herzogtümer fiel so vollständig und eindeutig aus, daß an dem dauerhaften Erfolg der habsburgischen Landesherrschaft in Hinkunft kein Zweifel mehr bestehen konnte. Lagen Albrechts Interessen noch vorrangig im Westen, so erfolgte unter seinen Söhnen, mitbedingt durch den faktischen Ausschluß von der römisch-deutschen Königswürde, die fundamentale Schwerpunktverlagerung der Dynastie in den Osten, was dazu führte, daß die Habsburger in Österreich und Steier schon bald nicht mehr als »landfremde« Dynastie wahrgenommen wurden. Die Enkelgeneration Rudolfs I., diejenige Friedrichs des Schönen, Leopolds und Albrechts II. kann tatsächlich als die erste »österreichische« bezeichnet werden. Eine wichtige Entwicklung dieser Jahre war die Etablierung Wiens als zentraler Residenz der Dynastie bei gleichzeitigem Zurücktreten der bis dahin von den Habsburgern praktizierten ambulanten Herrschaftsform. In Hinblick auf eine Integration des österreichischen Territorienkomplexes ist die Beobachtung bedeutsam, daß die frühen Habsburger eine vorsichtige Angleichung der Rechts- und Verwaltungsstrukturen ihrer sehr unterschiedlich strukturierten Länder und Herrschaften gezielt gefördert haben[11]. Es geschah dies anscheinend weitgehend im Einklang mit den Interessen der regionalen adeligen Eliten und ohne größere Eingriffe in die gewachsenen Traditionen der Länder, wie die Modalitäten der Einbeziehung Kärntens und Krains in den habsburgischen Herrschaftsverband zeigen. Indem sie sich dem altertümlichen Einsetzungszeremoniell des Kärntner Herzogs am Zollfeld unterzogen, bewiesen die Habsburger Respekt vor symbolträchtiger politischer Tradition. Die faktische Inbesitznahme der neugewonnenen Territorien erfolgte hingegen kompromißlos und unter rascher Ausschaltung möglicher Widerstandspotentiale. Ohne die schmal ausgebildeten bestehenden Verwaltungsstrukturen mit Hauptmannschaft und Vizedomamt an der Spitze anzutasten, konzentrierten sich die österreichischen Herzoge darauf, die Schlüsselfunktionen neu mit eigenen Vertrauensleuten zu besetzen. Dabei scheint der Ausgleich mit den regionalen adeligen Eliten sehr wohl gesucht worden zu sein, denn Graf Ulrich von Pfannberg, der von 1335 bis zu seinem Tod 1354 die Kärntner Hauptmannschaft bekleidete, konnte trotz seiner Nähe zu Herzog Albrecht II. und seiner Stellung als österreichischer Marschall nicht eigentlich als landfremd gelten, bestanden doch enge besitzmäßige und konnubiale Bindungen des Pfannberger Grafengeschlechts mit dem Kärntner Adel[12].

---

11) Karl-Friedrich KRIEGER, Die Habsburger im Mittelalter. Von Rudolf I. bis Friedrich III. (1994) S. 139.
12) Evelyne WEBERNIG, Landeshauptmannschaft und Vizedomamt in Kärnten bis zum Beginn der Neuzeit (Das Kärntner Landesarchiv 10, 1983) S. 66–69; Wilhelm NEUMANN, Das Jahr 1335 im Rückblick. Anmerkungen zur österreichischen Staatsbildung mit Exkursen zu Günther Hödls a) »Österreich – Kärnten 1335–1985« und b) »Habsburg und Österreich 1273–1493«, in: DERS., Neue Bausteine zur Geschichte Kärntens (= Das Kärntner Landesarchiv 20, 1995) S. 40–61, S. 45.

Am 14. September 1338 gaben die Herzoge den Kärntner Herren und Rittern eine das geltende Landrecht kodifizierende Urkunde[13], zwei Tage später erhielten auch die Krainer ein im Wortlaut vollkommen übereinstimmendes Diplom[14]. Die Texte stellen sich als Aufzeichnung älterer Rechtsgewohnheiten und Setzung neuen Rechtes dar, wobei dem steirischen Landrecht in beiden Fällen, sowohl für Kärnten als auch für Krain, durch die Urkunden des Landesherrn subsidiäre Gültigkeit zuerkannt wurde. Obgleich auch seitens des Adels der berührten Länder aufgrund verwandtschaftlicher Verflechtungen Interesse an einer vorsichtigen Rechtsangleichung bestanden haben mag[15], so darf in den rechtsvereinheitlichenden Tendenzen der beiden »Landhandfesten« wohl doch primär der landesfürstliche Wille erblickt werden[16]. Beachtung verdient in diesem Zusammenhang auch eine vier Wochen zuvor ausgestellte landesfürstliche Urkunde, die den Zweikampf in Kärnten verbot, nach erfolgter Beratung mit den Landherren von Österreich, Steier und Kärnten. Es ist dies natürlich nicht, wie unlängst wieder behauptet wurde, »das älteste Gesetz, das für alle« habsburgischen »Länder Geltung beanspruchte«[17], wohl aber ein bemerkenswertes Zeugnis länderübergreifender ständischer Mitwirkung an der fürstlichen Rechtssetzung[18].

13) Ernst VON SCHWIND/Alphons DOPSCH, Ausgewählte Urkunden zur Verfassungs-Geschichte der deutsch-österreichischen Erblande im Mittelalter (1895) S. 175f. Nr. 94; dazu LHOTSKY, Geschichte (wie Anm. 3) S. 333; Othmar HAGENEDER, Die Länder im spätmittelalterlichen Verfassungsgefüge, in: Bericht über den 19. Österreichischen Historikertag in Graz 1992 (Veröffentlichungen des Verbandes Österreichischer Historiker und Geschichtsvereine 28, 1993) S. 11–25, hier S. 14f.; DERS., Herrschaft zu Österreich (wie Anm. 2) S. 227ff.; Folker REICHERT, Landesherrschaft, Adel und Vogtei. Zur Vorgeschichte des spätmittelalterlichen Ständestaats im Herzogtum Österreich (Beihefte zum AKG 23, 1985) S. 365f.; Hermann BALTL, Steirische Beiträge zur Rechtsentwicklung und Rechtsordnung Österreichs, in: 800 Jahre Steiermark und Österreich (wie Anm. 8) S. 665–680, hier S. 668f.
14) Wladimir LEVEC, Die krainischen Landhandfesten. Ein Beitrag zur österreichischen Rechtsgeschichte, MIÖG 19 (1898) S. 296–298; Sergij VILFAN, Les Chartes de libertés des Etats provinciaux de Styrie, de Carinthie et de Carniole et leur importance pratique, in: Album Elemér MÁLYUSZ (Etudes présentées à la Commission internationale pour l'histoire des assemblées d'Etats 56, 1976) S. 200–209, hier S. 204.
15) NEUMANN, 1335 (wie Anm. 12) S. 57; HÄRTEL, Millennium (wie Anm. 9) S. 246.
16) HAGENEDER, Herrschaft zu Österreich (wie Anm. 2) S. 228. – Mißverständnisse knüpfen sich bis heute an den ausführlichen Bericht, den Johann von Viktring (Liber [wie Anm. 9] II S. 213 Z.12–30) über das Zustandekommen der Kärntner Landrechtsurkunde gibt und der ganz nach den Maßgaben der deutschrechtlichen Gerichtsverfassung stilisiert erscheint. Der Herzog stellt die Frage, nach welchen Gesetzen die Kärntner Ministerialen leben wollten, damit sie ein einziges Volk seien (ut esset populus unus). Was ohne Zweifel auf die unifikatorische Kraft des Landrechts bezogen war, verstand Thomas Ebendorfer ein Jahrhundert später bezeichnenderweise so, daß Steirer und Kärntner zu einem Volk geworden seien (ut et cum Styriensibus fierent unus populus) (Thomas Ebendorfer, Cronica Austrie, ed. Alphons LHOTSKY [MGH rer. Germ. N. S. 13, 1967] S. 256 Z. 10f.).
17) NIEDERSTÄTTER, Herrschaft Österreich (wie Anm. 5) S. 138.
18) LHOTSKY, Geschichte (wie Anm. 3) S. 333; NEUMANN, 1335 (wie Anm. 12) S. 45.

Alphons Lhotsky sah es als sicher an, daß die habsburgischen Länder schon um die Mitte des 14. Jahrhunderts so etwas wie ein Gesamtbewußtsein ausgebildet hätten, und er berief sich insbesondere auf das Zeugnis Johanns von Viktring. Der Kärntner Zisterzienserabt berichtet zum Jahr 1328, Herzog Otto habe von seinen älteren Brüdern Friedrich und Albrecht eine Herrschaftsteilung verlangt, die Forderung sei von diesen jedoch heftig zurückgewiesen worden mit dem Hinweis auf die verderblichen Folgen einer Teilung für Land und Leute: *terram non posse scindi nisi cum maximo rerum et hominum inhabitancium dispendio, qui actenus unus populus, una gens, unum dominium extitere*[19]. Eindeutig ist die Aussage Johanns nur auf den ersten Blick. Daß mit *terra* an dieser Stelle, wie Lhotsky es lesen wollte, der gesamte habsburgische Territorienkomplex begriffen war, ist nämlich keineswegs evident und neuerdings mit Recht bestritten worden[20].

Die ereignisdichte Regierung Herzog Rudolfs IV. läßt in verschiedensten Bereichen bemerkenswerte Neuansätze sichtbar werden, auch wenn sich das innere Gefüge des habsburgischen Territorienkomplexes sehr wahrscheinlich in den paar Jahren zwischen 1358 und 1365 nicht dauerhaft gewandelt hat. Ein bleibendes Ergebnis war neben dem erfolgreichen Ausgriff auf Tirol die Realisierung eines umfassenden repräsentativen Residenzprogrammes für Wien. An diesem, aber ebenso an den Bemühungen um einen identitätsstiftenden Landesheiligen kommt die zentrale Bedeutung zum Ausdruck, die Rudolf dem Herzogtum Österreich in seinem politischen Denken und Handeln zuwies. Es erscheint so folgerichtig, daß auch Rudolfs Versuche einer stärkeren Zusammenführung und Vereinheitlichung der habsburgischen Länder ganz auf das Herzogtum Österreich als ranghöchstem Land ausgerichtet waren[21]. Hinzuweisen ist in diesem Zusammenhang insbesondere auf den im *Privilegium maius*-Fälschungskomplex arrogierten Anspruch, alle Rechte des Herzogtums Österreich auf die übrigen habsburgischen Länder zu transferieren. In den auf Heinrich (VII.), Friedrich II. und schließlich Rudolf I. gefälschten Urkunden heißt es jeweils sinngemäß, die dem österreichischen Herzog verliehenen Rechte sollten nicht nur für die bisher innegehabten Herzogtümer Geltung haben, sondern würden auch auf die künftig zu erwerbenden übergehen. Leicht abweichend davon lautet die Be-

19) Johann von Viktring, Liber (wie Anm. 9) II S. 99 Z.1–5; Lhotsky, Geschichte (wie Anm. 3) S. 301f.; Ders., Die Verträge von Wien und Brüssel, in: Ders., Aufsätze und Vorträge 5, hg. von Hans Wagner/ Heinrich Koller (1976) S. 159. Zit. auch bei Günther Hödl, Habsburg und Österreich 1273–1493. Gestalten und Gestalt des österreichischen Spätmittelalters (1988) S. 65 und Krieger, Habsburger (wie Anm. 11) S. 145. – Lhotsky, Verträge S. 159 bringt die Stelle irrtümlich mit dem Kärntner Landrecht von 1338 in Zusammenhang. Von dort her vermutlich die Formulierung bei Hödl, Habsburg und Österreich S. 238.
20) Hageneder, Herrschaft zu Österreich (wie Anm. 2) S. 226 Anm.32: »Doch ist die Gleichsetzung von ›Land‹ (terra) mit der ›Herrschaft zu‹ oder dem ›Haus Österreich‹ terminologisch sehr unwahrscheinlich, und das umso mehr, als zugleich von der Möglichkeit der Teilung von Herzogtümern die Rede ist ...«.
21) Heinrich Koller, Zentralismus und Föderalismus in Österreichs Geschichte, in: Föderalismus in Österreich, hg. von Felix Ermacora (1970) S. 99–155, hier S. 123f.

stimmung im *Privilegium maius* selbst, daß, falls die Gebiete und Herrschaften (*districtus et diciones*) des Herzogtums Österreich durch Erbschaften, Schenkungen oder Käufe erweitert werden, die Rechte und Privilegien auf diese Vergrößerung der Herrschaft zu Österreich (*ad augmentum dicti dominii Austrie*) voll übertragen werden sollen[22]. Wie Rudolf IV. einen solchen Rechtstransfer zu realisieren gedachte, läßt die Belehnung des Grafen Simon von Thierstein mit der Burg Dorneck (Kt. Solothurn) im Jahre 1360 erahnen. Der Graf hatte die von ihm freieigen besessene Burg Herzog Rudolf aufgetragen, worauf dieser sie ihm, wie aus dem gräflichen Reversbrief zu ersehen ist, als Lehen *nach den freyheiten und wirden rechten gewonheiten und gesetzten seines hertzogentums ze Osterreich* verlieh[23].

Mit der Belehnung des Grafen von Thierstein ist ein wichtiges Element der landesherrlichen Politik Rudolfs angesprochen. Lehenspolitik, wie sie im Weitraer Revers gegenüber den Grafen von Schaunberg oder in Kärnten gegenüber den Herren von Aufenstein zur Geltung kam, nutzte Rudolf als höchst effektives Herrschaftsinstrument in allen seinen Ländern und Territorien[24]. Integrationsfördernd gewirkt hätte sicherlich längerfristig die Verwaltungspraxis des Herzogs, der ziemlich konsequent auf Rotation in den Verwaltungsspitzen der einzelnen Länder setzte. Waren die Hauptleute der Steiermark und Kärntens unter Albrecht II. durchschnittlich 10 bis 20 Jahre im Amt gewesen, so wechseln die Spitzen der Länderadministration unter Rudolf IV. fast im Jahresrhythmus, wobei Karrieren wie jene Alberos von Puchheim, der, aus österreichischem Herrenadel stammend, nacheinander in den Vorlanden als Landvogt und in der Steiermark als Hauptmann agierte, erfolgreichen Elitenaustausch anzeigen[25]. Und noch ein Aspekt rudolfinischer Herrschaft darf vielleicht in den Zusammenhang territorialer Integration gestellt werden. Bei verschiedensten Gelegenheiten konzentrierte der Herzog, glaubt man den bombastischen Zeugenreihen seiner feierlichen Diplome, eine Vielzahl von Bischöfen, Äbten, Grafen und

---

22) Koller, Zentralismus (wie Anm. 21) S. 123; Heinrich Appelt, Anregungen zu einem Kommentar der österreichischen Hausprivilegien, in: Ders., Kaisertum, Königtum, Landesherrschaft Gesammelte Studien zur mittelalterlichen Verfassungsgeschichte, hg. von Othmar Hageneder/Herwig Weigl (MIÖG Ergänzungsband 28, 1988) S. 180–188, hier S. 186; Hageneder, Herrschaft zu Österreich (wie Anm. 2) S. 224.

23) Rudolf Thommen, Urkunden zur Schweizer Geschichte aus österreichischen Archiven 1 (1899) S. 411f. Nr. 648. Auch der Lehenseid erfolgt *nach seins landes ze Osterreich recht und gewonheit.*

24) Karl Lechner, Die Bildung des Territoriums und die Durchsetzung der Territorialhoheit im Raum des östlichen Österreich, in: Der deutsche Territorialstaat im 14. Jahrhundert 2 (VuF 14, 1971) S. 389–462, hier S. 442ff.; Wilhelm Baum, Rudolf IV. der Stifter. Seine Welt und seine Zeit (1996) S. 123–154; Niederstätter, Herrschaft Österreich (wie Anm. 5) S. 159f. – Zum Revers von Weitra zuletzt Maximilian Weltin, Vom »östlichen Baiern« zum »Land ob der Enns«, in: Tausend Jahre Oberösterreich. Das Werden eines Landes. Ausstellung des Landes Oberösterreich 1983 in der Burg zu Wels 1 (1983) S. 23–51, hier S. 45f.

25) Karl Gutkas, Ein österreichischer Staatsmann des 14. Jahrhunderts, Jb. für Landeskunde von Niederösterreich N. F. 32 (1955/56) S. 62–73, bes. S. 67ff. Vgl. Hannes P. Naschenweng, Die Landeshauptleute der Steiermark 1236–2002 (2002) 61f.

Herren um sich. Der Hof Rudolfs IV. verdichtete sich so scheinbar zu einer fast permanenten feierlichen *curia maior*.

Wie weit Herzog Rudolf IV. bei alledem davon entfernt war, Neuerungen in allen Ländern gleichmäßig durchzusetzen, zeigt das Beispiel der Ablösegesetze, die zwar durch Einzelbeurkundung für fast alle österreichischen Städte in analoger Weise eingeführt wurden. Außerhalb des engeren Herzogtums Österreich begegnet die wichtige wirtschaftspolitische Gesetzgebung hingegen einzig im untersteirischen Marburg[26]. Noch eklatanter ist der Fall des Ungeldes. Rudolf IV. hat diese zehnprozentige Getränkesteuer auf allem ausgeschenkten Wein und Bier 1359 gegen Verzicht auf den jährlichen Münzverruf eingeführt, dies jedoch nur im Herzogtum Österreich, wo sie binnen weniger Jahrzehnte dank einer dynamischen Aufkommensentwicklung zum wichtigsten Finanzträger des Landesfürstentums wurde[27]. An eine flächendeckende Einführung des Ungelds in allen habsburgischen Ländern scheint Rudolf IV. nicht gedacht zu haben, ebensowenig wie irgendeiner seiner spätmittelalterlichen Nachfolger.

Ein Facette rudolfinischer Politik, die bisher nicht unter dem Aspekt der Integration beachtet wurde, möchte ich hier noch hervorheben. Der Herzog ließ für sich Jahrtage in allen wichtigen Landesklöstern einrichten und verknüpfte die Stiftung regelmäßig mit der Verpflichtung für das jeweilige Kloster zu einer jährlichen Gabe an die Stephanskirche bzw. das Allerheiligenkapitel in Wien. In manchen Fällen, wie bei Melk, ging mit der Jahrtagsstiftung auch die Zusage einher, daß der Abt alljährlich an einem bestimmten im voraus festgelegten Tag eine Messe *in pontificalibus* in der Stephanskirche feiern werde[28]. In dieses sakrale Beziehungsnetz wurden vornehmlich Kirchen und Klöster des Herzogtums Österreich eingebunden, aber auch die steirischen Zisterzienser aus Rein führten nach dem Willen des Herzogs einige Käse und die Klosterfrauen von Engelberg in Obwalden ein paar Fische aus dem Vierwaldstättersee als symbolischen jährlichen Zins an St. Stephan ab[29]. Über Stiftung und Gebet entstand hier eine Verbindung zwischen dem Fürsten und seinen Untertanen, und gleichzeitig wurde St. Stephan gleichsam zum sakral-symbolischen Mittelpunkt habsburgischer Herrschaft überhöht.

---

26) KOLLER, Zentralismus (wie Anm. 21) S. 127f.

27) Ernst KLEBEL, Ungeld und Landgericht in Nieder- und Oberösterreich, MIÖG 52 (1938) S. 269–287; Christian LACKNER, Das Finanzwesen der Herzoge von Österreich in der zweiten Hälfte des 14. Jahrhunderts, Unsere Heimat 63 (1992) S. 284–300, bes. S. 292f.

28) Heinrich von SRBIK, Die Beziehungen von Staat und Kirche in Österreich während des Mittelalters (Forschungen zur inneren Geschichte Österreichs 1, 1904) S. 28; Nikolaus GRASS, Der Wiener Stephansdom als capella regia Austriaca, in: Festschrift Karl Pivec, hg. von Anton HAIDACHER/Hans Eberhard MAYER (Innsbrucker Beiträge zur Kulturwissenschaft 12, 1966) S. 91–129, hier S. 107f.; Viktor FLIEDER, Stephansdom und Wiener Bistumsgründung (1968) S. 145f.; BAUM, Rudolf IV. (wie Anm. 24) S. 181ff.

29) FLIEDER, Stephansdom (wie Anm. 28) S. 274ff.

Die Einbeziehung Tirols in den habsburgischen Länderkomplex gestaltete sich schwieriger als jene Kärntens und Krains drei Jahrzehnte zuvor. Konnte Rudolf IV. die äußeren, vor allem diplomatischen Voraussetzungen einer erfolgreichen Erwerbung des Landes schaffen, so hatte er von innen mit einiger Opposition in Adel und Kirche zu rechnen. Höchst willkommene Verbündete fand der Herzog nur in den Tiroler Städten, die zum wertvollen Rückhalt seiner Herrschaft wurden[30]. Beim frühen Tod Rudolfs 1365 war die habsburgische Herrschaft im Land an der Etsch und im Gebirge jedenfalls noch wenig konsolidiert. Widerstandspotentiale blieben latent und konnten jederzeit aufbrechen, wie es bei der nächsten sich bietenden Gelegenheit 1368/69 dann auch geschah. Die Schwäche der habsburgischen Herrschaft drückte sich nicht zuletzt in einer anhaltenden Krise und Ausdünnung der überkommenen administrativen Strukturen des Landes aus. In der Finanzverwaltung zeigt sich bei den habsburgischen Landesfürsten ein unsicheres Experimentieren mit neuen Ämtern und Organisationsformen. Wenn anfänglich mit Heidenreich von Maissau ein österreichischer Landherr eine Schlüsselposition in der Verwaltung Tirols bekleidete[31], so war dies ein durchaus bemerkenswerter Ansatz, doch er fand, soweit ich sehe, keine Fortsetzung.

Mit der Neuberger Teilung 1379 begann eine fast hundert Jahre andauernde Phase der Desintegration. Anders wird man die Folgen der dynastischen Teilungsvorgänge, die 1411 schließlich drei einigermaßen stabile habsburgische Herrschaftsgebilde (Österreich, die innerösterreichische Ländergruppe und Tirol mit den Vorlanden) hervorbrachten, nicht qualifizieren können, auch wenn einzuräumen ist, daß die Bildung kleinerer Einheiten unter Umständen positiv im Sinne einer intensiveren herrschaftlichen Durchdringung und eines effektiveren Herrschaftsausbaues wirken mochte. Dynastische Einheit als ausschließlichen Parameter herrschaftlicher Integration absolut zu setzen, wäre sicher ein Fehler. Es konnte wohl auch so sein, wie am Beispiel Bayern vor einiger Zeit aufgezeigt wurde, daß ein territorialer Stabilisierungsprozeß in kleineren Herrschaftseinheiten der dynastischen Gesamtstaatsbildung vorausging und dieser entscheidend vorarbeitete[32]. Solche herrschaftsverdichtende Erfolge dynastischer Teilungen wird man bei den Habsburgern am ehesten in den innerösterreichischen Ländern im 15. Jahrhundert sehen. Die eindeutige Rollenverteilung, die sich in der zweiten Hälfte des 14. Jahrhunderts verfestigt hatte, Österreich mit Wien als Zentrum, wo der Hof zu Hause war, als Hauptland, Steier,

---

30) Franz HUTER, Herzog Rudolf IV. und die Tiroler Städte (Tiroler Wirtschaftsstudien 25, 1971) S. 65ff.
31) Theodor MAYER, Beiträge zur Geschichte der tirolischen Finanzverwaltung im späteren Mittelalter, Forschungen und Mitteilungen zur Geschichte Tirols und Vorarlbergs 16/17 (1919/20) S. 110–168, hier S. 115f.; Christian LACKNER, Hof und Herrschaft. Rat, Kanzlei und Regierung der österreichischen Herzoge (1365–1406) (MIÖG Ergänzungsband 41, 2002) S. 87 Anm. 256.
32) Wilhelm STÖRMER, Die innere Konsolidierung der wittelsbachischen Territorialstaaten in Bayern im 15. Jahrhundert, in: Europa 1500. Integrationsprozesse im Widerstreit: Staaten, Regionen, Personenverbände, Christenheit, hg. von Ferdinand SEIBT/Winfried EBERHARD (1987) S. 175–194.

Kärnten und Krain als Nebenländer, deren Adel zunehmend abgedrängt wurde, diese Rollenverteilung wurde tatsächlich nochmals aufgebrochen. Seit dem zweiten Jahrzehnt des 15. Jahrhunderts entstanden mit Graz und Wiener Neustadt neue innerösterreichische Residenzorte und ein innerösterreichischer Hof mit entsprechenden Chancen für eine Integration des regionalen Adels. Es ist auch immer wieder betont worden, daß die drei innerösterreichischen Länder einander im Verlauf des 15. Jahrhunderts in Recht und Wirtschaft, ja vielleicht in einem übergreifenden politischen Bewußtsein – Stichwort ständische Ländertage – näher kamen[33].

Einzelne Indizien bestätigen zudem, daß über Teilungsgrenzen hinweg, Vereinheitlichungsprozesse ihren Fortgang nahmen. Ein solcher Fall ist die Entscheidung Herzog Ernsts des Eisernen vom Jahre 1409, in Hinkunft auch in Graz den Pfennig *nach korrn, waag und aufzahl wie ze Wien* zu münzen[34]. Insgesamt überwiegen allerdings im Jahrhundert nach dem Neuberger Vertrag eindeutig desintegrative Tendenzen und Entwicklungen. Der Zusammenhalt der habsburgischen Dynastie, der gegebenenfalls durch Vormundschaften aktualisiert wurde, blieb allgemein schwach und konfliktanfällig. Am deutlichsten läßt sich die prekäre Stellung der Habsburger daran ermessen, daß die großen politischen Orientierungen der drei herzoglichen Linien in den Jahrzehnten nach 1400 immer häufiger quer zu einander lagen und alle drei, wenn auch in unterschiedlichem Ausmaß, mit einem kräftigen Machtzuwachs der Stände in ihren Herrschaftsgebieten konfrontiert waren. Da wiegt es auch nicht viel, wenn, ungeachtet aller dynastischen Konflikte und Rivalitäten, alle Herzoge beispielsweise in ihren landeskirchlichen Bestrebungen hinsichtlich des Besetzungsrechts von Bischofsstühlen, der Besteuerung des Klerus oder der Beschränkung der geistlichen Gerichtsbarkeit eine erstaunlich einheitliche und gleichgerichtete Politik verfolgten.

Der Weg der habsburgischen Dynastie zurück zur Einheit war mühevoll und von vielen Rückschlägen gekennzeichnet. Zu schweren Konflikten mit den mächtigen Ständen der betroffenen Länder führte der Versuch Friedrichs III., nach dem Prinzip des Seniorats das Herzogtum Österreich und Tirol samt den Vorlanden möglichst lang in der Hand zu behalten. Auch nach dem Aussterben der albertinischen Linie verlangte der Rückerwerb des Herzogtums Österreich dem Kaiser größte Kraftanstrengungen ab und erst der Tod

---

33) Gerhard PFERSCHY, Gemeinschaftssinn und Landesbewußtsein in der innerösterreichischen Ländergruppe, in: Was heißt Österreich? Inhalt und Umfang des Österreichbegriffs vom 10. Jh. bis heute, hg. von Richard PLASCHKA/Gerald STOURZH/Jan Paul NIEDERKORN (Archiv für österreichische Geschichte 136, 1995) S. 51–64, hier S. 59f.; HÄRTEL, Millennium (wie Anm. 9) S. 247f.
34) KOLLER, Zentralismus (wie Anm. 21) S. 133; Michael ALRAM, Der Wiener Pfennig. Von Herzog Leopold V. (1177–1194) bis Kaiser Friedrich III. (1452–1493), in: Geld. 800 Jahre Münzstätte Wien, hg. von Wolfgang HÄUSLER (1994) S. 53–73, hier S. 63, Odo BURBÖCK, Geld und Münze im ausgehenden Mittelalter. Zum österreichischen Münzwesen von der Mitte des 14. Jahrhunderts bis zum Tod Ernsts d. Eisernen, in: Schatz und Schicksal. Steirische Landesausstellung 1996 (1996) S. 223–232, hier S. 225f.

seines Bruders Albrecht VI. ließ ihm die volle landesfürstliche Gewalt in den Ländern ob und unter der Enns zufallen (1457/63). Die Reintegration Donauösterreichs in den Gesamtkomplex der Erblande blieb überaus problematisch, zumal die Herausforderung des ungarischen Königs Matthias Corvinus seit 1477 das Land erneut für mehr als ein Jahrzehnt in Atem hielt und Österreich unter der Enns dem Kaiser 1484/85 sogar ganz verloren ging. Unter diesen schwierigen Voraussetzungen konnte von Integration im Sinne einer stärkeren Vereinheitlichung innerhalb des österreichischen Territorienkomplexes wohl kaum die Rede sein. Neuere Untersuchungen des kaiserlichen Hofrats haben immerhin gezeigt, daß Friedrichs Herrschaft nicht ganz so auf seine innerösterreichischen Erbländer zentriert war, wie bisher angenommen. Auf die gesamte Regierungszeit gerechnet stammte über ein Fünftel aller nicht-kanzleigebundenen weltlichen Räte des Kaisers aus den ehemals albertinischen Ländern, mehr als aus den innerösterreichischen Erbländern, in welchen die Herrschaft Friedrichs im Unterschied zu Österreich doch niemals umstritten war. Heinig hat diese überraschende Tatsache jüngst als ein »Resultat der höfischen Integrationsversuche« des Kaisers gewertet[35].

Als 1487 Erzherzog Sigmund, dessen Herrschaft zuletzt bedrohliche Erosionserscheinungen gezeigt hatte, dem Wittelsbacher Albrecht IV. von Bayern eine Anwartschaft auf Tirol eröffnete, griff Kaiser Friedrich III. in Absprache mit den Ständen ein, sodaß es zu einer weitgehenden Entmachtung des Tiroler Habsburgers kam. Im März 1490 konnte Maximilian dann mit Unterstützung einiger Räte und durch große Pensionsversprechen Sigmund zum endgültigen Verzicht auf die Herrschaft in Tirol bewegen. Nach mehr als hundert Jahren waren die habsburgischen Teilungen überwunden. Die folgenden drei Jahrzehnte veränderten das Erscheinungsbild der österreichischen Länder entscheidend und nachhaltig. Es ist unbestrittener Forschungskonsens, daß Maximilian viel getan hat, um dem lockeren Verband der österreichischen Länder eine festere Gestalt zu geben. Für Hermann Wiesflecker scheint es erwiesen, daß der frühmoderne habsburgische Territorienkomplex mit Ansätzen zum Gesamtstaat nicht nur Ergebnis dynastischer Konsolidierungspolitik sondern politisches Ziel Maximilians gewesen sei. Maximilian erkannte, so Wiesflecker wörtlich, »seine Hauptaufgabe darin, die selbständigen, sehr verschiedenartigen Länder zu einem Gesamtstaat zusammenzuführen«[36]. Auch der Erfolg maximilianeischer Zentralisierungspolitik steht für ihn unverrückbar fest[37], während Moraw nur den neuen Hofbehörden eine erfolgreiche Bilanz konzedieren wollte, übergreifende Landes-

---

35) Paul-Joachim Heinig, Kaiser Friedrich III. (1440–1493). Hof, Regierung und Politik 1 (Beihefte zu J. F. Böhmer, Reg. Imp. 17, 1997) S. 238. – Von den 29 um 1450 belegten Herrenstandsfamilien der albertinischen Länder haben 25 auch Räte Friedrichs hervorgebracht.
36) Hermann Wiesflecker, Österreich im Zeitalter Maximilians I. Die Vereinigung der Länder zum frühmodernen Staat. Der Aufstieg zur Weltmacht (1999) S. 234.
37) Wiesflecker, Österreich (wie Anm. 36) S. 248: »... immerhin war aus dem losen Nebeneinander der Alpen- und Donauländer im Verlauf von 25 Jahren ein wohlorganisierter Gesamtstaat entstanden«.

behörden seien hingegen weithin Stückwerk geblieben, wie im übrigen auch die unter Maximilian forcierten übergreifenden ständischen Organisationsformen (Ausschußtage, Generallandtage)[38]. Die Ära Maximilians (1490/93–1519) hat jedenfalls, soviel ist klar, erstmalig eine bürokratische Überformung der habsburgischen Länder bewirkt. Die »Einstaatung« erfaßte auch den ständischen Bereich[39]. Ausdruck dessen ist eine weitgehende formalbürokratische Normierung von Berufung, Verhandeln und Beschlußfassung der einzelnen Landtage, die in den niederösterreichischen Ländern um und nach 1500 mitunter bereits mit einer gleichlautenden Ladung auf denselben Tag berufen wurden und gleichsam simultan in Wien, Graz, Laibach und St. Veit zusammentraten[40]. Und zum ersten Mal wurden unter Maximilian seitens des Landesfürstentums explizit unifikatorische Absichten artikuliert. So läßt Maximilian die Stände 1507 wissen, er wolle in seinen sechs Fürstentümern Österreich ob und unter der Enns, Steiermark, Kärnten, Krain und Tirol *ain gleiche silbrim und gulden munz unser furstlichen grafschaft von Tyroll, di dan di beruembtist in aller cristenhait ist,* einführen[41]. Als der Kaiser im September 1517 die erbländischen Stände zur Beschickung eines allgemeinen Ausschußtages aufforderte, der in Donauwörth zusammentreten sollte und dann tatsächlich in Innsbruck ab Jänner 1518 stattfand, gab er der Versammlung programmatisch als Ziel vor, zwischen ober- und niederösterreichischen Ländern eine *ainigung und verwandtnuss aufzürichten, wie sy sich alle als glider ains haubts gegenainander halten ... sollen und mügen*[42]. Daß Maximilian

38) Peter MORAW, Die Entfaltung der deutschen Territorien im 14. und 15. Jahrhundert, in: Landesherrliche Kanzleien im Spätmittelalter. Referate zum VI. Internationalen Kongreß für Diplomatik, München 1983, hg. von Gabriel SILAGI (Münchener Beiträge zur Mediävistik und Renaissance-Forschung 35, 1984) S. 61–108, hier S. 101.

39) Von »Einstaatung« der Landstände in Bayern spricht STÖRMER, Konsolidierung (wie Anm. 32) S. 181.

40) Z. B. gleichlautende Landtagsladungen für den 28. Juli 1501: Steiermark in Graz (Steiermärkische Geschichtsblätter 6 [1885] S. 128); Krain in Laibach (Deželnozborski spisi Kranjskih stanov 1: 1499–1515, ed. Marija VERBIČ [1980] S. 4), Kärnten in St. Veit (Reg. Imp. 14/3/2: Ausgewählte Regesten des Kaiserreichs unter Maximilian I. 1493–1519, bearb. von Hermann WIESFLECKER [1998] Nr. 15469). – Am 6. Juli 1513 fand nachweislich ein unterennsischer Landtag in Wien (Stiftsarchiv Klosterneuburg K. 212) und ein Krainer Landtag in Laibach statt (Deželnozborski spisi S. 87ff.).

41) Deželnozborski spisi (wie Anm. 40) S. 10. Vgl. Arnold LUSCHIN VON EBENGREUTH, Das Münzwesen in Österreich ob und unter der Enns im ausgehenden Mittelalter. Teil 2, Jb. für Landeskunde von Niederösterreich N. F. 15/16 (1916/17) S. 367–458, hier S. 437.

42) Erwähnt bei Günther R. BURKERT, Die österreichischen Ausschußlandtage. Eine Form der Konfliktlösung, in: Bericht über den 18. Österreichischen Historikertag in Linz (Veröffentlichungen des Verbandes Österreichischer Geschichtsvereine 27, 1991) S. 184–189, hier S. 184. – Die Literatur zum Innsbrucker »Generallandtag« ist ziemlich umfangreich: Hartmann J. ZEIBIG, Der Ausschußlandtag der gesamten österreichischen Erblande, Archiv für Kunde österreichischer Geschichtsquellen 13 (1854) S. 201–366; Alfred NAGL, Der Innsbrucker Generallandtag vom Jahre 1518, Jb. für Landeskunde von Niederösterreich N. F. 17/18 (1918/19) S. 12–36; Max VANCSA, Geschichte Nieder- und Oberösterreichs 2 (1927) S. 610–619, Hermann WIESFLECKER, Kaiser Maximilian I. 5 Bde. (1971–1986), 4 S. 305–318; Werner KÖFLER, Land – Landschaft – Landtag. Geschichte der Tiroler Landtage von den Anfängen bis zur Aufhebung der landständi-

auch mit dem Plan Österreich zum Königreich zu erheben, der bekanntlich 1515/16 nicht über ein vages Konzeptstadium hinausgedieh[43], den Integrationsprozeß der Erblande stärken wollte, läßt sich hingegen nicht hinreichend belegen.

Der Name »Haus Österreich«:

Entgegen der eingangs zitierten Auffassung Alphons Lhotskys sind die von den Habsburgern beherrschten Länder und Territorien bis zum Ende des Mittelalters wohl ein namenloses Gebilde geblieben. Lange Zeit war es üblich, daß die Dynastie ihre Länder additiv einzeln benannte, wie die Aufzählung in der fürstlichen Titulatur demonstriert[44]. Vor der Mitte des 15. Jahrhunderts ist im habsburgischen Kanzleigebrauch dann vermehrt an die Stelle der Aufzählung das durch den Plural gleichfalls die agglomerative Struktur des Territorienkomplexes anzeigende »Erblande« bzw. Erbliche Lande« getreten[45]. Der Name Österreich bezeichnete während der gesamten hier interessierenden Zeitepoche in der Regel das Herzogtum, also die Länder ob und unter der Enns, und geriet nur in der vergröbernden und verkürzenden Außensicht bisweilen zum Sammelnamen für alle habsburgischen Länder, so etwa wenn eine norddeutsche Chronik zu Beginn des 15. Jahrhunderts Meran in Österreich verortet[46]. Mit umständlichen Namenskonstruktionen versuchte man schließlich unter Maximilian dem Problem der Benennung partiell beizukommen, indem zwischen ober- und niederösterreichischen Ländern unterschieden wurde. Die Kanzlei vereinfachte aber selbst wieder und sprach oft nur von *nidern* und *obern landt*[47].

---

schen Verfassung 1808 (1985) S. 145, 284; Dieter SPECK, Die vorderösterreichischen Landstände. Entstehung, Entwicklung und Ausbildung bis 1595/1602. 2 Bde. (Veröffentlichungen aus dem Archiv der Stadt Freiburg 29, 1994) S. 151ff., 530ff.

43) Zu den Königreichsplänen Maximilians vgl. Erich KÖNIG, Zur Hauspolitik Kaiser Maximilians I. in den Jahren 1516 und 1517, in: Festgabe für H. Grauert, hg. von Max JANSEN (1910) S. 191–204; Oswald REDLICH, Die Pläne einer Erhebung Österreichs zum Königreich, Zeitschrift des Historischen Vereines für Steiermark 26 (1931) S. 87–99; Ursula FLOSSMANN, Regnum Austriae. ZRG Germ. 89 (1972) S. 78–117; Hermann WIESFLECKER, Neue Beiträge zu Kaiser Maximilians I. Plänen eines »Königreiches Österreich«, in: Forschungen zur Landes- und Kirchengeschichte. Festschrift für Helmut J. Mezler-Andelberg zum 65. Geburtstag, hg. von Herwig EBNER u. a. (1988) S. 529–542.

44) Karl GUTKAS, Die Stellung der Österreichischen Länder in Spätmittelalter und Früher Neuzeit, in: Der österreichische Föderalismus und seine historischen Grundlagen, hg. von Erich ZÖLLNER (1969) S. 43–65, hier S. 45.

45) Heinz NOFLATSCHER, Räte und Herrscher. Politische Eliten an den Habsburgerhöfen der österreichischen Länder 1480–1530 (Veröffentlichungen des Instituts für europäische Geschichte Mainz. Abt. Universalgeschichte 161, 1999) S. 128f.

46) KOLLER, Zentralismus (wie Anm. 21) S. 122.

47) NOFLATSCHER, Räte (wie Anm. 45) S. 132f.

Dem Charakter eines Gesamtnamens für den Territorienkomplex kommt »Haus Österreich« im späteren 15. Jahrhundert zeitweise recht nahe. Die Forschung hat in den vergangenen Jahrzehnten akribisch frühe Belege für die Verwendung von *domus Austriae* im 14. Jahrhundert aufgespürt, beginnend mit einem Schreiben des Kardinals Napoleon Orsini an den König von Aragón aus dem Jahre 1326[48]. Auf diesen bisher ältesten bekannten Nachweis des »Haus Österreich«-Begriffs, der übrigens fast zeitgleich mit dem ersten Auftreten des Namens *domus Bavariae* liegt, wie jüngst aufgezeigt wurde[49], folgen bis ins letzte Drittel des 14. Jahrhunderts nur wenige weitere lateinische Belege. Während es sich in diesen Fällen anscheinend ausnahmslos um Fremdbezeichnungen handelt, konnte bisher ein Gebrauch des Begriffs »Haus Österreich« durch habsburgische Kanzleien im 14. Jahrhundert nicht eindeutig erwiesen werden[50]. Die Wendung »Haus von Österreich«, die in einer Urkunde Herzog Rudolfs IV. für das Kloster St. Zeno in Reichenhall aus dem Jahre 1360 begegnet, steht ganz isoliert[51]. Ausgehend von den westlichen Territorien der Habsburger hatte seit Anfang des 14. Jahrhunderts »Herrschaft zu Österreich« als Kennzeichnung der Dynastie gedient. Im ersten Jahrzehnt des 15. Jahrhunderts taucht dann »Haus Österreich« im Vokabular der habsburgischen Kanzleien auf und begann die Formel »Herrschaft zu Österreich« zu verdrängen. Die Vermutung, die Herrschaftsteilungen seit 1379 könnten der Grund dafür gewesen sein, daß die Habsburger den stärker dynastisch geprägten Begriff »Haus Österreich« an die Stelle des älteren »Herrschaft zu Österreich« treten ließen, hat viel für sich[52]. Der politischen Realität spätmittel-

48) MGH Const. 6 S. 143 Nr. 212: ... *quia idem rex et alii de domo Austrie sunt nobis quadam speciali dilectione coniuncti*. ... Auf diese Stelle wies zuerst Alfred STRNAD, Das Bistum Passau in der Kirchenpolitik Friedrichs des Schönen, Mitteilungen des oberösterreichischen Landesarchivs 8 (1964) 188–232, hier S. 207f. Anm. 81 hin.

49) Jean-Marie MOEGLIN, Les dynasties princières allemandes et la notion de maison à la fin du moyen âge, in: Les Princes et le Pouvoir au Moyen Age (Publications de la Sorbonne. Série Histoire ancienne et médiévale 28, 1993) S. 137–154, hier S. 154.

50) Alphons LHOTSKY, Was heißt »Haus Österreich«?, in: DERS., Aufsätze und Vorträge 1, hg. von Hans WAGNER/Heinrich KOLLER (1970) S. 344–364, bes. S. 349f. – Bei dem von Moeglin, Dynasties princières (wie Anm. 49) S. 142 Anm. 17 angeführten Beleg aus dem Jahre 1350 (Fontes rerum austriacarum II/40 [1877] S. 72f. Nr. 61) handelt es sich zwar um die Lehensinvestitur eines friulanischen Adeligen durch Herzog Albrecht II., doch stammt das über den Akt ausgefertigte Notariatsinstrument nicht aus der Herzogskanzlei sondern von einem friulanischen Notar.

51) Monumenta Boica 3 (1764) S. 570f. – Auf diesen ganz frühen Beleg des deutschen »Haus Österreich«-Begriffs machte Wilhelm BAUM, Rudolf IV. (wie Anm. 24) S. 71 aufmerksam.

52) Erich ZÖLLNER, Formen und Wandlungen des Österreichbegriffs, in: Historica. Studien zum Geschichtlichen Denken und Forschen. Festgabe für Friedrich Engel-Janosi, hg. von Hugo HANTSCH u. a. (1965) S. 68 und DERS., Österreichbegriff und Österreichbewußtsein im Mittelalter, in: DERS. (Hg.), Volk, Land und Staat. Landesbewußtsein, Staatsidee und nationale Fragen in der Geschichte Österreichs (Schriften des Instituts für Österreichkunde 43, 1984) S. 5–22, hier S. 9; jetzt MOEGLIN, Dynasties princières (wie Anm. 49) S. 145f. – Kritisch äußerte sich schon 1970 Heinrich KOLLER, Zur Bedeutung des Begriffs »Haus

alterlicher Teilungen und einer vielfach gefährdeten dynastischen Handlungseinheit kam der »Haus«-Begriff fraglos entgegen, konnte doch damit eine alle Teilherrschaften umgreifende Einheit des Fürstenhauses ideell manifestiert werden. In diesem Sinne ist es durchaus bezeichnend, daß sich unter den frühen »Haus Österreich«-Belegen gerade eine Urkunde Erzherzog Ernsts vom 10. Juli 1415 befindet, mit der dieser, anstelle seines in die Reichsacht gesetzten Bruders Friedrich IV. die Herrschaft in Tirol an sich ziehend, die Landesfreiheiten der Grafschaft bestätigte. Vor dem drohenden Zusammenbruch der habsburgischen Stellung in Tirol beschwört das Privileg die Treue, die die Landschaft *dem loeblichen haws Österreich* allzeit erwiesen habe[53].

Breitere Anwendung scheint der »Haus Österreich«-Begriff erst ab 1438/39 gefunden zu haben, als die Habsburger mit Albrecht II. wieder in den Besitz der römisch-deutschen Königswürde gelangten[54]. Wer hinter dem Erfolg der neuen Begrifflichkeit stand und welche Intentionen diese begleiteten, ist noch nicht mit Eindeutigkeit bestimmbar. Nicht völlig überzeugen können jedenfalls Versuche, die Durchsetzung der Formel »Haus Österreich« mit dem aus Konstanz stammenden Notar der Reichskanzlei Marquard Brisacher bzw. einer kleinen schwäbischen Kanzleiclique zu verbinden. Zweifel müssen auch der These gelten, der »Haus Österreich«-Begriff hätte vor allem »die Identifizierung des Hauses mit dem Reich« zum Ausdruck gebracht[55]. Fast zeitgleich mit der generellen Akzeptanz vollzieht sich eine Bedeutungserweiterung und -verschiebung des »Haus Österreich«-Begriffs. Hatte schon das ältere »Herrschaft zu Österreich« ganz vereinzelt neben der Kennzeichnung der Dynastie als Sammelbegriff aller Herrschaftsrechte oder als territoriale Kurzformel für den Gesamtbesitz gedient, so läßt sich Ähnliches nun für »Haus Österreich« nachweisen[56]. Besonders deutlich tritt dies bei Thomas Ebendorfer zu Tage,

Österreich«, MIÖG 78 (1970) S. 338–346, hier S. 339 mit dem Hinweis, der Ausdruck »Haus Österreich« habe sich erst im zweiten Jahrzehnt des 15. Jahrhunderts durchgesetzt, als die Kämpfe in der Dynastie rückläufig waren. Koller vermutet eher die Wirksamkeit von Einflüssen westeuropäischer Staatstheorie.
53) Richard Schober, Die Urkunden des Landschaftlichen Archivs zu Innsbruck (1342–1600) (Tiroler Geschichtsquellen 29, 1990) S. 18f. Nr.10; vgl. auch Wilhelm Baum, Reichs- und Territorialgewalt (1273–1437). Königtum, Haus Österreich und Schweizer Eidgenossen im späten Mittelalter (1994) S. 276f.
54) Heinrich Koller, Zur Herkunft des Begriffs »Haus Österreich«, in: Festschrift Berthold Sutter, hg. von Gernot Kocher u. a. (1983) S. 277–288, hier S. 282f.
55) Koller, Zur Herkunft des Begriffs »Haus Österreich« (wie Anm. 54) S. 280f. – Vorsichtig zustimmend äußert sich Zöllner, Österreichbegriff und Österreichbewußtsein (wie Anm. 52) S. 9; ablehnend dagegen jetzt Moeglin, Dynasties princières (wie Anm. 49) S. 147 Anm. 33.
56) Moeglin, Dynasties princières (wie Anm. 49) S. 143f. zitiert ein sehr überzeugendes Beispiel aus der Zeit knapp vor 1440. Kontext ist die Auseinandersetzung zwischen König Albrecht II. und dem König von Polen um den Besitz Böhmens. In einem Schreiben an Papst Eugen IV. argumentiert Albrecht seine Ansprüche auf die böhmische Krone u. a. mit Verweis auf den Erbvertrag von 1364: ... *ex inscriptione veteri inter domos Bohemie et Austrie olim solempniter facta ac omnium baronum, procerum et majorum ac communitatum utrarumque domorum iuramento proprio et sigillorum suorum appensione firmata* und weiter: *Continet enim inscripcio clare, quod si alterutrius ex ipsis duabus domibus Bohemie et Austrie dominus sive*

der *domus* fast als Synonym für Land bzw. die Summe der Länder verwendete und deshalb von Albrecht II. sagen konnte *a quo linea tocius prosapie de Hablspurg, que hodie Domum Austrie gubernat, feliciter duxit originem*[57]. Im offiziellen Sprachgebrauch der habsburgischen Kanzleien blieb die Bedeutung von »Haus Österreich« in der zweiten Hälfte
des 15. Jahrhunderts freilich immer ambivalent. Es konnte damit der ganze Komplex habsburgischer Herrschaft bezeichnet werden, überwiegend war aber doch die Dynastie gemeint[58].

INSTITUTIONEN:

Es ist unzweifelhaft das Verdienst Maximilians, durch die Einrichtung von länderübergreifenden Behörden einen ersten entscheidenden Schritt auf dem Weg zum »Gesamtstaat« getan zu haben[59]. Bis zum Ende des 15. Jahrhunderts bestand keinerlei institutionelle Verklammerung der dynastisch aneinander gereihten habsburgisch-österreichischen
Länder. Neben dem Fürsten waren Kanzlei und Rat das einzige, was die Länder miteinander verbinden konnte. In bezug auf die fürstliche Kanzlei hat dies schon Johann von
Viktring erstaunlich klar gesehen, formuliert er doch anläßlich der Bestellung des Johann
Windlock zum Kanzler, Herzog Albrecht II. habe diesem das *officium cancellarie* übertragen *ad omnium suorum principatuum expedienda negotia*[60]. Vom Hof konnten sich
dauerhaft weder im Bereich der Finanzen noch der Verwaltung zentrale länderübergreifende Ämter und Behörden abschichten, obwohl namentlich in der Finanzverwaltung im
14. Jahrhundert Ansätze zur zentralen Zusammenfassung sichtbar wurden. Als ein bemerkenswerter Fall dieser Art stellt sich das aus Räten und bürgerlichen Finanzleuten ge-
bildete Konsortium dar, das 1370 zur Abwendung des drohenden Finanzkollaps in Form
einer Generalpacht die Finanzverwaltung aller österreichischen Länder übernahm, aller-

---

*princeps pro tempore decederet prole legitima non relicta, domus ipsa sic suo principe viduata ad alterutrius
ex ipsis domibus superviventem principem legitime devolvatur hereditarie possidenda* (Deutsche Reichstagsakten unter Albrecht II., ed. Gustav BECKMANN [RTA 13, 1925] S. 725).
57) Thomas Ebendorfer, Cronica Austrie (wie Anm. 16) S. 166 Z. 3–4; zit. LHOTSKY, Was heißt »Haus
Österreich«? (wie Anm. 50) S. 355. – Thomas Ebendorfer meint auch unzweifelhaft den gesamten Komplex der österreichischen Länder, wenn er vom Neuberger Teilungsvertrag 1379 kommentierend schreibt:
domum Austrie pariter diviserunt.
58) Peter MORAW, Das Reich und Österreich im Spätmittelalter, in: Sacrum Imperium. Das Reich und
Österreich 996–1806, hg. von Wilhelm BRAUNEDER/Lothar HÖBELT (1996) S. 92–130, hier S. 92.
59) Christoph LINK, Die habsburgischen Erblande, die böhmischen Länder und Salzburg, in: Deutsche
Verwaltungsgeschichte 1, hg. von Kurt G. A. JESERICH (1983) 468–552, hier S. 474.
60) Winfried STELZER, Zur Kanzlei der Herzoge von Österreich aus dem Hause Habsburg (1282–1365),
in: Landesherrliche Kanzleien (wie Anm. 38) S. 297–313, hier S. 303.

dings anscheinend schon vor Ende der Vertragslaufzeit abgelöst wurde[61]. Das Experiment blieb einmalig, so wie es auch ohne Folgen war, daß kurzfristig in den Jahren 1392 bis 1394 eine zentrale Zusammenfassung der Finanzen fast aller Länder in der Hand eines obersten Amtmannes (Ulrich Zink) geschah[62]. Die dynastischen Herrschaftsteilungen dürften diese frühen Versuche schon im Ansatz gestört haben.

Die Verwaltungsreformen Maximilians zählen seit dem 19. Jahrhundert zu den bevorzugten Themen der österreichischen Geschichtsforschung und sind es bis heute geblieben. Das verwaltungsgeschichtliche Gesamtgeschehen soll und muß hier nicht ausgebreitet werden. Mit Blick auf die Integration der österreichischen Länder interessiert vor allem die mittlere Ebene zwischen den am Hof angesiedelten zentralen Behörden für Reich und Erblande und den aus dem späten Mittelalter überkommenen Landesstellen. Maximilian hat durch die Schaffung der zwei bzw. – rechnet man das in Ensisheim angesiedelte vorderösterreichische, dem Innsbrucker nachgeordnete hinzu – drei Regimente für die Erblande eine »Gleichartigkeit der Verwaltungsorganisation in zweiter Instanz bewirkt, die das Werden des habsburgischen Gesamtstaates und den späteren Überbau einheitlicher Zentralstellen ermöglichte«[63]. Mit dem Innsbrucker Regiment für Tirol und die Vorlande, das 1499 eine Ordnung und Instruktion erhielt, konnte Maximilian noch in gewisser Weise an den Rat der späten Regierung Erzherzog Sigmunds anknüpfen[64]. Indem er analog dazu eine behördliche Zentralisierung der fünf als »niederösterreichische Ländergruppe« zusammengefaßten Fürstentümer Österreich ob und unter der Enns, Steiermark, Kärnten und Krain schuf, betrat der Kaiser vollends Neuland. Ursprünglich so wie das Tiroler als interimistische Vertretungsbehörde für die Zeit der Abwesenheit des Landesfürsten konzipiert, wurde das niederösterreichische Regiment 1501/02 zu einer ständigen Behörde, hatte aber von Anfang an größeren ständischen Widerstand aus den Ländern zu gewärtigen, als dies bei seinem oberösterreichischen Pendant der Fall war. Schon der Sitz des Regiments – zuerst Enns, dann Linz, schließlich 1510 Wien – gab Anlaß zu Konflikten, die sich bis zum Innsbrucker Generallandtag 1518 fortsetzten, wo die Steirer, die seit langem eine Verlegung nach Graz oder eine andere steirische Stadt verlangt hatten, einen Teilerfolg erzielen konnten. Maximilian stellte probeweise für ein Jahr die Transferierung des niederösterreichischen Regiments ins steirische Bruck in Aussicht[65]. Härteren Widerstand

---

61) MAYER, Beiträge (wie Anm. 31) S. 116f.; VANCSA, Geschichte 2 (wie Anm. 42) S. 168f.; LACKNER, Finanzwesen (wie Anm. 27) S. 284f.; NIEDERSTÄTTER, Herrschaft Österreich (wie Anm. 5) S. 316f.

62) MAYER, Beiträge (wie Anm. 31) S. 121; LACKNER, Finanzwesen (wie Anm. 27) S. 298f.

63) Friedrich WALTER, Österreichische Verfassungs- und Verwaltungsgeschichte von 1500–1955 (Veröffentlichungen d. Kommission für neuere Geschichte Österreichs 59, 1972) S. 29.

64) Theodor MAYER, Die Verwaltungsorganisation Maximilians I. Ihr Ursprung und ihre Bedeutung (Forschungen zur inneren Geschichte Österreichs 14, 1920) S. 32–40, 59f.

65) Alois NIEDERSTÄTTER, Das Jahrhundert der Mitte. An der Wende vom Mittelalter zur Neuzeit. Österreichische Geschichte 1400–1522, hg. von Herwig WOLFRAM (1996) S. 290.

setzte der Kaiser der seit 1503 erhobenen Länderforderung entgegen, das Regiment solle durch ständische Vertreter ergänzt und aufgestockt werden. Die Länderstände beanspruchten für sich das Ernennungsrecht für einen Teil der Regimentsstellen und gleichzeitig eine gleichmäßige Repräsentation aller fünf niederösterreichischen Länder in der neuen Behörde[66].

Im Brennpunkt der Auseinandersetzung zwischen Maximilian und den Ständen der niederösterreichischen Ländergruppe stand das 1501 in Wiener Neustadt als Appellations- und Lehenshof eingerichtete Hofgericht[67]. Zu einem wesentlichen Teil artikulierte sich hier Widerstand gegen den durch das neue oberste Gericht, seine römisch-rechtlich geschulten Juristen und seine römisch-rechtlichen Verfahrensnormen befürchteten massiven Einbruch römischen Rechts, aber ebenso sehr tritt ein stark verwurzeltes landschaftliches Identitätsbewußtsein entgegen, das zentralisierenden Tendenzen in der Rechtsprechung zutiefst mißtraute. Als die Stände auf einem Ausschußtag 1502 gegen das neue Wiener Neustädter Gericht Sturm liefen, ließ ihnen Maximilian auf ihr Vorbringen, sie hätten bisher nur *in eines fürsten zu Österreich cammer* gedingt, spöttisch ausrichten, er wolle das Hofgericht gerne in Kammergericht umbenennen, sollte ihnen das eher konvenieren[68]. Mit einer simplen Namensänderung waren die Stände nicht abzuspeisen. Sie setzten ihren Kampf gegen den verhaßten Gerichtshof fort. Was Maximilian 1502 noch entschieden verteidigte, gab er 1510 unter dem anhaltenden Druck der Stände dann preis. Das Kammergericht wurde aufgehoben. Es war allerdings kein vollständiger Sieg der Stände, denn die Kompetenzen des Wiener Neustädter Gerichts, sei es erstinstanzlich oder Appellationssachen, gingen auf das niederösterreichische Regiment über[69].

Am allerwenigsten ist es Maximilian gelungen, eine einheitliche Finanzverwaltung für die Erblande einzurichten. Immer wieder restrukturierend und häufig zwischen kollegialen Behörden und monokratischem Prinzip schwankend, ließ der Kaiser immer neue Finanzbehörden in wechselnder Unter- und Nebenordnung entstehen, ohne dauerhafte Strukturen schaffen zu können. Die anfänglich in Innsbruck etablierte Schatzkammer mit umfassender Zuständigkeit für alle österreichischen Länder wurde schon 1499 in eine Raitkammer für die oberösterreichische Ländergruppe umgebaut, der in den nächsten Jahren eine gleichrangige Kammer für die niederösterreichischen Länder gegenüberstand. Zwischendurch griff Maximilian mit den Gossembrot-Verträgen 1501/02 zu Finanz-

---

66) Albert STARZER, Beiträge zur Geschichte der Niederösterreichischen Statthalterei. Die Landeschefs und Räthe dieser Behörde von 1501–1896 (1897) S. 13; VANCSA, Geschichte 2 (wie Anm. 42) S. 593f., WIESFLECKER, Österreich (wie Anm. 36) S. 244.

67) VANCSA, Geschichte 2 (wie Anm. 42) S. 575.

68) Sigmund ADLER, Die Organisation der Centralverwaltung unter Kaiser Maximilian I. (1886) S. 252f., VANCSA, Geschichte 2 (wie Anm. 42) S. 589.

69) ADLER, Centralverwaltung (wie Anm. 68) S. 281; STARZER, Beiträge (wie Anm. 66) S. 13; VANCSA, Geschichte 2 (wie Anm. 42) S. 594f.; WIESFLECKER, Maximilian (wie Anm. 42) 3 S. 239 und 5 S. 211; DERS., Österreich (wie Anm. 36) S. 58, 119f., 243f.

lösungen, die in gewisser Weise an die oben erwähnte Generalpacht im 14. Jahrhundert gemahnen, indem er dem Augsburger Geschäftsmann Gossembrot die gesamte österreichische Finanzverwaltung pachtweise überließ[70]. Die Zentralisierung im Bereich der Finanzen blieb in der Tat Stückwerk.

Länder- und Ausschusstage:

Winfried Schulze hat es nachgerade als ein Merkmal der Ständegeschichte in den habsburgischen Ländern interpretiert, daß die einzelnen Landschaften entgegen der meist regionalistischen Orientierung ständischer Korpora seit dem 15. Jahrhundert untereinander politische Verbindungen eingingen und »aus sich selbst heraus Ansätze einer landesübergreifenden politischen Organisation in der Form der sogenannten ›Generallandtage‹« entwickelten. Die Gesamtstaatsidee, so Schulze, sei in den habsburgischen Ländern »auch ein Produkt der Stände«[71]. Waren die Generallandtage, die das Potential zu österreichischen Etats généraux in sich trugen, ohne allerdings diese Entwicklungsstufe jemals zu erreichen, also gleichsam ein ständisches Integrationsmodell in Konkurrenz zum monarchischen? Organisations- und entwicklungsgeschichtlich betrachtet treten die Länderversammlungen im späteren Mittelalter zunächst in zwei unterschiedlichen Ausprägungen entgegen, als Ländertage (bzw. Generallandtage) und als Ausschußtage – beide Begriffe sind modernsprachliche Schöpfungen für die in den Quellen ohne klare Trennung als »gemeine Zusammenkunft«, *gemain landtag, veraynter* Landtag oder ähnlich bezeichneten Versammlungen[72]. Die Ländertage, worunter hier Beratungen der Gesamtstände mehrerer Länder gleichzeitig am selben Ort begriffen werden, sind mit Sicherheit die zeitlich frühere Organisationsform, wobei vor allem die gemeinsamen Versammlungen der drei innerösterreichischen Landschaften (Steiermark, Kärnten, Krain) im 15. Jahrhundert zu nennen sind. Durch das Aufkommen der Praxis, nicht mehr die Gesamtstände, sondern nur deren Delegierte respektive gewählte Ausschüsse zu versammeln, vollzieht sich dann

---

70) Thomas Fellner, Zur Geschichte der österreichischen Centralverwaltung (1493–1848) I, MIÖG 8 (1887) S. 258–301, hier S. 261; Wiesflecker, Maximilian 5 (wie Anm. 42) S. 207ff.; Ders., Österreich (wie Anm. 36) S. 238–245.

71) Winfried Schulze, Das Ständewesen in den Erblanden der Habsburger Monarchie bis 1740: Vom dualistischen Ständestaat zum organisch-föderativen Absolutismus, in: Ständetum und Staatsbildung in Brandenburg-Preussen. Ergebnisse einer internationalen Fachtagung, hg. von Peter Baumgart (1983) S. 263–279, hier S. 265, 271.

72) Gerhard Putschögl, Die Ausschußlandtage der österrreichischen Länder, Österreich in Geschichte und Literatur 8 (1964) S. 431–437, hier S. 433; Roland Schäffer, Der angebliche Generallandtag zu Völkermarkt 1453 – die Frage der frühen Generallandtage in den Erbländern, in: Forschungen zur Geschichte des Alpen-Adria-Raumes. Festgabe f. Othmar Pickl zum 70. Geburtstag, hg. von Herwig Ebner u. a. (1997) S. 343–357, hier S. 344f.

namentlich unter Maximilian der Übergang zu den Ausschußtagen[73]. Sollte der an Drei-
könig 1397 nach Wien zur Beratung der Türkengefahr einberufene Tag tatsächlich ein Län-
dertag mehrerer habsburgischer Landschaften gewesen sein – die Textierung der erhaltenen Ladungsschreiben weist in diese Richtung, obgleich bisher nur Ladungen für
Ständemitglieder aus dem Herzogtum Österreich bekannt geworden sind[74] – dann wären
die Ländertage der Ausbildung der Einzellandtage zeitlich sogar vorausgegangen. In der
Steiermark trat der erste Landtag wahrscheinlich 1412 zusammen[75], in Tirol läßt sich eine
Konsolidierung ständischer Versammlungsformen frühestens um 1417/20 nachweisen, ein
erster Kärntner Landtag scheint gar erst für 1472 belegt[76]. Während der Charakter des
Wiener Tages von 1397 indessen zweifelhaft bleibt, wird man die Geschichte länderübergreifender ständischer Strukturen im habsburgischen Territorienkomplex erst ein halbes
Säkulum später mit der ersten sicher bezeugten gemeinsamen Ständeversammlung der
innerösterreichischen Länder Steiermark, Kärnten und Krain 1443 in Graz beginnen
lassen[77]. An den innerösterreichischen Ländertagen, von denen die Forschung rund ein
Dutzend zwischen 1443 und 1478 verzeichnet[78], ist der Zusammenhang zwischen äußerer Bedrohung und länderübergreifendem Agieren der Stände deutlich ablesbar. Die Verdichtung der Ländertagsfrequenz in den vierzehnhundertsiebziger Jahren (nicht weniger
als acht Versammlungen zwischen 1470 und 1478)[79] korreliert mit der heißen Phase tür-

---

73) Putschögl, Ausschußlandtage (wie Anm. 72) S. 432.

74) Schäffer, Generallandtag (wie Anm. 72) S. 355f.

75) Gerhart Wielinger/Karl Spreitzhofer, Der Landtag der Steiermark, in: Föderalismus und Parlamentarismus in Österreich, hg. von Herbert Schambeck (Wien 1992) S. 441–493, hier S. 444; Karl Spreitzhofer, Der Landeshauptmann. Funktion und Bedeutung von den Anfängen bis 1918, in: Die Grazer Burg
(²1993) S. 19–39, hier S. 24.

76) Alfred Ogris, Kurze Geschichte der Kärntner Landtage, in: Geschäftsordnung des Kärntner Landta-
ges, hg. von Ralf Unkart u. a. (1975) S. 19–34, hier S. 21.

77) Burkhard Seuffert/Gottfriede Kogler, Die ältesten Steirischen Landtagsakten 1396–1519. 2 Bde.
(Quellen zur Verfassungs- und Verwaltungsgeschichte der Steiermark 3–4, 1953–1958) 1 S. 82ff. – Gutkas,
Stellung (wie Anm. 44) S. 56f. rechnet vor 1443 schon einen ersten gemeinsamen Landtag der Stände von
Kärnten, Krain und Steiermark im Jahr 1441.

78) Berthold Sutter, Die geschichtliche Stellung des Herzogtums Steiermark 1192–1918, in: Die Steiermark. Land, Leute, Leistung (1956) S. 101–137, hier S. 111 spricht von 15 innerösterreichischen Ländertagen, vier auf kärntnerischem und 11 auf steirischem Boden. Ihm folgt Hans Sturmberger, Türkengefahr
und österreichische Staatlichkeit, in: Ders., Land ob der Enns und Österreich. Aufsätze und Vorträge (Ergänzungsband zu den Mitteilungen des oberösterreichischen Landesarchivs 3, 1979) S. 311–328, hier S. 321.
Einige Tagungen sind wohl nicht quellenmäßig sicher bezeugt. Dies konnte zuletzt Schäffer, Generallandtag (wie Anm. 72) S. 348ff. am Beispiel des angeblichen Generallandtags von Völkermarkt 1453 zeigen,
der sich bei nochmaliger genauer Prüfung und Sichtung der Quellen als historiographische Fiktion erwies.

79) März und Mai 1470 Friesach bzw. Völkermarkt, Jänner 1471 Graz, 1474 Wolfsberg, 1474 und 1475
Marburg, 1476 und 1478 Graz. Vgl. dazu Schäffer, Generallandtag (wie Anm. 72) S. 352; Niederstätter, Jahrhundert der Mitte (wie Anm. 65) S. 225.

kischer Einfälle in Krain, Kärnten und der Steiermark. Seit 1470 berief Kaiser Friedrich III. fast jährlich eine Tagung seiner innerösterreichischen Erbländer, um die Türkengefahr zu beraten. Unter dem massiven Druck der Türkennot gingen auf diesen Versammlungen Impulse zur Einheit und zur Zusammenarbeit nicht nur vom Landesfürsten sondern auch von den einzelnen Landschaften aus, die Ansätze zu einer Leistungs- und Handlungsgemeinschaft zeigen.

Bis in die Zeit Maximilians kommen »überterritoriale« Ständetagungen nur in den innerösterreichischen Ländern zur Geltung[80], sieht man von dem singulären, weil unter außergewöhnlichen Umständen einberufenen Meraner Landtag im November 1487 ab, der neben der Tiroler Landschaft auch von circa 20 Verordneten der vorderösterreichischen Stände beschickt wurde[81]. In Maximilians Regierung wurde die Entfaltung länderübergreifender Ständeversammlungen bedeutend vorangetrieben, zum einen was Frequenz, Intensität und Dauer derartiger Beratungen betrifft, zum anderen hinsichtlich des Umfangs bzw. der Zahl der durch Ausschüsse repräsentierten Länder. Kaum ein Jahr verging, in dem nicht wenigstens ein Ausschußtag stattfand. Vom innerösterreichischen über den niederösterreichischen bis hin zum großen alle Erbländer einbeziehenden »Generallandtag« reicht die Palette der Versammlungen, auf welchen sich Landesfürst und Stände mehrerer Länder im Miteinanderverhandeln begegneten, wobei das von Maximilian anscheinend schon von Anbeginn an mit einer gewissen Beharrlichkeit verfolgte Ziel gemeinsamer Ausschußberatungen aller erbländischen Stände freilich erst nach mehreren tastenden Versuchen und Fehlschlägen[82] zum ersten und gleichzeitig einzigen Mal während der 25jährigen Herrschaft des Kaisers im Frühjahr 1518 in Innsbruck Wirklichkeit wurde. Die Bedeutung dieser maximilianeischen Ausschußtage für die staatliche Integration und das Zusammengehörigkeitsbewußtsein der österreichischen Länder ist spätestens seit der österreichischen Gesamtstaats-Geschichtsschreibung des 19. Jahrhunderts, wie sie etwa durch Franz von Krones[83] verkörpert wird, evident. Und noch heute bezeichnet Hermann

---

80) Zu 1474 wurde schon von Hermann Ignaz BIDERMANN, Die österreichischen Länder-Kongresse, MIÖG 17 (1896) S. 264–292, hier S. 268 ein erster Ausschußtag aller niederösterreichischen Länder (Österreich, Steiermark, Kärnten und Krain) erwogen. Tatsache ist, daß auf Befehl des abwesenden Kaisers die am 8. Februar 1474 in Wolfsberg zusammengetretenen Kärntner und Krainer Stände der steirischen Landschaft einen in Judenburg geplanten Tag ankündigten mit dem Bemerken, daß auch der Salzburger Erzbischof, der Graf von Görz und die Landleute von Österreich um Gesandte dorthin gebeten wurden. Ob diese Tagung, wie vorgesehen, im März 1474 zustandekam, ist freilich mehr als ungewiß. Vgl. zuletzt SCHÄFFER, Generallandtag (wie Anm. 72) S. 351.

81) KÖFLER, Land (wie Anm. 42) S. 267ff.; SPECK, Die vorderösterreichischen Landstände (wie Anm. 42) S. 126f.

82) BIDERMANN, Länder-Kongresse (wie Anm. 80) S. 269; BURKERT, Ausschußlandtage (wie Anm. 42) S. 184. – Auf dem niederösterreichischen Ausschußtag von Wiener Neustadt 1502 erschienen auch tirolische und vorländische Vertreter, jedoch zu spät und ohne brauchbare Verhandlungsgrundlage.

83) Franz KRONES, Handbuch der Geschichte Österreichs 2 (1877) S. 586: »So kommt es, daß der dynastische Verband aller dieser österreichischen Länder auch ein Interessenverband, ein Organismus wird, in

Wiesflecker in seiner Maximilian-Biographie den Innsbrucker Generallandtag als einen »erste[n] entscheidende[n] Schritt zum österreichischen Gesamtstaat«[84]. In gewisser Weise bilden die Ausschußtage das Gegenstück zu den administrativen Integrationsbemühungen Maximilians. Dies ist jedoch nicht eigentlich im Sinne eines ständischen Gegenmodells oder einer ständischen Antwort auf die landesfürstliche Behördenzentralisierung zu verstehen, auch wenn die Ausschußtage seit 1502 zum zentralen Forum wurden, auf dem sich für Maximilian zunehmend prekär der ständische Widerstand gegen die neuen Verwaltungskörper formierte und artikulierte. Eher sind Regimente und »Generallandtage« als zwei »komplementäre« Gestaltungselemente maximilianeischer Politik interpretierbar. Im Vorantreiben der Ausschuß- und Generallandtage ist eindeutig der Kaiser der aktive, sind die Stände der reaktive Part. Von Seiten der Stände, die doch noch fast ausschließlich in den Dimensionen ihrer jeweiligen Länder dachten, wurde den länderübergreifenden Beratungen mit einer Mischung aus Desinteresse und Mißtrauen begegnet. So fanden sich die vorderösterreichischen Stände beispielsweise 1509 nur unter Androhung, sie müßten andernfalls das Beratungsergebnis widerspruchslos akzeptieren, zur Abordnung von Gesandten zu den in Salzburg versammelten Ausschüssen der niederösterreichischen Länder bereit und noch 1518 verpflichteten sie ihre Deputierten auf dem Innsbrucker Generallandtag »auf Hintersichbringen«[85]. Daß die Stände der einzelnen Länder lange Zeit auch relativ wenige gemeinsame politische Ziele entwickeln konnten, demonstrieren die bekannten Augsburger »Libelle«, die als der gesetzgeberische Niederschlag des niederösterreichischen Ausschußtages von Augsburg im April 1510 erscheinen[86]. Die Länder legten Wert auf eine eigenständige Formulierung und Formalisierung ihrer jeweiligen Beschwerden, was in fünf Libellen für die fünf niederösterreichischen Länder seinen Ausdruck fand. Vergleicht man die Zahl der am Augsburger Tag von den Landschaften gemeinsam formulierten Beschwerdepunkte, die in der Sache hauptsächlich den neuen maximilianeischen Verwaltungs- und Gerichtsinstitutionen gelten, mit jener der länderspezi-

---

welchem der Herrscherwille und das ihm gegenüberstehende Bestreben der provinziellen Ständevertretungen, ihre Wünsche und Beschwerden gemeinsam und desto kräftiger geltend zu machen, die einigenden und bewegenden Kräfte abgeben« (zitiert bei Karl EDER, Die Stände des Landes ob der Enns 1519–1525, Heimatgaue 6 [1925] S. 1–38, 83–113, hier S. 6).

84) WIESFLECKER, Maximilian 4 (wie Anm. 42) S. 307.

85) ADLER, Centralverwaltung (wie Anm. 68) S. 270f.; WIESFLECKER, Maximilian 4 (wie Anm. 42) S. 294; SPECK, Die vorderösterreichischen Landstände (wie Anm. 42) S. 529.

86) Im Druck liegt das allgemeine Libell vor, ebenso die Libelle für Steiermark (Landhandfeste für das Herzogthum Steiermark vom Jahre 1731 [1842] S. 38–45), für Kärnten (Hieronymus Megiser, Annales Carinthiae [1612, ND 1981] 2, Landshandvest S. 70–81) und für Krain (Deželnozborski spisi [wie Anm. 40] S. 29–34). – Bisher noch ungedruckt das obderennsische Libell: Oberösterreichisches Landesarchiv Linz, Ständische Urkunden Nr. 12. – Vgl. VANCSA, Geschichte 2 (wie Anm. 42) S. 594ff.; EDER, Die Stände des Landes ob der Enns (wie Anm. 83) S. 6ff., WIESFLECKER, Maximilian 4 (wie Anm. 42) S. 295f.; DERS., Österreich (wie Anm. 36) S. 60f., 73f., 121f.

fischen Gravamina, so überwiegen augenscheinlich die partikularen Ziele. 15 gemeinsamen Beschwerdeartikeln stehen 33 des Landes ob der Enns, 13 der Krainer, 12 der Kärntner und 17 der steirischen Landschaft gegenüber.

LÄNDER, LANDESBEWUSSTSEIN UND REGIONALER ADEL:

Wenn man die habsburgischen Herrschaftsteilungen seit 1373 überblickt, so fällt auf, daß die Trennungslinien – mit marginalen Ausnahmen – immer zwischen den Ländern verliefen[87]. Das Teilen einzelner Länder wurde zwar punktuell erwogen, gelangte aber nirgendwo zur Realisierung. Vielleicht darf man diesen Umstand auch und nicht zuletzt als Ausdruck der Stabilität der einzelnen Ländereinheiten werten. Die österreichischen Länder sind vor dem »Haus Österreich«, also der dynastischen Personalunion, da gewesen. Wenn auch unterschiedlichen Alters und unterschiedlicher Genese ist doch den Ländern Österreich, Steier, Kärnten, Krain und Tirol gemeinsam, daß der Prozeß der Landesbildung im Hochmittelalter vor dem Auftreten der Habsburger einen weitgehenden Abschluß gefunden hatte. Eine gewisse Einschränkung wird man allenfalls in bezug auf das Land ob der Enns machen müssen, das auf der Basis älterer Voraussetzungen des 13. Jahrhunderts erst im Spätmittelalter als landrechtlich eigenständiges Gebiet aus dem Herzogtum Österreich herausgewachsen und also unter den Bedingungen des habsburgischen Territorienkomplexes neu als Land entstanden ist, wobei die Konstituierung einer eigenen Landesgemeinde von der Dynastie wohl nicht bewußt gefördert, durch die Teilungsdynamik – Erzherzog Albrecht VI. hatte im Land ob der Enns zeitweilig seine Residenz und seinen Hof – aber indirekt begünstigt wurde[88].

Für die spätmittelalterlichen österreichischen Länder trifft im Sinne Otto Brunners zweifellos zu: Land, Landrecht und die im obersten Landgericht handelnde adelige Landesgemeinde gehörten aufs engste zusammen[89]. Das Landrecht besaß zentrale Bedeutung für das Landesbewußtsein, hatte in diesem seinen eigentlichen Kristallisationskern. Landeszugehörigkeit definierte sich über das Bekenntnis zum Landrecht – noch 1379 im Neuberger Teilungsvertrag wurde der Umfang der einzelnen Länder als Einzugsbereich der jeweiligen Hof- und Landtaidinge, also der obersten Adelsgerichte der einzelnen Länder umschrieben. Die Länder waren bestrebt, die Dynastie an ihr jeweiliges Landrecht zu binden. Versuche der Habsburger, die Landschaften zur Übernahme »fremden« Rechts zu bewegen, führten unweigerlich zum Dissens und zur Konfrontation zwischen Fürst und

---

87) HAGENEDER, Länder (wie Anm. 13) S. 20f.
88) Othmar HAGENEDER, Territoriale Entwicklung, Verfassung und Verwaltung im 15. Jahrhundert, in: Tausend Jahre Oberösterreich (wie Anm. 24) S. 53–63, u. Siegfried HAIDER, Geschichte Oberösterreichs (1987) S. 111–120.
89) HAGENEDER, Länder (wie Anm. 13) S. 14f.

adelig-ständischer Landesgemeinde. Als der Konflikt zwischen Herzog Friedrich IV. und dem mächtigen Tiroler Landherrn Wilhelm von Starkenberg wegen der Rückgabe verschiedener Pfandherrschaften 1422/23 eskalierte, ließ der Tiroler Landesfürst dem widerstrebenden Adeligen erklären, er müsse sich bedingungslos einem nach seinen, des Herzogs, Gutdünken, besetzten Gericht unterwerfen, das nach *dez loblichen hawss Osterrich sytt und gewonhait* urteilen werde. Des Wilhelm von Starkenberg Antwort soll darauf schlicht gewesen sein: *Ist mir nit wissnlich, was sytt und gewonheit daz haws von Osterrich hat, wann ich ain inwoner der graffschaft ze Tyrol bin*[90]. Tatsächlich beharrte der Tiroler Adelige auf seinem Standpunkt, er hätte sich nur nach Tiroler Landrecht und vor dem herkömmlichen obersten Adelsgericht seiner Tiroler Standesgenossen zu verantworten.

Nicht erst in der Frühen Neuzeit, sondern bereits am Ausgang des Mittelalters spielte Geschichte eine wichtige Rolle für das adelig-ständische Landesbewußtsein. Die bewußte Aneignung realer und fiktiver Geschichte wirkte vor allem dort identitätsbildend, wo wie in Kärnten niemals ein höfischer Mittelpunkt bestanden hatte und der Adel abseits der Machtzentren auf den engeren regionalen Bereich verwiesen blieb. Landesgeschichte wurde hier zum wichtigen Bezugspunkt regionaler Identität, wie Jean-Marie Moeglin unlängst am Beispiel der Kärntner Chronik des Jakob Unrest aufgezeigt hat. Als literarisches Opus von dürftiger Qualität, hatte die Chronik doch um und nach 1500 regional einen beachtlichen Erfolg. Dem Kärntner Leser, den man sich wohl primär adelig vorzustellen hat, wird hier eine lange ruhmreiche Geschichte des eigenen Landes in unverbrüchlicher Kontinuität, verbürgt durch die ehrwürdige Tradition der Herzogseinsetzungszeremonien, über alle dynastischen Diskontinuitäten hinweg angeboten[91]. Landesgeschichte war aber nicht nur Quelle partikularen Landesbewußtseins, sie konnte auch ganz konkret zum politischen Argument werden. Im Jahre 1510 versuchten beispielsweise die obderennsischen Stände ihre Forderung, als eigenes Herzogtum anerkannt zu werden, bei Maximilian durchzusetzen, indem sie – das *Privilegium maius* bildet hier wohl die Grundlage – behaupteten, das Land ob der Enns sei schon vor 354 Jahren durch Kaiser Friedrich gleich der Markgrafschaft Österreich unter der Enns zum Herzogtum erhoben worden[92].

Die Entwicklung weist im 15. Jahrhundert in allen österreichischen Ländern in Richtung einer Verstärkung regionalen Identitätsbewußtseins. Vielleicht sind es da und dort

---

90) Karin KRANICH-HOFBAUER, Der Starkenbergische Rotulus. Handschrift – Edition – Interpretation (Innsbrucker Beiträge zur Kulturwissenschaft Germ. Reihe 51, 1994) S. 292. – Vgl. HAGENEDER, Länder (wie Anm. 13) S. 15; DERS., Herrschaft zu Österreich (wie Anm. 2) S. 225; RIEDMANN, Vorderösterreich (wie Anm. 10) S. 358ff.

91) Jean-Marie MOEGLIN, Jakob Unrests Kärntner Chronik als Ausdruck regionaler Identität in Kärnten am Ausgang des 15. Jahrhunderts, in: Regionale Identität und soziale Gruppen im deutschen Mittelalter, hg. von Peter MORAW (ZHF Beiheft 14, 1992) S. 165–191, hier S. 181f.

92) EDER, Die Stände des Landes ob der Enns (wie Anm. 83) S. 9; Ignaz ZIBERMAYR, Noricum, Baiern und Österreich (²1956) S. 492; WIESFLECKER, Österreich (wie Anm. 36) S. 68.

nur äußere Zeichen, aber auch ihnen wird vermutlich ein gewisser Symbolwert zuzumessen sein: So fällt auf, daß im letzten Viertel des 15. Jahrhunderts in der Steiermark, in Kärnten, in Krain, in Tirol und im Land ob der Enns aus dem »Hauptmann« ein »Landeshauptmann« wurde[93], während bis dahin nur der österreichische Landmarschall »Land« in seinem Titel geführt hatte. In den Ländern Krain und Tirol, die noch im 14. Jahrhundert keine Landeserbämter besessen hatten, wurden solche um die Mitte des 15. Jahrhunderts ausgebildet. Die auf gegenseitiger Abstoßung beruhenden Konflikte der Länder untereinander treten jetzt deutlicher denn je zutage. Wie weit die Entfremdung selbst zwischen sehr alt verbundenen Ländern gehen konnte, dafür spricht das berühmte symbolische Bad, dem die österreichischen Stände Ladislaus Postumus 1452 laut der Darstellung des Aeneas Silvius unterzogen, um ihm den Makel seiner »steirischen« Erziehung abzuwaschen[94]. Ein rauher Ton herrschte bisweilen auch zu Beginn des 16. Jahrhunderts zwischen Österreich und Steiermark. Die österreichischen Stände zögerten 1506 nicht, in ihrem Kampf gegen das neu errichtete Hofgericht in Wiener Neustadt gegen dessen Standort – Wiener Neustadt galt damals noch als in der Steiermark gelegen – zu polemisieren: Es sei untragbar, daß die *lanndsrecht in Ostereich in der Steyrmarch gesucht werden* sollten, *das doch das minder furstntumb und Ostereich das obrer und vorgeennd ist, davon dann die loblichen fursten von Osterreich ir namen, ere, aufnemen und wirden erlanngt*[95]. Hier liegt der Akzent allerdings schon weniger auf der gegenseitigen Abstoßung als auf dem Konkurrenzverhältnis der Länder untereinander. Österreich verteidigte seine Vorrangstellung im Wettbewerb mit den anderen, eigentlich ein Indiz dafür, daß man langsam näher zusammenrückte[96].

Stand der ausgeprägte Länderpartikularismus einer verstärkten Integration im habsburgischen Territorienkomplex hemmend entgegen, so wurde andererseits immer wieder

93) Siegfried HAIDER, Die Problematik von Land und Hauptstadt in der Entwicklungsphase des Landes ob der Enns, in: Die Hauptstadtfrage in der Geschichte der österreichischen Bundesländer, hg. von Willibald KATZINGER u. a. (Mitteilungen des Museumsvereins Lauriacum-Enns N. F. 29, 1991) S. 56–68, hier S. 58 (»Landeshauptmann« als Titel im Land ob der Enns zuerst 1478 belegt). Auch in der Steiermark begegnet der Titel »Landeshauptmann« 1478 (SEUFFERT/KOGLER, Steirische Landtagsakten 2 [wie Anm. 77] S. 173; zu einem früheren Beleg siehe NASCHENWENG, Landeshauptleute [wie Anm. 25] S. 99). Wilhelm von Auersperg führt 1496 den Titel »Landeshauptmann« von Krain (Božo OTOREPEC, Gradivo za zgodovino Ljubljane v srednjem veku 9 [1964] S. 97), und für Kärnten liegt ein Beleg aus dem Jahre 1500 vor (Monumenta historica ducatus Carinthiae 11, ed. Hermann WIESSNER [1972] S. 297f. Nr. 755).
94) Aeneas Silvius de Piccolominibus, Historia Austrialis, in: Analecta monumentorum omnis aevi Vindobonensia 2, ed. Adam Franz KOLLÁR (1762) col. 394. Vgl. VANCSA, Geschichte 2 (wie Anm. 42) S. 316 und zuletzt HÄRTEL, Millennium (wie Anm. 9) S. 246.
95) Niederösterreichisches Landesarchiv St. Pölten, Ständische Registratur: Landtagshandlungen Karton 1 (1506 XII 31); vgl. ADLER, Centralverwaltung (wie Anm. 68) S. 273; STARZER, Beiträge (wie Anm. 66) S. 11; VANCSA, Geschichte 2 (wie Anm. 42) S. 587f.; WIESFLECKER, Österreich (wie Anm. 36) S. 58.
96) NOFLATSCHER, Räte (wie Anm. 45) S. 130.

auf »die recht hohe intererbländische Mobilität etlicher Adelsfamilien« hingewiesen[97]. Grenzüberschreitende Verwandtschafts- und Besitzbeziehungen des Adels schlossen die partikulare Abgrenzung verschiedener Länder gegeneinander nicht aus, konnten aber, soviel ist unbestritten, einen Ansatzpunkt für dynastische Integration und einen stärkeren Zusammenhalt des Territorienkomplexes darstellen. Die zitierte intererbländische Mobilität wird man allerdings quantitativ nicht überschätzen dürfen. Relativ eng war das Netz konnubialer und besitzmäßiger Verbindungen nur im Adel der drei innerösterreichischen Herzogtümer, sodaß es etwa in Kärnten möglich war, daß schon vor 1400 eines der drei dauernd nachweisbaren Landeserbämter in der Hand der steirischen Herrenfamilie der Liechtenstein-Murau lag[98]. Konnubium zwischen österreichischen und steirischen Herrengeschlechtern war im 14. Jahrhundert und auch später ebenfalls keine ausgesprochene Seltenheit, dennoch blieben Familien, die in beiden Ländern über größeren Güterbesitz verfügten, die Ausnahme. Von einem Dutzend steirischer Landherrengeschlechter um 1350 hatten gerade einmal zwei auch im Herzogtum Österreich eine stärkere besitzmäßige Verankerung bzw. einen Familienzweig, der dem österreichischen Herrenadel angehörte[99]. Neben den wenig bekannten Kranichbergern[100] sind dies die Herren von Wallsee, der berühmteste habsburgische Adelsexport aus den schwäbischen Stammlanden in die neuerworbenen Herzogtümer im Osten. Die Wallseer, die zweifellos als ein herausragendes Beispiel erfolgreichen interterritorialen Elitentransfers gelten können, nahmen über mehr als ein Jahrhundert nach Macht und Besitz die Spitzenstellung im Adel des habsburgischen Territorienkomplexes ein, waren aber auch gleichzeitig die einzige Familie von Rang, die dauerhaft in mehreren Ländern Einfluß und Interessen besaß[101]. Eine ziemlich strikte, selten durch Konnubium überbrückte Trennlinie verlief zwischen dem Adel Tirols und jenem der östlichen Herzogtümer. Adelige grenzüberschreitende Mobilität wurde hier allenfalls durch die wechselseitigen Vormundschaften innerhalb der leo-

---

97) HEINIG, Friedrich III. (wie Anm. 35) S. 172.
98) Claudia FRÄSS-EHRFELD, Geschichte Kärntens 1: Das Mittelalter (1984) S. 426.
99) Ich bin von den Siegelzeugen der habsburgischen Hausordnung von 1355 ausgegangen. Das steirische Exemplar (Haus- Hof- und Staatsarchiv Wien, Fam. Urkunden Nr. 147/II) besiegelten folgende Herren: Graf Friedrich von Cilli, Graf Johann von Pfannberg, Ulrich und Friedrich von Wallsee-Graz, Eberhard, Ulrichs Sohn von Wallsee, Rudott von Liechtenstein, Leutold von Stadeck, Gottschalk von Neiperg, Friedrich, Ulrich und Otto von Stubenberg, Friedrich, Hartnid und Herdegen von Pettau, Otto und Andrä von Liechtenstein, Heinrich Wilthauser und Hermann von Kranichberg-Mureck. Nur ein Kranichberger und mehrere Wallseer finden sich auch unter den Siegelzeugen des österreichischen Exemplars der Hausordnung (SCHWIND/DOPSCH, Ausgewählte Urkunden [wie Anm. 13] S. 189ff. Nr. 102). – Über Besitz und Herrschaftsrechte in Österreich verfügten um 1350 allerdings von den steirischen Herrenfamilien sicherlich auch noch die Stadecker (Rohrau) und die Liechtenstein-Murau (Zwettl).
100) Ludwig FREIDINGER, Die Herren von Kranichberg und ihre Beziehungen zur Steiermark. Teil 1: 1386–1510, Zeitschrift des Historischen Vereines für Steiermark 88 (1997) S. 39–69.
101) HÄRTEL, Millennium (wie Anm. 9) S. 247.

poldinischen Linie gefördert. Auf diesem Wege wurde aus den steirischen Trapp in der zweiten Hälfte des 15. Jahrhunderts ein prominentes Tiroler Geschlecht[102]. Sigmund nahm aus den Tagen seiner Vormundschaft in der Steiermark auch die Ritter Wiguleus und Bernhard Gradner nach Tirol mit. Für diese beiden Brüder, die in Tirol bald als »landfremde« fürstliche Günstlinge verschrien waren, endete die intererbländische Mobilität freilich desaströs[103].

Versuchen der Dynastie, den Austausch von Funktionseliten zu fördern, haben die Stände der einzelnen Länder schon im Ansatz gewehrt, indem für die wichtigsten Ämter das Indigenat gefordert wurde. In Tirol mußten die Herzoge Leopold IV. und Friedrich IV. am 24. Februar 1406 versprechen, die Hauptmannschaft nur mit Landsleuten an der Etsch zu besetzen[104]. Daran haben sich die nachfolgenden Tiroler Landesfürsten offenbar auch konsequent gehalten. In der Reihe der Hauptleute an der Etsch scheint im 15. Jahrhundert kein einziger nicht-landsässiger Adeliger auf[105]. Andere Länder wie die Steiermark oder Kärnten konnten der Dynastie zwar bei der Besetzung der Hauptmannschaft nicht eine explizite Bindung an das Indigenatsprinzip abringen, faktisch wurde eine solche aber weitgehend respektiert. In Kärnten durchbrach im 15. Jahrhundert anscheinend nur Graf Rudolf von Sulz 1404/05 bzw. 1408/09 als »Landfremder« die Reihe der einheimischen Hauptleute[106], während in der Steiermark bis in die 1470er Jahre ausnahmslos steirische Adelige das höchste landesfürstliche Verwaltungsamt bekleideten[107]. Dann setzte Friedrich III. allerdings mehrfach landfremde Hauptleute in der Steiermark ein (Graf Wilhelm von Thierstein 1472–1475, Georg von Losenstein 1491–1493)[108] oder beließ das Amt über

---

102) RIEDMANN, Vorderösterreich (wie Anm. 10) S. 361. – Zu den Trapp vgl. Werner MALECZEK, Urkunden des 14. und 15. Jahrhunderts für steirische Empfänger aus dem Archiv der Grafen Trapp auf der Churburg (Vinschgau, Südtirol), Zeitschrift des Historischen Vereines für Steiermark 82 (1991) S. 59–133, bes. S. 73–83.

103) Josef RIEDMANN, Geschichte des Landes Tirol 1 (1985) S. 471. – Vgl. speziell Albert JÄGER, Die Fehde der Brüder Vigilius und Bernhard Gradner, Denkschriften d. Akad. d. Wiss. Wien, Phil.-hist. Kl. 9 (1859) S. 233–301; Wilhelm BAUM, Sigmund der Münzreiche. Zur Geschichte Tirols und der habsburgischen Länder im Spätmittelalter (1987) S. 88f., 162–169.

104) KÖFLER, Land (wie Anm. 42) S. 492.

105) Nach KÖFLER, Land (wie Anm. 42) S. 506–509 lautet die Reihe der Hauptleute wie folgt: Heinrich VI. von Rottenburg (1400–1404 und 1406–1408), Peter von Spaur (1404–1406 und 1412–1416), Wilhelm von Matsch (1417–1428), Ulrich von Matsch (1429–1448), Parzifal von Annenberg (1449–1455), Oswald Sebner von Reifenstein (1457–1460), Christoph Botsch (1460–1471 und 1476–78), Ulrich von Matsch (1471–1475), Gaudenz von Matsch (1478–1482), Jörg Häl von Maienburg 1482/83, Degen Fuchs von Fuchsberg 1483/84, Viktor von Thun (1484–1487), Nikolaus Firmian (1488–1498), Leonhard von Völs (1499–1530).

106) WEBERNIG, Landeshauptmannschaft (wie Anm. 12) S. 178.

107) Karl SPREITZHOFER, Landeshauptmann (wie Anm. 75) S. 23f., 31; NASCHENWENG, Landeshauptleute (wie Anm. 25) S. 88–100.

108) Margarete DREXEL, Die obersten landesfürstlichen Amtsträger in der Steiermark unter Maximilian I. (1493–1519), Zeitschrift des Historischen Vereines für Steiermark 86 (1995) S. 111–155, hier S. 119, 122f.

längere Zeitabschnitte (1480–1491) einfach unbesetzt, eine Praxis, die er auch sonst, insbesondere in Kärnten, dessen Hauptmannschaft fast vier Jahrzehnte vakant blieb[109], zur Anwendung brachte, um dem massiven ständischen Einfluß auf dieses Spitzenamt zu begegnen.

Ich darf zusammenfassen: Ansätze zu einer Angleichung der Rechts- und Verwaltungsstrukturen der ursprünglich sehr unterschiedlich gestalteten Länder und Herrschaften des habsburgisch-österreichischen Territorienkomplexes lassen sich schon in der ersten Hälfte des 14. Jahrhunderts feststellen. Vielleicht hat hier die frühe Juridifizierung von Kanzlei und Verwaltungsdienst der Habsburger eine Rolle gespielt – das Herzogtum Österreich zählt bekanntlich zu den wenigen nordalpinen Territorien, die seit dem 13. Jahrhundert mit gelehrten Juristen ausgestattet waren[110]. Am Bestand der historisch gewachsenen Länder haben die frühen Habsburger freilich zu keiner Zeit gerührt, die Herzoge gingen behutsam und meist im Einklang mit den Interessen des regionalen Adels vor. Massiv gefährdet wurden die Erfolge der »integrierenden« Rechts- und Verwaltungspolitik des 14. Jahrhunderts durch die nachfolgenden Teilungen, die die Handlungsfähigkeit der Dynastie erheblich einschränkten.

Verwaltung und Herrschaft des habsburgischen Territorienkomplexes blieben im Spätmittelalter kleinteilig und überschritten nicht die Länderebene. Gemeinsam war den Ländern einzig der Rat und die Kanzlei des Fürsten. Herrschaftspolitische Integration konnte dementsprechend nur über den Austausch von Funktionseliten und über höfische Kanäle führen. Trotz einer gewissen intererbländischen Mobilität einzelner Adelsfamilien, an die die Habsburger anknüpfen konnten, zeigen sich hier deutliche Defizite. Zur Ausbildung eines länderübergreifenden Adels ist es auf breiterer Basis im Spätmittelalter nicht gekommen, vielmehr schotteten sich die Landschaften mit einer rigiden Indigenatspolitik gegeneinander ab. Am Hof erreichte der Adel des Herzogtums Österreich in der zweiten Hälfte des 14. Jahrhunderts wohl schon eine dominierende Stellung zu Lasten der übrigen Länder. Die Entstehung von zwei Habsburgerhöfen in der Steiermark bzw. in Tirol, die sich naturgemäß günstig für die Integration des Adels der genannten beiden Länder auswirkte, hat diese Entwicklung dann noch einmal teilweise rückgängig gemacht.

Ein Gesamtbewußtsein, das als wirksame verbindende Klammer für den österreichischen Territorienkomplex hätte dienen können, fehlte fast ganz. Ansätze hin zu einem Gemeinschaftsgefühl sind von der Dynastie im Spätmittelalter wohl ausgegangen. Sie sind in den Vorlanden auf fruchtbareren Boden gefallen als etwa in Tirol oder Kärnten, wahrscheinlich nicht so sehr weil in Schwaben die habsburgische Herrschaft längere Tradition hatte, sondern wegen der territorialen Zersplitterung der vorderösterreichischen Herrschaften[111]. In den vergleichsweise fest gefügten Ländern Steiermark, Tirol oder Kärnten

---

109) WEBERNIG, Landeshauptmannschaft (wie Anm. 12) S. 85–94.
110) MORAW, Das Reich und Österreich (wie Anm. 58) S. 101.
111) RIEDMANN, Vorderösterreich (wie Anm. 10) S. 363.

trat der Dynastie ein zunächst vom Adel, bald von den Ständen getragenes Landesbewußtsein entgegen, das im 15. Jahrhundert schon tief eingewurzelt war. Die Stände dachten überall primär in den Kategorien ihrer jeweiligen Länder, auch wenn die innerösterreichischen Ländertage, die in der Abwehr der türkischen Bedrohung ihren Ursprung hatten, partiell als eine Form der Integration »von unten« erscheinen.

So wie sich der österreichische Territorienkomplex zu Ende des Mittelalters darstellt, war er das mehr oder weniger zufällige Produkt der Machtpolitik der Habsburger, ein lockerer Länderverband, der hauptsächlich durch die Person des Landesfürsten zusammengehalten wurde. Für die Zukunft schien um 1500 ziemlich alles offen, sei es der Zerfall durch fortgesetzte Teilungen, oder die Beibehaltung der bestehenden lockeren Länderunion, sei es aber auch die Entwicklung hin zu einer engeren Zusammenbindung der einzelnen Territorien. In den zweieinhalb Jahrzehnten maximilianeischer Regierung wurden mit der Schaffung einer ersten institutionellen Verklammerung der österreichischen Länder durch gemeinsame Behörden die Weichen zunächst in Richtung auf einen »Gesamtstaat« gestellt, der freilich noch in weiter Ferne blieb.

Das »Haus Bayern« im 15. Jahrhundert

Formen und Strategien einer dynastischen »Integration«[1]

VON FRANZ FUCHS

Am 23. April 1473 konnte der Pfarrer von St. Sebald in Nürnberg, Dr. Johann Lochner[2], Markgräfin Barbara Gonzaga[3], einer geborenen Hohenzollerin, mit der folgenden politischen Neuigkeit aus dem Reich aufwarten: *Item herczog Ludwig der Reich und herczog Albrecht von Munchen seyn ser vneynß und alß die gemeyn redde geet, so thuet herczog Ludwig ser unrecht und gewalt herczogen Albrechten, und man vorsicht sie gewislichen eyns grossen posen kriges und das hauß zu Peyern wirt sich selbs vorderben*[4]. Auch wenn

---

1) Die Vortragsform wird weitgehend beibehalten. Zusätzliche Abkürzungen: BayHStA = München, Bayerisches Hauptstaatsarchiv; ZBLG = Zeitschrift für bayerische Landesgeschichte. Meinem Freund Jean-Marie Moeglin (Paris) und Herrn Kollegen Reinhard Stauber (Klagenfurt) bin ich für Gespräche und Hinweise zu besonderem Dank verpflichtet. – Zum Folgenden vgl. auch die genealogischen Tafeln unten S. 587f.

2) Vgl. zu ihm Claudia MÄRTL, Johannes Lochner il doctorissimo. Ein Nürnberger zwischen Süddeutschland und Italien, in: Venezianisch-deutsche Kulturbeziehungen in der Renaissance. Akten des interdisziplinären Symposions vom 8. bis 10. November 2001 im Centro Tedesco di Studi Veneziani in Venedig, hg. von Klaus ARNOLD, Franz FUCHS und Stephan FÜSSEL (Pirckheimer Jahrbuch 18, Wiesbaden 2003) S. 86–142.

3) Zu Barbara (1422–1481) und ihrer umfangreichen Korrespondenz vgl. zusammenfassend Ingeborg WALTER, Barbara di Hohenzollern, in: Dizionario Biografico degli Italiani 6 (Roma 1964) S. 41f. mit der älteren Literatur. Ferner Rodolfo SIGNORINI, OPVS HOC TENVE. La camera dipinta di Andrea Mantegna. Lettura storica iconografica iconologica (Mantova 1985) passim sowie DERS., La malattia mortale di Barbara di Brandeburgo Gonzaga, seconda marchesa di Mantova, in: Civiltà Mantovana. Nuova serie 15 (1987) S. 1–39, Ebba SEVERIDT, Familie und Politik. Barbara von Brandenburg, Markgräfin von Mantua (30. September 1422–7. November 1481), Innsbrucker Historische Studien 16/17 (1997) S. 213–238 und DIES., Familie, Verwandtschaft und Karriere bei den Gonzaga. Struktur und Funktion von Familie und Verwandtschaft bei den Gonzaga und ihren deutschen Verwandten (1444–1519) (Schriften zur südwestdeutschen Landeskunde 45, Leinfelden – Echterdingen 2002); eine populäre Biographie mit vorzüglicher Bildausstattung bietet: Giancarlo MALACARNE, Barbara Hohenzollern del Brandeburgo. Il potere e la virtù (Mantova 1997).

4) Vgl. MÄRTL, Lochner (wie Anm. 2) S. 137 mit Anm. 152.

der hier prophezeite Krieg ausblieb[5], so lieferten die Fürsten von Bayern im 15. Jahrhundert doch viele Proben ihrer Zwietracht[6]. Ganz anders aber die Sicht von außen. Wohl im selben Jahr 1473 entstand an der römischen Kurie im Umkreis des Kardinals Francesco Todeschini-Piccolomini eine Beschreibung der politischen Lage nördlich der Alpen[7], die offensichtlich zur Vorbereitung der Legation des Kardinals Marco Barbo nach Deutschland, Ungarn und Böhmen dienen sollte[8]. In diesem noch ungedruckten, in einem Codex der Biblioteca Angelica in Rom überlieferten Text wird betont, dass es in deutschen Landen zwar viele Parteiungen gebe, aber letztlich nur zwei bedeutende politische Gruppierungen, nämlich die der Bayern mit dem Pfälzer Kurfürsten an der Spitze und die des Kaisers[9]. Bayern erscheint hier als geschlossene politische Einheit, als der antikaiserliche Block im Reich. Diese Betrachtung der Dinge spiegelt die Erfahrungen der 60er Jahre des 15. Jahrhunderts wider, als die beiden bedeutendsten Fürstentümer im Hause Bayern, eben Kurpfalz und Niederbayern-Landshut, in engem Verbund große militärische Erfolge gegen die von Markgraf Albrecht Achilles von Brandenburg geführte kaiserliche Partei im

5) Zu den Spannungen zwischen Herzog Ludwig dem Reichen und Albrecht IV. im Frühjahr 1473 vgl. Sigmund RIEZLER, Geschichte Baierns 3 (Gotha 1889) S. 487f. und Reinhard STAUBER, Herzog Georg von Bayern-Landshut und seine Reichspolitik. Möglichkeiten und Grenzen reichsfürstlicher Politik im wittelsbachisch-habsburgischen Spannungsfeld zwischen 1470 und 1505 (Münchener historische Studien, Abteilung bayerische Geschichte 15, Kallmünz/Opf. 1993) S. 100f.; zu Herzog Ludwig dem Reichen zusammenfassend Gerhard SCHWERTL, in: Lex.MA 5 (1991) Sp. 2194f.; und zuletzt Walter ZIEGLER, Die Herzöge von Landshut. Die reichen Verlierer, in: Die Herrscher Bayerns. 25 historische Portraits von Tassilo III. bis Ludwig III., hg. von Alois SCHMID/Katharina WEIGAND (München 2001) S. 130–141; zu Albrecht IV. Gerhard SCHWERTL, in: Lex.MA 1 (1980) Sp. 315f. sowie zuletzt Reinhard STAUBER, Die Herzöge von München. Die Wiederherstellung der Landeseinheit, in: Die Herrscher Bayerns, S. 142–157.
6) Vgl. statt weiterer Literatur die zusammenfassende Darstellung von Theodor STRAUB, Bayern im Zeichen der Teilungen und der Teilherzogtümer (1347–1450), in: Handbuch der bayerischen Geschichte 2, hg. von Max SPINDLER und Andreas KRAUS (München ²1988) S. 199–287.
7) Vgl. dazu den kurzen Hinweis bei Ludwig von PASTOR, Geschichte der Päpste seit dem Ausgang des Mittelalters 2 (Freiburg im Breisgau ⁷1923) S. 471 Anm. 3.
8) Zu Marco Barbos († 1491) Legation vgl. PASTOR (wie Anm. 7) S. 470f. und Germano GUALDO, Marco Barbo, in: Dizinario Biografico degli Italiani 6 (1964) S. 249–252 mit reicher Literatur.
9) Rom, Biblioteca Angelica 1077, fol. 22v: *In Allemania multe factiones sunt, sed omnes reducuntur ad duas maximas, quarum una est Bavarorum et huius est caput comes palatinus Reni princeps elector ...alia est imperatoris.* Zur Handschrift vgl. Alfred A. STRNAD, Francesco Todeschini-Piccolomini. Politik und Mäzenatentum im Quattrocento, Römische historische Mitteilungen 8/9 (1964/65 und 1966/67) S. 101–425, hier S. 117, Anm. 37 und öfter; DERS., Studia piccolomineana. Vorarbeiten zu einer Geschichte der Bibliothek der Päpste Pius II. und III., in: Dominico MAFFEI (Hg.), Enea Silvio Piccolomini. Papa Pio II. Atti del convegno per il quinto centenario della morte e altri scritti (Siena 1968) S. 295–390, hier S. 388 mit Anm. 310, sowie Rossella BIANCHI, Cultura umanistica intorno ai Piccolomini fra Quattro- e Cinquecento. Antonio da San Severino e altri, in: Umanesimo a Siena. Letteratura, arti figurative, musica. Atti del Convegno a cura di Elisabetta CIONI e Daniela FAUSTI (Siena 1994) S. 29–88, hier S. 31f.

Reich errangen[10]. Todeschini-Piccolomini kannte sowohl den skrupellosen Friedrich den Siegreichen von der Pfalz als auch Ludwig den Reichen persönlich[11], und schon sein Onkel, Papst Pius II., hatte den Landshuter Herzog in seinen berühmten *Commentarii* als völlig unselbständiges ›Anhängsel‹ seines Heidelberger Verwandten dargestellt: Als Ludwig durch päpstliche Legaten dazu bewogen werden konnte, einem pro-kaiserlichen Friedensbündnis beizutreten, habe ein einziges Schreiben des Pfalzgrafen ausgereicht, um ihn wieder auf den alten Kurs zu bringen. Friedrich habe seinem Vetter nur vorgehalten, dass er sich mit einer solchen Haltung als *monstrum infame Baioariae domus* erweise und als solches Ungeheuer bei der Damenwelt künftig keinen Erfolg mehr haben werde[12].

Der Terminus *haws zu Bairen, domus Bavariae* (sei es nun *inclita* oder *infamis*) begegnet – ähnlich und etwa zeitgleich mit *domus Austriae*[13] – seit der Mitte des 14. Jahrhunderts mit zunehmender Tendenz in den Urkunden, Hausverträgen und Korrespondenzen[14]. Er wurde um die Mitte des 15. Jahrhunderts zu einem ›Schlüsselbegriff‹ der dynastisch geprägten Historiographie. Durch die Untersuchungen von Jean-Marie Moeglin, Stefan Weinfurter und Reinhard Stauber sind Bedeutungswandel und Funktion dieses Begriffes für das fürstliche Selbstverständnis und die politische Propaganda der Dynastie, die man seit dem 18. Jahrhundert als die wittelsbachische bezeichnet[15], weitgehend geklärt[16]. Die integrative Konzeption »Haus Bayern« umfasst nicht nur alle Fürsten des

---

10) Vgl. dazu zusammenfassend Andreas Kraus, Sammlung der Kräfte und Aufschwung (1450–1508), in: Spindler/Kraus, Handbuch (wie Anm. 6) S. 298–310.

11) Vgl. Strnad, Todeschini-Piccolomini (wie Anm. 9) S. 247 mit Anm. 143 (zu Friedrich dem Siegreichen) und 288f. (zu Ludwig dem Reichen).

12) Vgl. dazu ausführlich Claudia Märtl, Liberalitas Baioarica. Enea Silvio Piccolomini und Bayern, in: Bayern und Italien. Festschrift für Kurt Reindel zum 75. Geburtstag, hg. von Heinz Dopsch, Stephan Freund und Alois Schmid (ZBLG, Beiheft 18, München 2001) S. 237–260, hier S. 258–260.

13) Vgl. den berühmten Aufsatz von Alphons Lhotsky, Was heißt »Haus Österreich«?, in: Ders., Aufsätze und Vorträge 1 (Wien 1970) S. 344–364 (Erstdruck: Anzeiger der österreichischen Akademie der Wissenschaften 93, Wien 1955, S. 155–174); Heinrich Koller, Zur Bedeutung des Begriffs »Haus Österreich«, MIÖG 78 (1970) S. 338–346; Ders., Zur Herkunft des Begriffs »Haus Österreich«, in: Festschrift Bertold Sutter, hg. von Gernot Kocher und Gernot D. Hasiba (Graz 1983) S. 277–288; siehe dazu auch den Beitrag von Christian Lackner in diesem Band.

14) Vgl. dazu grundlegend Jean-Marie Moeglin, Les dynasties princières allemandes et la notion de maison à la fin du Moyen Age, in: Les princes et le pouvoir au Moyen Age. XXIIIᵉ Congrès de la S.H.M.E.S. Brest, mai 1992 (Société des Historiens Médiévistes de l'Enseignement Supérieur Public, Série Histoire Ancienne et Médiévale 28, Paris 1993) S. 137–154, hier S. 154 mit dem Hinweis, dass der Terminus »Domus Bavarie« erstmals in einem am 13. März 1327 in Trient ausgestellten Schreiben Ludwigs des Bayern an seinen Schwiegervater, Graf Wilhelm von Holland, begegnet. Das von Jakob Schwalm in MGH Const. 6 (1927) S. 173–175 edierte Stück ist nur kopial überliefert.

15) Siehe dazu unten Anm. 103.

16) Um nur die wichtigsten Titel anzuführen: Jean-Marie Moeglin, Les ancêtres du prince. Propagande politique et naissance d'une histoire nationale en Bavière au Moyen Age (1180–1500) (Hautes Études Médiévales et Modernes 54, Genf 1985); Ders., Die Genealogie der Wittelsbacher. Politische Propaganda und

Geschlechts, sondern auch die Gesamtheit der von ihnen regierten Gebiete, die bekanntlich nicht nur im Land Bayern lagen, sowie die Untertanen, die eben dieses Haus bewohnen. Der Hausbegriff überbrückt – um eine Formulierung von Reinhard Stauber aufzunehmen – »den [...] Widerspruch bindender und trennender Kräfte, der in der Begegnung von ›Land‹ und ›Herrschaft‹ gleichsam vorprogrammiert war«, und stellt zudem die Legitimität der angeblich seit Urzeiten herrschenden Familie heraus, deren Agnaten als ›natürliche Erbherren‹ in Erscheinung treten[17].

Seit der Mitte des 13. Jahrhunderts hatten mehrere Landesteilungen die wittelsbachischen Territorien zersplittert[18]. Im Hausvertrag, den Kaiser Ludwig der Bayer am 4. August 1329 mit seinen Neffen Rudolf und Ruprecht in Pavia abschloß, war *vnser lant bi dem Rein, ze Baiern, ze Swaben vnd ze Österrich freyntlich vnd lieplich getailt* worden[19]. Ob-

Entstehung der territorialen Geschichtsschreibung in Bayern im Mittelalter, MIÖG 96 (1988) S. 33–54; DERS., »Das Geblüt von Bayern« et la réunification de la Bavière en 1505. Les falsifications historiques dans l'entourage du duc Albert IV (1465–1508), in: Fälschungen im Mittelalter 1 (MGH Schriften 33.1, Hannover 1988) S. 471–496; DERS., Dynastisches Bewußtsein und Geschichtsschreibung: Zum Selbstverständnis der Wittelsbacher, Habsburger und Hohenzollern im Spätmittelalter, HZ 256 (1993) S. 593–635; DERS., (wie Anm. 14); Stefan WEINFURTER, Die Einheit Bayerns. Zur Primogeniturordnung Herzog Albrechts IV. von 1506, in: Festgabe für Heinz Hürten zum 60. Geburtstag, hg. von Harald DICKERHOF (Frankfurt am Main u. a. 1988) S. 225–242; Reinhard STAUBER, Staat und Dynastie. Herzog Albrecht IV. und die Einheit des »Hauses Bayern« um 1500, ZBLG 60 (1997) S. 539–565 und DERS., Herrschaftsrepräsentation und dynastische Propaganda bei den Wittelsbachern und Habsburgern um 1500, in: Principes. Dynastien und Höfe im späten Mittelalter, hg. von Cordula NOLTE, Karl-Heinz SPIESS und Ralf-Gunnar WERLICH (Residenzenforschung 14, Stuttgart 2002) S. 371–402.

17) STAUBER, Herrschaftsrepräsentation (wie Anm. 16) S. 375.

18) Vgl. Christian HAEUTLE, Kleine Hilfsmittel beim Studium der Bayerischen Geschichte III: Chronologische Darstellung sämmtlicher Landes- (sog. Nutz-) Theilungen in Bayern, Oberbayerisches Archiv 26 (1865/66) S. 17–25; ferner allgemein SPINDLER/KRAUS (wie Anm. 6) S. 72f., S. 274f. und S. 541f. jeweils mit Literatur. Zum Prinzip der Landesteilungen grundlegend: Reinhard HÄRTEL, Über Landesteilungen in deutschen Territorien des Spätmittelalters, in: Festschrift Friedrich Hausmann, hg. von Herwig EBNER (Graz 1977) S. 179–205; Karl-Friedrich KRIEGER, Die Lehnshoheit der deutschen Könige im Spätmittelalter (ca. 1200–1437) (Untersuchungen zur deutschen Staats- und Rechtsgeschichte N.F. 23, Aalen 1979) S. 77ff.; Karl-Heinz SPIESS, Erbteilung, dynastische Räson und transpersonale Herrschaftsvorstellung. Die Pfalzgrafen bei Rhein und die »Pfalz« im späten Mittelalter, in: Die Pfalz. Probleme einer Begriffsgeschichte vom Kaiserpalast auf dem Palatin bis zum heutigen Regierungsbezirk, hg. von Franz STAAB (Veröffentlichungen der Pfälzischen Gesellschaft zur Förderung der Wissenschaften in Speyer 81, Speyer 1990) S. 151–181.

19) Wittelsbacher Hausverträge des späten Mittelalters. Die haus- und staatsrechtlichen Urkunden der Wittelsbacher von 1310, 1329, 1392/93, 1410 und 1472, bearb. von Rudolf HEINRICH, Benedikt MAYER, Werner GERICKE und Christa FISCHER, unter redaktioneller Mitarbeit von Uta und Joachim SPIEGEL, mit einer Einleitung hg. von Hans RALL (Schriftenreihe zur bayerischen Landesgeschichte 71, München 1987) S. 82; vgl. dazu Heinz-Dieter HEIMANN, Hausordnung und Staatsbildung. Innerdynastische Konflikte als Wirkungsfaktoren der Herrschaftsverfestigung bei den wittelsbachischen Rheinpfalzgrafen und den Herzögen von Bayern. Ein Beitrag zum Normenwandel in der Krise des Spätmittelalters (Quellen und Forschungen aus dem Gebiet der Geschichte N.F. 16, Paderborn u. a. 1993) S. 93–127.

wohl dieser Ausgleich in mehreren Bestimmungen die Einheit des Gesamthauses betonte[20], so hat er doch die Herausbildung von zwei Hauptlinien des Geschlechts begründet, der älteren, pfälzischen oder rudolfingischen Linie, die aber auch über ansehnlichen
Besitz im bayerischen Nordgau – der späteren Oberpfalz – verfügte, und der jüngeren, altbayerischen oder ludovizianischen Linie[21]. Das Kurrecht sollte nach diesem Vertrag in
wechslung, also alternierend von beiden Linien wahrgenommen werden, doch hat bekanntlich schon die Goldene Bulle von 1356 diese Würde allein dem Inhaber der Pfalz-
grafschaft zugesprochen[22]. Da in der Folgezeit sowohl die pfälzischen als auch die bayerischen Gebiete weiteren Teilungen unterworfen wurden, entstanden am Beginn des
15. Jahrhunderts schließlich acht eigenständige Fürstentümer, deren Regenten den gleichen Titel (*von gottes gnaden pfalzgraf bey Reyn und herczoge in Beyrn*) und das gleiche
Wappen führten und untereinander durch verschiedene Erbeinungsverträge verbunden
waren. Während die vier nach ihren Hauptresidenzen in Ingolstadt, Landshut, München
und Straubing benannten altbayerischen Teilherzogtümer jeweils über relativ geschlossene
Territorien verfügten[23], waren die Besitzungen der pfälzischen Linie an Rhein und Neckar
seit jeher zersplittert. Durch die nach dem Tod König Ruprechts im Jahre 1410 erfolgte
Landesteilung hatten sich außer der Kurlinie noch die Nebenlinien Neumarkt, Simmern-
Zweibrücken und Mosbach etablieren können[24].

Seit den 20er Jahren des 15. Jahrhunderts und verstärkt seit der Jahrhundertmitte setzten in den meisten Teilherzogtümern merkliche Konsolidierungs- und Integrationsprozesse ein, die von den Zeitgenossen wahrgenommen und von der historischen Forschung
entsprechend gewürdigt worden sind. Der Nestor der bayerischen Landesgeschichtsfor-
schung, Andreas Kraus, hat den entsprechenden Abschnitt im Spindler-Handbuch mit der
griffigen Formel »Sammlung der Kräfte und Aufschwung« überschrieben[25], und Wilhelm
Störmer hat die »innere Konsolidierung der wittelsbachischen Territorien in Bayern im

---

20) Vgl. Karl-Friedrich KRIEGER, Bayerisch-pfälzische Unionsbestrebungen vom Hausvertrag von Pavia
(1329) bis zur wittelsbachischen Hausunion vom Jahre 1724, ZHF 4 (1977) S. 385–413, hier S. 387–389;
HEIMANN, Hausordnung (wie Anm. 19) S. 119–125.
21) Zu den beiden Hauptlinien und ihren weiteren Verästelungen noch immer nützlich: Christian
HAEUTLE, Genealogie des erlauchten Stammhauses Wittelsbach von dessen Wiedereinsetzung in das Herzogtum Bayern (11. Sept. 1180) bis herab auf unsere Tage nach Quellen neu bearbeitet und zusammengestellt (München 1870).
22) KRIEGER, Unionsbestrebungen (wie Anm. 20) S. 388.
23) Vgl. grundlegend STRAUB, Bayern im Zeichen der Teilungen (wie Anm. 6).
24) Vgl. zusammenfassend Meinrad SCHAAB, Geschichte der Kurpfalz 1: Mittelalter (Stuttgart 1988)
S. 145–169 und zuletzt Willi WAGNER, Die Wittelsbacher der Linie Pfalz-Simmern. Ihre Vorfahren, ihre Familien und ihre Grabdenkmäler (Schriftenreihe des Hunsrücker Geschichtsvereins e. V. 34, Simmern/
Hunsrück 2003) S. 79–142.
25) Vgl. KRAUS, Sammlung der Kräfte (wie Anm. 10).

15. Jahrhundert« dargestellt[26]. Durch die Zurückdrängung konkurrierender Adelsherrschaften, durch die Einrichtung von effizienten Kanzleien und einer leistungsfähigen Territorialverwaltung und durch erfolgreiches ›Kirchenregiment‹ ist – nach den Forschungen Störmers – die Wiederherstellung der Einheit Bayerns bereits in den Teilherzogtümern vorbereitet worden. Aber erst dynastische Umstände, das Aussterben der Straubinger, Ingolstädter und Landshuter Teillinien in den Jahren 1425, 1447 und 1503 sowie die tatkräftige Unterstützung durch seinen Schwager, König Maximilian, ermöglichten dem Münchner Herzog Albrecht IV. die von langer Hand vorbereitete Vereinigung der seit weit über einem Jahrhundert getrennten Landesteile. Mit der Einführung der Primogeniturordnung hat dieser Fürst im Jahre 1506 sein Einigungswerk gekrönt und künftigen Erbteilungen einen Riegel vorgeschoben[27]. Auch der Pfälzer Kurlinie gelang im Jahre 1499 mit der Rückgewinnung der Mosbacher und Neumarkter Landesteile eine dauerhafte Arrondierung, obgleich die meisten durch die militärischen Erfolge Friedrichs des Siegreichen erworbenen Gebiete nach dem Landshuter Erbfolgekrieg wieder verloren gingen[28].

Es kann nicht Ziel der folgenden Ausführungen sein, eine detaillierte Erörterung dieser zum Teil recht komplizierten und mitunter auch dramatisch verlaufenden Vorgänge zu bieten. Ich will mich auf die dynastischen Aspekte der Integrationsproblematik beschränken und auf folgende Problemkreise näher eingehen: Zum einen soll gezeigt werden, dass das ›Gesamthausbewusstsein‹ der pfälzischen und bayerischen Teillinien im 15. Jahrhundert durchaus eine Rolle gespielt hat und durch innerwittelsbachische Heiraten bewusst gepflegt wurde. In einem zweiten Abschnitt soll vor allem auf der Grundlage von bislang unbeachteten Quellenzeugnissen dem propagandistischen Einsatz des Konzepts ›Haus Bayern‹ in der zweiten Hälfte des 15. Jahrhunderts nachgegangen werden.

---

26) Vgl. Wilhelm STÖRMER, Die innere Konsolidierung der wittelsbachischen Territorialstaaten in Bayern im 15. Jahrhundert, in: Europa 1500. Integrationsprozesse im Widerstreit. Staaten, Regionen, Personenverbände, Christenheit, hg. von Ferdinand SEIBT/Winfried EBERHARD (Stuttgart 1987) S. 174–194 und DERS., Hof und Hofordnung in Bayern-München (15. und frühes 16. Jahrhundert), in: Höfe und Hofordnungen 1200–1600, hg. von Holger KRUSE/Werner PARAVICINI (Residenzenforschung 10, Sigmaringen 1999) S. 361–381.
27) Vgl. WEINFURTER (wie Anm. 16) S. 226f.; STAUBER, Staat und Dynastie (wie Anm. 16); DERS., Herrschaftsrepräsentation (wie Anm. 16); Alois SCHMID, Krise und Modernisierung im Herzogtum Bayern an der Schwelle zur Neuzeit: Der Landshuter Erbfolgekrieg (1503–1505), in: Der frühmoderne Staat in Ostzentraleuropa 3, hg. von Antoni MĄCZAK/Wolfgang E. J. WEBER (Documenta Augustana 3, Augsburg 2000) S. 125–147; Barbara GEBERT, Die bayerische Primogeniturordnung von 1506 (Quellentexte zur bayerischen Geschichte 2, München 2002) S. 13–16; Peter SCHMID, Der Landshuter Erbfolgekrieg. Ein Wendepunkt in der bayerischen Geschichte, in: Der Landshuter Erbfolgekrieg. An der Wende vom Mittelalter zur Neuzeit, hg. von Rudolf EBNETH/Peter SCHMID (Regensburg 2004) S. 7–20.
28) Vgl. Günther WÜST, Pfalz Mosbach (1410–1499). Geschichte einer pfälzischen Seitenlinie des 15. Jahrhunderts unter besonderer Berücksichtigung der Territorialpolitik (Diss. Heidelberg 1976), S. 236–242; SCHAAB (wie Anm. 24) S. 156–160.

Doch zunächst ein paar Worte zum »dynastiepolitischen Chaos« (R. Stauber) am Beginn des Jahrhunderts[29]. Ein besonders eindrucksvolles Schauspiel fürstlicher Zwietracht boten die bayerischen Herzöge Ludwig der Bärtige von der Ingolstädter und Heinrich der Reiche von der Landshuter Linie der europäischen Öffentlichkeit auf dem Konstanzer Konzil dar[30]. Am Rande eines Hofgerichtsprozesses war es am 17. Juli 1417 in aller Öffentlichkeit zu einem erbitterten Wortwechsel zwischen den beiden schon seit langem verfeindeten Vettern gekommen[31], in dessen Verlauf der Ingolstädter seinem Kontrahenten unter anderem vorgehalten haben soll, er sei nicht der Sohn dessen, den er als seinen Vater ausgebe, sondern stamme von einem Koch ab und sei somit kein Fürst des Hauses Bayern[32]. Noch am selben Tag hat Heinrich seinen allein vom Mittagessen in seine Herberge zurückreitenden Vetter mit fünfzehn Helfern überfallen und lebensgefährlich verletzt[33].

---

29) STAUBER, Staat und Dynastie (wie Anm. 16) S. 540 (Zitat) und DERS., Herrschaftsrepräsentation (wie Anm. 16) S. 373.

30) Vgl. dazu RIEZLER, Geschichte Baierns 3 (wie Anm. 5) S. 238; zusammenfassend STRAUB, Bayern im Zeichen der Teilungen (wie Anm. 6) S. 255f., sowie zuletzt Werner PARAVICINI, Deutsche Adelskultur und der Westen im späten Mittelalter. Eine Spurensuche am Beispiel der Wittelsbacher, in: Deutschland und der Westen Europas im Mittelalter, hg. von Joachim EHLERS (VuF 56, Stuttgart 2002) S. 457–506, hier 482f., mit Literatur.

31) Vgl. Otto FRANKLIN, Das Reichshofgericht im Mittelalter 1. Geschichte, Verfassung, Verfahren (Weimar 1869) S. 279f.

32) Vgl. Veit ARNPECK, Chronica Baioariorum, in: Veit ARNPECK, Sämtliche Chroniken, hg. von Georg LEIDINGER (Quellen und Erörterungen zur bayerischen und deutschen Geschichte N.F. 3, München 1915) S. 341: *Cumque in concilio generali Constanciensi unacum rege Sigismundo quotidie principes et magnates omnium nacionum, que illic aderant ad consiliandum, illic convenirent multa bona pertractantes pro statu universalis ecclesie et capitum eius, contigit verba fieri et ventilari ad factum seu proprium ipsius congregacionis non spectancia inter duos fratrueles duces Bavarie, videlicet Ludovicum seniorem ad differenciam filii dictum de Ingelstat et Hainricum de Landshuta tunc satis iuvenem, in conspectu tante congregacionis et domini regis. Et inter cetera dux Ludovicus superbus mente, voce et corpore cepit fratruelem suum despicere et obprobriis provocare et – certa relacione audivi – non filium ducis, sed coci appellare.* Zu Arnpeck († 1496), der sich hier auf eine sichere Quelle beruft, vgl. zusammenfassend Peter JOHANEK, Veit Arnpeck, in: VL 1 (²1978) Sp. 493–498; MOEGLIN, Les ancêtres (wie Anm. 16) S. 274; Helga MÖHRING-MÜLLER/Dieter RÖDEL/Joachim SCHNEIDER/Rolf SPRANDEL, Prosopographie: Autoren und Publikum der untersuchten zweisprachigen Geschichtsschreibung (Beiträge Nr. 3.–8. und 11.), in: Rolf SPRANDEL, Zweisprachige Geschichtsschreibung im spätmittelalterlichen Deutschland (Wissensliteratur im Mittelalter 14, Wiesbaden 1993) S. 317–384, hier S. 323f.

33) Vgl. dazu ausführlich RIEZLER, Geschichte Baierns 3 (wie Anm. 5) S. 238f.; weitere Quellen sind ediert in den Acta Concilii Constanciensis 4, hg. von Heinrich FINKE (Münster 1928) S. 499–502; vgl. ferner Heinrich FINKE, Des aragonischen Hofnarren Mossén Borra Berichte aus Deutschland (1417, 1418), HJb 56 (1936) S. 161–173, hier S. 166 und die Berichte des Regensburger Gesandten bei Hermann HEIMPEL, Regensburger Berichte vom Konstanzer Konzil. Der reichsstädtische Jurist Konrad Duvel von Hildesheim († 1430), in: Festschrift für Karl Gottfried Hugelmann zum 80. Geburtstag am 26. September 1959 dargebracht von Freunden, Kollegen und Schülern 1, hg. von Wilhelm WEGENER (Aalen 1959) S. 213–272, hier S. 252f.

Ein Konzilsteilnehmer, der spätere Abt des Wiener Schottenklosters, Martin von Leibitz, erinnerte sich noch nach Jahrzehnten an diese Bluttat und weiß über den daraus hervorgegangenen Bayerischen Krieg (1420–1422) zu berichten[34], dass, während die Herzöge sich gegenseitig grausam bekämpft hätten, auch die aus beiden Teilherzogtümern stammenden Studenten an der Universität Wien zum Ärger ihrer Kommilitonen miteinander in Streit geraten seien und ihre jeweiligen Landesherrn verteidigt hätten[35]. Vielleicht darf dieses Zeugnis als ein Indiz dafür gewertet werden, wie sehr ›regionale Identität‹ und persönliche Loyalität vom Landesherrn abhängig war.

»Haus Bayern«, das sind zunächst die Fürsten von Bayern. Im Zeitraum von drei Generationen, also von 1420 bis 1510, lassen sich insgesamt 53 wittelsbachische Agnaten nachweisen, die ein Lebensalter von über 20 Jahren erreichten[36]. Es ist allerdings einzuräumen, dass für die erste Generation einige Unsicherheiten bestehen. So ist – um ein Beispiel herauszugreifen – nicht zu klären, ob der zweitälteste Sohn Herzog Albrechts III. von München, der am 26. August 1438 geborene Ernst, tatsächlich erst am 29. Februar 1460 und somit im 23. Lebensjahr gestorben ist, wie seine neuzeitliche Grabplatte in Straubing ausweist[37]. Das hier überlieferte Sterbedatum fällt nämlich genau mit dem Todestag seines Vaters zusammen, und einige Aktenstücke aus späterer Zeit legen nahe, dass Ernst

---

34) Zum Bayerischen Krieg vgl. zusammenfassend STRAUB, Bayern im Zeichen der Teilungen (wie Anm. 6) S. 256f; DERS., Das Territorium Bayern-Ingolstadt und seine Entwicklung von 1392–1447, in: Bayern-Ingolstadt, Bayern-Landshut 1392–1506. Glanz und Elend einer Teilung, hg. von Karl BATZ (Ingolstadt 1992) S. 18–22, hier S. 20 sowie zuletzt Michaela BLEICHER, Das Herzogtum Bayern-Straubing in den Hussitenkriegen. Kriegsalltag und Kriegsführung im Spiegel der Landschreiberrechnungen (Diss. Regensburg 2003) S. 53f. mit Literatur.

35) Vgl. Martin von LEIBITZ, Senatorium sive dialogus historicus, in: Scriptores rerum Austriacarum […] 2, hg. von Hieronymus PEZ (Leipzig 1725) S. 626–674, hier S. 632: *Coeperunt Duces Bavariae Henricus et Ludwicus terras suas mutuo crudeliter destruere incendiis et rapinis. Steti tunc in Bursa Wyennae, in qua fuerunt studentes de Bavaria amborum Ducum dominiis, qui tota die verbis bellabant. Quilibet voluit defendere dominum suum, et satis taediosum fuit aliis audire, qui potius se exercitassent in studio, propter quod venerunt.* Vgl. dazu Alphons LHOTSKY, Quellenkunde zur mittelalterlichen Geschichte Österreichs (MIÖG Ergänzungsband 19, Graz – Köln 1963) S. 373f.; Rep. font. 7 (1996) S. 173f.; Harald TERSCH, Österreichische Selbstzeugnisse des Spätmittelalters und der Frühen Neuzeit (1400–1650). Eine Darstellung in Einzelbeiträgen (Wien u. a. 1998) S. 52–65, bes. S. 55, sowie zuletzt Cölestin RAPF/Heinrich FERENCZY, Wien, Schotten, in: Die benediktinischen Mönchs- und Nonnenklöster in Österreich und Südtirol, hg. von Ulrich FAUST (Germania Benedictina 3,2, St. Ottilien 2001) S. 779–817, hier S. 783.

36) Ausgangspunkt für die folgenden Berechnungen sind die bei HAEUTLE, Genealogie (wie Anm. 21) zusammengestellten Daten, die aber – soweit möglich – anhand der Quellen überprüft wurden.

37) Vgl. HAEUTLE, Genealogie (wie Anm. 21) S. 30. Während Ernsts Geburtstag mehrfach überliefert ist (ARNPECK, Chronica [wie Anm. 32] S. 411 mit Anm. 4, wo weitere Überlieferungen verzeichnet sind), ist sein angebliches Todesdatum nur durch ein frühneuzeitliches Epitaph bezeugt. Vgl. die Wiedergabe der Inschrift in der Straubinger Karmeliterkirche bei Joseph Anton ZIMMERMANN, Chur-Bayrischer geistlicher Calender 4. Rentamt Straubing (München ca. 1757) S. 45.

schon einige Zeit vor seinem Vater verstorben sein muß[38]. Von den meisten dieser Herren kennen wir dank der wachsenden Bedeutung der Astrologie für die fürstliche Politik und Hofhaltung nicht nur Geburtsort und Geburtstag, sondern auch die Geburtsstunde[39]. Der überwiegende Teil der wittelsbachischen Agnaten, nämlich insgesamt 38, entstammt den pfälzischen Teillinien, während in den altbayerischen Zweigen nur 15 erwachsene Fürsten bezeugt sind. Den Untersuchungen von Karl-Heinz Spieß zum Konnubium und generativen Verhalten des hohen Adels im Spätmittelalter sind grundlegende Erkenntnisse zu den Familienstrategien dieser Geschlechter zu verdanken. Vor allem konnte er durch die Analyse einer großen Anzahl von mitteldeutschen Grafenfamilien die Bedeutung der Kirche für die standesgemäße Versorgung überzähliger Söhne detailliert belegen[40]. Seine Ergebnisse sind auch für die Integrationsproblematik von Belang. Im Untersuchungszeitraum sind vorwiegend in den pfälzischen Linien Agnaten in kirchliche Karrieren eingerückt[41]: Allein die Kurlinie stellte fünf Reichsbischöfe[42], die Mosbacher und die Simmernsche je-

---

38) Zu Albrechts III. Todestag und seinem Begräbnis in Andechs vgl. ausführlich Gustav von HASSEL-HOLDT-STOCKHEIM, Herzog Albrecht IV. und seine Zeit. Archivalischer Beitrag zur deutschen Reichsgeschichte in der zweiten Hälfte des 15. Jahrhunderts 1,1 (Leipzig 1865) S. 29 und Benedikt KRAFT, Andechser Studien 1, Oberbayerisches Archiv 73 (1937) S. 1–260, hier S. 214: Nach der Erbfolgeregelung Albrechts III. sollten seine beiden ältesten Söhne Johann und Sigmund gemeinsam die Regierung des oberbayerischen Teilherzogtums übernehmen, wonach Ernst also schon früher gestorben sein dürfte. Vgl. HASSELHOLDT-STOCKHEIM, ebd., S. 30f.

39) So erkundigte sich Ludwig der Reiche von Bayern-Landshut im Kloster Raitenhaslach 1471 nach seinem genauen Geburtsdatum, um sich von dem berühmten Astrologen Johann Lichtenberger ein Horoskop stellen lassen zu können; vgl. Dietrich KURZE, Johannes Lichtenberger (1503). Eine Studie zur Geschichte der Prophetie und Astrologie (Historische Studien 379, Lübeck-Hamburg 1960) S. 74f; der Briefwechsel ist gedruckt bei Ernest GEISS, Beiträge zur Lebensgeschichte Herzog Ludwig's des Reichen nach ungedruckten Regesten und einem Itinerarium desselben, Oberbayerisches Archiv 9 (1848) S. 353–456, hier S. 356–358.

40) Vgl. Karl-Heinz SPIESS, Familie und Verwandtschaft im deutschen Hochadel des Spätmittelalters. 13. bis Anfang des 16. Jahrhunderts (VSWG, Beiheft 111, Stuttgart 1993) S. 199–326, zu den Wittelsbachern S. 278ff.

41) Schon 1389 hatte Herzog Johann aus der altbayerischen Linie Straubing-Holland im Alter von 16 Jahren den Bischofsstuhl von Lüttich bestiegen, ohne die Weihe zu empfangen; im Jahr 1418 verzichtete er auf das Bistum und kehrte in den Laienstand zurück; vgl. Alfred MINKE, Johann von Bayern, in: Die Bischöfe des Heiligen Römischen Reiches 1198 bis 1448. Ein biographisches Lexikon, hg. von Erwin GATZ (Berlin 2001) S. 378f., sowie zuletzt PARAVICINI, Adelskultur (wie Anm. 30) S. 475f.

42) Erzbischof Ruprecht von Köln (1427–1480), vgl. Franz BOSBACH, Ruprecht, Pfalzgraf bei Rhein, in: Die Bischöfe des Heiligen Römischen Reiches 1448 bis 1648. Ein biographisches Lexikon, hg. von Erwin GATZ (Berlin 1996) S. 605–607. – Bischof Philipp von Freising (1480–1541), vgl. Egon Johannes GREIPL, Philipp, Pfalzgraf bei Rhein, in: ebenda, S. 536–537. – Bischof Georg von Speyer (1486–1529), vgl. Hans AMMERICH, Georg, Pfalzgraf bei Rhein, in: ebenda, S. 224–225. – Heinrich (1487–1552), Bischof von Worms, Utrecht und Freising, vgl. Paul BERBÉE/Burkhard KEILMANN, Heinrich, Pfalzgraf bei Rhein, in: ebenda, S. 272–275. – Johann (1488–1538), Bischofadministrator von Regensburg, vgl. Karl HAUSBERGER, Johann, Pfalzgraf bei Rhein, in: ebenda, S. 344–345.

weils zwei und die Zweibrücken-Veldenzer Nebenlinie einen Bischof[43]. Wir treffen wittelsbachische Fürsten als Erzbischöfe von Köln und Magdeburg, als Bischöfe von Straßburg, Utrecht, Worms und Speyer, und natürlich mehrfach in Freising und Regensburg. Auch die Simmernsche Nebenlinie konnte sich bei Pfründenerwerb auf die Unterstützung ihrer altbayerischen Verwandten verlassen. Sechs wittelsbachische Fürstensöhne aus den pfälzischen Nebenlinien mussten sich mit Domherren- und Stiftspfründen begnügen[44]. Im Untersuchungszeitraum sind insgesamt zwanzig Eheschließungen wittelsbachischer Agnaten zu ermitteln, wobei in den Simmernschen und Veldenzischen Nebenlinien mehrfach auf ein fürstliches Konnubium verzichtet und zu Grafen »hinab« geheiratet wurde[45]. Von den insgesamt 18 fürstlichen Eheverbindungen wurden fünf[46], also über ein Viertel,

43) Pfalz Mosbach-Neumarkt: Ruprecht (1437–1465), Bischof von Regensburg; vgl. Karl HAUSBERGER, Ruprecht, Pfalzgraf bei Rhein, in: Die Bischöfe (wie Anm. 42) S. 604–605. – Albrecht (1440–1506), Bischof von Straßburg, vgl. Francis RAPP, Albrecht, Pfalzgraf bei Rhein, in: ebenda, S. 16–17. – Pfalz-Simmern: Ruprecht (1420–1478), Bischof von Straßburg, vgl. Francis RAPP, Ruprecht, Pfalzgraf von Pfalz-Simmern, in: ebenda, S. 608–609; WAGNER, Wittelsbacher (wie Anm. 24) S. 130–133; Ruprecht (1461–1507), Bischof von Regensburg, vgl. Karl HAUSBERGER, Ruprecht, Pfalzgraf bei Rhein, in: Die Bischöfe (wie Anm. 42) S. 607–608; WAGNER, Wittelsbacher (wie Anm. 24) S. 156f. – Pfalz Zweibrücken-Veldenz: Johann (1429–1475), Bischof von Münster bzw. Erzbischof von Magdeburg; vgl. Alois SCHRÖER, Johann, Pfalzgraf bei Rhein, in: Die Bischöfe (wie Anm. 42) S. 343–344.
44) Pfalz Mosbach-Neumarkt: Johann (1443–1486), Dompropst von Augsburg; vgl. zu ihm die instruktive Biographie von Christine REINLE, »Id tempus solum«. Der Lebensentwurf Herzog Johanns von Mosbach-Neumarkt († 1486) im Spannungsfeld von dynastischem Denken, kirchlicher Karriere und gelehrten Interessen, in: Der Pfälzer Löwe in Bayern, hg. von Hans-Jürgen BECKER (Schriftenreihe der Universität Regensburg 24, Regensburg 1997) S. 157–199. – Pfalz Simmern-Zweibrücken-Veldenz: Stephan (1461–1485), Domherr in Köln und Mainz (HAEUTLE, Genealogie [wie Anm. 21] S. 134; WAGNER, Wittelsbacher [wie Anm. 24] S. 133f.). – Pfalz Zweibrücken-Veldenz: Albrecht (1464–1513), Domherr in Köln und Straßburg (HAEUTLE, S. 147); Philipp (1467–1489), Domherr in Köln und Straßburg (HAEUTLE, S. 147; WAGNER, S. 138); Johann (1468–1513), Domherr in Köln und Straßburg (HAEUTLE, S. 147). – Pfalz Simmern-Sponheim: Stephan (1457–1489), Domherr in Mainz, Köln und Straßburg (HAEUTLE, S. 135).
45) So heiratete z. B. Herzog Stephan, der fünftgeborene Sohn König Ruprechts von der Pfalz, im Jahre 1409 die Erbtochter des Grafen Friedrich III. von Veldenz (HAEUTLE, Genealogie [wie Anm. 21] S. 134). Sein Sohn Johann wurde 1481 mit Johanna, der Tochter des Grafen Johann II. von Nassau-Saarbrücken, vermählt (HAEUTLE, S. 137). Herzog Alexander von Pfalz Zweibrücken-Veldenz wurde 1499 mit Margarete, der Tochter des Grafen Kraft VI. von Hohenlohe, verehelicht (HAEUTLE, S. 149).
46) Johann von Pfalz Neumarkt (1383–1443) ging 1428 seine zweite Ehe mit Beatrix von Bayern-München ein (HAEUTLE, Genealogie [wie Anm. 21], S. 128). Sein Bruder Otto I. von Pfalz Mosbach (1390–1461) wurde 1430 mit Johanna, der Tochter Heinrichs des Reichen von Bayern-Landshut vermählt (HAEUTLE, S. 130). Kurfürst Philipp der Aufrichtige (1448–1508) wurde 1474 mit Margarete, der Tochter Ludwigs des Reichen von Bayern-Landshut verheiratet (HAEUTLE, S. 35). Dessen drittgeborener Sohn Ruprecht (1481–1504) ging 1499 mit Elisabeth, der Tochter Georgs des Reichen von Bayern-Landshut, die Ehe ein. Kurfürst Ludwig V. (1478–1544) heiratete 1510 Sibylle, die Tochter Herzog Albrechts IV. von Bayern-München, nachdem er schon 1489 mit deren älterer Schwester Sidonie († 1505) verlobt worden war (HAEUTLE, S. 43f.) – Selbst innerhalb der ludovizianischen Linie war eine Ehe geplant: 1433 wurde über ein mögliches

innerhalb des wittelsbachischen Hauses selbst abgeschlossen, dreimal heirateten wittelsbachische Agnaten Töchter des Hauses Brandenburg[47], während alle anderen deutschen
Fürstenhäuser nur jeweils einmal vertreten waren. Natürlich darf diese Auflistung, bei
welcher die kognatischen Allianzen mit anderen Fürstenhäusern nicht berücksichtigt sind,
nicht zu allgemeinen Aussagen über die wittelsbachische Heiratspolitik verleiten, aber die
Tatsache, dass die pfälzischen Agnaten ihre Ehepartner mit Vorliebe im altbayerischen
Zweig des Hauses suchten, die Thronfolger der Kurlinie sogar in unmittelbarer Genera-
tionenfolge, ist ein deutliches Indiz für ein bewusst geplantes engeres Zusammenrücken
der Teillinien.

Noch eine weitere Beobachtung im konnubialen Verhalten der Wittelsbacher ist für die
Integrationsproblematik von Bedeutung. Im Untersuchungszeitraum blieben insgesamt
vier regierende Fürsten, die innerhalb ihres Zweiges die erste Position einnahmen, unverheiratet oder ohne standesgemäße Ehe. Das prominenteste Beispiel dafür ist natürlich
Friedrich der Siegreiche[48], der durch die in den Jahren 1451/52 durchgesetzte und von den
Pfälzer Ständen trotz der ablehnenden Haltung König Friedrichs III. gutgeheißene Arrogation seines unmündigen Neffen Philipp in dessen Rechte als Kurfürst einrückte, im
Gegenzug dafür sein gesamtes Erbe in die Kurlande einbrachte und das Versprechen abgab, *das wir keyn eliche gemahel nehmen noch haben sollen noch wollen des obgenanten
unsers sons hertzog Philips leptagen*[49]. Dass Herzog Johann, der älteste Sohn Albrechts III.
von München, nach dreijähriger Regierungszeit im siebenundzwanzigsten Lebensjahr

---

Heiratsprojekt zwischen Jakobäa von Straubing-Holland (1401–1436) und Albrecht III. von Bayern-München (1401–1460) korrespondiert, nachdem das Basler Konzil eine Dispens erteilt hatte; vgl. Gustav BECK-
MANN, Der Plan einer Heirat zwischen Albrecht III. von Bayern und Jakobäa von Holland, in: Forschungen zur Geschichte Bayerns 13 (1905) S. 288–295.

47) Ludwig der Höckerige von Bayern-Ingolstadt (1403–1445) war seit 1441 mit Margarete von Brandenburg, der Tochter Kurfürst Friedrichs I. von Brandenburg, verheiratet (HAEUTLE, Genealogie [wie Anm.
21] S. 126). Christoph von Pfalz Neumarkt (1416–1448), der nordische Unionskönig 1443–1448, vermählte
sich 1445 mit Dorothea, der Tochter des Markgrafen Johann des Alchimisten von Brandenburg (HAEUTLE,
S. 129). Kaspar von Zweibrücken-Veldenz (1458–1527) ging 1478 mit Amalia, der Tochter des Kurfürsten
Albrecht Achilles von Brandenburg, die Ehe ein (HAEUTLE, S. 148).

48) Vgl. zu ihm zusammenfassend Karl-Friedrich KRIEGER, Friedrich der Siegreiche, in: Lex.MA 4 (1989)
S. 955; ferner Veit PROBST, Machtpolitik und Mäzenatentum. Friedrich der Siegreiche von der Pfalz als Weg-
bereiter des deutschen Frühhumanismus, Mannheimer Geschichtsblätter N.F. 3 (1996) S. 153–173 mit Literatur.

49) So in der am 13. Januar 1452 in Heidelberg ausgestellen Urkunde, gedruckt bei Christoph Jakob KRE-
MER, Urkunden zur Geschichte Friedrichs I. von der Pfalz (Mannheim 1766) S. 44–47 (Zitat S. 45); vgl. Karl
MENZEL, Regesten zur Geschichte Friedrichs des Siegreichen, Kurfürsten von der Pfalz, in: Quellen zur
Geschichte Friedrich's I. des Siegreichen 1, hg. von Conrad HOFMANN (Quellen und Erörterungen zur bay-
erischen und deutschen Geschichte 2, München 1862) S. 231f. Nr. 20; eine erste Urkunde zum Arroga-
tionskomplex war bereits am 16. September 1451 ergangen. Vgl. zur Arrogation grundlegend Karl-Friedrich KRIEGER, Der Prozess gegen Pfalzgraf Friedrich den Siegreichen auf dem Augsburger Reichstag vom
Jahre 1474, ZHF 12 (1985) S. 257–286, hier S. 263–265.

noch unverheiratet der Lungenpest zum Opfer fiel[50], mag durch den Agnatenüberschuss in seinem Familienzweig begründet sein, sein Landshuter Vetter Georg der Reiche war im gleichen Alter schon acht Jahre im Ehestand[51]. Aber auch Johanns Mitregent und Nachfolger Herzog Sigmund blieb ehelos[52]. Für ihn wurde eine Heiratsabrede mit Margarete, einer Tochter Kurfürst Friedrichs II. von Brandenburg, noch zu Lebzeiten seines Vaters getroffen, doch wurde dieses Verlöbnis schon 1466, also ein Jahr, bevor er von seinem jüngeren Bruder Albrecht aus der Regierung hinaus gedrängt und mit einer Apanage abgefunden wurde, aufgelöst, weil sich die brandenburgischen Landstände *von einer so weiten freundtschaft weder hülfe noch trostes versehen* wollten[53]. Völlig ungeklärt ist, warum Otto II. von Mosbach-Neumarkt, der 38 Jahre sein Teilherzogtum allein regierte, Hagestolz blieb[54]. Als der eingangs zitierte Nürnberger Pfarrer Johann Lochner 1470 im Auftrag der Gonzaga wegen eines Eheprojekts mit einer Mantuaner Markgrafentochter in Neumarkt anfragte, kam diese Verbindung wohl wegen zu hoher Geldforderungen nicht zu Stande[55]. Auch wenn die Ehelosigkeit dieser vier Fürsten im Einzelfall unterschiedliche Ursachen hatte, so trug der Tatbestand als solcher doch erheblich zur Konsolidierung bei, weil damit künftigen Erbstreitigkeiten vorgebeugt wurde.

Es wurde schon eingangs betont, dass die Konzeption »Haus Bayern« sowohl für die pfälzischen als auch für die bayerischen Wittelsbacher gleichermaßen relevant war. Die altbayerischen Historiographen Andreas von Regensburg, Hans Ebran von Wildenberg und Veit Arnpeck verzeichnen sorgfältig die Geburten der Kinder in den pfälzischen Nebenlinien[56]. Andreas, Chorherr von Sankt Mang in Stadtamhof bei Regensburg[57], dessen

---

50) Zu Herzog Johann IV. (1437–1463) vgl. die Daten bei HAEUTLE, Genealogie (wie Anm. 21) S. 34. Eine eindrucksvolle Schilderung seines Todes liefert ein Brief des Augsburger Stadtarztes Hermann Schedel an einen unbekannten Geistlichen vom 23. November 1463, gedruckt bei Wilhelm MEYER, Das Lied des 15. Jahrhunderts ›Verkert ob allen wandel‹, SB München (1885) S. 369–376, hier S. 369, Anm. 1; vgl. dazu Paul JOACHIMSOHN, Hermann Schedels Briefwechsel (1452–1478) (Bibliothek des litterarischen Vereins in Stuttgart 196, Tübingen 1893) S. 108f. Ohne Kenntnis dieser Ausgabe ist der Brief nicht ohne sinnstörende Fehler erneut abgedruckt bei Karl SUDHOFF, Pestschriften aus den ersten 150 Jahren nach der Epidemie des »schwarzen Todes« 1348, Archiv für Geschichte der Medizin 14 (1923) S. 129–168, hier S. 138f.

51) Zur Landshuter Fürstenhochzeit STAUBER, Herzog Georg (wie Anm. 5) S. 71–80 und zuletzt Johann DORNER, Herzogin Hedwig und ihr Hofstaat. Das Alltagsleben auf der Burg Burghausen nach Originalquellen des 15. Jahrhunderts (Burghausener Geschichtsblätter 53, Burghausen 2002) S. 17–51.

52) Zu Herzog Sigmund († 1501) vgl. zusammenfassend Sigmund RIEZLER, in: ADB 34 (1892) S. 282–284.

53) HASSELHOLDT-STOCKHEIM, Herzog Albrecht IV. (wie Anm. 38) S. 331f. und Heidelore BÖCKER, Margaretha, Markgräfin von Brandenburg, Herzogin von Pommern und Fürstin von Rügen, in: Fürstinnen und Städterinnen. Frauen im Mittelalter, hg. von Gerald BEYREUTHER/Barbara PÄTZOLD/Erika UITZ (Freiburg u. a. 1993) S. 190–211, hier S. 191.

54) WÜST, Pfalz Mosbach (wie Anm. 28) S. 235f. und REINLE, Lebensentwurf (wie Anm. 43).

55) SEVERIDT, Familie und Politik (wie Anm. 3) S. 237f.

56) Vgl. grundlegend MOEGLIN, Les ancêtres (wie Anm. 16) S. 115–121, 148–153, 218–226.

57) Vgl. Peter JOHANEK, Andreas von Regensburg, in: VL 1 (²1978) Sp. 341–348, MÖHRING-MÜLLER/RÖDEL/SCHNEIDER/SPRANDEL, Prosopographie (wie Anm. 32) S. 321–323.

Chronica de principibus terrae Bavarorum im Auftrag des bärtigen Ludwig von Ingolstadt entstand, pflegte auch enge persönliche Beziehungen zu den Münchner Herzögen, den Vögten seines Stifts. Erst seit einigen Jahren ist bekannt, dass er nicht wie bisher angenommen in Straubing, sondern in Reichenbach am Regen geboren wurde, also einem Ort, der im Mosbach-Neumarkter Teilherzogtum lag[58]. Im dortigen berühmten Benediktinerkloster fanden mehrere Fürsten dieser Linie ihre letzte Ruhe[59]. In einer Sankt Manger Handschrift, die im Besitz des Andreas war, wurden die Geburtstage der neun Kinder Ottos I. von Mosbach und seiner wittelsbachischen Gemahlin Johanna von Landshut sorgfältig notiert[60]. Arnpeck stammte wohl aus Freising, hat aber in der kurpfälzischen Nebenresidenz Amberg die Schule besucht und war an der Georgskirche dieser Stadt bepfründet[61].

Der Begriff »Haus Bayern« spielt eine zentrale Rolle in einer noch ungedruckten Korrespondenz zwischen Ludwig dem Reichen von Landshut, Albrecht III. von München und Friedrich dem Siegreichen aus den Jahren 1455/56, die in der Landshuter Überlieferung im Hauptstaatsarchiv in München erhalten blieb[62]. Die Briefe Ludwigs sind nur in Konzepten, die Schreiben der beiden anderen Fürsten im Original tradiert. Es geht in diesem Briefwechsel vorwiegend darum, den Einungsvertrag, den Friedrich noch als Vormund Philipps mit seinen altbayerischen Verwandten am 17. Dezember 1451 in Lauingen abgeschlossen hatte[63], *zu erstrecken*, sowie um eine Initiative des Landshuters, eine gemeinsame Linie gegen die Bestrebungen Albrecht Achilles' von Brandenburg zu finden, die Befugnisse des Nürnberger Landgerichts auf ganz Süddeutschland auszudehnen[64]. So

---

58) Vgl. Claudia Märtl, Zur Biographie des bayerischen Geschichtsschreibers Andreas von Regensburg, in: Regensburg und Bayern im Mittelalter (Studien und Quellen zur Geschichte Regensburgs 4, Regensburg 1987) S. 35–56 und zuletzt Franz Fuchs, Die Bibliothek des Augustinerchorherrenstifts St. Mang (Stadtamhof – Regensburg) im späten Mittelalter und in der frühen Neuzeit, in: Kloster und Bibliothek. Zur Geschichte des Bibliothekswesens der Augustinerchorherren in der frühen Neuzeit, hg. von Rainer A. Müller (Publikationen der Akademie der Augustiner-Chorherren von Windesheim 2, Paring 2000) S. 59–78, hier S. 67–73, mit neuen Quellenzeugnissen zu seiner Biographie.

59) Reinle, Lebensentwurf (wie Anm. 43) S. 157f.

60) Clm 1805, fol. 96ᵛ, dazu Reinle, Lebensentwurf (wie Anm. 43) S. 162f.

61) Siehe die in Anm. 32 verzeichnete Literatur.

62) BayHStA, Fürstensachen 173c; vgl. den Hinweis auf diese Korrespondenz in: Die Fürstenkanzleien des Mittelalters. Anfänge weltlicher und geistlicher Zentralverwaltung in Bayern. Ausstellung des Bayerischen Hauptstaatsarchives anlässlich des VI. Internationalen Kongresses für Diplomatik, bearbeitet von Joachim Wild (Ausstellungskataloge der staatlichen Archive Bayerns 16, München 1983) S. 131f.

63) Menzel, Regesten (wie Anm. 48) S. 231, Nr. 19; Druck bei Kremer, Urkunden (wie Anm. 48) S. 22–29, Nr. X.

64) Zum historischen Kontext vgl. August Kluckhohn, Ludwig der Reiche, Herzog von Bayern. Zur Geschichte Deutschlands im 15. Jahrhundert (Nördlingen 1865) S. 60–66; Friedrich Merzbacher, Iudicium Provinciale Ducatus Franconiae. Das kaiserliche Landgericht des Herzogtums Franken-Würzburg im Spätmittelalter (München 1956) S. 40ff.; Jean-Marie Moeglin, L'utilisation de l'histoire comme instrument

schrieb Ludwig der Reiche am 11. September 1455 an Friedrich den Siegreichen[65]: *Gefahr sei im Verzug* von wegen der irrung so des haws von Bairen rittern, knechten, inwoner, lannd und leut, geistlich und weltlich vil und manigermal ergeet von dem lanndrichter und lanndgericht des burgraftumbs zu Nurenberg; er und sein Münchner Vetter Albrecht hätten in dieser Angelegenheit bereits ihre Räte an den Kaiserhof abgeschickt *mit vollen gewalt, wiewol wir zu recht nit geheischen sein, unser und des loblichen haws von Bairen, seiner inwonern und gehorungen, wird, gericht und notdurft inner und ausser rechten nach dem bessten furgebringen, domit wir soliger unsers oheims furnemen und irrung mit dem lanndgericht des burgrafentumbs zu Nurenberg furo entladen und abe sein.* Friedrich soll ebenfalls eine Gesandtschaft an den Kaiser abordnen: *und bitten ewr liebe fruntlich, ir wellet inn der sachen des besten bedacht sein und ewer, unser und des loblichen haws und furstentum zu Bairen hochste wird, gericht und freiheit furnemen, domit die und ir inwoner und zugehorung furo solicher unbillicher ladung furnemen und irrung des landgerichts zu Nurenberg entladen werden.* Auch sei es unbedingt notwendig, weitere Verbündete zu gewinnen. Die Bischöfe von Bamberg und Würzburg, ebenfalls durch die Expansionsbestrebungen des Hohenzollern bedroht, sollten mit in die Einung aufgenommen werden, *wann nw vil groß lawfe yecz in den landen aufersteen und noch mer wachsen mochten, darumb und annder unrat zufur kommen.* Das lange Schreiben endet mit der im Konzept erst nachträglich hineinkorrigierten Versicherung: *worinn wir kunden und mochten ewer lieb der Pfalz dem haws von Bayren und uns zu furderung werden, damit das wider käm an den stand und wird als unser alt vordern loblicher gedechtnus, und wären wir willig und täten das als billig ist sunderlich geren.*

Friedrichs Antwort auf diesen Appell liegt nicht vor. Erst am 2. Dezember meldete der Kurfürst aus Heidelberg, dass er einen Brief Ludwigs erhalten habe, *ein hyrat antreffent.* Darauf wolle er nicht direkt antworten und schlage vor, die Sache bei einem persönlichen Treffen *montlicher und folliglicher* zu erörtern[66]. Als die Einungsverhandlungen zwischen Albrecht und Friedrich ins Stocken gerieten, bot der Landshuter Herzog am 2. März 1456 erneut seine Vermittlung an und richtete an beide Vettern dringliche Mahnungen, den Streit im Interesse des Gesamthauses beizulegen[67]: *Nu tun wir als der furst und frewnd, der zwischen fursten des loblichen haws zu Bayeren seinen vettern und lieben freunden zumal ungern irrung oder zwitrecht vernimet, wiewol die von den gnaden gots zwischen ewr klain sein, und darumb damit wir fursten des loblichen hawses zu Bayren unserer vorde-*

---

de légitimation. Une controverse historique entre Wittelsbach et Hohenzollern en 1459–1460, in: L'historiographie médiévale en Europe, hg. von Jean-Philippe GENET (Paris 1991) S. 217–231; Christine REINLE, Ulrich Riederer (ca. 1406–1462). Gelehrter Rat im Dienste Kaiser Friedrichs III. (Mannheimer historische Forschungen 2, Mannheim 1993) S. 389–391 mit Literatur.

65) BayHStA, Fürstensachen 173c, fol. 3 (Konzept).

66) Dieses Schreiben ist abgebildet bei WILD, Fürstenkanzleien (wie Anm. 62) S. 132.

67) BayHStA, Fürstensachen 173c, fol. 6 (Konzept).

ren fueßstapfen dest bekomelicher gevolgen mugen, so bitten wir ewr lieb und fruntschaft mit sunderen vleiß fruntlichen ewren willen zu weisen, raten und helfen, domit wir, die fursten des hawses zu Bayern under uns selbs in frid, gemach und guter ainigkait beleiben, als das on gezweifel unser aller eer, wird, lannd und leut fromm und nutz ist. Friedrich antwortete bereits 10 Tage später (12. März 1456) in einem sehr kurzen, in Speyer ausgestellten Schreiben[68]. Er ließ darin nur mitteilen, dass es auch seine Absicht sei, alles dafür zu tun, *damit wir, die fursten des huses zu Beiern in eynigkeyt bliben mogen.* Bei soviel Friedensliebe kann natürlich auch der Münchner Vetter nicht abseits stehen; Albrecht III. bekundete im Oktober und November 1456 in mehreren Briefen an Ludwig den Reichen seine Bereitschaft, sich mit dem Pfälzer Kurfürsten zu vertragen[69], *domit man sehe, das wir der seyen, der gern des hawss von Baiern nutz und ere darinn sähe und das es frid und gemach hett.*

Diese Beispiele aus der Fürstenkorrespondenz, die sich leicht vermehren ließen, mögen hier genügen. Der Terminus ›*domus Bavariae*‹ ist selbstverständlich auch in den Friedrich den Siegreichen verherrlichenden Schriften eines Peter Luder und Matthias von Kemnath anzutreffen[70], hier allerdings meist mit der Funktion, die großartige Abstammung des dem Mars und der Minerva gleichermaßen ergebenen, alle antiken Helden übertreffenden Fürsten zu preisen. Es sei hier nur an die Distichen erinnert, mit der Peter Luders berühmte Lobrede auf diesen Fürsten ausklingt[71]:

> *Vivere te cupimus multos Friderice per annos*
> *Aurea principe quo secula nostra patent.*

---

68) BayHStA, Fürstensachen 173c, fol. 9 (Original).

69) BayHStA, Fürstensachen 173c, fol. 16 (Original) vom 8. November 1456.

70) Zur Peter Luders Panegyrik auf Friedrich den Siegreichen vgl. Jan-Dirk MÜLLER, Der siegreiche Fürst im Entwurf der Gelehrten. Zu den Anfängen eines höfischen Humanismus in Heidelberg, in: Höfischer Humanismus, hg. von August BUCK (Mitteilungen der Kommission für Humanismusforschung 16, Weinheim 1989) S. 17–50; DERS., Sprecher-Ich und Schreiber-Ich. Zu Peter Luders Panegyricus auf Friedrich den Siegreichen, der Chronik des Mathias von Kemnat und der Pfälzer Reimchronik des Michel Beheim, in: Wissen für den Hof. Der spätmittelalterliche Verschriftlichungsprozeß am Beispiel Heidelberg im 15. Jahrhundert (Münstersche Mittelalterschriften 67, München 1994) S. 289–321; PROBST, Machtpolitik (wie Anm. 47) und zuletzt Veit PROBST/Wolfgang METZGER, Zur Sozialgeschichte des deutschen Frühhumanismus. Peter Luders Karriereversuch in Heidelberg 1456–1460, in: Venezianisch-deutsche Kulturbeziehungen (wie Anm. 2) S. 54–77. Zur Chronik des Matthias von Kemnath vgl. Birgit STUDT, Fürstenhof und Geschichte. Legitimation durch Überlieferung (Norm und Struktur 2, Köln u. a. 1992), dazu die ausführliche Rezension von Veit PROBST, Zur Chronik des Matthias von Kemnat, Mannheimer Geschichtsblätter N.F. 1 (1994), S. 59–67.

71) Ludwig BERTALOT, Initia Humanistica Latina. Initienverzeichnis lateinischer Prosa und Poesie aus der Zeit des 14. bis 16. Jahrhunderts 2,1: Prosa (Tübingen 1990) Nr. 8046; hier zitiert nach der Ausgabe von Wilhelm WATTENBACH, Peter Luders Lobrede auf Pfalzgraf Friedrich den Siegreichen, ZGORh 23 (1871) S. 21–38 hier S. 38.

Victus abest hostis et sua miserrima fata
Omnia sunt pacis, te duce languor abest.
Vincere fortunam magis est quam monstra domare
Herculeo maius nomine nomen habes.
Felix Germanus, dum te domus alta tenebit
Bavarie, vis te ledere nulla potest.

Matthias von Kemnath hat diese Verse an zwei Stellen seiner Chronik verwertet und eine deutsche Übersetzung davon angefertigt[72].

Von Friedrich dem Siegreichen zu Albrecht dem Gewitzten. Als besonders eindrucksvolles, monumentales Zeugnis der Konzeption »Haus Bayern« gilt mit Recht ein Gemäldezyklus, der einst den Fürstensaal des Alten Hofes in München (in den Quellen des 15. Jahrhunderts »Neufeste« genannt) zierte[73]. Im Jahre 1850 war ein Teil dieser Malereien bei Bauarbeiten in der heutigen Residenz wieder entdeckt worden[74]. Die Fresken wurden damals abgetragen, und ein Teil davon, nämlich vierzehn der ehemals 62 Herrscherfiguren, sind heute in stark restauriertem Zustand im Bayerischen Nationalmuseum zu besichtigen. Das Gesamtprogramm ist durch mehrere Abschriften der Tituli und durch Aufzeichnungen über die beigefügten Wappen bekannt[75]. Diese Herrscherdarstellungen im einstigen Repräsentationssaal müssen in den 60er Jahren des 15. Jahrhunderts wohl im Auftrag Herzog Sigmunds entstanden sein, der als jüngster Fürst in die Reihe aufgenommen war. Sein Bild wird in der kopialen Überlieferung mit dem Zusatz *Disz ist der gnedig Herr, Hertzog Sigmund Pfaltzgraff bey Rhein vnd Hertzog in Bayrn* versehen[76]. Die Fi-

---

72) Matthias von Kemnat, Chronik Friedrich I. des Siegreichen, hg. von Conrad HOFMANN, in: Quellen zur Geschichte Friedrich's des Siegreichen (wie Anm. 48) S. 1–141, hier S. 23 (deutsche Übersetzung) u. 31. Die deutsche Übersetzung ist ferner aus dem Autograph ediert von Paul Maria BAUMGARTEN, Laudes Palacii et Palatini. Deutsche Lobrede auf Kurfürst Friedrich I. von der Pfalz, Römische Quartalschrift 1 (1878) S. 231–258, hier S. 258 und MÜLLER, Rede und Schrift (wie Anm. 70) S. 303: *O friderich wyr begern das du lebest durch vil jare / dan die wyl du ein furst bist so sin vnser gezyde guldin offenbar / Alle ding sint in fryden / dye wyl du ein herczog bist so ist alles truren abe / Der uberwunden fint und sin ellentklichen geschickt sind von danhen / Es ist mer zu uberwinden sin vngeluck dan zammachen die wunderzeychen / Hervmb hastu ein namen grosßer dan hercules nam / O du seliger dütscher die wyl dich inhatt das edel husß von beyern / kein gewalt mag dich nymmerme geleczen.*

73) Vgl. grundlegend MOEGLIN, Les ancêtres (wie Anm. 16) S. 131–135; zuletzt STAUBER, Herrschaftsrepräsentation (wie Anm. 16) S. 382f.

74) Vgl. Heinrich Konrad FÖRINGER, Bericht über die im Alten Hofe zu München aufgefundenen Wandgemälde, Oberbayerisches Archiv 12 (1851/52) S. 266–296; Rudolf M. KLOOS, Die Inschriften der Stadt und des Landkreises München (Die Deutschen Inschriften 5, Stuttgart 1958) S. 25–28, Nr.44.

75) Johannes ERICHSEN, Die Fürstenreihe im Alten Hof zu München, in: Wittelsbach und Bayern. Die Zeit der frühen Herzöge. Von Otto I. zu Ludwig dem Bayern 1,2, hg. von Hubert GLASER (München 1980) S. 27.

76) FÖRINGER, Bericht (wie Anm. 74) S. 274.

guren sind meist in Paaren oder Dreiergruppen einander zugeordnet. Beginnend mit den namengebenden Gründervätern, dem Armenier Bavarus und dem Herkulessohn Norix, folgt die genealogische Reihung im wesentlichen der Chronik des Andreas von Regensburg, wobei die durch die Scheyerner Tradition begründete, direkte Herleitung der Wittelsbacher von den Karolingern durch besonders viele Vertreter dieser Dynastie unterstrichen wird. Ebenso wurden die Ottonen und Salier, allen voran der heilige Kaiser Heinrich II., für das Haus Bayern in Anspruch genommen. Von den eigentlichen Wittelsbachern ist Kaiser Ludwig der Bayer durch eine Throndarstellung besonders herausgehoben, und unabhängig von der genealogischen Reihung fanden von allen Nebenlinien jene Personen Aufnahme, denen der Aufstieg zur Königswürde gelungen war: als erster Otto von der alten, 1340 ausgestorbenen niederbayerischen Nebenlinie, der 1305 in Stuhlweißenburg zum ungarischen König gekrönt wurde, sich aber dort gegen die Anjou nicht durchsetzen konnte[77], sodann Ruprecht von der Pfalz und als jüngster Monarch der nordische *archirex* Christoph aus der Neumarkter Nebenlinie[78]. Durch ein bislang übersehenes Quellenzeugnis lässt sich nachweisen, dass Albrecht IV. persönlich offenbar gerade auf diese monarchischen Mitglieder seines Hauses großen Wert legte. Der Mailänder Gesandte Carlo Visconti (*Carolus Vicecomes*) besuchte im Sommer 1473 auf dem Weg zum Kaiserhof die Stadt München. Da damals gerade Margarethe[79], die ältere Schwester Albrechts IV. und Gemahlin des Markgrafen Federico Gonzaga von Mantua, zu Besuch bei ihren Brüdern in München weilte, wurde der Emissär der Sforza durch diese ihm persönlich bekannte Dame am dortigen Hof eingeführt. Sein langer, am 16. Juli 1473 an Galeazzo Maria Sforza abgefasster Bericht über diese Erlebnisse ist im Archivio di Stato in Mailand erhalten geblieben[80]. Visconti lieferte für seinen Dienstherrn eine eingehende Schilderung

---

77) Josef WIDEMANN, König Otto von Ungarn aus dem Hause Wittelsbach (1305–1307), Forschungen zur Geschichte Bayerns 13 (1905) S. 20–40; und zusammenfassend SPINDLER/KRAUS, Das ungarische Königtum Herzog Ottos von Niederbayern (1305–1307), in: SPINDLER/KRAUS, Handbuch (wie Anm. 6) S. 117–125.

78) Vgl. zu ihm den Literaturbericht von Roman DEUTINGER, Der nordische Unionskönig Christoph von Bayern (1416–1448), Verhandlungen des Historischen Vereins für Oberpfalz und Regensburg 135 (1995) S. 25–41, sowie den Beitrag von Oliver AUGE in diesem Band.

79) Vgl. zu ihr Giuseppe LANZONI, Sulle nozze di Federico I Gonzaga con Margarete di Wittelsbach (1463) (Mailand 1898); Adele BELLÙ, Margarethe von Wittelsbach, ZBLG 44 (1981) S. 157–200 und SEVERIDT, Familie (wie Anm. 4) S. 200–203 und passim.

80) Viscontis Bericht ist kurz erwähnt, allerdings ohne auf den Besuch des Gesandten bei den Münchner Herzögen einzugehen, bei Carlo PAGANINI, Divagazioni sulla documentazione fra Milano e l'impero per l'investitura ducale, in: Squarci d'archivio sforzesco. Archivio di Stato di Milano (1981) S. 27–40, hier S. 35; zur Persönlichkeit des Gesandten vgl. Lydia CERIONI, La diplomazia sforzesca nella seconda metà del Quattrocento e i suoi cifrari segreti 1 (Fonti e studi del corpus membranarum italicarum 1, Rom 1970) S. 252f. sowie zuletzt Carteggio degli oratori Mantovani alla corte Sforzesca (1450–1500), coordinamento e direzione di Franca LEVEROTTI, Bd. 11 (1478–1479), hg. von Marcello SIMONETTA (Rom 2001) S. 219 Anm. 2.

der Münchner Verhältnisse, aus der folgender Abschnitt herausgehoben sei[81]: *Questi signori di questa terra, fratelli de la donna del signor misser Frederico, sono quattro[82]; el magiore per attendere ad cazare et darsi piacere ha renuntiato sponte el governo del stato ne le mane del S. Alberto, che era el secondo: costui è un bellissimo signore de viso et de persona: et bene che sia giovene et non passi trent' anni[83], è molto ripossato et assentito secondo questo paese, ello al mio iudicio tene più del'italiano che del todesco. Mi hanno monstrato una sala, dove sonno depincti soi magiori, fra quali sonno stati molti imperatori et re[84].*

Was ist das Italienische, was ist das Moderne an diesem Fürsten, der sich hier als »freundlicher Fremdenführer« betätigte, und dem später die Einigung Altbayerns gelingen sollte? Vielleicht seine machiavellistische Skrupellosigkeit bei der Ausschaltung seiner Brüder. Eine ganz andere Charakteristik des Fürsten ist einem Horoskop zu entnehmen, das in einer für den Kurfürsten Ottheinrich angefertigten Sammelhandschrift der Palatina überliefert ist. Es handelt sich hierbei um eine Beurteilung »post festum« und um die spezifisch Heidelberger Sicht der Dinge[85]. Demnach wurde Albrecht am 15. Dezember 1447 in der sechsten Stunde und 24. Minute geboren[86]:

Der herr des ascendents, die Sonn, felt in das sechste der kranckheit, so standen auch im ascendent die kleine sternlein, so im rachen des lewens sindt, welches alles ein seltzam ingenium, welches listig ist, hat angezaigt. Der Monn im zehenden hat im ein herrliche ehe bedeutet, doch mit vieler unwillenn, so dann Mars und Jupiter in der opposition sind ge-

---

81) Archivio di Stato Milano, Sforzesco, Potenze Estere Nr. 572.

82) Nämlich die Herzöge Sigmund, Albrecht, Christoph und Wolfgang.

83) Herzog Albrecht IV. stand damals in seinem 26. Lebensjahr.

84) Diese Stelle erinnert an den Bericht des brabantischen Gesandten Edmund Dynter (†1449), dem König Wenzel im Jahre 1413 die im Auftrag seines Vaters, Kaiser Karl IV., auf der Burg Karlstein angebrachten Gemälde der luxemburgischen *genealogia* zeigte; vgl. Edmund de Dynter, Chronica nobilissimorum ducum Lotharingiae et Brabantiae ac regum Francorum, hg. von Petrus Franc. Xav. de RAM, Bd. 3 (Brüssel 1857) S. 74: *Meque postea per manum capiens, duxit in quandam aulam, in qua preciose imagines omnium ducum Brabancie, usque ad ducem Johannem Brabancie hujus nominis tercium inclusive, sunt depicte, quas predictus Karolus imperator genitor suus inibi depingi fecerat, dixitque ad me, quod illa sua esset genealogia* [...]. Vgl. dazu Joseph NEUWIRTH, Der Bildercyclus des Luxemburger Stammbaumes aus Karlstein (Forschungen zur Kunstgeschichte Böhmens 2, Prag 1897) sowie Andrew MARTINDALE, Heroes, ancestors, relatives and the birth of the portrait, in: DERS., Painting the palace. Studies in the history of medieval secular painting (London 1995) S. 75–116.

85) Das Stück findet sich unter einer Sammlung von Nativitäten, die der Tübinger Mathematicus Nikolaus Bruckner (†1557) für Kurfürst Ottheinrich anlegte; vgl. zu ihm Karl SCHOTTENLOHER, Ottheinrich und das Buch (Münster 1927) S. 182; Reinhold RAU, Nicolaus Brucknerus mathematicus. Ein Lebenslauf aus der Reformationszeit, Tübinger Blätter 50 (1963) S. 10–14.

86) Bibliotheca Apostolica Vaticana, Pal. lat. 1423, p. 79; vgl. zur Handschrift die genaue Beschreibung von Ludwig SCHUBA, Die Quadriviums-Handschriften der Codices Palatini Latini in der Vatikanischen Bibliothek (Kataloge der Universitätsbibliothek Heidelberg 2, Wiesbaden 1992) S. 212–214.

standenn und Venus im haus Saturni im sibendenn. Saturnus im anndern haus hat ihn sehr geitzig gemacht, und so die Sonn als der herr des ascendents im haus Saturni ist, darzu im sechsten, ist er bös, listig und eines neidischen bösen hertzen und gemuts gewesen, welches auch Mercurius im haus Saturni und vierdten aspect Martis und Iovis hat angezaigt, und der Monn im haus Martis und vierdten Mercurii und opposition Martis.

Albrecht war das siebte von insgesamt zehn Kindern und der fünftgeborene Sohn aus der Ehe seines Vaters Albrecht III. mit Anna von Braunschweig[87]. Da zwei seiner älteren Brüder beim Tode des Vaters schon verstorben waren, war er in die dritte Position aufgerückt und hätte nach der von ihm selbst später eingeführten Primogeniturordnung kaum eine Chance auf Regierungsbeteiligung gehabt. Früh zum Geistlichen bestimmt und mit Kanonikerpfründen ausgestattet zum Studium nach Pavia geschickt, hatte er – sechzehnjährig – nach dem Tod des ältesten Bruders Johann 1463 mit Nachdruck seine Herrschaftsansprüche angemeldet und zwei Jahre später auch durchgesetzt[88]. Es gelang ihm in der Folgezeit, sowohl den älteren Bruder Sigmund in die Apanage abzudrängen, als auch die beiden jüngeren Brüder Christoph und Wolfgang von der Herrschaft fernzuhalten[89]. Dass er dabei in der Wahl seiner Mittel nicht zimperlich war, zeigt nicht zuletzt der Umgang mit seinem jüngeren Bruder Christoph[90]. Als dieser mit ungestümer Leidenschaft seine Rechte verlangte und sich nicht scheute, zur Durchsetzung seiner Forderungen Rückhalt bei den bayerischen Ritterbünden zu suchen, eskalierte der Bruderzwist im Januar 1471 auf dramatische Weise. Damals ließ Albrecht seinen Bruder Christoph, mit der Beschuldigung, dass er ihm nach dem Leben trachte, in München im Bad überfallen und 19 Monate lang einkerkern. Diese Gewalttat rief den jüngsten Bruder Herzog Wolfgang auf den Plan[91], der mit Vehemenz Christophs Partei ergriff und in leidenschaftlichen Ap-

---

87) Vgl. die genealogischen Daten bei HAEUTLE, Genealogie (wie Anm. 21) S. 30–32. Zu den Anfängen seiner Regierungszeit immer noch am ausführlichsten: HASSELHOLDT-STOCKHEIM, Herzog Albrecht IV. (wie Anm. 38); vgl. ferner Hans RALL/Marga RALL, Die Wittelsbacher in Lebensbildern (Graz u. a. 1986) S. 109–115; SPINDLER/KRAUS, Handbuch (wie Anm. 6) S. 288–321, mit reicher Literatur.
88) HASSELHOLDT-STOCKHEIM, Herzog Albrecht IV. (wie Anm. 38) S. 332–336.
89) Vgl. dazu zuletzt Karl-Friedrich KRIEGER/Franz FUCHS, Der Prozeß gegen Heinrich Erlbach in Regensburg (1472). Reichsstädtische Justiz im Dienst landesherrlicher Macht- und Interessenpolitik, in: Papstgeschichte und Landesgeschichte. Festschrift für Hermann Jakobs zum 65. Geburtstag, hg. von Joachim DAHLHAUS/Armin KOHNLE (Köln u. a. 1995) S. 519–553, hier S. 523ff. mit Literatur.
90) Vgl. zu ihm zusammenfassend Sigmund RIEZLER, in: ADB 4 (1876) S. 232–235; von der älteren Literatur: Felix Joseph LIPOWSKY, Herzog Christoph oder der Kampf über Mitregierung in Baiern. Ein Beitrag zur Geschichte der Primogenitur (München 1818); Johannes VOIGT, Ueber die Gefangenschaft des Herzogs Christoph von Bayern, in: Abh. der Historischen Classe der Königlich Bayerischen Akademie der Wissenschaften 7 (München 1855) S. 505–544.
91) Vgl. zu Herzog Wolfgang (†1514) zusammenfassend Sigmund RIEZLER, in: ADB 44 (1898) S. 72–75; zuletzt GEBERT, Primogeniturordnung (wie Anm. 27) S. 16–19.

pellen an Kaiser, Reichsfürsten und Landstände seine Freilassung verlangte[92]. In dieser gespannten Situation schaltete sich auch Herzog Otto II. von Neumarkt persönlich ein. Unter dem Vorwand, eine Wallfahrt zum heiligen Sebastian nach Ebersberg unternehmen zu wollen, drang der Herzog persönlich nachts heimlich mit Hilfe eines professionellen Einbrechers in die Münchner Neufeste ein, um Christoph zu befreien[93]. Die spektakuläre Aktion musste jedoch *oriente die et clamantibus corvis* erfolglos abgebrochen werden[94]. Gegenüber Friedrich dem Siegreichen, der als Senior des Hauses gemeinsam mit Ludwig von Landshut in diesem Bruderzwist vermitteln sollte, verteidigte sich Otto gegen den Vorwurf des Landfriedensbruchs, er hätte handeln müssen, weil Herzog Christoph ein *frolicher fürst* gewesen sei[95].

Herzog Christoph hat sich auf seine Weise für die Einkerkerung gerächt, nicht am älteren Bruder Albrecht, sondern an dessen Diener, dem Herrn Niklas von Abensberg, der die Verhaftung im Bade vorgenommen hatte[96]. Im Februar 1485 lauerte er mit einer Schar von Helfern dem Abensberger bei Freising auf und ließ dort den sich sofort ergebenden Herren und seine Begleiter niedermachen. Herzog Albrecht IV. reagierte überraschend auf diesen offenkundigen Mord und Landfriedensbruch, der ihm aber zugleich die Möglichkeit bot, die Reichsherrschaft Abensberg seinem Territorium einzuverleiben. Ein anonymer Freisinger Kleriker notierte dazu folgende Bemerkung in sein Exemplar von Werner Rolewincks *Fasciculus temporum: Fuerat propterea dies placitus in Frisinga, sed quicquid fuit nescitur. Sed sepulto Nicolao isti duo fratres Albertus et Cristofforus fuerunt facti amici*[97]. Man kann das ›Schwarze Salz‹ dieses Kommentars erst schmecken, wenn man

---

92) KRIEGER/FUCHS, Prozeß (wie Anm. 89) S. 524ff.; reiches Material dazu ist jetzt von Helmut WOLFF, in: RTA 21,2 (Göttingen 1999) S. 455–459 und Register s.v. (Bayern-) Münchener Bruderzwist S. 1004 zusammengestellt worden.

93) KRIEGER/FUCHS, Prozeß (wie Anm. 89) S. 541 mit Anm. 133; und dazu ergänzend den Bericht eines anonymen Freisinger Klerikers bei Joseph SCHLECHT, Annales Frisingenses. Aufzeichnungen eines Freisinger Geistlichen des fünfzehnten Jahrhunderts, in: Elftes Sammelblatt des historischen Vereins Freising (1918) S. 99–144, hier S. 118: *Qui quidem Cristofforus per fratrem suum Albertum fuit detentus et in arcta custodia et turri Monacensi fuit religatus et per dominum ducem Ottonem von Neuenmarck quasi fuit liberatus, uidelicet durch den Kläsl dieb steyger, qui fecit pontem per murum civitatis, et venerunt usque ad ultimam januam, ubi morabatur dux Cristofforus, sed lucescente die recesserunt uacui* [...]. Herzog Otto hat sich diese spektakuläre Befreiungsaktion auch bezahlen lassen. In seinem Nachlass fand sich eine Schuldverschreibung Christophs über den enormen Betrag von 20000 Gulden *von wegen seiner vencknuß, darumb ihme sein bruder herzog albrecht als regierender fürst im sloß zu münchen gehalten* [...]; vgl. Andreas Felix OEFELE, Rerum Boicarum Scriptores 2 (Augsburg 1763) S. 328.

94) Vgl. ARNPECK, Chronica Baioariorum (wie Anm. 32) S. 419.

95) BayHStA, Fürstensachen 262/II, fol. 235.

96) Zu Niklas von Abensberg († 1485) vgl. Otto HUPP, Der Galgenbrief und anderes aus dem Leben des Nikolaus Herrn von Abensberg, in: DERS., Wappenkunst und Wappenkunde. Beiträge zur Geschichte der Heraldik (München 1927) S. 29–43; Helmut FLACHENECKER, Die Reichsherrschaft Abensberg. Entstehung, Verfassung, Übergang an Bayern, ZBLG 64 (2001) S. 693–726.

97) SCHLECHT, Annales (wie Anm. 93) S. 119.

weiß, dass ein Bibelzitat zugrunde liegt, Luc. 23,12, wo von Herodes und Pilatus nach dem Tode Christi das Gleiche erzählt wird[98]. Der von Herzog Christoph begangene Mord war in der Tat von integrativer Relevanz. Auch wenn Albrecht IV. noch fast ein Jahrzehnt mit dem Reichsoberhaupt Kaiser Friedrich III. um Abensberg zu streiten hatte, so gelangte diese bis dahin eigenständige Herrschaft doch dauerhaft an Bayern[99].

Anders als die Habsburger, die bis zu ihrem Aussterben im Jahre 1740 stets den Titel »Graf von Habsburg« mit führten, haben die bayerischen Herzöge und Kurfürsten sich nie nach der Stammburg Wittelsbach bei Aichach benannt. Das Epitheton »de Wittelsbach« blieb auch in der Historiographie exklusiv dem ersten Herzog der Dynastie und dessen gleichnamigem Neffen, dem Mörder Philipps von Schwaben, vorbehalten[100]. Die Stammburg selbst war nach dem Bamberger Königsmord zerstört, die Kirche in Wittelsbach einige Jahre später dem Kloster Indersdorf übertragen worden[101]. Doch sollte der Titel »Graf von Wittelsbach« zu Beginn des 18. Jahrhunderts noch einmal, wenn auch nur sehr kurzfristig, fröhliche Urstände feiern. Im Aberachturteil, das Kaiser Josef I. am 29. April 1706 gegen Kurfürst Max Emmanuel ergehen ließ, werden auch dessen Söhne entfürstet und zu »Grafen von Wittelsbach« degradiert[102]. Die Benennung des Geschlechts nach der Stammburg des Dynastiegründers bei Aichach setzte sich erst nach dem Tod Kurfürst Max III. Joseph († 30. Dezember 1777) durch, als mit dem Münchner Herrschaftsantritt des Pfälzer Kurfürsten Karl Theodor die pfälzischen und bayerischen Landesteile wieder zusammengeführt wurden[103]. Bekanntlich reicht die wittelsbachische Dy-

---

98) Luc. 23,12: *Et facti sunt amici Herodes et Pilatus in ipsa die, nam antea inimici erant ad invicem.*

99) Peter SCHMID, Herzog Albrecht IV. von Oberbayern und Regensburg. Vom Augsburger Schiedsspruch am 25. Mai 1492 zum Straubinger Vertrag vom 23. August 1496, in: Festschrift für Andreas Kraus zum 60. Geburtstag, hg. von Pankraz FRIED/Walter ZIEGLER (Kallmünz 1982) S. 143–160; FLACHENECKER Reichsherrschaft (wie Anm. 96) S. 725f.

100) Vgl. zu diesen zuletzt Alois SCHMID, Die frühen Wittelsbacher. Grundlegung des Landes Bayern, in: Die Herrscher Bayerns (wie Anm. 5) S. 91–105. Zum Bamberger Königsmord vgl. Bernd-Ulrich HUCKER, Der Königsmord von 1208 – Privatrache oder Staatsstreich?, in: Die Andechs-Meranier in Franken. Europäisches Fürstentum im Hochmittelalter (Mainz 1998) S. 111–127 und zuletzt Peter CSENDES, Philipp von Schwaben. Ein Staufer im Kampf um die Macht (Gestalten des Mittelalters und der Renaissance, Darmstadt 2003) S. 189f.

101) Vgl. Robert C. KOCH, Die Burg Wittelsbach bei Aichach, in: Wittelsbach und Bayern 1,1 (wie Anm. 75) S. 133–138, sowie Volker LIEDKE, Zur Bau- und Kunstgeschichte Beatae Mariae Virginis in Oberwittelsbach, Ars Bavarica 63/64 (1991) S. 43–68.

102) Vgl. den Artikel »Wittelsbach« in: Zedlers Universallexikon 57 (1748) Sp. 1679–1684, hier 1684; Franz FELDMEIER, Die Ächtung des Kurfürsten Max Emmanuel von Bayern und die Übertragung der Oberpfalz mit der fünften Kur an Kurpfalz, Oberbayerisches Archiv 58 (1914) S. 145–269.

103) Eine Überprüfung der im Karlsruher Virtuellen Katalog (http://www.ubka.uni-karlsruhe.de/kvk.html) erfassten deutschen, österreichischen und Schweizer Buchbestände ergab, dass der Begriff »Wittelsbach« und davon abgeleitete Wörter in Buchtiteln des 17. und frühen 18. Jahrhunderts nur äußerst selten anzutreffen sind und sich stets auf Otto von Wittelsbach, seinen gleichnamigen Neffen und seine Vorfahren beziehen. Erst ab 1777 häufen sich die Belege für die Bezeichnung des Gesamthauses nach der

nastie in den Zweigen Birkenfeld-Zweibrücken und Birkenfeld-Gelnhausen bis in die Gegenwart. Die heute lebenden Personen dieser beiden Linien aber würden, so sie denn überhaupt da verzeichnet wären, nicht unter ›Wittelsbach‹ im Telefonbuch zu finden sein, sondern unter ›Bayern‹.

Stammburg bei Aichach. Eine gewisse Vorreiterrolle bei der Einführung dieser Umbenennung scheint der Zweibrückener Geschichtsschreiber Georg Christian Crollius (1727–1790) gespielt zu haben, der am 30. August 1777 bei der Kurfürstlichen Akademie der Wissenschaften in Mannheim eine Abhandlung »Genealogische Nachricht über die Pfalzgrafen von Wittelsbach, die Wildgrafen und die Grafen von Eberstein« einreichte (Heidelberg, Universitätsbibliothek, MAYS 2,18 RES in Kapsel). Noch 1776 hatte er in Zweibrücken eine genealogische Schrift unter dem Titel »Erster Versuch einer erläuterten Geschlechts-Geschichte der ältesten Anherren des Bairischen Hauses« (Zweibrücken 1776) veröffentlicht. Zu Crollius vgl. Franz Xaver WEGELE, in: ADB 4 (1876) S. 604f. Um nur einige weitere Belege anzuführen: Karl Albrecht von VACCHIERY, Akademische Rede von der gemeinsamen Abstammung aus dem Hause Wittelspach und den Thaten des […] Churfürsten Karl Theodor: auf dessen neu angetrettene Regierung in Baiern […] (München 1778), vgl. zum Hintergrund dieser Begrüßungsrede für den neuen Regenten Ludwig HAMMERMAYER, Geschichte der Bayerischen Akademie der Wissenschaften 1759–1807, 2: Zwischen Stagnation, Aufschwung und Illuminatenkrise 1769–1786 (München 1983) S. 155; ferner: Friedrich Christoph Jonathan FISCHER, Zweytes Sendschreiben an Herrn Geheimen Justizrath Pütter zu Göttingen, von den bey allen Bayerischen Theilungen bewahrten Erbrechten des gesammten Wittelsbachischen Hauses (sine loco 1778); Johann Heinrich BACHMANN, Betrachtungen über die Grundfeste des durchlauchtigsten Hauses Pfalzbaiern, nämlich das allgemeine Familienfideikommiß in Verbindung mit dem Recht der Erstgeburt: dem Andenken des den 20. Juni 1780 zu Ende gehenden sechsten Jahrhunderts der Ueberkunft Baierns an das Haus Wittelsbach (Mannheim 1780); Benedict PEUGER, Baierns Glückseligkeit in seinen wittelsbachischen Regenten. Eine geistl. Rede (sine loco 1786); Abriß der Haupt-Scheibe bey dem auf die Geburtsfeier Prinz Ludwigs aus dem Wittelsbach-Zweybr. Stamme zu München d. 10. Sept. 1786 gegebenen Frey- und Freuden Schüssen. Nebst Gedicht-Sciagraphia metae (München 1786). Die Beispiele ließen sich beliebig vermehren. Die Neubenennung des Gesamtgeschlechtes nach dem gemeinsamen Vorfahren Otto von Wittelsbach scheint von der Umgebung Karl Theodors und seiner Zweibrücken-Birkenfelder Erben bewusst gefördert worden zu sein, um die Legitimität des Regentenwechsels zu unterstreichen.

Politische Integration der Böhmischen Krone unter den Luxemburgern

VON IVAN HLAVÁČEK

*Zum Andenken an Ferdinand Seibt**

Jeder Bearbeiter dieses Themas befindet sich in einer äußerst schwierigen Lage, da die allgemeine, jedoch vornehmlich politische Geschichte Böhmens im 14. Jh. durch die neuere deutsche Historiographie mehr reflektiert und erforscht wurde und wird als die vorgehende Přemyslidenepoche, obwohl auch diese stets gewisses Interesse weckt. Es liegt auf der Hand, daß der Grund dafür vornehmlich die enge Verbindung Böhmens mit der Dynastie der Luxemburger ist, die aus dem deutsch-französischen Grenzraum kam und deren drei mit Böhmen am engsten verbundene Mitglieder zugleich die römischen Krone trugen. Daher droht jedem tschechischen Historiker, der das Thema irgendwie zusammenfassend darstellen möchte, doppelte Gefahr, nämlich daß er bei der Schilderung der Dinge einerseits allgemein Bekanntes präsentiert, anderseits manchmal, um sich nicht zu wiederholen, eben die nicht so allgemein bekannten Tatsachen bzw. Zusammenhänge vorausetzt[1]. Daß dabei nach wie vor mancherlei unterschiedliche Akzente in der tsche-

---

* Da der Vortrag, dem die folgenden Ausführungen zugrunde liegen, buchstäblich nur einige Minuten nach der traurigen Nachricht vom Ableben des ersten Vorsitzenden des Collegium Carolinum, Prof. Dr. Dr. h. c. Ferdinand Seibt († 7. April 2003), dem ich mich jahrelang sehr nahe gefühlt habe, gehalten wurde, seien dem Verewigten die folgenden Seiten in langjähriger Verbundenheit gewidmet. – Koll. Prof. Maleczek bin ich für die liebenswürdige sprachliche Durchsicht des Manuskriptes dankbar.

1) Aus der älteren tschechischen Standardliteratur können nur die maßgeblichen Monographien erwähnt werden. Über alle Ereignisse bis in die Zeit Přemysls II. (jedoch nur bis 1273) informiert verläßlich Václav NOVOTNÝ, České dějiny I/1–4 (1912–1937), an den Josef ŠUSTA, České dějiny II/1–4 (1935–1948) (bis 1355), und František M. BARTOŠ, České dějiny II/6–7 (ab 1378 bis in die Hussitenzeit) (1947–1965), anknüpfen. Die Lücke der Jahre 1355–1378 schloß František KAVKA, Vláda Karla IV. za jeho císařství (1355–1378). Země České koruny, rodová, říšská a evropská politika, 1–2 (1993). Noch ein seriöses Großunternehmen der tschechischen Historiographie hat für diese Zeit Wichtiges gebracht, nämlich die sog. Velké dějiny zemí Koruny české, Bd. 2 und 3 von Vratislav VANÍČEK (2000–2002) (für die Jahre 1197–1310) – vgl. dazu jedoch die kritischen Rezensionen von Martin WIHODA in: Český časopis historický 98 (2000) S. 824–828 und Josef ŽEMLIČKA in: Mediaevalia historica Bohemica 7 (2000) S. 236–248 –, Doppelband 4 a, b derselben Reihe von Lenka BOBKOVÁ (2003) (für die Zeitspanne 1310–1401) und Bd. 5 von Petr ČORNEJ (2000), der die Zeit von 1402–1437 bespricht. Das Jahr 1402 ist freilich in diesem Zusammenhang keine Periodisierungsgrenze.

chischen und einem guten Teil der deutschen Forschung unvermeidlich sind, versteht sich
von selbst[2]. Darüber hinaus ist zu konstatieren, daß lange nicht alle sich diesem Problem-
kreis widmenden deutschsprachigen Arbeiten auch die tschechische Forschung rezipieren.
Diese sollte nicht auf diese Weise mißachtet werden, was freilich nicht bedeuten soll, daß
man sie bis in die entlegensten Einzelheiten verfolgen müßte[3]. Statt den jeweiligen Gang
der Forschung zu skizzieren, was zwar sicher sinnvoll wäre, jedoch allzu viel Raum
bräuchte, seien mindestens einige signifikante Namen der deutschsprachigen Historiographie angeführt, die mehr oder weniger gewisse Etappen der Forschung repräsentieren. Von
den »penates«, die jedoch immer noch bei jeder ernsten Arbeit respektvoll herangezogen
werden müssen, reicht es hier aus, nur drei Forscher zu erwähnen, nämlich Theodor Lindner, Emil Werunsky und Gustav Pirchan. Von den wichtigsten der Gegenwart sollen dann
zumindest der schon erwähnte Ferdinand Seibt und Peter Moraw angeführt werden, die
in souveräner Weise stets auch die tschechische Literatur rezipieren, wobei beide neben der
Darstellung der Fakten auch zu den theoretischen Grundlagen dieser Forschungen Wichtiges beigetragen haben bzw. beitragen[4].

Aus letzter Zeit dürfen nicht unerwähnt bleiben: Jaroslav MEZNÍK, Lucemburská Morava 1310–1423 (1999);
Václav ŠTĚPÁN, Markrabě moravský Jošt 1354–1411 (2002) und der Sammelband Korunní země v dějinách
českého státu I. Integrační a partikulární rysy českého státu v pozdním středověku, hg. von Lenka BOB-
KOVÁ (2003). Darin sind verschiedene integrative Aspekte innerhalb der böhmischen Länder besprochen,
worauf hier – bis auf Ausnahmen – nur pauschal hingewiesen werden soll. Vgl. auch die unten in Anm. 4
zitierten Biographien der königlichen Protagonisten von Jiří SPĚVÁČEK, der sich auch sonst der Aufhellung
der Stellung der Böhmischen Krone im luxemburgischen Zeitalter widmete, jedoch nicht immer überzeugt.
Während seine analytischen Studien, soweit nötig, an den entsprechenden Stellen zitiert werden, sei an dieser Stelle nur seine prägnante Zusammenfassung, manchmal zu zugespitzt formuliert, genannt, die bedau-
erlicherweise, jedoch mit des Autors Absicht, ohne Anmerkungsapparat erschien: Rozmach české státno-
sti za vlády Lucemburků v souvislostech evropské politiky (Rozpravy Československé akademie věd, řada
společenských věd 97/4, 1987).
2) Damit soll keine Schranke zwischen diesen beiden Historiographien konstruiert werden, da gerade in
den letzten Jahren verschiedene Mißverständnisse überwunden werden konnten; andererseits trifft leider
all zu oft die Redewendung zu, daß *bohemica non leguntur,* obwohl auch viele Beispiele der positiven Rezeption und der anständigen Diskussion angeführt werden können. Auf Beispiele beider Art wird im Kommenden hingewiesen werden.
3) Hier ist wenigstens auf zwei neue und vorbildliche deutsche Arbeiten hinzuweisen: Guido Christian
PFEIFER, Ius Regale Montanorum. Ein Beitrag zur spätmittelalterlichen Rezeptionsgeschichte des römischen Rechts im Mitteleuropa (Abhandlungen zur rechtswissenschaftlichen Grundlagenforschung 88,
2002), und Alexander BEGERT, Böhmen, die böhmische Kur und das Reich vom Hochmittelalter bis zum
Ende des Alten Reiches (Historische Studien 475, 2003). Konkrete Hinweise werden – soweit nötig – im
Folgenden geboten.
4) Theodor LINDNER, Geschichte des Deutschen Reiches unter König Wenzel 1–2 (1875–1880), ist immer
noch heranzuziehen. Von Ferdinand SEIBT sei neben seinem Beitrag im Handbuch der Geschichte der böhmischen Länder 1, hg. von Karl BOSL (1967) bes. seine Biographie Karl IV. Ein Kaiser in Europa, ab 1978
in mehreren Auflagen erschienen, genannt; weiters Peter MORAW, dessen viele Aufsätze von Bedeutung

Das wohl größte Problem für einen erheblichen Teil der deutschsprachigen Forschung zur luxemburgischen Herrschaft stellt die richtige Akzentsetzung bei der Unterscheidung zwischen der böhmischen und der Reichsgewalt und -kompetenz der Luxemburger dar, was vice versa zwar auch für die tschechische Historiographie, jedoch – wie es mir scheint – in doch viel geringerem Ausmaß gilt. Aber es soll von diesen historiographischen Reflexionen Abstand genommen werden, um zum *meritum* der Sache überzugehen.

Der Titel dieses Beitrages ist mindestens zweideutig, sein möglicher Inhalt und die entsprechende Art der Bearbeitung sind jedoch noch vielschichtiger. Denn mit bloßer Hinzufügung der Präposition »in« wird daraus das Thema des Problemkreises von innenpolitischen Ereignissen, die in ihren Konsequenzen zur zunehmenden Stabilisierung und deshalb wachsenden politischen, wirtschaftlichen und letztlich auch militärischen Kraft des Landes führten. Diese Fragen müssen hier bis auf Ausnahmen so gut wie stets ausgeklammert bleiben bzw. höchstens kursorisch im Zusammenhang mit der »großen« Integration besprochen werden.

In der Formulierung ohne die genannte Präposition im Titel vermißt man zwar das Objekt, dem gegenüber sich das Königreich Böhmen bzw. die Böhmische Krone ausprägen oder eher mit dem sie sich integrieren sollten. Doch ist es klar, daß vornehmlich die wechselnden außenpolitischen Kontexte in ihrer ganzen Breite, freilich ständig auf die Entwicklung der inneren Landesverhältnisse bezogen, dargestellt werden müssen. Nur bis zu einem gewissen Grad und meist nur ansatzweise kann im Folgenden diesen beiden Seiten der Medaille Rechnung getragen werden, und von verschiedenen begleitenden, nicht unmittelbar zugehörigen, aber – und manchmal ganz massiv – einwirkenden Phänomenen kann nur wenig die Rede sein. Obwohl die außenpolitischen Aspekte selbstverständlich *primo loco* interessieren und zugleich stimulierend sind, sind sie doch also mehr oder weniger von der innenpolitischen Integration der böhmischen Länder im verwaltungstechnischen Sinn sowie von der wirtschaftlichen Kraft des Staates bzw. seines Herrschers ab-

---

sind und nur z. T. in: Über König und Reich, hg. von Rainer Christoph SCHWINGES, 1995 nachgedruckt wurden, sowie seine mediävistischen Beiträge zu den Bänden: Deutsche Geschichte im Osten Europas. Böhmen und Mähren, hg. von Friedrich PRINZ (1993), und Deutsche Geschichte im Osten Europas. Schlesien, hg. von Norbert CONRADS (1994). Moraw widmet sich diesen Problemen auch in: Von offener Verfassung zu gestalteter Verdichtung. Das Reich im späten Mittelalter 1252 bis 1490 (Propyläen Geschichte Deutschlands 3, 1985). Trotz mancher Einwände sowohl zur Konzeption als auch zu Einzelheiten ist die Trilogie der luxemburgischen Herrscherbiographien von Jiří SPĚVÁČEK zu nennen: Jan Lucemburský a jeho doba (1994); Karel IV. Život a dílo (1316–1378) (1979) und Václav IV. (1986). Seine kürzeren Biographien dagegen, tschechisch über Johann (Král diplomat. Jan Lucemburský, 1296–1346, 1982) und deutsch über Karl (Karl IV. Sein Leben und seine staatsmännische Leistung, 21979) können aus guten Gründen unberücksichtigt bleiben, ebenso die häufigen, besonders deutschen, Kurzbiographien Johanns und Karls sowie andere Gesamtdarstellungen.

zuleiten[5]. Deshalb kann man – wie schon angedeutet – über zwei Integrationen sprechen: von einer inneren, die also lediglich dort reflektiert wird, wenn sie im Zusammenhang mit der zweiten, äußeren eine nennenswerte Rolle spielte. Die äußere folgt dann zwei, zwar bis zu einem gewissen Grad autonomen, Linien, die einander jedoch verschiedentlich ergänzten bzw. durchdrangen. Deshalb sind die Bezeichnungen »kleine« bzw. »große« Integration nur als terminologische Hilfskonstruktionen zu betrachten. Man könnte meinen, daß sie mit den Integrationsversuchen innerhalb des mitteleuropäischen Imperiums bzw. außerhalb dessen gleichgesetzt werden können, doch ist das nicht einfach so der Fall, denn die beiden östlichen *regna* – Polen und Ungarn –, obwohl außerhalb des Reiches liegend, haben doch stets zum engsten Interessenbereich der Luxemburger als böhmische Könige gehört. Das Reich war hier freilich auch interessiert.

Jedoch ist die Sache noch komplizierter. Denn die scheinbare Eindeutigkeit des Begriffes der inneren Integration befriedigt nicht, da sie auf mindestens zwei Ebenen in Betracht zu ziehen ist, nämlich im engeren Sinn mit der inneren Integration im Rahmen jedes einzelnen Landes und im weiteren mit jener innerhalb eines neuen Gebildes in Mitteleuropa, dem sich konstituierenden und schrittweise festigenden Länderkonglomerat der Böhmischen Krone. Und schließlich könnte man – nicht zu Unrecht – meinen, daß alle Anzeichen des integrativen Handelns im Rahmen des »nordalpinen« Reiches eher als »innere« Aktivitäten im weiteren Sinn zu betrachten wären. Überdies hat das mitteleuropäische Reichsgebiet selbst ein Janusgesicht. Denn gerade das 14. Jahrhundert ist ein Zeitalter nicht nur der entstehenden, sondern der sich schon deutlich profilierenden Territorialstaaten im Rahmen des römischen Reiches, sodaß sich diese beiden Aspekte so sehr überschneiden, daß es oft nicht klar ist, wo und wie die – freilich aus heutiger Sicht – Scheidelinie zwischen der territorialstaatlichen Ebene einer- und der Reichsebene andererseits zu ziehen ist. Anders formuliert: Sowohl Karl als auch Wenzel konnte sich einerseits als – obwohl vornehmer – *unus inter pares* oder als *primus inter paene pares* präsentieren. Erst als die römische Kaiser/Königswürde von ihren Trägern voll zur Geltung gebracht wurde, wird der Unterschied deutlicher.

Zum eben Angedeuteten kehre ich später zurück, doch ist schon hier darauf hinzuweisen, daß es darüber hinaus zwei parallel existierende Tätigkeitsfelder der luxemburgischen Politik gab, nämlich das kirchliche und das weltliche. Diese Reihenfolge ist hier nicht zufällig, da es besonders Karl IV. meisterhaft verstand, den kirchlichen Bereich dem weltlichen zu unterstellen, obwohl es manchmal auf den ersten Blick umgekehrt aussehen konnte[6]. Lassen wir vorläufig die päpstliche Kurie beiseite. In ruhigeren Zeiten – die je-

---

5) Die Literatur dazu ist sehr umfangreich, jedoch zerstreut. Besonders sei auf die entsprechenden Passagen und die Bibliographie in: Kaiser Karl IV. Staatsmann und Mäzen, hg. von Ferdinand SEIBT (²1978) S. 152ff. und 467ff. hingewiesen.
6) Das betont mit Recht SPĚVÁČEK, Rozmach (wie Anm. 1) S. 11ff.

doch niemals von längerer Dauer waren – war beides, Kirchliches wie Weltliches, vornehmlich die Sache der territorialen Mächte, wenn sich aber die Probleme zuspitzten, engagierte sich der Träger der Reichskrone stärker und versuchte auch, seine Rolle als Reichsoberhaupt geltend zu machen. Es ist jedoch nicht nötig zu betonen, daß auch dabei seine Stellungnahme keineswegs die Ansichten des ganzen Reiches und seiner Fürsten repräsentierte und daß er manchmal mehr oder weniger im Einvernehmen mit den mächtigeren Territorialherren handelte, ja handeln mußte, und sich manchmal in der Defensive gegen sie befand[7]. Das hier gestellte Problem inkludiert folglich mehrere divergierende und sich verschiedentlich kreuzende Aspekte und darüber hinaus auch mehrere ganz allgemeine Probleme. Überspitzt könnte man die Möglichkeit einer einigermaßen konsequenten Außenpolitik des Reiches gar in Frage stellen. Gewisse äußere Zeichen einer Überlegenheit der »Zentrale« sind freilich vorhanden: mit der Hofhaltung beginnend und mit einem Strom der »weltweiten« Kontakte, besonders mit der Kurie, endend[8]. Sonst versuchte jeder Fürst, der sich das wirtschaftlich und machtpolitisch leisten konnte, eine eigene Rolle auch am Reichsoberhaupt vorbei zu spielen. Diese Disharmonie verhinderte lange eine einheitliche Außenpolitik des Reiches.

Die genannten integrativen Ebenen hängen freilich bis zu einem gewissen Grad zusammen, denn ohne die vorgehende konnte im Grunde genommen die nächste kaum längerfristig erfolgreich sein. Die Regierungszeit und -art des Johann von Luxemburg bestätigt diese jedoch nicht all zu feste Regel. Um konkret zu den böhmischen Verhältnissen zu kommen, sind zunächst die allgemeinen, d.h. auch die přemyslidischen Vorbedingungen zu betrachten, was vornehmlich bedeutet, daß hier die wegweisende Zentrale, d.h. der böhmisch-königliche – später, mit Reichsbezug, böhmisch-königlich-kaiserliche und dann wieder nur böhmisch-königliche – Hof kurz unter die Lupe genommen werden muß[9]. Da man sich bei allen drei hier in Betracht kommenden Herrschern bereits unter

---

7) Dazu sind für die Zeit Karls die Arbeiten von SCHMIDT und LOSHER (unten Anm. 121) heranzuziehen, wo die Problematik kurz skizziert wird.

8) Zu diesen Bemerkungen Literatur anzugeben scheint überflüssig zu sein, da genug Belege in jeder ausführlichen Darstellung zu finden sind, ohne daß das unbedingt bedeuten muß, daß ihre Autoren sich solcher Konsequenzen immer ausreichend bewußt waren. Es genügt also nur den bahnbrechenden Doppelband: Der deutsche Territorialstaat im 14. Jahrhundert, hg. von Hans PATZE (VuF 13–14, 1970–1971), zu erwähnen, obwohl dort begreiflicherweise nicht alle nötigen Aspekte ventiliert werden konnten, besonders solche zu den äußeren Beziehungen.

9) Es existiert relativ umfangreiche, doch einseitige Literatur. Vgl. auch unten Anm. 28, 31 und 32, hier bes. das »Residenzen-Handbuch« (wie Anm. 31) sowie Ivan HLAVÁČEK, Dvůr a rezidence českých panovníků doby přemyslovské a raně lucemburské. Stručný přehled vývoje a literatury pro dobu do roku 1346, in: Aristokratické rezidence a dvory v raném novověku, hg. von Václav BŮŽEK/Pavel KRÁL (Opera historica 7, 1999) S. 29–70; František KAVKA, Am Hofe Karls IV. (1989); Ivan HLAVÁČEK, Der Hof Wenzels IV. als führendes Kulturzentrum Mitteleuropas, in: Die Wenzelsbibel. Vollständige Faksimileausgabe der Codices Vindobonenses 2759–2764 der Österreichischen Nationalbibliothek Wien, Kommentar (1998) S. 9–36, und

verschiedenen Aspekten mit diesem Phänomen befaßt hat, kann die Zusammenfassung knapp ausfallen. Den notwendigen Ausgangspunkt stellt die böhmische spätpřemyslidische Zeit dar, obwohl die Jahre 1306–1310 eine Zäsur bilden.

Auch wenn es sich auf der ersten Ebene um eine scheinbar ziemlich autonome Verwaltungsgeschichte handelt, ist das doch lange nicht der Fall, da ihre Ergebnisse nicht nur durch die *longue durée* der gesellschaftlichen Entwicklung geprägt wurden, sondern oft aus dem ständigen, facettenreichen Kampf des Königs mit dem immer mächtiger werdenden einheimischen Adel erwuchsen, was sich in luxemburgischer Zeit fortsetzte und steigerte[10].

In der spätpřemyslidischen Zeit kam es in beiden Kernländern Böhmen und Mähren zu großen, richtungweisenden Umwälzungen und Modernisierungen[11]. Als wichtigstes Novum gilt die Entstehung des Städtewesens, die in Ansätzen zwar schon ab dem frühen 13. Jahrhundert zu verfolgen ist, sich aber erst unter Přemysl Ottokar II. (1253–1278) intensivierte; damals bereits kam die Entwicklung des Städtenetzes eigentlich zum Abschluß[12]. So konnte der Herrscher nicht nur seine und des Königreichs wirtschaftliche Kraft stärken, sondern wurde auch allgemein politisch unabhängiger, obwohl die Städte als selbständiges politisches Subjekt noch lange keine aktive Rolle spielten. Als selbständiges politisches Phänomen begann sich damals schon deutlich die Adelsopposition zu formieren, die nicht zu unterschätzen war und die an Přemysls jähem Ende am Marchfeld 1278 zum guten Teil beteiligt war.

Das Land hat sich jedoch der weiteren Umwelt mehr als früher zu öffnen begonnen. Lassen wir die wirtschaftlichen Aspekte der Kolonisation und ihre modernen zeitbedingten, nationalistisch gefärbten, anachronistisch gewordenen Einschätzungen sowohl der

---

Wojciech IWAŃCZAK, Dwór jako centrum kultury w Czechach Luksemburskich, in: Mediaevalia historica Bohemica 1 (1991) S. 145–184. Vgl. auch unten Anm. 34 und 37.

10) Aus der ebenfalls umfangreichen Literatur zum Thema ist neben den rechts- bzw. verwaltungshistorischen Kompendien (vornehmlich Otakar PETERKA, Rechtsgeschichte der böhmischen Länder 1, ²1933, Nachdr. 1965; Jan KAPRAS, Právní dějiny zemí koruny České 1–2, Praha 1912–1913, und Zdeňka HLEDÍKOVÁ in: Jan JANÁK/Zdeňka HLEDÍKOVÁ, Dějiny správy v českých zemích do roku 1945, 1989) auf viele Spezialstudien hinzuweisen, die nach Bedarf unten angeführt werden, wobei zu betonen ist, daß auch verschiedene Kapitel der oben zitierten allgemeineren Kompendien gute Dienste leisten können.

11) Richtungweisend bes. Josef ŽEMLIČKA, Století posledních Přemyslovců. Český stát a společnost ve 13. století (²1998); DERS., Počátky Čech královských (2002); jüngst auch DERS., České 13. století: »privatizace« státu, Český časopis historický 101 (2003) S. 529–541, mit drei Kartogrammen. Vgl. auch VANÍČEK, Velké dějiny (wie Anm. 1). Wichtig, doch leider zu knapp, ist Manfred HELLMANN, Das Hineinwachsen des ostmitteleuropäischen Raumes in das Abendland seit dem 10. Jahrhundert, in: DERS., Beiträge zur Geschichte des östlichen Europa im Mittelalter (1988) S. 347–363.

12) Aus der umfangreichen Spezialliteratur seien nur zwei Titel, beide mit weiterführender Literatur, erwähnt: František HOFFMANN, České město ve středověku (1992), und Jiří KEJŘ, Vznik městského zřízení v českých zemích (1998). Sonst nehmen alle oben zitierten Kompendien dazu wenigstens kurz Stellung.

tschechischen als auch der deutschen Historiographie beiseite[13] und verfolgen wir nur solche Aspekte, die direkt mit dem Politischen im Zusammenhang standen. Auch das entstehende System festgelegter Grenzen könnte hier in Erwägung gezogen werden, was jedoch in diesem Kontext eine eher untergeordnete und regionale Bedeutung hat, obwohl ihre genaue Analyse manche politischen Probleme und Scharmützel erhellen könnte. Doch muß sie – bis auf Ausnahmen – beiseite gelassen werden[14].

Mit dem eben angedeuteten Aufschwung gingen mehrere wichtige, sowohl objektive als auch subjektive, Erscheinungen Hand in Hand, die durch große Naturkatastrophen der Zeit nur ganz kurzfristig gebremst wurden. Drei oder vier von ihnen sind in unserem Kontext als Vorbedingungen der innerstaatlichen Integration von Belang, die den Boden für die Stärkung und höhere Leistungsfähigkeit des Landes vorbereiteten: zunächst das böhmische Landgericht als zentrale Institution der freien Tschechen und Hand in Hand damit, doch mit gewisser Verspätung, das königliche Hofgericht als oft unterschätztes Instrument der souveränen königlichen Macht vornehmlich den königlichen Lehnsleuten gegenüber; schließlich ein besonders wichtiger Integrationsfaktor, der alle am Verschriftlichungsprozeß beteiligten Schichten der Bevölkerung erfaßte, nämlich die Hofkanzlei. Sie galt als vereinheitlichende Institution, die die Grenzen des eigentlichen Böhmen zur Böhmischen Krone hin überschritt und unter Karl und eine Zeitlang auch unter Wenzel auch zur »Reichskanzlei« wurde. Deshalb ist es für diese Zeit besser, von der Hofkanzlei und weder der »Reichskanzlei« noch der »Böhmischen Königskanzlei« zu sprechen[15].

Kurz gesagt ist sowohl dem Landgericht und Hofgericht als auch der Hofkanzlei (im konkreten Zusammenhang nur im Bereich des böhmischen Staates) eine große innere Integrationskraft zuzuschreiben, da sie – jede auf spezifische Weise – flächenbezogen und dauerhaft wirkten. So galten die Amtsbücher des ersteren, die sog. Landtafeln (*Tabulae terrae*), sowohl in Streitsachen als auch in außerstreitiger Gerichtsbarkeit für den gesamten freien Besitz des ganzen Königreichs (also nicht in Mähren, wo die parallele Einrichtung erst unter Karl IV. entstand), wobei der König dort allmählich zum *primus inter pa-*

---

13) Zusammenfassend analysiert wurde dieser Prozeß bes. durch František Graus, Die Problematik der deutschen Ostsiedlung aus tschechischer Sicht, in: Die deutsche Ostsiedlung des Mittelalters als Problem der europäischen Geschichte, hg. von Walter Schlesinger (VuF 18, 1975) S. 31–75. Vgl. auch Josef Žemlička, Století (wie Anm. 11), mit der Zusammenfassung neuer Forschungsergebnisse (S. 108ff. und 390ff.).

14) Im breiten Rahmen behandelt diese Frage Hans-Jürgen Karp, Begriff und Wirklichkeit der Grenzen in Ostmitteleuropa während des Mittelalters. Ein Beitrag zur Entstehungsgeschichte der Grenzlinie aus dem Grenzraum (Forschungen und Quellen zur Kirchen- und Kulturgeschichte Ostdeutschlands, 1972) bes. S. 65–120 und 155ff., der jedoch Nachdruck auf die ältere Zeit legt. Kurt-Ulrich Jäschke, Vom Umgang mit Grenzen, in: Grenzen erkennen – Begrenzungen überwinden (1999) S. 1–18, bringt u. a. eine themennahe Übersicht der entsprechenden Literatur.

15) Vgl. dazu unten bes. Anm. 32.

res wurde[16]. Das königliche Hofgericht mit seinen Hoftafeln[17] und die Hofkanzlei als zentrale Expeditionsstelle des königlichen Verwaltungsschriftgutes und werdende Behörde integrierten dagegen als ausschließlich königliche Zentralinstanzen bis zum gewissen Grad einen bedeutend größeren, auch über die Grenze hinaus reichenden Empfängerkreis[18]. Auch dort, wo nicht von Integrationstendenzen gesprochen werden kann, ist die Rolle dieser Hofkanzlei nicht zu unterschätzen, da sie mindestens die außenpolitische Ausstrahlung der Zentralmacht zum Ausdruck brachte.

Aber auch rein politische und wohl mehr oder weniger durchdachte, manchmal freilich improvisierte Schritte sind zu erwähnen. Das betrifft nicht nur Heiratsabkommen der verschiedenen Mitglieder des Herrscherhauses mit den benachbarten Dynastien, die seit alters her als selbstverständlich galten[19]. Sie verdienen aber besonders deshalb unsere Aufmerksamkeit, da sie die ersten wahrnehmbaren und friedlichen, freilich wohl nur losen Kontakte auch mit dem fernen Westen und Süden Europas, d. h. mit der romanischen Welt, darstellen und die wachsende Bedeutung des Landes zeigen. Eine Ausnahme bildete jedoch das Papsttum, das immer an den böhmischen Verhältnissen interessiert war und umgekehrt vielleicht noch mehr die Böhmen an ihm[20], jedoch zeitweise auch das aragonesi-

---

16) Dazu Ivan HLAVÁČEK, Die böhmischen Landtafeln als Produkt der höchsten Landesgerichtsbarkeit im Mittelalter (Ein Forschungsbericht), im Protokoll des Internationalen diplomatischen Kongresses in Bologna 2001 La diplomatica dei documenti giudiziari (dai placiti agli acta – secc. XII–XV), a cura di Giovanna NICOLAJ (Littera antiqua 11, 2004), S. 479–497. Eine ausführliche Darstellung steht noch aus, zum Teil auch deshalb, da fast die ganze Produktion dieses Amtes (mit Ausnahme nur eines Quaterns) 1541 dem verheerenden Brand der Prager Kleinseite und der Prager Burg zum Opfer fiel. Zu den älteren mährischen Verhältnissen vgl. Libor JAN, Vznik zemského soudu a správa středověké Moravy (2000), der sie leider jedoch nur bis zum Anfang des 14. Jh. behandelt.

17) Vgl. grundlegend Jiří KEJŘ, Počátky dvorského soudu. Příspěvek k historii překonávání feudální rozdrobenosti ve starém českém státě, Rozpravy Československé akademie věd, řada společenských věd. 66/4 (1956).

18) Aus der ziemlich umfangreichen Literatur seien neben der bisher einzigen ausführlichen systematischen Darstellung von Jindřich ŠEBÁNEK/Saša DUŠKOVÁ, Česká listina doby přemyslovské, Sborník archivních prací (im folgenden nur SAP) 6 (1956) H. 1, S. 136–211 und H. 2, 99–160, nur folgende zwei Aufsätze erwähnt: Jindřich ŠEBÁNEK/Saša DUŠKOVÁ, Das Urkundenwesen König Ottokars II. von Böhmen, AfD 14 (1968) S. 302–422 und 15 (1969) S. 253–427; Miloslav POJSL/Ivan ŘEHOLKA/Ludmila SULITKOVÁ, Panovnická kancelář posledních Přemyslovců, SAP 24 (1974) S. 261–365, und mein Versuch einer zusammenfassenden Übersicht: The Use of Charters and Other Documents in Přemyslide Bohemia, in: Charters and the Use of the Written Word in Medieval Society, ed. Karl HEIDECKER (2000) S. 133–144.

19) Es genügt nur auf die přemyslidische Stammtafel bei NOVOTNÝ, České dějiny I/3 (wie Anm. 1, Faltbeilage) hinzuweisen.

20) Bis heute maßgeblich sind Kamil KROFTA, Kurie a církevní správa v českých zemích v době předhusitské, Český časopis historický 10 (1904) S. 15–36, 125–152, 249–275, 373–391; 12 (1906) S. 7–34, 178–191, 274–298 und 14 (1908) S. 18–34, 172–196, 283–287 und 416–435, sowie Jaroslav ERŠIL, L'Eglise de la Bohême et la Cour pontificale jusqu'au milieu du quatorzième siècle, in: Communio viatorum 1973, S. 163–183 (leider ohne wissenschaftlichen Apparat). Die größere Arbeit Eršils, die die Regierungszeit Karls IV. betrifft, unten Anm. 65. Den Parallelfall, nämlich die Kommunikation Ludwigs des Bayern mit Avignon,

sche Reich sowie das französische Königtum[21], die früher nie ins Interessenfeld der böhmischen Könige geraten waren. Besonders die Beziehung zu Aragón, die sowohl Přemysl II. als auch sein Sohn pflegten, zeugt von mindestens gewisser Kontinuität der Kontakte, die wohl aus dem Kampf um die römische Krone nach dem Ende der Staufer erwachsen sind. Italien interessierte als Land der juristischen Experten, die in Böhmen sowohl unter Přemysl II. als auch unter Wenzel II. die Grundlagen für das Eindringen des römischen Rechts ins Land schufen[22]. Das Land war also beim Aussterben der Přemysliden auf allseitige Öffnung bzw. Integrierung vorbereitet. Die Wahl der luxemburgischen Dynastie hat freilich die beginnende »große« Integration bedeutend beschleunigt und vertieft, wobei schon ihre Wahl selbst ein Akt dieser Integration war[23].

Als wichtigstes Instrument der politischen Integration ist freilich die Einbindung der böhmisch-mährischen Nachbarländer in das böhmische Königreich zu schätzen, wozu verschiedene Wege benutzt wurden, bezeichnenderweise jedoch am wenigstens der früher meistgebräuchliche kriegerisch-machtpolitische. An dessen Stelle traten politische Mittel im eigentlichen Sinne des Wortes. Zuerst aber ein paar Bemerkungen zum Terminus »Böhmische Krone«, der in der Zeit der Luxemburger zu einem zentralen politischen Begriff wurde und zu hohem Grad die integrativen Tendenzen offenbarte. Es wird nach einem isolierten älteren Auftauchen, das ohne Folge blieb und beiseite gelassen werden kann, als *Corona regni Bohemiae* zum erstenmal im Jahre 1329 in einer Urkunde Johanns von Luxemburg gebraucht. Das geschah anläßlich der Inkorporierung der Stadt Görlitz in die »böhmische Krone« bei gleichzeitiger Bestätigung ihrer Stadtprivilegien, doch wird dieser Beleg von Joachim Prochno, wohl mit Recht, angezweifelt[24]. Aus dem Kontext geht dar-

---

bearbeitete gründlich Franz-Josef FELTEN, Kommunikation zwischen Kaiser und Kurie unter Ludwig dem Bayern (1314–1347), in: Kommunikationspraxis und Korrespondenzwesen im Mittelalter und in der Renaissance, hg. von Heinz-Dieter HEIMANN (1998) S. 51–89.

21) Vgl. Bohumil BAĎURA, Styky mezi českým královstvím a Španělskem ve středověku, Táborský archiv 7 (1995–1996) S. 5–87; Marie BLÁHOVÁ, Toledská astronomie na dvoře Václava II., Acta Universitatis Carolinae Pragensis 1998, Phil. et histor. 2, S. 21–28; Marcin Rafal PAUK, Królewski kult relikwii Świętej Korony Cierniowej jako ideowe spoiwo monarchii. Czechy i Austria w dobie Przemysła Otakara II, Roczniki Historyczne 67 (2001) S. 59–78, mit sehr interessantem Hinweis auf die Beziehungen Přemysls II. zum französischen König. Ohne auf die Kultur- und Kunstgeschichte näher eingehen zu können, ist auf das Plädoyer von Robert SUCKALE, Beiträge zur Kenntnis der böhmischen Hofkunst des 13. Jahrhunderts, Umění 51 (2003) S. 78–98 hinzuweisen.

22) Vgl. bes. Miroslav BOHÁČEK, Einflüsse des römischen Rechts in Böhmen und Mähren, Ius Romanum medii aevi 5/11 (1975) passim, und PFEIFER, Ius regale (wie Anm. 3).

23) S. auch das wichtige Buch von Jörg K. HOENSCH, Die Luxemburger. Eine spätmittelalterliche Dynastie gesamteuropäischer Bedeutung 1308–1437 (2000), der bes. die Hausmachtpolitik Karls betont (S. 118ff. und 155ff.).

24) S. Regesta diplomatica nec non epistolaria Bohemiae et Moraviae (künftighin RBM) 3, hg. von Joseph EMLER (1890) Nr. 1561, wobei die Wendungen der »Görlitzer« Urkunde *corone et mense regni nostri Bohemie stabiliter affigi ... proficiant*, bzw. *a corona regni nostri antedicti nullo unquam tempore alienare ...*

über hinaus eindeutig hervor, daß diese Formulierung – falls überhaupt akzeptierbar – hier nur die engere wirtschaftliche Basis des Herrschers bedeutet. Erst um rund ein Jahrzehnt später (1341)[25] wird der Begriff erstmals im lehens- bzw. staatsrechtlichen Kontext benutzt und bedeutet den staatsrechtlichen Verband des Königreiches Böhmen und dessen König mit den um sie, d. h. um Böhmen und dessen König, gruppierten Nebenländern[26]. Der Begriff wurde kurz nachher durch Karl IV., nicht nur in seiner Goldenen Bulle von 1356, staatsrechtlich vertieft[27]. Allerdings galt das Königreich Böhmen schon vorher als »natürliches« Zentrum mehrerer landschaftlicher und politisch mehr oder weniger autonomer Verbände von recht unterschiedlicher politischer Tragfähigkeit und Kohäsion. Die Spannweite reichte von vorübergehenden Personalunionen, wie mit den ehemals babenbergischen Ländern unter Přemysl II. oder mit dem Königreich Polen unter Wenzel II., zur engen, ja in Einzelfällen sit venia verbo untrennbaren Verzahnungen der Länder, wie es mit der Markgrafschaft Mähren schon seit dem 11. Jahrhundert der Fall war. Solche Unterschiede blieben zwar auch unter den Luxemburgern bestehen, ja ihr Spektrum wurde noch breiter als früher, da nach dem Gewinn der römischen Krone genauer zwi-

---

statuentes Zweifel weckten, s. Joachim PROCHNO, Terra Bohemiae, Regnum Bohemiae, Corona Bohemiae, Zeitschrift für sudetendeutsche Geschichte 7 (1944) S. 91–111, Nachdr. in: Prager Festgabe an Theodor Meyer (1953, mit gleicher Paginierung) und nochmals in: Corona regni. Studien über die Krone als Symbol des Staates im späteren Mittelalter, hg. von Manfred HELLMANN (1961) S. 198–224. Schon ihre Überlieferung nur in einer späten Abschrift, obwohl das Görlitzer Stadtarchiv sonst außerordentlich gut erhalten ist, scheint symptomatisch zu sein; vgl. auch Rudolf FLIEDER, Corona regni Bohemiae, Sborník věd právních a státních 9 (1909) S. 119–149 und 10 (1910) S. 1–22. SPĚVÁČEK, Jan Lucemburský (wie Anm. 4) S. 450 und BOBKOVÁ, Velké dějiny (wie Anm. 1) S. 109 äußern darüber keine Zweifel. Mit gewisser Distanz BOBKOVÁ, Vedlejší země (wie Anm. 1) S. 14. Zum Inkorporationsbegriff vgl. bes. HRG 2 (1978) Sp. 366–368; LexMA 5 (1991) Sp. 437f. Überraschenderweise besprechen beide diesen Begriff nur im Rahmen des Kirchenrechts. Mehr bringt Hedwig SANMANN-von BÜLOW, Die Inkorporationen Karls IV. Ein Beitrag zur Geschichte des Staatseinheitsgedankens im späteren Mittelalter (Marburger Studien zur älteren deutschen Geschichte II/8, 1942), auch zu den weiteren Zusammenhängen. Während sie jedoch keine direkte Benutzung des Wortes *incorporare* im weltlichen Bereich gefunden hatte, ist nun auf das Latinitatis medii aevi lexicon bohemorum Bd. 3, Lief. 16 (1997) S. 115f. und auf die Urkunden Karls, bes. die am Tag der Kaiserkrönung (s. unten) ausgestellten, hinzuweisen.

25) RBM 4, hg. von Joseph EMLER (1892) Nr. 1001 und 1010. Im ersten Fall handelt es sich um einen Lehnsrevers der Burggrafen von Dohna für Johann, im zweiten um eine Privilegienbestätigung des jungen Karl für die Stadt Breslau.

26) Darüber existiert ausführliche Literatur, aus der nur eine kleine, jedoch richtungweisende Auswahl geboten sei: FLIEDER, Corona regni Bohemiae (wie Anm. 24); PROCHNO, Terra Bohemiae (wie Anm. 24) und knapp SPĚVÁČEK, Karel IV. (wie Anm. 4) S. 273ff.

27) S. die Edition von Wolfgang D. FRITZ, Bulla aurea Karoli IV. imperatoris anno MCCCLVI promulgata (MGH Fontes iuris 11, 1972); ŠUSTA, České dějiny II/4 (wie Anm. 1) S. 243ff., Bernd-Ulrich HERGEMÖLLER, Fürsten, Herren und Städte zu Nürnberg 1355/56. Die Entstehung der »Goldenen Bulle« Karls IV. (Städteforschung A 13, 1983) und nun im breiten Zusammenhang der Gesetzgebung Marie BLÁHOVÁ in: Karel IV. Státnické dílo, hg. von Marie BLÁHOVÁ/Richard MAŠEK (2003) S. 17–51.

schen Reichs- bzw. königlich-böhmischen Kompetenzen unterschieden werden mußte, was nicht immer gelang.

Da die Luxemburger, vor allem Karl IV., stets die Stärkung der Hausmacht forcieren mußten, um ihre Stellung im Reich zu wahren bzw. zu festigen, nimmt es nicht Wunder, daß sie in den Lehnsangelegenheiten, jedoch auch sonst meist ersterer den Vorrang gaben, ja geben mußten. Übrigens kann hier die höchste Reichsebene weitgehend vernachlässigt werden, da es sich um ein Gebilde anderen Charakters und Struktur handelte[28], ohne daß wir jedoch Karl deshalb als »Erzstiefvater des Reiches« anprangern müßten. Der römische König und bald Kaiser Karl IV. hat dann als böhmischer König, doch mit massiver Hilfe seiner imperialen Würde[29], seine Energie, Fleiß und Begabung ganz in den Dienst des Ausbaus dieses dynastisch geprägten, einzigartigen Länderkonglomerats gestellt, das im mitteleuropäischen Raum und darüber hinaus zur Großmacht wurde. Dabei scheute er sich nicht, so gut wie alle materiellen Mittel sowohl des Reichs als auch der böhmischen Krone diesem Zweck unterzuordnen. So sollte im Rahmen des römischen Reiches ein von dem konkreten König unabhängiger transpersonaler »Staaten«verband entstehen, mit dem sich alle seine Glieder, ungeachtet eventueller kurzlebiger Spannungen mit dem aktuellen König, identifizieren konnten. Die wechselnden verwaltungstechnischen Mittel, die zur Ausübung der Hoheit eingesetzt wurden, wobei besonders Karl als römischer König bzw. ab 1355 Kaiser eine dominierende Rolle spielte, werden unten knapp beschrieben, während die Zeit Johanns und seiner unmittelbaren Vorläufer als Vorgeschichte und die Wenzels als Ausklang der luxemburgischen Epoche nur knapper geschildert werden müssen.

*

Aus den recht bescheidenen Anfängen also, als der böhmische Staat nur aus Böhmen und Mähren bestand, wuchs unter den Luxemburgern die Böhmische Krone, mit dem Königreich Böhmen als Zentrum, zur führenden mitteleuropäischen Großmacht empor. Ihre Einzelglieder, die in unterschiedlichen staatsrechtlichen Beziehungen zur »Zentrale« Böhmen standen und auch Fürstentümer unterschiedlichen Ranges waren, versuchte man damals systematisch, jedoch auf differenzierte Weise und unter Wahrung ihrer Struktur, untereinander zu integrieren und ihre zentripetalen Kräfte zu unterstüzen sowie die zen-

28) Die Literatur dazu ist unüberschaubar, so daß es genügen muß, neben dem oben Angeführten nur noch Marie-Luise HECKMANN, Stellvertreter, Mit- und Ersatzherrscher. Regenten, Generalstatthalter, Kurfürsten und Reichsvikare in Regnum und Imperium vom 13. bis zum frühen 15. Jahrhundert, 2 Teile (Studien zu den Luxemburgern und ihrer Zeit 9, 2002), und für die Zeit Wenzels (IV.) Kerstin DÜRSCHNER, Der wacklige Thron. Politische Opposition im Reich von 1378 bis 1438 (Europäische Hochschulschriften III/959, 2003) anzuführen.
29) Die vielen konkreten Belege dafür sind im Böhmischen Kronarchiv zu finden, auf die im folgenden zum Teil hingewiesen werden wird.

trifugalen zu lähmen. Eines der weiteren Ziele der böhmischen Herrscher war es stets, die unmittelbaren wie auch die entfernteren Nachbarn zu gewinnen oder zumindest politisch zu neutralisieren. Die weiter entfernten Mächte, zu denen es keine »alltäglichen« Beziehungen gab, versuchten sie auch verschiedentlich, obwohl in anderer Weise und eher gelegentlich, anzusprechen, so z. B. Karl IV. den serbischen Zaren Stephan Dušan.

Vor der konkreten Schilderung der Ereignisse sind noch einige allgemeine Überlegungen vonnöten. Sie weisen auf Untersuchungsfelder hin, die noch nicht ausreichend als Gesamtheit erforscht wurden, obwohl gerade ihre gemeinsame Betrachtung zur tieferen Einsicht in das Funktionieren des ganzen Gebildes führen kann. Sie seien vorläufig nur aufgezählt, wobei besonders betont werden muß, daß es sich großteils um recht heterogene Begriffe bzw. Ereignisse mit sehr unterschiedlichem Hintergrund handelt. Beginnend bei familiären Bindungen[30] spannt sich der Bogen der möglichen Untersuchungen über Residenz und Residenzführung[31], Prosopographie des (Hof-)Rates und der Kanzlei[32], Auswertung des ausgehenden Geschäftsschriftgutes hinsichtlich der Empfänger, des In-

30) Jede luxemburgische Stammtafel gibt darüber Auskunft.

31) Es genügt nur auf die Aktivitäten der Residenzen-Kommission der Göttinger Akademie der Wissenschaften, etliche Bände ihrer Reihe Residenzenforschung sowie ihre Mitteilungen (bes. Sonderheft 1, 1995, wo eine sehr nützliche und weiterführende Bibliographie zu finden ist), bes. das »Residenzen-Handbuch«: Höfe und Residenzen im spätmittelalterlichen Reich, hg. von Werner PARAVICINI/Jan HIRSCHBIEGEL/Jörg WETTLÄUFER (Residenzenforschung 15, 2003), hinzuweisen. Auch der Band Fürstliche Residenzen im spätmittelalterlichen Europa, hg. von Hans PATZE/Werner PARAVICINI (VuF 36, 1991) kann mit Nutzen zur Hand genommen werden.

32) Zu Johann s. Peter MORAW, Über den Hof Johanns von Luxemburg und Böhmen, in: Johann der Blinde. Graf von Luxemburg, König von Böhmen 1296–1346, Tagungsband der 9es Journées Lotharingiennes 22.–26. Octobre 1996, Centre Universitaire de Luxembourg, hg. von Michel PAULY (Publications de la Section Historique de l'Institut grand-ducal de Luxembourg 115/Publications du CLUDEM 14, 1997) S. 93–120; Klára BENEŠOVSKÁ, Les résidences du roi Jean de Bohême: leur fonctions de représentation, in: King John of Luxembourg (1296–1346) and the art of his era. Proceedings of the International Conference, Prague, September 16–20, hg. von Klára BENEŠOVSKÁ (1996) S. 117–131; in beiden Bänden auch weitere Aufsätze zum Thema. Vgl. jüngst Klára BENEŠOVSKÁ/Zuzana VŠETEČKOVÁ, Dům u Kamenného zvonu ve středověku. Královský dvůr a město (2004). Für Karl ist neben der leider ungedruckten Habilitationsschrift von Peter MORAW der vierte Block der Beiträge in: Kaiser Karl IV. (wie Anm. 5) grundlegend, wobei ich für Wenzel besonders auf verschiedene eigene Beiträge hinweisen kann, bes. Das Urkunden- und Kanzleiwesen des böhmischen und römischen Königs Wenzel (IV.) 1376–1419. Ein Beitrag zur spätmittelalterlichen Diplomatik (Schriften der MGH 23, 1970); K organizaci státního správního systému Václava IV. Dvě studie o jeho itineráři a radě (Acta Universitatis Carolinae, Philosophica et historica, Monografie 137, 1991); Der Hof Wenzels IV. als führendes Kulturzentrum (wie Anm. 9) S. 9–36. Auch KAVKA, Am Hofe (wie Anm. 9) ist vom Nutzen. Andere einschlägige Beiträge werden noch unten zitiert. Vgl. auch Anm. 86. Im weiteren zeitlichen Rahmen vgl. Peter MORAW in Deutsche Verwaltungsgeschichte 1, hg. von Kurt G. A. JESERICH/Hans POHL/Georg-Christoph von UNRUH (1983) S. 22–65.

halts, der Zeugenreihen[33] und des Itinerars[34] bis zur allgemeinen Wirtschaftspolitik und politischen Geschichte im eigentlichen Sinne des Wortes als gewissem »Überbau«. Die Analyse jedes dieser Phänomene könnte allein einer Abhandlung, ja eines Buches wert sein. Knappe Bemerkungen darüber sind zwar in unserem Kontext unumgänglich, doch kann nur jeweils das Allernötigste mit den entsprechenden Literaturhinweisen geboten werden.

Zuerst also einige Gedanken über das Phänomen des territorialen Wachstums, der Stabilität sowie der räumlichen Gliederung und Erfassung der – hier vor allem – mittelalteuropäischen Territorien[35]. Während im frühen Mittelalter die meist kriegerische Expansion, besonders bei den neu entstandenen staatlichen Gebilden im ostmitteleuropäischen Raum, ein gebräuchliches, wenn nicht überhaupt das wichtigste Mittel ihres politischen Überlebens war, galt das am Ausgang der Přemyslidenzeit in dieser rohen, aber im Frühmittelalter oft konstitutiven Form nicht mehr. Doch spielte sie immer noch ihre Rolle in

---

33) Diese Arbeit ist für die beiden ersten Herrscher noch zu leisten, während für die Zeit Wenzels die Zeugenreihen so gut wie unbedeutend sind. Dessen genaue inhaltliche Analyse steht ebenso wie bei seinem Vater und Großvater noch aus, wobei fraglich ist, ob sie Ergebnisse bringt. – Meine kleine Sondage, Italiener am luxemburgischen Hof unter Karl IV., ist im Druck.

34) Kommentarlose, bei weitem längst nicht mehr ausreichende Zusammenfassung bei N. van WERVEKE, Itinéraire de Jean l'Aveugle, roi de Bohême et comte de Luxembourg, in: Publications de la Section Historique de l'Institut Grand-ducal de Luxembourg 52 (1903) S. 25–52; Ivan HLAVÁČEK, Verwaltungsgeschichtliche Bemerkungen zum Itinerar Johanns von Luxemburg, in: Johann der Blinde (wie Anm. 32) S. 121–134. Meine zweite Miszelle Johann von Luxemburg und die böhmischen Städte: Bemerkungen zu Johanns Itinerar, in: King John (wie Anm. 32) S. 19–27, orientiert sich zum guten Teil in eine andere Richtung. Karls Itinerar wurde nur für Italien von Ellen WIDDER, Itinerar und Politik. Studien zur Reiseherrschaft Karls IV. südlich der Alpen (Forschungen zur Kaiser- und Papstgeschichte des Mittelalters. Beihefte zu J. F. Böhmer, Regesta Imperii 10, 1993) und für Karls Anfänge von Friedhelm BURGARD, Das Itinerar König Karls IV. von 1346 bis zum Antritt des Italienzuges 1354, Kurtrierisches Jahrbuch 19 (1979) S. 68–110 behandelt. Eine ausgezeichnete, leider zu knappe Zusammenfassung bringt Winfried EBERHARD (s. unten). Zu Wenzel meine oben Anm. 32 zit. Arbeiten. Zu Karl und Wenzel vgl. weitere diesbezügliche Literatur unten.

35) Dafür sind mehrere Arbeiten Peter MORAWS maßgeblich, die jedoch weit verstreut sind und einander vielfach ergänzen. Erwähnt seien noch: Über Entwicklungsunterschiede und Entwicklungsausgleich im deutschen und europäischen Mittelalter. Ein Vergleich, in: Hochfinanz, Wirtschaftsräume, Innovationen. Festschrift für Wolfgang von Stromer 2 (1987) S. 583–622; Nord und Süd in der Umgebung des deutschen Königtums im späten Mittelalter, in: Nord und Süd in der deutschen Geschichte des Mittelalters (Kieler Historische Studien 34, 1990) S. 51–70; Vom deutschen Zusammenhalt in älterer Zeit, in: Identität und Geschichte, hg. von Matthias WERNER (1997) S. 27–59; Regionen und Reich im späten Mittelalter, in: Regionen und Föderalismus (Mainzer Vorträge 2, 1997) S. 9–29 und Vom Raumgefüge einer spätmittelalterlichen Königsherrschaft: Karl IV. im nordalpinen Reich, in: Kaiser, Reich und Region. Studien und Texte aus der Arbeit an den Constitutiones des 14. Jahrhunderts und zur Geschichte der Monumenta Germaniae Historica, hg. von Michael LINDNER u. a. (Berichte und Abhandlungen der Berlin-Brandenburgischen Akademie der Wissenschaften, Sonderband 2, 1997) S. 61–81. Eine kleine Auswahl bietet Über König und Reich (wie Anm. 4).

der internationalen Politik und galt zugleich als Ausdruck der Fähigkeiten und Selbstbehauptung jedes einzelnen Herrschers[36]. Inwieweit sie dauerhafte Ergebnisse zeitigte, ist
eine andere Frage, die nicht weiter verfolgt werden kann. Doch äußerten sich die Integra-
tions- oder gewissermaßen Expansionsbemühungen auch anders, nämlich durch die Anknüpfung bzw. Vertiefung familiärer Beziehungen auf allen in Betracht kommenden Ebenen. In unserem Kontext müssen vorrangig jene auf höchstem Niveau betont werden, die
sich durch die ganze Geschichte ziehen. Allzu oft jedoch konnten sie auch zu einem Zankapfel unter den engsten Verwandten werden. Bei den böhmischen Luxemburgern ist das
erst deutlich bei Sigismund der Fall, also am Schluß unseres Untersuchungszeitraumes.

Es konnten freilich auch außerverwandtschaftliche und dennoch auch dauernd wirkende Verbindungen und Verträge eingegangen werden. Nach jahrhundertelanger Koexistenz der damals führenden Familien der mitteleuropäischen Staatengebilde kann man jedoch mit nur leichter Übertreibung sagen, daß alle entscheidenden Sippen als irgendwie
verschwägert galten, wobei die Blutverwandschaft keineswegs ihre Zwistigkeiten verhindern oder gar aus der Welt schaffen konnte. Manchmal war es gerade umgekehrt, d. h. sie
konnten Anlaß zu solchen geben[37].

Das eben Gesagte gilt zwar allgemein schon für die Přemyslidenherrscher, die, wenn
auch in einer Sonderstellung, ohnehin stets tief im Reich verankert waren. Als Kurfürsten
und wichtige regionale Kraft im Reich hatten sie stets mit dem Reichsoberhaupt zu tun –
egal ob positiv oder negativ. Bezeichnend ist jedoch, daß sie nur selten Empfänger seiner
Urkunden waren, und ihre Untertanen noch weniger. Karl IV. als Reichsoberhaupt bestätigte allerdings oft seine eigenen böhmischen Prärogativen. Die Verwobenheit der Funktionen gewann dabei an Brisanz, da die Luxemburger in der Sicht von außen mit dem Reich
nahezu identifiziert wurden. Das wirkte prägend auf ihre Aktivitäten und Einflußbereiche
und damit auch massiv in ihrem erblichen Königreich und beeinflußte direkt viele Entwicklungen auf mehreren Niveaus auch fern des Hofes selbst. Daraus muß die Forschung
im Sinn der oben formulierten Fragen Konsequenzen ziehen.

Es könnte freilich eingewandt werden, daß diese Verknüpfung des Regionalen mit dem
Zentralen im Reich immer gegeben war und für alle beteiligten Dynastien galt. Das ist zwar
grundsätzlich richtig, doch hat eben die Kombination des Dreiecks Böhmen – Luxemburg

---

36) Hier muß mit Absicht auf die diesbezügliche biographische bzw. traditionell politische Spezialitera-
tur verzichtet werden.
37) Da jede nur ein wenig ausführlichere Bearbeitung der Geschichte dieser Zeit entsprechende genealogische Tafeln bringt, kann generell von den Verweisen abgesehen werden. Vgl. Armin WOLF, Die Entstehung
des Kurfürstenkollegs 1198–1298. Zur 700-jährigen Wiederkehr der ersten Vereinigung der sieben Kurfürsten (Historisches Seminar N. F. 11, 1998); Dieter VELDTRUP, Zwischen Eherecht und Familienpolitik. Studien zu den dynastischen Heiratsprojekten Karls IV. (Studien zu den Luxemburgern und ihrer Zeit 2, 1988),
bes. S. 374ff., und Marie BLÁHOVÁ, Panovnické genealogie a jejich politická funkce ve středověku, SAP 48
(1998) S. 11–47.

– Reich sehr spezifische Züge angenommen, die hier nur angedeutet werden können. Auch der zeitliche Rahmen spielt dabei seine Rolle, denn der damalige Entwicklungsstand der Gesellschaft unterschied sich von jenem zur Zeit früherer Dynastienwechsel bedeutend.

Diese Spezifika begannen schon beim Herrschergeschlecht der Luxemburger selbst, das aus einem anderen kulturellen Umkreis über hunderte Kilometer nach Osten verpflanzt wurde. Man könnte meinen, daß das beim vierzehnjährigen Jüngling Johann kein Problem darstellen würde. Aber es ging nicht nur um seine Person, sondern um die Fremdheit seines Ambientes und seiner Lebensweise einer- und die Akzeptanz des aufnehmenden Milieus anderseits[38]. Dieses Thema würde aber den hier vorgegebenen Rahmen sprengen und muß einer eigenen Untersuchung vorbehalten bleiben; vorerst sei nur auf die vorhandene Literatur hingewiesen[39].

Einige knappe Anmerkungen zur Klärung sind nötig. Zu untersuchen ist die innenstaatliche Bindung der beiden maßgebenden Komponenten, die sich mannigfaltig ergänzten, zugleich jedoch oft gegenüberstanden: Herrscher/Hof und Landgemeinde. In der Analyse sind sie in manchen Aspekten auseinander zu halten. Die Außenpolitik, die in allen ihren Nuancen[40] ein vielschichtiger Begriff ist und an der sich diese beiden Gruppierungen in wechselnder Intensität beteiligen konnten, ist ein wichtiger Integrationsfaktor. Im mehr oder minder merklichen Ringen der beiden Kräfte ist sie damals jedoch eindeutig ein Hoheitsrecht und -zeichen des Herrschers/Hofes, was nicht bedeuten muß, daß sich nicht de facto fähige Männer (nur in ganz wenigen Ausnahmefällen auch Frauen) der nächsten Umgebung des Herrschers durchsetzen konnten, was auch in der böhmischen Geschichte der Přemyslidenzeit von Zeit zu Zeit zu merken ist[41]. In den Zeiten der Interregna (in Böhmen besonders deutlich 1278–1283 und 1306–1310) bzw. der stellvertretenden Regierung kann die aktive Rolle solcher Leute bzw. ganzer Schichten deutlich beobachtet werden[42]. Der innerstaatliche Integrationsprozeß wurde besonders durch die Kirche und ihre Institutionen beschleunigt, deren Zentralisierung schon seit Wenzel II. merklich ist, was hier aber nicht näher verfolgt werden kann[43].

---

38) Nur begrenzt können hier die Habsburger als Neuankömmlinge in Österreich zum Vergleich angeführt werden. Vgl. Alexander SAUTER, Fürstliche Herrschaftsrepräsentation. Die Habsburger im 14. Jahrhundert (Mittelalter-Forschungen 12, 2003).

39) Zu dem schon Zitierten kann ich noch auf meine kurze Lebensskizze Johanns verweisen: Johann der Blinde, König von Böhmen und Graf von Luxemburg, in: Balduin von Luxemburg. Erzbischof von Trier – Kurfürst des Reiches 1285–1354. Festschrift aus Anlaß des 700. Geburtsjahres, hg. von Johannes MÖTSCH/Franz-Josef HEYEN (1985) S. 151–173.

40) Vgl. allg. Harald KLEINSCHMIDT, Geschichte der internationalen Beziehungen. Ein systemgeschichtlicher Abriß (1998) S. 48ff., sowie Geschichtliche Grundbegriffe 4 (1978, Nachdr. 1993) S. 789ff.

41) Da ist eben das Wort *merken* zu betonen, da die Quellen für diesen ganzen Fragenkomplex sehr einseitig sind und besonders in diesem Bereich kaum Einsicht hinter die »Kulissen« gewähren.

42) Vgl. HECKMANN, Stellvertreter (wie Anm. 28).

43) Da sind mehrere Arbeiten bes. von Jaroslav V. POLC und für die Luxemburgerzeit von Zdeňka HLEDÍKOVÁ von höchstem Interesse, vgl. dazu den Literaturbericht von Zdeňka HLEDÍKOVÁ, Die böhmische

Den sich vertiefenden »äußeren« Integrationsprozeß förderten im Böhmen der Luxemburgerzeit günstige außenpolitische sowie spezifische innenpolitische Umstände, die
die ersten beiden Könige, jeder auf seine Weise, sehr gut auszunützen wußten. Johann
konnte in seinen ersten Jahren besonders von seiner Abstammung aus kaiserlichem Geschlecht profitieren, setzte jedoch bald eigene außenpolitische Initiativen, die paradoxer-
weise zum Teil Ergebnis seines zwar nicht totalen, jedoch unübersehbaren innenpolitischen Scheiterns waren. Karl dann konnte aus seiner doppelten[44], königlich-kaiserlichen,
Würde Nutzen ziehen, während Wenzel schließlich aus persönlichen, jedoch auch äußeren Gründen der Verhältnisse nicht Herr wurde und weitgehend scheiterte[45].

Als deutlichstes Zeichen der integrativen Tendenzen ist die zielbewußt betriebene Territorialpolitik zu bezeichnen, die sich vorrangig im Rahmen des sich dynamisch entfalten-
den Territorialstaates abspielte und nicht die Grenzen des Imperiums überschritt. Die
oberste weltliche Würde der Christenheit konnte dabei – freilich etwas überspitzt formuliert – nur hie und da behilflich sein oder »mitspielen«, weshalb sie im Folgenden nur kursorisch behandelt wird[46]. Die sehr instabile Westgrenze stand unter zunehmendem Druck
des expandierenden Frankreich. Die wachsende und sich vertiefende Territorialisierung
des Reiches machte es diesem immer weniger möglich, diesen Prozeß einzudämmen. Man
könnte pointiert sagen, daß es sich hier aus Sicht des Reiches um einen desintegrativen Prozeß handelt, doch wegen der engen Verflechtung der in Betracht kommenden benachbarten Territorien hatte dieser Prozeß seine eigenen Maßstäbe.

Im Königreich Böhmen muß stets die Frage der sich ändernden Kompetenzen seiner
Herrscher im Auge behalten werden. Deshalb sei ein kurzer Überblick geboten. Bei Johann scheinen die Verhältnisse klar zu sein, doch war auch er stark mit dem Reich ver-

Kirchengeschichte des Mittelalters nach 1945, in: Tschechische Mittelalterforschung 1990–2002, hg. von
František ŠMAHEL u. a. (2003) S. 97–124, bes. S. 105ff. Von Libor Jan ist eine Arbeit über die Staatsverwaltung unter Wenzel II. zu erwarten.

44) Die beiden weiteren Krönungen, die lombardische und die arelatische, sind für die konkrete Macht irrelevant und die entsprechenden Titel sind weder in die Intitulationen noch in die Zählung der Regierungsjahre in den Urkunden Karls IV. eingegangen, doch trugen sie zum *splendor* Karls IV. bei.

45) Neulich dazu DÜRSCHNER, Der wacklige Thron (wie Anm. 28), und František GRAUS, Das Scheitern
von Königen: Karl VI., Richard II., Wenzel IV., in: Das spätmittelalterliche Königtum im europäischen Vergleich, hg. von Reinhard SCHNEIDER (VuF 32, 1987) S. 17–39; Petra ROSCHECK, König Wenzel IV. – Opfer
einer Schwarzen Legende und ihrer Strahlkraft, in: Regionen Europas – Europa der Regionen, Festschrift
für Kurt-Ulrich Jäschke zum 65. Geburtstag, hg. von Peter THORAU/Sabine PENTH/Rüdiger FUCHS (2003)
S. 207–229 versucht den König mit nur teilweisem Erfolg zu rehabilitieren. Sonst vgl. noch unten.

46) Vgl. bes. Peter MORAW, Hoftag und Reichstag von den Anfängen im Mittelalter bis 1806, in: Parla-
mentsrecht und Parlamentspraxis in der Bundesrepublik Deutschland, hg. v. Hans-Peter SCHNEIDER/Wolf-
gang ZEH (1989) S. 3–47. Der Staat des Deutschen Ritterordens stellt einen Sonderfall dar und kann nicht
hierher einbezogen werden, obwohl die Rolle des böhmischen Staates in seiner Geschichte nicht unterschätzt werden darf.

bunden, da er unter der Regierung seines Vaters zum Reichsvikar ernannt wurde, um später zu einem akzeptierten »Phantom« in der Reichspolitik emporzusteigen. Dabei ist es keine Frage, ob er eher als König von Böhmen oder als Graf von Luxemburg betrachtet wurde, denn die böhmische Würde wog sowohl in Mitteleuropa als auch im italienischen Norden und europäischem Westen bedeutend mehr. Im weiteren luxemburgischen Umland kam jedoch auch Johanns Grafenwürde zur Geltung, doch auch hier spielte seine böhmisch-königliche Würde sicher stets eine Rolle. Aus unserer Sicht stellt die Regierung Johanns eine selbständige Epoche dar, wobei das Jahr 1346, das Jahr der Wahl Karls IV. zum römischen König, einen Wendepunkt darstellt. Denn ab dieser Zeit mußte man am Hof »synkretistisch«, also sowohl dynastisch-böhmisch als auch »reichsrömisch«, denken und handeln. Die Eigenschaft als Graf und ab 1354 Herzog von Luxemburg tritt seither begreiflicherweise deutlich in den Hintergrund; das um so mehr, als Luxemburg bis 1383 der Nebenlinie des Hauses zufiel und dann ab Ende der 80er Jahre an den mährischen Markgrafen Jodok versetzt wurde, um nach seinem Tod noch mehr der Zentrale entfremdet zu werden, was von der Historiographie freilich auf verschiedene Weisen reflektiert und betont bzw. vernachlässigt wird. Mit anderen Worten heißt das, daß manche von Karls und Wenzels außenpolitischen Aktivitäten, die sie als böhmische Könige setzten und die manchmal ausschließlich auf Böhmen ausgerichtet waren, fälschlich als eindeutige Reichsunternehmen interpretiert werden[47]. Es wäre schon angesichts der personellen Zusammensetzung des Hofes ahistorisch, hier eine zu straffe Trennung vorzunehmen, doch darf man diese »Zweihäusigkeit« niemals aus den Augen verlieren[48]. Das wichtigste Material, nämlich die Urkunden, nennt zwar in den meisten Fällen die Würde, aus der ein Rechtsakt erfolgte, nämlich die römische oder die böhmische, doch es gibt auch viele Texte, die hier nicht deutlich unterscheiden und, sofern nicht der Rechtsfall eindeutig zugeordnet werden kann, auch keine Entscheidung zulassen[49].

---

47) All zu selten werden die Karten systematisch zur Hand genommen, die die ganze Problematik bedeutend veranschaulichen könnten. Auch hier konnte es nicht der Fall sein. Da sie zwar verstreut, jedoch leicht greifbar sind, kann ich auf kartographisches Begleitmaterial gutem Gewissens verzichten und bes. auf die Kartenbeilagen zu Lenka BOBKOVÁ, Územní politika prvních Lucemburků na českém trůně (Acta Univ. Purkynianae, Studia historica, Monographiae I, 1993) mit Nachdruck hinweisen.

48) Damit hängt auch die unumstößliche Maxime zusammen, daß die Reichsgeschichte der luxemburgischen Zeit ohne Kenntnis der tschechischen Literatur nicht objektiv und seriös genug betrieben werden kann, die sich jedoch noch nicht so eingebürgert hat, wie es nötig wäre.

49) Eine diesbezügliche Untersuchung wäre mehr als wünschenswert. Hier genügt es, auf eine der Urkunden Karls vom 5. April 1355 hinzuweisen, die dieser »dichotomen Einheit«, fast Schizophrenie, Rechnung trägt: *prefato regno nostro Boemie immediate confinant, pro regum illustrium Boemie et eiusdem regni corone comodis et profectibus ad honorem sacri Romani imperii, non solum expediant* (RBM 6, hg. von Bedřich MENDL [1929] Nr. 2). In deutscher Fassung heißt es ähnlich, nämlich: *unserm kungriche zu Beheim zu nuccze und dem heiligen Romischen reiche zu sundirlichen eren* (ebendort Nr. 3). Vgl. ŠUSTA, České dějiny II/4 (wie Anm. 1) S. 384f., während WIDDER, Itinerar (wie Anm. 34) S. 213ff., diese Aspekte übergeht.

Ein weiteres der Symptome des fortschreitenden Integrationsprozesses muß hervorgehoben werden, da es zu den deutlichsten gehört, nämlich das Boten- bzw. Gesandtschaftswesen, das zwar während des ganzen Mittelalters vorhanden ist, doch im Spätmittelalter allgemein zunimmt und die uns interessierende Fragestellung schärfer ins Licht zu setzen vemag. Mehrere Gesandtschaften zum und vom přemyslidischen Hof werden faßbar, sobald die schriftlichen Quellen zu fließen beginnen – besonders jene zur päpstlichen Kurie, die von Václav Novotný sorgfältig registriert wurden[50] –, doch steigt ihre Zahl in der Luxemburgerzeit geradezu exponentiell. Selbstverständlich stellt das Jahr 1346 einen Wendepunkt dar, da die römische Würde der beiden Nachfolger Johanns erheblich zum größeren außenpolitischen Gewicht ihres böhmischen Königtums beigetragen hat, wobei pro foro externo nur allzu oft keine feste Scheidelinie zwischen dem »Römischen« und dem »Böhmischen« festzustellen ist. Besonders spielte dabei die wachsende Rolle Prags als Metropole bzw. Hauptresidenz mit. Leider sind diese Gesandschaften bisher nur als Einzelfälle im politischen bzw. kirchlichen Kontext interpretiert worden, während ihre Typologie, ihr Zeremoniell und Verlauf wie auch die Typologie ihrer zugehörigen Schriftproduktion, Geleite eingeschlossen, bisher nicht systematisch untersucht wurden, obwohl sie manch Neues bringen könnten[51].

*

Johann von Luxemburg selbst konnte und mußte im Alter von 14 Jahren am Anfang seiner Regierung nicht all zu deutlich in die alte Přemyslidentradition eintreten, wie es bei einem Einheimischen oder mindestens bei einem mit der Region Vertrauten der Fall hätte sein müssen. Dieser Mangel, der im gewissen Sinne zugleich ein Vorteil war, behinderte Johann nicht sehr, da er von einem »brain trust«, dessen personelle Zusammensetzung freilich recht heterogen war, umgeben war, der ihn nicht nur in die Probleme einweihte, sondern auch auf dem Laufenden hielt und sich selbst direkt durchzusetzen wußte. Es handelte sich dabei sowohl um in die Problematik eingeweihte Personen aus dem Reich einer- und um Landeskinder anderseits, die miteinander um die Macht rangen. Obwohl schon in Johanns ersten Kapitulationen verankert wurde, daß der Einfluß der Fremden am Hof beendet werden sollte, und die Sache formell zu Gunsten des einheimischen Adels

---

50) NOVOTNÝ, České dějiny (wie Anm. 1) passim.
51) Jüngst hat die Frühjahrstagung des Konstanzer Arbeitskreises 2001 der Erforschung dieser Problematik einen wichtigen Anstoß gegeben, vgl.: Gesandtschafts- und Botenwesen im spätmittelalterlichen Europa (VuF 60), hg. von Rainer Ch. SCHWINGES (2003). Vgl. auch Kommunikationspraxis (wie Anm. 20) und Ivan HLAVÁČEK, Wenzel IV. und Görlitz. Beziehungen zwischen Zentral- und Lokalgewalt im Spiegel der Verwaltungsgeschichte des ausgehenden 14. Jahrhunderts, in: Beiträge zur Archivwissenschaft und Geschichtsforschung, hg. von Rainer GROSS/Manfred KOBUCH (1977) S. 379–396.

entschieden wurde, blieb doch de facto eine gewisse Zweigleisigkeit bei den königlichen Entscheidungen bestehen, die erst im Laufe der Zeit endete, wobei der böhmische Adel Johann allmählich, jedoch systematisch aus der Innenpolitik – abgesehen vom Zugriff auf die königlichen Städte – ausgeschaltet hat.

Die problematische Art von Johanns persönlicher Regierung[52] ist hier unmöglich darzustellen, doch sind mindestens zwei Tatsachen zu betonen, nämlich daß Johanns innenpolitische Bewegungsfreiheit immer mehr eingeschränkt wurde, was ihn logischerweise in seine europaweite Politik mit allen ihren – besonders politisch-militärischen – Folgen trieb, die seinen internationalen, vornehmlich an Westeuropa orientierten Ruf begründete.

Dem entsprach auch Johanns Itinerar[53], das schon bei skizzenhafter Schilderung diese Seite seines Wirkens besonders deutlich beleuchten kann. Sein manchmal chaotisches Herumreisen im Westen hatte kaum dauerhafte Folgen für eine politische Integration, weder bei dem längeren Aufenthalt Johanns in Italien während des Versuches, die norditalienischen Kommunen irgendwie zu »organisieren«, noch bei seinem vergeblichen Bemühen, Tirol dem böhmischen Königreich einzugliedern[54]. Dabei ist wichtig, daß weder hier noch dort konkrete integrative Wirkungen zu entdecken sind, abgesehen freilich von der Horizonterweiterung der Mitglieder seiner meist geringen Gefolgschaften, die gemeinsam mit ihm am Werk waren. Obwohl diese Tatsache keinen expliziten Niederschlag in der geschichtlichen Überlieferung fand, ist sie doch nicht zu unterschätzen. Von einer detaillierten Analyse muß hier jedoch Abstand genommen werden und es ist angebracht, sich den dauerhaft wirksamen Ereignissen zuzuwenden, die – aus böhmischer Perspektive – neben dem Westen vornehmlich dem Norden und Nordosten galten, wo eine Art Machtvakuum bestand, wie auch Johanns Itinerar ausweist. Mit anderen Worten spannte sich der Bogen der expansiven Interessen von Johanns Diplomatie im engeren Rahmen des Umlandes

---

52) Vgl. bes. die Anm. 1 und 4 angeführten Werke von Josef ŠUSTA, České dějiny, an den František KAVKA, Vláda Karla IV. anknüpft, sowie František M. BARTOŠ, České dějiny II/6–7, Jiří SPĚVÁČEK, Jan Lucembursky; DERS., Karel IV.; DERS. Václav IV.; bes. Lenka BOBKOVÁ, Územní politika (wie Anm. 47), und im größeren Rahmen der Gesamtentwicklung des böhmischen Königreichs DIES., Velké dějiny (alles wie Anm. 1 bzw. 4). Besonders die beiden Letztgenannten haben mit außerordentlichem Fleiß die umfangreiche Literatur zusammengestellt, die, soweit nötig, unten zitiert wird. Als erster verfolgte diese Thematik selbständig und zielbewußt Siegfried GROTEFEND, Die Erwerbungspolitik Kaiser Karls IV. Zugleich ein Beitrag zur politischen Geographie des deutschen Reiches im 14. Jahrhundert (Historische Studien 66, 1909).
53) N. van WERVEKE, Itinéraire de Jean l'Aveugle (wie Anm. 34). Die einzelnen Teilbearbeitungen brauchen hier nicht einzeln erwähnt zu werden.
54) Die norditalienische Episode Johanns wird unterschiedlich interpretiert. Gegenüber der Meinung, daß es sich um einen kurzlebigen Einfall ohne größeren politischen Rahmen handelte, hat SPĚVÁČEK eine Theorie über Johanns durchdachte Konzeption konstruiert, die jedoch wohl nicht im vollen Sinn dieses Wortes haltbar ist. Vgl. Reinhard HÄRTEL, Die Italienpolitik Johanns von Böhmen, in: Johann der Blinde (wie Anm. 32) S. 363–382.

vom Egerland einer- bis nach Schlesien und in gewisser Art von Lizitation auch nach Polen anderseits[55].

Dabei könnte man fragen, inwieweit Böhmen bei der Integration dieser Territorien in eine größere Einheit in politischer, vielleicht auch wirtschaftlicher und kultureller Hinsicht eine vermittelnde Rolle spielte bzw. spielen konnte. Da dies zu Beginn der Untersuchung zu wenig sinnvollen abstrakten Überlegungen führen würde, sei dieser Aspekt vorläufig beiseite gestellt und erst am Schluß zusammenfassend besprochen. Jetzt zum Konkreten.

Das damals schon bedeutend verminderte Egerland galt für Böhmen seit langem als Ausfalltor nach Westen und gelangte schon in der Přemyslidenzeit, zuerst unter Přemysl II. und dann wiederholt unter Wenzel II., vorübergehend in die böhmische Hand. Endgültig als Reichspfand erhielt es erst Johann für seine Unterstützung Ludwigs des Bayern gegen die Habsburger (1322). Signifikant ist, daß die ersten Urkunden Johanns für Eger mit seinem ersten Aufenthalt in diesem alt-neuen Pfandgebiet verknüpft waren, der in gewisser Art als traditioneller »Landesumritt« (einer der letzten dieser Art) bezeichnet werden kann. Nach der Gewinnung des Egerlandes versuchte der König, möglichst viel des diesem Land entfremdeten Gutes zurückzugewinnen, was jedoch nur zum Teil gelingen konnte[56]. Darüber hinaus engagierte er sich in den unmittelbar benachbarten Gebieten im Nordwesten davon, d. h. im Vogtland und im Pleißenland, wo zwar mehrere enge persönliche Kontakte zu den Machthabern bestanden, doch der territoriale Effekt eher bescheiden ausfiel, obwohl auch hier an alte přemyslidische Bindungen angeknüpft werden konnte. Auch die enge Beziehung Johanns zur Oberlausitz darf nicht unterschätzt werden[57].

Bedeutend variabler und mit längerfristigerem Effekt als das Ausgreifen ins Vogtland und ins Pleißenland verliefen die Expansionsversuche in Schlesien, die zur großflächigen Integration führten, obwohl Schlesien schon seit den frühmittelalterlichen Zeiten öfter als Zankapfel zwischen Böhmen und Polen galt. Die Intensivierung der Bindungen der schlesischen Herzogtümer an die böhmische Krone bis hin zum direkten Übergang an sie war die Folge. Da Schlesien mit seinen beinahe dreißig Fürstentümern – bezeichnenderweise spricht die Königsaaler Chronik über die kaum aufzählbare Menge der schlesischen Fürsten, die sich Johann unterstellten[58] – staatsrechtlich sehr kleinteilig war, können hier wie-

---

55) Es kann bei dieser Gelegenheit ein für allemal auf das kartographische Material hingewiesen werden, das am anschaulichsten durch Bobková, Územní politika (wie Anm. 47) vermittelt wird.

56) Die überaus reiche Literatur über das Egerland ist gesammelt bei Heribert Sturm, Districtus Egranus. Eine ursprünglich bayerische Region (Historischer Atlas von Bayern, Teil Altbayern, Reihe II/2, 1981), wobei jedoch aus unbegreiflichen Gründen die grundlegenden Arbeiten von Jaromír Čelakovský, bes. der Codex iuris municipalis regni Bohemiae 2 (1895), nicht zur Kenntnis genommen wurden.

57) Zum Egerland und Vogtland mit dem Pleißenland vgl. die ausführliche Darstellung von Novotný, České dějiny (wie Anm. 1) Register. Zur Oberlausitz s. Reinhart Butz, König Johann von Böhmen und die Städte in der Oberlausitz, in: Johann der Blinde (wie Anm. 32) S. 263–279.

58) *Duces quoque Polonie et Slesie, quorum numerum nunc nescio pro multitudine, fere omnes … fidem prestant*, vgl. Fontes rerum Bohemicarum 4 (1884) S. 300a.

der nur die knappsten Konturen geboten werden, obwohl die Folgen dieses Jahrzehnte dauernden Annäherungsprozesses von überragender politischer Bedeutung für beide Seiten waren[59]. Dieser Prozeß, der erst tief in der Regierungszeit Karls abgeschlossen wurde, nahm unterschiedliche staatsrechtliche Formen an, die von den aktuellen Gegebenheiten abhingen und von Karls politischem Geschick zeugen. Man kann sagen, daß dabei, im Wesentlichen abgesehen von Kriegshandlungen, alle Register gezogen wurden: Verträge, letztwillige Verfügungen, Heiratsabkommen sowie politische Begünstigungen für Einzelfürsten besonders am Prager Hof Karls, jedoch auch Wenzels. Alles das ist hier zu beobachten. Dem reibungslosen, durch Polen akzeptierten Übergang dieser Fürstentümer an die Böhmische Krone half auch im politischen »Kuhhandel« (auch dieses Phänomen gehörte nicht selten zum Rüstzeug der Politik) das willkommene politische Erbe aus der Zeit Wenzels II., nämlich die kontinuierliche, wenngleich inhaltsleere Führung des polnischen Königstitels in den urkundlichen Intitulationen Johanns bis zum Trentschiner Abkommen im Jahr 1335. Für den dort vollzogenen polnischen Verzicht auf Schlesien konnte Johann diesen Titel mit reichlichem Gewinn aufgeben.

Die Resignation, eher könnte man sagen Kapitulation, Johanns hinsichtlich einer aktiven böhmischen Innenpolitik nach dem Tauser Abkommen mit dem böhmischen Adel im Jahre 1318 ist hier nur zu registrieren. Der böhmische Adel aus Zentrum und Peripherie bestimmte auf dem schon erwähnten Prager Landgericht seine Alltagsangelegenheiten weitgehend autonom und integrativ. Ähnlich, jedoch freilich auf andere Weise, kann man auch über die Integration zweier nichtadeliger gesellschaftlicher Gruppen im Land sprechen, die zur innenpolitischen Integration maßgeblich beitrugen. Überraschend viele Privilegien für die böhmischen königlichen Städte sind noch vorhanden, die ihnen eine breite Skala freilich nicht gratis erteilter Begünstigungen brachten und die nicht selten auch im fernen Ausland datiert wurden. Das heißt, daß zwischen dem König und dem Land fort-

---

59) Es ist klar, daß die »schlesische Seite« reich strukturiert war. Der Wichtigkeit des Themas entspricht auch der Umfang der Literatur, deshalb nur eine kleine weiterführende Auswahl: Gernot von GRAWERT-MAY, Das staatsrechtliche Verhältnis Schlesiens zu Polen, Böhmen und dem Reich während des Mittelalters (Untersuchungen zur deutschen Staats- und Rechtsgeschichte N. F. 15, 1971), dazu jedoch kritisch Jiří KEJŘ in: Právněhistorické studie 18 (1974) S. 287–295; Handbuch der historischen Stätten. Schlesien, hg. von Hugo WECZERKA (2003); BOBKOVÁ, Územní politika (wie Anm. 47); Peter MORAW in: Deutsche Geschichte, Schlesien (wie Anm. 4) S. 4ff., und neuerdings Ewa WÓŁKIEWICZ, Capitaneus Slesie. Królewscy namiestnicy księstwa wrocławskiego i Śląska w XIV i XV wieku, in: Monarchia w średniowieczu. Władza nad ludźmi, władza nad terytorium. Studia ofiarowane Profesorowi Henrykowi Samsonowiczowi. Pod redakcją Jerzego PYSIAKA/Anety PIENIĄDZ-SKRZYPCZAK/Marcina Rafała PAUKA (2002) S. 169–225. Knappere Zusammenfassungen können nicht erwähnt werden. Die alte Edition von Colmar GRÜNHAGEN/Hermann MARKGRAF, Die Lehns- und Besitzurkunden Schlesiens 1–2 (1881–1883, Nachdr. 1965) ist jedoch stets richtungweisend.

währende Kontakte – inwieweit über Prag, steht dahin – vorauszusetzen sind[60]. Aber auch die einmalige Privilegierung Prags durch Ludwig den Bayern und umgekehrt Nürnbergs durch Johann gehört in diesen Zusammenhang[61]. Diese Gnaden müssen im größeren Kontext gesehen werden, da sie meist an vorhergehende namhafte Subsidien seitens der Städte oder an verschiedene lokale Katastrophen und Plagen gebunden waren. Die Haltung des Königs war jedoch mehrschichtig, was auch die Entfaltung des königlichen Amtes für die Städte, in dessen Kompetenz diese Kontakte gehörten, zeigt. Es handelte sich um das Amt des böhmischen Unterkämmerers, dessen Inhaber im Laufe der Zeit zu einem der einflußreichsten Hofbeamten emporstieg[62].

Die böhmische Kirche spielte zwar in diesem Kontext anders als während der Regierungen Karls und Wenzels zwar noch keine vergleichbare Rolle, doch darf sie auch in Johanns Zeit nicht übersehen werden. Obwohl das Königreich erst ganz am Ende von Johanns Regierung dank der Bemühungen Karls eine eigene kirchliche Metropole erhielt (1344), intensivierten sich schon vorher die Beziehungen zur päpstlichen Kurie bedeutend, freilich vornehmlich dank der zentralisierenden, besonders fiskalen Politik der letzteren[63]. Zwei Momente können hier hervorgehoben werden: zunächst der über zehn Jahre dauernde Aufenthalt des hochbetagten Prager Bischofs Johann (aus dem hochadeligen Geschlecht von Dražice) in Avignon, dem mehrere Impulse allgemeinen Charakters nicht nur für den Bischof selbst zu verdanken sind[64]; dann aber auch die zunehmenden Kontakte breiter Schichten auch der laikalen Bevölkerung zur Kurie, da sowohl eine, im Lauf der Zeit unterschiedlich starke, Flut von Suppliken an die Kurie zu strömen begann als auch

---

60) Vgl. hier bes. meine Ausführungen in: Verwaltungsgeschichtliche Bemerkungen (wie Anm. 34) S. 121–134, weiters Johann von Luxemburg und die böhmischen Städte (wie Anm. 32), und Die Luxemburger und die böhmischen königlichen Städte des 14. Jahrhunderts im Lichte ihres Privilegiengutes, in: Die Stadt als Kommunikationsraum. Beiträge zur Stadtgeschichte vom Mittelalter bis ins 20. Jahrhundert. Festschrift für Karl Czok, hg. von Helmut BRÄUER/Elke SCHLENKRICH (2001) S. 413–430.

61) Vgl. Codex iuris municipalis regni Bohemiae 1, hg. von Jaromír ČELAKOVSKÝ (1886) Nr. 19, die jedoch verdächtig ist und noch ausführlicher untersucht werden muß. Umgekehrt deutscherseits Gerhard HIRSCHMANN, Nürnbergs Handelsprivilegien, Zollfreiheiten und Zollverträge bis 1399, in: Beiträge zur Wirtschaftsgeschichte Nürnbergs 1 (1967).

62) Vgl. darüber Jaromír ČELAKOVSKÝ, Úřad podkomořský v Čechách (1881), der jedoch dem 14. Jh. nicht die nötige Aufmerksamkeit widmet, sodaß zumindest die vorhussitische Geschichte dieses Amtes neu geschrieben werden muß. Nützliche Bemerkungen zur Luxemburgerzeit bei Zdeněk FIALA, Komorník a podkomoří. Pojednání o počátcích a vzájemném poměru obou do konce 13. století, Sborník historický 2 (1954) S. 57–82, bes. S. 77ff.

63) Das belegt eindeutig der jüngst erschienene einleitende Band der Monumenta Vaticana res gestas Bohemicas illustrantia. Tomus prodromus: Acta Clementis V., Johannis XXII. und Benedicti XII. 1305–1342, hg. von Zdeňka HLEDÍKOVÁ (2003), wo auch die Schwankung dieser Kontakte unter den einzelnen Päpsten sehr gut zu merken ist, jedoch erst genauer erforscht werden muß. Zu den Kontakten mit der Kurie unter Karl und Wenzel vgl. unten Anm. 65.

64) Vgl. Zdeňka HLEDÍKOVÁ, Biskup Jan IV. z Dražic (1991), bes. S. 99ff.

umgekehrt verschiedene Gnadenerweise bzw. andere Eingriffe des Avignoneser Papsttums ins Land gerichtet waren. Doch die »goldene Zeit« im doppelten Sinn dieses Wortes (d. h. für die Kurie im finanziellen Sinne, für das Königreich bezüglich der Quantität) sollte erst kommen[65]. Dagegen sind die Bindungen der Diözesen Prag und Olmütz zur Metropole in Mainz zwar stets vorauszusetzen, jedoch nur skizzenhaft untersucht[65a].

Weitere Schritte Johanns von Luxemburg zur Abrundung und Sicherung der böhmischen Nordgrenze richteten sich, wie schon angedeutet, ins Pleißenland und Vogtland, wo er an das zwar erloschene, doch nicht vergessene, Reichsvikariat Wenzels II. anknüpfen konnte. Wechselnde Gewinne und Verluste führten letztlich zu nichts, sodaß Johanns Interesse sich dem entfernteren Norden und Osten zuwandte, wo es sich jedoch – freilich mit Ausnahme Schlesiens und Oberlausitz – weniger um Integration als eher um »die Kunst des Möglichen«, d. h. vornehmlich um Bemühungen politisches Kapital zu gewinnen, handelte[66]. Das sollte sich unter Karl schon von seinen Anfängen an bedeutend ändern, obwohl auch die finanziellen Angelegenheiten nicht außer Acht blieben. Jedoch noch zurück zu Johann.

Zuerst geriet die Oberlausitz (das Bautzener Land) ins Zentrum von Johanns Interesse, ein fortwährendes Desiderat der böhmischen Expansionspolitik seit Jahrhunderten, mehrfach gewonnen und wieder verloren. Die Lage Johanns war hier in doppelter Hinsicht äußerst günstig. Denn die andere führende Kraft der Region – nämlich die Wettiner – galt damals als zerstritten und kaum imstande, eine energische Besitzpolitik zu treiben und sich des luxemburgischen Drucks zu erwehren. Und was noch mehr wog: Die mächtigen Askanier starben 1319 aus, so daß bedeutend mehr als nur die unmittelbar an Böhmen gren-

---

65) Das ziemlich genau zu verfolgen erlaubt das kuriale Material (s. Monumenta Vaticana res gestas Bohemicas illustrantia 1–5, für die Zeit ab 1342, 1903ff., den einleitenden Band von HLEDÍKOVÁ s. oben Anm. 63). Bausteine zum Verständnis der luxemburgischen Zeit aus dieser Sicht bieten vornehmlich Kamil KROFTA, Kurie (wie Anm. 20), und seine meisterhafte Zusammenfassung dieser Problematik: Řím a Čechy před hnutím husitským, in: Sborník prací historických k šedesátým narozeninám … Jaroslava Golla, Praha 1906, S. 178–194, sowie drei Beiträge von Jaroslav ERŠIL, Visitatio liminum ss. apostolorum českých prelátů v době Karlově, Sborník historický 4 (1956) S. 5–32; L'Eglise (wie Anm. 20) S. 163–183, und bes. Správní a finanční vztahy avignonského papežství k českým zemím ve třetí čtvrtině 14. století (Rozpravy ČSAV, řada společenských věd 69, 1959). Für einen Teilbereich dieser Kontakte vgl. Ivan HLAVÁČEK, Papežská kurie a laikové v českém státě za Karla IV. v letech 1342–1362. Sonda do kuriální i české každodennosti, in: In omnibus caritas. Sborník katolické teologické fakulty IV. (2002) S. 163–180.
65a) Vgl. Zdeňka HLEDÍKOVÁ, Prag zwischen Mainz und Rom, Archiv für mittelrheinische Kirchengeschichte 50 (1998) S. 71–88.
66) Darüber ausführlicher BOBKOVÁ, Územní politika (wie Anm. 47) S. 13ff. und jüngst Gerhard BILLIG, Pleißenland – Vogtland. Das Reich und die Vögte. Untersuchungen zu Herrschaftsorganisation und Landesverfassung während des Mittelalters unter dem Aspekt der Periodisierung (2002), bes. S. 181ff. Über die allgemeine Ostpolitik Johanns vgl. Franz MELTZER, Die Ostraumpolitik Johanns von Luxemburg (1940). Zu allgemeinen Zusammenhängen vgl. bes. die Arbeiten von ŠUSTA, České dějiny (wie Anm. 1) und SPĚVÁČEK, Jan Lucemburský (wie Anm. 4).

zenden Territorien plötzlich ledig wurde. Mit Johann konkurrierte hier zwar der schlesi-sche Herzog Heinrich von Jauer, doch konnte Johann ihn ziemlich leicht verdrängen. Die Spannungen, die der Lehnseid der Bautzener und ihres Landes zur Folge hatte, konnte er noch im Jahre 1319 in Prag durch eine komplexe Privilegierung beilegen[67]. Während im Rahmen dieser Privilegierungen das Bautzener Land zum »ewigen« Glied der böhmischen Krone, das niemals versetzt werden könnte, deklariert wurde, fielen Heinrich von Jauer nur Anteile für seine Lebenszeit zu, die jedoch zum Teil noch vor seinem Ableben in Jo-hanns Hand übergingen (Görlitz). Diese nördliche »Städtelandschaft« gehörte dann – von einigen Schwankungen abgesehen – nicht nur das ganze 14. Jahrhundert hindurch zu den festen Stützen der Luxemburger, d. h. der böhmischen Zentralgewalt. Görlitz dann wurde gar zum Sitz Johanns, des jüngsten Sohnes Karls IV.[68], der sich dann nach dieser Stadt nannte. Die Konstituierung des Herzogtums im Rahmen der Böhmischen Krone durch Karl für ihn hat Johanns frühen Tod (mit sechsundzwanzig Jahren 1396 gestorben) nicht überlebt.

Die Bemühungen Johanns von Luxemburg um Integration der Lausitz sind aus der Fülle der von ihm erteilten Privilegien ersichtlich, und sie wurden später durch Karls Be-mühungen, diese Lande auch kirchenrechtlich dem böhmischen Metropolitansprengel zu unterordnen, fortgesetzt.

Wichtig war auch, daß alle neuerworbenen Länder vom kleinteilig strukturierten Schle-sien bis zum Egerland eine neue Verwaltungsstruktur bekamen, die sie der Zentrale näher brachte, auch wenn es sich z. T. nur um personengebundene Kontakte handelte. Wie kon-kret diese Annäherung ausfiel, ist für die Zeit Johanns, als erst der Grund gelegt wurde, kaum zu eruieren. Wir haben jedoch eine fast unerschöpfliche Quelle für Görlitz für die Spätzeit Karls und die ganze Wenzels, die einen einzigartigen Einblick in den Mecha-nismus der Verwaltungskontakte, ja des Zusammenwachsens beider Teile gewährt. Es sind die Görlitzer Stadtrechnungen, die in ihrer Ausführlichkeit ihresgleichen suchen und die die stetigen engen Beziehungen der Stadt zum Prager Hof äußerst anschaulich machen[69]. Eine ähnliche Entwicklung ist aber auch bei anderen vergleichbaren Subjekten vorauszu-setzen, auch wenn dort entsprechende Quellen fehlen, und so kann man die Verbindun-gen Görlitz und dem böhmischem Königshof als modellhaft bezeichnen.

---

67) Vgl. Bobková, Územní politika (wie Anm. 47) S. 30f. und die dort zit. Quellen, und speziell Dies., Budyšínsko a Zhořelecko, součást České koruny v letech 1319–1396, Mediaevalia historica Bohemica 5 (1998) S. 67–90. Zur Oberlausitz im späten Mittelalter allg. Gertraud Eva Schrage (nicht immer einwand-frei, s. S. 90 u. a.) und Norbert Kersken, beide in: Geschichte der Oberlausitz. Herrschaft, Gesellschaft und Kultur vom Mittelalter bis zum Ende des 20. Jahrhunderts, hg. von Joachim Bahlcke (2001) S. 85ff. Vgl. auch Spěváček, Jan Lucemburský (wie Anm. 4) S. 282ff.
68) Vgl. über ihn bis heute aktuell Johann Gelbe, Herzog Johann von Görlitz, Neues Lausitzisches Ma-gazin 59 (1883) S. 1–201, auch selbständig. Eine moderne Biographie wäre wünschenswert.
69) Durch Richard Jecht mustergültig ediert. Die Kontakte unter Wenzel habe ich ausführlich verwal-tungsgeschichtlich zu interpretieren versucht: Hlaváček, Wenzel IV. und Görlitz (wie Anm. 51).

Die Territorialpolitik Johanns im Westen des Reiches ist hier nicht zu untersuchen[70], da sie kaum nennenswertere Berührung mit der Böhmischen Krone gehabt hat, obwohl sie sicher das Interesse am und die Kenntnise über das Königreich vertiefen konnte und verrtieft hat.

Was jedoch bei Johann noch kurz skizziert werden soll, ist die Diplomatie im engeren Sinne des Wortes, die keine konkreten territorialen Folgen mit sich brachte und »nur« der Festigung des status quo dienen sollte. Die knappe Durchsicht des teils erhaltenen, teils rekonstruierbaren böhmischen Kronarchivs kann lohnend sein[71]. Im von Stieber herausgegebenen Verzeichnis der Staatsverträge werden aus der Zeit Johanns knapp einhundert solcher Verträge nachgewiesen, im letzten Jahrzehnt nicht selten und zunehmend auch vom jungen Karl allein abgeschlossene. Es liegt auf der Hand, daß die meisten die benachbarten Mächte betrafen, wobei neben den schlesischen Vertragspartnern im ersten Jahrzehnt von Johanns Regierung die österreichischen Herzöge herausragten, im zweiten neben den

---

70) Vgl. dazu zumindest den Tagungsband zu Johann dem Blinden (wie Anm. 32).

71) Über dieses Archiv, dessen Originale schon über die luxemburgische Zeit (also bis 1419) hinaus in einwandfreien Faksimiles vorhanden sind (Archivum Coronae regni Bohemiae. Editio diplomatum phototypica I/V/1, 1976ff.), existiert eine moderne kritische (klassische) Edition nur für die Zeit bis 1306 bzw. 1346–1355: Archivum Coronae regni Bohemiae 1/1, ed. Václav HRUBÝ [posthum erschienen] und 2 (1935 und 1928). Für die übrige Zeit sind – wenn man von der alten Auswahledition von Hermenegild JIREČEK, Codex iuris Bohemici II/1, Documenta iuris publici saec. XIV (1896) und II/3 (1889), absieht – nur Regesten über die Zeit Johanns und Wenzels vorhanden: Rudolf Koss, Archiv Koruny české 2, Katalog listin z let 1158–1346 (1928) und Antonín HAAS, Archiv Koruny české 5, Katalog listin z let 1378–1437 (1947). Erwähnt werden muß noch das für unsere Zwecke jedoch kaum brauchbare Kurzinventar von Antonín HAAS, Archiv České koruny, inventář 1158–1935 (1961). Über den Fonds als solchen vgl. bes. Rudolf Koss/Otakar BAUER, Archiv Koruny české 1 (1939). Bis zum gewissen Grad werden wir doch im Stich gelassen, da die Kopialbücher der luxemburgischen Zeit, die mehrere im Original verschollene Urkunden überliefern, weder eine zusammenfassende diplomatische Bearbeitung erfahren haben – vgl. lediglich Lenka MATUŠÍKOVÁ, Menší kopiář Archivu koruny české, SAP 41 (1991) S. 357–416 – noch im Text zugänglich sind, da die systematische Regestierung des gesamtböhmischen Materials für die Zeiten Karls und Wenzels zu langsam fortschreitet. Die breit angelegte Geschichte des böhmischen Zentralarchivs von Josef KOLLMANN, Dějiny ústředního archivu českého státu (1992), ist für unsere Zeit unergiebig. Vgl. auch Ivan HLAVÁČEK, Cartularies and the Preservation of Documents in the Archives of the Bohemian Crown before the Hussite Revolution, in: Charters, Cartularies and Archives. The Preservation and Transmission of Documents in the Medieval West, hg. von Adam J. KOSTO/Anders WINROTH (2002) S. 137–150. Zu den Staatsverträgen dieser Zeit vgl. Miloslav STIEBER, České státní smlouvy. Historický nástin I (1910) (knappere deutsche Fassung erschien unter dem Titel: Böhmische Staatsverträge, 1912). Es sei betont, daß Stiebers Regesten vornehmlich bei den Intitulationen, bes. für die Zeit Wenzels, fast stets irreführend sind, da er u. a. Wenzel zu Unrecht den römischen Kaisertitel zueignet, wobei diese Titulierung anderseits mit der Anführung des einfachen Titels des Königs von Böhmen ganz willkürlich schwankt, ohne im Rechtsgeschäft und den Intitulationen eine Stütze zu haben. Auch sonst läßt das Buch viel zu wünschen übrig (überraschende Unvollständigkeit des Materials, wobei er gar Eduard WINKELMANN. Acta imperii saeculi XIII et XIV inedita 2 [1885] nicht kennt, Nichtrespektierung der Machtkompetenzen u. a.). Vgl. auch Anm. 121. Im Folgenden zitiere ich, jedoch mit großem Vorbehalt, nach der ausführlicheren tschechischen Version.

Habsburgern verständlicherweise Ludwig der Bayer im Vordergrund stand, eher kursorisch auch der Deutsche Ritterorden mit den rheinischen geistlichen Kurfürsten und
schließlich auch die beiden östlichen Könige von Polen und von Ungarn. Nur ganz vereinzelt treten andere Fürsten des Reiches auf, so der Markgraf von Meißen, der Landgraf
von Thüringen und der Erzbischof von Magdeburg. Soweit es nicht um Besitzansprüche
ging, wie sie eben kurz skizziert wurden, handelt es sich um verschiedene Hilfeleistungen
bzw. Friedensabkommen und Bündnisverträge. Überraschenderweise sind so gut wie
keine grenzübergreifenden Verträge mit dem »Westen« enthalten. Das mag überraschen,
da sich Johann dort lange aufhielt, mit dem französischen Königshaus eng verwandt war
und in dessen Diensten bekanntlich gar den Tod fand. Nur einmal ist belegt, daß Johann
in Perweis ein militärisches Bündnis mit dem Kölner Erzbischof, dem Bischof von Lüttich, Adolf von der Mark, dem Grafen von Geldern und anderen gegen Johann von Brabant abgeschlossen hat. Solche Abkommen waren sicher häufiger, doch wurden sie wohl
meist nicht beurkundet.

Auch die Orte solcher Verhandlungen sind bezeichnend, denn das meiste wird außerhalb der Grenze des böhmischen Staates beurkundet. In Böhmen und Mähren selbst wird
Prag – sehe ich das richtig – nur einmal als Verhandlungsort genannt; öfter handelte es sich
um grenznahe, sonst kaum durch die Zentralgewalt aufgesuchte Ortschaften in Mähren,
wie Znaim oder Göding. Das alles sollte sich mit dem Regierungsantritt Karls IV. bedeutend verändern. Der Betrachtung seiner Zeit soll eine methodische Marginalie vorausgeschickt werden, der dann eine kurze Skizze der territorialen Entfaltung und Integration
des böhmischen Staates folgen wird.

Normalerweise deutet vornehmlich die deutsche (und ähnlich die meiste westliche) Historiographie das außenpolitische Handeln beider im folgenden in Betracht kommenden
Luxemburger, d.h. Karls IV. und Wenzels IV., fast stets nur als Handeln der römischen
Herrscher[72]. Das ist keinesfalls pauschal zu akzeptieren, da beide vorwiegend oder zumindest öfter als böhmische Könige handelten, auch wenn die Scheidelinie zwischen diesen beiden Funktionen nicht immer leicht, ja manchmal überhaupt nicht zu ziehen ist. Daß
die offiziellen Aussagen der Urkunden stets die Doppelintitulation verwenden und die römische wie auch die böhmische Würde anführen, darf nicht darüber hinwegtäuschen, daß
erst die konkrete Anführung des handlungsbegründenden Rechtstitels in der Disposition
als entscheidend zu betrachten ist. Diese spezifizierende Formel kommt jedoch nicht im-

---

72) S. jüngst bes. Martin KINTZINGER, Kaiser und König. Das römisch-deutsche Reich und Frankreich im
Spätmittelalter, in: Auswärtige Politik und internationale Beziehungen im Mittelalter (13. bis 16. Jahrhundert), hg. von Dieter BERG/Martin KINTZINGER/Pierre MONNET (2002) S. 113–136, vgl. dort auch bes. Arnd
REITEMEIER, Grundprobleme der deutsch-englischen Beziehungen im Spätmittelalter, S. 137–152. Dieser
Aufsatz ist ein Auszug aus DERS., Außenpolitik im Spätmittelalter. Die diplomatischen Beziehungen zwischen dem Reich und England 1377–1422 (Veröffentlichungen des Deutschen historischen Instituts in London 45, 1999).

mer vor, ja gerade in den hier interessierenden Quellen fehlt sie zu oft, als daß man aus diesem Fehlen konkrete Schlüsse ziehen könnte[73]. Es sind jedoch auch die Formulierungen der Adressen und der Wortlaut der Gegenurkunden der Vertragspartner zu beachten, jedoch noch mehr wiegt, daß dieses Material im böhmischen Kronarchiv hinterlegt wurde, das so gut wie ausschließlich das auf Böhmen bezogene, zum guten Teil fremde Schriftgut, bzw. besser formuliert den Urkundenschatz der Böhmische Krone archivierte[74]. Die Überlegung, daß das böhmische Kronarchiv angesichts des Fehlens eines Reichsarchivs[75] dieses ersetzte, kann jedoch nicht befriedigen.

Eigentlich sollte, ja müßte man bei jeder Schilderung von Karls Integrationspolitik notwendig in der Zeit Johanns beginnen, da Karl schon damals bedeutende diplomatische Aktivitäten entfaltete, doch werde ich diese Skizze erst mit Johanns Tod am Schlachtfeld bei Crécy beginnen, da die vorhergehenden Aktivitäten des königlichen Sohnes und Markgrafen von Mähren sowie ihre Auswirkungen schon oben erwähnt wurden. Karl hatte, als er zur Zeit seines doppelten Thronantritts als Dreißigjähriger selbständig zu agieren begann, schon seine Lehrlingsjahre in so gut wie allen Bereichen der Diplomatie längst hinter sich, ja sein »Abitur« glänzend abgelegt. Seine politischen Pläne waren längst formuliert, und er war entschlossen, sie mit all seiner Kraft zu verwirklichen.

Untersuchen wir dieselben Fragen wie bei Johann: also Itinerar, Dynamik der territorialen Erweiterung des erblichen Königreiches in alle Richtungen und Anknüpfung bzw. Weiterführung der internationalen Kontakte durch entsprechende Verträge. Es ergäbe sich dabei auch in aller Kürze ein äußerst plastisches und dennoch viel Raum brauchendes Bild, das daher nur in einigen Punkten kurz kommentiert werden kann. Immerhin liegt über die meisten dieser Fragen umfangreiche Literatur vor, obwohl darin meist bloß Einzelaspekte ohne den Bezug auf das Ganze verfolgt werden[76].

Karl legte schon seit Johanns Zeit großen Wert darauf, die Prager Burg wieder zum alten, ja prächtigeren, seiner höheren Würde entsprechenden Glanz aufzubauen. Das ist ihm überraschend schnell gelungen, sodaß er in Kürze eine repräsentative Hauptresidenz gewann, der er fortwährend seine Fürsorge zuwandte. Die Aufmerksamkeit, die ihr von verschiedenen Seiten geschenkt wurde, belegt es mehr als anschaulich[77]. Dabei war es be-

---

73) Der Frage möchte ich in einer in Arbeit befindlichen Studie nähere Aufmerksamkeit widmen.
74) Über dieses Archiv und seine Funktion existiert zwar ausgedehnte Literatur, die jedoch lange nicht alle wichtigen Fragen besprochen hat. Vgl. oben Anm. 71.
75) Vgl. dazu Harry BRESSLAU, Handbuch der Urkundenlehre für Deutschland und Italien 1 (1912) S. 172ff., der die ältere Literatur zusammenfaßt; KOSS/BAUER, Archiv (wie Anm. 71) S. 55ff. Vom Reichsarchiv als Institution, die nicht nur vom jeweiligen Herrscher abhing, kann man bekanntlich erst ab dem fortschreitenden 15. Jh. sprechen.
76) Vgl. bes. oben Anm. 4. Das bedeutet freilich nicht, daß keine scharfsinnigen Beobachtungen in dieser Richtung bestünden.
77) Nur eine Auswahl der wichtigeren Studien und Bücher sei geboten, die in mehreren Hinsichten weiter führen: Hans PATZE, Die Hofgesellschaft Kaiser Karls IV. und König Wenzels in Prag, BDLG 114 (1978)

sonders Karl selbst, der stets durch alle möglichen Mittel Prags politische, kulturelle, kirchliche und wirtschaftliche Anziehungskraft zu erhöhen bemüht war. Dabei kam ab den fünfziger Jahren auch der Burg Karlstein in der Nähe von Prag eine besondere Rolle zu, die jedoch gegen Ende von Karls Regierung durch das brandenburgische Tangermünde etwas zurückgedrängt wurde[78]. Allerdings konnte Karl diese Residenzen kaum genießen, da ihn sein Regierungsstil bis zu seinem Lebensende zu weiten Reisen durch Europa, aber auch seine Länder nötigte. Aber auch andere von ihm ausgebaute oder erneuerte Residenzen haben ihren Herrn nur selten beherbergt.

Winfried Eberhard hat Karls Gesamtitinerar zwar knapp, jedoch sehr deutlich und pointiert zusammengestellt, woraus viel Interessantes hervorgeht[79]. Es können hier zwar keine Entwicklungstendenzen verfolgt, sondern nur das schematische Gesamtbild kann skizziert werden. Dabei gilt die Aufmerksamkeit jenen Orten, an denen Karls persönliche Interpretation der Integrationsversuche außerhalb seiner erblichen Lande zum Ausdruck kommt. Auch böhmische Ausstellungsorte seiner Urkunden sind einzubeziehen, wenn deren Empfänger, namentlich die der Privilegien, aus der Ferne zum Herrscher her kamen. Der Übersicht zuliebe bleiben die italienischen Stationen beider Romreisen Karls sowie seine französischen Aufenthalte außer Acht, da die erstgenannten – und auch zweifellos wichtigeren –, bereits mehrmals und auch jüngst breit analysiert wurden[80]. Bei der Ana-

---

S. 733–774 (auch selbständig als Festschrift Kaiser Karl IV., s. l. 1978), dort auch andere Aufsätze, die hier stillschweigend integriert wurden; František GRAUS, Prag als Mitte Böhmens 1346–1421, in: Zentralität als Problem der mittelalterlichen Städteforschung, hg. von E. MEYNEN (1979) S. 22–47; Peter MORAW, Zur Mittelpunktfunktion Prags im Zeitalter Karls IV., in: Europa slavica – Europa orientalis, Festschrift für Herbert Ludat zum 70. Geburtstag (1980) S. 445–489; Franz MACHILEK, Praga caput regni. Zur Entwicklung und Bedeutung Prags im Mittelalter, in: Studien zum Deutschtum im Osten (Stadt und Landschaft im deutschen Osten und Ostmitteleuropa 17, 1983) S. 67–125, und František KAVKA, Místo Prahy v politicko-hospodářském konceptu vlády Karla IV., in: Ohlédnutí za padesáti lety ve službě českému dějepisectví (2002) S. 258–288 (Nachdruck der Erstausgabe von 1986), alle mit weiter führender Literatur. Auch die ebenfalls sehr umfangreiche Literatur zur Geschichte der Prager Burg und zur Fürsorge, die ihr Karl IV. widmete, braucht nicht erwähnt zu werden, da sie zum großen Teil in den Anm. 1 und 4 reflektiert wurde. Nur sei bemerkt, daß Karl zu allen seinen großartigen baulichen, jedoch auch anderen Unternehmen stän-dig auch fremde Künstler beigezogen hat, was auch für seine Sprengung der mitteleuropäischen »Regiona-lität« deutlich Zeugnis ablegt (vgl. auch zur Bau- und Kunstgeschichte noch ganz kurz am Schluß).

78) Vgl. auch František KAVKA, The Role and Function of Karlštejn castle as documented in Records from Reign of Charles IV, in: Magister Theodoricus, Court Painter to Emperor Charles IV, hg. von Jiří FAJT (1998) S. 27f.

79) Winfried EBERHARD, Herrschaft und Raum. Zum Itinerar Karls IV., in: Kaiser Karl IV. (wie Anm. 5) S. 101–108 und 443f. Zeitlich beschränkte Teilinterpretationen bei Jiří SPĚVÁČEK, Das Itinerar Karls IV. als Markgrafen von Mähren, Historická geografie 5 (1970) S. 105–140 (dazu Ivan HLAVÁČEK, Zum Itinerar Karls IV. vor der Erlangung der Königswürde, Historická geografie 8 [1972] S. 115–121); BURGARD, Itine-rar König Karls (wie Anm. 34) sowie bes. WIDDER, Itinerar (wie Anm. 34).

80) WIDDER, Itinerar (wie Anm. 34).

lyse ist Moraws Terminologie über königsnahe bzw. -ferne Territorien hilfreich, da sie die politische Lage in Zeit und Raum zu zeigen vermag.

Neben den erblichen Landen, wo nach dem immer herausragenden Prag besonders das mährische Brünn und das schlesische Breslau[81] an der Spitze stehen, bleiben die fränkisch-schwäbischen und die maas-rheinländischen Lande einschließlich Luxemburgs durchgehend im Zentrum des Interesses. In den vielen Dutzenden, ja Hunderten von belegten Aufenthalten allerorts erscheinen die meisten Orte, was Frequenz und Länge der Aufenthalte betrifft, nur selten und kurzfristig. Um so wichtiger waren die großen städtischen Zentren, unter denen Nürnberg so sehr dominiert, daß man mit nur geringer Übertreibung sagen kann, daß es als Residenz Karls und damit in seiner Politik und Machtausübung unangefochten die zweite Stelle einnahm und nach Prag zum zweitwichtigsten Integrationspunkt im Reich und Königreich wurde[82]. Denn in diesen beiden Städten – in viel bescheidenerem Umfang gilt das auch für einige andere Orte – war Karl nicht nur wiederholt auf verschiedenen Durchzügen präsent, sondern sie galten schon für sich als vornehme Ziele mit längeren, im Falle Prags und seiner nächsten Umgebung dann gar mit langen Aufenthalten. Hierher sind die meisten Aufenthalte in Mittelböhmen (besonders auf den Burgen Karlstein, Pürglitz und Kuttenberg) einzurechnen, die das engere Hinterland von Prag ausmachten und deshalb mit dieser Hauptresidenz zusammengesehen werden müssen. Damit wird die integrative Rolle Prags noch deutlicher. Im Zusammenhang damit kann nochmals auf die oben erwähnten Görlitzer Stadtrechnungen hingewiesen werden, die die zentrale Stellung Prags als integrativer *nervus rerum* für die Regierungen Karls und Wenzels deutlich machen. Im Reich stand Nürnberg unangefochten an der Spitze, öfters wurden auch Frankfurt am Main und Mainz aufgesucht, erwähnenswert sind noch Trier und Regensburg und besonders interessant ist das tief im Reich liegende böhmische Lehen Heidingsfeld in der Nähe von Würzburg. Wohl ist hier auch auf das Interesse und integrative Momente seitens des Reiches, d. h. der Reichsinstitutionen, hinzuweisen, worüber die Belege zwar erst in der Zeit Wenzels intensiver werden, was aber zweifellos schon unter Karl organisierte Formen angenommen haben muß[83]. Es genügt, auf das Nachrich-

---

81) Da ist auf die ziemlich häufigen Besuche aller Luxemburger hinzuweisen, die nicht selten mit wichtigen diplomatischen Verhandlungen verknüpft waren: Ivan HLAVÁČEK, Vratislav jako místo pobytu Karla IV. a Václava IV. (K interpretaci pozdněstředověkých panovnických itinerářů) in: Źródłoznawstwo i studia historyczne, hg. von Kazimierz BOBOWSKI (Acta Universitatis Wratislaviensis 1112, Historia 76, 1989) S. 165–174. Nachzutragen ist Erich FINK, Geschichte der landesherrlichen Besuche in Breslau (Mittheilungen aus dem Stadtarchiv und der Stadtbibliothek zu Breslau 3, 1897) S. 5ff.

82) Vgl. Werner SCHULTHEISS, Kaiser Karl IV. und die Reichsstadt Nürnberg, Mitteilungen des Vereins für die Geschichte der Stadt Nürnberg 52 (1963–1964) S. 42–53.

83) Vgl. Ivan HLAVÁČEK, Z každodennosti Karla IV. a jeho dvora. Ubytovací možnosti v Praze v polovině 14. století, Český časopis historický 90 (1992) S. 33–42; DERS., Die Rolle der böhmisch-mährischen Städte, Burgen und Klöster im Itinerar der Luxemburger (1311–1419), in: Viatori per urbes castraque. Festschrift

tenwesen der Reichsstädte nach und von Prag bzw. dem Hof hinzuweisen, das sicher bedeutend umfangreicher war als heute zu belegen ist, wobei die Nürnberger sogar eine ständige Vertretung in Prag unterhielten[84]. Jedoch auch Frankfurt a. M. und Straßburg sind in
diesem Kontext nachdrücklich zu erwähnen[85]. Als wichtiges Symptom der wachsenden
Weltoffenheit gelten auch die Empfänge verschiedener Gesandtschaften mit ihrem Zeremoniell, die für Prag signifikant sind. Schon jetzt ist jedoch zu sagen, daß ihre Bedeutung
nicht nur, ja nicht vornehmlich für die Residenzforschung zu sehen ist, sondern noch mehr
für die sich eröffnenden Integrationstendenzen. Denn viele Dutzende solcher Empfänge
nicht nur unter Karl, sondern auch unter Wenzel, sind bisher kaum entsprechend als Phänomen gewürdigt und ausgewertet worden. Eine solche Systemanalyse scheint mir ein
dringendes Bedürfnis zu sein.

Eine wichtige integrative Rolle – jede in ihrer Art und Weise – haben in allen Bereichen
des staatlichen Wirkens Karls die beiden Kanzleien am Hof gespielt. Neben der schon erwähnten Hofkanzlei, die als Instrument des Willens des Herrschers bzw. seines Rates
galt[86], hatten die Kanzlei des Reichshofgerichtes und das Reichshofgericht[87] selbst spezi-

---

für Herwig Ebner, hg. von Helmuth BRÄUER/Gerhard JARITZ/Käthe SONNLEITNER (Schriftenreihe des Instituts für Geschichte 14, 2003) S. 277–291, sowie Hans PATZE, Hofgesellschaft (wie Anm. 77).

84) Vgl. Kommunikationspraxis (wie Anm. 20), darin bes. Miloslav POLÍVKA, Nürnberg als Nachrichten-
zentrum in der ersten Hälfte ds 15. Jahrhunderts, S. 165–177, und Ivan HLAVÁČEK, Kommunikation der
Zentralmacht mit Reichsuntertanen sowie auswärtigen Mächten unter König Wenzel (IV.), S. 19–30, beides
mit ausführlicher weiterführender Literatur.

85) Entsprechende Berichte ihrer Boten, jedoch zunehmend erst aus der Zeit Wenzels erhalten, sind in den
diesbezüglichen Publikationen zu finden, bes. in: Frankfurts Reichskorrespondenz 1, hg. von J. JANSSEN
(1865); Urkundenbuch der Stadt Strassburg 5 und 6, hg. von H. WITTE/G. WOLFRAM (1897ff.), sowie Deutsche Reichstagsakten 1ff., hg. von Julius WEIZSÄCKER (1867ff.). Gewisse Sonderfälle bilden zwei Prager Berichte der Jahre 1383 und 1394 aus Mantua bzw. Padua. Vgl. Rudolf KNOTT, Ein Mantuanischer Gesandt-
schaftsbericht aus Prag vom Jahre 1383, Mitteilungen des Vereins für Geschichte der Deutschen in Böhmen
37 (1899) S. 337–357, und Ivan HLAVÁČEK, Ohlas prvního zajetí Václava IV. v r. 1394 v Padově, in: Ad vi-
tam et honorem. Sborník k poctě 75. narozenin prof. dr. Jaroslava Mezníka (2003) S. 481–490.

86) Wie oben Anm. 32. Darüber hinaus vgl. bes. die knappe Skizze von Peter MORAW, Grundzüge der
Kanzleigeschichte Kaiser Karls IV. (1346–1378), ZHF 12 (1985) S. 11–42.

87) Ohne die umfangreiche verwaltungsgeschichtliche Literatur zum Thema anführen zu müssen, verweise
ich nur auf das Aktuellste: Hanns WOHLGEMUTH, Das Urkundenwesen des deutschen Reichshofgerichts
1273–1378 (Quellen und Forschungen zur höchsten Gerichtsbarkeit im Alten Reich 1, 1973); Friedrich
BATTENBERG, Gerichtsschreiberamt und Kanzlei am Reichshofgericht 1235–1451 (ebendort 2, 1974), und
Peter MORAW, Noch einmal zum königlichen Hofgericht im deutschen Spätmittelalter, ZGORh
123/N. F. 84 (1975) S. 103–114. Auf die daran anknüpfenden Editionen für die Zeit Karls und seines Sohnes von Friedrich BATTENBERG u. a. genügt es hinzuweisen. Interessant ist, daß bei Gelegenheit der vierten
Heirat Karls IV. in Krakau (vgl. Reg. Imp. 8, Nr. 3953a) das Reichshofgericht gearbeitet hat, vgl. Joachim
ZDRENKA, Posiedzenie cesarskiego sądu nadwornego w Krakowie w roku 1363, Studia historyczne 36
(1993) S. 217–220.

fische und in mehrfacher Hinsicht unersetzbare und fest umrissene Kompetenzen. Da jedoch ihre Produktion – Urkunden, Sprüche und in gewissem Ausmaß auch andere Arten des Geschäftsschriftgutes – dauernde Wirkung hatte, habe ich, wohl mit Recht, diese Kanzleien aufgrund unserer spezifischen Fragestellung vor ihren vorgesetzten Institutionen erwähnt. Sie reisten fast immer mit dem Herrscher. Worin sich jedoch das Reichshofgericht mit aller seiner Schriftproduktion von der Hofkanzlei unterschied, war seine territoriale Kompetenz: Die Hofkanzlei besaß eine deutliche »grenzübergreifende« Kompetenz auch für ausländische Angelegenheiten. Im Bereich der Böhmischen Krone war sie als landesherrliches Organ für alle politischen Belange zuständig, für Mähren während der Existenz der luxemburgischen Sekundogenitur allerdings nur zum Teil. Im Reich urkundete sie fast »nur« für Reichsunmittelbare. Das Reichshofgericht dagegen beschränkte sich auf Fälle, die bloß Reichsunmittelbares betrafen, und mit der Böhmischen Krone nichts zu tun hatten. Eine wenigstens stichprobenartige kartographische Auswertung der ausgegangenen Urkunden beider Behörden im Zusammenhang mit ihren Empfängern, wobei freilich ihre Mobilität berücksichtigt werden muß, wäre mehr als wünschenswert und anschaulich.

Zum zweiten Punkt. Im Vordergrund der Bemühungen Karls stand die dynastische Territorialpolitik, die im Sinne damaliger Denkweise mit der königlich-böhmischen identisch war, da er wußte, daß nur eine feste und umfassende Hausmacht seine Stellung als Kaiser sichern konnte, die er wiederum mit Hilfe seiner Macht im Reich erfolgreich stärken konnte. Das tat er mittels einer Reihe einzelner Privilegien, die er als römischer König erteilte und – falls nötig – durch kurfürstliche Willebriefe[88] festigen ließ, wie auch durch die allgemein gesetzlichen Festlegungen der Goldenen Bulle von 1356[89]. Das Ergebnis dieser durch Jahre laufenden Bemühungen war, bei Wahrung ihrer Sonderstellung, die festere Bindung der Böhmischen Krone[90] an das Reich, das als Karls letztliches Ziel erblich werden sollte. Das bedeutet zugleich, daß auch Karls Aktivitäten im Reich hoch einzuschätzen sind, er also kein »Erzstiefvater des Reiches« war. Diese Aspekte gehören zwar kaum in diesen Zusammenhang, dürfen jedoch nicht vergessen werden.

Dieser in Karls Vorstellung untrennbaren Einheit der Böhmischen Krone mit dem Reich hat er seine ganze Energie gewidmet und enorme Mittel sowohl aus der böhmischen Kammer als auch aus dem Reich geopfert. Das spiegelte sich – wenn man von Karls umfangreicher Bautätigkeit und der damit eng zusammenhängenden Steigerung seines Splendor absieht, die vornehmlich aus der »Hauskasse« finanziert wurde – am merklichsten in

---

88) Hier ist generell auf den oben erwähnten Fonds des Böhmischen Kronarchivs hinzuweisen (s. Anm. 71).

89) Bernd-Ulrich HERGEMÖLLER, Fürsten (wie Anm. 27) passim, bes. S. 17ff. und 144ff., sowie DERS., Maiestas Carolina. Der Kodifikationsentwurf Karls IV. für das Königreich Böhmen von 1355 (Veröffentlichungen des Collegium Carolinum 74, 1995).

90) BOBKOVÁ, Územní politika (wie Anm. 47).

seiner Territorialpolitik wider. An einem Höhepunkt seiner politischen Selbstdarstellung, am 7. April 1348, sanktionierte Karl neben vielen anderen wichtigen Rechtsgeschäften im Rahmen der böhmischen »Krongeschichte« auch die Integration der schlesischen Herzogtümer, des Bautzener und des Görlitzer Landes in die Böhmische Krone in der Form einer Inkorporation, die wohl seinen Vorstellungen am besten entsprach[91].

Bei dieser notwendig unvollständigen Skizze von Karls Territorialpolitik ist es unmöglich, die aktuelle politische Situation, besonders auch die der Zeit von Karls Konflikten mit den Wittelsbachern, zu berücksichtigen, obwohl das die Darstellung deutlicher machen und Verschiedenes klarer sehen lassen würde. Da es sich aber meist um allgemein bekannte Dinge handelt, können sie hier vorausgesetzt werden. Karl wußte, daß man sich im Reich nur mit möglichst großer eigener Machtgrundlage durchsetzen konnte. Neben einer kompakten und gut nutzbaren territorialen Hausmacht (der eigenen Böhmischen Krone) dienten dazu auch böhmische Lehen extra curtem in königsnahen Territorien – im Sinne der Terminologie Moraws – des Reiches und Streubesitz auch anderswo.

Aus der Sicht unmittelbarer Alltagspolitik war Karls »Drang« nach Westen von entscheidender und stets aktueller Bedeutung. Darunter spielte sein »mittelfristiges Lieblingskind« eine ganz besonders wichtige Rolle: sein systematischer Versuch, zwischen Prag und Nürnberg bzw. Frankfurt eine Landbrücke für den böhmischen König in die Herzlande des Reiches auszubauen[92]. Bei diesen Bemühungen sind zwei Phasen und zwei autonome Projekte zu unterscheiden. Das erste Großprojekt war der systematische Ausbau des sogenannten Neuböhmens[93] (dieser Terminus ist freilich ein späterer Ausdruck, der jedoch zum Sinn des Unternehmens sehr gut paßt) in der machtpolitisch zersplitterten Oberpfalz, wo der Tod von Karls zweiter Gattin Anna von der Pfalz (1349–1353) die erste Phase der Integrierung mit Böhmen störend beeinflußte. Karl ließ sich dadurch jedoch nicht von dieser seiner Idee abbringen und konnte schon um Mitte der 50er Jahre wichtige Ergebnisse verbuchen, die in der sog. Oberpfälzer Goldenen Bulle[94] gipfelten.

---

91) Die Urkunde findet man bei HRUBÝ, Archivum Coronae regni 2 (wie Anm. 71) Nr. 61. Über die Inkorporation SANMANN-von BÜLOW, Inkorporationen (wie Anm. 24).

92) Vgl. Hans Hubert HOFMANN, Karl IV. und die politische Landbrücke von Prag nach Frankfurt am Main, in: Zwischen Frankfurt und Prag (1963) S. 51–74 mit einer äußerst instruktiven Karte.

93) Vgl. Richard KLIER, Tschechische Dienstmannen auf den Burgen der Luxemburger in Neuböhmen?, Mitteilungen der Altnürnberger Landschaft 12 (1963) S. 1–14; Fritz SCHNELBÖGL, Das »Böhmische Salbüchlein« Kaiser Karls IV. über die nördliche Oberpfalz 1366/68 (Veröffentlichungen des Collegium Carolinum 27, 1973) und BOBKOVÁ, Územní politika (Anm. 47) S. 64ff. Vgl. auch Handbuch der bayerischen Geschichte 2, hg. von Max SPINDLER (1966) S. 207ff. und 3/1 (1971) S. 175ff. Es können noch symptomatische Formulierungen in den Kopfregesten im sog. Kleinen Kopialbuch des Böhmischen Kronarchivs zitiert werden, wo es heißt: *Incorporacio terrarum Bavarie ad regnum Boemie*, vgl. MATUŠÍKOVÁ, Menší kopiář (wie Anm. 71) S. 396 Nr. 2 und S. 402 Nr. 44. Das erste Stück stellte der Erzbischof von Mainz, das zweite Karl selbst als Kaiser aus.

94) Im Böhmischen Kronarchiv, Faksimile in: Archivum Coronae (wie Anm. 71) Nr. 475f. (Sign. 473f.) ed. RBM 6, Nr. 2. Vgl. auch ebd. Nr. 3. Sonst ist auf mehrere Urkunden dieses Archivs hinzuweisen, vgl.

Dabei ist es m. E. nicht ohne Belang, daß die Vorverhandlungen über die Oberpfalz intensiv im Elsaß, also ziemlich weit entfernt, geführt wurden; die eben erwähnte lateinische Goldene Bulle (parallel wurde auch die deutsche Fassung hergestellt) führt als Ausstellungsort gar Rom, genauer den Tag der kaiserlichen Krönung an. Das belegt überzeugend, daß sich Karl niemals von Gedanken über die Böhmische Krone lösen konnte. So entstand die enge, ja engste Bindung dieser Territorien an Karl als Vertreter der Böhmischen Krone auch im geistigen Rahmen.

Der Ausbau dieses Territoriums wurde jahrelang systematisch fortgesetzt und Sulzbach, dessen Siegel aus dieser Zeit in der Umschrift stolz *corone Boemie fidele membrum*[95] trug, galt bald als ein wichtiges Verwaltungszentrum des weiteren Umlandes[96]. In Lauf an der Pegnitz und der dortigen Wenzelsburg, dicht vor den Toren Nürnbergs, hat Karl eine Nebenresidenz geschaffen, wo er mit der kronböhmischen Wappengalerie aus dem Anfang der 60er Jahre die dortige böhmische Herrschaft geradezu öffentlich veranschaulichte[97]. Da darüber hinaus für diesen Raum dankenswerterweise eine wahre Flut von Urkunden vorhanden ist, kann man genauer sehen: Dem Land wurden viele integrative wirtschaftliche Privilegien (Berg- und Münzrecht, Zölle, Judenprivilegien) erteilt, jedoch darüber hinaus auch ganz konkrete Verwaltungsmaßnahmen eingeführt. Als zuständige Gerichte galten zwar lokale Institutionen, als Appellationsinstanz trat jedoch nur der böh-

---

HRUBÝ, Archivum Coronae regni (wie Anm. 71) Nr. 285ff. u. a. Die Urkunde ist aus mehreren Gründen von großem Interesse, vornehmlich wegen der stetigen Durchdringung des Imperialen und des Böhmisch-königlichem sowohl in der Arenga als auch im Text. Es genügt nur aus ihrer Arenga zu zitieren: *imperialis benignitas hincinde distrahitur, ad desideratam quietem et felix augmentum insignis regni nostri Boemie oculos nostre deliberationis convertimus.* In der Sanktio heißt es dann: *sub pena ... medietatem imperialis erarii sive fisci, residuam vero partem regum Boemie, qui pro tempore fuerint, cameris seu usibus applicari.*
95) SCHNELBÖGL, Salbüchlein (wie Anm. 93) S. 42 und BOBKOVÁ, Územní politika (wie Anm. 47) S. 71. Bei SCHNELBÖGL S. 41f. sind auch andere interessante Beispiele zu lesen: So lautete die Siegelumschrift der Neustadt a. d. Waldnaab: *Nova civitas regno Boemie fidelis unitas* oder: *Hersbrvck obediens fidem Boemie tenens.* Die unterschiedliche Formulierung des gleichen Verhältnisses zu Böhmen läßt vermuten, daß Karl wohl die Siegelerneuerung befohlen, die Formulierungen jedoch den betreffenden Städten überlassen hat. Überraschend kann man konstatieren, daß die Siegelträger den Wortlaut ihrer Siegelumschriften gar versifiziert haben, was in dieser Quellengattung ein ganz seltener Fall ist, denn sonst wissen wir darüber am ehesten bei den höchsten oder geistlichen Würdenträgern Bescheid, vgl. Wilhelm EWALD, Siegelkunde (1914) S. 223 und weniger informativ Erich KITTEL, Siegel (1970) S. 203. Von Karls Verbundenheit zu diesen Territorien zeugen auch seine viele »Arbeitsaufenthalte« in dieser Region, besonders in Sulzbach und Lauf, die günstig an der Hauptverkehrslinie Prag – Nürnberg (= Reich) lagen.
96) S. SCHNELBÖGL, Salbüchlein (Anm. 93) S. 41–43 u. a. Karls Sohn Wenzel wurde bei dieser Gelegenheit der Titel des Grafen von Sulzbach verliehen. Bei SCHNELBÖGL S. 20ff. eine eindrucksvolle Tabelle des Wachstums des böhmischen Einflusses in diesem Gebiet besonders in den Jahren 1353–1363. Schon die Burgenöffnungen dem Luxemburger gegenüber sind – nicht nur hier – dafür symptomatisch.
97) Vgl. dazu ausführlich Vladimír RŮŽEK, Česká znaková galerie na hradě Laufu u Norimberka z roku 1361. Příspěvek ke skladbě královského dvora Karla IV., Sborník archivních prací 38 (1988) S. 37–311.

mische König auf. In den kurfürstlichen Willebriefen treffen wir bei einzelnen Gütern auf eine präzise Unterscheidung zwischen den Reichslehen der Böhmischen Krone und ihrem direkten Eigentum.

Das Ausgreifen Karls als böhmischer König in zentrale Reichsgebiete setzte sich im Westen wie auch im Südwesten fort: über Franken, wo z. B. in Heidingsfeld an den Resten der Stadtbefestigung bis heute mehrere Wappen mit dem böhmischen Löwen zu finden sind, bis nach Württemberg, Rheinland-Pfalz (mit der Augustinerchorherren-Propstei Niederingelheim, die *filia* des Prager Karlshofs war)[98] und ins Elsaß. Donaustauf wurde vorübergehend zur Schlüsselposition an der mittleren Donau in der Nähe von Regensburg, von wo sich Karl jedoch schon 1373 zurückgezogen hat, ohne jemals dessen unangefochtener Herr geworden zu sein[99]. Karl scheute bei den Bemühen um seine Durchsetzung in der Rolle des böhmischen Königs nicht, alle außermilitärischen Mittel – wobei die militärischen jedoch stets immanent waren – zu benützen.

Um nochmals auf »Neuböhmen« zurückzukommen, so ist noch eine interessante Maßnahme zu erwähnen, nämlich daß Karl die wichtige königliche Grenzstadt Tachau in Westböhmen mit ihrer königlichen Stadtburg und ihr Umland zu einer Verwaltungseinheit mit den »neuböhmischen« Territorien in Bayern-Oberpfalz zusammenschloß. Die konkreten Gründe dafür – sonst privilegierte Karl die Stadt nach wie vor wie die anderen in Böhmen – sind nicht offensichtlich, es ist jedoch zu vermuten, daß hier der Versuch gemacht wurde, beide Territorien über die Berge hinweg enger zu verknüpfen[100]. Dem böhmischen Territorium in der Oberpfalz wurde von Karl als böhmischem König der »Hauptmann in Bayern«, »Hauptmann über Wald« o. ä. vorgesetzt, der meist aus der Region stammte, dessen Amtssiegel jedoch wieder die deutlich redende Umschrift trug: *iudicium provinciale trans silvam regni Bohemie*[101]. Es handelte sich dabei sowohl unter Karl als auch unter Wenzel auch um Eingriffe aufgrund der Reichsmacht, aber diese Posten wurden sehr oft durch Leute aus dem engeren böhmischem, nicht jedoch immer tschechischem Umfeld besetzt. Diese Fragen zu verfolgen, würde aber zu weit führen, und so wenden wir uns wieder der Oberpfalz zu. Denn dieser Ausbau wurde plötzlich durch ein verfassungsrechtlich noch lukrativeres Angebot in den Hintergrund gestellt, ja man kann fast sagen, daß das ganze Oberpfälzer Großkonzept eigentlich sein jähes Ende fand, obwohl dort keineswegs alles

---

98) Zuletzt Hans SCHMITZ, Pfalz und Fiskus Ingelheim (Untersuchungen und Materialien zur Verfassungs- und Landesgeschichte 2, 1972) S. 244f., 298ff. Die Stätte sollte eine Raststation für böhmische Pilger werden, womit ausdrücklich zusammenhängt, daß der Beichtvater des Tschechischen mächtig sein sollte.

99) Vgl. Bedřich MENDL, Zápas o Donaustauf, in: Od pravěku k dnešku 1 (Pekařův sborník) 1 (1930) S. 215–232. Dazu auch KOSS/BAUER, Archiv (wie Anm. 71) S. 316 (Einschreiten des Papstes).

100) SCHNELBÖGL, Salbüchlein (wie Anm. 93) S. 32 und BOBKOVÁ, Územní politika (wie Anm. 47) S. 73.

101) Vgl. Karl WILD, Karl, Baiern und Böhmen. Beiträge zur Geschichte ihrer Beziehungen im Mittelalter, Verhandlungen des histor. Vereines für Regensburg und Oberpfalz 88 (1938) S. 3–166, bes. S. 153ff., und SCHNELBÖGL, Salbüchlein (wie Anm. 93) S. 43.

für Böhmen verloren ging und böhmische Lehen über die Oberpfalz hinaus stets bis tief in das Württembergische reichten, jedoch keine große politische Bedeutung erlangten[102].

Aber auch die Aktivitäten Karls im Reich sind nicht zu unterschätzen, die er besonders im Kontext der Kontakte mit Frankreich entfaltete. Sie müssen hier jedoch zum guten Teil beiseite bleiben, obwohl sie auch integrativ gewirkt haben, meist jedoch in »Gegenrichtung«, an Frankreich orientiert[103]. Aber auch solches Handeln muß als integratives Element, freilich auf einer anderen, höherer Ebene betrachtet werden.

In den beginnenden siebziger Jahren bot sich Karl als böhmischem König eine einmalige Chance. Es zeigte sich nämlich die Möglichkeit, nördlich seiner Erblande mit einem Schlag ein fest umrissenes, kompaktes Territorium zu erwerben, das darüber hinaus mit der Kurstimme verbunden war – die Mark Brandenburg. Das kam freilich nicht unerwartet, ja man könnte sagen, daß Karl es schon seit seinen Anfängen im Blick hatte und Schritt für Schritt dafür den Boden sondierte und den Weg vorbereitete[104]. So verschob sich sein Interesse nach jahrelangen, oft unmerklichen Vorbereitungen allmählich in den Nordosten des Reiches, wo er schließlich 1371 nach dem gewonnenen Krieg gegen seinen Schwiegersohn Otto von Wittelsbach die Mark Brandenburg mit ihrer Kurstimme für sein Haus gewinnen konnte. Die Summe, die er dafür zahlen mußte, war enorm: eine halbe Million Gulden, die er zu rund einem Fünftel durch den Verkauf von Teilen des erst jüngst so mühsam erworbenen »Neuböhmen« bezahlte. Wegen der zweiten Kurstimme war ihm das auch flächenmäßig imposante Brandenburg jeden Preis wert. Jedoch mußte auch nach Brandenburg ein sicherer Korridor geschaffen werden, mit anderen Worten, die Böhmische Krone mußte zuerst oder zumindest parallel dazu die beiden Lausitzen in toto dauerhaft gewinnen[105].

---

102) BOBKOVÁ, Územní politika (wie Anm. 47) S. 84f., wo jedoch der Name Lamprechts von Brunn und die geographische Lage des Klosters Langheim zu verbessern sind. Vgl. auch Peter-Johannes SCHULER, Regesten zur Herrschaft der Grafen von Württemberg 1325–1378 (Quellen und Forschungen aus dem Gebiet der Geschichte N. F. 8, 1998) Nr. 782f., 785, 787.

103) Vgl. HERGEMÖLLER, Fürsten (wie Anm. 27) S. 16f.

104) BOBKOVÁ, Územní politika (wie Anm. 47) S. 127ff.; Johannes SCHULTZE, Die Mark Brandenburg 2. Die Mark unter Herrschaft der Wittelsbacher und Luxemburger (1319–1415) (1961) S. 152ff. S. auch Gerd HEINRICH, Kaiser Karl IV. und die Mark Brandenburg, BDLG 114 (1978, s. Anm. 77) S. 407–432. Dabei ist auch die Frage der Besetzung des Magdeburger Erzbistums durch Karls Vertraute für den Kaiser von großem Belang gewesen.

105) Michael LINDNER, Nähe und Distanz. Die Markgrafen von Meißen und Karl IV. im dynastischen Wettstreit (mit Textedition), in: Akkulturation und Selbstbehauptung. Studien zur Entwicklungsgeschichte der Lande zwischen Elbe/Saale und Oder im späten Mittelalter, hg. von Peter MORAW (Berichte und Abhandlungen der Berlin-Brandenburgischen Akademie der Wissenschaften, Sonderband 6, 2001) S. 173–255. Wie sich dabei Karls Kompetenzen durchdrangen, zeigen sehr anschaulich seine verschiedenen Urkunden in LINDNERs Anhang (vgl. Nr. 15, 19/1–2, 20 u. a., S. 218ff.).

Die ersten Schritte zu diesem »Drang nach Norden« gehörten bekanntlich schon in die Regierung Johanns sowie in Karls Frühzeit als Markgraf von Mähren und wurden unter Karl als König systematisch fortgesetzt. Erfolge ließen nicht lange auf sich warten: die inzwischen längst der Krone zugehörenden Städte der Oberlausitz, vornehmlich der sogenannte Sechsstädtebund – 1346 nach mehreren mißglückten Versuchen gegründet –, dessen Glieder in der Maiestas Carolina als unveräußerliches Krongut deklariert wurden[106], bildeten das Sprungbrett nach Norden.

Karl schätzte die mit so großen Opfern erworbene Mark Brandenburg vorranging und es nimmt kaum Wunder, daß er dort sehr bald seine Residenz in Tangermünde ausbaute, die als kleines Karlstein galt und ihm zum beliebten Aufenthaltsort wurde. Das war jedoch nicht von langer Dauer, da sich das Leben Karls schon seinem Ende zuneigte[107]. Nichtsdestoweniger wußte er auch diese knappe Zeit reichlich zu nutzen. Seine Integrierungsmaßnahmen im Norden der Böhmischen Krone waren eindrucksvoll und systematisch und betrafen wieder die breite Skala des Wirtschaftlichen, Verwaltungstechnischen sowie Politischen. Die Flut zahlreicher Urkunden in beiden Richtungen bezeugt das. Privilegien des Hofes an lokale Empfänger, jedoch auch umgekehrt vornehmlich die Huldigungen aller Art und aller urkundenden sozialen Gruppen an die Luxemburgern füllen bis heute sowohl die Empfängerarchive als auch die Truhen des Böhmischen Kronarchivs[108]. Auch das durch Karl initiierte brandenburgische »Landbuch« weist in dieser Richtung[109]. Nur nebenbei sei darauf hingewiesen, daß sich Karl stets bemühte, in allen neu gewonnenen »Nebenländern« seiner Krone die Evidenz der wirtschaftlichen Verhältnisse effizienter, als es vorher der Fall war, zu organisieren. Das brandenburgische Landbuch ist zwar das bekannteste Beispiel, doch auch in »Neuböhmen« und in Schlesien entstanden ähnliche Hilfsmittel der zentralen Verwaltung, die auch der politischen Integration sehr zu Gute kamen[110]. Auch wirkten zugleich verschiedene Verpfändungen randböhmischer Ort-

---

106) HERGEMÖLLER, Fürsten (wie Anm. 27), S. 48. Zum Phänomen Oberlausitz vgl. in diesem Kontext František KAVKA, Karl IV. und die Oberlausitz, in: Lětopis. Jahresschrift des Instituts für sorbische Volksforschung B 25/2 (1978) S. 141–160 und zu den Grenzspannungen seit Karl bis in die Zeiten Wenzels Lenka BOBKOVÁ, Česko-míšeňská hranice na přelomu 14. a 15. století, in: Historik zapomenutých dějin, in: Sborník příspěvků věnovaných prof. dr. Eduardu Maurovi (2003) S. 258–270.

107) In den siebziger Jahren waren es insgesamt etliche Monate, s. EBERHARD, Herrschaft (wie Anm. 79) S. 106.

108) Codex Diplomaticus Brandenburgensis, hg. von Adolph Friedrich RIEDEL (1838ff.) passim, sowie Archivum Coronae regni Bohemiae, Editio phototypica (wie Anm. 71) und die entsprechenden Regestenhefte. Diese enge Bindung Brandenburgs blieb auch nach Karls Tod unter der Herrschaft des mährischen Markgrafen Jodok aufrecht, der auch öfters im Lande weilte. Vgl. ŠTĚPÁN, Markrabí Jošt (wie Anm. 1) Register.

109) Ediert von Johannes SCHULTZE, Das Landbuch der Mark Brandenburg von 1375 (1940).

110) Über das Oberpfälzer Salbüchlein ist oben im Text mit Anm. 93 Rede gewesen, zu Schlesien vgl. Carl BRINKMANN, Die Entstehung des märkischen Landbuchs Kaiser Karls IV., in: Forschungen zur Branden-

schaften an benachbarte lokale Machthaber integrativ, obwohl sie öfters Anlaß und Raum zu Spannungen, besonders mit der davon betroffenen Bevölkerung gaben[111]. Wir haben dazu jedoch zu wenige Quellen, um konkretere Schlüsse ziehen zu können.

Im Nordosten schließlich konnte Karl an die Tradition seines Vaters anknüpfen und die Integration auch durch seine persönliche Rolle als Gatte der Anna von Schweidnitz (†1362) erfolgreich zum Abschluß bringen. Die verschiedenen Ausgriffe Karls nach Polen sind in dieser Hinsicht so gut wie belanglos gewesen, denn es handelte sich dabei bloß um die Kunst der Politik, von sich »hören zu lassen« und auf diese Weise die eigene Macht zu demonstrieren. Ernsthafte Versuche, nach Polen bzw. in dessen Randzonen einzudringen, gab es nur kurzfristig, da der Staat Kasimirs des Großen als konsolidiertes Land galt[112]. Die direkte Verwandschaft Karls[113] sowohl mit dem polnischen als auch dem ungarischen König durch seine dritte Gattin Anna von Schweidnitz (1353–1362) hat die integrativen Tendenzen zu den östlichen Nachbarn intensiviert. Denn gleichzeitig begründete Karl durch seine Tochter Katharina die Verwandschaft zu den Habsburgern, wobei er auch die Erbschaft nach der Anna von der Pfalz (†1353 nach kaum vierjähriger Ehe mit Karl) zu nutzen wußte. Der Wiener mitteleuropäische »Gipfel« im März des Jahres hat jedoch keine dauernde Wirkung gehabt[114].

Als besonders wichtiges Instrument galt Karl bei seiner territorialen, im Namen der Böhmischen Krone realisierten Expansion und Integration auch die aktive Kirchenpolitik, die Hand in Hand mit der allgemeinen ging und wenigstens teilweise mit ihr identisch war. Obwohl Karl dazu viele Möglichkeiten – zumindest nominell – zur Verfügung standen, ist schon am Anfang zu konstatieren, daß er in diesem Bereich in der uns interessierenden Hinsicht überraschenderweise nicht so viel Glück wie bei anderen Unterfangen gehabt hat. Dennoch konnte er einigen Gewinn daraus ziehen. Das soll näher dargelegt werden, doch kann nur die Kirchenpolitik auf höchster Ebene und nicht die Tagespolitik besprochen werden, also die Kontakte mit der päpstlichen Kurie in Avignon und die davon abgeleiteten Fragenkomplexe, vor allem die Diözesen betreffend. Die Bemühungen Karls um

---

burgischen und Preußischen Geschichte 21 (1908) S. 373–433. Sonst auch andere Arbeiten zit. bei SCHULTZE, Landbuch (wie Anm. 109) S. XI und HEINRICH, Karl (wie Anm. 104).

111) Vgl. Herzog Bolko von Schweidnitz-Jauer, der in Nordostböhmen Fuß faßte (vgl. Landbuch księstw świdnickiego i jaworskiego 1, 1366–1376 hg. von Tomasz JUREK, 2004, S. VI f.). Zu Schlesien noch Andreas RÜTHER, Die schlesischen Fürsten und das spätmittelalterliche Reich, in: Principes. Dynastien und Höfe im späten Mittelalter, hg. von Cordula NOLTE/Karl-Heinz SPIESS/Ralf-Gunnar WERLICH (Residenzenforschung 14, 2002) S. 33ff. mit weiterer Literatur.

112) Vgl. Paul W. KNOLL, The Rise of the Polish monarchy. Piast Poland in East central Europe, 1320–1370 (1972), und Janusz KURTYKA, Odrodzone Królestwo (2001).

113) Bekanntlich sollte es ohnehin zur verwandschaftlichen Beziehung kommen, da Anna als Gattin für Karls unerwartet verstorbenen Sohn Wenzel bestimmt war. Doch war die Verbindung auf diese Weise noch enger.

114) SPĚVÁČEK, Karel IV. (wie Anm. 4) S. 234f.

die Rückkehr der Kurie nach Rom, die in seine Kompetenz als Kaiser gehörten, sollen nicht berührt werden, obwohl er sich auch als böhmischer König darum bemühte, zumindest mittels seiner Gesandten und Botschafter. Auch der erste an einen böhmischen Prälaten – den zweiten Prager Erzbischof Johann Očko von Wlaschim – erteilte Kardinalshut muß in diesem Kontext erwähnt werden.

Die wichtigste Vorbedingung dafür war die schon erwähnte Erhebung des Prager Bistums zum Erzbistum (1344), die noch in der Spätzeit Johanns zustande kam und die Karl als Ausgangspunkt für weitere tiefgreifenden Maßnahmen in der kirchlichen Organisation und Integration seiner erblichen Länder zugleich dienen sollte. Aber die neue Prager Erzdiözese, obwohl flächenmäßig ausgedehnt, umfaßte nur die Kernländer der Krone, d. h. Böhmen und Mähren, und hatte lediglich zwei Suffraganbistümer, Olmütz und Leitomischl. Alle Nebenländer waren von alters her fremden Metropolen unterstellt: Schlesien – d. h. Breslau – dem Erzbistum Gnesen, beide Lausitzen zum großen Teil dem neuerdings exemten Bistum Meißen, Brandenburg großteils dem eigenen Bistum, das dem Erzbischof von Magdeburg unterstand, »Neuböhmen« den Bistümern Bamberg (exemt) bzw. Regensburg (Metropole Salzburg), zum kleinen Teil auch Naumburg. Die verstreuten Außenbesitzungen im Reich, Luxemburg inbegriffen, brauchen hier nicht erwähnt zu werden, da sie in diesem Kontext irrelevant waren. Dieser überkommene Zustand erschwerte freilich die großzügigen Integrationsabsichten Karls IV. beträchtlich[115]. Deshalb wollte er diese Verhältnisse, d. h. die kirchliche Struktur in der Böhmischen Krone, vom Grunde an ändern. Das Endergebnis glich jedoch einem Fiasko. Nicht nur, daß es ihm nicht gelungen ist, die eben genannten Nebenländer der Metropole Prag zu unterstellen, ja auch die Vermehrung der Diözesen im eigenen Böhmen, wo aus drei alten Kollegiatkirchen (Altbunzlau, Melnik und Sadská) und einer Stadtpfarre (Schlan) Bistümer werden sollten, scheiterte, ähnlich wie der Versuch der Gründung des Bistums in Bautzen[116]. Aber Karl kapitulierte nicht, sodaß er statt dieser kühnen Pläne wenigstens einen schwachen Ersatz – und auch das erst ziemlich spät – erkämpfte. Es war der Titel des ständigen päpstlichen Legaten für den Prager Erzbischof mit der Kompetenz für die drei Reichsdiözesen Regensburg, Bamberg und Meißen[117]. Für die diesbezüglichen Urkunden Urbans V. für

115) Vgl. Ivan Hlaváček, Česká církev, její organizace a správa ve vztahu ke státu do husitství, in: Církevní správa a její písemnosti na přelomu středověku a novověku (Z pomocných věd historických 15, Acta Universitatis Carolinae – Philosophica et historica 1999, 2003) S. 9–26.

116) Auch die spätere Absicht seines Sohnes, freilich aus anderen innenpolitischen Gründen erwachsen, im westböhmischen Benediktinerkloster Kladrau ein Bistum zu gründen, schlug fehl, vgl. Jaroslav V. Polc, Svatý Jan Nepomucký 1 (1973) S. 263ff.

117) Vgl. Zdeňka Hledíková, Die Prager Erzbischöfe als ständige päpstliche Legaten. Ein Beitrag zur Kirchenpolitik Karls IV., in: Regensburg und Böhmen (Beiträge zur Geschichte des Bistums Regensburg 6, 1972) S. 221–256. Die Ausführungen von Mendl, Zápas o Donaustauf (wie Anm. 99) S. 229, scheinen mir allzu weit zu gehen.

Karl vom 28. Mai 1365 kassierte die Kurie nicht weniger als tausend Gulden[118]. Obwohl der Prager Erzbischof diese Funktion nicht als bloßen leeren Titel betrachtete – wie man früher vermutete –, blieben doch seine Eingriffe in die lokalen kirchlichen Verhältnisse dieser Diözesen nur sporadisch und zeitlich bedingt und konnten deshalb keinesfalls den Hoffnungen Karls IV. gerecht werden.

Karl aber verfolgte seine Idee auch in den folgenden Jahren hartnäckig, sodaß er nach dem Gewinn Brandenburgs die Erweiterung der Legation des Prager Erzbischofs auf die dort zuständigen Bistümer anstrebte. Es handelte sich um die Diözesen Brandenburg (Metropole Magdeburg), Lebus (Gnesen) und Havelberg (Mainz). Da der Papst in gewisser Weise Obstruktion betrieb, kam die Sache nicht mehr zustande[119]. Aber diese Versuche sind ein mehr als deutlicher Beweis für Karls systematische und durchdachte Konzeption auch in der sehr aktuellen Frage der kirchlichen Organisation. Denn die kirchliche Hierarchie war für die Böhmische Krone eine nicht nur wichtige, sondern unersetzliche Hilfe auch in vielen staatlichen Verwaltungsangelegenheiten[120]. Karl konnte auf diese Weise – auch dank seiner glücklichen Personalpolitik – trotz allem auf eine weitere, obwohl freilich schwächer wirksame Weise den nötigen Einfluß im Reich geltend machen.

Mehr Glück hat Karl, freilich als römischer Herrscher und dank seines unermüdlichen und stetigen persönlichen Einsatzes, in der Personalpolitik bei den Besetzungen der Reichsbistümer gehabt[121], obwohl er dabei verschiedene Scharmützel mit den mehr oder weniger starken zentrifugalen Regionalkräften ausfechten mußte. Die Ergebnisse blieben jedoch stets nur kurzfristig, und jeder Amtswechsel brachte die Probleme von Neuem.

Nur ganz nebenbei soll aber doch auf die »Reichsproblematik« im Westen hingewiesen werden. Es handelte sich vornehmlich um das Problem des Arelat, wo das Reich gegenüber dem expandierenden Frankreich in der Defensive war[122]; es belastete die familiären

---

118) Vgl. Monumenta Vaticana res gestas Bohemicas illustrantia 3, ed. Fridericus JENŠOVSKÝ (1944) Nr. 478, wo auch viele Mandate an alle, die es betraf, verzeichnet sind.

119) HLEDÍKOVÁ, Erzbischöfe (wie Anm. 117) S. 235f., und Ulrike HOHENSEE, Zur Erwerbung der Lausitz und Brandenburgs durch Kaiser Karl IV., in: Kaiser, Reich und Region (wie Anm. 35) S. 213–243, bes. S. 240f., dort auch die Ansicht von Gerd Heinrich, daß Karl »die Mark de facto zu einem böhmischen Kronland machte«; Peter MORAW, Die Mark Brandenburg im späten Mittelalter. Entwicklungsgeschichtliche Überlegungen im deutschen und europäischen Vergleich, in: Akkulturation (wie Anm. 105) S. 13–36. Über Wichtigkeit des Magdeburger Erzbistums in den Plänen Karls vgl. auch Eberhard HOLTZ, Politische Kräfte und politische Entwicklungen in Mitteldeutschland während des 14./15. Jahrhunderts, in: ebd. S. 290ff.

120) Vgl. HLAVÁČEK, Česká církev (wie Anm. 115) passim.

121) S. Gerhard LOSHER, Königtum und Kirche zur Zeit Karls IV. Ein Beitrag zur Kirchenpolitik im Spätmittelalter (Veröffentlichungen des Collegium Carolinum 56) und Gerhard SCHMIDT, Die Bistumspolitik Karls IV. bis zur Kaiserkrönung 1355, in: Karl IV. Politik und Ideologie im 14. Jahrhundert, hg. von Evamaria ENGEL (1982) S. 74–120.

122) Vgl. Ferdinand SEIBT, Zum Reichsvikariat für den Dauphin, ZHF 8 (1981) S. 129–158, und HECKMANN, Stellvertreter (wie Anm. 28) nach Register, ohne die eben zitierte Arbeit von Seibt zu kennen.

Bindungen zum herrschenden französischen Königshaus, die in der berühmten Reise Karls IV. mit seinem Sohn Wenzel am Ende von Karls Leben gipfelten[123], aber nicht zu schwer. Diese Reise, die – wie andere von Königen – nicht als Privatangelegenheit betrachtet werden kann, hatte mehr Hintergrund als nur Karls Nostalgie. Die Frage, ob das Reich oder Böhmen dabei im Vordergrund stand, wäre freilich verfehlt, da beide ins Spiel kamen, ja kommen mußten. Zwei Punkte, denen die Literatur große Aufmerksamkeit gewidmet hat, scheinen dabei entscheidend zu sein, nämlich die Frage des Arelat und die Anwartschaft in beiden Königreichen an der Ostgrenze sowohl des Reiches als auch der Böhmischen Krone. Die erste Frage war eindeutig eine Reichssache, die zweite dann vorrangig bohemikal, obwohl auch für das Reich wichtig[124]. Aus zeremoniellen Gründen überwog freilich bei den Außenpolitik die Kaiserwürde Karls IV., aber schon allein die Tatsache, daß hier der »familiär-verwandschaftliche«, also »böhmische« Aspekt einen der wichtigsten Impulse gab, ist zu betonen und ernst zu nehmen.

Verschiedentlich wurde schon auf das Vertragswesen Karls hingewiesen, das hier nur kurz charakterisiert zu werden braucht. Seine lebenslange Energie und Dynamik zeigte sich deutlich auch auf internationaler Ebene. Mehr als 125 Verträge sind während seiner selbständigen Regierung zu registrieren, da dazu auch die Verträge seines Sohnes aus dieser Zeit zweifellos einzurechnen sind[125]. Auch ihre Zusammensetzung weist andere Züge auf, als es unter Johann der Fall war. Wenn man die Vertragspartner Karls klassifizieren soll, gliedern sie sich grob in zwei Gruppen. Die größere bilden die Partner aus dem Reich, doch sind auch solche von außerhalb desselben massiv vertreten. Sie brauchen und können nicht alle aufgezählt werden, doch seien die Namen wenigstens der wichtigen Partner erwähnt. Festzuhalten ist dabei, daß Karl oft nicht allein auftrat, sondern zu solchen Verhandlungen seine nächsten Verwandten beizog, so besonders seinen getreuen »Schatten«, den Bruder Johann Heinrich, und später dann auch die Vertreter der jüngeren Generation des Hauses, d. h. seine Söhne. Auch das unterstreicht die obige Feststellung, daß die meisten Verhandlungen vornehmlich aufgrund der Macht der erblichen Länder und weniger als römischer Herrscher geführt wurden[126]. Auf eine genauere Unterscheidung der in

---

123) Dazu jetzt František ŠMAHEL, Studie o cestě Karla IV. do Francie 1377–1378 1. Prolegomena: nové poznatky a otázky, Český časopis historický 101 (2003) S. 781–817, mit Hinweisen an weitere Fortsetzungen, die ebenfalls in den breiten Rahmen der europäischen Politik gesetzt werden.

124) Mit großer Schärfe hat diese Ereignisse, die Frage des beginnenden Schismas und der Rolle von Karls und Wenzels Approbation KAVKA, Vláda Karla IV. 2 (wie Anm. 1) S. 199ff. behandelt. Dort auch die knappe Zusammenfassung der Verfügungen Karls zugunsten seiner Erben in seinen beiden Testamenten (S. 201ff.). Ihre eigenartige (private!) Überlieferung bedarf einer genauen Analyse.

125) Mit großer Vorsicht nach STIEBER, České státní smlouvy (wie Anm. 71) S. 262ff.

126) Ein Beispiel für mehrere andere: am 29. Oktober 1353 verkaufte der Pfalzgraf Ruprecht in Hagenau Karl, seinen Erben und der Böhmischen Krone gewisse Güter. Es heißt dort buchstäblich: *Karolo Romanorum semper augusto et Boemie regi ... heredibus et successoribus suis regibus Boemie et eiusdem regni corone hereditarie* (HRUBÝ, Archivum Coronae regni 2, wie Anm. 71, Nr. 282, S. 344). Dieser Vertrag wurde

konkreten Fällen betonten Würde muß hier leider verzichtet werden, wobei die Grenze zwischen ihnen ohnehin nicht immer deutlich oder auch gar nicht zum Ausdruck gebracht wurde, was ziemlich sicher mit Absicht so war.

Im folgenden also wenigstens konkrete Namen der Partner: die Herzöge von Österreich, die Herzöge von Bayern (zugleich als Markgrafen von Brandenburg), die Pfalzgrafen bei Rhein, die Markgrafen von Meißen, die Burggrafen von Nürnberg, verschiedene Vertreter des Reichsepiskopats, besonders der Erzbischof von Mainz, die Herzöge von Sachsen und sächsische Adelige, die Herzöge von Braunschweig und Lüneburg, der Herzog von Mecklenburg (und sein Sohn, der König von Schweden), der Herzog von Anhalt, jedoch auch Reichsstädte wie Regensburg, Nürnberg, Mainz u. a. Die Kontakte mit den schlesischen Herzögen, die neulich von Jerzy Horwat am Beispiel der Herzöge von Oppeln exemplifiziert wurden[127], waren auch sehr rege, da diese Fürsten wie auch andere schlesische Herzöge stark am Prager Hof vertreten waren. Deshalb sind sie nicht so sehr als Objekt der Außenpolitik, sondern eher als dem Prager Hof untergeordnet zu betrachten.

Der Hauptinhalt dieser Verträge ähnlich wie der massenhaft von der Reichskanzlei ausgestellten Privilegien zielte auf die allgemeine wirtschaftliche Integration und vornehmlich die Einbeziehung der Böhmischen Krone in das Wirtschaftssystem Mitteleuropas. Dabei war Karl freilich in der Praxis weit nicht so erfolgreich wie er wünschte, doch hat man damals – und das wurde wenigstens teilweise unter seinem Sohn fortgesetzt – durch Zollaufhebungen und dergleichen manche Barrieren abgeschafft, manchmal freilich mehr oder weniger gegen den Willen der lokalen Dynasten[128]. So sagen die Namen der Vertragspartner relativ wenig, wenn nicht die Vertragsinhalte genau interpretiert werden. Vielfach handelte es sich um Verträge gleichberechtigter Partner, was unter Hervorkehrung der römischen Königswürde nur schwer möglich wäre.

Jedoch auch über das Imperium hinaus ist nicht immer eindeutig, ob die römisch-königliche bzw. imperiale Würde zur Geltung gebracht wurde oder nicht. In mehreren Fällen wissen wir sicher, daß es nicht der Fall war. So sehen wir schon in den frühesten selbständigen Handlungen Karls, also vor 1346, daß er sich mit westlichen Partnern verband wie dem normannischen Herzog Johann, der Karl die Unterstützung durch Frankreich versprach[129]. Darin wird Karl vor der Erlangung der römischen Krone als *Carolus de Bo-*

»für alle Fälle« durch Karl in einer deutsch verfaßten Urkunde aus seiner römischen Macht sich selbst als dem böhmischen König und der Böhmischen Krone bestätigt (ebd. S. 346ff.).

127) Jerzy HORWAT, Księstwo Opolskie i jego podziały do 1532 r. (2002) bes. S. 115ff.; vgl. auch Rudolf ŽÁČEK, K úloze slezských vévodů u lucemburského panovnického dvora, in: Slezsko v dějinách českého státu (1998) S. 152–157.

128) Auf die reiche Literatur zu diesen wirtschaftlichen Fragen braucht nicht einzeln verwiesen werden.

129) Hier und im folgenden stütze ich mich erneut auf den Katalog der Verträge bei STIEBER, České státní smlouvy (wie Anm. 71) Nrr. 130ff., obwohl dort mehrere Versehen zu verbessern sind, so daß man vor-

hemia, rex Boemorum bezeichnet. Auch wenn man später z. B. den Vertrag Karls mit dem französischen König vom 26. August 1355 betrachtet, stellt man sofort fest, daß ihn der Kaiser auch im Namen von *heredibus et successoribus nostris, regibus Boemie* abschloß und auch die Zeugen eindeutig als *principes regni nostri Boemie* deklariert wurden[130]. Auch andere Verträge mit Frankreich gehen in diese Richtung. In der Erneuerung des Vertrages mit Karl von 1356 durch Johann, nun schon als König von Frankreich, steht in der Dispositio *Karolo Romanorum imperatori et regi Boemie, heredibus suis, Boemie regibus*[131]. Besonders interessant ist die Urkunde des französischen Dauphins von 1356, in der er seine Schulden Karl IV. gegenüber folgendermaßen zu begleichen verspricht: *tamquam imperatori et imperio triginta milia florenorum, et eidem tamquam regi Boemie summam viginti milium florenorum restantem*[132].

Internationale Vertragspartner außerhalb des Imperiums finden sich auch in anderer Richtung. Zur Illustration sei wenigstens auf die Vertragsurkunden des polnischen Königs Kasimir hingewiesen, die am 1. Mai 1356 in Prag ausgestellt wurden. Zwei von ihnen erwähnen ausdrücklich, daß mit dem Kaiser Karl als König von Böhmen verhandelt wird, die dritte Urkunde erwähnt zwar keine Funktion Karls, doch aus ihrem Tenor geht ebenso eindeutig hervor, daß er als böhmischer König Partner war[133]. Auch sonst gehörte der König von Polen zu den ständigen Partnern Karls, freilich auch der König von Ungarn, die beide eifersüchtig Karls Erfolge beobachteten und sich deshalb wiederholt, meist mit den Habsburgern, gegen die Luxemburger verbanden[134]. Auch die Beziehungen zur Republik Venedig und ihren Dogen waren rege[135]. Es wäre jedoch auch nicht uninteressant zu verfolgen, welche Mächte in diesem Zusammenhang nicht aufscheinen. Die Analyse dieses Aspekts führte jedoch zu weit, und außerdem ist das Schweigen der Quellen nicht einfach Beweis dafür, daß es keine Versuche gab, auch hier Beziehungen verschiedener Art anzuknüpfen.

Gewissermaßen zwischen den Verhandlungen innerhalb des Reiches und der eigentlichen Außenpolitik stehen die langwierigen Verhandlungen über das Grenzgebiet zu

---

sichtig sein muß. Diese Versehen betreffen sowohl das Bibliographische als auch Terminologische (vgl. die Urkunde S. 262, Nr. 128), vgl. auch Anm. 71. Jüngst umfangreiche Literatur zum Thema zusammenfassend František ŠMAHEL, Studie o cestě Karla IV. (wie Anm. 123) S. 781–817. Zu Kontakten Richtung Frankreich sind vornehmlich mehrere Studien von Heinz THOMAS richtungweisend.

130) Hg. in RBM 6, Nr. 101.

131) RBM 6, Nr. 362.

132) RBM 6, Nr. 504. Wie jedoch diese Summen innerhalb vom Karls Haushalt benutzt wurden, weiß man nicht.

133) Ebd. Nrr. 326–328.

134) Da sind stets die Forschungen von Samuel STEINHERZ, Die Beziehungen Ludwigs I. von Ungarn zu Karl IV., MIÖG 8 (1887) S. 219–257 und 9 (1888) S. 529–617 von großem Nutzen.

135) HRUBÝ, Archivum Coronae regni 2 (wie Anm. 71) Nr. 358 und 363, wo jedoch keine spezifizierenden Anzeichen anzutreffen sind.

Frankreich und ihre schriftliche Fixierung. Das betraf das Delphinat des französischen Thronfolgers, worauf schon oben hingewiesen wurde. Diese Problematik sprengt aber den Rahmen der Fragestellung dieses Aufsatzes bei weitem[136].

Ein eigenes Kapitel ist die vielfältige und bedeutende Kommunikation mit dem Papsttum, für die es reichlich Quellen und dementsprechend unfangreiche Literatur gibt. Wichtig war nicht nur der intensive Supplikenverkehr, an dem Karl und nach ihm Wenzel sowohl aufgrund der böhmischen als auch der römischen Würde – gemäß der betreffenden Diözese – vielfach teilgenommen haben und der ohne Übertreibung viele Tausende von Anträgen ausweist, soweit sie an der Kurie Resonanz fanden[137]. Noch wichtiger ist, daß es sich auch um direkte politische Kontakte auf höchster, jedoch auch an anderen Ebenen handelte. Trotz ihrer Kostspieligkeit für das Land und die Supplikanten waren solche sich vertiefenden Beziehungen von großer politischer sowie kultureller Bedeutung für Land und Leute und vertieften ihre Orientierung nach Westen. Sie waren allerdings nicht die einzigen wechselweisen internationalen Kontakte. Besonders kompliziert wurde die Situation unmittelbar vor dem bzw. während des Schismas, wodurch auch die Approbation Wenzels zum Problem wurde. Wenn es sich hier auch eindeutig um Reichsangelegenheiten handelt, kam doch auch das bohemikale Element dabei öfters zum Ausdruck[138]. Karls IV. Tod am 29. November 1378 bereitete nicht nur der territorialen Expansion, sondern auch der Festigung des Erreichten ein – zunächst nicht zu erwartendes – Ende, wozu auch Karls Testamente beitrugen. Doch war die europaweite Integration damals schon so weit fortgeschritten, daß auch der allmähliche politische Rückzug daran kaum etwas ändern konnte.

*

Die Zeit Wenzels[139] kann als Epilog der luxemburgischen Epoche bezeichnet werden. Das darf jedoch nicht als ein Ende bzw. Abschluß verstanden werden, da um diese Zeit die

---

136) Zum Obangeführten (Anm. 122) noch der Aufsatz von Marie-Luise HECKMANN, Das Reichsvikariat des Dauphin im Arelat 1378. Vier Diplome zur Westpolitik Kaiser Karls IV., in: Manipulus florum. Aus Mittelalter, Landesgeschichte, Literatur und Historiographie. Fs. Peter Johanek, hg. von Ellen WIDDER (2000) S. 63–97, und DIES. wie Anm. 28.
137) Die quellenkundliche Grundlage bilden hier massenhaft vornehmlich die böhmenbezogenen Monumenta Vaticana (darüber samt Literatur vgl. Anm. 65). Sonst widmet diesen Fragen auch die oben (Anm. 1) zitierte monographische Literatur über Karl ihre Aufmerksamkeit. Eine Zusammenfassung ist bei Ludwig SCHMUGGE, Kirche und Kurie in der Politik Karls IV., in: Kaiser Karl IV. (wie Anm. 5) 73–76, 81–87, 440f. zu finden.
138) Nicht nur der Bote Kunsso von Vesele, der eben eine Zeitlang die Bürde der Verhandlungen an der Kurie trug.
139) Zur schon verschiedentlich oben zitierten Literatur noch meine Aufsätze: Wenzel IV., sein Hof und seine Königsherrschaft vornehmlich über Böhmen, in: Das spätmittelalterliche Königtum im europäischen Vergleich, hg. v. Reinhard SCHNEIDER (VuF 32, 1987) S. 201–232, und Hof und Hofführung König Wen-

Böhmische Krone schon so fest in ihrem engeren und weiteren Umfeld verankert war, daß jedes dort eintretende wichtige Ereignis stets großes Echo fand. Zwar war das eigentlich schon seit der Staatswerdung Böhmens der Fall, ja die ersten Anzeichen gibt es schon in der Zeit Karls des Großen, doch hat sich die Qualität solcher Kontakte bis zur Zeit der Luxemburger doch deutlich verändert, d. h. vertieft.

Die Regierung Wenzels knüpfte direkt an die seines Vaters an. Man kann die etwas mehr als zwei Jahre nach Wenzels Wahl zum römischen König 1376 nahezu als Kondominium von Vater und Sohn bezeichnen, freilich nicht in dem Sinne der letzten Jahre Johanns von Luxemburg und des jungen Karl. Die große Expansion der Böhmischen Krone unter Karl konnte jedenfalls nicht fortgesetzt werden, doch auch ihre Stabilisierung ging über die Kräfte des Einzelnen. Dazu leitete Karl selbst mit seinem Testament die teilweise Aufteilung der Länder der Böhmischen Krone ein, wodurch sein Erbe ernstlich bedroht schien[140]. Er hatte sie freilich an die Bedingung geknüpft, daß seine Söhne in Eintracht leben und regieren sollten. Das war jedoch eine nur schwache Sicherung und die folgenden Ereignisse gingen darüber hinweg. Auf personeller Ebene trat hinzu, daß keiner von Karls Söhnen einen männlichen Nachkommen hatte. Ihre Beziehungen untereinander kamen keineswegs der erhofften reibungslosen Zusammenarbeit gleich, wie sie unter Karl und seinem Bruder Johann Heinrich[141] funktionierte. Johann von Görlitz[142], der einzige treue Anhänger Wenzels, starb überdies allzu früh, was ebenfalls dazu beitrug, daß die Geschichte der Böhmischen Krone in anderen Bahnen verlief, als Karl geplant hatte. Auch hinsichtlich der weiblichen Nachkommenschaft war die Lage nicht viel anders.

Eine knappe Zusammenfassung der Verhältnisse in der Zeit Wenzels IV. sei als Epilog der böhmisch-luxemburgischen Machtentfaltung geboten. Obwohl die Diplomatie damals allgemein schon reichlich Quellen produzierte, sind sie doch für unsere Fragestellung nicht allzu zahlreich, da die diesbezüglichen Aktivitäten erlahmten. Bevor wir näher darauf eingehen, sei Wenzels Itinerar kurz zusammengefaßt, das jenem Karls ziemlich diametral gegenübersteht. Wenzel regierte kaum durch Reisetätigkeit. Sein Itinerar enthält deutlich weniger Orte mit deutlich kürzerer Aufenthaltsdauer. Er versuchte von Prag oder seiner engeren Umgebung aus zu regieren, wobei nicht nur im Reich, sondern auch im erblichen Königreich Bevollmächtigte und Hofbeamte mit weitgehenden Kompetenzen

zels IV., in: Deutscher Königshof und Reichstag im späteren Mittelalter, hg. von Peter MORAW (VuF 48, 2002) S. 105–136. Andere Arbeiten interpretieren zwar stets nur Einzelheiten, es kann daraus allmählich ein konkreteres Bild entstehen; bibliographisch erfaßt bei BOBKOVÁ, Velké dějiny 4 b (wie Anm. 1) S. 515–517.
140) SPĚVÁČEK, Karel IV. (wie Anm. 4) S. 459ff.
141) Es ist wohl symptomatisch, daß wir keine moderne politische Biographie dieses wichtigen Mannes besitzen. Nur die Dissertation von Fritz HECHT aus der Theodor Lindner-Schule von 1911 steht zur Verfügung. Sonst kann die »Biographie« Mährens unter den Luxemburgern von MEZNÍK, Morava (wie Anm. 1) gute Dienste leisten.
142) Bis heute ist die Biographie von GELBE, Johann (wie Anm. 68) maßgeblich.

ausgerüstet in seinem Namen tätig waren[143]. Die Frage der an Landeshauptleute und Verweser delegierten Kompetenzen muß noch näher analysiert werden[144]. Doch darf man nicht übersehen, daß die allmähliche Entwicklung der Verwaltung die persönliche Anwesenheit des Fürsten weniger wichtig machte[145]. Doch soll Wenzel hier nicht verteidigt werden. Besonders im Reich führte seine lange Abwesenheit zu Problemen, die er nicht realistisch einzuschätzen vermochte.

Daß Wenzels Regierung[146] in eine äußerst schwierige Zeit für das Reich fiel, ist allgemein akzeptiert. Die neuen politischen Verhältnisse und die Kontakte mit den Nachbarn tolerierten kein Machtvakuum, doch Wenzel war weder als böhmischer König – d. h. also vornehmlich als Oberhaupt der Böhmischen Krone – noch als Herrscher des römischen Reiches imstande, es auszufüllen. Anfangs versuchte er noch, die Tradition Karls fortzusetzen, die harte Realität überforderte aber seine Kräfte und hätte wohl auch Begabtere überfordert. Er erwarb keine neuen Besitzungen für die Böhmische Krone – wofür sich auch kein konkreter Anlaß bot –, obwohl eine aktive Außenpolitik und verschiedene vielversprechende Ansätze dazu zu registrieren sind, sondern gefährdete die Grundlagen seines Erbes. Auch der innere Staatsausbau schritt wegen der sich steigernden Spannungen zwischen dem König und dem hohen Adel und zunehmend auch zu wichtigen Teilen des hohen Klerus nicht voran, obwohl der Integrationsprozeß autonom weiterging und sich vornehmlich die Hofkanzlei als verläßlich funktionierende Institution zeigte, die zwar integrierend wirkte, jedoch nicht die nötigen Kompetenzen hatte, um die komplizierten Verhältnisse zu bewältigen[147].

Es gelang ihm auch nicht, alle Nebenländer der Böhmischen Krone fester an sich zu binden. Besonders die Beziehungen der Mark Brandenburg zur Zentrale lockerten sich, bis sie

---

143) Über sein Itinerar zuletzt ausführlich HLAVÁČEK, K organizaci státního správního systému Václava IV. (wie Anm. 32) S. 33–72, wo auch Nachträge und einige Berichtigungen zur chronologischen Itinerardarstellung in meinem Urkundenwesen (wie Anm. 32) zu finden sind.

144) Neulich hat HECKMANN, Stellvertreter (wie Anm. 28) dazu wichtige Anstöße gegeben.

145) Vgl. auch HLAVÁČEK, Wenzel IV. und Görlitz (wie Anm. 51); DERS., Ohlas prvního zajetí Václava IV. (wie Anm. 85).

146) Die ungeheure Masse der diesbezüglichen Literatur ist mehrmals zusammengefaßt worden. Außer der Biographie von SPĚVÁČEK, Václav IV. (wie Anm. 4) s. jetzt František ŠMAHEL, Die hussitische Revolution 1–3 (Schriften der MGH 43, 2002). Aus meinen Beiträgen, die zu verwaltungsgeschichtlichen Fragen tendieren – ziemlich erschöpfend im Literaturverzeichnis bei BOBKOVÁ, Velké dějiny 4 b (wie Anm. 1) –, genügt es neben der oben zitierten Arbeit über Görlitz (wie Anm. 51) folgende drei anzuführen: K organizaci státního správního systému (wie Anm. 32); Der deutsche Südwesten und König Wenzel IV. im Spiegel seines Geschäftsschriftgutes, ZGORh 145 (1997) S. 83–115, sowie Hof und Hofführung König Wenzels IV. (wie Anm. 139) S. 105–136. Immer noch lesenswert sind auch die entsprechenden Passagen bei Zdeněk FIALA, Předhusitské Čechy 1310–1419 (²1978).

147) Zu dem oben schon verschiedentlich Zitierten vgl. noch zusammenfassend Ivan HLAVÁČEK, Bemerkungen zur inneren Struktur und zum Fungieren des Hofes Wenzels IV., in: Quaestiones medii aevi novae 1 (1996) S. 101–113.

sich trotz der Einverleibung in die Böhmische Krone, die Karl IV. 1374 in Tangermünde als ewig deklarierte, dieser völlig entfremdete (1414/1415). Im Norden und Westen Böhmens kam es zu Verpfändungen und teilweisen Verlusten von Landesteilen des Kernlandes an benachbarte Mächte, die zwar die wirtschaftliche und administrative Integrität des Landes nicht ernsthaft beeinträchtigen konnten, doch eine gewisse Instabilität signalisierten[148].

Für Wenzels außenpolitisches Vertragswesen sind die Quellen bedeutend karger als unter Karl, was schon für sich als Indikator seiner Politik betrachtet werden kann. Es sind nur rund 20 einschlägige Fälle für die Zeit bis 1400 sowie knapp ein Dutzend für die Zeit danach im Böhmischen Kronarchiv bzw. in den Archiven der Vertragspartner erhalten[149], während seine Verwandten in derselben Zeit ohne seine Teilnahme eine nur wenig geringere Anzahl an Verträgen abschlossen. Die Zusammensetzung der Partner unterscheidet sich kaum von denen der früheren Zeit, nur daß neben den König von Frankreich auch der von England tritt, mit dem Wenzel verschwägert war[150]. Diese Heirat von Wenzels Schwester mit Richard II. hatte dann weitreichende Folgen hinsichtlich personeller Beziehungen[151] als auch, geradezu schicksalhaft, in kirchenpolitischer Hinsicht[152].

Insgesamt ergibt sich also in der Diplomatie ein ähnliches Bild, wie wir es aus der allgemeinen politischen Geschichte kennen. Ein weiteres Kapitel würde die nicht zu unterschätzende Rolle (Reichs-)Italiens darstellen. Nur anhand einer Aussage ist zu zeigen, daß die Luxemburger außer als Reichsoberhaupt auch als böhmische Könige respektiert wurden: Im Rahmen der Beziehungen mit den Visconti wird Wenzel im Jahre 1397 aus-

---

148) Wegen der skizzenhaften Darstellung halte ich den wissenschaftlichen Apparat in diesem Abschnitt bis auf Ausnahmen für überflüssig, da das Entsprechende, freilich eher andeutungsweise, leicht in den öfters zitierten Werken zu finden ist.

149) Die Angaben bei STIEBER, České státní smlouvy (wie Anm. 71) sind für die Zeit Wenzels alarmierend lückenhaft. Vgl. nur die Edition von WINKELMANN, Acta (wie Anm. 71).

150) Neben den neuen Arbeiten, bes. von SPĚVÁČEK und BOBKOVÁ (Anm. 4 und 1), immer noch lesenswert BARTOŠ, České dějiny II/6 (wie Anm. 1), Register, und GRAUS, Scheitern (wie Anm. 45). Dazu übersichtlich in einer bisher ungedruckten Diplomarbeit Marek SUCHÝ, Čechy a Anglie v letech 1346–1415 (Olomouc 1997) S. 14ff., einige Bemerkungen auch bei Martin KINTZINGER, Westbindungen im spätmittelalterlichen Europa (Mittelalter-Forschungen 2, 2000) nach Register. Vgl. auch Anm. 72. WINKELMANN, Acta (wie Anm. 71) bringt eben für die Zeit Wenzels mehrere interessante Stücke, die stets das Gleichgewicht zwischen Reich und Böhmen aufrechterhalten. Wenn einmal versprochen wird, nach Erlangung der Kaiserwürde die betreffende Urkunden zu erneuern (Nr. 984), so darf man nicht vergessen, daß nicht nur ausnahmslos beide Titel, der des römischen und böhmischen Königs, durch ihn selbst angeführt werden, sondern einmal ausdrücklich in der Urkunde Karls IV. *regem Romanorum et Bohemie heredesque et successores suos in regnis Romanorum et Bohemie* steht, und einige Worte weiter *eorumdem regnorum coronas* (ebendort Nr. 1233). Nicht zu verschweigen ist, daß darüber hinaus die meisten seiner Gesandten und Vermittler aus den Höflingen des Königreichs Böhmen stammten. Deshalb darf man nicht einseitig nur über Reichsbeziehungen sprechen.

151) Vgl. den Beitrag von Rafal T. PRINKE/Andrzej SIKORSKI, Małgorzata z Felbrigg. Piastówna cieszyńska na dworze Ryszarda II króla Anglii, Roczniki historyczne 67 (2001) S. 107–130.

152) Es sei erneut auf die ersten Kapitel von ŠMAHEL, Revolution (wie Anm. 146) hingewiesen.

drücklich als böhmischer König an erste Stelle der Reihe der eventuellen Vormünder der Söhne Giangaleazzos gestellt[153]. Zu diesem interessanten Umstand sind wohl in Kürze neue Forschungsergebnisse zu erwarten[154].

Auch prosopographische Untersuchungen über die Beamten der Zentrale in Böhmen und im Reich können manche Aufschlüsse beisteuern. Da ich mich jedoch dazu verschiedentlich geäußert habe und hoffentlich noch äußern werde, kann hier davon Abstand genommen werden. Knapp ist zu konstatieren, daß sich das meiste Hofpersonal Wenzels aus den erblichen Landen rekrutierte, was freilich nur eine Komponente für die Gesamteinschätzung darstellt.

So sei nun nur eine knappe generelle Zusammenfassung erlaubt, obwohl sie auch dem Gesagten selbst entnommen werden kann[155].

Der Integrationsprozeß wurde in Mitteleuropa und im Bereich der Böhmischen Krone im 14. Jahrhundert zu einem Phänomen, das sich aufgrund der gegebenen Rahmenbedingungen unweigerlich immer deutlicher durchsetzte. Dieser Prozeß konnte, ja mußte auch ohne die politisch-administrativen Maßnahmen der Luxemburger vor sich gehen, da er der Zeit immanent war und über alle Landesgrenzen hinaus wirkte, d.h. in ähnlicher Weise auch andere politischen Subjekte ansprach. Die Luxemburger mit Karl an der Spitze haben ihn vornehmlich durch ihre Aktivitäten als böhmische Könige gefördert und beschleunigt[156]. Es liegt jedoch auf der Hand, daß ihre römische Königswürde wesentlich dazu beigetragen hat. Nicht nur der stürmische Verlauf der hussitischen Revolution mit ihren bekannten Auswirkungen, sondern noch mehr die buchstäblich hysterische Reaktion seitens des Reiches sind bestes Zeugnis dafür, wie sehr Böhmen und seine Krone im

---

153) Ivan HLAVÁČEK, Wenzel und Giangaleazzo Visconti, in: Reich, Regionen und Europa in Mittelalter und Neuzeit. Festschrift für Peter Moraw, hg. von Paul-Joachim HEINIG (Historische Forschungen 67, 2000) S. 203–226, hier S. 223.

154) Erste Ansätze der Neubewertung in den Arbeiten von Marie-Luise FAVREAU-LILIE, Venedig und das Reich im 14. Jahrhundert. Die Perspektive der zeitgenössischen venezianischen Geschichtsschreibung, in: Ein gefüllter Willkomm. Festschrift für Knut Schulz zum 65. Geburtstag, hg. von Franz J. FELTEN/Stephanie IRRGANG/Kurt WESOLY (2002) S. 267–286; DIES., Reichsherrschaft im spätmittelalterlichen Italien. Zur Handhabung des Reichsvikariates im 14./15. Jahrhundert, QFIAB 80 (2000) S. 53–116 und DIES., König Wenzel und Reichsitalien. Beobachtungen zu Inhalt, Form und Organisation politischer Kommunikation zwischen dem Reich und Italien im ausgehenden Mittelalter, MIÖG 109 (2001) S. 315–345. Auch HLAVÁČEK, Ohlas prvního zajetí Václava IV. (wie Anm. 85), sowie die noch unpublizierten Forschungen von Franz Fuchs. Vgl. auch Stephan SELZER, Deutsche Söldner im Italien des Trecento (Bibliothek des Deutschen Historischen Instituts in Rom 98, 2001).

155) Vgl. auch Jiří SPĚVÁČEK, Lucemburské koncepce českého státu a jejich přemyslovské kořeny, Sborník historický 24 (1976) S. 5–51; DERS., Konsolidační úsilí Lucemburků ve střední Evropě, Československý časopis historický 36 = Český časopis historický 86 (1988) S. 71–100.

156) Da ist auf das Zitat aus der Chronik Beneschs Krabice von Weitmühl hinzuweisen, das Michael LINDNER, Kaiser Karl IV. und Mitteldeutschland, in: Kaiser, Reich und Region (wie Anm. 35) S. 87 richtig hervorhebt: *dilatatum est regnum et ampliatum ad omnes partes vehementer.*

mitteleuropäischen Raum integriert und respektiert waren. Daß sowohl die herrschenden Luxemburger als auch Böhmen, seine Krone und ihre Bewohner aller Schichten darüber hinaus enge Kontakte auch mit Italien, West- und Osteuropa auf allen denkbaren Ebenen anknüpften und laufend pflegten, ist ebenfalls offensichtlich. Deren moderne, systematische Erforschung gehört zu den vielen Desideraten der Mediävistik im allgemeinen und der tschechischen im besonderen. Verschiedene konkrete Anstöße und Elemente scheinen noch nicht ausreichend berücksichtigt zu sein, versteckte Hinweise können hier Wichtiges beisteuern und ein neues Licht auf die Ereignisse werfen. Die diesbezüglichen Forschungsmöglichkeiten sind also noch lange nicht erschöpft[157].

Eindeutig steht fest, daß es sich bei den oben geschilderten Ereignissen – und bei jenen, die noch unten wenigstens flüchtig angedeutet werden sollen – um tiefgreifende Integrationsversuche handelt, die im Geiste der modernen Geschichtsforschung[158] eindeutig als *assoziative* und nicht *repressive Integration* bezeichnet werden können, was sicher auch nicht zu unterschätzenden Wert besitzt.

*

Nur als Postscriptum sei zum Schluß unterstrichen, daß die Integrationsprozesse noch in anderen Richtungen verfolgt werden müssen bzw. zum Teil schon längst verfolgt wurden. Sie müssen jedoch enger mit den politischen Entwicklungen verknüpft werden. Als solche autonomen Themen bieten sich vornehmlich folgende an: möglichst umfassende Auswertung der zeitgenössischen und zeitnahen, einheimischen und ausländischen Chronistik und Annalistik, die, zumindest für die Intellektuellen, das Bewußtsein und die Wahrnehmung der Integration deutlich werden läßt[159]. Auch die detaillierte Untersuchung der Mi-

---

157) Aus den neuesten Untersuchungen vgl. zumindest Jerzy KŁOCZOWSKI, The Westernisation of East-Central Europe in the Fourteenth and Fifteenth Centuries, in: Medieval Spirituality in Scandinavia and Europe. A Collection of Essays in Honour of Tore Nyberg (2001) S. 169–177. Zu Spanien BLÁHOVÁ, Toledská astronomie, und BAĎURA, Styky mezi (wie Anm. 21), zu Italien vgl. Anm. 143, zu England ist noch die Durchreise des Herzogs Heinrich von Derby im Jahr 1382 zu erwähnen, wo der Brünner Aufenthalt besonders gut dokumentiert ist; vgl. Ivan HLAVÁČEK, Brünn als Residenz der Markgrafen der luxemburgischen Sekundogenitur, in: Fürstliche Residenzen (wie Anm. 31) S. 406. Ähnliches gilt auch über die noch kaum systematisch erforschten Kontakte mit dem Deutschen Orden. Anläufe dazu bei Ivan HLAVÁČEK, Das Alltägliche in den Beziehungen des Deutschen Ordens mit den Luxemburgern sowie mit der Böhmischen Krone um das Jahr 1400 den »Ordensfolianten« nach (im Druck).
158) Vgl. Martin KAUFHOLD, Deutsches Interregnum und europäische Politik. Konfliktlösungen und Entscheidungsstrukturen 1230–1280 (Schriften der MGH 49, 2000), bes. S. 403ff.
159) Nur erste Ansätze sind hier in beiden Richtungen gemacht worden, die stets Teilbereiche betreffen. Es seien lediglich Forschungen der Historiker der letzten Zeit erwähnt: zu Johann von Luxemburg sind es Beiträge in: Johann der Blinde (wie Anm. 32) von Peter HILSCH, Johann der Blinde in der deutschen und böhmischen Chronistik seiner Zeit, S. 21–35; Ernst VOLTMER, Johann der Blinde in der italienischen und französischen Chronistik seiner Zeit, S. 37–81, und Geoffrey H. MARTIN, John the Blind: the English Nar-

grationen wird allmählich zum Thema. Stand bisher für die Zeit nach 1348 nur die studentische Migration im Zentrum des Interesses[160], wird nun zunehmend auch das Pilgerwesen erforscht[161], und es müssen auch andere Phänomene dieser Art beobachtet werden. Ertragreiche Ergebnisse kann man wohl auch noch von der Erforschung privater Korrespondenzen erwarten, die in bisher kaum beachteten spätmittelalterlichen Formelbüchern zu finden wären.

Nicht zu unterschätzen ist auch die kodikologisch-literarhistorische Forschung, die manchmal Überraschendes für die allgemeinen Verhältnisse bringen kann[162]. Auch anscheinend äußere Impulse und mehr oder weniger zufällige Quellenfunde können weiter führen, wie es unlängst z.B. im Falle der spanisch-böhmischen Kontakte geschah[163]. Ein eigenständiges Kapitel stellt die Geschichte der Kunst und ihrer Rezeption und Ausstrah-

---

rative Sources, S. 83–92; zu Karl IV. bes. Beat FREY, Pater Bohemiae – Vitricus Imperii. Böhmens Vater, Stiefvater des Reichs. Kaiser Karl IV. in der Geschichtsschreibung (Geist und Werk der Zeiten 53, 1978) S. 15ff. und 53ff., und Marie BLÁHOVÁ in mehreren Aufsätzen (vgl. ihre Bibliographie in der Festschrift zu ihrem 60. Geburtstag, in Acta Univ. Carolinae Pragensis 2005, im Druck); zu Wenzel schließlich grundlegend BARTOŠ, České dějiny II/6 (wie Anm. 1), Anhang 1, S. 452ff. und 474ff., und Petr ČORNEJ, Tajemství českých kronik (²2003), bes. S. 67ff., der jedoch nur die aus dieser Sicht nicht eben ergiebigen böhmischen Chroniken herangezogen hat, sowie Martin NEJEDLÝ, Václav IV. a panská jednota. Část první »Barvy všecky«, Historický obzor 10 (1999) S. 242–249; Část druhá »Králova koruna krásná jest věc, ale těžká«, ebd. 11 (2000) S. 8–15; Část třetí ebd. 11 (2000) S. 68–74; DERS., L'Idéal du roi en Bohême à la fin du XIVᵉ siècle. Remarques sur le *Nouveau conseil* de Smil Flaška de Pardubice, in: Penser le pouvoir au moyen âge. VIIIᵉ–XVᵉ siècle. Etudes offertes à Françoise Autrand (2000) S. 247–260. Als Zusammenfassung gilt die entsprechende Passage in: DERS., Fortuny kolo vrtkavé (2003) S. 341ff. Im gewissen Sinne wies auf neue Wege der Forschung in vergleichbaren Fragestellungen schon vor einem halben Jahrhundert Gerd TELLENBACH, Vom Zusammenleben der abendländischen Völker im Mittelalter, in: Festschrift für Gerhard Ritter zu seinem 60. Geburtstag (1952) S. 1–60, hin.

160) Da wären bes. die Arbeiten von František ŠMAHEL zu konsultieren, bes. Pražské universitní studentstvo v předrevolučním období 1399–1419 (Rozpravy Československé akademie věd, řada společenských věd 77, 1967) S. 61ff. Auch die Professorenmigration spielt hier eine nicht zu unterschätzende Rolle.

161) Hier befindet sich die Forschung erst am Anfang der Arbeit, wobei vorläufig auf die zu erwartenden Ergebnisse der Forschungen Jan Hrdinas und anderer hingewiesen werden kann. Vgl. Zdeňka HLEDÍKOVÁ, Die böhmische Kirchengeschichte des Mittelalters nach 1945, in: Tschechische Mittelalterforschung (wie Anm. 43) S. 122. Der neulich erschienene deutsch-polnische Sammelband Kult św. Jakuba Większego Apostola w Europie środkowo-wschodniej, hg. von Eyszard KNAPIŃSKI (Towarzystwo Naukowe Katolickiego Uniwersytetu Lubelskiego – Źródła i monografie 241, 2002), berücksichtigt Böhmen nicht.

162) Vgl. meinen schon älteren Aufsatz, Bohemikale Literatur in den mittelalterlichen Bibliotheken des Auslandes, Historica 13 (1966) S. 113–155, wozu neuerdings viele Handschriftenkataloge mit vielen Bohemika zitiert werden können, die sehr oft schon tief im Mittelalter ins Ausland gelangten und freilich auch viceversa.

163) Dazu ergiebig Werner PARAVICINI, *Fürschriften und Testimonia.* Der Dokumentationskreislauf der spätmittelalterlichen Adelsreise am Beispiel des kastilischen Ritters Alfonso Mudarra 1411–1412, in: Studien zum 15. Jahrhundert. Festschrift für Erich Meuthen 2, hg. von Johannes HELMRATH/Heribert MÜL-

lung dar, wo für das 14. Jahrhundert ganz außerordentliche Ergebnisse vorliegen und wo auch die allgemeine Forschung Wichtiges beitrug und beiträgt[164]. Das ist jedoch schon ein ganz autonomes Feld, wie auch die Handelsgeschichte und die Numismatik, wo etwa die Funde böhmischer Münzen im Ausland zu beachten sind, die nicht nur die wirtschaftlichen, sondern auch politische Beziehungen widerspiegeln, die der Wirtschaft den Weg ebneten.

Das alles kann das Hauptergebnis der vorangehenden Erörterungen aus dem Bereich der politischen sowie Verwaltungsgeschichte nur bestätigen und vertiefen. Die Feststellung, daß sich die Kontakte stets vertieften, ist freilich auf den ersten Blick banal. Ich hoffe jedoch gezeigt zu haben, auf welchen Wegen und auf Grund welcher Phänomene das konkret geschah, d. h. mit anderen Worten: wer sich hier und wie engagiert hat und welche Wege dabei gewählt wurden. Weitere Funde, die öfter gelingen als man vermuten würde, werden sicher zu vertieften und konkreteren Ergebnissen führen, ebenso aber ein neuerliches Überdenken des Bekannten initiieren. Deshalb ist als Schluß wohl mit Recht zu sagen, daß die Böhmische Krone im 14. Jahrhundert endgültig die imaginäre Grenze, die vornehmlich die moderne Geschichtsforschung zwischen dem »Neuen« und »Alten« Europa herausgearbeitet hat, überwinden konnte.

Eine weitere sehr dankbare Aufgabe wäre es, die Rolle des böhmischen Königreiches und seiner Glieder als Vermittler und Gebende in verschiedensten Bereichen vornehmlich auch des Alltagslebens zu verfolgen, während hier ja die politischen Aspekte im Vordergrund zu stehen hatten. Man muß jedoch auch die Kehrseite des Problems systematischer betrachten, nämlich die – beim Fehlen des besseren Audruckes – sozusagen passive, d. h. unwillkürliche Ausstrahlung des böhmischen Milieus vornehmlich auf seine Nachbarn, jedoch gelegentlich auch in größere Ferne. Dabei hatten vornehmlich die kulturellen – besonders die »Expansion« der tschechischen Sprache, die intensiver jedoch erst nach der hier besprochenen Zeit einsetzte – und wirtschaftlichen Impulse eine besondere Bedeutung, da sie imstande waren, die umfassende Integration zu beschleunigen und ihnen über die tagespolitischen Verhältnisse hinaus Dauer zu geben. Obwohl verschiedene Vorarbeiten vorliegen, doch bleiben noch weite Felder in dieser Richtung zu bearbeiten[165].

LER (1994) S. 903–926; vgl. auch Bohumil BAĎURA, Styky mezi, und Marie BLÁHOVÁ, Toledská astronomie (beides wie Anm. 21).

164) Aus der Fülle von Arbeiten seien nur die neuesten angeführt, die die ältere Literatur zusammenfassen: Iva M. ROSARIO, Art and Propaganda. Charles IV. of Bohemia 1346–1378 (2001); Marc Carel SCHURR, Die Baukunst Peter Parlers. Der Prager Veitsdom, das Heiligkreuzmünster in Schwäbisch Gmünd und die Bartholomäuskirche zu Kolin im Spannungsfeld von Kunst und Geschichte (2003); Karel STEJSKAL, Dějiny umění. Umění na dvoře Karla IV. (2003) ist ein mit nur knappem Nachwort versehener Nachdruck des Buches von 1978, das im selben Jahr auch auf Deutsch erschien als: Karl IV. und die Kultur und Kunst seiner Zeit. Zusammenfassend Milena BARTLOVÁ, Die tschechische kunsthistorische Mediävistik 1990–2002, in: Tschechische Mittelalterforschung (wie Anm. 43) S. 141f.

165) Die Druckfassung dieses Beitrages entstand im Rahmen des Sonderforschungsprogramms Böhmische Geschichte des Ministeriums für Schulwesen der Tschechischen Republik.

Zwischen Integration und Selbstbehauptung

Thüringen im wettinischen Herrschaftsbereich

VON STEFAN TEBRUCK

Als sich im November 1485 der sächsische Kurfürst Ernst (1464–1486) und sein Bruder, Herzog Albrecht (1485–1500), in Leipzig auf eine Teilung ihrer Länder einigten, zerschnitt man erstmals auch die Landgrafschaft Thüringen in zwei Teile. Albrecht, der als jüngerer der wettinischen Brüder aus den beiden von den kurfürstlichen Räten zusammengestellten Herrschafts- und Besitzkomplexen wählen durfte, entschied sich für die Markgrafschaft Meißen und weitere Bereiche, die unter anderem auch einen langen, westöstlich verlaufenden Gebietsstreifen im Norden Thüringens umfaßten. Ernst, dem als älterem die sächsische Kurwürde und damit der ungeteilte Besitz der Kurlande um Wittenberg verblieb, erhielt den Hauptteil der alten thüringischen Landgrafschaft und neben weiteren Gebieten auch Besitzungen im Nordosten der Mark Meißen. Die wettinischen Herrschaftsbereiche, Güter und Einkünfte, von denen nur einige wenige von der Teilung ausgenommen wurden und im gemeinsamen Besitz verblieben, sollten mit dieser Vereinbarung zu gleichen Anteilen den beiden fürstlichen Brüdern übertragen werden. Der von Albrecht gewählte Komplex, dessen Kernstück die alte Markgrafschaft Meißen ausmachte, galt allerdings als der wertvollere, weshalb Albrecht als Ausgleich 100.000 Gulden an seinen Bruder zu zahlen hatte[1].

Für stetige Diskussionsbereitschaft und kritischen Rat danke ich sehr herzlich Herrn Prof. Dr. Matthias Werner (Jena) und Herrn Dr. Mathias Kälble (Jena). – Zum leichteren Verständnis des Folgenden vgl. die genealogische Tafel unten S. 589.
1) Zur Leipziger Teilung zuletzt Jörg ROGGE, Herrschaftsweitergabe, Konfliktregelung und Familienorganisation im fürstlichen Hochadel. Das Beispiel der Wettiner von der Mitte des 13. bis zum Beginn des 16. Jahrhunderts (Monographien zur Geschichte des Mittelalters 49, 2002) S. 216–226. Vgl. Karlheinz BLASCHKE, Die Leipziger Teilung der wettinischen Länder von 1485, in: Beiträge zur Verfassungs- und Verwaltungsgeschichte Sachsens. Ausgewählte Aufsätze von Karlheinz Blaschke, aus Anlaß seines 75. Geburtstages hg. von Uwe SCHIRMER und André THIEME (Schriften zur Sächsischen Geschichte und Volkskunde 5, 2002) S. 323–335 (Erstdruck 1985); DERS., Geschichte Sachsens im Mittelalter (²1991) S. 294–298; Hans PATZE, Politische Geschichte im hohen und späten Mittelalter, in: Geschichte Thüringens, 6 Bde., hg. von DEMS. und Walter SCHLESINGER (Mitteldeutsche Forschungen 48, 1–6, 1967–1984) 2, 1 (1974) S. 1–214, hier S. 144–146; Rudolf KÖTZSCHKE, Vor- und Frühgeschichte, Mittelalter und Reformationszeit, in: DERS. und Hellmut KRETZSCHMAR, Sächsische Geschichte (1935, Nachdruck 1965) S. 147f.; Reiner GROSS, Geschichte Sachsens (2001) S. 31f. Zur Leipziger Teilung vgl. unten bei Anm. 76.

Die Leipziger Teilung von 1485, die sich wohl gegen die Intentionen aller damals Beteiligten im weiteren Verlauf der Entwicklung als dauerhaft erweisen sollte und ein erne-
stinisches Thüringen neben einem albertinischen Sachsen entstehen ließ, wirft ein helles
Licht auf den Entwicklungsstand der beiden Schwerpunktbereiche wettinischer Herrschaft im mitteldeutschen Raum am Ende des Mittelalters. Die thüringische Landgrafschaft mit ihren Zentren Eisenach, Gotha und Weimar galt offenbar im ausgehenden
15. Jahrhundert als weniger einträglich als die Mark Meißen; auf den thüringischen Ämtern lagen überdies höhere Schulden als auf den meißnischen, weshalb Albrecht die genannte Kompensation, die auf 50.000 Gulden reduziert wurde, an seinen Bruder Ernst zu
zahlen hatte. Darüber hinaus aber ist es bemerkenswert, daß eine Teilung der alten Landgrafschaft, deren nördliche Ämter entlang der Unstrut abgetrennt und dem albertinischen
Bereich zugeschlagen wurden, als unproblematisch gegolten zu haben scheint. Dies ist um
so aufschlußreicher, als gleichzeitig mit der Zuweisung der jeweiligen thüringischen Ämter an die beiden Fürsten auch die lehns- und landrechtlichen Ansprüche, die von den Wettinern kraft ihrer landgräflichen Herrschaft dem thüringischen Adel gegenüber geltend gemacht wurden, unter den beiden Brüdern aufgeteilt wurden. Nicht nur der wettinische
Besitz in Thüringen, sondern darüber hinaus auch das Land als politisches Gefüge wurde
in Leipzig in zwei Hälften aufgegliedert.

     Kein Zeugnis läßt indes darauf schließen, daß sich 1485 – etwa seitens der betroffenen
thüringischen Grafen und Herren – Widerstand gegen diese Teilung Thüringens erhoben
hätte. Ein politisch wirksames thüringisches Zusammengehörigkeitsbewußtsein, wie es im
späten 13. und im 14. Jahrhundert noch deutlich erkennbar ist, scheint am Ausgang des
15. Jahrhunderts schon nicht mehr lebendig gewesen zu sein. Aber auch auf wettinischer
Seite war den Entscheidungen von 1485 ein Wandlungsprozeß im eigenen Selbstverständnis vorausgegangen. Denn mit dem Erwerb des askanischen Herzogtums Sachsen-
Wittenberg und der damit verbundenen sächsischen Kurwürde durch Markgraf Friedrich IV. von Meißen (1381–1428) im Jahre 1423 hatte sich die Herrschaftsauffassung der
wettinischen Fürsten offenkundig zu wandeln begonnen: die Söhne und Erben des 1428
verstorbenen ersten Kurfürsten aus dem Hause Wettin nannten sich fortan nicht mehr an
erster Stelle ihrer Titulatur Markgrafen von Meißen und Landgrafen von Thüringen, sondern Herzöge von Sachsen. Der politische und ideelle Schwerpunkt wettinischer Herrschaft begann sich nach Osten an die Elbe zu verschieben[2].

---

2) Zur Bedeutung der sächsischen Kurwürde für die Wettiner KÖTZSCHKE, Mittelalter (wie Anm. 1)
S. 134f.; BLASCHKE, Geschichte Sachsens (wie Anm. 1) S. 287–294; DERS., Sachsen (IV. Herzogtum, Jüngeres: 1180–1500), in: Lex. MA 7 (1996) Sp. 1231–1235, hier Sp. 1231f.; DERS., Sachsens geschichtlicher Auftrag. Zum 100. Geburtstag der Sächsischen Kommission für Geschichte, Jb. für Regionalgeschichte und
Landeskunde 21 (1997/1998) S. 21–47, hier S. 26; GROSS, Geschichte Sachsens (wie Anm. 1) S. 25f. Zur Erlangung der sächsischen Kurwürde Reinhardt BUTZ, Ensifer ense potens. Die Übertragung der sächsischen
Kur auf Friedrich den Streitbaren als Beispiel gestörter Kommunikation in Strukturen institutioneller Ver-

Die thüringische Landgrafschaft begann im Zuge dieser Entwicklung innerhalb des gesamtwettinischen Herrschaftsbereiches an den Rand zu geraten. Nicht das ernestinische Thüringen, dessen Erben mit der Niederlage Kurfürst Johann Friedrichs I. (1532–1554) im Schmalkaldischen Krieg 1547 die sächsische Kurwürde an ihre albertinischen Vettern verloren und sich fortan in die Reste ihres thüringischen Herrschaftsbereiches teilten, sondern das albertinische Sachsen steht im Licht der älteren wie auch der neueren Forschung für politische, soziale und wirtschaftliche Modernisierung, für Staatsbildung und machtpolitischen Erfolg[3]. Der Blick auf die thüringische Geschichte im Spätmittelalter ist allerdings durch dieses Ergebnis eines langen, bis in die Neuzeit reichenden Prozesses stärker geprägt als es die Anfänge seiner Entwicklung im 13. Jahrhundert als angemessen erscheinen lassen. Während die Mark Meißen als Ausgangspunkt und Zentrum wettinischer Machtentfaltung im mitteldeutschen Raum und als Keimzelle des albertinisch-kursächsischen Staates der Neuzeit gesehen wird, gilt Thüringen als eines der wettinischen Nebenländer. Der tatsächlichen Bedeutung des thüringischen Raumes für die Wettiner im 13. und 14. Jahrhundert wird dieses Urteil nicht gerecht.

Als die meißnischen Markgrafen Mitte des 13. Jahrhunderts die thüringische Landgrafschaft erwarben, war Thüringen zweifellos ein hoch entwickelter Raum, der den Stammlanden der Wettiner im östlich der Saale gelegenen Markengebiet in vielerlei Hinsicht überlegen war und dessen Entwicklungsvorsprung gegenüber allen anderen Teilen des wettinischen Herrschaftsbereiches im 13. Jahrhundert deutlich zu erkennen ist. Ein umfassender entwicklungsgeschichtlicher Vergleich zwischen dem thüringischen Raum und den ostsaalischen Gebieten im Hoch- und Spätmittelalter ist ein Desiderat der For-

dichtung, in: Im Spannungsfeld von Recht und Ritual. Soziale Kommunikation in Mittelalter und Früher Neuzeit, hg. von Heinz Duchardt und Gert Melville (1997) S. 373–400. Zum Herzog- und Kurfürstentum Sachsen-Wittenberg jetzt Lorenz Friedrich Beck, Herrschaft und Territorium der Herzöge von Sachsen-Wittenberg (1212–1422) (Bibliothek der brandenburgischen und preußischen Geschichte 6, 2000).
3) Zum ernestinischen Thüringen nach der Leipziger Teilung Thomas Klein, Verpaßte Staatsbildung? Die Wettinischen Landesteilungen in Spätmittelalter und früher Neuzeit, in: Der dynastische Fürstenstaat. Zur Bedeutung von Sukzessionsordnungen für die Entstehung des frühmodernen Staates, hg. von Johannes Kunisch (Historische Forschungen 21, 1982) S. 89–114; Ders., Politik und Verfassung von der Leipziger Teilung bis zur Teilung des ernestinischen Staates (1485–1572), in: Geschichte Thüringens (wie Anm. 1) 3 (1967) S. 146–294; Wieland Held, Thüringen im 16. Jahrhundert, in: Kleinstaaten und Kultur in Thüringen vom 16. bis 20. Jahrhundert, hg. von Jürgen John (1994) S. 9–36; Die Wettiner in Thüringen. Geschichte und Kultur in Deutschlands Mitte, hg. von Hans Hoffmeister und Volker Wahl (1999); zuletzt zusammenfassend Brigitte Streich, Ernestiner (Wettin), in: Höfe und Residenzen im spätmittelalterlichen Reich. Ein dynastisch-topographisches Handbuch, hg. von Werner Paravicini, bearb. von Jan Hirschbiegel und Jörg Wettlaufer, 2 Bde. (Residenzenforschung 15/1, 2003) 1 S. 61–70 (mit Literatur). Zu Modernisierung und Staatsbildung im albertinischen Sachsen vgl. die grundsätzlichen Bemerkungen von Uwe Schirmer, Grundzüge, Aufgaben und Probleme einer Staatsbildungs- und Staatsfinanzgeschichte in Sachsen. Vom Spätmittelalter bis in die Augusteische Zeit, Neues Archiv für Sächsische Geschichte 67 (1996) S. 31–70.

schung. Mit der Frage nach Entwicklungsrückständen, Entwicklungsvorsprüngen und einem Entwicklungsausgleich in den verschiedenen Bereichen des mitteldeutschen Raumes verbindet sich indes auch die Frage nach politischen Integrationsprozessen im wettinischen Herrschafts- und Einflußbereich im Spätmittelalter. Einige Beobachtungen und Bemerkungen Thüringen betreffend sollen deshalb vorausgeschickt werden, ohne daß an dieser Stelle bereits eine umfassende vergleichende Untersuchung vorgelegt werden kann[4].

I

Ein entwicklungsgeschichtlicher Vergleich der beiden Kernräume wettinischer Herrschaft im Hoch- und Spätmittelalter führt zunächst in die frühmittelalterliche Geschichte des Raumes zwischen Harz und Thüringer Wald, Werra und Saale zurück. Zweifellos war Thüringen aufgrund seiner bereits im 6. Jahrhundert einsetzenden Frankisierung grundlegend anders geprägt als das erst seit dem 10. Jahrhundert durch die Ottonen herrschaftlich und kirchlich erschlossene Markengebiet östlich der Saale. Die Beseitigung des Thüringer Königreiches durch die Merowinger 531/534 hatte zu einem lang andauernden Prozeß der Akkulturation und zur politischen Integration des Raumes zwischen Harz und Thüringer Wald, Werratal und Saale in das Frankenreich geführt[5]. Erste Ansätze der Christianisie-

---

4) Zur noch kaum ausgeschöpften Perspektive entwicklungsgeschichtlicher Untersuchungen vgl. vor allem Peter MORAW, Über Entwicklungsunterschiede und Entwicklungsausgleich im europäischen Mittelalter. Ein Versuch, in: Hochfinanz, Wirtschaftsräume, Innovationen. Festschrift für Wolfgang von Stromer, hg. von Uwe BESTMANN, Franz IRSIGLER und Jürgen SCHNEIDER, 2 (1987) S. 583–622. Für den mitteldeutschen Raum vgl. die Beobachtungen von Karlheinz BLASCHKE, Kirche, Kultur und Bildung als Faktoren mitteldeutscher Einheit, in: »Mitteldeutschland«. Begriff – Geschichte – Konstrukt, hg. von Jürgen JOHN (2001) S. 217–228, hier S. 218f.; zur politischen Geschichte vgl. Eberhard HOLTZ, Politische Kräfte und politische Entwicklungen in Mitteldeutschland während des 14./15. Jahrhunderts, in: Akkulturation und Selbstbehauptung. Studien zur Entwicklungsgeschichte der Lande zwischen Elbe/Saale und Oder im späten Mittelalter, hg. von Peter MORAW (2001) S. 287–309.
5) Zum thüringischen Frühmittelalter insgesamt Hans PATZE, Die Entstehung der Landesherrschaft in Thüringen (Mitteldeutsche Forschungen 22, 1962) S. 41–96; Walter SCHLESINGER, Das Frühmittelalter, in: Geschichte Thüringens (wie Anm. 1) 1 (1968, ²1985) S. 317–380; Matthias WERNER, Thüringen (B. Geschichte), in: Lex. MA 8 (1998) Sp. 749–757, hier Sp. 749–751; DERS., Thüringen und die Thüringer zwischen Völkerwanderungszeit und Reformation. Die mittelalterlichen Grundlagen von Vielfalt und Einheit in der thüringischen Geschichte, in: Vom Königreich der Thüringer zum Freistaat Thüringen. Texte einer Vortragsreihe zu den Grundzügen thüringischer Geschichte, hg. vom Thüringer Landtag und der Historischen Kommission für Thüringen (1999) S. 11–42, hier S. 12–22; DERS., Die Anfänge eines Landesbewußtseins in Thüringen, in: Aspekte thüringisch-hessischer Geschichte, hg. von Michael GOCKEL (1992) S. 81–137, hier S. 84–107. Vgl. auch den Ausstellungskatalog: Hessen und Thüringen. Von den Anfängen bis zur Reformation. Eine Ausstellung des Landes Hessen (1992) S. 65–111. Zum Thüringer Königreich jüngst Heike GRAHN-HOEK, Gab es vor 531 ein linksrheinisches Thüringerreich?, Zs. des Vereins für Thüringi-

rung – wohl unter ostgotisch-arianischem Einfluß – weisen in das frühe 6. Jahrhundert zu-rück. Der zu Beginn des 8. Jahrhunderts von dem in Würzburg residierenden mainfrän-kisch-thüringischen Herzog Heden († nach 717/722) mit reichem Besitz in Thüringen be-schenkte angelsächsische Missionar Willibrord († 739) konnte an die im Zuge der Frankisierung des 6./7. Jahrhunderts erfolgte Christianisierung anknüpfen. Dies dürfte noch stärker für Willibrords ehemaligen Schüler Winfried-Bonifatius († 754) gelten, des-sen auf die vorangegangene Missionsarbeit aufbauendes kirchenorganisatorisches Wirken in der Errichtung eines eigenen Bistums für diesen Raum um 742 gipfelte. Der dazu aus-gewählte Bischofssitz in Erfurt, dem alten Hauptort der Region inmitten des Thüringer Beckens, wurde allerdings noch von Bonifatius selbst vor 751/752 wieder aufgegeben, um das thüringische Bistum – gemeinsam mit dem gleichzeitig von Bonifatius eingerichteten Hessen-Bistum mit Sitz in Büraburg – der Mainzer Kirche zuzuschlagen. Es war dies eine außerordentlich folgenreiche Entscheidung, die die thüringische Geschichte nachhaltig geprägt hat: Als Erzbischöfe von Mainz verfügten die Nachfolger des Bonifatius – bis zur Neuordnung der deutschen Bistümer im 19. Jahrhundert – über einen Amtssprengel, der im Osten bis an die Saale und die Unstrut reichte und dessen thüringischer Teil in Erfurt seinen geistlich-kirchlichen Mittelpunkt hatte. Die Mainzer Diözesangewalt in Thüringen bedeutete stets eine tiefgreifende und bis in die Reformationszeit hinein prägende Anbin-dung dieses Raumes an den Westen des Reiches[6].

Die Frankisierung Thüringens ging nicht nur mit früher Christianisierung und kirch-licher Erfassung des Landes einher, sondern verband sich – verstärkt im 8. Jahrhundert – mit dem Ausbau breiter königlicher Machtgrundlagen im Land. Seine Grenzlage zu den Sachsen im Norden und zu den Slawen im Osten verlieh Thüringen eine herausragende Bedeutung für die Karolinger, die an Harz, Unstrut und Saale Burgen errichten ließen, Grafen einsetzten und die hessischen Reichsabteien Hersfeld und Fulda reich mit thürin-gischen Gütern beschenkten[7]. Erfurt wurde zum zentralen Vorort des Landes auch für das

sche Geschichte 55 (2001) S. 15–55; Dies., Stamm und Reich der frühen Thüringer nach den Schriftquellen, Zs. des Vereins für Thüringische Geschichte 56 (2002) S. 7–90.
6) Zur Christianisierung und Mission in Thüringen vor Bonifatius vgl. Matthias Werner, Iren und An-gelsachsen in Mitteldeutschland. Zur vorbonifatianischen Mission in Hessen und Thüringen, in: Die Iren und Europa im früheren Mittelalter, hg. von Heinz Löwe, 2 Bde. (1982) 1 S. 239–318. Zum Wirken Willi-brords in Thüringen jetzt Arnold Angenendt, Willibrord und die thüringische Kirchenorganisation, in: Vestigia pietatis. Studien zur Geschichte der Frömmigkeit in Thüringen und Sachsen. Ernst Koch gewid-met, hg. von Gerhard Graf und Hans-Peter Hasse (Herbergen der Christenheit, Sonderbd. 5, 2000) S. 9–17, und Matthias Werner, *in loco nuncupante Arnestati*. Die Ersterwähnung Arnstadts im Jahre 704 (2004). Zum Wirken des Bonifatius zuletzt zusammenfassend Lutz E. von Padberg, Bonifatius. Missionar und Reformer (2003). Vgl. jüngst auch Heinrich Wagner, Bonifatiusstudien (Quellen und Forschungen zur Geschichte des Bistums und Hochstifts Würzburg 60, 2003).
7) Zur Bedeutung des thüringischen Raumes für das fränkische Königtum vgl. Schlesinger, Frühmittel-alter (wie Anm. 5) S. 350ff.; Ders., Zur politischen Geschichte der fränkischen Ostbewegung vor Karl dem

Königtum: bereits zu Beginn des 9. Jahrhunderts ist hier eine Königspfalz bezeugt. Im 10. Jahrhundert knüpften die ottonischen Herrscher an die karolingischen Grundlagen an. Eine eigene starke Herzogsgewalt konnte sich daher in Thüringen, das sich nun zu einer zentralen Brückenlandschaft zwischen dem sächsisch-ottonischen Kernraum im Norden und Franken im Süden, zwischen den westlichen Altsiedelgebieten und dem östlich der Saale beginnenden Markengebiet entwickelte, nicht etablieren. Stattdessen tritt uns eine bereits im 10./11. Jahrhundert bemerkenswerte Vielfalt von adligen und kirchlichen Herrschaftsträgern entgegen. An der Spitze der kirchlichen Grundherren standen die hessischen Reichsabteien Hersfeld und Fulda und das Erzstift Mainz. Seit dem Übergang Erfurts in den Besitz der Mainzer Kirche an der Wende vom 10. zum 11. Jahrhundert war der mittelrheinische Metropolit nicht nur der für Thüringen zuständige Diözesanbischof, sondern er gehörte auch zu den bedeutendsten Herrschaftsträgern im Land. Die Erfurter Stadtherrschaft sollte die Mainzer Erzbischöfe bis ins Spätmittelalter hinein zu den mächtigsten territorialpolitischen Konkurrenten der anderen thüringischen Kräfte machen. Zugleich aber verstärkte die Präsenz der Mainzer Erzbischöfe als Erfurter Stadtherren und als Territorialmacht im Land die bereits aufgrund der diözesanrechtlichen Zugehörigkeit zu Mainz gegebene Verklammerung Thüringens mit dem Westen. Erfurt als das wirtschaftliche, kirchliche und kulturelle Zentrum des Landes war als Stadt des Mainzer Erzbischofs in besonderer Weise in diese Westverklammerung Thüringens eingebunden[8].

Neben dem Königtum, dem Mainzer Erzstift und den Reichsabteien Hersfeld und Fulda waren es die thüringischen Grafengeschlechter, die zu einer bemerkenswerten herrschaftlichen Vielgestaltigkeit und Dichte des Landes beitrugen[9]. Zu den ältesten und be-

Großen, in: Ausgewählte Aufsätze von Walter Schlesinger 1965–1979, hg. von Hans PATZE und Fred SCHWIND (VuF 34, 1987) S. 1–48 (Erstdruck 1975); Hans K. SCHULZE, Die Grafschaftsverfassung der Karolingerzeit in den Gebieten östlich des Rheins (Schriften zur Verfassungsgeschichte 19, 1973) S. 251–266; WERNER, Thüringen (wie Anm. 5) Sp. 751–753; DERS., Thüringen und die Thüringer (wie Anm. 5) S. 19–28. Zur Bedeutung Fuldas und Hersfelds im thüringischen Raum PATZE, Landesherrschaft (wie Anm. 5) S. 50–62, S. 569–581; Fred SCHWIND, Thüringen und Hessen im Mittelalter. Gemeinsamkeiten – Divergenzen, in: Aspekte (wie Anm. 5) S. 1–28, hier S. 5–7; vgl. auch: Hessen und Thüringen (wie Anm. 5) S. 111–125, und zuletzt Johannes MÖTSCH, Fuldische Frauenklöster in Thüringen. Regesten zur Geschichte der Klöster Allendorf, Kapellendorf und Zella/Rhön (Veröffentlichungen der Historischen Kommission für Thüringen, Große Reihe 5, 1999).
8) Zur Bedeutung Erfurts im Früh- und Hochmittelalter Michael GOCKEL, Erfurt, in: Die deutschen Königspfalzen. Repertorium der Pfalzen, Königshöfe und übrigen Aufenthaltsorte der Könige im deutschen Reich des Mittelalters 2: Thüringen, bearb. von DEMS. (2000) S. 103–148; DERS., Erfurts zentralörtliche Funktionen im frühen und hohen Mittelalter, in: Erfurt. Geschichte und Gegenwart, hg. von Ulman WEISS (Schriften des Vereins für die Geschichte und Altertumskunde von Erfurt 2, 1995) S. 81–94; Karl HEINEMEYER, Erfurt im frühen Mittelalter, in: ebd. S. 45–66.
9) Zur thüringischen Adelslandschaft bis zur Mitte des 11. Jahrhunderts PATZE, Landesherrschaft (wie Anm. 5) S. 96–142; bester Überblick zur Entwicklung im Hoch- und Spätmittelalter DERS., Politische Ge-

deutendsten unter ihnen zählten die Grafen von Schwarzburg-Käfernburg, deren Wurzeln sich bis in das 8. Jahrhundert zurückverfolgen lassen. Von herausragender Bedeutung waren darüber hinaus die Grafen von Weimar-Orlamünde, die über außerordentlich weitgespannte Beziehungen im Reich verfügten[10]. Beide alteingesessenen Grafenfamilien gehörten im 14. Jahrhundert zu den mächtigsten Gegnern der Wettiner in Thüringen. Anders als die Weimarer vermochten sich die im Süden und im Norden Thüringens begüterten Schwarzburger erfolgreich gegen den wettinischen Expansionsdruck zu behaupten. Im mainfränkischen, an den Thüringer Wald angrenzenden Raum waren es die Grafen von Henneberg, die weit nach Thüringen hineinwirkten, mit den ludowingischen, dann wettinischen Landgrafen verwandtschaftliche Beziehungen eingingen und deren fränkischer Besitz in Coburg Mitte des 14. Jahrhunderts an die Wettiner überging[11]. Jüngere Grafenfamilien mit zeitweise sehr starken Machtgrundlagen etablierten sich seit dem 11./12. Jahrhundert mit den Grafen von Gleichen, von Beichlingen, von Klettenberg, von Honstein und von Stolberg in West- und Nordthüringen und im nördlich angrenzenden Harzraum[12]. Vergleicht man die thüringische Adelslandschaft mit dem Markengebiet, so fällt auf, daß sich dort gräfliche Dynastien, die an Alter, Besitz und dynastisch-politischen Ver-

schichte (wie Anm. 1) S. 146–208; zum Hochmittelalter künftig Helge WITTMANN, Adel im hochmittelalterlichen Thüringen. Zur Geschichte der Herren von Heldrungen, der Grafen von Buch und der Grafen von Wartburg-Brandenburg im 12. und 13. Jahrhundert (Diss. Jena 2003, erscheint voraussichtlich 2005 in den Veröffentlichungen der Historischen Kommission für Thüringen, Kleine Reihe 17).

10) Zu den Grafen von Schwarzburg Helge WITTMANN, Zur Frühgeschichte der Grafen von Käfernburg-Schwarzburg, Zs. des Vereins für Thüringische Geschichte 51 (1997) S. 9–59; DERS., Der Adel Thüringens und die Landgrafschaft im 12. und 13. Jahrhundert: Das Beispiel der Grafen von Schwarzburg-Käfernburg, in: Holger KUNDE, Stefan TEBRUCK und Helge WITTMANN, Der Weißenfelser Vertrag von 1249. Die Landgrafschaft Thüringen am Beginn des Spätmittelalters (Thüringen gestern & heute, hg. von der Landeszentrale für politische Bildung Thüringen 8, 2000) S. 63–93. Zu den Grafen von Weimar-Orlamünde jüngst Ingrid WÜRTH, Die Grafen von Weimar-Orlamünde als Markgrafen von Krain und Istrien, Zs. des Vereins für Thüringische Geschichte 56 (2002) S. 91–132.

11) Zu den Hennebergern Heinrich WAGNER, Herkunft und Frühzeit der Grafen von Henneberg, Jb. des Hennebergisch-Fränkischen Geschichtsvereins 6 (1991) S. 23–38; DERS., Zur Genealogie der Grafen von Henneberg bis zur Mitte des 13. Jahrhunderts, in: Otto von Botenlauben. Minnesänger – Kreuzfahrer – Klostergründer (Bad Kissinger Archiv-Schriften 1, 1994) S. 401–469; DERS., Entwurf einer Genealogie der Grafen von Henneberg, Jb. des Hennebergisch-Fränkischen Geschichtsvereins 11 (1996) S. 33–152; Die ältesten Lehnsbücher der Grafen von Henneberg, bearb. von Johannes MÖTSCH und Katharina WITTER (Veröffentlichungen aus Thüringischen Staatsarchiven 2, 1996); Johannes MÖTSCH, Die gefürsteten Grafen von Henneberg und ihre fürstlichen Statussymbole, in: Hochadelige Herrschaft im mitteldeutschen Raum (1200–1600). Formen – Legitimation – Repräsentation, hg. von Jörg ROGGE und Uwe SCHIRMER (Quellen und Forschungen zur sächsischen Geschichte 23, 2003) S. 227–242; jetzt auch DERS., Henneberg, in: Höfe und Residenzen 1 (wie Anm. 3) S. 96–108, S. 798–807 (mit Literatur).

12) Zum nordthüringischen Adel jüngst Immo EBERL, Königsherrschaft und Hochadel im Raum Nordhausen/Sangerhausen, Harz-Zeitschrift 52/53 (2000/2001) S. 11–35, und Ernst SCHUBERT, Die Harzgrafen im ausgehenden Mittelalter, in: Hochadelige Herrschaft (wie Anm. 11) S. 13–115.

bindungen mit den alteingesessenen thüringischen Grafenhäusern vergleichbar gewesen wären, offenkundig nie hatten ausbilden können[13].

Herausragende Bedeutung in Thüringen und weit darüber hinaus sollte den Ludowingern zuwachsen. In der ersten Hälfte des 11. Jahrhunderts aus Mainfranken eingewandert, gehörten sie zu den vergleichsweise jungen Grafenfamilien. Sie verschafften sich allerdings sehr früh außerordentlich breite Besitz- und Machtgrundlagen südwestlich und nordöstlich des Thüringer Beckens, errichteten mit der Wartburg im Westen und mit der Neuenburg an der Unstrut im Osten noch vor 1100 große, den thüringischen Raum gleichsam umklammernde Burgen und gründeten 1085 mit der Benediktinerabtei Reinhardsbrunn ein eigenes Hauskloster, das zu den ältesten und bedeutendsten hirsauischen Reformkonventen im mitteldeutschen Raum zählte und dessen Skriptorium sich im 12./13. Jahrhundert neben dem Erfurter Peterskloster zu einem blühenden Zentrum der Geschichtsschreibung entwickelte. Wie die Wettiner in der Mark Meißen erlangten die Ludowinger in Thüringen die für ihren weiteren Aufstieg entscheidende Rangerhöhung durch das Königtum: 1131 erhob König Lothar III. den ludowingischen Grafen Ludwig I. (1123–1140) zum Landgrafen von Thüringen. Er band damit nicht nur das mächtigste Grafengeschlecht in diesem Raum dauerhaft an das Königtum, sondern schuf gleichsam einen Ersatz für die dort fehlende Herzogsgewalt. Die Landgrafen, die fortan in Vertretung für das Königtum

---

13) Zur Herrschaftsbildung der Wettiner in der Mark Meißen Herbert HELBIG, Der wettinische Ständestaat. Untersuchungen zur Geschichte des Ständewesens und der landständischen Verfassung in Mitteldeutschland bis 1485 (Mitteldeutsche Forschungen 4, 1955, ²1980); Harald SCHIECKEL, Herrschaftsbereich und Ministerialität der Markgrafen von Meißen im 12. und 13. Jahrhundert. Untersuchungen über Stand und Stammort der Zeugen markgräflicher Urkunden (Mitteldeutsche Forschungen 7, 1956); Stefan PÄTZOLD, Die frühen Wettiner. Adelsfamilie und Hausüberlieferung bis 1221 (Geschichte und Politik in Sachsen 6, 1997); zu den Wettinern zuletzt zusammenfassend Brigitte STREICH, Wettin, in: Höfe und Residenzen 1 (wie Anm. 3) S. 213–218 (mit Literatur). Zum Adel insgesamt Gerhard BILLIG, Der Adel Sachsens im hohen und späten Mittelalter. Ein Überblick, in: Geschichte des sächsischen Adels, hg. von Katrin KELLER und Josef MATZERATH (1997) S. 31–52. Zu den führenden burggräflichen Geschlechtern jetzt André THIEME, Die Burggrafschaft Altenburg. Studien zu Amt und Herrschaft im Übergang vom hohen zum späten Mittelalter (Schriften zur Sächsischen Landesgeschichte 2, 2001), und DERS., Landesherrschaft und Reichsunmittelbarkeit. Beobachtungen bei den Burggrafen von Meißen aus dem Hause Plauen und anderen Nachfolgefamilien der Vögte von Weida, Gera und Plauen, in: Hochadelige Herrschaft (wie Anm. 11) S. 135–161. Zum Herrschaftsbereich der Vögte von Weida, Gera und Plauen zuletzt Gerhard BILLIG, Das mittelalterliche Vogtland in heutiger Sicht. Probleme der Geschichte des Gesamtvogtlandes und der Vogtsfamilie im Lichte der Siedlungsgeschichte, Namenkunde und archivalischen Geschichte, Jb. des Museums Reichenfels-Hohenleuben 43 (=157. Jahresbericht des Vogtländischen Altertumsforschenden Vereins zu Hohenleuben e.V., 1998) S. 5–45, und DERS., Pleißenland – Vogtland. Das Reich und die Vögte. Untersuchungen zur Herrschaftsorganisation und Landesverfassung während des Mittelalters unter dem Aspekt der Periodisierung (2002). Vgl. auch Dieter RÜBSAMEN, Kleine Herrschaftsträger im Pleißenland. Studien zur Geschichte des mitteldeutschen Adels im 13. Jahrhundert (Mitteldeutsche Forschungen 95, 1987), und Susanne BAUDISCH, Lokaler Adel in Nordwestsachsen. Siedlungs- und Herrschaftsstrukturen vom späten 11. bis zum 14. Jahrhundert (Geschichte und Politik in Sachsen 10, 1999).

den Frieden im Land zu wahren und Recht zu sprechen hatten, suchten den mit der land-gräflichen Würde verbundenen politischen Herrschaftsanspruch in der *Thuringia* mit wechselndem Erfolg gegen ihre territorialpolitischen Konkurrenten durchzusetzen, ohne dabei jemals eine unangefochtene, herzogsgleiche Stellung im Land erreichen zu können. Das mit dem Landgrafenamt gegebene politische Integrationspotential indes konnten die Ludowinger in den letzten drei Jahrzehnten ihrer Herrschaft unter Ludwig IV. (1217–1227) und Heinrich Raspe IV. (1227–1247) stärker ausschöpfen als zuvor. Ihre Erben, die wettinischen Markgrafen von Meißen, knüpften bei ihren Bemühungen, den thüringischen Raum in ihre Herrschaft zu integrieren, hieran an[14].

Früh einsetzende Christianisierung, Akkulturation und Integration in das Franken-reich, kirchliche Anbindung an die rheinische Metropole Mainz und herrschaftsrechtliche Polyzentralität kennzeichnen die politische und kulturelle Prägung Thüringens im Früh- und Hochmittelalter. Darüber hinaus verband sich seine Entwicklung von einem Grenz-raum des Karolingerreiches zu einer zentralen Brückenlandschaft im hochmittelalter-lichen Reich mit der wachsenden Bedeutung für den Fernhandel, mit rascher Bevölke-rungszunahme, Städtegründungen und steigender Wirtschaftskraft[15]. Erfurt sollte sich bereits im Hochmittelalter zu der mit Abstand größten Stadt im thüringisch-sächsischen

---

14) Zu den Ludowingern Fred SCHWIND, Die Landgrafschaft Thüringen und der landgräfliche Hof zur Zeit der Heiligen Elisabeth, in: DERS., Burg, Dorf, Kloster, Stadt. Beiträge zur Hessischen Landesgeschichte und zur mittelalterlichen Verfassungsgeschichte. Ausgewählte Aufsätze von Fred Schwind. Festgabe zu sei-nem 70. Geburtstag, hg. von Ursula BRAASCH-SCHWERSMANN (Untersuchungen und Materialien zur Ver-fassungs- und Landesgeschichte 17, 1999) S. 103–128 (Erstdruck 1981); Jürgen PETERSOHN, »De ortu prin-cipum Thuringie«. Eine Schrift über die Fürstenwürde der Landgrafen von Thüringen aus dem 12. Jahrhundert, DA 48 (1992) S. 585–608; DERS., Die Ludowinger. Selbstverständnis und Memoria eines hochmittelalterlichen Reichsfürstengeschlechts, BDLG 129 (1993) S. 1–39; WERNER, Thüringen und die Thüringer (wie Anm. 5) S. 29–32; zuletzt DERS., Ludowinger, in: Höfe und Residenzen 1 (wie Anm. 3) S. 149–154 (mit Literatur). Zur Entwicklung der landgräflichen Herrschaft unter Ludwig IV. und Heinrich Raspe IV. jetzt Matthias WERNER, Reichsfürst zwischen Mainz und Meißen. Heinrich Raspe als Landgraf von Thüringen und Herr von Hessen, in: Heinrich Raspe – Landgraf von Thüringen und römischer König (1227–1247). Fürsten, König und Reich in spätstaufischer Zeit, hg. von DEMS. (Jenaer Beiträge zur Ge-schichte 3, 2003) S. 125–271, hier S. 128–167, S. 196–202.
15) Herbert HELBIG, Wirtschaft und Gesellschaft im Mittelalter, in: Geschichte Thüringens (wie Anm. 1) 2, 2 (1973) S. 1–49. Von überregionaler Bedeutung war neben dem Export von Getreide und Hopfen aus Thüringen vor allem der Anbau von Waid, der zur Blaufärbung (sowie als Grundstoff zur Schwarz- und Grünfärbung) von Wolle und Leinen verwendet wurde. Neben Erfurt gehörten die landgräflichen Städte Gotha, Langensalza und Tennstedt sowie das schwarzburgische Arnstadt zu den fünf führenden Waidex-porteuren in Thüringen. Neben den thüringischen Waidanbaugebieten waren im Reich der südwestliche Niederrhein zwischen Köln und Aachen sowie Görlitz in der Oberlausitz Zentren der Waidproduktion und des -handels. Vgl. zusammenfassend hierzu HELBIG, Wirtschaft und Gesellschaft (wie oben in dieser Anm.) S. 41–43; Hessen und Thüringen (wie Anm. 5) S. 230–235 (mit einer Karte der thüringischen Waid-produktion, S. 232); Christian REINICKE, Waid, -anbau, -handel, in: Lex. MA 8 (1997) Sp. 1929f.

Raum entwickeln. Im ausgehenden 15. Jahrhundert gehörte die thüringische Metropole mit ihren über 18000 Einwohnern, mit einem Territorium, das die Stadt Sömmerda, mehr als 80 Dörfer, etwa 24000 Landbewohner und zahlreiche Burgen umfaßte[16], mit ihren zentralörtlichen Funktionen für den thüringischen Teil der Erzdiözese Mainz[17], mit ihren zahlreichen Kollegiatstiften und Klöstern, mit ihrer reichen Schultradition und der daraus erwachsenden, 1389 von Papst Urban VI. privilegierten und 1392 errichteten Universität zu den bedeutendsten Städten im Reich überhaupt[18]. Neben Erfurt waren es die beiden königlichen Städte Mühlhausen und Nordhausen, denen aufgrund ihrer Bevölkerungszahl, ihrer Wirtschaftskraft und ihrer Fernhandelsverbindungen eine weit über den thüringischen Raum hinausreichende Bedeutung zuwuchs. Beide Städte konnten ihre Reichs-

16) Zu Erfurt im Hoch- und beginnenden Spätmittelalter jetzt Stephanie WOLF, Erfurt im 13. Jahrhundert. Städtische Gesellschaft zwischen Mainzer Erzbischof, Adel und Reich (Diss. Jena 2003; Städteforschung A/67, 2005). Zur politischen Stellung Erfurts im spätmittelalterlichen Reich Eberhard HOLTZ, Zur politischen und rechtlichen Situation Erfurts im 15. Jahrhundert im Vergleich mit anderen mitteldeutschen Städten, in: Erfurt. Geschichte und Gegenwart (wie Anm. 8) S. 95–105. Zur Bedeutung Erfurts als überregionales Wirtschafts- und Handelszentrum Klaus FRIEDLAND, Erfurt im Fernhandelssystem der Hanse, in: ebd. S. 433–438; Markus J. WENNINGER, Geldkreditgeschäfte im mittelalterlichen Erfurt, in: ebd. S. 439–458; Wieland HELD, Das Landgebiet Erfurts und dessen Wirkungen auf die Ökonomik der Stadt in der frühen Neuzeit, in: ebd. S. 459–470.
17) Zu den Funktionen Erfurts für die Mainzer Kirche Hans EBERHARDT, Erfurt als kirchliches Zentrum im Früh- und Hochmittelalter, in: Fundamente (Thüringer Kirchliche Studien 5, 1987) S. 11–28; Ulman WEISS, Sedis Moguntinae filia fidelis? Zur Herrschaft und Residenz des Mainzer Erzbischofs in Erfurt, in: Südwestdeutsche Bischofsresidenzen außerhalb der Kathedralstädte, hg. von Volker PRESS (Veröffentlichungen der Kommission für geschichtliche Landeskunde in Baden-Württemberg, Reihe B, 116, 1992) S. 99–131; Günter CHRIST und Georg MAY, Erzstift und Erzbistum Mainz. Territoriale und kirchliche Strukturen (Handbuch der Mainzer Kirchengeschichte 2, Beiträge zur Mainzer Kirchengeschichte 6, 2, 1997) S. 395–417, S. 527–537.
18) Zur Erfurter Bildungs- und Universitätsgeschichte Erich KLEINEIDAM, Universitas Studii Erffordensis. Ein Überblick über die Geschichte der Universität Erfurt, 3 Bde. (Erfurter Theologische Studien 14, ²1985, 22, ²1992, 42, ²1983); DERS., Die Gründungsurkunde Papst Urbans VI. für die Universität Erfurt vom 4. Mai 1389, in: Erfurt 742–1992. Stadtgeschichte – Universitätsgeschichte, hg. von Ulman WEISS (1992) S. 135–153; Sönke LORENZ, »Studium generale Erfordense«. Zum Erfurter Schulleben im 13. und 14. Jahrhundert (Monographien zur Geschichte des Mittelalters 34, 1989); DERS., Studium generale Erfordense. Neue Forschungen zum Erfurter Schulleben, Traditio 46 (1991) S. 337–368; DERS., Erfurt – die älteste Hochschule Mitteleuropas?, in: Aspekte (wie Anm. 5) S. 139–146; DERS., Das Erfurter »Studium generale artium« – Deutschlands älteste Hochschule, in: Erfurt 742–1992 (wie oben in dieser Anm.) S. 123–134; Peter MORAW, Die ältere Universität Erfurt im Rahmen der deutschen und europäischen Hochschulgeschichte, in: Erfurt. Geschichte und Gegenwart (wie Anm. 8) S. 189–205. Zur Erfurter Bibliotheksgeschichte: Die Bibliotheca Amploniana. Ihre Bedeutung im Spannungsfeld von Aristotelismus, Nominalismus und Humanismus, hg. von Andreas SPEER (Miscellanea Mediaevalia 23, 1995). Prosopographisch zur Erfurter Universitätsgeschichte: Das Bakkalarenregister der Artistenfakultät der Universität Erfurt 1392–1521, hg. von Rainer Christoph SCHWINGES und Klaus WRIEDT (Veröffentlichungen der Historischen Kommission für

unmittelbarkeit auch gegen den wettinischen Expansionsdruck im 14. und 15. Jahrhundert weitgehend behaupten[19].

Neben diesen bereits im 13. Jahrhundert außerordentlich starken Zentralorten war es auch im unmittelbaren ludowingisch-landgräflichen Herrschafts- und Einflußbereich zu zahlreichen Städtegründungen gekommen, unter denen Eisenach und Gotha an Einwohnerzahl und Wirtschaftskraft herausragten. Beide Orte gehörten noch im 14. Jahrhundert zu den bedeutendsten und einträglichsten Städten im gesamten wettinischen Herrschaftsbereich[20]. Vergleicht man die thüringische Städtelandschaft mit den Verhältnissen im östlich benachbarten Markengebiet, so ist festzuhalten, daß sich dort ebenfalls seit dem 12./13. Jahrhundert ein dichtes Netz von städtischen Gründungen, an deren Spitze Freiberg an der Mulde und Leipzig zu nennen sind, entwickelt hat. An der nach 1100 einsetzenden Siedlungsverdichtung östlich der Saale hatten neben Franken und Flamen auch Thüringer einen beachtlichen Anteil. Der im letzten Drittel des 12. Jahrhunderts einsetzende Silberbergbau an der Mulde sowie die Verbreitung der Edelmetallgewinnung im Westerzgebirge mit den jüngeren Zentren Annaberg und Schneeberg seit der zweiten Hälfte des 15. Jahrhunderts begründete überdies nicht nur den Reichtum der Wettiner, sondern führte auch zur einer raschen Verdichtung von Wirtschaftskraft, Handel und Be-

Thüringen, Große Reihe 3, 1995); Rainer Christoph Schwinges, Erfurts Universitätsbesucher im 15. Jahrhundert. Frequenz und räumliche Herkunft, in: Erfurt. Geschichte und Gegenwart (wie Anm. 8) S. 207–222; jüngst Christian Hesse, Die Universität Erfurt und die Verwaltung der Landgrafschaft Hessen im Spätmittelalter, in: Personen der Geschichte – Geschichte der Personen. Studien zur Kreuzzugs-, Sozial- und Bildungsgeschichte. Festschrift für Rainer Christoph Schwinges zum 60. Geburtstag, hg. von Christian Hesse, Beat Immenhauser, Oliver Landolt und Barbara Studer (2003) S. 269–284, und Robert Gramsch, Erfurter Juristen im Spätmittelalter. Die Karrieremuster und Tätigkeitsfelder einer gelehrten Elite des 14. und 15. Jahrhunderts (Education and society in the Middle Ages and Renaissance 17, 2003).
19) Zur Frühgeschichte und Entwicklung der beiden königlichen Orte und Reichsstädte Mühlhausen und Nordhausen im Früh- und Hochmittelalter Michael Gockel, Mühlhausen, in: Die deutschen Königspfalzen 2 (wie Anm. 8) S. 258–318; Ders., Nordhausen, in: ebd. S. 319–385. Mühlhausen dürfte im 15. Jahrhundert nach Erfurt die größte Stadt im thüringisch-sächsischen Raum gewesen sein; für 1419 kann von einer Einwohnerzahl von etwa 9300 ausgegangen werden; nach einem deutlichen Bevölkerungsrückgang dürfte die Bevölkerung Mühlhausens im ausgehenden 15. Jahrhundert immer noch knapp 8000 Einwohner umfaßt haben. Für Nordhausen ist für diesen Zeitraum von über 5000 Einwohnern auszugehen. Die beiden Reichsstädte verfügten wie Erfurt über eigene Territorien mit zahlreichen Burgen und Dörfern; Mühlhausen besaß ein Territorium mit 19 Dörfern und etwa 3000 Landbewohnern, das größte städtische Territorium im mitteldeutschen Raum nach Erfurt. Vgl. hierzu zusammenfassend Herbert Helbig, Wirtschaft und Gesellschaft (wie Anm. 15), S. 5ff., S. 31ff.; Hans Patze, Mühlhausen, in: Handbuch der historischen Stätten 9: Thüringen, hg. von Hans Patze und Peter Aufgebauer (²1989) S. 286–295; Walther Müller und Hans Patze, Nordhausen, in: ebd. S. 305–314.
20) Christine Müller, Landgräfliche Städte in Thüringen. Die Städtepolitik der Ludowinger im 12. und 13. Jahrhundert (Veröffentlichungen der Historischen Kommission für Thüringen, Kleine Reihe 7, 2003) S. 235–255.

völkerung in der Mark Meißen[21]. Allerdings gab es dort bis in die frühe Neuzeit hinein keine Stadt, die hinsichtlich ihrer Größe und Bedeutung mit Erfurt vergleichbar gewesen wäre. Die jüngeren pleißenländischen Reichsstädte Altenburg, Chemnitz und Zwickau, die noch im 14. Jahrhundert in den wettinischen Einflußbereich gerieten und von ihnen mediatisiert werden konnten, waren weitaus kleiner und schwächer als die beiden großen nordthüringischen Reichsstädte Mühlhausen und Nordhausen. Das rasche Wachstum der meißnisch-sächsischen Städte[22] und der Aufstieg Leipzigs als Messestadt, deren Bedeutung spätestens im 16. Jahrhundert die der älteren thüringischen Messeorte Erfurt und Naumburg übertraf[23], lassen indes schlaglichtartig deutlich werden, daß sich die wirtschaftlichen Gewichte innerhalb des wettinischen Einflußbereiches im 15. Jahrhundert nach Osten zu verschieben begannen.

21) Zum Städtewesen in der Mark Meißen bzw. Sachsen jetzt Karlheinz BLASCHKE, Das Städtewesen vom 12. bis zum 19. Jahrhundert, in: Atlas zur Geschichte und Landeskunde von Sachsen, Karte B II 6 mit Beiheft (2003). Zu den städtischen Anfängen DERS., Studien zur Frühgeschichte des Städtewesens in Sachsen, in: Stadtgrundriß und Stadtentwicklung. Forschungen zur Entstehung mitteleuropäischer Städte. Ausgewählte Aufsätze von Karlheinz Blaschke, unter Mitarbeit von Uwe JOHN hg. von Peter JOHANEK (Städteforschung Reihe A, Darstellungen 44, 1997) S. 83–120 (Erstdruck 1973). Zur Bedeutung von Thüringern für die Siedlungsbewegung östlich der Saale vgl. zusammenfassend BLASCHKE, Geschichte Sachsens (wie Anm. 1) S. 77–82 mit Übersichtskarte.
22) Zu den städtischen Bevölkerungszahlen im Mittelalter Karlheinz BLASCHKE, Bevölkerungsgeschichte von Sachsen bis zur industriellen Revolution (1967) S. 130–141. Vergleicht man die geschätzten Einwohnerzahlen für die Zeit um 1300 mit der Mitte des 16. Jahrhunderts, so zeigt sich das rasche Wachstum der städtischen Zentren im meißnisch-sächsischen Bereich im Verlauf des Spätmittelalters: Freiberg an der Mulde hatte um 1300 etwa 5000, Leipzig etwa 3000, die ehemaligen Reichsstädte Zwickau und Chemnitz etwa 2500 bzw. 2000 Einwohner. Für die Zeit um 1550 sind bereits erheblich höhere Zahlen anzusetzen: für Leipzig rund 8400, Freiberg 7300, Zwickau 7000 und Dresden 6400 Einwohner. Soweit neben Erfurt, Mühlhausen und Nordhausen auch für die größeren Städte im Gebiet der thüringischen Landgrafschaft Bevölkerungszahlen vorliegen, ist davon auszugehen, daß die nach Eisenach und Gotha größten landgräflichen Städte Langensalza mit über 5000 (im Jahr 1414) bzw. knapp 4000 (im Jahr 1447) und Jena mit etwa 3800 (im Jahr 1490) Einwohnern waren. Vgl. hierzu MÜLLER, Landgräfliche Städte (wie Anm. 20) S. 155–187. Unter den nicht-landgräflichen Städten in Thüringen gehört das schwarzburgische Arnstadt mit mindestens 2200 Einwohnern im ausgehenden 15. Jahrhundert zu den größten Orten.
23) Erfurt entwickelte sich seit dem 13. Jahrhundert zu einem bedeutenden Messeort, erreichte aber nie die Bedeutung von Frankfurt am Main. 1331 erlangen die Erfurter ihr erstes kaiserliches Messeprivileg, 1473 wurde eine zweite Jahresmesse privilegiert. Neben der thüringischen Metropole gewann die Naumburger Peter- und Paulsmesse im 14. Jahrhundert überregionale Bedeutung; ein kaiserliches Messeprivileg erhielten die Naumburger indes erst 1514, als die Leipziger Messen bereits bedeutender als die beiden thüringischen Messeorte waren. Vgl. hierzu zusammenfassend HELBIG, Wirtschaft und Gesellschaft (wie Anm. 15) S. 22–24; zu Naumburg Wieland HELD, Der Messeplatz Naumburg als Messeort. Seine Geschichte und sein Verhältnis zur Leipziger Messe am Anfang des 16. Jahrhunderts, in: Leipzigs Messen 1497–1997. Gestaltwandel – Umbrüche – Neubeginn, hg. von Hartmut ZWAHR, Thomas TOPFSTEDT und Günter BENTELE, Teilband 1: 1497–1914 (Geschichte und Politik in Sachsen 9, 1, 1999), S. 75–86; zu Leipzig Uwe SCHIRMER, Die Leipziger Messen in der ersten Hälfte des 16. Jahrhunderts. Ihre Funktion als Silberhandels- und Finanzplatz der Kurfürsten von Sachsen, in: ebd. S. 87–107.

Im Rahmen eines umfassenden entwicklungsgeschichtlichen Vergleichs zwischen dem thüringischen Raum und dem Markengebiet wären neben Bevölkerungsdichte, städtischer Entwicklung, Fernhandelsbeziehungen und Wirtschaftskraft auch die kirchlichen Verhältnisse zu berücksichtigen. Das Bild, das sich im Hinblick auf Alter, Verteilung und Bedeutung von Kollegiatstiften und Klöstern ergibt, zeigt ein deutliches Übergewicht Thüringens innerhalb des mitteldeutschen Raumes während des gesamten Mittelalters[24]. Die Verteilung der ältesten Zisterzienserklöster im 12. Jahrhundert[25] und die frühesten Niederlassungen von Bettelordenskonventen im 13. Jahrhundert zeigen jeweils einen zeitlichen Entwicklungsvorsprung der westsaalischen Gebiete[26]. Die früh einsetzende Chri-

24) Hans K. SCHULZE, Die Kirche im Hoch- und Spätmittelalter, in: Geschichte Thüringens (wie Anm. 1) 2, 2 (1973) S. 50–149; vgl. die Karte »Stifter, Klöster und Komtureien vor der Reformation« in: Atlas des Saale- und mittleren Elbegebietes, hg. von Otto SCHLÜTER und Oskar AUGUST (1959) Karte Nr. 17. Zu den geistlichen Institutionen östlich der Saale Walter SCHLESINGER, Kirchengeschichte Sachsens im Mittelalter, 2 Bde. (Mitteldeutsche Forschungen 27, 1–2, 1962, ²1983) 2 S. 165–350 mit Übersichtskarte. Zur Gründungs- und Frühgeschichte der bedeutendsten thüringischen Benediktinerabtei, des Erfurter Petersklosters, und der vornehmsten thüringischen Stifter, St. Marien und St. Severi zu Erfurt, grundlegend Matthias WERNER, Die Gründungstradition des Erfurter Petersklosters (VuF Sonderbd. 12, 1973); vgl. demnächst auch den Tagungsband: Mönche auf dem Petersberg. Geschichte und Kunst des Erfurter Petersklosters 1103–1803, hg. von Dieter BLUME u. Matthias WERNER (Veröffentlichungen d. Histor. Komm. f. Thüringen, Kleine Reihe 18, 2006). Zur kirchlichen Organisation des thüringischen Teils der Erzdiözese Mainz vgl. Hans EBERHARDT, Archidiakonate und Sedes im mittleren Thüringen, Hessisches Jb. für Landesgeschichte 39 (1989) S. 1–22; Enno BÜNZ, Mainz – Thüringen – Eichsfeld. Ihr Verhältnis im Lichte der Kirchenorganisation, geistlichen Gerichtsbarkeit und Bistumsverwaltung, in: Bischof Burchard I. in seiner Zeit, hg. von Thomas T. MÜLLER, Maik PINKERT und Anja SEEBOTH (2000) S. 14–41, und jetzt: Das Mainzer Subsidienregister für Thüringen von 1506, bearb. v. Enno BÜNZ (Veröffentlichungen d. Histor. Komm. f. Thüringen, Große Reihe 8, 2005); Enno BÜNZ, Der niedere Klerus im spätmittelalterlichen Thüringen. Studien zu Kirchenverfassung, Klerusbesteuerung, Pfarrgeistlichkeit und Pfründenmarkt im thüringischen Teil des Erzbistums Mainz (Habil. Jena 1999, erscheint in den Quellen und Abhandlungen zur mittelrheinischen Kirchengeschichte).

25) Zur Gründung der ersten Zisterzen in Thüringen und der Mark Meißen jüngst Holger KUNDE, Das Zisterzienserkloster Pforte. Die Urkundenfälschungen und die frühe Geschichte bis 1236 (Quellen und Forschungen zur Geschichte Sachsen-Anhalts 4, 2003) S. 143–148, S. 173–183, und DERS., Vaterabt und Tochterkloster. Die Beziehungen zwischen den Zisterzienserklöstern Pforte und Altzelle bis zum ersten Drittel des 13. Jahrhunderts, in: Altzelle. Zisterzienserabtei in Mitteldeutschland und Hauskloster der Wettiner, hg. von Martina SCHATTKOWSKY und André THIEME (Schriften zur sächsischen Landesgeschichte 3, 2002), S. 39–67. Vgl. Manfred KOBUCH, Zisterzienser zwischen Saale und Neiße, in: 750 Jahre Kloster St. Marienstern (1998) S. 129–145.

26) Zur Ansiedlung der ersten Bettelordenskonvente in Thüringen in den 1220er Jahren Thomas BERGER, Die Bettelorden in der Erzdiözese Mainz und in den Diözesen Speyer und Worms im 13. Jahrhundert. Ausbreitung, Förderung und Funktion (Quellen und Abhandlungen zur mittelrheinischen Kirchengeschichte 69, 1994); zu den Franziskanern vgl. die Kartenbeilage »Gründungen franziskanischer Niederlassungen im Einflußbereich der Provinz Saxonia vom 13. bis zum Anfang des 16. Jahrhunderts«, in: Spuren franziskanischer Geschichte. Chronologischer Abriß der Geschichte der Sächsischen Franziskanerprovinzen von ih-

stianisierung, kirchliche Erfassung und Anbindung Thüringens an die mainzische Metropole im Westen des Reiches und die herrschaftliche Polyzentralität des Landes sind zweifellos die Grundlage für die vergleichsweise frühe Entstehung, die Dichte und die Bedeutung der geistlichen Institutionen in Thüringen gewesen[27].

Insgesamt dürfte vieles dafür sprechen, für die Zeit bis in das 13. Jahrhundert von einem deutlichen Entwicklungsgefälle innerhalb des thüringisch-sächsischen Raumes in west-östlicher Richtung auszugehen. Vor diesem Hintergrund müssen die Fragen nach der Integration Thüringens in den wettinischen Herrschaftsbereich anders gestellt werden, als das bisher im Rahmen einer Geschichtsschreibung getan wurde, die gleichsam im Rückblick aus der Perspektive des entwickelten kursächsisch-wettinischen Staates der Neuzeit die thüringische Landgrafschaft nur als ein früh erworbenes Nebenland zwischen Thüringer Wald und Harzvorland mißverstehen konnte. Denn offenkundig verband sich mit dem Erwerb der Landgrafschaft Thüringen Mitte des 13. Jahrhunderts für die wettinischen Markgrafen von Meißen nicht nur ein enormer Zugewinn an Macht, Einfluß und Ressourcen, sondern vielmehr eine lange nachwirkende Schwerpunktverlagerung ihrer Herrschaft nach Westen und ein außerordentlich chancenreicher Perspektivenwechsel. Mit dem Eintritt in den thüringischen Raum rückten die Wettiner gleichsam vom östlichen Rand des Reiches in dessen Mitte.

Doppelt schwierig sollte sich der Weg gestalten, den die Wettiner seit dem Anfall der thüringischen Landgrafschaft 1247/48 zu bewältigen suchten. Zum einen begegnete ihnen mit Thüringen ein politisch außerordentlich komplexes Gefüge. Neben der im Spannungsfeld zwischen Mainzer Erzbischöfen, Landgrafen und Reich um größere Selbständigkeit ringenden Metropole des Landes, Erfurt, waren die nordthüringischen Reichsstädte Mühlhausen und Nordhausen als eigene politische Größen zu berücksichtigen. Der

ren Anfängen bis zur Gegenwart, bearb. von Bernd SCHMIES und Kirsten RAKEMANN, hg. von Dieter BERG (Saxonia Franciscana, Sonderbd. 1999); zu Erfurt, einem der ältesten und bedeutendsten Franziskanerkonvente im mitteldeutschen Raum, jüngst Petra WEIGEL, Zu Urkunden des Erfurter Franziskanerklosters in den Beständen des Landeshauptarchivs Sachsen-Anhalt in Magdeburg, Wissenschaft und Weisheit – Franziskanische Studien zu Theologie, Philosophie und Geschichte 64 (2001) S. 290–320.

27) In enger Verbindung mit der Frage nach den geistlichen Institutionen ist nach dem Aufkommen von Bildungseinrichtungen als einem weiteren Indikator für den Entwicklungsstand einer Landschaft zu fragen. Die bisher bekannten Zeugnisse und der mangelhafte Forschungsstand die thüringischen Verhältnisse betreffend erlauben es allerdings kaum, auch in diesem Bereich von einem deutlich erkennbaren Entwicklungsvorsprung in west-östlicher Richtung zu sprechen. Neben den Kathedralkirchen Naumburg (1088) und Merseburg (1105) weisen die Erfurter Kollegiatstifte St. Marien (1121) und St. Severi (1133) die frühesten Zeugnisse im mitteldeutschen Raum für das Amt eines Scholaster bzw. das Vorhandensein von scolares auf. Vgl. hierzu jüngst Enno BÜNZ, Die mitteldeutsche Bildungslandschaft am Ausgang des Mittelalters, in: Die sächsischen Fürsten- und Landesschulen. Interaktion von lutherisch-humanistischem Erziehungsideal und Elitenbildung, hg. von Jonas FLÖTER und Günther WARTENBERG (Schriften zur sächsischen Geschichte und Volkskunde 9, 2004) S. 39–71, hier S. 42, S. 46.

Mainzer Erzbischof blieb bis zur Mitte des 14. Jahrhunderts ein bedeutender territorial-
politischer Konkurrent im thüringischen Kräftespiel. Darüber hinaus waren die alteingesessenen Grafenhäuser im Land politisch einzubinden. Mit der Landgrafschaft Thüringen
hatten die Wettiner einen Herrschaftsanspruch übernommen, der sich – vom Ursprung des
landgräflichen Amtes her – aus dem königlichen Auftrag zur Friedenswahrung in der *Thuringia*, in der seit fränkischer Zeit so benannten Landschaft zwischen Harz und Thüringer
Wald, Werra und Saale ergab. Das 1131 durch König Lothar III. eingerichtete und den Ludowingern übertragene landgräfliche Amt stellte einen politischen Auftrag dar, der sich
auf das gesamte Land bezog und den es immer wieder neu gegen die anderen konkurrierenden Herrschaftsträger durchzusetzen galt[28]. Damit aber stellte sich den Wettinern ein
doppeltes Integrationsproblem: Zum einen hatten sie in Nachfolge der ludowingischen
Landgrafen innerhalb Thüringens den Landfrieden zu wahren und den damit gegebenen
Herrschaftsanspruch gegenüber den unterschiedlichen thüringischen Kräften zur Geltung
zu bringen. Zum anderen aber mußten sie sowohl die von ihnen neuerworbenen ludowingischen Güter- und Besitzkomplexe als auch die thüringische Landgrafschaft als nun
bedeutendstes wettinisches Reichsfürstentum insgesamt mit ihrem bisher östlich der Saale
verankerten Herrschaftsbereich verbinden.

Im folgenden soll versucht werden, in drei Schritten zum einen die Entwicklung
der wettinischen Integrationsbemühungen in Thüringen von der Mitte des 13. bis zum
ausgehenden 15. Jahrhundert nachzuzeichnen, und andererseits nach dem jeweiligen
Entwicklungsstand Thüringens als eigenem politischen Raum innerhalb des größeren wettinischen Herrschaftsbereiches zu fragen. Vieles davon wird auf der Ebene erster Beobachtungen und Deutungsversuche bleiben müssen, zumal der hier gewählte Untersuchungszeitraum sehr weit reicht – der Fragestellung angemessene Schwerpunktsetzungen
und die Verkürzung einzelner Aspekte sind daher unvermeidlich. Darüber hinaus ist stets
im Blick zu behalten, daß die landesgeschichtliche Forschung im thüringisch-sächsischen
Raum gerade im Hinblick auf die Frage nach thüringischen Eigenentwicklungen im Spätmittelalter erst am Anfang steht und vieles daher noch offen bleiben muß. Die Chronologie der Entwicklung wird den äußeren Rahmen der Darstellung abgeben: Es wird erstens
um den Erwerb der thüringischen Landgrafschaft durch Markgraf Heinrich den Erlauchten (1221–1288) in den Jahren von 1248 bis 1263 gehen, zweitens um die lange, durch heftige Krisen und Erschütterungen geprägte Phase der Bedrohung und Behauptung
wettinischer Herrschaft in Thüringen, die mit dem Sieg Markgraf Friedrichs II. des Ernsthaften (1324–1349) in der Thüringer Grafenfehde 1345/46 endet, und drittens das mit
Unterbrechungen insgesamt einhundert Jahre während Bestehen einer selbständigen thü-

---

28) Zu Inhalt und Bedeutung des landgräflichen Titels Patze, Landesherrschaft (wie Anm. 5) S. 549ff.;
Schwind, Landgrafschaft Thüringen (wie Anm. 14) S. 107f.; Karl Heinemeyer, König und Reichsfürsten
in der späten Salier- und frühen Stauferzeit, BDLG 122 (1986) S. 1–39, hier S. 28ff.; Werner, Landesbewußtsein (wie Anm. 5) S. 107ff.; Ders., Reichsfürst (wie Anm. 14) S. 131ff.

ringischen Landgrafschaft unter den Wettinern Balthasar (1349/82–1406), Friedrich dem
Friedfertigen (1406/07–1440) und Wilhelm III. dem Tapferen (1445–1482) in den Jahren
1382 bis 1482. Innerhalb dieses chronologisch orientierten Rahmens soll die systematische
Frage – nach dem Spannungsverhältnis von Integration und Selbstbehauptung des thürin-
gischen Raumes im größeren wettinischen Herrschaftsbereich – den roten Faden der
Untersuchung bilden.

II

Der kinderlose Tod des letzten ludowingischen Landgrafen in Thüringen, Heinrich
Raspes IV., im Februar 1247 löste langjährige politische und militärische Konflikte zwi-
schen den verschiedenen Kräften aus, die Anspruch auf das reiche hessisch-thüringische
Erbe der Ludowinger erhoben[29]. Neben dem Mainzer Erzbischof Siegfried III. (1230–
1249), der die Mainzer Kirchenlehen der Landgrafen einzuziehen und die Position des
Erzstifts im thüringisch-hessischen Raum auszubauen suchte, war es vor allem die mit
Herzog Heinrich II. von Brabant (1235–1248) vermählte Nichte des letzten Ludowingers,
Sophia, jüngste Tochter der hl. Elisabeth von Thüringen (†1231), die für ihren unmündigen Sohn Heinrich um das ludowingische Erbe in Hessen und Thüringen kämpfte. Der
wettinische Markgraf von Meißen, Heinrich der Erlauchte, stützte seine Ansprüche ebenfalls auf seine Verwandtschaft mit dem letzten Landgrafen – er war über seine ludowingische Mutter Jutta ein Neffe Heinrich Raspes IV. – sowie auf die ihm 1243 auf Bitten Raspes
von Kaiser Friedrich II. gewährte Eventualbelehnung mit der thüringischen Landgrafschaft[30]. Innerhalb weniger Jahre nach dem Tod Heinrich Raspes konnte er den ludowingischen Besitz in Thüringen fast vollständig in seinen Besitz bringen.

---

29) Zum thüringisch-hessischen Erbfolgekrieg immer noch grundlegend Theodor ILGEN und Rudolf VO-
GEL, Kritische Bearbeitung und Darstellung der Geschichte des thüringisch-hessischen Erbfolgekrieges
(1247–1264), Zs. des Vereins für Hessische Geschichte und Landeskunde N.F. 10 (1883) S. 151–380; vgl.
Winfried LEIST, Landesherr und Landfrieden in Thüringen im Spätmittelalter 1247–1349 (Mitteldeutsche
Forschungen 77, 1975) S. 1–9; Wolf Rudolf LUTZ, Heinrich der Erlauchte (1218–1288), Markgraf von Meißen und der Ostmark (1221–1288), Landgraf von Thüringen und Pfalzgraf von Sachsen (1247–1263) (Er-
langer Studien 17, 1977) S. 227–282; Werner GOEZ, Herzogin Sophia von Brabant, in: DERS., Lebensbilder
aus dem Mittelalter. Die Zeit der Ottonen, Salier und Staufer (1998) S. 480–498 (Erstdruck 1983); jüngst
KUNDE/TEBRUCK/WITTMANN, Weißenfelser Vertrag (wie Anm. 10), und Stefan TEBRUCK, Pacem confirmare – iusticiam exhibere – per amiciciam concordare. Fürstliche Herrschaft und politische Integration:
Heinrich der Erlauchte, Thüringen und der Weißenfelser Vertrag von 1249, in: Hochadelige Herrschaft (wie
Anm. 11) S. 243–303.
30) Zu der auf Bitten des kinderlosen Heinrich Raspe IV. vom Kaiser gewährten Eventualbelehnung des
Wettiners mit der thüringischen Landgrafschaft jetzt WERNER, Reichsfürst (wie Anm. 14) S. 228ff. Druck
der Urkunde: Historia Diplomatica Friderici Secundi, ed. Jean Louis Alphonse HUILLARD-BRÉHOLLES,
6 Bde. (1852–1861) 6, 1 (1860) S. 100f. Abbildung in: Wettiner in Thüringen (wie Anm. 3) S. 14.

Entscheidend für die Integration Thüringens in den markgräflichen Herrschaftsbereich waren die Anfangserfolge Heinrichs des Erlauchten in den knapp drei Jahren zwischen 1247 und 1250. Zunächst gelang es dem Markgrafen, massiven militärischen Druck zu entfalten und in kurzer Zeit im Laufe der Jahre 1247 bis 1248 die bedeutendsten Burgen und Vororte der Ludowinger in Thüringen zu besetzen[31]. Bedeutender und in seiner politischen Wirkung außerordentlich folgenreich war die darauf erfolgte Anerkennung Heinrichs durch eine einflußreiche Gruppe thüringischer Grafen und Herren, die – militärisch in die Defensive gedrängt – einlenkten und sich im Sommer 1249 zu einer Verständigung mit dem Wettiner bereit fanden. Der am 1. Juli 1249 in Weißenfels zwischen dem Markgrafen und seinen thüringischen Gegnern abgeschlossene Vertrag – allen voran standen die Grafen von Schwarzburg und Käfernburg, die Grafen von Honstein, von Stolberg und von Beichlingen sowie die mit diesen verbündeten Herren und ludowingischen Ministerialen vornehmlich aus Nordthüringen – stellte einen sorgfältig austarierten Vergleich dar. Er erzwang einerseits die Anerkennung des Wettiners als Landgraf von Thüringen, garantierte aber gleichzeitig den thüringischen Vertragspartnern Sicherheit für ihren vom Landgrafen herrührenden Lehnsbesitz und verpflichtete den neuen Landgrafen zu umfänglichen friedensstiftenden Maßnahmen im Land[32].

Ein Jahr nach dem Weißenfelser Vertrag erfolgte der dritte, nach dem Zeugnis der Erfurter Predigerannalen in den Augen der Zeitgenossen entscheidende Schritt zur Integration Thüringens in die wettinische Herrschaft. Im Februar 1250 errichtete der Markgraf zusammen mit den Grafen und Herren Thüringens einen Landfrieden, und zwar an der alten, ludowingisch-landgräflichen Gerichtsstätte Mittelhausen nördlich von Erfurt. Der Erfurter Dominikaner, dessen zeitgenössische Berichterstattung für die Jahre 1220 bis 1254 zu den wichtigsten erzählenden Quellen in Thüringen überhaupt gehört, deutet die Verkündung dieses Landfriedens durch den Markgrafen und die versammelten Grafen und Herren im Land treffend als Inbesitznahme des *terre principatum*[33]. Nicht die vertragli-

---

31) Entscheidend dürfte dabei die rasche Eroberung der beiden größten, nordöstlich des Thüringer Bekkens gelegenen landgräflichen Burgen gewesen sein, der Eckartsburg (an einer Paßstraße über den Höhenzug der Finne, nördlich von Apolda) und der Neuenburg (über Freyburg an der Unstrut, nördlich von Naumburg) sowie die Besetzung der im Zentrum der Landgrafschaft gelegenen Burg und Stadt Weißensee. Vgl. hierzu TEBRUCK, Pacem confirmare (wie Anm. 29) S. 260–262.
32) Edition der Urkunde: Holger KUNDE, Der Weißenfelser Vertrag als Dokument: Überlieferung, Beschreibung, Edition und Übersetzung, in: KUNDE/TEBRUCK/WITTMANN, Weißenfelser Vertrag (wie Anm. 10) S. 95–128 (mit Abbildungen des Dokuments und der erhaltenen Siegel). Zur Deutung des Vertrages ausführlich TEBRUCK, Pacem confirmare (wie Anm. 29) S. 275–287.
33) Annales Erphordenses fratrum praedicatorum ad a. 1250, ed. Oswald HOLDER-EGGER, MGH SS rer. Germ. 42 (Monumenta Erphesfurtensia saec. XII.XIII.XIV., 1899) S. 107f.: *Hoc etiam anno II. Kal. Marcii marchio Misnensis in Mitelhusen provinciali presedit iudicio; ubi presentibus multis terre baronibus pacem firmiter atque stabiliter iuramento confirmavit, sicque terre eiusdem principatum, licet a Friderico quondam imperatore, nunc autem deposito, festiva vexillorum exhibitione sibi contraditum, violenter ac iniuste*

che Einigung zwischen Heinrich dem Erlauchten und seinen thüringischen Gegnern in Weißenfels gilt dem Erfurter Dominikaner, der über den Weißenfelser Vertrag nichts berichtet, als entscheidend, sondern vielmehr der politisch-rechtliche und symbolisch-repräsentative Akt eines feierlich an der traditionellen Landgerichtsstätte Mittelhausen beschworenen Landfriedensbündnisses. Erst damit hatte der Markgraf von Meißen die Herrschaft in Thüringen übernommen.

Die einzelnen Bestimmungen des Landfriedens von 1250 sind nicht überliefert. Aber aus den urkundlichen Zeugnissen der folgenden Jahre geht hervor, daß ein landgräfliches Friedensgericht unter dem Vorsitz des Grafen von Henneberg erfolgreich tätig war[34]. Landfriedenssicherung durch den neuen Landgrafen im Bund mit den Grafen und Herren des Landes – man darf dies nicht nur als Indiz für den Erfolg erster wettinischer Integrationsbemühungen in Thüringen werten. Vielmehr handelte es sich bei dem 1250 verkündeten Landfrieden um das erste vom Adel und dem Landgrafen beschworene Friedensbündnis in Thüringen, von dem wir erfahren[35]. Offensichtlich spiegelt sich darin zum einen die zunehmende Beteiligung des thüringischen Adels an der landgräflichen Friedenswahrung wider. Stärker als unter den Ludowingern traten nun die Grafen und Herren im Land als Teilhaber an der landgräflichen Gerichtstätigkeit hervor. Offensichtlich kam dem Adel nach der ihm mühsam abgerungenen Anerkennung Heinrichs des Erlauchten insgesamt ein größeres politisches Gewicht gegenüber dem neuen Landgrafen zu[36]. Zum anderen scheint es Heinrich dem Erlauchten gelungen zu sein, den landgräflichen Auftrag zur Friedenswahrung in Thüringen erfolgreich zur Geltung zu bringen und darüber hinaus die Grundlagen zu einer langfristig wirksamen, politischen Integration des thüringischen Raumes in den wettinischen Herrschaftsbereich insgesamt zu legen. Unabdingbar hierfür war allerdings die reichsrechtliche Legitimierung der Herrschaftsüber-

---

occupavit. Zu Entstehungszeit und Verfasserschaft der Erfurter Predigerannalen zusammenfassend Hans Patze, Landesgeschichtsschreibung in Thüringen, Jb. für die Geschichte Mittel- und Ostdeutschlands 16/17 (1968) S. 95–168, hier S. 97ff. Zur negativen Bewertung des Landfriedens von 1250 durch den Erfurter Prediger vgl. unten bei Anm. 50.

34) Neben Graf Hermann I. von Henneberg, einem Stiefbruder Heinrichs des Erlauchten, urkunden Graf Dietrich von Berka und Graf Heinrich von Schwarzburg in den 1250er Jahren stellvertretend für den wettinischen Mark- und Landgrafen im Landgericht. Hermann von Henneberg amtiert als *iudex provincialis;* die von ihm und den Grafen von Berka und von Schwarzburg im Landding beurkundeten Tausch- und Kaufgeschäfte nehmen jeweils ausdrücklich auf den *mos terre* Bezug. Zu den Zeugnissen im einzelnen Tebruck, Pacem confirmare (wie Anm. 29) S. 291f.

35) Vgl. hierzu Leist, Landesherr (wie Anm. 29) S. 5; zur landgräflichen Gerichtstätigkeit in Thüringen Hans Eberhard, Die Gerichtsorganisation der Landgrafschaft Thüringen im Mittelalter, ZRG Germ. 75 (1958) S. 108–180; Ders., Mittelalterliche Gerichtsstätten im nördlichen Thüringen, Zs. des Vereins für Thüringische Geschichte 51 (1997) S. 61–96; Patze, Landesherrschaft (wie Anm. 5) S. 496–517.

36) Vgl. hierzu Werner, Landesbewußtsein (wie Anm. 5) S. 124; Tebruck, Pacem confirmare (wie Anm. 29) S. 291f.

nahme im Land. Sie gelang Heinrich dem Erlauchten schließlich im April 1252, als er von König Wilhelm von Holland in Merseburg die Belehnung mit der thüringischen Landgrafschaft erlangte[37].

III

Das letzte Drittel des 13. und die erste Hälfte des 14. Jahrhunderts brachten die offensichtlich tiefgreifendste und bedrohlichste Krise für die Wettiner. Geschwächt durch innerdynastische Konflikte und die den Landfrieden in Thüringen wie den familiären Zusammenhalt gefährdende Politik Albrechts des Entarteten (1263–1307, † 1314), des ältesten Sohnes Heinrichs des Erlauchten, verloren sie zeitweise nicht nur die thüringische Landgrafschaft, sondern auch die Mark Meißen, bevor sie ihre Herrschaft 1307 bis 1310 unter Friedrich dem Freidigen (1307–1323) vollständig wiedererlangen und bis zur Jahrhundertmitte ihre Vorherrschaft in Thüringen stärker als je zuvor zur Geltung bringen konnten. Ohne den Gang der politischen Entwicklung im einzelnen nachzeichnen zu können, seien nur knapp einige Beobachtungen zu den in diesem Zeitraum ausgetragenen Konflikten und zu dem Mitte des 14. Jahrhunderts erreichten Entwicklungsstand in Thüringen formuliert.

Zunächst zum Königtum: Nachdem Rudolf von Habsburg die innerwettinischen Konflikte nutzend durch königliche Landfriedenspolitik und Rekuperationen von Reichsgut 1286/87 und 1289/90 in Thüringen eingegriffen und damit zum ersten Mal nach dem Niedergang der Staufer das Königtum im mitteldeutschen Raum wieder zur Geltung gebracht hatte[38], konnten seine Nachfolger Adolf von Nassau und Albrecht I. die königli-

---

37) Annales Erphordenses fratrum praedicatorum ad a. 1252 (wie Anm. 33) S. 111: *Post hec iam sepe dictus rex Willehelmus in septimana post albas Merseburc venit, ubi Megdeburgensis archiepiscopus et marchio Misnensis, manus ei dantes, sua ab ipso feuda receperunt.* Zur Merseburger Belehnung ausführlich TEBRUCK, Pacem confirmare (wie Anm. 29) S. 293–298. Bereits im März 1250 hatte sich der Markgraf mit der ludowingischen Erbin Sophia auf einen Vergleich geeinigt; danach übernahm Heinrich der Erlauchte Hessen und die Wartburg treuhänderisch für den unmündigen Sohn Sophias, Heinrich (»das Kind«); der Konflikt um das thüringische Erbe brach jedoch 1254 erneut aus und endete erst 10 Jahre später mit einem militärischen Sieg der Wettiner. Während Thüringen einschließlich der Wartburg und der Stadt Eisenach endgültig in den wettinischen Herrschaftsbereich integriert wurde, fiel Hessen dem jungen Heinrich von Brabant zu, der am Beginn einer eigenen, hessischen Landgrafschaft stand. Vgl. hierzu zuletzt Gerd ALTHOFF, Die Erhebung Heinrichs des Kindes in den Reichsfürstenstand, Hessisches Jb. für Landesgeschichte 43 (1993) S. 1–17, und Karl HEINEMEYER, Die Erhebung Landgraf Heinrichs I. von Hessen zum Reichsfürsten (1292), in: Hundert Jahre Historische Kommission für Hessen 1897–1997, 2 Bde., hg. von Walter HEINEMEYER (Veröffentlichungen der Historischen Kommission für Hessen 61, 1–2, 1997) 1 S. 89–113.
38) Grundlegend zu Rudolfs Eingreifen in Thüringen, der 1286/87 durch seinen Vertrauten, den Mainzer Erzbischof Heinrich von Isny, einen Landfrieden errichten ließ, nach dem Tod Markgraf Heinrichs des Erlauchten 1288 und den zwischen dessen Söhnen und Erben ausbrechenden Erbstreitigkeiten aber persön-

che Präsenz dort noch erheblich verstärken, ohne sich allerdings dauerhaft durchsetzen zu können. Nach dem umstrittenen Verkauf der thüringischen Landgrafschaft an den König durch Landgraf Albrecht 1294 bemühten sich Adolf und Albrecht I. in den Jahren zwischen 1294 und 1307 mit massivem militärischen Einsatz, ihren käuflich erworbenen Anspruch auf die Landgrafschaft einzulösen und Thüringen dauerhaft für das Königtum zu gewinnen. Albrecht I. mußte dieses Vorhaben aber spätestens seit der Niederlage seiner Truppen gegen ein wettinisches Aufgebot in der Schlacht bei Lucka 1307 aufgeben. Friedrich der Freidige, ältester Sohn Albrechts des Entarteten, konnte sich als Markgraf von Meißen und Landgraf von Thüringen behaupten und erlangte 1310 durch König Heinrich VII. die volle reichsrechtliche Anerkennung[39]. Ein engeres Bündnis des Königtums mit den Wettinern gelang indes erst unter den Wittelsbachern. König Ludwig der Bayer vermochte die Mark- und Landgrafen eng an sich zu binden, indem er Friedrich II. den Ernsthaften 1323 mit seiner Tochter Mathilde vermählte. Das Pleißenland und die bedeutende Burggrafschaft Altenburg gerieten nach dem Erlöschen des Altenburger Burggrafengeschlechts 1328 endgültig in wettinischen Besitz. Das bis in die 1340er Jahre wirksame Bündnis der Wettiner mit den Wittelsbachern und das politisch klug austarierte Verhältnis zu den Luxemburgern, die mit Karls IV. ambitionierter Hausmachtpolitik stets auch eine latente Gefahr für die Böhmen unmittelbar benachbarten Wettiner bedeuten konnten, soll-

---

lich in Erfurt erschien, einen auf sechs Jahre gültigen Landfrieden verkündete und das ehemals staufische, in wettinischem Pfandbesitz befindliche Pleißenland wieder in königliche Hand brachte, Otto DOBENECKER, König Rudolfs I. Friedenspolitik in Thüringen, Zs. des Vereins für Thüringische Geschichte und Altertumskunde 12 N.F. 4 (1884) S. 531–560, Oswald REDLICH, Rudolf von Habsburg. Das Deutsche Reich nach dem Untergange des alten Kaisertums (1903) S. 670–682, und LEIST, Landesherr (wie Anm. 29) S. 29–49. Vgl. auch Heinz ANGERMEIER, Königtum und Landfriede im deutschen Spätmittelalter (1966) S. 71–73, und Karl-Friedrich KRIEGER, Die Habsburger im Mittelalter. Von Rudolf I. bis Friedrich III. (1994) S. 65–68; jüngst THIEME, Altenburg (wie Anm. 13) S. 224–236.

39) Zum Verkauf der Landgrafschaft durch Albrecht den Entarteten, zu den Versuchen Adolfs und Albrechts I., Thüringen als vom Königtum zurückerworbenes Reichslehen einzuziehen, und zur Selbstbehauptung der Wettiner durch Friedrich den Freidigen vgl. Franz Xaver WEGELE, Friedrich der Freidige, Markgraf von Meißen, Landgraf von Thüringen, und die Wettiner seiner Zeit (1247–1325). Ein Beitrag zur Geschichte des deutschen Reiches und der wettinischen Länder (1870) S. 170ff.; Vincenz SAMANEK, Studien zur Geschichte König Adolfs. Vorarbeiten zu den Regesta Imperii VI 2 (1292–1298) (1930) S. 122ff.; Hertha WAGENFÜHRER, Friedrich der Freidige 1257–1325 (Historische Studien 287, 1936) S. 38ff.; Franz-Josef SCHMALE, Eine thüringische Briefsammlung aus der Zeit Adolfs von Nassau, DA 9 (1952) S. 454–512; LEIST, Landesherr (wie Anm. 29) S. 55–110; Ernst SCHUBERT, Das Königsland: zu Konzeptionen des Römischen Königtums nach dem Interregnum, Jb. für fränkische Landesforschung 39 (1979) S. 23–40; zuletzt ausführlich THIEME, Altenburg (wie Anm. 13) S. 236–262, und ROGGE, Herrschaftsweitergabe (wie Anm. 1) S. 33–47. Vgl. auch Johannes MÖTSCH, Der Verkauf der Landgrafschaft, in: Wettiner in Thüringen (wie Anm. 3) S. 22–29 mit Abbildung der Urkunde vom 19. Dezember 1310, mit der Heinrich VII. durch seine Vertreter, den Mainzer Erzbischof Peter von Aspelt und Graf Berthold VII. von Henneberg, Friedrich dem Freidigen die Belehnung mit der thüringischen Landgrafschaft und der Mark Meißen zusichern ließ.

ten entscheidende Rahmenbedingungen für den Erfolg der Landgrafen in Thüringen während des 14. Jahrhunderts werden[40].

Innerthüringisch sahen sich die Wettiner während dieses Zeitraumes ganz verschiedenen Gegnern gegenüber, die ihrerseits zum Teil Anlehnung an das Königtum, zum Teil Unterstützung beim Mainzer Erzbischof suchten, um sich gegen den wachsenden wettinischen Druck zu behaupten. Die thüringische Metropole Erfurt, rechtlich unter der Mainzer Stadtherrschaft stehend, hatte sich weitgehend vom erzbischöflichen Einfluß emanzipiert und stellte nicht zuletzt aufgrund ihrer außerordentlichen Finanz- und Wirtschaftskraft und ihres weit in das Umland ausgreifenden Territoriums eine selbständige politische Größe dar. Zeitweise stand Erfurt im Bündnis mit den Reichsstädten Mühlhausen und Nordhausen in Opposition gegen den Landgrafen. Während der entscheidenden Auseinandersetzung zwischen Friedrich dem Ernsthaften und den thüringischen Grafen in den 1340er Jahren unterstützte die Stadt indes als einziger Bündnispartner den Wettiner[41]. Auf seiten des gräflichen Adels konkurrierten insbesondere die Schwarzburger und die Grafen von Weimar-Orlamünde mit dem wettinischen Landgrafen. Das Saaletal, in das sowohl die Schwarzburger und die Weimarer als auch die Wettiner durch bedeutende Besitzerwerbungen vorstießen, bildete dabei eine Konfliktzone ersten Ranges[42].

Neben der besonderen Rolle des Königtums, das zunächst gegen die Wettiner, dann im Bündnis mit ihnen auf die thüringischen Entwicklungen eingewirkt hat, und der höchst vielschichtigen Gemengelage unterschiedlicher politischer Interessen rivalisierender Herrschaftsträger, die sich im raschen Wechsel von Bündnissen und Koalitionen mit und gegen den Landgrafen zu behaupten suchten, bildete die von den Wettinern betriebene Landfriedenspolitik ein entscheidendes Element. Sowohl Friedrich der Freidige als auch sein Sohn Friedrich der Ernsthafte entfalteten mit Hilfe der Landfrieden eine integrative Wirkung in Thüringen, allerdings mit ganz unterschiedlicher Zielrichtung.

---

40) Vgl. hierzu PATZE, Politische Geschichte (wie Anm. 1) S. 74ff.; ROGGE, Herrschaftsweitergabe (wie Anm. 1) S. 48ff.; LEIST, Landesherr (wie Anm. 29) S. 143ff.; Zum Übergang Altenburgs und des Pleißenlandes an die Wettiner jetzt THIEME, Altenburg (wie Anm. 13) S. 277–296. Zu Karl IV. und dem mitteldeutschen Raum vgl. die Arbeiten von Harriet M. HARNISCH, Thüringen in der Politik Kaiser Karls IV., AfD 39 (1993) S. 319–326; DIES., Königs- und Reichsnähe thüringischer Grafenfamilien im Zeitalter Karls IV., in: Kaiser, Reich und Region. Studien und Texte aus der Arbeit an den Constitutiones des 14. Jahrhunderts und zur Geschichte der MGH, hg. von Michael LINDNER (1997) S. 181–212; Michael LINDNER, Kaiser Karl IV. und Mitteldeutschland (mit einem Urkundenanhang), in: ebd. S. 83–180; DERS., Nähe und Distanz: Die Markgrafen von Meißen und Kaiser Karl IV. im dynastischen Wettstreit (mit Textedition), in: Akkulturation und Selbstbehauptung. Studien zur Entwicklungsgeschichte der Lande zwischen Elbe/Saale und Oder im späten Mittelalter, hg. von Peter MORAW (2001) S. 173–255.
41) Grundlegend PATZE, Politische Geschichte (wie Anm. 1) S. 74–88; LEIST, Landesherr (wie Anm. 29) S. 91ff., S. 111ff.
42) Ernst DEVRIENT, Der Kampf der Schwarzburger um die Herrschaft im Saaletal, in: Forschungen zur schwarzburgischen Geschichte. Festschrift für Berthold Rein zum 75. Geburtstag, hg. von Willy FLACH (1935) S. 1–44.

Hatte Friedrich der Freidige 1315 nach den langjährigen Auseinandersetzungen um die Landgrafschaft gemeinsam mit den Grafen und Herren sowie den Städten Erfurt, Mühlhausen und Nordhausen einen Friedensbund errichtet und dabei ein von Grafen, Herren und Städten paritätisch besetztes Landfriedensgericht unter Vorsitz Graf Günthers XV. von Schwarzburg-Blankenburg installiert[43], so verwandelte sein ihm nachfolgender Sohn Friedrich der Ernsthafte den Landfrieden in ein Instrument landgräflicher Vorherrschaft. Der von ihm 1338 verkündete Friede erscheint wie ein aus fürstlicher Prärogative erlassenes Gesetz und nicht wie eine Einung auf breiter politischer Grundlage, wie dies noch 1315 der Fall gewesen war. Sein allgemeines Fehdeverbot und das Verbot, Waffen zu tragen, von dem nur die Leute des Landgrafen und das Landfriedens-Aufgebot selbst ausgenommen wurden, schien sich in erster Linie gegen die territorialpolitischen Konkurrenten des Landgrafen zu richten[44]. Politische Integration erfolgte hier auf der Grundlage eines rechtlich abgesicherten fürstlichen Anspruchs auf Oberherrschaft im Land, nicht mehr als politisch austariertes Bündnis des Landgrafen mit dem Adel und den Städten.

Die solchermaßen zugespitzte Situation mündete in eine direkte Auseinandersetzung, die nach vierjähriger Fehde 1345/46 mit einem fast vollständigen Sieg des Wettiners endete. Die Grafen von Weimar-Orlamünde wurden vom Landgrafen in vollständige Lehnsabhängigkeit gezwungen; 1346 ging Weimar in landgräflichen Besitz über. Die Grafen von Schwarzburg mußten entscheidende Positionen vor allem im Saaletal endgültig aufgeben, konnten aber ihre Selbständigkeit behaupten. Das Mainzer Erzstift schließlich wurde nachhaltig geschwächt und zog sich fortan weitgehend auf seine stadtherrlichen Rechte und Ansprüche in Erfurt und seinen Besitz im nordwestlich an Thüringen angrenzenden Eichsfeld zurück. Unbestrittene Gewinner der thüringischen Grafenfehde waren demgegenüber die Stadt Erfurt, die ihren bedeutenden Territorialbesitz erheblich erweitern und einen spürbaren Zugewinn an politischer, militärischer und finanzieller Macht erreichen konnte, und der Landgraf selbst, der seinen Anspruch auf unangefochtene Vorherrschaft in Thüringen fast vollständig hatte durchsetzen können[45].

---

43) Grundlegend hierzu LEIST, Landesherr (wie Anm. 29) S. 124–142. Vgl. auch ANGERMEIER, Königtum und Landfriede (wie Anm. 38) S. 136–144.

44) Der Landfriede von 1338 ist der erste im Wortlaut überlieferte Friede in Thüringen. Druck der nur abschriftlich erhaltenen Urkunde: Andreas Ludwig Jacob MICHELSEN, Urkundlicher Beitrag zur Geschichte der Landfrieden in Deutschland (1863) S. 23–26; vgl. hierzu die Bemerkungen und Berichtigungen von Jakob SCHWALM, Die Landfrieden in Deutschland unter Ludwig dem Baiern (1889) S. 94–108, S. 134–136; LEIST, Landesherr (wie Anm. 29) S. 155–173.

45) Zur Thüringer Grafenfehde grundlegend Wilhelm FÜSSLEIN, Die Thüringer Grafenfehde 1342–1346, in: Beiträge zur thüringischen und sächsischen Geschichte. Festschrift für Otto Dobenecker zum 70. Geburtstag (1929) S. 111–138; DEVRIENT, Kampf der Schwarzburger (wie Anm. 42) S. 11ff.; LEIST, Landesherr (wie Anm. 29) S. 174–187; vgl. zuletzt Peter LANGHOF, Die Thüringer Grafenfehde und die Schwarzburger, in: Thüringen im Mittelalter. Die Schwarzburger, bearb. von Lutz UNBEHAUN (Beiträge zur schwarzburgischen Kunst- und Kulturgeschichte 3, 1995) S. 132–145. Ausführliches Regest des entscheidenden, in

Was bedeutete diese politische Entwicklung für den Stand der Integration Thüringens in den wettinischen Herrschaftsbereich um die Mitte des 14. Jahrhunderts? Offensichtlich war die politische, militärische und finanzielle Überlegenheit der Wettiner allen anderen Herrschaftsträgern im Land gegenüber ausschlaggebend für die Durchsetzung des land-gräflichen Anspruchs auf Vorherrschaft in Thüringen. Die in der politisch-militärischen Auseinandersetzung gleichsam erzwungene Integration der thüringischen Grafen, Herren und Städte in den weiteren Herrschafts- und Einflußbereich der Wettiner stellt aber nur eine Seite der Entwicklung dar. Denn gleichzeitig ist auf einer ganz anderen Ebene ein be-merkenswerter Vorgang zu beobachten.

Seit der Mitte des 13. Jahrhunderts nimmt in der Geschichtsschreibung, die vor allem in Erfurt, aber auch im ehemals ludowingischen Hauskloster Reinhardsbrunn gepflegt wurde, das Interesse an der übergreifenden thüringischen Geschichte zu, in der die enge-ren politischen Grenzen im Land einem verbindenden Zugehörigkeitsbewußtsein unter-geordnet werden und in der die Anfänge einer auf Thüringen als Ganzes bezogenen Lan-desgeschichtsschreibung zu erkennen sind. Noch zu Beginn des 13. Jahrhunderts findet man in der ältesten Schicht der Chronik des Erfurter Petersklosters eine deutliche Diffe-renzierung zwischen landgräflich-ludowingischer, zu Erfurt bzw. dem Erzstift Mainz und dem Reich zugehöriger Herrschaft in der *Thuringia*[46], während man in Reinhardsbrunn, dem anderen Zentrum thüringischer Geschichtsschreibung im 12./13. Jahrhundert, dem-gegenüber einer weitgehend auf den Landgrafen und das ludowingische Haus orientierten Perspektive verhaftet bleibt[47]. Seit der Mitte des 13. Jahrhunderts scheinen diese Diffe-

Dornburg und Weißenfels im Juli 1345 ausgefertigten Vertrages zwischen Friedrich dem Ernsthaften und den Grafen von Schwarzburg in: DEVRIENT, Kampf der Schwarzburger (wie Anm. 42) S. 26–28.

46) Der Bericht der Erfurter Peterschronik im ersten, bald nach 1208 abgeschlossenen Teil der Kompila-tion über den Durchzug böhmischer Truppen durch Thüringen 1203 zeigt deutlich, wie differenziert das Herrschaftsgefüge in Thüringen von dem Erfurter Chronisten wahrgenommen wurde: *Verum lantgravius, suorum diffisus auxilio, regem Bohemie nomine Othaccar, filium amite sue, cum multitudine Boemorum ascivit; sicque cum multis milibus Thuringiam ingrediens, omnia tam lantgravii quam regni ac Mogontien-sium et Erphesfordensium crudeliter vastaverunt, nulli claustro, nulli ecclesie vel homini parcentes.* Cronica S. Petri Erfordensis moderna ad a. 1203, Monumenta Erphesfurtensia (wie Anm. 33) S. 202 Z. 5–13. Für die den ludowingischen Landgrafen mehrfach glorifizierenden Darstellungen der zeitgenössischen Reinhards-brunner Berichterstattung findet man in der Erfurter Peterschronik keine Entsprechung; vgl. hierzu WER-NER, Landesbewußtsein (wie Anm. 5) S. 111ff.

47) Bezeichnend hierfür dürfte etwa die Reinhardsbrunner Berichterstattung über die Grafenopposition gegen Landgraf Hermann I. 1211 sein. Der zeitgenössische Chronist tadelt das Bündnis thüringischer Gra-fen mit dem Truchseß Ottos IV., Gunzelin von Wolfenbüttel, gegen den auf die staufische Seite übergetre-tenen Landgrafen Hermann I. als unrechtmäßige Erhebung gegen ihren *dominus hereditarius: Igitur ante-dictus Guncelinus et universos convenit et singulos, et quia venales manus invenerat, multa peccunia eos ad hoc induxit et conduxit, ut domino suo hereditario, videlicet Thuringie lantgravio, consuete liberalitatis et munificencie ipsius inmemores, publice renunciarent (...); et sic fiunt hostes manifesti, qui paulo ante dome-stici et obsequiosi putabantur.* Cronica Reinhardsbrunnensis ad a. 1211, ed. Oswald HOLDER-EGGER, MGH

renzierungen indes zugunsten eines Thüringen-Bewußtseins zurückzutreten, in dem das Land jenseits aller herrschaftlich-politischen Vielfalt und Zergliederung in historischer Perspektive als Ganzes erscheint[48]. Erstmals entstehen nun zu Beginn bzw. um die Mitte des 14. Jahrhunderts mit der Weltchronik Siegfrieds von Ballhausen und dem Erfurter *Liber cronicorum* Kompilationen, die eine eigene thüringische Geschichte, beginnend mit dem Thüringer Königreich und einmündend in die Landgrafenzeit, zur Darstellung bringen[49]. Noch in der zweiten Hälfte des 13. Jahrhunderts ist dieses neu entstehende thüringische Geschichtsbewußtsein eng mit einer antiwettinischen Stimmung verknüpft, unverkennbar etwa in den nach der Mitte des 13. Jahrhunderts abgeschlossenen Erfurter

SS 30, 1 (1896) S. 579 Z. 19ff. Vgl. zu diesem Bericht und zur Tendenz der zeitgenössischen Reinhardsbrunner Geschichtsschreibung, Thüringen insgesamt für eine ludowingische Oberherrschaft zu beanspruchen, ausführlich Stefan TEBRUCK, Die Reinhardsbrunner Geschichtsschreibung im Hochmittelalter. Klösterliche Traditionsbildung zwischen Fürstenhof, Kirche und Reich (Jenaer Beiträge zur Geschichte 4, 2001) S. 333ff.

48) Bezeichnend für den Wandel in der historiographischen Perspektive mag bereits der Kommentar des Erfurter Dominikanerchronisten zum Tod des letzten Ludowingers Heinrich Raspes IV. 1247 sein: *In quo nimirum sine herede defuncto nobilis illa principalis prosapia terminata est, que a primo Ludewico per CXVII annos in Thuringia tenuerat principatum. Post cuius obitum mox in eadem terra multiplicata sunt mala.* Annales Erphordenses fratrum praedicatorum (wie Anm. 33) S. 101 Z. 17–21. Angesichts der noch zu Beginn des 13. Jahrhunderts in der Erfurter Chronistik feststellbaren Distanz zu den Ludowingern und ihrem Herrschaftsanspruch ist das historische Bewußtsein des Erfurter Dominikaners und seine Bezugnahme auf die Ludowinger als fürstliches Geschlecht in Thüringen bemerkenswert. Vgl. hierzu ausführlich WERNER, Landesbewußtsein (wie Anm. 5) S. 120f.

49) Der in Ballhausen (etwa 25 km nordwestlich von Erfurt) wirkende Pfarrgeistliche verfaßte bis 1304 eine Chronik, die er bis 1306 fortsetzte und erweiterte: Sifridi presbyteri de Balnhusin Compendium historiarum, ed. Oswald HOLDER-EGGER, MGH SS 25 (1880) S. 679–718. Vgl. hierzu Birgit STUDT, Siegfried von Ballhausen, in: VL 8 (1992) Sp. 1202; WERNER, Landesbewußtsein (wie Anm. 5) S. 98f.; Jean-Marie MOEGLIN, Sentiment d'identité régionale et historiographie en Thuringe à la fin du Moyen Âge, in: Identité nationale et conscience régionale en France et en Allemagne du Moyen Âge à l'époque moderne, hg. von Rainer BABEL und Jean-Marie MOEGLIN (Beihefte der Francia 39, 1996) S. 325–363, hier S. 333ff.; Matthias WERNER, »Ich bin ein Durenc«. Vom Umgang mit der eigenen Geschichte im mittelalterlichen Thüringen, in: Identität und Geschichte, hg. von DEMS. (Jenaer Beiträge zur Geschichte 1, 1997) S. 79–104, hier S. 92f. Der in Erfurt um die Mitte des 14. Jahrhunderts entstandene *Liber Cronicorum* bietet unabhängig von der Weltchronik Siegfrieds von Ballhausen beginnend mit Julius Caesar und eingebettet in die Universalgeschichte eine Geschichte des Landes vom Thüringer Königreich bis in die Landgrafenzeit; dabei schöpft der Kompilator auch aus der älteren Chronistik des Erfurter Petersklosters sowie aus der Reinhardsbrunner Geschichtsschreibung und legt damit die Grundlagen für die weitere Rezeption der hochmittelalterlichen Überlieferung aus Erfurt und aus dem landgräflichen Hauskloster. Siehe Liber cronicorum Erfordensis, ed. Oswald HOLDER-EGGER, Monumenta Erphesfurtensia (wie Anm. 33) S. 737–781. Vgl. MOEGLIN, Sentiment (wie oben in dieser Anm.) S. 336; WERNER, »Ich bin ein Durenc« (wie oben in dieser Anm.) S. 93f. Eine umfassende, vergleichende Untersuchung der spätmittelalterlichen Landesgeschichtsschreibung in Thüringen, Sachsen und Hessen bereitet zur Zeit mein Jenaer Kollege Dr. Mathias Kälble im Rahmen eines von der DFG geförderten Projekts vor.

Predigerannalen und in den zeitnah abgefaßten Berichten der Reinhardsbrunner Chronik, deren Verfasser die Rechtmäßigkeit der wettinischen Herrschaftsansprüche in Thüringen zurückwiesen[50]. Die Entstehung eines thüringischen Geschichts- und Eigenbewußtseins seit der zweiten Hälfte des 13. Jahrhunderts scheint nicht ein auf die gebildeten Historiographen beschränktes Phänomen geblieben zu sein. Unverkennbar ist, daß es einen tiefer liegenden Konnex zwischen historiographischer Traditionsbildung und der politischen Entwicklung in Thüringen gegeben hat. Zwei Beispiele aus dem letzten Viertel des 13. bzw. dem ersten Drittel des 14. Jahrhunderts zeigen dies sehr deutlich.

Zum einen ist das gemeinsame Handeln thüringischer Grafen, Herren und Städte gegen Landgraf Albrecht den Entarteten im Jahr 1277 aufschlußreich. Graf Otto von Orlamünde wandte sich als erbitterter Gegner Albrechts, der in langjährigen innerdynastischen Auseinandersetzungen den Landfrieden und die wettinische Herrschaft in Thüringen nachhaltig destabilisierte, im Namen des gesamten Adels, der Herren, Ministerialen und Städte Thüringens an König Rudolf von Habsburg. Otto verwarf in zwei Schreiben an den Habsburger die wettinische Herrschaftsübernahme in Thüringen als illegitim und bat den König, die Landgrafschaft als erledigtes Reichslehen einzuziehen und selbst im Land einzugreifen[51]. Der dramatische Appell an den König spiegelt nicht nur die Entstehung einer breiten Opposition gegen die wettinische Herrschaft in Thüringen wider. Er ist darüber

---

50) Der Erfurter Dominikaner bezeichnete den 1250 von Markgraf Heinrich dem Erlauchten zusammen mit den Grafen und Herren Thüringens errichteten Landfrieden als unrechtmäßige Inbesitznahme des Landes, da die dem Wettiner 1243 von Kaiser Friedrich II. erteilte Eventualbelehnung infolge der Absetzung des Kaisers hinfällig sei: *sicque terre eiusdem principatum, licet a Friderico quondam imperatore, nunc autem deposito, festiva vexillorum exhibitione sibi contraditum, violenter ac iniuste occupavit.* Annales Erphordenses fratrum praedicatorum ad a. 1250 (wie Anm. 33) S. 107f. Vgl. hierzu oben, Anm. 33. Die Berichterstattung in der vor der Mitte des 14. Jahrhunderts abgeschlossenen Reinhardsbrunner Chronik zeigt deutlich antiwettinische Tendenzen, wenn sich der Verfasser der Nachrichten zu 1253 und zu 1261 für den Erbanspruch Sophias von Brabant erklärt und Heinrich dem Erlauchten unumwunden vorwirft, Sophia und ihrem unmündigen Sohn Heinrich das thüringische Erbe mit List und unter Rechtsbrüchen entrissen zu haben: Cronica Reinhardsbrunnensis (wie Anm. 47) S. 620f. und S. 623. Vgl. hierzu WERNER, Landesbewußtsein (wie Anm. 5) S. 121f. Bemerkenswert ist auch die Klage des Erfurter Geistlichen Nikolaus von Bibra über die instabilen Verhältnisse seiner Zeit; in seiner zu Beginn der 1280er Jahre abgeschlossenen Dichtung stellt er den *tyrannus* (Landgraf Albrecht den Entarteten) den beiden ludowingischen Landgrafen Ludwig IV. und Heinrich Raspe IV. gegenüber: *Non sic Henricus lantgravius et Ludowicus/olim fecerunt; heredibus – heu! – caruerunt.* Der Occultus Erfordensis des Nicolaus von Bibra. Kritische Edition mit Einführung, Kommentar und deutscher Übersetzung, hg. von Christine MUNDHENK (Schriften des Vereins für die Geschichte und Altertumskunde von Erfurt 3, 1997) VV. 1092f., S. 200f. Zur Entstehungszeit und Verfasserschaft des Occultus jetzt ebd. S. 13ff. »Die wehmütige Erinnerung an bessere Zeiten« (ebd. S. 348) ist offenkundig ein prägendes Element für das in wettinischer Zeit entstehende, gesamtthüringische Geschichtsbewußtsein.

51) MGH Const. 3 Nr. 638 S. 623f. Ausführlich hierzu Otto DOBENECKER, Ein Versuch, Thüringen um das Jahr 1277 zu einem Reichsland zu machen, Mitteilungen des Vereins für die Geschichte und Altertumskunde von Erfurt 46 (1930) S. 21–31; WERNER, Landesbewußtsein (wie Anm. 5) S. 125f.

hinaus ein außerordentlich bemerkenswertes Zeugnis dafür, daß die unterschiedlichen politischen Kräfte innerhalb Thüringens zumindest in der zugespitzten Situation des Jahres 1277 die Fähigkeit zu gemeinsamem Handeln entwickelt hatten und dabei ausdrücklich auf die *terra Thuringie* Bezug nahmen, der nicht nur Grafen, Herren und Ministeriale, sondern auch Erfurt und die Reichsstädte zugerechnet wurden.

Noch deutlicher, aber nun in Verbindung mit dem seit 1307 durch Friedrich den Freidigen gesicherten und auf breitere politische Anerkennung gestützten Landgrafenamt, wird die Herausbildung eines transpersonalen und die unterschiedlichen politischen Größen und Herrschaftsträger im Land integrierenden Thüringen-Bewußtseins in den Landfriedenszeugnissen aus dem ersten Drittel des 14. Jahrhunderts, die sich auf das ganze Land unter Einschluß Erfurts sowie der Reichsstädte Mühlhausen und Nordhausen beziehen. Im Landfrieden von 1315 und den urkundlichen Zeugnissen der folgenden Jahre treten als Träger des Friedens Landgraf, Grafen und Herren sowie Erfurt und die Reichsstädte gemeinsam auf. Die alte landgräfliche Gerichtsstätte Mittelhausen nördlich von Erfurt ist dabei der am häufigsten bezeugte Tagungsort des Gerichts. Bezeichnend für die zunehmende integrative Kraft des Landfriedens ist allerdings, daß das Friedensgericht nun unter anderem auch in dem nicht landgräflich-thüringischen, sondern erzbischöflich-mainzischen Erfurt tagt – noch im 12. und frühen 13. Jahrhundert wäre das Auftreten des Landgrafen als Friedenswahrer und Gerichtsherr innerhalb der Mauern der Stadt undenkbar gewesen[52]. Es scheint, daß sich damit im politischen Geschehen der ersten Hälfte des 14. Jahrhunderts ein Landgraf, Adel und Städte integrierendes Landesbewußtsein widerspiegelt, das sich auch in der Historiographie der Zeit niederschlägt. Es ist nicht dynastisch orientiert, und es ist schon gar nicht wettinisch geprägt.

Vor dem Hintergrund dieser Beobachtungen wird deutlich erkennbar, daß der Prozeß der Integration Thüringens in den wettinischen Herrschaftsbereich im ersten Drittel des 14. Jahrhunderts ein bemerkenswertes Gleichgewicht zwischen landgräflichem Herrschaftsanspruch auf der einen und politischer Selbstbehauptung auf der anderen Seite gefunden hatte. Diese Machtbalance, die in der seit 1315 gemeinsam von Landgraf, Adel und Städten getragenen Landfriedenspolitik deutlich zutage trat, ging erst durch das seit 1338 die fürstliche Prärogative betonende Vorgehen Landgraf Friedrichs II. des Ernsthaften verloren. Spätestens mit dem Sieg Friedrichs II. in der Grafenfehde 1345/46 zeichnete sich ein neuer Weg der Integration Thüringens in das wettinische Herrschaftsgefüge ab. Denn auf der Grundlage ihrer seit Mitte des 14. Jahrhunderts nachhaltig gestärkten landgräflichen Vormachtstellung erreichten die Wettiner im 15. Jahrhundert jene den gesamten mitteldeutschen Raum erfassende hegemoniale Position, die es ihnen ermöglichte, einen sehr wirksamen Integrationsdruck auch in Thüringen auszuüben.

---

52) Zu den einzelnen Zeugnissen vgl. LEIST, Landesherr (wie Anm. 29) S. 124–139.

IV

Die Landgrafschaft Thüringen, die seit der von Markgraf Heinrich dem Erlauchten zugunsten seiner Söhne verfügten Teilung von 1263 für einen Zeitraum von etwa 40 Jahren von der Mark Meißen abgetrennt und als selbständiges Fürstentum von Heinrichs ältestem Sohn Albrecht dem Entarteten regiert worden war, bildete seit dem Herrschaftsantritt Friedrichs des Freidigen 1307 wieder eine Einheit mit der Markgrafschaft. Die dynastische Einheit der Länder und ihre gemeinsame Regierung wurden bis zum Tod Friedrichs III. des Strengen (1349–1381) gewahrt. Erst jetzt wurde die wettinische Herrschaft mehrfach geteilt und wieder zusammengeführt, wobei die Reichsfürstentümer Thüringen und Meißen und das sich zwischen Saale und Mulde als eigener Herrschaftsbereich bildende Osterland in den beiden wichtigsten Teilungsverträgen, der Chemnitzer Teilung von 1382 und der in Altenburg und Halle vereinbarten Teilung von 1445, jeweils als Einheiten behandelt wurden. Von einer kurzen Zeit der Vereinigung der Landgrafschaft mit den meißnischen und osterländischen Landesteilen in den Jahren 1440 bis 1445 abgesehen, entstand damit in Thüringen seit 1382 für ein Jahrhundert lang ein selbständiger Herrschaftsbereich innerhalb der wettinischen Länder[53].

So wenig indes die rund 75 Jahre der dynastischen Einheit und der gemeinsamen Verwaltung aller wettinischen Landesteile in den Jahren 1307 bis 1382 zur Schaffung eines homogenen wettinischen »Gesamtstaates« geführt haben, so wenig hatten die Teilungen von 1382 und 1445 eine vollkommene Abtrennung der thüringischen Landgrafschaft zur Folge. Fragt man vor diesem Hintergrund nach der politischen Entwicklung Thüringens innerhalb des größeren wettinischen Herrschaftsbereiches, so wird man zunächst sehr unterschiedliche Befunde auf verschiedenen Ebenen miteinander vermitteln müssen, um dem vielschichtigen Spannungsverhältnis zwischen Integration und Selbstbehauptung gerecht zu werden.

Zunächst zur Bedeutung der Dynastie: Der dynastische Zusammenhalt der Wettiner ist offensichtlich auch nach den Teilungen die stärkste politische Klammer zwischen dem thüringischen und den anderen Landesteilen geblieben. Gemeinsam blieb nicht nur die Titulatur der Fürsten, die sich Markgrafen von Meißen und Landgrafen von Thüringen nannten. Diese beiden Fürstentitel blieben auch nach dem Erwerb des Herzogtums Sachsen-Wittenberg 1423 und der damit verbundenen Erhebung Friedrichs des Streitbaren

---

53) Vgl. die diesem Beitrag beigefügte Karte 1: Die Ämter der wettinischen Lande um 1380 unten S. 590. Zu den wettinischen Teilungen aus der Perspektive der Dynastie jetzt grundlegend ROGGE, Herrschaftsweitergabe (wie Anm. 1); vgl. jüngst die Beobachtungen zu den wettinischen Teilungen im Hinblick auf den markgräflich-meißnisch-osterländischen Niederadel von Joachim SCHNEIDER, Spätmittelalterlicher deutscher Niederadel. Ein landschaftlicher Vergleich (Monographien zur Geschichte des Mittelalters 52, 2003) S. 133ff.

zum Kurfürsten in der allen Wettinern gemeinsamen Titulatur enthalten, rückten aber nun an die zweite bzw. dritte Stelle. Die Söhne Friedrichs des Streitbaren und deren Erben in der Mark Meißen und in Thüringen sollten fortan an erster Stelle den Titel eines Herzogs von Sachsen führen[54]. Wichtig bleibt festzuhalten, daß auch die Wettiner ihre Herrschaft nie vollständig teilten, sondern stets gemeinsame Rechte und Einkünfte festlegten[55]. Zum anderen bemühte man sich auch nach 1382 in verschiedenen Situationen um eine Zusammenführung der Landesteile, die durch Erbverbrüderungen vorbereitet und 1440 und 1482 nach dem erbenlosen Tod Friedrichs des Friedfertigen bzw. Wilhelms III. des Tapferen auch durchgeführt wurden[56]. Nur einmal während des 14./15. Jahrhunderts, im sogenannten Sächsischen Bruderkrieg von 1446 bis 1451, ist es zu innerfamiliären kriegerischen Auseinandersetzungen gekommen, die die Gefahr eines Auseinanderbrechens der Dynastie mit sich brachten[57].

Neben dem dynastischen Zusammenhalt kam dem Hof und der sich ausbildenden Verwaltungspraxis im Land große Bedeutung zu, einerseits für die innere Verklammerung der Landgrafschaft mit den anderen Landesteilen, andererseits für die Entfaltung integrativer,

---

54) Bezeichnend hierfür ist, daß die 1382–1440 in Thüringen regierenden Wettiner Balthasar und Friedrich der Friedfertige in ihren Urkunden stets als Landgrafen von Thüringen und Markgrafen von Meißen auftraten, während Wilhelm III. der Tapfere, der jüngere Sohn Kurfürst Friedrichs I. des Streitbaren, der seit 1445 in das thüringische Erbe Balthasars und Friedrichs eintrat, stets als *von gots gnaden Herczog von Sachsen lantgraf in Doringen und marcgrave czu missen* urkundete. Zu Balthasar und Friedrich vgl.: Urkunden der Markgrafen von Meißen und Landgrafen von Thüringen 1381–1418, hg. von Hubert ERMISCH (Codex Diplomaticus Saxoniae Regiae I B 1–3, 1899–1909), und: Urkunden der Markgrafen von Meißen und Landgrafen von Thüringen 1419–1427, hg. von Hans BESCHORNER (Codex Diplomaticus Saxoniae Regiae I B 4, 1941). Zu Wilhelms III. Titulatur vgl.: Landesordnung Herzog Wilhelms III. vom 9. Januar 1446, ed. Gerhard MÜLLER, in: DERS., Die thüringische Landesordnung vom 9. Januar 1446, Zs. des Vereins für Thüringische Geschichte 50 (1996) S. 9–35, hier S. 17.

55) Der Chemnitzer Teilungsvertrag von 1382 legte fest, daß Stadt und Schloß Freiberg an der Mulde mit der Münze und den Silberbergwerken in gemeinsamem Besitz der drei Linien der Dynastie verblieben. Von der Leipziger Teilung wurden die Besitzungen in der Niederlausitz und in Niederschlesien (Beeskow, Storkow, Sorau und Sagan), die Schutzherrschaft über das Hochstift Meißen und die Silberbergwerke im Westerzgebirge um Schneeberg ausgenommen und gemeinsamer Verwaltung unterstellt. Hierzu zuletzt ROGGE, Herrschaftsweitergabe (wie Anm. 1) S. 87–91 und S. 222–226; vergleichend-systematische Beobachtungen zu den verschiedenen, von den Wettinern praktizierten Formen von Herrschafts- und Güterteilungen ebd. S. 315–325.

56) Zu den innerwettinischen Erbverbrüderungen und Wiedervereinigungen von Landesteilen ROGGE, Herrschaftsweitergabe (wie Anm. 1) S. 93ff. (Erbverbrüderung von 1387 zwischen Landgraf Balthasar von Thüringen und Wilhem I. von Meißen), S. 100ff. (Erbverbrüderung von 1403 zwischen Balthasar, Wilhelm I. und ihren osterländischen Neffen Friedrich IV. und Wilhelm II.), S. 116ff. (Erbverbrüderung von 1410 zwischen Balthasar, Friedrich IV. und Wilhelm II.), S. 162ff. (Vereinigung Thüringens mit der Markgrafschaft Meißen nach dem Tod Landgraf Friedrichs des Friedfertigen 1440), S. 216ff. (Vereinigung Thüringens mit der Markgrafschaft Meißen nach dem Tod Herzog Wilhelms III. des Tapferen 1482).

57) Vgl. hierzu unten, bei Anm. 74.

vom landgräflichen Hof ausgehender Kräfte innerhalb Thüringens. Bis zur Mitte des 14. Jahrhunderts hatte ein gemeinsamer, markgräflich-landgräflicher Hof bestanden, dessen wichtigste Aufenthaltsorte die alten landgräflichen Vororte Eisenach und die Wartburg, Gotha und Weißensee waren. Die Bedeutung der Mark Meißen für den wettinischen Hof trat während dieser Zeit deutlich hinter den thüringischen Aufenthaltsorten zurück. Dies ist ein bemerkenswerter Befund, bestätigt er doch die Einschätzung, daß Thüringen während dieser Zeit auch aus der Perspektive der Dynastie keineswegs ein Nebenland war[58]. Infolge der Teilungen von 1382 und 1445 kam es zur Bildung eines selbständigen thüringischen Hofes, der sich zunächst vornehmlich in Gotha und Weißensee, seit etwa 1400 zunehmend in Weimar aufhielt[59]. Die Bedeutung Thüringens für den wettinischen Hof einerseits und dessen Ausstrahlungskraft auf Thüringen andererseits zeigt sich unter anderem in der Herkunft der Amtsträger. Angehörige des thüringischen Niederadels hatten bereits vor der Teilung eine herausgehobene Stellung am gemeinsamen wettinischen Hof innegehabt[60]. Der nach den Teilungen von 1382 und 1445 entstehende thüringische

---

58) Zur Entwicklung des wettinischen Hofes bis zur Chemnitzer Teilung Heinrich Bernhard MEYER, Hof- und Zentralverwaltung der Wettiner in der Zeit einheitlicher Herrschaft über die meißnisch-thüringischen Lande 1248–1379 (Leipziger Studien aus dem Gebiet der Geschichte 9, 3, 1902). Grundlegend Brigitte STREICH, Zwischen Reiseherrschaft und Residenzbildung: Der wettinische Hof im späten Mittelalter (Mitteldeutsche Forschungen 101, 1989): Im Itinerar Friedrichs des Freidigen (†1323) und Friedrichs II. des Ernsthaften (†1349) entfallen 40 Prozent bzw. die Hälfte aller Belege auf die thüringischen Aufenthaltsorte, unter denen Eisenach und Gotha an der Spitze stehen; vgl. ebd. S. 256ff. Friedrich der Freidige ließ sich darüber hinaus nicht in der wettinischen Grablege Altzelle, sondern in Reinhardsbrunn, dem ehemals ludowingischen Hauskloster südwestlich von Gotha, beisetzen; auch dies darf als aufschlußreiches Zeugnis für die herausragende Bedeutung der Landgrafschaft und ihrer alten Vororte für die Wettiner des 14. Jahrhunderts gelten. Ob die im frühen 14. Jahrhundert erneuerten Grabdenkmäler der ludowingischen Landgrafen in Reinhardsbrunn mit einer bewußten Indienstnahme ludowingischer Traditionen durch Friedrich den Freidigen in Verbindung zu bringen ist, wie dies PATZE, Politische Geschichte (wie Anm. 1) S. 235 annahm, oder ob der Reinhardsbrunner Konvent im Rahmen eines wiedererwachten Stiftergedenkens Auftraggeber der aufwendig gestalteten Grabplatten war, so Ernst SCHUBERT, Drei Grabmäler des Thüringer Landgrafenhauses aus dem Kloster Reinhardsbrunn, in: Skulptur des Mittelalters. Funktion und Gestalt, hg. von Friedrich MÖBIUS und DEMS. (1987) S. 212–242, hier S. 211ff. muß hier offen bleiben.
59) STREICH, Reiseherrschaft (wie Anm. 58) S. 266–268, und DIES., Die Itinerare der Markgrafen von Meißen – Tendenzen der Residenzbildung, in: BDLG 125 (1989) S. 159–188; zur Bedeutung Eisenachs und Gothas und des erst um 1400 an Bedeutung gewinnenden Weimar als wettinische Residenzorte vgl. jetzt die einschlägigen Artikel in: Höfe und Residenzen 2 (wie Anm. 3) S. 166ff., S. 218ff., S. 614f., S. 615ff.
60) Zum Hofpersonal vgl. ausführlich STREICH, Reiseherrschaft (wie Anm. 58) S. 116ff., S. 404ff. Zu den frühen thüringischen Niederadligen am wettinischen Hof gehörten etwa der erstmals 1327 als Landvogt in Thüringen bezeugte Heinrich von Brandenstein aus dem Orlagau und Friedrich III. von Wangenheim aus dem gleichnamigen westthüringischen Geschlecht, der 1351–1356 als Landvogt in der Mark Meißen, 1361–1363 als Landvogt in Thüringen begegnet. Vgl. hierzu die Prosopographie wettinischer Amtleute 1360–1460 von Brigitte STREICH, Das Amt Altenburg im 15. Jahrhundert. Zur Praxis der kursächsischen Lokalverwaltung im Mittelalter (Veröffentlichungen des Thüringischen Hauptstaatsarchivs 7, 2000) S. 61–76.

Hof entfaltete eine in vielerlei Hinsicht vergleichsweise noch intensivere politische, kirchliche und kulturelle Integrationskraft im Land. Allerdings lassen die 1387, 1403 und 1410 zwischen den thüringischen, meißnischen und osterländischen Wettinern abgeschlossenen Erbverbrüderungen erkennen, daß der Gedanke der dynastischen Einheit der Länder außerordentlich stark war. Vor diesem Hintergrund ist auch die Beobachtung einzuordnen, daß es nach der Teilung von 1382 zumindest bis in die 1420er Jahre einen regen Austausch von Personal zwischen den drei wettinischen Hofhaltungen in Thüringen, im Osterland und in der Mark Meißen gegeben hat. Offensichtlich wirkte die Zeit der gemeinsamen Regierung in diesem Bereich noch lange nach[61].

Im Zuge des Aufbaus der Ämterverfassung waren seit dem 14. Jahrhundert fast alle Teile des wettinischen Besitzes in Meißen und Thüringen erfaßt worden. Das 1378 erstellte *Registrum Dominorum Marchionum Missnensium* gibt einen Einblick in den damals erreichten Stand der Ämterverfassung und der Finanzverwaltung[62]. Zwischen Thüringen und den anderen Landesteilen wird dort nicht ausdrücklich unterschieden, wie dies etwa in den 1347 angelegten Verzeichnissen der Herren und Edlen in Meißen und Thüringen noch der Fall war[63]. Tatsächlich aber diente das *Registrum* als Grundlage für eine angemessene Aufteilung der Rechte und Einkünfte zwischen den Erben Friedrichs des Ernsthaften am Vorabend der Chemnitzer Teilung. Die thüringische Landgrafschaft mit den dort gelegenen Ämtern beließ man bei den Teilungen von 1382 und 1445 von wenigen Ausnahmen abgesehen als Einheit[64].

---

61) Zur Mobilität des Hofpersonals zwischen Meißen, Thüringen und dem Osterland STREICH, Reiseherrschaft (wie Anm. 58) S. 122f., 137f.

62) Registrum dominorum marchionum Missnensium. Verzeichnis der den Landgrafen in Thüringen und Meissen jährlich in den wettinischen Landen zustehenden Einkünfte (1378), hg. von Hans BESCHORNER (Schriften der Sächsischen Kommission für Geschichte 37, 1933). Das Registrum war das erste umfassende Einkünfteverzeichnis der Wettiner; es wurde zur Vorbereitung der 1382 vollzogenen Teilung der Herrschaft und der Besitzungen erstellt und führt von Westen nach Osten fortschreitend alle *districtus* und *civitates* in wettinischem Besitz auf. Die insgesamt 72 dort genannten Ämter werden nicht eigens der Landgrafschaft Thüringen oder der Mark Meißen zugeordnet. Zur wettinischen Ämterverfassung und Verwaltungspraxis Karlheinz BLASCHKE, Die Ausbreitung des Staates in Sachsen, in: Beiträge (wie Anm. 1) S. 29–62 (Erstdruck 1954); DERS., Kanzleiwesen und Territorialstaatsbildung im wettinischen Herrschaftsbereich bis 1485, in: ebd. S. 303–322 (Erstdruck 1984); Uwe SCHIRMER, Das Amt Grimma 1485–1548. Demographische, wirtschaftliche und soziale Verhältnisse in einem kursächsischen Amt am Ende des Mittelalters und zu Beginn der Neuzeit (Schriften der Rudolf-Kötzschke-Gesellschaft 2, 1996); STREICH, Reiseherrschaft (wie Anm. 58) S. 181ff., S. 302 ff.; DIES., Altenburg (wie Anm. 60) S. 9–76.

63) Die 1347 angelegten Verzeichnisse wettinischer Lehnsleute und Ministerialen führen die lehnsrechtlich den Wettinern verbundenen Grafen und Herren getrennt nach ihren Herkunftsbereichen *in terra Mysznensi*, *in terra Orientali*, *in Thuringia*, *in Lusacia* und *in Frankonia* auf; siehe: Das Lehnbuch Friedrichs des Strengen, Markgrafen von Meißen und Landgrafen von Thüringen 1349/50, hg. von Woldemar LIPPERT und Hans BESCHORNER (Schriften der Sächsischen Kommission für Geschichte 8, 1903) S. 263–269.

64) Zum Chemnitzer Teilungsvertrag von 1382 Hans BESCHORNER, Die Chemnitzer Teilung der Wettinischen Lande von 1382 im Kartenbilde, Neues Archiv für Sächsische Geschichte 54 (1933) S. 135–142; Druck

Fragt man nach integrativen Momenten wettinischer Herrschaft in Thüringen, so ist nicht nur mit Blick auf die Landgrafschaft im engeren Sinne nach der Entwicklung des Hofes, der ständischen Mitsprache, der Finanzen und der Verwaltung zu fragen. Darüber hinaus stellt sich erneut die Frage nach dem Verhältnis des Landgrafen zu den anderen selbständigen Herrschaftsträgern im Land. War die politische Entwicklung bis zur Mitte des 14. Jahrhunderts dadurch gekennzeichnet, daß der Mark- und Landgraf den Adel, Erfurt und die Reichsstädte im Rahmen einer gemeinsamen Landfriedenspolitik politisch einbinden mußte, so tritt das Element adliger Mitsprache seit der zweiten Hälfte des 14. Jahrhunderts zunehmend zurück. Bezeichnend hierfür ist, daß die alte Gerichtsstätte zu Mittelhausen, an der der Landgraf gemeinsam mit dem Adel und den Städten den Landfrieden errichtet hatte, ihre Bedeutung zugunsten des landgräflich-wettinischen Hofgerichts verlor[65]. Während der thüringische Hof im 15. Jahrhundert auch für den gräflichen Adel im Land an Anziehungskraft gewann, erhöhte sich umgekehrt auch der politische Druck, den die Wettiner auf die thüringischen Dynasten ausübten. Mit Wilhelm III. (1445–1482) forderte der Landgraf nun ausdrücklich die Präsenz der Grafen am Hof ein, verlangte Landtagsbesuch, Schatzung und Heerfolge. Allerdings gelang es nicht, die wichtigsten unter ihnen, die Schwarzburger, die Stolberger und die Honsteiner, in die Landsässigkeit herabzumindern[66]. Erfurt als die mit Abstand bedeutendste unter den thüringischen Städten hat sich ebenfalls dem zunehmenden Druck der Wettiner zu erwehren versucht, mußte aber 1483 einen Schutzvertrag mit ihnen abschließen[67]. Darüber hinaus entfaltete sich mit den bereits unter Friedrich dem Friedfertigen (1406/07–1440) einsetzenden und von Wilhelm III. intensivierten kirchlichen Reformmaßnahmen auch gegenüber den Kirchen und Klöstern im Land ein Integrationspotential, das die Grundlage des sich ausbildenden landesherrlichen Kirchenregiments darstellte[68]. Diese wenigen Beob-

des Vertrages in: Codex Diplomaticus Saxoniae (wie Anm. 54) I B 1 Nr. 51. Zur Teilung von 1445 Martin NAUMANN, Die wettinische Landesteilung von 1445, Neues Archiv für Sächsische Geschichte 60 (1939) S. 171–213. Vgl. zu den beiden Teilungen ROGGE, Herrschaftsweitergabe (wie Anm. 1) S. 87ff., S. 162ff., und SCHNEIDER, Niederadel (wie Anm. 53) S. 134ff., S. 141ff.

65) MEYER, Hof- und Zentralverwaltung (wie Anm. 58) S. 39ff.; STREICH, Reiseherrschaft (wie Anm. 58) S. 242ff.

66) Zur hegemonialen Stellung der Wettiner vgl. jetzt SCHUBERT, Harzgrafen (wie Anm. 12) S. 98ff.; Uwe SCHIRMER, Untersuchungen zur Herrschaftspraxis der Kurfürsten und Herzöge von Sachsen. Institutionen und Funktionseliten (1485–1513), in: Hochadelige Herrschaft (wie Anm. 11) S. 305–378, hier S. 329ff.; Dieter STIEVERMANN, Die Wettiner als Hegemonen im mitteldeutschen Raum um 1500, in: ebd. S. 379–393; vgl. DERS., Die Landgrafschaft Thüringen bis zum Ende des Mittelalters, Hessisches Jb. für Landesgeschichte 47 (1997) S. 9–17.

67) Eberhard HOLTZ, Erfurt und Kaiser Friedrich III. (1440–1493). Berührungspunkte einer Territorialstadt zur Zentralgewalt des späten Mittelalters, in: Erfurt 742–1992 (wie Anm. 18) S. 185–201, hier S. 199f.; DERS., Situation Erfurts (wie Anm. 16) S. 104f.

68) Grundlegend zur landesherrlichen Kirchenreform in Thüringen unter Landgraf Friedrich dem Friedfertigen und Herzog Wilhelm III. Wilhelm WINTRUFF, Landesherrliche Kirchenpolitik in Thüringen am

achtungen lassen bereits erkennen, wie sehr sich der Entwicklungsstand der politischen, kirchlichen und kulturellen Integration Thüringens seit der Mitte des 14. Jahrhunderts zugunsten des wettinischen Landgrafen verschoben hatte. Offenkundig hatten die Wettiner im Verlauf des 15. Jahrhunderts eine überragende Stellung im mitteldeutschen Raum erlangt, die ihnen eine gleichsam hegemoniale Politik auch gegenüber den thüringischen Grafen und Herren sowie gegenüber Erfurt und den Reichsstädten Mühlhausen und Nordhausen erlaubte. Wettinische Hegemonie äußerte sich dabei nicht nur in der Forderung nach Anerkennung der herzoglichen Oberherrschaft Wilhelms III. in Thüringen, sondern auch in der kulturellen Ausstrahlungskraft des Hofes auf den thüringischen Adel[69].

Die Frage nach Problemen und Entwicklungslinien der politischen Integration in Thüringen ist aber auch noch einmal im Hinblick auf das Spannungsverhältnis zwischen Einbindung und Eigenständigkeit Thüringens im gesamtwettinischen Herrschaftsbereich zu stellen. Mit der selbständigen Regierung Balthasars in der Landgrafschaft (1382–1406) wurde zunächst unmerklich eine Akzentverschiebung eingeleitet. Denn es zeichnete sich nun die Möglichkeit der Bildung einer eigenen, thüringischen Linie des wettinischen Hauses ab, die sowohl innerhalb Thüringens als auch in Abgrenzung zur Mark Meißen und zum Osterland eigene Ziele anzustreben vermochte. Unverkennbar ist bereits bei Balthasar, daß er seinem Sohn Friedrich die Nachfolge in der Landgrafschaft frühzeitig gesichert hat. Darüber hinaus scheint es, daß Balthasar bewußt an ludowingisch-landgräfliche Traditionen anzuknüpfen suchte. Er förderte als erster Wettiner seit Friedrich dem Freidigen (†1323) das frühere Hauskloster der Ludowinger in Reinhardsbrunn und bestimmte es zu seiner Grablege. Sein Sohn und Nachfolger Friedrich der Friedfertige folgte ihm darin und

Ausgang des Mittelalters (Forschungen zur thüringisch-sächsischen Geschichte 5, 1914); vgl. Manfred SCHULZE, Fürsten und Reformation. Geistliche Reformpolitik weltlicher Fürsten vor der Reformation (Spätmittelalter und Reformation N.R. 2, 1991) S. 46–111 (zu den Reformmaßnahmen Wilhelms III.); zu den franziskanischen Reformen Matthias WERNER, Landesherr und Franziskanerorden im spätmittelalterlichen Thüringen, in: Könige, Landesherren und Bettelorden. Konflikt und Kooperation in West- und Mitteleuropa bis zur frühen Neuzeit, hg. von Dieter BERG (Saxonia Franciscana 10, 1998) S. 331–360; Petra WEIGEL, Landesherren und Observanzbewegung. Studien zum Reformverständnis des sächsischen Provinzialministers Matthias Döring (1427–1461), in: ebd. S. 361–390; vgl. jetzt DIES., Ordensreform und Konziliarismus. Der Franziskanerprovinzial Matthias Döring (1427–1461) (Jenaer Beiträge zur Geschichte 7, 2005).
69) Aufschlußreich hierfür ist die Präsenz der thüringischen Grafen und Herren bei den großen höfischen Ereignissen, etwa der Hochzeit Herzog Wilhelms III. 1446 in Jena und der Pilgerfahrt des Herzogs 1461 ins Heilige Land. Vgl. hierzu Herbert KOCH, Herzog Wilhelm von Sachsen erste Hochzeit vom 20. Juni 1446, Zs. des Vereins für Thüringische Geschichte und Altertumskunde 30 N.F. 22 (1915) S. 293–326; zur Jerusalemfahrt des Herzogs Randall HERZ, Wilhelms III. von Thüringen Pilgerfahrt ins Hl. Land, in: VL 10 (1999) Sp. 1142–1145. Zur Aspekten der Integrationskraft des Hofes insgesamt vgl. STREICH, Reiseherrschaft (wie Anm. 58) S. 175ff.; SCHIRMER, Untersuchungen (wie Anm. 66) S. 330f.

wirkte überdies im Rahmen erster landesherrlicher Reformmaßnahmen an der Entschul-
dung und Reformierung der Reinhardsbrunner Benediktinerabtei mit[70].

Bemerkenswert ist vor diesem Hintergrund erneut die thüringische Historiographie,
die in Eisenach im Umfeld des landgräflichen Hofes Balthasars und Friedrichs zur Blüte
kam. Im Eisenacher Dominikanerkonvent entstand um 1395 eine Chronik der Landgrafen von Thüringen, die auf die älteren Erfurter und Reinhardsbrunner Werke zurückgriff,
dabei aber deutlich das Bemühen erkennen läßt, die Kontinuität der landgräflichen Herrschaft in Thüringen und die Legitimität ihrer wettinischen Erben zu betonen. Sehr wahrscheinlich ist in dem Werk des Eisenacher Dominikaners der Versuch zu sehen, in großer
Nähe zum Hof des Landgrafen ein gleichsam prowettinisches, dynastisch orientiertes thüringisches Geschichtsbewußtsein zu formulieren[71]. An diese *Cronica Thuringorum* an-
knüpfend und aus ihr schöpfend entstanden in dichter Folge nach 1407 und nach 1414 zwei
weitere thüringische Geschichtswerke, die im Eisenacher Franziskanerkloster verfaßt
worden sein dürften, sowie drei Chroniken des Eisenacher Ratsschreibers und Stiftsgeist-
lichen Johann Rothe (†1434), dessen 1421 abgeschlossene Thüringische Weltchronik der
Landgräfin Anna gewidmet war[72]. Mit Rothes Weltchronik liegt zweifellos eine erste, um-

---

70) Zu Balthasar Karl WENCK, Die Alleinregierung Balthasars in Thüringen (1382–1406), in: Die Wartburg.
Ein Denkmal deutscher Geschichte und Kunst, hg. von Max BAUMGÄRTL (1907) S. 253–260; ROGGE, Herrschaftsweitergabe (wie Anm. 1) S. 93ff. Zu Friedrich dem Friedfertigen, der 1406/07 seinem Vater Balthasar in der Landgrafschaft nachfolgte, sich 1407 mit der thüringischen Grafentochter Anna von Schwarz-
burg vermählte und damit einen schweren Konflikt mit seinen osterländischen Vettern auslöste, ebd.
S. 104ff. Zu Friedrich dem Friedfertigen und der Abtei Reinhardsbrunn WINTRUFF, Kirchenpolitik (wie
Anm. 68) S. 21f.
71) Zur Eisenacher Dominikanerchronik (Historia Pistoriana) jetzt MOEGLIN, Sentiment (wie Anm. 49)
S. 343–354, und WERNER, »Ich bin ein Durenc« (wie Anm. 49) S. 94–97; Teildruck des Werkes: Historia
Erphesfordensis Anonymi scriptoris de Landgraviis Thuringiae, ed. Johannes PISTORIUS, in: Rerum Ger-
manicarum Scriptores, hg. von Johannes PEEZ (1731) S. 1292–1365. Eine Neuedition dieses Werkes ist in
Vorbereitung (vgl. das in Anm. 72 genannte Editionsprojekt).
72) Zu Johannes Rothe Volker HONEMANN, Johannes Rothe und seine »Thüringische Weltchronik«, in:
Geschichtsschreibung und Geschichtsbewußtsein im späten Mittelalter, hg. von Hans PATZE (VuF 31, 1987)
S. 497–522; DERS., Johannes Rothe in Eisenach. Literarisches Schaffen und Lebenswelt eines Autors um
1400, in: Autorentypen, hg. von Walter HAUG und Burghart WACHINGER (1991) S. 69–88; MOEGLIN, Sentiment (wie Anm. 49) S. 354–358; WERNER, »Ich bin ein Durenc« (wie Anm. 49) S. 95–100; Sylvia WEIGELT,
Studien zur »Thüringischen Landeschronik« des Johannes Rothe und ihrer Überlieferung. Mit Vorüberle-
gungen zur Edition der Landeschronik (Habil. Jena 1999); DIES., Die städtische Eisenacher Kanzlei um
1400 und die autographen Urkunden des Johannes Rothe, in: Septuaginta quinque. Festschrift für Heinz
Mettke, hg. von Jens HAUSTEIN, Eckhard MEINEKE und Norbert Richard WOLF (2000) S. 409–428. Druck
der Thüringischen Weltchronik: Düringische Chronik des Johann Rothe, hg. von Rochus von LILIENCRON
(Thüringische Geschichtsquellen 3, 1859). Die umfassende Untersuchung der Eisenacher Chronistik des
ausgehenden 14. und frühen 15. Jahrhunderts ist Teil des in Anm. 49 genannten Forschungsprojektes. Edi-
tionen der den Eisenacher Dominikanern und Franziskanern zugeschriebenen Werke sind in Vorbereitung:
Die Eisenacher Landeschroniken des 14./15. Jahrhunderts, hg. v. Holger KUNDE (Veröffentlichungen d.
Histor. Komm. f. Thüringen, Große Reihe 9, voraussichtlich 2006).

fassende Landesgeschichtsschreibung in Thüringen vor. Die Nähe Rothes zum landgräf-lichen Hof und die Widmung seiner Weltchronik an Anna von Schwarzburg lassen darauf schließen, daß man im Umfeld Friedrichs des Friedfertigen ein lebendiges Interesse an thü-ringischer Geschichte und einer entsprechenden Traditionsbildung hatte.

Das Spannungsverhältnis zwischen dynastischem Zusammenhalt und der Entwicklung selbständiger politischer Orientierungen in Thüringen barg tatsächlich Konfliktpotential. Bereits unter Balthasar und Friedrich dem Friedfertigen war es zu Eingriffen der meißni-schen und osterländischen Wettiner in die benachbarte Landgrafschaft gekommen[73]. Der 1445 zwischen Kurfürst Friedrich II. dem Sanftmütigen (1428–1464) und seinem jüngeren Bruder Wilhelm III. über die Frage der Herrschaftsteilung ausbrechende Konflikt reichte allerdings tiefer und mündete in den Sächsischen Bruderkrieg, der zumindest zeitweise die Gefahr eines Auseinanderbrechens der Dynastie bedeutete[74]. Unter dem Einfluß seiner thüringischen Räte hatte Wilhelm III. 1445 eine selbständige Regierung in Thüringen an-gestrebt und dafür nicht nur die Unterstützung der Grafen von Schwarzburg, Beichlingen, Stolberg und Mansfeld, sondern auch der thüringisch-landgräflichen Stände gefunden. Die im Januar 1446 in Weißensee von Herzog Wilhelm und seinen Ständen verabschiedete erste thüringische Landesordnung enthielt mit ihrer im zweiten Teil verbrieften Einung zwi-schen Landgraf und Ständen und der Zusage, daß künftig keinem Regenten gehuldigt wer-den dürfe, der nicht zuvor diese Landesordnung beschworen habe, politischen Spreng-stoff[75]. Während Wilhelm III. und die thüringischen Stände damit offensichtlich die Eigenständigkeit der Landgrafschaft innerhalb des wettinischen Herrschaftsbereiches be-tonen und absichern wollten, sah Kurfürst Friedrich II. der Sanftmütige in der mit der Landesordnung verbundenen Einung eine unzulässige Schmälerung seiner Rechte und die Gefahr einer Herauslösung Thüringens aus dem wettinischen Herrschaftsverband. Daß Friedrich sich schließlich gegen seinen Bruder durchsetzen und dabei auch die wichtigsten thüringischen Grafen wieder auf seine Seite ziehen konnte, zeigt, wie stark die politischen Bindungen des thüringischen Adels an die Gesamtdynastie geworden waren. Ein bewußt als »thüringisch« verstandenes politisches Gegengewicht hat sich offensichtlich bereits um die Mitte des 15. Jahrhunderts nicht mehr erfolgreich ausbilden können.

Nach dem Tod Wilhelms des Tapferen 1482 und der nur drei Jahre währenden ge-meinsamen Herrschaft Kurfürst Ernsts und seines Bruders Albrecht einigte man sich im

---

73) ROGGE, Herrschaftsweitergabe (wie Anm. 1) S. 104–126.
74) Grundlegend Herbert KOCH, Der sächsische Bruderkrieg (1445–1451) (Jbb. der königlichen Akade-mie gemeinnütziger Wissenschaften zu Erfurt, N.F. 35, 1910). Vgl. hierzu jetzt ROGGE, Herrschaftsweiter-gabe (wie Anm. 1) S. 157–212; SCHNEIDER, Niederadel (wie Anm. 53) S. 504–519.
75) Zur thüringischen Landesordnung von 1446 Karla JAGEN, Die Thüringische Landesordnung von 1446 (Diss. masch. Leipzig 1951); Gregor RICHTER, Die ernestinischen Landesordnungen und ihre Vorläufer von 1446 und 1482 (Mitteldeutsche Forschungen 34, 1964) S. 35–46; Gerhard MÜLLER, Der thüringische Land-tag zu Weißensee und die Landesordnung Herzog Wilhelms des Tapferen vom 9. Januar 1446, Sömmerdaer Heimatheft 8 (1996) S. 27–44; DERS., Landesordnung (wie Anm. 54).

Leipziger Vertrag 1485 auf eine erneute Teilung. Sie unterschied sich allerdings insofern grundsätzlich von allen vorherigen Teilungsvereinbarungen, als sie zum ersten Mal die Landgrafschaft und damit Thüringen in zwei Hälften zerschnitt. Ernst, dem als älteren der beiden Brüder Kursachsen zustand, erhielt in Thüringen die Gebiete um Eisenach, Gotha, Weimar und Jena, sein Bruder Albrecht, dem die Mark Meißen zufiel, bekam in Thüringen einen nördlichen Gebietstreifen, der sich von Langensalza im Westen bis Freyburg an der Unstrut im Osten erstreckte. Bei der Teilung wurden jedoch nicht nur der landgräfliche Besitz auf die beiden Brüder verteilt, sondern auch die die thüringischen Grafen betreffenden Lehnsrechte; so wurden die nordthüringischen Grafen dem meißnischen Markgrafen Herzog Albrecht, die im Süden und Südosten ansässigen Linien der Schwarzburger und Reußen aber dem sächsischen Kurfürsten Ernst zugesprochen[76].

Die damit erstmals vollzogene Teilung Thüringens hat offenbar keinen Widerstand ausgelöst; eine thüringische Opposition, die sich für die Einheit der Landgrafschaft eingesetzt hätte, ist nicht auszumachen. Wenn diese Entwicklung bis zur Mitte des 14. Jahrhunderts kaum denkbar gewesen wäre, so wirft der Erfolg der Leipziger Teilung weitreichende Fragen auf: Bestand im ausgehenden 15. Jahrhundert überhaupt noch ein politisch wirksames thüringisches Landesbewußtsein? Oder ist das Erlöschen Thüringens als eines politischen Raumes mit eigenem Gewicht dem Erfolg dynastisch-wettinischer Integrationspolitik zuzuschreiben? Beim jetzigen Forschungsstand lassen sich wohl nur vorläufige Antworten auf diese Fragen geben. Es scheint jedoch, als habe die Landgrafschaft Thüringen als politischer Anspruchsrahmen und Bezugsgröße ihre seit der Mitte des 13. Jahrhunderts und erneut in der ersten Hälfte des 14. Jahrhunderts intensivierte Bindekraft im ausgehenden 15. Jahrhundert längst verloren. Erst jetzt scheint der thüringische Raum von der Integrationskraft der Dynastie, die seit dem Erwerb der sächsischen Kurwürde 1423 längst eine ihre alten reichsfürstlichen Kernräume übergreifende Herrschaftsstellung erlangt hatte, ganz erfaßt worden zu sein. Bezeichnend ist etwa, daß der Leipziger Vertrag als innerdynastische Vereinbarung ohne maßgebliche Beteiligung der Stände zustande gekommen war. Daß die Leipziger Teilung allerdings zu einer epochalen Zäsur wurde, liegt zweifels-

---

76) Eine kritische Edition der Leipziger Teilungsverträge liegt nicht vor. Die für Herzog Albrecht ausgefertigte Fassung findet sich im Sächsischen Hauptstaatsarchiv Dresden: SächsHStA, OU 8578 und OU 8579. Druck in: Die Hausgesetze der regierenden deutschen Fürstenhäuser 3, hg. von Hermann SCHULZE (1883) S. 74–83. Abbildung in: Die Hausgesetze der Wettiner bis zum Jahre 1486, hg. von Otto POSSE (1889) Tafel 93. Die für Kurfürst Ernst ausgestellte Urkunde liegt im Thüringischen Hauptstaatsarchiv Weimar: ThHStA Weimar, EGA, Urkunde Nr. 1051. Abbildung der ersten Seite mit dem Siegel Herzog Albrechts in: Wettiner in Thüringen (wie Anm. 3) S. 86. Ernst HÄNSCH, Die wettinische Hauptteilung von 1485 und die aus ihr folgenden Streitigkeiten bis 1491 (1909); Hans HERZ, Thüringen: Zwölf Karten zur Geschichte 1485–1995, kartographisch bearb. von Rosemarie MENDLER (Thüringen gestern & heute, hg. von der Landeszentrale für politische Bildung 18, 2003) Textteil S. 8–11, Kartenteil Karte Nr. 1. Vgl. die oben Anm. 1 genannte Literatur sowie die diesem Beitrag beigefügte Karte 2: Die Leipziger Teilung 1485 unten S. 591.

ohne erst in der nachfolgenden Entwicklung des 16. Jahrhunderts begründet. Weder war 1485 eine irreversible Trennung des wettinischen Herrschaftsbereichs in zwei Hälften beabsichtigt, noch war mit ihr der gesamtdynastische Zusammenhalt in Frage gestellt worden. Inwieweit indes während des 15. Jahrhunderts ein thüringisches Zusammengehörigkeitsbewußtsein jenseits der ihre politische Integrationskraft verlierenden Landgrafschaft fortbestanden hat, ist eine offene Frage. Aufschluß verspricht hierbei zum einen die reiche, jetzt vor allem in Erfurt blühende Historiographie, die ein nicht dynastisch-wettinisch geprägtes, sondern ein umfassenderes, historisch begründetes Landesbewußtsein widerzuspiegeln scheint.[77] Zum anderen lassen auch nichthistoriographische Zeugnisse auf das Fortbestehen eines spezifischen Thüringenbewußtseins im späten 15. Jahrhundert schließen. Bemerkenswert ist etwa die Stellungnahme Graf Heinrichs XIX. von Stolberg, der sich 1488 und 1493 im Konflikt mit dem wettinischen Herzog Albrecht um die stolbergischen Bergwerksrechte im Harz auf den Brauch im Lande Thüringen berief, nach dem eine Entscheidung nicht – wie durch den Herzog gefordert – vom wettinischen Hofgericht und dem Merseburger Bischof, sondern nur mittels schiedsrichterlicher Einigung durch standesgleiche Grafen des Landes möglich sei[78]. Offenbar also empfanden die Zeitgenossen keinen Widerspruch zwischen der Leipziger Teilung und dem Fortbestehen Thüringens als einen durch gemeinsames Recht verbundenen Raumes. Erst im 16. Jahrhundert ist das Ergebnis der von den Wettinern getragenen Integrationsprozesse deutlich erkennbar: Thüringen wird nun zur vorwiegend geographischen Bezeichnung und zur historischen Reminiszenz reduziert.

V

Ausgangspunkt der Frage nach dem Spannungsverhältnis von Integration und Selbstbehauptung Thüringens im wettinischen Herrschaftsbereich war die Beobachtung, daß der

---

77) In Erfurt entstanden die bis 1467 reichende deutschsprachige Chronik des Hartung Cammermeister (Die Chronik Hartung Cammermeisters, bearb. von Robert REICHE [Geschichtsquellen der Provinz Sachsen und angrenzender Gebiete 35, 1896]), um 1494/95 die Chronik des Erfurter Benediktiners Nikolaus von Siegen (Chronicon ecclesiasticum Nicolai de Siegen, hg. von Franz X. WEGELE [Thüringische Geschichtsquellen 2, 1855]) sowie die bis 1502 reichende deutschsprachige Chronik des Konrad Stolle (Memoriale. Thüringisch-Erfurtische Chronik von Konrad Stolle, bearb. von Richard THIELE [Geschichtsquellen der Provinz Sachsen und angrenzender Gebiete 39, 1900]). Vgl. MOEGLIN, Sentiment (wie Anm. 49) S. 359f., WERNER, »Ich bin ein Durenc« (wie Anm. 49) S. 95f. sowie künftig die Ergebnisse des in Anm. 49 genannten Forschungsprojektes.
78) Regesta Stolbergica. Quellensammlung zur Geschichte der Grafen zu Stolberg im Mittelalter, bearb. v. Botho Graf zu STOLBERG-WERNIGERODE, hg. v. Georg A. von MÜLVERSTEDT (1885) S. 743 Nr. 2197. Vgl. hierzu SCHUBERT, Harzgrafen (wie Anm. 12) S. 109. Vgl. Frank BOBLENZ, Vom Fürstentum zu Thüringen zum Thüringer Kreis. Zur administrativen Einbindung von Sangerhausen im wettinischen Nordthüringen, Harz-Zeitschrift 52/53 (2000/2001) S. 37–67, der am Beispiel Sangerhausens den Auflösungsprozeß der alten thüringischen Landgrafschaft im Verlaufe des 15. Jahrhunderts nachzeichnet.

thüringische Raum als Brückenlandschaft zwischen dem Altsiedelland und dem Markengebiet östlich der Saale und aufgrund seiner frühen, in fränkischer Zeit einsetzenden Prägung eine grundlegend andere politische, kirchliche und kulturelle Struktur und einen
weitaus höheren Entwicklungsstand aufwies als die wettinischen Stammlande. Mit dem
Erwerb der thüringischen Landgrafschaft verband sich daher für die Markgrafen von Meißen eine folgenreiche Schwerpunktverlagerung ihrer Herrschaft nach Westen. Die Wettiner waren seit der Mitte des 13. Jahrhunderts vor eine doppelte Integrationsaufgabe gestellt: Zum einen hatten sie nicht nur den ludowingischen Besitz in Thüringen zu
erwerben, abzusichern und zur Nutzung der damit verbundenen Ressourcen administrativ zu integrieren. Vielmehr sahen sie sich mit ihrem Eintreten in den thüringischen Raum
nahezu zwangsläufig herausgefordert, die seit ludowingischer Zeit zur *Thuringia* gehörenden anderen Herrschaftsträger und politischen Größen, neben den Grafen und Herren
auch Erfurt und die Reichsstädte Mühlhausen und Nordhausen, im Rahmen der landgräflichen Aufgabe der Friedenswahrung politisch in ihre Herrschaft einzubinden und auf
diese Weise den landgräflichen Herrschaftsanspruch in Thüringen durchzusetzen. Zum
anderen aber hatten sie die thüringische Landgrafschaft als ihr nun bedeutendstes Reichsfürstentum insgesamt in ihren bis dahin östlich der Saale verankerten Herrschaftsbereich
zu integrieren.

Das wichtigste Instrument hierzu war bis zur Mitte des 14. Jahrhunderts der Landfriede, der sich allerdings während dieser Zeit in aufschlußreicher Weise wandelte. Waren
die Landfrieden zunächst im Bündnis mit den Grafen und Herren, Erfurt und den Reichsstädten errichtet und damit der Adel und die selbständigen Städte in die landgräfliche
Herrschaftsausübung eingebunden worden, so suchte Landgraf Friedrich II. der Ernsthafte mit dem 1338 erlassenen Landfrieden im Konflikt mit den konkurrierenden Kräften
im Land einen Anspruch auf fürstliche Oberherrschaft durchzusetzen. Der fast vollständige Sieg des Landgrafen in der Grafenfehde (1342–46) markiert den Beginn der Entfaltung wettinischer Vorherrschaft im Land. Das massive politische und militärische Engagement Friedrichs des Freidigen und Friedrichs II. des Ernsthaften in Thüringen während
der ersten Hälfte des 14. Jahrhunderts und die herausragende Bedeutung der thüringischen
Aufenthaltsorte – vor allem Eisenachs und Gothas – für den wettinischen Hof bis in das
späte 14. Jahrhundert lassen erkennen, wie sehr der Erwerb Thüringens durch Heinrich
den Erlauchten eine Schwerpunktverlagerung der Dynastie nach Westen nach sich gezogen hatte.

Die weitere Entwicklung in der zweiten Hälfte des 14. und im 15. Jahrhundert war
durch ein vielschichtiges Spannungsverhältnis zwischen Integration der thüringischen
Landgrafschaft in den dynastisch zusammengehaltenen Gesamtverband der wettinischen
Länder einerseits und der Entwicklung selbständiger politischer Orientierungen innerhalb
Thüringens andererseits geprägt. Von entscheidender Bedeutung hierfür waren die Teilungen von 1382 und 1445, die trotz eines bemerkenswerten gesamtdynastischen Zu-
sammenhalts der Wettiner dazu führten, daß die thüringische Landgrafschaft einen eige-

nen Bereich bildete, mit einem eigenen, politischen, kirchlichen und kulturellen Integrationspotential. Diese Entwicklung, die nur einmal – im Konflikt um die Teilung von 1445 – zu einer Gefahr für den dynastischen Zusammenhalt wurde, förderte eine außerordentlich starke Einbindung der bisher noch selbständigen Grafen und Städte in die wettinische Vorherrschaft im Land, ohne aber die bedeutendsten Grafen sowie Erfurt und die Reichsstädte vollständig mediatisieren zu können.

Die bemerkenswert lebendigen Anfänge eines thüringischen Selbstbewußtseins, das nicht dynastisch geprägt war und das die politische Polyzentralität des Landes einem übergreifenden Landesbewußtsein unterordnete, spiegelten sich seit der zweiten Hälfte des 13. Jahrhunderts vor allem in der Erfurter Geschichtsschreibung wider und fanden bis in das erste Drittel des 14. Jahrhunderts auch im politischen Geschehen ihren Niederschlag. Die Frage nach einem thüringischen Eigenbewußtsein und seiner politischen Bedeutung für die Zeit nach der Mitte des 14. Jahrhunderts ist demgegenüber beim jetzigen Forschungsstand sehr viel schwieriger zu beantworten. Festzustellen ist zum einen, daß im späten 14. und im frühen 15. Jahrhundert die thüringische Landeschronistik im Umfeld des Eisenacher Hofes eine Blüte erlebte und daß noch bis in das ausgehende 15. Jahrhundert verschiedenste Zeugnisse auf ein spezifisches Thüringenbewußtsein hindeuten. Zum anderen aber zeigte sich in der politischen Entwicklung bereits 1445/46, daß sich eine selbständige, jenseits oder gar gegen die Dynastie auftretende Kraft im Land nicht mehr formieren konnte. Daß die Teilung der Landgrafschaft 1485 keinen Widerstand fand, erscheint vor diesem Hintergrund nicht sehr überraschend.

Die Leipziger Teilung markiert damit in vielerlei Hinsicht den Höhepunkt der politischen und administrativen Integration der Landgrafschaft in den dynastischen Gesamtbesitz der Wettiner. Spätestens im 16. Jahrhundert erlosch die Bedeutung Thüringens als eines politischen Raumes mit eigenem Gewicht. Dennoch ist es bezeichnend für die Möglichkeiten und Grenzen wettinischer Integrationskraft im mitteldeutschen Raum, daß ein eigentümliches thüringisches Landesbewußtsein jenseits der politischen Geschichte fortbestehen konnte: Der von den Wettinern seit 1423 geführte sächsische Kurfürsten- und Herzogtitel vermochte die älteren Raumbezeichnungen der Markgrafschaft Meißen und des Osterlandes vollständig zu Gunsten des nun elbeaufwärts wandernden Ländernamens Sachsen zu verdrängen, nicht aber den alten Namen Thüringens, das sich einer solchen identitätsformenden Integrationskraft der wettinischen Dynastie entzogen hat.

Die schweizerische Eidgenossenschaft – Ein Sonderfall gelungener politischer Integration?*

VON REGULA SCHMID

1. Einleitung, Fragestellung

Im Jahr 1507 erschien in Basel die »Kronica von der loblichen Eydtgnoschaft« des Luzerner Gerichtschreibers Petermann Etterlin. Der zweite Holzschnitt des Werks repräsentiert das Objekt der Erzählung: Um das Reichswappen mit Krone folgen sich entlang einer Struktur in Form gezogener Bäumchen die mit Wappen und Schildhaltern dargestellten Mitglieder der »loblichen Eydtgnoschaft« in hierarchischer Ordnung von oben rechts bis unten links[1]: Zürich und Bern, Luzern und Uri, Schwyz, Unterwalden, Zug, Glarus, Basel und Freiburg, Solothurn und Schaffhausen, Appenzell, Sankt Gallen, Wallis und »Kur« (für Graubünden). In bildlicher Abbreviation erscheint so die Eidgenossenschaft als eine hierarchisch gegliederte, miteinander verbundene Gruppe von auf das Reich ausgerichteten Ständen, deren organisches Wachstum durch äusseres Eingreifen in die richtige Bahn gelenkt wurde. Der Text der Kronica führt dann aus, wie es zu diesem *der loblichen Eydtgenoschafft pund* gekommen sei[2]. Zum ersten Mal[3] wird damit das Gebilde »Eidgenossenschaft« mit einer kohärenten Geschichte und einem symbolischen Ausdruck versehen[4], welche den Ansprüchen der Gelehrten genügen und die Bedürfnisse der politischen

---

* Für die anregende Auseinandersetzung mit dem vorliegenden Text danke ich Thomas Meier, Roger Sablonier und den Mitgliedern der Lesegruppe »Frühe Neuzeit«: Heike Bock, Sebastian Bott, Angela Gastl, Katja Hürlimann, Bernd Klesmann und Thomas Maissen, und für weiterführende Fragen und kritische Einwände den Teilnehmerinnen und Teilnehmern der Frühjahrstagung 2003 auf der Reichenau.
1) Petermann Etterlin, Kronica von der loblichen Eydtgnoschaft, jr harkommen und sust seltzsam stritten und geschichten, ed. Eugen Gruber (Quellenwerk zur Entstehung der Schweizerischen Eidgenossenschaft III, 3, Aarau 1965) S. 328. Die Reihenfolge entspricht der heraldischen ›Lesart‹, welche die ›rechte‹ (d. h. die vom Betrachter aus linke) Seite und ›oben‹ stärker als ›links‹ und ›unten‹ gewichtet.
2) Etterlin, Kronica (wie Anm. 1) S. 323.
3) Etterlin spricht selber von der »nuwen matery«. Kronica (wie Anm. 1) S. 48.
4) Hans Conrad Peyer, Der Wappenkranz der Eidgenossenschaft, in: Vom Luxus des Geistes. Festgabe zum 60. Geburtstag von Bruno Schmid, hg. v. Felix Richner, Christoph Mörgeli (u. a.) (Zürich 1994) S. 121–138. Vorgänger sind die in den Berner Chroniken Diebold Schillings (nach 1483) auftauchenden Reihen der Bannerträger. In Niklaus Schradins 1500 gedruckter Chronik des Schwabenkriegs folgen sich zwei

Führungsgruppen befriedigen können. In den folgenden Jahrzehnten wird die Kronica, vor allem die darin festgehaltene »Befreiungsgeschichte«, zum Referenzwerk der Eidgenossenschaft[5]. Alle Orte haben nun Zugriff auf die gleiche Geschichte der in Bündnissen gewachsenen, im Kampf bewährten, von Gott auserwählten Eidgenossenschaft.

Genügt die blosse Existenz von heraldischer Repräsentationsform und einer Gründungsgeschichte, welche eindeutig einem humanistischen Umfeld entstammt[6], um das Zusammengehen einer Gruppe benachbarter Kommunen als Resultat erfolgreicher politischer Integration anzusprechen? Mit dem Vorhandensein solcher normativen Vorstellungen muss die altbekannte Tatsache konfrontiert werden, dass die Eidgenossenschaft bis zum Ende des Ancien Régime nicht mit den Parametern analysiert werden kann, welche sich zur Beschreibung »moderner« Staatlichkeit eingebürgert haben[7]: Sie verfügte weder über übergeordnete Institutionen oder eine Zentrale, auch wenn sich die Tagsatzung als Ort der Verhandlung und des Austauschs etabliert und sich darin spezifische Handlungsformen ausgebildet hatten[8]. Entsprechend existierten weder »eidgenössisches« Siegel noch Münze, weder ein »eidgenössisches« Wappen noch ein solches Heer. Vielmehr wurden Verträge mit äusseren Mächten mit dem Siegel eines der Orte gültig gemacht, Mün-

---

Dedikationsbilder. Das erste zeigt Kaiser und Kurfürsten mit einer unvollständigen Reihe von Wappenschilden, das zweite eine Gruppe von an Gewandung und »Schweizerdolch« erkennbaren Eidgenossen, darüber die Reihe der Wappen der acht Orte Zürich, Bern, Luzern, Uri, Schwyz, Unterwalden, Zug und Glarus, »*mit sampt Fryburg und Solotorn*«. Niklaus SCHRADIN, Schweizer Chronik, Sursee 1500, Faksimile-Neudruck (München 1927).

5) Zur Rezeption vgl. Etterlin, Kronica (wie Anm. 1) S. 40–41; Richard FELLER, Edgar BONJOUR, Geschichtsschreibung der Schweiz I, 2., durchges. u. erw. Aufl. (Basel und Stuttgart 1979, 1. Aufl. 1962) S. 64–66; Bernhard STETTLER, Tschudis Bild von der Befreiung der drei Waldstätte und dessen Platz in der schweizerischen Historiographie, in: Ägidius Tschudi, Chronicon Helveticum, 3. Teil (Quellen zur Schweizer Geschichte, N.F. 1 Abt. Chroniken VII/3), hg. v. Bernhard STETTLER (Bern 1980) S. 9*–192*, S. 78*–80*. Für die Rezeption ist die Wirkung von Text und Bild zu unterscheiden. V. a. der eigens für die Kronica geschaffene Holzschnitt der Apfelschussszene prägte die Wahrnehmung des Befreiungsgeschehens für die nächsten Jahrhunderte, vgl. die Beispiele in: Zeichen der Freiheit. Das Bild der Republik in der Kunst des 16. bis 20. Jahrhunderts. Ausstellung im bernischen Historischen Museum/Kunstmuseum Bern, 1. Juni bis 15. September 1991, hg. v. Dario GAMBONI und Georg GERMANN (Bern 1991) S. 182–185, Nr. 50–52. Dazu auch: Mylène RUOSS, Zur Ikonographie des Rütlischwurs am Beispiel der Zürcher Glasmalerei im 16. Jahrhundert, Zeitschrift für Schweizerische Archäologie und Kunstgeschichte 59 (2002) S. 41–56.

6) Zum humanistischen Hintergrund, auf dem die »Befreiungsgeschichte« entstand, jetzt: Walter KOLLER, Wilhelm Tell – Ein humanistisches Märchen, in: Aegidius Tschudi und seine Zeit, hg. v. Katharina KOLLER-WEISS und Christian SIEBER (Basel 2002) S. 237–268.

7) Die Diskussion der staatlichen Form von Kommunen und Eidgenossenschaft im Zusammenhang und im europäischen Vergleich bei: Thomas A. BRADY Jr., Cities and state-building in the south German-Swiss zone of the ›urban belt‹, in: Resistance, Representation, and Community, hg. v. Peter BLICKLE (Oxford 1997) S. 236–250.

8) Dazu jetzt Michael JUCKER, Gesandte, Schreiber, Akten. Politische Kommunikation auf eidgenössischen Tagsatzungen im Spätmittelalter (Zürich 2004).

zen, die von mehr als einem Ort ausgingen, gab es nicht[9]. Symbolisch dargestellt wurde die Eidgenossenschaft durch die Aneinanderreihung der Einzelwappen[10], und ein Heer wurde je nach Bedarf zusammengestellt und umfasste in der ganzen Geschichte der alten Eidgenossenschaft nur sehr wenige Male Mannschaften aller im Bund vertretenen Staaten. Es fehlten Hof, Residenz oder Hauptstadt, von welchen aktive Integrationsbestrebungen ausgehen bzw. die als Machtzentren auf ihr Umfeld eine Sogwirkung hätten ausüben können.

Auf der Ebene der einzelnen Orte wurde politische Integration mit den bekannten Stichworten der Territorialisierung, Durchsetzung der Landeshoheit, usw. diskutiert[11]. Auf der Ebene der Eidgenossenschaft dominierte bis vor kurzem eine Sichtweise, die bereits in den historischen Darstellungen seit den 1470er Jahren fassbar ist: die Entwicklung der »Schweiz« aus einem »Kern« von drei Bündnispartnern, an deren Verbindung sich weitere Partner mit Verträgen angegliedert hätten, bis schliesslich 1513 die »dreizehnörtige Eidgenossenschaft« erreicht gewesen sei. Aus der Vielzahl von Bündnissen, in die mittelalterliche Herrschaftsträger eingebunden waren, wurden die mit den drei Orten Uri, Schwyz und Unterwalden geschlossenen »ewigen« Bünde als allein relevant herausgelöst und so eine zielgerichtete Entwicklung hin zur Gegenwart konstruiert. In den letzten Jahrzehnten ist die historische Forschung ganz entschieden von einer solchen teleologischen Betrachtungsweise abgewichen. Zunächst wurde der seit dem Ende des 19. Jahrhunderts immer stärker betonte vermeintliche Gegensatz von Reich und Eidgenossenschaft abgeschwächt. Wie schon im Holzschnitt der »Kronica« dargestellt, waren die einzelnen Kommunen durch die ihnen eigene institutionelle Form, durch ihre Verbindungen mit den Bündnispartnern und durch ihre Beziehung zum Reich bestimmt. Verfassungsgeschichtlich lassen sich diese drei Ebenen als analytische Zugänge trennen[12]. Darüber hinaus

---

9) Die einzige mir bekannte Münze (und früheste Darstellung in diesem Medium) ist ein 1513 in Bellinzona geprägter Halb-Testone mit den Wappen von Uri, Schwyz und Unterwalden unter dem Reichsadler und den päpstlichen Schlüsseln (Des Herrn Gottlieb Emanuel von Hallers eidgenössisches Medaillenkabinett, 1780–1786, hg. v. Balázs KAPOSSY und Erich B. CAHN [Bern 1979] S. 24–25, Nr. 21–22). Die Umschrift auf dem Revers »VICTORIA ELVECIORVM« weist allerdings auf den Memorialcharakter des Stücks (Schlacht bei Novara) hin. Alle anderen Darstellungen sind eindeutig Gedenkmedaillen an Bündnisschlüsse und Patengeschenke für ausländische Fürsten. Beispiele ebd.
10) Neben PEYER, Wappenkranz (wie Anm. 4) auch Regula SCHMID, Bundbücher. Formen, Funktionen und politische Symbolik, Der Geschichtsfreund 153 (2000) S. 243–258.
11) Man vergleiche die Kapitelüberschriften in einigen Kantonsgeschichten, z.B. Zürich: »Die Entwicklung des kommunalen Territorialstaats«, in: Geschichte des Kantons Zürich 1, hg. v. Niklaus FLÜELER und Marianne FLÜELER-GRAUWILER (Zürich 1995) S. 299–335; Bern: »Expansion und Ausbau. Das Territorium Berns und seine Verwaltung im 15. Jahrhundert«, in: Berns grosse Zeit. Das 15. Jahrhundert neu entdeckt, hg. v. Ellen J. BEER, Norberto GRAMACCINI (u. a.) (Bern 1999) S. 330–348.
12) Hans Conrad PEYER, Verfassungsgeschichte der alten Schweiz (Zürich 1978) S. 5: »In systematischer Hinsicht wird die gesonderte Betrachtung der drei Ebenen des Reiches, des Bundesgeflechts und der ein-

wurde deutlich gemacht, wie die Vorstellung der Entwicklung der Eidgenossenschaft aus einem Bündnis»kern« den Notwendigkeiten der Bundesstaatsgründung im 19. Jahrhundert entgegengekommen war[13]. Die Exegeten des Bundesstaats konnten allerdings auf eine bereits im frühen 16. Jahrhundert angelegte Vorstellung zurückgreifen. Die integrative Wirkung der Bündnistradition im 16. und in zunehmender Weise im 17. Jahrhundert wurde erst kürzlich zum Gegenstand der Forschung[14].

Die Kritik am lange tradierten Bild der politischen Integration der alten Eidgenossenschaft hat sich als Forschungsmeinung durchgesetzt. Auch die neueren Ansätze gehen aber von der Eidgenossenschaft als einem etablierten Gebilde aus, das sich als Gesamtes aus der Auseinandersetzung mit umgebenden und allmählich zurückweichenden Mächten herausgebildet habe. Der Schwerpunkt liegt auf der Entstehung von politischen und mentalen Grenzziehungen und auf der in Auseinandersetzung mit einem »von aussen« herangetragenen Fremdbild entstehenden Selbstbild. Die Betrachtungsweise führt dazu, dass implizit der Eindruck vermittelt wird, dass alle Bündnispartner im gleichen Mass als »Eidgenossen« argumentiert bzw. das Fremdbild in ihre Selbstdarstellung integriert hätten. Es ist aber durchaus möglich, dass die Luzerner Obrigkeit der Jahre nach 1386 unter »Eidgenossenschaft« etwas anderes verstanden hat als die Basler im Jahr 1501[15]. An dieser Stelle wird vorgeschlagen, die Herauskristallisierung der Eidgenossenschaft aus einer Vielzahl von Beziehungen und den damit einhergehenden Qualitätswandel aus der Sicht der haupt-

---

zelnen Orte im Vordergrund stehen müssen, weil die Alte Eidgenossenschaft in allen drei verankert war. Nicht umsonst haben sich seit dem 16. Jahrhundert die Gelehrten immer wieder darüber gestritten, ob die Alte Eidgenossenschaft eine Staatenverbindung oder ein Staatenbund – die Orte wären dann die Staaten – oder ein Bundesstaat – das Bundesgefüge wäre dann der Staat – gewesen sei oder ob sie nur als ein unter- oder innerstaatliches Gebilde im Rahmen des Reiches zu gelten habe – das Reich wäre dann der Staat.« Das Titelblatt der »Verfassungsgeschichte« zeigt den Holzschnitt der »Kronica«.

13) Matthias WEISHAUPT, Bauern, Hirten und »frume edle puren«. Bauern- und Bauernstaatsideologie in der spätmittelalterlichen Eidgenossenschaft und der nationalen Geschichtsschreibung der Schweiz (Basel 1992) v. a. S. 102–125. Die Funktionsweisen der Überlappung von Vergangenheit und Geschichte zeigt auf: Sascha BUCHBINDER, Der Wille zur Geschichte. Schweizer Nationalgeschichte um 1900 – die Werke von Wilhelm Oechsli, Johannes Dierauer und Karl Dändliker (Zürich 2002).

14) Dazu jetzt Matthias MEIER, Eidgenössische Bündnistradition im Spiegel der Bundbücher. Formen und Funktionen einer kopialen Quellengattung, Zürich 2002 (Lizentiatsarbeit Universität Zürich, unpubl.). Erste Erläuterungen zur bis dahin kaum beachteten Quellengruppe bei: SCHMID, Bundbücher (wie Anm. 10).

15) Marchal hat an den Urfehden und Verbannungsurteilen gezeigt, dass der Verweis auf die Eidgenossenschaft in den Städten Luzern, Bern und Zürich zu unterschiedlichen Zeitpunkten erstmals auftritt. Guy P. MARCHAL, »Von der Stadt« bis ins »Pfefferland«. Städtische Raum- und Grenzvorstellungen in Urfehden und Verbannungsurteilen oberrheinischer und schweizerischer Städte, in: Grenzen und Raumvorstellungen (11.–20. Jh.) – Frontières et conceptions de l'espace (11e–20e siècles) hg. v. Guy P. MARCHAL (Zürich 1996) S. 225–263. Damit ist aber noch nicht geklärt, welche »Eidgenossenschaft« jeweils gemeint ist und welche normativen Vorstellungen mit dem Begriff einhergehen.

sächlichen Handlungsträger, den politischen Führungsgruppen, zu betrachten. Die Auseinandersetzung mit den europäischen Mächten und die damit einhergehenden Grenzziehungen spielten dabei durchaus eine bedeutende Rolle.[15a] Das Hauptaugenmerk liegt hier aber auf dem Zusammenwirken der benachbarten ländlichen und städtischen Kommunen. Damit soll der Beitrag der einzelnen Herrschaftsträger an der Ausformulierung der Eidgenossenschaft auf praktischer und normativer Ebene hervorgehoben werden. Es gilt dabei, bewusste Annäherung von nicht intendierten Handlungsfolgen, ideologische Überhöhung von normativem Anspruch zu unterscheiden und handlungsleitende Normen von den praktischen Erfordernissen im politischen Alltag mit der gebotenen Schärfe zu trennen. Politische Integration soll als dynamischer Prozess gefasst werden, in dessen Verlauf aus dem Zusammenwirken verschiedener Gruppen eine politische Kultur entsteht, die eine andere Qualität als die anderen im Raum fassbaren politischen Kulturen aufweist. Ausbildung und Funktionieren institutioneller Strukturen bleiben ein wichtiger Teil der politischen Kultur. Definiert wird diese aber durch Handlungsmuster von Einzelpersonen und Gruppen, deren politische Sprache, Rituale und Symbole.

Im folgenden wird zunächst der Stand der Forschung zur »Entstehung der Eidgenossenschaft« dargestellt und bezüglich seiner Aussagekraft in Hinblick auf die politische Integration befragt. Anschliessend wird der vorgeschlagene Zugang zu Vorgängen politischer Integration an einer Reihe von Themenkreisen erprobt. Am Ausgangspunkt steht die Ausbildung einer auf die Eidgenossenschaft bezogenen politischen Sprache und deren Verbreitung. Als Beispiel dafür dient die Bezeichnung der Verbündeten als »Brüder« und des gegenseitigen Verhältnisses als »brüderlich«. Die darauf folgende Analyse von Empfangsritualen zwischen Eidgenossen ermöglicht es, das Zusammenwirken der Obrigkeiten einerseits, den Einbezug breiter Bevölkerungskreise in die ritualisierte Darstellung der Bündnisbeziehung andererseits zu betrachten. Sie erlaubt damit, eine Verbindung zwischen »vertikaler« Integration innerhalb der Kommune und »horizontaler« Integration zwischen kommunalen Herrschaftsträgern vorzunehmen. Als drittes steht der Krieg als Ort der Begegnung im Vordergrund, und zwar sowohl als Faktor der Integration weiter Teile der Bevölkerung als auch als Auslöser von disintegrierenden Bewegungen. Darauf folgen Anmerkungen zu den mit der Reformation eintretenden Veränderungen in der Eidgenossenschaft und ihren Konsequenzen für die Integration der einzelnen Staaten. Die Frage der Verbindung von eidgenössischer und kommunaler Ebene und der Integration der Untertanen der einzelnen Orte nach 1500 lässt sich schliesslich am Beispiel des ritualisierten Austauschs von Wappenfenstern als Geschenke an Verbündete und eigene und fremde Untertanen diskutieren.

15a) Erst nach Fertigstellung dieses Artikels erschien Bernhard STETTLER's Gesamtschau des 15. Jahrhunderts (Die Eidgenossenschaft im 15. Jahrhundert. Die Suche nach einem gemeinsamen Nenner [Menziken 2004]). Die Ergebnisse dieses *opus magnum* konnten nicht mehr im Detail eingearbeitet werden. Wieviel die Sichtweise der Autorin den Arbeiten Stettlers verdankt, zeigen immerhin die Verweise auf dessen vorangegangene Werke.

2. Die Entstehung der Eidgenossenschaft
als Problem der politischen Integration

Das Bild der Entstehung der Eidgenossenschaft wurde bis vor wenigen Jahren von der »Kernvorstellung« dominiert. Danach hätten sich zu einem datierbaren Zeitpunkt[16] einem ersten Bündnis von Uri, Schwyz und Unterwalden bis 1513 sukzessive die Städte und Länder Luzern, Zürich, Bern, Glarus, Zug, Freiburg, Solothurn, Basel, Schaffhausen und Appenzell durch einen »ewig« geltenden Vertrag angegliedert. Dieses Bild hält sich in Laienkreisen hartnäckig, wie die Jubiläumsfeiern der letzten Jahre immer wieder zeigten[17], die Geschichtsforschung hat es jedoch seit einiger Zeit zurückgewiesen[18]. Wichtigster Schritt für eine von politischen Zwängen entlastete Betrachtung waren die verfassungsgeschichtlichen Arbeiten Hans Conrad Peyers, der den »Bund von 1291« als Landfriedensbündnis einordnete und das Bild vom Abwehrkampf gegen Habsburg verwarf[19]. Weiter hat die Forschung sich verstärkt der grossen Zahl von adligen, kommunalen und kirchlichen Herrschaften zugewandt, die untereinander und über die Region hinausgreifend mit Verträgen verschiedenster Art verbunden waren[20]. Jeder nachmalig eidgenössische Ort stand in einer

---

16) Im Weissen Buch von Sarnen (1474), einem Kopialbuch der Obwaldner Kanzlei, das als erstes die bekannte Gründungsgeschichte mit Verschwörung, bösen Vögten und Tellenschuss sowie die Kopien der für Obwalden wichtigsten Urkunden enthält, ist der Ursprung im Jahr 1315 angelegt (Brunner Bund zwischen Uri, Schwyz, Ob- und Nidwalden). Im 16. Jahrhundert errechnete Aegidius Tschudi das Jahr 1307 als Zeitpunkt des Rütlischwurs. Das Datum 1291 als Gründungsdatum wurde erst 1891 eingeführt und setzte sich erst nach dem 1. Weltkrieg in der ganzen Schweiz durch. Georg Kreis, Der Mythos von 1291. Zur Entstehung des schweizerischen Nationalfeiertages, in: Die Entstehung der Schweiz: Vom Bundesbrief 1291 zur nationalen Geschichtskultur des 20. Jahrhunderts, hg. v. Josef Wiget (Schwyz 1999) S. 43–102; Ders., Rütlischwur oder Bundesbrief? Das allmähliche Werden einer Geburtsstunde, in: Neue Zürcher Zeitung Nr. 174, 28. Juli 1988.
17) Vgl. den Lead in der Neuen Zürcher Zeitung Nr. 53 vom 5. März 2003, S. 13: »Am 6. März 1353 ist Bern als achter Ort dem Bund der Eidgenossen beigetreten. Das damals geschlossene Bündnis führte schliesslich zum schweizerischen Bundesstaat mit Bern als Bundesstadt.« Dagegen der dieser Sichtweise diametral widersprechende, den Stand der Forschung wiedergebende Artikel von Thomas Maissen in der Neuen Zürcher Zeitung Nr. 54 vom 6. März 2003, S. 57: »Ein Netzwerk von Eidgenossenschaften. Das Bündnis von Bern mit den Waldstätten, 6. März 1353.«
18) Zusammenfassend: Roger Sablonier, Das neue Bundesbriefmuseum, in: Die Entstehung der Schweiz. Vom Bundesbrief 1291 zur nationalen Geschichtskultur des 20. Jahrhunderts, hg. v. Josef Wiget (Schwyz 1999) S. 161–176; v. a. 167ff. (»Die Bundesgeschichte ohne Staatsgründung«) und 172ff. (»Die Biografie des Bundesbriefs«). Zum Stand der Forschung auch Ders., Schweizer Eidgenossenschaft im 15. Jahrhundert. Staatlichkeit, Politik und Selbstverständnis, in: Ebd., S. 9–42.
19) Hans Conrad Peyer, Die Entstehung der Eidgenossenschaft, in: Handbuch der Schweizer Geschichte 1 (Zürich ²1980) S. 161–233; Ders., Verfassungsgeschichte (wie Anm. 12).
20) Roger Sablonier, Ländliche Gesellschaft. Ein Ausblick, in: Wirtschaft und Herrschaft. Beiträge zur ländlichen Gesellschaft in der östlichen Schweiz (1200–1800), hg. v. Thomas Meier und Roger Sablonier (Zürich 1999) S. 461–466; Ders., Regionale ländliche Gesellschaft. Neue Zugänge zur Geschichte Liech-

Vielzahl von vertraglichen Beziehungen unterschiedlichster Qualität. Politische Opportunität und Zeitpunkt gaben bei der Bevorzugung einzelner Partner den Ausschlag. Für Zürich wurde ausgeführt, wie die Reichsstadt »von der Mitte des 13. Jahrhunderts an den Zusammenschluss vornehmlich mit gleichgesinnten Reichsstädten am Bodensee und Oberrhein sowie im übrigen Schwaben [suchte]. Je nach aktueller politischer Situation trat die Limmatstadt aber auch Bündnissen mit dem Kaiser, der Herrschaft Österreich sowie den Waldstätten der Innerschweiz bei«[21]. Detailliert untersucht wurden die Bündnisschlüsse seit dem 13. Jahrhundert jetzt auch für Bern[22]. Aufschlussreich ist in diesem Fall der Nachweis der engen Verbindung von Bündnispolitik und Territorialisierung[23].

Die Entwicklung des Raumes bis zum Ende des 15. Jahrhunderts kann als der Siegeszug einiger Städte und Talschaften umschrieben werden. Im Rahmen des allgemeinen Prozesses der Territorialisierung, an dem Städte, Adelsherrschaften und Klöster gleichermassen teilnahmen, wurden die meisten Adelsherrschaften geschluckt, verdrängt oder marginalisiert. Auch viele Kleinstädte und Talschaften wurden durch Burgrecht, Kauf, Pfandschaft und ein erst durch gegenseitige Verträge der starken Herrschaften gebändigtes Ausburgerwesen in den Machtbereich der Städte integriert. Im Jahr 1415 zogen Truppen aus Bern mit ihren Verbündeten aus Solothurn und Biel, Luzern, Zürich, Schwyz, Unterwalden und Glarus im Rahmen des allgemeinen Landskriegs gegen Habsburg in den Aargau. Zürich und Bern sicherten sich den Löwenanteil durch Kauf der Pfandschaft, Luzern blieb vorerst einfach auf seinen Eroberungen sitzen. Mit dem Verweis auf die gemeinsame Kriegführung sowie die Bundesbriefe gelang es den anderen Beteiligten im Lauf der nächsten zehn Jahre, an der Verwaltung und damit Nutzniessung der Eroberungen beteiligt zu werden[24]. Zu diesem ersten gemeinsam verwalteten Territorium kamen weitere

---

tensteins im Mittelalter, in: Bilder aus der Geschichte Liechtensteins. Studien zur Geschichte Liechtensteins und seiner Umgebung vom Mittelalter bis in das 20. Jahrhundert 1, hg. v. Arthur BRUNHART (Zürich 1999) S. 19–37. An neueren Einzelstudien seien vor allem erwähnt: Philip ROBINSON, Die Fürstabtei St. Gallen und ihr Territorium 1463–1529. Eine Studie zur Entwicklung territorialer Staatlichkeit (St. Gallen 1995); Dorothea A. CHRIST, Zwischen Kooperation und Konkurrenz. Die Grafen von Thierstein, ihre Standesgenossen und die Eidgenossenschaft im Spätmittelalter (Zürich 1998); Gregor EGLOFF, Herr im Münster. Die Herrschaft des Kollegiatsstifts St. Michael in Beromünster in der luzernischen Landvogtei Michelsamt am Ende des Mittelalters und in der frühen Neuzeit (1420–1700) (Luzern 2003).

21) Christian SIEBER, Die Reichsstadt Zürich zwischen der Herrschaft Österreich und der werdenden Eidgenossenschaft, in: Geschichte des Kantons Zürich 1 (wie Anm. 11) S. 471–498, die Darstellung »Zürichs Bündnisbeziehungen 1325 bis 1450« ebd. S. 473.

22) Urs Martin ZAHND, Bündnis- und Territorialpolitik, in: Berns mutige Zeit. Das 13. und 14. Jahrhundert neu entdeckt, hg. v. Rainer C. SCHWINGES (Bern 2003) S. 469–504. Vgl. v. a. die graphischen Darstellungen S. 473, 480, 486, 501.

23) ZAHND, Bündnis- und Territorialpolitik (wie Anm. 22) v. a. Abb. 535, S. 504.

24) Zur Ereignisgeschichte: Walter SCHAUFELBERGER, Spätmittelalter, in: Handbuch der Schweizer Geschichte 1 (Zürich 1980) S. 239–388, hier S. 280–284; Peter BRUN, Mündlichkeit – Schriftlichkeit – Symbolik. Eine »zugeschriebene« Geschichte des Aargaus 1415–1425 (Diss. masch. Zürich 2001).

hinzu, die den gleichen acht oder auch einer kleineren Zahl Kommunen unterstanden. Die daraus entstehende Notwendigkeit der gemeinsamen Verwaltung und Rechenlegung führte dazu, dass die Regierungen nicht mehr nur für gerade aktuelle Fragen zusammen-traten, sondern regelmässig miteinander tagten[25]. Die Regelmässigkeit der Treffen und die Konstanz der dabei behandelten Hauptfragen führte sozusagen im »Trial-and-Error«-Verfahren zu einer gewissen Institutionalisierung der Abläufe und der damit verbundenen Schriftlichkeit. Die Tagsatzung war aber kein Regierungsgremium und übernahm nur in geringstem Mass Verwaltungsfunktionen[26]. Eine solche Rolle lässt sich allerdings in den gemeinsam verwalteten Vogteien, den »gemeinen Herrschaften«, diskutieren[27].

Die an der Eroberung des Aargaus beteiligten Orte waren durch eine Reihe von Ver-trägen direkt, oder indirekt als Partner der Verbündeten, in eine formale Beziehung ein-gebunden. Jede dieser Kommunen war aber weiterhin mit vielen anderen Herrschaften verbündet. Die dadurch entstehende Parallelität der Verpflichtungen erlaubte einen be-trächtlichen Spielraum, konnte aber auch zu heftigen Konflikten führen. Dies war der Fall nach dem Tod des letzten Grafen von Toggenburg im Jahr 1436, der zum Streit um das Erbe und schliesslich zum Krieg zwischen Schwyz und seinen Verbündeten auf der einen Seite, Zürich und Österreich auf der andern führte[28]. Während der ganzen Auseinander-setzung auf propagandistischer, während der Friedensverhandlungen auch auf rechtlicher Ebene war dabei die zentrale Frage, wie die bestehenden Bündnisse zu interpretieren seien. Sie gipfelte in den Jahren nach 1450 in der Neuausfertigung einer Reihe von Bündnisbrie-fen[29]. Mit dieser konzertierten Aktion wurden in ganz unterschiedlichen politischen Kon-stellationen entstandenen Landfriedensverträge auf einen gemeinsamen Nenner gebracht.

---

25) Niklaus BÜTIKOFER, Zur Funktion und Arbeitsweise der eidgenössischen Tagsatzung zu Beginn der frühen Neuzeit, ZHF 13 (1986) S. 15–41. Dieser grundsätzlichen Aussage über die Entstehung der Tagsat-zung stimmt jetzt Jucker zu: JUCKER, Schreiber (wie Anm. 8) S. 73–77.

26) JUCKER, Schreiber (wie Anm. 8) S. v. a. 275–277.

27) Randolph C. HEAD, Shared Lordship, Authority, and Administration. The Exercise of Dominion in the *Gemeine Herrschaften* of the Swiss Confederation, 1417–1600, Central European History 30 (1997) S. 489–512; JUCKER, Schreiber (wie Anm. 8) S. 233–236 und die anschliessend ausgeführten Beispiele. Der Landvogt wurde von einem regierenden Ort für zwei Jahre nach einem festgelegten Turnus gestellt. In Locarno umschrieb ein Zürcher seine Stellung als: »*in namen der XII Orten, als miner herren, der[en] amptman und geschworner ich pin*« (der Zürcher Jacob Werdmüller an Zwingli aus Locarno, 11. Juni 1531). Zit. nach: Ulrich Zwingli, Was Zürich und Bernn not ze betrachten sye in dem fünförtischen handel (Zü-rich, 17.–22. August 1529), in: Huldrich Zwinglis sämtliche Werke 6, 5. Teil, hg. v. Emil EGLI (u. a.) (Zürich 1991) S. 164–253, hier S. 225, Anm. 10.

28) Zur Ereignisgeschichte: Leonhard VON MURALT, Renaissance und Reformation, in: Handbuch der Schweizer Geschichte 1 (Zürich 1980) S. 389–570, hier S. 293–305.

29) Bernhard STETTLER, Originale, die keine sind. Der Zugerbund von 1352 und das Werden der Eidge-nossenschaft, in: Neue Zürcher Zeitung, 29./30. Juni 2002, S. 75–76. DERS. Die Jahrzehnte zwischen dem Alten Zürichkrieg und den Burgunderkriegen, in: Aegidius Tschudi. Chronicon Helveticum. 13. Teil, 1. Hälfte (S. 1*–162). (Quellen zur Schweizer Geschichte N.F. 1, VII/13, Basel 2000) S. 17*–95*.

Wie Bernhard Stettler es ausdrückte: »Die Landfriedensverträge des 14. Jahrhunderts, die ursprünglich nur für bestimmte Sachfragen verbindlich waren, wurden damit in einem neuen, umfassenderen Sinn interpretiert. Eine von mehreren bis dahin noch möglichen Auffassungen von ›Eidgenossenschaft‹ wurde erzwungen, eine bestimmte Auslegung der unter verschiedensten Umständen abgeschlossenen Bünde durchgesetzt. [...] Aus einem vielfältigen Bündnisgeflecht wurde ein den Zeitumständen des 15. Jahrhunderts angepasster Bündnisverband. Nun gab es <u>die</u> Eidgenossenschaft«.[30]

Ein weiterer Schritt des vertraglichen Zusammenschlusses erfolgte nach den Burgunderkriegen. Wie bereits bei der Eroberung des Aargaus war es der Streit um die Verteilung der Beute, welche die neue Interpretation der Bündnisse herausforderte[31]. Diverse Konflikte, die insbesondere aus dem von Bern beförderten und 1478 abgeschlossenen Burgrecht mit Freiburg, Solothurn, Zürich und Luzern erwuchsen, mussten ausgehandelt und zu einer alle Beteiligten befriedigenden Lösung gebracht werden. Die ältere Verfassungsgeschichte hat das so entstandene »Stanser Verkommnis« als sozusagen »verfassungsgebenden« Akt einer grundsätzlichen Neuordnung der Bündnisbeziehungen gesehen. Die Städte hätten »einen einheitlichen, gleichen Bund [angestrebt], welcher die unterschiedlichen älteren Bünde hätte ersetzen oder doch über ihnen stehen sollen«. Erst Ernst Walder hat in seinem 1994 erschienenen Werk über das Stanser Verkommnis[32] klar hervorgehoben, dass ein solcher bewusster staatsbildender Akt den Verhandlungspartnern völlig fern lag. Es ging nicht »um die grundsätzliche Frage einer Bundesreform«, sondern um die ganz konkrete Lösung der ineinander verwobenen Konflikte. Das Resultat der monatelangen Verhandlungen waren einerseits das Verkommnis zwischen Uri, Schwyz, Unterwalden, Luzern, Zürich, Bern, Glarus und Zug, andererseits ein Vertrag dieser Orte mit Freiburg bzw. Solothurn, der diese beiden Städte zwar in der Frage des Kriegszuges den acht Orten gleichstellte, ihnen aber untersagte, weitere Bündnisse ausserhalb des Kreises der acht abzuschliessen.

Obschon die Beteiligten keine prinzipielle Neuordnung der Beziehungen anstrebten, wurden die Verträge zu einer neuen Grundlage künftiger Verhandlungen über die Stellung der einzelnen Orte zueinander und damit über das Bündnissystem überhaupt. Insofern ist das Stanser Verkommnis als wichtiger Schritt zu einer stärkeren, vor allem rechtlichen, Annäherung der Eidgenossen untereinander zu werten. Zugleich erhielt die Verbindung der acht Orte einen gegenüber anderen Bündnissen und Burgrechten privilegierten Stellenwert, der durch das Verbot des selbständigen Bündnisschlusses für Freiburg und Solo-

---

30) STETTLER, Jahrzehnte (wie Anm. 29) S. 54*, Hervorhebung durch den Autor.
31) Zu den Ereignissen: SCHAUFELBERGER, Spätmittelalter (wie Anm. 24) S. 312–324.
32) Zusammenfassend: Ernst WALDER, Das Stanser Verkommnis. Ein Kapitel eidgenössischer Geschichte neu untersucht: Die Entstehung des Verkommnisses von Stans in den Jahren 1477 bis 1481 (Stans 1994) S. 8–12, das Zitat S. 11.

thurn noch verstärkt wurde. Mit den Verhandlungen wurden aber auch einige politische Begriffe entwickelt und geklärt. Davon zeugen die verschiedenen Bündnisentwürfe, welche die einzelnen Kommunen den in Stans tagenden Abgeordneten einreichen. So setzte sich im Lauf der Diskussion der Begriff »die acht Orte« als Gesamtbezeichnung der vertragsschliessenden Gruppe durch[33]. Freiburg und Solothurn hingegen wurden nicht mit dem Begriff »Ort« bezeichnet. Als Basel im Jahr 1501, wiederum mit Verweis auf seine Verdienste in einem kürzlich erfolgreich abgeschlossenen Krieg, die vertragliche Absicherung seiner neugefundenen politischen Ausrichtung anstrebte, konnte es dies im Rahmen eines gut etablierten Diskurses tun: es insistierte, dass es im Bundesbrief wie die acht Bündnispartner als »Ort« bezeichnet wurde. Zwar durfte Basel wie Freiburg und Solothurn keine weiteren Bündnisse schliessen und war zudem nicht in die Entscheidungen um Krieg und Frieden eingeschlossen. Der Stadt gelang es aber, als »Ort« an die symbolisch wichtige neunte Stelle der eidgenössischen Hierarchie, hinter die acht Orte, aber vor Freiburg und Solothurn zu rücken. Kurz darauf ist im übrigen erstmals die Bezeichnung der »acht alten Orte« fassbar[34].

Als die Triebkräfte der Bundesschlüsse identifizierte Peyer gemeinsame Interessen und gemeinsame Abwehr gegen aussen. Er wies gleichzeitig auf die Ausbildung eines »gemeineidgenössische[n] Nationalgefühl[s] in allen möglichen populären und gelehrten Schattierungen«[35] hin, »das [...] zwar formell nicht zur Verfassung gehört, materiell aber sehr stark ins Gewicht fiel«[36]. Die von Peyer angeführten Elemente dieses »Zusammengehörigkeitsgefühls« sind der Hauptgegenstand der Forschung zu Formen politischer Integration in der Eidgenossenschaft. In der Folge des seit dem ausgehenden 18. bis in die 60er Jahre des 20. Jahrhunderts immer wieder virulenten Streits um die Echtheit der Tellslegende wurde zunächst die Ausbildung eines eidgenössischen Geschichtsbildes diskutiert[37]. Herausgearbeitet wurden aber auch die Verbreitung distinkter religiöser und litur-

---

33) WALDER, Stanser Verkommnis (wie Anm. 32). Vgl. v. a. den 6. Entwurf vom 30. November 1481 (ebd. S. 159): *Wir bürgermeister, die schulthessen, amman, rätte, burger, landlütte und die gemeinden gemeinlich diser hienach gemelten stetten und lendren, nämlich von Zürich, Bern, Luzern, Ure, Switz, Underwalden ob und nit dem Walde, Zug und von Glarus, als von den acht orten der Eidgnosschaft etc. in obren tütschen landen....* In der endgültigen Fassung und im Vertrag mit Freiburg und Solothurn heisst es nur noch: *Wir [...] als die acht orte der Eidgnoschaft ...* (endgültige Fassung ebd. S. 163–166; Bund mit Solothurn und Freiburg ebd. S. 194–199.) Hervorhebung RS.

34) Wilhelm OECHSLI, Orte und Zugewandte. Eine Studie zur Geschichte des schweizerischen Bundesrechts, Jahrbuch für schweizerische Geschichte 13 (1888) S. 1–497; hier: 33–54. »Acht alte Orte« erscheinen erstmals in einem Abschied vom 12. April 1505.

35) PEYER, Verfassungsgeschichte (wie Anm. 12) S. 42.

36) PEYER, Verfassungsgeschichte (wie Anm. 12) S. 43.

37) STETTLER, Bild (wie Anm. 5); DERS., Geschichtsschreibung im Dialog. Bemerkungen zur Ausbildung der eidgenössischen Befreiungstradition, Schweizerische Zeitschrift für Geschichte 29 (1979) S. 556–574; DERS., Studien zur Geschichtsauffassung des Aegidius Tschudi, in: Aegidius Tschudi, Chronicon Helveticum, 2. Teil (Quellen zur Schweizer Geschichte N.F. 1, VII/2), hg. v. Bernhard STETTLER (Bern 1974) S. 7*–

gischer Formen[38] sowie die Ausbildung von Zeichen[39] und die aus dem Zusammenspiel von Fremd- und Selbstbild wachsenden Identifikationen, welche die Abgrenzung von Freund und Feind ermöglichten[40]. Entscheidend sind nach der Polemik im Toggenburger Erbschaftskrieg hier zunächst Bemühungen Herzog Sigmunds um die Restituierung der habsburgischen Rechte. Eine Denkschrift der österreichischen Kanzlei von 1468/69 zeigt die sukzessiven Bundesschlüsse der Eidgenossen Schwyz, Uri, Unterwalden, Zürich,

97*; Guy P. MARCHAL, Die »Alten Eidgenossen« im Wandel der Zeiten. Das Bild der frühen Eidgenossen im Traditionsbewusstsein und in der Identitätsvorstellung der Schweizer vom 15. bis ins 20. Jahrhundert, in: Innerschweiz und frühe Eidgenossenschaft, Jubiläumsschrift 700 Jahre Eidgenossenschaft 2, hg. v. Historischer Verein der V Orte (Olten 1990) S. 309–403; DERS., Die Antwort der Bauern. Elemente und Schichtungen des eidgenössischen Geschichtsbewusstseins am Ausgang des Mittelalters, in: Geschichtsschreibung und Geschichtsbewusstsein im späten Mittelalter, hg. v. Hans PATZE (VuF 31, Sigmaringen 1987) S. 757–790; DERS., Dans les traces du aïeuls: les usages de l'histoire dans une société sans prince (XVᵉ–XVIIIᵉ siècles), in: Les princes et l'histoire du XIVᵉ au XVIIIᵉ siècle. Actes du colloque organisé par l'Université de Versailles-Saint-Quentin et l'Institut Historique Allemand, Paris/Versailles, 13–16 mars 1996, hg. v. Chantal GRELL, Werner PARAVICINI (u. a.) (Bonn 1998) S. 109–122; Thomas MAISSEN, Weshalb die Eidgenossen Helvetier wurden. Die humanistische Definition einer *natio*, in: Diffusion des Humanismus. Studien zur nationalen Geschichtsschreibung europäischer Humanisten, hg. v. Johannes HELMRATH, Ulrich MUHLACK (Göttingen 2002) S. 210–249.

38) Peter OCHSENBEIN, Beten ›mit zertanen armen‹ – ein alteidgenössischer Brauch, Schweizerisches Archiv für Volkskunde 75 (1979) S. 129–172; DERS., Das grosse Gebet der Eidgenossen. Überlieferung – Text – Form und Gehalt (Bern 1989); Claudius SIEBER-LEHMANN, Neue Verhältnisse. Das eidgenössische Basel zu Beginn des 16. Jahrhunderts, in: Identità territoriali e cultura politica nella prima età moderna. Territoriale Identität und politische Kultur in der Frühen Neuzeit (Trento: Istituto storico italo-germanico in Trento, 10–12 aprile 1997), hg. v. Marco BELLABARBA und Reinhard STAUBER (Bologna, Berlin 1998) S. 271–299, v. a. S. 282–283, 293–299; Klaus GRAF, Schlachtengedenken im Spätmittelalter. Riten und Medien der Präsentation kollektiver Identität, in: Feste und Feiern im Mittelalter. Paderborner Symposion des Mediävistenverbandes, hg. v. Detlef ALTENBURG, Jörg JARNUT (u. a.) (Sigmaringen 1991) S. 63–69; Klaus GRAF, Schlachtengedenken in der Stadt, in: Stadt und Krieg, hg. v. Bernhard KIRCHGÄSSNER und Günter SCHOLZ (Stadt in der Geschichte 15 = Arbeitstagung des Südwestdeutschen Arbeitskreises für Stadtgeschichtsforschung 25, Böblingen 1986, Sigmaringen 1989) S. 83–104.

39) Katharina SIMON-MUSCHEID, »Schweizergelb« und »Judasfarbe«. Nationale Ehre, Zeitschelte und Kleidermode um die Wende vom 15. zum 16. Jahrhundert, ZHF 22 (1995) S. 317–343; Franz BÄCHTIGER, Andreaskreuz und Schweizerkreuz. Zur Feindschaft zwischen Landsknechten und Eidgenossen, Jahrbuch des Bernischen Historischen Museums 51/52 (1971/72) S. 205–270.

40) WEISHAUPT, Bauern (wie Anm. 13); Claudius SIEBER-LEHMANN, Spätmittelalterlicher Nationalismus. Die Burgunderkriege am Oberrhein und in der Eidgenossenschaft (Göttingen 1995); In Helvetios – Wider die Kuhschweizer. Fremd- und Feindbilder von den Schweizern in antieidgenössischen Texten aus der Zeit von 1386 bis 1532, hg. v. Claudius SIEBER-LEHMANN und Thomas WILHELMI, unter Mitarbeit von Christian BERTIN (Bern 1998); Guy P. MARCHAL, Über Feindbilder zu Identitätsbildern. Eidgenossen und Reich in Wahrnehmung und Propaganda um 1500, in: Vom »Freiheitskrieg« zum Geschichtsmythos. 500 Jahre Schweizer- oder Schwabenkrieg, hg. v. Peter NIEDERHÄUSER und Werner FISCHER (Zürich 2000) S. 103–123.

Bern, Luzern, Zug und schliesslich Glarus als Resultat der Rebellion des ursprünglich
habsburgischen Schwyz gegen seine natürlichen Herren[41]. In den verschiedenen erhaltenen Antworten auf diese Anwürfe sprechen jeweils die Vertreter einzelner Bündnispartner als Repräsentanten aller Eidgenossen[42]. In der »Ewigen Richtung« von 1474 trat dann
Herzog Sigmund für sich und seine Erben von allen Ansprüchen auf die früheren Herrschaften der Habsburger zurück. Zu einer Neuauflage der Polemik, nun angereichert mit
Klagen über gruppenspezifische Schmähungen zwischen den Kriegsgegnern, kam es während des Schwabenkriegs und der sich auf das oberitalienische Gebiet verschiebenden
Auseinandersetzungen zwischen Frankreich und dem Reich[43].

Die Herausbildung eidgenössischer Distinktionsmerkmale wird in aller Regel als aus
der Konfrontation mit einem Fremdbild erwachsenes Selbstgefühl begriffen, an der die
Angehörigen aller Kommunen in gleichem Mass teilnahmen[44]. Vor allem die Frage der sozialen Verankerung solcher Äusserungen ist umstritten. Mit Recht hat Marchal darauf aufmerksam gemacht, dass »Vermittlungen und Austauschbewegungen zwischen Volks- und
Elitekultur bei fliessenden Übergängen leicht auszumachen« sind[45]. Dem ist aber hinzu-
zufügen, dass für jeden konkreten Fall geklärt werden muss, auf welche Weise solche Vermittlungen vor sich gegangen sind und wie und zu welchem Zeitpunkt sich spezifische
Gruppen bestimmter Zeichen bedienten[46]. Dazu sollen auch die folgenden thematischen
Erörterungen dienen. Sie wollen dem Integrationsfaktor »Antwort auf ein von aussen he-
rangetragenes Bild« Integrationsprozesse zur Seite stellen, welche dem gemeinsamen Handeln benachbarter Kommunen entspringen. Das von Peyer angegebene Element des »gemeinsamen Interesses« rückt damit erneut in den Vordergrund. Dass eine Wechselwirkung
von kommunaler und eidgenössischer Ebene stattfand, wurde bisher anhand der Entstehung eines auf die Eidgenossenschaft bezogenen Geschichtsbilds aus dem Zusammen-

41) Stettler, Bild (wie Anm. 5) S. 59*–64*.
42) Solche Antworten enthalten etwa die Chronik im »Weissen Buch von Sarnen« (um 1470/1474) (vgl.
Anm. 16), Bemerkungen, welche der Berner Säckelmeister Hans Fränkli während einer heftigen innerstäd-
tischen Auseinandersetzung im Jahr 1470 gemacht haben soll (Thüring Fricker, Twingherrenstreit, hg. v.
Gottlieb Studer [Basel 1877] S. 1–187; Glossar: S. 325–336; Nachträge und Verbesserungen: S. 337–341,
S. 47; dazu: Regula Schmid, Reden, rufen, Zeichen setzen. Politisches Handeln während des Berner Twing-
herrenstreits 1469–1471 [Zürich 1995] S. 137) und ein Plädoyer des Berner Kleinrats und eidgenössischen
Gesandten Niklaus von Diesbach im September 1473 vor Kaiser Friedrich III., der sich als Mittler zwischen
Eidgenossen und Herzog Sigmund einsetzte (Stettler, Bild [wie Anm. 5] S. 65*–67*).
43) Vgl. Anm. 40.
44) Explizit Marchal, Feindbilder (wie Anm. 40).
45) Marchal, Feindbilder (wie Anm. 40) S. 105.
46) Die in Marchal, Feindbilder (wie Anm. 40), Anm. 4 angegebenen Fallstudien zur »breitere[n] Partizipation« (an der Politik) beziehen sich auf das ausgehende 16. bis 18. Jahrhundert (Rothenburger Aufstand
1570, Bauernkrieg 1653, 2. Villmergerkrieg 1712) und in erster Linie auf das Untertanengebiet Luzerns.

fliessen regionaler Geschichtstraditionen gezeigt. Der dominierende Einfluss der amtlichen Berner Chroniken konnte dabei für mehrere Zeiträume nachgewiesen werden[47].

3. Die Sprache der Brüderlichkeit

Die Herausbildung der spezifischen politischen Sprache und die Frage nach ihrer Trägerschaft soll im folgenden am Beispiel des Begriffsfelds »Bruder«/»Brüderlichkeit«/»brüderlich«/»Bruderschaft« betrachtet werden[48]. Dieses Begriffsfeld nahm in der Ideenwelt des Mittelalters eine zentrale Stellung ein[49]. Der Bruderbegriff hat gemeinschaftsstiftenden Charakter und kennzeichnet einen Verband von Gleichen, welche nicht in einem Herrschaftsverhältnis zueinander stehen. Die Grundlage der Verbindung ist die Verpflichtung zur »Treue«[50]. Aus dem geistlichen Bereich wurde das Begriffsfeld der Brüderlichkeit auf weltliche Vereinigungen insbesondere in der Stadt bzw. auf die städtische Gemeinschaft selbst übertragen. Auch in der herrschaftlichen Vertragssprache bezeichnete es eine Verbindung von Gleichen. Charakteristisch für die mittelalterliche Verwendung ist die Gebundenheit an die ständische Vorstellungswelt.

In der Eidgenossenschaft erhielt, wie zu zeigen sein wird, das Begriffsfeld der Brüderlichkeit einen spezifischen Gehalt. Der Zeitpunkt, in dem der Bruder-Begriff erstmals für die Beschreibung des Verhältnisses zwischen den Kommunen der Eidgenossenschaft auftauchte, lässt sich mit dem Rückgriff auf die Chronistik sehr genau eingrenzen. Die ersten Belege lassen sich beim Berner Chronisten Diebold Schilling ab 1474 fassen[51]. Dabei ist

---

47) Zum Einfluss der Darstellung Justingers (und über seine Vermittlung der Zürcher und ostschweizerischen Chronistik) auf das Weisse Buch von Sarnen, das die amtliche Chronik Obwaldens als Befreiungs- und von den Waldstätten ausgehende eidgenössische Geschichte enthält, STETTLER, Bild (wie Anm. 5), v. a. S. 44*–48*. Vgl. dazu auch, mit Hervorhebung der Rolle der Geschichtsbilder in der politischen Auseinandersetzung der Berner Regierung: SCHMID, Reden (wie Anm. 42) S. 132–142. Zum Einfluss der Chroniken Diebold Schillings auf diejenige anderer Städte: Regula SCHMID, Die Chronik im Archiv. Amtliche Geschichtsschreibung und ihr Gebrauchspotential im Spätmittelalter und in der frühen Neuzeit, in: Instrumentalisierung von Historiographie im Mittelalter, hg. v. Gudrun GLEBA (= Das Mittelalter. Zeitschrift des Mediävistenverbandes 5 [2000]), S. 115–138.

48) Siehe dazu jetzt ausführlich: Regula SCHMID, ›Liebe Brüder.‹ Empfangsrituale und politische Sprache in der spätmittelalterlichen Eidgenossenschaft, in: Adventus-Studien 1, hg. v. Peter JOHANEK, Angelika LAMPEN, Regine SCHWEERS, Münster (im Druck).

49) Wolfgang SCHIEDER, Brüderlichkeit. Bruderschaft, Brüderschaft, Verbrüderung, Bruderliebe, in: Geschichtliche Grundbegriffe. Historisches Lexikon zur politisch-sozialen Sprache in Deutschland II, hg. v. Otto BRUNNER, Werner CONZE (u. a.) (Stuttgart 1972) S. 551–581.

50) SCHIEDER, Brüderlichkeit (wie Anm. 49) S. 556.

51) Diebold Schilling, Berner Chronik. Faksimile, hg. v. Hans BLOESCH und Paul HILBER, 4 Bde. (Bern 1942–1945) (zit. Schilling, Berner Chronik, Faksimile). Die amtliche Chronik der Stadt Bern ist nur in diesem Faksimile greifbar. Der Text des Zeitraums 1468–1484 im Variantenapparat von: Die Berner Chronik

besonders auffällig, dass Schilling selbst in jenen Passagen, in denen er den Text der von den Berner Kleinräten Bendicht Tschachtlan und Heinrich Dittlinger im Jahr 1471 fertiggestellten Chronik wörtlich übernimmt, diesen konsequent um die Metapher der Brüderlichkeit erweitert[52]. Tatsächlich fehlt der Begriff in der gesamten vorangegangenen Chronistik in Freiburg, Luzern, Basel, Zürich und der Innerschweiz[53]! Schilling benutzte ihn in der amtlichen Chronik von 1474 für die in der »Niederen Vereinigung« gegen Karl den Kühnen kämpfenden Verbündeten, einschliesslich dem mit Bern und Solothurn verburgrechteten Rudolf von Röteln[54]. Diese nämlich wollten sich *niemer scheiden, als dann ein fründ und bröder dem andern in semlichen nöten schuldig und verbunden ist und die Eidgnossen zů allen ziten getan und einandern nie verlassen, darumb si alwegen mit hilf und gnaden des almechtigen gottes glück und heil erfochten haben und nach minem begern, ob got wil, ewiclich tůn werden*[55]. Als nur die nachmaligen »acht Orte« der Eidgenossenschaft umfassender Begriff taucht die Metapher in der Beschreibung der Zusammenkunft auf dem Ochsenfeld bei Mülhausen im Jahr 1468 auf. Mehr oder weniger zufällig trafen bei dieser Gelegenheit die Truppen von Zürich und Schwyz einerseits, Bern, Solothurn und Freiburg andererseits sowie Uri, Unterwalden, Zug und Glarus aufeinander und führten den Feldzug gemeinsam fort. In nachträglicher Darstellung erhielt dieses Treffen symbolische Bedeutung als beispielhafte Umsetzung der Bündnisbeziehungen. Wie Schilling es ausdrückte: *Do enpfingen si einandern gar früntlich und in ganzen brüderlichen trúwen als ein brüder den andern, wie dann die fromen Eidgnossen iewelten gein einandern zu tůnde gewont hand, und sagten ouch einandern in brüderlichen trúwen, was si geetan und*

---

des Diebold Schilling 1468–1484, hg. v. Gustav TOBLER, 2 Bde. (Bern 1897/1901) (zit. Schilling, Berner Chronik).

52) Zum Beispiel: Bendicht Tschachtlans Berner Chronik neben den Zusätzen des Diebold Schilling, in: Quellen zur Schweizer Geschichte 1, hg. v. Gottlieb STUDER (Basel 1877) S. 189–298, hier S. 243: *Wie die Eidgnossen zesamen kamend uf dem Ochsenveltt* vs.: Schilling, Berner Chronik (wie Anm. 51) 1, S. 25: *Das gemein Eidgnossen von stetten und lendern mit allen iren panern uf dem Ochsenfelde zesamen kamen, und einandern gar früntlich und in ganzen brüderlichen trúwen enpfingen.*

53) Zwei Ausnahmen bestätigen die Regel: Der Begriff erscheint einmal in der Chronik Hans Fründs, aber das der Edition zugrundegelegte Manuskript stammt aus dem Jahr 1476: Die Chronik des Hans Fründ, Landschreiber zu Schwytz, hg. v. Christian Immanuel KIND (Chur 1875) S. 94 (*Die fromen brüderlichen eidgnossen…*). Er erscheint ebenfalls einmal in: Die Berner-Chronik des Conrad Justinger. Nebst vier Beilagen: 1) Chronica de Berno. 2) Conflictus Laupensis. 3) Die anonyme Stadtchronik oder der Königshofen-Justinger. 4) Anonymus Friburgensis, hg. v. Gottlieb STUDER (Bern 1871) S. 21: Berchtold von Zähringen habe befohlen, dass die beiden von ihm gegründeten Städte Bern und Freiburg *sich nach sinem tode zesamen hielten in gantzer früntschaft und in brüderlicher wise*. Zu Freiburg und Bern als »Brüder« vgl. SCHMID, Liebe Brüder (wie Anm. 48), sowie Die Zähringer. Anstoss und Wirkung, hg. v. Hans SCHADEK und Karl SCHMID (Veröffentlichungen zur Zähringer-Ausstellung 2, Sigmaringen 1986) S. 330–331.

54) Schilling, Berner Chronik (wie Anm. 51) 1, S. 337, betont, dass Rudolf von Hochberg, Markgraf von Röteln, *denen von Bern und Solotern mit ewigen burgrechten verwant ist.*

55) Schilling, Berner Chronik (wie Anm. 51) 1, S. 337.

gehandlet hatten, und zugen in drin [=drei] *grossen mechtigen huffen uf dem witen velde zůsamen* ...[56]. Der normative Gehalt des Bruderbegriffs umfasst also die gegenseitige Hilfe »mit Gut und Blut«. Er nähert sich damit der Begrifflichkeit der Bürgereide an, welche die Pflicht der Stadtbürger, Leib und Leben, Gut und Blut für die Mitbürger zu wagen, festlegten[57].

Prominent erscheint die Sprache der Brüderlichkeit in den Burgrechtsverträgen zunächst der »burgundischen Eidgenossenschaft« um Bern.[58]. In einem 1475 abgeschlossenen Vertrag zwischen Bern einerseits, dem Bischof von Sitten und den sieben Zenden des Wallis andererseits ist die Übernahme des Begriffs aus der herrschaftlichen Vertragssprache zu erkennen.[59] Die Bezeichnung des Bündnisses als »brüderlich« basiert auf dem lateinischen Wortlaut des Vorgängervertrags von 1446, der zwischen dem Herzog von Savoyen und der Stadt Bern auf der einen, dem Bischof und dem Kapitel zu Sitten und den Zenden des Wallis auf der anderen Seite abgeschlossen worden war[60]. In diesem älteren Vertrag waren sich zwei adlige Herrschaftsträger gegenübergestanden, zusammen mit Gemeinden, mit denen sie eine gegenseitige Schutzvereinbarung hatten. Mit der Übernahme des Bruderbegriffs setzt sich Bern im neuen Vertrag gleichberechtigt neben den adligen Landesherrn. Weitere Belege aus Burgrechten sind ab 1477 fassbar[61]. Die Reichweite der Metapher zeigt das Burgrecht der »fünf Städte« Bern, Zürich, Luzern, Freiburg und Solothurn vom 4. April 1478: die Städte werden hier als *unsere guten brüderlichen Freunde und*

---

56) Schilling, Berner Chronik (wie Anm. 51), 1, S. 25.

57) Regula SCHMID, »Lieb und Leid tragen«. Bürgerrecht und Zunftmitgliedschaft als Kriterien der Zugehörigkeit im spätmittelalterlichen Zürich, in: Statuts individuels, statuts corporatifs et statuts judiciaires dans les villes européennes (moyen âge et temps modernes). Actes du colloque tenu à Gand les 12–14 octobre 1995, hg. v. Marc BOONE und Maarten PRAK (Leuven 1996) S. 49–72.

58) Zur Bezeichnung »Burgrecht« und den Schwierigkeiten, Abgrenzungen dieser Vertragsform zu anderen vorzunehmen, vgl. CHRIST, Kooperation (wie Anm. 20) S. 571–573. Die Autorin stellt fest (S. 576): »Die eidgenössischen Obrigkeiten griffen auf das Mittel der Burg- und Landrechte zuerst im Westen zurück, später im Osten und zuletzt in der Innerschweiz.«

59) Zur »Fraternitas in der herrschaftlichen Vertragssprache« mit Beispielen aus dem Hochadel vgl. SCHIEDER, Brüderlichkeit (wie Anm. 49) S. 557–559.

60) Die Rechtsquellen des Kantons Bern. 1. Teil: Stadtrechte. 4. Bd., 1. Hälfte: Das Stadtrecht von Bern IV, hg. v. Hermann Rennefahrt (Sammlung Schweizerischer Rechtsquellen, II. Abt.) (zit.: SSRQ II,1, 4, 1) (Aarau 1955) Nr. 161b, A, S. 305ff. (1475, 7. September); Nr. 161a, S. 297ff. (1446, 31. August).

61) SSRQ II,1, 4, 1 (wie Anm. 60) (Aarau 1955) Nr. 179a, S. 556–557: Burgrecht der 5 Städte Bern, Luzern, Freiburg, Solothurn, Zürich: dieses geschehe *uß bewegnis gerechter brüderlicher früntschafft, liebe und nachbarschaft*; Die Eidgenössischen Abschiede aus dem Zeitraume von 1478 bis 1499. Der amtlichen Abschiedesammlung Bd. 3, Abt. 1, hg. von Anton Philipp SEGESSER (Amtliche Sammlung der ältern Eidgenössischen Abschiede [zit. EA 3], Zürich 1858) S. 688–692 Nr. 9: Erneuerung des Burgrechts zwischen Freiburg und Solothurn; dreimal der Verweis auf die *brüderliche liebe und treue*, der Hinweis, man habe sich hiermit *verbrüdert*, sowie die Bezeichnung des Burgrechts als *ewige früntschaft, bruderlich lieb und unabgänglich burgrecht* bzw. als *bruderschaft und ewig burgrecht*.

getreue liebe Eidgenossen und Mitburger bezeichnet, die Länderorte Uri, Schwyz und Unterwalden dagegen einfach als *getreue liebe Eidgenossen*[62]. Aufschlussreich ist weiter, dass bei der Ausarbeitung des Stanser Verkommnisses von 1481 die Metapher erst im fünften Entwurf auftaucht. Dieser fünfte Verkommnisentwurf ging von den oben genannten Städten aus[63]. In der endgültigen, entgegen allen Erwartungen zustandegekommenen Fassung blieb schliesslich die Erklärung übrig, das Ziel sei, *dest fúrter in brúderlicher trúw, frid, rûw und gemach* zu bleiben[64]. Basierend auf der Formulierung des Burgrechts zwischen Bern und Freiburg von 1480 erscheint die Begrifflichkeit im Sommer 1481 im Entwurf des Burgrechts zwischen Solothurn und Schwyz. Damit war erstmals auch ein Länderort in die Sprache der Brüderlichkeit eingeschlossen[65]. Das im Jahr 1577 auf der Basis der älteren Burgrechte von 1477 und 1517 abgeschlossene Burgrecht von Bern und Solothurn wird schliesslich als *gethruwe[n] eydtgnossische[n] mitburgerliche[n] und brüderliche[n] bettittlung*, als *brüderliche[n] fründtschaft*, als *ewige fründtschaft, brüderlich liebe und unabdencklich burgrecht*, schliesslich geradezu als *eewig burgrecht und brüderschaft* bezeichnet; und das Ziel, *jemer und ewencklich verbrüderot und zůsamen verschlossen* zu sein, wird mit der *hertzliche[n] frúntschaft und brüderliche[n] neygung* begründet[66]. In den Bundesbriefen fehlte der Begriff der »Brüderlichkeit« zunächst vollständig. Als aber Basel 1501 der Eidgenossenschaft beitrat, wirkte es auf die Formulierung des Vertrags auch begrifflich ein: In der Präambel des Bundesbriefs wird festgestellt: ... *so sollen und wellen ouch wir [...] von den obgenanten ortten der loblichen Eydgnosschafft als unsern allerliebsten fründen und brudern in gantzer, uffrechter, brüderlicher truw als jr ewig Eydgnossen [...] als ein ander ort der Eydgnosschafft [...] anhangen ...*[67].

Damit wird der Weg des Bruderschaftsbegriffs von der kommunalen auf die eidgenössische Ebene deutlich: Die politische Begrifflichkeit der Chroniken lässt darauf schliessen, dass der allgemeinere Verwandtschafts- bzw. (Freundschafts-)Begriff für die Charakteri-

62) SSRQ II,1, 4, 1 (Anm. 60) S. 558 Nr. 179b. Siehe auch: WALDER, Stanser Verkommnis (wie Anm. 32) S. 139.

63) Die Präambel stellt fest, der Vertrag solle dazu führen, dass die Eidgenossen *gemeinlich mit einandern dest fúrer in ewiger brúderlicher trúw, frid, rûw und gůter frúntschaft bliben*. WALDER, Stanser Verkommnis (wie Anm. 32) S. 50.

64) WALDER, Stanser Verkommnis (wie Anm. 32) S. 164 (1481, 22. Dezember).

65) Dieses solle abgeschlossen werden *zů trost und fromen und zů gůt gemeiner Eidgnoßschaft und uß bewegnusse gerechter brúderlicher frúntschaft, trúw, liebe und nachpurschaft.* Zit. nach: WALDER, Stanser Verkommnis (wie Anm. 32) S. 179.

66) Die Rechtsquellen des Kantons Bern. 1. Teil: Stadtrechte. 4. Bd., 2. Hälfte: Das Stadtrecht von Bern IV, hg. v. Hermann RENNEFAHRT (Sammlung Schweizerischer Rechtsquellen, II. Abt.) [zit.: SSRQ II,1, 4, 2], Aarau 1956) S. 1003–1006 Nr. 197m, 2.

67) Die Eidgenössischen Abschiede aus dem Zeitraume von 1500–1520. Der amtlichen Abschiedesammlung Bd. 3, Abt. 2, hg. v. Anton Philipp SEGESSER (Amtliche Sammlung der ältern Eidgenössischen Abschiede [zit. EA 3,2] Luzern 1869) Beilage 5, S. 1291–1297, hier S. 1292.

sierung der Beziehungen zwischen Verbündeten in den siebziger Jahren des 15. Jahrhunderts eine Differenzierung erfuhr. Für das Phänomen lässt sich eine Erklärung vorbringen, die Thomas BEHRMANN kürzlich für die Ausdifferenzierung der Anrede »Herr« herausarbeitete: Er folgerte, dass »… die Vielzahl von verschiedenartigen, konkurrierenden Herrschaftsbildungen im Spätmittelalter die traditionellen Möglichkeiten sprachlicher Distinktion von sozialen Hierarchien überforderte«[68]. Ein eidgenössischer Ort musste Wege finden, um besonders enge Beziehungen innerhalb seiner verschiedenen Bündnisse hervorzuheben[69]. Aus der Burgrechtssprache schöpfend, konnte Diebold Schilling die auf den gemeinsamen Kriegsdienst verpflichteten Mitglieder der »Niederen Vereinigung« gegen Karl den Kühnen als »Brüder« bezeichnen. Ebenfalls aus den Burgrechten gelangte die Rede von der Brüderlichkeit ins Stanser Verkommnis. Über diesen Text erfasste die Bezeichnung erstmals auch einen Länderort. Mit dem Verkommnis gehörte der Begriff nun zum ›Pool‹ der eidgenössischen Terminologie. Fortan war diese auf den hier herauskristallisierten engen Kreis der eidgenössischen Orte bezogen: Die als Partner minderen Rechts betrachteten Städte Freiburg und Solothurn wurden von den Länderorten nicht als »Brüder« anerkannt. 1501 konnte sich Basel mit der Aufnahme des Begriffs wenigstens dem Anspruch nach auf der Ebene der ›alten‹ Orte der Eidgenossenschaft positionieren. Der Gegenbeweis lässt sich mit dem Verweis auf ein im Jahr 1497 von Strassburg angestrebtes Bündnisprojekt mit Bern antreten.[70] Der Entwurf dazu begann mit den Worten *zů merung brüderlicher lieb*[71]. Das Bündnis wurde aber von Bern zurückgewiesen mit einer Begründung, welche die Brüderlichkeits-Metapher in auffälliger Weise vermeidet: Man sei zwar den *lieben puntgnossen* von Strassburg durchaus geneigt, wolle den Hilfskreis aber nicht so stark erweitern, es sei denn, *das die übrigen stett der nidern vereynung in diss früntschaft wurden gezogen.*

---

68) Thomas BEHRMANN, Zum Wandel der öffentlichen Anrede im Spätmittelalter, in: Formen und Funktionen öffentlicher Kommunikation im Mittelalter, hg. v. Gerd ALTHOFF (VuF 51, Stuttgart 2001) S. 291–317, 316.

69) Im Toggenburger Erbschaftskrieg (Alter Zürichkrieg) hatte der gezielte Einsatz des Wortes »Eidgenossen« noch für eine solche Differenzierung ausgereicht. Die Aggressivität, mit dem Zürich Schwyz zum Rechtstag bot, wurde vor allem durch die Anrede (bzw. ihr Fehlen) hervorgerufen: [die von Zürich schrieben denen von Schwyz] *unfrüntlich offen versigelt briefe, und schribent inen darinn nitt me eidgnossen, denn blos und schlechtlich: dem lantamman, den räten alten und nüwen und den lantlüten zuo Swytz; weder eidgnosse, gruos noch dienst, noch desglich nützit.* Fründ, Chronik (wie Anm. 53) S. 25.

70) Valerius Anshelm, Berner-Chronik, hg. v. Emil BLOESCH. 6 Bde. (Bern 1884–1901) 2, S. 63: *Indes, uf werben und beger einer loblichen stat Strassburg, ward zwischen ir und Bern, als alten, sundren, gůten frůnden und pundgnossen, ein sundre vereinung uf 25 jar verzeichnet. Erwand an Bern, so da sich der zit niemands zůr hilf wolt verpůnden.*

71) G[ustav] TOBLER, Projekt eines Bündnisses zwischen Strassburg und Bern vom Jahre 1497, Anzeiger für schweizerische Geschichte, N.F. 7 (1894–1897) S. 536–538.

4. Besuchsrituale

Die Anrede der Verbündeten als Brüder kam nicht nur im schriftlichen Verkehr zum Tra-
gen, sondern auch im Rahmen eines sich rasch ausbildenden politischen Rituals: den Be-
suchen zwischen Eidgenossen[72]. Erstmals im Detail fassbar ist ein Empfang von aus der
Waadt heimkehrenden Truppen der Luzerner und Berner in der Stadt Bern im Jahr 1475.
Die bei diesem Besuch gebrauchte »rituelle Sprache« schöpfte zwar stark aus dem bei
Herrscherbesuchen gebrauchten Zeremoniell, kombinierte aber diese Elemente in neuer
Weise und fügte dem zu zelebrierenden Verhältnis angepasste Zeichen bei. Der Empfang
von 1475 wurde aller Wahrscheinlichkeit nach zum Modell der nachfolgenden, sich in immer kürzerem Abstand folgenden Besuche zwischen Eidgenossen. Die Empfänge – meist
anlässlich von Kirchweih oder Fasnacht – enthielten zwei zentrale symbolische Momente:
Die Besucher marschierten bewaffnet und in kriegerischer Formation auf die Stadt zu, und
sie wurden von mit Spielzeugwaffen ausgestatten Knaben unter 16 Jahren sowie einer Abordnung der Bürgerschaft »eingeholt« und in die Stadt geleitet[73]. Hier wurde die Begegnung mit Festessen, Tanz und Wettkämpfen gefeiert und mit dem Austausch von Geschenken abgerundet. Die Rolle der Jugend ist für die Interpretation des Vorganges als
Bündnisritual entscheidend: Beim Empfang der Luzerner in Bern 1475 hiess der Schultheiss die Gäste im Namen von Rat und Gemeinde als Brüder willkommen und begrüsste
sie insbesondere im Namen der Kinder, ... *dobi ir bi den iungen merken mügent der alten*
herzen und güten willen[74]. Als künftige Bürger verkörperten die Knaben ein Versprechen
für die Zukunft. Sie waren die Garanten für die Kontinuität der Beziehung zwischen den
Bundesgenossen. Ihre Rolle hebt zudem den spielerischen, scherzhaften Charakter dieser
Begegnung zweier Heere hervor. Gestützt wird diese Interpretation durch den Hinweis
auf den die Einladungen begleitenden Briefwechsel. 1507/08 benutzten sowohl Basel wie
auch die Innerschweizer Orte die Sprache der verkehrten Welt. Unter anderem kündigte
Basel an, es werde ein *winvergieszen und schalschlahen, mit sampt dem halsabwurgen und*

72) Siehe auch hierzu ausführlich: SCHMID, Liebe Brüder (wie Anm. 48).
73) Viele Beispiele sind aufgeführt bei: Leo ZEHNDER, Volkskundliches in der älteren schweizerischen
Chronistik (Basel 1976) Stichworte: X.B. 10.2.2. »Knaben als Ehrengeleit und -spalier bei Empfangsfeier-
lichkeiten«; X.B. 12.A.1. »Kirchweih und Kirchweihbesuche«; X.B. 12.A.2. »Schützenfeste«; X.B. 12.A.3.
»Sonstige Freundschaftsbesuche«; X.B. 12.A.4. »Feste und Feiern beim Empfang hochgestellter Persönlichkeiten und sonstiger Gäste«; X.B.12.A.5. »Feste und Feiern anlässlich von Bundesbeschwörungen«,
u. a. m.
74) Schilling, Berner Chronik (wie Anm. 51) 1, S. 225: ... *und besunders sol ich üch enpfachen und enpfach*
ich üch am ersten von diser ünser iungen kinden und knaben wegen, die hie gegenwirtig oder noch daheim
sind, dobi ir bi den iungen merken mügent der alten herzen und güten willen.

hünerstechen stattfinden[75]. 1525 nahmen Bürger der Stadt Ilanz in einem Antwortschreiben an ihre Gastgeber ebenfalls scherzhaft Rückgriff auf zeitgenössische Praktiken und schrieben: »Wir haben hochberühmte Männer im Becher- und Narrenspiel, die wir mitbringen wollen, die sollen disputieren, wie es jetzt der Brauch ist, damit die Jugend im Essen und Trinken sich bessere. Sie werden Wunder wirken«[76].

Die Begegnungen involvierten die ganze Bevölkerung der verbündeten Kommunen – auf Seite der Besucher marschierten hunderte von Männern, auf Seite der Gastgeber waren auch die Frauen und Kinder beteiligt. Damit erlebten nicht nur die Führungsgruppen, sondern die Gemeinde im weitesten Sinn das Bündnis als normative Anforderung und machte es durch ihre Mitwirkung überhaupt erst gegenwärtig[77]. Die wichtigste Rolle im Ritual spielten die erwachsenen Männer, die eigentlichen Träger der Schwurgemeinschaft, sowie die Knaben als deren Nachfolger. Das eidgenössische Bündnis wurde als in der Gegenwart bestehende und auf die Zukunft gerichtete Waffenbrüderschaft inszeniert. Dies entspricht dem zentralen Punkt der Bundesverträge als Verträge zur Waffenhilfe und symbolisiert gleichzeitig den darin ausgedrückten normativen Anspruch, die Bündnispartner würden *einandern wider herren und wider allermengklichen behulffen sin mit lib und mit gůtte*[78].

Bewusste Inszenierungen der Zusammengehörigkeit durch die Obrigkeiten der eidgenössischen Bündnispartner mehren sich nach der Wende zum 16. Jahrhundert. Besonders Basel bemühte sich, die neue Zugehörigkeit für die Bewohner der eigenen Stadt und für die eidgenössischen Partner erlebbar zu machen. Zur Fasnacht 1503 traf eine grosse Dele-

---

75) Zum ganzen Anlass: Chronikalien der Ratsbücher 1356–1548. Mit Beilagen, in: Basler Chroniken 4, hg. v. August BERNOULLI (Leipzig 1890) S. 3–162, hier: 92–98, das Zitat S. 92. »schal« = Fleischbank; »schalschlahen« wäre sinngemäss etwa mit »Schlachterei« zu übersetzen.

76) ZEHNDER, Volkskundliches (wie Anm. 73) Nr. X. B. 12.A 1.8.4.

77) In Luzern war die Beschwörung der Bünde im zweimal jährlich erneuerten Bürgereid eingeschlossen: Eid der Neubürger in Luzern (3. Juli 1416–Januar 1423), in: Die Rechtsquellen des Kantons Luzern, Teil 1: Stadtrechte, Bd. 1: Stadt und Territorialstaat Luzern. Satzungen und andere normative Quellen (bis 1425), nach Vorarbeiten von Guy P. Marchal bearb. von Konrad WANNER (Aarau 1998) S. 220–221, Nr. 120: *Weler burger wirt, der sol sweren, unser staatrecht, unser friheit und gůte gewonheit ze halten und den gesworen brief ze richtent, als verr er an jnn kund. Und were, dz er jemanns eigen wer, vor dem schirmen wir jnn nit. Hette er dehein alten krieg uff im, des nemen wir úns an nit. Hinannthin tůn wir im als eim andren burger. Und sol sweren, alle die bůnd, die wir und unser eidgnossen ze samen hant, stet ze haltent. Und were, dz er verneme, dz ieman der unsern dehein ander glůbt zů ieman tete, anders denn wir zwurent im iar in der Capel sweren, das sol er dem rat leiden, oder sin lib und gůt wer eim rat verfallen. Und dem rät gehorsam ze sin.*

78) So der Wortlaut des Bündnisses von Luzern mit Uri, Schwyz und Unterwalden von 1332: Quellenwerk zur Entstehung der Schweizerischen Eidgenossenschaft, hg. von der Allgemeinen Geschichtforschenden Gesellschaft der Schweiz, Abt. I: Urkunden, Bd. 2: Von Anfang 1292 bis Ende 1332, bearb. von Traugott SCHIESS, vollendet von Bruno MEYER (Aarau 1937) (zit.: QW I, 2) Nr. 1638, S. 800–811, hier: S. 806.

gation aus Zürich in Basel ein. Dem Trupp marschierten 36 als »die 12 Orte der Eidgenossenschaft« verkleidete Männer voraus: In der Mitte schritt jeweils ein als Wappentier verkleideter Mann mit dem Wappenschild, flankiert von zwei mit Straussenfedern und Langschwert ausgezeichneten »Schildhaltern«. Wie die Illustration in einer Zürcher Chronik zeigt, setzten die Besucher die über die zeitgenössischen Wappenscheiben verbreitete Ikonographie in diesem Aufzug um[79]. Im September 1508 (die Einladung war ursprünglich ebenfalls zur Fasnacht erfolgt) erschienen mehrere hundert Mann aus Uri, Schwyz, Unterwalden und Zug unter Anführung einer 150 Teilnehmer umfassenden Delegation aus Luzern in Basel. Sowohl im Basler Ratsbuch wie auch in der amtlichen Chronik der Stadt Luzern ist diese Begegnung in Text und Bild vermerkt, damit diese *niemermer zů gůten vergesen werden, und mit hilf des almechtigen noch mer liebi und fruntschaft gepären* werde[80]. Dem Besuch waren lange Verhandlungen über den genauen Ablauf vorangegangen. Auf Rat der Luzerner nahm er seinen Anfang mit »Diebstahl« und »Entführung« des »Bruder Fritschi«, der wichtigsten Fasnachtsfigur Luzerns, durch einen Basler. »Bruder Fritschi« präsidierte dann die Feierlichkeiten in Basel, angetan mit einem Kleid in den Standesfarben Luzerns, das aus der Basler Stadtkasse bezahlt worden war[81]. Zehn Jahre später folgte ein Gegenbesuch von sechzig Männern in Uri. An Kirchweih und Schützenfest sollte die Trauer nach der Niederlage von Marignano und einem Pestzug vergessen werden[82]. Auf dem Weg wurden die Basler in mehreren Orten begrüsst und mit Geschenken überhäuft. Diese lassen an eidgenössischer Symbolik nichts zu wünschen übrig: Uri, Schwyz und Luzern schenkten den Gästen je zwei Ochsen, die mit Tüchern in den jeweiligen Standesfarben geschmückt waren. Mit den sechs Tieren zogen die einheitlich in den Standesfarben schwarz und weiss gekleideten Basler nach acht festlichen Tagen nach Hause. In Basel wurden die Ochsen geschlachtet und zusammen mit Wild in alle Zunfthäuser verteilt, *das do wib und man froud und kurzweil hielten [...], do wasz nieman, jung und alt, er het froud denselben tag. Den armen lutten wart uff dem Kornmerckt kocht und allen zu essen gnug gen, und den tag mit dantzen und springen vil froud volbrocht*[83] .Vier

79) Zürich, Zentralbibliothek, MS A 77: Chronik Gerold Edlibachs mit Fortsetzung, fol. 335v: ... *und leittend sich die únssern an im bógen wiss sÿ den dar kamend und wz die artt die XII ortt der eignischaft und ietlich ortt sin schilt* ... Das Bild ebd. p. 336r zeigt die Gruppen »Zürich« (Löwe) und »Basel« (Basilisk). Vgl.: Gerold Edlibach, Zürcher- und Schweizerchronik bis 1527, hg. v. Johann Martin USTERI, Mitteilungen der antiquarischen Gesellschaft in Zürich 4 (1847) S. 1–253, hier: S. 237–240.

80) BChr 4 (wie Anm. 75) S. 97. Die Bilder in: Die Schweizer Bilderchronik des Luzerners Diebold Schilling 1513. Sonderausgabe des Kommentarbandes zum Faksimile der Handschrift S. 23 fol. in der Zentralbibliothek Luzern, hg. v. Alfred A. SCHMID (Zürich 1981) S. 394 (fol. 255v) (die Fritschi-Maske gelangt nach Basel); S. 453 (fol. 293r) (Fritschi präsidiert die Festlichkeiten).

81) Die Rechnung in BChr 4 (wie Anm. 75), Beilage VIII, S. 161–162.

82) Die Chronik des Fridolin Ryff 1514–1541, mit der Fortsetzung des Peter Ryff 1543–1585, in: Basler Chroniken 1, hg. v. Wilhelm VISCHER und Alfred STERN (Leipzig 1872) S. 1–189.

83) BChr 1 (wie Anm. 82) S. 23–24.

Jahre später lud Basel erneut zum Gegenbesuch ein, und *wy sy dan den unseren thon hatten, beweysz man innen dryfach wyder.* Diesmal erhielt jeder besuchende Ort einen Wagen voll guten Elsässer Weins[84]. Diese und viele andere Schilderungen zeigen, dass die Empfänge geeignet waren, nicht nur zwischen den jeweiligen Obrigkeiten die Bande zu stärken. Ziel der Grossempfänge war gerade, auch die nicht an der Regierung beteiligten Gemeindeglieder und die Untertanen am Bündnis teilnehmen zu lassen.

5. Integration und Desintegration

Die Staatsbesuche reflektierten im Wortsinn die Bundesbriefe, waren sie doch wie diese prinzipiell »bilateral«. Zwei Handlungsbereiche erfassten aber die Bevölkerungen aller verbündeten Kommunen insgesamt: der Krieg und die über den gemeinsamen Auszug vermittelten religiösen Ausdrucksformen. Auf der Ebene der Kommunen ist das integrative Potential des Krieges direkt einsehbar. In Zürich beispielsweise wurde am Ende des 15. Jahrhunderts ein Grossteil der Neubürger wegen ihres zuvor geleisteten Kriegsdiensts ins Bürgerrecht aufgenommen. Umgekehrt ist einer der Gründe für die rege Aufnahme von Ausburgern im Bedürfnis der Städte nach einer genügenden Mannschaft zu sehen[85]. Auf Bundesebene ist die integrative Kraft der Kriegsführung zunächst aus der Übertragung der mit dem Bürgerrecht verbundenen Norm des Teilens von »Lieb und Leid« und von »Gut und Blut« auf die eidgenössischen Verträge abzuleiten: Die Bundesbriefe hielten nicht nur fest, unter welchen Umständen Kriegsdienst geleistet werden müsse, sondern auch, dass die Kosten von jedem einzelnen Vertragspartner zu tragen seien. Aus der gemeinsamen Kriegsführung ergaben sich zudem für die Eidgenossen typische Handlungsformen, welche nicht nur die Führungsgruppen, sondern auch die Mannschaften mittrugen. Sie reichten von kriegerischer Disziplin über einen wuchernden Fahnenkult[86],

---

84) BChr 1 (wie Anm. 82) S. 25.

85) Die (unvollständigen) Zürcher Auszugslisten zeigen z. B., dass von 87 Männern, die 1490 ausziehen, 45 in den Jahren 1490 und 1491 das Bürgerrecht erhalten. Von den 207 Männern, die mit dem ersten Zug in den Hegau im Jahr 1499 das Bürgerrecht erwerben wollen, werden nachweislich 65 in den Jahren 1499 und 1500 eingebürgert. 1490/91 sind 45 von total 70 Neubürgern auf der Auszugsliste zu finden, 1499/1500 waren von total 122 Eingebürgerten immerhin 65 am ersten Zug in den Hegau beteiligt. Vgl. SCHMID, »Lieb und Leid tragen« (wie Anm. 57).

86) Guy P. MARCHAL, Die frommen Schweden in Schwyz. Das ›Herkommen der Schwyzer und Oberhasler‹ als Quelle zum schwyzerischen Selbstverständnis im 15. und 16. Jahrhundert (Basel u. Stuttgart 1976); Regula SCHMID, Fahnengeschichten. Erinnern in der spätmittelalterlichen Gemeinde, in: Traverse, 1999/1, S. 39–48; mit vielen Beispielen: Albert BRUCKNER, Berty BRUCKNER, Schweizer Fahnenbuch I u. II: Nachträge, Zusätze, Register (St. Gallen 1942).

Schlachtjahrzeit[87] und bestimmte Gebetsformen[88] bis zu Modeerscheinungen, die aus dem kriegerischen Umfeld ins Alltagsleben der Kommunen übergriffen[89]. Diese zum Teil jahrhundertealten, zum Teil erst seit den Burgunderkriegen entstandenen Handlungsbereiche hatten sich zu Beginn des 16. Jahrhunderts zu einer spezifischen eidgenössischen Kriegskultur entwickelt, die auf die Kommunen übergriff. Wiederum dient der Bundesbeitritt Basels als Lackmustest: Nach ihrem Bundesschluss 1501 holte die Basler Regierung beim päpstlichen Legaten postwendend die Erlaubnis ein, das als eidgenössische Eigenheit geltende »Beten mit zertanen Armen« als offizielle Gebetsgeste einzuführen, und den Fürbitten für Rat und Gemeinde wurde die Bitte *Für ein gantz verein der eidtgnosschafft* beigefügt[90].

Die kriegerischen Erfolge der Eidgenossen am Ende des 15. Jahrhunderts brachten manchem Krieger und vielen Kommunen neue Einkommensquellen. Dies machte den »schweizerischen Weg« für genossenschaftliche Gruppierungen aller Art interessant[91]. Mobilisierungs- und Organisationsformen der männlichen Untertanen hatten sich durch die Kriegsführung verfestigt[92]. Das gefährliche Potential der waffenfähigen Männer, die sich am eidgenössischen Vorbild orientierten, erwies sich erstmals im »Zug vom torechten Leben« im Jahr 1477[93]. Bei dieser Gelegenheit zogen tausende »junger« (also nicht der Honoratiorenschicht angehörender) Männer vorwiegend aus den Länderorten Richtung

87) Das Schlachtenjahrzeit der Eidgenossen nach den innerschweizerischen Jahrzeitbüchern, hg. v. Rudolf HENGGELER (Quellen zur Schweizer Geschichte N.F. II. Abt.: Akten, Bd. III, Basel 1940); GRAF, Schlachtengedenken im Spätmittelalter (wie Anm. 38); GRAF, Schlachtengedenken in der Stadt (wie Anm. 38). Zur Erinnerung an die Schlachten von Arbedo und des Toggenburger Erbschaftskriegs in Luzern vgl. Regula SCHMID, Geschichte im Bild – Geschichte im Text. Bedeutungen und Funktionen des Freundschaftsbildes Uri – Luzern und seiner Kopien (ca. 1450 bis 1570), in: Literatur und Wandmalerei I. Erscheinungsformen höfischer Kultur und ihre Träger im Mittelalter, Freiburger Colloqium 1998, hg. v. Eckart Conrad LUTZ, Johanna THALI (u. a.) (Tübingen 2002) S. 529–561.

88) OCHSENBEIN, Beten; DERS. Das grosse Gebet (wie Anm. 38).

89) SIMON-MUSCHEID, »Schweizergelb« (wie Anm. 39).

90) SIEBER-LEHMANN, Neue Verhältnisse (wie Anm. 38) S. 283.

91) Thomas A. BRADY Jr., Turning Swiss. Cities and Empire (1450–1550) (Cambridge 1985), allerdings ohne Betonung dieser finanziellen Möglichkeiten.

92) Diese Annahme muss noch im Detail geprüft werden. Dafür spricht, dass gegen 1500 in der Beschreibung ausländischer Beobachter der »Ring» als typisch eidgenössisches Verhandlungs- und Entscheidungsforum im Feld beschrieben wurde: Philippe de Commynes, Mémoires, hg. v. Joseph CALMETTE, 3 Bde. (Paris 1924–25) III, S. 243: *Mais, la nuyt, les Suysses qui estoient en nostre ost se misdrent en plusieurs conseils, chascun avecques ceulx de son canton, et sonnèrent leurs tabourins et tindrent leur rin* [in anderen Mss. auch *reng* oder *renc*], *qui est leur forme de conseil.* Wechselwirkungen mit den die Kommunen charakterisiernden Versammlungsformen müssten diskutiert werden. Beispiele auch in: Emil USTERI, Marignano. Die Schicksalsjahre 1515/1516 im Blickfeld der historischen Quellen (Zürich 1974) u. a. S. 465, Anm. 7: die Eidgenossen machen in Mailand *ein gmein* (das Zitat aus der Chronik Schwinkharts).

93) Das folgende nach: WALDER, Stanser Verkommnis (wie Anm. 32) S. 13–29; 105–132.

Genf, um einen versprochenen Brandschatz eigenhändig einzutreiben. Die »Gesellen« hatten sich nach eigener, vom Chronisten Diebold Schilling rapportierter Aussage, *zůsamen als hoch und tůre gelobt und gesworn [...], das ouch sie dem nachkomen [...] oder aber alle darumb sterben wolten*[94]. Diese Verbindung war allerdings geschehen *an geordnigen willen der erberkeiten*[95]. Als ganz besonders »seltsam« empfand der Berner Kanzleiangestellte, Grossrat und Chronist Diebold Schilling, dass sich die Männer als alte Bundesgenossen der Stadt Bern und als Eidgenossen bezeichneten[96]. Tatsächlich hatten sich diese unter Umgehung der Obrigkeiten versammelt, stellten aber wiederholt klar, dass sie *zů der Eidgenossen sachen ouch lůgen*[97] wollten bzw. dass sie als Eidgenossen behandelt zu werden wünschten. In das Aushandeln darüber, wer denn nun eigentlich die Eidgenossenschaft trage, mischte sich also, ganz der in Befreiungsgeschichte und Eid enthaltenen Ideologie folgend, auch die Stimme des »gemeinen Mannes«. Das von Brady für die süddeutschen Reichsstädte beschriebene »turning Swiss« entwickelte seine Dynamik auch im direkten Einflussbereich der Eidgenossenschaft und sogar in den Territorien der eidgenössischen Orte selbst. Auf diese Herausforderung an die Obrigkeiten einerseits, die Stadtstaaten andererseits, reagierte Bern mit einem Schritt von hohem Integrationswert: Kleiner und Grosser Rat entschieden, dass Räte und Burger sich einen gegenseitigen Eid leisten sollten. Hierauf sollten die Landschaftskontingente und ihre Hauptleute sich eidlich der Regierung verpflichten, und schliesslich sollten alle männlichen Einwohner von Stadt und Territorium im Alter von über 14 Jahren einen Treue- und Gehorsameid leisten[98]. Damit wird ein der Eidgenossenschaft inhärentes, strukturelles Problem ganz deutlich sichtbar: je erfolgreicher die horizontale Integration zwischen den Führungsgruppen verlief, desto schwieriger wurde es für die einzelnen Regierungen, die Bevölkerung an sich zu binden, bzw. desto stärker mussten sie als Gegengewicht die vertikale Integration fördern.

Die Herausbildung einer verbindlichen Bundessprache und hierarchischen Bundesstruktur nach 1475 verstärkte die Gefahr eines Auseinanderbrechens des komplexen Bündnissystems. Dieses vermeintliche Paradox lag nicht nur in der steigenden Diskrepanz zwischen den tatsächlichen Möglichkeiten der Mitwirkung und der in den Bündnisbriefen verankerten Ideologie begründet, sondern auch in der weiterhin offenen Möglichkeit der (meisten) Orte, selbständig weitere Bündnisse abzuschliessen. Mit der Ausweitung des

---

94) Die Grosse Burgunderchronik des Diebold Schilling von Bern, »Zürcher Schilling«. Kommentar zur Faksimile-Ausgabe der Handschrift Ms. A5 der Zentralbibliothek Zürich, hg. v. Alfred A. Schmid (Luzern 1985) S. 798, zit. nach: Walder, Stanser Verkommnis (wie Anm. 32) S. 117.

95) Zit. nach: Walder, Stanser Verkommnis (wie Anm. 32) S. 106–107.

96) Schilling, Grosse Burgunderchronik, c. 340, zit. nach: Walder, Stanser Verkommnis (wie Anm. 32) S. 118.

97) Walder, Stanser Verkommnis (wie Anm. 32) S. 19.

98) Dazu ausführlich Walder, Stanser Verkommnis (wie Anm. 32) S. 24–25.

eidgenössischen Wirkungskreises in die Interessenssphären der umliegenden Staaten erhielten die Konflikte eine neue Qualität. Wiederholt schlossen sich verschiedene Kommunen zu Interessensgemeinschaften zusammen. Die Parteibildung erfasste die einzelnen
Kommunen ebenso wie die Eidgenossenschaft als Ganze. Gut untersucht ist die Situation
für das Jahr 1516[99]. Zürich, Uri, Schwyz, Basel und Schaffhausen wiesen ein Bündnis mit
dem französischen König ab, während Freiburg, Solothurn, Unterwalden, Luzern, Zug,
Glarus und Appenzell in der Regel unter der Führung Berns das Zusammengehen mit
Frankreich anstrebten. Im Frühling 1516 kam es zur berühmt-berüchtigten Situation, dass
sich die im kaiserlichen Sold stehenden »fünf Orte« den französischen »acht« in den Heer-
lagern von Mailand und Lodi gegenüberlagen – Eidgenossen bekämpften Eidgenossen[100].

Während dieser Auseinandersetzungen wurde die Bundesstruktur allerdings nicht
grundsätzlich in Frage gestellt. Dies geschah erst im Zeichen der Reformation. Mit zunehmender Intensität der Auseinandersetzung strebten sowohl Alt- wie Neugläubige eine
Änderung der etablierten Verhältnisse an. Den deutlichsten Vorstoss enthält ein Plan
Zwinglis, der allerdings mit grosser Wahrscheinlichkeit unbekannt blieb. Wohl im August
des Jahres 1529 skizzierte der Anführer der Reformation in der Eidgenossenschaft deren
politisch-institutionelle Neuordnung[101]. Er forderte dabei die Anpassung der institutionellen an die effektiven Machtverhältnisse. Zürich und Bern seien *der ruggen, die grund-
veste, underhaltung und schirm* der Eidgenossenschaft. Die fünf katholischen Orte hingegen missbrauchten die alten Bünde und das alte Herkommen. Die Eidgenossenschaft sei
aber *glych wie ein statt und ein regiment und ein genossame.* Wenn nun in einem *Regiment,*
in dem *jederman glych fry* sei, jemand sündige und das Recht unterdrücke, so falle dies auf
die ganze Gemeinde zurück und diese setze sich der Strafe Gottes aus. Da die fünf Orte
somit der ganzen Eidgenossenschaft schadeten, müssten die anderen Mitglieder sie stra-
fen, wollten sie nicht mit ihnen untergehen, *dann wir sind als ire mitburger mithafften,
mitgsellen und brúder*[102]. Zürich und Bern trügen den Grossteil der Kosten und militärischen Lasten, hätten aber nur je eine Stimme – dagegen verfügten die fünf Orte über fünf
Stimmen. Zwingli schlug deshalb vor, dass Bern und Zürich militärisch gegen Uri, Schwyz,

---

99) Usteri, Marignano (wie Anm. 92).
100) Usteri, Marignano (wie Anm. 92), v. a. S. 540–543. Ein von Usteri (S. 541, Anm. 142) zitierter Brief
des kaiserlichen Vertreters in Italien zeigt die dadurch entstehenden begrifflichen Probleme. Der Bote
schrieb: *Es sein auch den eidgnossen durch ire potten kuntschafft zukumen, das den eydgnossen, so bey dem
Franntzosen im Maylannd sein, der abforder brief uberanntwurt worden ist, und sollen sy die eydgnossen,
so bey kays[erlicher] m[aiesta]t im diennst sein, auch strengklich und ernnstlich abgefordert haben …* Usteri
fügt hinzu: »Die eine Zeitlang gefährliche Lage entwirrte sich […] zur Hauptsache von selber, und es kam
glücklicherweise nicht zum Bruderkampf.«
101) Zwingli, Was Zürich und Bernn not ze betrachten sye in dem fünförtischen handel (wie Anm. 27). Zur
Datierungsfrage ebd.
102) Zwingli, Was Zürich und Bernn not ze betrachten sye (wie Anm. 27) S. 233.

Unterwalden, Luzern und Zug vorgehen und schliesslich allein über die deutschsprachigen gemeinen Herrschaften regieren sollten. Hans Conrad Peyer kommentierte in seiner »Verfassungsgeschichte«: »Dem gewachsenen Recht der Bünde stellte Zwingli so ein rein machtmässig-quantitatives, gewissermassen modernes Konzept der Eidgenossenschaft gegenüber, das die beiden grossen Stadtstaaten begünstigte«[103]. Die katholischen Orte ihrerseits warfen den Reformierten die Missachtung der alten Bünde vor. Wie bereits mehrfach in der eidgenössischen Geschichte intensivierten sich die Diskussionen um die Bedeutung der in den Bundesverträgen festgehaltenen Klauseln. Dass auch auf katholischer Seite mit einer Veränderung der bestehenden Struktur geliebäugelt wurde, zeigt der sog. »Brünigzug« von 1528, der Einfall der Unterwaldner ins Berner Oberland[104]. Den offensichtlichen Bruch der in den Bundesbriefen festgelegten Bestimmungen rechtfertigte die Unterwaldner Obrigkeit hauptsächlich mit dem Argument, die von der Berner Herrschaft in ihrer Religion unterdrückten Oberländer hätten sie um Hilfe angerufen, und eigentlich hätten sie nur schlichten wollen[105]. Die gewundene Argumentation gipfelt in der Aussage, die Berner seien wegen der Einführung des neuen Glaubens selber am Überfall schuld[106], und Unterwalden und viele andere Orte der Eidgenossenschaft hätten viel mehr Grund als diese, *die pundsbrief von denen von Bern harus ze fordern und (sich) von inen ze sündren*[107].

Zwar versuchten Radikale auf beiden Seiten, ihr jeweiliges Gewicht in der Eidgenossenschaft zu verändern – die Auseinandersetzung wurde entscheidend durch die Bündnisse bestimmt, welche die einzelnen Orte mit Mächten ausserhalb des eidgenössischen Kreises eingegangen waren[108]. Beide Seiten stellten aber trotz der Forderung oder Drohung, die Verträge für nichtig zu erklären, die Validität des Bundessystems als solches nicht in Frage. Hätten die reformierten Orte im kurz darauf ausbrechenden Krieg gesiegt, wäre es kaum zu einer grundsätzlichen Abschaffung des Prinzips des Bundes gekommen, vermutlich aber doch zu einer Anpassung der Bündnisse an die real eingetretenen Verhält-

---

103) PEYER, Verfassungsgeschichte (wie Anm. 12) S. 91.
104) Hans SPECKER, Die Reformationswirren im Berner Oberland 1528. Ihre Geschichte und ihre Folgen (Freiburg i. Ue. 1951).
105) Die Rechtfertigungsschrift der Unterwaldner auf die Klage der Berner vor der Tagsatzung abgedruckt in: Die Eidgenössischen Abschiede aus dem Zeitraume von 1521 bis 1528, bearb. v. Johannes STRICKLER (Der amtlichen Abschiedsammlung Bd. 4, Abt. 1b) [zit. EA 4, 1b] (Zürich 1876) S. 5–14.
106) EA 4, 1b (wie Anm. 105) S. 14: *die von Bern recht stifter, ursächer und anfänger alles dieses handels und unfalls sind; dann wo si by dem alten christenlichen glouben wie ire frommen vordern beliben und nicht von gemeiner Christenheit sich gesündert und abträtten wärind [...], so wären ire armen einfeltigen underthanen zuo keiner ungehorsame nie bewegt worden noch in sölichen unfall nie kommen, und wäre aller diser handel ganz erspart und nie geschechen.*
107) EA 4, 1b (wie Anm. 105) S. 14.
108) Zu »Christlichem Burgrecht« bzw. »Christlicher Vereinigung« Muralt, Renaissance (wie Anm. 28) S. 490–494. Weitere »christliche« Verbindungen der Jahre 1529 bis 1531 in: EA 4, 1b (wie Anm. 105).

nisse in Richtung der Skizze Zwinglis. Mit dem Sieg der katholischen Orte bei Kappel im Oktober 1531, dem Tod Zwinglis und dem Rückschlag, den die extremen reformierten Kräfte damit erlitten, behielten aber die zahlen- und machtmässig unterlegenen Länderorte die Überhand. Der 2. Kappeler Landfriede vom 20. November 1531 – in dem sich im übrigen Uri, Schwyz, Unterwalden, Luzern und Zug als *die fünf Orte des alten Punds* bezeichnen[109] – schrieb das hergebrachte Bundesverhältnis erneut fest und erklärte die neu eingegangenen Burgrechte auf beiden Seiten für ungültig. Die wichtigsten und weitestreichenden Bestimmungen betrafen die bisher in keinem Bundesbrief geregelten Religionsverhältnisse und hier insbesondere das Prinzip der lokalen konfessionellen Selbstregelung.

Damit waren die alten institutionellen Strukturen festgeschrieben und sogar verstärkt worden[110]. Die Reformation griff aber auch in die in den vorhergehenden 50 Jahren entwickelten Formen politischen Zusammenwirkens massiv ein. Die reformierten Orte schafften die ostentativen Gebetsformen, Prozessionen und Schlachtjahrzeit ab[111]. Ein gemeinsamer militärischer Auszug fand nicht mehr statt. Wichtiger für die Frage der Integration war jedoch, dass das Auszugsheer aus Bürgern durch die professionellen Soldheere ersetzt wurde. Der Krieg als Ort gemeinsamen Handelns und Katalysator politischer Integration wurde damit ausgeschlossen. Die Weigerung Zürichs, auf die Heiligen zu schwören, führte zu einem heftigen Streit um die Erneuerung der Bündnisse. Zum letzten Mal bekräftigen die Bündnispartner ihre Verträge am 29. Juli 1526, nach langen und zähen Verhandlungen[112]. Als militärische Begegnungen inszenierte Staatsbesuche fanden, nach ei-

---

109) EA 4, 1b (wie Anm. 105), Beilagen 19a–19cd, S. 1567–1577 (V Orte mit Zürich, V Orte mit Bern, V Orte mit Basel, V Orte mit Schaffhausen).

110) PEYER, Verfassungsgeschichte (wie Anm. 12) S. 144. Im Vergleich mit der Entwicklung im Reich: BRADY, Cities and state-building (wie Anm. 7) S. 249–250: »The Reformation and Counter-Reformation ruptured either the internal unity, the relations with other cities or both, and their permanent divisions helped to stabilize and even ossify the larger frameworks of political life in both the Empire and the Confederation, with similar results: religious diversity and the decentralization of governance.«

111) In Zürich wurde am 7. Mai 1524 die anlässlich der Schlacht bei Dättwil (1351) gestiftete Wallfahrt nach Einsiedeln abgeschafft. Der Zürcher Chronist Stumpf nennt als regelmässige Teilnehmer über 1800 Männer (*uß jeglichem huß ein manßperson [...] und kein wyb*) und teilt mit, es seien so grosse Kosten entfallen. Er deutet an, dass Schwyz und Einsiedeln vor allem wegen des Ausfalls der Einnahmen (und erst in zweiter Linie *von ires angenommen gloubens wegen*) *des ubel zufriden* waren. Johannes STUMPF, Schweizer- und Reformationschronik, hg. v. Ernst GAGLIARDI, Hans MÜLLER et al. (Quellen zur Schweizer Geschichte, N.F., Abt. 1, 5, 1–2) (Basel 1952–1955) 1, S. 197. Vgl. auch: Peter JEZLER, »Da beschachend vil grosser endrungen«. Gerold Edlibachs Aufzeichnungen über die Zürcher Reformation 1520–1526, in: Bilderstreit. Kulturwandel in Zwinglis Reformation, hg. v. Hans-Dietrich ALTENDORF, Peter JEZLER (Zürich 1984) S. 50–54.

112) William E. RAPPARD, Du renouvellement des pactes confédéraux (1351–1798) (Beschwörung und Erneuerung der Bünde) (Zeitschrift für Schweizerische Geschichte, Beiheft 2, Zürich und Leipzig 1944); Georg KREIS, Un plébiscite de tous les jours? Renouvellement formel et informel de la Confédération helvétique, in: Histoire et belles histoires de la Suisse. Guillaume Tell, Nicolas de Flüe et les autres, des

nem mehrjährigen Unterbruch, zwar wieder statt, wurden aber verstärkt zur Einbindung der Untertanen genutzt und beschränkten sich auf die Eidgenossen der eigenen Konfession[113]. So wurde 1578 das Bündnis der sieben katholischen Orte mit dem Wallis feierlich erneuert. Teil der barocken Festlichkeiten mit weinspendenden Brunnen, Schauspielen und dergleichen waren die bewährten Empfangskomitees von gerüsteten Knaben und Bürgern[114].

6. Integration in der Eidgenossenschaft in der Mitte des 16. Jahrhunderts

An die Stelle der alten Integrationsformen traten neue, welche Obrigkeiten und Untertanen innerhalb und zwischen den einzelnen Staaten in ein System gegenseitiger Verpflichtung einbanden. Gegen die Mitte des 16. Jahrhunderts wird die »schweizerische Sitte« der Wappen- und Fensterschenkung zum Massenphänomen[115]. Wappen- und Fensterschenkungen hatten ihre Wurzeln in den Baubeiträgen von Gemeinden und kirchlichen Institutionen[116]. Im Lauf des 15. Jahrhunderts erliessen alle Städte Gesetze, dass neue Häuser in Stein gebaut werden sollten. Entsprechend unterstützte die städtische Kasse die Bürger vermehrt mit Beiträgen für Fenster und, in Übertragung, für die leicht transportierbaren und massenhaft produzierbaren Scheiben. Zu Beginn des 16. Jahrhunderts schwollen die Anfragen nach und die Schenkungen von Fenstern und Scheiben stark an. Nach einem

---

Chroniques au cinéma. Actes du colloque [...] tenu les 6 et 7 mai 1988 à l'Université de Lausanne (Itinera 9, Basel 1989) S. 53–62.

113) Zum städtischen Fest als Integrationsort von Eidgenossen und Untertanen und den nach der Reformation eintretenden Veränderungen vgl.: Thomas Maissen, »Unser Herren Tag« zwischen Integrationsritual und Verbot: Die Zürcher Kirchweihe (Kilbi) im 16. Jahrhundert, in: Zürcher Taschenbuch auf das Jahr 1998 (Zürich 1997) S. 191–236.

114) Zehnder, Volkskundliches (wie Anm. 73) X.B. 12.A. 5.3.

115) So der Titel des bis heute grundlegenden Werks: Hermann Meyer, Die schweizerische Sitte der Fenster- und Wappenschenkung vom XV. bis XVII. Jahrhundert. Nebst Verzeichnis der Zürcher Glasmaler von 1540 an und Nachweis vorhandener Arbeiten derselben. Eine kulturgeschichtliche Studie (Frauenfeld 1884). Die neuere kunsthistorische Literatur zur kleinformatigen Glasmalerei ist abundant: Siehe die Bibliographie in: Rolf Hasler, Die Scheibenriss-Sammlung Wyss. Depositum der Schweizerischen Eidgenossenschaft im Bernischen Historischen Museum, 2 Bde. (Bern 1996). Zur Schenkungspraxis s. jetzt: Barbara Giesicke, Mylène Ruoss, In Honor of Friendship: Function, Meaning, and Iconography in Civic Stained-Glass Donations in Switzerland and Southern German, in: Painting on Light. Drawings and Stained Glass in the Age of Dürer and Holbein, hg. v. Barbara Butts und Hendrix Lee (Los Angeles 2000) S. 43–55, im Grundsatz immer noch basierend auf Meyer. Der in diesem Artikel angeführte »historische Rückblick« kommt leider ohne die Erkenntnisse der Geschichtswissenschaft aus. Vgl. zudem: Franz Bächtiger, Die »Schweizerscheibe« als Medium eidgenössischer Selbstdarstellung, in: Einer Eidgenossenschaft zu Lob – Die Scheibenriss-Sammlung Wyss (Bern 1997) S. 44–46.

116) Meyer, Sitte (wie Anm. 115) S. 23–24.

kurzen Einbruch während der Reformationszeit wurde die Praxis auch über die konfessionellen Grenzen hinaus wieder aufgenommen und erreichte ihre höchste Intensität im letzten Viertel des 16. Jahrhunderts. In diesem Zeitraum verschenkten die Stände der schweizerischen Eidgenossenschaft Hunderte von Fenstern und Wappenscheiben an ihre Miteidgenossen, an Klöster und Adlige, an eigene und fremde Amtleute, Gesellschaften und Untertanen.

Auch in den nördlich an die Eidgenossenschaft angrenzenden Gebieten war die Stiftung von Wappenscheiben anlässlich von Neubauten oder Einweihungen ein beliebtes Mittel, Präsenz zu markieren[117]. Nur im direkten Einflussbereich der eidgenössischen Orte und ihrer Zugewandten entwickelte sich aber ein hierarchisch strukturierter Tauschhandel mit solchen Objekten. Als Stifter traten alle regierenden Orte der Eidgenossenschaft auf, aber auch geistliche Herren wie beispielsweise die Fürstäbte von St. Gallen oder Einsiedeln, Städte und Talschaften, die Vertreter der Herrschaft in den ländlichen Untertanengebieten und schliesslich Gesellschaften und Zünfte. Alle diese Instanzen waren auch Empfänger von Standesscheiben. Darüber hinaus baten in grosser Zahl Gemeinden, Wirte, Amtsleute in Stadt und Land – vom Baumeister bis zum Seckelschreiber, Pfarrer und schliesslich ›gewöhnliche‹ Untertanen um Scheiben für neuerbaute oder renovierte Häuser, und zwar nicht nur die eigene Obrigkeit, sondern auch alle anderen eidgenössischen Orte. Die Schenkung war eine Gunstgewährung, welche, dies machen die erhaltenen Dankesnoten deutlich, die Empfänger *ganz willig zu verdienen* versprachen. Entsprechend konnte die Bitte um eine Schenkung von Verweisen auf die Verdienste des Bittstellers begleitet sein[118]. Fasst man jede Schenkung als Aufnahme und Aktualisierung einer Beziehung auf, so ergibt sich das Bild eines Geflechts gegenseitiger, aber ungleicher Beziehungen. Dieses entspricht aber nicht einfach dem von der Verfassungsgeschichte gezeichneten Bild, das 13 souveräne, durch ewigwährende Verträge verbundene Orte zeigt, die zusammen oder einzeln mit Verbündeten und Untertanen in vertikal strukturierten Beziehungen stehen. Auffällig ist vielmehr, dass die Untertanen und Institutionen aller Orte mit den Regierungen aller Orte über die Scheibenschenkungen verbunden sind – oder umgekehrt ausgedrückt: dass ein einzelner Herrschaftsträger symbolisch im ganzen von den eidgenössischen Territorien umfassten Raum präsent und von den Einwohnern aller Territorien anrufbar war.

Die im Auftrag der Stände hergestellten Scheiben enthalten klar umschriebene Inhalte. Im Hauptbild erscheinen vor allem Bannerträger und Wappenschilde der gebenden Orte,

---

117) Barbara BUTTS, Lee HENDRIX, Drawn on Paper – Painted on Glass, in: Painting on Light (wie Anm. 115) S. 1–16.

118) z. B. Hans LEHMANN, Zur Geschichte der Glasmalerei in der Schweiz (Leipzig 1925) S. 52: Landammann Niklaus von Flüe werden Fenster und Wappen im Jahr 1584 von der Tagsatzung (d. h. von allen Orten) bewilligt wegen der grossen Verdienste seines Vaters, Landammann Walther, dessen Vater der selige Bruder Klaus war.

während die Zwickelbilder Pflanzenwerk, mit zunehmender Häufigkeit auch Figuren enthalten. Besonders beliebt sind im ersten Drittel des 16. Jahrhunderts symmetrisch ange-
brachte Speerkämpfer oder Hellebardiere, später erscheinen hier vermehrt Darstellungen
aus der biblischen und eidgenössischen Geschichte. Auf den für Private und Orte der Ge-
selligkeit wie Badstuben und Wirtshäuser vorgesehenen Scheiben erscheinen zu diesem
Zeitpunkt Darstellungen geselliger Aktivitäten. Zwischen Haupt- und Zwickelbild bestehen in der Regel gewisse motivische Verbindungen. Die Bilder aus der Gründungsgeschichte tauchen vor allem auf Scheiben von Uri, Schwyz und Unterwalden auf. Im
Hauptbild erscheinen nun zentral diejenigen Zeichen, welche am unmittelbarsten und ein-
deutigsten die Herrschaftsberechtigung der Stifter repräsentieren: Wappen und/oder Banner. Die Wappen sind zu einer Pyramide zusammengefügt: ein Schild oder zwei einander
sich in ›courteoisie‹ zugeneigte Schilde sind von Reichsschild und -krone überhöht. Seit
der standardsetzenden Serie, welche Lukas Zeiner 1506 für den Tagsatzungssaal in Baden
herstellte[119], betonen in der Regel zwei Schildhalter die Symmetrie der Darstellung. Als
Schildhalter erscheinen Tiere oder bewaffnete Männer. Letztere sind immer als ein Paar
unterschiedlich gekleideter und ausgerüsteter Krieger dargestellt. Frauen als Schildhalte-
rinnen sind auf den für die »gemeinen Häuser« bestimmten Standesscheiben praktisch
nicht auszumachen[120]. Der Typus des Bannerträgers tritt gelegentlich als Schildhalter auf,
ist aber auch ein eigenständiges Bildmotiv, welches vor allem die Scheiben von in den städtischen Untertanenverband eingebundenen Städten und Landschaften auszeichnet. Der
Bannerträger ist wie die Schildhalter immer gerüstet. Während die Standesscheiben und in
besonderem Masse die um die Wappen der Vogteien erweiterten Ämterscheiben das Hoheitsrecht eines Ortes repräsentieren, weisen Schildhalter und Bannerträger auf den besonderen Aspekt des Kriegsfähigkeit hin.

Die bemalten Scheiben schmückten grundsätzlich Innenräume; sie sind von aussen
zwar erkennbar, aber nicht sichtbar[121]. Von Herrschaftsträgern gestiftete Standesscheiben
erscheinen nun allerdings ausschliesslich in Innenräumen mit öffentlichem Charakter: in

---

119) Jenny SCHNEIDER, Die Standesscheiben von Lukas Zeiner im Tagsatzungssaal zu Baden (Schweiz).
Ein Beitrag zur Geschichte der schweizerischen Standesscheiben (Basel 1954).
120) Zwar zeigen einige Scheiben aus einer dem Luzerner Glasmaler Oswald Göschel zugeschriebenen Serie von 1505 eine Reihe von Frauenfiguren als Wappenhalterinnen. Dies ist aber eine früh angesetzte Ausnahme, die eine Parallele in einer monumentalen Wappendarstellung aus dem Jahr 1480 in Luzern findet.
Im übrigen ist nicht bekannt, für welches Gebäude die Serie bestimmt war. SCHNEIDER, Standesscheiben
(wie Anm. 119) S. 107: Die Serie von 1505 sei »für eine nicht mehr nachweisbare Ratstube« hergestellt worden. Schneider bemerkt, das die Anwesenheit von »vornehme[n] Herren und Damen, »das hochoffizielle
Gepräge mehr oder weniger gemildert« habe, »und das Glasgemälde sich eher der bürgerlichen Wappenscheibe näherte«. Aus dem Überlieferungszusammenhang kann nicht geschlossen werden, dass die Serie
überhaupt für eine Ratstube gefertigt wurde.
121) Wenigstens im Zusammenhang mit den Kabinettscheiben scheint diese Tatsache bisher nicht auf ihre
Auswirkungen auf den Adressatenkreis der Bilder hin befragt worden zu sein. Hans LEHMANN, Geschichte

Rats- und Gesellschaftshäusern, Wirts- und Schützenhäusern sowie Kirchen. Das Bild selbst nimmt Bezug auf diesen öffentlichen Raum. Die Wappenpyramide als Repräsentation der herrschaftlichen Stellung steht im Zentrum, umgeben von bewaffneten Männern, welche die Kriegsfähigkeit und damit die staatliche Funktion der Vollbürger verkörpern. Die Darstellungen der Zwickelbilder unterstützen die im Hauptbild ausgedrückten Aspekte: Zum Beispiel weisen Zweikampf oder Schlacht darauf hin, dass zum Bürgerrecht auch die Bürgerpflicht, der Kampf für das Gemeinwesen, gehörte, die Szenen aus der Gründungsgeschichte dagegen geben einen Hinweis auf den »ersten« Bund der Eidgenossen, der zum bestehenden Zustand geführt hat.

Baten Kirchgemeinden oder Klöster um Scheibenstiftungen, wurde dieses politische Bildprogramm ausgeweitet. Heilige als Schildhalter dominieren, in Zwickelbildern und im Hintergrund erscheinen biblische Szenen[122]. In Fortführung der vor der Reformationszeit gepflegten Bildsprache schenkten seit den 1540er Jahren auch die reformierten Stände weiter Standesscheiben mit ihren Stadtpatronen als Schildhalter an Klöster[123]. Die Weiterführung der hergebrachten Bildsprache auch in den reformierten Orten war durch Zwinglis explizite Aussage legitimiert, Kirchenfenster böten sich nicht zur Anbetung dar, dürften also auch nicht zerstört werden[124]. Zugleich bot sich hier den reformierten Orten die Möglichkeit, die Kontinuität ihrer Hoheit über die Kirche zu zeigen. Der Anspruch auf die staatliche Kontrolle der kirchlichen Angelegenheiten erstreckte sich dabei nicht nur auf

der Luzerner Glasmalerei von den Anfängen bis zu Beginn des 18. Jahrhunderts (Luzern 1941) S. 36, beschreibt sie immerhin bezüglich der Darstellungen in der Luzerner Chronik des jüngeren Diebold Schilling: »Auffallend ist, dass in den zwar nicht zahlreichen Kirchen- und Klosterfenstern der Schillingschen Chronik nie Glasgemälde eingezeichnet sind, obschon, wie die Einträge in den Ungeldbüchern beweisen, solche vom Rate in Luzern häufig gestiftet wurden. Ebenso fehlen sie stets in den Fenstern der Aussenansichten der Häuser, wohl weil sie nicht nach aussen leuchteten und darum nicht auffielen.«

122) Zum Einfluss des Bestimmungsorts auf die Wahl des Bildinhalts vgl. auch Schneider, Standesscheiben (wie Anm. 119) S. 107–108.

123) Am bekanntesten sind die vom Zürcher Glasmaler Jos Murer und dessen Sohn im Jahr 1579 für den Kreuzgang des Klosters Wettingen geschaffenen Glasgemälde (je eine Scheibe mit der Wappenpyramide mit Schildhaltern und eine Scheibe mit den Patronen): Peter Hoegger, Kloster Wettingen (Glasmalerei im Kanton Aargau 2) (Aarau 2002). Zum Weiterleben der Stadtpatrone nach der Reformation: Thomas Maissen, La persistance des patrons. La représentation de Zurich avant et après la Réforme, in: La ville à la Renaissance, hg. v. Gérald Chaix, Tours (im Druck). Ich danke Thomas Maissen dafür, dass er mir das Manuskript zur Verfügung gestellt hat.

124) In einem Brief an den Alt-Landschreiber von Uri, Valentin Compar, ca. 1525: *Wir habend ze Zürich die tempel all gerumt von den götzen, noch sind vil bilder in den fenstren; füerend ouch etlich uf dem land zů und zerwurfend die fenster, wie wol ich nit mee denn an einem ort sölchs fürgnommen syn vernommen hab. Also für die oberkeit zů, hieß die selbigen still ston, ursach, si fürtind in ghein abgötterey, und achtete man jro zů gheinem anbeten, eeren oder dienen ...* Zit. nach Hans Lehmann, Die Glasmalerei in Bern am Ende des 15. und am Anfang des 16. Jahrhunderts, Anzeiger für schweizerische Altertumskunde N.F. 18 (1916) S. 318, Anm. 1.

die eigenen Untertanen. Durch das Anbringen von Standesscheiben auch in Kirchen ausserhalb ihrer Territorien, in denen die Stifter nicht einmal Kollatur- oder andere Rechte besassen, wurde er vielmehr als grundsätzliches Prinzip formuliert. Mit ihren Wappenscheiben waren so die Verbündeten, die ja immerhin über die Kriege und andere äussere politische Handlungen des Orts mitbestimmten, symbolisch an zentraler, öffentlicher Stelle präsent[125].

Während sich die Parameter ›Herrschaft‹ und ›Kriegsfähigkeit‹ direkt aus dem Bild ableiten lassen, ist die normative Aussage der Standesscheibe nur unter Einbezug des Motivkontexts einerseits, andererseits der Handlungszusammenhänge, in welchen die gleiche Symbolik auftauchte, zu rekonstruieren. In der Reihung mit anderen Standesscheiben verwiesen die Standesscheiben auf den eidgenössischen Bund. Die bewaffneten Schildhalter bilden in ihrer Reihung die Versammlung der eidgenössischen Bannerträger ab. Dieser Zug der Bannerträger ist die früheste fassbare symbolische Darstellung der Eidgenossenschaft. Sie erscheint erstmals als Bild im dritten Band der amtlichen Chronik der Stadt Bern von Diebold Schilling (nach 1474, vor 1483)[126]. Damit wird hier die gleiche Verbindung von Wappen und Bewaffneten als Symbol der eidgenössischen Bündnisverpflichtung wie bei den festlichen Empfängen fassbar. Im Doppelsymbol von Wappen und Kriegern erscheint die Eidgenossenschaft als Herrschafts- und Waffengemeinschaft. Als solche war sie in den Ratshäusern und Schützenstuben der eidgenössischen Städte und Länder repräsentiert. Die gegenseitigen Scheibenschenkungen der Orte traten damit an die Stelle der gegenseitigen Leistungen, welche die Bundesbriefe von den Partnern forderten, bzw. diesen versprachen. Eine solche Verpflichtung bestand auch zwischen den Obrigkeiten und den von ihnen beschenkten Amtleuten und Untertanen. Die Amtleute hatten sich bereits um den Staat »verdient gemacht«, andere Personen baten um Wappenscheiben als Gegenleistung für einen Dienst, den sie oder ihre Vorfahren geleistet hatten. Die Gewährung der Bitte um eine Wappenscheibe ist deshalb als Anerkennung, die Wappenscheibe als äusseres Zeichen der Zugehörigkeit zur Gemeinschaft aufzufassen. Im Komplex von Leistung und Gegenleistung erscheinen Obrigkeit und Untertanen als ungleiche, aber aufeinander angewiesene Partner. Der Weg von der schriftlichen Bitte um eine Scheibe bis zu deren Anbringung lief von der eigenen Obrigkeit über den Begegnungsort Tagsatzung zur Obrigkeit des anvisierten Ortes. Damit wurde gleichzeitig die Verbindung zu den eigenen Herren wie zur »Eidgenossenschaft« aktualisiert. Die Wappenscheiben zeichneten ihren Besitzer als Eidgenossen aus, zugleich repräsentierten sie das Verhältnis der ganzen Kommune den Verbündeten gegenüber. In ihrer Gesamtheit markierten die Wappenscheiben das eidgenössi-

---

125) Im Detail ausgeführt am Beispiel von Scheibenschenkungen und der gegenseitigen Verehrung von heraldischen Denkmälern zwischen Uri und Luzern in: SCHMID, Geschichte im Bild (wie Anm. 87).
126) Schilling, Berner Chronik, Faksimile (wie Anm. 51), III, S. 5 (Initiale); S. 8: Bannerträger der Verbündeten Berns: Freiburg, Glarus, Schwyz, Appenzell, Bern, Zug, Zürich, Solothurn, Uri, Luzern, Obwalden, Biel, davor Musikanten und der Urner Harsthornbläser. (Vgl. Anm. 4).

sche Gebiet als ganzes. Es sind denn auch öffentliche Gebäude am Rand der Eidgenossenschaft und an Passstrassen, die besonders häufig ausgestattet wurden. Wie es 1542 Bürgermeister und Rat des unter Zürcher Herrschaft stehenden Städtchens Stein am Rhein vor
der Tagsatzung begründeten: *das wir inen sollice Fenster und unser Eerenwappen darin-*
nen schenken wollen in Ansechen, das sy in Anstossen des Rhins gelegen und vil frömds
Volks daselbst hinkomme. Die Bitte war speziell an die Zürcher Herren und die *Herren*
und Oberen jedes Ordt gerichtet mit der Versicherung, dies *um unsere Herren und Obe-*
ren und jedes Ordt insunders ganz willig zu verdienen. Alle 13 Orte entsprachen dem
Wunsch. Im Rathaus hingen aber auch Scheiben der Städte Wil, Brugg, Baden, Mellingen,
Lenzburg, Aarau, Kaiserstuhl, Steckborn, Mülhausen, Buchhorn (Friedrichshafen), Rott-
weil, St. Gallen, Frauenfeld, Winterthur und des Städtchens selbst[127]. Hier ist die Eidgenossenschaft der Mitte des 16. Jahrhunderts in nuce fassbar, sowohl aus der Sicht der Herrschaftsträger wie aus der Sicht der einzelnen Kommunen. Letztere stehen in einem
Geflecht von Beziehungen, deren wichtigste die Eidgenossenschaft ist. Deren Obrigkeiten wiederum sind auch mit den Untertanen ihrer Bundesgenossen verbunden. Zusammen
bilden sie »die Eidgenossenschaft« als Beziehungsgeflecht und Herrschaftsraum, an dessen Grenzen die Begegnung mit dem »fremden Volk« stattfindet.

Bei jeder Scheibenschenkung wurde der Aussagekomplex Herrschaft – Eidgenossenschaft – gegenseitige Leistung angerufen. Die Integrationskraft der Scheibenschenkungen
erscheint wohl am deutlichsten in der Tatsache, dass sie nach den konfessionellen Auseinandersetzungen wieder aufgenommen werden. Ihre grösste Intensität errreichten sie zum
Zeitpunkt erneut zunehmender politisch-konfessioneller Spannungen unter den Eidgenossen am Ende des 16. und zu Beginn des 17. Jahrhunderts. Die Scheibenschenkung als
eine auf Repräsentationen basierende politische Praxis hatte, so scheint es, Krieg, Besuch,
Liturgie und Bundesschwur als auf Präsenz angewiesene, symbolisch unterfütterte Formen, mit denen die Verbindungen der Eidgenossen untereinander aktualisiert wurden, erfolgreich ersetzt.

---

127) MEYER, Fenster- und Wappenschenkung (wie Anm. 115) S. 293–294. Zitat S. 294: *Uff diesen Tag ist*
vor uns gemeiner Eidgenossen Rathsbotten erschienen Burgermeister und Rath der Statt Stein Ersam Bott-
schafter und anzeigt, wie das sine Herren von Stein ein nüw Ratthus erbuwen, darumb siner Herren hoch-
geflissen und ernstlich bitt sye, das unsere Herren und Oberen jedes Ordt inen ein Fenster und ir Eeren-
wappen darin schenken, das begeren sy um unsere Herren und Oberen und jedes Ordt insunders ganz willig
zu verdienen. Demnach unser lieben Eidgenossen von Zürich gesandten von wegen und uss Befelch siner
Herren uns auch freundlich gepätten, das wir inen sollice Fenster und unser Eerenwappen darinnen schen-
ken wollen in Ansechen, das sy in Anstossen des Rhins gelegen und vil frömds Volks daselbst hinkomme.
(20. März 1542, Notiz des Zürcher Gesandten).

7. Wege der Integration in der schweizerischen Eidgenossenschaft

Ausgangspunkt der Überlegungen zu politischen Integrationsbewegungen in der schweizerischen Eidgenossenschaft war deren bildliche Repräsentation in der 1507 erschienenen Chronik Petermann Etterlins. Demnach war die Eidgenossenschaft im ersten Jahrzehnt des 16. Jahrhunderts eine beschreibbare Grösse mit fassbaren Strukturen. Sie verfügte über eine politische Begrifflichkeit, welche die Bundesstruktur und damit die Position der einzelnen Partner innerhalb des Bundes vermittelte. Diese enthielt eine historische Dimension, welche Geschichtsschreibung, Urkundenbücher und die Urkunden selbst argumentativ ausführten und ideologisch einbanden.

Die ältere Verfassungsgeschichte hat, basierend auf der seit dem Ende des 15. Jahrhundert erscheinenden Idee, das Zustandekommen dieses Gebildes als Resultat zielgerichteter Bündnispolitik zur Abwehr äusserer Feinde und zur Vermeidung innerer Konflikte begriffen. Neuere Studien haben den Blick von der frühneuzeitlichen Eidgenossenschaft weg auf die verschiedenen Herrschaftsträger im Raum gerichtet und das Zusammengehen der dreizehn Orte von 1513 als langwieriges, konfliktreiches, von Opportunität und der europäischen Machtkonstellation bestimmtes Herauskristallisieren einer Interessengemeinschaft charakterisiert. Dabei spielten gemeinschaftsstiftende Handlungen eine wesentliche Rolle. Diese erscheinen mit wenigen Ausnahmen erst gegen Ende des 15. Jahrhunderts gehäuft. Ein Grossteil sind bewusst von den Regierungen inszenierte Rituale, die ihren Hintergrund im Herrschaftshandeln haben. Die Anrede als Brüder wie überhaupt der Gebrauch der Metaphorik der Brüderlichkeit, von langer Hand geplante diplomatische Begegnungen, die Erneuerung der Bündnisse im gegenseitigen Eid und andere, hier nicht näher geschilderte Rituale wie beispielsweise die Kreuzgänge nach Einsiedeln[128] gehören dazu. Auf der anderen Seite werden Äusserungen eines auch breitere, vor allem männliche Gruppen der Bevölkerung erfassenden Zusammengehörigkeitgefühls erkennbar. Hier lassen sich die Beschimpfungen zwischen Landsknechten und »Schweizern« anführen. Allerdings werden die gleichen Epitheta während der reformatorischen Auseinandersetzungen ohne Übertragungsprobleme auch auf den jeweiligen Gegner innerhalb der Eidgenossenschaft angewandt. Auch andere unterscheidende Zeichen – in der Regel sind auch sie zunächst mit der Kriegskultur verbunden und werden von da in den bürgerlichen Alltag hinübergenommen – verbreiten sich dank dem intensiven Austausch zwischen den verschiedenen Gruppen der Bevölkerung im ganzen Raum: die ursprünglich negativ konnotierte Modefarbe gelb, der »Schweizerdolch« als kostbares Merkmal des reichen (und reichgewordenen) Mannes oder auch das »Beten mit zertanen Armen« als zunächst in den

---

128) Dazu: Christian Sieber, Adelskloster, Wallfahrtsort, Gerichtsort, Landesheiligtum – Einsiedeln und die Alte Eidgenossenschaft, Mitteilungen des Historischen Vereins des Kantons Schwyz 88 (1996) S. 41–51.

Länderorten gebräuchliche Gebetshaltung. Letzteres Beispiel weist zurück auf die eingangs formulierte Forderung, wonach politische Integration in der Eidgenossenschaft aus
der Sicht der Handlungsträger zu betrachten sei. Dieser Ansatz rückt den Anteil der einzelnen Herrschaftsträger im Raum und der verschiedenen sozialen Gruppen innerhalb der
Gemeinden an der Ausformulierung der Eidgenossenschaft auf praktischer und normativer Ebene in den Blick.

Bei der Wahl der Beispiele wurde Wert darauf gelegt, auf die Wechselwirkungen zwischen kommunaler und eidgenössischer Ebene hinzuweisen und, wo möglich, die Über-
tragungswege von Ideen und Konzepten aus konkreten Handlungszusammenhängen auf
die normative Ebene der Bündnisse zu zeigen. Am Bruderbegriff lässt sich der Weg von
der hochoffiziellen Bündnissprache Berns zum Stanser Verkommnis und von da zum Einbezug der Talschaften, die damit einhergehende Verengung auf die in Stans vertragsschliessenden »acht Orte« und schliesslich die im Bundesbrief Basels wahrnehmbare Auffassung dieses Begriffs als distinkt »eidgenössisch« verfolgen. Zeitlich und räumlich kann
die Übertragung des alten Begriffs auf die neuen Verhältnisse genau festgelegt werden:
Diebold Schilling führt ihn nach 1474 konsequent ein, und auch in den Burgrechten Berns
taucht er in den gleichen Jahren auf. Ist die zeitliche Übereinstimmung mit der ersten
schriftlichen Niederlegung einer kohärenten Gründungsgeschichte im angrenzenden Obwalden ein Zufall? Die ritualisierten politischen Begegnungen sind ebenfalls ab diesem
Zeitpunkt fassbar. Es gibt zwar durchaus frühere Nachrichten von Fastnacht- und Kirch-
weihbesuchen verbündeter Kommunen[129], deren detaillierte Beschreibung erscheint aber
erst jetzt, und zwar in der amtlichen Chronistik – ein Zeichen der Bedeutung, die solchen
Anlässen beigemessen wurde, und des Willens der Obrigkeiten, die Details der zum Tragen kommenden »rituellen Sprache« festzuhalten, damit die erwiesene Freundschaft künftig »mit gleichem« vergolten werden konnte.

Gerade die ritualisierten Begegnungen waren darauf angelegt, Spannungen zwischen
den Bevölkerungsgruppen innerhalb der einzelnen Kommunen und zwischen den verbündeten Orten in kontrollierte politische Handlungsabläufe zu kanalisieren. Die kom-

---

129) Tschachtlans Bilderchronik. Faksimile-Ausgabe der Handschrift Ms. A 120 der Zentralbibliothek Zürich. [Kommentarband mit Artikeln und Transkription], hg. von Alfred A. SCHMID (Luzern 1988) S. 416:
*Von der grossen vorvaßnacht, so ze Bern was./Do man zalt M CCCC LXV jar, am achtenden tag nach un-
ser fröwen tag zur liechtmes, do erhůb sich die grosse vorfasnacht ze Bern; und kamen uff die vaßnacht unser lieben Eydgenossen von Lutzern, Uri, Switz, Underwälden und ander, nit allein von dem gewält, ouch
von den gemeinden ein michel teil. Öch kamen har unser lieben mitburger von Friburg, unser lieben eydgenossen von Solotern, von Sanen, öch uß miner herren gebietten und landen ummendum har, und ward
ein frölich, frisch, gůtt geselschaft und frúntlich leben ze Bern in der statt und zergiert mitt grossem lieb.*
Auch Maissen weist darauf hin, dass die Kilbi in Zürich zwar schon am Ende des 15. Jahrhunderts ein grosser Anlass ist, aber »zu Beginn des 16. Jahrhunderts ganz andere Dimensionen« erlangt. MAISSEN, »Unser
Herren Tag« (wie Anm. 113) S. 211.

munalen Führungsgruppen näherten sich in der zweiten Hälfte des 15. Jahrhundert einander in Herkunft, Auftreten, ideologischer Ausrichtung und Regierungsstil immer mehr an. Sie konnten auf wohl etablierte Kommunikationsmuster zurückgreifen und verfügten über eine gemeinsame politische Sprache. Diese wurde auch in die einzelnen Orte zurückvermittelt und in den politischen Alltag eingeführt. Zugleich lassen sich aber erste Abschliessungstendenzen feststellen; die breite Beteiligung der männlichen Bevölkerung am Regiment erhielt so die ersten sichtbaren Einschränkungen. In einzelnen Orten veränderte sich die soziale Zusammensetzung der Führungsschicht mit den reformatorischen Bewegungen, indem mit den Predigern, Druckern und Gelehrten »homines novi« aus der Mittelschicht aufgrund ihrer intellektuellen Bildung im engsten Machtbereich Fuss fassen konnten. Die gegenseitige Annäherung der Bevölkerungen der einzelnen Orte ist wesentlich schlechter zu fassen. Immerhin wird deutlich, dass sie nicht automatisch parallel zu derjenigen der Führungsgruppen lief. Mit den Burgunderkriegen und den nachfolgenden Feldzügen kamen sich breite Schichten vorwiegend der männlichen Bevölkerung näher. Die Annäherung wurde durch die Besuche und die in Begrüssungsritual und Wettkampf ritualisierte Kriegsübung wohl bei allem inhärenten Konfliktpotential befördert. Das gemeinsame Handeln verstärkte aber auch die Gefahr, dass sich die nicht an der Regierung beteiligten Personen zusammentaten, das Recht zum selbständigen politischen Handeln für sich in Anspruch nahmen und so die bestehenden Obrigkeiten konkurrierten. Der militärische und wirtschaftliche Erfolg, welchen die Kommunen nur mit Verbündeten erringen konnte, weckte Begehrlichkeiten: Wie es die genossenschaftlichen Formen nahelegten, beharrten breitere Gruppen der Bevölkerung darauf, als Eidgenossen dazuzugehören und damit auch die Früchte der Kriegszüge zu ernten. Der Erfolg der horizontalen politischen Integration trug die Gefährdung der entstandenen Struktur in sich. Als Reaktion intensivierten die Obrigkeiten die vertikalen Integrationsformen. Mit den politischen Ritualen der Begegnung und des Eidschwurs wurde allen Beteiligten nicht nur ihre Position als Bürger und Eidgenossen, sondern zugleich ihre Position gegenüber den Machthabern vor Augen geführt. Mit dem Bundesschwur, dem Übergang vom Auszugsheer zu professionellen Soldregimentern sowie der reformierten Absage an öffentliche Gebetsformen, Wallfahrt und Heiligenkult fielen nunmehr etablierte Begegnungsorte weg. In die Lücke trat das auf der Idee der gegenseitigen Verpflichtung basierende Ritual der Scheibenschenkung. Die Scheiben als solche repräsentierten als Hoheitszeichen den Herrschaftsraum »Eidgenossenschaft«.

Und damit ist wohl der entscheidende Wandel angesprochen, der zwischen den Eidgenossenschaften von 1350 und 1550 steht: In der Mitte des 16. Jahrhunderts liegt über dem im Bedarfsfall nach gewissen Regeln aktualisierten Beziehungsnetz ein Herrschaftsraum, der durch Hoheitszeichen, regelhafte Beziehungen zwischen Herren und Untertanen und Abgrenzungen gegenüber dem »fremden Volk« charakterisiert und unterscheidbar gemacht ist. Dieses Gebilde lässt keinen Herrschaftsträger im Raum, weder Führungsgruppen noch Untertanen, unberührt. Es kann durchaus als Ergebnis »erfolgreicher politischer Integration« angesprochen werden. Zum »Sonderfall« wird die Eidgenossenschaft nach der Mitte des 15. Jahrhunderts in der Auseinandersetzung mit den umgebenden Monarchien, deren Integrationswege in der sich etablierenden Zentralmacht zusammenlaufen.

Wie weit und wie tief? Die politische Integration der burgundisch-habsburgischen Niederlande

VON WIM BLOCKMANS

Theoretische Ausgangspunkte

Wie seltsam es im 21. Jahrhundert auch scheinen möge, ist das Thema der politischen Integration durch das Erbe der Staatenbildung in den vergangenen zwei Jahrhunderten schwer belastet. Historiker haben fast immer, explizit oder implizit, bewußt oder unbewußt, im Auftrag des Staates, in dem sie lebten, gearbeitet. Noch etwas allgemeiner ist die Feststellung, daß man sich die Vergangenheit nur schwer vorstellen kann, ohne dabei mit stillschweigender Selbstverständlichkeit von den Staaten, wie sie sich tatsächlich entwickelt haben, auszugehen. Im großen Forschungsprogramm *The Origins of the Modern State in Europe, 13th to 18th century*, das während der neunziger Jahre des vorigen Jahrhunderts zehn thematische Bände publiziert hat, ist es auffallend zu sehen, wie schwierig es selbst für die ausgewählten Teilnehmer war, über die Paradigmen und Zitierkreise des Staates und Sprachgebiets, zu denen sie gehörten, hinauszuwachsen[1].

Eine genetische Sicht der Dinge, wobei man mehr von den Möglichkeiten ausgeht, die in einer bestimmten Situation auftraten, als davon, das wirkliche Resultat des historischen Prozesses als selbstverständliche Notwendigkeit hinzunehmen, wird nur selten angewendet. So kommt man allzu leichtfertig dazu, den nationalen Staat als logischen Orientierungspunkt, wenn nicht sogar als Endziel aller politischen Integrationsprozesse, die sich seit dem frühen Mittelalter ergeben haben, zu betrachten. In einer solchen Perspektive werden Entwicklungen, die von diesem Muster abweichen, als Ausnahmen oder gar Fehlschläge bewertet.

In den Fällen, in denen sich eine bestimmte Tendenz, nämlich die Bildung *eines* einzigen Staates wie der Niederlande, von denen dieses Referat handeln wird, nicht fortgesetzt

---

1) The Origins of the Modern State in Europe, 13th to 18th Centuries, hgg. Wim BLOCKMANS/Jean-Philippe GENET, 7 Bde. (1995–98), mit noch einem zusätzlichem Band The Rise of the Fiscal State in Europe, c.1200–1815, hg. von Richard BONNEY (1999) und zwei Kongressbände: Visions sur le développement des États européens. Théories et historiographies de l'État moderne, hg. von Wim BLOCKMANS u. Jean-Philippe GENET (1993); The Heritage of the Pre-industrial European State, eds. Wim BLOCKMANS, Jorge BORGES DE MACEDO u. Jean-Philippe GENET (1996).

hat, hat die nationalistische Auffassung zu merkwürdig unwissenschaftlichen Interpretationen geführt. Bekannt ist die Ansicht des prominenten belgischen Historikers Henri Pirenne, der die burgundische Dynastie, und besonders Herzog Philipp den Guten, als den Gründer des belgischen Staates dargestellt hat. Als er das 1902 schrieb, werden seine Leser dabei nicht die humanistische Bedeutung von *Belgium* – die Region der heutigen Benelux-Länder, mit benachbarten Gebieten über die Staatsgrenzen hinaus – vor Augen gehabt haben, sondern den modernen Staat, der sich zu der Zeit als imperialistische Macht entwickelte. Nach dem Ersten Weltkrieg war dies sicher noch ausgeprägter[2]. Die Rolle, die das Haus Wittelsbach in verschiedenen Territorien der Niederlande während fast eines Jahrhunderts, von etwa 1345 bis 1436, spielte, ist ein frappantes Beispiel dafür, daß nicht gelungene dynastische Unternehmen kaum einen entsprechenden Stellenwert in der Geschichtsschreibung bekommen haben.

Die empirische Wirklichkeit gebietet uns jedoch, die Prozesse der Staatenbildung auf nuanciertere Art und Weise zu analysieren. Nicht das Ergebnis des historischen Prozesses sollte unsere analytischen Kategorien bestimmen, sondern die Kennzeichen des eigentlichen Objektes. Dann wird deutlich werden, daß in Europa bis zum Ende des *ancien régime* sehr unterschiedliche politische Systeme lange Zeit nebeneinander existierten, die, wenn man auch nur die wichtigsten aufzählt, eine lange Liste ergeben: die faktisch autonome Landgemeinde oder Stadt, die faktisch weitgehend autonome Herrschaft, der Stadtstaat oder Regionalstaat, die Föderation städtischer oder dörflicher Kommunen oder Territorien, das weltliche oder geistliche Fürstentum, die Personalunion von Fürstentümern, der *multiple state* oder die Monarchie, das dynastische oder wirtschaftliche Imperium. Je nach der Situation ist es daher für eine Analyse des Prozesses der politischen Integration sinnvoll, von einem individuellen Fürsten oder einer Dynastie, von einer städtischen, ländlichen oder sogar staatlichen Führungsschicht als treibender Kraft auszugehen.

Nicht nur während des Mittelalters, sondern auch in den nachfolgenden Jahrhunderten spielte die politische Integration sich also auf verschiedenen Ebenen und in verschiedenen Formen gleichzeitig ab. Welche davon auf lange Sicht die erfolgreichsten waren, hängt von einer Reihe von Faktoren ab, die schon 1975 von Charles Tilly und seinen Mitarbeitern identifiziert wurden[3]. Dabei spielten die Kontinuität der politischen Führung, die verfügbaren *Ressourcen* und der externe Druck oder das externe Vakuum eine zentrale Rolle. Stein Rokkan wies auf die Faktoren politischer Integration hin: der Umfang des Ausbaus eines zentralen Beamtenapparats, die Standardisierung seiner Arbeitsweise, die Kontrolle der Beamten, die Durchdringung der politischen Organisation in der Gesellschaft und die Teilnahme der Untertanen an den Entscheidungsprozessen[4]. In seinem spä-

2) Henri Pirenne, Histoire de Belgique, II (1922) S. 238–269.
3) Charles Tilly (Hg.), The Formation of National States in Europe (1975).
4) Stein Rokkan, Dimensions of State Formation and Nation-Building. A Possible Paradigm for Research on Variations within Europe, in: Tilly, Formation, S. 462–600, bes. 580–597.

teren Werk ging Tilly weiter auf die materielle Basis politischer Systeme ein[5]. Dabei beleuchtete er die Bedeutung des Ausmaßes der Konzentration und Anhäufung des Kapitals für die Möglichkeiten eines Staates, um daraus Steuern zu erheben zu können. Auch betonte er die Pfadabhängigkeit, womit gemeint ist, daß schon bestehende Strukturen und Traditionen die weiteren Entwicklungschancen in hohem Maße steuern. Diese theoretischen Ausgangspunkte werden den Rahmen für meine Analyse der politischen Integration in den Niederlanden bilden.

REGIONALE DIVERSITÄT

Die Niederlande hatten keine natürlichen Grenzen, die den Expansionsdrang der Fürstenhäuser zu einem selbstverständlichen Ende hätten bringen können. In sprachlicher, geographischer und wirtschaftlicher Hinsicht war das Niederrheingebiet eine Einheit mit allmählichen Übergängen, ohne Bruchlinien. Im Südwesten galt das gleiche: um das Artois, Hennegau und die Pikardie wurde zwischen 1465 und 1559 ein langwieriger Krieg geführt, da in dieser fruchtbaren, leicht hügeligen Landschaft den Truppenbewegungen keine großen natürlichen Hindernisse im Wege standen. Die Pikardie, mit der Somme als Grenze, hatte Philipp der Gute 1435 mit einem Rückkaufrecht der französischen Krone erworben, das König Ludwig XI. 1463 auch in Anspruch nahm. Die Wiedereroberung durch Karl den Kühnen war von kurzer Dauer, da sich die Niederlande nicht im Stande sahen, sich dem anhaltenden militärischen Druck Frankreichs an verschiedenen Fronten gleichzeitig zu widersetzen. Hiermit kann also auch festgestellt werden, daß die Kontrolle weit auseinander gelegener Territorien in Personalunion nur zu halten ist, wenn keine nachhaltige, externe Bedrohung besteht.

Wie eigenartig es aus der Sicht Deutschlands und des Reiches auch scheinen möge, in der relativ kleinen Region der Niederlande gab es beträchtliche Unterschiede zwischen den verschiedenen Fürstentümern wegen ihrer geographischen Merkmale, ihrer sozialökonomischen Entwicklung und ihrer verfassungsgeschichtlichen Traditionen. Diversität galt als Normalität. Da empfiehlt es sich, die Bedingungen für die politische Integration anhand der Verschiedenheit der Territorien zu analysieren. Vielfältigkeit und Verschiedenartigkeit scheinen in der Tat nicht nur die charakteristischen Kennzeichen dieser Region zu sein, sondern auch das verbindende Element, das durch ihre strategische Lage am Unterlauf und am Mündungsgebiet der großen Flüsse und an langen Küsten mit vielen Häfen, die im Laufe der Jahrhunderte Verbindungen mit überseeischen Partnern gefördert hatten, gebildet wurde. Gleichzeitig ist die Region durch Grenzlinien unterschiedlichster Art geteilt: die Sprachgrenze zwischen romanisch und germanisch läuft quer durch die Re-

---

5) Charles TILLY, Coercion, Capital and European States, A.D. 990–1990 (1990) S. 1–28.

gion in ost-westlicher Richtung; in Nord-Süd-Richtung verläuft die Grenze zwischen dem Reich und dem Königreich Frankreich an der Schelde entlang; die Grenzen von Bistümern und Fürstentümern fallen nicht mit den eben genannten Linien zusammen. Jedes der Territorien im Süden – Flandern, Hennegau, Brabant, das Fürstbistum Lüttich, Luxemburg (mit dem Artois als einzige Ausnahme) – zählte sowohl germanisch- als auch romanischsprachige Untertanen, und alle weltlichen Fürstentümer in der Region gehörten zu Bistümern, deren Grenzen anders verliefen. Diese vielfältigen Überschneidungen standen der politischen Integration in vieler Hinsicht im Wege, da sie zu mühsamer Verständigung, komplexer Identifikation und einer Vielzahl von Kompetenzstreitigkeiten führten.

Schon seit der römischen Kolonisation bildeten die großen Flüsse die Achsen, entlang derer der Transport von Massengütern am leichtesten stattfinden konnte. Da wuchsen auch im Mittelalter die größten Städte, erst im Tal der Maas, danach in dem der Schelde und am Unterlauf des Rheins. Der Lauf der Flüsse und die Lokalisierung wirtschaftlicher Zentren entlang der Flüsse haben auch einige Territorien mitgestaltet. Entlang der vielen Verästelungen des Unterrheins und der Maas nahmen das Fürstbistum Lüttich und das Herzogtum Geldern ihre bizarren und langgestreckten Formen an. Flüsse schufen auch Verbindungen über die Landesgrenzen hinaus, wodurch sich wirtschaftlich einheitliche Regionen bildeten, die auf der Struktur der Märkte beruhten. Das ausgesprochen dichte Netz der Städte kennzeichnet die Niederlande seit dem elften Jahrhundert. Nach Berechnungen von Jan de Vries erreichte das ›urban potential‹ um 1500 in den südwestlichen Teilen der Niederlande – genauer gesagt: in Flandern und Brabant – 80% des höchsten Vergleichswertes in Europa, nämlich jenem Venedigs. Nur die Region um Neapel zeigte damals eine vergleichbare Dichte, überall sonst war diese wesentlich niedriger[6]. Damit ist ebenfalls ersichtlich, daß der Urbanisierungsgrad innerhalb der Niederlande auseinanderging. Er erreichte in Holland 44%, in Flandern 33% und in Brabant 29%. Überall sonst lagen die Verhältnisse wesentlich niedriger, in Luxemburg mit 12% als geringster Quote. Die größten Städte mit mindestens 20.000 Einwohnern traf man um 1500 ausschließlich in den südlichen Regionen an, und allein in Flandern und Brabant gab es ihrer mehrere. In Flandern war die gesamte Bevölkerungsdichte damals 79 Einwohner pro km²[7]. Es wäre darum unmöglich, in den Niederlanden die Monarchien als die einzige oder selbst als die wichtigste integrierende Kraft zu betrachten. Die städtische Netzwerke bildeten ihre eigene Integration, entlang spezifischer Achsen und in unterschiedlichen Richtungen.

---

6) Jan DE VRIES, European Urbanization, 1500–1800 (1984) S. 158–161.
7) Wim BLOCKMANS, The Low Countries, in: Resistance, Representation and Community, hg. von Peter BLICKLE (1997) S. 365–380; Wim BLOCKMANS/Walter PREVENIER, The Promised Lands. The Low Countries under Burgundian Rule, 1369–1530 (1999) S. 151–154.

Der Extremfall: Flandern

Diese außergewöhnlich intensive, aber auch graduell unterschiedliche Urbanisierung ist ein Kernpunkt für die Erklärung der politischen Integration in den Niederlanden. Die Städte wuchsen ungefähr gleichzeitig mit den territorialen Fürstentümern, und ihre Hilfsquellen bedeuteten für die Fürsten eine wichtige Unterstützung in ihrem Bestreben, Überlegenheit über die großen adeligen Herren zu erlangen. In Flandern manifestierten sich diese Kräfteverhältnisse am frühesten und zeichneten sich am schärfsten ab. Schon in der berühmten Erbfolgekrise von 1127–28 wurde deutlich, daß ein Graf – eben wenn er vom König unterstützt wurde – die städtischen Privilegien zu respektieren hatte und wegen Verletzung derselben von den Bürgern zur Verantwortung gezogen werden konnte. In der noch berühmteren Periode um 1300 wurde für ganz Europa deutlich, daß der König von Frankreich sich die Grafschaft Flandern nicht einverleiben konnte, wie es davor mit der Champagne gelungen war, da Städte und Landgemeinden genügend militärische Kräfte aufbringen konnten, um sein Ritterheer zu vertreiben. Ihrer ausschlaggebenden Rolle während der Goldensporenschlacht von 1302 verdankten die Handwerker in den großen flämischen Städten – und in deren Nachahmung auch in Lüttich, Dordrecht und Utrecht – ein großes Maß an Selbstverwaltung und politischer Mitbestimmung. Sie konnten diese nur durch ihren strategischen Einsatz im Machtkampf zwischen dem König, dem Grafen und den städtischen Patriziern erzwingen. Die außerordentlich große Zahl der Handwerker im Textilgewerbe hatte für die massenhaften solidarischen Organisationsformen in den Handwerkerzünften und Milizen die Basis geschaffen[8].

Warum konnte die Grafschaft Flandern ihre frühe Entwicklung und bevölkerungsmäßige Überlegenheit nicht zu einer Hegemonialposition in der Region ausbauen und es damit etwa Böhmen seinen »Nebenländern« gegenüber gleichtun? Oder eine Position erreichen, die Österreich den vier anderen habsburgischen Ländern gegenüber innehatte, oder England im Verhältnis zu den Territorien von Wales, Schottland und Irland? Es fehlte zwar nicht an Versuchen: um 1170 erstreckte sich die Macht der Grafen bis zur Somme, und später wurden auch Seeland und Brabant bedroht. Der entscheidende Faktor, welche eine flämische Hegemonie behinderte, war jedoch der König von Frankreich, dessen Interventionen von 1127 bis 1528 die Grafschaft letztendlich doch stark einschränkten.

Die großen politischen Konfrontationen gehörten zum kollektiven Gedächtnis und sorgten für die Mitgestaltung eines Repertoires politischen Streites, der sich in verschiedenen Fürstentümern während des 14. Jahrhunderts entwickelte, auch da wieder am heftigsten in Flandern, dem am dichtesten bevölkerten und am höchsten entwickelten Fürstentum. Nach der Ausschaltung des Adels als unabhängigem politisch-strategischen

---

8) Wim BLOCKMANS, Flanders, in: The New Cambridge Medieval History, V, hg. von David ABULAFIA (1999) S. 405–416; ein Überblick bei David NICHOLAS, Medieval Flanders (1992).

Faktor verschärften sich die politischen Gegensätze im Verhältnis zwischen dem Fürsten und den großen Städten. Dem Grafen gelang es jedenfalls nicht, Übergewicht über die Städte zu erlangen – sein Budget war zum Beispiel nicht höher als das der Stadt Gent –, aber andererseits verhinderten die wiederholten Invasionen des französischen königlichen Heeres die Eliminierung der Dynastie und die Gründung von Stadtstaaten nach italienischem Modell. Dabei war die Verteilung der Macht zwischen sozialen Klassen und Gruppierungen innerhalb der Städte immer auch gleich der Einsatz für den Konflikt. In Flandern verlief dieser sehr blutig und mündete dreimal in jahrelangen Aufständen, wobei die Macht des Grafen ganz oder teilweise ausgeschaltet wurde.

Es geschah während eines dieser Aufstände, daß durch das Aussterben der männlichen Linie des flämischen Grafenhauses Herzog Philipp der Kühne von Burgund 1384 im Namen seiner Gemahlin die Macht übernahm. Während der ersten Monate mußte er jedoch noch mit der größten Stadt seiner Grafschaft, Gent, über den Frieden verhandeln. Trotz eines Sieges des französisches königliches Heeres im Jahre 1382 wagte er es nicht, Gent wegen seiner Aufsässigkeit zu bestrafen. Er erkannte sowohl die überwiegende Rolle der Handwerkerzünfte in der Stadtverwaltung als auch die Kontrolle der Stadt über ihr Hinterland an. Flandern wurde in vier Bezirke aufgeteilt, wovon drei unter der Herrschaft einer Hauptstadt standen und der vierte, das Brügger Freiamt – vom Grafen als Gegengewicht gedacht –, einen mehr aristokratisch-ländlichen Charakter hatte. Während der ganzen burgundisch-habsburgischen Herrschaft strebte die Zentralregierung danach, die dominante Position der großen Städte über ihr Hinterland sowie das Übergewicht der Handwerker in den Stadtverwaltungen zu brechen. In Gent, der rebellischesten Stadt der Niederlande, gelang dies letztendlich bei der Unterdrückung des Aufstandes gegen Kaiser Karl V. im Jahre 1540. Das gleichzeitige Wachstum der Fürstenmacht mit dem der Städte ließ in Flandern eine duale Machtstruktur entstehen, die sich nicht, wie das traditionelle Bild es erwarten ließe, auf die Vertretung der Untertanen in drei Ständen dem Grafen gegenüber gründet, sondern auf eine Art allgemeiner Selbstorganisation und Mitbestimmungsform der großen Städte. Wegen ihrer ausgebreiteten Wirtschaftsbeziehungen hatten diese ein eigenes Netz gebildet, das sowohl die Partner in den vier Himmelsrichtungen, von Italien bis Livland, umfaßte, als auch eine feste Marktstruktur im eigenen Hinterland bildete. Es waren die Kontakte und Initiativen der Bürger selbst gewesen, die dieses ganze System von Märkten, Übereinkünften und Regelungen zustande gebracht hatten. Und es waren auch die Bürger, die mit Zünften und Hansen von Händlern dafür sorgten, daß das Netz durch ein gemeinsames Auftreten in und außerhalb der Grafschaft und den Verwaltungen der großen Städte ausgebaut wurde und tragfähig blieb. Dazu führten sie häufig Beratungen untereinander, mit Händlern, mit gräflichen Beamten und mit ausländischen Instanzen durch. Sie boten den ausländischen Händlern Rechtsschutz, Vermittlung und Gewähr einer schnellen Anwendung des Handelsrechts bei Konflikten. All dies bedeutet, daß die Städte ein eigenes System von Vorkehrungen zur Unterstützung ihrer wirtschaftlichen Aktivitäten im kontinentalen Maßstab geschaffen hatten. In gewissen Punkten berührte ihr Auftreten die Interessen des Grafen, hauptsächlich bei der Erhebung von Zöllen, Münzkursen, Rechtsprechung und Verträgen mit anderen Fürsten. Die spezifische Sachkenntnis der Bürger gab ihnen in all diesen Angelegenheiten eine Handlungsfreiheit gegenüber dem Grafen und seinen Beamten. Zu gleicher Zeit hatten sie hierfür auch eine Verhandlungsstruktur und eine Handlungsfähigkeit aufgebaut, die bei Angelegenheiten von rein innerstaatlicher Führung wie der Regelung von Handel und Produktion, Steuerrecht, Gerichtsbarkeit und Münzwesen angewandt werden konnten.

Die relativ frühe Monetarisierung der flämischen Wirtschaft hatte bereits im 12. Jahrhundert die Einführung eines ziemlich modernen Justizapparates seitens des Grafen möglich gemacht, der von einem Korps von Schultheissen (*Baljuws*) getragen wurde, die in einem Amtsverhältnis standen und ohne die Einschaltung der örtlichen Herrschaften rekrutiert wurden. Die Kraft der frühen wirtschaftlichen Entwicklung ermöglichte deshalb auch, früher als anderswo, die Gründung eines verhältnismäßig modernen Staatsapparates. So gelang es den flämischen Grafen, Adelsfehden schon im 14. Jahrhundert nahezu ganz zu unterdrücken. In Holland, Seeland, Utrecht, Geldern und Friesland waren dagegen Fehden noch bis ins 16. Jahrhundert hinein gang und gäbe. Andererseits führten die Ansprüche dieses Apparates auch zu scharfen Kompetenzkonflikten mit den Stadtverwaltungen, die, wo irgend möglich, die eigenen Bürger aus der Einflußsphäre der gräflichen Behörde herauszuhalten versuchten. Um 1400 spitzte sich solch ein Problem dermaßen zu, daß Gent den höchsten Justizbeamten (*Souverän baljuw*) des Grafen verbannte; nach langem Tauziehen mußte der Graf in der Tat nachgeben und seinen Beamten wegen Kompetenzüberschreitung von der Stadt verurteilen lassen[9].

Seit ihrem Herrschaftsantritt sah sich die burgundische Dynastie in den Niederlanden mit dem etablierten Machtbereich der großen Städte konfrontiert. Die Tatsache, daß ausgerechnet die Erbin der Grafschaft Flandern den Burgundern ihre erste Machtbasis in den Niederlanden beschert hatte, verlieh ihrer Regierung eine besonders dramatische Spannung. Da sich dort die größten Bevölkerungszahlen und der meiste Reichtum zusammenballten, war es unvermeidlich, andauernd zu verhandeln, im besonderen mit den Verwaltungen der großen Städte. Von beiden Seiten trugen Zwischenfälle und Provokationen regelmäßig zu Konflikten bei. Sobald der Fürst seine Position für stark genug erachtete, stellte er sich der regelrechten Konfrontation und gegebenenfalls dem bewaffneten Streit, um die Zwischengewalt der großen Städte auszuschalten.

---

9) Marc Boone, Particularisme gantois, centralisme bourguignon et diplomatie française. Documents inédits autour d'un conflit entre Philippe le Hardi, duc de Bourgogne et Gand en 1401, Bulletin de la Commission royale d'histoire 152 (1986) S. 49–114.

Territoriale Erweiterung

Alle mittelalterlichen Dynastien strebten danach, möglichst viele Titel und Territorien zu erwerben, um ihre Macht auszubreiten. War es unmöglich, alle Besitzungen zu kontrollieren, dann konnte man sie immer noch als Tauschmittel, in der Form einer Mitgift zur Anbahnung einer vorteilhaften Eheallianz, einer Erbteilung oder einer Verpfändung verwenden. Man konnte von einem Territorialgewinn mindestens erwarten, daß das Ansehen des betroffenen Fürsten dadurch steigen würde – wahrscheinlich war das für die Dynastien selbst die wichtigste Erwägung – und daß man militärische Unterstützung in der Form feudaler Dienste und sonstiger Einkünfte erlangen könnte. Desgleichen dachte man sicher vorausschauend an weitere, mögliche Erweiterungen und Kombinationen. Paul Bonenfant, wie auch andere Historiker, hat sich die Frage gestellt, in welchem Maße die Bildung eines geschlossenen territorialen Komplexes in den Niederlanden wohl eine bewußte Zielsetzung der Herzöge von Burgund, besonders Philipps des Guten, war. Meines Erachtens ist dies eine anachronistische Fragestellung[10]. Sicher bis 1419 sahen die Herzöge sich selbst in erster Linie als ›premier pair de France‹, und sie strebten vor allem eine möglichst starke Position im Königreich an. Sogar der Friede von Arras mit König Karl VII. im Jahr 1435 diente – außer der moralischen Genugtuung – primär der Festigung und Erweiterung französischer Territorialbesitzungen, besonders um Burgund und die Pikardie. Ob man diese Besitzungen, von Burgund bis Holland, die Hunderte von Kilometern auseinander lagen, effektiv verwalten könne, ist eine Frage, die nicht erörtert wurde. Niemand wäre auf die Idee gekommen, das einflußreiche burgundische Stammland preiszugeben. Die Ehe Philipps des Kühnen, 1369, mit der flämischen Erbtochter hatte ja nicht nur eine große und reiche Grafschaft eingebracht, sondern auch die Aussicht auf das angrenzende Artois und auf die dem Herzogtum benachbarten Territorien der Franche-Comté, Nevers und Rethel. Der Erwerb der mittendrin gelegenen Champagne gehörte anfänglich noch zu den Möglichkeiten, woraus dann in jedem Fall ein geschlossener Länderkomplex hätte gebildet werden können. Aus den Verhandlungen über die Teilung der Gebiete aus dem Erbe der Herzogin Johanna von Brabant, Philipps des Kühnen und Margarethas von Male in den Jahren um 1400 kann man feststellen, wie sehr die Fürsten mit ihren Beratern und auch den Vertretern der Untertanen die unterschiedlichsten Kalkulationen und Eventualitäten erwogen, im vollen Bewußtsein, daß der dynastische Zufall alle Pläne dauernd über den Haufen warf[11]. In Brabant kam 1404 Philipps jüngerer Sohn, Anton, nach einer langwierigen Infiltration burgundischer Einflüsse, auf den

---

10) Bertand SCHNERB, L'État bourguignon 1363–1477 (1999) S. 7–10.
11) Arlette GRAFFART/André UYTTEBROUCK, Quelques documents inédits concernant l'accession de la Maison de Bourgogne au duché de Brabant (1395–1404), Bulletin de la Commission royale d'histoire 137 (1971) S. 57–137.

Thron[12]. Die Nachfolge hätte zu einer eigenen Dynastie führen können, die auf die Dauer sogar mit dem älteren Zweig, der über Burgund, Flandern und Artois herrschte, hätte rivalisieren können. In den Grafschaften Nevers und Rethel sollte dieser Fall in der Tat mit den Nachkommen von Philipps drittem Sohn eintreten, welche bis 1491 selbstbewußt eigene Interessen anstreben sollten. Demnach ist die Frage nach den Zielsetzungen der burgundischen Herzöge nur im Sinne der Maximierung der Chancen bei jeder sich bietenden Gelegenheit zu beantworten. Schritt für Schritt kamen sie zur Neuorientierung ihrer Strategie: Weg von Frankreich, wo nach 1435, als Folge der erneuerten Macht des Königtums, nichts mehr zu erreichen war; Aufrücken ins Reich, in dem sie inzwischen den weitaus größeren Anteil ihrer Territorien erworben hatten, und allmähliche Umwandlung der aneinander grenzenden Fürstentümer in den Niederlanden zu einem losen gemeinschaftlichen Dachverband.

Es gab in dieser Zeit noch Beispiele von Personalunionen von Gebieten, die Hunderte von Kilometern voneinander entfernt lagen. Hennegau, Holland und Seeland bildeten schon seit 1299 eine Personalunion, obwohl die Entfernung zwischen beiden Blöcken beträchtlich war und verschiedene Sprachen gesprochen wurden. Das Haus Wittelsbach hatte seine Vertreter ebenso am französischen Königshof wie auch in den Niederlanden, und an allen Fronten versuchte man ein Maximum an Vorteilen aus all diesen Positionen zu erreichen. Isabeau de Bavière kam als Königin von Frankreich wegen der andauernden Krankheit ihres Gemahls Karls VI. in eine besonders einflußreiche Position, da es ihr gelang, die rivalisierenden Regenten gegeneinander auszuspielen. Sie führte also indirekt eine anti-burgundische Partei an, welche sich in den Niederlanden vor allem auf Johann von Bayern oder Ohnegnaden, den sehr weltlich orientierten Bischof von Lüttich, stützte. Graf Wilhelm VI. von Hennegau, Holland und Seeland schloß sich gleichfalls der profranzösischen Seite an. Seine Erbtochter Jakobäa konnte er erst einmal mit dem Dauphin Jean de Touraine verloben. Jene Jahre extremer Schwäche des Königtums und seiner Alliierten kulminierten in der schrecklichen Niederlage gegen England in der Schlacht bei Azincourt 1415. Das Haus Wittelsbach wurde in dieser Lage erheblich geschwächt. Obwohl die Ehe Jakobäas mit Herzog Johann IV. von Brabant neue Chancen hätte bieten können, stellte sich rasch heraus, daß dieser junge Mann eine sehr schwache Figur war, sowohl in politischer als auch in persönlicher Hinsicht. Einer alternativen kräftigeren Personalunion zwischen Brabant, Limburg mit Hennegau, Holland, Seeland und Lüttich als Alliiertem stand ein mächtiger Block aus Flandern, Artois und Burgund gegenüber. Warum ist diese großartige wittelsbachische Niederlande-Strategie mißlungen? Jakobäa hatte

---

12) Robert STEIN, Philip the Good and the German Empire. The Legitimation of the Burgundian succession to the German Principalities, Publications du Centre européen d'études bourguignonnes (XIVe–XVIe s.) 36 (1996) S. 33–48; Werner PARAVICINI, Philippe le Bon en Allemagne (1454), in: DERS., Menschen am Hof der Herzöge von Burgund. Gesammelte Aufsätze, hg. von Klaus KRÜGER/Holger KRUSE/Andreas RANFT (2002) S. 535–582.

aus keiner ihrer Eheverbindungen – mit Johann IV. von Brabant, Humphrey of Gloucester und Frank van Borselen – Kinder bekommen. Johann IV. war unfähig, seine Autorität in Brabant aufrecht zu erhalten – setzten ihn doch die Stände von Brabant 1420/21 wegen seiner politischen Fehler ab[13]. Noch gravierender war, daß er die Rechte seiner Gattin auf die Erbfolge in Hennegau, Holland und Seeland Gegnern überließ, statt sie zu verteidigen. In Holland war Jakobäas Position wegen der wieder auflebenden Parteigegensätze nicht sehr stark, die ihr Vater, Wilhelm VI., provoziert hatte. Ihr Onkel Johann von Bayern – der sein Amt als Bischof von Lüttich gerne aufgab – konnte dann seinerseits darauf bauen, seine Ansprüche auf die Nachfolge seines Bruders zu fördern. Er gewann die Unterstützung des deutschen Königs sowie die des burgundischen Herzogs Philipps des Guten, und es gelang ihm, sich als Oberhaupt der Kabeljauwschen Partei in Dordrecht anerkennen zu lassen. Die Machtbasis der Jakobäa in den Hoekschen Städten um Gouda war nicht nur erheblich schwächer, sondern es fehlte ihr auch jegliche ausländische militärische Hilfe. Als Johann von Bayern 1425 starb – wahrscheinlich wurde er vergiftet –, mobilisierte Philipp von Burgund alle politischen und militärischen Kräfte, um die drei Grafschaften unter seine Kontrolle zu bringen. Seine Überlegenheit führte 1428 in der Delfter Sühne zu einer Verteilung der Macht im Verhältnis zwei zu eins. Als Jakobäa sich 1433 ihrer Verpflichtung entzog, Philipps Zustimmung für eine neue Heirat einzuholen, konnte er sie deshalb mit legalen Mitteln aller gräflichen Rechte entheben[14]. In der Tat konnte man in den Jahren rund um 1400, nachdem 1385 eine Doppelhochzeit zwischen den Erben der Häuser Burgund und Wittelsbach stattgefunden hatte, nicht voraussagen, ob oder welches der beiden Häuser eine Übermacht erreichen würde. Die Möglichkeit einer harmonischen Koexistenz und gar eine Allianz der Schwäger, Neffen und Nichten, *cousins et cousines*, konnte sich aber unter den starken Schwankungen der westeuropäischen Politik nicht durchsetzen. Eine Reihe kinderloser Ehen, besonders die von Johann IV. von Brabant und Jakobäa von Bayern, und die politische Unfähigkeit dieses ihres zweiten Gemahls waren die unvorhersehbaren Faktoren, die Burgund die besseren Chancen zuspielten. Die wittelsbachische Machtentfaltung in den Niederlanden, welche zwischen 1385 und 1415 so viele Möglichkeiten zu bieten schien, ging also endgültig durch eine Reihe von Faktoren verloren:

1) die Kinderlosheit Jakobäas und Johanns IV. von Brabant
2) die Schwäche Johanns IV. von Brabant,
3) die Rivalität Johanns seiner Cousine gegenüber,
4) die Spaltung der Parteien in Holland und Seeland,

---

13) André UYTTEBROUCK, Le gouvernement du duché de Brabant au bas moyen âge (1355–1430) (1975), S. 503–512.
14) Richard VAUGHAN, Philip the Good. The Apogee of Burgundy (1970) S. 47–49; Bronnen voor de geschiedenis der Dagvaarten van de Staten en steden van Holland voor 1514. Tl. I: 1276–1433 (1987) S. 795–796.

5) die Unterstützung Johanns durch den deutschen König sowie den Herzog von Burgund,

6) Mißerfolge und taktische Fehler Jakobäas,

7) die politische und militärische Überlegenheit Philipps.

Selbstverständlich ist die wohl sehr bemerkenswerte Gebietserweiterung der Personalunion Philipps des Guten zwischen 1425 und 1435 nicht von seiner persönlichen Ambition und seinem Durchsetzungsvermögen, dem Scharfsinn seiner Ratgeber, der Ohnmacht der deutschen und französischen Könige und der Unterstützung seiner Untertanen zu trennen. Es ist sehr auffällig, daß er sich bei seinem Einzug in Seeland von den Vertretern der ›Vier Leden‹ Flanderns – der drei großen Städte und des Brügger Freiamtes – längere Zeit betreuen und unterstützen ließ[15]. Hier stützte er sich, in diesem für ihn und sein Gefolge ja wohl sehr unsicheren Gebiet, auf die Flamen, die als direkte Nachbarn Seelands und als deren Geschäftspartner selbstredend über die nötige Kenntnis des Landes, seiner Bewohner und ihrer Sprache verfügten.

Die Erwerbsstrategie unterschied sich von Fall zu Fall. In Brabant ging es 1406 und wiederum 1430 um das Aussterben der herrschenden Dynastie und die Notwendigkeit für den burgundischen Prätendenten, sich von den Ständen des Herzogtums als rechtmäßiger Nachfolger anerkennen zu lassen. Seit 1248 hatten die Brabanter bei den Unterhandlungen mit Thronanwärtern eine starke Tradition aufgebaut, bei diesen Gelegenheiten Standesprivilegien zu erwerben oder zu erweitern. Dies äußerte sich in ausführlichen Akten, die während der Huldigung, der sogenannten *Blijde Inkomst,* feierlich beschworen wurden[16]. Zu den Zugeständnissen, zu denen Philipp der Gute 1430 gezwungen wurde, gehörte das Intaktlassen der Brabanter Institutionen, worunter eine unabhängige Rechtsprechung im Herzogtum und die Zuteilung herzoglicher Ämter ausschließlich an Brabanter verstanden wurde[17]. Auch in Hennegau, Holland und Seeland waren Anerkennung und Huldigung durch die Stände erforderlich, aber weniger umständlich[18]. Vor allem in Holland ging es jedoch darum, daß die Partei der rechtmäßigen Gräfin Jakobäa von Bayern militärisch und politisch zwar schwach dastand, aber doch mit Gewalt besiegt werden mußte, womit eine nicht geringe militärische Anstrengung verbunden war. Die Kampagne dauerte zwei Jahre und führte 1427 zum Ausgleich, wobei Jakobäa die Macht

---

15) Handelingen van de Leden en van de Staten van Vlaanderen. Regering van Filips de Goede, ed. Wim P. Blockmans, Bd. I (1990) S. 253–313, 332–335, 379.

16) Raymond Van Uytven/Wim Blockmans, Constitutions and their application in the Netherlands during the middle ages, Revue belge de Philologie et d'Histoire 47 (1968) S. 399–424; Piet Avonds, Brabant tijdens de regering van Hertog Jan III (1312–1356). De grote politieke krisissen (1984) S. 202–216.

17) André Uyttebrouck, Le gouvernement (wie Anm. 13) S. 521–523; Philippe Godding, Le Conseil du Brabant sous le règne de Philippe le Bon (1430–1467) (1999) S. 71–78.

18) Für Hennegau: Handelingen (wie Anm. 15) S. 334–335; Johannes G. Smit, Vorst en Onderdaan. Studies over Holland en Zeeland in de late Middeleeuwen (1995) S. 89–409.

mit Philipp im Verhältnis von einem zu zwei Dritteln teilen mußte[19]. Als sie 1433 die Übereinkunft verletzte, nahm Philipp seine Chance wahr, sie ganz auszuschalten. Am Herzogtum Luxemburg erwarb Philipp der Gute nach langwierigen Auseinandersetzungen mit der kinderlosen Herzogin Elisabeth von Görlitz Rechte, jedoch war 1451 auch da eine militärische Aktion notwendig, um seine Ansprüche zu realisieren. Bei der Nachfolge des Jahres 1477 erschienen aufs neue Konkurrenten, die die Anerkennung durch die Stände bis 1480 verhinderten.

Am umstrittensten war die burgundisch-habsburgische Machtübernahme über das Herzogtum Geldern. Hier war ja bis 1538 keine Rede vom Aussterben der Dynastie. Hier herrschten nur Intrigen und militärischer Druck, um Ansprüche zu erwerben. Verschiedene Kriegszüge konnten den Habsburgern nach 1477 die Kontrolle über das verstreut liegende Territorium nicht garantieren. Die geringe institutionelle Integration dieses Gebietes erleichterte die Machtübernahme keineswegs. Überdies profitierten die Herzöge von Geldern von der Unterstützung der französischen Krone, und es gelang ihnen zeitweise, ihren Einfluß über die angrenzenden Gebiete im Nordosten zu verstärken. Als Geldern, in Personalunion mit Jülich und Berg, ein Brückenkopf für den Schmalkaldischen Bund zu werden schien, erschien Karl V. 1543 mit einem großen, modernen Heer, das den Herzog und die Stände von Geldern zur Übergabe zwang. Er beließ Herzog Wilhelm im Besitz seines Herzogtums Jülich und zog damit im Niederrheingebiet eine Trennlinie, die bis dahin nicht bestanden hatte und auch dem Willen der Untertanen widersprach. Indem er Geldern 1548 in den Burgundischen Kreis aufnahm, Jülich und Berg dagegen in den Westfälischen, setzte der Kaiser nach eineinhalb Jahrhunderten der Ausbreitung der Fürstenhäuser, die über die Niederlande regierten, Grenzen. Nur er konnte das ohne wirklichen Widerstand tun, da er in seiner Doppelfunktion von Landesherr und Kaiser auftrat, sodaß kein Gegensatz in den dynastischen Interessen entstand.

INSTITUTIONELLE INTEGRATION

Mit dem Erwerb eines geschlossenen Länderkomplexes von der Pikardie bis Holland, im Laufe von kaum zehn Jahren von 1425 bis 1435, veränderte sich zwangsläufig die geopolitische Strategie des Hauses Burgund. Auf dem Reichstag von Regensburg erschien Philipp der Gute 1454 auf einmal als der große Reichsfürst, der aus diesem Grund Ansprüche auf eine Königskrone geltend machen konnte, vielleicht sogar auf die des römischen Königs. Auch für die Untertanen brachte die Personalunion in einer Region, die noch nie zuvor unter einer monokratischen Regierung gestanden hatte, schon schnell fühlbare Veränderungen. 1433 wurde eine Einheitsmünze geprägt, die den Zahlungsverkehr ziemlich

19) SMIT, Vorst (wie Anm. 18) S. 192–205.

vereinfachte. Schon seit 1389 war die brabantische Münze auf die flämische abgestimmt und seit 1418 war eine Einheitsmünze, ›drielander‹ genannt, geschlagen worden[20]. Vor allem in den Küstenregionen mit ihren engen gegenseitigen und externen Handelsbeziehungen trug diese monetäre Einheit sicher zu Wachstum und Wohlstand bei. Auch was den interregionalen Handel betraf, förderte die dynastische Union Formen der Zusammenarbeit und Abstimmung hinsichtlich der Zollpolitik, Regelungen für Ein- und Ausfuhr und den Schutz der Seefahrt. Für ausländische Handelspartner war es fortan nicht mehr möglich, die einzelnen Regionen unter dem Druck eines Boykotts zur Nachgiebigkeit zu bewegen, wie es die Hanse in ihrem Handelskonflikt mit Holland und Flandern erfahren mußte. Nach der Schließung des Brügger Kontors in den Jahren 1451–57 konnten die Kaufleute der Hanse keinen Gebrauch der Häfen Brabants, Seelands und Hollands mehr machen, sondern mußten sich in eine zum Gebiet des Bistums Utrecht gehörige Stadt, nämlich nach Deventer, zurückziehen. Da traf die Hanse jedoch nicht die gleichen Handelsbedingungen wie im Süden an, sodaß ihr Boykott ihr selbst ernsthaften Schaden zufügte[21].

Als Folge seines Koalitionswechsels im Jahre 1435 beschloß Herzog Philipp der Gute, den englischen Stapelplatz Calais zu belagern[22]. Diese ausschließlich von dynastischen Erwägungen motivierte Politik beraubte jedoch die Textilindustrie in Holland, Brabant und Flandern ihres wichtigsten Grundstoffes, der englischen Wolle, und zerstörte die Beziehung mit diesem wichtigen Handelspartner während einiger Jahre. Jedoch wurden Maßnahmen zur Wiederaufnahme der Einfuhr englischer Wolle und Tuches von den Handelsstädten gemeinsam bei der Regierung befürwortet und in der Folge auch Besprechungen mit Unterstützung der herzoglichen Berater geführt, bis 1441 eine Übereinkunft erzielt wurde. Das Verfahren bei internationalen Handelskonflikten wurde fortan von den betreffenden Ländern gemeinsam in Angriff genommen, wodurch man sie weniger gegeneinander ausspielen konnte.[23]

Im Jahrzehnt, das dem Erwerb der Pikardie und der vier großen niederländischen Fürstentümer Brabant, Hennegau, Holland und Seeland folgte, entfaltete die Regierung noch verschiedene andere Initiativen, die eine stärkere institutionelle Integration zwischen den Fürstentümern zustande brachten. Zunächst sei aber darauf hingewiesen, daß die Gesetzgebung nur in sehr geringem Maße zur Integration benützt wurde. Das wichtigste Instru-

---

20) John MUNRO, Wool, cloth and gold. The Struggle for Bullion in Anglo-Burgundian Trade 1340–1478 (1973) S. 43–92; Pierre COCKSHAW, À propos de la circulation monétaire entre la Flandre et le Brabant de 1384 à 1390, Contributions à l'histoire économique et sociale 6 (1970–71) S. 105–141; Peter SPUFFORD, Monetary Problems and Policies in the Burgundian Netherlands 1433–1496 (1970) S. 17–42.
21) Dieter SEIFERT, Kompagnons und Konkurrenten. Holland und die Hanse im späten Mittelalter (1997).
22) Marie-Rose THIELEMANS, Bourgogne et Angleterre. Relations politiques et économiques entre les Pays-Bas bourguignons et l'Angleterre, 1435–1467 (1966).
23) MUNRO, Wool (wie Anm. 20) S. 93–126.

ment der Integration war zweifelsohne der Ausbau eines obersten Gerichtshofes seit etwa 1445, der sich vom Rat des Herzogshofes (*hofraad, cour aulique*) abgespaltet hatte und zuständig für alle Regionen außer Brabant und Hennegau war: Diesen beiden war es gelungen, die Souveränität ihrer eigenen Gerichtsbarkeit anerkennen zu lassen. Die Bedeutung, die eine höhere Instanz für rechtsuchende Parteien hatte, bestimmte den wachsenden Erfolg dieser fürstlichen Rechtsprechung[24]. Die Zahl der Rechtsfälle, die vor den sogenannten *Großen Rat* kamen, nahm ständig zu und führte – auf eine für den Untertanen direkt fühlbare Weise – zu einer überregionalen Prüfung der Rechtsprechung der regionalen Gerichtshöfe[25]. Unmittelbar nach den mißlungenen Verhandlungen über eine Königskrone mit Kaiser Friedrich III. 1473 in Trier gab Karl der Kühne dem *Großen Rat* einen festen Sitz in Mecheln und erhob ihn zum souveränen Parlament, was einen eindeutigen Affront gegen den König von Frankreich darstellte[26]. Es entstand daraufhin wohl Widerstand bei den Untertanen über die Möglichkeit, Streitigkeiten in erster Linie bei einem Parlament anhängig zu machen, weshalb es schon 1477 wieder abgeschafft wurde. Nichtsdestoweniger blieb die Institution unter dem Namen *Großer Rat* erhalten. Der Ansatz, Mecheln als administrative Hauptstadt und wichtigste Residenz auszubauen, wurde 1494 verwirklicht und hatte bis 1530 Bestand[27].

Weniger Erfolg hatte Philipp der Gute mit seinem Plan, ebenfalls nach dem französischen königlichen Modell, ein gleichförmiges Steuersystem in all seinen Territorien einzuführen. Er beabsichtigte eine Salzsteuer, die, gleich der französischen *gabelle*, automatisch erhoben werden und dadurch die mühsamen Unterhandlungen mit den einzelnen repräsentativen Organen der Provinzen überflüssig machen sollte. Außerdem, so argumentierte der Herzog, würde man auf diese Weise zu einer vernünftigen Verteilung des Steuerdruckes kommen. Nun waren das jedoch genau die Argumente, für die die Magistrate der Städte nicht zugänglich waren, da sie gerade die Steuerverhandlungen dazu benutzen wollten, ihren Beschwerden und Forderungskatalogen Nachdruck zu verleihen[28]. Die daraus erwachsende Konfrontation nahm der Herzog 1447 mit Gent, der größten Stadt seines größten Fürstentums, in der Erwartung auf, daß das neue System verallgemeinert werden

24) Jan VAN ROMPAEY, De Grote Raad van de hertogen van Boergondië en het Parlement van Mechelen (1973) S. 18–53.

25) Marie-Charlotte LE BAILLY, Recht voor de Raad. Rechtspraak voor het Hof van Holland, Zeeland en West-Friesland in het midden van de vijftiende eeuw (2001).

26) VAN ROMPAEY, De Grote Raad (wie Anm. 24) S. 54–72; Wim P. BLOCKMANS, De volksvertegenwoordiging in Vlaanderen in de overgang van Middeleeuwen naar Nieuwe Tijden (1384–1506) (1978) S. 531–534.

27) Wim P. BLOCKMANS, Die Hierarchisierung der Gerichtsbarkeit in den Niederlanden, 14.–16. Jahrhundert, in: Reich, Regionen und Europa in Mittelalter und Neuzeit, hg. von P.-J. HEINIG u. a. (2000) S. 261–278.

28) VAUGHAN, Philip the Good (wie Anm. 14) S. 303–333; BLOCKMANS, Volksvertegenwoordiging (wie Anm. 26) S. 353–363, 402–406; Marc BOONE, Gent en de Bourgondische hertogen ca. 1384–ca. 1453. Een sociaal-politieke studie van een staatsvormingsproces (1990) S. 220–235.

könnte, wenn man es dort einmal akzeptiert hatte. Er hatte sich jedoch gründlich verrechnet: sein Vorschlag wurde radikal zurückgewiesen, was zu einer regelrechten Eskalation der Konflikte im Bezug auf Rechtsprechung und politische Mitbestimmung führte. Der Herzog stellte sich der Herausforderung und setzte alles daran, um die rebellische Stadt zur Unterwerfung zu zwingen. Es kostete ihn einen jahrelangen Kampf, der in einem Volksaufstand und einer militärischen Kraftprobe endete und Verwaltung und Wirtschaft der ganzen Grafschaft auf Jahre hinaus zerrüttete. Dank der Mobilisierung von Truppen und Geldmitteln aus anderen Ländern konnte das herzogliche Heer die städtischen Milizen 1453 besiegen und der Herzog konnte die städtische Autonomie und die Kontrolle der Stadt über ihr Hinterland eindämmen. Die Vereinheitlichung des Steuersystems im Sinne einer gleichförmigen und automatischen Eintreibung fand in der Folgezeit nicht statt, und auch ein Jahrhundert später sollten Versuche, etwas Vergleichbares einzuführen, scheitern. Hier wurde deutlich eine Grenze der politischen Integration erreicht: an der Mitbestimmung und den Privilegien der lokalen Verwaltungen durch Kontrolle der Steuererhebung war nicht zu rütteln. Und ohne ihre Mitwirkung war es unmöglich, genügend Staatseinkünfte einzutreiben – anders, als dies zum Beispiel in England der Fall war[29].

In den Jahren 1468–1473 versuchte Karl der Kühne auf anderem Wege zu einer ehrlicheren und gleichmäßigeren Verteilung des Steuerdrucks zu kommen. Dabei ging es ihm sowohl um die Verteilung zwischen Städten als auch zwischen Fürstentümern, da auch er den Plan hegte, einheitliche Steuern in all seinen niederländischen Gebieten zu erheben. In manchen Ländern, wie Brabant, Hennegau und Luxemburg, gab es schon seit dem 14. Jahrhundert die Methode der Feuerstellenzählungen, die in längeren Abständen immer wieder durchgeführt wurden, um den Steuerdruck mit der Zahl und der Leistungsfähigkeit der Bewohner eines jeden Ortes in Einklang zu bringen[30]. In Holland gab es ein Verteilungssystem, das entstanden war, um die Beiträge der einzelnen Orte in Mannschaften und Material für das gräfliche Heer, meistens *koggen* oder *riemtalem* genannt, festzusetzen[31]. In Flandern legte man eine aus dem Jahr 1408 datierende Liste zur Verteilung der Steuern zugrunde, deren Gesamtbetrag in Verhandlungen auf Grafschaftsebene zustande gekommen war. Der prozentuale Beitrag jeder Stadt oder jedes ländlichen Distrikts wurde darin auf Grund von Traditionen und politischen Ansprüchen festgesetzt. Der herzogliche Befehl, auch in diesem Fall eine Zählung der Bewohner jeder Feuerstelle einzuleiten, stieß in den großen Städten auf viel Widerstand, da sie fürchteten, daß eine Aktualisierung

29) Antoine ZOETE, De beden in het graafschap Vlaanderen onder de hertogen Jan zonder Vrees en Filips de Goede (1405–1467) (1994) S. 151–160, 221–232.

30) BLOCKMANS, Volksvertegenwoordiging (wie Anm. 26) S. 416–421; DERS., The Low Countries, in: The Rise of the Fiscal State in Europe, ca. 1200–1815, hg. von Richard BONNEY (1999) S. 281–308.

31) J.A.M.Y. BOS-ROPS, Graven op zoek naar Geld. De inkomsten van de graven van Holland en Zeeland, 1389–1433 (1993) S. 42–47.

der Zahlen auf Kosten ihres politischen Übergewichts gehen würde. So erlitt auch dieser
Versuch zur Vereinheitlichung der Steuern Schiffbruch. Die Verteilung des Steuerdrucks
blieb dadurch ein Fall für politisches Tauziehen, wodurch sehr große Unterschiede zwischen den Provinzen und zwischen Stadt und Landgemeinden bestehen blieben. Die große
Schwäche des burgundisch-habsburgischen Staates bestand darin, daß sein Beamtenapparat zahlenmäßig beschränkt war und jeglicher Einflußnahme offenstand. Hieraus entstanden viele Proteste der Untertanen, welche in den Beschwerdelisten festgehalten wurden,
die dann den Privilegien von 1477 zugrunde lagen[32].

Die Mobilität von Beamten zwischen den Ländern stellte einen wirklichen Integrationsfaktor da, weil diese Leute die administrative Praxis homogenisierten und grenzüberschreitende persönliche Kontakte benützen[33]. Im Gerichtshof (*Chambre du Conseil,
Raadkamer*) und in der Rechenkammer (*Chambre des Comptes, Rekenkamer*) von Flandern hat eine prosopographische Studie 127 Beamte in den höheren Rängen (Ratsherren,
Procureurs) identifiziert, die zwischen 1425 und 1482 tätig waren. Von ihn stammten fast
18% nicht aus der Grafschaft, wobei der größte Teil (6,3%) aus Frankreich kam, die anderen aus anderen burgundischen Territorien, namentlich Artois, Burgund und Hennegau[34]. In Holland und Seeland waren 1/3 der Räte und der höheren Beamten zwischen
1427 und 1482 Flamen und Brabanter. Vor allem während der ersten Phase der Burgunder-
herrschaft hatten diese den Vorteil, nicht mit den einheimischen Parteien verbunden zu
sein. Meistens waren sie zweisprachig und konnten auf diese Weise die Verbindung mit den
Zentralbehörden erleichtern. Weiters waren sie schon seit längerer Zeit mit dem Haus Burgund und dessen bürokratischen Methoden vertraut. Diese wurden 1477 wohl in einer Art
›partikularistischen Reflexes‹ ausgewiesen, kamen aber nach einigen Jahren wieder zurück[35]. Demgegenüber konnten die Stände Brabants seit der *Blijde Inkomst* von 1356 die
einheimische Herkunft der Ratsherren und ihrer Beamten fast völlig sichern. Unter dem
jüngeren Zweig der burgundischen Dynastie der Jahre 1404–1430 stammten aber 11 von

32) Grundlegend bleibt: John BARTIER, Légistes et gens de finances au XVᵉ siècle: les conseillers des ducs
de Bourgogne Philippe le Bon et Charles le Téméraire, 2 Bde. (1952–55); 1477. Le privilège général et les
privilèges régionaux de Marie de Bourgogne, hg. von Wim P. BLOCKMANS (1985); DERS., Patronage, bro-
kerage and corruption as symptoms of incipient state formation in the Burgundian-Habsburg Netherlands,
in: Klientelsysteme im Europa der Frühen Neuzeit, hg. von A. MACZAK (1987) S. 117–126; DERS., Widerstand holländischer Bauerngemeinden gegen das staatliche Beamtentum im 15. Jahrhundert, in: Gemeinde,
Reformation und Widerstand. Fs. Peter Blickle, hg. von Heinrich R. SCHMIDT (u. a.) (1998) S. 329–344.
33) Robert STEIN, Burgundian Bureaucracy as a model for the Low Countries? The *Chambres des Comptes* and the creation of an administrative unity, in: Powerbrokers in the Late Middle Ages, hg. von DEMS.
(2001) S. 3–25.
34) Jan DUMOLYN, Staatsvorming en vorstelijke ambtenaren in het graafschap Vlaanderen (1419–1477)
(2003) S. 139–148.
35) Mario DAMEN, De staat van dienst. De gewestelijke ambtenaren van Holland en Zeeland in de Bourgondische periode (1425–1482) (2000) S. 131–141.

den meist aktiven Ratsherren aus anderen Territorien, namentlich aus Flandern (7), Hennegau und Holland, sowie 40 von den wenig aktiven Ratsherren[36]. Von 41 Ratsherren, welche von 1430 bis 1499 dienten, waren wieder nur drei Ausländer, d. h. sie kamen aus anderen Territorien der burgundischen Dynastie[37].

Der Vergleich der drei Kernterritorien zeigt erstens, daß die Weise der Machteroberung durch die neue Dynastie eine wesentliche Rolle spielte: Flandern im Jahr 1384 und Holland-Seeland in den Jahren 1425–33 waren durch Aufstand und Parteienstreit gespalten. Die Stände konnten dadurch keine wesentlichen Forderungen durchsetzen, sowie es jenen von Brabant im Jahre 1430 gelang. Sie agierten einig und konnten sicher sein, daß der deutsche König einen anderen Kandidaten gegen Philipp von Burgund unterstützen würde. Dazu kam, daß Brabant sich auf seine längere konstitutionelle Tradition stützen konnte, was bei den scharfen Verhandlungen um den neuen Text der Huldigung im Jahre 1430 nützlich war.

Werner Paravicini hat darauf hingewiesen, daß der Hofdienst ebenfalls ein wesentliches Integrationsinstrument darstellte, viel mehr als der allzu bekannte Orden des Goldenen Vlies[38]. Doch stellte er fest, daß die Beteiligung keineswegs repräsentativ war, weil nur sehr wenige Adelige aus Holland und Seeland in die angesehenen Hofämter aufgenommen wurden. Auf der symbolischen Ebene profilierte sich der burgundischer Hof auch nach außen, in erster Stelle vor den Augen der Stadtbewohner, wenn er mit seinen prachtvollen Einzügen auch eine klare theatral dagestellte Botschaft vermittelte[39].

INTEGRATION VON DER BASIS AUS

Integration auf dem Wege der fürstlichen Institutionalisierung wurde durch das Maß der Integration, die schon in einem früheren Stadium verwirklicht worden war, vereinfacht, aber auch durch Initiativen der Untertanen selbst. Seit dem 13. Jahrhundert, und im Artois und in Flandern sogar schon seit dem 12. Jahrhundert, hatten die kaufmännischen und

---

36) Uyttebrouck, Le gouvernement (wie Anm. 13) S. 311–319; Philippe Godding, Le Conseil de Brabant sous le règne de Philippe le Bon (1430–1467) (1999) S. 79–117.

37) Hilde De Ridder-Symoens, Milieu social, études universitaires et carrières des conseillers au Conseil de Brabant (1430–1600), in: Recht en instellingen in de Oude Nederlanden tijdens de Middeleeuwen en de Nieuwe Tijd. Liber Amicorum Jan Buntinx (1981) S. 257–301, bes. 279–280.

38) Werner Paravicini, Soziale Schichtung und soziale Mobilität am Hof der Herzöge von Burgund; Expansion et intégration. La noblesse des Pays-Bas à la cour de Philippe le Bon, in: Ders., Menschen am Hof (wie Anm. 12) S. 371–426, 427–443; zum Vliesorden jüngst: Françoise De Gruben, Les chapitres de la Toison d'Or à l'époque bourguignonne (1430–1477) (1997).

39) Peter Arnade, Realms of Ritual. Burgundian Ceremony and Civic Life in Late Medieval Ghent (1996); Wim Blockmans, Les rituels publics, in: Le Prince et le Peuple dans les Pays-Bas bourguignons, hg. von Walter Prevenier (1998) S. 321–332.

politischen Eliten der Städte auf verschiedene Arten Beratungsgremien ins Leben gerufen, um ihren Handelsinteressen zu dienen. Diese führten auf eigene Initiative Besprechungen mit Autoritäten aus verschiedenen Gegenden, wenn sie Bedarf an Personen- und Güterschutz, unterwegs oder in anderen Rechtslagen, hatten. In den kommerzialisierten Gebieten wurden deshalb sehr intensive Kontakte zwischen den Lokalitäten und der Außenwelt unterhalten. Hierbei ging es primär um die Wahrung wirtschaftlicher Interessen, die jedoch in hohem Maße Aufgaben der Behörden tangierten, wie die Rechtssicherheit und die Verordnung von Regeln und Vorschriften[40]. So entstand also in den am meisten und frühesten kommerzialisierten Ländern, als rein pragmatische Lösung für die Probleme des Alltags, eine Art dualen Verwaltungssystems, wobei die monarchischen Institutionen denen kommunalen Ursprungs viel Spielraum ließen. In Perioden monarchischer Schwäche neigten die kommunalen Organe – im großen und ganzen informelle, aber häufige Beratungen zwischen den größten Städten in jedem Land, in manchen Fällen nach Bedarf mit anderen Instanzen erweitert – zur Usurpation politischer Befugnisse auf territorialem Niveau. So gaben die wiederholten Erbfolgekrisen in Brabant Anlaß zu Mitbestimmungsformen, wie zum Beispiel den Regentschaftsrat während der Periode von 1312 bis 1320[41]. Das Engagement der Ständevertreter wurde bei jeder Nachfolge in einer jedes Mal angepaßten Übereinkunft mit dem Herzog festgelegt, in einer Art konstitutioneller Texte, die ab 1356 den Namen *Blijde Inkomst* erhielten. Bedrohungen von außen haben das territoriale Selbstbewußtsein der niederländischen Fürstentümer schon früh gefördert. Galbert von Brügge benützt oft den Terminus ›Patria‹ in seiner Beschreibung der Krise von 1127–28[42]. In Brabant trugen die internationalen Krisen von 1288 und 1336 stark zur Identität bei, in Holland die flämische Invasion von 1303–4, im Fürstbistum Lüttich die wiederholten Spannungen zwischen den Städten und dem Bischof.

Auf die solcherart in vielen Jahrzehnten gewachsene institutionelle Tradition und die politische Kultur, die alle früheren Konflikte als Präzedenzfälle und Modelle mit sich trug, mußten die Herzöge von Burgund gehörig Rücksicht nehmen. Ihre systematischen Versuche, die monarchischen Einrichtungen auf Kosten der kommunalen zu verstärken, führten auch im 15. und 16. Jahrhundert zu ernsthaftem Widerstand, zu Konflikten und Aufständen[43]. Die extreme autokratische Politik Karls des Kühnens mit ihren harten mi-

---

40) Wim BLOCKMANS, A typology of representative institutions in late medieval Europe, Journal of Medieval History 4 (1978) S. 189–215.

41) AVONDS, Brabant (wie Anm. 16) S. 202–216.

42) Wim BLOCKMANS, Regionale Identität und staatliche Integration in den Niederlanden, 13.–16. Jahrhundert, in: Nationale, ethnische Minderheiten und regionale Identitäten in Mittelalter und Neuzeit, hg. von Antony CZACHAROWSKI (1994) S. 137–149.

43) Wim BLOCKMANS, La répression de révoltes urbaines comme méthode de centralisation dans les Pays-Bas bourguignons, Publication du Centre européen d'études Bourguignonnes 28 (1988) S. 5–9; DERS., Alternatives to monarchical centralisation: the great tradition of revolt in Flanders and Brabant, in: Republi-

litärischen und fiskalischen Konsequenzen ließ diese Gegensätze am schärfsten hervortreten[44]. Der Widerstand gegen die Zentralisierungspolitik, der ab 1477 von den Generalständen getragen wurde, bewirkte sogar ein gewisses Maß an Solidarität und Zusammenarbeit zwischen den Territorien. Während der Aufstände gegen Maximilian wuchs in den Generalständen die Einigkeit unter den Vertretern der niederländischen Fürstentümer. 1482 gelang es ihnen, einen Frieden mit Frankreich zustande zu bringen[45]. Kurz bevor die Flamen den römischen König Maximilian aus der Gefangenschaft befreiten, in der sie ihn seit Februar 1488 in Brügge gehalten hatten, schlossen fünf der Zentralregionen am 12. Mai in den Generalständen einen Bündnisvertrag, in dem sie einige Grundregeln für das Funktionieren der fürstlichen Herrschaft festlegten[46]. An erster Stelle ordneten sie an, daß der Friede mit Frankreich von 1482 befolgt werden müsse und daß alle fremden Truppen das Land zu verlassen hätten. Weiterhin bestimmten sie, daß ausschließlich Einheimische als Ratsherren und Beamte angestellt werden dürften. Ernennungen in kirchliche Ämter würden nur dann anerkannt werden, wenn sie vorschriftsmäßig zustande gekommen wären, also in Übereinstimmung mit dem gültigen Privileg von 1477. Neue Zölle würden abgeschafft werden, Münzanpassungen dürften ausschließlich in Übereinstimmung mit den Generalständen durchgeführt werden. Auch Entscheidungen über Frieden und Krieg dürften nur einstimmig in diesem Organ gefällt werden. Für eine gute Kontrolle der Einhaltung dieser Vereinbarungen und Privilegien sollten die Generalstände fortan jedes Jahr am 1. Oktober, wechselweise in einer Stadt in Brabant, in Flandern und im Hennegau, zu Verhandlungen zusammentreten. Obwohl vor allem die letzte Bestimmung, die ganz ohne Präzedenzfall das selbständige Funktionieren der Volksvertretung vorsah, ohne praktische Folgen blieb, drückte diese Bündnisakte nicht nur die wachsende Kohäsion zwischen den Regionen aus, sondern brachte auch zum Ausdruck, auf welche Weise die Untertanen sich die staatlichen Verhältnisse vorstellten. Doch blieben auch noch in den Jahren 1532–35 die Provinzialstände äußerst zurückhaltend, wenn die Zentralregierung die gemeinsame Verteidigung der Niederlande vorschlug, die durch regelmäßige Beiträge der einzelnen Provinzen finanziert werden sollte[47]. Auch gelang es der Regierung, im Falle Gents noch in den Jahren 1537–40 den Aufstand zu isolieren. Andererseits machte die stabile Organisationsstruktur in den wirtschaftlich am meisten entwickelten Ländern die Einführung ei-

---

ken und Republikanismus im Europa der frühen Neuzeit, hg. von Helmut G. KOENIGSBERGER (1988) S. 145–154; DERS., Widerstand holländischer Bauerngemeinden (wie Anm. 32) S. 329–344.
44) Werner PARAVICINI, Karl der Kühne. Das Ende des Hauses Burgund (1976); Richard VAUGHAN, Charles the Bold. The last Valois Duke of Burgundy (1973).
45) Robert WELLENS, Les Etats Généraux des Pays-Bas des origines à la fin du règne de Philippe le Beau (1464–1506) (1974) S. 191–196.
46) Text bei Jean Molinet, Chroniques, edd. Georges DOUTREPONT/Omer JODOGNE (1935–37) II, S. 31; Verzameling van XXIV origineele charters (1787); WELLENS, Etats Généraux (wie Anm. 45) S. 212–3.
47) Alastair DUKE, The Elusive Netherlands, Bijdragen en Mededelingen betreffende de Geschiedenis der Nederlanden 119 (2004) S. 10–38, bes. 30–32.

ner mehr zentral ausgerichteten Verwaltung auch einfacher als in den weniger entwickelten Territorien. Am deutlichsten läßt sich dieser Unterschied an der Steuererhebung ablesen. In einer höher entwickelten Marktwirtschaft war es relativ einfach, in einzelnen Punkten hohe Einkünfte für den Staat durch Erhebung indirekter Steuern zu erzielen. Typisch ist es in diesem Zusammenhang, daß der Herzog um 1445 aus der ganzen Grafschaft Namur bedeutend weniger Einkünfte bezog, als aus dem einen Zoll von Gravelines, in der Nähe von Calais, wo die Einfuhr englischer Wolle in die Niederlande besteuert wurde (16.000 gegen 26.000 Pfund)[48]. Gerade in diesem Punkt trat jedoch die größte Spannung mit den örtlichen Verwaltungen ans Licht, die die Einnahme und Verteilung selbst zu kontrollieren versuchten. Im allgemeinen schoben die Städte die Lasten, soviel sie nur konnten, auf die ländlichen Gemeinden ab, was dazu führte, daß eine Interessengemeinschaft zwischen dem Fürsten und den Landbewohnern entstand, die sich gegen die Ausbeutung durch die großen Städte richtete.

Die Fürsten bedienten sich vollständig der bestehenden Beratungsstrukturen der Städte und übrigen Stände für ihre eigenen Ziele. Auf diesem Wege konnten sie ihre steuerlichen und militärischen Anliegen (*beden*) bewilligt und – noch wichtiger – ausgeführt bekommen. Ab 1427 gelegentlich und ab 1464 mit schöner Regelmäßigkeit, im Schnitt zweimal pro Jahr, riefen sie die Stände und Städte aller ihrer niederländischen Fürstentümer zu gemeinsamen Beratungen zusammen[49]. Diese waren vor allem dazu bestimmt, die Steuererhebung möglichst zentral zu regeln, wozu Karl der Kühne 1471 auch versuchte, einen Verteilungsschlüssel zwischen seinen niederländischen Fürstentümern einzuführen, der auf den Zählungen der Feuerstellen beruhte. Obwohl der Widerstand der großen Städte diesen Bestrebungen entgegenarbeitete, wurden ab 1473 doch – wenn auch einigermaßen willkürlich – Verteilungsschlüssel für Steuern, die allen Territorien gemeinschaftlich auferlegt wurden, angewandt. Flandern und Holland-Seeland bekamen darin je 25% zugeteilt, Brabant-Limburg 24%. Durch das Fehlen objektiver Maßstäbe lasteten die ›beden‹ in Holland gut dreimal so schwer auf den einzelnen Einwohnern wie in Hennegau[50]. Eine weiterreichende institutionelle Homogenisierung hätte eine ehrlichere Verteilung möglich gemacht, jedoch verhinderten die persönlichen Interessen der einflußreichen Bürger dieses Streben. Überdies sahen sich die Fürsten wegen dringender finanzieller Bedürfnisse, die aus ihrer Kriegsführung erwachsen waren, wiederholt gezwungen, den bürgerlichen Eliten Zugeständnisse zu machen, um deren Zustimmung und Mitarbeit für die Erhebung immer höher ansteigender Steuern zu bekommen.

---

48) Maurice ARNOULD, Une estimation des revenus et des dépenses de Philippe le Bon en 1445, in: Recherches sur l'histoire des finances publiques en Belgique, Acta Historica Bruxellensia, III (1974) S. 131–219, bes. 151, 208.
49) WELLENS, Etats Généraux (wie Anm. 44) S. 89–119.
50) WELLENS, Etats Généraux (wie Anm. 44) S. 130–143; BLOCKMANS, Volksvertegenwoordiging (wie Anm. 26) S. 421–423, 636–637; BLOCKMANS/PREVENIER, The Promised Lands (wie Anm. 7) S. 153.

Die Vertreter der Untertanen nutzten selbstredend auch die Beratungen mit dem Fürsten und seinen Ratgebern, um Wünsche und Beschwerden bei den fürstlichen Beamten anhängig zu machen und diese als Forderungen bei den Verhandlungen über die Steuern einzubringen. Manche institutionelle Reformen können direkt mit solchen Besprechungen in Verbindung gebracht werden, zum Beispiel die Anpassung der Arbeitsweise des regionalen Gerichtshofes und des Rechnungshofes von Holland und Seeland im Jahre 1463. Die Unzufriedenheit der Untertanen gegen das strenge Regime Karls des Kühnen war so groß, daß bei seinem Tod, 1477, in den Beratschlagungen der Generalstände und den Provinzialständen lange Beschwerdelisten aufgelegt wurden. Die junge Herzogin Maria von Burgund mußte diese zur Gänze bewilligen, bevor ihr gehuldigt wurde und sie die nötige militärische und finanzielle Unterstützung zur Verteidigung gegen die französischen Invasionen bekommen konnte[51]. Die Vertreter ergriffen im Augenblick der Führungskrise die Gelegenheit, um die nach ihrer Meinung zu weit durchgeführte Zentralisierung von Gerichtsbarkeit und Verwaltung zurückzuschrauben. Doch fällt es gerade in dieser tiefen Krise auf, wie stark die Zusammengehörigkeit der niederländischen Fürstentümer inzwischen geworden war: alle Kernländer blieben ihrer gegenseitigen Zusammenarbeit im Rahmen der Generalstände und einer Zentralverwaltung verpflichtet, unter der Bedingung, daß die Privilegien der Städte und Provinzen respektiert würden. Diese Verbundenheit wurde noch in den 10 Jahren des Widerstandes und Aufstandes gegen Maximilian 1482–92 verstärkt[52], sie galt aber nicht für das Stammherzogtum Burgund. Der dynastische Bruch war also nicht so wichtig wie die gemeinsame Verteidigung der Niederlande gegen die französische Invasion oder gegen Maximilians autokratische Tendenzen.

Übrigens funktionierten städtische Netzwerke auch auf der symbolischen Ebene: jede Stadt lud ihre Geschäftspartner bei den Schützenfesten und den Wettbewerben der Rhetorikkammern ein, den sogenannten ›Landjuwelen‹. Diese interregionalen Festakte mit literarischen Ansprüchen trugen stark dazu bei, das Bewußtsein einer gemeinsamen Kultur zu verbreiten[53].

---

51) Maurice ARNOULD, Les lendemains de Nancy dans les »Pays de par deça« (janvier-avril 1477), in: 1477. Le privilège (wie Anm. 32) S. 1–63.

52) Wim P. BLOCKMANS, Autocratie ou polyarchie? La lutte pour le pouvoir politique en Flandre de 1482 à 1492, d'après des documents inédits, Bulletin de la Commission royale d'histoire 140 (1974) S. 257–368.

53) Anne-Laure VAN BRUAENE, Sociabiliteit en competitie. De sociaal-institutionele ontwikkeling van de rederijkerskamers in de Zuidelijke Nederlanden (1400–1650), in: Conformisten en rebellen. Rederijkerscultuur in de Nederlanden (1400–1650), hg. von Bart RAMAEKERS (2003) S. 45–63, bes. 53–54; die Autorin hat 2004 über dieses Thema an der Universität Gent promoviert. Elodie LECUPPRE-DESJARDIN, La ville des cérémonies: Essai sur la communication politique dans les villes des anciens Pays-Bas bourguignons (2004) bespricht die Schützenfeste.

Epilog

Die in der Einleitung besprochenen Theorien der Staatenbildung haben uns geholfen, die Pfadabhängigkeit anzuerkennen, welche in den unterschiedlichen Territorien auf eigene Weise zur Integration unter einer einheitlichen Dynastie geführt hat. Die institutionellen Traditionen hatten sich vor der Machtübernahme des Hauses Burgund im Laufe von Jahrhunderten in den einzelnen Fürstentümern entwickelt, und sie konnten deswegen auch nicht übersehen werden. Dabei spielte die Form der Repräsentativverfassung eine wesentliche Rolle. In Brabant war sie von den drei Ständen in konstitutionellen Huldigungsakten sowie in einem Sonderregiment für den unfähigen Herzog Johann IV. 1420–21 festgelegt. Die Tradition in Flandern war geprägt von der Dominanz der drei großen Städte, welche im Laufe des 14. Jahrhunderts die Position der Grafen ernsthaft bedroht und die Grafschaft fast in Stadtstaaten aufgeteilt hatten. In Holland beherrschten die Gegensätze zwischen den Parteien die politische Lage. Dies machte es den Ständen oder Städten unmöglich, den fremden Fürsten gegenüber einheitlich ihre Forderungen durchzusetzen.

Zweitens ist klar geworden, daß die politische Integration – von ihrem Entstehen her sowie in ihrer weiteren Ausprägung – nicht nur aus dem Handeln der Dynasten verstanden werden kann, sondern sich auch in eigenen Formen entwickelt hat, die von der städtischen Bevölkerung und ihren Handelsbeziehungen bestimmt waren. Je stärker die Urbanisierung ihre eigenen Netzwerke entwickelte, desto spannungsvoller war das Verhältnis zur dynastisch bestimmten Integration, weil beide Systeme von verschiedener Art, geographischer Gestaltung und Zielsetzung waren.

Drittens ist klar geworden, daß das Ausmaß der Konzentration von Kapital und Machtmitteln dem burgundischen Herzogshaus ein derartiges Übergewicht über alle anderen gesellschaftlichen Kräfte gab, daß es fortan unmöglich war, in irgendeinem Territorium den Fürsten zu vertreiben, wie es während des 14. und frühen 15. Jahrhunderts an vielen Stellen und öfters geschah. Doch blieb es auch für die Burgunderdynastie unumgehbar, ständig über ihre Zielsetzungen und Machtmittel mit den Vertretungsorganen der Untertanen zu verhandeln. Ihr eigener Beamtenapparat war einfach noch zu schwach, um diese Aufgaben namens der fürstlichen Autorität durchzuführen. So ist es auch zu verstehen, daß der Ausbau einer zentralen Residenz oder eben die Schaffung einer Hauptstadt der Niederlande noch bis zum Ende des 15. Jahrhunderts unklar geblieben ist.

Kaiser Karl V. hat mit der Eroberung Gelderns 1543 und dessen Trennung von Jülich und Kleve, welche 1548 nicht dem Burgundischen Kreis eingegliedert wurden, die Tradition seiner burgundischen Vorgänger respektiert. Damit hat er auch die Grenzen der Niederlande etabliert, obwohl diese bis dahin anders verlaufen waren[54]. Wie bekannt, haben die durchgesetzten Versuche zur Zentralisierung im 16. Jahrhundert einen allgemei-

---

54) DUKE, The Elusive Netherlands (wie Anm. 47) S. 23.

nen Aufstand gegen das spanisch-habsburgische Regime ab 1566 herausgefordert, wobei die rigide Glaubenspolitik Karls V. und Philipps II. die ideologischen Gegensätze auf die Spitze trieben. Obwohl, wie ebenfalls bekannt, die Anhängerschaft des Protestantismus und der Widerstand in Flandern, Brabant und Holland, die von Anfang an die Kernterritorien gebildet hatten, am stärksten waren, wurden die südlichen Provinzen von der militärischen Übermacht unterworfen, was in den nördlichen Gebieten nicht gelingen sollte[55]. Jedoch blieb auch in den habsburgisch gebliebenen Provinzen das Muster der lokalen und territorialen Autonomie mit weitgehender Mitbestimmung der Verwaltungen der großen Städte bis Ende des 18. Jahrhunderts erhalten. Der Unterschied zu der Republik der Sieben Vereinigten Provinzen ist in dieser Hinsicht nicht so groß, wie es auf den ersten Blick scheinen mag. Keine einzige Monarchie konnte ja während des *ancien régime* politische Integration realisieren ohne die Mitwirkung der lokalen und regionalen Eliten, die im Gegenzug ihre Privilegien einforderten. Keine Zentralregierung war imstande, die Gewohnheitsrechte zu unterlaufen.

---

55) Siehe im allgemeinem Jonathan ISRAEL, The Dutch Republic. Its Rise, Greatness, and Fall, 1477–1806 (1995).

Venedig im späteren Mittelalter:
Regierung über Stadt, Festlandsterritorien und Kolonien

VON DIETER GIRGENSOHN

Warum gerade Venedig[1], wenn man nach staatlicher Integration auf italienischem Boden fragt, warum Venedig und nicht Sizilien, der Kirchenstaat, Florenz, Mailand, um nur die fünf großen Staatskomplexe, die für das politische Geschehen des 15. Jahrhunderts bestimmend waren, in den Blick zu nehmen? Von dem Königreich oder besser: den beiden Königreichen im Süden ist schon an anderer Stelle gehandelt worden, der Kirchenstaat müsste als Gegenbeispiel für staatliche Integration charakterisiert werden, während Florenz und Mailand – insgesamt gesehen – nicht dieselbe staatliche Stabilität hatten, zumal mit den Wechseln zwischen Republik und Alleinherrschaft in dem einen Fall, mit der Ablösung der Dynastie im anderen.

Anders Venedig: Wer sich mit mit dem Blick des Historikers dieser Stadt nähert, dessen Aufmerksamkeit wird unweigerlich von zwei Phänomenen in Anspruch genommen, dem baulichen Prunk und der schier unglaublich langen Periode, in der sich dort ein selbständiger Staat am Leben gehalten hat. Das erste ist gezielte Absicht seit urdenklichen Zeiten. Die Pracht urbanistischer Ausgestaltung fesselt noch heute die Besucher ganz so, wie es die Venezianer schon im Mittelalter – und zweifellos mit voller Absicht – ins Werk gesetzt haben. Das erschließen wir aus Reiseberichten und Stadtbeschreibungen, welche seit der zweiten Hälfte des 13. Jahrhunderts vorliegen und die Reaktionen der Besucher widerspiegeln. Schon der Ankommende sollte staunen, wenn er an der Mole landete und nach kurzem Weg über die Piazzetta, entlang der Fassade des im Laufe der Zeiten immer prächtiger ausgestalteten Dogenpalastes, auf die Weite des Markusplatzes stieß, wo ihn die

---

[1] Die Vortragsform ist beibehalten, aber einzelne Aspekte, die sich in der angenehm lebhaften Diskussion herausgeschält haben, sind zusätzlich eingearbeitet worden. Den Teilnehmern daran sei auch an dieser Stelle für ihre Anregungen ein herzlicher Dank gesagt. Der naheliegende Versuch, die Nachweise möglichst sparsam zu gestalten, stößt durch die dafür notwendige Beschränkung und Auswahl schnell auf Schwierigkeiten durch die doppelte Tatsache, dass ein weites Terrain abzustecken ist und dass das verbreitete Interesse an der Geschichte Venedigs für die Entstehung unzähliger übergreifender Darstellungen sowie einer wahren Flut von Einzelstudien gesorgt hat und weiterhin sorgt. Deshalb sei gleich hier auf eine relativ neue, detailliert gegliederte Bibliographie verwiesen: Giorgio ZORDAN, Silvia GASPARINI, Repertorio di storiografia veneziana (1998).

ebenso vielfarbige wie künstlerisch imposante Frontseite der Basilika beeindrucken sollte: ein Szenario wie eine ausgeklügelte Theaterkulisse[2].

Nur scheinbar ist dies lediglich ein oberflächlicher, gewissermaßen touristischer Aspekt. Vielmehr haben die Absichten, die hinter dieser Art der Prachtentfaltung sichtbar werden, durchaus mit dem Thema unserer Tagung zu tun: mit Integration, besser mit staatlicher Struktur und Herrschaft, denn schon das äußere Bild der Stadt sollte nicht nur dem zufälligen Besucher imponieren, sondern ganz gezielt auch dem Untertanen, der aus dem weitläufigen Staatsgebiet angereist kam, vom ersten Moment an das beherrschende Zentrum in seiner prunkvollen Rolle vor Augen führen, die Dominante nach allgemeinem italienischem Sprachgebrauch. Dieser Botschaft wird sich kaum jemand haben entziehen können, man wird diese stumme Sprache der regierenden Schicht verstanden haben: Wir sind die Tüchtigeren, die Reicheren, die Mächtigeren.

Zugleich aber besaßen die Venezianer auch größeres politisches Geschick als die meisten, und dieser Gesichtspunkt führt uns zu dem zweiten der eingangs genannten Phänomene, der Langlebigkeit ihres Staates. Der Beginn der Selbständigkeit ist nicht ganz leicht auszumachen, darf aber wohl in die Zeit Karls des Großen gesetzt werden, als einerseits die formale, staatsrechtliche Zugehörigkeit zu Byzanz den Versuch, Venedig dem Frankenreich zuzuschlagen, erfolgreich vereitelte, während andererseits die direkte Abhängigkeit vom Byzantinischen Reich faktisch ihr Ende fand[3]. So kommt man auf eine tausendjährige Dauer, bis die Republik im Mai 1797 vor dem Ansturm der Truppen Napoleons kapitulierte. Ihre Existenz übertraf also etwa die des römischen Reiches der deutschen Herrscher, ja sie währte sogar länger als die irgendeines anderen europäischen Staates, abgesehen vielleicht von der französischen Monarchie, wenn man außer den Karolingern auch die Merowinger dazurechnet. Allein diese Überlebensfähigkeit führt zu einer Frage, die in das Zentrum unserer gemeinsamen Thematik zielt: Welche Elemente lassen sich ausmachen als Ursache dafür, dass dieses heterogene und eigentlich fragile Staatswesen durch jene überaus lange Zeitspanne hindurch Bestand haben konnte?

Um einer Antwort näher zu kommen, sind drei Teilbereiche zu betrachten. Erstens habe ich eine Skizze der Verfassung der Republik Venedig und des Regierungsstils ihrer

---

2) Diese Aspekte sind ausgeführt und belegt in Dieter GIRGENSOHN, Kirche, Politik und adelige Regierung in der Republik Venedig zu Beginn des 15. Jh. (Veröffentlichungen des Max-Planck-Instituts für Geschichte 118, 1996) 1, S. 15–24.

3) Zusammenfassend über den Beginn eigener Staatlichkeit: Gherardo ORTALLI, Il Ducato e la »civitas Rivoalti«: tra Carolingi, Bizantini e Sassoni, in: Storia di Venezia 1: Origini – età ducale, hg. von Lellia CRACCO RUGGINI (u. a.) (1992) S. 725–790, bes. S. 725–739, 781–783. Die eigenartige Position zwischen Ost und West ist auch Gegenstand zweier neuerer Beiträge: Pierandrea MORO, Venezia e l'Occidente nell'alto Medioevo, und Stefano GASPARRI, Venezia fra l'Italia bizantina e il Regno italico: la civitas e l'assemblea, in: Venezia. Itinerari per la storia della città, hg. von S. GASPARRI, Giovanni LEVI, P. MORO (1997) S. 41–57, 61–82. Dazu s. noch Giorgio RAVEGNANI, I dogi di Venezia e la corte di Bisanzio, in: L'eredità greca e l'ellenismo veneziano, hg. von Gino BENZONI (Civiltà veneziana, Saggi 46, 2002) S. 23–51.

herrschenden Schicht zu entwerfen. Sodann ist der Verlauf der venezianischen Expansionspolitik zu schildern, wenigstens in den Grundzügen. An dritter Stelle soll charakterisiert werden, wie die Venezianer in den von ihnen beherrschten Territorien regiert haben. Dabei wird die Eingrenzung auf die Zeit bis zum Ende des 15. Jahrhunderts erlaubt sein sowie auf das italienische Festland – die venezianische Verwaltung selbst unterschied grundsätzlich den *Stato da mar* vom *Stato da terra*. Einige Schlussbemerkungen sollen die Frage umkreisen, ob die Republik Venedig, insbesondere der Flächenstaat auf dem italienischen Festland, als ein Beispiel für gelungene politische Integration interpretiert werden könne oder eher nicht.

I

Zur Grundlegung möchte ich einführen in eine politische Umgebung, die sich in manchen Zügen stark abhebt von den uns aus dem Mittelalter geläufigen politischen Strukturen. Das ursprüngliche Staatsgebiet Venedigs, die Keimzelle am Rande des Langobardenreichs, war beschränkt auf die Inseln der Lagune – mit derjenigen vom *Rivusaltus* als Zentrale – und die Landstriche an ihren Ufern[4], später regelmäßig definiert als der Bereich von Grado im Nordosten bis Cavarzere jenseits Chioggia im Südwesten. Das war und blieb der eigentliche *ducatus* oder *Dogado*, das Gebiet der Dogenherrschaft im engeren Sinne. Staatsrechtlich hat er nie zum westlichen römischen Reich gehört, war also wirklich selbständig, nachdem die byzantinische Herrschaft im Norden Italiens ihr Ende gefunden hatte. In späterer Zeit suchten Juristen diese Unabhängigkeit mit der Lage Venedigs mitten im Meer zu begründen[5]. Sie ermöglichte der Republik zum Beispiel ihre Mittlerrolle im Jahre 1177, im schier unlösbaren Streit zwischen Kaiser und Papst; vom bleibenden Stolz der Venezianer auf dieses Verdienst zeugen noch heute die Gemälde im Dogenpalast[6].

Anteil an den Regierungsgeschäften hatte allein die herrschende Schicht der Hauptinsel, vielmehr der Inselgruppe, die zusammenfassend *corpus Rivoalti*, bald aber auch *corpus Venetiarum* genannt wurde. Das galt insbesondere seit der Einführung der kommunalen Verfassung. Ihre Angehörigen definierten sich als *nobiles*, aber man muss sich hüten, sie in eine wie auch immer geartete innere Verbindung zum üblichen Schwertadel zu bringen. 1297 wurde die Zugehörigkeit zu diesem Adel durch Gesetz genau definiert, nämlich beschränkt auf diejenigen Kleinfamilien, aus denen Mitglieder während der letzten drei Generationen

---

4) Darüber orientiert der Beitrag von Massimiliano PAVAN, Girolamo ARNALDI, Le origini dell'identità lagunare, in: Storia di Venezia 1 (wie Anm. 3) S. 409–456.

5) Vgl. Ugo PETRONIO, »Civitas Venetiarum est edificata in mari«, in: Studi veneti offerti a Gaetano Cozzi (1992) S. 171–185.

6) Es genüge hier der Hinweis auf die Ausführungen von Wolfgang WOLTERS, Der Bilderschmuck des Dogenpalastes. Untersuchungen zur Selbstdarstellung der Republik Venedig im 16. Jh. (1983) S. 164–181, 311f.

tatsächlich in den Großen Rat gewählt worden waren[7]. Insofern es sich um eine Neuregelung handelte, die den Kreis der Zugehörigen definierte und damit abschloss – abgesehen von späteren Verfeinerungen der Verfahren zur Feststellung der Adelsqualität[8] –, hat die traditionelle Bezeichnung dieses Vorgangs als *serrata del Maggior Consiglio* durchaus ihre Berechtigung. Allerdings ist auch richtig, dass auf diese Weise das Gremium selbst eine beträchtliche numerische Vergrößerung erfuhr[9]. Waren bis dahin seine Mitglieder jährlich gewählt worden aus einer Schicht von angesehenen Männern, für die sich jedoch ein definiertes Abgrenzungskriterium nicht erkennen lässt, bildeten hinfort sämtliche erwachsenen männlichen Adeligen den Großen Rat; die Zugehörigkeit zu ihm wurde mit der rechtlichen Standesqualität identisch[10], aber diese erstreckte sich selbstverständlich in gleicher Weise auf die Kinder und die erwachsenen Töchter des einzelnen Adeligen[11].

7) Die Entstehung dieser grundlegenden Regelung und die Ausführungsbestimmungen aus den folgenden Jahrzehnten, mit denen man aufgetretene Unstimmigkeiten beseitigen wollte, sind umfassend untersucht worden von Gerhard RÖSCH, Der venezianische Adel bis zur Schließung des Großen Rats (Kieler historische Studien 33, 1989) S. 168–184; s. noch DENS., The serrata of the Great Council and Venetian society, 1286–1323, in: Venice reconsidered, hg. von John MARTIN, Dennis ROMANO (2000) S. 67–88. Einige Präzisierungen bringt Maria-Teresa TODESCO, Andamento demografico della nobiltà veneziana allo specchio delle votazioni nel Maggior Consiglio (1297–1797), Ateneo veneto 176 = N.S. 27 (1989) S. 119–164, dort S. 124–126, 145f. Anm. 21–31. Vgl. Mario CARAVALE, Le istituzioni della Repubblica, in: Storia di Venezia 3: La formazione dello Stato patrizio, hg. von Girolamo ARNALDI, Giorgio CRACCO, Alberto TENENTI (1997) S. 299–364, dort S. 307–311, 358f., und Stanley CHOJNACKI, La formazione della nobiltà dopo la Serrata, ebd. S. 641–725.

8) Solche hat Chojnacki im angeführten Beitrag zum Anlass genommen, nach der eigentlichen »serrata« noch eine zweite festzustellen, der er inzwischen sogar eine dritte hinzugesellen möchte, jeweils etwa im Jahrhundertabstand; s. DENS, Social identity in Renaissance Venice: the second serrata, Renaissance studies 8 (1994) S. 341–358, und Identity and ideology in Renaissance Venice: the third serrata, in: Venice reconsidered (wie Anm. 7) S. 263–294. Bei den damals eingeführten Neuerungen handelt es sich jedoch um Verbesserungen der Kontrollen, welche die exakte Anwendung des einmal beschlossenen Prinzips gewährleisten sollten, also lediglich um neue Verfahrensregeln, die nicht die Qualifizierung als Neuordnung verdienen: Zuerst ging es um die zuverlässige Registrierung der aus legitimer Ehe abstammenden adeligen Männer nach ihrem 18. Geburtstag, später hatten die Mitglieder des Großen Rates die Geburt ihrer Söhne in ein »goldenes Buch« eintragen zu lassen, dann waren auch die Heiraten der Adeligen förmlich zu melden (1506, 1526); hierzu siehe noch die Studie von Crescenzi (wie Anm. 10).

9) Besonders unterstrichen hat diesen Umstand Frederic C. LANE, The enlargement of the Great Council of Venice (zuerst 1971), in: DERS., Studies in Venetian social and economic history, hg. von Benjamin G. KOHL, Reinhold C. MUELLER (Collected studies series 254, 1987) Nr. III. Zahlen der Mitglieder des Großen Rates zwischen 1261 und 1296 bietet TODESCO, Andamento demografico (wie Anm. 7) S. 164; sie sind zu vergleichen mit der Menge der tatsächlich Anwesenden in den folgenden zwei Jahrhunderten: ebd. S. 150–153.

10) Darauf verweist schon der Titel der Untersuchung von Victor CRESCENZI, Esse de maiori consilio. Legittimità civile e legittimazione politica nella Repubblica di Venezia (secoli XIII–XVI) (Nuovi studi storici 34, 1996).

11) Zum Adel des 15.–16. Jahrhunderts s. den Beitrag von Giuseppe GULLINO, Il patriziato, in: Storia di Venezia 4: Il Rinascimento. Politica e cultura, hg. von Alberto TENETI, Ugo TUCCI (1996) S. 379–413.

Im Übrigen korrelierte die Standesqualität nicht unbedingt mit der wirtschaftlichen Stellung[12]. Selbst wenn das zur Zeit der *serrata* noch zugetroffen haben sollte – in den folgenden Jahrhunderten entwickelte sich die Situation bei den einzelnen adeligen Sippen oder deren Zweigen wie bei den übrigen Bürgern auf durchaus verschiedene Weise. Hier muss warnend darauf hingewiesen werden, dass zwar, nachdem einmal das rechtliche Kriterium feststand, den Zeitgenossen sehr wohl bewusst war, wer zum Adel gehörte und wer nicht, dass aber diese Unterscheidung aus der Perspektive des Nachgeborenen keineswegs immer leicht wird, denn nicht selten trugen Nichtadelige denselben Nachnamen wie Adelige[13]. Ist jedoch die Schwierigkeit der Zuordnung einmal überwunden, stellt sich heraus, dass es im späteren Mittelalter und in der frühen Neuzeit einerseits auch unter den Nichtadeligen überaus vermögende Kaufleute und Bankiers gab, andererseits dagegen so manche adelige Kleinfamilie am Rande des Existenzminimums lebte[14]. Dann mochte es sogar geschehen, dass ihre Söhne sich den Stand nicht bewahren konnten.

Rechtlich jedenfalls war der Adel seit der Wende vom 13. zum 14. Jahrhundert abgeschlossen und blieb es bis zum Ende der Republik. Diese Feststellung gilt für das Mittelalter – abgesehen von Rückkehrern aus den venezianischen Kolonien, welche die Standesqualität ihrer Vorfahren in umständlichem Verfahren nachweisen mussten, und abgesehen von der Aufnahme einiger auswärtiger Fürsten und Condottieri in den Großen Rat, gewissermaßen ehrenhalber – mit nur einer einzigen Ausnahme: 1381, nach dem existenzbedrohenden Chioggia-Krieg, wurden 30 Bürger, die sich in der Phase äußerster Gefahr besonders um den Staat verdient gemacht hatten, samt ihren legitimen männlichen Nachkommen mit dem Titel des *nobilis vir* ausgezeichnet[15]. Für die hier im Mittelpunkt stehende Zeit schätzt man den Anteil der Nobilität an der Stadtbevölkerung Venedigs auf 3–5%[16]. Erst im 17. Jahrhundert zwang der Krieg mit den Osmanen um Kreta, also un-

12) Vgl. die Untersuchungen von Stanley CHOJNACKI, In search of the Venetian patriciate: families and factions in the fourteenth century, in: Renaissance Venice, hg. von J(ohn) R. HALE (1973) S. 47–90, Dennis ROMANO, Patricians and popolani. The social foundations of the Venetian Renaissance State (1987) S. 27–38, 165–167, und Doris STÖCKLY, Aspects de la »colonisation vénitienne«: commerce d'État et mobilité sociale au XIVᵉ siècle, in: Le partage du monde. Échanges et colonisation dans la Méditerranée médiévale, hg. von Michel BALARD, Alain DUCELLIER (Publications de la Sorbonne, Série Byzantina Sorbonensia 17, 1998) S. 49–61.

13) Eine Liste der *caxade di zentilhomeni del Mazor Conseio*, der im Jahre 1522 existenten wie der damals bereits ausgestorbenen, hat Marino Sanudo an den Anfang seiner großen Chronik gestellt, ganz entsprechend der Übung vieler anderer Historiographen vor und nach ihm: Marin Sanudo, Le vite dei dogi 1, hg. von Giovanni MONTICOLO (RIS² 22, 4, 1, 1900–11) S. 17–47.

14) Dazu s. Donald E. QUELLER, The Venetian patriciate (1986) S. 29–50: »Welfare jobs for the nobles«, verbessert in: DERS., Il patriziato veneziano (1987) S. 63–101.

15) Für die Nachweise s. GIRGENSOHN, Kirche, Politik (wie Anm. 2) 1, S. 35; zusätzlich: CHOJNACKI, Formazione (wie Anm. 7) S. 701–704, 723f., und STÖCKLY, Aspects (wie Anm. 12).

16) Zur zahlenmäßigen Entwicklung s. die gründliche Studie von TODESCO, Andamento demografico (wie Anm. 7).

ausweichliche finanzielle Not, zu einer weiteren Aufweichung des Prinzips strikter Exklusivität: Adel wurde käuflich.

Nur die Mitglieder des Großen Rates übten die Regierung über den gesamten Staat aus, auch als der an Umfang beträchtlich zugenommen hatte. Die Folgen dieser Regelung sind gleich noch zu erläutern, doch sei zuvor darauf verwiesen, dass selbstverständlich Helfer zur Führung der Regierungsgeschäfte nötig waren. Am wichtigsten für die Vorbereitung der Entscheidungen waren zweifellos die Notare der Dogenkanzlei unter dem *cancellier grando*[17]. Für sie und für einige andere Personenkreise wurde seit dem 14. Jahrhundert die Rechtsqualität der *cittadini originari* neu geschaffen; sie bildeten eine ebenfalls dünne Schicht zwischen dem Adel und dem Rest der Stadtbevölkerung[18]. Für sie trat neben den *Libro d'oro*, in dem seit dem 16. Jahrhundert die Adeligen registriert wurden, ein *Libro d'argento*. Die Neueinführung gehört zweifellos zu den Einrichtungen, die dazu beigetragen haben, dass soziale Spannungen in Venedig nie derartige Ausmaße wie in anderen europäischen Staaten angenommen haben: Es gab keine Rebellionen gegen die Adelsherrschaft.

Wie regierte dieser Adel? Die venezianische Verfassungswirklichkeit bestand im späteren Mittelalter aus einem ausgeklügelten System von Ermöglichung der Partizipation vieler – natürlich nur der Mitglieder des Adels – und Vorkehrungen gegen den Machtmissbrauch durch Einzelne. Das kann ich hier unmöglich ausbreiten, wenige Striche müssen genügen[19]. An der Spitze des Gemeinwesens stand der Doge, gewählt auf Lebenszeit. Doch anders als im 4. Kreuzzug, als der tatkräftige Enrico Dandolo das staatliche Truppenkontingent anführte[20], war der Doge in der späteren Zeit zwar immer noch der Vor-

---

17) Überblicke bieten Marco Pozza, La cancelleria, in: Storia di Venezia 3 (wie Anm. 7) S. 365–387, und Andrea Zannini, L'impiego pubblico, in: Storia di Venezia 4 (wie Anm. 11) S. 415–463, dort S. 439–449, sowie speziell Matteo Casini, Realtà e simboli del cancellier grande veneziano in Età moderna (secc. XVI–XVIII), Studi veneziani, N.S. 22 (1991) S. 195–251. Eine Liste von Notaren, die der Große Rat zwischen 1281 und 1482 zu Kanzleichefs wählte, bringt Marin Sanudo il giovane, De origine, situ et magistratibus urbis Venetae, ovvero La città di Venezia (1493–1530), hg. von Angela Caracciolo Aricò (Collana di testi inediti e rari 1, 1980) S. 218f.

18) Untersucht von Andrea Zannini, Burocrazia e burocrati a Venezia in Età moderna (sec. XVI–XVIII) (Istituto veneto di scienze, lettere ed arti, Memorie, Cl. di sc. mor., lett. ed arti 47, 1993), und Anna Bellavitis, Identité, mariage, mobilité sociale. Citoyennes et citoyens à Venise au XVIe siècle (Collection de l'École française de Rome 282, 2001). Siehe noch Matteo Casini, La cittadinanza originaria a Venezia tra i secolo XV e XVI. Una linea interpretativa, in: Studi veneti (wie Anm. 5) S. 133–150.

19) Erlaubt sei der Verweis auf einen eigenen Versuch der Darstellung: Kirche, Politik (wie Anm. 2) 1, S. 31–77; s. daneben Caravale, Istituzioni (wie Anm. 7), und Guido Ruggiero, Politica e giustizia, in: Storia di Venezia 3 (wie Anm. 7) S. 389–407. Einen Überblick über die Verfassungswirklichkeit des 15.–16. Jahrhunderts bietet Giuseppe Gullino, L'evoluzione costituzionale, in: Storia di Venezia 4 (wie Anm. 11) S. 345–378; zur Ausübung von Regierung und Verwaltung durch die Adeligen s. noch Zannini, Impiego pubblico (wie Anm. 17) S. 418–439.

20) Für dieses oft behandelte Thema sei hier lediglich verwiesen auf zwei neue Darstellungen aus verschiedener Sicht: Thomas F. Madden, Enrico Dandolo and the rise of Venice (2003) S. 117–194, 241–266, und Jonathan Harris, Byzantium and the crusades (2003) S. 145–162, 216–219.

sitzende des Großen Rates sowie der wichtigsten Wahlgremien: des Senats, des Rates der Zehn und vor allem des Kleinen Rates; insofern stellte er ein Element der Kontinuität gegenüber dem ständigen Wechsel in der Mitgliedschaft dieser Organe dar. Aber unter dem Aspekt von politischen Entscheidungen und diplomatischen Kontakten hatte sich seine tatsächliche Funktion verändert zu nicht viel mehr als derjenigen einer bloßen Repräsentationsfigur, im Tagesgeschäft strikt kontrolliert vom Kleinen Rat, auf Dauer wahrhaft eingekeilt durch die zahllosen Einzelbestimmungen des Amtseides, der *promissio*, die er gleich nach seiner Wahl zu beschwören hatte[21]. Meine Edition einer Reihe dieser Texte aus dem 14.–15. Jahrhundert steht kurz vor dem Abschluss. Ihre Lektüre wird hoffentlich bewirken, dass das gängige Bild des mächtigen, richtungweisenden Staatsoberhauptes eine Revision erfährt.

Am anderen Ende der Skala befand sich der Große Rat, damals formell aus anderthalb- bis zweitausend Mitgliedern zusammengesetzt, von denen bei besonderen Gelegenheiten durchaus einmal 1000 oder mehr anwesend sein mochten[22]. Das war kein effizientes politisches Organ mehr. Insbesondere müssen unzählige Wahlen die Verhandlungen förmlich blockiert haben, da durchzuführen nach einem höchst komplizierten Verfahren[23], das Machtanhäufung bei einzelnen Personen oder Familien zuverlässig ausschließen sollte. Bestimmt wurden dabei Männer – immer aus der Mitte des Großen Rates – für andere Gremien, für Kollegialämter und für Einzelpositionen.

Von den stets für ein halbes oder ein ganzes Jahr gewählten Gremien sind die wichtigsten der schon genannte Kleine Rat, zusammengesetzt aus den sechs *consiliarii Venetiarum*, weiter der Senat, damals *consilium rogatorum* oder *Consiglio dei pregadi* genannt, bestehend aus rund 150, später 200–250 Männern[24], endlich der Rat der Zehn, der in Wirklichkeit 17 ordentliche Mitglieder hatte, dazu drei ständige Gäste, die *avogadori di Comun*,

---

21) Die erhaltenen Texte aus dem 13. Jh. sind gesammelt von Gisella GRAZIATO, Le promissioni del doge di Venezia dalle origini alla fine del Duecento (1986); s. noch den Eid des Jahres 1343, den letzten abgedruckten aus dem Mittelalter, in: Andreas Dandulus, Chronica per extensum descripta, hg. von Ester PASTORELLO (RIS² 12,1, 1938–58) S. LXXIX–CII.

22) Die Zahlen hat TODESCO, Andamento demografico (wie Anm. 7) S. 150–153, zusammengestellt. Erstmalig 1443 liegt die Präsenz über der Tausendergrenze, seit 1460 geschieht das häufig, und in unzweifelhaft zuverlässiger Quelle wird im Jahr 1499 sogar ein Spitzenwert von 1648 erreicht.

23) Skizziert in GIRGENSOHN, Kirche, Politik (wie Anm. 2) 1, S. 68f., dort S. 74 auch über die noch ausgeklügeltere Prozedur bei der Wahl des Dogen. Siehe ferner Ivone CACCIAVILLANI, La »bala d'oro«. Elezioni e collegi della Serenissima (2001).

24) Eine Berechnung aus dem Jahre 1493 – Sanudo, De origine (wie Anm. 17) S. 103f. – kommt auf 160 eigentliche Mitglieder (*pregadi* im engeren Sinne, dazu *zonta* und *Quarantia criminal*) sowie 70 Inhaber von Ämtern mit automatischem Sitz im Senat, also 230 Stimmberechtigte, dazu 58 weitere Amtsträger, deren Anwesenheit vorausgesetzt wurde, doch ohne Stimmrecht. Zur letztgenannten Gruppe, in der allerdings viele stets auch gewählte eigentliche Mitglieder des Senats gewesen sein werden, gehörten insbesondere die 16 *savi* (s. unten), die ebenso wie der Doge, die *consiglieri* und die drei *capi di Quarantia* das fast ausschließliche Antragsrecht besaßen.

und der für die Behandlung diffiziler Angelegenheiten um eine ad hoc hinzugewählte *zonta* erweitert zu werden pflegte. Der Senat war das maßgebliche Entscheidungsorgan für Handelsangelegenheiten, für die Außenpolitik unter Einschluss der Kriege, für die Wahrung der Ordnung im Staatsterritorium, also insbesondere für die Kontakte mit den Untertanen, und für die Rechtsprechung[25]. Der Rat der Zehn hatte sich vornehmlich um die innere Ordnung in Venedig zu kümmern, erst später vermehrten sich allmählich seine Kompetenzen[26]. Das sind selbstverständlich nur ganz grobe Hinweise auf die jeweiligen Zuständigkeiten.

Die Kollegialämter, für die im Großen Rat gewählt wurde, bestanden in ihrer großen Mehrheit aus drei Mitgliedern, schon damit eine klare Mehrheitsentscheidung möglich wurde. Sie nahmen sich zum Einen verschiedener Aspekte der Verwaltung an, betreffend vor allem den Handel und die öffentliche Sicherheit, zum Anderen übten sie die Gerichtsbarkeit aus, wobei Administration und Jurisdiktion prinzipiell ineinander übergingen[27]. Besonders in der Rechtspflege scheint dieses System zur Zufriedenheit der Betroffenen funktioniert zu haben. Bei den Einzelpositionen endlich sind die bedeutendsten die Prokuratoren von S. Marco, die Inhaber der einzigen auf Lebenszeit verliehenen Ämter, abgesehen von dem des Dogen. Funktionen mit hoher Verantwortung übten die entsandten Verwaltungschefs der Kolonien in Übersee und der Provinzen des italienischen Festlandes aus. Zu erinnern ist weiter an die Kommandanten einzelner Flottenkontingente und den *capitano zeneral del mar*, endlich an die Gesandten zu auswärtigen Fürsten oder Republiken.

Die Letztgenannten wurden übrigens nicht im Großen Rat, sondern im Senat bestimmt. Dieser wählte außerdem in meist halbjährigem Abstand die Mitglieder dreier Ausschüsse von *sapientes* oder *savi*, bestehend teils aus sechs, teils aus fünf Mitgliedern. Sie pflegten zunächst separat zu beraten, traten aber regelmäßig auch mit dem Dogen und dessen Kleinem Rat als *collegium* zusammen, vergleichbar einer heutigen Regierung. Die Be-

---

25) Siehe jetzt die Darstellung von Giorgio CRACCO, Il Senato veneziano, in: Il senato nella storia 2 (1997) S. 267–353. Vgl. unten Anm. 115.

26) Nach der Einsetzung im Jahre 1310 konnte er im Verlaufe der Jahrhunderte seinen Aufgabenbereich erheblich erweitern, ja sogar sich zu einem gefürchteten Organ entwickeln, gehörten zu ihm doch die *inquisitori dello Stato*; für die spätere Zeit s. Michael KNAPTON, Il Consiglio dei dieci nel governo della Terraferma: un 'ipotesi interpretativa per il secondo '400, in: Atti del convegno Venezia e la Terraferma attraverso le relazioni dei rettori, Trieste, 23–24 ottobre 1980, hg. von Amelio TAGLIAFERRI (1981) S. 237–260; Gaetano COZZI, Autorità e giustizia a Venezia nel Rinascimento (zuerst 1973 auf Englisch), und Il Consiglio dei X e l'»autorità suprema« (1530–83), in: DERS., Repubblica di Venezia e Stati italiani (Biblioteca di cultura storica 146, 1982) S. 81–145, 145–174; Alfredo VIGGIANO, Governanti e governati. Legittimità del potere ed esercizio dell'autorità sovrana nello Stato veneto della prima Età moderna (Studi veneti 3, 1993) S. 179–274.

27) Die Herausbildung dieses Systems im 13. Jahrhundert beschreibt Andrea PADOVANI, Curie ed uffici, in: Storia di Venezia 2: L'età del Comune, hg. von Giorgio CRACCO, Gherardo ORTALLI (1995) S. 331–347.

deutung dieser Funktionen wird dadurch unterstrichen, dass das Recht der Antragstellung in den größeren, den formal entscheidenden Gremien fast ausschließlich auf diese *sapientes* beschränkt war – neben dem Dogen, dem Kleinen Rat und den drei *capita* der Quarantia.

Zusammenfassend sei hervorgehoben, dass das Staatswesen in allen politisch relevanten Positionen von adeligen Laien beherrscht wurde, dass in ihm beständige Ämterrotation als fast unverzichtbares Prinzip galt und trotzdem ein Mindestmaß an effizienter Regierungsarbeit gewährleistet gewesen zu sein scheint. Dazu dürfte insbesondere beigetragen haben, dass die gewählten Politiker wohl intensiv von den Mitgliedern der Dogenkanzlei unterstützt wurden. Es steht zu vermuten, dass es die Notare im Staatsdienst waren, von denen die Formulierungen in den oft langen, nicht selten überaus kompliziert stilisierten Beschlussvorlagen stammten. Auf der anderen Seite wurde dem größten Teil der Stadtbevölkerung Venedigs, wurde auch ausnahmslos den Untertanen der übrigen Staatsterritorien, den Dukat eingeschlossen, jegliche Teilnahme an der Ausübung der Regierung verwehrt.

Fragt man nach den Motiven für politische Entscheidungen, so stehen im Innern die Wahrung der öffentlichen Ordnung, nach außen die Förderung des Fernhandels an den ersten Stellen[28]. Der letztgenannte Beweggrund hatte im Einzelnen mancherlei Auswirkung, etwa die Bemühung um die Sicherung des Warentransports nicht nur über das Meer, den die Venezianer nicht aus der Hand gaben, sondern auch auf dem Lande, der den Handelspartnern überlassen blieb, also besonders die Po-Ebene hinauf und über die Alpen[29]. Diese Motivation stand zweifellos auch hinter der Expansionspolitik Venedigs in ihrer frühen Phase.

II

Die Venezianer sahen sich in ihrer Stadt und insgesamt im Dukat mit dem Rücken zum Festland befindlich und mit dem Gesicht zum Meer. 1381, als nach dem Chioggia-Krieg durch den Frieden von Turin der Verlust von Treviso und Ceneda zu beklagen war – allerdings blieb aus dem Trevisaner Distrikt das als Brückenkopf wichtige Städtchen Mestre erhalten – soll der Doge Andrea Contarini die Einbuße als wenig gravierend angesehen und sich mit der Maxime getröstet haben: *proprium Venetiarum esse mare colere terramque*

---

28) Dazu s. die zusammenfassenden Bemerkungen von GIRGENSOHN, Kirche, Politik (wie Anm. 2) 1, S. 24–30.

29) Über den Fernhandel im späteren Mittelalter orientieren im Überblick Jean-Claude HOCQUET, I meccanismi dei traffici, in: Storia di Venezia 3 (wie Anm. 7) S. 529–616, und Bernard DOUMERC, Il Dominio del mare, in: Storia di Venezia 4 (wie Anm. 11) S. 113–180. Zum wichtigen Aspekt der von Staats wegen organisierten jährlichen Schiffkonvois s. außerdem Doris STÖCKLY, Le système de l'incanto des galées du marché à Venise (fin XIIIe–milieu XVe siècle) (The medieval Mediterranean 5, 1995).

postergare, denn vom Land kommen häufig *scandala et errores*, vom Meer dagegen Reichtum und Ehre im Überfluss[30]. Damit ist der Überseehandel gemeint, auf den die natürliche Lage Venedigs sofort den Blick lenkt. Von diesen Aktivitäten, die dem Wohlstand und der politischen Bedeutung Venedigs ganz wesentlich zugrunde liegen, zeugen die überaus reichen Urkundenbestände schon des hohen Mittelalters. Zur Sicherung der Schifffahrt, die damals ja vorzugsweise den Küsten folgte und zur Nachtzeit am sicheren Land Schutz suchte, war die Kontrolle von Häfen vorteilhaft. Als eine Vorstufe für die staatliche Expansion wird man die Handelsniederlassungen ansehen[31], die es zahlreich an den Küsten der Adria gab[32], aber ebenso im Osten des Mittelmeers, der Levante[33], vor allem jedoch im Byzantinischen Reich und vornehmlich in Konstantinopel selbst[34].

---

30) Raphaynus de Caresinis, Chronica, hg. von Ester PASTORELLO (RIS² 12,2, 1922) S. 58.

31) Zusammenfassend: Jadran FERLUGA, Veneziani fuori Venezia, in: Storia di Venezia 1 (wie Anm. 3) S. 693–722, und Gerhard RÖSCH, Lo sviluppo mercantile, in: Storia di Venezia 2 (wie Anm. 27) S. 131–151; dazu s. noch die jüngst erschienenen Aufsätze von David JACOBY, Migrations familiales et stratégies commerciales vénitiennes aux XIIᵉ et XIIIᵉ siècles, in: Migrations et diasporas méditerranéennes (Xᵉ–XVIᵉ siècles). Actes du colloque de Conques, hg. von Michel BALARD, Alain DUCELLIER (Publications de la Sorbonne, Série Byzantina Sorbonensia 19, 2002) S. 355–373, und Federica MASÈ, Modèles de colonisation vénitienne: acquisition et gestion du territoire urbain en Méditerranée orientale (XIᵉ–XIIIᵉ siècles), in: L'expansion occidentale (XIᵉ–XVᵉ siècles): formes et conséquences. XXXIIIᵉ congrès de la S.H.M.E.S. (Madrid, Casa de Velázquez, 23–26 mai 2002) (Publications de la Sorbonne, Série histoire ancienne et médiévale 73, 2003) S. 133–142.

32) Walter LENEL, Die Entstehung der Vorherrschaft Venedigs an der Adria mit Beiträgen zur Verfassungsgeschichte (1897); Ludwig STEINDORFF, Die dalmatinischen Städte im 12. Jh. (Städteforschung A 20, 1984); Federico SENECA, La penetrazione veneziana in Dalmazia, Atti e memorie dell'Accademia Patavina di scienze, lettere ed arti, Atti 106 (1993–94) Tl. 1, S. 31–43. Zu frühen Manifestationen ausgeprägten venezianischen Interesses s. jetzt Gherardo ORTALLI, Pietro II Orseolo dux Veneticorum et Dalmaticorum, in: Venezia e la Dalmazia anno Mille. Secoli di vicende comuni. Atti del convegno di studi, Venezia, 6 ottobre 2000, hg. von Nedo FIORENTIN (2002) S. 13–27. Für die wichtigsten Kontakte zum italienischen Ufer vgl. Francesco CARABELLESE, A. ZAMBLER, Le relazioni commerciali fra la Puglia e la Republica di Venezia dal secolo X al XV 1–2 (1897–98), und Joachim-Felix LEONHARD, Die Seestadt Ancona im Spätmittelalter (Bibliothek des Deutschen historischen Instituts in Rom 55, 1983).

33) Marco POZZA, Venezia e il Regno di Gerusalemme dagli Svevi agli Agioini, in: I Comuni italiani nel Regno crociato di Gerusalemme. Atti del colloquio (Jerusalem, May 24 – May 28, 1984), hg. von Gabriella AIRALDI, Benjamin Z. KEDAR (Collana storica di fonti e studi 48, 1986) S. 351–399; Marie-Luise FAVREAU-LILIE, Die Italiener im Heiligen Land vom ersten Kreuzzug bis zum Tode Heinrichs von Champagne (1098–1197) (1989); David JACOBY, The Venetian privileges in the Latin Kingdom of Jerusalem: twelfth and thirteenth-century interpretations and implementation, in: Montjoie. Studies in crusade history in honour of Hans Eberhard Mayer, hg. von Benjamin Z. KEDAR, Jonathan RILEY-SMITH, Rudolf HIESTAND (1997) S. 155–175; DERS., Mercanti genovesi e veneziani e le loro merci nel Levante crociato, in: Genova, Venezia, il Levante nei secoli XII–XIV. Atti del convegno internazionale di studi, Genova – Venezia, 10–14 marzo 2000, hg. von Gherardo ORTALLI, Dino PUNCUH (2001, auch: Atti della Società ligure di storia patria 115 = N.S. 41/ 1) S. 213–256.

34) Für diese besonders wichtigen Kontakte sei verwiesen auf Peter SCHREINER, Untersuchungen zu den Niederlassungen westlicher Kaufleute im Byzantinischen Reich des 11. und 12. Jh., Byzantinische For-

Der große Sprung nach vorn gelang 1204 durch den 4. Kreuzzug, als nach der Eroberung der Hauptstadt die Republik formal den Besitz von einem Viertel und einem Achtel des Byzantinischen Reiches, der *Romania* aus Venedigs Sicht, zugesprochen bekam[35]. Stolz fügten die Venezianer der Titulatur ihres Dogen umgehend die neue Herrschaft hinzu: *dominus quarte partis et dimidie tocius imperii Romanie,* und bei diesem Zusatz blieb es, bis der Verlust Dalmatiens im Jahre 1358 die radikale Verkürzung der Intitulatio als opportun erscheinen ließ, so dass nur noch *dux Veneciarum et cetera* übrigblieb[36].

Allerdings hat man von Staats wegen überwiegend darauf verzichtet, das einmal erworbene Recht über Festland und Inseln zu wirklicher Landnahme zu nutzen, denn wichtig war vor allem die Sicherung des Handels[37]. Bei der Errichtung eigener Herrschaft gingen die Venezianer vielmehr von Anfang an auswählend vor, doch verloren sie die einmal eingenommenen Plätze zum Teil bald wieder an andere Interessenten, darunter durchaus auch Venezianer, die aber als Unternehmer auf eigene Initiative handelten und dadurch gewissermaßen private Herrschaften zu errichten vermochten[38]; mehrere ansehnliche Besitzungen dagegen sicherten sie sich auf Dauer unter direkter Verwaltung durch den Staat[39].

schungen 7 (1979) S. 175–191; Ralph-Johannes LILIE, Handel und Politik zwischen dem Byzantinischen Reich und den italienischen Kommunen Venedig, Pisa und Genua in der Epoche der Komnenen und der Angeloi (1081–1204) (1984), und Silvano BORSARI, Venezia e Bisanzio nel XII secolo. I rapporti economici (Miscellanea di studi e memorie 26, 1988) – eine Wiederaufnahme älterer Studien –, sowie auf den weitgespannten Überblick von Donald M. NICOL, Byzantium and Venice (1988), endlich auf die Aufsätze von David JACOBY, Italian privileges and trade in Byzantium before the fourth crusade: a reconsideration (zuerst 1994), in: DERS., Trade, commodities and shipping in the medieval Mediterranean (Variorum collected studies series 572, 1997) Nr. II, und Byzantine Crete in the navigation and trade networks of Venice and Genoa (zuerst 1997), in: DERS., Byzantium, Latin Romania and the Mediterranean (Variorum collected studies series 703, 2001) Nr. II, jetzt auch Ennio CONCINA, Il quartiere veneziano di Costantinopoli, in: Eredità greca (wie Anm. 3) S. 157–170, und MASÈ, Modèles (wie Anm. 31), dazu die neue Edition der vertraglichen Grundlagen: I trattati con Bisanzio 992–1198, hg. von Marco POZZA, Giorgio RAVEGNANI (Pacta Veneta 4, 1993), s. zusätzlich I trattati con Bisanzio 1265–1285, hg. von DENS. (Pacta Veneta 6, 1996), und G. RAVEGNANI, I trattati fra Bisanzio e Venezia dal X al XIII secolo, in: Venezia. Itinerari (wie Anm. 3) S. 83–109.

35) Siehe Anm. 20.

36) Vittorio LAZZARINI, I titoli dei dogi di Venezia (zuerst 1903), in: DERS., Scritti di paleografia e diplomatica (Medioevo e umanesimo 6, ²1969) S. 195–226, dort S. 211–222.

37) Diesen Gesichtspunkt unterstreicht Mario GALLINA, L'affermarsi di un modello coloniale: Venezia e il Levante tra Due e Trecento (zuerst 1993), in: DERS., Conflitti e coesistenza nel Mediterraneo medievale. Mondo bizantino e Occidente latino (Collectanea 18, 2003) S. 273–299.

38) Als Beispiel genannt sei die eindringende Darstellung von Raymond-J. LOENERTZ, Les Ghisi. Dynastes vénitiens dans l'Archipel 1207–1390 (Civiltà veneziana, Studi 26, 1975).

39) Zu diesem Themenkomplex, der eine reiche Literatur hervorgebracht hat, genüge hier der Hinweis auf die klassische Darstellung von Freddy THIRIET, La Romanie vénitienne au Moyen Âge. Le développement et l'exploitation du domaine colonial vénitien (XIIᵉ–XVᵉ siècles) (Bibliothèque des Écoles françaises d'Athènes et de Rome 193, 1959), sowie die Zusammenfassungen jüngeren Datums von Giorgio RAVEGNANI, La Romània veneziana, und David JACOBY, La Venezia d'oltremare nel secondo Duecento, in: Storia di Venezia 2 (wie Anm. 27) S. 183–231, 263–299, Silvano BORSARI, I Veneziani delle colonie, in: Storia

Im Ergebnis behielten sie von der Peloponnes, damals *Morea*, die Hafenstädte Methóne und Koróne im Südwesten, auf zahlreichen Inseln der Ägäis konnten sich einzelne venezianische Adelssippen festsetzen[40]. Der Staat dagegen beanspruchte Euböa oder Évvia – *Negroponte* in der Sprache der Venezianer[41] – als wichtige Etappe für den Schiffsverkehr nach Konstantinopel und weiter in das Schwarze Meer, nach Trapezunt an der Südküste und nach La Tana an der Mündung des Don in das Asovsche Meer[42]. Vor allem aber betrieb er regelrechte Kolonisation in Kreta, auch diese Insel übrigens eine unverzichtbare Zwischenstation für die Routen nach Zypern, nach Beirut und Damaskus, Jaffa und Alexandrien. In Kreta begann schon während der ersten Kämpfe um den gesicherten Besitz die Einrichtung von Ritterlehen und kleineren Dienstlehen, die gegen die Verpflichtung zu kriegerischem Einsatz entweder an vornehme Venezianer oder an andere Personen, die *sergentes*, vergeben wurden[43]. Diese große Kolonie konnte immerhin mehr als 4½ Jahrhunderte hindurch gehalten werden, trotz einiger Aufstände, bis sie 1669 endgültig an die Türken verloren ging.

di Venezia 3 (wie Anm. 7) S. 127–158, und Benjamin ARBEL, Colonie d'oltremare, in: Storia di Venezia 5: Il Rinascimento. Società ed economia, hg. von Alberto TENENTI, Ugo TUCCI (1996) S. 947–985. Siehe dazu jetzt auch Gherardo ORTALLI, Venezia mediterranea e grecità medievale: relazioni, conflitti, sintonie, in: Eredità greca (wie Anm. 3) S. 53–73.

40) Zwei instruktive Beispiele werden jetzt in eingehenden Untersuchungen vorgeführt: Guillaume SAINT-GUILLAIN, Amorgos au XIVᵉ siècle. Une seigneurie insulaire entre Cyclades féodales et Crète vénitienne, Byzantinische Zs. 94 (2001) S. 62–189; François–Xavier LEDUC, Venise, Marin Falier, l'Egée au début du XIVᵉᵐᵉ siècle: la vente de Céos par les Ghisi à Ruggiero Premarin (1325), Istituto veneto di scienze, lettere ed arti, Atti 160 (2001–02), Cl. di sc. mor., lett. ed arti S. 597–739.

41) Dazu s. Johannes KODER, Negroponte. Untersuchungen zur Topographie und Siedlungsgeschichte der Insel Euboia während der Zeit der Venezianerherrschaft (Österreichische Akademie der Wissenschaften, Phil.-hist. Kl., Denkschriften 112,1, 1973), Alain MAJOR, L'amministration vénitienne à Nègrepont (fin XIVᵉ–XVᵉ siècle), in: Coloniser au Moyen Âge, hg. von Michel BALARD, Alain DUCELLIER (1995) S. 246–258, 273–275, und jetzt zu einem speziellen Aspekt: David JACOBY, La consolidation de la domination de Venise dans la ville de Nègrepont (1205–1390), in: Bisanzio, Venezia e il mondo franco-greco (XIII–XV secolo). Atti del colloquio internazionale organizzato nel centenario della nascita di Raymond Joseph Loenertz O. P., Venezia, 1–2 dic. 2000, hg. von Chryssa A. MALTEZOU, Peter SCHREINER (Istituto ellenico di studi bizantini e postbizantini di Venezia, Convegni 5, 2002) S. 151–187.

42) Marie NYSTAZOPOULOU PÉLÉKIDIS, Venise et la Mer Noire du XIᵉ au XVᵉ siècle, in: Venezia e il Levante fino al secolo XV, hg. von Agostino PERTUSI (Civiltà veneziana, Studi 27, 1973) 1, 2, S. 541–582; Sergej Pavlovič KARPOV, L'Impero di Trebisonda, Venezia, Genova e Roma 1204–1461 (1986); DERS., La navigazione veneziana nel mar Nero, XIII–XV secc. (2000).

43) Silvano BORSARI, Il dominio veneziano a Creta nel XIII secolo (Università di Napoli, Seminario di storia medioevale e moderna 1, 1963); Élisabeth SANTSCHI, La notion de »feudum« en Crète vénitienne (XIIIᵉ–XVᵉ siècles) (thèse: Université de Lausanne, Faculté de droit, 1976); Salvatore COSENTINO, Aspetti e problemi del feudo veneto-cretese (secc. XIII–XIV) (Studi bizantini e slavi 3, 1987); Mario GALLINA, Una società coloniale del Trecento. Creta fra Venezia e Bisanzio (Miscellanea di studi e memorie 28, 1989); DERS., Progetti veneziani di economia coloniale a Creta (zuerst 1994), in: DERS., Conflitti e coesistenza (wie Anm. 37) S. 301–320; David JACOBY, La colonisation militaire vénitienne de la Crète au XIIIᵉ siècle. Une

Für die Venezianer trat jedoch neben das Selbstgefühl der erfolgreichen Handelsmacht zunehmend das Bewusstsein der Verletzlichkeit durch die Lage ihrer Stadt mitten im Wasser[44]. Die rege Schifffahrt brachte nicht nur den erstrebten Wohlstand, vielmehr war sie sogar lebenswichtig für das Heranführen der nötigen Mengen von Nahrungsmitteln, die ja nicht an Ort und Stelle erzeugt werden konnten[45], und in ungünstigen Zeiten musste selbst das Trinkwasser herbeigeschafft werden. Schon aus einem Brief Innozenz' III. geht hervor, dass die Venezianer ohne funktionierenden Warenverkehr die Existenz ihres Gemeinwesens bedroht sahen, denn der Papst akzeptierte dieses Argument, als er eine Sondererlaubnis für den Handel mit den ungläubigen Muslimen gewährte. Ein Jahrhundert später wurde dasselbe Begehren sogar mit dem ausdrücklichen Hinweis auf das Fehlen eigener Landwirtschaft unterstrichen[46].

Aber da durch den Transport über das Meer in Zeiten kriegerischer Bedrohung nicht einmal die dringendste Versorgung gewährleistet war, wird der Erwerb festländischer Territorien in unmittelbarer Nachbarschaft wohl schon früh als vorteilhaft empfunden worden sein. Venezianer hatten im Übrigen längst angefangen, Landbesitz auf dem Festland zu erwerben. Das waren nicht nur die Klöster[47], deren Grundeigentum prinzipiell ganz ebenso verstreut war, wie wir das von den kirchlichen Institutionen nördlich der Alpen

nouvelle approche, in: Partage du monde (wie Anm. 12) S. 297–313; ferner Gherardo ORTALLI, Venezia e Creta. Fortune e contraccolpi di una conquista; Giorgio RAVEGNANI, La conquista veneziana di Creta e la prima organizzazione militare dell'isola; David JACOBY, Creta e Venezia nel contesto economico del Mediterraneo orientale sino alla metà del Quattrocento; Alfredo VIGGIANO, Tra Venezia e Creta. Conflittualità giudiziarie, identità sociali e memorie familiari nello Stato da mar del Quattrocento; Nicolas E. KARAPIDAKIS, I rapporti fra »governanti e governati« nella Creta veneziana: una questione che può essere riaperta, alle in: Venezia e Creta. Atti del convegno internazionale di studi, Iraklion-Chanià, 30 settembre–5 ottobre 1997, hg. von Gherardo ORTALLI (1998) S. 9–31, 33–42, 73–106, 107–149, 233–244; endlich Sally MCKEE, Uncommon dominion. Venetian Crete and the myth of ethnic purity (2000).

44) Das ist ausgeführt in GIRGENSOHN, Kirche, Politik (wie Anm. 2) 1, S. 21–24.

45) Dazu s. Sante BORTOLAMI, L'agricoltura, in: Storia di Venezia 1 (wie Anm. 3) S. 461–489; Hans-Jürgen HÜBNER, Quia bonum sit anticipare tempus. Die kommunale Versorgung Venedigs mit Brot und Getreide vom späten 12. bis ins 15. Jahrhundert (Europäische Hochschulschriften, R. III, 773, 1998).

46) Siehe die Belege in GIRGENSOHN, Kirche, Politik (wie Anm. 2) 1, S. 24–26, ferner über Sondererlaubnisse zum Handel mit Ungläubigen: Gherardo ORTALLI, Venice and papal bans on trade with the Levant: the role of the jurist, Mediterranean historical review 10 (1995) S. 242–258.

47) Ein spezieller Fall ist untersucht worden von Karol MODZELEWSKI, Le vicende della »pars dominica« nei beni fondiari del monastero di San Zaccaria di Venezia (sec. X–XIV), Bollettino dell'Istituto di storia della società e dello Stato veneziano 4 (1962) S. 42–79 und 5–6 (1963–64) S. 15–63. Ansonten sei hier nur verwiesen auf die vom Comitato per l'edizione delle fonti relative alla storia di Venezia bisher publizierten Urkundenbücher von kirchlichen Einrichtungen der alten Diözese Castello, die in der Regel den Bestand bis zum Jahre 1199 erfassen (in der – nicht gezählten – Reihe Fonti per la storia di Venezia): SS. Secondo ed Erasmo, hg. von Eva MALIPIERO UCROPINA (1958); S. Lorenzo, hg. von Franco GAETA (1959); SS. Ilario e Benedetto e S. Gregorio, hg. von Luigi LANFRANCHI, Bianca STRINA (1965); S. Giorgio Maggiore, hg. von Luigi LANFRANCHI 2–4 (1968–86); S. Maria Formosa, hg. von Maurizio ROSADA (1972); Benedettini in S. Daniele, hg. von Elisabeth SANTSCHI (1989).

kennen, sondern auch einzelne Privatleute, für welche die Nachweise seit dem 12. Jahrhundert immer dichter werden[48]. Wie stark das Interesse der Bewohner Venedigs – der Adeligen wie der übrigen Vermögenden – an Besitzungen in den relativ nahe gelegenen Gebieten des Festlandes immer gewesen sein muss, wird schlagend demonstriert durch die enorm intensivierte Politik des Grundstückserwerbs, nachdem sie einmal zum Staatsterritorium hinzu gewonnen worden waren[49]. Die zahlreichen Villen Venezianer Bauherren überall auf dem Festland verschaffen auch dem heutigen Besucher einen augenfälligen Eindruck von dieser Art der Landnahme.

Von seiten des Staates galt die stärkste Aufmerksamkeit zunächst der ungeschmälerten Machtposition in der Adria[50], auch in offiziellen venezianischen Schriftstücken als *culfus noster* oder – häufiger – einfach als *Culfus* bezeichnet[51]. Hier treffen die beiden genannten Motive zusammen: Sicherung der Handelswege über See und Erwerb naher festländischer Territorien zwecks verlässlicher Versorgung. Verträge mit den Hafenstädten der italienischen Seite[52] wurden seit dem 13. Jahrhundert durch die Herrschaft der Republik

48) Skizziert von Marco Pozza, I proprietari fondiari in Terraferma, in: Storia di Venezia 2 (wie Anm. 27) S. 661–680. Regelungen von Staats wegen behandelt Vittorio Lazzarini, Antiche leggi venete intorno ai proprietari nella Terraferma (zuerst 1920), in: Ders., Proprietà e feudi, offizi, garzoni, carcerati in antiche leggi veneziane (Storia ed economia 6, 1960) S. 9–29; s. noch ebd. S. 31–48: Possessi e feudi veneziani nel Ferrarese (zuerst 1958). Für zwei Familien ist der Grundbesitz eingehend untersucht worden: Marco Pozza, I Badoer. Una famiglia veneziana dal X al XIII secolo (Materiali e ricerche 3, 1982), und Irmgard Fees, Reichtum und Macht im mittelalterlichen Venedig. Die Familie Ziani (Bibliothek des Deutschen historischen Instituts in Rom 68, 1988), auch gibt es spezielle Studien für zwei Distrikte: Lesley A. Ling, La presenza fondiaria veneziana nel Padovano (secoli XIII–XIV), in: Istituzioni, società e potere nella Marca trevigiana e veronese (secoli XIII–XIV). Sulle tracce di G. B. Verci. Atti del convegno, Treviso 25–27 settembre 1986, hg. von Gherardo Ortalli, Michael Knapton (Studi storici 199–200, 1988) S. 305–320, und Marco Pozza, Penetrazione fondiaria e relazioni commerciali con Venezia, in: Storia di Treviso 2: Il Medioevo, hg. von Daniela Rando, Gian Maria Varanini (1991) S. 299–321.
49) Einen Überblick bietet Gian Maria Varanini, Proprietà fondiaria e agricoltura, in: Storia di Venezia 5 (wie Anm. 39) S. 807–879.
50) Insgesamt s. dazu Antonio Battistella, Il dominio del Golfo, Nuovo archivio veneto, N.S. 35 (1918) S. 5–102; Seneca, Penetrazione (wie Anm. 32); Bariša Krekić, Venezia e l'Adriatico, in: Storia di Venezia 3 (wie Anm. 7) S. 51–85.
51) So etwa in den Senatsbeschlüssen des 14. Jahrhunderts; vgl. unten Anm. 118 den Hinweis auf deren neue Edition. Im Übrigen helfen die Suchmöglichkeiten in der Sammlung aller gedruckten Texte auf der CD-ROM von Benjamin G. Kohl, The records of the Venetian Senate on disk, 1335–1400 (2000). Diese Bezeichnung hatte schon damals ein beträchtliches Alter: Der arabische Geograph al-Idrisi schreibt in der Mitte des 12. Jahrhunderts ganz selbstverständlich vom »Meer« oder »Golf der Venezianer«, vom »venezianischen Golf«: Edrisi, L'Italia descritta nel »Libro del re Ruggero«, hg. von M(ichele) Amari, C(arlo) Schiaparelli, Atti della Reale Accademia dei Lincei, Ser. II, 8 (1876–77, ersch. 1883) S. 12, 76, 78 usw. (s. S. 137 im Reg. unter »Adriatico«); Idrîsî, La première géographie de l'Occident, übers. von (Amédée) Jaubert, hg. von Henri Bresc, Annliese Neff (GF Flammarion 1069, 1999) S. 66, 344, 369, 371, 384.
52) Gino Luzzatto, I più antichi trattati tra Venezia e le città marchigiane (1141–1345), Nuovo archivio veneto, N.S. 11 (1906) Tl. 1, S. 5–91; Il patto con Fano 1141, hg. von Attilio Bartoli Langeli (Pacta Ve-

über wesentliche Teile Istriens[53] und des Küstenstreifens von Dalmatien mitsamt den vorgelagerten Inseln[54] ergänzt, dort freilich in ständiger, unterschiedlich geglückter Auseinandersetzung mit den Königen von Ungarn.

Noch näher lagen allerdings die benachbarten Territorien der Apenninen-Halbinsel bis hinauf in das Friaul[55]. Die stärkste Attraktion ging zweifellos von Treviso mit seinem Distrikt aus, für Venedig schon deshalb von entscheidender Bedeutung, weil dieser bis an den Rand der Lagune heranreichte und insbesondere das Städtchen Mestre einschloss, die wichtige Anlegestelle für die Verbindung zum Festland, nützlich fast wie ein Brückenkopf[56]. Kriegsglück führte im Jahre 1339 zum Erwerb, als Florentiner und Venezianer im Bündnis mit anderen Mächten Mastino II. della Scala, den Herrn von Verona und eben auch Herrscher über Treviso, besiegen konnten[57]. Damit war der Grundstein für den Festlandsstaat Venedigs gelegt. Freilich ging die Stadt nach einigen Jahrzehnten wieder verloren, wie übrigens auch Dalmatien schon im Jahre 1358 an die ungarische Krone gefallen war. Die Republik musste sie 1381, nach der Beinahe-Niederlage im Chioggia-Krieg mit der Bedrängnis durch genuesische Schiffe, durch ungarische und Paduaner Truppen, dem Habsburger Herzog Leopold III. überantworten. Dieser verkaufte jedoch Treviso drei Jahre später an den Herrn von Padua, damals Francesco I. da Carrara[58]. Doch die Stadt

neta 3, 1993). Zur wichtigsten konkurrierenden Stadt s. noch die zahlreichen Hinweise auf Berührungen mit Venedig bei LEONHARD, Seestadt Ancona (wie Anm. 32), zu einer konkreten Kontroverse Ugo PETRONIO, Venezia, Ancona e l'Adria in un consiglio di Raffaele Fulgosio e Raffaele Raimondi da Como, in: Scritti in onore di Dante Gaeta (Pubblicazioni della Facoltà di giurisprudenza della Università di Pisa 84, 1984) S. 521–557.

53) Walter LENEL, Venezianisch-istrische Studien (Schriften der Wissenschaftlichen Gesellschaft in Straßburg 9, 1911); Giovanni DE VERGOTTINI, Lineamenti storici della costituzione politica dell'Istria durante il Medio Evo (1924–25, ²1974); DERS., La costituzione provinciale dell'Istria nel tardo Medio Evo (zuerst 1926–27), in: DERS., Scritti di storia del diritto italiano, hg. von Guido ROSSI 3 (1977) S. 1191–1283.

54) Nachweise fehlen leider im postum erschienenen Referat von Joro TASIĆ, Venezia e la costa orientale dell'Adriatico fino al secolo XV, in: Venezia e il Levante 1,2 (wie Anm. 42) S. 687–704. Siehe jedoch jetzt zu einem speziellen Aspekt: Gli accordi con Curzola, hg. von Ermanno ORLANDO (Pacta Veneta 9, 2002).

55) Über diese Interessen und die dorthin gerichteten Aktivitäten der Republik orientiert der ausführliche Beitrag von Gian Maria VARANINI, Venezia e l'entroterra (1300 circa–1420), in: Storia di Venezia 3 (wie Anm. 7) S. 159–236; s. auch DENS., Istituzioni, politica e società nel Veneto (1329–1403), in: Il Veneto nel Medioevo. Le signorie trecentesche, hg. von Andrea CASTAGNETTI, Gian Maria VARANINI (1995) S. 1–124.

56) Zum Folgenden: Michael KNAPTON, Venezia e Treviso nel Trecento: proposte per una ricerca sul primo dominio veneziano a Treviso, in: Tomaso da Modena e il suo tempo. Atti del convegno internazionale di studi per il 6° centenario della morte, Treviso 31 agosto – 3 settembre 1979 (1980) S. 41–78.

57) Luigi SIMEONI, Le origini del conflitto veneto-fiorentino-scaligero (1336–1339) (zuerst 1930), in: DERS., Studi su Verona nel Medioevo, hg. von Vittorio CAVALLARI 3 = Studi storici veronesi 11 (1961) S. 63–156.

58) Giuseppe LIBERALI, La dominazione carrarese in Treviso (R. Università di Padova, Pubblicazioni della Facoltà di lettere e filosofia 9, 1935); Attilio SIMIONI, Storia di Padova dalle origini alla fine del secolo XVIII (1968) S. 529–544; Benjamin G. KOHL, Padua under the Carrara, 1318–1405 (1998) S. 218f., 224–229, 399f.

mitsamt ihrem Territorium kam schon 1388 in den Besitz der Republik zurück, als diese im Bündnis mit dem Mailänder Grafen Gian Galeazzo Visconti einen siegreichen Krieg gegen Padua führte[59] – und blieb beim venezianischen Staat bis zu dessen Ende.

Wenn man die Entwicklung aus der Perspektive der Nachwelt betrachtet, erweist sich der Erwerb Trevisos lediglich als Anfang einer zunehmend gezielteren Expansionspolitik[60]. Jener Auftakt, der gewiss im Ergebnis als positiv angesehen worden ist, hat zweifellos dazu beigetragen, dass die vorherrschende Meinung in Venedig nicht mehr so ausschließlich auf das Meer und den Ausbau der Schifffahrtsverbindungen fixiert war wie allem Anschein nach in den vorangegangenen Jahrhunderten; ich erinnere an die dem Dogen Andrea Contarini zugeschriebene Äußerung des Jahres 1381[61]. Doch geriet das Interesse an der Festigung der Bedingungen für den Seehandel selbstverständlich nie aus den Augen. Wirksam war es etwa bei den Erwerbungen im Nordteil Albaniens rund um Shkodër oder Scutari[62], willkommen als Ersatz für die verloren gegangenen dalmatinischen Häfen. Seit 1396 griff die Republik dort immer wieder zu, wenn ihr einzelne Gebiete angeboten wurden, motiviert durch die Zerrissenheit innerer Kämpfe, mehr noch aus Furcht vor den vordringenden Türken. Folgerichtig ergänzt[63] wurden diese Erwerbungen in der Romania durch die Einnahme der Insel Korfu im Jahre 1386[64]. Hinzu kamen zu unterschiedlichen Zeiten Städte an den Küsten des griechischen Festlands, von denen nur wenige aufgezählt seien: Návpaktos/Lepanto[65] und – für einige Jahrzehnte – auch Patras[66] am gleichnamigen Golf, gelegen an dessen nördlichem und südlichem Ufer, weiter an den

---

59) Roberto Cessi, Venezia e la prima caduta dei Carraresi (zuerst 1909), in: Ders., Padova medioevale. Studi e documenti, hg. von Donato Gallo (Scritti padovani 2, 1985) 1, S. 171–190, auch in: Ders., Dopo la guerra di Chioggia (wie Anm. 70) S. 65–85; Francesco Cognasso, L'unificazione della Lombardia sotto Milano, in: Storia di Milano 5 (1955) S. 1–567, dort S. 529–540; John E. Law, La caduta degli Scaligeri (zuerst 1988), in: Ders., Venice and the Veneto in the early Renaissance (Variorum collected studies series 672, 2000) Nr. VIII; Kohl, Padua (wie Anm. 58) S. 245–255, 404f.

60) Einen Überblick über fast anderthalb Jahrhunderte der »Hegemonialpolitik« bietet Gaetano Cozzi, Politica, società, istituzioni, in: Ders., Michael Knapton, La Repubblica di Venezia nell'Età moderna 1 (Storia d'Italia, hg. von Giuseppe Galasso 12,1, 1986) S. 1–271, dort S. 3–95.

61) Wie Anm. 30.

62) Darüber unterrichtet jetzt die Monographie von Oliver Jens Schmitt, Das venezianische Albanien (1392–1479) (Südosteuropäische Arbeiten 110, 2001).

63) Siehe zum Folgenden Thiriet, Romanie (wie Anm. 39) S. 355–372.

64) Eugenio Bacchion, Il dominio veneto su Corfù (1386–1797) (1956); Peter Soustal, Johannes Koder, Nikopolis und Kephallemamnia (Tabula imperii Byzantini 3, Österreichische Akademie der Wissenschaften, Philos.-hist. Kl., Denkschriften 150, 1981) S. 178–181; Nicol, Byzantium (wie Anm. 34) S. 322–324.

65) Vittorio Lazzarini, L'acquisto di Lepanto (1407), Nuovo archivio veneto 15 (1898) S. 267–287; Soustal-Koder, Nikopolis S. 210f.; Girgensohn, Kirche, Politik (wie Anm. 2) 2 S. 856f.

66) Ernst Gerland, Neue Quellen zur Geschichte des lateinischen Erzbistums Patras (Scriptores sacri et profani 5, 1903) S. 55–67, 162–171 Nr. IV 5.

Osträndern der Peloponnes Argos und Návplion/Nauplia[67], im Norden sodann Thessaloníke/Salonicco[68], ja sogar Athen, das allerdings schon 1402 wieder verloren ging, als Antonio Acciaiuoli aus Florentiner Familie die Stadt mitsamt ihrem Umland zurückeroberte[69].

Parallel zur Pflege der überseeischen Besitzinteressen erfolgte das weitere Ausgreifen auf das italienische Festland[70]. Nach der Wiedergewinnung Trevisos erwarb die Republik zunächst im Jahre 1395 das im Südwesten an den Dogado anschließende Polesine di Rovigo vom unmündigen Markgrafen Niccolò III. d'Este, übrigens ihrem Schutzbefohlenen, als Pfand für ein gewährtes Darlehen[71]. Nur wenig später nutzte sie tatkräftig die Gelegenheit, als sie vom machtlüsternen Nachbarn Francesco Novello da Carrara mit Krieg überzogen wurde[72]. Der Herr von Padua griff damals nach möglichst großen Stücken des ausgedehnten Herrschaftsbereichs, den Gian Galeazzo Visconti, der erste Herzog von Mailand, durch Geschick und Gewalt zusammenzubringen vermocht hatte[73], nachdem dessen Eroberungszug durch den überraschenden Tod im Jahre 1402 beendet worden war und seine Witwe Caterina, Vormund der Söhne im Knabenalter, schnell hatte erkennen lassen, dass sie eine zu schwache Regentin war, um den Staat ohne den Verlust großer Teile seines Bestandes zu behaupten[74]. Aus dieser Erbmasse nahm der Carrarese zuerst das

67) Roberto Cessi, Venezia e l'acquisto di Nauplia ed Argo (zuerst 1915), in: Ders., Politica ed economia di Venezia nel Trecento (Storia e letteratura 40, 1952) S. 249–273, jetzt auch in: Ders., Dopo la guerra di Chioggia (wie Anm. 70) S. 225–252.

68) Paul Lemerle, La domination vénitienne à Théssalonique, in: Miscellanea Giovanni Galbiati 3 (Fontes Ambrosiani 27, 1951) S. 219–225; Nicol, Byzantium (wie Anm. 34) S. 360–363; Girgensohn, Kirche, Politik (wie Anm. 2) 2, S. 827f.

69) Nicolas Cheetham, Mediaeval Greece (1981) S. 187, 193f.

70) Für das Folgende ist zu vergleichen Michael E. Mallett, La conquista della Terraferma, in: Storia di Venezia 4 (wie Anm. 11) S. 181–244. Über die Festlandspolitik Venedigs in den Jahrzehnten vor den Erwerbungen des 15. Jahrhunderts, wodurch deren tiefere Beweggründe beleuchtet werden, s. die revidierte Neuausgabe einiger thematisch zusammenhängender Aufsätze von Roberto Cessi, Dopo la guerra di Chioggia. Il nuovo orientamento della politica veneziana alla fine del secolo XIV, hg. von Marina Zanazzo (Miscellanca di studi e memorie 36, 2005).

71) Benvenuto Cessi, Venezia e Padova e il Polesine di Rovigo. Secolo XIV (1904); Trevor Dean, Land and power in late medieval Ferrara. The rule of the Este 1350–1450 (Cambridge studies in medieval life and thought, Ser. IV, 7, 1988) S. 24f.; Girgensohn, Kirche, Politik (wie Anm. 2) 2, S. 620, 914.

72) Zum Waffengang der Jahre 1404–05 und zur Vorgeschichte seit dem Tode Gian Galeazzo Viscontis genüge hier der Hinweis auf Italo Raulich, La caduta dei Carraresi signori di Padova (1890); Simioni, Storia di Padova (wie Anm. 58) S. 557–568, und Kohl, Padua (wie Anm. 58) S. 329–336, 419f. – Varanini, Venezia e l'entroterra (wie Anm. 55) S. 209–213, 233, bietet einen Überblick über die damaligen Erwerbungen Venedigs, die teils durch Unterstellung, teils durch Eroberung erfolgten.

73) Dazu: D(aniel) M(eredith) Bueno de Mesquita, Giangaleazzo Visconti, Duke of Milan (1351–1402) (1941); Cognasso, Unificazione (wie Anm. 59) S. 520–567; Ders., Il Ducato visconteo da Gian Galeazzo a Filippo Maria, in: Storia di Milano 6 (1955) S. 1–383, dort S. 1–67.

74) Siehe Cognasso, ebd. S. 68–107, und Nino Valeri, L'eredità di Giangaleazzo Visconti (Biblioteca della Società storica subalpina 168, 1938).

wirtschaftlich bedeutende Verona. In Venedig setzte eine Reaktion gegen diesen Machtzuwachs ein, so dass die Regierenden nun doch auf ein zunächst nicht akzeptiertes Angebot Caterina Viscontis eingingen und ihre Bereitwilligkeit erklärten, Vicenza, Feltre und
Belluno für die Republik zu akzeptieren. Aber bald wurde Vicenza gleichfalls von Francesco Novello angegriffen. Als sich noch die dortige Bevölkerung hilfesuchend an Venedig wandte, verwarnte die Republik den Carraresen, doch im Gegenzug erklärte dieser ihr
im Juni 1404 den Krieg. Das erwies sich als katastrophale Selbstüberschätzung, denn in
dem nun folgenden Waffengang verlor der Paduaner Herrschaft und Leben: Die Bürger
von Vicenza suchten Hilfe bei der Republik und öffneten ihre Tore für venezianische
Truppen[75]; Verona fiel noch im Jahre 1404[76]; die Mehrheit der Paduaner versagte im letzten Moment ihrem Herrn den Gehorsam, schlug sich auf die Seite der anstürmenden venezianischen Truppen und konnte einigermaßen glimpfliche Bedingungen für die Zukunft
der Stadt und des dazugehörigen Territoriums im Staatsverband der Republik erreichen[77].
Francesco Novello da Carrara selbst, gefangen nach der Eroberung Paduas im November
1405, wurde wegen Bruchs seines Treueids und Verrats am 17. Januar 1406 im venezianischen Kerker erdrosselt, zwei seiner Söhne erlitten dasselbe Schicksal[78].

Als Ergebnis dieses Krieges besaß Venedig nun ein beachtliches Festlandsterritorium
zwischen dem östlich anschließenden Nachbarn Friaul und der Westgrenze Veronas
zum Visconti-Staat, das vom Alpenrand bis fast zum Po reichte. Die nächste Erwerbung
sollte dagegen friedlich vollbracht werden, die Rückgewinnung Dalmatiens mit Za-
dar/Zara als Hauptstadt: 1409 kaufte die Republik es vom Neapolitaner König Ladislaus von Anjou-Durazzo, dem Prätendenten auf die ungarische Krone gegen den dort
seit 1387 regierenden Luxemburger Sigmund[79]. Doch dieser dachte gar nicht an Nach-

---

75) James S. GRUBB, Firstborn of Venice. Vicenza in the early Renaissance state (The Johns Hopkins University studies in historical and political science 106,3, 1988) S. 3–13; Antonio MENNITI IPPOLITO, La »fe-
deltà« vicentina e Venezia. La dedizione del 1404, in: Storia di Vicenza 3: L'età della Repubblica veneta
(1404–1797), hg. von Franco BARBIERI, Paolo PRETO 1 (1989) S. 29–43.

76) Luigi MESSEDAGLIA, La dedizione di Verona a Venezia e una bolla d'oro di Michele Steno, Reale Istituto veneto di scienze, lettere ed arti, Atti 95 (1935–36) Tl. 2, S. 75–103; Gigliola SOLDI RONDININI, La dominazione viscontea a Verona (1387–1404), in: Verona e il suo territorio 4,1 (1981) S. 3–237, dort S. 222–
229; Lanfranco VECCHIATO, La vita politica, economica e amministrativa a Verona durante la dominazione
veneziana (1405–1797), ebd. 5,1 (1995) S. 1–398, bes. S. 5–9.

77) La bolla d'oro nella dedizione della città di Padova alla Republica veneta, hg. von (Andrea GLORIA)
(Nozze Zigno – Emo Capodilista, 1848).

78) Die Informationen über das Verfahren in Venedig sind gesammelt von RAULICH, Caduta (wie Anm. 72)
S. 99–106, 120–136; s. noch KOHL, Padua (wie Anm. 58) S. 335f.

79) SENECA, Penetrazione (wie Anm. 32) S. 31–33; vgl. Giuseppe GULLINO, Le frontiere navali, in: Storia
di Venezia 4 (wie Anm. 11) S. 13–111, dort S. 18–23. Siehe noch Jean-Claude HOCQUET, Fiscalité et pouvoir colonial. Venise et le sel dalmate aux XVe et XVIe siècles, in: État et colonisation au Moyen Âge et à la
Renaissance, hg. von Michel BALARD (1989) S. 277–316; Reinhold C. MUELLER, Aspects of Venetian sovereignty in medieval and Renaissance Dalmatia, in: Quattrocento adriatico. Fifteenth-century art of the

geben[80]. Zwei Jahre später, inzwischen zum deutschen König gewählt, ließ er seine Truppen das Friaul überrennen. Von dort, also aus Reichsgebiet, griffen sie das Venezianer Territorium an, konnten zunächst auch einige Teile davon erobern – es fiel die Bischofsstadt Ceneda im nördlichen Trevigiano (heute Teil von Vittorio Veneto), es fielen Belluno und Feltre, und sogar die Universität Padua rüstete sich für die Evakuierung[81]. Zudem versuchte Sigmund durch eine Handelssperre den Warenverkehr über die Alpen zu unterbinden und bewirkte damit gewiss auch wirtschaftliche Einbußen[82]. Trotzdem gewann der König nicht die Oberhand, vielmehr blieb sein Feldzug stecken. Das führte zu langwierigen, mühevollen Verhandlungen, als deren vorläufiges Ergebnis die Feindseligkeiten 1413 durch einen fünfjährigen Waffenstillstand förmlich beendet wurden[83]. Als jedoch nach dessen Ablauf Friedensverhandlungen im Jahre 1418 scheiterten – trotz Vermittlungsversuchen des soeben gewählten Papstes Martin V. in der Schlussphase des Konstanzer Konzils –, schlug die Republik Venedig zurück, indem sie bis 1420 nicht nur Belluno und Feltre wiedereroberte, sondern sich auch das gesamte Friaul kriegerisch einverleibte[84], das heißt: die bisherigen direkten Herren, die Patriarchen von Aquileia, ihrer weltlichen Macht beraubte. Nur Pordenone mit Umland blieb außerhalb, da Besitz der Herzöge von Österreich. Parallel zu den Erfolgen im Friaul gelang die weitere Eroberung der Küstenstriche Dalmatiens gleichfalls bis zum Jahre 1420.

Adriatic rim. Papers from a colloquium held at the Villa Spelman, Florence, 1994, hg. von Charles DEMP-SEY (Villa Spelman colloquia 5, 1996) S. 29–56.

80) Zu den verschiedenen Kampfgängen und den diplomatischen Verhandlungen zwischen Venedig und König Sigmund von 1411 bis 1420 s. Marija WAKOUNIG, Dalmatien und Friaul. Die Auseinandersetzungen zwischen Sigismund von Luxemburg und der Republik Venedig um die Vorherrschaft im adriatischen Raum (Dissertationen der Universität Wien 212, 1990); Wilhelm BAUM, Kaiser Sigismund (1993) S. 83–93, 145–147, 300f., 304; Jörg K. HOENSCH, Kaiser Sigismund (1996) S. 167–170, 280–282, 565, 576f.

81) Roberto CESSI, L'invasione degli Ungari e lo Studio di Padova (1411–1413) (zuerst 1911), in: DERS., Padova medioevale (wie Anm. 59) 2, S. 665–680.

82) Wolfgang VON STROMER, Landmacht gegen Seemacht. Kaiser Sigismunds Kontinentalsperre gegen Venedig 1412–1433, ZHF 22 (1995) S. 145–189.

83) Hinweise auf die Belege in GIRGENSOHN, Kirche, Politik (wie Anm. 2) 2, S. 886–888.

84) Pio PASCHINI, Storia del Friuli (⁴1990) S. 732–746; einen Teilaspekt behandelt Gherardo ORTALLI, Le modalità di un passaggio: il Friuli occidentale e il dominio veneziano, in: Il Quattrocento nel Friuli occidentale. Atti del convegno organizzato dalla Provincia di Pordenone nel mese di dicembre 1993, Bd. 1 (1996) S. 13–33. Zu den Voraussetzungen s. noch Dieter GIRGENSOHN, La crisi del Patriarcato di Aquileia. Verso l'avvento della Repubblica di Venezia, ebd. S. 35–51; Giuseppe TREBBI, Il Friuli dal 1420 al 1797. La storia politica e sociale (Storia della società friulana 2, 1998) S. 3–44. Mit den Bemühungen, diese Eroberungen zu legitimieren – immerhin handelte es sich um ein staatsrechtlich zum Reich gehöriges Territorium –, beschäftigt sich John E. LAW, Venice and the problem of sovereignty in the Patria del Friuli, 1421 (zuerst 1988), und Venetian rule in the Patria del Friuli in the early fifteenth century: problems of justification, in: DERS., Venice and the Veneto (wie Anm. 59) Nr. VI und VII; der zweite Beitrag ist die Übersetzung des Referats L'autorità veneziana nella Patria del Friuli agli inizi del XV secolo: problemi di giustificazione, in: Quattrocento nel Friuli occidentale 1, S. 53–68.

Inzwischen hatte die Republik ebenfalls im Westen ihre Position weiter ausgebaut, indem sie sich 1416 Rovereto aneignete, nachdem sie schon vorher durch Vertrag im südlichen Trentino eine Reihe adeliger Herren zu ihren Schutzbefohlenen, *recommendati*, gemacht hatte[85]. Weitere Erwerbungen, die den venezianischen Staat in die Lombardei vordringen ließen, konnten gemacht und behauptet werden in den wiederholten Kriegen mit Mailand, ausgelöst als Reaktion auf die Expansionspolitik des Herzogs Filippo Maria Visconti, des jüngeren Sohnes von Gian Galeazzo. Schon 1426, im ersten Jahr des Waffenganges, fiel Brescia mit dem Distrikt an den Staat Venedig[86], 1428 erfuhr Bergamo dasselbe Geschick, dazu gesellte sich 1449 noch das südlich davon gelegene Crema. Wenige Jahre zuvor, 1441, war Ravenna mitsamt dem Umland an die Republik gekommen, nachdem diese sich bereits 1406 durch Vertrag die Nachfolge nach dem Aussterben der Familie da Polenta gesichert hatte[87]. Um das Bild abzurunden, sei noch angefügt, dass 1489 auch die Insel Zypern unter venezianische Herrschaft kam, als die erbenlose Witwe des letzten Königs Jakob II. von Lusignan, Caterina Corner, sich genötigt sah, das ihr zugefallene Reich ihrem Vaterland zu überantworten[88].

85) Michael KNAPTON, Per la storia del dominio veneziano nel Trentino durante il '400: l'annessione e l'inquadramento politico-istituzionale, in: Dentro lo »Stado italico«. Venezia e la Terraferma fra Quattro e Seicento, hg. von Giorgio CRACCO, M. KNAPTON (1984) S. 183–209; Gherardo ORTALLI, Fra Trento e Venezia: gli assetti normativi per una nuova età, in: Convegno Il Trentino in età veneziana, Rovereto 18–20 maggio 1989 = Atti della Accademia roveretana degli Agiati, Contributi della Cl. di sc. umane, di lett. ed arti, Ser. VI, 29 (1988) Bd. A, S. 5–49; Mariano WELBER, Signorie di confine? Il ruolo delle grandi famiglie nel territorio tridentino meridionale, ebd. S. 211–277; Marco BELLABARBA, Rovereto in età veneziana. Da borgo signorile a società cittadina, ebd. S. 279–302; John E. LAW, A new frontier: Venice and the Trentino in the early fifteenth century, ebd. S. 159–181 und in: DERS., Venice and the Veneto (wie Anm. 59) Nr. XVI.
86) COGNASSO, Ducato visconteo (wie Anm. 73) S. 223–247, 437f. (auch für das Folgende); Carlo PASERO, Il dominio veneto fino all'incendio della Loggia (1426–1575), in: Storia di Brescia 2 (1963) S. 1–396, bes. S. 4–31; Antonio MENNITI IPPOLITO, »Providebitur sicut melius videbitur«. Milano e Venezia nel Bresciano nel primo '400, Studi veneziani, N.S. 8 (1984) S. 37–76. Siehe noch Anm. 106.
87) Achille CORBELLI, La fine di una signoria. Gli ultimi »da Polenta« (1907); Wilma BARBIANI, La dominazione veneta a Ravenna (1927); Marino BERENGO, Il governo veneziano a Ravenna, in: Ravenna in età veneziana, hg. von Dante BOLOGNESI (Interventi classensi 6, 1986) S. 31–67; Augusto VASINA, Dai Traversari ai da Polenta. Ravenna nel periodo di affermazione della signoria cittadina (1275–1441), in: Storia di Ravenna 3: Dal Mille alla fine della signoria polentana, hg. von DEMS. (1993) S. 555–603, dort S. 592–597, 603, außerdem die Regesten S. 794f. Für die Vorgeschichte s. DENS., Ravenna e Venezia nel processo di penetrazione in Romagna della Serenissima (secoli XIII–XIV), in: Ravenna in età veneziana S. 11–29.
88) Giovanna MAGNANTE, L'acquisto dell'isola di Cipro da parte della Repubblica di Venezia, Archivio veneto, Ser. V, 5 (1929) S. 78–133 und 6 (1929) S. 1–82; George HILL, A history of Cyprus 3 (1948) S. 711–756; GULLINO, Frontiere navali (wie Anm. 79) S. 84–86; Benjamin ARBEL, The reign of Caterina Corner (1473–1489) as a family affair (zuerst 1993) und Régime colonial, colonisation et peuplement: le cas de Chypre sous la domination vénitienne (zuerst 1995), in: DERS., Cyprus, the Franks and Venice, 13th–16th centuries (Variorum collected studies series 688, 2000) Nr. I und III.

Damit hatte das Territorium der Republik Venedig das Maximum seiner Ausdehnung erreicht: auf dem italienischen Festland von der Adda im Westen bis zum Isonzo im Osten, von den Alpen bis über die Mündung des Po hinaus, dazu zahlreiche Häfen mit meist kleinem Hinterland an Adria, Ionischem Meer und Ägäis sowie die drei großen Inseln Euböa, Kreta und Zypern. Die enorme Vergrößerung des Staatsgebiets auf der Apenninen-Halbinsel bedeutete aber nicht nur einen Zuwachs an Prestige und politischer Macht[89], sondern erleichterte ganz konkret auch die Wahrung der wirtschaftlichen Grundinteressen[90], indem zum Einen für die Versorgung der Lagunenstadt mit Lebensmitteln eine neue, weit zuverlässigere Basis entstand, zum Anderen Produktionszonen und konkurrenzlose Absatzgebiete für den Warenumschlag über den Markt Venedig hinzu gewonnen und darüber hinaus die Transportwege nach Westen und nach Norden auf eigenem Staatsgebiet zuverlässiger gesichert werden konnten: eben nicht nur bis an die Ränder der Lagune wie vor dem Beginn der territorialen Ausdehnung, sondern beträchtlich die Etsch hinauf und in die Täler der östlichen Alpen hinein.

In der Folgezeit gingen die überseeischen Besitzungen jenseits von Dalmatien Stück für Stück an die Osmanen verloren. Dagegen bewiesen die italienischen Provinzen eine erstaunliche Beständigkeit. Fast alle überdauerten selbst die Krise der vernichtenden Niederlage von Agnadello im Jahre 1509 gegen die Liga von Cambrai, obwohl die übermächtigen Feinde das Staatsterritorium weitgehend besetzt hatten: Diese Gebiete – allein mit Ausnahme von Rovereto mitsamt dem Südteil des Trentino und von Ravenna – konnten in wenigen Jahren für die Republik wiedergewonnen werden und verblieben bei ihr bis zu ihrem ruhmlosen Ende durch innere Erschlaffung und aktuell durch den Ansturm der Truppen Napoleons.

III

Die Erklärung für das Phänomen der rund 400jährigen Existenz des Flächenstaates unter einer einzigen Stadt und ihrer Führungsschicht wird am ehesten in der Art zu suchen sein, wie die Venezianer ihre Untertanen behandelten. Das Rezept, das sich erschließen zu las-

---

89) Vgl. Nicolai RUBINSTEIN, Italian reactions to Terraferma expansion in the fifteenth century, in: Renaissance Venice (wie Anm. 12) S. 197–217.
90) Zusammenfassend: Cozzi, Politica, società (wie Anm. 60) S. 161–176. Eine allgemeine Untersuchung zur Wirtschaftspolitik bietet Paola LANARO, I mercati nella Repubblica veneta. Economie cittadine e Stato territoriale (secoli XV–XVIII) (1999), eine Fallstudie Gian Maria VARANINI, Élites cittadine e governo dell'economia tra Comune, Signoria e »Stato regionale«: l'esempio di Verona, in: Strutture del potere ed élites economiche nelle città europee dei secoli XII–XVI, hg. von Giovanna PETTI BALBI (Europa mediterranea, Quaderni 10, 1996) S. 135–168. Siehe noch in Anm. 94 die Arbeiten zu einzelnen Territorien und in Anm. 123 diejenigen zu den fiskalischen Beziehungen.

sen scheint, mag gelautet haben: So viel Selbständigkeit für die einzelnen Provinzen wie nur möglich, also Beschränkung der venezianischen Präsenz auf das wirklich unverzichtbar Notwendige. Ich kann mir vorstellen – auch wenn ich selbst das nicht im Einzelnen untersucht habe –, dass dabei die Erfahrungen mit den frühesten Kolonien prägend gewesen sind. In Kreta, in Negroponte, in den griechischen Häfen stießen die Venezianer im 13. Jahrhundert auf eine Bevölkerung, die sprachlich, kulturell und sogar konfessionell völlig anders geprägt war als sie selbst, deren Leben von Rechtsnormen, die man in Venedig nicht gewohnt war, bestimmt wurde. Das alles anzutasten scheinen die Regierenden in weiser Selbstbeschränkung gar nicht erst versucht zu haben.

Diese Einstellung ist in einem kürzlichen Kongressreferat von Gherardo Ortalli, einem der besten Kenner der mittelalterlichen Geschichte Venedigs, auf den Punkt gebracht worden. Er beschreibt darin, wie die Venezianer den Griechen in ihrem Herrschaftsbereich gegenüber getreten sind, und arbeitet zum Schluss die »caratteri peculiari della statalità veneziana« heraus. Ich zitiere übersetzend: gehandelt habe es sich um »eine entscheidend empirische Staatlichkeit, schwach in den Prozessen formaler Zentralisierung, trotzdem aber fähig, mit höchst verwickelten Situationen umzugehen, dabei bereit zum Verhandeln bis an die Grenze des Möglichen, ohne sich mit abstrakter Berufung auf Prinzipien aufzuhalten, doch ebenso entschlossen, sich letzten Endes dort durchzusetzen, wo die Grenzen möglicher Verhandlungen erreicht waren«[91].

Man fühlt sich erinnert an die Koexistenz der Rechtssphären in Nord- und Mittelitalien während des frühen und hohen Mittelalters, als es selbstverständlich – aber offenbar auch notwendig – war, bei einer Beurkundung anzugeben, nach welchem Recht die Partner des Geschäfts beurteilt werden wollten: *vivens lege Romana* oder *lege Longobarda*, sogar die *lex Salica* kommt vor. Diese Gewohnheit galt zwar nicht für den venezianischen Dukat, aber die Fülle von Urkunden des 11. und 12. Jahrhunderts im Staatsarchiv Venedig, aus denen die Beteiligung von Venezianern an Rechtsgeschäften auf auswärtigem Gebiet hervorgeht[92], zeigt deutlich, wie vertraut mit diesem Brauch man auch in der Lagunenstadt gewesen sein muss. Das könnte eine Wurzel sein für den überraschend toleranten Umgang mit Untertanen, die in anderen Rechts- und Sozialstrukturen lebten.

Zum besseren Verständnis ist zunächst in aller Kürze zu schildern, wie die Republik ihre Herrschaft über die unterstellten Gebiete des italienischen Festlandes organisierte;

---

91) ORTALLI, Venezia mediterranea (wie Anm. 39) S. 73.

92) Viele einschlägige Stücke sind in zwei Sammlungen publiziert worden: Documenti del commercio veneziano nei secoli XI–XIII, hg. von R(aimondo) MOROZZO DELLA ROCCA, A(ntonino) LOMBARDO 1–2 (Regesta chartarum Italiae 28–29, 1940); Nuovi documenti del commercio veneto dei sec. XI–XIII, hg. von A. LOMBARDO, R. MOROZZO DELLA ROCCA (Monumenti storici pubblicati dalla Deputazione di storia patria per le Venezie, N.S. 7, 1953). Siehe auch die in Anm. 47 angeführten Urkundenbücher, außerdem: Famiglia Zusto, hg. von Luigi LANFRANCHI (1955), ebenfalls erschienen in der Reihe Fonti per la storia di Venezia.

hierfür kann aus einer Fülle von Studien geschöpft werden, die entweder ein Gesamtbild zeichnen[93] oder gezielt auf die Situation in einzelnen Orten und Distrikten eingehen[94]. Die Präsenz der Dominante wurde augenfällig unterstrichen durch das Banner mit dem Markus-Löwen, das jeder neu hinzu gewonnenen Stadt offiziell zugestellt wurde – wenn es nicht schon vorher von den Einwohnern in Erwartung venezianischer Unterstützung gehisst worden war, um gegen andringende Feinde, etwa die Osmanen, die eigene Absicht der Flucht unter die Fittiche des Wappentieres zu manifestieren und eine günstige Entscheidung hierüber in Venedig selbst zu befördern. Dazu gesellten sich stets unzählige Löwen, die manchmal in Inschriften gefeiert wurden[95], eindrucksvoller aber sich auf Wände

93) So der Abschnitt L'amministrazione della Terraferma in MALLETT, Conquista (wie Anm. 70) S. 212–238, 243f., und Alfredo VIGGIANO, Il Dominio da terra: politica e istituzioni, in: Storia di Venezia 4 (wie Anm. 11) S. 529–575. Verwiesen sei ferner auf die älteren Zusammenfassungen von Angelo VENTURA, Il Dominio di Venezia nel Quattrocento, in: Florence and Venice: comparisons and relations. Acts of two conferences at Villa I Tatti in 1976–1977 Bd. 1 (Villa I Tatti 5,1, 1979) S. 167–190; COZZI, Politica, società (wie Anm. 60) S. 203–230; Amelio TAGLIAFERRI, Ordinamento amministrativo dello Stato di Terraferma, in: Atti del convegno Venezia e la Terraferma (wie Anm. 26) S. 15–43; Jean-Claude HOCQUET, Venezia e la Terraferma (zuerst 1988 auf Französisch), in: DERS., Denaro, navi e mercanti a Venezia 1200–1600 (1999) S. 109–138; Gian Maria VARANINI, Introduzione, in: DERS., Comuni cittadini e Stato regionale. Ricerche sulla Terraferma veneta nel Quattrocento (1992) S. XXXV–LXVI; John E. LAW, The Venetian mainland state (zuerst 1992), in: DERS., Venice and the Veneto (wie Anm. 59) Nr. I. Zu speziellen Aspekten s. die Behandlung der Rechtspflege durch VIGGIANO, Governanti e governati (wie Anm. 26), und den Blick auf die kleinen Herrschaften im Staatsgebiet von Sergio ZAMPERETTI, I piccoli principi. Signorie locali, feudi e comunità soggette nello Stato regionale veneto dall'espansione territoriale ai primi decenni del '600 (1991).

94) Davon seien genannt: Giuseppe DEL TORRE, Il Trevigiano nei secoli XV e XVI. L'assetto amministrativo e il sistema fiscale (1990); A(fredo) PINO-BRANCA, Il Comune di Padova sotto la Dominante nel sec. XV, Reale Istituto veneto di scienze, lettere ed arti, Atti 93 (1933–34) Tl. 2 S. 325–390, 879–940, 1249–1323, 96 (1936–37) Tl. 2 Sc. mor. e lett. S. 739–774, 97 (1937–38) Tl. 2 Sc. mor. e lett. S. 71–100; Benjamin G. KOHL, Government and society in Renaissance Padua (zuerst 1972), in: DERS., Culture and politics in early Renaissance Padua (Variorum collected studies series 728, 2001) Nr. XI; Lorena FAVARETTO, L'istituzione informale. Il territorio padovano dal Quattrocento al Cinquecento (Early modern 8, 1998); John E. LAW, Verona and the Venetian state in the fifteenth century (zuerst 1979), in: DERS., Venice and the Veneto (wie Anm. 59) Nr. X, und The beginnings of Venetian rule in Verona, ebd. Nr. XI, zuerst erschienen als Verona e il dominio veneziano: gli inizi, in: Il primo dominio veneziano a Verona (1405–1509). Atti del convegno tenuto a Verona il 16–17 settembre 1988 (1991) S. 17–33; Silvia ROTA, La politica di Venezia nei confronti del territorio bergamasco nel primo secolo di dominazione, in: Venezia e le istituzioni di Terraferma (Bergamo: terra di san Marco 2, 1988) S. 67–77; Ivana PEDERZANI, Venezia e lo »Stado de Terraferma«. Il governo delle comunità nel territorio bergamasco (secc. XV–XVIII) (Pubblicazioni dell'Università Cattolica del Sacro Cuore, Scienze storiche 47 = Biblioteca di storia moderna e contemporanea 2, 1992). Aufschlussreich auch für diesen Aspekt sind mehrere der in den Anm. 75f. und 84–87 angeführten lokalen Untersuchungen.

95) Marino Sanudo fielen während seiner Reise mit den inspizierenden *syndici* in Rovereto an auffälliger Stelle zwei Inschriften auf, deren eine den Schutz der Stadt durch den geflügelten Löwen, die andere die unvergleichliche Ausdehnung von dessen *imperium* rühmte: Marin Sanuto, Itinerario per la Terraferma veneziana nell'anno MCCCCLXXXIII, hg. von Rawdon BROWN (1847) S. 94.

gemalt oder – besser noch – aus Stein gehauen präsentierten, vorzugsweise in Form einer Skulptur auf hoher Säule, der *antenna*. In größter Konzentration waren diese Symbole um das jeweilige Verwaltungszentrum gruppiert, doch bot sich ebenfalls die Außenseite der Stadttore als besonders augenfälliger Platz an, um schon den Ankommenden mit der staatlichen Insignie zu begrüßen[96]. Von der Fülle zeugt das umfängliche Kompendium mit über tausend noch erhaltenen Löwen – zwei Jahrhunderte nach dem Ende der Republik – in Venedig selbst und in allen ehemals venezianischen Gebieten, das vor wenigen Jahren erschienen ist[97]. Auch sonst garantierte gezielte Bautätigkeit die augenfällige Präsenz des herrschenden Staates in den einzelnen Orten des Herrschaftsgebietes[98].

Als Verwaltungsspitze eines jeden der abhängigen Territorien wählte der Große Rat – wie schon erwähnt – aus seiner Mitte einen oder zwei Venezianer Adelige, für die man den Gattungsbegriff *rectores* verwendete. In Kreta war es der *ducha*, den man mit sechs *consiliarii* umgab, also ganz entsprechend dem Dogen und seinem Kleinen Rat. In die großen Städte mit ihrem direkten Umland – wie Verona, Vicenza und Padua – wurden ein Podestà als Verwaltungschef und Gerichtsherr sowie ein Kapitän für die Aufrechterhaltung der öffentlichen Ordnung entsandt, häufig unterstützt von einem oder zwei *camerarii* und eventuell noch *castellani*. In den kleineren Orten, etwa in Mestre oder Torcello, aber auch in Treviso, genügte eine einzige Person für diese Führungsaufgaben, der *potestas et capitaneus*[99].

Die Rektoren brachten in geringer Zahl Fachleute aus Venedig mit, darunter wohl stets einen Notar als Kanzler, während sie anderes Personal an Ort und Stelle rekrutierten, wie etwa die *soldati* der Wache. Dabei musste jeder von ihnen aus seiner Vergütung, die von den regierenden Gremien festgesetzt wurde, eine bestimmte Mindestzahl von Bediensteten besolden[100]. Ihre Amtsführung wurde durch eine umfangreiche Instruktion, die *com-

---

96) Stefan SCHWEIZER, Zwischen Repräsentation und Funktion. Die Stadttore der Renaissance in Italien (Veröffentlichungen des Max-Planck-Instituts für Geschichte 184, 2002) S. 160–327: vor allem zu Treviso, Padua, Verona.

97) Alberto RIZZI, I leoni di san Marco. Il simbolo della Repubblica veneta nella scultura e nella pittura 1–2 (2001).

98) Dazu s. jetzt Donata DEGRASSI, Potere pubblico ed edilizia nella Terraferma veneziana (secolo XV), in: Pouvoir et édilité. Les grands chantiers dans l'Italie communale et seigneurale, hg. von Élisabeth CROUZET-PAVAN (Collection de l'École française de Rome 302, 2003) S. 461–481.

99) Außer ZANNINI, Impiego pubblico (wie Anm. 17), s. Gian Maria VARANINI, Gli ufficiali veneziani nella Terraferma veneta quattrocentesca, in: Gli officiali negli Stati italiani del Quattrocento (Annali della Scuola normale superiore di Pisa, Cl. di lett. e filos., Quaderni, 1 Ser. IV [1997], 1999) S. 155–180.

100) Die parallele Situation in den Besitzungen an der Adria ist ausführlich dargestellt worden von Ivan PEDERIN, Die venezianische Verwaltung Dalmatiens und ihre Organe (XV. und XVI. Jahrhundert), Studi veneziani, N.S. 12 (1986) S. 99–163; s. noch DENS., Die wichtigsten Ämter der venezianischen Verwaltung in Dalmatien und der Einfluss venezianischer Organe auf die Zustände in Dalmatien, ebd., N.S. 20 (1990) S. 303–355.

missio, geregelt, außerdem unterlag sie stets genauer Kontrolle aus der Zentrale[101]. Soweit sich die Archive der Lokalverwaltungen erhalten haben, fällt in ihnen die Fülle der Befehle oder Antworten im Namen des Dogen auf, auch der Anfragen und Anweisungen einzelner Zentralbehörden; für diese einlaufende Korrespondenz führte man an Ort und Stelle eigene Register[102]. Die Rektoren wurden also am engen Zügel gehalten. Regelmäßig alle vier Jahre entsandte der Staat eigens *sindici* nach Osten und nach Westen in alle Gebiete des Territoriums. Sie hatten nicht nur die Amtsführung zu prüfen, sondern vor sie konnten auch Beschwerden getragen werden[103]. Wer als Adeliger im Amt fehlte, hatte mit unnachsichtiger Bestrafung durch den Senat oder den Großen Rat zu rechnen.

Durch die Wahl und Entsendung der Rektoren war stets venezianische Präsenz in den untergebenen Gebieten garantiert, ja sogar die abschließende Entscheidungsmacht des in der Lagunenstadt regierenden Adels, und darüber hinaus wurden durch dieses System Mindeststandards für die Effizienz der Verwaltung gewährleistet. Dazu gehörte, dass sich die Rektoren strikt an generelle Regeln zu halten hatten. Als Beispiel sei hier die Rechtsprechung angeführt, der selbstverständlich vorrangige Bedeutung zukam, wenn die Regierenden Venedigs ihren Ruf genauer Wahrung des Rechts nicht einbüßen wollten[104]. Dabei entstand immer dann ein kniffliches Problem, wenn zur Beurteilung eines konkreten Falles konkurrierende Lösungen aus verschiedenen, nicht harmonisierten Rechtssphären gegeneinander abgewogen werden mussten. Juristen haben für diesen Aspekt eine Hierarchie der Rechtsquellen Venedigs herausgearbeitet[105], die im wesentlichen aus drei Stufen bestand: Einem Urteil zugrunde zu legen waren zuerst die aufgezeichneten Rechtsnormen, dann die gefestigte Gewohnheit, endlich das *arbitrium* des Rektors, was man wohl am besten mit »Amtserfahrung« oder auch »gesundem Menschenverstand« übersetzt.

Der Beginn der venezianischen Herrschaft, konkret: der Übergang eines vorher existierenden Staatswesens in die Abhängigkeit von der Republik war in der praktischen Wirk-

101) Hierzu s. Alfredo VIGGIANO, Aspetti politici e giurisdizionali dell'attività dei rettori veneziani nello Stato da terra del Quattrocento, in: Società e storia 17 (1994) H. 65 S. 473–505; DENS., La disciplina dei rettori nello Stato veneto del '400, in: Officiali negli Stati italiani (wie Anm. 99) S. 181–190.
102) Als Beispiel genüge hier der Hinweis auf die Situation in Treviso, wo die erhaltenen mittelalterlichen Aktenbestände der Rektoren zum größten Teil als »deposito« in der Kapitelbibliothek liegen: Pier Angelo PASSOLUNGHI, La Biblioteca capitolare di Treviso, in: Per una storia del Trevigiano in Età moderna: guida agli archivi, hg. von Lucio PUTTIN, Danilo GASPARINI (Studi trevisani 2,3, 1985) S. 43–49, dort S. 48f. Anderes findet sich im Staatsarchiv, s. Guida generale degli archivi di Stato italiani, hg. von Paola CARUCCI (u. a.) 4 (1994) S. 732–734.
103) Bruno DUDAN, Sindicato d'Oltremare e di Terraferma. Contributo alla storia di una magistratura e del processo sindicale della Repubblica veneta (1935). Marino Sanudo begleitete als Jüngling seinen Onkel auf einer solchen Reise und beschrieb sie ausführlich, s. Anm. 95.
104) Vgl. Anm. 133.
105) Lamberto PANSOLLI, La gerarchia delle fonti di diritto nella legislazione medievale veneziana (Fondazione Guglielmo Castelli 41, 1970).

lichkeit regelmäßig von einem Vertrag begleitet[106]. Bei friedlicher Unterstellung wurde er vor der Besitzergreifung zwischen dem oder den Repräsentanten der Republik Venedig und den Bevollmächtigten des Gemeinwesens ausgehandelt, eventuell sogar förmlich gebilligt von dessen Volksversammlung, die über die Angliederung entschied. Aber auch im Falle der Eroberung blieben die Unterworfenen nicht bar jeden Rechtes. So etwa beim Sieg über Padua: In unmittelbarem zeitlichem Zusammenhang mit dem Sturm auf die belagerte Stadt erhob sich die Bevölkerung gegen ihren Herrn Francesco Novello da Carrara, und so machte es keine Schwierigkeiten, dass danach ihre Gesandten mit den Regierenden Venedigs das übliche *pactum* abschließen konnten[107]. Das Begehren wurde stets in Artikel gegliedert, zu jedem einzelnen musste der venezianische Senat sein Votum abgeben[108].

Selbstverständlich genehmigte man nicht sämtliche Anträge. Hier wird es genügen, einige grundsätzliche Zugeständnisse der Dominante an ihre neuen Untertanen herauszuschälen. Die zentrale Forderung – und Gewährung – war stets die Fortgeltung des angestammten Rechts, wie es die kommunalen Statuten widerspiegelten[109]. Wie weit das gehen konnte, zeigt sich etwa am Beispiel Bellunos: Die vor kurzem neu edierten Statuten von 1392 liegen ausschließlich in Kopien aus der Zeit der venezianischen Herrschaft vor; doch erstaunlicherweise haben die Verantwortlichen für die Anfertigung dieser Reinschriften keinerlei Versuch unternommen, den Namen des früheren Herrschers, Gian Galeazzo Visconti, zu unterdrücken, vielmehr wird gleich im ersten Kapitel unbeirrt festgestellt, ihm

---

106) Allgemeine Aspekte behandelt Antonio Menniti Ippolito, La dedizione di Brescia a Milano (1421) e a Venezia (1427): città suddite e distretto nello Stato regionale, in: Stato e giustizia nella Repubblica veneta (sec. XV–XVIII), hg. von Gaetano Cozzi 2 (Storia 17, 1985) S. 17–58, und Le dedizioni e lo Stato regionale. Osservazioni sul caso veneto, Archivio veneto, Ser. V, 127 (1986) S. 5–30.

107) Siehe Simioni, Storia di Padova (wie Anm. 58) S. 565f., und oben Anm. 77.

108) Auf eine Reihe dieser größtenteils immer noch ungedruckten Vereinbarungen verweist Heinrich Kretschmayr, Geschichte von Venedig 2 (Allgemeine Staatengeschichte, Abt. I, 35, 2, 1920) S. 613f. Anm. 3.

109) Gian Maria Varanini, Gli statuti delle città della Terraferma veneta nel Quattrocento (zuerst 1991), in: Ders., Comuni cittadini (wie Anm. 93) S. 3–56 (unzureichend ist die Übersetzung: Die Statuten der Städte der venezianischen Terraferma im 15. Jahrhundert, in: Statuten, Städte und Territorien zwischen Mittelalter und Neuzeit in Italien und Deutschland, hg. von Giorgio Chittolini, Dietmar Willoweit [Schriften des Italienisch-deutschen historischen Instituts in Trient 3, 1992] S. 195–250); Ders., Gli statuti e l'evoluzione politico-istituzionale nel Veneto tra governi cittadini e dominazione veneziana (secoli XIV–XV), in: La libertà di decidere. Realtà e parvenze di autonomia nella normativa locale del Medioevo. Atti del convegno nazionale di studi, Cento 6/7 maggio 1993, hg. von Rolando Dondarini (1995) S. 321–358. Einen Einzelfall beschreibt Gherardo Ortalli, La comunità e la sua norma. Portogruaro e la tradizione statutaria medievale, Archivio veneto, Ser. V, 155 (2000) S. 183–206. Allgemein zur Rolle der Statuten, doch speziell derjenigen des Nordostens Italiens, s. noch Dens., Tra normativa cittadina e diritto internazionale: persistenze, intrecci e funzioni, in: Legislazione e prassi istituzionale nell'Europa medievale, hg. von Gabriella Rossetti (Europa mediterranea, Quaderni 16, 2001) S. 13–27 – besonders auf der Grundlage der Editionen in der von ihm geleiteten Reihe Corpus statutario delle Venezie (seit 1984, bislang 17 Bände).

sowie seinen Söhnen und Nachfolgern komme die Stellung des *dominus generalis ipsius civitatis Belluni et districtus* zu[110]. Ich schließe daraus, dass mit einer solchen Betonung des durch die politische Entwicklung überholten Status genau die unveränderte Weitergeltung des vor der Unterstellung unter Venedig gewährten Rechtes unterstrichen werden sollte.

Die kommunalen Einrichtungen wurden ebenso wenig angetastet wie die jeweils führende Schicht ihrer Vorrangstellung entkleidet[111]. Der Rat oder die Räte konnten weiterhin tagen und die Mitglieder des regierenden Gremiums wählen, und diese fuhren in ihrer üblichen Verwaltungstätigkeit ebenso fort, wie sie unter ihren früheren Herrschern das zu tun gewohnt waren, nun jedoch unter der Aufsicht der venezianischen Rektoren. Solche Rücksichtnahme bot ebenso wie die Wahrung des rechtlichen Herkommens zweifellos eine starke Beruhigung für die Bevölkerung des neu erworbenen Territoriums. In der Praxis aber führte sie zu einigen Schwierigkeiten, nämlich dann, wenn in der Rechtsprechung der Instanzenzug am Ort, der weiterhin mit den lokalen Richtern begann und beim Podestà mündete, ausgeschöpft war, so dass eine Appellation an die Zentrale gerichtet werden musste[112].

Dass dabei unverändert das Recht der lokalen Statuten die Grundlage zu bilden hatte[113], war unbestritten, aber wie konnte garantiert werden, dass in Venedig die hierfür vorgesehenen oberen Instanzen davon genügend Kenntnis besaßen? Das waren in erster Linie die drei gewählten *avogadori di Comun*[114], welche die passenden Anträge für den

---

110) Statuti di Belluno del 1392 nella trascrizione di età veneziana, hg. von Enrico BACCHETTI (Corpus statutario delle Venezie 16, 2002) S. 138f. (I 1).

111) Dazu s. Angelo VENTURA, Nobiltà e popolo nella società veneta del Quattrocento e Cinquecento (zuerst 1964) (Early modern 1, ²1993), vgl. Michael KNAPTON, »Nobiltà e popolo« e un trentennio di storiografia veneta, Nuova rivista storica 82 (1998) S. 167–192; ferner Giorgio BORELLI, Patriziato della Dominante e patriziato della Terraferma, in: Atti del convegno Venezia e la Terraferma (wie Anm. 26) S. 79–95. Gleich mehrere Studien befassen sich mit der Situation in einer Stadt: John E. LAW, Venice and the »closing« of the Veronese constitution in 1405 (zuerst 1977), in: DERS., Venice and the Veneto (wie Anm. 59) Nr. XII; Gian Maria VARANINI, I consigli civici veronesi fra la dominazione viscontea e quella veneziana, in: DERS., Comuni cittadini (wie Anm. 93) S. 185–196, und Élites cittadine (wie Anm. 90); Paola LANARO SARTORI, Un'oligarchia urbana nel Cinquecento veneto (1992) S. 1–34 (ebenfalls zum Adel Veronas im 15. Jh.).

112) Einen bezeichnenden Aspekt der allgemeinen Problematik behandelt Michael KNAPTON, Tribunali veneziani e proteste padovane nel secondo Quattrocento, in: Studi veneti (wie Anm. 5) S. 151–170.

113) Hierzu s. Marco BELLABARBA, Istituzioni politico-giudiziarie nel Trentino durante la dominazione veneziana: incertezza e pluralità del diritto, in: Le politiche criminali nel XVIII secolo, hg. von Luigi BERLINGUER, Floriana COLAO (La »Leopoldina«. Criminalità e giustizia criminale nelle riforme del '700 europeo 11, 1990) S. 175–231. Über die Bedeutung der lokalen Statuten vgl. die in Anm. 109 genannten Studien.

114) Alfredo VIGGIANO, Interpretazione della legge e mediazione politica. Note sull'Avogaria di Comun nel secolo XV, in: Studi veneti (wie Anm. 5) S. 121–131; DERS., Governanti e governati (wie Anm. 26) S. 51–146.

Rat der 40, die Quarantia, oder gar den ganzen Senat, von dem jene einen Teil bildete[115], vorzubereiten hatten, bald ergänzt durch die eigens als mittlere Appellationsinstanz eingesetzten *auditori delle sentenze* und später durch die *auditori novi* mit ausdrücklicher Kompetenz für die Streitfälle, die außerhalb des Dukats in der Terraferma anhängig geworden waren[116]. In der Lagunenstadt pflegten ausschließlich juristische Laien Recht zu sprechen[117], in den dreiköpfigen Gerichten oder durch Mitwirkung an den Beschlüssen der übergeordneten Gremien. Wenn man sie in diese Ämter wählte, erwartete man von ihnen selbstverständlich genügende Beherrschung der Statuten Venedigs und des sonstigen schriftlichen Gesetzesmaterials sowie der gewohnheitsrechtlichen Bräuche, doch wie sollte man ihnen zur Vertrautheit mit den Gesetzen und Usancen anderer Orte verhelfen? Das Problem tauchte in den Jahren nach dem Erwerb Trevisos neu auf, wohl weil man vorher, aus den Kolonien, wegen der großen Entfernungen von der Möglichkeit der Appellation an die Zentrale nicht recht Gebrauch gemacht haben mag. Aber Treviso war nahe, es kamen die Eingaben, und die Regierenden der Republik hatten ihren Ruf als gerecht Herrschende zu verteidigen. Die Register der Beschlüsse des Venezianer Senats aus den Jahren um 1340, deren Edition zur Zeit Gegenstand eines Projekts der dortigen Akademie der Wissenschaften ist, des Istituto veneto di scienze, lettere ed arti, zeigen deutlich das Ringen um angemessene Lösungen: Immer wieder wird eine einmal beschlossene Regelung durch eine andere ersetzt, um den Erfordernissen von Gerechtigkeit und Praktikabilität gleichermaßen Genüge zu tun[118]. Unverzichtbar scheint dabei die Hilfe der vom Staat besoldeten Rechtskundigen, der *salariati*, gewesen zu sein[119]: Die Beratung durch sie wird in den erwähnten Senatsbeschlüssen mehrfach als notwendig hervorgehoben.

---

115) Enrico BESTA, Il Senato veneziano. Origine, costituzione, attribuzioni e riti (Miscellanea di storia veneta, Ser. II, 5, 1, 1899); Giuseppe MARANINI, La costituzione di Venezia (2) (1931) S. 131–269; CRACCO, Senato (wie Anm. 25).

116) Ceferino CARO LOPEZ, Gli auditori nuovi e il Dominio di Terraferma, in: Stato, società e giustizia nella Repubblica veneta (sec. XV–XVIII), hg. von Gaetano COZZI (1) (Storia 6, 1980) S. 259–316; VIGGIANO, Governanti e governati (wie Anm. 26) S. 147–177.

117) Das unterstreicht Silvia GASPARINI, Giuristi veneziani e il loro ruolo tra istituzioni e potere nell'età del diritto comune, in: Diritto comune, diritto commerciale, diritto veneziano, hg. von Karin NEHLSEN-VON STRYCK, Dieter NÖRR (Centro tedesco di studi veneziani, Quaderni 31, 1985) S. 67–105, und hebt die daraus folgende Bedeutung fachkundiger Beratung hervor.

118) Venezia – Senato, Deliberazioni miste, Registre XIX (1340–1341), hg. von François-Xavier LEDUC (Venezia – Senato, Deliberazioni miste 6, 2004) S. 170 Nr. 334; ebenso, Registro XX (1341–1342), hg. von Francesca GIRARDI (ebd. 7, 2004) S. 53, 80–83, 220, 268–270, 326 Nr. 114, 179, 423, 525 (irrig 524), 615.

119) Einer von ihnen ist vor langer Zeit zum Gegenstand einer spezieller Untersuchung gemacht worden: Enrico BESTA, Riccardo Malombra, professore nello Studio di Padova, consultore di Stato in Venezia (1894). Am Ende des 14. Jahrhunderts befand sich zeitweise der angesehene Kanonist Pietro d'Ancarano in dieser Funktion: 1385 September 23 wird er als Zeuge mit dem Zusatz »salariato dal Comune di Venezia« genannt, s. I Libri commemoriali della Republica di Venezia. Regesti, hg. von (Riccardo PREDELLI) 3 (Monumenti storici publicati dalla R. Deputazione veneta di storia patria, Ser. I ,7, 1883) S. 175 (VIII 206), und Reinhold

Ein anderer Gesichtspunkt der bei der Übergabe formulierten Ansprüche betrifft die Beiträge zu den Staatsausgaben[120]. Naheliegenderweise sollte jedwede stärkere Besteuerung unterbleiben. Dass die neuen Untertanen hierbei relativ glimpflich davonkamen, liegt wohl nicht zuletzt an einer Besonderheit der venezianischen Staatsfinanzen bis zum Ausgang des Mittelalters: Neben Verbrauchssteuern, etwa auf Salz, neben den Zöllen bei der Ein- und der Ausfuhr von Waren wurden einzig Anleihen verlangt, erhoben gemäß den Einkünften aus Immobilien in der Stadt Venedig oder von Venezianern in anderen Gebieten. Dies führte schon im Verlaufe des 14. Jahrhunderts zu riesigen Schulden des Staates bei seinen Bürgern, so dass seit der Mitte des 15. Jahrhunderts die Auszahlung der fälligen Zinsen mit immer längerem, am Schluss jahrzehntelangem Verzug erfolgte[121]. Also: Zurückhaltung der öffentlichen Hand, wenngleich zu Lasten künftiger Generationen, aber eben insgesamt ein relativ bescheidenes Steueraufkommen, jedenfalls verglichen mit den gleichzeitigen enormen Ausgaben für kriegerische Unternehmungen, etwa gegen Mailand oder gegen die Türken[122]. Selbstverständlich zog man auch die Bewohner der beherrschten Territorien heran[123]. Aber insgesamt muss diese Belastung als nicht übermäßig empfunden worden sein, zumal da man für eine Provinz oder eine Stadt lediglich die aufzubringende Summe festsetzte und es den lokalen Instanzen überließ, sie durch Umlage aufzubringen.

C. Mueller, The Venetian money market. Banks, panics, and the public debt, 1200–1500 (Frederic C. Lane, R. C. Mueller, Money and banking in medieval and Renaissance Venice 2, 1997) S. 378f., auch S. 484f.; 1389 Oktober 26, nach Lehrtätigkeit Ancaranos in Siena, beschloss der Senat seine erneute Verpflichtung *ad salarium nostri comunis*, s. Celestino Piana, Nuove ricerche su le Università di Bologna e di Parma (Spicilegium Bonaventurianum 2, 1966) S. 421 Anm. 1; 1392 Oktober 3, immer noch *salariatus noster*, erhielt er die Erlaubnis zu kurzfristiger Lehrstuhlvertretung an der Universität Padua: Venezia, Archivio di Stato, Senato, Misti reg. 42 f. 81'; vgl. Giovanni Fantuzzi, Notizie degli scrittori bolognesi 1 (1781) S. 231.

120) Allgemein dazu: Luciano Pezzolo, La finanza pubblica: dal prestito all'imposta, in: Storia di Venezia 5 (wie Anm. 39) S. 703–751, und jetzt Ders., Il fisco dei Veneziani. Finanza pubblica ed economia tra XV e XVII secolo (Nordest nuova serie 3, 2003).

121) Nach der klassischen Untersuchung von Gino Luzzatto, Introduzione, in: I prestiti della Repubblica di Venezia (sec. XIII–XV) (Documenti finanziari della Repubblica di Venezia, Ser. III, 1, 1, 1929) S. III–CCLXXV (nicht gezeichnet) = Ders., Il debito pubblico della Repubblica di Venezia dagli ultimi decenni del XII secolo alla fine del XV (Mercato e azienda, Ser. II, 4, 1963), s. jetzt Mueller, Venetian money market (wie Anm. 119) S. 357–567.

122) Zusammenfassend: Michael Knapton, Guerra e finanza (1381–1508), in: Cozzi-Knapton, Repubblica di Venezia 1 (wie Anm. 60) S. 273–353.

123) Michael Knapton, I rapporti fiscali tra Venezia e la Terraferma: il caso padovano nel secondo '400, Archivio veneto, Ser. V, 117 (1981) S. 5–65; Gian Maria Varanini, Il bilancio della Camera fiscale di Verona nel 1479–80 (zuerst 1982), und Struttura e funzionamento della Camera fiscale di Verona nel Quattrocento (zuerst 1991), in: Ders., Comuni cittadini (wie Anm. 93) S. 251–277, 197–249, ferner Ders., Il bilancio d'entrata delle Camere fiscali di Terraferma nel 1475–76, ebd. S. 73–123; Andrea Apostoli, Scelte fiscali a Brescia all'inizio del periodo veneto, in: Politiche finanziarie e fiscali nell'Italia settentrionale (secoli XIII–XV), hg. von Patrizia Mainoni (Storia lombarda 9, 2001) S. 345–407.

Noch ein weiteres Thema aus den Unterstellungsverträgen sei hier wenigstens gestreift: die Besetzung der kirchlichen Pfründen[124]. Immer wieder begegnet die Forderung, diese den Einheimischen vorzubehalten. Der Senat ließ regelmäßig antworten, dass die Republik gewohnt sei, sich in kirchliche Angelegenheiten nicht einzumischen, dass sie diese vielmehr den Entscheidungen des Papstes überlassen wolle. Das ist freilich nur die halbe Wahrheit, wenn nicht sogar noch weniger, denn in Wirklichkeit wurde regelmäßig versucht, bei den wichtigen Benefizien die Besetzung mit einer genehmen Person zu erreichen – vor allem in den Bistümern und den Abteien mit bedeutenden Erträgen, die man an der Kurie zusammenfassend als Konsistorialbenefizien bezeichnete. Dafür wurde im Senat über die Bewerber abgestimmt, dann der Gewinner beim Papst empfohlen[125]. Und vorwiegend waren es Abkömmlinge Venezianer Adeliger, die solche Unterstützung erfuhren. Obwohl an der Kurie diese Empfehlungen im Einzelnen oft übergangen wurden, stellte sich doch meist das Ergebnis ein, dass der betreffende Bischofssitz gleich nach der Erwerbung oder nur wenige Jahre später an einen Abkömmling aus der regierenden Schicht Venedigs fiel, eventuell an einen anderen als den vom Senat Ausersehenen. So gerieten die größeren Benefizien fast ausnahmslos in die Hand des venezianischen Adels und blieben es. Dieses Verfahren erstreckte sich allerdings nicht auf die darunter angesiedelten Pfründen, so dass lokale Interessenten etwa für Kanonikate durchaus gute Chancen hatten, jedenfalls solange sich nicht ein Mitglied der römischen Kurie, der Günstling eines Kardinals oder des Papstes selbst durchsetzen konnte – aber im Prinzip galt das ganz ebenso für die übrigen Länder der westlichen Christenheit.

Zusammenfassend ist festzustellen, dass die Venezianer in ihrem Staat offenbar vorzüglich mit unterschiedlichen Strukturen in den einzelnen Provinzen umgehen konnten: Man ließ die Verhältnisse weitestgehend so, wie sie bei der Erwerbung gewesen waren. Es blieben die lokalen herrschenden Schichten unangetastet und ihre Verwaltungsstrukturen intakt, nur standen diese hinfort unter der Aufsicht der aus Venedig entsandten Rektoren. Es blieb die eigene Münze, zusammengehalten allein durch die übergreifende Geltung des Dukaten, aber dessen Vorrang hatte sich weitgehend bereits vor der Erwerbung durchgesetzt[126]. Es blieben die lokalen Maße und Gewichte. Weiter blieb das Lehnssystem intakt, obwohl in der Lagune ungebräuchlich, jedoch nicht unbekannt, da längst vor der territo-

124) Dazu s. Giuseppe DEL TORRE, Stato regionale e benefici ecclesiastici: vescovi e canonicati nella Terraferma veneziana all'inizio dell'Età moderna, Istituto veneto di scienze, lettere ad arti, Atti 151 (1992–93) Cl. di sc. mor., lett. ed arti S. 1171–1236; GIRGENSOHN, Kirche, Politik (wie Anm. 2) 1, S. 103–114.

125) Cesare CENCI, Senato veneto, »probae« ai benefizi ecclesiastici, in: Celestino PIANA, C. CENCI, Promozioni agli ordini sacri a Bologna e alle dignità ecclesiastiche nel Veneto nei secoli XIV–XV (Spicilegium Bonaventurianum 3, 1968) S. 313–454.

126) Reinhold C. MUELLER, L'imperialismo monetario veneziano nel Quattrocento, Società e storia 3 (1980) H. 8 S. 277–297; Ugo TUCCI, Monete e banche nel secolo del ducato d'oro, in: Storia di Venezia 5 (wie Anm. 39) S. 753–805.

rialen Ausdehnung der Grundbesitz von Venezianern auf dem Festland beträchtlich angewachsen war[127], und dessen Handhabung musste sich ja den örtlichen Rechtsgewohnheiten anpassen[128]. Abweichungen von venezianischem Brauch wurden zugelassen, solange sie nicht elementarem Staatsinteresse zuwiderliefen.

Aus der entgegengesetzten Perspektive ist zu fragen, welche Motive hinter der beobachteten Hinneigung der Untertanen zur Markus-Republik maßgeblich gewesen sein mögen. Zunächst sei unterstrichen, dass keines der übernommenen Gemeinwesen noch im Besitz der alten kommunalen Selbständigkeit gewesen war. Venedig hatte vielmehr jeweils die Nachfolge von Alleinherrschern angetreten. Für ihre Bewohner gab es zu jener Zeit also nur die Wahl zwischen mehreren Arten des Beherrschtwerdens. Bei den Überlegungen für oder gegen eine Übergabe wird die Suche nach Schutz eines der stärksten Motive gewesen sein. Venedig galt als mächtig, der Staat verfügte über eine vorzügliche Flotte[129] und leistete sich meistens auch genügend Söldner[130], so dass er Sicherheit gegen äußere Feinde zu bieten versprach. Dieses Moment war vor allem wichtig für diejenigen, die sich von den Osmanen bedroht sahen[131]. In anderen Fällen – etwa in Vicenza, Feltre, Belluno, von wo aus man die Verwaltung des nahen Treviso hatte beobachten können – hatten die Bürger zwischen zwei auswärtigen Herrschaften zu wählen, und dabei war die Republik augenscheinlich im Vorteil. Auch in Padua zog die Bevölkerung im Jahre 1405, durch langen Krieg zermürbt, dem Regiment des einheimischen Herrn dasjenige der benachbarten Macht deutlich vor, obwohl eine jahrhundertelange Tradition bewaffneter Konflikte gewiss nicht in Vergessenheit geraten war – aber offenbar eben nicht zum ausschlaggebenden Hinderungsgrund wurde. In späterer Zeit, seit dem ausgehenden 15. Jahrhundert, wurden sodann die venezianischen Territorien von Frankreich aus und von den Habsburgern bedroht – das dürfte tendenziell zum Zusammenrücken geführt haben.

---

127) Siehe Anm. 48.

128) Gina FASOLI, Lineamenti di politica e di legislazione feudale veneziana in Terraferma, Rivista di storia del diritto italiano 25 (1952) S. 61–94. Siehe noch Anm. 43 für die Rechtsordnung in Kreta sowie David JACOBY, The Venetian presence in the Latin Empire of Constantinople (1204–1261): the challenge of feudalism and the Byzantine inheritance (zuerst 1993), in: DERS., Byzantium (wie Anm. 34) Nr. VI.

129) Deren Bedeutung für die venezianische Expansion unterstreicht Bernard DOUMERC, Les flottes d'État, moyen de domination coloniale pour Venise (XVᵉ siècle), in: Coloniser au Moyen Âge (wie Anm. 41) S. 115–126, 150f.

130) Darüber orientiert M(ichael) E. MALLETT in: DERS., J(ohn) R. HALE, The military organization of a Renaissance state. Venice c. 1400 to 1617 (1984) S. 1–210, übersetzt: DERS., L'organizzazione militare di Venezia nel '400 (Storia 21, 1989).

131) Simon PEPPER, Fortress and fleet: the defence of Venice's mainland Greek colonies in the late fifteenth century, in: War, culture and society in Renaissance Venice. Essays in honour of John Hale, hg. von David S. CHAMBERS, Cecil H. CLOUGH, Michael E. MALLETT (1993) S. 29–56.

Die Herrschaft Venedigs galt als milde, vor allem ausgezeichnet durch die penible Wahrung des Rechtes[132], wozu selbstverständlich auch Vertragstreue und Verlässlichkeit gehörten. Hierin hatten die Venezianer zweifellos einen Ruf zu verlieren. Dass die Untertanen rund vier Jahrhunderte lang die venezianische Herrschaft ohne großes Aufbegehren geduldet haben, dass sie sich damit abfanden, keinerlei Partizipation an den wichtigsten Staatsgeschäften wie auswärtige Beziehungen oder die Entscheidung über Krieg und Frieden zu haben, scheint doch dafür zu sprechen, dass Milde und Gerechtigkeitssinn des Adels der Lagunenstadt nicht lediglich Produkte des famosen Mythos von Venedig sind, mit dem die Venezianer es seit der zweiten Hälfte des 15. Jahrhunderts so erfolgreich verstanden haben, die eigene wie die auswärtige Öffentlichkeit von der Vortrefflichkeit des Staatswesens der Serenissima und der sie Regierenden zu überzeugen[133].

IV

Damit ist eigentlich das Ende meiner Ausführungen zum venezianischen Staatswesen erreicht, doch sei dem Generalthema der Doppeltagung im Rückblick ein letzter Gedanke gewidmet. Ich habe versucht, die Herausbildung des Flächenstaates der Republik vor Augen zu führen und die Eigenheiten von dessen Regierung und Verwaltung herauszuarbeiten. Dabei ist der Begriff der Integration nur programmatisch vorgekommen, am Anfang, nicht jedoch in der sachlichen Ausführung des Themas. Im Falle Venedigs kann man ihn auch schlecht unterbringen, solange der eigentliche Wortsinn im Vordergrund steht, nämlich Vereinheitlichung, und das gilt sogar dann, wenn man an die Herausbildung eines eigenen Staatsbewusstseins denkt. Erst vor kurzem hat John Easton Law in zusammenfassenden Bemerkungen »the lack of a sense of a shared, common, identity within the

---

132) Dazu s. Gaetano Cozzi, Ambiente veneziano, ambiente veneto. Governanti e governati nel Dominio di qua dal Mincio nei secoli XV–XVIII (zuerst 1973), in: Ders., Ambiente veneziano, ambiente veneto. Saggi su politica, società, cultura nella Repubblica di Venezia in Età moderna (Presente storico 5, 1997) S. 291–352; Ders., La politica del diritto nella Repubblica di Venezia (zuerst 1980), in: Ders., Repubblica di Venezia (wie Anm. 26) S. 217–318; Alfredo Viggiano, Istituzioni e politica del diritto nello Stato territoriale veneto del Quattrocento, in: Crimine, giustizia e società veneta in Età moderna, hg. von Luigi Berlinguer, Floriana Colao (La »Leopoldina«. Criminalità e giustizia criminale nelle riforme del '700 europeo 9, 1989) S. 309–356.

133) Hierfür sei der Verweis auf die Literaturauswahl bei Girgensohn, Kirche, Politik (wie Anm. 2) 1, S. 17 Anm. 15, gestattet, zusätzlich: Élisabeth Crouzet-Pavan, Immagini di un mito, in: Storia di Venezia 4 (wie Anm. 11) S. 579–601; Angela Caracciolo Aricò, Venezia al di là del mito negli scrittori tra il Quattro e Cinquecento, in: Mito e antimito di Venezia nel bacino adriatico (secoli XV–XIX), hg. von Sante Graciotti (Media et orientalis Europa 1, 2001) S. 309–321; Matteo Casini, Note sul linguaggio politico veneziano del Rinascimento, Annuario dell'Istituto storico italiano per l'Età moderna e contemporanea 43–44 (2001) S. 309–333.

Venetian state« festgestellt und hervorgehoben, dass die Regierenden Venedigs schwerlich ein Bewusstsein gemeinsamen politischen Interesses mit den tonangebenden Familien der beherrschten Städte gehabt haben, sich aber auch kaum darum bemühten, bei diesen »a sense of belonging to a wider state« zu erzeugen[134].

In der italienischen Historiographie der Gegenwart und jüngeren Vergangenheit steht denn auch der Aspekt der Vereinheitlichung gar nicht im Vordergrund, vielmehr ist es üblich, das Spannungsverhältnis zwischen der jeweiligen Zentrale und den regierten Territorien zu thematisieren. Das gilt nicht nur für Venedig, sondern ebenso für die anderen großen Flächenstaaten auf demjenigen Gebiet, das im hohen Mittelalter durch die Existenz der kommunalen Verfassung geprägt gewesen war – man spricht ja geradezu von »Italia comunale« in Ober- und Mittelitalien –, wobei neben dem Kirchenstaat vor allem Mailand und Florenz sich als lohnende Untersuchungsobjekte präsentieren. Für die Flächenstaaten nun ist das Begriffspaar Zentrum und Peripherie zum Schwerpunkt verfassungsgeschichtlicher und politischer Betrachtung geworden, sowohl für das spätere Mittelalter als auch für die frühe Neuzeit[135]. Die wesentliche Ursache dafür, dass gerade dieses Spannungsverhältnis prägend geworden ist, liegt in der Tatsache begründet, dass die größten Gebiete der regierten Territorien einstmals selbst eigenständige Staaten gewesen waren und durchaus ein kräftiges eigenes staatliches Selbstbewusstsein entwickelt hatten; das musste nach jedem Erwerb, sei es nun durch freiwillige Unterstellung oder durch Eroberung, zu einem Problem werden.

In dieser Situation hat die Republik Venedig im Umgang mit den Bürgerschaften von Padua, Vicenza, Verona, von Treviso, Feltre, Belluno und Rovigo, mit den stolzen Adeligen und den Stadtgemeinden des Friaul, später auch mit Brescia, Bergamo und Ravenna weise auf ein Minimum von Vereinheitlichung gesetzt. Ich meine nun, dass diese Selbstbescheidung ein wesentlicher Grund – wenn auch nicht der einzige – für die enorme Lebensdauer des Staates auf dem italienischen Festland gewesen sein wird, neben dem Mo-

---

134) John E. Law, Introduction, in: Ders., Venice and the Veneto (wie Anm. 59) S. VII–XIV, dort S. VII, VIII und XII.

135) Zum Problem der Beziehungen zwischen »città suddite« und »città dominanti« s. den Beitrag von Giorgio Chittolini, Städte und Regionalstaaten in Mittel- und Oberitalien zwischen spätem Mittelalter und früher Neuzeit, in: Res publica. Bürgerschaft in Stadt und Staat. Tagung der Vereinigung für Verfassungsgeschichte in Hofgeismar am 30./31. März 1987 (Beihefte zu »Der Staat« 8, 1988) S. 179–200 = Città e Stati regionali, in: Ders., Città, comunità e feudi negli Stati dell'Italia centro-settentrionale (XIV–XVI secolo) (Early modern 6, 1996) S. 19–37. Mit dem Thema »centro e periferia« hat sich 1993 auf einem Colloquium in Chicago eine spezielle Sektion beschäftigt: Origini dello Stato. Processi di formazione statale in Italia fra Medioevo ed Età moderna, hg. von Giorgio Chittolini, Antonio Molho, Pierangelo Schiera (Annali dell'Istituto storico italo-germanico, Quaderni 39, 1994, ²1997) S. 145–221, darin vor allem: Claudio Povolo, Centro e periferia nella Repubblica di Venezia. Un profilo (S. 207–221). Siehe jetzt auch Matteo Casini, Fra città-stato e Stato regionale: riflessioni politiche sulla Repubblica di Venezia nella prima Età moderna, Studi veneziani, N.S. 44 (2002) S. 15–36.

tiv des Schutzes durch den mächtigen Markus-Löwen gegen äußere Feinde. Die Untertanen werden einen solchen Verzicht auf gängelnde Eingriffe in den Ablauf der lokalen Angelegenheiten honoriert haben, da die Dominante immer bestrebt gewesen zu sein scheint,
ihnen ein genügendes Maß an Eigenständigkeit zu belassen und Vereinheitlichung nur mit
Augenmaß zu betreiben.

Was lässt sich daraus ableiten? Selbstverständlich soll jetzt nicht jeder Art von Vielfalt
unter einem gemeinsamen Dach das Wort geredet werden. Es ist sicherlich nicht erstre-
benswert, dass in verschiedenen Bereichen eines und desselben Staates das Jahr an verschiedenen Tagen beginnt, wie früher etwa zwischen Venedig und dem nahen Padua üblich, dass in den einzelnen Provinzen verschiedene Maße für Flächen, Gewichte und
Hohlräume nebeneinander existieren. Auch wissen wir aus eigenem Erleben, wie viele
Vorteile eine gemeinsame Währung mit sich bringt, während das Kleingeld in Verona auch
nach der Einverleibung dieser Stadt von den Venezianer Münzen unterschieden blieb – un-
beschadet der Funktion des Dukaten als Leitwährung. Auf der anderen Seite aber scheint
das Wohlbefinden der Menschen ein bestimmtes Maß an lokaler Eigenständigkeit vorauszusetzen. Wenn man also an die Schaffung wirklich großer Staatsgebilde denkt, sollte man
dafür Sorge tragen, dass dieser Aspekt nicht unterschätzt werde.

Abschließend soll auch der Frage nicht ausgewichen werden, ob die Wirklichkeit des
venezianischen Festlandsstaates als Beispiel für Integration herhalten dürfe. Einige Elemente sprechen dafür. Dazu gehört zweifellos die Weisheit, mit der die Regierenden ihre
Untertanen auf unterschiedliche Weise behandelt haben. Hinzu kommt die Tatsache, dass
es sicherlich für ungemein attraktiv gehalten worden ist, zu einer prosperierenden Macht
zu gehören und an deren wirtschaftlichem Erfolg teilhaben zu können, vor allem durch
Partizipation an dem durch Jahrhunderte hindurch perfektionierten venezianischen Han-
delssystem. Weiter wird die Abwehr gegen äußere Feinde die verschiedenen Gruppen der
Untertanen zum Vertrauen gegenüber der militärischen Stärke der Dominante bewogen
haben. Endlich kann man sich vorstellen, dass es als befriedigend empfunden worden sein
wird, Teil eines wirklich großen Staates zu sein – in einer Zeit, besonders im 15. Jahrhundert, als das Wachsen politischer Einheiten allenthalben zu beobachten war.

Auf der anderen Seite stehen jedoch Elemente, die sich mit der Vorstellung von Integration nicht recht vereinbaren lassen. Hervorzuheben ist vor allem, dass es im Staatsgebiet mit Sicherheit kein gemeinsames Staatsbewusstsein gab. Die Menschen in Verona haben sich in erster Linie als Veroneser gefühlt, die Menschen in Padua als Paduaner, und gar
die Friauler haben sich zweifellos stets für etwas Besonderes gehalten. Insofern hat ein Zusammenwachsen der Bevölkerung in den verschiedenen Territorien allem Anschein nach
nicht stattgefunden. Und es gibt einen weiteren gewichtigen Gesichtspunkt, den der Partizipation, konkret der Teilnahme an den Entscheidungen, die sowohl für das politische
Alltagsgeschäft als auch für die schwierigen, möglicherweise schicksalhaften Gefahrensi-
tuationen in Zeiten kriegerischer Bedrängnis zu fällen waren: Keiner der Bürger in den beherrschten Territorien konnte dabei mitwirken, ja nicht einmal der allergrößte Teil der Be-

völkerung Venedigs selbst. Wie also hätte sich bei dieser ausgegrenzten Menge das Bewusstsein entwickeln sollen, verantwortliche Bürger des großen Staates zu sein? Das ist selbstverständlich ein Urteil aus heutiger Sicht, doch scheint es nicht von vornherein unzulässig, eine ähnliche Erwartungshaltung in die Vergangenheit zurückzuprojizieren.

Insofern sind Vergleiche des Venezianer Staates mit dem British Empire oder aber mit dem römischen Reich der Antike und dessen *pax Romana* durchaus erwägenswert. Wirtschaftliche Properität hat durch lange Jahrhunderte hindurch verhindert, dass zentrifugale Kräfte hätten die Überhand gewinnen können. Wenn es allen wirtschaftlich gut geht, besteht wenig Anlass, aus der gegebenen politischen Situation auszubrechen. Zum Glück für Venedig hat es nach dem – allerdings höchst bedrohlichen – Krieg der Liga von Cambrai zu Beginn des 16. Jahrhunderts keine wesentlichen militärischen Angriffe in Italien mehr gegeben. Auch von außen kam also keinerlei gefährdender Stoß, bis eben die herandrängenden Truppen Napoleons am 12. Mai 1797 den Großen Rat Venedigs zur Selbstauflösung der Republik zwangen.

Ein Integrationsmodell des Nordens?

Das Beispiel der Kalmarer Union

VON OLIVER AUGE

Integration, abgeleitet vom lateinischen Terminus *integer*, der unter anderem auch mit »voll« oder »ganz« übersetzt werden kann, bedeutet nach gängiger Auffassung die Herstellung einer Einheit aus Differenziertem, die Eingliederung in ein größeres Ganzes sowie den Zustand, in dem sich etwas befindet, nachdem es integriert worden ist[1]. Das ist nichts Neues: Schon im Oxford English Dictionary von 1620 war unter dem Stichwort »Integration« die Erklärung »combining parts into a whole« zu finden[2]. Aktuellen Datums[3] ist dagegen die Deutung, daß eine so verstandene Integration in vier Formen oder Stufen sichtbar wird: Erstens kann sie durch die Zentralisation von Entscheidungen statt-

1) Nach Duden Fremdwörterbuch 5, hg. von Günther DROSDOWSKI/Wolfgang MÜLLER/Werner SCHOLZE-STUBENRECHT/Matthias WERMKE (⁵1990) S. 354. – Siehe auch die Definition von Werner MALECZEK im Protokoll Nr. 388 über die Arbeitstagung auf der Insel Reichenau vom 1.–4. Oktober 2002, Thema: »Fragen der politischen Integration im mittelalterlichen Europa« I. Früh- und Hochmittelalter, S. 3–7, hier S. 4: »Der Begriff (der politischen Integration) zielt auf Vorgänge, bei denen politische Elemente, zumeist Herrschaften, Länder, Staaten, so zu einem Ganzen zusammengebracht werden, daß die neue Einheit ein Qualität erhält, die über die bloße Verbindung der ursprünglichen Teile hinausgeht. Diese Definition ... schließt die soziale, wirtschaftliche und politische Dimension mit ein.«
2) Siehe dazu Tiraje DEMIRELLI, Integrationstheorie: Zollunionstheorien (Protektionismus versus Freihandel), in: Aspekte der europäischen Integration, hg. von Klaus DORNER/Gisela MEYER-THAMER/Björn W. PAAPE/Arsene VERNY (1998) S. 71–83, hier S. 71; Fritz MACHLUP, A History of Thought on Economic Integration (1977) S. 1.
3) Ein Überblick zur Integrationsforschung allgemein ist hier nicht beabsichtigt und auch nicht am Platz. Es sei nur darauf verwiesen, daß sich mit dem Stichwort »Integration« vielerei Fachdisziplinen auf ganz verschiedene Art befassen, wobei das Thema insbesondere bei den Sozial- und Geisteswissenschaften seit kürzerem (angesichts integrativer Vorgänge innerhalb der Europäischen Union, der verstärkt ins Bewußtsein geratenen Zuwanderungsproblematik sowie speziell in Deutschland der Wiedervereinigung) geradezu en vogue ist. Das bunte Spektrum reicht von der Politikwissenschaft (z. B. Politik der Multikultur. Vergleichende Perspektiven zu Einwanderung und Integration, hg. von Mechtild M. JANSEN/Sigrid BARING-HORST [1994]; Europäische Integration, hg. von Renate OHR [1996]; Die Integration politischer Gemeinwesen in der Krise?, hg. von Karl ROHE/Klaus DICKE [Veröffentlichungen der Deutschen Gesellschaft für Politikwissenschaft 16, 1999]) weiter zur Theologie (etwa Manfred GERWING, Geschichte als Integration – Integration in der Geschichte, in: Integration. Herausforderung an eine Kultur des 3. Jahrtausends [Schön-

finden, etwa auf dem Weg einer Kompetenzverlagerung von einer lokalen auf eine gesamtstaatliche Ebene. Diese Verlagerung muß nicht nur Ergebnis militärischer Eroberung sein, sie kann im friedlichen Konsens erfolgen. Eine gewaltsame Möglichkeit ist aber in unser Verständnis miteinzubeziehen. Eine zweite Form besteht in der Zunahme von politischen, wirtschaftlichen oder gesellschaftlichen Verflechtungen. Drittens umfaßt Integration die Ausbildung gemeinsamer Strukturen, Institutionen und Werte. Deren Wahrnehmung und zeitgenössische Debatten über Integration stellen die vierte Form dar[4].

An diesem vierstufigen Denkansatz sollen sich folgende Ausführungen zur Kalmarer Union orientieren und dabei der Frage nachgehen, ob und, wenn ja, inwieweit sich der Begriff Integration auf die Kalmarer Verhältnisse anwenden läßt. Dazu soll in einem ersten Abschnitt die Rolle des Unionskönigtums als Ansatzpunkt zu einer politischen Zentralisation in den Blick genommen werden. In einem zweiten Schritt wird auf mögliche Ver-

---

statt-Studien 6, 1996] S. 380–393) und Rehabilitationspädagogik (z. B. Ulrich BLEIDICK, 10 Jahre Bildungsratempfehlung und die Geschichte der »Integration«, Zeitschrift für Heilpädagogik 34 [1983] S. 541–544; Ursula HAUPT, Integration körperbehinderter Schüler in das Gymnasium. Bericht über einen Schulversuch [1986]; Paul WALTER, Schulische Integration Behinderter [2003]), gewissermaßen auch die Mathematik mit einschließend (Ralph HENSTOCK, The General Theory of Integration [Oxford Mathematical Monographs, 1991]; H. A. PRIESTLEY, Introduction to Integration [1997]), bis – und dies vermehrt in jüngster Zeit – hin zur Geschichte: Aus der Zeitgeschichte z. B.: Der Norden auf dem Weg nach Europa. Skandinavien und die europäische Integration, hg. von Heike MAHNERT/Dörte PUTENSEN (Greifswalder Historische Studien 5, 2002); vgl. auch die Hinweise bei MALECZEK (wie Anm. 1) S. 4f. – Geschichte der frühen Neuzeit etwa: Lothar K. KINZINGER, Schweden und Pfalz-Zweibrücken. Probleme einer gegenseitigen Integration. Das Fürstentum Pfalz-Zweibrücken unter schwedischer Fremdherrschaft (1681–1719), Diss. phil. masch. (1988); Almut BUES, Das Herzogtum Kurland und der Norden der polnisch-litauischen Adelsrepublik im 16. und 17. Jahrhundert. Möglichkeiten von Integration und Autonomie (2001); Regional Integration in Early Modern Scandinavia, hg. von Finn-Einar ELIASSEN/Jørgen MIKKELSEN/Bjørn POULSEN (2001). – Alte Geschichte: Kingdoms of the Empire. The Integration of Barbarians in Late Antiquity, hg. von Walter POHL (The Transformation of the Roman World 1, 1997); DERS., Die Völkerwanderung. Eroberung und Integration (2002). – In der mittelalterlichen Geschichtsforschung ist das Thema eher ein »Neuland« (MALECZEK [wie Anm. 1] S. 5). Siehe dazu bislang vor allem: Europa 1500. Integrationsprozesse im Widerstreit: Staaten, Regionen, Personenverbände, Christenheit, hg. von Ferdinand SEIBT/Winfried EBERHARD (1987); Joachim EHLERS, Tradition und Integration. Orte, Formen und Vermittlung kollektiven Erinnerns im früheren Mittelalter, in: Mittelalterforschung nach der Wende 1989, hg. von Michael BORGOLTE (HZ Beiheft 20, 1995) S. 363–386; Peter MORAW, Zur staatlich-organisatorischen Integration des Reiches im Mittelalter, in: Staatliche Vereinigung: Fördernde und hemmende Elemente in der deutschen Geschichte, hg. von Wilhelm BRAUNEDER (Der Staat Beiheft 12, 1998) S. 7–28; Nordhessen im Mittelalter. Probleme von Identität und überregionaler Integration, hg. von Ingrid BAUMGÄRTNER/Winfried SCHICH (Veröffentlichungen der Historischen Kommission für Hessen 64, 2001).

4) Vgl. dazu Hartmut KAELBLE, Die soziale Integration Europas. Annäherungen und Verflechtungen westeuropäischer Gesellschaften seit dem Zweiten Weltkrieg, in: Wirtschaftliche und soziale Integration in historischer Sicht, hg. von Eckart SCHREMMER (VSWG Beiheft 128, 1996) S. 304–344, hier S. 304ff.; Michael NORTH, Integration im Ostseeraum und im Heiligen Römischen Reich, in: Die Integration des südlichen

flechtungen in den angesprochenen Bereichen einzugehen sein. Daran wird sich drittens die Frage anschließen, ob sich für die Kalmarer Union strukturelle, institutionelle oder wertemäßige Kongruenzen in einem Maß feststellen lassen, das die Anwendung des Integrationsbegriffs gestattet. Ein viertes Kapitel soll knapp auf zeitgenössische Reflexionen eingehen. In der komplexen historischen Realität ergaben sich zwischen diesen Einzelaspekten natürlich vielfältige Überschneidungen, und ihre nicht problemfreie Trennung in Abschnitte ist nur einer übersichtlicheren Darstellung geschuldet. Ein Resümee, in dem die Ergebnisse nochmals gebündelt auf die Erörterung der Möglichkeiten des Begriffs Integration am Beispiel der Kalmarer Union konzentriert werden, beschließt den Beitrag.

Um vorab noch in aller Kürze die Forschungslage zu skizzieren: Einer Abhandlung wie dieser kommt es zustatten, daß das mittelalterliche Skandinavien und besonders die Kalmarer Union kein unbeschriebenes Blatt mehr sind. Viele Monographien oder Aufsätze erleichtern den Zugang zur Frage nach Integration[5]. Insbesondere das Jubiläumsjahr 1997 bewirkte einen wahren Schub internationaler Forschungsbemühungen[6]. Sieht man aber

Ostseeraums in das Alte Reich, hg. von Nils JÖRN/Michael NORTH (Quellen und Forschungen zur Höchsten Gerichtsbarkeit im Alten Reich 35, 2000) S. 1–11, hier S. 2.

5) Siehe neben der ohnehin noch im folgenden zitierten Literatur insbesondere: Gottfrid CARLSSON, Kalmarunionen, Historisk tidskrift (schwedisch) 50 (1930) S. 405–481; Halvdan KOHT, Dronning Margareta og Kalmar-Unionen (Kriseår; norsk historie 5, 1956); Kristian ERSLEV, Dronning Margrethe og Kalmarunionens Grundlæggelse (Danmarks Historie under Dronning Margrethe og hendes nærmeste Efterfølgere, ²1971); Michael LINTON, Drottning Margareta, Fullmäktig fru och rätt husbonde. Studier i Kalmarunionens förhistoria (Studia Historica Gothoburgensia 12, 1971); Erik LÖNNROTH, Sverige och Kalmar-Unionen 1397–1457 (³1971); Poul ENEMARK, Fra Kalmarbrev til Stockholms blodbad. Den nordiske trestatsunions epoke 1397–1521 (1979); Aksel E. CHRISTENSEN, Kalmarunionen og nordisk politik 1319–1439 (1980); Jens E. OLESEN, Rigsråd – Kongemat – Union. Studier over det danske rigsråd og den nordiske kongemagts politik 1434–1449 (1980); Thomas RIIS, La Baltique et le monde baltique au XVᵉ siècle, Critica storica 25 (1988) S. 713–728; DERS., Kalmarer Union, in: Lex. MA 5 (1991) Sp. 875–877; Birgit und Peter SAWYER, Medieval Scandinavia. From Conversion to Reformation circa 800–1500 (1993) S. 71–79. – Vgl. auch den kurzgefaßten Forschungsüberblick bei Anders BØGH, On the causes of the Kalmar Union, in: »huru thet war talet j kalmarn«. Union und Zusammenarbeit in der Nordischen Geschichte. 600 Jahre Kalmarer Union (1397–1997), hg. von Detlef KATTINGER/Dörte PUTENSEN/Horst WERNICKE (Greifswalder Historische Studien 2, 1997) S. 9–30.

6) Siehe vor allem Margrete I. Regent of the North. The Kalmar Union 600 Years. Essays and Catalogue, hg. von Kirsten CHRISTIANSEN/Joan F. DAVIDSON/Niels-Knud LIEBGOTT/Anne Marie LINDGREEN PEDERSEN (1997); »huru thet war talet j kalmarn« (wie Anm. 5); Heinz BARÜSKE, Erich von Pommern. Ein nordischer König aus dem Greifengeschlecht (1997); DERS., Pommern und die Kalmarer Union. Vor 600 Jahren wurde die große Nordische Union in Kalmar gegründet, Pommern 35, 2 (1997) S. 26–33; Ludwig BIEWER, Skandinavien und Pommern im frühen 15. Jahrhundert. Die Zeit des nordischen Unionskönigs Erich von Pommern, Baltische Studien N. F. 83 (1997) S. 31–42; Vivian ETTING, Kalmarunionen – set med eftertidens øjne, Nordisk tidskrift 73 (1997) S. 219–230; DIES., Fra fællesskab til blodbad. Kalmarunionen 1397–1520 (1998); Hermann SCHÜCK, Kalmarunionen – efter 600 år, Nordisk tidskrift 73 (1997) S. 231–237; Lars-Olof LARSSON, Kalmarunionens tid från drottning Margareta till Kristian II (1997); Thomas LINDKVIST, Kalmarunionen – medeltida nordismen?, Finsk tidskrift 1 (1997) S. 1–10.

von der jüngst erschienenen instruktiven Darstellung Martin Kaufholds zur Geschichte
des europäischen Nordens bis 1300 ab, die in ihrem Untertitel mit dem Begriff »Integration« operiert und unter dem Postulat einer europäischen Wertegemeinschaft auf die Frage
nach einer »Europäischen Integration« ihre Anwort zu geben versteht[7], kommt dem
Stichwort »Integration« in der neueren Forschung bislang sicherlich kein zentraler Rang
zu. Allenfalls von »Zusammenarbeit« ist die Rede. Hatte Johann Christoph Beer 1673 in
der Kalmarer Union noch eine »herrliche Grundfeste der Einträchtigkeit« erblickt[8], so ist
heute Vorsicht gegenüber dem Integrationsbegriff zu spüren, was darin begründet liegen
mag, daß man im prononcierten Gegensatz zu älteren Ansichten herausarbeitete: Die Kalmarer Union war kein Ergebnis eines Nordismus, der integrativen Idee eines geeinten
Nordens also. Dieser entstand erst im 19. Jahrhundert, und ihm ist die romantisierend-
anachronistische Vorstellung von der Kalmarer Union als seiner Vorläuferin zu verdanken[9].

---

7) Martin KAUFHOLD, Europas Norden im Mittelalter. Die Integration Skandinaviens in das christliche Europa (9.–13. Jahrhundert) (2001).

8) Johann Christoph BEER, Leben, Regierung und Absterben aller Könige in Schweden: biß auf jetzige Zeit
und ruhmwürdigste expeditiones Caroli XII. (1702) S. 263.

9) Siehe etwa Dörte PUTENSEN, Nordische Zusammenarbeitsbestrebungen im 19. und 20. Jahrhundert, in:
»huru thet war talet j kalmarn« (wie Anm. 5) S. 383–409; Jan PETERS, Die alten Schweden. Über Wikinger-
krieger, Bauernrebellen und Heldenkönige (1986) S. 44: »Lange waren sich dänische und schwedische Historiker über den historischen Charakter der Kalmarer Union uneinig. War sie gut, ein ›früher und kühner
nordischer Gedanke‹, oder war sie ein nationales Unglück, insbesondere für Schweden? Heutzutage spielt
der Streit zwischen ›Unionisten‹ und ›Separatisten‹, zwischen den ›Unionsfreunden‹ und den ›Nationalen‹
keine Rolle mehr. Fragen solcher Art hatten wenig Sinn, denn die Kalmarer Union war ihrem Wesen nach
nicht so sehr ein staatsrechtliches Phänomen und schon gar kein Vorläufer des ›nordischen Einheitsgedan-
kens‹. Sie war auch kaum jenes außenpolitische System, das die Reiche des Nordens errichten mußten, um
der deutschen Expansion des 14. Jahrhunderts begegnen zu können ...« – Pronociert äußert sich dazu auch
LINDKVIST, Kalmarunionen (wie Anm. 6). Siehe die Besprechung von Thomas HILL in: Hansische Geschichtsblätter 116 (1998) S. 289 bzw. Virtuelle Rezension Nr. 202 unter http://www.hansischergeschichts-
verein.de/hu/1998/202.html. Dort das übersetzte Zitat: »Die Erinnerung an die Kalmarer Union kann niemals dazu dienen, die nordische Zusammenarbeit in unseren Tagen zu legitimieren und zu motivieren.«
Siehe des weiteren auch Franklin D. SCOTT, Sweden. The Nation's History (1988) S. 113ff. oder Reinhold
WULFF unter http://www2.rz.hu-berlin.de/skan/personal/rw/publikationen/kalmaru.html (Stand vom
13. Januar 2003): »Tatsächlich vereinten sich in der Kalmarer Union nicht drei Länder unter einer gemeinsamen Losung mit gemeinsamen Zielen, noch weniger handelte es sich um eine gleichberechtigte Gemeinschaft. Margrethe, die de facto noch bis zu ihrem Tode 1412 das Zepter in ihren Händen hielt, war in erster
Linie auf das wirtschaftlich und kulturell am weitesten entwickelte Land, nämlich Dänemark, orientiert und
widmete den anderen Reichen weniger Aufmerksamkeit. Der Adel, der kaum ›national‹ dachte, da seine
Güter und seine Familienbande grenzüberschreitend in allen Ländern zu finden waren, war trotzdem kein
einigendes Band, da seine politischen Rechte in Dänemark-Norwegen bzw. Schweden-Finnland sehr unterschiedlich waren ... Schließlich sollte nicht vergessen werden: Kaum zwei andere Länder in Europa haben
miteinander häufiger im Krieg gelegen als Dänemark und Schweden! Man mag sich als neutraler kontinen-

1. Das Unionskönigtum als Motor einer Integration?

Klaus Zernack hat es in seinem Aufsatz über »Probleme des Königtums in Nordosteuropa« auf den Punkt gebracht: »Das Königtum (sc. der Kalmarer Union) ist der Funktionsträger der Einheit.«[10] In besonderer Weise gilt das für die Schöpferin der Union Margarete und ihren Nachfolger Erich. Margarete personifizierte die engen nordischen Verbindungen der Zeit, indem sie als Tochter des dänischen Königs Waldemar Atterdag mit dem norwegischen Herrscher Haakon VI. vermählt war und an dessen Hof eine Erziehung durch die schwedische Adelige Merete Ulfsdotter erfuhr, eine Tochter der hl. Birgitta[11]. Ohne zu postulieren, daß Margarete so von Anfang an die Vision eines geeinten Nordens vor Augen stand, erleichterte ihr das Zusammentreffen dieser Faktoren gewiß, zu einem Motor des Zusammenschlusses zu werden[12]. Ob sie dabei als Integrationsfigur wirkte und gesehen wurde, wie Nils Blomkvist behauptet[13], lassen schon mehr oder weniger zeitgenössische Äußerungen fraglich erscheinen. Der Chronist Olaf Petri etwa vermerkte: Sie sei eine liebenswerte Frau gewesen, aber sie habe alle ihre Reiche nicht gleich geliebt, und es sei deshalb nicht verwunderlich, daß ihre Chronik in dem einen Land anders geschrieben werde als in dem anderen[14]. Damit spielte er darauf an, daß sie ihren herr-

---

taler Europäer fragen, wie denn ausgerechnet die Union von Kalmar Anlaß für ein gesamtnordisches Jubiläum genommen werden konnte, und insbesondere, warum gerade in Schweden, wo während der Unionszeit nichts wichtiger gewesen zu sein scheint, als dieser Union das Wasser abzugraben, dieses Jubiläum besonders herausgestellt wird und zum Nachdenken über eine ›nordische Identität‹ führen soll ...« – Dagegen spricht z.B. Michael ROBERTS, The Early Vasas. A History of Sweden, 1523–1611 (1968) S. 23 durchaus vom »ideal of Scandinavian fraternity«, das durch die Union verfolgt worden sei.

10) Klaus ZERNACK, Probleme des Königtums in Nordosteuropa im Zeitalter der Union von Kalmar (1397–1521), in: Das spätmittelalterliche Königtum im europäischen Vergleich, hg. von Reinhard SCHNEIDER (VuF 32, 1987) S. 405–424, hier S. 407. – In diese Richtung weist auch SCOTT, Sweden (wie Anm. 9) S. 113.

11) Siehe zur Biographie Halvdan KOHT, Margareta, in: Norsk biografisk leksikon 9 (1940) S. 71–79; Aksel E. CHRISTENSEN, Margrete I., in: Dansk biografisk leksikon 9 (1981) S. 414–417; Erik LÖNNROTH, Margareta, in: Svenskt biografiskt lexikon 25 (1985/87) S. 135–139; Vivian ETTING, Margrete den Første – en regent og hendes samtid (1986); DIES., Margrete – Mistress and Master of the North, in: Margrete I (wie Anm. 6) S. 18–24; Ralf-Gunnar WERLICH, Margarete – Regentin der drei nordischen Reiche, in: Fürstinnen und Städterinnen. Frauen im Mittelalter, hg. von Gerald BEYREUTHER/Barbara PÄTZOLD/Erika UITZ (1993) S. 110–141, hier bes. S. 113; Nanna DAMSHOLT, Margrete – Power in the Hands of a Woman, in: Margrete I (wie Anm. 6) S. 268–271.

12) Siehe neben der eben zitierten Literatur in diesem Sinne etwa auch SCOTT, Sweden (wie Anm. 9) S. 80.

13) Nils BLOMKVIST, Als das größte Reich Europas in Kalmar gegründet wurde. Über die große nordische Union vor 600 Jahren (1996) S. 20.

14) Olavus Petri, En Swensk Cröneka, hg. von Jöran SAHLGREN (1917) S. 141: ... *at hon haffuer warit en mechta snell och förstondig qwinna, Men hon haffuer icke hafft all sijn Rijke lika käär, och är för then skul icke vndrandes, at hennes Cröneka warder annorledhes bescriffuen i thet ena rikit än i thet andra.* – Dazu auch PETERS, Die alten Schweden (wie Anm. 9) S. 39.

schaftlich-politischen Schwerpunkt eindeutig in Dänemark besaß. Jedenfalls gelang es ihr, Dänemark, Norwegen und Schweden – letztere zwei Reiche waren bereits zwischen 1319 und 1364 in Personalunion miteinander verbunden gewesen, die teilweise als Vorläuferin der Kalmarer Union begriffen wird[15] – in der kurzen Zeitspanne von 1375 bis 1389 unter einer Krone zu vereinen: gegen die Erb- und Herrschaftsansprüche und den Widerstand der Mecklenburger, aber unterstützt von der Mehrheit des nordischen Adels und begünstigt durch eine Reihe nicht absehbarer dynastischer Zufälle[16]. Ab dem Todesjahr ihres Vaters König Waldemar 1375[17], als sie mit der Gewinnung Dänemarks für ihren Sohn Olaf die politische Bühne betrat, gab sie unionistische Bestrebungen zu erkennen, indem sie sich als Königin auch Schwedens titulierte[18]. Als Olaf, nach seines Vaters Tod 1380 König von Norwegen geworden, im August 1387 als letzter männlicher Vertreter der Folkungerdynastie unerwartet starb, gelang es Margarete im Verbund mit dem Adel, sich mit dem revolutionären Konstrukt einer »bevollmächtigten Frau und rechten Hausherrin«[19] und mithilfe der Adoption ihres Großneffen Bogislaw von Pommern-Stolp[20] gegen die in

15) Gottfrid CARLSSON, Medeltidens nordiska unionstanke (Det levande förflutna 8, 1945) S. 16ff.; Thomas LINDKVIST, Schweden auf dem Weg in die Kalmarer Union, in: »huru thet war talet j kalmarn« (wie Anm. 5) S. 31–48, hier S. 42ff.; Lars ERIKSSON, Union, in: Medeltidens ABC (1985) S. 418f. Siehe dagegen Erik OPSAHL, Norwegen 1319–1397: ein »willenloser Trabant« der Nachbarländer, in: »huru thet war talet j kalmarn« (wie Anm. 5) S. 83–152, hier S. 149f. – Zusätzlich kam von 1332 bis 1360 eine Union Schwedens mit dem dänischen Schonen zustande.

16) Siehe zur Kurzeinführung etwa auch Palle LAURING, Geschichte Dänemarks (1964) S. 97f.; Wolfram DUFNER, Geschichte Schwedens. Ein Überblick (1967) S. 46ff.; SCOTT, Sweden (wie Anm. 9) S. 79ff.; Thomas Kingston DERRY, A History of Scandinavia (⁸1996) S. 69ff.; Jörg-Peter FINDEISEN, Dänemark: Von den Anfängen bis zur Gegenwart (Geschichte der Länder Skandinaviens, 1999) S. 83ff.; Robert BOHN, Dänische Geschichte (C.H. Beck Wissen in der Beck'schen Reihe 2162, 2001) S. 32ff.

17) Vgl. zur Person Peter LUNDBYE, Valdemar Atterdag (1939); Sven TÄGIL, Valdemar Atterdag och Europa (1962); Niels SKYUM-NIELSEN, König Waldemar V. Atterdag von Dänemark. Persönlichkeit und Politik, Hansische Geschichtsblätter 102 (1984) S. 5–20; Kai HØRBY, Valdemar (IV) Atterdag, in: Dansk biografisk leksikon 15 (1984) S. 239–243.

18) Diplomatarium Danicum 3, 9, hg. von C. A. CHRISTENSEN/Herluf NIELSEN (1982) S. 447 Nr. 532 oder S. 455–457 Nr. 541; Fritz PETRICK, Norwegen. Von den Anfängen bis zur Gegenwart (Geschichte der Länder Skandinaviens, 2002) S. 75; WERLICH, Margarete (wie Anm. 11) S. 116 u. 122: »Margarete hatte jedenfalls nie auf den Titel Königin von Schweden verzichtet.«

19) Diplomatarium Danicum 4, 3, hg. von Thomas RIIS (1993) S. 230–232 Nr. 229: *fulmechtighe fruwe ok tel husbonde*; ETTING, Margrete (wie Anm. 11) S. 20–22 (hier auch Abbildung der betreffenden Urkunde). – WERLICH, Margarete (wie Anm. 11) S. 125 spricht in diesem Zusammenhang gar von einem »Staatsstreich«.

20) Gottfrid CARLSSON, Erik Pomrarens väg till kungavärdighet i Norden, Historisk Tidskrift (schwedisch) 77 (1957) S. 42–47; BARÜSKE, Erich von Pommern (wie Anm. 6) S. 34ff.; BIEWER, Skandinavien und Pommern (wie Anm. 6) S. 33. Erich war um 1381/82 als Sohn von Herzog Wartislaw VII. von Pommern-Stolp und seiner Gattin Maria, die ihrerseits Tochter Herzog Heinrichs III. von Mecklenburg und der Prinzessin Ingeborg von Dänemark war, wohl unter dem Namen Bogislaw geboren worden. – Siehe neben der bereits in Anm. 6 zitierten Literatur auch Edv. BULL, Erik av Pommern, in: Norsk biografisk leksikon 3

Schweden regierenden Mecklenburger durchzusetzen, die berechtigte Ansprüche auf Dänemark und Norwegen besaßen[21]. Zur Relativierung von Margaretes Einigungsleistung sei betont, daß eine Realisierung der Ansprüche der Mecklenburger ebenso zu einer nordischen Union geführt hätte, aber unwahrscheinlich war, da Dänemark und Norwegen viele Jahre lang deren Position in Skandinavien bekämpft hatten[22]. Die Entscheidungslinien liefen so fast zwangsläufig auf Margarete hinaus.

Margarete veranlaßte ihren Adoptivsohn, den in den skandinavischen Königreichen geläufigen bzw. sogar geheiligten Königsnamen Erich anzunehmen – nochmals ein Fingerzeig auf gesamtnordische Ambitionen[23]. Die durch die Adoption erreichte politisch-dynastische Stabilisierung versetzte Margarete in die Lage, Albrecht III. von Mecklenburg von seinem schwedischen Thron zu verdrängen, wie schon angedeutet im Bund mit der schwedischen Adelsopposition, die sich offensichtlich mehr Vorteile von einer auf Dauer fernen (dänischen) Herrscherin versprach als von einem König, der im eigenen Land saß und sich bemühte, aus dem Schatten der Adelsdominanz auszubrechen und eine eigene Machtbasis aufzubauen[24]. Mit seiner Niederlage bei Falköping im Februar 1389 fielen

(1926) S. 555–560; Gottfrid Carlsson, Erik af Pommern, in: Svenskt biografiskt lexikon 14 (1951) S. 267–282; Gottfried von Bülow, Erich I., Herzog von Pommern, in: ADB 6 (1877) S. 206f.; Roderich Schmidt, Erich I., in: NDB 4 (1959) S. 586f.; Jens E. Olesen, Erich von Pommerns Alleinherrschaft 1412–1439/40, in: »huru thet war talet j kalmarn« (wie Anm. 5) S. 199–239; Sven Rosborn, Erik of Pomerania: Union King and Pirate, in: Margrete I (wie Anm. 6) S. 87–90.

21) Erich Hoffmann, Die dänische Königswahl im Jahre 1376 und die norddeutschen Mächte, Zeitschrift der Gesellschaft für Schleswig-Holsteinische Geschichte 99 (1974) S. 141–195, bes. S. 141ff.; Ders., Königserhebung und Thronfolgeordnung in Dänemark bis zum Ausgang des Mittelalters (Beiträge zur Geschichte und Quellenkunde des Mittelalters 5, 1976) S. 149ff.; Werlich, Margarete (wie Anm. 11) S. 124f.; Findeisen, Dänemark (wie Anm. 16) S. 79.

22) Jens E. Olesen, Analyse und Charakteristik der Kalmarer Union, in: Der Deutsche Orden in der Zeit der Kalmarer Union 1397–1521, hg. von Zenon Hubert Nowak (Ordines militares; Colloquia Torunensia Historica 10, 1999) S. 9–32, hier S. 10.

23) Biewer, Skandinavien und Pommern (wie Anm. 6) S. 33; Lauring, Geschichte Dänemarks (wie Anm. 16) S. 99; Olesen, Alleinherrschaft (wie Anm. 20) S. 200. – Der Sohn von Margaretes Rivalen Albrecht III. trug ebenfalls den Namen Erich. – Vgl. allgemein: Erik den helige: Historia, Kult, Reliker, hg. von Bengt Thordeman (1954); Erich Hoffmann, Die heiligen Könige bei den Angelsachsen und den skandinavischen Völkern. Königsheiliger und Königshaus (Quellen und Forschungen zur Geschichte Schleswig-Holsteins 69, 1975) S. 175ff., 197ff.

24) Vgl. zur Herrschaft Albrechts III. von Mecklenburg in Schweden und zu ihrer Vorbereitung durch seinen Vater Albrecht II. Karl Koppmann, Zum Umschwung in den meklenburgisch-nordischen Verhältnissen in den Jahren 1388 und 1389 (Auszüge aus Rostocker Weinamts-Rechnungen), Hansische Geschichtsblätter (1898) S. 133–140; Friedrich Oelgarte, Die Herrschaft der Mecklenburger in Schweden, Jahrbücher des Vereins für mecklenburgische Geschichte und Alterthumskunde 68 (1903) S. 1–70; Werner Strecker, Die äußere Politik Albrechts II. von Mecklenburg, Jahrbücher des Vereins für mecklenburgische Geschichte und Alterhumskunde 78 (1913) S. 1–300, hier S. 116ff.; Werner Knoch, Ein Schwedenkönig aus Mecklenburg. Die deutsch-schwedischen Beziehungen im Mittelalter (1934); V. A. Nordman,

Margarete praktisch ganz Schweden und Finnland in die Hände. Seit 1390 bezeichnete sich Erich, dem im Jahr zuvor als norwegischem König gehuldigt worden war, wie es bereits Margaretes leiblicher Sohn Olaf getan hatte, als rechtmäßiger Erbe Schwedens, bevor er dann 1396 offiziell die Throne Dänemarks und Schwedens bestieg[25]. So wurden die Vorgänge vorbereitet, die sich im Sommer 1397 in Kalmar abspielten und die Gründung der Union abschlossen. Dorthin wurde eine repräsentative Adelsversammlung von Vertretern der drei Reiche einberufen, um Erich feierlich zum Unionskönig zu krönen – ein Akt ohne Vorläufer im skandinavischen Raum – und die Konditionen für den Zusammenschluß der Länder festzulegen[26]. Die Wahl Kalmars war nicht von ungefähr erfolgt[27]: Einerseits lag die schwedische Stadt grenznah am dänischen Schonen, stellte also geographisch eine Brücke zwischen zweien der drei Königreiche dar. Andererseits ließ sich hier die »Geburt« der Union in einem öffentlichen Akt nicht nur der »Integration«, sondern der bewußten Abgrenzung vollziehen, wenn man bedenkt, daß sich der Zusammenschluß gegen die

---

Albrecht, Herzog von Mecklenburg, König von Schweden (Annales Academiae Scientiarum Fennicae B 44, 1, 1938); PETERS, Die alten Schweden (wie Anm. 9) S. 31ff.; Wolfgang HUSCHNER, Albrecht II. Fürst und Herzog von Mecklenburg (1329–1379), in: Deutsche Fürsten des Mittelalters. Fünfundzwanzig Lebensbilder, hg. von Eberhard HOLTZ/Wolfgang HUSCHNER (1995) S. 326–345, hier S. 337ff.; Detlef KATTINGER, »Jak lönthe the swenska mz sorg thz the mik hente aff mäkilborgh«. Aspekte der Fremd-Herrschaft am Beispiel Albrechts von Mecklenburg in Schweden (1364–1389), in: Fremdheit und Reisen im Mittelalter, hg. von Irene ERFEN/Karl-Heinz SPIESS (1997) S. 93–117; DERS., Sva skulle Clostir ok alla kyrkior gifva, Om the ville i hans Hyllest lifva. Mecklenburgsiche Kirchenpolitik in Schweden im Spannungsfeld von Libertas ecclesiae und Adelsintegration. Das Verhältnis von Königtum und Hochgeistlichkeit während der Herrschaft König Albrechts, in: Archiv und Geschichte im Ostseeraum. Festschrift für Sten Körner, hg. von Robert BOHN/Hain REBAS/Tryggve SILTBERG (Studia septemtrionalia 3, 1997) S. 39–56; DERS., Schweden am Vorabend der Kalmarer Union. Das Intermezzo Albrechts III. von Mecklenburg, in: »huru thet war talet j kalmarn« (wie Anm. 5) S. 49–81; Erich HOFFMANN, Das Verhältnis der mecklenburgischen Herzöge Albrecht II. und Albrecht III. zu den skandinavischen Staaten, in: Der Stralsunder Frieden von 1370. Prosopographische Studien, hg. von Nils JÖRN/Ralf-Gunnar WERLICH/Horst WERNICKE (Quellen und Darstellungen zur hansischen Geschichte N.F. 46, 1998) S. 223–248.

25) Hanserecesse 3: Die Recesse und andere Akten der Hansetage von 1256–1430 (1875) S. 167f. Nr. 190; Diplomatarium Danicum 4, 2, hg. von Herluf NIELSEN (1987) S. 455f. Nr. 580: Olaf als *Slauorum Gothorumque rex et verus heres regni Swecie* (1385 Mai 23); Diplomatarium Norvegicum, Oldbreve 3, hg. von Chr. C. A. LANGE/Carl R. UNGER (1853) S. 357f. Nr. 477; Eldbjørg HAUG, Erik av Pommerns norske kroning, Historisk Tidskrift (norwegisch) 74 (1995) S. 1–21; DIES., Erik av Pommerns norske kroning nok en gang, ebenda S. 492–508; Knut DØRUM, Ble Erik av Pommern kronet i Norge for Kalmar-møtet?, ebenda S. 469–472; Erik OPSAHL, Erik av Pommerns kroning og Norges rolle i dannelsen av Kalmarunion, ebenda S. 473–491; OLESEN, Alleinherrschaft (wie Anm. 20) S. 201; DERS., Analyse (wie Anm. 22) S. 11f.; WERLICH, Margarete (wie Anm. 11) S. 122.

26) Jens E. OLESEN, The Governmental System in the Union of Kalmar, 1389–1439, in: Studien zur Geschichte des Ostseeraumes 1, hg. von Thomas RIIS (Odense University Studies in History and Social Sciences 186, 1995) S. 49–66, hier S. 51; WERLICH, Margarete (wie Anm. 11) S. 131f.; Erik LÖNNROTH, The Kalmar Assembly in 1397, in: Margrete I (wie Anm. 6) S. 33–37.

27) Vgl. zum Ort Kalmar Thomas RIIS, Kalmar, in: Lex. MA 5 (1991) Sp. 875.

Mecklenburger richtete – Albrecht III. war übrigens zu Beginn seiner Königsherrschaft zuerst in Kalmar gelandet[28] – und vielleicht auch, aber sicher in geringerem Maße als so oft insbesondere von der skandinavischen Geschichtsforschung behauptet, gegen die ökonomisch-politische Dominanz der Hanse und den Deutschen Orden zielte[29]. 1396 waren zwei Kalmarer Schiffe von einer Flotte dieser beiden Mächte gekapert und ihre Besatzungen nach einem fragwürdigen Prozeß in Visby hingerichtet worden[30]. Die in Kalmar wachgebliebene Erinnerung an die Tat war Margaretes Einigungszielen nur dienlich.

Symbolträchtig erfolgte Erichs Krönung am 17. Juni, dem Dreifaltigkeitstag[31]. Die zeitgleich geführten verfassungsrechtlichen Verhandlungen mündeten in zwei für unser Thema ganz zentrale Dokumente: den Krönungsbrief vom 13. Juli – im übrigen der Tag

---

28) Seine Flotte brachte ihn 1363 *ersten to Calmeren*. Dazu: Mecklenburgische Parteischrift über die Ursachen des Streites zwischen König Albrecht von Schweden und Königin Margaretha von Norwegen und Dänemark vom Jahre 1394, in: Die Chroniken der niedersächsischen Städte: Lübeck 2, hg. von Karl Koppmann (Chroniken der deutschen Städte vom 14. bis 16. Jahrhundert 26, 1899) S. 355–378, hier S. 366.
29) Siehe zur skandinavischen Forschung z.B. Erik Lönnroth, En annan uppfattning (1949) S. 110ff.; Ders., Sverige (wie Anm. 5) passim; Koht, Dronning Margareta (wie Anm. 5) S. 82, 152; Erik Kjersgaard, Eine Geschichte Dänemarks (1974) S. 26ff. (Kapitelüberschrift: Skandinavische Vereinigung gegen Deutschland 1340–1440). Als jüngeres Beispiel: Michael Metcalfe, Scandinavia, 1397–1560, in: Handbook of European History 1400–1600. Late Middle Ages, Renaissance and Reformation 2: Visions, Programs and Outcomes, hg. von Thomas A. Brady/Heiko A. Oberman/James D. Tracy (1995) S. 523–550. – Grundsätzliche und begründete Zweifel dagegen hegt Ahasver von Brandt, Die Hanse und die nordischen Mächte im Mittelalter, in: Lübeck, Hanse, Nordeuropa. Gedächtnisschrift für Ahasver von Brandt, hg. von Klaus Friedland/Rolf Sprandel (1979) S. 13–36, hier S. 20ff. und 31: »Unstrittig ist, daß im Sinne Lübecks und unter seiner Führung das hansische Verhältnis zur Union und zur Unionskönigin Margareta bis zu ihrem Tode (1412) nicht nur ungestört, sondern durchweg freundschaftlich gewesen ist; die Aussage aller zeitgenössischen Quellen leidet darüber keinen Zweifel.« Oder S. 25: »… handelt es sich jedenfalls weder bewußt noch unbewußt um echte nationale Frontstellungen, nicht um deutsche Aggressionen oder antiskandinavische Politik der Hansestädte noch um antideutsche Defensive des Nordens; sondern es handelt sich um eine Verzahnung dynastischer, ständischer und wirtschaftlicher Interessen, die sich nur scheinbar und teilweise mit nationalpolitischen Motiven deckten.« Oder S. 29: »Erst in der zweiten Hälfte des 15. Jahrhunderts, ganz am Ausgang des Mittelalters, werden die nationalen Ressentiments auf beiden Seiten deutlicher.« Jan Peters, Deutsche Fremdherrschaft und »nationaler Widerstand«. Sozialökonomische Aspekte der schwedischen Zentralgewalt 1350–1450, in: Kultur und Politik im Ostseeraum und im Norden 1350–1450 (Acta Visbyensia 4, 1971) S. 63–69, hier S. 63, 68f. mit dem Hinweis, daß der nationale Konflikt »nachträglich von einer bestimmten historiographischen Richtung des 19. Jahrhunderts als Hauptkonflikt in die Auseinandersetzungen dieser Zeit hineininterpretiert wurde«. Siehe auch Ders., Die alten Schweden (wie Anm. 9) S. 33ff. – Vgl. jetzt auch Horst Wernicke, Die Hanse und die Entstehung der Kalmarer Union, in: »huru thet war talet j kalmarn« (wie Anm. 5) S. 171–197.
30) Erik Lönnroth, Gotland, Osteuropa und die Union von Kalmar, in: Kultur und Politik im Ostseeraum und im Norden (wie Anm. 29) S. 9–16, hier S. 10; Blomkvist, Als das größte Reich (wie Anm. 13) S. 14; Ders., Kalmar 1397 – The Town and the Age Named after It, in: Margrete I (wie Anm. 6) S. 25–31, hier S. 28f.
31) Werlich, Margarete (wie Anm. 11) S. 131; Derry, Scandinavia (wie Anm. 16) S. 72.

der hl. Margarethe – und den Unionsbrief wohl vom gleichen Tag[32]. Während der Krönungsbrief eine auf der Union der Reiche basierende, übergreifende königliche Alleinherrschaft mit Erbfolge nicht nur in der Erbmonarchie Norwegen[33], sondern auch in den Wahlreichen Dänemark und Schweden, und unbeschränktem Zugang des Königs und seiner Nachfolger zu den Machtressourcen der Reiche festschrieb, hob der Unionsbrief im Gegensatz dazu auf die Eigenständigkeit der Reiche und auf die Beschränkung der königlichen Macht durch Wahl ab, wenn darin auch betont wurde, daß man auf ewig nur einen gewählten König haben und nie mehr voneinander getrennt werden wolle[34]. Wie seine Ausfertigung auf Papier, Textkorrekturen und die kurze Datierungsformel nahelegen, eignete ihm nur der Charakter eines Entwurfs, hinter dem wohl eine Gruppe schwedischer Adliger stand, welche wegen der schlechten Erfahrungen mit Albrecht III. nun schriftliche Garantien wünschten. Zu der anvisierten Abfassung von sechs Pergamentkopien, von denen zwei für jedes Reich gedacht waren, kam es nicht. Gleichwohl blieb der Unionsbrief nicht ohne Wirkung. In dem Konflikt, der bald darüber entbrannte, wieweit sich die königliche Autorität erstrecken und wie die Union ausgestaltet werden solle, besann man sich immer wieder auf sein Programm[35].

Die in den beiden Dokumenten sichtbaren gegensätzlichen monarchischen bzw. aristokratischen Grundansichten werden von der Forschung seit Erik Lönnroth mit den Stichworten *regimen regale* und *regimen politicum* umschrieben, wobei der Befund von 1397 mehrheitlich als Etappensieg des *regimen regale* gewertet wird[36]. Der Vorschlag, eine

32) Den Text liefert etwa Den danske rigslovgivning 1397–1513, hg. von Aage ANDERSEN (1989) S. 19–21 Nr. 1 und S. 22–27 Nr. 2. Speziell zum Unionsbrief auch Kersten KRÜGER, Die Unionsakten der Jahre 1397, 1436 und 1438, in: »huru thet war talet j kalmarn« (wie Anm. 5) S. 153–170, hier S. 154ff.; RIIS, Kalmarer Union (wie Anm. 5) Sp. 875f.; SCOTT, Sweden (wie Anm. 9) S. 84ff.; BOHN, Dänische Geschichte (wie Anm. 16) S. 34f.; OLESEN, Governmental System (wie Anm. 26) S. 51.

33) PETRICK, Norwegen (wie Anm. 18) S. 76 weist darauf hin, daß sich Norwegen unter dem Einfluß der Kalmarer Union sukzessive in ein Wahlkönigreich zu wandeln begann. Vgl. ebenda S. 78f. zur Wahl Christophs von Pfalz-Neumarkt. Warum im Gegenzug BOHN, Dänische Geschichte (wie Anm. 16) S. 33f. von einer Umwandlung Norwegens in ein erbliches Königreich im Zuge der Wahl Erichs spricht, bleibt unklar. Siehe insgesamt zur Thematik Kåre LUNDEN, Norsk tronfylgjerett i seinmellomalderen og lovgjevningssuvereniteten, Historisk Tidskrift (norwegisch) 65 (1986) S. 393–419.

34) OLESEN, Alleinherrschaft (wie Anm. 20) S. 201ff.; DERS., Analyse (wie Anm. 22) S. 16ff.; FINDEISEN, Dänemark (wie Anm. 16) S. 85f.

35) Dazu OLESEN, Alleinherrschaft (wie Anm. 20) S. 203f. 1425 ließ Erich von Pommern eine Kopie des Unionsbriefes anfertigen.

36) LÖNNROTH, Sverige (wie Anm. 5) S. 10ff. und passim im Anschluß an Lauritz WEIBULL, Unionsmötet i Kalmar, Scandia 3 (1930) S. 185–222; ZERNACK, Probleme des Königtums (wie Anm. 10) S. 409. – Vgl. im Gegensatz dazu Kai HØRBY, Kalmarunionens statsråt, in: Profiler i nordisk senmiddelalder og renaissance. Festskrift til Poul Enemark, hg. von Svend E. GREEN-PEDERSEN/Jens Villiam JENSEN/Knud PRANGE (1983) S. 1–9, der die Auffassung vertritt, daß die Vorstellungen der Aristokratie durchaus Berücksichtigung fanden. – Zum »Etappensieg« des *regimen regale* siehe etwa CHRISTENSEN, Kalmarunionen (wie Anm. 5) S. 166ff.; OLESEN, Alleinherrschaft (wie Anm. 20) S. 202f.; DERS., Analyse (wie Anm. 22) S. 12.

Unionsverfassung mit großer Selbständigkeit der drei Reiche zu schaffen, wurde nicht angenommen, woran Margarete und Erich gewiß ihren Anteil hatten. Erich wurde stattdessen als Erbkönig akzeptiert. Der Grundstein für eine starke Zentralgewalt war gelegt, nach Jens E. Olesen gar für ein »Einheitsregime«[37]. Tatsächlich trugen die nun betriebene Reduktion der Krongüter und die Besteuerung adliger Grundherrschaften auf altem Fiskalland zur Stärkung der Zentralmacht bei[38]. Wenn überhaupt, dann konnte die Monarchie gerade jetzt zum Motor einer weitergehenden Integration werden.

In der Tat sind vor allem unter Erich, der ab 1412 allein regierte[39], zentralisierende Merkmale auszumachen, welche darauf hinauslaufen konnten, aus der lockeren Personalunion eine tiefergehende, integrierte Union zu schaffen. Schon seine – letztlich vergeblichen – Bemühungen um Einführung eines Erbkönigtums nach norwegischem Muster sind dazu zu zählen[40]. Als sich abzeichnete, daß seine Ehe mit der englischen Königstochter Philippa kinderlos bleiben würde, designierte Erich spätestens 1416 seinen Cousin Bogislaw IX. von Pommern-Stolp als Nachfolger[41]. Ihn wollte Erich gar mit der Erbtochter des polnischen Königs Wladislav Jagiello verheiraten, um so durch eine Vereinigung der nordischen mit der polnisch-litauischen Union das von ihm erstrebte *Dominium maris Baltici* in greifbare Nähe zu rücken[42]. Integrierend wirkte daneben die Ver-

---

37) OLESEN, Analyse (wie Anm. 22) S.19. Siehe auch DERS., Governmental System (wie Anm. 26) S. 61.

38) ZERNACK, Probleme des Königtums (wie Anm. 10) S. 409f., 420f.; Jerker ROSÉN, Drottning Margaretas svenska räfst, Scandia 20 (1950) S. 169–246; Eric ANTHONI, Drottning Margaretas frälseräfst i Finland, Historisk tidskrift för Finland 40 (1955) S. 1–31; Erik LÖNNROTH, Statsmakt och statsfinans i det medeltida Sverige. Studier över skatteväsen och länsförvaltning (Göteborgs Högskolas årsskrift 46, 3, 1940) S. 172ff.; BOHN, Dänische Geschichte (wie Anm. 16) S. 35; PETERS, Die alten Schweden (wie Anm. 9) S. 40f. – Zurecht weist WERLICH, Margarete (wie Anm. 11) S. 126 darauf hin, daß Albrecht III. von Mecklenburg annähernd gleiche Ziele verfolgt hatte.

39) Es existiert ein ausführliches Schreiben Margaretes für Erich vom Jahre 1405 anläßlich seiner Inspektionsreise nach Norwegen, in der sie ihn instruiert, sich unter Verweis auf ihre Regierungsgewalt ausweichend gegenüber adeligen Forderungen und Wünschen zu verhalten. Das gilt als wichtiges Indiz für Margaretes tatsächliche Regierungsbeteiligung bis zu ihrem Tode. Vgl. Diplomatarium Norvegicum, Oldbreve 11, hg. von C. R. UNGER/H. J. HUITFELDT (1884) S. 95ff. Nr. 110; Gottfrid CARLSSON, När blev Erik av Pommern myndig?, Historisk Tidskrift (schwedisch) 71 (1951) S. 393–397; LINTON, Drottning Margareta (wie Anm. 5) S. 186ff., 300f.; ETTING, Margrete (wie Anm. 11) S. 22.

40) OLESEN, Alleinherrschaft (wie Anm. 20) S. 205ff.; DERS., Analyse (wie Anm. 22) S. 19ff. – Vgl. zur norwegischen Vorbildfunktion Steinar IMSEN, Norway in the Union, in: Margrete I (wie Anm. 6) S. 53–55, hier S. 54: »Norwegian design«.

41) Ralf-Gunnar WERLICH, Bogislaw IX. von Pommern-Stolp – ein Pommer in den dynastischen Plänen der nordischen Reiche in der ersten Hälfte des 15. Jahrhunderts, in: Pommern. Geschichte – Kultur – Wissenschaft. 2. Kolloquium zur Pommerschen Geschichte 13. und 14. September 1991 (1991) S. 37–58; BIEWER, Skandinavien und Pommern (wie Anm. 6) S. 38f.; OLESEN, Governmental System (wie Anm. 26) S. 53f.

42) Gottfrid CARLSSON, König Erich der Pommer und sein baltischer Imperialismus, Baltische Studien 40 (1938) S. 1–17, bes. S. 9 spricht in diesem Zusammenhang gar von »Imperialismus«; Zenon NOWAK, Die politische Zusammenarbeit zweier Unionen: der nordischen und der polnisch-litauischen in der ersten Hälfte

sorgung der weiblichen Angehörigen der Königsdynastie, indem die drei Reiche gemeinsam dafür herangezogen wurden: Margarete wurde die Nutznießung ihres Besitzes und ihrer Morgengabe in den drei Reichen zugesichert[43]. Für Erichs Gemahlin Philippa waren Schlösser und Ländereien in allen drei Ländern vorgesehen, bevor sie 1420 Besitztümer allein in Schweden zugesprochen erhielt[44]. Auch Christoph von Pfalz-Neumarkt, Erichs Nachfolger als Unionskönig, wies seiner Frau Dorothea von Brandenburg Schlösser und Ländereien in jedem der Reiche als Morgengabe zu[45].

An Herrschaftsinsignien und -titeln lassen sich gleichsam integrative Momente feststellen: Margarete drückte ihre Stellung als nordische Regentin seit spätestens 1390/91 mittels eines Sekretsiegels mit drei Kronen aus, ohne daß diese ihren Charakter als alleinig schwedisches Hoheitszeichen verloren[46]. Auch Erichs Majestätssiegel verwiesen auf die Union: Sie gingen herrscherideologisch von der Person des Fürsten aus, der die Länder

des 15. Jahrhunderts, Studia maritima 3 (1981) S. 37–48; DERS., The Kalmar Union between the Polish-Lithuanian Union and the Teutonic Order, in: Margrete I (wie Anm. 6) S. 77f.; Heinz BARÜSKE, Erik von Pommern und sein Kampf um die Schaffung eines Dominium Maris Baltici, Mare Balticum (1992) S. 106–123; Thomas RIIS, Der polnisch-dänische Vertrag 1419 und die Vormachtstellung im Ostseegebiet, in: Studien zur Geschichte des Ostseeraumes (wie Anm. 26) S. 67–78; DERS., Studien zur Geschichte des Ostseeraums 4: Das mittelalterliche dänische Ostseeimperium (University of Southern Denmark Studies in History and Social Sciences 256, 2003) S. 95ff.; ZERNACK, Probleme des Königtums (wie Anm. 10) S. 410.

43) KRÜGER, Unionsakten (wie Anm. 32) S. 158.

44) OLESEN, Governmental System (wie Anm. 26) S. 55; DERS., Alleinherrschaft (wie Anm. 22) S. 209.

45) Ausführlich Christoffer af Bayerns Breve 1440–1448 vedrørende hans bayerske stamhertugdømme, hg. von Jens E. OLESEN (1986) bes. S. 153ff. Nr. 56, 57, 57a–e; Jens E. OLESEN, Christopher of Bavaria, King of Denmark, Norway and Sweden (1440–1448): Scandinavia and Southern Germany in the 15th Century, in: Nord und Süd in der deutschen Geschichte des Mittelalters. Akten des Kolloquiums veranstaltet zu Ehren von Karl Jordan, 1907–1984, Kiel, 15.–16. Mai 1987, hg. von Werner PARAVICINI (Kieler Historische Studien 34, 1990) S. 109–136, hier S. 121ff.; Roman DEUTINGER, Der nordische Unionskönig Christoph von Bayern (1416–1448). Ein Forschungsbericht, Verhandlungen des Historischen Vereins für Oberpfalz und Regensburg 135 (1995) S. 25–41, hier S. 35f. – Vgl. zum jahrzehntelangen Streit um Dorotheas Morgengabe, der nach Christophs Tod entbrannte und erst 1495 beendet wurde: Gottfrid CARLSSON, Drottning Dorotheas svenska morgongåfva, Historisk Tidskrift (schwedisch) 31 (1911) S. 238–268; Poul ENEMARK, Der Weg König Christians zum schwedischen Thron, in: »huru thet war talet j kalmarn« (wie Anm. 5) S. 271–300, hier S. 271f.

46) Dazu und zum Folgenden: Nils G. BARTHOLDY, Der macht- und dynastiepolitische Inhalt des dänischen Königswappens, in: Staaten, Wappen, Dynastien. XVIII. Internationaler Kongreß für Genealogie und Heraldik in Innsbruck vom 5. bis 9. September 1988 (Veröffentlichungen des Innsbrucker Stadtarchivs N. F. 18, 1988) S. 223–236, hier S. 223f.; DERS., Das Dreikronenwappen des ersten nordischen Unionskönigs, in: Genealogica et Heraldica. 19. Internationaler Kongreß für genealogische und heraldische Wissenschaften Keszthely, 2.–6.10. 1990. Kongreßberichte, hg. von Iván BERTÉNYI/László CZOMA (1992) S. 119–131; DERS., Crowns and Cross as Union Symbols, in: Margrete I (wie Anm. 6) S. 93–97. Siehe auch Heribert SEITZ, De tre kronorna, det svenska riksvapnet i sitt europeiska sammanhang (1961); ZERNACK, Probleme des Königtums (wie Anm. 10) S. 417; OLESEN, Alleinherrschaft (wie Anm. 20) S. 209ff.

miteinander verband[47]. Das norwegische zeigt Erich als thronenden gekrönten Unions-könig mit den königlichen Insignien in den Händen und einem Schild mit drei Kronen auf der Brust. Der Thron ist von den vier Wappenschilden der Einzelreiche und Pommerns umgeben. Beim dänischen fehlt das Königsbild. Vielmehr sind alle Symbole zu einem kreuzgeteilten Schild zusammengefaßt, wobei das große Kreuz für die Union steht. In Erichs dänischem Sekretsiegel erscheint sinnbildlich für die angestrebte Einheit der königlichen Gewalt im Norden ein Kreuz, das mit einem Schild belegt ist, welches drei Kronen trägt. Es wurde für Regierungsangelegenheiten in allen Reichen verwendet und brachte so die dänische Dominanz innerhalb der Union zum Ausdruck. Dieser Gewichtung der Reiche in der Union entsprach auch Erichs Titulatur, für die sich ab spätestens 1412 eine feste Reihenfolge entwickelte: Dänemark, Schweden und Norwegen[48]. Einen offiziellen Unionstitel gab es nicht, wie auch der Name »Kalmarer Union« erst eine nachträgliche Erfindung ist[49]. Ob die Kronen Erichs und seiner Frau als Unionsinsignien begriffen wurden, ist fraglich. Zumindest verwendete sie Erichs Nachfolger Christoph bei der Krönung seiner Gemahlin Dorothea[50]. Und Karl Knutsson, der auf Christoph in Schweden als Herrscher folgte, benutzte sie ebenfalls, sicher um seine Herrschaft zu legitimieren[51].

Mit seiner von zentralen wie gesamtnordischen Gesichtspunkten geleiteten Außenpolitik verfolgte Erich in Fortführung von Margaretes Ansätzen auch integrative Ziele: Vor allem ihre antihansische Komponente, die auf eine Verbesserung der Außenhandelsposition der skandinavischen Städte hinauslaufen sollte, macht das deutlich[52]. Vom integrativen Plan eines *Dominium maris Baltici* war bereits die Rede. Doch rückte das Vorhaben angesichts des zwischen 1416 und 1435 mit den Grafen von Holstein geführten Kampfes um das Herzogtum Schleswig in den Hintergrund[53]. Diese Auseinandersetzung überfor-

---

47) Siehe zusätzlich BIEWER, Skandinavien und Pommern (wie Anm. 6) S. 35f.; OLESEN, Governmental System (wie Anm. 26) S. 55f.

48) OLESEN, Alleinherrschaft (wie Anm. 20) S. 210f.; PETRICK, Norwegen (wie Anm. 18) S. 76. Ursprünglich hatte die Reihenfolge Norwegen, Schweden und Dänemark gelautet.

49) Z. B. SCOTT, Sweden (wie Anm. 9) S. 113. – Allenfalls ist vom Herrscher als König der drei Reiche (*koningen af thissae thry righae*) die Rede. Vgl. OLESEN, Governmental System (wie Anm. 26) S. 50.

50) Gottfrid CARLSSON, De båda guldkronorna i Vadstena kloster, Fornvännen 51 (1956) S. 95–109; DEUTINGER, Christoph von Bayern (wie Anm. 45) S. 35.

51) Rudolf CEDERSTRÖM, De svenska riksregalierna och kungliga värdighetstecknen (1942); Bengt THORDEMAN, Kungakröning och kungakrona i medeltidens Sverige, in: Festskrift till H. M. Gustav VI Adolf (1952) S. 305–319; ZERNACK, Probleme des Königtums (wie Anm. 10) S. 417f. – Siehe zum Thema insgesamt auch Percy Ernst SCHRAMM, Herrschaftszeichen und Staatssymbolik. Beiträge zu ihrer Geschichte vom dritten bis zum sechzehnten Jahrhundert 3 (Schriften der Monumenta Germaniae historica 13, 3, 1956) S. 769–802.

52) OLESEN, Alleinherrschaft (wie Anm. 20) S. 214ff., 218; ZERNACK, Probleme des Königtums (wie Anm. 10) S. 410.

53) OLESEN, Alleinherrschaft (wie Anm. 20) S. 220ff., 234ff. auch zum Folgenden.

derte das Unionskönigtum militärisch und finanziell und provozierte letztlich wegen des deswegen wachsenden Steuerdrucks der Krone und der durch den Krieg bedingten Handelsbehinderungen 1434 die Erhebung des gemeinen Mannes im schwedischen Bergbaugebiet Dalarna[54]. Sie weitete sich unter der Führung des Bergunternehmers Engelbrekt Engelbrektsson zum landesweiten Aufstand gegen den Unionskönig Erich und seine »absolutistische« Politik, nicht gegen die Union als solche aus[55]; auch die Ratsaristokratie und Städte wie Stockholm schlossen sich an, wobei es der Ratsaristokratie unbestritten um die Wiederherstellung ihres konstitutionellen Übergewichts ging: Erich sollte Schweden nach den Landesgesetzen regieren, d. h. mit einheimischen Beratern und gemeinsam mit dem schwedischen Reichsrat. Des weiteren wurde der Wahlcharakter der Monarchie betont[56]. Nachdem mehrere Einigungen mit Erich gescheitert waren, wurde er 1439 in Schweden und Dänemark gestürzt[57]. 1440/41 folgte der Verlust auch der norwegischen Krone. Die Norweger hatten sich wegen des Erbcharakters ihrer Monarchie, der vergleichsweisen Schwäche des indigenen Adels und des damals noch relativ geringen Zugriffs Fremder auf

54) RIIS, Kalmarer Union (wie Anm. 5) Sp. 876; SCOTT, Sweden (wie Anm. 9) S. 89ff.; BOHN, Dänische Geschichte (wie Anm. 16) S. 36f.; PETERS, Die alten Schweden (wie Anm. 9) S. 45f., 51ff.; LINDKVIST, Schweden auf dem Weg (wie Anm. 15) S. 32. – Zum Kampf um Schleswig und Holstein siehe auch Erich HOFFMANN, Spätmittelalter und Reformationszeit (Geschichte Schleswig-Holsteins 4, 2, 1990) S. 229ff.; Esben ALBRECTSEN, The Question of South Jutland, in: Margrete I (wie Anm. 6) S. 75f. – Der Streit um die Wahl des Erzbischofs von Uppsala 1432 war ein weiterer Anlaß zur Auseinandersetzung mit Erich als Unionskönig. Dazu OLESEN, Alleinherrschaft (wie Anm. 20) S. 233.
55) Johannes PAUL, Engelbrecht Engelbrechtsson und sein Kampf gegen die Kalmarer Union (Nordische Studien 1, 1921); BIEWER, Skandinavien und Pommern (wie Anm. 6) S. 40f.; OLESEN, Governmental System (wie Anm. 26) S. 52; FINDEISEN, Dänemark (wie Anm. 16) S. 89; Lars-Olof LARSSON, A Man Called Engelbrekt Engelbrektsson, in: Margrete I (wie Anm. 6) S. 81–85; DERS., Kalmarunionens tid (wie Anm. 6) S. 180, 456; Werner BUCHHOLZ, Schweden mit Finnland, in: Dänemark, Norwegen und Schweden im Zeitalter der Reformation und Konfessionalisierung. Nordische Königreiche und Konfession 1500–1660, hg. von Matthias ASCHE/Anton SCHINDLING (Katholisches Leben und Kirchenreform im Zeitalter der Glaubensspaltung 62, 2003) S. 107–237, hier S. 123. – Siehe auch generell ROBERTS, Early Vasas (wie Anm. 9) S. 4: »The eviction of a Union king, and even the apparent breaking of the Union, by no means implied hostility to the Union itself …«
56) CHRISTENSEN, Kalmarunionen (wie Anm. 5) S. 203ff.; OLESEN, Rigsråd (wie Anm. 5) S. 9f.; ZERNACK, Probleme des Königtums (wie Anm. 10) S. 411.
57) LÖNNROTH, Sverige (wie Anm. 5) S. 171–177; OLESEN, Analyse (wie Anm. 22) S. 24ff. – In Dänemark spielte bei Erichs Absetzung vor allem der Umstand eine Rolle, daß die Union der drei Reiche durch Schweden gesprengt würde, wenn Erich nicht auch vom dänischen und norwegischen Thron gestoßen werde. Den Bestand der Union wollten die Dänen nicht gefährden. Siehe dazu CARLSSON, König Erich der Pommer (wie Anm. 42) S. 15. Daneben war man in Dänemark auch wegen der Bevorzugung pommerscher Schloßhauptleute und der Erbfolgepläne Erichs zu seiner Absetzung bereit. Hierzu ZERNACK, Probleme des Königtums (wie Anm. 10) S. 411. – Siehe zu den damaligen Vorgängen insgesamt auch Gottfrid CARLSSON, Sveriges Historia till våra dagar 1–3: Senare Medeltiden 1: Tidsskedet 1389–1448 (1941) S. 240ff.

norwegische Lehen mit der Absetzung des Königs schwer getan[58]. Die Tatsache, daß Dänemark und Schweden Druck auf Norwegen ausübten, um zu einer gemeinsamen Linie gegenüber Erich zu gelangen, zeugt, egal wie entscheidend dieser Druck letztlich war, von der integrativen Kraft, die damals vom Unionsgedanken ausging[59].

Ihren sichtbaren Niederschlag fanden diese Bemühungen um Einheit in den Unionsakten von 1436 und 1438[60]. Erstere hat eindeutig Entwurfscharakter. Sie bestimmte unter anderem, daß der König alle Reiche jeweils für vier Monate besuchen solle, begleitet von je zwei Ratsmitgliedern aus jedem Land. Kein Land sollte also benachteiligt sein. Aus der mit Erich ausgefochtenen Erbfolgefrage erklären sich ihre detaillierten Vorschriften zur Königsnachfolge: Unter anderem wurde eine gemeinsame Wahlversammlung von je 40 Vertretern aus jedem Land in Halmstadt vorgeschrieben, wo entweder einer der Königssöhne oder, wenn ein Nachfolger fehle, ein in- oder ausländischer Kandidat in einem Losverfahren zu wählen sei. Kürzer gefaßt war die Unionsakte von 1438, die symbolträchtig in Kalmar beschlossen wurde: Auf ewig sollten die Reiche zusammenbleiben. Kein Reich sollte einen König wählen, bevor nicht eine gemeinsame Wahlversammlung konstituiert worden sei. Diese sollte entscheiden, ob es nützlicher sei, einen oder mehrere Könige zu haben. Hier deutet sich die doppelte Königswahl an, die 1440/41 kurz im Raum stand und 1448 realisiert wurde.

Erichs Absetzung bedeutete gewissermaßen das Ende einer kraftvollen unionistischen Politik des *regimen regale*[61]. Von nun an verfügte das Unionskönigtum kaum mehr über ausreichende Machtmittel zu einer zentralisierenden Integrationspolitik. Zu einer gemeinsamen Königswahl, wie 1397 vorgesehen, im Kalmarer Abkommen von 1438 beschlossen und im November 1439 in Jönköping vereinbart, kam es nicht[62]. Vielmehr wurde Erichs Neffe Christoph im April 1440 von einer dänischen Reichsversammlung unter dem Druck äußerer Ereignisse – die dänischen Bauern hatten sich erhoben, und Erich von Pommern bereitete offensichtlich mit holländischer Unterstützung einen Krieg gegen

---

58) Grethe Authén BLOM, Warum die Norweger König Erich von Pommern den Gehorsam nicht kündigen wollten, in: Kultur und Politik im Ostseeraum und im Norden (wie Anm. 29) S. 71–79; OLESEN, Alleinherrschaft (wie Anm. 20) S. 238.

59) In diese Richtung weist auch Åke KROMNOW, Christoph, König von Dänemark, Norwegen und Schweden, Zeitschrift für bayerische Landesgeschichte 44 (1981) S. 201–210, hier S. 205. – PETRICK, Norwegen (wie Anm. 18) S. 77 sieht eher die Not, in die Norwegen durch Erichs Krieg mit der Hanse geraten war, als ausschlaggebend an.

60) Zum Folgenden KRÜGER, Unionsakten (wie Anm. 32) S. 159ff.

61) OLESEN, Analyse (wie Anm. 22) S. 25: »Die Macht des Königs war entscheidend verringert, eine königliche Einheitsregierung für alle nordischen Reiche war in einen Reichsverband umgeformt worden, der aus drei selbständigen Reichen mit ausgedehnter konstitutioneller Ratsgewalt und mit begrenzter Gemeinschaft innerhalb der Reiche bestand.«

62) DEUTINGER, Christoph von Bayern (wie Anm. 45) S. 30f. zum Treffen von Jönköping.

Dänemark vor – zum König gewählt[63]. Der Vorgang ist sinnfällig für die Prädominanz Dänemarks innerhalb der Union. Der schwedische Adel war damals mehrheitlich daran interessiert, die Union aufrechtzuerhalten, doch wollte er die Wahl nicht als fait accompli akzeptieren, da sie den Absprachen zuwiderlief, man selbst mit dem Reichsverweser Karl Knutsson Bonde über einen geeigneten Thronkandidaten verfügte und die Krone zu vorteilhaften Bedingungen weitergegeben sein wollte[64]. Bei einem Treffen aller drei nordischen Staaten – also auch unter Einbeziehung Norwegens – in Lödöse wurden so erst einmal die Wahlbedingungen ausgehandelt. Daraus ging eine von Christoph im April 1441 ausgestellte Handfeste hervor: Sie schränkte die Königsmacht stark ein, stellte das ratsaristokratische Übergewicht in Schweden wieder her und betonte Schwedens eigenständige Rolle innerhalb der Union[65]. Der Krönung zum schwedischen König war damit der Weg geebnet. 1442 folgte die Krönung in Norwegen und als letzter Schritt am 1. Januar 1443 die zum König von Dänemark[66]. Interessanterweise wurde Christoph im offiziellen Krönungsbericht als *archirex Daniae* bezeichnet[67]. Viele Erklärungen werden für diese neu-

---

63) ZERNACK, Probleme des Königtums (wie Anm. 10) S. 412. – Christoph war der Sohn von Erichs Schwester Katharina, die 1407 mit dem Sohn des deutschen Königs Ruprecht namens Johann (später von Pfalz-Neumarkt) verheiratet worden war. 1434 hatte er bereits eine Reise nach Dänemark durchgeführt, wodurch er dem dänischen Adel persönlich bekannt war. Zunächst war ihm das Amt des dänischen Reichsverwesers angetragen worden, wobei ihm das betreffende Einladungsschreiben vom 27. Oktober 1438 die Königskrone aller drei nordischen Reiche in Aussicht gestellt hatte. Siehe dazu Adolf HOFMEISTER, Zur Geschichte König Erichs von Pommern und seiner Schwester Katharina, Pommersche Jahrbücher 32 (1938) S. 119–125, hier S. 122ff.; Halvdan KOHT, Christoffer av Baiern, in: Norsk biografisk leksikon 3 (1926) S. 147–150; Thelma JEXLEV/Henry BRUUN, Christoffer (III) av Bayern, in: Dansk biografisk leksikon 5 (1986) S. 385f.; Gottfried Ernst HOFFMANN, Christoph III., in: NDB 3 (1957) S. 245; Kjell KUMLIEN, Kristofer, in: Svenskt biografiskt lexikon 21 (1976) S. 582–585; KROMNOW, Christoph (wie Anm. 59); OLESEN, Christopher (wie Anm. 45); DEUTINGER, Christoph von Bayern (wie Anm. 45); Aksel E. CHRISTENSEN, Christoffer af Bayern som unionskonge, Historisk Tidskrift (dänisch) 96 (1996) S. 269–312.
64) DEUTINGER, Christoph von Bayern (wie Anm. 45) S. 31. – Zu Karl Knutsson vgl. Kjell KUMLIEN, Karl Knutsson, in: Svenskt biografiskt lexikon 20 (1975) S. 622–630; Birgit SAWYER, Karl (III.) Knutsson, in: Lex. MA 5 (1991) Sp. 986f.
65) DEUTINGER, Christoph von Bayern (wie Anm. 45) S. 31f. mit einer deutschen Übersetzung der Handfeste, deren Originaltext sich gedruckt findet in: Sverges Traktater med främmande magter jemte andra dit hörande handlingar 3: 1409–1520, hg. von O. S. RYDBERG (1895) S. 191ff. Nr. 480. Siehe auch KROMNOW, Christoph (wie Anm. 59) S. 206f.; ZERNACK, Probleme des Königtums (wie Anm. 10) S. 409, 412f.; LÖNNROTH, Sverige (wie Anm. 5) S. 181f.; OLESEN, Rigsråd (wie Anm. 5) S. 171f.
66) OLESEN, Christopher (wie Anm. 45) S. 115f.; DEUTINGER, Christoph von Bayern (wie Anm. 45) S. 32f.; HOFFMANN, Königserhebung (wie Anm. 21) S. 157ff.
67) Den danske rigslovgivning (wie Anm. 32) S. 88–91 Nr. 14f.; Johann Adolph CYPREAUS, Annales Episcoporum Slesvicensium 3 (1634), in: Monumenta inedita rerum Germanicarum, hg. von Ernst Joachim von WESTPHALEN (1793) S. 310f. – Siehe zur Krönung auch Arild HUITFELDT, Danmarkis Riges Krønicke. Chronologia 3, Neudruck der Ausgabe 1603 (1977) S. 656f.; Erich HOFFMANN, Die Krönung Christians III. von Dänemark am 12. August 1537. Die erste protestantische Königskrönung in Europa, in: Herrscher-

artige Titulatur geliefert, wovon uns zwei näher interessieren: Einmal konnte dadurch desintegrativ ein Vorrang Dänemarks innerhalb der Union zum Ausdruck gebracht werden, zum anderen war damit vielleicht an das integrative Konstrukt eines Überkönigtums gedacht, das im europäischen Rahmen den zweiten Rang nach dem Kaiser beanspruchen durfte, zumal Christoph als sein Inhaber Enkel des römisch-deutschen Königs Ruprecht war[68]. Um allerdings nachhaltig integrativ zu wirken, war Christophs Königtum unter der ständigen außenpolitischen Bedrohung durch den abgesetzten Erich von Pommern und mit seiner Dauer von nur acht Jahren zu kurz und seine Macht in Schweden überhaupt zu eingeschränkt[69]. Ansätze sind dennoch erkennbar. So bemühte sich Christoph in Dänemark und Schweden um einen allgemeinen Landfrieden[70].

Auf den unerwarteten Tod des kinderlosen Christoph zu Beginn des Jahres 1448 folgte trotz Ladung zu einer gemeinsamen Wahltagung eine doppelte Königswahl[71]. Das mußte nicht gleich das Ende der Union bedeuten, wie die Unionsakte von 1438 deutlich gemacht hatte und wie fast zeitgleiche Erfahrungen etwa innerhalb der Kirche oder im deutschen Reich zeigten[72]. In Schweden setzte sich Karl Knutsson gegen das Übergewicht der Mag-

weihe und Königskrönung im frühneuzeitlichen Europa, hg. von Heinz DUCHHARDT (Schriften der Mainzer Philosophischen Fakultätsgesellschaft 8, 1983) S. 57–68, hier S. 57ff.; DERS., Coronation and Coronation Ordines in Medieval Scandinavia, in: Coronations. Medieval and Early Modern Monarchic Ritual, hg. von János M. BAK (1990) S. 125–151, hier S. 132ff.; Jens E. OLESEN, ›Archiregem Regni Daniae‹, in: Twenty-eight papers presented to Hans Bekker-Nielsen on the occasion of his sixtieth birthday 28 April 1993 (1993) S. 205–216.

68) DEUTINGER, Christoph von Bayern (wie Anm. 45) S. 33f., auch mit weiteren Deutungen: Pendant zum Titel des Erzbischofs von Lund oder Christophs langer Aufenthalt am Habsburgerhof. Vgl. auch Niels SKYUM-NIELSEN, Ærkekonge og ærkebiskop. Nye træk i dansk kirkehistorie 1376–1536, Scandia 23 (1955–1957) S. 1–101. – Für das Konstrukt des Überkönigtums könnte die Tatsache sprechen, daß der Unionskönig Erich und mehr noch sein Nachfolger Christoph keine direkten Verhandlungen mehr mit auswärtigen Gesandten führten und ihre Meinung durch Hofmeister verkünden ließen. Dazu OLESEN, Alleinherrschaft (wie Anm. 20) S. 219; Thomas BEHRMANN, Verhaltensformen zwischen Herrschern und Hansestädten. Beobachtungen zu den anglo-hansischen und dänisch-hansischen Beziehungen, in: Vergleichende Ansätze in der hansischen Geschichtsforschung, hg. von Rolf HAMMEL-KIESOW (Hansische Studien 13, 2002) S. 77–96, hier S. 95.

69) DEUTINGER, Christoph von Bayern (wie Anm. 45) S. 34ff.; KROMNOW, Christoph (wie Anm. 59) S. 207.

70) Erik KJERSGAARD, Borgerkrig og Kalmarunion 1241–1448 (Danmarks historie 4, ²1970) S. 557f.; Kjell Ludvig KUMLIEN, Karl Knutssons politiska verksamhet 1434–1448 (1933) S. 193f.; OLESEN, Rigsråd (wie Anm. 5) S. 183ff., 207, 241f.; DEUTINGER, Christoph von Bayern (wie Anm. 45) S. 36f.

71) Jens E. OLESEN, Die doppelte Königswahl 1448 im Norden, in: Mare Balticum. Beiträge zur Geschichte des Ostseeraums in Mittelalter und Neuzeit. Festschrift zum 65. Geburtstag von Erich Hoffmann, hg. von Werner PARAVICINI (Kieler Historische Studien 36, 1992) S. 213–231; DERRY, Scandinavia (wie Anm. 16) S. 78ff.; Erich HOFFMANN, Die Einladung des Königs bei den skandinavischen Völkern im Mittelalter, Mediaeval Scandinavia 8 (1975) S. 100–139, hier S. 127ff.

72) Damit sei auf das Schisma seit 1378 bzw. sogar auf die drei Päpste zu Rom, Avignon und Pisa ab 1409 und auf die Doppelherrschaft König Wenzels und König Ruprechts im Reich angespielt. Siehe den entsprechenden Hinweis bei ROBERTS, Early Vasas (wie Anm. 9) S. 5.

natenfraktion der Oxenstierna-Vasa durch[73], während Christian von Oldenburg zum dänischen König gewählt wurde[74]. Interessanterweise löste sich Karl Knutsson keineswegs von der Unionsidee, obwohl er ohne reale genealogische Verknüpfung mit dem bisherigen Herrscherhaus von vornherein auf Schweden als Machtbereich zurückgeworfen war und er bewußt nationalschwedische Töne anklingen ließ, um seine eigene Stellung abzusichern[75]. So nahm er das Unionskreuz in seinen Wappenschild auf und bemühte sich auch um die norwegische Krone[76]. Zwar mißlangen 1450 diese norwegischen Ambitionen, doch räumte ihm die Halmstadter Tagung vom Mai des Jahres eine unionistische Thronfolge unter Berücksichtigung seiner Söhne ein[77]. Allerdings stellte der kurz darauf geschlossene Bergener Unionsvertrag vom 29. August 1450 diese Verhandlungsergebnisse wieder in Frage, indem sich Dänemark und Norwegen nun festlegten, nach Christians Tod eine gemeinsame Königswahl nur unter Christians Söhnen vorzunehmen und eine Union »auf ewig« einzugehen[78].

Die folgenden Jahrzehnte waren geprägt von der Konfrontation Schwedens mit Dänemark-Norwegen, dessen Herrscher Christian I., Hans sowie Christian II. die Union als

---

73) KUMLIEN, Karl Knutsson (wie Anm. 70); Hans GILLINGSTAM, Ätterna Oxenstierna och Vasa under medeltiden (1952/53); SCOTT, Sweden (wie Anm. 9) S. 94ff.

74) ENEMARK, Weg König Christians (wie Anm. 45); Kai HØRBY, Christian (Christiern) I, in: Dansk biografisk leksikon 3 (1979) S. 291–293; Kjell KUMLIEN, Kristian I (Cristiern), in: Svenskt biografiskt lexikon 21 (1975/77) S. 562–566. – In der Forschung wird die Frage, wie die Wahl Christians zum dänischen König vom unionspolitische Gesichtspunkt aus zu bewerten ist, kontrovers diskutiert. Siehe dazu etwa Erik ARUP, Danmarks Historie 2, Neudruck der Ausgabe 1932 (1961) S. 219 mit der Bewertung, daß bei der Wahl keinerlei unionsspezifische Gesichtspunkte eine Rolle spielten, oder dagegen OLESEN, Doppelte Königswahl (wie Anm. 71) S. 214f. – Siehe ebenda S. 221ff. auch den Hinweis, daß eine erneute Thronkandidatur Erichs von Pommern insbesondere in Schweden im Raume stand.

75) OLESEN, Doppelte Königswahl (wie Anm. 71) S. 229 mit dem Verweis auf einen zeitgenössischen Eintrag in das Kalendarium von Strängnäs, in dem zu Gott gebetet wurde, daß nie wieder ausländische Fürsten über Schweden herrschen sollten. Dazu Göte PAULSSON, Studier i Strängnäsmartyrologiet, in: Historia och samhälle. Studier tillägnade Jerker Rosén (1975) S. 22–37, hier S. 33f.; ZERNACK, Probleme des Königtums (wie Anm. 10) S. 409, 413f. – Die Inschrift auf einem Stein, der anläßlich der Huldigung für den König am 28. Juni 1448 auf dem großen Mora-Stein auf dem Mora-Feld niedergelegt wurde, bezeichnet ihn nicht von ungefähr als *miles nacione svecus*. Seine genealogische Legitimität leitete er von seiner vermeintlichen Abkunft von Erik dem Heiligen her. Vgl. Kjell Ludvig KUMLIEN, Historieskrivning och kungadöme i svensk medeltid (1979) S. 68ff., 154f., 165.

76) PETRICK, Norwegen (wie Anm. 18) S. 79; FINDEISEN, Dänemark (wie Anm. 16) S. 91.

77) Siehe zur Tagung von Halmstadt, die nach OLESEN, Doppelte Königswahl (wie Anm. 71) S. 213 den Unionsgedanken und das nordische Gefühl von Verbundenheit manifestierte: Sverges Traktater (wie Anm. 65) S. 237ff. Nr. 490; Norges Gamle Love 2, 1, hg. von Absalon TARANGER (1914) S. 34ff. Nr. 11–13; ENEMARK, Weg König Christians (wie Anm. 45) S. 278f.

78) Diplomatarium Norvegicum, Oldbreve 8, 1, hg. von C. R. UNGER/H. J. HUITFELDT-KAAS (1871) S. 376ff. Nr. 345. Vgl. ENEMARK, Weg König Christians (wie Anm. 45) S. 279; PETRICK, Norwegen (wie Anm. 18) S. 80; BOHN, Dänische Geschichte (wie Anm. 16) S. 40: »Damit war für zwei der drei nordischen Reiche die Idee verwirklicht, die Margarethe für den ganzen Norden angestrebt hatte.«

politisches Ziel nie aus den Augen verloren[79]. Unterstützt wurden sie von weiterhin unionistisch eingestellten Teilen der schwedischen Ratsaristokratie. Innerschwedische Konflikte, welche der Adelskönig Karl Knutsson oder die hocharistokratischen Reichsverweser aus dem Hause Sture mit ihren Standesgenossen um Fragen des kirchlichen Eigentums, Lehenvergabe und Steuerlast ausfochten, waren es denn auch, die den genannten dänischen Herrschern nach umfangreichen Zusagen, die die Eigenständigkeit Schwedens und die Macht seines Adels sicherstellen sollten, jeweils den schwedischen Thron brachten[80]. Doch wurde die Union immer nur für kurze Zeit realisiert, von 1457 bis 1464, von 1497 bis 1501 und schließlich von 1520 bis 1521[81]. Königliche Ansätze zur Zentralisation wurden stets als Angriff auf die Wahlzusagen aufgenommen und waren für das baldige Ende der Regierung in Schweden mitverantwortlich. Einen besonders blutigen Abschluß bildeten Christians II. Unionsbestrebungen: Nach seinem Sieg über die Sture-Partei erklärte er sich unter eklatantem Bruch seiner Versprechungen zum Erbkönig und suchte die schwedische Opposition durch das sogenannte Stockholmer Blutbad zu beseitigen, das unmittelbar im Anschluß an die Krönungsfeierlichkeiten am 8. November 1520 stattfand und mindestens 80 Menschen das Leben kostete[82]. Allerdings bewirkte es das Gegenteil: In ganz Schweden brachen Aufstände los, die Christian II. nicht nur um den schwedischen, sondern 1523 auch um den dänischen und norwegischen Thron brachten. Die Kalmarer

---

79) Siehe grundlegend Jens E. OLESEN, Unionskrige og Stændersamfund. Bidrag til Nordens historie i Kristian I's regeringstid 1450–1481 (Skrifter udgivet af Jysk Selskab for Historie 40, 1983); DERS., Det danske rikgsråd, kong Hans og Kalmarunionen 1481–1483, in: Struktur og Funktion. Festskrift til Erling Ladewig Petersen (Odense University Studies in History and Social Sciences 174, 1994) S. 27–47. Daneben auch ENEMARK, Weg König Christians (wie Anm. 45) S. 282ff.; SCOTT, Sweden (wie Anm. 9) S. 95ff. – Vgl. zu den Königen Hans und Christian II. den kurzgefaßten Überblick von Kai HØRBY, Hans, in: Dansk biografisk leksikon 5 (1989) S. 544–547 bzw. von Michael VEUGE, Christian (Christiern) II, in: Dansk biografisk leksikon 3 (1979) S. 293–297. Siehe daneben Wilhelm SUHR, Christian (Christiern) I., in: NDB 3 (1957) S. 232f.; Ivan SVALENIUS, Kristian II (Cristiern), in: Svenskt biografiskt lexikon 21 (1975/77) S. 566–570; Inge-Maren WÜLFING, Christian I., in: Lex. MA 2 (1983) Sp. 1909f.; Hans GILLINGSTAM, Hans, in: Svenskt biografiskt lexikon 18 (1969/71) S. 237–241; Thomas RIIS, Hans, in: Lex. MA 4 (1989) Sp. 1920f.; Erik KJERSGAARD/Johan HUITFELDT, De første Oldenborgere 1448–1533 (Danmarks Historie 5, 1963).
80) ZERNACK, Probleme des Königtums (wie Anm. 10) S. 414f.
81) LAURING, Geschichte Dänemarks (wie Anm. 16) S. 105ff.; ROBERTS, Early Vasas (wie Anm. 9) S. 1ff.; FINDEISEN, Dänemark (wie Anm. 16) S. 91ff.
82) ENEMARK, Fra Kalmarbrev (wie Anm. 5) S. 131ff.; Ahasver VON BRANDT, König Christian II. und die Stockholmer Deutschen. Bemerkungen zu einem Buch von Sven Svensson, Hansische Geschichtsblätter 84 (1966) S. 78–87; ZERNACK, Probleme des Königtums (wie Anm. 10) S. 415: »Ein solches Absolutismus-Programm – eigentlich ein Widerruf des schwedischen Reichsgesetzes – war zwar für kurze Zeit mit Gewalt und Terror im besiegten Schweden durchzusetzen, doch nicht auf Dauer gegen die konstitutionalen Kräfte zu behaupten«; ROBERTS, Early Vasas (wie Anm. 9) S. 12ff.; DERRY, Scandinavia (wie Anm. 16) S. 82ff.; FINDEISEN, Dänemark (wie Anm. 16) S. 94ff.; BUCHHOLZ, Schweden mit Finnland (wie Anm. 55) S. 128ff. auch zum Folgenden.

Union war damit endgültig Vergangenheit, wenn auch die dänischen Herrscher an ihrem Anspruch auf Schweden festhielten[83].

2. Die Union als universitas nobilium?

Wie stand es um integrative Verflechtungen in Politik, Gesellschaft und Wirtschaft? Drei Reiche waren in einer Personalunion vereint, die zwar mehr oder weniger sprachliche, kulturelle und gesellschaftliche Unterschiede aufwiesen, welche aber zum damaligen Zeitpunkt nicht so tiefgreifend waren, daß sie eine Union unbedingt verhinderten[84]. Die überwältigende Majorität der Bevölkerung machte der gemeine Mann auf dem Land aus, doch war seine zahlenmäßige und rechtliche Stellung von Reich zu Reich sehr verschieden[85]. Internordische Verbindungen existierten kaum oder gar nicht. Das gleiche galt für die Bevölkerung der Städte, von denen es in Skandinavien damals ohnehin nur wenige gab[86]. Die Bewohner bildeten keine soziale und herkunftsmäßige Einheit, weder im einzelnen Land noch länderübergreifend[87]. In der ersten Unionsphase bis 1448 begann sich das Städtewe-

---

83) So führte der dänische König ab 1546 wieder die drei schwedischen Kronen im dänischen Wappen. Dazu Volker SERESSE, Aus der Geschichte der Union lernen: Der Friedensgedanke des dänischen Reichsrats in der skandinavischen Politik 1570–1611, in: »huru thet war talet j kalmarn« (wie Anm. 5) S. 349–382.
84) Dazu und zum Folgenden OLESEN, Analyse (wie Anm. 22) S. 13; ROBERTS, Early Vasas (wie Anm. 9) S. 3; DERRY, Scandinavia (wie Anm. 16) S. 64ff.
85) BUCHHOLZ, Schweden mit Finnland (wie Anm. 55) S. 115; Jens E. OLESEN, Dänemark, Norwegen und Island, in: Dänemark, Norwegen und Schweden (wie Anm. 55) S. 27–106, hier S. 38f. – Für Norwegen PETRICK, Norwegen (wie Anm. 18) S. 82f. – Siehe zur Situation in Skandinavien insgesamt Eljas ORRMAN, The Agrarian Crisis and Its Consequences, in: Margrete I (wie Anm. 6) S. 109–113.
86) Siehe zum nordischen Städtewesen während der Unionzeit Ralf-Gunnar WERLICH, Gott zur Ehre und den dänischen Königen und dem Reich zum Nutzen – königliche Städtepolitik in Dänemark unter Erich von Pommern, in: Studien zur Geschichte des Ostseeraumes (wie Anm. 26) S. 9–17; Erik LÖNNROTH, Wirtschaftsleben und Städtepolitik in Schweden 1389–1439, in: Ebenda S. 30–36, jeweils mit weiterführender Literatur und insgesamt für Dänemark: Erik ARUP, Die Wirtschaft des Mittelalters, in: Dänische Wirtschaftsgeschichte, hg. von Axel NIELSEN (Handbuch der Wirtschaftsgeschichte 6, 1933) S. 1–79, hier S. 49ff.; Axel CHRISTOPHERSEN, Stagnation and Urban Development, in: Margrete I (wie Anm. 6) S. 127–128.
87) Siehe als Auswahl dazu und zur »deutschen« und insbesondere hansischen Bedeutung für das nordische Städtewesen und Bürgertum insgesamt: Walther STEIN, Zur Geschichte der Deutschen in Stockholm, Hansische Geschichtsblätter 9 (1903) S. 81–131; Wolfgang SCHLÜTER, Zur Geschichte der Deutschen auf Gotland, Hansische Geschichtsblätter 15 (1909) S. 455–473; Friedrich TECHEN, Die deutschen Handwerker in Bergen, Hansische Geschichtsblätter 19 (1913) S. 561–576; Oscar Albert JOHNSEN, Der deutsche Kaufmann in Wiek in Norwegen im späteren Mittelalter, Hansische Geschichtsblätter 33 (1928) S. 66–77; Adolf SCHÜCK, Die deutsche Einwanderung in das mittelalterliche Schweden und ihre kommerziellen und sozialen Folgen, Hansische Geschichtsblätter 55 (1931) S. 67–89; Johan SCHREINER, Hanseatene og Norges nedgang (1936); Sven TUNBERG, Die Entstehung und erste Entwicklung des schwedischen Bergbaues, Hansische Geschichtsblätter 63 (1938) S. 11–26; Wilhelm KOPPE, Das mittelalterliche Kalmar. Eine Unter-

sen erst voll zu entfalten und aus der bisherigen hansischen Dominanz zu lösen[88]. Von einer integrativen Funktion konnte nicht die Rede sein. In der Zeit danach, in der die Unionsidee eine stetige Schwächung erfuhr, ließen Handelskonkurrenz und unterschiedliche ökonomische Entwicklungen eine Integration von Seiten der Städte noch weniger zu, sondern in ihnen entwickelten sich Kräfte, die in einer nationalstaatlichen Selbständigkeit mehr Sinn erblicken mußten als in einer Union[89].

suchung zur Geschichte des deutschen Seehandels und Volkstums, Hansische Geschichtsblätter 67/68 (1942/43) S. 192–221; Kjell Ludvig KUMLIEN, Sverige och Hanseaterna. Studier i svensk politik och utrikeshandel (Kungl. Vitterhets Historie och Antikvitets Akademiens Handlingar 86, 1953); Johan SCHREINER, Die Frage nach der Stellung des deutschen Kaufmanns zur norwegischen Staatsmacht (mit einer Entgegnung von Ahasver VON BRANDT), Hansische Geschichtsblätter 74 (1956) S. 1–12; Aksel E. CHRISTENSEN, Scandinavia and the Advance of the Hanseatica, Scandinavian Economic History Review 5 (1957) S. 89–117; Rolf DENCKER, Finnlands Städte und Hansisches Bürgertum (bis 1471), Hansische Geschichtsblätter 77 (1959) S. 13–93; Erik LÖNNROTH, Hansestäderna och Sverige, Från svensk medeltid (²1961) S. 48–67; William CHRISTENSEN, Unionskongerne og Hansestæderne 1439–1466, Neudruck der Ausgabe von 1895 (1971); VON BRANDT, Die Hanse und die nordischen Mächte (wie Anm. 29); Knut HELLE, Neueste norwegische Forschungen über deutsche Kaufleute in Norwegen und ihre Rolle im norwegischen Außenhandel im 12. bis 14. Jahrhundert, Hansische Geschichtsblätter 98 (1980) S. 23–38; Heinz STOOB, Die Hanse (1995) S. 158ff.; Göran DAHLBÄCK, Gast oder Bürger? Zur rechtlichen Stellung des deutschen Kaufmanns im mittelalterlichen Schweden, in: Beiträge zur hansischen Kultur-, Verfassungs- und Schiffahrtsgeschichte, hg. von Horst WERNICKE/Nils JÖRN (Hansische Studien 10/Abhandlungen zur Handels- und Sozialgeschichte 31, 1998) S. 309–314; Knut HELLE, Die Rechtsstellung der Deutschen in Bergen während des Mittelalters, in: Ebenda S. 315–321; Detlef KATTINGER, Die Gotländische Genossenschaft. Der frühhansisch-gotländische Handel in Nord- und Westeuropa (Quellen und Darstellungen zur hansischen Geschichte N. F. 47, 1999); Jens E. OLESEN, Der Einfluß der Hanse auf die Gestaltung des Bürgertums in den skandinavischen Ländern im Spätmittelalter, in: Die Rolle der Stadtgemeinden und bürgerlichen Genossenschaften im Hanseraum in der Entwicklung und Vermittlung des gesellschaftlichen und kulturellen Gedankengutes im Spätmittelalter, hg. von Janusz TANDECKI (2000) S. 133–148; Ernst DAENELL, Die Blütezeit der deutschen Hanse, Hansische Geschichte von der zweiten Hälfte des XIV. bis zum letzten Viertel des XV. Jahrhunderts 1 (³2001) S. 23ff., 35ff., 108ff., 204ff. u. v. a.

88) Siehe neben der eben zitierten Literatur auch Johannes SCHILDHAUER, Veränderungen in der Stellung der Hanse im Ost- und Nordseeraum vom Stralsunder Frieden 1370 bis zum Frieden von Utrecht 1474, in: Kultur und Politik im Ostseeraum und im Norden (wie Anm. 29) S. 17–28; Erich HOFFMANN, Die skandinavischen Reiche und der Zusammenbruch der lübisch-hansischen Ostseepolitik, in: Die Hanse – Lebenswirklichkeit und Mythos. Textband zur Hamburger Hanse-Ausstellung von 1989, hg. von Jörg BRACKER/Volker HENN/Rainer POSTEL (²1998) S. 123–133.

89) PETERS, Die alten Schweden (wie Anm. 9) S. 47; ZERNACK, Probleme des Königtums (wie Anm. 10) S. 414 für die schwedischen Bergbaugebiete und die Stadt Stockholm, die auf den Export über die Ostsee angewiesen waren; Ingvar ANDERSSON/Jörgen WEIBULL, Schwedische Geschichte im Abriß (1989) S. 10; BOHN, Dänische Geschichte (wie Anm. 16) S. 39; FINDEISEN, Dänemark (wie Anm. 16) S. 93. – Siehe ebenfalls Rudolf HÄPKE, Die deutsch-schwedische Wirtschaftspolitik von der Hanse bis auf Gustav Adolf, in: Aus Schwedens Staats- und Wirtschaftsleben, hg. von Felix GENZMER (Schriften der Vereinigung für staatswissenschaftliche Fortbildung 6–11, 1925) S. 90–122; Gert MAGNUSSON, Iron Production and Mining, in: Margrete I (wie Anm. 6) S. 114f., hier S. 115; BUCHHOLZ, Schweden mit Finnland (wie Anm. 55) S. 127f.

Am ehesten erscheint für eine Suche nach integrativen Anhaltspunkten ein Blick auf den Hochadel von Relevanz, zumal wir mit ihm die politisch maßgebliche Schicht nach dem König fassen[90]. Nicht von ungefähr wird auch die Meinung vertreten, daß die Union durch einen aristokratischen Konsens entstanden sei, weil sich der Adel am meisten politische, wirtschaftliche und soziale Vorteile von einer Union versprechen durfte. Olesen charakterisiert die Union deswegen als eine *universitas nobilium*[91]. Folgerichtig läßt sich der Streit um die Kalmarer Union und ihr Ende im frühen 16. Jahrhundert auch als ein Streit innerhalb der herrschenden Adelsklasse vor allem Schwedens kennzeichnen[92]. Der Einfluß des Adels auf die Geschicke der Reiche war unterschiedlich stark ausgeprägt. Auch bildete der Adel in den Ländern keine homogene Gruppe. Zwischen den Reichen gab es zahlen- und besitzmäßig gleichfalls große Differenzen[93]. Doch war eine übergreifende Grundtendenz hochadeliger Politik das mehr oder minder einheitliche Streben nach einer vertraglichen Fixierung des Verhältnisses von Königtum und hocharistokratischem Reichsrat, möglichst mit einem Übergewicht zugunsten des *regimen politicum*[94]. Schon der Beginn der Union mit den zwei erwähnten Verfassungsdokumenten machte dieses Bestreben sichtbar. Ein Zusammenschluß der Reiche mußte aus hochadeliger Sicht dafür eine gute Gewähr sein: Während andernorts in Europa die königliche Zentralgewalt zunahm, bewahrte das Unionskönigtum zumindest für Norwegen und Schweden durch seine längere oder dauerhafte Absenz adelige Freiräume oder bedeutete sogar Machtzuwachs, insbesondere wenn es umfangreiche Zugeständnisse zugunsten des *regimen politicum* machte[95]. Unter diesem Blickwinkel wird verständlich, wie sich Teile des schwedischen Adels immer wieder – 1457, 1471, 1497 und zuletzt 1520 – von den erkennbaren Ansätzen zu einer starken nationalen und auf nichtadelige Kräfte gestützten Monarchie ab- und dem Unionskönigtum zuwandten[96]. Sobald man sich freilich in seiner Hoffnung getäuscht sah,

---

90) Vgl. neben der im folgenden zitierten Literatur Jens E. OLESEN, The Aristocracy and the Kalmar Union, in: Margrete I (wie Anm. 6) S. 39–41.

91) OLESEN, Analyse (wie Anm. 22) S. 29.

92) PETERS, Die alten Schweden (wie Anm. 9) S. 48.

93) OLESEN, Dänemark, Norwegen und Island (wie Anm. 85) S. 37f.; BOHN, Dänische Geschichte (wie Anm. 16) S. 44f.

94) BUCHHOLZ, Schweden mit Finnland (wie Anm. 55) S. 123; SCOTT, Sweden (wie Anm. 9) S. 93 und OLESEN, Analyse (wie Anm. 22) S. 15 insbesondere für den schwedischen Reichsrat, während der Adel in Dänemark die Tradition einer starken Königsmacht gewohnt gewesen sei; ROBERTS, Early Vasas (wie Anm. 9) S. 23.

95) Z. B. ROBERTS, Early Vasas (wie Anm. 9) S. 6: »The Swedish aristocracy did not desire a strong king. They wished to be left alone to run the country …«. Ebenda S. 5 ist davon die Rede, daß die Union unter Christoph so gut funktionierte, weil er sich von Schweden entfernt hielt und dem Machtanspruch der Magnaten nicht entgegenwirkte. – Siehe auch zu den Vorteilen gemeinsamer Unionsverhandlungen für den Adel OLESEN, Analyse (wie Anm. 22) S. 28.

96) Poul ENEMARK, Kriseår 1448–1451. En epoke i nordisk unionshistorie (1983); BUCHHOLZ, Schweden mit Finnland (wie Anm. 55) S. 124f.; ZERNACK, Probleme des Königtums (wie Anm. 10) S. 413ff., hier S. 415:

folgte ein erneuter Richtungswechsel. Bestrebungen, die wie unter Erich oder den beiden Christianen auf Zentralisation und autokratische Verhältnisse bzw. auf eine Überwindung konstitutionaler Schranken hinausliefen, weckten unweigerlich den adeligen Widerstand[97]. Verstärkt wurde dieser, wenn die in verwaltungs- wie militärtechnischer Hinsicht zentralen Schloßlehen unter Umgehung des Indigenatsrechts des einheimischen Adels an auswärtige – in Erichs Fall pommersche oder dänische – Vertraute des Königs vergeben wurden und damit als wirtschaftliche wie politische Chancen für den indigenen Adel ausfielen[98].

Es darf generell nicht übersehen werden, daß das *regimen politicum* ein theoretisches Konstrukt nachfolgender Historiker darstellt, das es in dieser Einheitlichkeit real nicht gab[99]. Vielmehr war der Adel politisch gesehen in ganz gegensätzliche Parteiungen aufgesplittert. Doch sind Tendenzen erkennbar: Während der dänische Adel aufgrund der offensichtlichen Vorteile, die ihm die Union bei der Erlangung von Lehen und Kirchenpfründen und königlichen Ämtern bot, weiterhin an ihrem Fortbestand interessiert blieb, gewannen separatistisch-nationale und damit gegen die Union und Dänemark gerichtete Tendenzen im schwedischen Adel nach und nach die Oberhand[100]. Obwohl der aufkeimende Götizismus als schwedische Nationalideologie und überhaupt vermehrt nationale Töne bzw. Antipathien dabei ihre Rolle spielten – überschätzt werden dürfen sie in bezug auf internordische und auf hansisch-deutsche Beziehungen zu Skandinavien freilich nicht –, blieb aber die Auseinandersetzung zwischen *regimen regale* und *politicum* entscheidend[101]. Wie wirkmächtig und integrativ der Unionsgedanke im nordischen Adel

»Die oppositionelle Ratsfraktion unter dem Erzbischof stellte 1520 (sc. Christian II.) die Huldigung Schwedens, und damit den Vollzug der Union, in Aussicht, wenn Christian das Reichsgesetz beachten, also als konstitutionaler König den diktatorischen Reichsverweser (sc. Sten Sture d. J.) ablösen würde ...«; Findeisen, Dänemark (wie Anm. 16) S. 91f. zu Karl Knutssons Politik und ihren Folgen, ebenso zur Schlacht bei Brunkeberg (1471), in der Schweden auf beiden Seiten kämpften.

97) Zernack, Probleme des Königtums (wie Anm. 10) S. 410f.

98) Zur grundsätzlichen Problematik für Schweden Lindkvist, Schweden auf dem Weg (wie Anm. 15) S. 41; Buchholz, Schweden mit Finnland (wie Anm. 55) S. 123. Für Norwegen Opsahl, Norwegen 1319–1397 (wie Anm. 15) S. 104f. – Peters, Deutsche Fremdherrschaft (wie Anm. 29) S. 67 mit wichtigen Gedanken zur königlichen Bevorzugung »eigener Leute«. Siehe auch Ders., Die alten Schweden (wie Anm. 9) S. 46. – Zur Veranschaulichung sei daran erinnert, daß 1430 alle schwedischen Schlösser mit deutschen oder dänischen Vertrauensleuten des Königs besetzt waren. Siehe dazu Zernack, Probleme des Königtums (wie Anm. 10) S. 411. Zernack spricht in diesem Zusammenhang von einer »neuralgischen Frage im Verhältnis von Krone und Reichsrat«. Vgl. ebenda S. 419f. zur Bedeutung der Schloßlehen. Siehe auch Findeisen, Dänemark (wie Anm. 16) S. 88; Michael Linton, Sweden in the Union, in: Margrete I (wie Anm. 6) S. 43–45, hier S. 44.

99) So auch Olesen, Analyse (wie Anm. 22) S. 16.

100) Lindkvist, Schweden auf dem Weg (wie Anm. 15) S. 45ff.

101) Olesen, Dänemark, Norwegen und Island (wie Anm. 85) S. 36; Roberts, Early Vasas (wie Anm. 9) S. 7: »... the comparatively new passion of popular nationalism. This was a sentiment which long remained

dennoch verhaftet blieb, zeigt das von aristokratischer Seite in den 1470/80er Jahren entwickelte Programm, wie es etwa im Kalmarer Rezeß von 1483 aufscheint: Seine Grundidee war wieder die Beibehaltung der Union und die Abhaltung gemeinschaftlicher Königswahlen. Neu war die explizite Forderung nach einem adeligen Widerstandsrecht gegen eine ungerechte Königsherrschaft[102]. Die integrative Rolle des Adels, also seine Befürwortung der Union, war im übrigen sozial und wirtschaftlich untermauert: Seit der zweiten Hälfte des 14. Jahrhunderts hatten internordische Eheverbindungen und als deren Begleiterscheinung mittels Mitgift oder Erbschaft länderübergreifender Güterbesitz erheblich zugenommen, was man mit dem Schlagwort »Adelsskandinavismus« zu kennzeichnen pflegt[103]. Familien wie die Axelsöhne oder Trolle verfügten über ein enormes internordisches Grundeigentum und wurden nicht zuletzt deswegen zu einem gewichti-

unintelligible to the aristocracy: themselves supra-national, they felt a patriotism (if they felt it at all) for Scandinavia as a whole; and they saw their intermittent controversies with the kings in Copenhagen in terms rather of personal prestige, economic advantage, class privilege, or constitutional law. At lower social levels it was rather different. To large sections of the Swedish population Engelbrekt had been a popular hero; after his death, a martyr; and at last in his own part of the country an unofficial saint. Before the end of the century popular tradition had made him the representative of emergent Swedish national feeling, the first great leader in a fight not so much against misgovernment as against Danish government.« – Vgl. dazu und zum Götizismus auch Sten LINDROTH, Göticismen, in: Kulturhistorisk leksikon for nordisk middelalder 6 (1961) Sp. 35–37; ZERNACK, Probleme des Königtums (wie Anm. 10) S. 412f. Einen vergleichsweise frühen Beginn sieht zumindest für Dänemark Zenon Hubert NOWAK, Zum National- und Staatsbewußtsein im spätmittelalterlichen Dänemark, in: Nationale, ethnische Minderheiten und regionale Identitäten in Mittelalter und Neuzeit, hg. von Antoni CZACHAROWSKI (1994) S. 95–101. – Siehe auch FINDEISEN, Dänemark (wie Anm. 16) S. 92 mit dem wichtigen Hinweis, daß 1471 Schweden (Adel und uppländische Bauern) auf der Seite Christians I. gegen Sten Sture bei Brunkeberg kämpften. Siehe ebenda S. 93: »Offenbar konnte die Mehrheit des Hochadels ein Unionskönigtum dann akzeptieren, wenn die eigenen Interessen gewahrt blieben. Dagegen zwang die Opposition der Bauern und Bergleute Dalarnas, die Interessen der Stockholmer Bürger wie auch die Handelsverbindungen der Fleisch- und Butterexporteure der südlichen Landschaften Schwedens die weitsichtigsten Repräsentanten des schwedischen Reichsrates zur Ablehnung der Union. Wollte Sten Sture an der Spitze dieser Bewegung stehen, mußte er die antidänischen Gefühle nutzen, die Schlacht bei Brunkeberg selbst ›zu einem nationalen Siege über den Erbfeind‹ manipulieren«; SCOTT, Sweden (wie Anm. 9) S. 97f.: »The Sture victory at Brunkeberg gave a tremendous impetus to Swedish nationalism. ... Sten Sture became a hero of Swedish nationalistic history, although this reputation was based more on his own eager propaganda than on his deeds. ...« und insgesamt ebenda S. 113ff. – Siehe zum Thema auch die ausführlichen Gedanken bei BØGH, On the Causes (wie Anm. 5) bes. S. 29f.
102) Gottfrid CARLSSON, Kalmar recess 1483 (Historiskt Arkiv 3, 1955); OLESEN, Aristocracy (wie Anm. 90) S. 40f.; DERS., Analyse (wie Anm. 22) S. 28. – Bereits das schwedische Reichsgesetz von 1350 billigte freilich die Absetzung des Königs bei Bruch seines Wahleides. Siehe dazu ZERNACK, Probleme des Königtums (wie Anm. 10) S. 419.
103) ZERNACK, Probleme des Königtums (wie Anm. 10) S. 408; Henry BRUUN, Adelsskandinavismen. En Skizze, Nordisk tidskrift för vetenskap, konst och industri 27 (1951) S. 210–227; BØGH, On the Causes (wie Anm. 5) S. 11; OLESEN, Alleinherrschaft (wie Anm. 20) S. 228f.; DERS., Analyse (wie Anm. 22) S. 13f.

gen Machtfaktor in Skandinavien. Die grenzübergreifende Verwaltung dieses Besitzes und der Absatz der daraus erwirtschafteten Naturalien wie Vieh und Butter waren innerhalb der Union am besten sichergestellt[104].

Das gerade Gesagte weist auf eine ansatzweise wirtschaftliche Vernetzung der Reiche während der Unionszeit hin. Zwar bewahrte jedes Land sein ökonomisches und handels-mäßiges Eigenprofil, doch erleichterte und intensivierte die Union den internordischen Warenaustausch. Allein schon die Beilegung kriegerischer Auseinandersetzungen zwischen den Reichen, wie sie 1397 beschlossen und in der ersten Hälfte des 15. Jahrhunderts durchgesetzt wurde, leistete dazu ihren Beitrag[105]. Besonders der Grenzregion Schonen kam diese Entwicklung zugute, gefördert auch durch den Bau neuer Straßen, die einen schnelleren Landtransport von Agrarprodukten vor allem aus Schweden nach Dänemark ermöglichten[106].

Zuletzt noch ein Blick auf die Kirche: Jedes der drei Reiche besaß seine eigene kirchli-che Struktur, wobei der Erzbischof von Lund einen gewissen Vorrang beanspruchte, den er durch die dänische Dominanz innerhalb der Union gewahrt sehen konnte[107]. König Erich versuchte im Rahmen seiner Zentralisierungsbemühungen, wie schon Margarete auf die Besetzung der Bischofsämter direkten Einfluß zu nehmen[108]. Der Heilige Stuhl kam seinen Wünschen entgegen und ernannte eine Reihe ihm ergebener Personen, meist Dänen, zu Bischöfen, auch in Norwegen und Schweden. Doch auch unabhängig von sol-chen königlichen Einflußnahmen bildete sich ein interskandinavischer Klerus heraus, was die zumindest anfängliche Befürwortung einer Union von seiner Seite befördert haben mag[109]. Angehörige der mächtigsten nordischen Adelsfamilien, in Schweden etwa die Bonde, Oxenstierna oder Trolle, begegnen immer wieder als Inhaber der höchsten Kir-chenämter[110]. In dieser Funktion nahmen sie eine ähnliche Haltung ein wie ihre adelige Laienverwandtschaft, zumal auch sie als Mitglieder der Reichsräte an der Politik beteiligt waren, d.h. sie konnten durchaus ein Interesse an der Union zeigen, wenn in dieser das

---

104) Siehe zum Thema die instruktive Studie von Flemming SØRENSEN, Familienwirtschaft und baltische Wirtschaft: das Beispiel der Axelsöhne. Aspekte einer spätmittelalterlichen Familienwirtschaft, in: Studien zur Geschichte des Ostseeraumes (wie Anm. 26) S. 79–145; Marian MALOWIST, Über die Frage der Han-delspolitik des Adels in den Ostseeländern im 15. und 16. Jahrhundert, Hansische Geschichtsblätter 75 (1957) S. 29–47, bes. S. 30f.
105) OLESEN, Analyse (wie Anm. 22) S. 12 spricht in diesem Zusammenhang von einer *pax Scandinavica*. Siehe auch DERS., Dänemark, Norwegen und Island (wie Anm. 85) S. 35.
106) OLESEN, Analyse (wie Anm. 22) S. 14; DERS., Rigsråd (wie Anm. 5) S. 16. – SCOTT, Sweden (wie Anm. 9) S. 114 sieht daher gerade in Schonen starke unionsbefürwortende Kräfte.
107) OLESEN, Dänemark, Norwegen und Island (wie Anm. 85) S. 33f.; SCOTT, Sweden (wie Anm. 9) S. 114.
108) ZERNACK, Probleme des Königtums (wie Anm. 10) S. 411; OLESEN, Alleinherrschaft (wie Anm. 20) S. 225, 232f. auch zum Folgenden.
109) KROMNOW, Christoph (wie Anm. 59) S. 202.
110) Vgl. nur die Namensliste bei BUCHHOLZ, Schweden mit Finnland (wie Anm. 55) S. 113.

regimen politicum gewährleistet war[111]. Denn nur dieses schien die *libertas ecclesiae* zu garantieren. War diese *libertas* durch einen König gefährdet, wurden vor allem die schwedischen Bischöfe schnell zu strikten Gegnern des Unionskönigtums, wie uns die Beispiele des Erzbischofs von Uppsala Jöns Bengtsson Oxenstierna oder des Bischofs von Linköping Kettil Karlsson Vasa zeigen. Bischof Thomas von Strängnäs tat sich 1438 durch sein literarisches Werk bekanntermaßen als Gegner der Union hervor[112]. Die Ablehnung eines starken *regimen regale* fand ihren Niederschlag auch in unionsfeindlichen Äußerungen schwedischer Klosterinsassen. Bemerkenswert ist insbesondere, daß die Priester des wichtigsten schwedischen Klosters Vadstena in den Jahren zwischen 1439 und 1471 dem Unionsgedanken gänzlich fern standen und das Ideal eines nationalschwedischen Königtums beschworen[113]. Andererseits war z.B. Erzbischof Gustav Eriksson Trolle, dessen Vater 1512 erfolglos mit dem Reichsverweser Sten Sture d. J. um die Macht in Schweden rivalisiert hatte, ein exponierter Parteigänger Christians II. und mußte als Mitverantwortlicher für das Stockholmer Blutbad 1521 aus Schweden fliehen[114]. Von einer einheitlichen Haltung der Union gegenüber kann demnach auch im Falle der Kirche nicht die Rede sein.

3. DIE UNION ALS INTEGRIERTE EINHEIT?

Betrachten wir nun institutionelle, strukturelle oder wertemäßige Gemeinsamkeiten als Ausweis für Integration, soweit sie nicht bereits oben behandelt wurden. Besonders mit den schon dargelegten königlichen Bemühungen um Zentralisierung bestehen vielfache Überschneidungen, bzw. etliche Kongruenzen sind als Resultat dieser Unionsbemühungen zu begreifen. Ergeben sich so schon zwangsläufig Ungereimtheiten der hier vorgeführten abschnittsweisen Behandlung, so ist die königlich-dänisch geprägte Genese vieler Gemeinsamkeiten durchaus sinnfällig für das Wesen der Kalmarer Union. Bei institutionellen Gemeinsamkeiten wird man sicherlich zuerst an die Unionsversammlungen denken, die bis in die späte Unionszeit hinein abgehalten wurden, oft im symbolträchtigen

---

111) OLESEN, Governmental System (wie Anm. 26) S. 58 für Dänemark.
112) RIIS, Kalmarer Union (wie Anm. 5) Sp. 876; SCOTT, Sweden (wie Anm. 9) S. 88.
113) Tore NYBERG, Das politische Geschehen um die nordische Union aus der Sicht der Vadstenapriester 1439–1471, in: »huru thet war talet j kalmarn« (wie Anm. 5) S. 241–270 anhand des Vadstena-Diariums: Diarium Vadstenense (Vadstena klosters minnesbok). E codice membr. Bibl. Univ. Upsal. C 89 suecice et britannice praefatus ed. Ernst NYGREN (Corpus codicum Suecicorum medii aevi 16, 1963) bzw. Vadstena klosters Minnesbok, »Diarium Vazstenense« (1918).
114) BUCHHOLZ, Schweden mit Finnland (wie Anm. 55) S. 128ff.; ROBERTS, Early Vasas (wie Anm. 9) S. 12ff.; SCOTT, Sweden (wie Anm. 9) S. 101ff.

Kalmar[115]. Neben dem Unionskönigtum institutionalisierten sie die Union am sichtbarsten. Zwiespältig muß gleichwohl die Bewertung ihrer integrativen Funktion ausfallen. Die bestmögliche Form einer Realisierung der Union stand bei ihnen stets zur Debatte, wobei freilich durchweg auf der Eigenständigkeit der Reiche insistiert wurde. Doch enthalten die jeweiligen Unionsdokumente durchaus auch integrative Momente, wie den Wunsch nach einer gemeinsamen, aber nach 1397 nicht wieder realisierten Königswahl, die Verpflichtung zur gegenseitigen Friedenswahrung, zum gegenseitigen Beistand im Kriegsfall – Erich hatte diese Beistandsverpflichtung für seine aggressive Außenpolitik zu nutzen gewußt, wobei der sich daran entzündende Widerstand darauf hinweist, daß die ursprüngliche Intention einer solchen Verpflichtung eine rein defensive war[116] – und zur grenzübergreifenden Verfolgung von Vogelfreien und Gesetzesbrechern[117]. 1436 wurden sogar ausführliche Vorstellungen von der künftigen Regierungsorganisation der Union entwickelt: Jedem Land sollten unterhalb des Königs ein Drost und ein Marschall vorstehen, ebenso sollten jeweils ein Hofmeister, ein Kanzler und ein Hofkanzler vorhanden sein. Räte sollten allen drei Ländern entstammen, »insbesondere damit ein Reich nicht sagen kann, das eine Reich werde dem anderen vorgezogen«. Zu einer zentral gesteuerten unionsweiten Vereinheitlichung des Zoll- oder Münzwesens kam es nicht, obwohl sie 1436 zumindest indirekt angedacht war[118]. Doch spielten dänische Münzen in Norwegen und in Schweden eine wichtige Rolle im Geldverkehr[119]. Integrativ wirkte das Geldwesen auch, wenn sich Erich auf seinen Münzen bewußt als Herrscher der Union stilisieren ließ. Folgerichtig deuten sich bereits unter seinem Nachfolger Christoph desintegrative Tendenzen an, da dieser sich auf einem Teil seiner dänischen Münzen zwar als Unionskönig auswies, aber auf seinen schwedischen allein als König Schwedens.

Von Erichs Herrschaftszeichen und seiner Außenpolitik war bereits die Rede. Deutlich zeigt sich sein Bestreben um Vereinheitlichung auch in der Regierungs- und Verwaltungspraxis[120]: Die Hofbeamten und die königliche Kanzlei gewannen eine überragende Be-

---

115) OLESEN, Alleinherrschaft (wie Anm. 20) S. 227. – Oftmals fanden die Versammlungen freilich statt, ohne daß ihr Mitglieder aller drei Reiche angehörten. So fehlten norwegische Vertreter etwa auf der Kalmarer Sitzung vom Juli/August 1436. Dazu BLOM, Warum die Norweger (wie Anm. 58) S. 72.

116) Nicht von ungefähr spricht die Unionsakte von 1436 davon, daß ein Angriff auf das Ausland nur mit der Zustimmung aller drei Reiche erfolgen dürfe.

117) Dazu und zum Folgenden KRÜGER, Unionsakten (wie Anm. 32).

118) Ebenda S. 166: »Item: über Zoll, Münze und andere solche Angelegenheiten, die darüber hinaus die Reiche betreffen, wäre lange in dieser Schrift zu schreiben. ... Das überlassen wir dem König und seinem Rat in jedem Reich, damit sie es so einrichten und lenken, daß die Reiche dabei erhalten werden ...«

119) Keld GRINDER-HANSEN, The Coinage during the Kalmar Union until 1448, in: Margrete I (wie Anm. 6) S. 129–133, auch zum Folgenden.

120) Zum Folgenden OLESEN, Governmental System (wie Anm. 26) S. 55f.; DERS., Alleinherrschaft (wie Anm. 20) S. 208ff., 213f.; DERS., Analyse (wie Anm. 22) S. 19.

deutung, während die alten Reichsämter wie Drost oder Marschall nicht mehr besetzt wurden. Hofmeister, Kammermeister und Kanzlei des Königs waren dem Einfluß der einzelnen Reichsräte entzogen und trugen Verantwortung für die gesamte Union. Es ist charakteristisch für die überragende Rolle Dänemarks, daß die Inhaber dieser Königsämter ausnahmslos Dänen waren. Ihren festen Sitz hatten sie in Kopenhagen, das sich seit 1417 mehr und mehr zu einer Art Hauptstadt der Union entwickelte[121]. Hier saß nicht nur die Kanzlei, sondern befand sich auch das königliche Archiv und wurden Unionsversammlungen abgehalten. Die Reichsräte ließ Erich öfter zusammenkommen als Margarete[122]. Bezeichnend ist aber wieder, daß der dänische Reichsrat dabei häufiger in die königliche Politik miteinbezogen wurde als der norwegische oder schwedische[123]. Integrativ-zentralisierend wirkte auch die bereits angesprochene Vergabe der Schloßlehen, wie sie Margarete und Erich in Norwegen und Schweden zur Stärkung der Krongewalt praktizierten. Sie lief auf eine Verdrängung der indigenen Reichsräte und Etablierung ausländischer, d. h. dänischer oder deutscher Vertrauensleute des Königs hinaus[124].

Auf eine Union als integrierte Einheit zielte gleichfalls die Stiftung eines Ordens für geistliche und weltliche Mitglieder und die Einrichtung eines Herolds *for alle tre kongeriker*[125]. Ebenso ist an die königliche Unterstützung und Förderung des Birgittinerordens und besonders seines Hauptzentrums Vadstena zu denken[126]. Dieser königlichen Unterstützung war Birgittas Kanonisation im Jahre 1391 maßgeblich mitzuverdanken. Allerdings fehlte es dem Birgittinerorden an einer übergreifenden Struktur, mit deren Hilfe eine nordische Unionsidee hätte vermittelt werden können[127]. Jedoch sind Einflüsse desselben

---

121) OLESEN, Alleinherrschaft (wie Anm. 20) S. 214; Matthias ASCHE, Zentrum und Peripherie in der Geschichte Nordeuropas im Zeitalter der Reformation und Konfessionalisierung, in: Dänemark, Norwegen und Schweden (wie Anm. 55) S. 13–22, hier S. 13. – Christoph privilegierte Kopenhagen umfangreich und wählte die Stadt zu seiner ständigen Residenz. Vgl. dazu etwa: Thelma JEXLEV, Christoffer af Bayern, kancelliet og købstæderne. Nogle tanker om kongens person belyst ud fra et portræt og set i relation til kancelli og købstadslovgivning, in: Festskrift til Johan Huitfeldt (1978) S. 209–219, hier S. 216ff.; OLESEN, Rigsråd (wie Anm. 5) S. 248–255; Thomas RIIS, Hvorfor blev København Danmarks hovedstadt?, in: Struktur og Funktion (wie Anm. 79) S. 73–80; Ralf-Gunnar WERLICH, Die Politik Christophs von Bayern gegenüber den dänischen Städten – ein Überblick, in: Communitas et dominium. Festschrift zum 75. Geburtstag von Johannes Schildhauer, hg. von Horst WERNICKE/Ralf-Gunnar WERLICH/Detlef KATTINGER (1994) S. 134–152; DEUTINGER, Christoph von Bayern (wie Anm. 45) S. 36.
122) OLESEN, Alleinherrschaft (wie Anm. 20) S. 224ff.
123) DERS., Analyse (wie Anm. 22) S. 23f.
124) Siehe neben der schon in Anm. 98 zitierten Literatur BUCHHOLZ, Schweden mit Finnland (wie Anm. 55) S. 123; OLESEN, Alleinherrschaft (wie Anm. 20) S. 230ff.
125) OLESEN, Alleinherrschaft (wie Anm. 20) S. 208f.; DERS., Analyse (wie Anm. 22) S. 35.
126) DERS., Alleinherrschaft (wie Anm. 20) S. 232f.; FINDEISEN, Dänemark (wie Anm. 16) S. 86; DERRY, Scandinavia (wie Anm. 16) S. 74; Vivian ETTING, Margrete and the Brigittine Order, in: Margrete I (wie Anm. 6) S. 251–254, auch zum Folgenden.
127) Jens E. OLESEN, Kongemagt, birgittinere og Kalmarunion, in: Birgitta, hendes værk og hendes klostre i Norden, hg. von Tore NYBERG (Odense University Studies in History and Social Sciences 150, 1991)

auf die zeitgenössische Kunst erkennbar, wie uns Wandmalereien in schonischen Kirchen nahelegen[128]. Oftmals begegnet dabei die Darstellung der drei heiliggesprochenen Könige des Nordens und das Bild des gerechten, frommen Herrschers. Søren Kaspersen will darin künstlerische Ansätze zur Ausformung einer auf ihre Art integrativen Unionsideologie erkennen[129]. Die Tendenz zur Zentralisierung hatte zu guter Letzt Auswirkungen auf den offiziellen Sprachgebrauch[130]. In der Zeit der Kalmarer Union ist ein Vordringen des Dänischen sowohl in die norwegische als auch die schwedische Sprache erkennbar. Zu einer einheitlichen Unionssprache freilich führte das nicht.

Die Mehrzahl der erkennbaren Bestrebungen zur Zentralisierung und Vereinheitlichung unter Erich kamen mit seiner Absetzung und vollends mit dem Tod seines Nachfolgers zum Erliegen. Danach fehlte es den Entscheidungsträgern entweder an den Mitteln oder am Willen, die Union als eine integrierte Einheit zu realisieren. Von diesen losgelöste Kräfte im wirtschaftlichen oder gesellschaftlichen Bereich liefen auf auseinanderdriftende Entwicklungen hinaus. Wiederum wird die Gültigkeit von Zernacks anfangs erwähntem Diktum deutlich: »Das Königtum – genauer: das dänische Königtum – ist Funktionsträger der Einheit.«

4. »Einigkeit, Eintracht und Liebe« – Ein Blick auf zeitgenössische Reflexionen

Wenden wir uns zuletzt noch zeitgenössischen Reflexionen zum Thema Integration zu, wobei hier nur ein repräsentatives Spektrum von Meinungen gegeben und von vornherein gesagt sei, daß von Integration an sich nie direkt die Rede ist. Wiederum ist auf die Unionsakten zu verweisen, von denen am ehesten zu erwarten ist, daß in ihnen eine Integrationsidee aufscheint[131]. Tatsächlich ist in den Akten von Eintracht, Einigkeit, Liebe, gutem Willen oder Beständigkeit als Antrieb und Motivation zur Union die Rede. Inwieweit bei derartigen Formulierungen nur bloße Rhetorik mitschwang, sei dahingestellt. Jedenfalls spricht eine Bestimmung wie die von 1438, daß Bestrebungen, die Reiche voneinander zu trennen, wie Verrat ohne Gnade zu ahnden seien, für die Ernsthaftigkeit des Anliegens[132]. An eine Union als vollkommen integrierte Einheit war allerdings, wie gesagt, nie gedacht.

S. 169–219, hier S. 169ff. Siehe auch Tore Nyberg, Birgittinerkulturen och unionen, Saxo. Kulturhistorisk årsbok för Skåneland 4 (1988) S. 35–49.
128) Curt Wallin, Kalkmålningssviterna med de tre nordiska helgonkungarna i skånska kyrkor, Ale. Historisk tidskrift för Skåneland 3 (1988) S. 17–32, 4 (1989) S. 13–32 und 5 (1990) S. 13–32.
129) Søren Kaspersen, Art and Union Ideology, in: Margrete I (wie Anm. 6) S. 228–233.
130) Finn Hødnebø, Nordic Languages 1330–1450, in: Ebenda S. 171–173.
131) Zum Folgenden Krüger, Unionsakten (wie Anm. 32).
132) Ebenda S. 169.

In der Unionsakte von 1436 klingt deutlich an, worin eine schwerwiegende Gefahr für die »ewige« Verbindung unter einem König gesehen wurde: in der Bevorzugung eines Reichs vor den anderen. Zweifellos lag das in realen Erfahrungen begründet. Daraus erklärt sich auf schwedischer Seite die teils heftige Ablehnung einzelner Unionskönige in Chronistik und Publizistik. Margarete wurde etwa bescheinigt, das schwedische Volk in solche Fesseln eingeschmiedet zu haben, die es nur schwer zerbrechen konnte[133]. In den Annalen des Klosters Vadstena ist davon die Rede, daß die Dänen, nachdem die Deutschen vertrieben waren, viele Jahre Schweden beherrschten, und zwar in einer solchen Weise, daß die Schweden die Deutschen gesegnet hätten[134]. Von dieser ablehnenden Haltung einzelnen Herrschern gegenüber war es zu einer grundsätzlichen Kritik an der Union und dem desintegrativen Gegenkonzept eines nationalschwedischen Königtums nicht mehr weit, wie es die Vadstenapriester ab den 1440er Jahren vertraten und wie es in der Karlschronik und dem Freiheitslied des Bischofs Thomas von Strängnäs aufscheint[135]. Allerdings beschränkte sich eine derartige Kritik nicht auf Schweden. Zwar ist für Dänemark und Norwegen insgesamt eher eine unionsbefürwortende Reflexion zu konstatieren. Doch gab es auch andere Stimmen, wie ein dänischer Jahrbucheintrag zeigt: »Margarete machte sich mit unglaublicher List alle drei Reiche untertan, die sie fast auf ein Nichts herunterbrachte.«[136] Während diese zeitgenössische Äußerung vor dem Hintergrund von Repressalien gegenüber der Kirche gesehen werden dürfte[137], merkt man bei der tiefschürfenden Analyse auf,

133) Thomas Heinrich GADEBUSCH, Materialien zur Geschichte und Statistik der Nordischen Staaten, besonders Schwedens, Erstes Stück (1791) S. 232f.: *Margarethe, zur Regentin eines Volcks berufen, das sie aus so vielen Ursachen nicht lieben konnte, beschloß gleich, es in solche Fesseln einzuschmieden, die es so leicht nicht zerbrechen sollte, weil sie aber mehr Verstand als ihr Vorgänger besaß, so geschah es auch mit groesser Vorsicht.* Siehe dazu etwa auch Andreas BOTIN, Geschichte der schwedischen Nation im Grundriß, Teil 2 (1767) S. 10.

134) Diarium Vazstenense (wie Anm. 113) S. 9: *Men fru drottning Margareta, danske konungen Valdemars dotter, började då härska över de tri rikena, och då, sedan tyskarna blivit utdrivna, innehade danskarna landet under flera år. Och tyskarna välsignades av landets invånare.* – Siehe dazu etwa PETERS, Die alten Schweden (wie Anm. 9) S. 41. – Vgl. ebenfalls die spitze Bemerkung eines Vadstenaer Mönchs zu Margarete, daß sie in ihrem Leben, was das Weltliche betreffe, sehr glücklich gewesen sei: Scriptores rerum Svecicarum medii aevi 1, ed. Eric Michael FANT (1818) S. 132: *Item in nocte apostolorum Simonis et Jude in portu juxta Flænsborgh in quadam navi obiit Domina Margareta princepissa et Regina istorum trium regnorum, sc. Swecie, Dacie et Norvegiae. Haec in vita sua, quantum ad mundum, fortunissima fuit.*

135) Nya eller Karls-Krönikan, ed. Gustav Emil KLEMMING (Samlingar utgivna av Svenska Fornskriftsällskapet 17, 3, 1866). – Siehe zum Freiheitslied Ingvar ANDERSSON, Schwedische Geschichte (1950) S. 124.

136) Scriptores rerum Danicarum medii aevi 1, ed. Jacobus LANGEBEK (1772) S. 398: *MCCCCXII. Circa festum Simonis et Judae obiit Domina Margareta, Regina Daciae Sveciae et Norvegiae, quae fuit avarissima, subjugaverat namque sibi incredibili astutia haec tria regna, quae pene in nihilum redegerat, nec poterat aliquis illius astutiae resistere.*

137) Henry BRUUN, Biskop Jens Andersen (Lodehat) som opposition leder, Historisk Tidskrift (dänisch) 11 (1961) S. 427–466; LINTON, Drottning Margareta (wie Anm. 5); ZERNACK, Probleme des Königtums (wie Anm. 10) S. 410; FINDEISEN, Dänemark (wie Anm. 16) S. 87, freilich hier speziell zum Konzil im schwedi-

EIN INTEGRATIONSMODELL DES NORDENS?

die der freilich von eigenen, ratsadeligen Interessen geleitete Arild Huitfeldt (1546–1609)[138] 1599 über die Ursachen des Scheiterns der Union anstellte[139]. Letztere sei vor allem gegründet worden, um einer fremden Macht besser zu widerstehen – damit spielt er auf die Hanse an – und um Frieden und Eintracht zwischen den Reichen herzustellen. Doch sei dies nicht gelungen: Der Unionskönig habe meist in Dänemark residiert; weil die Schweden es aber gewohnt gewesen seien, ihren König im Lande zu haben, hätten sie sich als Sklaven der Dänen gefühlt[140]. Weiter konstatierte Huitfeldt, daß die Unionskönige immer wieder versucht hätten, Schweden sich zu unterwerfen, so daß der Bund beständig zu Krieg geführt habe[141]. Daraus zog er den Schluß, daß die Union gerade keine Lösung für ein friedliches Miteinander der drei Reiche gewesen sei und daß erst eine Trennung derselben Grundlagen für Frieden geschaffen habe[142]. Auf unser Thema bezogen, heißt das, daß Huitfeldt die Union aufgrund der dänischen Dominanz als desintegrativ deutete.

5. Resümee: Die Kalmarer Union als Beispiel für eine hegemoniale Integration

Wie stand es nach dem bisher Gesagten um Integration innerhalb der Kalmarer Union? Der hier vorgeführte Untersuchungsansatz läßt es als durchaus berechtigt erscheinen, im Kontext der Kalmarer Union von Integration, zumindest in Anführungszeichen, zu sprechen. Die Union stellte sich als ein loser Zusammenschluß der drei nordischen Reiche dar, der durch einen Kompromiß zwischen dem dänischen Königtum und dem nordischen, insbesondere dem schwedischen Adel, herbeigeführt worden war[143]. Unter den Unionsherrschern Margarete und Erich gab es starke Tendenzen, die auf die Union als eine integrierte Einheit hätten hinauslaufen können. Allerdings darf man die Reichweite dieser integrativen Entwicklungen nicht von vornherein unter modernistischem Vorzeichen bewerten: Sie blieben oft unvollkommen oder auf Ansätze beschränkt, zumal entscheidende Schritte unter Erichs Nachfolger Christoph zum Erliegen kamen oder rückgängig gemacht

schen Arboga (1412), wo heftige Klagen über die Verletzung der kirchlichen Freiheit durch Margarete geführt wurden. – Siehe dazu auch Olesen, Alleinherrschaft (wie Anm. 20) S. 233.
138) Harald Ilsøe, Arild Huitfeldt, in: Dansk biografisk leksikon 6 (1980) S. 598–602.
139) Arild Huitfeldt, Kong Hans' Historie, Neudruck der Ausgabe 1599 (1977) Vorwort (nicht paginiert); Seresse, Aus der Geschichte der Union lernen (wie Anm. 83) S. 359f., auch zum Folgenden.
140) In diese Richtung weist bereits der Bericht des Danziger Kaufmanns Bernhard Osenbrügge vom 1. August 1434, in dem er schreibt, die Aufständischen wollten einen König in Schweden haben und selbst Herren sein. Siehe dazu Ingvar Andersson, Schwedische Geschichte (1950) S. 112.
141) Huitfeldt, Kong Hans' Historie (wie Anm. 139): *Saa att samme Forbund stedse haffuer veret en Aarsage til Krig oc Wenighed under disse tre Riger.*
142) Ebenda: *... at huert Rige skal bliffue for sig selff oc ingen Aarsage offuer bliffue til at føre Krig oc Wenighed.*
143) Peters, Die alten Schweden (wie Anm. 9) S. 44f.

wurden und den weiteren Königen ähnliches aufgrund nur begrenzter Ressourcen, zu kurzer Regierungsdauer oder anderer Faktoren verwehrt bleiben sollte. Die Ziele, welche Königtum und Adel zur gemeinsamen Bildung der Union veranlaßt hatten, waren auf Dauer kaum miteinander vereinbar.

War die Union realisiert, stand sie politisch, wirtschaftlich, gesellschaftlich und kulturell unter dänischem Vorzeichen[144]. War sie ausgesetzt, setzte das dänische Königtum bis 1520 alles daran, sie wiederzubeleben[145]. Das kam zumeist der Anwendung von Gewalt gleich. Die Union zementierte die dänische Vormachtstellung in Skandinavien, und die allmähliche Verschiebung der Machtverhältnisse zugunsten Schwedens besiegelte das Ende der Union[146]. Um die dänische Vorherrschaft innerhalb der Kalmarer Union und auch die gewaltsamen Versuche, sie zu erreichen, zum Ausdruck zu bringen, bietet sich der Begriff der hegemonialen Integration an, wie ihn die Geschichtsforschung für das napoleonische Frankreich und sein einseitig-dominantes Verhältnis zu den anderen kontinentaleuropäischen Staaten verwendet[147] oder wie er sich für die Umschreibung der Beziehung Preußens zum restlichen Deutschland im 19. Jahrhundert und insbesondere während der deutschen Einigung eignet[148]. Daß die hegemoniale Integration im 19. Jahrhundert umfassender und tiefergehend war als die innerhalb der Kalmarer Union, ist das Resultat einer fortgeschritteneren Staatlichkeit und der damit verbundenen Möglichkeiten.

Zeitgenössische und nachfolgende frühneuzeitliche Reflexionen zum Thema kreisen immer wieder um das Problem der hegemonialen Stellung Dänemarks mit seiner desintegrativen Auswirkung: Die Union zerbrach nicht nur, aber eben auch deswegen[149]. Schwe-

---

144) Siehe auch ERSLEV, Dronning Margrethe (wie Anm. 5); BLOMKVIST, Als das größte Reich (wie Anm. 13) S. 26; BØGH, On the Causes (wie Anm. 5) S. 12; Poul ENEMARK, Denmark and the Union, in: Margrete I (wie Anm. 6) S. 47–51, hier S. 48.

145) OLESEN, Dänemark, Norwegen und Island (wie Anm. 85) S. 36.

146) RIIS, Kalmarer Union (wie Anm. 5) Sp. 876. – Vgl. zu dieser allmählichen Verschiebung den instruktiven Beitrag von Kersten KRÜGER, Die Staatsfinanzen Dänemarks und Schwedens im 16. Jahrhundert. Ein Strukturvergleich, ZHF 15 (1988) S. 129–150; Bjørn POULSEN, Kingdoms on the Periphery of Europe. The Case of Medieval and Early Modern Scandinavia, in: Economic Systems and State Finance, hg. von Richard BONNEY (1995) S. 101–122, hier S. 113ff.

147) Roger DUFRAISSE, Die »hegemoniale« Integration Europas unter Napoleon I., in: Wirtschaftliche und politische Integration in Europa im 19. und 20. Jahrhundert, hg. von Helmut BERDING (Geschichte und Gesellschaft Sonderheft 10, 1984) S. 34–44. – Siehe dazu auch Stuart WOOLF, Napoleon's Integration of Europe (1991).

148) Z.B. Hans-Werner HAHN, Hegemonie und Integration. Voraussetzungen und Folgen der preußischen Führungsrolle im Deutschen Zollverein, in: Wirtschaftliche und politische Integration (wie Anm. 147) S. 45–70.

149) Sinnfällig spricht SCOTT, Sweden (wie Anm. 9) S. 87 in diesem Zusammenhang von der »Union of Mutual Frustration«.

den nahm fortan eine eigene Entwicklung, erfuhr seine eigene Integration[150]. Doch auch Finnland, von dem hier nicht näher die Rede war, entwickelte sich während der Unionszeit zu einer festen regionalen Einheit, für die sich damals erst der Namen Finnland stabilisierte[151]. Norwegen verblieb bis 1814 in der Union mit Dänemark. Die über vierhundertjährige, von gegenseitigen Konflikten nicht freie Verbindung – bis weit in das 20. Jahrhundert dominierte eine für Norwegen negative Bewertung dieser Epoche, die als dunkel bzw. als Nacht bezeichnet wurde – erfuhr 1536 ihre besondere Verdichtung, als Christian III. in seiner Handfeste gelobte, Norwegen werde unter der dänischen Krone bleiben und sei kein Königreich für sich, sondern ein Glied (*ledemodt*) Dänemarks auf ewige Zeit[152]. Zu guter Letzt sei noch auf die Herzogtümer Schleswig und Holstein verwiesen, die nie Teilglieder der Kalmarer Union geworden sind[153]. 1460 wurde der dänische König Christian I. zum gemeinsamen Herzog beider Lande gewählt. Zuvor hatte sich der schleswig-holsteinische Adel – offensichtlich nach dem Vorbild der Kalmarer Union – darauf geeinigt, nur einen Herrn über beide Lande anzunehmen und die Lande auf ewig ungeteilt zusammen zu lassen. In der Koldinger Union von 1466 sicherten sich Dänemark

---

150) Seit den 1430er Jahren fungierte in Schweden der Bischof von Strängnäs als Reichskanzler – ab etwa 1500 als *summus cancellarius* bezeichnet –, der das schwedische Reichssiegel verwahrte. Zur selben Zeit wurde in Strängnäs ein schwedisches Reichsarchiv eingerichtet. Dazu Herman SCHÜCK, Kansler och capella regis under folkungatiden, Historisk Tidskrift (schwedisch) 26 (1963) S. 133–187; DERS., Tilläg till Kansler och capella regis under folkungatiden, ebenda S. 402–404; DERS., Königsarchiv und Ratsarchiv im spätmittelalterlichen Schweden, in: Kultur und Politik im Ostseeraum und im Norden (wie Anm. 29) S. 205–213; ZERNACK, Probleme des Königtums (wie Anm. 10) S. 422; Michael LINTON, Sweden in the Union, in: Margrete I (wie Anm. 6) S. 43–45; LINDKVIST, Schweden auf dem Weg (wie Anm. 15) S. 48. – ZERNACK, Probleme des Königtums (wie Anm. 10) S. 416f. weist zurecht auf die Tatsache hin, daß ab der zweiten Hälfte des 15. Jahrhunderts die Reichseinheit ein zentrales Thema schwedischer Chronistik war.
151) Eino JUTIKKALA/Kauko PIRINEN, Geschichte Finnlands (Kröners Taschenausgabe 365, ²1976) S. 56–79; Matti KLINGE, Geschichte Finnlands im Überblick (⁴1995) S. 21ff.; Lena TÖRNBLOM, Medeltiden, in: Torsten EDGREN/Lena TÖRNBLOM, Finlands historia 1 (1992) S. 271–426, hier S. 382ff.; DIES., Finland in the Union, in: Margarete I (wie Anm. 6) S. 57–59; Ari-Pekka PALOLA, Finnlands Stellung in der Kalmarer Union, in: »huru thet war talet j kalmarn« (wie Anm. 5) S. 323–348.
152) Siehe etwa Martin GERHARDT, Norwegische Geschichte, 2. neubearb. Aufl. (1963) S. 140: »... hatte Margrete in Norwegen leichtes Spiel. Noch unter ihrer Regierung ist der Grund gelegt worden für die weitere Auslieferung des Landes an Dänemark. Ihr Nachfolger Erich von Pommern ... setzte diese Politik getreulich fort ...« oder S. 144: »... als Christian I. starb (1481), entschlossen sich die Norweger, seinen Sohn Hans (1481–1513) nicht eher anzuerkennen, als bis sie vor einer Fortsetzung der bisherigen Ausbeutungspolitik sicher waren.« Vgl. auch BOHN, Dänische Geschichte (wie Anm. 16) S. 32; Jørn SANDNES, Die Kalmarunion und Norwegen, in: BLOMKVIST, Als das größte Reich (wie Anm. 13) S. 32. – Dagegen PETRICK, Norwegen (wie Anm. 18) S. 73f., 88f. mit differenzierterer Sichtweise; Esben ALBRECTSEN, Danmark-Norge 1380–1814, Fællesskabet bliver til 1: 1380–1536 (1997).
153) Dazu und zum Folgenden Erich HOFFMANN, Berührungen der Unionsprobleme der Kalmarer Union und der Personalunion Schleswigs und Holsteins mit Dänemark, in: »huru thet war talet j kalmarn« (wie Anm. 5) S. 301–322.

und die beiden Herzogtümer dann gegenseitig den Schutz aller Rechte und Privilegien zu
und verpflichteten sich auf die gemeinsame Annahme von Christians Sohn und Erben als
Nachfolger. Auch hierfür stand Kalmar deutlich Pate. Während des Desintegrationspro-
zesses, der die Kalmarer Union spürbar ab der zweiten Hälfte des 15. Jahrhunderts ergriffen hatte und für ihr Ende mitverantwortlich war, wurden also neue integrative Kräfte frei-
gesetzt, die der skandinavischen Geschichte der nachfolgenden Zeit ihren Stempel
aufprägen sollten.

Regierungszeiten der Unionskönige

1388/89–1412	Margarete »Unionskönigin«
1397/1412–1439/40	Erich Unionskönig
1440/41–1448	Christoph Unionskönig
1448/50–1481	Christian I. König von Dänemark und Norwegen
1448–1457	Karl Knutsson Bonde König von Schweden
1457–1464	Christian I. Unionskönig
1464–1465, 1467–1470	Karl Knutsson Bonde König von Schweden
1471–1497	Sten Sture d.A. schwedischer Reichsverweser
1481–1513	Hans König von Dänemark und Norwegen
1497–1501	Hans Unionskönig
1501–1503	Sten Sture d.A. schwedischer Reichsverweser
1504–1511	Svante Nilsson schwedischer Reichsverweser
1512–1520	Sten Sture d.J. schwedischer Reichsverweser
1513–1523	Christian II. König von Dänemark und Norwegen
1520–1521	Christian II. Unionskönig
1521–1523	Gustav Eriksson Vasa schwedischer Reichsverweser

Fragen der politischen Integration im mittelalterlichen Europa
I. Früh- und Hochmittelalter

Zusammenfassung

VON MATTHIAS THUMSER

Integration, was ist das? So haben wir uns im Verlauf dieser Tagung immer wieder gefragt. Viele, mich eingeschlossen, sind unsicher geblieben, wußten und wissen vielleicht immer noch nicht so recht, mit dem Begriff im Bereich der mittelalterlichen Geschichte etwas anzufangen. Das mag verwundern, denn Herr Maleczek hat uns in seiner Einführung eine Definition mit auf den Weg gegeben, die Klarheit schaffen sollte. Demnach sind unter Integration Vorgänge zu verstehen, bei denen politische Elemente, zumeist Herrschaften, Länder, Staaten, so zu einem Ganzen zusammengebracht werden, daß die neue Einheit eine Qualität erhält, die über die bloße Verbindung der ursprünglichen Teile hinausgeht. Angelehnt hat sich Herr Maleczek dabei an einen Artikel von Manfred Mols im »Staatslexikon« der Görres-Gesellschaft[1]. Ich habe mich vor der Tagung auch kundig gemacht und im Duden nachgesehen. Er kennzeichnet Integration unter anderem als die »Herstellung einer Einheit aus Differenziertem«[2]. Das klingt zunächst etwas dürftig, könnte aber ausbaubar sein, weil es weniger festgelegt ist. Wieder einmal hat also der Konstanzer Arbeitskreis einen bestimmten Begriff zum Tagungsthema erhoben. Nach Frieden, Toleranz, Armut und etlichen weiteren ist es nun die Integration. Tendierte man mit den anderen genannten Schlüsselwörtern eher in Richtung der Mentalitäts- oder Kulturgeschichte, so stehen diesmal die politische und die Verfassungsgeschichte im Zentrum des Interesses. Ausgehend von einer in den letzten Jahrzehnten stark zunehmenden Integrationsforschung, die vielfach mit Problemen der Europäischen Gemeinschaft in Verbindung steht, wurden wir und wurden vor allem die Referenten mit der Frage konfrontiert, inwieweit dieses heute so vielbewegte Phänomen über eine ins Mittelalter zurückreichende Geschichte verfügt.

---

1) Manfred MOLS, Stw. »Integration«, in: Staatslexikon. Recht – Wirtschaft – Gesellschaft, hg. von der Görres-Gesellschaft, 3 (1987) Sp. 111–118, hier Sp. 111.
2) Duden. Deutsches Universalwörterbuch (⁴2001) S. 839.

Herr Maleczek hat sich bei der Konzipierung der Tagung für ein geographisches Gliederungsprinzip entschieden. Verschiedene europäische Herrschaftsbildungen aus allen Bereichen des Mittelalters werden mit ihren integrierenden Ansätzen nacheinander behandelt, acht in diesem Herbst, acht auf einer weiteren Tagung im kommenden Frühling. Dieser Entschluß war – das haben die Vorträge gezeigt – sicher richtig, und das entspricht ja auch in hohem Maße den Traditionen der Reichenau. Lassen Sie mich nun aber bei meinen Ausführungen die andere Möglichkeit anwenden, nämlich ein thematisches Prinzip, lassen Sie mich die Ergebnisse dieser Tagung sozusagen querstellen und in eine systematische Gliederung bringen. Im folgenden will ich auf einige Elemente der Integration eingehen, die in den Vorträgen eine besondere Rolle gespielt haben, und ich werde auf diesem Wege versuchen, wenigstens ansatzweise zu einem Gesamtbild zu gelangen, das freilich nur ein Zwischenresümee sein kann. Für die folgenden sechs Elemente habe ich mich entschieden: 1. Dynastie, 2. adelige Eliten, 3. Verwaltung und Jurisdiktion, 4. Zentrum und Peripherie, 5. Kirche, 6. Gemeinschaftsbewußtsein. Bei meinen Ausführungen will ich aber noch einen weiteren Gedanken gleichsam als Kontrapunkt mitführen. Ich habe nämlich den Eindruck gewonnen, daß das Phänomen der Integration grundsätzlich von zwei Seiten her betrachtet werden muß. Eine Seite hat Herr Maleczek in seinen einleitenden Bemerkungen vorgeführt. Nach ihm ist Integration eng mit einer Kraft verbunden, die die Vereinheitlichung betreibt. Am ehesten wird dies von einem Herrscher vollzogen, denkbar ist aber ebenso ein Adelsverband. Hier sind also politische Konzeptionen, Handlungsstrategien und zentral gesteuerte Maßnahmen zu erwarten. Es handelt sich um politische Integration, wie schon das Tagungsthema ausweist. Eine andere Seite betrifft eine nicht intendierte, gleichsam von selbst funktionierende Integration. In diese Richtung weist ein 1998 publizierter Aufsatz von Peter Moraw, den Herr Maleczek für seine Tagungskonzeption mit herangezogen hat. Moraw handelt darin von »heterogenen Strukturen und Geschehenszusammenhängen«, die im »nicht intendierten Zusammentreffen« wirksam werden, er empfiehlt, weniger auf den Gestaltungswillen eines Mannes oder weniger Leute abzuheben, sondern »in Konstellationen« zu denken[3]. Ich will in diesem Zusammenhang – um des besseren Verständnisses willen – von struktureller Integration sprechen, wiewohl mir bewußt ist, daß sich auch politische Integration auf Strukturen bezieht.

1. Dynastie. Das Geschlecht der Karolinger und hier namentlich Karl der Große und Ludwig der Fromme standen im Zentrum der Betrachtungen von Herrn Schieffer. Für ihn ist politische Integration zwingend verbunden mit Zielsetzung, zentraler Lenkung, globa-

---

3) Peter MORAW, Zur staatlich-organisatorischen Integration des Reiches im Mittelalter, in: Staatliche Vereinigung: Fördernde und hemmende Elemente in der deutschen Geschichte. Tagung der Vereinigung für Verfassungsgeschichte in Hofgeismar vom 13.3.–15.3.1995, hg. v. Wilhelm BRAUNEDER (Beihefte zu »Der Staat« 12, 1998) S. 7–36, Zitate S. 10 (zu den Anfängen der deutschen Geschichte), S. 24 (zur »Reichsreform«).

ler Weisung, mit dem konzeptionellen Entschluß. Auf diese Forderung hin überprüfte er die wesentlichen Strukturelemente des Karolingerreiches, und am Ende war sein Befund weitgehend negativ. Seine Zweifel, ob die politischen Maßnahmen der beiden fränkischen Herrscher wirklich bewußt und zielgerichtet auf die Integration des Reiches abgestimmt waren, konnten nicht ausgeräumt werden. Dies lag vor allem daran, daß es ihnen gar nicht um den inneren Zusammenhalt der verschiedenen Reichsteile ging, sondern viel eher um die Herrschaft des Königs beziehungsweise Kaisers an der Reichsspitze. Reichseinheit ist hier gleichzusetzen mit der Einheit der Herrschaft über das Reich. Es geht um die hierarchische Organisation des regierenden Hauses, um die Dynastie. Dies trifft selbst noch für die Ordinatio imperii von 817 zu, die zwar die *unitas imperii* explizit anführt, damit aber die Einheit an der Reichsspitze meint. Entsprechendes gilt für die sogenannte Reichseinheitspartei, die zu jener Zeit eine reine Kaiserpartei war. Nur einige wenige blickten damals wirklich auf den Zusammenhalt des Reiches; die Rede war von Agobard von Lyon, von Hrabanus Maurus, von Einhard. Doch handelte es sich hier um weitgehend autonome Äußerungen, nicht aber um einen Bestandteil der Politik Ludwigs des Frommen. Herr Schieffer hat sich in seinem Referat augenscheinlich eng an die Vorgaben von Herrn Maleczek gehalten und sich auf die politische Kraft konzentriert, die die Vereinheitlichung hätte betreiben müssen. Dies wären die Karolinger Karl und Ludwig gewesen, doch die wirkten nicht von sich aus integrierend. – Zu einem ganz anderen Ergebnis gelangte allerdings Herr Scharer. Auch er behandelte mit den angelsächsischen Königreichen ein frühmittelalterliches Thema, auch er folgte dem Vorschlag von Herrn Maleczek. Herr Scharer fand Konzeptionen, er fand die politische Integration. Bereits im 7. Jahrhundert müssen die angelsächsischen Könige trotz wenig gefestigter Strukturen über eine wenigstens ansatzweise integrative Kraft verfügt haben, die besonders auf militärischem Feld unter Beweis gestellt wurde. Unter der mercischen Dynastie im 7. und in der ersten Hälfte des 8. Jahrhunderts erfolgte dann ein umfassender gewaltsamer Integrationsprozeß. Die bis dahin weitgehend selbständigen Teilreiche fielen unter ihre Herrschaft. Der Gewinn der Hegemonie im angelsächsischen England war mit einer recht gut greifbaren Konzeption vor allem der Könige Aethelbald und Offa verbunden. Ihre aggressive Expansionspolitik war zum Teil wirtschaftlich motiviert, es ging ihnen um intensivere Herrschaftsausübung, und mit großem planerischen Aufwand wurde Offa's Dyke aus dem Boden gestampft, jene über 100 Kilometer lange, gegen Wales gerichtete Wallanlage. Eine wirkliche Dynastiebildung gelang aber erst im 9. Jahrhundert mit König Ecberth und seinen Nachfolgern. Unter ihnen erschien mit den Dänen ein neuer politischer Faktor, den sich vor allem König Alfred mit großem Geschick zu Nutze machen konnte. Alfred wagte in dieser prekären Situation den Ausgriff nach Mercien und initiierte im übrigen ein ehrgeiziges politisches Programm zur Errichtung und Instandhaltung von Befestigungen, auch bemühte er sich um eine Heeresreform. Die Quintessenz von Herrn Scharer ist zu jener von Herrn Schieffer im Grunde konträr. Integrative Ansätze waren im angelsächsischen England immer wieder erfolgreich, und zwar vornehmlich dann, wenn ihnen ein Konzept zugrunde lag.

Auf beide Vorträge werde ich auch im folgenden an gegebener Stelle eingehen. – Herr Vones fragte in seinem Vortrag nach der vom aragonesischen Herrscherhaus ausgehenden politischen Integration. Das Haus Barcelona als integrative Kraft der Krone Aragóns findet sich bereits im Titel seines Referats. Ausgangspunkt in der verwirrenden Vielfalt der iberischen Ereignisgeschichte waren die Grafen von Barcelona, die seit dem 11. Jahrhundert als ein Integrationskern des im Verlauf des Hochmittelalters stark expandierenden Gemeinwesens fungierten und dabei geradezu zum Mythos erhoben wurden. Integration ist bei Herrn Vones vor allem einmal expansiv, teilweise gewaltsam, und sie äußert sich in Gebietserwerb. Erfolgreich war dies bei der dynastischen Verbindung der Grafschaft Barcelona mit den beiden Königreichen Aragón und Valencia. An die Grenzen ihrer Möglichkeiten stießen die aragonesischen Herrscher aber bei ihrem Ausgriff in den Mittelmeerraum mithilfe einer zum Teil gewaltsamen Integration, die sich auf die Königreiche Mallorca und Sizilien richtete. Für die Territorien, die im Laufe der Zeit an die Krone gezogen wurden, wählte Herr Vones den Begriff »Integrationsgebiete«. Es ist zu bezweifeln, ob die von Herrn Vones vorgestellte aragonesische Expansion wirklich unter dem Begriff »Integration« gefaßt werden kann. Hier wäre vielleicht eine andere Begrifflichkeit einzusetzen, die besser zur Erklärung dient, etwa »Expansionismus« oder »hegemoniales Streben«. Im übrigen verweise ich nur auf die Bemerkung von Herrn Goez in seinem Referat, daß militärische Überlegenheit nicht unbedingt integrativ sein muß; gerade in der späten Stauferzeit habe sie eher zur Desintegration geführt.

2. Adelige Eliten. Dieser Punkt fällt wesentlich kürzer aus als der erste, denn auffallenderweise richtete sich der Blick der Referenten vornehmlich auf den Herrscher und sein Haus, weniger aber auf die Adelsgruppen, die ja gerade in den Herrschaftsverbänden des Früh- und Hochmittelalters als integrierende Faktoren in Frage kommen könnten. Berücksichtigt hat diesen Faktor aber Herr Gillingham, der sich den Problemen der Integration im angevinischen Reich zugewandt hat. In der Exposition seines Vortrages führte er aus, wie nach der normannischen Eroberung 1066 die Führungsschichten komplett ausgetauscht wurden. Der englische Adel verschwand völlig, an seine Stelle trat eine sehr einheitliche anglo-normannische Aristokratie, die für Einheit und Zusammenhalt bürgte. Auch wenn Herr Gillingham das Wort »integration« ausschließlich im Titel seines Vortrages eingesetzt hat, scheint hier doch eine wirkliche Integration vollzogen worden zu sein. – Eher am Rande ging Herr Schieffer auf die sogenannte Reichsaristokratie ein, die zwar tatsächlich stabilisierende Wirkung für die Reichseinheit zeigte, doch sicher nicht auf einen konzeptionellen Entschluß der Karolinger zurückzuführen ist. Deshalb war sie für ihn kein Element der politischen Integration.

3. Verwaltung und Jurisdiktion. Ich bleibe bei Herrn Schieffer, dessen Vortrag ein so breites Spektrum eröffnet hat. Auch im Bereich der Verwaltung des Karolingerreiches kann von einer wirklichen Integrationspolitik nicht gesprochen werden, weil die Neuerungen keinem konzeptionellen Anstoß von Seiten des Herrschers entsprangen. So sind die karolingischen Königsboten eher auf nüchternes Machtkalkül als auf bewußtes Einheitsstreben zurückzuführen. Die Kapitulariengesetzgebung war zwar geeignet, die Integration des Großreiches zu fördern, wurde aber weder von Karl noch von Ludwig in dieser Form begründet. Entsprechendes gilt für die Einführung der Grafschaftsverfassung und für die Erneuerung des Münzwesens. Bei diesen Vorgängen scheint die Wahrung der Reichseinheit kein bewußtes Handlungsziel gewesen zu sein, sie waren anders bedingt. Und die Quellen schweigen sich in dieser Hinsicht meist aus. – Zu einem ganz anderen Ergebnis gelangte Herr Guyotjeannin, der leider nicht anwesend sein konnte, in seinem Vortragstext über die Integration innerhalb der französischen Krondomäne während der Zeit ihrer großen Expansion. Herr Guyotjeannin fand in seiner breitangelegten Analyse eine wirkliche politische Integration. Er begreift die strukturelle Durchdringung der vor allem im 13. Jahrhundert immer umfangreicher werdenden, in sich ganz inhomogenen Krondomäne als eine Herausforderung des französischen Königtums, auf die dieses in ganz bestimmter Weise reagierte. Es wurde nach Wegen gesucht, zunächst tastend, immer auf das gerade anstehende Problem orientiert, mit viel Improvisation und einem oft instinktiven Pragmatismus. Der Besitzkomplex stabilisierte sich mit der Zeit und wurde homogener. Beispielsweise wurden seit dem zweiten Viertel des 13. Jahrhunderts Mitglieder der königlichen Familie in den verschiedenen Herrschaftsbereichen eingesetzt; die Rede war hier von Protoapanagen. Wichtig waren auch die königlichen Regelungen hinsichtlich der Münze. – Vielleicht nicht ganz so deutlich wie bei Herrn Guyotjeannin kam bei Herrn Gillingham die integrierende Wirkung politischer Handlungen zum Ausdruck, doch war sie auch bei ihm zu erkennen, als er über die Strukturen des angevinischen Reiches handelte. Im Umkreis der Plantegenets fand er Ansätze, die die verschiedenen Reichsteile zu einen halfen. Kammer und Kanzlei waren personell an den König gebunden, begleiteten ihn auf seinen Reisen und wurden dadurch auch auf dem Festland aktiv. Die Untersuchung der Itinerare spricht für eine starke Präsenz der Könige, für die der Festlandsbesitz eben keine fern abgelegene Kolonie darstellte. Und die Rechtsgewohnheiten in den französischen Gebieten wurden zwar nicht völlig aufgehoben, doch sind beachtliche unifizierende Neuerungen erkennbar. Als höchst interessant erwies sich in diesem Zusammenhang die Rolle der festländischen Städte, die dem Königtum besonders loyale Partner waren. Für sie ergaben sich aus der Konstruktion des Transkanalreiches erhebliche Vorteile für den Handel. Sie zeigten starkes Interesse an einer zusammengeschlossenen, stabilen Verwaltung. Stellvertretend hierfür steht der fulminante Aufstieg von La Rochelle, der Boom-Stadt, die sich unter diesen Bedingungen innerhalb weniger Jahrzehnte zu einer der erfolgreichsten Städte Europas entwickelte. Aus strukturellen Gründen hätte das angevinische Reich am Beginn des 13. Jahrhunderts also nicht zerfallen müssen. Der Zusammenhalt war noch 1204 stark genug, daß historische Alternativen möglich gewesen wären, hätte eben Johann Ohneland nicht so unglücklich agiert. – In diesem Zusammenhang kann auch ein Teil der Erkenntnisse von Herrn Goez gesehen werden, wiewohl bei ihm die steuernde, nach Einheit trachtende Kraft bei weitem nicht so deutlich erkennbar wurde. Ihm ging es um die Probleme der Integration von Reichsitalien seit Otto dem Großen. Dabei wurde von vornherein ausgeschlossen, daß Italien jemals in einen übergeordneten Verband eingegliedert werden sollte. Reichsitalien behielt immer seine Sonderstellung, war aber in vieler Hinsicht den Eingriffen der Herrscher aus ottonischem, salischem und staufischem Geschlecht ausgesetzt. Die Rede war hier unter anderem von der königlichen Münzpolitik, wobei auf die Rolle des Geldes als eines tagtäglich sichtbaren Integrationsfaktors verwiesen wurde. Die Herrscher aus dem Norden waren im hochmittelalterlichen Italien über ihre Münzen zumindest in der ersten Zeit gleichsam omnipräsent. Ähnlich starkes Gewicht wurde den *missi domini regis* beziehungsweise *imperatoris* zugesprochen, die vornehmlich in der Gerichtsbarkeit für den Herrscher tätig waren und damit als eine einheitsstiftende Instanz anzusehen sind. Ein wesentlicher Strukturmangel der kaiserlichen Herrschaft in Italien bestand hingegen darin, daß die Herrscher dort für die Zeit ihrer Abwesenheit über keinen wirklichen Stellvertreter verfügten. Das Referat von Herrn Goez hat gezeigt, daß die Verhältnisse in einer Personalunion sehr differenziert gesehen werden müssen. Bei der Verbindung zwischen Italien und dem Reich handelte es sich um eine recht komplexe Konstellation, in der bestimmte Elemente der Bindung sichtbar sind, eine wirkliche Integration aber letztlich nicht stattfinden konnte. – In mancher Hinsicht entsprechende Ergebnisse lieferte der Vortrag von Herrn Houben, der nach dem Norden nun den Süden Italiens zur Sprache brachte. Es ging ihm um die politische Integration im normannisch-staufischen Königreich Sizilien. Im Mittelpunkt standen bei ihm die durch König Roger II. durchgeführten Maßnahmen, der versuchte, einen stabilen, stark zentralisierten Reichsverband aufzubauen. In diesem Zuge sorgte er für die Errichtung einer Verwaltungsorganisation im gesamten Bereich des neuen Königreiches, auf dem Festland und auf der Insel Sizilien, die vornehmlich durch Kämmerer und Justitiare gewährleistet wurde. Weiterhin wurde durch Roger eine Provinzialgliederung ins Leben gerufen. Als integrierender Faktor war die Schaffung einer übergeordneten, wenn auch in sich uneinheitlichen Gerichtsbarkeit für das ganze Königreich von großer Bedeutung. Dies ist allerdings nur ein Aspekt des Vortrags von Herrn Houben. Denn zu Beginn seiner Ausführungen näherte er sich dem Thema von einer grundsätzlich anderen Warte. Dort wurde die Frage nach den Faktoren der normannischen Reichsbildung gestellt. Es wurden strukturelle Elemente angeführt, die den Aufbau der normannischen Herrschaft begünstigten, im einzelnen die Zersplitterung des italischen Südens, die konkurrierenden politischen Ansprüche in diesem Raum, und nicht zuletzt kam auch der Zufall, der daran mitwirkte, zu seinem Recht. Herr Houben sieht anscheinend das Zusammenwachsen des Normannenreiches in seiner frühesten Phase weniger an den Willen der Herrscher gebunden als in der Folgezeit, als Roger II., die beiden Wilhelme und dann auch die Staufer integrative Politik betrieben. Hier finden wir also jenen anderen Aspekt von Integration, auf den ich eingangs hingewiesen und den ich als strukturelle Integration bezeichnet habe. Er ist weit weniger an Personen und ihre politischen Vorstellungen gebunden als an strukturelle Zusammenhänge.

4. Zentrum und Peripherie. Eng mit den Problemen der Verwaltung verbunden ist die Frage, inwieweit es einem Herrscher gelingen konnte, größere Räume zu erfassen, wie das Verhältnis zu den einzelnen Regionen seines Herrschaftsbereiches ausbalanciert wurde, und auch, in welcher Weise sich bestimmte Kräfte an der Peripherie artikulieren konnten. Herr Guyotjeannin stellte einen wesentlichen Teil seines Beitrages unter das Begriffspaar Zentrum und Peripherie und berührte dabei unter anderem das zunehmende Ausgreifen des königlichen Itinerars, den erweiterten Ausstrahlungsbereich königlichen Gebetsgedenkens und königlicher Stiftungen, die zunehmende Einsetzung von Amtsträgern aus der Region, den besonderen Einsatz der Schriftlichkeit und das Aufkommen neuer Versammlungsformen. Ein Ergebnis seiner Analyse ist, daß den einzelnen Landschaften ihre spezifischen Eigenheiten nicht grundsätzlich genommen, sondern diese vom Herrscher eher noch gefördert wurden. – Der Vortrag von Herrn Schreiner stellte auf dieser Tagung in gewisser Hinsicht einen Sonderfall dar. Denn er bot nicht, wie eigentlich alle anderen Referenten, eine mehr oder weniger umfassende Sammlung von Möglichkeiten der Integration, sondern wandte sich fast ausschließlich dem Problem von Zentrum und Provinz im byzantinischen Reich zu. Daß die politische Integration für Byzanz im Grunde nie ein Problem darstellte, wurde dabei stillschweigend vorausgesetzt. Das byzantinische Reich war bis zuletzt ein Staat mit voll funktionierenden Organen; Währung, Sprache und Religion waren einheitlich. Hier findet sich ein ausgeprägter Zentralismus, der zentrifugalen Kräften nur sehr selten Raum ließ. Das Reich scheint wirklich ein weitgehend monolithischer Block gewesen zu sein, durch und durch integriert. Differenzierter aber ist das Verhältnis zwischen der Hauptstadt Konstantinopel und der Provinz zu sehen. Gerade auf kulturellem Gebiet hatte die Provinz einige Bedeutung für die Hauptstadt. In dieser Hinsicht wurden in Herrn Schreiners Vortrag integrierende Faktoren im kulturellen Bereich präsentiert, wie sie in diesem Rahmen ansonsten nur vereinzelt Beachtung fanden. Verbindungen zwischen Hauptstadt und Provinz werden beispielsweise in der Literatur erkennbar, deutlicher vielleicht noch im Schriftwesen, wenn mehrere Schriftreformen von außerhalb kamen, und auch in der Mönchskultur, für die die Provinz eine echte Domäne darstellte. Verbindendes Element waren also in diesem Fall nicht nur die üblichen herrschaftlichen und verwaltungstechnischen Aktivitäten der Kaiser. Integrierend wirkten auch Beziehungslinien und -geflechte. Wieder, wie schon beim Vortrag von Herrn Houben, finden sich hier Faktoren der strukturellen Integration, die keiner bewußten Steuerung unterlagen, sondern sozusagen von selbst funktionierten, es finden sich Strukturelemente, die geeignet waren, ein Gemeinwesen von sich aus zusammenzuhalten.

5. Kirche. Wenn es im Mittelalter, zumal in den früheren Phasen, einen wirklich integrationsfördernden Faktor gab, war dies die alle Bereiche des Lebens und auch der Politik umfassende Kirche, so möchte man eigentlich meinen. Herr Schieffer zeigte sich allerdings auch in dieser Hinsicht – ganz konsequent gedacht – eher reserviert. Seiner Ansicht nach existierte zwar ein übergreifendes gedankliches Konzept der Karolinger im geistlichen Bereich, doch war dies nicht auf die Einheit des Reiches bezogen. Im wesentlichen reagierte man auf Mißstände der kirchlichen Verhältnisse und wollte deren Besserung; *emendatio* ist hier der einschlägige Quellenterminus. Auch die bald flächendeckende Metropolitanverfassung war von den Dimensionen des Großreiches begünstigt, beruhte aber keineswegs auf einer globalen Weisung der Karolinger. Die Benediktsregel wurde von den Karolingern zwar zentral als Norm verordnet und entwickelte sich auf diese Weise zur Richtschnur des Mönchtums schlechthin, doch agierte der Herrscher dabei nicht als Gebieter des Reiches, sondern der Kirche, wenn beide auch vielfach in eins gingen. Überhaupt war die Kirche für die Zeitgenossen viel besser faßbar als der Reichsbegriff. – Herr Scharer gelangte auch in dieser Hinsicht zu anderen Ergebnissen. Für ihn waren in der angelsächsischen Frühzeit die Christianisierung und die Etablierung kirchlicher Strukturen durch die Herrschaft von großer Wichtigkeit. Als Christen schufen die Könige einen großräumigen Herrschaftsverband. Dabei bemühten sie sich frühzeitig um die Einführung einer Bistumsorganisation, mit der nicht nur der Zusammenhalt der Kirche, sondern auch der angelsächsischen Reiche gefördert wurde. Die politische Integration wurde in gewisser Hinsicht durch die kirchliche vorweggenommen. – Auch Herr Houben erkannte für das Königreich Sizilien die integrationsfördernde und herrschaftsstabilisierende Funktion der lateinischen Kirche, die vom Monarchen in starker Abhängigkeit stand. Eher auf einer vom Herrscher gelösten Ebene sind allerdings die großen Abteien und die 145 teilweise winzigen Diözesen zu betrachten, die das ganze Königreich mit einem kapillaren Netz römisch-lateinischer Kultur überzogen. Gerade durch die Betonung netzartiger Verbindungen wurde deutlich gemacht, wie Einigungstendenzen gleichsam an der Basis wirksam wurden und ihre Auswirkungen zeitigen konnten.

6. *Gemeinschaftsbewußtsein.* Ein gewisses Schattendasein, wenn auch in den Diskussionen wiederholt eingefordert, spielte auf dieser Tagung die Frage von Gemeinschaftsbewußtsein und Identität, die im Umkreis der Integrationsproblematik gewiß nicht ohne Bedeutung ist. Fast schon selbstverständlich ist es, daß auch hier keine oder wenigstens keine unmittelbaren Eingriffe von herrscherlicher Seite zu konstatieren sind, sondern daß es sich um verbindende Faktoren handelt, die unterhalb der Tagespolitik im Rahmen einer strukturellen Integration wirksam wurden. Herr Scharer hat vorgeführt, wie die angelsächsische Kirche vor allem durch den Bezug auf Gregor den Großen eine gemeinsame Identität förderte. Dessen am Anfang des 8. Jahrhunderts in Whitby entstandene Vita läßt dies erkennen, wenn sie wiederholt von *noster sanctus Gregorius* spricht. Gemeinschaftsbewußtsein in einem Heiligenkult scheint im Rahmen einheitschaffender Vorgänge von einiger Bedeutung gewesen zu sein. – Besonders deutlich zeigte Herr Goez bewußtseinsbestimmende Faktoren auf, und zwar anhand der Herrscherdatierungen in den sogenannten Privaturkunden seines italischen Untersuchungsraumes. Nicht gerade für jedermann, aber doch für viele sichtbar und tief im täglichen Leben verwurzelt, bedeutete dies eine erhebliche Integrationskraft. Sehr deutlich wird hier eine mentale Integration erkennbar. – Wenigstens

kurz soll darauf verwiesen werden, daß Herr Houben als ein integrationshemmendes Element im Königreich Sizilien vorrangig das fehlende Gemeinschaftsbewußtsein anführte.

Haben wir nun mit dem Begriff der Integration einen methodischen Schlüssel erhalten, der uns durch sein Erklärungspotential das Verständnis des Werdens mittelalterlicher Gemeinwesen besser erschließt? Stellt die mittelalterliche Integrationsforschung einen neuen Weg der politischen und der Verfassungsgeschichte dar? Wie tragfähig ist dieser Begriff? Ich habe in der Diskussion, aber auch im Umfeld der Tagung den Eindruck gewonnen, daß die Meinung vieler Teilnehmer eher zurückhaltend ist; teilweise herrscht auch Irritation. Besonders deutlich distanziert hat sich Herr Kölzer, der in der Diskussion die Frage stellte, ob Integration ein den mittelalterlichen Verhältnissen angemessener Begriff sei. Andere mögen ähnlich denken. Unsere Integration steht unter Anachronismusverdacht. Einige Argumente meinerseits können vielleicht zum Weiterdenken über eine Thematik anregen, die auch außerhalb des Konstanzer Arbeitskreises gewiß noch eingehend diskutiert werden wird. Ich knüpfe an meinen eingangs geäußerten Vorschlag an, das Phänomen der Integration prinzipiell von zwei Seiten her zu betrachten. Die beiden möglichen Zugänge wurden bereits kurz angesprochen, zum einen anhand der Tagungseröffnung von Herrn Maleczek und zum anderen anhand des Aufsatzes von Herrn Moraw. Der erste Zugang entspricht, wie sollte es anders sein, der Konzeption dieser Tagung; schon das Tagungsthema enthält ja den Begriff »politische Integration«. Der zweite Zugang hingegen, der Blick auf die heterogenen Strukturen und Geschehenszusammenhänge, war, betrachtet man die Auswahl der Themen, für diese Konferenz gar nicht weiter ins Auge gefaßt worden. Er brach sich dann aber in den Referaten wie auch in der Diskussion immer wieder Bahn.

Politische Integration bedarf einer Finalität, so stellte Herr Neisser in seinem Einleitungsreferat fest. Angesichts eines immer dichter werdenden Einigungsprozesses innerhalb der Europäischen Union, so eine seiner zentralen Aussagen, müsse man sich wieder einmal die Frage stellen, wohin das alles führen soll. Nach Zielsetzungen, Intentionen und politischen Konzeptionen wurde auch im Verlauf dieser Tagung wiederholt gefragt, so zum Beispiel von Herrn Kölzer angesichts des Organisationswerkes des sizilischen Königs Roger II. Die Antwort von Herrn Houben fiel fast ausweichend aus: Der König wollte vor allem seine Herrschaft absichern, welchen Intentionen er aber im einzelnen gefolgt sei, das könne man nicht mit Sicherheit wissen. Ein wesentliches Problem dieses Zugangs ist mit diesem Einzelfall bereits angesprochen. Inwieweit kann man einem mittelalterlichen Herrscher überhaupt zielgerichtetes Handeln unterstellen? Inwieweit war zu jener Zeit das Denken in politischen Konzeptionen mit festen Zielvorstellungen, die vielleicht sogar über die Generationen hin lebendig blieben, schon möglich? Inwieweit betrieb man damals eigentlich schon Politik im engeren Sinne, definiert durch die Vertretung und Durchsetzung bestimmter Ziele? Nur wenn sich diese Fragen positiv beantworten lassen, nur wenn es im Mittelalter so etwas wie eine Integrationspolitik gab, ist es gerechtfertigt, sich mit politischer Integration zu beschäftigen.

Bei der Beantwortung meiner Fragen muß zeitlich differenziert werden. In der frühen Zeit ist, gerade was die dynastische Politik betrifft, wohl sehr behutsam vorzugehen. Hier hat mich das Tableau von Herrn Schieffer in hohem Maße überzeugt. Ausgehend von der Prämisse, daß ohne einen konzeptionellen Entschluß keine Integration – ich ergänze: keine politische Integration – vorstellbar sei, gelangte er zu einem negativen Befund. Karl der Große und Ludwig der Fromme wirkten von sich aus im Reich nicht integrierend, und vielleicht konnten sie das auch gar nicht, weil es für das Denken der Zeit noch zu früh war. Anders scheinen die Verhältnisse im hohen Mittelalter zu liegen. Dies haben vor allem die Bemerkungen der verschiedenen Referenten zu Verwaltung und Jurisdiktion in beeindruckender Weise deutlich gemacht. So hat Herr Guyotjeannin geradezu modellhaft ein breites und höchst differenziertes Spektrum geboten, in dem die Bemühungen der französischen Könige um ihre Krondomäne in all ihren Facetten ausgebreitet wurden. Hier scheint eine steuernde Kraft existiert zu haben, auch wenn sie zum Teil tastend und instinktiv vorging. Und nicht grundsätzlich anders sah es im angevinischen Reich aus. Selbst Roger II. scheint im Königreich Sizilien bestimmte Konzeptionen verfolgt zu haben, wenn diese auch sicher nicht von vornherein festgeschrieben und genau definiert waren. Meines Erachtens gab es zu jener Zeit so etwas wie politische Intention, nur sollte dies nicht überbewertet werden. Politische Zielvorstellungen, die sich auf den Zusammenschluß von Herrschaften und vor allem auf deren innere Festigung richteten, kann ich mir seit dem hohen Mittelalter vorstellen. Doch sind die Einwände hiergegen nicht auf die leichte Schulter zu nehmen, wenn etwa Herr Bünz zu bedenken gab, daß vieles, was für jene Zeit als Integration beschrieben werde, lediglich herrscherliches Handeln sei, wobei die Intention nur schwer ausgemacht werden könne, oder wenn Herr Schneidmüller einwandte, die Bedeutung der dynastischen Politik sei im Mittelalter von so großer Bedeutung gewesen, daß es Integration eigentlich gar nicht brauchte.

Geht die politische Integration vom Willen des Herrschers aus und wirkt sozusagen von oben, so betrifft die strukturelle Integration die inneren Verhältnisse und Konstellationen. Sie kommt von unten. Strukturelle Integration wird vornehmlich aus der Rückschau erkennbar, sie ist vom Ergebnis her orientiert. Wo bei der politischen Integration Personen wirken, sind es bei der strukturellen Integration Faktoren. Wo dort Konzepte und Intentionen erkennbar werden, ist es hier der Zufall. Es wächst etwas zusammen, ohne daß ein wirklicher Anstoß auszumachen ist und ohne daß es unbedingt zusammengehören müßte. Oder, um es mit den Worten von Herrn Kamp auszudrücken: Es ist die Einheit ohne Willen, unter Umständen auch die Einheit wider Willen.

Strukturelle Integration ist bereits in den frühen Phasen des Mittelalters vorstellbar. Hierauf dürfte Herr Müller-Mertens in seiner Replik auf den Vortrag von Herrn Schieffer abgehoben haben, wenn er für das Karolingerreich dennoch integrierende Faktoren – von ihm bezeichnet als materielle Strukturen – erkannte: das Königsgut, Grundbesitz, Straßen, die Kommunikation mit dem Königshof, überhaupt die Infrastruktur. Mehr noch wurden wir mit Phänomenen dieser Art im Bereich des Hochmittelalters konfrontiert, was schon durch die Auswahl der Themen dieser Tagung bewirkt wurde. Habe ich vorhin noch Verwaltung und Jurisdiktion als Domäne der politischen Integration gekennzeichnet, so finden sich hier auch Entwicklungen, die unter dem Begriff der strukturellen Integration gefaßt werden können. Noch einmal will ich auf den Vortrag von Herrn Houben verweisen, der die Konstituierung des Normannenreiches in seiner frühesten Phase weitgehend unabhängig vom Herrscher sah. Ganz in den Bereich der Strukturen gelangen wir bei der Betrachtung der Aspekte Zentrum/Peripherie, Kirche und Gemeinschaftsbewußtsein. Das Verhältnis von Hauptstadt und Provinz läßt sich in seiner kulturellen Dimension durch Faktoren der Integration fassen, die gleichsam von selbst wirkten. Die Kirche im Königreich Sizilien funktionierte in mancher Hinsicht als Netzwerk und reagierte nicht zwingend auf die Intentionen des Herrschers. Die Integration Reichsitaliens ist zwar intentional im wesentlichen gescheitert, sie war aber strukturell – ich erinnere an die Herrscherdatierungen von Herrn Goez – im Bewußtsein präsent.

Zum Abschluß meiner Zusammenfassung will ich über die Vorträge dieser Tagung hinaus im Hinblick auf die Tragfähigkeit des Integrationsbegriffes noch einige Perspektiven benennen. Fast durchweg tendieren sie in Richtung struktureller Integration, womit ich mich von der Konzeption der Tagung nun allerdings fast schon unzulässig weit entferne. Mehrere Bereiche wurden in der Diskussion angesprochen, weil sie in den Referaten zu wenig oder gar keine Berücksichtigung gefunden hätten. Besonders betont wurde hier der Komplex der Wirtschaft. Die Einbeziehung von wirtschaftlichen Aspekten wurde von verschiedenen Diskutanten angemahnt, wobei das Münzwesen als ein möglicherweise sehr aussagekräftiger Faktor der Integration eigens herausgehoben wurde. Ähnlich verhält es sich mit der Sprache als Integrationsfaktor. Auch hier bestehen anscheinend Erkenntnisdefizite. Im Anschluß an den Vortrag von Herrn Schreiner sprachen Herr Fouquet und Herr Struve die Hauptstadtproblematik an. Besonders unter Einbeziehung der Residenzen scheint hier einiges möglich zu sein. Und schließlich sollte, wer von Integration spricht, auch an die Möglichkeit der Desintegration denken. Mehrfach wurde eine Formel angesprochen, die auf Anhieb erst einmal widersinnig klingen mag: Desintegration durch Integration. Doch scheint eine solche Konstellation durchaus vorstellbar, wie das gewaltsame Vorgehen der Staufer in Italien oder auch der Grafen von Barcelona im westlichen Mittelmeerraum zeigte. Daß darüber hinaus ganze Teilgebiete der mittelalterlichen Geschichte unter den Prämissen der strukturellen Integration betrachtet werden können, sei hier nur angedeutet. Verwiesen sei auf die italienischen Stadtkommunen, an denen die Staufer zwar scheiterten, die ihrerseits aber integrativ wirkten, auf das Kirchenrecht, wenn etwa die Privatarbeit Gratians nun wahrlich integrierende Wirkungen zeigte, oder – nun aber schon mit dem Blick ins Spätmittelalter – auf die nach den Vorstellungen der Zeit fast unermeßliche Räume verbindende und überbrückende Hanse. Dies alles ist möglicherweise – das müßte eben überprüft werden – durchführbar, wenn in den Fragestellungen nicht allein die politischen Intentionen berührt, sondern auch auch die Einheit ohne Willen mit einbezogen wird. Vielleicht hat der Duden ja wirklich recht, wenn er ganz unspezifi-

ziert die Auskunft gibt: Integration ist die »Herstellung einer Einheit aus Differenziertem«.

Fragen der politischen Integration im mittelalterlichen Europa II. Hoch- und Spätmittelalter

Eine Zusammenfassung[1]

VON HERIBERT MÜLLER

I. Prolegomena

»Haben wir nun mit dem Begriff der Integration einen methodischen Schlüssel erhalten, der uns durch sein Erklärungspotential das Verständnis des Werdens mittelalterlicher Gemeinwesen besser erschließt? Stellt die mittelalterliche Integrationsforschung einen neuen Weg der Politik- und der Verfassungsgeschichte dar? Wie tragfähig ist dieser Begriff? Ich habe in der Diskussion, aber auch im Umfeld der Tagung den Eindruck gewonnen, daß die Meinung vieler Teilnehmer eher zurückhaltend ist; teilweise herrscht auch Irritation«. Mit solchen Worten hat Matthias Thumser in seiner Zusammenfassung des ersten Teils der Tagung die damalige Sach- und Stimmungslage skizziert, um die Skepsis mit der Wiedergabe zweier Voten noch zu verstärken: Ist nicht vieles von dem, was wir für jene Zeit – d. h. das Früh- und Hochmittelalter – als Integration beschreiben, schlicht herrscherliches Handeln? Dieser Einwand von Enno Bünz, im Verein mit jenem »pragmatisme instinctif«, den Olivier Guyotjeannin in seinem (in Übersetzung verlesenen) Referat den französischen Königen des 13. Jahrhunderts zuerkannte, läßt sich, wenn man besagtes Handeln von sicher nicht selten zu unterstellenden expansionistischen und bzw. oder hegemonialen Intentionen bestimmt sieht, sogar noch einfacher auf den Punkt bringen: »solange das äußere Wachstum dauert, strebt jede Macht nach völliger Ausrundung und Vollendung (nach innen und außen!) und hält kein Recht des Schwächern für gültig ... Endlich bildet sich ein permanentes Gelüste des Arrondirens; man nimmt, was Einem gelegen liegt und was man erwischen kann ...«. Undifferenzierte Platitüde? Nein, Jacob

---

1) Die am 11. IV. 2003 vorgetragene Zusammenfassung gelangt mit geringen Änderungen und unter Berücksichtigung von Voten, die in der sich daran anschließenden Schlußdiskussion vorgebracht wurden, zum Abdruck. Die Anmerkungen beziehen sich nur auf mir relevant erscheinende Sachverhalte, die kein Thema eines Vortrags waren bzw. in den Vorträgen nicht oder nicht ausführlich erörtert wurden bzw. werden konnten; sie führen dafür einschlägige Literatur sowie des weiteren einige bis Ende 2003 neuerschienene Titel auf.
Für kritische Durchsicht des Manuskripts danke ich Jessika Nowak, Oliver Hihn und Dr. Christian Kleinert (alle Frankfurt a.M.).

Burckhardt: »Weltgeschichtliche Betrachtungen«[2]. Und es klingen uns noch die Worte von Herrn Blockmans im Ohr: »Alle mittelalterlichen Dynastien strebten danach, möglichst viele Titel und Territorien zu erwerben, um ihre Macht auszubreiten ... Man konnte von einem Territorialgewinn mindestens erwarten, daß das Ansehen des betroffenen Fürsten dadurch steigen würde ... Ob man diese Besitzungen, die Hunderte von Kilometern auseinanderlagen, effektiv verwalten könne [man mag da von Ferne an »Integration« denken; H. M.], ist eine Frage, die nicht erörtert wurde« – bereits 1987 hatte er in ähnlichem Zusammenhang von »feudal-dynastische(r) Expansionssucht«[3] gesprochen. Doch zurück zur Herbsttagung, zum zweiten Einwand; er stammt vom Autor einer Monographie über die Welfendynastie und zielt in eine ähnliche Richtung wie der Hinweis von Herrn Blockmans auf die Intentionen mittelalterlicher Dynastien: War dynastische Politik im Mittelalter nicht derart von Gewicht, daß es der Integration eigentlich gar nicht bedurfte? Auf das fragende Bedenken von Bernd Schneidmüller wird noch mehrfach zurückzukommen sein.

Hoffnung verhieß uns Herrn Thumsers Zusammenfassung indes auch: »Politische Zielvorstellungen, die sich auf den Zusammenschluß von Herrschaften und vor allem auf deren innere Festigung richteten, kann ich mir seit dem hohen Mittelalter vorstellen«. Eine Hoffnung, die wohl nicht zuletzt auf besagtem, teilweise aber schon in das spätere Mittelalter weisendem Beitrag: »L'intégration des grandes acquisitions de la royauté capétienne (XIIIᵉ-début XIVᵉ siècle)« von Guyotjeannin beruht. Oder unter Blick auf besagte Stimmungslage: Mit Frankreich im 13. Jahrhundert, da könnte es, salopp gesagt, eigentlich losgehen, da könnte sich das Tagungsthema in der Tat als tragfähig erweisen.

Eine Hoffnung, die mit dem Abendvortrag von Herrn Miethke, der den zweiten Tagungsteil eröffnete, wieder einen – und zwar theoretischen – Dämpfer erhielt: Wenn man nämlich die einschlägigen Autoren der Scholastik – denn um Scholastiker handelt es sich bei den politischen Theoretikern des späteren Mittelalters allemal – auf Aussagen zu unserem Thema hin durchmustert, ist schlicht Fehlanzeige zu vermelden (Herr Maleczek sprach vorsichtiger von »einer gewissen Zurückhaltung«). Der moderne Begriff »Integration« wird weder direkt noch indirekt von irgendeinem mittelalterlichen Konzept gedeckt. Wohl läßt sich etwa bei Johannes von Salisbury und noch deutlicher bei Thomas von Aquin in dessen spätem Traktat *De regno* das metaphysische Prinzip der Einheit als Aufgabe und Ziel staatlicher Ordnung festmachen, allerdings unterbleibt in diesem unvollendet gebliebenen Werk – obwohl einem Herrscher der Zeit, dem König von Zypern, gewidmet – jegliche Konkretisierung. Sein offener Charakter erlaubte unterschiedlichste

---

2) J. BURCKHARDT, Über das Studium der Geschichte. Der Text der Weltgeschichtlichen Betrachtungen auf Grund der Vorarbeiten von E. ZIEGLER, hg. v. P. GANZ, München 1982, S. 259f.

3) W.P. BLOCKMANS, Stadt, Region und Staat: ein Dreiecksverhältnis – Der Kasus der Niederlande im 15. Jahrhundert, in: Europa 1500. Integrationsprozesse im Widerstreit: Staaten, Regionen, Personenverbände, Christenheit, hg. v. F. SEIBT/W. EBERHARD, Stuttgart 1987, S. 226.

Interpretationen und Fortschreibungen, unter denen vor allem die des Pariser Dominikaners Jean Quidort interessiert, der zwischen einer durch das Wort weit, potentiell gren-
zenlos wirkenden geistlichen Gewalt und einer weltlichen unterscheidet, die mit dem
Schwert nur begrenzt Schlagkraft entfalten kann, was zum einen die Vielzahl der Reiche
erklärt, zum anderen aber auch die Möglichkeit, daß sie geschlossener, wir sind geneigt zu
sagen: daß sie integrierende Größen sein können. Wobei mit Quidort zudem das unter Bonifaz VIII. in aller Schärfe gestellte Thema »Kirche und Staat« angesprochen ist, das dann
bekanntlich gegensätzlichste Behandlung von Aegidius Romanus bis hin zu Marsilius von
Padua gefunden hat. Aus dessen auf die Volkssouveränität vorweisender Lehre mag man
Integration als Aufgabe politischer Gestaltung herauslesen, was Marsilius aber selbst
wohlgemerkt so nie formuliert. Auch in den Ausführungen der Theoretiker zu Aufgaben
und Instrumentarien königlicher Herrschaft wie Gesetzgebung, Kodifikation, Rechtswahrung und Gerichtsbarkeit, die man ja durchaus als Faktoren der Integration werten
kann, finden sich entsprechende Hinweise und Einschätzungen ebensowenig wie in den
Erörterungen über Partizipation; sei es nun bei der Einbeziehung von Rat und Räten, wodurch die monarchische Leitungsgewalt im Interesse der Einheit gerade den Adel integrieren sollte (Nicolas Oresme, Ramon Llull), sei es dann bei den Generalkonzilien, die
ein Wilhelm von Ockham als Repräsentanz der gesamten Christenheit unter Einschluß der
Laien verstand und die für ihn nur in solcher Form eine umfassende *concordia* gewährleisteten. Herrn Miethkes anschließende Ausführungen zu Nikolaus von Kues scheinen
von besonderem Interesse: In der *Concordantia catholica* stellt Einheit oder besser: Einigung sich als dynamischer Prozeß dar, im kirchlichen wie weltlichen Bereich beruhend auf
allgemeinem, auch Nachgeordnete und Untergebene einschließendem Konsens. Und so
zielen denn auch die im dritten Buch der *Concordantia catholica* eingebrachten Vorschläge
des Kusaners zur Reichsreform allesamt auf eine ebenso breite, repräsentative Beteiligung
wie auf allgemeine Bekanntmachung und Kenntnis der von den Repräsentativorganen
getroffenen Beschlüsse: Kues entwickelt ganz konkrete und dennoch utopische Integra-
tionsvorstellungen; das Ideal kommunikativer Kohärenz ist das eine, die deutsche Verfassungswirklichkeit und die technisch-logistischen Möglichkeiten der Epoche sind das andere. Konkordanz, Konsens, Kohärenz – mit Cusanus, jenem Denker sui generis, den man
kaum mehr als Scholastiker bezeichnen mag, scheinen sich, nicht zuletzt unter den Aspekten Reich und Reichsreform, neue Perspektiven zu eröffnen[4].

---

4) Vgl. auch H. J. Sieben, Der Konzilstraktat des Nikolaus von Kues: *De concordantia catholica*, in: AHC
14 (1982), S. 215–220; H. Heimpel, Die Vener von Gmünd und Strassburg 1162–1447. Studien und Texte
…, Bd. 2 (VMPIG. 52/2), Göttingen 1982, S. 859–877; E. Meuthen, Nikolaus von Kues 1401–1464. Skizze
einer Biographie, Münster [7]1992, S. 45f.; K.-F. Krieger, König, Reich und Reichsreform im Spätmittelalter
(EDG. 14), München [2]2005, S. 50f.; J. Helmrath, *Geistlich und werntlich*. Zur Beziehung von Konzilien
und Reichsversammlungen im 15. Jahrhundert, in: Deutscher Königshof, Hoftag und Reichstag im späten
Mittelalter, hg. v. P. Moraw (VuF. 48), Stuttgart 2002, S. 492ff.

Doch vom Reich des Spätmittelalters als Ganzem und von Reichsreform, vom Kaisertum »als supranationaler integrativer Größe im Spätmittelalter« war auf der Tagung, obgleich – zumindest mit Blick auf den letzten Punkt – ursprünglich intendiert, bewußt keine Rede, wie wir den einleitenden Bemerkungen von Herrn Miethke entnehmen konnten. Das mag man, auch aus ganz anderem Blickwinkel, bedauern: Welche Auswirkungen hatten etwa die auf das Reich des 15. Jahrhunderts von außen zukommenden Bedrohungen? Wirkten der vom Dauphin geführte Armagnakeneinfall und die lothringische Kampagne König Karls VII. von Frankreich 1444/45 und dann vor allem die Türkengefahr, von dem Italiener Enea Silvio Piccolomini auf den deutschen Reichstagen mit dem Ziel eines Zusammenfindens im Widerstand rhetorisch meisterhaft thematisiert[5], einigend, ja integrierend – zumindest auf Zeit? Und bewirkte der *Türk im Occident* Karl der Kühne Ähnliches[6]? Erinnert sei an den zwar nur unter Mühen und schwerfällig in Gang kommenden, so doch immerhin Wirklichkeit werdenden Reichskrieg gegen den 1474 ins Kölner Erzstift eingefallenen Burgunder, in dessen Vor- und Umfeld von Seiten Kölns, aber auch des Kaisers wiederholt appelliert wurde, alles zu tun, damit *die gantze duytsche natien ... nyet an vreymde herren noch tzungen en komen noch gedrongen werde*[7]: Lediglich momentane Zweckpropaganda, derer ein Friedrich III. sich fallweise zu bedienen wußte, wie er

---

5) Reaktion auf den Armagnakeneinfall sowie auf die französische Besetzung von Épinal und die Belagerung von Metz: Deutsche Reichstagsakten, Bd. XVII: Deutsche Reichstagsakten unter Kaiser Friedrich III., 3. Abt.: 1442–1445, hg. v. W. KAEMMERER, Göttingen 1963, n. 208–289 – Türken/Pius II.: J. HELMRATH, Pius II. und die Türken, in: Europa und die Türken in der Renaissance, hg. v. B. GUTHMÜLLER/W. KÜHLMANN (Frühe Neuzeit. 54), Tübingen 2000, S. 79–137, bes. S. 92ff. Vgl. DERS., Reden auf Reichsversammlungen im 15. und 16. Jahrhundert, in: *Licet preter solitum*. Festschrift f. L. Falkenstein, hg. v. L. KÉRY/D. LOHRMANN/H. MÜLLER, Aachen 1998, S. 272–277; DERS., The German *Reichstage* and the Crusade, in: Crusading in the Fifteenth Century. Message and Impact, hg. v. N. HOUSLEY, Basingstoke 2004, S. 57–62.
6) So wird der Burgunder in einem zeitgenössischen Lied zum Neusser Krieg bezeichnet; vgl. CL. SIEBER-LEHMANN, Der türkische Sultan Mehmed II. und Karl der Kühne, der *Türk im Occident*, in: Europa und die osmanische Expansion im ausgehenden Mittelalter, hg. v. F.-R. ERKENS (ZHF-Beih. 20), Berlin 1997, S. 19–38; vgl. DERS., *Teutsche Nation* und Eidgenossenschaft. Der Zusammenhang zwischen Türken- und Burgunderkriegen, in: HZ 253 (1991), S. 660f. A. 160.
7) Historisches Archiv der Stadt Köln, Briefbuch 30, f. 197 (Köln an Braunschweig, 1474 X 8), zit. nach B.-M. WÜBBEKE, Die Stadt Köln und der Neusser Krieg, in: Geschichte in Köln 24 (1988), S. 52 A. 99 (mit weiteren Belegen); vgl. ebd., S. 44–53. S. auch A. SCHRÖCKER, Die deutsche Nation. Beobachtungen zur politischen Propaganda des ausgehenden 15. Jahrhunderts (Histor. Studien. 426), Husum 1974, S. 41ff.; H. THOMAS, Die deutsche Nation und Martin Luther, in: HJb 105 (1985), S. 442f.; E. ISENMANN, Integrations- und Konsolidierungsprobleme der Reichsordnung in der zweiten Hälfte des 15. Jahrhunderts, in: Europa 1500 (wie Anm. 3: BLOCKMANS), S. 118, 123; D. BUSSE, *Heilig Reich, Teutsch Nacion, Tutsche Lande*. Zur Geschichte kollektiver Selbstbezeichnungen in frühneuhochdeutschen Urkundentexten, in: Begriffsgeschichte und Diskursgeschichte. Methodenfragen und Forschungsergebnisse der historischen Semantik, hg. v. D. B./F. HERMANNS/W. TEUBERT, Opladen 1994, S. 292 (grundsätzlich wird in dieser auch das 15. Jahrhundert einbeziehenden Arbeit *Teutsch Nacion* als vornehmlich geographischer Begriff betrachtet).

es dann auch bei der Sicherung von Maximilians burgundischem Erbe gegen Ansprüche des französischen Königs tat? Doch was hätte ihr Einsatz ohne das Vorhandensein eines gewissen »Resonanzbodens« gebracht? Indiz also für eine sich unter äußeren Bedrohungen zaghaft und mit Unterbrüchen anbahnende Integration im Zeichen eines prae- oder protonational getönten Gefühls der Zusammengehörigkeit? Sind im übrigen nicht auch besagte, sich in jenem Saeculum formierende und ausbildende Reichstage trotz aller nur zu bekannten Unvollkommenheiten und divergierenden Partikularinteressen ein integrierendes Ferment auf Reichsebene[8]? Gäbe nicht all dies Anlaß zu weiteren Korrekturen an der ohnehin seit einigen Jahrzehnten in grundlegendem Wandel begriffenen traditionellen Sicht eines im Spätmittelalter von Verfall und Auseinanderfallen gezeichneten Reichs?

Und welche Rolle spielten jene *tzungen*? In einer Quelle zum Regensburger Türkentag von 1454, einem Dokument zur Reichsreform – sie erschien angesichts solch »außenpolitischer« Gefahr dringlicher denn je –, begegnet der Begriff *deutsches gezung* nicht weniger als siebzehnmal[9].Das läßt des weiteren an die hussitische Bewegung denken, welche die böhmische Nation ja auch als Sprachvolk zu definieren suchte – man hätte gut und gerne neben dem auf das Programm gesetzten Thema der Integrationskraft von Böhmens Krone unter den Luxemburgern des 14. Jahrhunderts auch Böhmen unter dem Hussitismus als zugleich exkludierendem wie integrierendem Faktor zum Tagungsthema machen können[10].

8) Hierzu G. ANNAS, Hoftag – Gemeiner Tag – Reichstag. Studien zur strukturellen Entwicklung deutscher Reichsversammlungen des späten Mittelalters (1349–1471), 2 Bde. (Schriftenreihe der Histor. Kommission bei der Bayer. Akademie der Wissenschaften. 68), Göttingen 2004. Zur dort eingehend abgehandelten Position von P. MORAW s. exemplarisch dessen Studie: Versuch über die Entstehung des Reichstags [1980, ND], in: P. M., Über König und Reich. Aufsätze zur deutschen Verfassungsgeschichte des späten Mittelalters, hg. v. R. C. SCHWINGES, Sigmaringen 1995, S. 207–242. Auf ihn gehen (unter Aufführung seiner weiteren Publikationen zum Thema) ebenfalls ein: KRIEGER, König (wie Anm. 4), S. 113, sowie HELMRATH, *Geistlich und werntlich* (wie Anm. 4), S. 494f. Einschlägig zudem R. SEYBOTH, Die Reichstage der 1480er Jahre, in: Deutscher Königshof (s. HELMRATH: Anm. 4), S. 519–545; E. ISENMANN, Kaiser, Reich und deutsche Nation am Ausgang des 15. Jahrhunderts, in: Ansätze und Diskontinuität deutscher Nationsbildung im Mittelalter, hg. v. J. EHLERS (Nationes. 8), Sigmaringen 1989, S. 208: »Für die Entwicklung von Hoftag zum Reichstag und damit auch für die Integration von Nation und Reich ...«.
9) Aufzeichnung der Darlegungen des trierischen Gesandten Johann von Lieser zur Reichsreform: Deutsche Reichstagsakten, Bd. XIX/1: Deutsche Reichstagsakten unter Kaiser Friedrich III., 5. Abt./1. Hälfte: 1453–1454, hg. v. H. WEIGEL/H. GRÜNEISEN, Göttingen 1969, n. 29,3; vgl. THOMAS, Die deutsche Nation (wie Anm. 7), S. 439 f.; ISENMANN, Integrations- und Konsolidierungsprobleme (wie Anm. 7), S. 115, 117 – Zur grundsätzlichen Problematik des Begriffs »Außenpolitik« im spätmittelalterlichen Kontext s. zuletzt die einleitenden Beiträge zum Sammelband: Auswärtige Politik und internationale Beziehungen im Mittelalter (13. bis 16. Jahrhundert), hg. v. D. BERG/M. KINTZINGER/P. MONNET (Europa in der Geschichte. 6), Bochum 2002.
10) *Linguagium Bohemicum/behemisch gezung/jazyk česko*: F. SEIBT, Hussitica. Zur Struktur einer Revolution (Beih. zum AKG. 8), Köln – Graz ²1990, S. 58–124; THOMAS, Die deutsche Nation (wie Anm. 7), S. 439ff.

Leicht fiele es, weiteres Fehlende anzumahnen, doch für dessen Berücksichtigung wäre dann eine dritte Tagung vonnöten gewesen: weiteres von der polnisch-litauischen Union über die Hanse bis zu Spanien an der Wende des 15./16. Jahrhunderts; weiteres von einem beschleunigten »Hineinwachsen« von Randmächten wie eben Polen-Litauen oder Portugal in das lateinische Europa bis zu Frankreich in der Krise des Hundertjährigen Kriegs und im Zeichen des Wiederaufstiegs. Ich entziehe mich nicht meiner eigentlichen Aufgabe, nämlich »die bei den dazu Verpflichteten berüchtigte Zusammenfassung« zu übernehmen – so Hagen Keller, geplagter Vorgänger in heute von mir auszufüllender Funktion[11] –, wenn ich kurz auf letzteres eingehe und damit mir nicht ganz unvertrautes Terrain betrete; die Hinweise seien aber auf einige wenige Stichworte beschränkt. Bringt man die von Herrn Thumser seinerzeit treffend und trefflich an das Thema »Integration« gelegten sechs Kriterien in Anwendung, so läßt sich hier zu einem jeden von ihnen Etliches anmerken[12]: 1) Die Dynastie: ein allen *Francigenae* gemeinsamer, durch ihre Kontinuität Stetigkeit und Sicherheit verheißender Bezugspunkt, kurz: der Garant für die Formierung einer auf ihren jeweiligen Träger wie auf die Krone ausgerichteten Königsnation – 2) Adel/adelige Eliten: der bis auf Burgund und Bretagne sich dem Ende zuneigende »Temps des principautés« (Jean Favier)[13], die zunehmende Einbindung des Adels in das Reichsgeschäft – 3) Verwaltung, Steuersystem und Jurisdiktion: zentrale, wenn nicht d i e zentralen Punkte, grundlegende Bedingungen für die integrationsrelevante »Genèse de l'État moderne«, um ein ambitioniertes französisches Forschungsprogramm der 80er und frühen 90er Jahre zu zitieren. Denn jetzt ist die volle Ausbildung der »grands corps de l'État« raum- und untertanenerfassend auf allen Ebenen erfolgt, wobei an das Dictum von Bernard Guenée zu erinnern bleibt: »En

---

11) H. KELLER, Zusammenfassung, in: Schwaben und Italien im Hochmittelalter, hg. v. H. MAURER/ H. SCHWARZMAIER/TH. ZOTZ (VuF. 52), Stuttgart 2001, S. 295.

12) Zum Folgenden generell etwa C. BEAUNE, Naissance de la nation France, Paris ²1993 (engl. Übers. 1991); J. KRYNEN, L'Empire du roi. Idées et croyances politiques en France. XIIIᵉ–XVᵉ siècle, Paris 1993; P. S. LEWIS, La France à la fin du Moyen Age. La société politique. Avant-propros de B. GUENÉE, Paris 1977 (engl. Ausg. 1968); DERS., Essays in Later French Medieval History, London – Ronceverte 1985 (einschlägig sind auch die Studien des Autors über die Familie Juvénal des Ursins und die von ihm besorgte Ausgabe der politischen Schriften des Jean [II] Juvénal des Ursins); PH. CONTAMINE, 1285–1514: Les cadres »nationaux« de la vie politique/Le »bon gouvernement«: modèles et pratiques, in: Le Moyen Age. Le roi, l'Église, les grands, le peuple 481–1514, sous la dir. de PH. C., Paris 2002, S. 341–392. Ich verweise auch auf meine, ebenfalls die nachstehenden Punkte behandelnden Darstellungen: Frankreich im Spätmittelalter. Vom Königsstaat zur Königsnation (1270–1498), in: Geschichte Frankreichs, hg. v. E. HINRICHS, Stuttgart 2002, S. 55–101; Karl VI. (1380–1422)/Karl VII. (1422–1461), in: Die französischen Könige des Mittelalters. Von Odo bis Karl VIII. (888–1494), hg. v. J. EHLERS/B. SCHNEIDMÜLLER/H. M., München 1996, S. 303–336, 404–407; Die Franzosen, Frankreich und das Basler Konzil (1431–1449), T. II, Paderborn u. a. 1990, S. 808–839, bes. S. 823–828 (Die Pragmatische Sanktion von Bourges).

13) J. FAVIER, Le temps des principautés de l'an mil à 1515 (Histoire de France, sous la dir. de J. F. 2), Paris 1984 (als Taschenbuch: Le livre de poche. références. 2937/dt. Ausgabe: Stuttgart 1989).

France, l'État a créé la nation«[14] (und auf den Staatsbegriff möchte ich nun doch nicht als unbrauchbar und nur störend verzichten, wie es Herr Moraw, allerdings unter vorwaltendem Blick auf das Reich, doch auch da etwas zugespitzt, tat) – 4) Zentrum und Peripherie: Über die Bedeutung von Paris braucht kein Wort verloren zu werden; allein für Karls VII. Sieg über die Engländer war der Ressourcenreichtum der königstreuen Provinzen mitentscheidend, deren ständische Vertretungen und Parlamente seit der zweiten Hälfte des 15. Jahrhunderts weniger für regionale Identität standen als daß sie den nationalen Integrationsprozeß unter königlichen Vorzeichen beförderten – 5) Kirche: Mit der Pragmatischen Sanktion von Bourges (1438) wurde der Weg frei zu der schon auf den Pariser Synoden der Jahrhundertwende propagierten *Ecclesia gallicana*, d. h. einer vom Königtum kontrollierten Landeskirche – 6) Gemeinschaftsbewußtsein: Daß die in den Jahren der Krise von intellektuellen Propagatoren wie Jean Gerson, Jean Juvénal des Ursins oder Christine de Pisan u.a. beschworene Zusammengehörigkeit im Zeichen eines royalistisch getönten Patriotismus auch in breiten Schichten als solche empfunden wurde, zeigt – in zugegeben außergewöhnlicher, dafür umso eindrücklicherer Form – das Beispiel Jeanne d'Arc.

Der Blick auf Frankreich im 15. Jahrhundert bestätigt, was Herr Thumser seit dem Hochmittelalter für vorstellbar erachtete und Herr Maleczek in seiner Einführung zur Herbsttagung unter Rekurs auf die Definition von »Integration« im »Staatslexikon« der Görres-Gesellschaft als den durch eine neue Einheit erzielten Qualitätssprung bezeichnet hatte. Es geht also um einen durch Integration zumindest im späteren Mittelalter erreichten »Mehrwert«, bei dem – so des weiteren Herr Maleczek – ebenfalls soziale, wirtschaftliche und kulturelle Elemente mitberücksichtigt werden sollten, und bei dessen Herausbildung im übrigen der allen Integrationsvorgängen eigene Prozeßcharakter deutlich wird. Auch die Ergebnisse einer 1985 von Ferdinand Seibt und Winfried Eberhard geleiteten Tagung liefern hierfür eine partielle, da ganz auf die Entwicklungen im 15. Jahrhundert konzentrierte und daraus die Summe für »Europa 1500« ziehende Bestätigung, machten sie doch unter den Vorzeichen von »Integrationsprozesse(n) im Widerstreit: Staaten, Regionen, Personenverbände, Christenheit« einen »unverkennbare(n) Wandel zu gesteigerter Kohärenz, Identitätsbindung, Differenzierung und Abgrenzung bei intensivierter Zentralisierung und Ordnung« aus[15].

14) B. Guenée, État et nation en France au Moyen Age [1967, ND], in: B. G., Politique et histoire au Moyen Age. Recueil d'articles sur l'histoire politique et l'historiographie médiévale (1956–1981) (Publ. de la Sorbonne – Sér. Réimpressions. 2), Paris 1981, S. 164 – Mit der Erwähnung der »grands corps de l'État« rekurriere ich auf das für die Thematik exemplarische Werk von F. Autrand, Naissance d'un grand corps de l'État. Les gens du Parlement de Paris 1345–1454 (Publ. de la Sorbonne – Sér. N.S. Recherche. 46), Paris 1981. Mme Autrand war auch mit federführend an dem genannten Forschungsprogramm des C.N.R.S. beteiligt; s. etwa Prosopographie et genèse de l'État moderne, éd. par F. A. (Coll. de l'École Normale Supérieure de jeunes filles. 30), Paris 1986.
15) So H.-D. Heimann in der Zusammenfassung der Beiträge des – hier in Anm. 3 zitierten – Sammelbands »Europa 1500« (S. 563).

Zudem läßt ein solch spätmittelalterlicher Befund unsere Tagung dann auch nicht mehr unter dem noch von Herrn Thumser geäußerten Anachronismusverdacht stehen. Und dies scheint schon und gerade auf den Beitrag von Herrn Lackner zuzutreffen, der übrigens gleich zu Beginn eine ganz andere Anachronismusfalle beim Thema »Integration« ausmachte, wenn er warnend auf Alphons Lhotskys Deutung der österreichischen Ländergeschichte im Spätmittelalter hinwies, die aus dem Bemühen um »eine Kontinuität und Identität schaffende Sinngebung für das Österreich der Zeit nach 1945« entstanden sei, wie auch die Genese der Schweiz allzulange aus der Notwendigkeit der Bundesstaatsgründung im 19. Jahrhundert heraus geradezu teleologisch interpretiert wurde, worauf Frau Schmid aufmerksam machte. Ja, man könnte auch unsere Tagung selbst durchaus als von aktuellen politischen Gegebenheiten bestimmt sehen: Der Konstanzer Arbeitskreis will nicht beiseite stehen, wenn es um die europäische Integration in unserer Zeit geht, und der die erste Tagung eröffnende Vortrag scheint dies zu bestätigen. Nur: Wie jede sich ihrer Legitimation immer wieder selbstkritisch vergewissernde Geschichtswissenschaft muß die Mediävistik zu Beginn des 21. Jahrhunderts, will sie weiterhin Bestand haben, auch die ihre eigene Zeit bewegenden Fragen aufgreifen und im Licht ihres Gegenstands wissenschaftlich behandeln, muß sie entsprechende Beiträge liefern, die sich natürlich nicht in vordergründig-praktischen Anweisungen für das politische Heute erschöpfen, sondern darüber hinausweisen. Das hat, meine ich, nichts mit eilfertigem Sich-Anbiedern an den Zeitgeist zu tun, das scheint mir ebenso überlebensnotwendig wie in der Sache sinnvoll. In der Sache sinnvoll: Wenn das Phänomen »Integration« tatsächlich weit ins Mittelalter zurückreicht, dann wird hier auf keinen fahrenden Zug aufgesprungen, dann erweisen wir nicht einem politischen Modebegriff der Gegenwart unsere Reverenz, wie Herr Maleczek in der Einleitung zur jetzigen Frühjahrstagung ausführte. Und hierzu korrespondierend machte Herr Schneidmüller am Ende der Tagung darauf aufmerksam, daß Themen der Geschichtswissenschaft selbstverständlich stets von in deren jeweiliger Zeit aktuellen Fragestellungen beeinflußt, ja teilweise bestimmt und – so möchte man hinzufügen – daß sie als Reflektoren gesellschaftlicher Prozesse und politischer Diskurse entsprechend weiterentwickelt wurden und werden. Aus diesem schlichten Umstand resultiert allerdings das schwierige, ja unlösbare Grundsatzproblem, ob diese Wissenschaft dann nicht sinnstiftend auf den Plan tritt bzw. falls dies zutrifft, ob sie solches überhaupt darf.

II. Die Vorträge

Reichhaltiges Material für unser Thema bot bereits der erste Beitrag von Herrn Lackner »Das Haus Österreich und seine Länder im Spätmittelalter. Dynastische Integration und regionale Identitäten«, zumal er zum einen auf die für dieses Thema relevanten Punkte exemplarisch einging – damit auch über manches hier, wie gesagt, nicht eigens zur Sprache Kommende hinweghalf – und dabei zum anderen die Tragfähigkeit der sechs Thumserschen »Querstreben« bestätigte. Wenn auch ich sie im Folgenden einziehe, so geschieht dies mit Blick auf eine gewisse Einheitlichkeit der beiden Zusammenfassungen, vor allem aber wegen besagter Tragfähigkeit. Solche Systematik widerspricht dem der Gesamttagung zugrunde gelegten geographisch-chronologischen Gliederungsprinzip keineswegs, sondern ergänzt dieses. Allerdings gibt es einen Unterschied: Ich folge dem Gang der Vorträge, greife ihre Hauptpunkte resümierend auf, akzentuiere mir besonders wichtig Erscheinendes und frage in einem die Ergebnisse der Vorträge als Gesamt würdigenden Schlußteil, was jenseits der sechs Punkte gegebenenfalls noch an Neuem und evtl. »Mehrwertrelevantem« hinzugekommen ist.

Die habsburgischen Länder stellen sich am Ausgang des Mittelalters, wie Christian Lackner aufzeigte, noch weitgehend als lockerer Verband dar. In ihrer Existenz älter als die ursprünglich landfremde Dynastie, verstanden sie es, unter adelig-ständischer Führung ihr jeweiliges Eigenprofil zu wahren (und sie haben sich, wie er in der Diskussion in Replik auf eine Anfrage von Herrn Müller-Mertens bemerkte, eigentlich »durch alle Überbau-Entwicklungen hindurch in die Gegenwart gerettet«). Indes führte die Anwesenheit der Habsburger vor Ort, die Ausbildung fester Residenzorte – wie im Falle Wiens – bald zu deren »Einwurzelung«. Ansätze zu einer vorsichtig integrierenden Rechts- und Verwaltungspolitik unter Respektierung regionaler Gegebenheiten, ein erstmals unter Rudolf IV. in begrenztem Umfang zu konstatierender adeliger Elitenaustausch, ein über Stiftung und Gebet erfolgender Zusammenschluß kirchlicher Institutionen wie deren Ausrichtung auf St. Stephan in Wien als sakrales Zentrum der habsburgischen Länder[16], all dies wurde von den Habsburgern selbst in dem mit dem Neuberger Vertrag von 1379 einsetzenden Saeculum der Teilungen aufs Spiel gesetzt. Daß gerade in jener Zeit der Terminus *domus Austrie* in Kanzleigebrauch kam, zeigt aber das Bestreben, dennoch der Einheit des Fürstenhauses – wie später auch dem Gesamt habsburgischer Herrschaft – symbolkräftigen Ausdruck zu verleihen. Gegen dynastische Integrationstendenzen, die indes von der Dynastie selbst also durchaus in Frage gestellt werden konnten, stand ein im 15. Jahrhundert nach wie vor ungebrochenes regionales Identitätsbewußtsein, das sich nur angesichts türkischer Bedrohung im länderübergreifenden Rahmen wie etwa auf dem Grazer Generallandtag 1443 zu orientieren bereit war. Eine neue Qualität kam schließlich mit den von Maximilian I. verfügten administrativen Maßnahmen ins Spiel: Neben Fürst, Kanzlei und Rat traten nunmehr die zwei bzw. drei Regimente sowie dazu komplementär die Länder- und Ausschußtage als Zwischen- bzw. übergreifende Institutionen.

---

16) Hierfür jetzt auch einschlägig die Ende 2003 erschienene Monographie von A. SAUTER, Fürstliche Herrschaftsrepräsentation. Die Habsburger im 14. Jahrhundert (Mittelalter-Forschungen. 12); der Verfasser lenkt in diesem Zusammenhang des weiteren den Blick auf Klostergründungen und Grablegen der Habsburger sowie auf Stifterbilder und Statuenzyklen.

Die Dynastie, das Haus Österreich, erweist sich mithin als integrationsfördernde Antriebskraft – Herr Schneidmüller mag sich hier bestätigt sehen –, indes kann sie durchaus auch zu einem integrationshemmenden Faktor werden. Neue integrationsrelevante Elemente waren zur Kenntnis zu nehmen mit dem intererbländischen Elitenaustausch, mit dem Anstoß äußerer Bedrohung, die bei ansonst regional und partikular ausgerichteten Kräften ein Zusammengehen zumindest auf Zeit bewirkte, und mit der auf den Fürstenstaat der Neuzeit weisenden Etablierung länderübergreifender administrativer Strukturen unter dem westerfahrenen Maximilian I.

Naheliegend war es, nach der *domus Austrie* das »Haus Bayern« in unsere Überlegungen einzubeziehen, einen fast zeitgleich seit Ende des 14. Jahrhunderts gebräuchlichen und dann im 15. Jahrhundert, also ebenfalls und gerade in einem Zeitalter der Teilungen, in seiner Bedeutung kulminierenden Begriff, der – eine weitere Parallele zu Österreich – sowohl alle Fürsten als auch das Gesamt wittelsbachischer Herrschaft bezeichnete. Bis in die jüngste Vergangenheit immer wieder Gegenstand wissenschaftlicher Erörterungen, setzte sich Herr Fuchs in seinem quellennah-anschaulichen Referat mit ihm auf Grundlage manch unedierten Materials erneut auseinander: Er wertete »Haus Bayern« als Ausdruck eines Gesamthausbewußtseins, das selbst in einer Epoche der Aufspaltung in nicht weniger als acht Linien lebendig war: Denn neben den altbayerischen Herzogtümern Ingolstadt, Landshut, München und Straubing waren darin ja auch Kurpfalz und die pfälzischen Nebenlinien Neumarkt, Simmern-Zweibrücken und Mosbach einbeschlossen; ja, es umfaßte, wie sich 1477 nach Karls des Kühnen Tod zeigen sollte, sogar den Anspruch auf die ehemals wittelsbachischen Niederlande. Dieser Einschluß und Anspruch, bestärkt durch den bemerkenswerten Umstand recht häufiger innerwittelsbachischer Heiraten – wobei die pfälzischen Agnaten ihre Ehepartner mit Vorliebe aus dem altbayerischen Zweig des Hauses erwählten –, lassen ebenjenes sich auch in Propaganda und Geschichtsschreibung spiegelnde Gesamthausbewußtsein deutlich werden, wie es Herr Fuchs überdies sowohl an ungedruckter Korrespondenz der Herzöge aus der Mitte des 15. Jahrhunderts als auch an den Herrscherdarstellungen im Fürstensaal des Alten Hofs zu München aus den sechziger Jahren des Saeculums illustrieren konnte, in deren Reihe zudem jene Vertreter aus Nebenlinien Aufnahme fanden, die in Königswürden aufgestiegen waren – Albrecht IV. wollte so ganz offensichtlich die Königsfähigkeit der Wittelsbacher demonstrieren.

Sein Komplement erhält dieser Nachweis des auch im Zeitalter der Teilungen von allen Linien mitgetragenen und propagierten Integrationsfaktors Gesamthausbewußtsein durch jene vor allem von Wilhelm Störmer vertretene Sicht, wonach eine intensive und leistungsfähige, von qualifizierter und teilweise landfremder Beamtenschaft geprägte Administration, ein Residenzenbau, ein starkes Kirchen- und Klosterregiment, kurz: wonach ein Bündel integrativer Elemente in den einzelnen Teilherzogtümern der Wiederherstellung der Einheit vorangegangen sei. Man denke in der Tat nur (aber nicht nur) an Ingolstadt unter dem frankreicherfahrenen Ludwig dem Bärtigen oder an die – von Walter Ziegler profund erschlossene – Landshuter Finanzverwaltung[17]. Dynastische Teilungen müssen also nicht unbedingt integrationshemmend oder -zerstörend wirken, wie ja auch der Blick auf Österreich lehrt oder auf Wettin, was von Herrn Rogge in einem Diskussionsbeitrag eigens thematisiert wurde.

Festzuhalten ist also, daß sowohl im Fall des Hauses Österreich als auch des Hauses Bayern im Lande verwurzelte Dynastien ungeachtet aller Aufspaltungen erhebliche Integrationskraft entfalteten, wobei für Bayern der Sonderfaktor einer recht intensiven innerwittelsbachischen Heiratspolitik mit in Rechnung zu stellen bleibt. Festzuhalten ist aber auch der nicht minder grundsätzliche Einwand von Stefan Weinfurter, daß Land und Landschaft als vorwaltend widersetzliche, auf die Verfestigung ausschließlich der eigenen Territorien bedachte Größen auf den Plan getreten seien, während die erfolgreiche, alle Widerstände überwindende Einigung sich weniger als Resultat dynastiegetragener Integrationstendenzen denn als Werk einer einzigen, dazu fest entschlossenen Persönlichkeit großen Formats, nämlich Albrechts IV., darstelle.

Im anschließenden Vortrag stand hingegen die Frage der Integration unter transpersonalen Vorzeichen zur Debatte, da Herr Hlaváček die Integration der böhmischen Krone – und zwar mit Außenblick auf die nichtböhmischen Länder wie mit Innenblick auf Böhmen selbst – unter den Luxemburgern Johann dem Blinden, Karl IV. und Wenzel behandelte, indem er wiederum drei Fragen an jede dieser Königsherrschaften stellte, nämlich nach deren Itinerar, territorialem Zuerwerb und abgeschlossenen Verträgen. Mit den aus dem Westen des Reichs stammenden Luxemburgern schien grundsätzlich eine in der Přemyslidenzeit ungekannte Möglichkeit der Integration Böhmens in das Reich gegeben; zugleich eröffneten sich Aussichten auf Expansion in Böhmen benachbarte Gebiete vom Egerland über die Lausitzen bis nach Schlesien. Konnte hier der in Böhmen selbst vom Adel weitestgehend ausgeschaltete Johann nicht zuletzt auf Grund des (in unsere Überlieferungen grundsätzlich auch miteinzubeziehenden) Faktors Zufall – man denke etwa an das Aussterben der Askanier – gewisse Erfolge erzielen, so spiegelt aufs Ganze schon sein europaweites Itinerar eines »chevalier errant« den Ausfall der Dynastie als eines integrierenden Agens zu seiner Zeit; allerdings wollen die Beziehungen Johanns zu den königlichen Städten und die Erhebung Prags zum Erzbistum beachtet sein. Doch aufs Ganze ist eine nega-

---

17) W. Störmer, Die innere Konsolidierung der wittelsbachischen Territorialstaaten in Bayern im 15. Jahrhundert, in: Europa 1500 (wie Anm. 3: Blockmans), S. 175–194; Th. Straub, Herzog Ludwig der Bärtige von Bayern-Ingolstadt und seine Beziehungen zu Frankreich in der Zeit von 1391 bis 1415 (Münchener Histor. Studien. Abt. Bayer. Geschichte. 7), Kallmünz 1965 (doch s. dazu jüngst skeptisch W. Paravicini, Deutsche Adelskultur und der Westen im späten Mittelalter ..., in: Deutschland und der Westen Europas im Mittelalter, hg. v. J. Ehlers [VuF.56], Stuttgart 2002, S. 490f.); W. Ziegler, Studien zum Staatshaushalt Bayerns in der zweiten Hälfte des 15. Jahrhunderts. Die regulären Kammereinkünfte des Herzogtums Niederbayern 1450–1500, München 1981.

tive Entwicklung zu konstatieren, die der Sohn, übrigens unter nachdrücklicher Betonung
seiner Mühen, die vom Vater verschleuderten Krongüter wieder zusammenzubringen,
mehr als konterkarierte: Unter Karl IV. erfolgte – ein wichtiges Kriterium für unser Thema
– der Auf- und Ausbau Prags zu einem Herrschaftszentrum von bislang im Reich unge-
kanntem Hauptstadtcharakter, dazu kamen Residenzen im mährischen Brünn, im schlesischen Breslau und später im brandenburgischen Tangermünde. 1348 inkorporierte er als
König die schlesischen Fürstentümer in aller Form in die Krone Böhmens, wie er es überhaupt mit Ererbtem und Erworbenem tat. Die Krone, dieses Gegenmodell zur rein perso-
nenbezogenen Herrschaft – im Frankreich des 12. Jahrhunderts während einer Schwäche-
periode entwickelt und alsbald seinen Siegeszug antretend, worauf Bernd Schneidmüller
hinwies, und dort vielleicht von Luxemburg direkt aufgegriffen –, sie wurde durch Karl im
übrigen mit dem Wenzelskult zusammengeführt: der Heiligenkult als Mittel der Einbindung[18], ein weiterer für unser Thema relevanter Punkt. Planvoll betrieb und intensivierte er Gesetzgebung und Verwaltung, weit ragte seine Kanzlei unter denen des deutschen
Spätmittelalters hervor, Mitarbeiter aus dem ganzen Reich – auch dies ein Integrationsfaktor – zog er an seinen Hofstaat: Mit ihm erreichte Westeuropas Verschriftlichung von
Administration wie dessen Universitätskultur Ostmitteleuropa. So verfügte er auch in den
Nebenländern die Aufzeichung des Landrechts (Herzogtum Breslau) und ließ Landbücher
anlegen (Brandenburg); die sich nach Herrn Hlaváčeks Beobachtungen in den Görlitzer
Rechnungen spiegelnde enge Ausrichtung der Stadt an das Prager Herrschaftszentrum
spricht für sich. Allerdings bleibt auch zu vermerken, daß Karl im Kernland mit der Einführung der *Majestas Carolina* am ständischen Widerstand scheiterte.

Wenn nächst Prag Nürnberg zum wichtigsten Vorort seiner Herrschaft wurde, wenn
er seine Position in der Oberpfalz mit dem sogenannten Neuböhmen systematisch ausbaute und über kleinere Herrschaftsrechte im Fränkischen wie etwa in Heidingsfeld den
Weg nach Frankfurt und weiter nach Württemberg wie ins Elsaß suchte, illustriert dies be-
sagten Versuch einer Verschränkung von reichischer und böhmischer Herrschaft, wobei
wohlgemerkt das Hausmachtinteresse stets vorwaltend war – zu Recht wurde Karl IV. von
Peter Moraw als wohl erfolgreichster Hausmachtpolitiker des deutschen Spätmittelalters
bezeichnet[19]. Hausmachtinteressen leiteten ihn ja auch bei seiner weitgehenden Aufgabe
bislang verfolgter Ziele, als sich ihm stattdessen der definitive Zugriff auf Brandenburg bot,

---

18) F. Graus, St. Adalbert und St. Wenzel. Zur Funktion der mittelalterlichen Heiligenverehrung in Böhmen, in: Europa slavica – Europa orientalis. Festschrift f. H. Ludat, hg. v. K. D. Grohusen/K. Zernack
(Osteuropastudien der Hochschulen des Landes Hessen, R. 1: Gießener Abh. zur Agrar- und Wirtschafts-
forschung des europäischen Ostens. 100), Berlin 1980, S. 205–231; A. Gieysztor, Politische Heilige im
hochmittelalterlichen Polen und Böhmen, in: Politik und Heiligenverehrung im Hochmittelalter, hg. v.
J. Petersohn (VuF. 42), Sigmaringen 1994, S. 325–341, bes. S. 341. – Zum Begriff der *corona* zuletzt (mit
Blick auf Frankreich): B. Guenée, La folie de Charles VI Roi Bien-Aimé, Paris 2004, S. 251f.
19) LexMA V (1991), Sp. 972.

oder als er die Länder der böhmischen Krone testamentarisch zugunsten seiner Nachkommenschaft parzellierte.

Im übrigen bliebe bei einer Dynastie von europäischem Zuschnitt und Anforderungsprofil wie derjenigen der Luxemburger zu fragen, ob sie auf Dauer, selbst in einem Kernbereich, überhaupt integrierend zu wirken imstande war. Die spätere Herrschaft Sigismunds zwischen Glanz und permanenter Überforderung scheint die eher negative Antwort bestätigend nahezulegen; manches Mal ist man gar versucht, Parallelen zu den Anjou zu ziehen[20]. Kann man gar so weit gehen, den Hussiten wie auch Habsburg – einer später ebenfalls europäisch engagierten, so doch stärker im ostmitteleuropäischen Raum verankerten Dynastie – in Böhmen, wo beide ja zugleich spaltend und ausgrenzend auftraten, stärkere Integrationskraft zuzuerkennen? Das Beispiel Böhmen zeigt m. E. die geradezu »janusköpfige« Bedeutung der Dynastie für unser Thema, hier zwischen hauptstädtischer Zentralisierung, Administrationsintensität auf der einen sowie Hausmachtinteressen und europaweiten Herausforderungen auf der anderen Seite. Herkunftsprofil des Hofstaats, Universitätsgründung und Heiligenkult scheinen des weiteren festhaltenswerte neue Merkmale, aber auch der im Zusammenhang mit den schlesischen Fürstentümern gefallene Begriff der Inkorporation: Wurde hier, wie Bernd Schneidmüller anfragte, vielleicht ein neues Integrationsmodell von der säkularen Politik aus dem geistlichen Bereich übernommen? Und methodisch bliebe schließlich auf den – m. W. schon auf der ersten Tagung von Herrn Müller-Mertens betonten – Wert der Itinerarforschung für Integrationsfragen hinzuweisen.

Thüringen ist schön, thüringische Geschichte ganz schön kompliziert; nicht jeder überblickt sie so wie Matthias Werner und Stefan Tebruck, der allerdings bemüht war, die dem fernerstehenden Betrachter besonders verwirrend erscheinende wettinische Epoche durch das Auszeichnen leitender Entwicklungen, durch die begrifflichen Eck- und Fixpunkte Integration, Teilungen und Landesbewußtsein transparenter zu machen. Darüber aber vergaß er nicht jene teilweise schon aus dem Frühmittelalter auf das Profil des Brückenlands Thüringen prägend einwirkenden spezifischen Kräfte aufzuzeigen wie etwa die unter der Mainzer Kirche erfolgende Anbindung an den Westen, die langwährende königliche Prä-

---

20) J. K. Hoensch wertet dagegen die dynastische Politik der Luxemburger als so konsequent und zukunftsorientiert, daß daraus die geschlossene und bis an die Schwelle des 20. Jahrhunderts während Großreichbildung Habsburgs erwachsen konnte: Die Luxemburger. Eine spätmittelalterliche Dynastie gesamteuropäischer Bedeutung 1308–1437 (Urban Tb. 407), Stuttgart u. a. 2000, bes. S. 5f., 315f. – Sigismund: P. Moraw, Von offener Verfassung zu gestalteter Verdichtung. Das Reich im späten Mittelalter 1250–1490 (Propyläen Geschichte Deutschlands. 3), Berlin ²1989, S. 362–368 (»Anstrengung und Überforderung«), vgl. ebd. S. 240–259 (»Höhe und Scheitern des hegemonialen Königtums: Karl IV. und die Anfänge Wenzels, 1346–1400«) – Anjou: L'Europe des Anjou. Aventures des princes angevins du XIIIᵉ au XVᵉ siècle [Ausstellungskatalog mit Forschungsbeiträgen], Paris 2001, S. 15–269; Les princes angevins du XIIIᵉ au XVᵉ siècle. Un destin européen, sous la dir. de N.-Y. Tonnerre/É. Verry, Rennes 2003.

senz, später die Rolle der Städte unter Führung des mainzischen Erfurt wie auch der Reichsstädte Nordhausen und Mühlhausen und schließlich die Ausbildung einer Vielzahl von Adelsherrschaften. Mit alledem sahen sich die zwischen Saale und Elbe, also weiter östlich orientierten Wettiner konfrontiert, als sie 1249 ihr reiches thüringisches Erbe antraten – man darf hier durchaus von einem West-Ost-Gefälle ausgehen –, wobei aber schon Heinrich der Erlauchte mit einer Landfriedenspolitik, die auch Adel und Städte miteinzubeziehen bestrebt war, ein gewisses Integrationsmoment in die Herrschaft einzubringen suchte[21]. Allein es sollte fast noch ein Jahrhundert dauern, bis Wettin sich zunächst gegen vom Königtum bis hin zu Albrecht I. verfolgte Ansprüche und sodann in der Grafenfehde gegenüber dem einheimischen Adel 1345/46 durchgesetzt hatte, ohne allerdings dessen führende Vertreter wie die Schwarzburg ganz in die Landsässigkeit abdrängen zu können. Auch stellten die Städte – allen voran das über ein großes Territorium verfügende Erfurt – weiterhin einen Faktor von Gewicht dar.

Wurden die neuen Herren zunächst als Bedrohung von Außen empfunden? Die Geschichtsschreibung seit der Mitte des 13. Jahrhunderts deutet daraufhin (und deren Bedeutung für unsere Fragestellung scheint selbstverständlich und grundsätzlich, ohne daß dies in anderen Beiträgen immer entsprechend zum Tragen kam): Im Anschluß an Forschungen von Matthias Werner (*Ich bin ein Durenc*)[22] konnte Herr Tebruck aufzeigen, daß sich hier ein antiwettinisch inspiriertes Landesbewußtsein manifestiert, was auch 1277 das gemeinsame Vorgehen thüringischer Grafen, Herren und Städte gegen Albrecht den Entarteten erweist. Später allerdings sollte dieses Landesbewußtsein auch den Landgrafen miteinschließen, wie neue Landfriedenszeugnisse zeigen. »Später«, d.h. mit der Zeit, mit den Trennungen der Landgrafschaft vom wettinischen Gesamtkomplex 1382 und 1445, mit der »Einwurzelung« der vornehmlich in Weimar residierenden Landgrafen, mit deren Durchsetzung von Heerfolge und Landtagsbesuch beim Adel, mit deren auf landeskirchliches Regiment vorweisenden Reformmaßnahmen etablierte sich die wettinische Herrschaft nämlich zusehends (wobei die vorübergehenden Einigungen ebensowenig alles vereinheitlichten wie die Teilungen dann alles wieder trennten). Und erneut spiegelt eine nunmehr die Wettiner ganz in die Kontinuität landgräflicher Herrschaft einbeziehende Historiographie die Entwicklung. Daß die erstmals Thüringen selbst durchschneidende Leipziger Teilung von 1485 offensichtlich im Lande auf keinen Widerstand stieß, sondern

21) Darauf ist Tebruck übrigens näher eingegangen in seinem Beitrag für den von J. ROGGE und U. SCHIRMER herausgegebenen Sammelband: Hochadelige Herrschaft im mitteldeutschen Raum (1200–1600). Formen – Legitimation – Repräsentation (Quellen und Forschungen zur sächsischen Geschichte. 23), Stuttgart 2002, S. 243–303, in dem auch eine die Stellung der Wettiner im mitteldeutschen Raum von 1500 als hegemonial ausdeutende Studie von D. STIEVERMANN in unserem Zusammenhang besonderes Interesse verdient. – Einen allgemeinen Überblick bietet jetzt J. ROGGE, Die Wettiner. Aufstieg einer Dynastie im Mittelalter, Ostfildern 2005.
22) M. WERNER, *Ich bin ein Durenc*. Vom Umgang mit der eigenen Geschichte im mittelalterlichen Thüringen, in: Identität und Geschichte, hg. v. M. W. (Jenaer Beitr. zur Geschichte. 1), Weimar 1997, S. 79–104.

als innerdynastische Angelegenheit angesehen wurde, läßt auf zurückgehendes Landesbewußtsein schließen.

Die integrative Kraft der wettinischen Dynastie erweist ja auch der Umstand, daß der
seit 1423 geführte sächsische Kurfürsten- und Herzogstitel frühere Einzelbezeichnungen
(Markgrafschaft Meißen, Osterland) zurückdrängte; dies wurde allerdings im Falle Thüringens nicht erreicht: Wirkt hier nicht immer noch jenseits aller Einungen und Teilungen,
jenseits eines am Ausgang des Mittelalters wohl abnehmenden Landesbewußtseins die
stille Kraft der zum Teil aus der Frühzeit erwachsenen Traditionen? Für Wettin mögen sie
integrationshemmend, ja -verhindernd gewirkt haben, doch lassen sie über Jahrhunderte
ein Profil aufscheinen, das sich durch Einheit unter dem historischen Namen Thüringen
bei zugleich bemerkenswerter, noch in der Residenzenlandschaft der Neuzeit aufschei-
nender außerordentlicher Vielfalt auszeichnet. In die Diskussion wurde hier von Herrn
Zotz als Gegenpart zu dem – wohl kaum stets mit Recht – positiv besetzten Integrationsbegriff der Terminus Selbstbehauptung eingeführt[23].

Wobei man dann im Fall der Eidgenossenschaft wiederum vom Paradoxon einer Integration durch Selbstbehauptung sprechen könnte. Denn sie gewinnt an Kohäsion und Pro-
fil vornehmlich dann, wenn es sich feindlicher Bedrohung zu erwehren gilt, ob diese nun
Habsburg oder Burgund heißt. Sie ist eine auf Krieg und einvernehmliche Regelung von
Kriegsfolgen gegründete Gemeinschaft, wie u. a. die Maßnahmen nach dem Zug gegen
Habsburg 1415 und insbesondere das Stanser Verkomnis 1478 nach den Burgunderkriegen zeigen. Dabei herrscht ein Geist von Gleichheit und Brüderlichkeit, mag auch mit
Blick auf Freiburg und Solothurn die Brüderlichkeit ein wenig abgestuft sein. Grundsätzlich ist dies für uns, die wir spätmittelalterliche Integrationsversuche und -prozesse von
oben, mithin als von Herrschafts- und Autoritätsträgern ausgehend zu sehen gewohnt
sind, etwas Neues, und neu sind in diesem Zusammenhang auch die von Frau Schmid-Kee-
ling mit eindringlich-überzeugenden Beispielen präsentierten politischen Rituale – man
denke etwa an die Form der die künftige männliche Generation einschließenden gegenseitigen Besuche – und eine ausgeprägte Kriegs- und Erinnerungskultur, wie sie sich etwa
im Beten mit zertanen Armen manifestiert.

Nein, hier scheinen die bislang in Anschlag gebrachten Integrationskriterien irrelevant;
ob es sich nun um Dynastie oder Residenz, um adelige Eliten oder Kirche handelt – die
Reformation drohte hier vielmehr zu spalten, letztlich sollte der Bund trotz konfessionel-
ler Bruchlinie dann aber mit einer Art internen bipolaren Ordnung doch weiterhin Be-

---

23) Noch akzentuierter B. SCRIBNER in einem Exkurs zum Integrationsbegriff innerhalb seines Aufsatzes:
Antiklerikalismus in Deutschland um 1500, in: Europa 1500 (wie Anm. 3: BLOCKMANS), S. 380f.: »Er setzt
als Annahme voraus, daß der normale Zustand einer Gesellschaft ein systematischer Aufbau von einander
und aufeinander angewiesenen Elementen ist, und alle nicht einzureihenden Elemente irgendwie patholo-
gische Erscheinungen sind«.

stand haben. Man tut sich schwer mit der Klassifikation solch genossenschaftlicher Integration egalitären Charakters, die sich zudem gegen die sie umgebenden, zunehmend zentral organisierten Fürstenstaaten zu behaupten hatte, was jedoch wiederum ein kohäsionsförderndes Element darstellte. Hier bliebe auch der Alte Zürichkrieg (Toggenburger Erbschaftskrieg) zu berücksichtigen, der – so jüngst Claudius Sieber-Lehmann – nach 1450 zu einem Verdichtungsschub führte, was wiederum im Innern u. a. ein strenges Kontrollsystem zur Folge hatte und auch die Überzeugung wachsen ließ, ein von Gott auserwähltes Volk zu sein[24]. Eine Untersuchung integrativer Elemente der Hanse, aber auch der Blick auf das von Herrn Bünz heimatverbunden ins Feld geführte genossenschaftliche Gemeinwesen Dithmarschen würde dem Schweizer Fall vielleicht ein wenig von seiner Exzeptionalität nehmen (und zudem bei der Hanse die Bedeutung des Faktors Wirtschaft für unser Thema hervortreten lassen).

Trotz gewisser Ratlosigkeit bei der Einordnung des von Frau Schmid sicher zutreffend herausgearbeiteten Befunds läßt sich ein wichtiger Faktor ganz klar erkennen und hervorheben: die hier identitätsstiftende Kraft von Integration, beruhend auf militärischer Abwehr und erfolgreichen Kriegen, wobei die Erfolge und – damit einhergehend – auch die anerkennende Außenwahrnehmung ihrerseits wiederum Selbstbewußtsein und mehr, nämlich Festigung ebendieser Identität bewirkten. Schließlich gilt es die hier angewendeten Methoden, nämlich die konsequente Einbeziehung von »Zeichensystemen«, von Ritual[25] und Erinnerungskultur sowie – dies bleibt nachzutragen – von Sprache als für unsere Thematik relevante Größen zu beachten.

Auch im Fall der burgundisch-habsburgischen Niederlande vermochte Herr Blockmans durchaus von der Basis ausgehende Elemente der Integration und zwar auf interkommunaler und Provinzebene auszumachen; Elemente, die sich etwa in Brabant zu ständischer Mitbestimmung verdichten konnten und die bis weit in die Neuzeit hinein Bestand hatten, so daß sowohl noch in den sieben Vereinigten Provinzen des Nordens als auch in den südlichen, habsburgischen Niederlanden strukturell ähnliche Autonomiefaktoren im lokalen und regionalen Bereich ins Auge fallen.

Einleitend hatte Herr Blockmans den niederländischen Raum als naturräumliche Einheit mit Übergängen und reicher Vielfalt, als eine für wirtschaftliche Verbindungen nach England und ins Rheinland günstig gelegene Grenzregion, insbesondere aber als eine der höchsturbanisierten Landschaften im mittelalterlichen Europa vorgestellt und dies am Beispiel Flanderns näher ausgeführt, wo sich die großen Konfrontationen mit dem fran-

---

24) CL. SIEBER-LEHMANN, Burgund und die Eidgenossenschaft – zwei politische Aufsteiger, in: Zwischen Habsburg und Burgund. Der Oberrhein als politische Landschaft im 15. Jahrhundert, hg. v. K. KRIMM/ R. BRÜNING (Oberrhein. Studien. 21), Ostfildern 2003, S. 103–110.
25) Mit ähnlichem Ansatz aber bereits A. FRHR. v. MÜLLER, Überregionale Identität und rituelle Integration im Florentiner Quattrocento, in: Europa 1500 (wie Anm. 3: BLOCKMANS), S. 279–291.

zösischen König, dem Grafen von Flandern und dem lokalen Patriziat tief in das kollektive Gedächtnis der von Handwerkern dominierten Stadtregierungen eingeprägt hatten.

Damit schien seit dem flandrischen Herrschaftsantritt Philipps des Kühnen 1384 der Zusammenstoß des vom Vorbild Frankreichs inspirierten burgundischen »État centralisateur« mit den Kommunen und Provinzen des Nordens unausweichlich[26]; die blutige Niederwerfung des Genter Aufstands 1453 durch Philipp den Guten ist denn auch nur das bekannteste, indes bei weitem nicht einzige Beispiel hierfür. In der Tat verfügte der Herzog über eine Reihe zentralisierender Maßnahmen wie die Einführung einer einheitlichen Münze oder die regelmäßige Einberufung der Stände aller niederländischen Fürstentümer. Jedoch gelang weder Philipp dem Guten noch Karl dem Kühnen die Durchsetzung eines einheitlichen Steuersystems; in Brabant und im Hennegau blieben das jeweilige Rechtswesen wie auch das Indigenatsprinzip in Kraft, und schließlich war der Erhebung des Großen Rats in Mecheln zum souveränen Parlament durch den Temerarius nur kurze Dauer beschieden.

Erstaunlich und grundsätzlich festhaltenswert scheint, daß für solches Scheitern offensichtlich nicht nur der Widerstand vor Ort verantwortlich gewesen sein dürfte, sondern auch ein Beamtenapparat, der selbst im burgundisch-habsburgischen Staat zu klein und für Einflüsse von außen zu empfänglich war, als daß er den landesherrlichen Willen auf mittlerer und unterer Ebene zur Gänze hätte durchsetzen können. Anderes aber ist vielleicht noch wichtiger: Intendierten die Valoisherzöge überhaupt Integration per Administration? Ging es ihnen nicht vielmehr – und damit greife ich die schon einleitend zitierten Äußerungen von Herrn Blockmans nochmals auf – schlicht um Mehrung von Macht und Ansehen? Waren nicht Integration, sondern stattdessen schnelle Reaktion auf Zufälle und unvorhergesehene neue Konstellationen gefragt? Sollte das Neuerworbene nicht weniger integriert als mit Blick auf optimalen Ertrag mehr und wirksamer kontrolliert und (aus)genutzt werden? Und wenn sich das nicht bewerkstelligen ließ, konnte man dann nicht immer noch an Tausch, Verkauf oder Verwendung als Brautschatz denken?

Andererseits wies die burgundische Verwaltung in den Niederlanden trotz genannter Defizite sicher eine im Maßstab der Zeit beachtliche Effizienz auf, und in Spitzenfunktionen dieser Verwaltung wie in den Hofdienst war auch der Adel einbezogen. Administration und Hof als Faktoren der Dauer entfalteten mit Blick auf die Nobilität von Holland bis Luxemburg sicher eine stärkere Integrationskraft als die spektakulären Kapitel des Ordens vom Goldenen Vlies, die man aber als glanzvolle Außendarstellungen jener Einbeziehung werten mag. Und schließlich bezweckten die seit 1447 in zunehmender Intensität

---

26) Am Beispiel von Gent in zahlreichen Publikationen von M. Boone exemplarisch dargestellt, so z.B. Particularisme gantois, centralisme bourguignon et diplomatie française ..., in: Bull. de la Commission Royale d'Histoire 152 (1986), S. 49–113; Gent en de Burgondische hertogen, ca. 1384–ca. 1453. Een sociaal-politieke studie van een staatsvormingsproces (Verhandelingen van de Koninklijke Academie voor Wetenschappen, Letteren en Schone Kunsten van België. Klasse der Letteren. 52/133), Brüssel 1990.

bezeugten Bemühungen der Herzöge um eine Königskrone nicht allein eine ihrer Macht adäquate Erhöhung von Ansehen und Rang, sondern sicherlich auch eine Integration ihres Herrschaftskonglomerats[27], wobei allerdings, wie ergänzend angemerkt sei, das signifikante Problem des Namens ungelöst blieb, was ja schon Alphons Lhotsky – in seinen einleitenden Ausführungen erinnerte Herr Lackner daran – berührt hatte und von Bernard Guenée scharfsichtig und -sinnig auf die Formel gebracht wurde: »Et le fait que ni les États ni les sujets du duc de Bourgogne n'avaient en commun un nom était plus menaçant pour Charles le Téméraire que la politique de Louis XI«[28] – man ist versucht, variierend zu formulieren »plus menaçant pour le procès d'intégration des États et des sujets que la politique de Louis 'XI«.

Die Bilanz scheint nicht eindeutig; bewegen wir uns ungeachtet eines scheinbar an Umfang und Dichte quantitativ wie qualitativ größer werdenden Katalogs von Integrationskriterien nicht doch nach wie vor auf etwas schwankendem Grund? Wer sich mit Herrn Girgensohn vom Meer her Venedig näherte, sollte wieder neue und andere Einsichten ins Thema gewinnen. Zunächst aber näherte er sich einmal einem schon im Mittelalter bewußt in Szene gesetzten architektonischen und urbanistischen Ensemble: Dem damals aus den Kolonien am *culfus noster* und im *Mediterraneum* oder von der *Terra ferma* Ankommenden wurde so – modern gesprochen – integrierende Zentralität sinnenfällig zur Anschauung gebracht. Ihre repräsentative und repräsentierende Personifikation fand sie im Dogen; regiert aber wurde die *Serenissima* von einer die Kohäsion des äußerst heterogenen Gemeinwesens (Stadt – Festlandterritorium – Kolonien) garantierenden Nobilität, die sich aus einem 1297 genau definierten, im Spätmittelalter ungefähr 1500–2000 Mitglieder umfassenden Kreis rekrutierte. Ihre effiziente Amtsführung – manifest vor allem in dem für Handel und auswärtige Beziehungen zuständigen Senat wie in dem für die innere Ordnung verantwortlichen Rat der Zehn – beruhte auf einem austarierten institutionellen System sowie den Prinzipien von Kontrolle, Befristung und Kollegialität. Kontrollen unterlagen ebenfalls die *rectores* der Außenbesitzungen, wo auch die kirchlichen Leitungsfunktionen von Venezianern eingenommen wurden. Doch beschränkte sich die Präsenz der Republik hier in der Regel auf das Unerläßliche. Alle Beziehungen waren vertraglich bilateral geregelt, und auf Vertragstreue und Rechtssinn der *Serenissima* war Verlaß, wie deren durchgängige Respektierung lokalen Privatrechts erweist. Garantien für Schutz und Sicherheit, maßvolle Besteuerung, Beibehaltung kommunaler Einrichtungen und der hergebrachten Münzen, Maße und Gewichte taten ein Übriges, um Erstaunliches kaum mehr erstaunlich scheinen zu lassen: Über Jahrhunderte konnte die Markusrepublik ihren Festlandsbesitz

---

27) Vgl. H. MÜLLER, Warum nicht einmal die Herzöge von Burgund das Königtum erlangen wollten und konnten, in: Die Macht des Königs. Herrschaft in Europa vom Frühmittelalter bis in die Neuzeit, hg. v. B. JUSSEN, München 2005 [im Druck].

28) B. GUENÉE, L'occident aux XIVe et XVe siècles. Les États (Nouvelle Clio), Paris ⁶1998, S. 115.

großteils bis zu ihrem eigenen Ende 1797 halten (und die Kolonien gingen ja zumeist durch Einwirkung von außen, unter den Schlägen der Osmanen verloren).

Liegt hier ein Konzept politischer Integration vor, das, geboren aus dem Geist fernhandelserfahrener Weltläufigkeit und -klugheit, mittels diskret überwachter Autonomie sowie durch Wohlfahrt Einheit in Vielfalt gewährleistete; Einheit, die auf strukturelle Angleichungen verzichten konnte? Führte ein Vorwalten wirtschaftlicher Interessen, führte die venezianische Regierungsform zu wachsam-weiser und auf Konfliktvermeidung bedachter Liberalität? Heißt eine wichtige, heißt vielleicht d i e Grundlage konsensualer Integration überhaupt Prosperität (und damit Attraktivität)? Mußte die *Serenissima* kaum eingreifen, weil sie ökonomischer Hegemon war, was auch ihren Untertanen auf dem Festland und in den Kolonien zugute kam? Kann Venedig gar, zaghaft klang es an, heutzutage noch als Beispiel dienen? Oder aber war mit solchem, Stabilität und Flexibilität vereinenden Vorgehen Integration überhaupt nicht intendiert? Ist Venedig »nur« ein Exempel für jene kluge Kolonialpolitik – man mag sie auch »fürsorgliche Unterdrückungspolitik« nennen –, wie sie die Weltgeschichte von den Zeiten des *Imperium Romanum* bis in die des britischen Empire bereithält? (Aber besaßen im übrigen Festland und Kolonien in jeglicher Hinsicht den gleichen Status?) Oder wußte besagte weltläufige Klugheit ihre eigentlichen Ziele gar aufs geschickteste zu verbergen, beherrschte man eine Kunst der Selbst- und Außendarstellung, die sich ostentativ mit Moral und Rechtlichkeit schmückte? Steckt hinter der friedensideologisch verbrämten Expansion, so Werner Goez, letztlich nichts anderes als eine kunstvoll kaschierte »hegemoniale Integration«? An einer – hier ausnahmsweise vorgezogenen – Antwort genereller Art auf die vielen Fragen versuchte sich Herr Girgensohn in der Schlußdiskussion: Kohäsionsfördernd wirkte in der Tat die realistisch-vorsichtige Regierung («mit Augenmaß«) der Venezianer, vor allem aber der Umstand allgemeinen Wohlergehens: »Man blieb zusammen, weil es allen gut ging«. Ob indes angesichts des völligen Ausschlusses der Betroffenen von den Entscheidungen der Republik der Begriff Integration angebracht ist, scheint doch eher zweifelhaft. Nie kam es denn auch zu einem gemeinsamen Staatsbewußtsein; bis ans Ende betrachteten Paduaner sich als Paduaner, Veroneser als Veroneser, nie aber als Venezianer. Die *Serenissima* war und blieb ein – allerdings maßvoll herrschender und beherrschender – Hegemon.

Womit der Leitbegriff des abschließenden Beitrags von Oliver Auge über Europas Norden vorgegeben scheint, obgleich dort der – nicht zeitgenössische – Begriff der Kalmarer Union auf Integration oder zumindest integrative Ansätze hindeutet. Mit Klaus Zernack ging auch Auge davon aus, daß »das Königtum der Kalmarer Union ... Funktionsträger der Einheit« von Margarete bis zu Christian II. im 16. Jahrhundert war, gipfelnd im Plan von Margaretes Großneffen und Nachfolger Erich, durch Heiratspolitik die nordische und die polnisch-litauische Union zum *dominium maris Baltici* – ein im übrigen ebenfalls nicht aus der Zeit stammender Begriff – zu vereinen.

Tendenziell wurde die Union vom nordischen Adel – der weitaus wichtigsten, ja einzigen politischen Potenz von Gewicht neben dem Königtum angesichts eines wenig entwickelten Städtewesens – zu größeren Teilen mitgetragen. In seinen Reihen sind seit dem 14. Jahrhundert auch länderübergreifende Eheverbindungen und damit entsprechende Besitzverhältnisse nachweisbar, aus seiner Mitte rekrutierte sich der in der Mehrheit nicht weniger unionsgeneigte Episkopat. Allein schon der Königs- und der Unionsbrief, beide bereits kurz nach Margaretes Krönung am 13. Juli 1397 erlassen, spiegeln eine uns nur zu bekannte strukturelle Dichotomie: Gegen das *regimen regale* steht das aristokratische *regimen politicum*, welches über eine lockere Personalunion hinausgehende Zentralisierungsbestrebungen und Einschränkung oder gar Verletzung von Indigenatsrechten u.ä.m. unter dänischen Auspizien nicht zu tolerieren bereit war.

Es ist ebendieser dänische Führungsanspruch, wie er sich in der Besetzung der für die gesamte Union zuständigen Hofämter durch Landsleute, wie er sich in der Residenz und dem Kronarchiv zu Kopenhagen und auch mit dem Vordringen der dänischen Sprache manifestierte, wie er in königlichen Titulaturen seinen Ausdruck fand, die eine klar abgestufte Wertigkeit der Reiche (Dänemark – Schweden – Norwegen) erkennen lassen; es ist ebendieser dänische Führungsanspruch, der alle Beschwörungen von Eintracht, Einigkeit und Liebe in den Unionsakten hinfällig und Schweden fortan für seine eigene, exkludierende Identität optieren ließ. Hier liegt mithin ein Versuch von offener und darum auf Dauer zum Scheitern verurteilter hegemonialer Integration vor, selbst wenn sie sich aufs Ganze auch weniger gewalttätig als etwa im staufischen und angevinischen Unteritalien-Sizilien manifestierte. Sofern im Norden strukturelle und institutionelle Integrationsansätze existierten – zu denken wäre an den durch die Union von 1397 selbst vorgegebenen Rahmen, an die des öfteren ostentativ in Kalmar tagenden Unionsversammlungen, aber auch an eine in gewissem Umfang einende antideutsche Grundstimmung –, machte sie ebendieser Funktionsträger der Einheit, das Königtum, selbst wieder zunichte. Mit dem Akt von 1397 war ein bewußter und gewollter Prozeß eingeleitet worden – auch hier erweist sich aufs Neue der Prozeßcharakter von Integration –, der dann aber an den divergierenden Zielvorstellungen von Königtum und Adel angesichts des hegemonialen Führungsanspruchs des dänischen *archirex* scheiterte.

III. Ergebnisse und Ausblick

Es hat Tradition auf der Reichenau, Tagungen immer wieder auf zentrale Begriffe – von Armut bis Freiheit – hin auszurichten, und so war es auch diesmal. Nur, diesmal gab es auch gewisse Bedenken, vor allem während des ersten Teils der Doppeltagung, ob der Terminus für das Mittelalter überhaupt relevant und tragfähig sei. Solche Skepsis dürfte jetzt, da wir am Ende stehen, doch merklich geschwunden sein. Allerdings sind die – von Herrn Kaufhold als unselig-antiquiert bezeichneten – Kategorien wie Macht und Expansion in unserem Kontext nicht doch weit mehr als nur eine quantité négligeable? Und wieviel von dem, was wir unter »Integration« subsumieren möchten, beruht schlicht auf Zufall, auf unvorhersehbaren biologischen Konstellationen, auf geschicktem Taktieren und raschem Reagieren auf neue Gegebenheiten – man denke nur an die Worte des einleitend zitierten Jacob Burckhardt. Auch sollte der Umstand, daß ein »dynastisches Länderbündel« – aus welchen Gründen auch immer – über Jahrhunderte fortbesteht und daraus zwangsläufig eine Vielzahl von dessen Fortbestand sichernden Verwaltungsmaßnahmen und -strukturen resultiert, nicht vorschnell mit dem Etikett »Integration« versehen werden: so Herr Müller-Mertens, in diesem Punkt wohl skeptischster aller Tagungsteilnehmer. Denn diese setzt eine neue Qualität, eben den »Mehrwert« voraus, den auszumachen ihm für das 15. Jahrhundert ebenso schwerfiel wie für die Europäische Union unserer Tage. Zudem gilt es dem Umstand Rechnung zu tragen, daß Integration ja von keinem einzigen Theoretiker des späteren Mittelalters eigens thematisiert wurde, wenn auch die Vorstellung vom Staat als Organismus, wie Herr Struve in der Schlußdiskussion zu bedenken gab, eine zur Einheit verbundene Vielheit evoziert und damit Integration zumindest als Postulat einschließt. Könnte man allenfalls von aus Notwendigkeit und Zwang erwachsender sowie von unbeabsichtigter, ungewollter Integration sprechen?: Begriffen, die von den Herren Moraw und Spieß in die Diskussion eingebracht wurden.

Erinnert sei indes daran – und nun gilt es, die m.E. gewichtigeren positiven Faktoren anzuführen –, daß schon der Beitrag von Herrn Guyotjeannin über Frankreich im 13. und frühen 14. Jahrhundert besagte Skepsis doch erheblich reduzierte. Und mir scheint, wenn man den Blick weiterhin auf Frankreich in und besonders nach dem Hundertjährigen Krieg gerichtet hält, auf ein Frankreich, das Bernard Chevalier und Philippe Contamine unter die Signa von »renouveau« und »apogée« stellten[29]), daß man dann, wie einleitend ausgeführt, alle von Herrn Thumser erarbeiteten und nach meinem Eindruck auch allgemein akzeptierten Integrationskriterien als erfüllt ansehen kann. (Dieser Tatbestand relativiert sich nur, falls Frankreich als absoluter Einzel- und Sonderfall eingestuft wird.) Der »Mehrwert« des Prozesses heißt Königsnation, nicht zuletzt erwachsen – und damit käme ein weiteres Kriterium zu den mehrfach genannten sechs hinzu – aus der Abwehr äußerer Bedrohung; ein Kriterium, das ich meinerseits auch mit Blick auf das Reich unter Hinweis auf Türkengefahr und Burgunderkriege in aller Kürze zu thematisieren versucht habe: Abwehr und Krieg – dazu können natürlich auch gewaltsame Auseinandersetzungen im Innern gehören – als integrierende und integrative Fermente, die im Fall der Eidgenossenschaft gar als identitätsbegründend zu gelten haben (und die im übrigen, worauf uns Herr Blockmans hinwies, als solche auch von der modernen Soziologie und Politikwissenschaft

---

29) La France de la fin du XVe siècle. Renouveau et apogée. Économie – Pouvoirs – Arts, Culture et conscience nationales (Colloque internat. du C.N.R.S.: Tours – Centre d'Études Supérieures de la Renaissance, 3–6 X 1983). Actes publ. sous la dir. de B. CHEVALIER/PH. CONTAMINE, Paris 1985.

eingestuft werden). Hiermit tasten wir uns zugleich schon in die nebulöse, wenig konturierte Zone prä- oder protonationalen Bewußtseins vor; als sicher feststehen dürfte dabei aber, daß – jenseits aller Einungen ob äußerer Gefahr – für jegliche gelungene Integration auf längere Sicht ein Gemeinschafts- und Zugehörigkeitsbewußtsein, zu allermindest aber ein Fehlen von Widersetzlichkeit der jeweils Betroffenen unabdingbar ist: Keine »Systemintegration« ohne soziale und mentale Einbindung, keine (integrierende) Ordnung ohne ein Sich-Einordnenlassen der Betroffenen[30]. Hegemoniale Integration dagegen hatte, ob in Skandinavien oder Süditalien, auf Dauer wenig Aussicht auf Erfolg. (Andererseits spricht etwa die erfolgreiche Durchdringung des in die französische Krongewalt gezwungenen katharischen Südens eine andere Sprache.)

»Auf Dauer«: Damit ist ein weiteres Moment aller Integration, ob nun von oben verfügt oder aus einem Bund Gleicher hervorgegangen, genannt. Integration als Prozeß bedarf der Stetigkeit und Kontinuität, sie ist ein Phänomen der »longue durée« – Integration im Burgund eines Karl des Kühnen konnte es nicht geben.

»Von oben verfügt«: Dies spricht sozusagen den auf unserer Tagung ausführlich erörterten »mittelalterlichen Regelfall« an: Integration durch Dynastien wie Habsburg, Wittelsbach, Luxemburg und Wettin. Die Diskussion über diesen ebenso zentralen wie sperrig-schwierigen Faktor ließ m.E. die ganze Ambivalenz von Dynastie zwischen Einung und Teilung, zwischen Gesamthausbewußtsein und traditionell apanagierendem und damit parzellierendem Hausdenken deutlich werden. Integrationsfördernd wirkten dagegen einmal mehr die Dauer ihrer Herrschaft sowie ihre Präsenz und Einwurzelung im Land. Nochmals wäre jedoch mit Herrn Weinfurter unter Rekurs auf den bayerischen Herzog Albrecht IV. zu fragen, ob es nicht vielmehr die große, selbstbewußte und entschlossene Persönlichkeit ist, die Einheit und Integration plant und durchsetzt – allerdings dürfte es wohl kein fürstliches Selbstverständnis ohne dynastische Grundierung, ohne »Hausideologie« gegeben haben.

Untrennbar mit Dynastie und Fürst sind weitere für unser Thema relevante Faktoren verbunden: Da sind der Auf- und Ausbau von Residenzen sowie die Entwicklung von Vororten und Herrschaftsschwerpunkten zu Hauptstädten – ein von Paris bis Prag sinnenfällig konstatierbarer, in Venedig sich nach Herrn Girgensohn gar zu einer veritablen Integrationsinszenierung ausweitender und verdichtender »Mehrwert«. Da sind – und hieran läßt sich der Prozeßcharakter von Integration einmal mehr gut verdeutlichen – des weiteren die zunehmende Erfassung und Durchdringung des Raums, ermöglicht nicht

---

30) Ich greife damit Termini der hier in Anm. 15 zitierten Zusammenfassung von HEIMANN auf, die denn auch den Untertitel trägt: Europa 1500: »›Ordnung schaffen‹ und ›Sich-Einordnenlassen‹ als Koordinaten eines Strukturprofils« (S. 526). Seinerseits rekurrierte Heimann unausgesprochen auf eine soziologische Diskussion der 60er und 70er Jahre über System- und Sozialintegration (Habermas, Lockwood, Mouzelis, Parsons); vgl. etwa J. HABERMAS, Zur Rekonstruktion des Historischen Materialismus, Frankfurt a. M. 1976 (ND 2001), S. 222f.

mehr (nur) durch das Schwert, sondern (auch) die Feder; da sind also die weiten Bereiche der Administration, der insbesondere von den Kanzleien profilbildend wahrgenommenen Verschriftlichung und Schriftlichkeit[31], der Integration durch Schaffung und Intensivierung staatlicher Strukturen, welche von dem durch Herrn Blockmans in die Debatte einbezogenen norwegischen Politologen Stein Rokkan mit zu den wichtigsten Indikatoren für Integration überhaupt gezählt werden. Oder umgekehrt und zugespitzt mit dem Juristen Rudolf Smend (1928) formuliert: »Der Staat ist nur, weil und sofern er sich dauernd integriert, in und aus den Einzelnen aufbaut«[32]. Und mit Herrn Tebruck bliebe hier ergänzend auf den Integrationsfaktor Kommunikation hinzuweisen – der am Ausgang des Mittelalters stetig zunehmende und sich verdichtende Informationsfluß hat in jüngster Zeit aus gutem Grund verstärktes Interesse bei Mediävisten wie etwa E. Goez, H.-D. Heimann, P. Monnet, H. Röckelein, H. v. Seggern oder K.-H. Spieß gefunden[33], deren Untersuchungen sich Themen wie Botenwesen, Nachrichtenübermittlung und Kommunikationsnetzen widmen; noch stärker fallen hier sicherlich Phänomene wie Frühdruck und steigende Alphabetisierung ins Gewicht.

All das geht zwangsläufig mit der Bildung von Funktionseliten einher und kann obendrein einen zusätzlich integrationsfördernden Austausch dieser Eliten in Gang setzen, was wiederum orts-, regions-, ja länderübergreifende Beziehungsnetze entstehen läßt, selbstverständlich mit entsprechenden Konsequenzen für Bewußtseinsbildungen bzw. -änderungen innerhalb solcher Führungsschichten. Ich wage die – im übrigen von Herrn Schwinges in der Schlußdiskussion unterstrichene – Behauptung: Der Ertrag prosopographischer Forschungen auf diesem Gebiet steht in unmittelbarem Zusammenhang mit der jeweiligen Kohäsions- und Integrationsintensität. Andererseits erhebt sich die Frage nach Größe, Effizienz und Kontrolle dieses Beamtenapparats – Stein Rokkan stellte sie nur mit Blick auf die Neu- und Jetztzeit; die Bemerkung von Herrn Blockmans über die unzurei-

---

31) Cl. Gauvard stellte unlängst mit Blick auf die Kanzlei (nicht nur) des spätmittelalterlichen Herzogtums Bretagne treffend fest: »Lieu de maniement de l'écrit sous sa forme la plus parfaite, voire sous sa forme-modèle, la Chancellerie sert d'artisan à la mémoire et elle peut se poser en gardienne du droit, comme garante du ›style du Duché‹. La création de l'État passe donc par son verbe«: Conclusion, in: Powerbrokers in the Late Middle Ages/Les courtiers du pouvoir au bas moyen-âge, ed. by/éd. par R. Stein (Burgundica. 4), Turnhout 2001, S. 250f.

32) R. Smend, Verfassung und Verfassungsrecht [1928, ND], in: R.S., Staatsrechtliche Abhandlungen und andere Aufsätze, Berlin 1954, S. 138; vgl. – fehlerhaft zitierend – v. Müller, Überregionale Identität (wie Anm. 25), S. 282.

33) Zitiert sei hier nur die letzterschienene der Arbeiten: H. v. Seggern, Herrschermedien im Spätmittelalter. Studien zur Informationsübermittlung im burgundischen Staat unter Karl dem Kühnen (Kieler Histor. Studien. 41), Ostfildern 2003; vgl. dazu ZHF 32 (2005) S. 121–124. – Es bleibt auch die Publikation der Akten einer Tagung abzuwarten, die unter der Leitung von R. Günthart und M. Juckler am 6./7. VI. 2003 in Zürich stattfand: Kommunikation im Spätmittelalter. Spielarten – Wahrnehmungen – Deutungen.

chende Stärke der Beamtenschaft sogar in den burgundisch-habsburgischen Niederlanden stimmt vorsichtig und nachdenklich.

Von zentraler Bedeutung sind in diesem Rahmen des weiteren Münz- und Geldwertpolitik, Finanzhoheit und Finanzwesen, das im übrigen, worauf wiederum Herr Schwinges am Ende hinwies, einer auf kommunaler Ebene geschulten Funktionselite erste Eintrittsmöglichkeit in den Fürstendienst bot. Solche Einbindung des bürgerlichen Elements in die Landesregierung sollte sich alsbald auch auf juristisches Gebiet erstrecken, wobei der gesamte Sektor der Gerichtsbarkeit und des Rechts, insbesondere der des römischen und kirchlichen, auf dieser Tagung, was Herr Struve mit Recht einwarf, viel zu wenig in unsere Überlegungen einbezogen wurde. Dabei stellten Recht und Rechtssicherheit, worauf Herr Maleczek in seinem Schlußwort abhob, neben Prosperität und der Garantie äußerer Sicherheit unzweifelhaft für die von Integrationsprozessen Betroffenen die größten Aktivposten überhaupt dar, selbst wenn man sie, wie beim Casus Venedig geschehen, als Ausfluß »fürsorglicher Unterdrückung« charakterisieren will.

Nicht minder ambivalent als die Funktion der Dynastie erscheint im Lichte unserer Fragestellung diejenige des Adels: Ist er gleichsam der natürliche Widerpart von Dynastie und Fürst, steht er für Partikularismus und Eigeninteresse, kann er integrationshemmend, gar – zerstörend wirken, oder legen wir mit solchen Begriffen Maßstäbe eines sich am Ideal nationaler Einheit ausrichtenden 19. Jahrhunderts an? Trifft »Selbstbehauptung«, wie vorgeschlagen, nicht weitaus besser den Sachverhalt? Und haben lockere Formen von Integration nicht immer wieder Zustimmung zumindest von Teilen der Nobilität gefunden, wie uns Herr Auge am Beispiel des skandinavischen Adels in der Unionszeit demonstrierte? Vor allem aber sollte nicht vergessen werden, wieviele Adelige im Hofdienst standen – die Forschungen z.B. von Werner Paravicini über den burgundischen Hof des 15. Jahrhunderts belegen nachdrücklich eine fortwährende Zunahme[34] –, wieviel an sozialer Integration hieraus resultierte, und daß auch die Fürsten ihre Ordensgründungen als ein Instrument zur Integration des Adels und ebendarüber zur Integration ihrer Länder mit Hilfe dieses Adels ansahen. Die Kapitel etwa des burgundischen Vliesordens erschöpften sich m.E. keineswegs ausschließlich in Dekor und Gepränge, in fürstlicher und adeliger Selbstinszenierung, sie waren wohl doch etwas mehr als nur ritualisierte Repräsentationskultur.

Eng mit dem Komplex »Adel« ist auch derjenige der Stände und Ständeversammlungen verbunden, die sowohl als integrationsbildender Faktor wie als Träger autonomer Bestrebungen, als königliches Herrschaftsinstrument wie als Konkurrent zum monarchischen Regiment fungieren konnten, was leider fast überhaupt nicht thematisiert wurde und doch von Aragón bis nach Ostmitteleuropa bei der Behandlung des Themas Integra-

---

34) W. Paravicini, Menschen am Hof der Herzöge von Burgund. Gesammelte Aufsätze, hg. v. K. Krüger/H. Kruse/A. Ranft, Stuttgart 2002, S. 357–582 (»Hof und Staat«).

tion unverzichtbar scheint. Man möge den mit der Zusammenfassung Beauftragten nicht überfordern – er kann nur den empfehlenden Hinweis etwa auf die einschlägige Reihe »Anciens pays et assemblées d'États/Standen en landen« oder auf einige Beiträge in dem erwähnten Sammelband »Europa 1500« (Bulst, Eberhard) geben, nicht aber en passant eine dieses weite Feld allseits erfassende Tour d'horizon bieten[35].

Täusche ich mich, daß hingegen das Thema Kirche zwar wiederholt thematisiert wurde, indes am hohen Stellenwert gegenüber der ersten Tagung doch etwas eingebüßt hat, weil politische Integration im späteren Mittelalter von uns vornehmlich – und wohl auch der Sache adäquat – aus der Perspektive weltlicher Obrigkeit gesehen wurde? Zwar wußte diese Obrigkeit sehr wohl um die integrierende Wirkung von Heiligenkult und Kultstätte – erinnert sei an Wenzel in Böhmen und Markus in den venezianischen Besitzungen sowie an das sakrale Zentrum der habsburgischen Länder in Gestalt der Wiener Stephanskirche als Faktoren einer Befestigung christlich grundierten Gemeinschaftsgefühls; es wurde auch ergänzend auf den 1485 kanonisierten *pius marchio* Ludwig III. von Österreich hingewiesen. Und diese Obrigkeit rekurrierte bei Inkorporationen, was zumindest als Vermutung geäußert wurde, auf kirchliches Vorbild. Allein Kirche als Integrationsfaktor war nunmehr als Landeskirche von vorwaltender Bedeutung; landesherrliche Klosterpolitik, Stellenbesetzungen u.a.m. fügen sich in ebendiesen Rahmen. Eine neue Valenz würde das Thema – dies verdeutlichte der Vortrag über die Eidgenossenschaft – dann im Zeitalter der Reformation mit den Facetten exkludierender Integration bzw. integrierender Exklusion gewinnen.

Andererseits zeigte sich in der Schlußdiskussion, daß die integrierende Wirkkraft einer nach wie vor ja mit universalem Anspruch auch im Spätmittelalter auftretenden römischen Kirche keineswegs unterschätzt werden sollte, wie sich schon bei der einenden Verkündung des Bibelworts in der gesamten lateinischen Christenheit (*ut omnes unum sint*; Joh. 17,21) und bei deren Leitung durch ein Papsttum erweist, das bis auf schismatische Ausnahmesituationen nach wie vor supranational-integrative Autorität besaß, wie die Herren Maleczek und Müller-Mertens gegen Herrn Kaufhold hervorhoben. Auch die Orden, so Herr Tebruck, wollen in solchem Kontext gesamtkirchlicher Integration beachtet sein. Hier sind insbesondere Struktur, Organisation und internationales Profil der Mendikanten von Bedeutung, doch verdienen auch die Tendenzen zur Verbandsbildung bei den Benediktinern des Spätmittelalters (Kastl, Melk, Bursfelde) unter dem desintegrative Entwicklungen bekämpfenden Vorzeichen von Reform Aufmerksamkeit, wobei es hier allerdings fallweise wieder besagte landesherrliche Aktivitäten mitzubedenken gilt. Auf der Ebene der Volksfrömmigkeit schließlich will die einende Wirkkraft etwa von Wallfahrten, Prozessionen oder Konfraternitäten beachtet sein – der Kölner Rosenkranzbruderschaft

---

35) Vgl. auch mit reichen, weiterführenden Angaben E. Meuthen, Das 15. Jahrhundert (Oldenbourg Grundriss der Geschichte. 9), München ³1996, S. 150f.

sollen bereits sieben Jahre nach ihrer Gründung reichsweit 100 000 Brüder und Schwestern angehört haben[36].

Herr Tebruck gehörte schließlich auch mit zu jenen Teilnehmern, die in der Schluß-diskussion noch weitere und neue Kategorien zur Erfassung, Einordnung und Differen-zierung des Phänomens Integration im Hoch- und Spätmittelalter vorbrachten, da er, wohl vor dem Hintergrund der eigenen Thematik Thüringen-Wettin, Entwicklungsvorsprünge und -rückstände für Dominanz, Ungleichgewichte und Abhängigkeiten bei Integrations-vorgängen verantwortlich machte. Herr Helmrath unterschied mit Blick auf den von ihm nachdrücklich betonten Prozeßcharakter von Integration zwischen bei diesem Prozeß vorwaltend unifizierenden Tendenzen, manifest vor allem bei Landesherrschaften, sowie stark exkludierenden Entwicklungen, wie sie sich etwa bei der Eidgenossenschaft oder in Böhmen beobachten lassen, während großräumige »Spagatherrschaften« im Stile der An-jou zwangsläufig auf eine das Gesamt erfassende Integration verzichten mußten. Herr Kaufhold schlug unter Annahme von »epochenspezifischen Integrationserwartungen« ein synchrones Vorgehen nach Zeitaltern vor, da z. B. die Herrschaft der Anjou-Plantagenêt im 12. Jahrhundert mit der Venedigs im 16. kaum etwas gemein habe. Schließlich wollte Herr Schneidmüller dagegen die geographische Komponente stärker berücksichtigt wis-sen: Integration steht beispielsweise im nord- und osteuropäischen Raum unter ganz an-deren Vorzeichen und Bedingungen als etwa in der kleinteilig-herrschaftsintensiven Sphäre des spätmittelalterlichen Italien. Solch räumlicher Aspekt ist für ihn jedoch nur der »Außenblick«, der ergänzender »Innenschau« bedarf. Dabei gilt es strukturelle Phäno-mene wie etwa Ordnungskonfigurationen auf ihre integrierenden Effekte hin zu untersu-chen – womit eine der vielfältigen Möglichkeiten des Weiterbedenkens von Integration schon konkret auf die Thematik der nächsten Reichenau-Tagung im Oktober 2003 vor-weist.

Eine vielleicht im Gesamt eher nebensächlich erscheinende Beobachtung, getroffen im kirchlichen Bereich, führt uns zu einem letzten Punkt: Im Vortrag von Herrn Tebruck war – es wurde schon kurz erwähnt – von der frühen fränkischen Prägung Thüringens insbe-sondere durch die Mainzer Kirche die Rede; eine frühe Prägung, die offensichtlich noch im Spätmittelalter den Integrationsbemühungen der Wettiner Grenzen setzte und in Aus-läufern das Profil Thüringens bis in unsere heutige Zeit mitbestimmt. Herr Lackner be-stätigte auf andere Weise solchen Befund mit dem Hinweis, daß die habsburgische Dyna-stie Umfang und Gestalt der von ihr beherrschten Länder respektierte bzw. respektieren mußte, und Ähnliches ließe sich an den Niederlanden in burgundisch-habsburgischer Zeit aufzeigen: Mit Tradition und Integration – auch die Geschichtsschreibung, bis auf den Fall Thüringen ein wenig stiefmütterlich auf unserer Tagung behandelt, wäre in diesen Kon-

---

36) H. KÜFFNER, Zur Kölner Rosenkranzbruderschaft, in: 500 Jahre Rosenkranz. 1475 Köln 1975. Kunst und Frömmigkeit im Spätmittelalter und ihr Weiterleben, Köln 1975, S. 115; vgl. F. SEIBT, Europa 1500 – Integration im Widerstreit, in: Europa 1500 (wie Anm. 3: BLOCKMANS), S. 18.

text einzubeziehen – sowie mit der Wahrung von Tradition bei Integration ist ein Thema gegeben, das zu weiteren Überlegungen anregt; hier am Ende nur noch zu einer einzigen, vielleicht überraschenden, da unser mediävistisches Arbeitsfeld verlassenden Überlegung, getroffen indes vor dem Hintergrund und im Wissen all dessen, was wir auf dieser Tagung von cusanischem Konsensdenken über hegemoniale Integration bis hin zur – wie auch immer motivierten – klugen Integrationspolitik der Venezianer auf dem Festland und in den Kolonien erfahren haben. Die Tagung mag mehr geleistet, mehr erbracht haben als den Erweis, daß politische Integration keineswegs ein Konzept erst der Neuzeit ist, denn sie vermag, auch unter den Aspekten der Tradition und Integration, vor allem aber der Respektierung von Tradition bei Integration mit von Nutzen beim Nachdenken über die Zukunft des alten Europa sein. Sie bietet nämlich ihre ganz eigene und erfahrungsgeprägte Antwort an, eine Antwort mit historischer Dimension auf die von der Politik gern wortreich vernebelte und verdrängte, doch alles entscheidende Frage nach dem Profil dieses künftigen Europa zwischen Bundesstaat und Staatenbund. Wer hier Traditionen übergehen zu können vermeint, wer glaubt, Zukunft ließe sich nach bürokratischen und ökonomischen Kriterien auf dem Reißbrett technokratisch planen, wird keine Integration schaffen, sondern hemmen, ja verhindern. Eröffnet wurde die Tagung mit aufschlußreichen Einblicken in die Arbeit des europäischen Verfassungskonvents. Daß deren Ergebnisse inzwischen, im Sommer 2005, in mehreren Volksabstimmungen abgelehnt wurden, dürfte zumindest teilweise eine Antwort auf solchen Irrglauben darstellen. Europas Zukunft? Wir Mediävisten könnten, so man uns denn fragte, einen spezifischen, traditions-bewußten Beitrag einbringen.

Beilagen

(Karten, genealogische Tafeln)

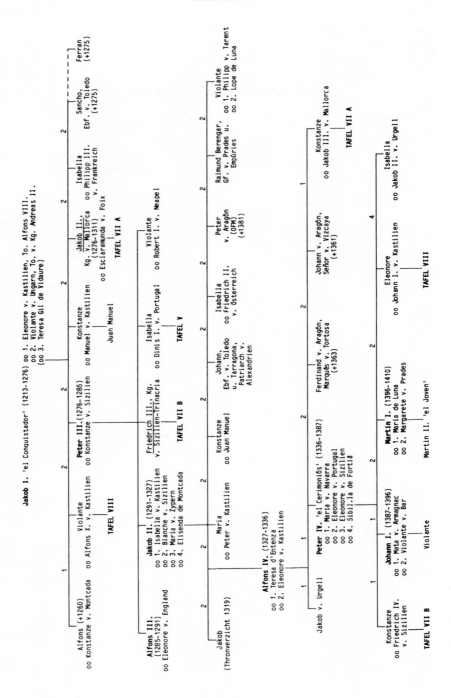

Genealogie der Könige von Aragón, Mallorca und Sizilien im 13. und 14. Jahrhundert (zu Vones, S. 185ff.)

Genealogie der Könige von Mallorca aus dem Hause Barcelona (zu Vones, S. 185ff.)

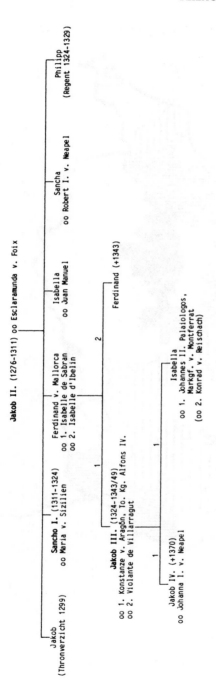

Jakob II. (1276-1311) oo Esclaramunda v. Foix

Jakob
(Thronverzicht 1299)

Sancho I. (1311-1324)
oo Maria v. Sizilien

Ferdinand v. Mallorca
oo 1. Isabelle de Sabran
oo 2. Isabelle d'Ibelin

Isabella
oo Juan Manuel

Sancha
oo Robert I. v. Neapel

Philipp
(Regent 1324-1329)

Jakob III. (1324-1343/49)
oo 1. Konstanze v. Aragón, To. Kg. Alfons IV.
oo 2. Violante de Villarragut

Ferdinand (+1343)

Jakob IV. (+1370)
oo Johanna I. v. Neapel

Isabella
oo 1. Johannes II. Palaiologos,
      Markgf. v. Montferrat
   (oo 2. Konrad v. Reischach)

L'expansion royale de 1180 à 1270 (zu Guyotjeannin, S. 211ff.)

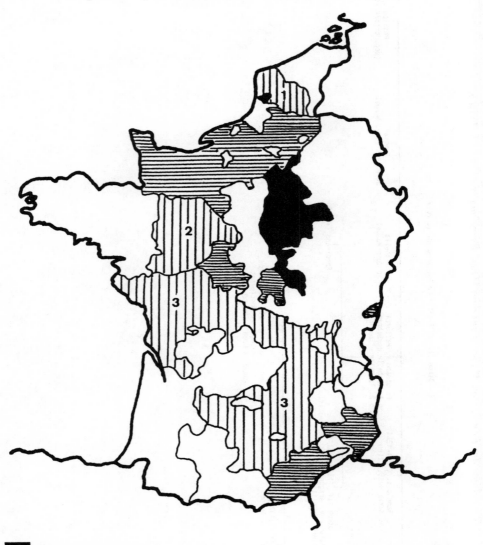

■ «Vieux domaine» en 1180

▤ Grandes acquisitions, 1180–1270

▥ Apanages des frères de Louis IX
　　　1. Robert
　　　2. Charles
　　　3. Alphonse

Das Haus Wittelsbach I (zu Fuchs, S. 303ff.)

Ludwig IV. d. Bayer röm.-dt. Ks. *1281/82, † 1347
∞ 1. Beatrix v. Glogau
∞ 2. Margarete v. Holland

(1) Mechthild
† 1346
∞ Mgf. Friedrich II. d. Ernsthafte v. Meißen

(1) Ludwig V. d. Brandenburger Hzg. v. Ober-Bayern, Mgf. v. Brandenburg *1315, † 1361
∞ 1. Margarethe, T. v. Kg. Christoph II. v. Dänemark
∞ 2. Gfn. Margarete »Maultasch« v. Tirol

(1) Stephan II. Hzg. v. Nieder-Bayern *1313, † 1375
∞ 1. Elisabeth, T. v. Kg. Friedrich II. v. Sizilien
∞ 2. Margarete, T. v. Bgf. Johann II. v. Nürnberg

(2) Margarete † ca. 1360
∞ 1. Stephan v. Ungarn
∞ 2. Gerlach v. Hohenlohe

(2) Ludwig d. Römer Hzg. v. Ober-Bayern, Mgf. v. Brandenburg *1330, † 1364/65
∞ 1. Kunigunde, T. v. Kg. Kasimir III. v. Polen
(2) ∞ 2. Anna † 1361, T. v. Johann I. Hzg. / Albrecht I. v. Mecklenburg
v. Nieder-Bayern

(2) Otto V. d. Faule Mgf. v. Brandenburg *1346, † 1379
∞ Katharina v. Luxemburg

(2) Ludwig † 1348

(1) Beatrix
† 1360
∞ Erich v. Schweden

(2) Meinhard III. Gf. v. Tirol *1344, † 1363
∞ Margarete, T. v. Hzg. Albrecht II. v. Österreich

(1) Agnes
*ca. 1338
∞ Kg. Jakob I. v. Zypern

(1) Stephan III. Hzg. v. Bayern-Ingolstadt *um 1337, † 1413
∞ 1. Thaddäa, T. v. Bernabò Visconti
∞ 2. Elisabeth, T. v. Adolf V. v. Kleve

(1) Friedrich Hzg. v. Bayern-Landshut *ca. 1339, † 1393
∞ 1. Anna, T. v. Gf. Berthold VII. v. Neuffen
∞ 2. Magdalena, T. v. Bernabò Visconti

(1) Johann II. Hzg. v. Bayern-München *um 1341, † 1397
∞ Katharina, T. v. Gf. Meinhard V. v. Tirol

Elisabeth † 1402
∞ 1. Cangrande della Scala
∞ 2. Ulrich v. Württemberg

(2) Wilhelm I. Hzg. v. Bayern-Straubing, Gf. Holland *1330, † 1388
∞ Mathilde v. Lancaster

(2) Albrecht I. Hzg. v. Bayern-Straubing, Gf. v. Holland *1347, † 1404
∞ 1. Margarete v. Brieg
∞ 2. Margarete v. Kleve

(1) Isabella ("Isabeau") *1370, † 1435
∞ Kg. Karl VI. v. Frankreich

(1) Ludwig VII. Hzg. v. Bayern-Ingolstadt *1368, † 1447
∞ 1. Anna, T. v. Johann v. Bourbon
∞ 2. Katharina, T. v. Gf. Peter II. v. Alençon

(1) Johanna † 1386
∞ Kg. Wenzel IV.

(1) Katharina † 1400
∞ Hzg. Wilhelm I. v. Geldern

(1) Wilhelm II. Hzg. v. Bayern-Straubing, Gf. v. Holland *1365, † 1417
∞ Margarete v. Burgund

(1) Albrecht II. † 1399

(1) Johann III. Hzg. v. Ober-Bayern *1373(?), † 1443
∞ Elisabeth v. Böhmen

(1) Johanna † 1410
∞ Hzg. Albrecht IV. v. Österreich

(1) Margarete
† 1443
∞ Johann v. Burgund

Jakobäa Hzgn. v. Bayern-Straubing, Gfn. v. Holland *1401, † 1436
∞ 1. Dauphin Johann v. Touraine
∞ 2. Hzg. Johann IV. v. Brabant
∞ 3. Hzg. Humphrey v. Gloucester
∞ 4. Wolfert van Borselen

Fortsetzung s. S. 588

Ludwig VIII. d. Bucklige Hzg. v. Bayern-Ingolstadt *1403, † 1445
∞ Margarete, T. v. Mgf. Friedrich I. v. Brandenburg

aus: LexMA 9, S. 1001

Das Haus Wittelsbach II (zu Fuchs, S. 303ff.)

Johann II. Hzg. v. Bayern-München *um 1341, † 1397
∞ *Katharina, T. v. Gf. Meinhard V. v. Tirol*

Friedrich Hzg. v. Bayern-Landshut *ca. 1339, † 1393
∞ 1. *Anna, T. v. Gf. Berthold VII. v. Neuffen*
∞ 2. *Magdalena , T. v. Bernabò Visconti*

Ernst Hzg. v. Bayern-München *1373, † 1438 ∞ Elisabeth, T. v. Bernabò Visconti

Wilhelm III. Hzg. v. Bayern-München *1375, † 1435 ∞ *Margarete v. Kleve*

Sophie † 1425 ∞ Kg. Wenzel IV.

(1) Elisabeth † 1381 ∞ *Marco Visconti*

(2) Elisabeth † 1443 ∞ Friedrich I. Mgf. v. Brandenburg

(2) Heinrich XVI. d. Reiche Hzg. v. Bayern-Landshut *1386, † 1450 ∞ *Margarete, T. v. Hzg. Albrecht IV. v. Österreich*

(2) Magdalene † 1410 ∞ *Johann v. Görz*

Albrecht III. d. Fromme Hzg. v. Bayern-München *1401, † 1460 ∞ 1. Agnes Bernauer ∞ 2. *Anna v. Braunschweig-Grubenhagen*

Beatrix † 1447 ∞ 1. *Hermann v. Cilli* ∞ 2. *Johann v. Pfalz-Neunburg*

Elisabeth † 1448 ∞ 1. *Adolf v. Jülich* ∞ 2. *Hesso v. Leiningen*

(2) Christoph † 1493

(2) Wolfgang † 1514

Ludwig IX. d. Reiche Hzg. v. Bayern-Landshut *1417, † 1479 ∞ *Amalia, T. v. Kfs. Friedrich II. v. Sachsen*

Elisabeth † 1451 ∞ *Ulrich v. Württemberg*

(2) Elisabeth † 1484 ∞ Kfs. Ernst v. Sachsen

(2) Margarete † 1479 ∞ *Friedrich Gonzaga*

(2) Sigmund Hzg. v. Bayern-München *1439, † 1501

Georg d. Reiche Hzg. v. Bayern-Landshut *1455, † 1503 ∞ *Jadwiga, T. v. Kg. Kasimir IV. v. Polen*

Johanna † 1444 ∞ *Otto I. v. Pfalz-Mosbach*

(2) Johann IV. Hzg. v. Bayern-München *1437, † 1463

Margarete † 1501 ∞ *Kfs. Philipp v. d. Pfalz*

(2) Albrecht IV. d. Weise Hzg. v. Bayern-München *1447, † 1508 ∞ *Kunigunde, T. v. Ks. Friedrich III.*

aus: LexMA 9, S. 1002

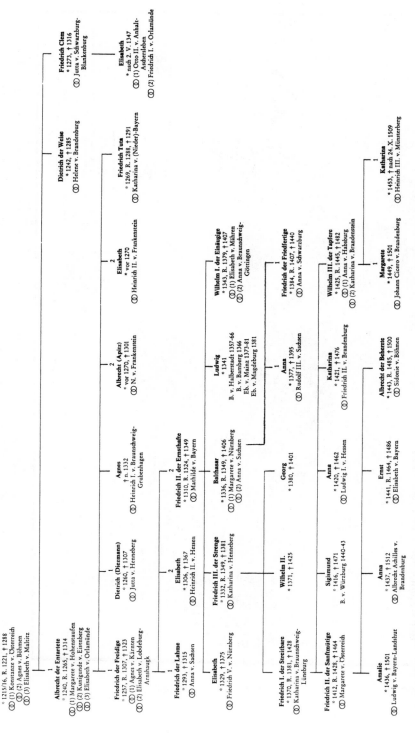

Das Haus Wettin von Heinrich dem Erlauchten bis zur Teilung von 1485 (zu Tebruck, S. 375ff.)

aus: Geschichte Thüringens, hrsg. von Hans PATZE und Walter SCHLESINGER, Bd. 2/1: Hohes und spätes Mittelalter (Mitteldeutsche Forschungen, 48/II/1). Köln Graz 1974

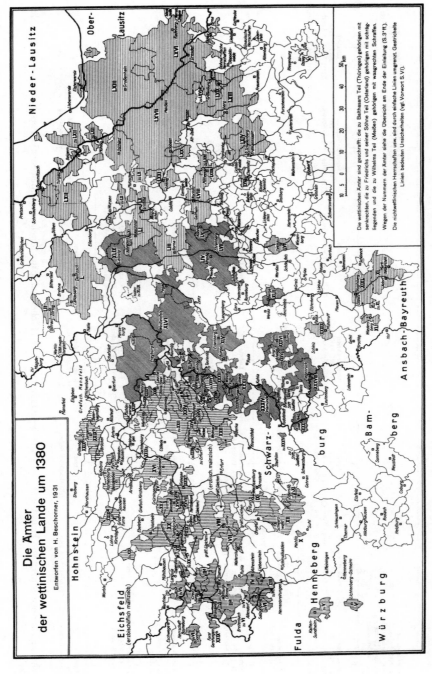

aus: Registrum dominorum marchionum Missnensium. Verzeichnis der den Landgrafen in Thüringen und Markgrafen zu Meissen jährlich in den wettinischen Landen zustehenden Einkünfte 1378, hrsg. von Hans BESCHORNER (Schriften der sächsischen Kommission für Geschichte). Leipzig Berlin 1933, Kartenbeilage. (zu Tebruck, S. 375ff.)

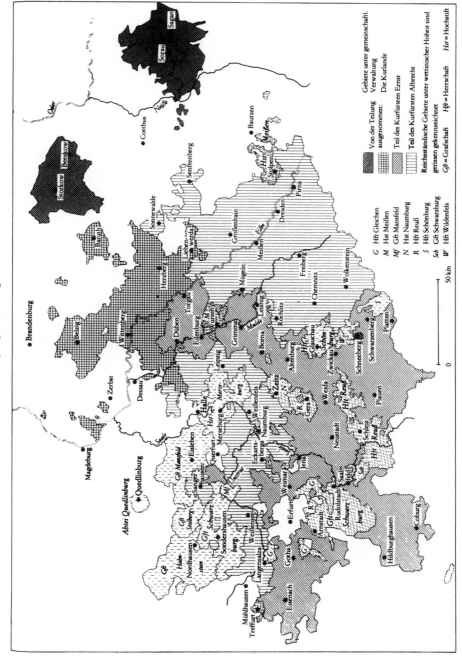

Die Leipziger Teilung 1485

aus: Karlheinz BLASCHKE, Geschichte Sachsens im Mittelalter. Berlin ²1991, S. 295. (zu Tebruck, S. 375ff.)

Register

Das Register erfaßt Orts- und Personennamen aus Text und Anmerkungen. Nicht aufgenommen wurden Stichwörter aus den bibliographischen Angaben und Autoren moderner Fachliteratur. Zur Verdeutlichung wurden manchmal Angaben gemacht, die nicht in der Vorlage zu finden waren. Die Begriffe der auf englisch und französisch verfaßten Beiträge von J. Gillingham und O. Guyotjeannin wurden ins Deutsche übertragen, wo entsprechende Fachtermini existieren, zumeist jedoch mit einem Verweis auf den originalen Text. *William the Conqueror* ist also unter *Wilhelm d. Eroberer* zu finden. – Neben allgemein verständlichen Abkürzungen wurden folgende verwendet: Bf. = Bischof, byzant. = byzantinisch, Diöz. = Diözese, dt. = deutsch, Ebf. = Erzbischof, Fam. = Familie, frz. = französisch, Gem. = Gemahlin, Geschl. = Geschlecht, Gf. = Graf, Gft. = Grafschaft, Hl. = Heilige(r), Hzg. = Herzog, Hzgt. = Herzogtum, Kf. = Kurfürst, Kg. = König, Kgr. = Königreich, Kl. = Kloster, Ks. = Kaiser, Lgf. = Landgraf, Mgf. = Markgraf, österr. = österreichisch, Pfgf. = Pfalzgraf.